FONDEMENTS DE LA COMPTABILITÉ FINANCIÈRE

Une approche dynamique

ROBERT LIBBY
Cornell University

PATRICIA A. LIBBY
Ithaca College

DANIEL G. SHORT
Miami University

CAROLE LAFOND-L.
École des sciences de la gestion, UQAM

DENISE LANTHIER
École des sciences de la gestion, UQAM

Traduit de l'anglais par
Jeanne Charbonneau
Louise Durocher
Suzanne Geoffrion

Chenelière/McGraw-Hill
MONTRÉAL • TORONTO

Fondements de la comptabilité financière

Une approche dynamique

Traduction de : *Financial Accounting, Third Edition* de Robert Libby, Patricia A. Libby et Daniel G. Short © 2001 McGraw-Hill/Irwin (ISBN 0-07-230035-3)

© 2003 Les Éditions de la Chenelière inc.

Éditeur : Richard Henri
Coordination : Samuel Rosa
Révision linguistique : Ginette Laliberté
Correction d'épreuves : Danielle Maire et Pierre-Yves L'Heureux
Infographie : Louise Besner/Point Virgule
Couverture : Josée Bégin

Données de catalogage avant publication (Canada)

Libby, Robert

    Fondements de la comptabilité financière : une approche dynamique

    Traduction de la 3e éd. de : Financial Accounting.

    Comprend des réf. bibliogr. et un index.

    ISBN 2-89461-867-0

    1. Comptabilité. 2. Entreprises – Comptabilité. 3. États financiers. 4. Tenue des livres. 5. Information financière. 6. Comptabilité – Problèmes et exercices. I. Libby, Patricia A. II. Short, Daniel G. III. Titre.

HF5635.L6214 2002   657   C2002-940932-2

Chenelière/McGraw-Hill
7001, boul. Saint-Laurent
Montréal (Québec)
Canada H2S 3E3
Téléphone : (514) 273-1066
Télécopieur : (514) 276-0324
chene@dlcmcgrawhill.ca

ISBN 2-89461-867-0

Dépôt légal : 1er trimestre 2003
Bibliothèque nationale du Québec
Bibliothèque nationale du Canada

1 2 3 4 5 ITIB 07 06 05 04 03

Nous reconnaissons l'aide financière du gouvernement du Canada par l'entremise du Programme d'aide au développement de l'industrie de l'édition (PADIÉ) pour nos activités d'édition.

Carole Lafond-L., M. Sc. compt., M.A., CA, est professeure à l'École des sciences de la gestion (ESG) de l'Université du Québec à Montréal depuis 1978. Elle enseigne principalement la comptabilité financière. De plus, elle donne les cours d'intégration aux études universitaires à tous les étudiants commençant leur programme de comptabilité. Mme Lafond-L. est actuellement directrice du baccalauréat en comptabilité de management et directrice des programmes de certificats en comptabilité. Détentrice d'une maîtrise en sciences de l'éducation, elle s'intéresse de façon particulière à la pédagogie universitaire. Par ailleurs, elle a travaillé plusieurs années à la révision des programmes de comptabilité à l'ESG. Avant d'entreprendre sa carrière à l'UQAM, Mme Lafond-L. a occupé des fonctions de vérificatrice chez Raymond, Chabot, Martin, Paré & associés et de comptable à Télé-Québec.

Denise Lanthier, M.B.A, B. compt. spéc. et CA, est professeure à l'École des sciences de la gestion de l'Université du Québec à Montréal (UQAM) depuis 1980. Mme Lanthier donne le cours d'introduction à la comptabilité financière, qui s'adresse à l'ensemble des étudiants en sciences de la gestion. Elle enseigne aussi l'intégration aux études universitaires et donne un cours de spécialisation en sciences comptables. Elle est l'auteure de *Comptabilité financière approfondie,* aux Éditions Savoir d'Aujourd'hui, 2001. Cet ouvrage traite de la comptabilité des regroupements d'entreprises. Elle est actuellement directrice du programme de baccalauréat en sciences comptables. Avant d'entrer à l'UQAM, elle a été à l'emploi de KPMG, comptables agréés, pendant cinq ans, où elle a occupé des fonctions de vérification et de contrôle de la qualité. Elle est également formatrice en entreprise.

Sources des photos : chapitre 1 : p. 1, © Mark Gibson/Index Stock Imagery ; p. 9, Spencer Grant/PhotoEdit ; p. 16, AP/Wide World Photos ; chapitres 2, 3 et 4 : gracieuseté de Van Houtte inc. ; chapitre 5 : gracieuseté d'Axcan Pharma Inc. ; chapitre 6 : gracieuseté de l'Équipeur ; chapitre 7 : gracieuseté de Unibroue inc. ; chapitre 8 : gracieuseté de Transat A.T. inc. ; chapitre 9 : gracieuseté de Cascades inc. ; chapitre 10 : gracieuseté de Rona Saint-Bruno ; chapitre 12 : gracieuseté des Compagnies Loblaw limitée ; chapitre 13 : gracieuseté de ZENON Environmental Inc., Oakville, Ontario ; annexe B : gracieuseté de Le Château Inc. ; annexe C : gracieuseté des Boutiques San Francisco Incorporées.

Avant-propos

Une approche dynamique

C'est avec beaucoup d'enthousiasme et de fierté que nous vous présentons cette première édition française de l'ouvrage des professeurs Robert Libby, Patricia A. Libby et Daniel G. Short. Nous avons choisi d'adapter ce volume de comptabilité financière, car il nous est apparu original et fort intéressant à plusieurs égards. En effet, la comptabilité y est présentée comme une discipline attrayante et d'importance majeure pour tous les étudiants qui se destinent à une carrière en marketing, en finance, en comptabilité ou dans tout autre domaine de la gestion. Le style simple et moderne, l'approche pédagogique et la structure intégrée du volume sauront susciter l'intérêt des étudiants en les plongeant dès le début dans le monde stimulant des affaires. Cet ouvrage se veut avant tout un outil pratique pour aider ses utilisateurs à comprendre l'information financière afin de prendre des décisions importantes.

Dans cette édition française, nous avons mis en évidence des entreprises bien établies dans la société québécoise et canadienne. Chaque chapitre s'articule autour d'une société publique, bien connue des étudiants, évoluant dans un secteur d'activité économique spécifique. Les ratios financiers et les flux monétaires ainsi que les questions éthiques et internationales sont intégrés et analysés dans chacun des chapitres. Ainsi, les étudiants apprendront à améliorer leur jugement lorsqu'ils évaluent l'information comptable et financière. Finalement, les problèmes en fin de chapitre citent plusieurs entreprises canadiennes et américaines. De plus, le recours à Internet permet d'accentuer le réalisme des notions abordées. On trouve aussi du matériel favorisant le travail en équipe, puisque cette approche moderne simule efficacement le monde réel des affaires.

Afin d'atteindre ses objectifs, l'ouvrage intègre dans sa présentation de multiples outils pédagogiques. Ces outils soutiennent les étudiants dans leur apprentissage et contribuent à améliorer leur compréhension et leurs compétences.

Ouverture de chapitre

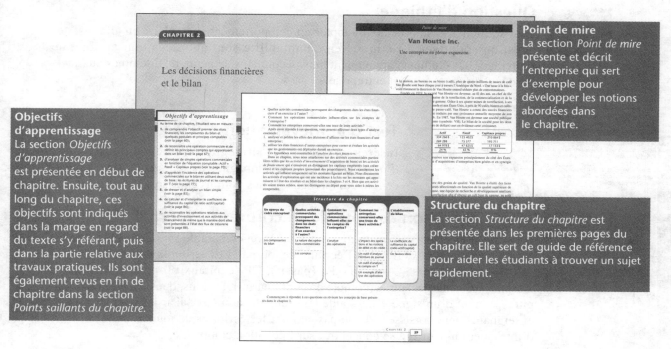

Point de mire
La section *Point de mire* présente et décrit l'entreprise qui sert d'exemple pour développer les notions abordées dans le chapitre.

Objectifs d'apprentissage
La section *Objectifs d'apprentissage* est présentée en début de chapitre. Ensuite, tout au long du chapitre, ces objectifs sont indiqués dans la marge en regard du texte s'y référant, puis dans la partie relative aux travaux pratiques. Ils sont également revus en fin de chapitre dans la section *Points saillants du chapitre*.

Structure du chapitre
La section *Structure du chapitre* est présentée dans les premières pages du chapitre. Elle sert de guide de référence pour aider les étudiants à trouver un sujet rapidement.

Tout au long du chapitre, des rubriques pédagogiques mises en évidence permettent de cibler divers aspects essentiels de l'enseignement de la comptabilité financière.

Analysons les ratios

La section *Analysons les ratios* se concentre sur la compréhension et l'interprétation des ratios, et elle favorise l'analyse des décisions. Cette rubrique présente l'analyse des ratios de l'entreprise choisie dans la section *Point de mire* et d'entreprises concurrentes. Par ailleurs, la section *Quelques précautions* fixe les limites de l'utilisation des ratios. Pour structurer l'utilisation des ratios financiers, une démarche constituée de trois étapes est utilisée :

– *Connaître la question*,
– *Utiliser les techniques appropriées*,
– *Interpréter prudemment les résultats*.

Analyse financière

La section *Analyse financière* souligne l'importance de la prise de décision. De plus, elle établit le lien entre les concepts couverts et des exemples de prise de décision tirés du monde réel.

Incidence sur les flux de trésorerie

Les chapitres 1 à 12 incluent une analyse des changements survenus dans les flux de trésorerie de l'entreprise choisie dans la section *Point de mire* et des décisions qui ont provoqué ces changements. Grâce à la couverture systématique des flux de trésorerie dès les premiers chapitres, les étudiants se familiarisent avec les types de décisions qu'ils devront prendre à titre de gestionnaires, puis avec les conséquences de ces décisions sur les flux de trésorerie.

Perspective internationale

En raison de la mondialisation de l'économie et des affaires, les étudiants doivent être conscients des différences existant dans les méthodes comptables employées à travers le monde.

Question d'éthique

Pour souligner l'importance d'adopter un comportement exemplaire en affaires, des questions relatives à l'éthique en comptabilité sont abordées tout au long de l'ouvrage. Les étudiants apprennent ainsi à connaître le genre de dilemmes auxquels les décideurs font face en entreprise.

TEST D'AUTOÉVALUATION

ÉQUATION COMPTABLE

1. Supposons que L'Équipeur a vendu des vêtements pour une valeur de 30 000 $ à différents détaillants avec des modalités de paiement de 1/10, n/30, et que la moitié de cette somme lui a été versée à l'intérieur du délai prévu pour se prévaloir de l'escompte. Pendant la même période, le chiffre d'affaires brut des magasins de l'entreprise a été de 5 000 $ dont 80% ont été payés par carte de crédit, avec un escompte de 3%, et le reste en espèces. Calculez le chiffre d'affaires net de cette période.

2. Au cours du premier trimestre de 2001, supposons que le chiffre d'affaires net de L'Équipeur s'élevait à 176 897 $ et que le coût des marchandises vendues était de 103 768 $. Démontrez que le pourcentage de marge bénéficiaire brute est de 41,3%.

Vérifiez vos réponses à l'aide des solutions présentées en bas de page*.

Test d'autoévaluation

Insérés en des points stratégiques du chapitre, les *Tests d'autoévaluation* (accompagnés de leurs solutions) renforcent la compréhension des notions apprises.

ÉQUATION COMPTABLE			
Actif	**= Passif**	**+ Capitaux propres**	
Immobilisations corporelles	+5 700	Effets à payer +4 200	
Encaisse	−1500		

ÉCRITURE DE JOURNAL		
Immobilisations (+A)	5 700	
Encaisse (−A)		1 500
Effets à payer (+Pa)		4 200

Équation comptable – écritures de journal

Les effets des opérations sur l'équation comptable sont présentés parallèlement aux effets sur l'écriture de journal. Les écritures sont désignées par des lettres – A (actif), Pa (passif), CP (capitaux propres), P (produit), C (charges) ou X (compte de contrepartie). De plus, dans les premiers chapitres, l'ajout d'un signe + ou – aide les étudiants à mieux saisir les opérations. Les enseignants qui choisissent de ne pas aborder les écritures de journal dans un cours d'introduction pourront se concentrer sur l'équation comptable.

Internet

Dans chacun des chapitres, les étudiants sont encouragés à explorer des sites Internet ; ils apprennent ainsi à intégrer cette ressource incontournable dans leur pratique quotidienne.

Fin de chapitre

Chaque chapitre se termine d'abord par une section qui reprend les éléments importants du chapitre sous une forme favorisant la révision :
– *Points saillants du chapitre*
  (présentés par objectifs d'apprentissage),
– *Ratios clés*,
– *Pour trouver l'information financière*,
– *Mots clés*.

Travaux pratiques

Une importante section de travaux permet de mettre en pratique les différents apprentissages. Ces travaux ont souvent pour sujet de véritables sociétés (nationales ou internationales). Ils favorisent donc l'exercice des habiletés (notamment la capacité d'analyse, la compréhension des concepts fondamentaux, les calculs, la communication écrite, le travail en équipe et la recherche dans Internet). Les chapitres se terminent par les éléments suivants :
– *Questions*,
– *Mini-exercices*,
– *Exercices*,
– *Problèmes*,
– *Problèmes supplémentaires*,
– *Cas et projets*.

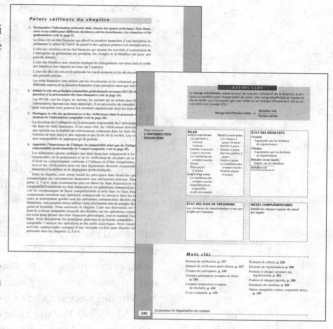

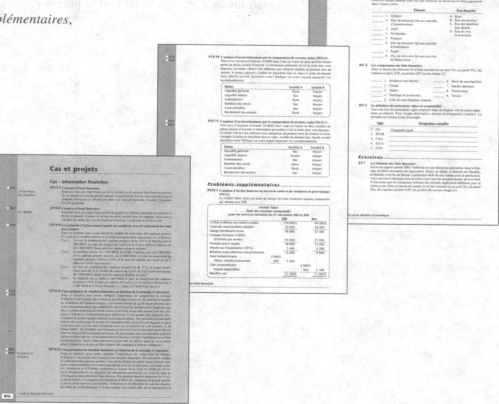

Remerciements

La parution de cet ouvrage a été possible grâce au travail et aux efforts de nombreuses personnes. Leur contribution nous permet aujourd'hui d'offrir aux étudiants un outil d'apprentissage bien adapté à leurs besoins et à leurs attentes.

Nous tenons à remercier en premier lieu les auteurs du volume américain, Robert Libby, Patricia A. Libby et Daniel G. Short. Nous espérons avoir conservé dans cette adaptation française la qualité et l'originalité de leur texte.

Nous tenons également à exprimer notre reconnaissance à nos collaborateurs qui ont travaillé soit sur certains chapitres du volume, soit sur le matériel pédagogique qui l'accompagne. Merci à Mmes Lucie Laplante et Danielle Pérusse, chargées de cours à l'Université du Québec à Montréal ; à M. Georges Collin, chargé de cours à l'Université du Québec à Montréal et à M. Alain Lavallée, professeur au Cégep Édouard-Montpetit.

La publication de cet ouvrage n'aurait pu être réalisée sans le travail constant et minutieux de l'équipe de la maison d'édition Chenelière/McGraw-Hill. Nous les remercions tous, et particulièrement M. Richard Henri qui, tout au long du processus, nous a prodigué ses encouragements empreints d'humour.

Par ailleurs, nous avons utilisé dans ce volume de nombreux extraits de rapports annuels de sociétés canadiennes. Les textes et les images contribuent au dynamisme de cet ouvrage et servent à créer des liens entre la théorie et le monde des affaires. Nous remercions les représentants des sociétés présentées dans les sections *Point de mire* d'avoir répondu généreusement à nos questions. En particulier, nous remercions M. Michel Lacoste chez Unibroue inc., M. Eric Wright chez Rogers Communications inc., M. Geoff Wilson chez George Weston limitée (Les Compagnies Loblaw limitée) et M. Sylvain Morissette chez RONA inc.

Enfin, nous ne pouvons passer sous silence les encouragements et l'appui que nos conjoints, Alain et François, nous ont accordés durant tous ces mois de travail.

Nous espérons sincèrement que cet ouvrage permettra aux étudiants francophones d'apprécier la comptabilité et d'en découvrir tout le potentiel.

Carole Lafond-Lavallée
Denise Lanthier

TABLE DES MATIÈRES

CHAPITRE 9

CHAPITRE 10

CHAPITRE 1

Les états financiers et les décisions économiques

Objectifs d'apprentissage

Au terme de ce chapitre, l'étudiant sera en mesure :

1. de reconnaître l'information présentée dans chacun des quatre principaux états financiers et son utilité pour différents décideurs, soit les investisseurs, les créanciers et les gestionnaires (voir la page 5);

2. de définir le rôle des principes comptables généralement reconnus (PCGR) dans la préparation et la présentation des états financiers (voir la page 24);

3. de distinguer le rôle des gestionnaires et des vérificateurs dans le processus de communication de l'information comptable (voir la page 28);

4. de réaliser l'importance de l'éthique en comptabilité ainsi que de l'intégrité et de la responsabilité professionnelle de l'expert-comptable (voir la page 30).

DISCUS INC.

Discus inc.

L'évaluation d'une acquisition
L'utilisation de l'information figurant aux états financiers*

Au mois de janvier, le Groupe Alpha inc. a fait l'acquisition de Discus inc., un fabricant d'unités de disques pour ordinateurs personnels. Cette acquisition leur a coûté plus de 30 millions de dollars. Discus est une entreprise à croissance rapide. Le Groupe Alpha a déterminé le prix d'achat en tenant compte de la valeur des ressources économiques de la société Discus, de ses dettes ainsi que de sa capacité à vendre des biens à un prix supérieur aux coûts qu'elle engage pour les produire, et à sa capacité de générer l'argent nécessaire pour régler ses factures courantes. Une bonne part de cette évaluation a été basée sur l'information financière fournie par Discus. Cette information était présentée sous forme d'états financiers. Au mois de juillet, le Groupe Alpha a découvert plusieurs problèmes tant dans les activités d'exploitation de Discus que dans ses états financiers. Le Groupe Alpha s'est ainsi rendu compte que Discus ne valait que la moitié du prix payé. De plus, Discus ne disposait pas de suffisamment de liquidités pour rembourser ses dettes à la Banque d'Investissement. En réaction, le Groupe Alpha a entamé une poursuite judiciaire contre les anciens propriétaires et les autres personnes responsables de la préparation des états financiers de Discus pour recouvrer le versement excédentaire.

Les objectifs de la comptabilité générale

La détermination du prix que le Groupe Alpha était prêt à payer pour acquérir Discus est typique des décisions économiques prises sur la base des états financiers. Les entreprises utilisent les états financiers comme véhicule principal pour communiquer l'information financière aux utilisateurs externes à l'entreprise. Ce volume a pour objectif d'aider l'étudiant à développer ses habiletés à lire et à interpréter les états financiers des entreprises commerciales et à comprendre le système qui permet de produire ces états financiers. Ce volume vise deux groupes de lecteurs : les *futurs gestionnaires* qui devront interpréter l'information présentée dans les états financiers et l'utiliser en prenant des décisions d'affaires, et les *futurs comptables* qui dresseront les états financiers pour ces gestionnaires. De plus, cet ouvrage vise à permettre aux futurs gestionnaires d'acquérir une connaissance fondamentale pour utiliser adéquatement l'information présentée dans les états financiers. Cette utilisation pourra se faire dans le cadre d'une carrière en marketing ou en finances, dans des secteurs tels que les banques, la fabrication, les ressources humaines, le tourisme, l'économie, l'urbanisme, les systèmes d'information ou les autres domaines de la gestion. Les futurs comptables y trouveront des fondements solides pour poursuivre des études professionnelles plus avancées.

---

* Le cas de Discus inc. est une représentation réaliste d'un véritable cas de fraude. Aucun des noms mentionnés dans ce cas n'est réel. Nous discuterons la fraude véritablement commise dans la conclusion du présent chapitre.

Afin de remplir leurs tâches efficacement, tant les gestionnaires que les comptables doivent comprendre les *états financiers* (ce que les états financiers disent et ce qu'ils taisent au sujet d'une entreprise commerciale), les *opérations commerciales* de même que l'*utilisation des états financiers dans la prise de décision*. Par conséquent, nous intégrons des pratiques commerciales réelles dans notre discussion, et ce, dès le premier chapitre. Nous examinons les notions fondamentales de la comptabilité générale dans plusieurs contextes d'affaires pertinents à la future carrière des lecteurs. Les notions abordées dans chaque chapitre sont intégrées autour d'une *société précise* (dans ce chapitre, il s'agit de la société Discus inc.). Les sociétés étudiées proviennent de 11 secteurs d'activité différents, ce qui permettra à l'étudiant de se familiariser avec des entreprises réelles et leurs pratiques comptables. S'il y a lieu, les activités d'exploitation ainsi que les états financiers de la société étudiée sont ensuite comparés à ceux de *sociétés concurrentes*. À la fin de ce volume, l'étudiant sera en mesure de lire et de comprendre les états financiers de sociétés véritables.

La manière dont les gestionnaires expérimentés utilisent les états financiers dans les entreprises modernes a guidé notre choix du contenu et des objectifs d'apprentissage. Parallèlement, notre approche pédagogique présume que les étudiants qui utilisent ce manuel n'ont pas de connaissances comptables ou portant sur les états financiers et qu'ils sont peu familiers avec le monde des affaires. Cet ouvrage est également conçu de façon à favoriser l'acquisition de méthodes de travail susceptibles de faciliter l'apprentissage.

Nous commençons cet apprentissage par un bref aperçu, qui est toutefois complet, des quatre principaux états financiers ainsi que des personnes et des entreprises participant à leur élaboration ou utilisant l'information fournie dans ces états. Cet aperçu présente le contexte général qui sera par la suite repris de façon plus détaillée dans les chapitres suivants. Nous entrouvrons notre discussion par l'acquisition de la société Discus. En particulier, nous nous concentrons sur la manière dont les principaux utilisateurs des états financiers, soit les investisseurs (les propriétaires) et les créanciers (les prêteurs), se sont fiés à chacun des quatre états financiers de Discus pour prendre leur malheureuse décision de l'acheter et de lui prêter de l'argent. Plus loin dans ce chapitre, nous discuterons l'utilisation de l'information fournie dans les états financiers qu'on peut faire en marketing, en gestion, en ressources humaines et dans d'autres contextes d'affaires.

Parlons affaires

Les joueurs en présence

Discus a été fondée par deux ingénieurs qui avaient auparavant travaillé pour Technologie inc., un fabricant de gros ordinateurs. Prévoyant la hausse de la demande pour des ordinateurs personnels avec unités de disques, ces deux ingénieurs ont formé Discus, une société spécialisée dans la fabrication de cette composante essentielle d'ordinateurs. Pour créer l'entreprise, les fondateurs ont investi une part importante de leurs épargnes, devenant ainsi les propriétaires exclusifs de Discus. Comme c'est généralement le cas dans les nouvelles entreprises, les fondateurs en étaient aussi les gestionnaires (ils étaient les *propriétaires exploitants*).

Les fondateurs ont rapidement réalisé qu'ils avaient besoin de fonds supplémentaires pour développer la société. En fonction de la recommandation d'un ami proche, ils se sont tournés vers la Banque d'Investissement pour emprunter de l'argent.

Au fil des ans, Discus a emprunté auprès de nombreux bailleurs de fonds, mais la Banque d'Investissement a continué à lui prêter les sommes nécessaires à son exploitation, devenant ainsi son principal prêteur ou *créancier*. Au début de l'an dernier, un des fondateurs de l'entreprise a été très malade. Cet événement, combiné au stress lié à l'exploitation de l'entreprise dans ce secteur d'activité très concurrentiel, a entraîné la vente de l'entreprise. En janvier dernier, les fondateurs ont conclu un contrat de vente de la société avec les *nouveaux propriétaires*, le Groupe Alpha inc., un petit groupe privé de riches investisseurs. Les deux fondateurs ont pris leur retraite, et un nouveau gestionnaire a été embauché pour diriger Discus au nom des nouveaux propriétaires. Le nouveau *gestionnaire* avait autrefois travaillé pour une société qui appartenait au Groupe Alpha, mais il n'était pas propriétaire de la société.

Les propriétaires (souvent appelés les *investisseurs* ou les *actionnaires*), qu'il s'agisse de groupes comme Alpha, qui a récemment acquis Discus, ou de personnes qui achètent de faibles pourcentages de participation dans de grandes sociétés, effectuent leurs investissements en espérant en tirer profit de deux manières. Ils souhaitent soit revendre essentiellement à un prix plus élevé que celui qu'ils ont payé, soit recevoir une portion de ce que gagne la société sous forme de paiements en espèces, appelés les *dividendes*. Comme le suggère le cas de Discus, ce ne sont pas toutes les sociétés qui prennent de la valeur dans le temps ou qui disposent de suffisamment de liquidités pour verser des dividendes. Les *créanciers* (qu'il s'agisse de personnes, d'entreprises commerciales ou d'établissements financiers comme les banques) prêtent de l'argent à une société pour une période de temps précise. Ils espèrent tirer des gains en demandant des intérêts sur les sommes qu'ils prêtent. Comme la Banque d'Investissement, principal créancier de Discus, l'a appris, certains emprunteurs sont incapables par la suite de rembourser leurs dettes.

La compréhension des activités commerciales de l'entreprise

Pour comprendre les états financiers d'une société, il faut d'abord connaître ses activités d'exploitation. Comme nous l'avons mentionné plus haut, Discus conçoit et fabrique des unités de disques pour ordinateurs personnels. Les principales pièces constituant ces unités incluent les disques sur lesquels les données sont stockées, les moteurs qui font tourner les disques, les têtes qui lisent et qui écrivent sur les disques ainsi que les puces d'ordinateurs qui commandent les opérations de l'unité. Discus achète les disques et les moteurs auprès d'autres sociétés, qu'on appelle des *fournisseurs*. La société conçoit et fabrique les têtes, de même que les puces, puis elle assemble les unités. Discus ne vend pas les unités de disques directement au grand public. Ses clients sont plutôt des fabricants d'ordinateurs, comme Compaq et Apple Computer, qui installent les unités de disques dans les ordinateurs qu'ils vendent aux détaillants (soit les entreprises qui vendent aux consommateurs) comme Bureau en gros ou Future Shop. Ainsi, Discus est un fournisseur de Compaq et d'Apple Computer.

Le secteur des unités de disques est très compétitif. Discus concurrence des sociétés de fabrication d'unités de disques beaucoup plus grandes en investissant de fortes sommes d'argent dans le développement d'unités de disques novatrices et plus performantes. Elle utilise des robots dans l'usine pour réduire les coûts de main-d'œuvre et s'assurer de la qualité du produit. Parmi les employés de Discus, on peut mentionner 36 ingénieurs et techniciens qui travaillent en recherche et développement pour créer de nouvelles unités de disques.

Comme toutes les entreprises, Discus dispose d'un système de **comptabilité** qui rassemble et traite (analyse, mesure et enregistre) les données financières sur l'entreprise et communique ces informations aux décideurs. Les gestionnaires de Discus (souvent appelés les *décideurs internes*) et les parties externes à l'entreprise comme les investisseurs, tels que les gestionnaires du Groupe Alpha et les agents de prêts de la Banque d'Investissement (souvent appelés les *décideurs externes*), utilisent les rapports produits par ce système. Le tableau 1.1 présente les deux parties du système comptable. En général, les gestionnaires internes ont besoin d'une information détaillée de manière continue, car ils doivent planifier les activités d'exploitation

La **comptabilité** est un système d'information permettant de rassembler et de communiquer des informations à caractère essentiellement financier, le plus souvent chiffrées en unités monétaires, concernant l'activité économique des entreprises et des organismes. Ces informations sont destinées à aider les personnes intéressées à prendre des décisions économiques, notamment en matière de répartition des ressources[1].

---

1. Louis Ménard, *Dictionnaire de la comptabilité*, ICCA, 1994, p. 6.

quotidiennes de l'entreprise et prendre des décisions rapidement. Le développement d'un système d'information comptable pour les décideurs internes relève de la *comptabilité de gestion* ou *comptabilité de management*. Ce sujet fait l'objet d'un cours de comptabilité distinct. Dans ce manuel, nous nous attarderons sur le système d'information comptable destinée aux décideurs externes, appelé la *comptabilité générale*, ainsi que sur les quatre principaux états financiers qui constituent le produit de ce système.

Pour déterminer le type d'information présentée dans chaque état, nous examinerons les états financiers que les anciens propriétaires exploitants de Discus ont présentés au Groupe Alpha. Ensuite, nous vérifierons les connaissances de l'étudiant en tentant de corriger les erreurs commises dans chacun des états financiers et discuterons les conséquences des erreurs sur la valeur de Discus. Finalement, nous aborderons les enjeux éthiques soulevés par ce cas et les responsabilités légales des diverses parties concernées dans ce dossier.

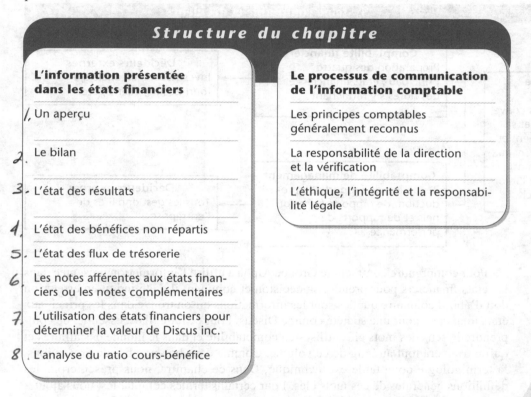

Structure du chapitre

L'information présentée dans les états financiers

1. Un aperçu

2. Le bilan

3. L'état des résultats

4. L'état des bénéfices non répartis

5. L'état des flux de trésorerie

6. Les notes afférentes aux états financiers ou les notes complémentaires

7. L'utilisation des états financiers pour déterminer la valeur de Discus inc.

8. L'analyse du ratio cours-bénéfice

Le processus de communication de l'information comptable

Les principes comptables généralement reconnus

La responsabilité de la direction et la vérification

L'éthique, l'intégrité et la responsabilité légale

L'information présentée dans les états financiers

Le Groupe Alpha (les nouveaux propriétaires de Discus) et la Banque d'Investissement (le principal créancier de Discus) ont tous deux utilisé les états financiers de Discus pour en apprendre davantage sur celle-ci avant de prendre leur décision d'achat pour l'un et de prêt pour l'autre. Ce faisant, le Groupe Alpha et la Banque d'Investissement ont supposé que les états financiers représentaient fidèlement la situation financière de Discus. Cependant, comme ils ont tôt fait de l'apprendre et l'avancent maintenant comme argument dans la poursuite, les états financiers étaient erronés. Discus avait 1) au bilan, surévalué les ressources économiques qu'elle possédait et sous-évalué ses obligations envers les tierces parties ; 2) à l'état des résultats, surévalué sa capacité de vendre des biens à un prix supérieur aux coûts qu'elle devait payer pour les produire et les vendre ; 3) à l'état des flux de trésorerie, surestimé sa

OBJECTIF D'APPRENTISSAGE **1**

Reconnaître l'information présentée dans chacun des quatre principaux états financiers et son utilité pour différents décideurs, soit les investisseurs, les créanciers et les gestionnaires.

capacité de générer, à même ses ventes, les sommes nécessaires pour honorer ses dettes. Ces trois états financiers ainsi que l'*état des bénéfices non répartis* constituent les quatre principaux états financiers que les organisations à but lucratif établissent normalement pour diffuser l'information financière destinée aux propriétaires, aux investisseurs potentiels, aux créanciers et aux autres décideurs.

Les quatre principaux états financiers résument les activités financières de l'entreprise. On peut les dresser à n'importe quel moment (par exemple à la fin de l'année, du trimestre ou du mois), et ils peuvent s'appliquer à n'importe quelle période (un an, un trimestre ou un mois, par exemple). Comme la plupart des sociétés, Discus dresse ses états financiers pour les investisseurs et les créanciers à la fin de chaque trimestre (ce qu'on appelle des *rapports trimestriels*) et à la fin de l'année (ce qu'on appelle des *rapports annuels*).

TABLEAU **1.1**	Système comptable et décideurs

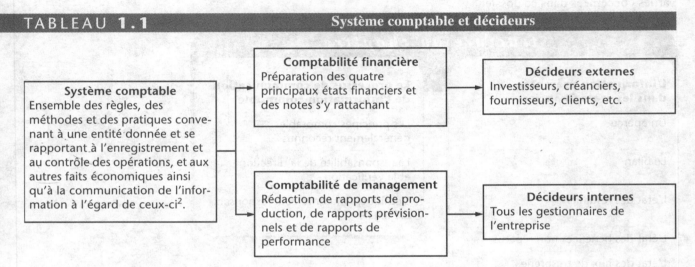

Pour comprendre comment le Groupe Alpha a utilisé l'information présentée dans les états financiers pour prendre sa décision et comment il a été induit en erreur, on doit d'abord connaître quelles sont les informations qu'on trouve dans les principaux états financiers pour une société comme Discus. Pour ce faire, il est essentiel de comprendre le sens des mots clés utilisés en comptabilité et dans le monde des affaires et qu'on trouvera tout au long de ce volume. Comme dans bon nombre de professions, la terminologie comptable est technique. Dans ce chapitre, nous présenterons les définitions générales de ces mots clés. Pour certains termes comptables, nous ajouterons plus de détails aux définitions dans des chapitres ultérieurs. Il faut toutefois prendre note que plusieurs termes peuvent être utilisés pour désigner une même réalité et que les entreprises ajustent quelques fois la terminologie à leur réalité.

Un aperçu

Dans cette section, nous introduisons plusieurs nouveaux termes comptables et économiques. Puisque l'étudiant n'est pas familier avec bon nombre de ces termes, le texte qui suit pourrait sembler décourageant, surtout si on tente de mémoriser les définitions. Il ne faut pas oublier que cet aperçu vise à présenter un contexte général pour les discussions plus détaillées qui suivront. Il convient de se concentrer sur la structure et le contenu général des états financiers. Plus précisément, il faut s'attarder sur les questions suivantes :

1. Quelles sont les principales composantes (souvent appelées les *rubriques*) de chacun des quatre états financiers ? Ces mentions indiqueront le type d'information

---

2. *Ibid.*, p. 12.

présentée dans les états financiers. Ainsi, vous apprendrez, en tant que lecteur d'états financiers, où trouver chaque type d'information.

2. Quelles sont les relations entre les différentes composantes des états financiers ? Ces relations sont habituellement décrites par une équation qui indique le lien entre les composantes.

3. En quoi chacune des composantes est-elle importante dans la prise de décision d'un propriétaire ou d'un créancier ? La réponse à cette question donnera une idée générale de l'importance de l'information financière présentée dans les états financiers pour les décideurs.

Pour avoir une idée de l'évolution effectuée, les habiletés à répondre à ces questions seront évaluées dans les *tests d'autoévaluation*, situés un peu partout dans le chapitre. Après avoir répondu aux tests, l'étudiant peut vérifier ses réponses grâce aux solutions fournies dans une note en bas de page. En cas d'incertitude, l'étudiant peut se reporter au texte précédant le test avant de continuer.

Les mots essentiels à la compréhension des réponses aux tests sont présentés en gras et répétés en marge. Il conviendrait d'accorder une attention particulière aux définitions de ces termes. Chacune des définitions doit être bien comprise. Pour mieux retenir ces termes, nous les répétons à la fin du chapitre. En cas d'incertitude concernant la définition d'autres termes, il est possible de consulter le glossaire à la fin du volume. De plus, il ne faut pas oublier que puisque ce chapitre ne constitue qu'un aperçu, chacune des notions présentées sera abordée de nouveau dans les chapitres 2 à 5.

Le bilan

Il est possible d'apprendre plusieurs informations sur le bilan uniquement en lisant l'intitulé ou l'en-tête du bilan. Le tableau 1.2 présente le bilan de Discus que ses anciens propriétaires ont soumis au Groupe Alpha. Il faut noter que l'*intitulé* permet de préciser quatre éléments :

1. *La raison sociale de l'entité :* Discus inc.

En comptabilité, il faut donner une définition précise de l'organisation pour laquelle les données financières sont rassemblées. Une fois l'entreprise bien identifiée, on parle alors d'une **entité comptable.** Les ressources, les dettes et les activités de l'entité sont conservées séparément de celles des propriétaires ou de toute autre entité. Ce processus découle du *postulat de la personnalité de l'entité*[3]. L'entité commerciale elle-même, et non pas le propriétaire de l'entreprise, possède les ressources économiques qu'elle utilise et est responsable des dettes qu'elle contracte.

> Une **entité comptable** est une unité comptable ou un ensemble d'unités comptables formant un tout aux fins de la publication des états financiers[4].

2. *L'intitulé* Bilan

Le **bilan** a pour objectif de présenter la situation financière (l'actif, le passif et les capitaux propres) d'une entité comptable à un moment donné. Par conséquent, on appelle parfois le bilan l'*état de la situation financière*. La signification de la situation financière se clarifiera lorsque nous étudierons les composantes de cet état.

> Un **bilan** est un document de synthèse exposant à une date donnée la situation financière et le patrimoine d'une entité, et dans lequel figurent la liste des éléments de l'actif et du passif ainsi que la différence, qui correspond aux capitaux propres[5].

3. *La date* Au 31 décembre 20A

L'intitulé de chaque état indique la *dimension temporelle* du rapport. Le bilan ressemble à un aperçu financier révélant la situation financière de l'entité *à un moment dans le temps*, dans le cas présent, le 31 décembre 20A, lequel est clairement énoncé au bilan. Il faut noter que, dans ce volume, nous utilisons souvent la convention « 20A »

---

3. Le postulat de la personnalité de l'entité s'applique à tous les types d'entreprises commerciales (les sociétés de capitaux ou sociétés par actions, ainsi que les entreprises individuelles et les sociétés de personnes, que nous discuterons plus loin dans ce chapitre).

4. *Ibid.*, p. 8.

5. *Ibid.*, p. 68.

pour le premier exercice, « 20B » pour le deuxième, et ainsi de suite. De cette façon, on peut considérer la série d'années 20A, 20B et 20C comme équivalant à une série de trois ans comme 2003, 2004 et 2005.

4. *L'unité de mesure*   (en milliers de dollars)

Les entreprises établissent normalement des rapports libellés dans la devise du pays dans lequel elles ont leur siège social, dans le cas de Discus, en dollars canadiens. De même, les sociétés américaines présentent leurs états financiers en dollars américains et les sociétés mexicaines en pesos. Les sociétés de taille moyenne comme Discus et des entreprises beaucoup plus grandes comme Cascades inscrivent souvent les informations financières en milliers ou en millions de dollars. Autrement dit, les trois derniers chiffres sont arrondis au millier ou au million de dollars près. Conséquemment, dans le bilan de Discus, le poste Encaisse 4 895 $ signifie véritablement 4 895 000 $.

TABLEAU 1.2	Bilan

	Discus inc. Bilan au 31 décembre 20A (en milliers de dollars)	
Raison sociale de l'entité		
Intitulé de l'état financier		
Date précise de l'état financier		
Unité de mesure	**Actif**	
Sommes d'argent dans les comptes bancaires de la société	Encaisse	4 895 $
Sommes dues par les clients pour les ventes antérieures	Clients	5 714
Pièces et unités de disques non vendues	Stock de marchandises	8 517
Usine et outillage de production	Usine et matériel	7 154
Terrain sur lequel l'usine est construite	Terrain	981
	Total de l'actif	27 261 $
	Passif	
Sommes dues aux fournisseurs pour les achats antérieurs	Fournisseurs	7 156 $
Montants à payer à la suite des engagements signés par l'entreprise	Effets à payer	9 000
	Total du passif	16 156 $
	Capitaux propres	
Montants investis dans l'entreprise par les actionnaires	Capital-actions	2 000 $
Bénéfices antérieurs non distribués aux actionnaires	Bénéfices non répartis	9 105
	Total des capitaux propres	11 105
	Total du passif et des capitaux propres	27 261 $

Les notes afférentes, ou les notes complémentaires, font partie intégrante des états financiers.

Après l'intitulé de l'état financier, on remarque les trois composantes inscrites au bilan, soit l'actif, le passif et les capitaux propres.

L'actif Discus décrit cinq éléments sous la composante Actif :

Encaisse	4 895 $	Sommes d'argent dans les comptes bancaires de la société
Clients	5 714	Sommes dues par les clients pour les ventes antérieures
Stock de marchandises	8 517	Pièces et unités de disques non vendues
Usine et matériel	7 154	Usine et outillage de production
Terrain	981	Terrain sur lequel l'usine est construite

Ces éléments, appelés les *actifs,* représentent les ressources économiques qui appartiennent à l'entité et qui proviennent des opérations antérieures. Les éléments qui sont présentés à titre d'actif dans le bilan d'une entreprise dépendent de la nature de ses activités d'exploitation. Les cinq éléments mentionnés par Discus sont les ressources économiques nécessaires pour fabriquer les unités de disques et les vendre à des sociétés comme Compaq. Chacune de ces ressources doit produire des avantages économiques futurs pour l'entreprise. Pour se préparer à fabriquer les unités de disques, Discus avait d'abord besoin d'*encaisse,* ou de liquidités, pour acheter le *terrain* sur lequel construire son usine et installer l'outillage de production (les *immobilisations*).

Discus a ensuite acheté des pièces et produit des unités de disques, ce qui a entraîné la création du compte Stock de marchandises. Quand Discus vend ses unités de disques à Compaq et à d'autres sociétés, elle les vend à crédit et reçoit en contrepartie une promesse de paiement appelée une *créance* (ou clients, comptes clients, débiteurs), cette somme étant recouvrée en espèces à une date ultérieure. Discus inscrit à titre d'encaisse le montant d'argent qui se trouve dans ses comptes bancaires à la date du bilan, montant qu'elle utilisera pour payer ses propres factures.

Tous les actifs sont évalués en fonction du total des frais engagés pour les acquérir. Par exemple, le bilan de Discus montre un compte Terrain, 981 $; il s'agit du montant versé (en milliers de dollars) pour le terrain au moment où il a été acquis. Même si la valeur marchande du terrain augmente, le bilan présentera le terrain à son *coût d'acquisition initial* (*principe de la valeur d'acquisition*). Le bilan *ne vise pas à présenter la juste valeur marchande* des actifs. Si Discus avait tenté de vendre le terrain, elle aurait pu recevoir une somme plus ou moins égale au montant inscrit au bilan.

ANALYSE FINANCIÈRE

L'interprétation des actifs figurant au bilan

L'évaluation des actifs de Discus était une information importante pour son créancier, la Banque d'Investissement, et ses investisseurs potentiels, le Groupe Alpha, car la valeur des actifs permet de juger si l'entreprise dispose de ressources suffisantes pour régler ses dettes. La valeur des actifs est également importante, car ceux-ci pourraient être vendus en contrepartie d'espèces si Discus faisait faillite. Comme on l'a cependant mentionné, si les actifs sont vendus, rien ne garantit que le montant inscrit au bilan sera égal au montant tiré de la vente. Certains utilisateurs inexpérimentés des états financiers ne comprennent pas cette notion et peuvent facilement mal interpréter la situation financière d'une entreprise.

Le passif et les capitaux propres Le bilan de Discus détaille ensuite les comptes de passif et les capitaux propres. Ceux-ci représentent les diverses sources de financement des ressources économiques de l'entité. Le financement fourni par les créanciers forme le passif de l'entreprise, alors que le financement apporté par les propriétaires constitue l'avoir des propriétaires. Puisque Discus est une société de capitaux, on appelle l'avoir des propriétaires les *capitaux propres*[6]. Comme l'acquisition de chaque actif implique une source de financement, l'actif d'une société doit, en tout temps, être égal au passif et aux capitaux propres de la société. Cette **équation comptable,** souvent appelée l'identité fondamentale ou l'égalité fondamentale, s'énonce ainsi:

$$\textbf{Actif} \qquad = \qquad \textbf{Passif + Capitaux propres}$$

Ressources économiques **Sources de financement pour**
(par exemple l'encaisse, le stock **les ressources économiques**
de marchandises) **Passif: Des créanciers**
Capitaux propres: Des actionnaires

L'équation comptable montre ce qu'on entend par la *situation financière* d'une entreprise, soit les ressources économiques que possède une entreprise et les sources de financement pour ces ressources.

Sous la composante Passif, Discus présente deux éléments:

Fournisseurs	7 156 $	Sommes dues aux fournisseurs pour les achats antérieurs
Effets à payer	9 000	Montants à payer à la suite des engagements signés par l'entreprise

Les *passifs* sont les obligations d'une entité qui découlent des opérations effectuées antérieurement. Ils proviennent principalement des *achats de biens ou de services* à crédit et des *emprunts d'argent* en vue de financer l'entreprise.

Bon nombre d'entreprises achètent des biens et des services auprès de leurs fournisseurs à crédit, sans d'abord signer de contrat écrit officiel (un effet). Par exemple, pour les unités de disques qu'elle produit, Discus achète des moteurs électriques de Magnalite inc. Cette opération crée un passif qu'on appelle *Créditeurs* ou *Fournisseurs*. Puisqu'un contrat écrit officiel n'a pas été conclu, on dit souvent que ces achats se font sur des *comptes ouverts*. Le montant du compte Fournisseurs décrit par Discus inclut toutes ses dettes dues à ses fournisseurs sur comptes ouverts.

Les entités commerciales empruntent souvent de l'argent, principalement des établissements de prêt comme les banques, en concluant des engagements officiels écrits. Dans ce cas, un passif appelé les *effets à payer* est créé. Les effets à payer précisent le montant à rembourser, une date d'échéance ou de paiement prédéterminé ainsi que le taux d'intérêt demandé par le prêteur. Le montant inscrit pour les effets à payer de Discus (9 000 000 $) est dû à la Banque d'Investissement dans 5 ans et exige un versement d'intérêts de 5 % de la dette au 31 décembre (5 % × 9 000 000 $ = 450 000 $) de chaque année.

---

6. Une société de capitaux est une société constituée en vertu des lois canadiennes fédérales ou provinciales. Les propriétaires s'appellent les *actionnaires*. La propriété est représentée par des actions du capital-actions qu'on peut acheter et vendre sur le marché financier. La société de capitaux est exploitée à titre d'entité juridique, séparément et indépendamment de ses actionnaires. Les actionnaires jouissent d'une responsabilité limitée. Ils ne sont responsables des dettes de la société que jusqu'à concurrence du capital investi. Nous discuterons les formes de propriété plus en détail dans l'Annexe 1-A à la fin du chapitre.

L'interprétation du passif figurant au bilan

Les dettes actuelles de Discus étaient une information pertinente dans la prise de décision de la Banque d'Investissement de lui prêter de l'argent, car les créanciers partagent les droits sur l'actif de la société. Lorsqu'une entreprise ne rembourse pas ses créanciers, la loi peut donner aux créanciers le droit de l'obliger à vendre une quantité suffisante d'actifs pour recouvrer leurs créances. Si Discus ne trouve pas une autre source de financement pour rembourser ses dettes, la Banque d'Investissement ainsi que ses autres créanciers risquent d'adopter cette mesure. Le Groupe Alpha était également intéressé par les informations concernant les dettes de Discus, puisqu'il se demandait si la société disposait de suffisamment de ressources en espèces pour rembourser ses dettes.

Les *capitaux propres* (ou l'*avoir des actionnaires* ou l'avoir des associés ou l'avoir du propriétaire) indiquent le montant de financement provenant des propriétaires de l'entreprise ou de l'exploitation de celle-ci. Les capitaux propres proviennent de deux sources : 1) le *capital-actions* (ou le *capital d'apport*), soit la valeur des investissements en argent ou des autres actifs apportés dans l'entreprise par les propriétaires ; 2) les *bénéfices non répartis*, soit le montant des bénéfices réinvestis dans l'entreprise (et qui ne sont donc pas distribués aux actionnaires sous forme de dividendes).

Dans le tableau 1.2, la section des capitaux propres de Discus présente ce qui suit :

Capital-actions	2 000 $	Montants investis dans l'entreprise par les actionnaires
Bénéfices non répartis	9 105	Bénéfices antérieurs non distribués aux actionnaires

Les deux actionnaires fondateurs de Discus ont investi au total 2 000 000 $ dans l'entreprise. Chaque actionnaire a reçu 10 000 actions du capital-actions (20 000 actions au total). Il faut noter que les montants du capital figurant au bilan de Discus n'ont pas changé quand les deux actionnaires fondateurs ont vendu leurs actions au Groupe Alpha, puisque l'opération ne comportait pas un apport supplémentaire d'argent ou d'autres actifs dans Discus. Cette opération de vente, qui s'est déroulée entre les propriétaires initiaux de Discus et du Groupe Alpha, s'est produite à l'extérieur de l'entité comptable Discus et n'a donc pas été comptabilisée dans son système comptable.

La somme totale des bénéfices (ou des pertes subies) déduite de tous les dividendes versés aux actionnaires depuis la constitution de la société de capitaux est inscrite à titre de *bénéfices non répartis*. Par conséquent, les bénéfices non répartis incluent la portion des bénéfices non distribués aux propriétaires. Le calcul est présenté dans l'état des bénéfices non répartis que nous discuterons plus loin. Le total des capitaux propres de 11 105 000 $ est égal à la somme de l'investissement initial des propriétaires (2 000 000 $) additionnée aux bénéfices non répartis (9 105 000 $).

Une remarque sur le format Il convient de mentionner quelques conventions supplémentaires sur le format du bilan. Les actifs sont énumérés au bilan selon leur facilité de conversion en espèces ou leur degré de liquidité. Les passifs sont inscrits selon leur échéance (la date d'exigibilité). La plupart des états financiers présentent le symbole de l'unité monétaire (au Canada, le dollar ou $) près du premier montant dans un groupe de postes (par exemple le compte Encaisse dans l'actif). De plus, il est courant d'ajouter un soulignement sous le dernier poste d'un groupe avant un total ou un sous-total (par exemple Terrain). On place également un signe de dollars à côté des totaux du groupe (par exemple le Total de l'actif) et un soulignement double au-dessous. Les mêmes conventions sont respectées pour les principaux états financiers. Nous discuterons les autres formats pour la présentation du bilan plus en détail dans le chapitre 5.

L'interprétation des capitaux propres figurant au bilan

L'équation comptable (Actif = Passif + Capitaux propres) montre que les capitaux propres sont égaux au total de l'actif déduit du total du passif de l'entité. On appelle parfois les capitaux propres la *valeur nette*. Le total des capitaux propres, ou la valeur nette de Discus, est important pour la Banque d'Investissement, car les droits des créanciers sur l'actif ont légalement priorité sur ceux des propriétaires. Ce fait revêt aussi de l'importance si Discus fait faillite et si elle doit vendre ses actifs. Dans ces circonstances, les résultats tirés de la vente doivent servir à rembourser les créanciers, comme la Banque d'Investissement, avant que les propriétaires ne reçoivent quoi que ce soit. Ainsi, les capitaux propres sont considérés comme un «coussin» qui protège les créanciers si l'entité fait faillite. Quand le Groupe Alpha considérait la possibilité d'acheter Discus, il a également analysé les capitaux propres. Cependant, il ne faut pas oublier que le montant comptabilisé au bilan pour les actifs (appelé la *valeur comptable*) *pourrait être supérieur ou inférieur aux prix courants de ces actifs* (appelés la *valeur marchande*). Par suite, le Groupe Alpha savait que le montant des capitaux propres ne représentait pas la valeur marchande de la société dans son ensemble pour ses propriétaires.

TEST D'AUTOÉVALUATION

1. Les *actifs* de Discus sont énumérés dans une section et ses *passifs* ainsi que ses *capitaux propres* dans une autre. Il faut noter que les deux sections s'équilibrent, conformément à l'équation comptable. Dans les chapitres suivants, on apprendra que l'équation comptable constitue le fondement de tout le processus comptable. Votre tâche consiste maintenant à vérifier si le montant des capitaux propres de 11 105 000 $ est juste en utilisant le total de l'actif et celui du passif présentés dans le tableau 1.2, ainsi que l'équation comptable sous la forme

    Actif – Passif = Capitaux propres

2. Il est important d'apprendre quels postes appartiennent à chacune des composantes du bilan pour comprendre leur signification. Précisez si chacun des postes du bilan dans la liste suivante est un actif (A), un passif (Pa) ou des capitaux propres (CP), sans consulter le tableau 1.2 :

    a) __A__ Clients   f) __Pa__ Stock de marchandises
    b) __Pa__ Fournisseurs   g) __A__ Terrain
    c) __A__ Encaisse   h) __Pa__ Effets à payer
    d) __CP__ Capital- actions   i) __CP__ Bénéfices non répartis
    e) __A__ Usine et matériel

Vérifiez vos réponses à l'aide des solutions présentées en bas de page*.

L'état des résultats

L'exercice financier est la période couverte par les états financiers.

Une lecture rapide de l'état des résultats de Discus révèle une grande quantité d'informations concernant son objectif et son contenu. Le tableau 1.3 fournit l'état des résultats de Discus. L'intitulé de l'état des résultats précise de nouveau la raison sociale de l'entité, le nom du rapport ainsi que l'unité de mesure utilisée dans l'état. Toutefois, contrairement au bilan, lequel présente des informations financières à une date donnée, l'état des résultats couvre une *période précise* (pour l'exercice terminé le 31 décembre 20A). La période couverte par les états financiers (dans ce cas un an) s'appelle **l'exercice financier.**

---

*1. Actif (27 261 000 $) – Passif (16 156 000 $) = Capitaux propres (11 105 000 $)
 2. a) A ; b) Pa ; c) A ; d) CP ; e) A ; f) A ; g) A ; h) Pa ; i) CP.

L'**état des résultats** (ou l'**état des résultats d'exploitation**) présente la principale mesure comptable du rendement d'une entreprise, soit les produits déduits des charges de l'exercice. Le mot *profit* est largement utilisé dans le langage courant pour exprimer cette mesure du rendement, mais les comptables préfèrent employer les expressions techniques *bénéfice net* ou *résultat net*. Le bénéfice net de Discus mesure son efficacité à vendre des unités de disques à un prix supérieur aux coûts qu'elle a engagés pour générer ces ventes.

Il faut noter que l'état des résultats de Discus comporte trois principales rubriques : les *produits*, les *charges* et le *bénéfice net*[8]. L'équation qui décrit cette relation est la suivante :

Bénéfice net = Produits – Charges

L'état des résultats (ou l'état des résultats d'exploitation) est l'état financier où figurent les produits et les profits, ainsi que les charges et les pertes d'un exercice. Il fait apparaître, par différence, le bénéfice net ou la perte nette de l'exercice[7].

État des résultats

TABLEAU 1.3

Discus inc.
État des résultats
pour l'exercice terminé le 31 décembre 20A
(en milliers de dollars)

Produits			Raison sociale de l'entité / Intitulé de l'état financier / Période couverte par l'état financier / Unité de mesure
Ventes	37 436 $		Produits tirés de la vente des unités de disques
Total des produits		37 436 $	
Charges d'exploitation			
Coût des marchandises vendues	26 980		Coûts engagés pour produire les unités de disques vendues
Frais de vente, frais généraux et frais d'administration	3 624		Frais d'exploitation non directement liés à la production
Frais de recherche et développement	1 982		Charges engagées pour créer de nouveaux produits
Intérêts débiteurs	450		Frais rattachés à l'utilisation des fonds empruntés
Total des charges		33 036	
Bénéfice avant impôts		4 400	
Charge d'impôts		1 364	Impôts sur les bénéfices pour la période couverte
Bénéfice net		3 036 $	

Les notes afférentes, ou les notes complémentaires, font partie intégrante des états financiers.

Les produits Les produits sont gagnés à la suite de la vente de biens ou de services à des clients (dans le cas de Discus, la vente d'unités de disques). Les produits sont normalement comptabilisés à l'état des résultats au moment où les biens ou les services sont vendus aux clients qui les ont payés en espèces ou qui ont promis de les payer dans un avenir rapproché. Lorsqu'une entreprise vend des biens ou rend des services, elle peut obtenir de l'argent immédiatement. Il s'agit d'une vente au comptant. Toutefois, il s'agit d'un cas plutôt rare, à l'exception des magasins de vente au détail comme Wal-Mart ou McDonald. Dans la plupart des entreprises, les biens ou les services sont normalement vendus à crédit. Quand Discus vend ses unités de disques à Compaq et à Apple Computer, elle reçoit une promesse de paiement futur appelée une *créance*, qui est par la suite recouvrée en espèces. Dans l'un ou l'autre cas, l'entreprise constate le total des ventes (l'argent et le crédit) à titre de produits de l'exercice.

---

7. *Ibid.*, p. 372.
8. Nous discuterons d'autres postes moins courants de l'état des résultats dans des chapitres ultérieurs.

On comptabilise normalement les produits durant l'exercice au cours duquel les biens et les services sont vendus. Cet exercice peut être différent de celui au cours duquel on reçoit l'argent, puisque les clients paient parfois avant ou après la vente. On mesure (en dollars) les produits du montant convenu par les deux parties au moment de conclure l'opération. On utilise plusieurs termes dans les états financiers pour décrire les diverses sources de produits (par exemple les prestations de services, la vente de biens et la location de propriété). Discus en précise uniquement un, *Ventes*, pour les unités de disques livrées aux clients.

Les charges   Discus inscrit cinq éléments à titre de charges à l'état des résultats. Les *charges* représentent les ressources que l'entité a utilisées pour gagner des produits au cours d'une période. Le *coût des marchandises vendues* est le coût total que Discus a engagé pour produire les unités de disques livrées au client durant l'exercice. Le coût des marchandises vendues comprend le coût des pièces utilisées dans la production, les salaires versés aux employés de l'usine et même une portion du coût de l'usine et de l'outillage employés pour produire les biens qui ont été vendus (ce qu'on appelle l'*amortissement*). Les *frais de vente*, les *frais généraux* et les *frais d'administration* (également appelés les *frais d'exploitation*) englobent une grande variété de charges comme les salaires des cadres, du personnel des ventes ainsi que des comptables internes de la société, en plus d'autres frais généraux liés à l'exploitation de la société et non directement rattachés à la production.

Discus est une société de haute technologie et elle doit constamment débourser de l'argent pour créer de nouveaux produits afin de préserver son avance sur ses concurrents. Ces frais sont énumérés sous la rubrique des *frais de recherche et développement*. Discus comptabilise également des *intérêts débiteurs* sur l'effet à payer de 9 000 000 $ à 5 % d'intérêts payables à la Banque d'Investissement (9 000 000 $ × 5 % = 450 000 $). Finalement, à titre de société de capitaux, Discus doit verser des impôts à un taux de 31 % sur le bénéfice avant impôts[9]. Par conséquent, Discus a engagé une *charge d'impôts* (ou des *impôts sur les bénéfices* ou une *charge fiscale*) de 1 364 000 $ (bénéfice avant impôts de 4 400 000 $ × 31 %).

Les charges peuvent entraîner le versement immédiat d'argent, un paiement en espèces à une date ultérieure ou le recours à certaines ressources comme un article du stock qui a été payé au cours d'un exercice précédent. À des fins comptables, *l'exercice au cours duquel une charge est inscrite à l'état des résultats est l'exercice durant lequel les biens et les services sont utilisés pour gagner des produits.*

Il ne s'agit pas nécessairement de l'exercice au cours duquel l'argent est versé pour régler la charge. Les charges comptabilisées au cours d'un exercice peuvent être payées au cours d'un autre exercice.

Le bénéfice net   Le *bénéfice net* ou *résultat net* (souvent appelé le *profit* par les personnes qui ne sont pas comptables) représente l'excédent du total des produits sur le total des charges. Si le total des charges excède le total des produits, on comptabilise une perte nette. (Les pertes nettes sont normalement présentées entre parenthèses.) Quand les produits d'exploitation sont égaux aux charges d'exploitation de l'exercice, cela signifie que l'entreprise a atteint le seuil de rentabilité. Nous discuterons d'autres formats de présentation de l'état des résultats dans le chapitre 5.

Nous avons mentionné plus haut que les produits n'étaient pas nécessairement les mêmes que les encaissements enregistrés auprès des clients et que les charges n'étaient pas nécessairement les mêmes que les paiements faits aux fournisseurs. Par conséquent, le bénéfice net n'est pas, en général, égal aux flux de trésorerie provenant de l'exploitation. Ce dernier montant est inscrit à l'état des flux de trésorerie, que nous aborderons plus loin dans ce chapitre.

---

9. Au moment où ce volume était publié, les taux d'imposition pour les sociétés de capitaux variaient entre 22 % et 38 % selon le bénéfice net réalisé par l'entreprise.

L'analyse de l'état des résultats – le bénéfice net

Les investisseurs, comme le Groupe Alpha, et les créanciers, comme la Banque d'Investissement, surveillent étroitement le bénéfice net de l'entreprise. En effet, le bénéfice net indique la capacité d'une société à vendre des biens et des services à un prix supérieur aux coûts qu'elle a engagés pour les produire et les livrer. Les détails figurant à l'état des résultats sont également importants. Par exemple, Discus devait vendre plus de 37 millions de dollars en unités de disques pour générer un peu plus de 3 millions de dollars de bénéfice. Le secteur de la fabrication des unités de disques est très concurrentiel. Si Discus est obligée de vendre ses unités aux mêmes prix qu'un compétiteur qui baisse les siens de 10% seulement ou si elle doit tripler ses frais de recherche et développement afin de rattraper un compétiteur qui offre de nouveaux produits innovateurs, son bénéfice net pourrait facilement se transformer en perte nette.

TEST D'AUTOÉVALUATION

1. Il est important d'apprendre quels éléments appartiennent à chacune des catégories de l'état des résultats afin de comprendre leur signification. Précisez si chacun des éléments de l'état des résultats dans la liste suivante est un produit (Pr) ou une charge (C), sans consulter le tableau 1.3.

   a) __C__ Coût des marchandises vendues

   b) __C__ Frais de recherche et développement

   Produit / Ventes.

   c) __Pr__ Ventes

   d) __C__ Frais de vente, frais généraux et frais d'administration

2. Durant l'exercice 20A, Discus a livré au total 37 436 000 $ d'unités de disques à des clients qui les ont payées ou qui ont promis de les payer dans le futur. Durant le même exercice, elle a recouvré 33 563 000 $ en espèces auprès de ses clients. Sans consulter le tableau 1.3, indiquez lequel des deux montants apparaîtra à l'état des résultats de Discus à titre de ventes pour l'exercice 20A. Expliquez votre réponse. *37 436 000 $*

3. Durant l'exercice 20A, Discus a *produit* des unités de disques dont <u>le coût de production</u> s'est élevé à 27 130 000 $. Au cours du même exercice, elle <u>a livré</u> à ses clients des unités de disques qui lui avaient coûté un total de 26 980 000 $. Sans consulter le tableau 1.3, précisez lequel des deux montants figurera à l'état des résultats de Discus comme coût des marchandises vendues pour l'exercice 20A. Expliquez votre réponse.

Vérifiez vos réponses à l'aide des solutions présentées en bas de page*.

L'état des bénéfices non répartis

L'**état des bénéfices non répartis** révèle comment le bénéfice net et la distribution des dividendes influent sur la situation financière de la société au cours de l'exercice. Comme nous l'avons discuté au cours de l'examen du bilan, deux facteurs principaux provoquent des changements dans les bénéfices non répartis. Le bénéfice net enregistré durant l'exercice fait augmenter le solde des bénéfices non répartis, ce qui illustre la relation existant entre l'état des résultats et le bilan. La déclaration des dividendes aux actionnaires vient diminuer les bénéfices non répartis[10]. L'équation qui décrit cette relation est la suivante :

L'**état des bénéfices non répartis** révèle comment le bénéfice net et la distribution des dividendes ont influé sur la situation financière de la société durant l'exercice.

---

*1. a) C; b) C; c) Pr; d) C.

2. <u>Des ventes</u> de 37 436 000 $ sont constatées, car les <u>produits tirés des ventes</u> sont normalement inscrits à l'état des résultats <u>lorsque les biens</u> ou les services ont été <u>livrés au client,</u> peu importe si celui-ci les a déjà payés ou s'il a promis de les payer dans l'avenir.

3. Le coût des marchandises vendues est de 26 980 000 $, car les charges représentent les ressources utilisées pour gagner des produits durant l'exercice. <u>Seules les unités de disques livrées au</u> client sont utilisées. Les <u>unités de disques toujours en magasin font partie du stock de marchandises dans l'actif de Discus.</u>

---

10. Les pertes nettes sont déduites. Nous discuterons le processus complet de la déclaration et du versement des dividendes dans un chapitre ultérieur.

Bénéfices non répartis à la fin de l'exercice =
Bénéfices non répartis au début de l'exercice +
Bénéfice net de l'exercice – Dividendes déclarés au cours de l'exercice

Discus dresse un état des bénéfices non répartis distinct (voir le tableau 1.4) qui explique les changements survenus dans le solde des bénéfices non répartis au cours de l'exercice. D'autres sociétés de capitaux comptabilisent ces changements à la fin de l'état des résultats ou dans un état plus général de l'avoir des actionnaires ou des capitaux propres, que nous discuterons dans le chapitre 4. Comme l'état des résultats, l'état des bénéfices non répartis présente des informations financières pour une période donnée (l'exercice), dans ce cas-ci un an. Il commence avec les *bénéfices non répartis* au début de l'exercice de Discus inc. Le *bénéfice net* de l'exercice en cours inscrit à l'état des résultats est ajouté, et les *dividendes déclarés* de l'exercice sont soustraits de ce montant.

Durant l'exercice 20A, Discus a réalisé un bénéfice net de 3 036 000 $, comme le montre l'état des résultats (voir le tableau 1.3). Ce montant a été ajouté aux bénéfices non répartis du début de l'exercice lors du calcul des bénéfices non répartis à la fin de l'exercice. Un *dividende en espèces* est un montant versé aux actionnaires pour chaque action en circulation. Durant l'exercice 20A, Discus a déclaré et versé 1 million de dollars en dividendes à ses deux actionnaires fondateurs. Ce montant a été déduit du calcul des bénéfices non répartis à la fin de l'exercice. Le montant des bénéfices non répartis à la fin de l'exercice est le même que celui qui est inscrit dans le tableau 1.2 au bilan de Discus. Ainsi, l'état des bénéfices non répartis indique la relation qui existe entre l'état des résultats et le bilan.

TABLEAU **1.4**	État des bénéfices non répartis

	Discus inc. **État des bénéfices non répartis** **pour l'exercice terminé le 31 décembre 20A** **(en milliers de dollars)**	
Raison sociale de l'entité		
Intitulé de l'état financier		
Exercice financier		
Unité de mesure		
Bénéfices non répartis à la fin du dernier exercice financier	Bénéfices non répartis, au 1ᵉʳ janvier 20A	7 069 $
Bénéfice net inscrit à l'état des résultats	Bénéfice net de l'exercice	3 036
Dividendes déclarés durant l'exercice	Dividendes	(1 000)
Bénéfices non répartis à la fin de l'exercice figurant au bilan	Bénéfices non répartis, au 31 décembre 20A	9 105 $

Les notes afférentes, ou les notes complémentaires, font partie intégrante des états financiers.

ANALYSE FINANCIÈRE

L'interprétation des bénéfices non répartis

Le réinvestissement des bénéfices constitue une importante source de financement pour Discus. Les bénéfices non répartis représentent plus du tiers de son financement. Les créanciers comme la Banque d'Investissement surveillent étroitement les bénéfices non répartis d'une entreprise, car ces bénéfices indiquent la politique de l'entreprise concernant le versement des dividendes aux actionnaires. Ce facteur est important pour la Banque d'Investissement puisque dans ce cas, chaque dollar que Discus verse à ses actionnaires à titre de dividendes n'est plus disponible pour servir au remboursement de sa dette ou des intérêts sur cette dette.

L'état des flux de trésorerie

Le tableau 1.5 présente l'état des flux de trésorerie de Discus. Comme on l'a vu précédemment dans ce chapitre, les produits comptabilisés ne sont pas toujours égaux aux sommes recouvrées auprès des clients, car certaines ventes se font à crédit. De plus, les charges déclarées à l'état des résultats ne sont pas nécessairement égales aux sommes versées en espèces au cours de l'exercice, car les charges peuvent être engagées au cours d'un exercice et réglées durant un autre. En conséquence, le bénéfice net (les produits déduits des charges) *ne* correspond *pas* aux recettes moins les sommes déboursées au cours de l'exercice. En fait, bon nombre de sociétés prospères réalisent un important chiffre d'affaires, mais elles doivent tout de même emprunter de l'argent auprès des banques, car elles ne disposent pas de suffisamment de liquidités pour satisfaire à leurs obligations. Puisque l'état des résultats ne contient pas d'informations concernant les rentrées et sorties de fonds, les comptables dressent l'**état des flux de trésorerie** afin de présenter les encaissements et les décaissements survenus à la suite des activités d'exploitation, d'investissement et de financement de l'entreprise. À l'instar de l'état des résultats, l'état des flux de trésorerie présente des informations financières pour une période donnée (l'exercice), dans ce cas-ci un an. Plusieurs banquiers considèrent qu'il s'agit de l'état financier le plus important pour estimer si les sociétés sont en mesure de rembourser leurs dettes, de même pour les investisseurs qui évaluent la capacité de l'entreprise à leur verser des dividendes.

L'état des flux de trésorerie présente les encaissements et les décaissements survenus au cours de l'exercice attribuables aux activités d'exploitation, d'investissement et de financement.

État des flux de trésorerie	TABLEAU 1.5

	Discus inc. **État des flux de trésorerie** **pour l'exercice terminé le 31 décembre 20A** **(en milliers de dollars)**	
Raison sociale de l'entité Intitulé de l'état financier Exercice financier Unité de mesure		
Directement reliés au bénéfice gagné	**Activités d'exploitation**	
	Sommes reçues des clients	33 563 $
	Sommes payées aux fournisseurs et aux employés	(30 854)
	Intérêts payés	(450)
	Impôts payés	(1 190)
	Flux de trésorerie liés aux activités d'exploitation	1 069 $
Vente–achat des actifs productifs	**Activités d'investissement**	
	Achat d'outillage de production	(1 625) $
	Flux de trésorerie liés aux activités d'investissement	(1 625)
Des investisseurs et des créanciers	**Activités de financement**	
	Emprunt bancaire	1 400 $
	Dividendes versés	(1 000)
	Flux de trésorerie liés aux activités de financement	400
Variation de l'encaisse durant l'exercice	**Diminution nette des espèces**	(156) $
Solde du compte Encaisse à la fin de l'exercice précédent	**Espèces au début de l'exercice**	5 051
Encaisse figurant au bilan au 31 décembre 20A	**Espèces à la fin de l'exercice**	4 895 $

Les notes afférentes, ou les notes complémentaires, font partie intégrante des états financiers.

Les composantes de l'état des flux de trésorerie

Cet état financier divise les encaissements et les décaissements de Discus (les rentrées et les sorties de fonds) en trois principales catégories. Les *flux de trésorerie liés aux activités d'exploitation* sont les flux de trésorerie directement rattachés aux résultats de l'entreprise (les activités commerciales normales incluant les intérêts versés et les impôts payés). Par exemple, lorsque Compaq, Apple Computer et les autres clients paient Discus pour les unités de disques qui leur ont été livrées, les montants recouvrés se retrouvent dans l'élément « Sommes reçues des clients ». Lorsque Discus paie les salaires à ses 36 *employés* travaillant dans la recherche et développement ou qu'elle paie les factures qu'elle reçoit des fournisseurs de pièces, les montants sont inclus dans l'élément « Sommes payées aux fournisseurs et aux employés ». Nous aborderons les autres manières de présenter les flux de trésorerie liés aux activités d'exploitation dans le chapitre 5.

Les *flux de trésorerie liés aux activités d'investissement* comprennent les rentrées et les sorties de fonds rattachées à l'acquisition ou à la vente des actifs liés à la production. Cette année, Discus ne présente qu'un décaissement dans cette catégorie, soit l'*achat d'outillage de production*, afin de répondre à la demande croissante pour ses unités de disques. Les *flux de trésorerie liés aux activités de financement* sont directement reliés au financement de l'entreprise elle-même. Ils rendent compte des rentrées de fonds ou des sorties de fonds réalisées avec les investisseurs et les créanciers (à l'exception des fournisseurs). Cette année, Discus a *emprunté* 1 400 000 $ à la banque pour acheter le matériel de fabrication. Discus a également versé 1 000 000 $ en *dividendes* aux actionnaires fondateurs avant que la société ne soit vendue.

L'équation qui décrit les variations survenues dans les liquidités de l'entreprise depuis la fin du dernier exercice jusqu'à la fin de l'exercice en cours:

Variation de l'encaisse = Flux de trésorerie liés aux activités d'exploitation
+ Flux de trésorerie liés aux activités d'investissement
+ Flux de trésorerie liés aux activités de financement

Il faut noter que chacune des trois sources de liquidités peut être positive ou négative.

Dans l'actualité

Journal
Les Affaires

« L'état des flux de trésorerie est devenu la donnée financière la plus importante d'un rapport annuel. C'est avec cette information qu'on peut voir si l'exploitation rapporte. »
Source: Richard Dufour, dans *Les Affaires*, 16 février 2002, p. 3.

L'interprétation de l'état des flux de trésorerie

Plusieurs analystes estiment que l'état des flux de trésorerie est particulièrement utile pour prédire les rentrées nettes de fonds futurs disponibles pour le paiement des dettes aux créanciers et le versement des dividendes aux investisseurs. Chaque section procure aux analystes des informations importantes. Les banquiers considèrent souvent la section des activités d'exploitation comme la plus importante, car elle indique la capacité de l'entreprise de générer des liquidités à partir de ses ventes afin de répondre à ses besoins de trésorerie. Tout excédent d'encaisse peut servir à rembourser la dette bancaire ou contribuer à l'expansion de l'entreprise.

Les actionnaires investiront uniquement dans une société s'ils croient qu'elle finira par produire plus de liquidités provenant de son exploitation qu'elle n'en utilise, car seules ces sommes sont disponibles au versement de dividendes éventuels. La section des activités d'investissement indique que Discus effectue d'importants investissements pour augmenter sa capacité de production afin de répondre à la demande croissante pour ses produits. Il s'agit d'un signe positif si la demande continue de s'accroître. Cependant, comme l'indique la section des activités de financement, si Discus n'est pas en mesure de vendre un plus grand nombre d'unités de disques, elle pourrait avoir de la difficulté à effectuer les paiements exigés à cause de la nouvelle dette bancaire.

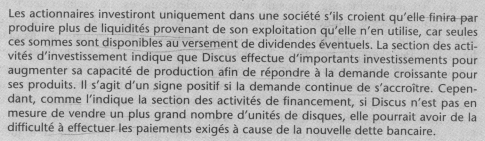

TEST D'AUTOÉVALUATION

1. Durant l'exercice 20A, Discus a livré 37 436 000 $ en unités de disques aux clients qui les ont payées ou ont promis de le faire. Au cours du même exercice, elle a recouvré 33 563 000 $ en espèces auprès de ses clients. Sans consulter le tableau 1.5, indiquez lequel des deux montants figurera à l'état des flux de trésorerie de Discus pour l'exercice 20A.

2. Il est important d'apprendre quels éléments appartiennent à chacune des sections de l'état des flux de trésorerie afin de comprendre leur signification. Précisez si chacun des éléments suivants est un flux de trésorerie lié aux activités d'exploitation (E), d'investissement (I) ou de financement (F), sans consulter le tableau 1.5. De plus, placez la lettre entre parenthèses uniquement s'il s'agit d'un *décaissement*.

   a) ___F___ Dividendes versés

   b) ___E___ Intérêts payés

   c) ___F___ Emprunt bancaire

   d) _____ Impôts payés

   e) ___I___ Achat d'outillage de production

   f) _____ Sommes payées aux fournisseurs et aux employés

   g) ___E___ Sommes reçues des clients

Vérifiez vos réponses à l'aide des solutions présentées en bas de page*.

---

*1. On a présenté 33 563 000 $ à l'état des flux de trésorerie, car ce montant représente l'argent effectivement recouvré auprès des clients sur les ventes de l'exercice en cours et de l'exercice précédent.

2. a) (F); b) (E); c) F; d) (E); e) (I); f) (E); g) E.

Les notes afférentes aux états financiers ou les notes complémentaires

L'énoncé suivant est inscrit au bas de chacun des quatre états financiers de Discus : « *Les notes afférentes, ou les notes complémentaires, font partie intégrante des états financiers.* » Il s'agit de l'équivalent comptable à l'avertissement inscrit sur les paquets de cigarettes par Santé Canada. Il prévient les utilisateurs du fait que s'ils ne lisent pas les **notes afférentes aux états financiers** (ou les **notes complémentaires**), ils n'auront pas une idée claire de la santé financière de la société. Les notes complémentaires contiennent des informations supplémentaires sur la situation financière d'une société, sans lesquelles les états financiers ne seraient pas entièrement compréhensibles.

Il existe trois principaux types de notes complémentaires. Le premier décrit les règles comptables appliquées aux états financiers d'une société. Le deuxième présente des détails supplémentaires concernant un élément particulier figurant aux états financiers. Par exemple, la note sur les stocks de Discus indique la valeur des pièces, des unités de disques en voie de fabrication et des unités de disques terminées qui est incluse dans le montant total du stock de marchandises figurant au bilan. Le troisième type de notes complémentaires contient des informations financières supplémentaires concernant des éléments non divulgués dans les états financiers. Par exemple, Discus loue une de ses installations de production. Les modalités du bail sont divulguées dans cette note complémentaire. Nous discuterons plusieurs de ces informations figurant dans les notes complémentaires ici et là dans ce volume, car leur contenu est essentiel pour comprendre le fonctionnement d'une entreprise.

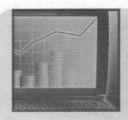

ANALYSE FINANCIÈRE

L'utilisation des états financiers par la direction

Dans la rubrique Analyse financière, nous nous sommes attardés jusqu'à maintenant sur l'analyse du point de vue des *investisseurs* et des *créanciers*. Toutefois, les gestionnaires d'une société utilisent souvent les états financiers. Par exemple, la *direction du marketing* de Discus ainsi que la *direction du crédit* recourent aux états financiers de leurs clients pour décider s'ils doivent ou non leur accorder un prêt pour acheter des unités de disques. La direction des achats chez Discus doit analyser certaines parties des états financiers des fournisseurs. Cela leur permet de juger si les fournisseurs disposent de suffisamment de ressources pour répondre à la demande actuelle de pièces de Discus et pour investir dans la production de nouvelles pièces dans l'avenir. Le *syndicat des employés* ainsi que les *gestionnaires des ressources humaines* de Discus utilisent aussi les états financiers de la société afin de négocier leurs contrats et de déterminer les taux de rémunération que la société est en mesure d'offrir. Le montant du bénéfice net sert même de base au versement de *primes* non seulement aux cadres, mais aussi aux employés dans le cadre des régimes de participation aux bénéfices. Peu importe le secteur fonctionnel dans lequel vous serez employé, vous *utiliserez* les données des états financiers. Vous serez également *évalué* en fonction des conséquences de vos décisions sur les données des états financiers de la société pour laquelle vous travaillerez. En apprenant à comprendre la comptabilité générale maintenant, vous en tirerez profit dans l'avenir.

L'utilisation des états financiers pour déterminer la valeur de Discus

La correction de l'état des résultats Nous examinons maintenant les erreurs que le Groupe Alpha a trouvées dans les états financiers de Discus pour juger si les connaissances acquises sont suffisantes pour effectuer les corrections nécessaires.

Nous discuterons ensuite les responsabilités des divers intervenants dans le processus de présentation des informations financières. Le cas présenté au début de ce chapitre se poursuit ainsi:

Discus

Parmi les revendications du Groupe Alpha, mentionnons les faits suivants:
1. les unités de disques disponibles à la vente (le stock de marchandises) englobaient 1 million de dollars d'unités de disques désuets qui ne pourront être vendues et qui doivent être mises au rebut;
2. le montant des ventes (et les comptes clients) pour le dernier exercice était surévalué pour une valeur de 1 200 000 $. Discus avait réduit le prix d'un certain type d'unités de disques de 40 %. Cependant, le personnel de Discus avait créé de fausses factures sur lesquelles les anciens prix plus élevés étaient inscrits et enregistrés dans les livres comptables.

Ces deux facteurs combinés surévaluent nettement au bilan les ressources économiques que possède Discus (ses actifs) et surestiment à l'état des résultats la capacité de la société de vendre des biens à un prix supérieur aux coûts de production (son bénéfice net).

Aux fins de notre discussion, nous nous concentrerons sur l'effet de ces deux facteurs sur l'état des résultats, compte tenu de leur importance pour l'évaluation de Discus par le Groupe Alpha. La méthode la plus simple pour déterminer les effets de ces deux erreurs sur l'état des résultats consiste à utiliser l'équation relative à l'état des résultats qu'on a déjà examinée dans ce chapitre. Comme on l'a mentionné précédemment, une des clés permettant de comprendre les états financiers consiste à connaître les éléments présentés dans chacun des états financiers ainsi que les relations entre eux. La première ligne du tableau 1.6 présente l'équation relative à l'état des résultats, suivie des montants inscrits à l'état des résultats de Discus pour l'exercice 20A. Les lignes suivantes montrent les deux erreurs qui ont été découvertes et les corrections apportées pour éliminer l'effet de chacune d'elles.

Correction des montants figurant à l'état des résultats (en milliers de dollars)	TABLEAU **1.6**		
	Produits –	**Charges** =	**Bénéfice avant impôts**
Montants présentés à l'état des résultats de Discus inc. pour l'exercice 20A	37 436 $	33 036 $	4 400 $
Correction des charges pour la mise au rebut du stock désuet		1 000	(1 000)
Correction des produits pour le montant de la surévaluation	(1 200)		(1 200)
Après la correction des erreurs	36 236 $	34 036 $	2 200 $

Première erreur: Puisque les articles désuets du stock de marchandises n'ont plus aucune valeur, il faut ajouter leur coût aux charges de l'exercice. Par conséquent, les charges doivent augmenter de 1 000 000 $.

Deuxième erreur: L'inscription du prix de vente d'un certain type d'unités de disques à un montant trop élevé a surévalué le total des produits tirés des ventes. Cette correction exige une réduction de 1 200 000 $ au chiffre d'affaires.

La correction des deux erreurs réduit le bénéfice avant impôts à 2 200 000 $. Après avoir soustrait la charge d'impôts (au taux de 31 %), on obtient un bénéfice net corrigé équivalant à 1 518 000 $, soit la *moitié* du montant de 3 036 000 $ que Discus avait initialement inscrit.

La détermination du prix d'achat de Discus Même à cette première étape des études en comptabilité, on peut donner certains exemples du processus suivi par le Groupe Alpha pour déterminer le prix qu'il était prêt à payer pour acquérir la société Discus. Il s'agit d'un cas particulièrement intéressant à analyser, car le Groupe Alpha prétendait que les états financiers qu'il avait utilisés pour estimer la valeur de Discus étaient erronés. Le prix qu'avait payé le Groupe Alpha a été déterminé en considérant une variété de facteurs, notamment la valeur des ressources économiques que possédait Discus, ses dettes envers des tierces parties, sa capacité de vendre des biens à un prix supérieur à ses coûts de production et sa capacité de générer les liquidités nécessaires pour régler ses factures. Comme on l'a vu, ces facteurs font l'objet des états financiers : le bilan, l'état des résultats et l'état des flux de trésorerie.

L'état des résultats de l'exercice actuel et des exercices précédents de Discus ont joué un rôle particulièrement important dans l'évaluation du Groupe Alpha. L'état des résultats des exercices précédents (qui n'ont pas encore été abordés) révèlent que la société avait réalisé des bénéfices chaque année depuis sa formation, sauf pour la première année d'exploitation alors que bon nombre de nouvelles entreprises ne deviennent pas rentables si vite. De plus, le chiffre d'affaires ainsi que le bénéfice net augmentaient rapidement chaque année. On peut estimer la valeur d'une entreprise à l'aide du *ratio cours-bénéfice* (ou *coefficient de capitalisation des bénéfices*) que nous étudierons dans la section Analysons les ratios.

Les gestionnaires, les analystes et les investisseurs utilisent souvent des ratios financiers pour évaluer différentes composantes du rendement financier d'une société. Nous croyons qu'il sera plus facile d'utiliser l'information financière si vous apprenez à évaluer les différentes composantes du rendement financier en même temps que la façon de mesurer ces composantes et de les présenter. En conséquence, certains ratios pertinents seront expliqués dans chaque chapitre. L'analyse d'un ratio comporte trois étapes :

1- **Un ratio permet de répondre à une question précise.** Chacun des ratios mesure un attribut financier différent. L'utilisateur informé doit savoir quel attribut chaque ratio mesure et en quoi cet attribut concerne une décision en particulier.

2- **Les techniques appropriées doivent être utilisées : analyser la tendance dans le temps et comparer avec d'autres entreprises du même secteur.** L'utilité des ratios augmente si l'analyse porte sur plusieurs exercices ou si on peut comparer les ratios d'une entreprise avec ceux d'entreprises similaires.

3- **Il convient d'interpréter prudemment les résultats.** Des règles générales simples mènent rarement à un diagnostic précis. Le calcul des ratios est un outil parmi d'autres pour évaluer la situation financière d'une entreprise. L'analyse devra donc être complétée grâce à d'autres méthodes.

ANALYSONS LES RATIOS

Cette section sera un bon guide au moment de l'exécution des trois étapes pour calculer chaque ratio.

L'analyse du ratio cours-bénéfice

1. **Connaître la question**
   Quelles sont les perspectives futures de l'entreprise quant à son potentiel de bénéfice? On calcule le ratio comme suit*:

$$\text{Ratio cours-bénéfice} = \frac{\text{Valeur marchande (de la société)}}{\text{Bénéfice net}}$$

En fonction du prix payé pour la société de 30 360 000 $ et du bénéfice net initialement inscrit de 3 036 000 $, le ratio pour Discus en 20A est:

$$\frac{30\ 360\ 000\ \$}{3\ 036\ 000\ \$} = 10$$

2. **Utiliser les techniques appropriées**
   Analyser la tendance dans le temps:
   Une augmentation du ratio cours-bénéfice indique que les investisseurs estiment que les bénéfices s'accroîtront plus rapidement dans l'avenir par rapport au niveau actuel des bénéfices. Puisque Discus est une société privée, on ne disposait d'aucune valeur marchande à partir de laquelle calculer ce ratio.

   Comparer avec les compétiteurs (avec des sociétés individuelles ou avec la moyenne des entreprises évoluant dans le même secteur d'activité):
   La comparaison du ratio cours-bénéfice d'une entreprise avec le ratio de ses compétiteurs indique où les investisseurs situent le potentiel de croissance de la société par rapport à d'autres sociétés similaires.

3. **Interpréter prudemment les résultats**
   EN GÉNÉRAL ◊ Le ratio cours-bénéfice mesure le montant des résultats de l'exercice que les investisseurs sont prêts à payer pour acheter les actions de la société. Toutes choses étant égales par ailleurs, un ratio cours-bénéfice élevé signifie que les investisseurs ont confiance en la capacité de la société de générer des profits plus élevés dans les exercices à venir. Comme dans le cas de Discus, les ratios cours-bénéfice servent souvent de point de départ à l'analyse du prix qu'on doit payer pour acquérir une société ou ses actions.

   DISCUS ◊ Le fait que d'autres sociétés évoluant dans le même secteur d'activité et ayant des rendements et des croissances antérieurs similaires se vendaient 12 fois le montant des bénéfices de l'exercice en cours a été un élément majeur dans la décision du Groupe Alpha d'acheter Discus. Puisque le Groupe Alpha pouvait acquérir Discus pour 10 fois le montant des bénéfices de l'exercice, il s'agissait donc d'une occasion d'affaires particulièrement intéressante. De plus, les prévisions économiques laissaient entendre que, au cours des cinq prochaines années, les fabricants d'unités de disques connaîtraient une croissance et une rentabilité continues. Le calcul clé qui a permis au Groupe Alpha d'établir le prix qu'il payerait était fonction de la manipulation suivante du ratio cours-bénéfice:

$$\text{Ratio cours-bénéfice} = \frac{\text{Valeur marchande}}{\text{Bénéfice net}}$$

$$\text{Valeur marchande (prix d'achat)} = \text{Ratio cours-bénéfice} \times \text{Bénéfice net}$$

$$\text{Valeur marchande (prix d'achat)} = 10 \times \text{Bénéfice net}$$

$$30\ 360\ 000\ \$ = 10 \times 3\ 036\ 000\ \$$$

---

* Il faut noter qu'on peut calculer ce ratio en fonction de la valeur marchande des actions et obtenir le même résultat:

$$\text{Ratio cours-bénéfice} = \frac{\text{Valeur au marché moyenne de l'action}}{\text{Bénéfice net par action}}$$

En utilisant la même formule, le montant corrigé du bénéfice net suggère un prix beaucoup moins élevé pour Discus:

$$15\ 180\ 000\ \$ = 10 \times 1\ 518\ 000\ \$$$

QUELQUES PRÉCAUTIONS ◊ Un aspect délicat de cette analyse consiste à déterminer quel ratio cours-bénéfice est approprié pour la situation. Le Groupe Alpha a attentivement analysé cette question, et son analyse comportait une formule beaucoup plus complexe. Cependant, elle fournit une première approximation très réelle de leur perte, soit un versement excédentaire de 15 180 000 dollars (30 360 000 dollars versés déduits de 15 180 000 dollars pour la valeur estimative en utilisant le bénéfice corrigé). Il s'agit du montant que le Groupe Alpha espère récupérer auprès des personnes responsables des états financiers frauduleux sur lesquels il s'est fié pour effectuer son analyse. Le rôle du bénéfice net relativement à la détermination de la valeur d'une société sera abordé dans un cours de finance et des cours plus avancés d'analyse des états financiers.

Le processus de communication de l'information comptable

OBJECTIF D'APPRENTISSAGE 2

Définir le rôle des principes comptables généralement reconnus (PCGR) dans la préparation et la présentation des états financiers.

Une *communication efficace* signifie que la personne qui reçoit l'information comprend ce que l'émetteur tente de lui transmettre. Pour que les décideurs du Groupe Alpha utilisent efficacement l'information dans les états financiers de Discus, ils devaient comprendre les informations contenues dans chacun des états. C'est d'ailleurs la raison pour laquelle cette discussion a été entreprise sur le contenu des quatre principaux états financiers. Cependant, la fraude commise laisse entendre que cette compréhension n'est pas suffisante.

Les décideurs doivent également comprendre les *règles de mesure* appliquées dans le calcul des montants figurant aux états financiers, et ils doivent être sûrs que ces montants représentent fidèlement la situation financière de l'entreprise. Le premier point est simple sur le plan conceptuel: un entraîneur en natation ne tenterait jamais d'évaluer le temps d'un nageur dans une course de style libre sans tout d'abord se demander si le temps s'applique à une course de 100 ou de 200 mètres. De même, un décideur ne doit jamais tenter d'utiliser l'information comptable sans d'abord comprendre les règles de mesure utilisées pour élaborer cette information. Ces règles de mesure s'appellent les **principes comptables généralement reconnus** ou **PCGR**. Le deuxième point est également important sur le plan conceptuel: les montants qui ne reflètent pas la réalité économique de l'entreprise sont sans signification. Par exemple, si le bilan présente 2 000 000 $ pour une usine inexistante, cette partie de l'état financier ne transmet pas une information utile. En fait, l'élaboration d'un système de règles de mesure pour des opérations commerciales complexes (PCGR) ainsi que d'un système pour s'assurer que les états reflètent effectivement ce qu'ils prétendent refléter (ce qu'on appelle la *certification*) est cependant beaucoup plus complexe que ne le suggère la fraude de Discus.

Les **principes comptables généralement reconnus (PCGR)** sont les règles de mesure qu'on utilise pour élaborer les informations qui figurent aux états financiers.

Les principes comptables généralement reconnus

Comment détermine-t-on les principes comptables généralement reconnus?
Comme le suggère la discussion précédente, il faut comprendre les règles de mesure qu'on utilise pour dresser les états financiers afin de bien saisir la signification des montants qui y apparaissent. Le système de comptabilité en usage à l'heure actuelle a une longue histoire.

Dès l'âge de bronze, vers 3 500 avant Jésus-Christ, les habitants de la Vallée du Nil (Égypte) et de la Mésopotamie (Moyen-Orient) vivaient en communauté dans des villes et des villages où le commerce florissait et où l'État avait une grande importance.

Pour bien gérer cet environnement économique, les habitants ont peu à peu élaboré des outils ou des instruments qui leur permettaient d'obtenir une information utile pour répertorier leurs biens et leurs dettes, et déterminer les impôts.

Au fil du temps, la comptabilité s'est développée selon les besoins des utilisateurs, mais aussi selon l'environnement économique, social et politique. Un fait marquant dans l'histoire de la comptabilité concerne les travaux d'un moine italien, un mathématicien du nom de Fr. Luca Pacioli. En 1494, il a rédigé le premier livre sur la comptabilité en partie double qui décrit l'approche des commerçants italiens pour rendre compte de leurs activités à titre de propriétaires exploitants d'entreprises commerciales. Malgré le fait que bien d'autres aient écrit des ouvrages sur la comptabilité après Pacioli, il faudra attendre le XXe siècle pour voir s'instaurer un peu d'uniformité dans les pratiques comptables des différentes entreprises.

Aux États-Unis, le krach boursier de 1929 a été l'événement qui a déclenché une série de mesures visant à réglementer l'information financière présentée par les entreprises faisant appel à l'épargne publique. On a ainsi créé la Securities and Exchange Commission (SEC), agence gouvernementale américaine responsable d'établir les principes et les pratiques comptables de ces entreprises ainsi que de déterminer quelles informations et quels rapports les entreprises publiques doivent publier. Depuis sa création, la SEC a toujours travaillé en étroite collaboration avec les organismes comptables. Depuis plusieurs années, le Financial Accounting Standards Board (FASB) est l'organisme du secteur privé à qui on a confié la responsabilité d'élaborer les normes et les règles comptables qui deviennent les principes comptables généralement reconnus.

Au Canada, l'**Institut canadien des comptables agréés (ICCA),** créé en 1902 sous le nom de Dominion Association of Chartered Accountants, est l'organisme privé chargé de définir les normes comptables canadiennes. Ces normes sont publiées dans le *Manuel de l'ICCA* et représentent les principes comptables généralement reconnus au Canada. Les organismes juridiques confèrent à ces normes force de loi. En effet, on trouve dans la Loi canadienne sur les sociétés par actions (ou la Loi sur les compagnies au Québec) et dans les lois sur les valeurs mobilières un article promulguant expressément que les états financiers des entreprises canadiennes doivent être dressés selon les normes contenues dans le *Manuel de l'ICCA*.

Le Conseil de surveillance de la normalisation comptable, un organisme indépendant créé en septembre 2000 par l'ICCA, a pour tâche de réévaluer périodiquement les normes comptables canadiennes. Le Conseil est secondé par différents comités, soit le Conseil des normes comptables (CNC), le Conseil des normes de certification (CNC), le Conseil sur la comptabilité dans le secteur public et le Comité sur les problèmes nouveaux (CPN), chargés de formuler des avis et des recommandations dans leurs domaines respectifs. Les PCGR évoluent au fil des ans. Toutefois, avant qu'une nouvelle norme soit adoptée, tout un processus de recherche et de consultation est mis en branle afin de s'assurer de la pertinence et de l'acceptation générale de celle-ci.

Par exemple, le Conseil des normes comptables identifie les problèmes de communication ou de divulgation de l'information financière, fait une analyse de la situation et propose des solutions dans un document appelé « exposé-sondage ». Ce dernier est alors envoyé à différents groupes, organismes et individus, à travers le pays, afin de recueillir leurs commentaires sur la problématique soulevée. Après la période de consultation, le Conseil prépare les nouvelles normes comptables, qui seront publiées dans le Manuel de l'ICCA, en tenant compte des commentaires recueillis. Dans certains cas, il peut arriver qu'un deuxième exposé-sondage soit nécessaire avant de pouvoir publier de nouvelles règles de façon à obtenir un plus large consensus du monde des affaires.

Les actions de *sociétés fermées,* comme Discus, appartiennent à un petit groupe de personnes et ne sont pas offertes au grand public. Comme tous les acheteurs potentiels des actions de sociétés fermées, le Groupe Alpha a dû négocier directement avec les propriétaires actuels pour conclure la transaction. Les actions de certaines sociétés comme les principaux clients de Discus, Apple Computer et Compaq, ainsi que d'autres entreprises bien connues telles qu'Air Canada, Cascades et Bombardier se négocient à la Bourse. Autrement dit, les investisseurs peuvent les acheter et les vendre sur des marchés organisés pour les actions comme la Bourse de Toronto ou la Bourse de New York.

La plupart des gestionnaires n'ont pas besoin de connaître de façon approfondie les normes comptables. L'approche présentée ici consiste à s'attarder sur les aspects qui ont le *plus d'incidence sur les montants présentés dans les états financiers* et qui sont appropriés pour un cours de ce niveau.

Pourquoi les gestionnaires, les comptables et les utilisateurs se soucient-ils des principes comptables généralement reconnus ? Les principes comptables généralement reconnus (PCGR) ont beaucoup d'importance pour les sociétés qui doivent dresser des états financiers, les vérificateurs et les lecteurs d'états financiers. *Les sociétés et leurs gestionnaires* subissent le plus directement l'influence des informations présentées dans les états financiers. C'est pour cette raison qu'ils expriment le plus d'intérêt pour les états financiers. Les sociétés engagent les coûts liés à l'établissement des états financiers et sont responsables des principales conséquences économiques de leur publication. Ces conséquences économiques incluent notamment :

1. les effets potentiels sur le prix de vente des actions d'une société ;
2. les conséquences potentielles sur le montant des primes obtenues par la direction et les employés ;
3. la perte potentielle d'un avantage concurrentiel sur d'autres entreprises.

Le Groupe Alpha était prêt à payer un certain montant pour acquérir Discus. Toutefois, il ne faut pas oublier que ce montant avait été déterminé en partie à cause du bénéfice net calculé en vertu des principes comptables généralement reconnus. Il est donc possible que des changements survenant dans les PCGR puissent influer sur le prix que les acheteurs sont prêts à payer pour acheter des entreprises, soit à l'avantage ou au détriment des propriétaires actuels. Les journaux d'affaires discutent souvent cette possibilité.

Les gestionnaires et les autres employés reçoivent souvent une partie de leur rémunération en fonction de l'atteinte d'objectifs prédéterminés en ce qui concerne le bénéfice net. Par conséquent, ils se préoccupent des changements sur le plan du calcul du bénéfice net en vertu des PCGR. Les gestionnaires et les propriétaires s'inquiètent également de publier trop d'informations dans les états financiers et ainsi de révéler les détails de leurs succès ou de leurs échecs qui pourraient aider des sociétés concurrentes.

L'importance des PCGR est également soulevée dans ce qu'il est maintenant convenu d'appeler l'affaire Enron, le géant américain de l'énergie qui a déclaré faillite en décembre 2001.

Toronto (PC) – Les normes comptables canadiennes seront réévaluées par un comité d'experts qui comprendra notamment l'ex-vérificateur général du Canada, Denis Desautels, à la lumière de l'affaire Enron aux États-Unis et de la crise de confiance qu'elle a déclenchée.

L'effondrement du courtier en énergie Enron, dont la faillite est la plus importante de l'histoire aux États-Unis, serait dû à des pratiques comptables douteuses qui auraient permis à la direction de dissimuler 500 millions de dollars américains de dettes dans un réseau de partenariat.

Source: *Le Devoir*, Économie, 23 février 2002, p. B5.

PERSPECTIVE INTERNATIONALE

Les principes comptables généralement reconnus sont-ils similaires dans les autres pays ?

Bien que les gens d'affaires évoluent de plus en plus au niveau de l'économie mondiale, les principes comptables généralement reconnus peuvent varier d'un pays à l'autre. Les différences politiques, culturelles et économiques de chacun des pays ont produit bon nombre d'écarts en ce qui concerne leur pratique comptable. Ces écarts peuvent avoir des effets considérables sur les montants présentés dans les états financiers. Par exemple, la récente crise financière en Corée ainsi que la chute connexe du prix des actions coréennes ont fait en sorte de focaliser l'attention sur ses règles comptables. *The Asian Wall Street Journal* déclarait ce qui suit :

Les changements dans les normes comptables ne perturbent pas les télécommunications en Corée

En Corée, les politiques comptables des entreprises semblent changer aussi rapidement que la direction du vent. Il peut être difficile de comprendre ces changements, mais ceux-ci peuvent modifier considérablement les résultats présentés par les entreprises…

Si la société Korea Telecom avait adopté les directives comptables américaines, elle aurait subi un dur coup en 1997, présentant une perte de 201 milliards de wons*, plutôt que le gain de 11 milliards de wons inscrit en respectant les directives coréennes. D'un autre côté, elle aurait réalisé un bénéfice de 388 milliards de wons en 1998, comparativement à un gain de 195 milliards de wons constaté selon les directives coréennes. La principale différence provient de la conversion des devises, lesquelles sont enregistrées de façon différente aux États-Unis.

* Le won est la devise de la Corée du Sud. Au moment où ce chapitre était rédigé, 1 $ CA équivalait à 824 wons.

Source: *The Asian Wall Street Journal*, 18 mai 1999, p. 13.

Le Comité international de normalisation de la comptabilité (CINC), qui regroupe des associations comptables de plus de 40 pays, tente actuellement d'harmoniser les principes comptables à l'échelle internationale afin d'éliminer ces écarts. Pour le moment, les gestionnaires et les utilisateurs des états financiers qui traversent les frontières doivent être conscients de la nature précise de ces écarts sur le plan de la présentation des informations financières pour interpréter les états financiers de manière efficace. Dans le présent ouvrage, nous nous attarderons surtout aux PCGR canadiens. Par ailleurs, nous discuterons très brièvement les pratiques comptables d'autres pays lorsque c'est nécessaire.

La responsabilité de la direction et la vérification

Les propriétaires et les gestionnaires du Groupe Alpha étaient bien informés relativement aux PCGR, mais ils ont tout de même été trompés. Malgré le fait que les règles de mesure utilisées par Discus pour produire ses états financiers concordaient avec les PCGR, les montants sous-jacents du système de comptabilité étaient fictifs. Autrement dit, ils ne représentaient pas fidèlement la réalité. N'importe quel système de mesure appliqué à des faits sous-jacents qui ne concordent pas avec la réalité produira des mesures non représentatives. Qui est responsable de la précision des montants figurant aux états financiers de Discus ? Deux documents tirés du rapport annuel de la société permettent de répondre partiellement à cette question.

Le **rapport de la direction** (voir le tableau 1.7) souligne deux aspects importants. D'abord, la responsabilité première au regard des informations apparaissant dans les états financiers appartient à la direction de la société, laquelle est représentée par le président du conseil d'administration et le directeur des finances. Ensuite, les directeurs ont adopté trois mesures importantes pour s'assurer de l'exactitude des livres de la société : 1) ils ont appliqué un système de contrôle sur les livres et les actifs de la société ; 2) ils ont embauché des vérificateurs externes pour vérifier la fidélité des informations présentées dans les états ; 3) ils se sont référés à un comité de vérification du conseil qui avait pour tâche d'examiner ces mesures de contrôle. Dans le cas de Discus, ces mesures semblent avoir été inefficaces et les principaux responsables, qu'ils aient été directement concernés ou non, sont mentionnés dans le rapport de la direction.

TABLEAU 1.7 — Rapport de la direction

La direction répond de l'intégrité et de la fidélité des états financiers du présent rapport, lesquels ont été dressés conformément aux principes comptables généralement reconnus. Elle répond également des autres renseignements contenus dans ce rapport et de leur concordance avec ceux des états financiers.

La direction a pour politique de maintenir un système de contrôle interne qui vise à assurer, dans une mesure raisonnable, la fiabilité de l'information financière et la protection de l'actif. Discus inc. dispose de son propre service de vérification qui a notamment pour fonction le suivi des mécanismes de contrôle interne et leur application.

Le conseil d'administration veille à ce que la direction remplisse ses fonctions en matière d'information financière et de contrôle interne, ce qu'il fait par l'intermédiaire du comité de vérification du conseil, composé d'administrateurs externes. Le comité de vérification se réunit avec la direction et les vérificateurs internes et externes au moins quatre fois l'an.

Les vérificateurs externes, Bélanger et associés, effectuent une vérification indépendante conforme aux normes de vérification généralement reconnues et expriment leur opinion sur les états financiers. Cette vérification comporte l'examen et l'évaluation du système de contrôle interne de la société, ainsi que les sondages et procédés jugés nécessaires pour assurer, dans une mesure raisonnable, la présentation fidèle des états financiers, à tous égards importants. Les vérificateurs externes communiquent librement avec le comité de vérification, qu'ils rencontrent régulièrement.

Le vice-président général et
chef des affaires financières,
Patrick Béliveau

Le président et chef de la direction,
Robert Melbourne

Le deuxième rapport (voir le tableau 1.8), le **rapport des vérificateurs,** décrit de façon plus explicite le rôle des vérificateurs externes. Ce rapport contient essentiellement l'opinion des vérificateurs quant à la fidélité de l'image que les états financiers donnent de la situation financière de l'entreprise et une description du travail effectué pour soutenir cette opinion. Afin d'émettre une opinion sur des états financiers, le vérificateur doit être membre de l'Institut canadien des comptables agréés (ICCA).

Les membres des autres associations professionnelles exercent la comptabilité dans différents secteurs, mais seul le comptable agréé (CA) peut émettre un rapport de vérification. Dans ce rôle, le comptable agréé est considéré comme un vérificateur *externe,* puisqu'il doit assumer certaines responsabilités vis-à-vis du grand public en plus des responsabilités directement reliées à l'entreprise qui paie pour obtenir ses services. Les vérificateurs externes, bien qu'ils soient payés par leurs clients, ne sont pas leurs employés. Ils sont nommés par les actionnaires de l'entreprise et doivent leur soumettre le résultat de leur travail.

Aux actionnaires de Discus inc.

Nous avons vérifié le bilan de Discus inc. au 31 décembre 20A et les états des résultats, des bénéfices non répartis et des flux de trésorerie pour l'exercice terminé à cette date. La responsabilité de ces états financiers incombe à la direction de la société. Notre responsabilité consiste à exprimer une opinion sur ces états financiers en nous fondant sur nos vérifications.

Nos vérifications ont été effectuées conformément aux normes de vérification généralement reconnues au Canada. Ces normes exigent que la vérification soit planifiée et exécutée de manière à fournir l'assurance raisonnable que les états financiers sont exempts d'inexactitudes importantes. La vérification comprend le contrôle par sondages des éléments probants à l'appui des montants et des autres éléments d'information fournis dans les états financiers. Elle comprend également l'évaluation des principes comptables suivis et des estimations importantes faites par la direction, ainsi qu'une appréciation de la présentation d'ensemble des états financiers.

À notre avis, ces états financiers donnent, à tous les égards importants, une image fidèle de la situation financière de la société au 31 décembre 20A ainsi que des résultats de son exploitation et de ses flux de trésorerie pour l'exercice terminé à cette date selon les principes comptables généralement reconnus au Canada.

Bélanger et associés
Comptables agréés
Québec, Canada
Le 15 janvier 20B

Une **vérification** comporte l'examen des rapports financiers (établis par la direction de l'entité) pour s'assurer qu'ils représentent fidèlement la situation financière et les résultats de l'entreprise et qu'ils sont conformes aux principes comptables généralement reconnus (PCGR). En effectuant une vérification, le vérificateur externe analyse les opérations sous-jacentes, notamment la collecte, le classement et la préparation des données financières intégrées aux rapports financiers. Pour apprécier l'ampleur de ces responsabilités, il faut considérer la multitude d'opérations conclues dans une grande entreprise comme Bombardier, qui comptabilise des milliards de dollars chaque année. Le vérificateur n'analyse pas chacune de ces opérations. Il utilise plutôt des techniques de vérification qui lui permettent d'obtenir l'assurance que les opérations ont été mesurées et présentées de manière appropriée. Il existe un grand nombre d'occasions non intentionnelles (ou intentionnelles, comme on l'a appris dans le cas de Discus) pour dresser des rapports financiers trompeurs. La fonction de vérification effectuée par un vérificateur externe constitue la meilleure protection offerte au grand public. Lorsque cette protection est inefficace, le vérificateur externe est souvent tenu responsable des pertes subies par ceux qui se sont fiés aux états financiers.

Une mission de **vérification** comporte l'examen des rapports financiers pour s'assurer qu'ils reflètent fidèlement la situation financière de l'entreprise et ses résultats et qu'ils sont conformes aux principes comptables généralement reconnus.

L'éthique, l'intégrité et la responsabilité légale

OBJECTIF
D'APPRENTISSAGE **4**

Réaliser l'importance de
l'éthique en comptabilité
ainsi que de l'intégrité
et de la responsabilité
professionnelle de
l'expert-comptable.

Les utilisateurs doivent avoir l'assurance que les informations qui figurent dans les états financiers sont fiables. Leur confiance sera d'autant plus grande s'ils savent que les experts-comptables responsables de la vérification des états financiers respectent les normes professionnelles d'éthique et de compétence adoptées par la profession.

Les ordres comptables provinciaux exigent de tous leurs membres l'adhésion à un code de déontologie professionnel. De plus, les vérificateurs doivent respecter les normes de vérification généralement reconnues (NVGR) dans le cadre d'un mandat de vérification. Le non-respect de ces règles de conduite peut entraîner des sanctions professionnelles sérieuses. Pire encore, la négligence professionnelle a des conséquences économiques très importantes pour les vérificateurs.

L'intégrité de l'expert-comptable, sa compétence et son objectivité constituent ses principaux actifs. Si le cabinet Bélanger et associés est jugé avoir été négligent ou malhonnête au cours de la vérification de Discus, la Banque d'Investissement et les autres créanciers refuseront de faire confiance aux états financiers vérifiés par ce cabinet. En outre, les autres clients du cabinet choisiront rapidement de nouveaux vérificateurs. Des états financiers frauduleux constituent un événement relativement rare, en partie grâce aux efforts déployés par les experts-comptables. En fait, bon nombre de ces fraudes sont d'abord mises en évidence dans le cours de la vérification annuelle. Cependant, même les vérifications les plus soignées peuvent ne pas immédiatement dévoiler les résultats d'une fraude comportant la collusion des principaux directeurs d'une société, comme dans le cas de Discus.

intégrité

Même si la société Bélanger et associés ignorait que le Groupe Alpha utilisait les états financiers de Discus afin de déterminer si elle devait ou non l'acheter, si le manquement du vérificateur à détecter les erreurs dans les états financiers découle d'une négligence professionnelle, la société pourrait être déclarée responsable des pertes du Groupe Alpha.

Par suite de la fraude, Discus a déclaré faillite et fut vendue pour rembourser les créanciers. Le Groupe Alpha et la Banque d'Investissement ont intenté des poursuites civiles d'une valeur respective de 15 et de 9 millions de dollars. Les deux entreprises prétendent que les directeurs de Discus ont «commis une fraude considérable» et que les vérificateurs ont «fermé les yeux sur les erreurs»[11]. Le Groupe Alpha et la Banque d'Investissement ont également demandé des dommages intérêts punitifs pour négligence grave. Le président et le directeur financier de Discus doivent aussi répondre à ces trois chefs d'accusation de fraude, pour lesquels ils risquent d'être frappés d'amendes et d'être condamnés à purger une peine d'emprisonnement.

Un autre cas, bien réel celui-ci, concerne le géant américain Enron:

Dans l'actualité

**Le Devoir –
Économie**

Washington – Le scandale financier provoqué par la faillite d'Enron a mis en lumière un laxisme dans l'application et la supervision des règles comptables aux États-Unis. Ce laxisme a permis au groupe de dissimuler des milliards de dollars de dettes et de gonfler ses bénéfices.

La Security and Exchange Commission (SEC), l'organisme de surveillance et de réglementation des marchés, s'efforce de déterminer comment le cabinet d'experts-comptables Arthur Andersen a pu entériner des artifices de comptabilité grâce auxquels Enron a pu cacher aux investisseurs des milliards de dollars de dettes en utilisant des sociétés associées, selon les experts du secteur.

Source: Jean-Louis Santini, *Le Devoir* – Économie, 16 janvier 2002, p. B3.

---

11. Le chapitre 5135 du *Manuel de l'ICCA* «traite de la responsabilité du vérificateur en matière de détection des inexactitudes importantes dans le cadre de la vérification d'états financiers ou d'autres informations financières. Les inexactitudes sont le résultat d'erreurs ou de fraudes et autres irrégularités». Ce chapitre rappelle qu'une vérification ne garantit pas que toutes les inexactitudes seront détectées, mais plutôt que le vérificateur utilise toutes les mesures et tous les procédés nécessaires dans les circonstances.

Conclusion

Bien que les cas de fraude dans les états financiers soient un événement relativement rare, l'interprétation erronée des états financiers de Discus illustre avec justesse l'importance de la présentation fidèle des états financiers pour les investisseurs et les créanciers. Cet exemple illustre également l'importance cruciale de la profession d'expert-comptable pour assurer l'intégrité du système de présentation des informations financières. Comme nous l'avons noté au début de ce chapitre, Discus n'est pas une société réelle, mais les informations sont basées sur le cas d'une véritable société qui a commis une fraude similaire. Les exemples de sociétés présentées dans les autres chapitres sont des entreprises *réelles,* à moins d'avis contraire.

Le cas de Discus est basé essentiellement sur la fraude commise par la Mini-Scribe, entreprise américaine. Toutefois, la véritable fraude était *dix fois* plus importante que celle du cas fictif, tout comme les pertes subies et les montants exigés dans les poursuites qui ont suivi. (Bon nombre des montants figurant aux états financiers représentent simplement le dixième des montants contenus dans les états financiers frauduleux de MiniScribe.) La nature de la fraude était aussi très similaire. Chez MiniScribe, on a surévalué le chiffre d'affaires en transférant des stocks fictifs entre deux divisions de MiniScribe et en créant de faux documents pour faire croire que les stocks avaient été transférés aux clients. MiniScribe avait même emballé des briques, les avait livrées aux distributeurs et les avait inscrites comme ventes. Le coût des marchandises vendues avait été sous-estimé en tenant compte des pièces inutilisables et des unités de disques endommagées dans le stock de marchandises. De plus, certains membres de la direction avaient même forcé les coffres-forts des vérificateurs pour modifier les montants contenus dans les documents de la vérification. En conséquence, MiniScribe a pu comptabiliser un bénéfice net de 31 millions de dollars, qu'on a par la suite corrigé à 9 millions de dollars. Les états financiers des exercices précédents contenaient des erreurs similaires.

Les investisseurs et les créanciers de MiniScribe ont intenté des poursuites exigeant plus de 1 milliard de dollars en dommages. En réalité, on a versé des dédommagements qui se sont élevés à des centaines de millions de dollars. Le président et le directeur financier de MiniScribe ont été reconnus coupables de fraudes et ont été condamnés à l'emprisonnement. Bien que la plupart des directeurs et des propriétaires agissent de manière honnête et responsable, cet exemple nous rappelle clairement les conséquences économiques désastreuses qui peuvent découler d'une information intentionnellement erronée dans les états financiers. Les fraudes relatives aux ventes et aux stocks représentent le type de fraude le plus fréquent dans les états financiers[12].

ANALYSONS UN CAS

À la fin de la plupart des chapitres, nous vous présentons un ou plusieurs cas. Ces derniers contiennent un aperçu des principaux sujets qui ont été abordés dans le chapitre. Chacun des cas est suivi d'une solution recommandée. Vous devriez lire l'exemple attentivement et trouver ensuite votre propre solution avant d'étudier la solution suggérée. Cette forme d'autoévaluation est fortement recommandée.

Le cas servant d'introduction que nous présentons ici vous aidera à réfléchir aux encaissements et aux décaissements d'une entreprise en fonction de la présentation des états financiers.

La Société de services ABC a été fondée par Alain, Bélanger et Coutu le 1er janvier 20A. À cette date, les fondateurs ont investi 36 000 $ en espèces en échange de tout le capital-actions de la société. Le même jour, la société a emprunté 10 000 $ à une banque de la région et a signé un effet à payer sur trois ans. Les intérêts sont payables le 31 décembre

---

12. *Fraud Survey Results 1998*, KPMG Peat Marwick, 1998.

de chaque année. Le 1er janvier 20A, la société a acheté 20 000 $ de fournitures au comptant. On a immédiatement entrepris les activités d'exploitation.

À la fin de l'exercice 20A, la société avait conclu les opérations commerciales supplémentaires suivantes (en résumé) :
a) Prestation de services et facturation des clients pour 100 500 $, dont 94 500 $ ont été encaissés avant la fin de l'exercice.
b) Utilisation de 5 000 $ de fournitures au cours de la prestation des services.
c) Paiement de 54 000 $ en frais de gestion.
d) Versement de 1 500 $ en intérêts sur l'effet à payer.
e) Paiement de 8 800 $ pour les impôts fédéral et provincial.

Travail à faire

Ajoutez les éléments manquants aux deux états financiers suivants pour l'exercice 20A en inscrivant les montants appropriés. La solution suggérée est présentée plus loin.

Société de services ABC
État des résultats
_____ (date)
(en dollars)

		Calcul
Produits		
Prestation de services	$	
Charges		
Frais de gestion	$	
Intérêts débiteurs		
Total des charges		
Bénéfice avant impôts	$	
Charge d'impôts		
Bénéfice net	$	

Société de services ABC
Bilan
_____ (date)
(en dollars)

		Calcul
Actif		
Encaisse	$	
Clients		
Fournitures de services		
Total de l'actif	$	
Passif		
Effet à payer (15 %)	$	
Total du passif	$	
Capitaux propres		
Capital-actions	$	
Bénéfices non répartis		
Total des capitaux propres		
Total du passif et des capitaux propres	$	

Société de services ABC
État des résultats
pour l'exercice terminé le 31 décembre 20A
(en dollars)

			Calcul
Produits			
Prestation de services		100 500 $	Donné
Charges			
Frais de gestion	59 000 $		54 000 $ + 5 000 $ fournitures
Intérêts débiteurs	1 500		
Total des charges		60 500	
Bénéfice avant impôts		40 000 $	
Charge d'impôts		8 800	
Bénéfice net		31 200 $	

Société de services ABC
Bilan
au 31 décembre 20A
(en dollars)

			Calcul
Actif			
Encaisse		56 200 $	36 000 $ + 10 000 $ + 94 500 $ – 54 000 $ – 1 500 $ – 8 800 $ – 20 000 $
Clients		6 000	100 500 $ – 94 500 $
Fournitures de services		15 000	20 000 $ – 5 000 $
Total de l'actif		77 200 $	
Passif			
Effet à payer (15 %)	10 000 $		Donné, prêt bancaire
Total du passif		10 000 $	
Capitaux propres			
Capital-actions	36 000 $		Donné
Bénéfices non répartis	31 200		Tiré de l'état des résultats
Total des capitaux propres		67 200	
Total du passif et des capitaux propres		77 200 $	

Les formes juridiques de l'entreprise

Annexe 1-A

Dans cet ouvrage, nous mettons l'accent sur la *comptabilisation des entreprises à but lucratif*. Les trois principaux types d'*entreprises* sont les entreprises à propriétaire unique, les sociétés de personnes et les sociétés de capitaux. Une *entreprise* à propriétaire unique ou entreprise individuelle est une société appartenant à une seule personne qui en retire tous les avantages. Le propriétaire a le contrôle total de son entreprise et prend seul toutes les décisions relatives à son exploitation. On trouve les entreprises à propriétaire unique principalement dans le secteur des services, de la vente au détail de même que dans le secteur agricole. Légalement, l'entreprise et le propriétaire ne sont pas des entités distinctes. Toutefois, selon le postulat de la personnalité de l'entité, l'entreprise est une entité distincte de son propriétaire. Il faut donc comptabiliser les ressources, les dettes et les activités de l'entreprise dans des livres comptables séparés de ceux de son propriétaire.

Une *société de personnes* est une «entreprise dans laquelle plusieurs personnes (les associés) conviennent de mettre en commun des biens, leur crédit ou leur industrie en vue de partager les bénéfices qui pourront en découler[13].» Les associés mettent ainsi des ressources en commun en vue d'exploiter ensemble une entreprise. Les associés sont généralement liés entre eux par un contrat de société. Ce contrat contient un certain nombre de clauses traitant entre autres du mode de partage des bénéfices, de la gestion des affaires de la société et des règles à suivre en cas de dissolution ou de liquidation de la société. Il existe trois types de sociétés: la société en nom collectif, la société en participation et la société en commandite. Vous apprendrez à les distinguer dans vos cours sur le droit des affaires. Certaines sociétés sont particulièrement importantes. Il suffit de penser aux grands cabinets d'experts-comptables ou aux cabinets d'avocats internationaux. Une société n'est pas légalement distincte de ses propriétaires. En effet, chaque associé est personnellement responsable des dettes de l'entreprise (*sauf les commanditaires dans une société en commandite*). Cependant, en vertu du postulat de la personnalité de l'entité, la société est une entité distincte de son propriétaire, et ses opérations doivent être comptabilisées séparément de celles de ses multiples propriétaires.

La *société de capitaux (ou société par actions ou compagnie)* est une société constituée en vertu de la législation fédérale (Loi canadienne sur les sociétés par actions) ou provinciale (Loi des compagnies du Québec). Les propriétaires s'appellent des *actionnaires*. La mise de fonds des actionnaires est représentée par un titre de propriété qu'on appelle actions, qui sont regroupées dans le capital-actions de la société. Lorsqu'une demande d'incorporation en société de capitaux est déposée par les fondateurs, et qu'elle est acceptée par le législateur, ce dernier émet alors un certificat de constitution. La compagnie existe officiellement à partir de la date inscrite sur le certificat de constitution. La société de capitaux est une entité juridique distincte de ses actionnaires; c'est une personne «morale». Les actionnaires jouissent d'une *responsabilité limitée* en ce sens qu'ils sont responsables des dettes de la société jusqu'à concurrence du capital investi. Le certificat de constitution précise le capital-actions autorisé, c'est-à-dire les diverses catégories d'actions que l'entreprise pourra émettre.

Une société de capitaux peut être constituée par un seul ou plusieurs actionnaires. Au départ, les actionnaires élisent les administrateurs permanents de la compagnie qui, à leur tour, nomment les gestionnaires. Tout comme l'entreprise à propriétaire unique et la société de personnes, et selon le postulat de la personnalité de l'entité, la société de capitaux est une entité commerciale distincte de ses actionnaires et possède ses propres livres comptables.

La société de capitaux est la forme juridique la plus connue et, sur le plan économique, la plus importante. Cette prédominance provient des nombreux avantages de cette forme d'entreprise: 1) la responsabilité limitée des actionnaires; 2) la continuité de l'exploitation; 3) la facilité de transfert de la propriété (des actions); 4) les occasions d'amasser d'importantes sommes d'argent en vendant des actions à un grand nombre de personnes. La société de capitaux a pour principal désavantage le fait que son bénéfice peut être soumis à une double imposition (il est imposé quand il est gagné et de nouveau quand il est distribué aux actionnaires sous forme de dividendes). Dans ce manuel, nous mettons l'accent sur les sociétés de capitaux. Néanmoins, les concepts et les procédures comptables que nous discuterons s'appliquent également aux autres types d'entreprises.

---

13. Louis Ménard, *op. cit.*, p. 531.

La profession comptable au Canada *Annexe 1-B*

Au Canada, trois associations professionnelles se partagent les membres exerçant la profession comptable.

L'Ordre des comptables agréés du Québec, membre de l'ICCA, décerne le titre de comptable agréé (CA) aux candidats ayant achevé un programme de formation universitaire de premier cycle et un diplôme d'études supérieures spécialisées (DESS, deuxième cycle), puis ayant réussi l'examen final uniforme (EFU) et achevé un stage pratique professionnel de deux ans. On compte plus de 60 000 CA au Canada.

Au Québec, le titre de CA donne à ses membres le mandat exclusif d'émettre une opinion sur les états financiers des entreprises. Les comptables agréés exercent leurs activités soit dans un cabinet d'experts-comptables, soit en entreprise, dans la fonction publique ou dans l'enseignement.

L'Ordre des comptables en management accrédités du Québec qui est partenaire de la Société des comptables en management du Canada décerne le titre de CMA aux candidats ayant obtenu un diplôme de premier cycle en sciences comptables, réussi l'examen national d'admission, achevé un stage en entreprise de deux ans et le Programme de leadership stratégique. L'expertise du comptable en management lui permet d'intervenir efficacement au niveau de la gestion stratégique et financière de l'entreprise. Fondé en 1920, CMA Canada représente aujourd'hui plus de 33 000 comptables en management. Enfin, CMA Canada définit les normes et les pratiques utilisées en comptabilité de management.

L'Ordre des comptables généraux licenciés du Québec, affilié à l'Association des comptables généraux accrédités du Canada, décerne le titre de CGA aux candidats ayant terminé un programme universitaire de premier cycle, réussi quatre examens nationaux et achevé un stage d'expérience pratique de deux ans.

Les CGA acquièrent ainsi une expertise en performance financière leur permettant de travailler principalement dans le secteur du commerce et de la finance, dans le secteur public et les cabinets d'experts-comptables. Fondé en 1908, l'Ordre des CGA regroupe 7 000 membres au Québec sur un total de 55 000 membres et étudiants CGA à l'échelle nationale.

La pratique de l'expertise comptable

Bien qu'une personne seule puisse pratiquer l'expertise comptable, habituellement deux ou plusieurs personnes constituent un cabinet d'expertise comptable sous forme de société de personnes. Les cabinets d'expertise comptable varient sur le plan de la taille, allant d'un cabinet à un seul comptable à des cabinets régionaux jusqu'aux « quatre grands » (Deloitte & Touche, Ernst & Young, KPMG Peat Marwick et PricewaterhouseCoopers), qui comptent des centaines de bureaux partout dans le monde. Les cabinets d'expertise comptable offrent généralement trois types de services : les services de certification, les services de conseil de gestion et les services fiscaux.

Les services de certification Les services de certification sont des services professionnels indépendants qui visent à assurer la qualité des informations financières dont les utilisateurs ont besoin pour prendre des décisions. Le principal service de certification effectué par les CA dans la pratique de l'expertise comptable est la vérification des états financiers. La vérification a pour objectif d'établir la crédibilité des rapports financiers, autrement dit de s'assurer qu'ils représentent fidèlement la situation financière et les résultats de l'entreprise. Une vérification comporte l'examen des rapports financiers (établis par la direction de l'entité) pour s'assurer qu'ils se conforment aux PCGR. Parmi les autres services de certification, certains s'intéressent particulièrement à la sécurité du commerce électronique et à la fiabilité des systèmes d'information.

Les services de conseil de gestion Bon nombre de cabinets d'expertise comptable offrent des services de *conseil de gestion*. Ces services sont habituellement axés sur la comptabilité, et ils englobent des activités telles que : 1) la conception et l'installation de système d'information comptable, ainsi que le processus de traitement des données ; 2) la planification et le contrôle budgétaire ; 3) les conseils financiers ; 4) les prévisions financières ; 5) le contrôle des stocks ; 6) les études de rentabilité ; 7) les analyses opérationnelles. Les services de conseil de gestion ont pris ces dernières années beaucoup d'expansion.

Les services fiscaux Les experts-comptables offrent habituellement des services fiscaux à leurs clients. Ces services incluent la planification fiscale tant dans le cadre du processus de prise de décisions que de la détermination des impôts sur les bénéfices à payer (inscrits sur là déclaration annuelle). En raison de la complexité croissante des lois fiscales fédérales et provinciales, un niveau élevé de compétences est exigé des experts-comptables, car leur participation dans la planification fiscale est souvent très significative. La plupart des décisions d'affaires importantes ont des conséquences fiscales considérables.

L'emploi au sein des organisations

Plusieurs comptables, y compris les comptables agréés (CA), les comptables en management accrédités (CMA) et les comptables généraux licenciés (CGA), sont engagés par des entreprises à but lucratif ou sans but lucratif. Une entreprise, selon sa taille et sa complexité, peut embaucher quelques centaines d'experts-comptables. Dans une entreprise commerciale, le directeur financier (habituellement un vice-président ou un contrôleur de gestion) est membre de l'équipe de gestion. Cette responsabilité comporte en général une vaste gamme de tâches en gestion, en finances et en comptabilité.

Dans une entité commerciale, les comptables pratiquent normalement une grande variété d'activités, telles que la gestion générale, la comptabilité générale, la comptabilité de management, la planification budgétaire et le contrôle des coûts, la vérification interne ainsi que le traitement informatisé des données. Les comptables travaillant au sein des entreprises ont pour principale fonction de fournir des données utiles à la prise de décisions pour la gestion courante ainsi que pour le contrôle des activités d'exploitation. Les tâches concernant la présentation de l'information financière externe, la planification fiscale, le contrôle des actifs ainsi qu'une multitude de responsabilités connexes sont aussi effectuées par des comptables travaillant dans l'industrie.

Les emplois dans le secteur public et les organismes sans but lucratif

Les opérations vastes et complexes des autorités gouvernementales, que ce soit au niveau régional ou national, créent un besoin pour des experts-comptables. La même chose s'applique pour les organismes sans but lucratif comme les hôpitaux et les universités. Les comptables engagés dans le secteur public et le secteur des organismes sans but lucratif exécutent des tâches similaires à celles de leurs collègues engagés par des entreprises privées.

Points saillants du chapitre

1. **Reconnaître l'information présentée dans chacun des quatre principaux états financiers et son utilité pour différents décideurs, soit les investisseurs, les créanciers et les gestionnaires (voir la page 5).**

   Le *bilan* est un état financier qui décrit la situation financière d'une entreprise en présentant la valeur de l'actif, du passif et des capitaux propres à un moment précis.

   L'*état des résultats* est un état financier qui résume les activités d'exploitation de l'entreprise en présentant les produits, les charges et le bénéfice net pour une période donnée.

   L'*état des bénéfices non répartis* explique les changements survenus dans le solde des bénéfices non répartis au cours de l'exercice.

   L'*état des flux de trésorerie* présente les encaissements et les décaissements pour une période précise.

   Les états financiers sont utilisés par les investisseurs et les créanciers pour évaluer différents aspects de la situation financière d'une entreprise ainsi que son rendement.

2. **Définir le rôle des principes comptables généralement reconnus (PCGR) dans la préparation et la présentation des états financiers (voir la page 24).**

   Les PCGR sont les règles de mesure, les normes qu'on utilise pour élaborer les informations figurant aux états financiers. Il est nécessaire de connaître les PCGR pour interpréter avec justesse les montants apparaissant dans les états financiers.

3. **Distinguer le rôle des gestionnaires et des vérificateurs dans le processus de communication de l'information comptable (voir la page 28).**

   La direction de l'entreprise est la principale responsable de l'information présentée dans les états financiers. D'un autre côté, les vérificateurs doivent exprimer une opinion sur la fidélité des informations contenues dans les états financiers en fonction de leur analyse des rapports et des livres de la société. Les vérificateurs sont responsables du jugement qu'ils portent.

4. **Apprécier l'importance de l'éthique en comptabilité ainsi que de l'intégrité et de la responsabilité professionnelle de l'expert-comptable (voir la page 30).**

   Les utilisateurs auront confiance aux états financiers uniquement si les personnes responsables de la préparation et de la vérification de ces états ont la réputation d'avoir un comportement conforme à l'éthique et d'être compétentes. La direction et les vérificateurs peuvent être légalement déclarés responsables d'états financiers frauduleux et de négligence professionnelle.

Dans ce chapitre, nous avons étudié les principaux états financiers qui servent à communiquer des informations financières aux utilisateurs externes. Dans les chapitres 2, 3 et 4, nous examinerons plus en détail les états financiers et comment la comptabilité transforme les faits financiers et les opérations commerciales pour pouvoir les communiquer de façon compréhensible et utile dans les états financiers. En comprenant comment une opération commerciale se retrouve dans les états financiers, et inversement quelles sont les opérations commerciales décrites par les états financiers, vous pourrez mieux utiliser cette information afin de prendre des décisions justes et éclairées. Nous entamons le chapitre 2 par une discussion sur la manière dont le système comptable recueille des données sur les opérations commerciales et les traite pour dresser des états financiers périodiques, tout en mettant l'accent sur le bilan. Nous discuterons les principaux principes et postulats comptables, le modèle comptable, l'analyse des opérations et des outils analytiques. Nous examinerons les activités commerciales typiques d'une véritable société pour illustrer les concepts présentés dans les chapitres 2, 3 et 4.

Le **ratio cours-bénéfice** (le coefficient de capitalisation des bénéfices) mesure la relation qui existe entre la valeur marchande actuelle d'une entreprise et son bénéfice net. Il constitue une mesure de la croissance anticipée de l'entité. On le calcule comme suit (voir la page 23):

$$\text{Ratio cours-bénéfice} = \frac{\text{Valeur marchande}}{\text{Bénéfice net}}$$

Pour trouver
**L'INFORMATION
FINANCIÈRE**

BILAN

Actif = Passif + Capitaux propres

ÉTAT DES RÉSULTATS

  Produits

– Charges

  Bénéfice net

ÉTAT DES BÉNÉFICES NON RÉPARTIS

  Bénéfices non répartis, au début
  de l'exercice

+ Bénéfice net

– Dividendes

  Bénéfices non répartis, à la fin
  de l'exercice

ÉTAT DES FLUX DE TRÉSORERIE

  Flux de trésorerie liés
  aux activités d'exploitation

+ Flux de trésorerie liés
  aux activités d'investissement

+ Flux de trésorerie liés
  aux activités de financement

  Variation nette de l'encaisse

Mots clés

Bilan, **p. 7**

Comptabilité, **p. 4**

Entité comptable, **p. 7**

Équation comptable, **p. 10**

État des bénéfices non répartis, **p. 15**

État des flux de trésorerie, **p. 17**

État des résultats
  (état des résultats d'exploitation), **p. 13**

Exercice financier, **p. 12**

Institut canadien des comptables agréés
  (ICCA), **p. 25**

Notes afférentes aux états financiers
  (notes complémentaires), **p. 20**

Principes comptables généralement reconnus
  (PCGR), **p. 24**

Rapport de la direction, **p. 28**

Rapport des vérificateurs, **p. 28**

Vérification, **p. 29**

Questions

1. Définissez la *comptabilité*.

2. Distinguez brièvement la comptabilité générale de la comptabilité de management.

3. Le processus comptable produit des rapports financiers pour les utilisateurs internes et externes. Nommez certains groupes d'utilisateurs.

4. Distinguez brièvement les investisseurs des créanciers.

5. Qu'est-ce qu'une entité comptable ? Pourquoi traite-t-on une entreprise comme une entité distincte à des fins comptables ?

6. Remplissez le tableau suivant :

Intitulé de l'état	Autre intitulé
a) État des résultats	a) _____
b) Notes afférentes aux états financiers	b) _____
c) Bilan	c) _____

7. Quelles informations doit-on inclure dans l'intitulé de chacun des quatre principaux états financiers ?

8. Quels sont les objectifs a) de l'état des résultats, b) du bilan, c) de l'état des flux de trésorerie et d) de l'état des bénéfices non répartis ?

9. Expliquez la raison pour laquelle l'état des résultats ainsi que l'état des flux de trésorerie sont datés « pour l'exercice terminé le 31 décembre 20X », tandis que le bilan est daté « au 31 décembre 20X ».

10. Expliquez brièvement l'importance des actifs et des passifs dans le processus de prise de décision des investisseurs et des créanciers.

11. Définissez brièvement les élément suivants : le *bénéfice net*, la *perte nette* et le *seuil de rentabilité*.

12. Expliquez l'équation liée à l'état des résultats. Quelles sont les trois principales composantes inscrites à l'état des résultats ?

13. Expliquez l'équation liée au bilan. Définissez les trois principales composantes figurant au bilan.

14. Expliquez l'équation liée à l'état des flux de trésorerie. Quelles sont les trois principales composantes figurant dans cet état ?

15. Expliquez l'équation liée à l'état des bénéfices non répartis. Expliquez les quatre principaux éléments apparaissant à l'état des bénéfices non répartis.

16. Les états financiers que nous avons discutés dans ce chapitre s'adressent aux utilisateurs *externes*. Expliquez brièvement comment les gestionnaires *internes* d'une société assumant diverses fonctions (par exemple dans des services de marketing, des achats et des ressources humaines) peuvent recourir aux informations contenues dans les états financiers.

17. Décrivez brièvement comment les normes comptables (les principes comptables généralement reconnus) sont déterminées au Canada.

18. Expliquez brièvement la responsabilité de la direction de l'entreprise et des vérificateurs externes dans le processus de communication de l'information comptable.

19. (Annexe 1-A) Distinguez brièvement l'entreprise à propriétaire unique, la société de personnes et la société de capitaux.

20. (Annexe 1-B) Énumérez et expliquez brièvement les trois principaux services qu'offrent les CA dans la pratique de l'expertise comptable.

Mini-exercices

M1-1 Les différents éléments des états financiers

Associez chaque élément avec son état financier en inscrivant la lettre appropriée dans l'espace prévu.

	Élément	État financier
_____ 1.	Charges	A. Bilan
_____ 2.	Flux de trésorerie liés aux activités d'investissement	B. État des résultats
_____ 3.	Actif	C. État des bénéfices non répartis
_____ 4.	Dividendes	D. État des flux de trésorerie
_____ 5.	Produits	
_____ 6.	Flux de trésorerie liés aux activités d'exploitation	
_____ 7.	Passif	
_____ 8.	Flux de trésorerie liés aux activités de financement	

M1-2 Les composantes des états financiers

Dites si chacun des éléments de la liste suivante est un actif (A), un passif (Pa), des capitaux propres (CP), un produit (Pr) ou une charge (C).

_____ 1.	Bénéfices non répartis	_____ 6.	Stock de marchandises	
_____ 2.	Clients	_____ 7.	Intérêts débiteurs	
_____ 3.	Ventes	_____ 8.	Fournisseurs	
_____ 4.	Outillage de production	_____ 9.	Terrain	
_____ 5.	Coût des marchandises vendues			

M1-3 La définition des principaux sigles en comptabilité

Voici une liste des principaux sigles employés dans ce chapitre. On les utilise également en affaires. Pour chaque abréviation, donnez la désignation complète. La première est résolue à titre d'exemple.

Sigle	Désignation complète
1. CA	Comptable agréé
2. PCGR	
3. CMA	
4. ICCA	
5. CGA	

Exercices

Unibroue

E1-1 Les éléments des états financiers

Selon son rapport annuel 2001, Unibroue est une entreprise spécialisée dans le brassage de bières artisanales de dégustation. Parmi ces bières, la Blanche de Chambly, la Maudite et la Fin du Monde représentent 46 % de son volume total de production. Voici une liste d'éléments tirés du bilan et de l'état des résultats récents de la société. Il faut noter que les entreprises utilisent des intitulés légèrement différents pour le même poste. Dites si chacun des postes de la liste suivante est un actif (A), un passif (Pa), des capitaux propres (CP), un produit (Pr) ou une charge (C).

_____ 1. Comptes fournisseurs et frais courus	_____ 9. Capital social
_____ 2. Débiteurs	_____ 10. Frais de distribution
_____ 3. Encaisse	_____ 11. Dette à long terme
_____ 4. Coût des produits vendus	_____ 12. Chiffre d'affaires
_____ 5. Immobilisations	_____ 13. Frais de vente
_____ 6. Impôts sur les bénéfices	_____ 14. Bénéfices non répartis au début
_____ 7. Intérêts débiteurs nets	_____ 15. Frais d'administration
_____ 8. Stocks	

E1-2   **La définition des termes ou des sigles**

■OA1
■OA2

Associez chaque définition et chaque terme ou sigle en inscrivant la lettre appropriée dans l'espace prévu.

Terme ou sigle	Définition
_____ 1. Vérification	A. Système qui assemble, traite et communique les informations financières d'une entreprise.
_____ 2. Entreprise à propriétaire unique	B. Mesure des informations concernant une entité selon l'unité monétaire appropriée, en dollars canadiens ou dans une autre devise.
_____ 3. Société de capitaux	
_____ 4. Comptabilité	C. Entreprise non constituée en société de capitaux appartenant à une ou à plusieurs personnes.
_____ 5. Entité distincte	
_____ 6. Rapport des vérificateurs	D. Entreprise pour laquelle les données financières doivent être recueillies (séparée et distincte de ses propriétaires).
_____ 7. Principe de la valeur d'acquisition	E. Entité constituée en société de capitaux qui émet des actions comme titre de propriété.
_____ 8. Société de personnes	F. Comptabilisation initiale des éléments des états financiers au coût d'acquisition.
_____ 9. ICCA	G. Examen des rapports financiers pour s'assurer qu'ils représentent fidèlement la situation financière et les résultats de l'entreprise et qu'ils sont conformes aux principes comptables généralement reconnus.
_____ 10. Unité de mesure	
_____ 11. PCGR	
_____ 12. Négocié sur le marché libre	
	H. Société non constituée en société de capitaux appartenant à une seule personne.
	I. Rapport qui décrit l'opinion des vérificateurs quant à la fidélité de l'information financière présentée dans les états financiers et le travail réalisé pour soutenir cette opinion.
	J. Société que les investisseurs peuvent acheter et vendre sur les bourses établies.
	K. Principes comptables généralement reconnus.
	L. Institut canadien des comptables agréés.

E1-3 **Les éléments des états financiers**

Selon son rapport annuel, «TransCanada Pipelines Limited est une des plus grandes sociétés d'énergie et de transport de gaz naturel en Amérique du Nord. La société exerce ses activités dans trois secteurs»: le transport, l'électricité et la commercialisation du gaz. Les postes suivants étaient énumérés dans l'état des résultats ainsi que dans un bilan récent de la société. Dites si chacun des postes est un actif (A), un passif (Pa), des capitaux propres (CP), un produit (Pr) ou une charge (C).

_____	1. Créditeurs		_____	8. Stocks
_____	2. Débiteurs		_____	9. Placements à court terme
_____	3. Coût des ventes		_____	10. Encaisse
_____	4. Frais financiers		_____	11. Immobilisations corporelles
_____	5. Dividendes sur actions privilégiées		_____	12. Produits
_____	6. Frais de restructuration et autres frais		_____	13. Billets à payer
_____	7. Dettes à long terme		_____	14. Impôts sur le revenu
			_____	15. Bénéfices non répartis

E1-4 **La préparation d'un bilan**

Établie il y a moins de 50 ans, Honda Motor Co., Ltd est un des principaux fabricants d'automobiles et le plus grand fabricant de motocyclettes au monde. En tant que société japonaise, Honda Motor Co., Ltd respecte les PCGR japonais et présente ses états financiers en millions de yens (le symbole pour le yen est ¥). Un bilan récent contenait les postes suivants (en millions de yen). Dressez un bilan au 31 mars 2001 et déterminez les montants manquants.

Espèces et quasi-espèces	417 519 ¥
Créditeurs et autres passifs à court terme	2 761 257
Stocks	620 754
Investissements	376 187
Dette à long terme	368 173
Immobilisations corporelles	1 254 623
Autres actifs	132 669
À recevoir de filiales	1 304 994
Autres passifs	307 688
Avoir des actionnaires	2 230 291
Total de l'actif	5 667 409
Total du passif et des capitaux propres	?
Comptes clients et autres actifs à court terme	?

E1-5 **La préparation d'un bilan**

T. Leblanc et J. Lopez ont ouvert leur magasin Lecture à volonté, constitué en société de capitaux. Chacun a apporté 50 000$ en espèces pour lancer l'entreprise et a reçu 4 000 actions ordinaires. Le magasin a terminé sa première année d'exploitation le 31 décembre 20A. À cette date, on a déterminé le solde des postes suivants: argent en main et en banque, 48 900$; montants que doivent les clients pour les ventes de livres, 26 000$; portion inutilisée du matériel de magasin et de bureau, 48 000$; montants dus aux éditeurs pour les livres achetés, 8 000$; effets à payer de 2 000$ sur un an à une banque de la région. Aucun dividende n'a été déclaré ou versé aux actionnaires au cours de l'exercice.

Travail à faire

1. Complétez le bilan de Lecture à volonté à la fin de l'exercice 20A.
2. Quel est le montant du bénéfice net pour l'exercice? 12 780 *il s'agissait de la 1re année d'activités et aucun dividende n'a été d'exploitation déclaré ou versés aux actionnaires* *tableau 1.2.*

T.Leblanc & J.Lopez
Bilan
au 31 d. 20A

Actif		Passif	
Encaisse	48 900$	Créditeurs	8000$
Débiteurs	26000	Effets à payer	2000
Matériel de magasin et de bureau	48000	Intérêts à payer	120
		Total du passif	10 120$

Capitaux propres

Capital	100 000$
Bénéfices non répartis	12 780
Total des capitaux propres	112 780
Total de l'actif	122 900$
Total du passif et des capitaux propres	122 900$

E1-6 L'analyse des produits et des charges et la préparation de l'état des résultats □OA1

Supposez que vous êtes propriétaire du magasin Le Collégial, lequel se spécialise dans la vente d'articles pour les étudiants. À la fin de janvier 20A, vous trouvez les informations suivantes (pour le mois de janvier seulement):

a) Des ventes, selon le ruban de la caisse-enregistreuse, de 120 000$, en plus d'une vente à crédit (une situation particulière) de 1 000$.

b) Avec l'aide d'un ami (qui s'est spécialisé en comptabilité), vous déterminez que tous les biens vendus en janvier ont coûté 40 000$ à l'achat.

c) Durant le mois, selon le chéquier, vous avez versé 38 000$ en salaires, en loyer, en fournitures, en publicité et pour d'autres frais. Cependant, vous n'avez pas encore payé les 600$ en frais d'électricité pour le mois de janvier.

Travail à faire

En fonction des données disponibles, quel est le montant du bénéfice pour le mois de janvier (sans tenir compte des impôts)? Présentez vos calculs. (*Conseil:* Rappelez-vous l'équation comptable liée à l'état des résultats.)

E1-7 La préparation d'un état des résultats □OA1

Les magasins Wal-Mart Inc. constituent la principale chaîne de magasins de vente au détail au monde qui exploite plus de 2 300 magasins. Son état des résultats récent contenait les postes suivants (en millions de dollars). Trouvez les montants manquants et dressez un état des résultats abrégé pour l'exercice terminé le 31 janvier 20A. (*Indice:* Placez d'abord les postes tels qu'ils figureraient à l'état des résultats et ensuite, trouvez les valeurs manquantes.)

Wal-Mart Inc.

Coût des marchandises vendues	150 255$
Intérêts débiteurs	1 374
Bénéfice net	?
Ventes	191 329
Frais d'exploitation, frais de vente, frais généraux et frais d'administration	31 550
Impôts sur le revenu	3 692
Autres revenus	1 966
Total des frais et des charges	?
Total des produits	?
Bénéfice avant impôts	?

E1-8 **L'analyse des produits et des charges et la préparation d'un état des résultats**

La société Ventes immobilières inc. est exploitée depuis trois ans et appartient à trois investisseurs. J. Leblanc possède 60 % de la totalité des 9 000 actions en circulation et en est l'administrateur délégué. Le 31 décembre 20C, on a déterminé le solde des postes suivants : commissions gagnées et recouvrées en espèces, 150 000 $, plus 16 000 $ non recouvrées ; frais de service de location gagnés et recouvrés, 20 000 $; salaires versés, 62 000 $; frais de commissions payés, 35 000 $; charges sociales payées, 2 500 $; loyer payé, 2 200 $ (n'incluant pas le loyer de décembre à payer) ; frais de services publics payés, 1 600 $; promotion et publicité payées, 8 000 $; impôts payés, 18 500 $ et frais divers payés, 500 $. Il n'y avait aucune autre charge impayée au 31 décembre. De plus, au cours de l'exercice, la société a versé aux propriétaires des dividendes en espèces « à partir des profits » totalisant 12 000 $. Ajoutez les éléments manquants de l'état des résultats suivant :

_____
_____
_____

Produits

Commissions gagnées	_____ $	
Frais de service de location	_____	
Total des produits		_____ $

Charges

Salaires	_____ $	
Frais liés aux commissions	_____	
Charges sociales	_____	
Frais de location	_____	
Services publics	_____	
Frais de promotion et de publicité	_____	
Charges diverses	_____	
Total des charges (excluant les impôts)		_____
Bénéfice avant impôts		_____ $
Charge d'impôts		_____
Bénéfice net		55 500 $

E1-9 **L'équation comptable**

Révisez les explications données dans le chapitre sur l'équation comptable et l'équation liée à l'état des résultats. Appliquez ces équations à chacun des cas suivants pour calculer les deux montants manquants. Supposez qu'il s'agit de la fin de l'exercice 20A, soit la première année complète d'exploitation pour l'entreprise. (*Conseil :* Organisez les postes énumérés tels qu'ils sont présentés dans l'équation comptable et l'équation liée à l'état des résultats, puis calculez les montants manquants.)

Cas indépendants	Total des produits	Total des charges	Bénéfice net (perte nette)	Total de l'actif	Total du passif	Capitaux propres
A	100 000 $	82 000 $		150 000 $	70 000 $	
B		80 000	12 000 $	112 000		60 000 $
C	80 000	86 000		104 000	26 000	
D	50 000		13 000		22 000	77 000
E		81 000	(6 000)		73 000	28 000

E1-10 **La préparation d'un bilan et d'un état des résultats**

La société Chrétien a été formée par cinq personnes le 1er janvier 20A. À la fin du mois de janvier 20A, on disposait des données financières mensuelles suivantes :

Total des produits	130 000$
Total des charges (excluant les impôts)	80 000
Charges d'impôts (non payées au 31 janvier)	15 000
Solde de l'encaisse, 31 janvier 20A	30 000
Comptes clients (tous considérés comme recouvrables)	15 000$
Stock de marchandises (selon un dénombrement effectué, au coût)	42 000
Comptes fournisseurs pour les marchandises achetées (qui seront payées en février 20A)	11 000
Capital-actions (2 600 actions)	26 000

Aucun dividende n'a été déclaré ou versé.

Travail à faire

Ajoutez les éléments manquants des deux états financiers suivants :

Société Chrétien
État des résultats
pour le mois de janvier 20A

Total des produits	$
Moins : Total des charges (excluant les impôts)	_____
Bénéfice avant impôts	_____
Moins : Charge d'impôts	_____
Bénéfice net	$

Société Chrétien
Bilan
au 31 janvier 20A

Actif

Encaisse	$
Comptes clients	_____
Stock de marchandises	_____
Total de l'actif	$

Passif

Comptes fournisseurs	$
Impôts à payer	_____
Total du passif	_____

Capitaux propres

Capital-actions	$
Bénéfices non répartis	_____
Total des capitaux propres	_____
Total du passif et des capitaux propres	$

E1-11 **L'analyse et l'interprétation de l'état des résultats et du ratio cours-bénéfice**

La société Mort aux rats a été formée par trois personnes le 1er janvier 20A pour four-nir des services d'extermination. À la fin de l'exercice 20A, l'état des résultats suivant a été dressé :

Société Mort aux rats
État des résultats
pour l'exercice terminé le 31 décembre 20A

Produits		
Prestation de services (en espèces)	192 000$	
Prestation de services (à crédit)	24 000$	
Total des produits		216 000$
Charges		
Salaires	76 000$	
Charges locatives	21 000$	
Frais de services	12 000$	
Frais de publicité	14 000$	
Fournitures	25 000$	
Intérêts débiteurs	8 000$	
Total des charges		156 000$
Bénéfice avant impôts		60 000$
Charge d'impôts		13 200$
Bénéfice net		46 800$

Travail à faire
1. Quel est le montant du bénéfice mensuel moyen ?
2. Quel est le montant du loyer mensuel ?
3. Expliquez la raison pour laquelle les fournitures sont comptabilisées à titre de charges.
4. Expliquez la raison pour laquelle les intérêts sont inscrits à titre de charges.
5. Quel est le taux d'imposition moyen pour la société Mort aux rats ?
6. Pouvez-vous déterminer le montant d'encaisse dont disposait la société au 31 décembre 20A ? Expliquez votre réponse.
7. Si la société a une valeur marchande de 468 000$, quel est son ratio cours-bénéfice ?

E1-12 **L'état des flux de trésorerie**

La société Compaq Computer est un des principaux concepteurs et fabricants d'ordi-nateurs personnels. Les postes suivants ont été tirés d'un état des flux de trésorerie récent de la société. Il faut noter que les entreprises utilisent différents intitulés pour le même poste. Sans vous reporter au tableau 1.5, dites si chacun des postes est un flux de trésorerie lié aux activités d'exploitation (E), aux activités d'investissement (I) ou aux activités de financement (F). Mettre les décaissements entre parenthèses.

_____ 1. Sommes versées aux fournisseurs et aux employés

_____ 2. Sommes reçues des clients

_____ 3. Impôts payés

_____ 4. Intérêts et dividendes reçus

_____ 5. Intérêts payés

_____ 6. Produits tirés de la vente du placement dans Conner Peripherals, Inc.

_____ 7. Achats d'immobilisations corporelles

_____ 8. Remboursement des emprunts

E1-13 La préparation d'un état des flux de trésorerie

La société Fabrication NITSU dresse ses états financiers annuels pour les actionnaires. Elle doit dresser un état des flux de trésorerie. La société a recueilli les données suivantes sur les flux de trésorerie pour l'exercice complet terminé le 31 décembre 20D : flux de trésorerie provenant des produits d'exploitation, 270 000 $; flux de trésorerie affecté aux frais d'exploitation, 180 000 $; vente au comptant d'actions de NITSU, 30 000 $; dividendes en espèces déclarés et versés aux actionnaires au cours de l'exercice, 22 000 $; paiements des effets à payer à long terme, 80 000 $. Durant l'exercice, un terrain a été vendu pour 15 000 $ au comptant (soit le même prix que la société Fabrication NITSU avait payé pour le terrain en 20C) et 38 000 $ en espèces ont été déboursés pour deux nouvelles machines. Celles-ci ont été utilisées dans l'usine. Le solde de l'encaisse en début d'exercice s'élevait à 63 000 $.

Travail à faire

Dressez l'état des flux de trésorerie pour l'exercice 20D. Respectez le format présenté dans le chapitre.

E1-14 L'analyse des flux de trésorerie liés aux activités d'exploitation

La société Peinture Paul, une entreprise de services, a rédigé le rapport spécial suivant pour le mois de janvier 20A :

Prestation de services, charges et bénéfice

Prestation de services

Services payés en espèces (selon le ruban de la caisse enregistreuse)	105 000 $	
Services payés à crédit (selon les factures des cartes de crédit, sommes non encore recouvrées à la fin de janvier)	30 500	
		135 500 $
Charges		
Salaires et traitements (payés par chèque)	50 000 $	
Salaires de janvier non encore payés	3 000	
Fournitures utilisées (achetées au comptant en décembre)	2 000	
Coût estimatif pour l'utilisation du camion appartenant à la société pour le mois de janvier (appelé « amortissement »)	500	
Autres charges (payées par chèque)	26 000	81 500
Bénéfice avant impôts		54 000 $
Charge d'impôts (non encore payée)		11 880
Bénéfice pour le mois de janvier		42 120 $

Travail à faire

1. Le propriétaire (qui en connaît peu sur l'aspect financier de l'entreprise) vous demande de calculer le montant d'augmentation de l'encaisse en janvier 20A à la suite des activités d'exploitation de l'entreprise. Vous avez décidé de rédiger un rapport détaillé pour le propriétaire à l'aide des intitulés suivants : Encaissements (recettes), Décaissements (débours) et Variation nette de l'encaisse.

2. Déterminez si vous pouvez concilier la variation nette de l'encaisse que vous avez calculée en 1. avec le bénéfice pour le mois de janvier 20A.

Problèmes

OA1

P1-1 La préparation d'un bilan et d'un état des résultats (PS1-1)

Supposez que vous êtes le président de la société Nucléaire. À la fin de la première année d'exploitation (au 31 décembre 20A), vous disposez des données financières suivantes sur l'entreprise:

Encaisse	25 000$
Clients (tous considérés comme recouvrables)	12 000
Stock de marchandises (basé sur le dénombrement et établi au coût)	90 000
Matériel, au coût, déduit de la portion utilisée	45 000
Fournisseurs	43 298
Salaires à payer pour 20A (au 31 décembre 20A, ces salaires étaient payables à un employé qui était en congé à cause d'une urgence. Il sera de retour aux environs du 10 janvier 20B, date à laquelle le paiement sera effectué.)	2 000
Ventes	140 000
Charges, incluant le coût des marchandises vendues (excluant les impôts)	89 100
Charge d'impôts (22% × Bénéfice avant impôts) payée durant l'exercice 20A	?
Capital-actions, 7 000 actions en circulation	87 000

Aucun dividende n'a été déclaré ou versé durant l'exercice 20A.

Travail à faire (montrez tous vos calculs)

1. Dressez un état des résultats condensé pour l'exercice 20A.
2. Dressez un bilan au 31 décembre 20A.

OA1

P1-2 La préparation d'un état des résultats (PS1-2)

Durant l'été, au cours de ses années d'études universitaires, S. Marion avait besoin de gagner suffisamment d'argent pour payer ses études. Incapable de se trouver un emploi avec un salaire raisonnable, il a décidé de se lancer dans l'entretien des pelouses. Après avoir effectué une étude du marché pour déterminer le potentiel de l'entreprise, S. Marion a acheté un camion usagé le 1er juin pour 1 500$. Sur chaque portière, il a peint «Service d'entretien de pelouse S. Marion, 471-4487». Il a aussi dépensé 900$ pour l'achat de tondeuses, de coupe-bordures et d'outils. Pour acquérir ces articles, S. Marion a emprunté 2 500$ en signant un effet à payer promettant de rembourser le plein montant en plus des intérêts de 75$ à la fin des trois mois (se terminant le 31 août).

À la fin de l'été, S. Marion estimait qu'il avait accompli beaucoup de travail et que le solde de son compte en banque était satisfaisant. S. Marion a alors voulu connaître les profits réalisés à ce jour par l'entreprise.

Une analyse des talons de chèque montre ce qui suit: les dépôts bancaires provenant de la prestation de ses services totalisent 12 600$. Les chèques suivants ont été inscrits: essence, huile et lubrification, 920$; réparation du camion, 210$; réparation des tondeuses, 75$; fournitures diverses utilisées, 80$; salaires, 4 500$; charges sociales, 175$; paiement de l'employé engagé pour rédiger les formulaires des charges sociales, 25$; assurance, 125$; téléphone, 110$; 2 575$ pour régler l'effet, incluant les intérêts (le 31 août). Un cahier de notes conservé dans le camion, en plus de certaines factures impayées, laisse entendre que certains clients lui devaient toujours 900$ pour les services d'entretien de pelouse rendus et que S. Marion devait 200$ pour l'essence et l'huile (montant qu'il avait porté à sa carte de crédit). S. Marion estime que les coûts rattachés à l'utilisation du camion et d'autre matériel (appelé *amortissement*) pour les trois mois totalisent 500$.

Travail à faire

1. Dressez un état des résultats trimestriel pour les Services d'entretien de pelouse S. Marion pour les mois de juin, juillet et août 20A. Utilisez les intitulés suivants: Prestation de services, Charges et Bénéfice net. Puisqu'il s'agit d'une entreprise individuelle, celle-ci n'est pas soumise aux règles fiscales.

2. Croyez-vous qu'un ou plusieurs rapports financiers supplémentaires soient nécessaires pour l'exercice 20A et les années suivantes? Expliquez votre réponse.

P1-3 La comparaison entre le bénéfice et les flux de trésorerie (un défi)

La société Nouvelle livraison a été formée le 1er janvier 20A. À la fin du premier trimestre (trois mois) d'exploitation, le propriétaire a rédigé un résumé de ses activités d'exploitation, comme le montre la première ligne du tableau suivant :

Résumé des opérations	Bénéfice	Encaisse
a) Services rendus à des clients, 66 000 $, le sixième demeurait impayé à la fin du trimestre.	+66 000 $	+55 000 $
b) Sommes empruntées à une banque de la région, 30 000 $ (effet à payer sur un an).		
c) Petit camion de service acheté pour l'entreprise : coût, 9 000 $; versement d'un acompte de 30 %, solde à crédit.		
d) Charges, 36 000 $, le sixième demeurait impayé à la fin du trimestre.		
e) Fournitures de services achetées pour l'entreprise, 3 000 $, le quart demeurait impayé (à crédit) à la fin du trimestre. De plus, le cinquième de ces fournitures était inutilisé (toujours en magasin) à la fin du trimestre.		
f) Salaires gagnés par les employés, 21 000 $, la moitié demeurait impayée à la fin du trimestre.		
En fonction des opérations susmentionnées, calculez :		
Bénéfice (ou perte)		
Encaissements (ou décaissements)		

Travail à faire

1. Pour chacune des opérations présentées dans ce tableau, inscrivez les montants appropriés. Inscrivez « zéro » lorsque c'est nécessaire. La première opération est illustrée.
2. Pour chacune des opérations, expliquez votre réponse.

P1-4 L'évaluation des informations pour soutenir une demande de prêt (un défi)

Le 1er janvier 20A, trois personnes ont formé la Société de capitaux Ouest. Chacune de ces personnes a investi 10 000 $ en espèces dans l'entreprise. Le 31 décembre 20A, elles ont dressé une liste des ressources (les actifs) et des dettes (les passifs) pour appuyer une demande de prêt de 70 000 $ soumise à une banque de la région. Aucune des trois personnes n'avait étudié la comptabilité. Voici cette liste :

Ressources de l'entreprise

Encaisse	12 000 $
Stock de fournitures (en magasin)	7 000
Camions (quatre, presque neufs)	68 000
Résidences personnelles des fondateurs (trois maisons)	190 000
Matériel utilisé dans l'entreprise (presque neuf)	30 000
Factures dues par les clients (pour les services déjà rendus)	15 000
Total	322 000 $

Dettes de l'entreprise

Salaires impayés aux employés	19 000 $
Impôts impayés	8 000
Montants à payer aux fournisseurs	10 000
Montants à payer pour les camions et le matériel (à une société de financement)	50 000
Prêt d'un fondateur	10 000
Total	97 000 $

Travail à faire

Rédigez une note brève précisant les informations suivantes.

1. Lequel de ces éléments n'appartient pas au bilan (n'oubliez pas que la société est considérée comme distincte de ses propriétaires) ?
2. Quelles questions supplémentaires poseriez-vous concernant l'évaluation des éléments figurant sur la liste ? Expliquez le fondement de chaque question.
3. Si vous conseilliez la banque de la région sur sa décision de prêt, quels montants figurant sur la liste poseraient un problème particulier ? Expliquez votre opinion pour chaque problème soulevé et faites vos recommandations.
4. En fonction de vos réponses aux questions 1. et 2., quel serait le montant des capitaux propres (les actifs déduits des passifs) pour la société ? Montrez vos calculs.

Problèmes supplémentaires

PS1-1   La préparation d'un bilan et d'un état des résultats (P1-1)

Supposez que vous êtes le président de la société Leblanc. À la fin de la première année d'exploitation (au 30 juin 20C), vous disposez des données financières suivantes sur l'entreprise :

Encaisse	13 150 $
Clients (tous considérés comme recouvrables)	9 500
Stock de marchandises (basé sur le dénombrement et établi au coût)	57 000
Matériel, au coût, déduit de la portion utilisée	36 000
Fournisseurs	29 140
Salaires à payer pour 20C (au 30 juin 20C, ces salaires étaient payables à un employé qui était en congé à cause d'une urgence. Il sera de retour aux environs du 27 juillet 20C, date à laquelle le paiement sera effectué.)	1 500
Ventes	90 000
Charges, incluant le coût des marchandises vendues (excluant les impôts)	60 500
Charge d'impôts (22 % × Bénéfice avant impôts) payée durant l'exercice 20C	?
Capital-actions, 5 000 actions en circulation	62 000

Aucun dividende n'a été déclaré ou versé durant l'exercice 20C.

Travail à faire (montrez tous vos calculs)

1. Dressez un état des résultats condensé pour l'exercice 20C.
2. Dressez un bilan au 30 juin 20C.

PS1-2   La préparation d'un état des résultats (P1-2)

Après avoir obtenu son diplôme d'études secondaires, Jean Abel a immédiatement accepté un emploi à titre d'électricien adjoint pour une grande société de réparation électrique. Après trois ans de dur labeur, Jean a obtenu son permis d'électricien et a décidé de lancer sa propre entreprise. Il avait épargné 12 000 $, qu'il a investi dans l'entreprise. Premièrement, il a transféré ce montant de son compte d'épargne à un compte commercial pour la société de Réparation électrique Abel inc. Son avocat lui a conseillé de constituer une société de capitaux. Il a ensuite acheté une camionnette usagée pour 9 000 $ au comptant et des outils usagés pour 1 500 $; il a loué un espace dans un petit édifice, publié une annonce dans un journal de la région et a ouvert son entreprise le 1er octobre 20A. Immédiatement, Jean Abel a été très occupé et un mois plus tard, il a engagé un adjoint.

Bien que Jean Abel ne connaisse presque rien de l'aspect financier de l'entreprise, il s'est rendu compte que plusieurs rapports étaient nécessaires et que les coûts ainsi que les recettes devaient être contrôlés attentivement. À la fin de l'exercice, préoccupé par sa situation fiscale (auparavant, il ne devait déclarer que son salaire), Jean Abel a réalisé qu'il avait besoin d'états financiers. Sa femme, Jeanne, a dressé certains des états financiers pour l'entreprise. Le 31 décembre 20A, avec l'aide d'un ami, elle a recueilli les données suivantes pour les trois mois qui venaient de se terminer. Les dépôts des recettes en banque pour les services de réparation électrique totalisaient 32 000 $. Les chèques suivants avaient été libellés : électricien adjoint, 8 500 $; charges sociales, 175 $; fournitures achetées et utilisées pour les travaux, 9 500 $; huile, essence et entretien du camion, 1 200 $; assurance, 700 $; loyer, 500 $; électricité et téléphone, 825 $; frais divers (comprenant la publicité), 600 $. De plus, les factures non recouvrées des clients pour les services de réparation électrique totalisaient 3 000 $. Le loyer de 200 $ pour le mois de décembre n'avait pas été payé. Le taux d'imposition moyen est de 22 %. Jean Abel estime que le coût d'utilisation du camion et des outils (l'amortissement) durant les trois mois est de 1 200 $.

Travail à faire

1. Dressez un état des résultats trimestriel pour la société Réparation électrique Abel inc. pour les trois mois compris entre octobre et décembre 20A. Utilisez les intitulés suivants : Prestation de services, Charges, Bénéfice avant impôts et Bénéfice net. (*Conseil :* Dressez l'état jusqu'à l'intitulé Bénéfice avant impôts et multipliez ce montant par le taux d'imposition pour calculer la Charge d'impôts.)
2. Croyez-vous que Jean Abel a besoin d'un ou de plusieurs rapports financiers de plus pour l'exercice 20A et les exercices suivants ? Expliquez votre réponse.

Cas et projets

Cas – Information financière

CP1-1   La recherche d'informations financières
Reportez-vous aux états financiers de la société Les Boutiques San Francisco Incorporées de l'annexe C à la fin de ce manuel.

■ OA1
■ OA3

Les Boutiques
San Francisco
Incorporées

Travail à faire

1. Quel est le montant du bénéfice net pour l'exercice en cours ?
2. Quel est le montant du chiffre d'affaires pour l'exercice en cours ?
3. Quelle est la valeur du stock de marchandises à la fin de l'exercice en cours ?
4. Quel est le montant de la variation des espèces et des quasi-espèces* durant l'exercice ?
5. Qui sont les vérificateurs de la société ?

CP1-2   La recherche d'informations financières
Reportez-vous aux états financiers de la société Le Château Inc. présentés en annexe à la fin de ce volume.

■ OA1
■ OA3

Le Château Inc.

Travail à faire

Lisez le rapport annuel. Examinez attentivement l'état des résultats, le bilan et l'état des flux de trésorerie et tentez de déterminer quel type d'informations ils contiennent. Ensuite, répondez aux questions suivantes en fonction du rapport.

1. Quels types de produits vend cette société ?
2. Le président général croit-il que la société a connu une année prospère ?
3. Quel jour de l'année l'exercice se termine-t-il ?
4. Pour combien d'années présente-t-elle
    a) un bilan ?
    b) un état des résultats ?
    c) un état des flux de trésorerie ?
5. Ces états financiers sont-ils vérifiés par des vérificateurs externes ? Comment le savez-vous ?
6. Le total de l'actif a-t-il augmenté ou diminué au cours de l'exercice ?
7. Quel était le solde de clôture des stocks ?
8. Écrivez l'équation comptable (en dollars) en fin d'exercice.

---

*   Les *quasi-espèces* sont les investissements à court terme, facilement monnayables, dont la valeur ne risque pas de changer.

CP1-3 La comparaison de sociétés évoluant dans le même secteur d'activité

Reportez-vous aux états financiers de la société Les Boutiques San Francisco Incorporées, aux états financiers de la société Le Château Inc. ainsi qu'aux statistiques de Standard & Poor's présentés en annexe à la fin de ce volume.

Travail à faire

1. Les deux sociétés présentent le bénéfice par action dans leur état des résultats. Trouvez la valeur marchande de leurs actions sur le site Internet de la Bourse de Toronto (www.tse.ca). À l'aide du bénéfice par action et du prix le plus récent par action, calculez le ratio cours-bénéfice. Quelle société a enregistré le ratio cours-bénéfice le plus élevé pour l'exercice en cours ?
2. Selon les investisseurs, quelle société connaîtra la croissance la plus forte sur le plan du bénéfice dans l'avenir ?
3. Examinez les statistiques de Standard & Poor's présentées en annexe. Comparez le ratio cours-bénéfice pour chaque société par rapport à la moyenne industrielle. Vous attendiez-vous à ce que ces deux sociétés aient des ratios cours-bénéfice supérieurs ou inférieurs à la moyenne industrielle ? Expliquez votre réponse.

CP1-4 L'utilisation des rapports financiers : la correction d'erreurs

La société Performance a été formée le 1er janvier 20A. À la fin de l'exercice 20A, la société n'avait pas encore engagé de comptable. Cependant, un employé qui avait l'habitude de travailler avec les chiffres a dressé les états financiers suivants à cette date :

Société Performance
au 31 décembre 20A

Ventes de marchandises	175 000 $
Montant total versé pour les marchandises vendues durant l'exercice	(90 000)
Frais de vente	(25 000)
Amortissement (sur les véhicules de service utilisés)	(10 000)
Produits tirés des services rendus	52 000
Salaires et traitements versés	(62 000)

Société Performance
au 31 décembre 20A

Ressources		
Encaisse		32 000 $
Stock de marchandises (détenues pour la revente)		42 000
Véhicules de service		50 000
Bénéfices non répartis (gagnés en 20A)		30 000
Total des ressources		154 000 $
Dettes		
Comptes fournisseurs		22 000 $
Effet à payer à la banque		25 000
Montant dû par des clients		13 000
Total		60 000 $
Fournitures en magasin		
(à utiliser pour la prestation de services)	15 000 $	
Amortissement cumulé* (sur les véhicules de service)	10 000	
Capital-actions, 6 500 actions	65 000	
Total		90 000
Total général		150 000 $

---

* L'*amortissement cumulé* représente la portion utilisée des actifs immobilisés et doit être déduit du solde de l'actif.

Travail à faire

1. Énumérez tous les problèmes que vous pouvez reconnaître dans ces états. Donnez une explication brève de chacun.

2. Dressez un état des résultats (le juste bénéfice net est de 30 000 $) et un bilan appropriés (le juste total de l'actif est de 142 000 $). (*Conseil :* Pour calculer la charge d'impôts, utilisez un taux de 25 %.)

CP1-5 L'utilisation des rapports financiers : la liquidation d'une entreprise

Le 1er juin 20F, la société Bernard a dressé un bilan avant de déclarer faillite. Les totaux figurant au bilan présentaient les sommes suivantes :

Actif (pas d'espèces)	90 000 $
Passif	50 000
Capitaux propres	40 000

Par la suite, tous les actifs ont été vendus au comptant.

Travail à faire

1. Comment apparaîtra le bilan immédiatement après la vente au comptant des actifs dans chacun des cas suivants ? Utilisez le format donné ci-après.

	Argent reçu pour les actifs	Soldes immédiatement après la vente		
		Actifs	Passifs	Capitaux propres
Cas A	90 000 $	$	$	$
Cas B	80 000	$	$	$
Cas C	100 000	$	$	$

2. Comment l'argent devrait-il être distribué dans chaque cas ? (*Conseil :* Les créanciers doivent être payés en entier avant que les propriétaires ne reçoivent d'argent.) Utilisez le format donné ci-après.

	Aux créanciers	Aux actionnaires	Total
Cas A	$	$	$
Cas B	$	$	$
Cas C	$	$	$

Cas – Analyse critique

CP1-6 La prise de décisions à titre de gestionnaire

OA1
OA3

É. Beauregard possède et exploite la Boutique Lise (une entreprise individuelle). Un de ses employés rédige un rapport financier à la fin de chaque exercice. Ce rapport énumère toutes les ressources (les actifs) que possède É. Beauregard, notamment ses biens personnels comme la maison qu'il habite. Le rapport mentionne également la liste des dettes de l'entreprise, mais pas les dettes personnelles de É. Beauregard.

Travail à faire

1. Du point de vue comptable, en quoi êtes-vous en désaccord avec les éléments qui sont inclus et exclus dans le rapport financier de l'entreprise ?

2. Aux questions que vous lui avez posées, É. Beauregard a répondu : « Ne vous inquiétez pas, nous utilisons ce rapport uniquement pour obtenir un prêt bancaire. » Comment répondriez-vous à ce commentaire ?

CP1-7 La prise de décisions à titre de propriétaire

Vous êtes un des trois associés qui possèdent et exploitent le Service d'entretien ménager Marie. La société est en exploitation depuis sept ans. Un des autres associés a toujours dressé les états financiers annuels de l'entreprise. Récemment, vous avez proposé de faire vérifier dorénavant les états financiers, car cela serait avantageux pour les associés et préviendrait des mésententes possibles quant à la division des profits. L'associé qui dresse les états propose que son oncle, qui a beaucoup d'expérience en finances, effectue la tâche, à peu de frais. L'autre associé demeure silencieux.

Travail à faire

1. Quelle position adopteriez-vous par rapport à cette proposition ? Expliquez votre réponse.
2. Que recommanderiez-vous ? Expliquez votre réponse.

■ OA3
■ OA4

CP1-8 L'éthique et les responsabilités du vérificateur

Une des principales qualités du vérificateur est son indépendance. Le code de déontologie stipule qu'un membre de la pratique de l'expertise comptable doit être indépendant de fait et en apparence lorsqu'il fournit des services de vérification et d'autres services d'attestation.

Travail à faire

Considérez-vous que les circonstances suivantes suggèrent un manque d'indépendance ? Expliquez votre réponse. (Utilisez votre imagination. Les réponses précises ne sont pas données dans ce chapitre.)

1. C. Jules est un associé dans un important cabinet d'experts-comptables et a pour tâche de vérifier la société Ford. C. Jules possède 10 actions dans cette entreprise.
2. J. Talon a investi dans une société de fonds mutuel qui possède 500 000 actions de la société Sears. Il est le vérificateur de cette société.
3. R. Franklin est commis et dactylographe. Il travaille sur la vérification de AT & T. Il vient tout juste d'hériter de 50 000 actions d'AT & T. (R. Franklin aime son travail et a l'intention de le conserver en dépit de sa nouvelle richesse.)
4. N. Sodoma a travaillé le week-end comme contrôleur pour l'entreprise d'un ami. N. Sodoma a quitté cet emploi au milieu de l'année et n'a depuis aucune association avec l'entreprise. Il travaille à temps plein pour un grand cabinet d'experts-comptables et a eu pour tâche de vérifier l'entreprise de son ami.
5. M. Jacob a emprunté 100 000 $ pour un prêt hypothécaire à la Banque Royale. L'hypothèque lui a été accordée selon des modalités de crédit normales. M. Jacob est l'associé chargé de la vérification de cette banque.

Projets – Information financière

■ OA1
■ OA3

CP1-9 L'amélioration des habiletés de recherche d'informations financières

Procurez-vous le rapport annuel d'une entreprise publique que vous trouvez intéressante. Nous vous suggérons de choisir une entreprise d'intérêt régional ou une entreprise de laquelle vous achetez régulièrement des produits ou des services. Les bases de données à la bibliothèque, le service SEDAR à www.sedar.com ou le site Web de l'entreprise constituent de bonnes sources d'information. L'Annual Report Gallery à www.reportgallery.com fournit des liens aux sites Web de sociétés américaines bien connues.

Travail à faire

Lisez le rapport annuel. Examinez attentivement l'état des résultats, le bilan ainsi que l'état des flux de trésorerie et tentez de déterminer quel type d'information ils contiennent. Ensuite, répondez aux questions suivantes en fonction de ce rapport.

1. Quels types de produits ou de services vend cette entreprise ?
2. Le président ou directeur général croit-il que la société a connu une année prospère ?
3. L'exercice financier se termine à quelle date ?
4. Pour combien d'années présente-t-elle
    a) un bilan ?
    b) un état des résultats ?
    c) un état des flux de trésorerie ?
5. Ces états financiers sont-ils vérifiés par des vérificateurs externes ? Comment le savez-vous ?
6. Le total de l'actif a-t-il augmenté ou diminué au cours de l'exercice ?
7. Quel est le solde de clôture des stocks ?
8. Écrivez l'équation comptable (en dollars) à la fin de l'exercice.

CP1-10 **L'amélioration des habiletés de recherche d'informations financières**

Procurez-vous le rapport annuel d'une entreprise publique que vous trouvez intéressante. Nous vous suggérons de choisir une entreprise d'intérêt régional ou une entreprise de laquelle vous achetez régulièrement des produits ou des services. Les bases de données à la bibliothèque, le service SEDAR à www.sedar.com ou le site Web de l'entreprise constituent de bonnes sources d'information. L'Annual Report Gallery à www.reportgallery.com fournit des liens aux sites Web de sociétés américaines bien connues.

Travail à faire

1. Quel est le montant du bénéfice net pour l'exercice en cours?
2. Quel est le montant des produits qui ont été gagnés au cours de l'exercice?
3. Quel est le montant de la dette à long terme de la société à la fin de l'exercice en cours?
4. Quel est le montant de la variation des espèces et des quasi-espèces pour l'exercice?
5. Qui sont les vérificateurs de la société?

CP1-11 **L'interprétation de la presse financière**

Le journal *Les Affaires*

Parmi les grandes entreprises canadiennes évoluant dans le secteur des communications et des médias, on trouve BCE Inc., Québecor et Nortel Networks. Ce sont des sociétés ouvertes dont les actions sont négociées à la Bourse de Toronto. Procurez-vous un exemplaire récent du journal *Les Affaires* dans une bibliothèque ou un kiosque à journaux. La section *Investir* relate les faits importants concernant différentes entreprises et présente les cotes boursières à la Bourse de Toronto et sur le NASDAQ. Un encadré imprimé au bas de l'une des pages, intitulé «Explication des cotes boursières», clarifie les informations données.

Travail à faire

Trouvez la cote pour chacune des trois entreprises. Répondez ensuite aux questions suivantes (reportez-vous à l'encadré «Explication des cotes boursières» au besoin).
1. Quel est le prix de clôture d'une action pour chaque entreprise?
2. Quel est le ratio cours-bénéfice de chaque entreprise?

CP1-12 **L'utilisation des rapports financiers : l'état des flux de trésorerie**

Procurez-vous le rapport annuel d'une entreprise que vous trouvez intéressante. Nous vous suggérons de choisir une entreprise d'intérêt régional ou une entreprise de laquelle vous achetez régulièrement des produits ou des services. Les bases de données à la bibliothèque, le service SEDAR à www.sedar.com ou le site Web de l'entreprise constituent des bonnes sources d'information.

Travail à faire

Examinez attentivement l'état des flux de trésorerie. Ensuite, répondez aux questions suivantes en fonction du rapport.

1. Les flux de trésorerie liés aux activités d'exploitation sont-il égaux au bénéfice net? Quelles sont les causes de cet écart? (*Conseil:* Considérez la différence entre les encaissements et les décaissements ainsi qu'entre les produits et les charges.)
2. Énumérez et expliquez deux postes figurant sous l'intitulé Flux de trésorerie liés aux activités d'investissement et Flux de trésorerie liés aux activités de financement.

CP1-13 **L'éthique : l'analyse d'une irrégularité comptable**

Procurez-vous un article de journal récent faisant état d'une irrégularité comptable. Les bases de données à la bibliothèque, les sites Web, les journaux financiers et les revues financières* sont de bonnes sources d'information. Utilisez les mots clés «irrégularités comptables». Rédigez une note brève faisant état des effets des irrégularités sur le bénéfice net comptabilisé, de l'incidence de cette déclaration d'une irrégularité sur le prix des actions de l'entreprise ainsi que de toutes amendes ou sanctions civiles imposées à l'entreprise et à ses directeurs.

---

* Vous pouvez consulter le site Web de certains journaux et revues financières, par exemple lesaffaires.com (*Les Affaires*), ledevoir.com (la section Économie du journal *Le Devoir*), www.theglobeandmail.com (la section Report on Business du journal *The Globe and Mail*).

CP1-14 Un projet en équipe : l'examen d'un rapport annuel

En équipe, choisissez un secteur d'activité que vous étudierez. Le site SEDAR, www.sedar.com, fournit une liste des secteurs. Le journal *Les Affaires* présente aussi un classement des entreprises par secteur.

Chaque membre du groupe doit se procurer un rapport annuel d'une société ouverte évoluant dans ce secteur d'activité et doit choisir une entreprise différente. Individuellement, chaque membre doit rédiger un rapport en répondant aux questions suivantes concernant l'entreprise choisie.

1. Quels types de produits vend l'entreprise choisie ?
2. À quelle date se termine l'exercice financier ?
3. Pour combien d'années présente-t-elle
    a) un bilan ?
    b) un état des résultats ?
    c) un état des flux de trésorerie ?
4. Ces états financiers sont-ils vérifiés par des vérificateurs externes ? Le cas échéant, par qui ?
5. Le total de l'actif a-t-il augmenté ou diminué au cours de l'exercice ?
6. Son bénéfice net a-t-il augmenté ou diminué au cours de l'exercice ?

Par la suite, en équipe, rédigez un bref rapport en comparant les entreprises en fonction des six questions énumérées plus haut.

CHAPITRE 2

Les décisions financières et le bilan

Objectifs d'apprentissage

Au terme de ce chapitre, l'étudiant sera en mesure :

1. de comprendre l'objectif premier des états financiers, les composantes du bilan et quelques postulats et principes comptables (voir la page 60);

2. de reconnaître une opération commerciale et de définir les principaux comptes qui apparaissent dans un bilan (voir la page 67);

3. d'analyser de simples opérations commerciales en fonction de l'équation comptable : Actif = Passif + Capitaux propres (voir la page 70);

4. d'apprécier l'incidence des opérations commerciales sur le bilan en utilisant deux outils de base : les écritures de journal et les comptes en T (voir la page 77);

5. de dresser et d'analyser un bilan simple (voir la page 85);

6. de calculer et d'interpréter le coefficient de suffisance du capital (le ratio actif/capital) (voir la page 86);

7. de reconnaître les opérations relatives aux activités d'investissement et aux activités de financement de même que la manière dont elles sont présentées à l'état des flux de trésorerie (voir la page 88).

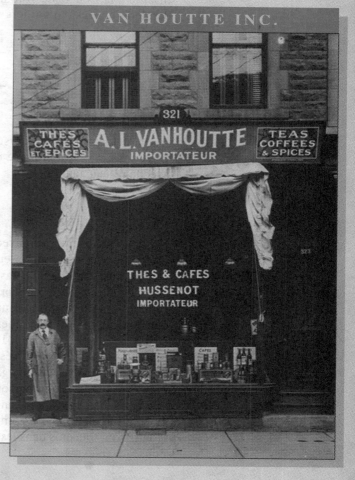

Van Houtte inc.

Une entreprise en pleine expansion

À la maison, au bureau ou au bistro (café), plus de quatre millions de tasses de café Van Houtte sont bues chaque jour à travers l'Amérique du Nord. « Une tasse à la fois », voilà comment la direction de Van Houtte entend séduire plus de consommateurs.

Fondée en 1919, la société Van Houtte est devenue, au fil des ans, un chef de file nord-américain dans le domaine de la torréfaction, de la commercialisation et de la distribution de cafés haut de gamme. Grâce à ses quatre usines de torréfaction, à ses 3 000 points de vente au Canada et aux États-Unis, à près de 90 cafés-bistros et cafés-bars et à un vaste réseau de pause-café, Van Houtte a connu des succès financiers importants. Ceux-ci se sont traduits par une croissance annuelle moyenne de son bénéfice net de plus de 20 %. En 1987, Van Houtte est devenue une société publique inscrite à la Bourse de Toronto (symbole : VH). Le bilan de la société pour les deux dernières années (en milliers de dollars) met en évidence cette croissance.

	Actif	=	Passif	+	Capitaux propres
31 mars 2001	334 266 $		123 402 $		210 864 $
31 mars 2000	269 288		75 577		193 711
Augmentation	64 978 $		47 825 $		17 153 $
Taux d'augmentation	24 %		63 %		9 %

Van Houtte entend poursuivre son expansion principalement du côté des États-Unis grâce à un programme d'acquisitions d'entreprises bien gérées et en synergie avec le réseau actuel.

Parlons affaires

Un bon café commence avec des grains de qualité. Van Houtte a établi des liens d'affaires avec des fournisseurs sélectionnés en fonction de la qualité supérieure de leur produit. Du grain à la tasse, une équipe de recherche et développement améliore sans cesse les procédés de torréfaction afin d'obtenir un café haut de gamme, au goût riche et onctueux. Van Houtte possède également une filiale spécialisée dans la conception, le développement et la fabrication de cafetières d'avant-garde. Cette filiale est certifiée ISO 9001, ce qui assure la reconnaissance de la valeur et de la rigueur des processus utilisés par l'entreprise.

Dotée d'une structure organisationnelle bien intégrée, Van Houtte compte sur son image de marque, son personnel compétent et dévoué et sur des flux de trésorerie substantiels pour réaliser son programme d'investissement et d'acquisitions.

Afin de comprendre comment les résultats de la stratégie de croissance de Van Houtte sont transmis dans les états financiers, vous devez pouvoir répondre aux questions suivantes :

- Quelles activités commerciales provoquent des changements dans les états financiers d'un exercice à l'autre ?
- Comment les opérations commerciales influent-elles sur les comptes de l'entreprise ?
- Comment les entreprises conservent-elles une trace de leurs activités ?

Après avoir répondu à ces questions, vous pourrez effectuer deux types d'analyse essentiels :

1. analyser et prédire les effets des décisions d'affaires sur les états financiers d'une entreprise ;
2. utiliser les états financiers d'autres entreprises pour cerner et évaluer les activités que les gestionnaires ont déployées durant un exercice.

Ces hypothèses sont essentielles à l'*analyse des états financiers*.

Dans ce chapitre, nous nous attarderons sur des activités commerciales particulières telles que les *activités d'investissement* (l'acquisition de biens) et les *activités de financement* qui s'ensuivent en distinguant les capitaux empruntés (aux créanciers) et les capitaux propres (provenant des propriétaires). Nous examinerons les activités qui influent uniquement sur les montants figurant au bilan. Nous discuterons les activités d'exploitation qui ont une incidence à la fois sur les montants qui apparaissent à l'état des résultats et au bilan dans les chapitres 3 et 4. Bien que ces activités soient toutes reliées, nous les distinguons au départ pour vous aider à mieux les comprendre.

Structure du chapitre

Un aperçu du cadre conceptuel	Quelles activités commerciales provoquent des changements dans les états financiers d'un exercice à l'autre ?	Comment les opérations commerciales influent-elles sur les comptes de l'entreprise ?	Comment les entreprises conservent-elles une trace de leurs activités ?	L'établissement du bilan
Les composantes du bilan	La nature des opérations commerciales	L'analyse des opérations	L'impact des opérations et les notions de débit et de crédit	Le coefficient de suffisance du capital (ratio actif/capital)
	Les comptes		Un outil d'analyse : l'écriture de journal	De fausses idées
			Un outil d'analyse : le compte en T	
			Un exemple d'analyse des opérations	

Commençons à répondre à ces questions en révisant les concepts de base présentés dans le chapitre 1.

Un aperçu du cadre conceptuel

OBJECTIF
D'APPRENTISSAGE **1**

Comprendre l'objectif premier des états financiers, les composantes du bilan et quelques postulats et principes comptables.

Nous avons défini bon nombre de termes et de concepts comptables dans le chapitre 1. Ceux-ci font partie du cadre conceptuel de la comptabilité élaboré depuis plusieurs années et synthétisé par l'Institut canadien des comptables agréés (ICCA) dans le chapitre 1000 du *Manuel de l'ICCA* qui définit les fondements conceptuels des états financiers tels qu'ils sont présentés dans le tableau 2.1. Nous discuterons le cadre conceptuel de la comptabilité dans chacun des quatre prochains chapitres (le chapitre pertinent est indiqué à côté de chaque mot ou de chaque notion). Il est important de bien connaître ce cadre conceptuel, car vous comprendrez plus facilement le *fonctionnement* du processus comptable si vous savez *pourquoi* il fonctionne ainsi. Une compréhension claire vous aidera aussi dans les chapitres ultérieurs alors que nous examinerons des activités commerciales plus complexes.

Les concepts mis en relief dans le chapitre 2

L'objectif des états financiers
est de communiquer des informations économiques utiles sur l'entreprise pour aider les utilisateurs externes à prendre des décisions financières éclairées.

L'objectif des états financiers Le haut de la pyramide du tableau 2.1 indique l'**objectif des états financiers,** qui oriente tous les autres éléments du cadre conceptuel. La comptabilité générale a pour principal objectif de fournir des informations économiques utiles sur une entreprise pour aider les utilisateurs externes à prendre des décisions financières éclairées. Ces décideurs incluent les investisseurs, les créanciers, les experts qui offrent des conseils financiers mais aussi d'autres groupes tels que les fournisseurs, les clients ou les employés. On s'attend à ce que les utilisateurs aient une compréhension raisonnable des concepts et des processus comptables utilisés par l'entreprise pour produire l'information financière.

Souvent, les utilisateurs s'intéressent à cette information pour mieux projeter les encaissements et les décaissements futurs d'une entreprise. Par exemple, les créanciers actuels et potentiels veulent évaluer la capacité d'une entité à payer les intérêts au cours des années et à rembourser le capital emprunté à l'échéance. Les investisseurs actuels et potentiels souhaitent, quant à eux, estimer la capacité d'une entité à verser des dividendes dans l'avenir. Ils veulent aussi évaluer la prospérité d'une entreprise pour savoir si le cours de ses actions augmentera et s'ils pourront vendre leurs actions à un prix supérieur à celui qu'ils ont payé.

Le chapitre 1000 (paragraphe 1000.15) du *Manuel de l'ICCA* précise l'objectif des états financiers :

L'objectif des états financiers est de communiquer des informations utiles aux investisseurs, aux membres, aux apporteurs, aux créanciers et aux autres utilisateurs (les « utilisateurs ») qui ont à prendre des décisions en matière d'attribution des ressources ou à apprécier la façon dont la direction s'acquitte de sa responsabilité de gérance. En conséquence, les états financiers fournissent des informations sur :

a) les ressources économiques, les obligations et les capitaux propres (ou l'actif net) de l'entité ;

b) l'évolution des ressources économiques, des obligations et des capitaux propres (ou de l'actif net) de l'entité ;

c) la performance économique de l'entité.

OBJECTIF DES ÉTATS FINANCIERS (chap. 2)
Fournir des informations économiques utiles aux utilisateurs externes pour les aider à prendre des décisions en matière d'attribution des ressources

QUALITÉS DE L'INFORMATION FINANCIÈRE (chap. 5)

Pertinence – l'information est pertinente lorsqu'elle permet d'améliorer la prise de décision.
- valeur prédictive (extrapolation dans le futur)
- valeur rétrospective (évaluation des attentes précédentes)
- rapidité de la publication (disponibilité au moment opportun)

Fiabilité – l'information est fiable lorsqu'elle correspond aux opérations.
- vérifiabilité (information vérifiable par des observateurs indépendants)
- image fidèle (substance des opérations)
- neutralité (information non biaisée)
- prudence (estimation prudente)

Comparabilité – l'information est comparable lorsque l'entreprise utilise les mêmes conventions comptables d'un exercice à l'autre ou lorsqu'on établit un parallèle entre deux entités distinctes.

Compréhensibilité – l'information doit être compréhensible pour les utilisateurs.

COMPOSANTES DES ÉTATS FINANCIERS

Actif – les ressources économiques sont susceptibles de produire des avantages économiques futurs (chap. 2).

Passif – les obligations dont le règlement pourra nécessiter l'utilisation de ressources économiques (chap. 2).

Capitaux propres – le financement qui est fourni par les propriétaires et les activités d'exploitation (chap. 2).

Produits – l'augmentation des ressources économiques qui résulte des activités courantes de l'entreprise (chap. 3).

Charges – la diminution des ressources économiques qui résulte des activités courantes de l'entreprise (chap. 3).

Gain – l'augmentation des capitaux propres qui résulte des activités périphériques de l'entreprise (chap. 3).

Perte – la diminution des capitaux propres qui résulte des activités périphériques de l'entreprise (chap. 3).

POSTULATS

- **Personnalité de l'entité** – les activités de l'entreprise sont distinctes des activités des propriétaires (chap. 2).

- **Continuité de l'exploitation** – l'entreprise poursuivra ses activités dans un avenir prévisible (chap. 2).

- **Unité monétaire stable** – les activités commerciales sont mesurées selon l'unité monétaire nationale (chap. 2).

- **Indépendance des exercices** – l'activité économique d'une entreprise est divisée en périodes égales, appelées «exercices» (chap. 3).

PRINCIPES

- **Valeur d'acquisition** – les états financiers sont dressés sur la base du coût historique (chap. 2).

- **Constatation des produits** – les produits sont inscrits dans les états financiers lorsque les critères de constatation sont satisfaits (chap. 3).

- **Rapprochement des produits et des charges** – les charges sont inscrites dans les états financiers lorsqu'elles sont engagées pour gagner des produits (chap. 3).

- **Bonne information** – toute l'information susceptible d'influer sur les décisions financières est fournie (chap. 5).

CONTRAINTES (chap. 5)

- **Équilibre avantages-coûts** – les avantages reliés à la divulgation d'une information doivent surpasser les coûts de celle-ci.

- **Importance relative** – le caractère significatif d'un élément est déterminé.

- **Pratiques dans l'industrie** – les pratiques particulières à certains secteurs d'activités sont précisées.

Les postulats comptables Les postulats comptables reposent sur des observations du milieu économique où la comptabilité s'applique. Ce sont des hypothèses fondamentales qui établissent certaines balises concernant la présentation de l'information financière. Nous avons abordé trois postulats dans le chapitre 1. En vertu du **postulat de la personnalité de l'entité,** on comptabilise les activités de l'entreprise d'une manière séparée et distincte de celles de ses propriétaires, de toutes autres personnes

Le **postulat de la personnalité de l'entité** stipule que les activités de l'entreprise sont séparées et distinctes de celles de ses propriétaires.

ou entités économiques. Selon le **postulat de l'unité monétaire stable**, chaque entité commerciale comptabilise et présente ses résultats financiers tout d'abord en fonction de l'unité monétaire nationale (en dollars au Canada, en yens au Japon, en euros en France, etc.).

À des fins comptables, on pose l'hypothèse qu'une entreprise poursuivra ses activités assez longtemps pour satisfaire à ses engagements contractuels et atteindre ses objectifs. Le **postulat de la continuité de l'exploitation** suppose que l'entité poursuivra ses activités dans un avenir prévisible. La violation de ce postulat signifie qu'on devrait évaluer et inscrire les actifs et les passifs au bilan comme si la société cessait ses activités et était liquidée (autrement dit, on présenterait les actifs et les passifs à leur valeur de réalisation nette). Dans tous les chapitres, à moins d'indication contraire, nous supposerons que les entreprises respectent le postulat de la continuité de l'exploitation.

Comme nous l'avons discuté au chapitre 1, l'actif, le passif et les capitaux propres sont les composantes clés du bilan d'une entreprise. Révisons maintenant ces définitions.

Les composantes du bilan

Les **actifs** sont les ressources économiques qu'une entité possède et qu'elle peut utiliser pour poursuivre ses activités dans l'avenir. Autrement dit, les actifs représentent des avantages économiques futurs, en ce sens qu'ils contribuent à générer des flux monétaires et qu'ils sont sous le contrôle de l'entité par suite d'opérations passées. En présentant des informations prudentes aux utilisateurs, les gestionnaires se servent de leur jugement (et des expériences passées) pour déterminer l'avantage futur le plus probable. Par exemple, une société peut avoir une liste de clients qui doivent 10 000 $. Cependant, l'histoire de cette société permet de croire que seulement 9 800 $ seront recouvrés. Le montant le plus faible et le plus probable sera présenté aux utilisateurs pour qu'ils puissent prévoir les flux de trésorerie futurs.

Le tableau 2.2 présente le bilan de Van Houtte avec les montants arrondis au millier de dollars près. Il faut noter que l'exercice de la société Van Houtte se termine le 31 mars ou le samedi le plus rapproché de cette date, soit le 1er avril en 2000 et le 31 mars en 2001. Nous discuterons le choix de la date de fin d'exercice au chapitre 4.

On présente habituellement les actifs au bilan selon leur **ordre de liquidité**. Il convient de noter que l'on catégorise bon nombre des actifs dans la rubrique de l'**actif à court terme.** Ce dernier représente les ressources que Van Houtte utilisera ou convertira en argent au cours du prochain exercice. De plus, les stocks sont toujours considérés comme un actif à court terme, peu importe le temps qu'on met à les produire et à les vendre. Comme l'indique le bilan de Van Houtte au tableau 2.2, l'actif à court terme inclut l'encaisse, les débiteurs (les créances dues par les franchisés ou les autres clients), les stocks (les matières premières, les produits en cours et les produits finis), les frais payés d'avance et les impôts futurs (dus à des écarts temporaires entre le résultat fiscal et le résultat comptable).

Tous les autres actifs sont considérés comme à long terme, c'est-à-dire qu'ils seront utilisés ou convertis en argent dans plus d'un an. Pour Van Houtte, les actifs à long terme englobent les placements (les actions et les avances que Van Houtte effectue dans des sociétés satellites), les immobilisations corporelles, au montant net, et les autres éléments d'actifs.

Van Houtte inc.
Bilans consolidés
(en milliers de dollars)

	31 mars 2001	1er avril 2000
ACTIF		
Actif à court terme:		
Encaisse	5 835$	5 896$
Débiteurs	34 916	31 545
Stocks (note 4)	22 428	20 900
Frais payés d'avance	4 623	2 083
Impôts futurs (note 5)	75	—
	67 877	60 424
Placements (note 6)	6 368	5 150
Immobilisations (note 7)	131 192	106 232
Autres éléments d'actif (note 8)	128 829	97 482
	334 266$	269 288$
PASSIF ET AVOIR DES ACTIONNAIRES		
Passif à court terme:		
Fournisseurs et charges à payer	32 715$	26 374$
Impôts sur le revenu à payer	1 044	1 152
Tranche à court terme de la dette à long terme (note 9)	690	663
	34 449	28 189
Dette à long terme (note 9)	80 153	40 501
Avantages postérieurs à l'emploi (note 2b)	4 089	—
Impôts futurs (note 5)	1 613	4 097
Part des actionnaires sans contrôle	3 098	2 790
Avoir des actionnaires:		
Capital-actions (note 10)	127 585	123 395
Bénéfices non répartis	81 274	70 671
Écart de conversion (note 11)	2 005	(355)
	210 864	193 711
Engagements (note 12)		
Éventualités (note 13)		
	334 266$	269 288$

Se reporter aux notes afférentes aux états financiers consolidés.

[handwritten annotation: → Solde d'ouverture du compte en 2001 T.2.b p. 80]

Les actifs hors bilan

Les gestionnaires et les analystes financiers utilisent le bilan pour prendre des décisions au sujet de la gestion des actifs de l'entreprise ou de l'évaluation de l'entreprise. Parallèlement, ils constatent que la plupart du temps, les actifs les plus précieux d'une entreprise ne sont pas inscrits au bilan, puisqu'ils n'ont pas de «valeur comptable*». Un de ces actifs est la dénomination sociale ou la marque de produit d'une entreprise. Le bilan de la société Bombardier Inc. ne révèle aucune composante concernant sa marque de commerce Ski-Doo. Sa valeur comptable est nulle, puisque ce produit a été créé à l'intérieur de l'entreprise dans le passé (grâce à la recherche, au développement et à la publicité) et n'est le résultat d'aucune opération d'échange déterminable (il n'a pas été acheté). Plusieurs actifs incorporels précieux, comme les marques de commerce, les brevets et les droits d'auteurs qui sont mis au point à l'intérieur de l'entreprise, n'ont aucune valeur comptable et ne sont pas, par conséquent, divulgués dans les états financiers**.

Cette même règle de constatation des actifs (selon laquelle les actifs sont inscrits au coût à la suite d'un échange entre deux parties) suggère les circonstances dans lesquelles les marques de commerce et les marques de produits seront inscrites au bilan. Il y a plusieurs années, General Electric (GE) a vendu ses entreprises dans le secteur de la télévision à une société française, Thomson SA, le plus grand producteur mondial de séries télévisées. Puisque la dénomination sociale Thomson n'a aucune valeur aux États-Unis, elle a également acquis le droit d'utiliser la marque de commerce de GE pendant 10 ans au coût de 250 millions de francs français (environ 60 millions de dollars). Le bilan de Thomson SA contient un actif Marque de commerce de GE, actif qui a été initialement comptabilisé à son coût d'acquisition de 250 millions de francs.

---

* La valeur comptable d'un actif est le montant inscrit au bilan et qui est basé sur le principe de la valeur d'acquisition déduit des montants déjà utilisés dans les opérations passées.

** Il peut arriver qu'une entreprise constate un actif incorporel qu'elle a elle-même développé lorsque les avantages futurs sont assurés.

Les passifs sont des obligations qui incombent à l'entité par suite d'opérations ou de faits passés, et dont le règlement pourra nécessiter le transfert ou l'utilisation d'actifs, la prestation de services ou toute autre cession d'avantages économiques[1].

    Les **passifs** représentent les dettes ou les obligations d'une entreprise par suite d'opérations ou de faits passés et dont le règlement se fera à l'aide de l'utilisation d'actifs ou de la prestation de services. Ces entités auxquelles la société doit de l'argent s'appellent les *créanciers*. Ceux-ci recevront les montants qui leur sont dus plus des intérêts sur ces montants s'il y a lieu. Le bilan de Van Houtte inclut six éléments de passif : 1) les fournisseurs et les charges à payer (les obligations vis-à-vis de leurs fournisseurs, de leurs employés et d'autres) ; 2) les impôts sur le revenu à payer ; 3) la dette à long terme (les emprunts hypothécaires et les autres dettes) ; 4) les avantages postérieurs à l'emploi (provenant du régime de retraite des employés) ; 5) les impôts futurs (dus à des écarts entre la valeur comptable et la valeur fiscale de certains actifs) ; 6) la part des actionnaires sans contrôle (la partie des résultats nets revenant aux actionnaires minoritaires). Nous discuterons notamment ces passifs dans des chapitres ultérieurs.

Le passif à court terme doit comprendre les sommes à payer au cours de l'année qui suit la date du bilan ou au cours du cycle normal d'exploitation s'il excède un an ; ce cycle doit être celui qui sert à déterminer l'actif à court terme[2].

    Les passifs sont présentés au bilan selon leur *ordre d'exigibilité* (la date à laquelle une obligation doit être réglée). Les passifs que Van Houtte doit payer (en espèces, en services ou à l'aide d'autres actifs à court terme) au cours de l'année à venir sont classés dans le **passif à court terme.** Les informations fournies sur l'actif à court terme et le passif à court terme aident les utilisateurs externes à évaluer les flux de trésorerie futurs. La plupart des entreprises inscrivent séparément les actifs et les passifs à court terme. Par contre, en examinant le bilan de la société Bombardier, on constate que tous les actifs et passifs sont énumérés sans distinguer les éléments à court terme et à long terme. Dans une note aux états financiers, Bombardier justifie cette présentation en arguant que leurs filiales comportent des cycles d'opération trop différents les uns des autres.

---

1. *Manuel de l'ICCA*, chapitre 1000.32.
2. *Manuel de l'ICCA*, chapitre 1510.03.

QUESTION D'ÉTHIQUE

La protection de l'environnement

Face aux pressions sociales et aux exigences légales plus nombreuses, les entreprises sont de plus en plus conscientes de leur obligation de rendre compte de l'incidence de leurs activités sur l'environnement et de leur performance dans ce domaine.

De leur côté, les utilisateurs d'états financiers ont besoin d'informations pour évaluer dans quelle mesure les risques et les charges reliés à l'environnement peuvent avoir des conséquences sur la santé financière et les résultats de l'entreprise. Ils doivent pouvoir juger jusqu'à quel point la protection de l'environnement fait partie des objectifs de l'entreprise et estimer les coûts et les avantages qui y sont associés. Ils doivent aussi savoir dans quelle mesure l'entreprise respecte les réglementations environnementales, ce qui limite les risques d'éventuelles amendes ou de possibles dédommagements à des tiers.

Même lorsque l'entreprise publie des informations environnementales, l'absence d'un ensemble de règles comptables rend difficile non seulement la comparaison des sociétés entre elles, mais également l'appréciation de la valeur de ces données financières.

Dans une note aux états financiers pour l'exercice 2001, la société Cascades décrit ainsi sa pratique comptable concernant les coûts environnementaux :

Coûts environnementaux
Les coûts environnementaux, incluant les frais de réhabilitation des lieux, sont passés en charges ou capitalisés, selon les avantages économiques futurs qu'ils procureront. Les coûts engagés dans le but de prévenir d'éventuelles contaminations environnementales sont capitalisés et sont amortis selon la méthode de l'amortissement linéaire à des taux annuels variant de 3 % à 10 %. Les coûts qui sont liés à une condition existante causée par des exploitations passées et qui ne contribuent pas aux revenus présents ou futurs sont passés en charges. Une provision pour coûts environnementaux est inscrite lorsqu'il est probable qu'un passif a été encouru et que les coûts peuvent être déterminés au prix d'un effort raisonnable.

> **Coup d'œil sur**
> **Cascades inc.**

Alors que la note dans les états financiers de la société Bombardier se lit ainsi :

Obligations environnementales
Un passif est comptabilisé lorsque des réclamations à l'égard de l'environnement ou des mesures correctives sont probables, et que les coûts peuvent être estimés de façon raisonnable. Les dépenses environnementales qui ont trait aux activités actuelles courantes sont passées en charges ou capitalisées, selon le cas. Les dépenses qui ont trait à une situation existante résultant d'activités antérieures, et qui ne serviront pas à dégager des revenus futurs, sont passées en charges.

> **Coup d'œil sur**
> **Bombardier Inc.**

Les **capitaux propres** (ou l'**avoir des actionnaires** ou l'**avoir des associés** ou l'**avoir du propriétaire**) désignent le financement fourni par les propriétaires ou provenant des activités de l'entreprise. Le **capital-actions** (ou **capital d'apport**) est la valeur du capital investi (l'argent ou les autres actifs) par les actionnaires dans l'entreprise. Le cas échéant, on dit souvent que les propriétaires investissent dans l'entreprise ou que la société vend ou émet des actions aux propriétaires. Les principaux actionnaires de Van Houtte sont la Famille Pierre Van Houtte Inc., une société contrôlée indirectement par Pierre Van Houtte, président du conseil d'administration, et des personnes qui lui sont liées, qui possède 29,9 % des actions. La Société

> Les capitaux propres (ou l'avoir des actionnaires ou l'avoir des associés ou l'avoir du propriétaire) désignent les fonds provenant des propriétaires et des activités de l'entreprise.

Le capital-actions (ou capital d'apport) est le capital investi (l'argent ou les autres actifs) par les actionnaires dans l'entreprise.

Agro-Alimentaire Sogal Inc. possède 32,7 % des actions : cette société est contrôlée indirectement, à parts égales, par Benoît Beauregard, vice-président du conseil, et Paul-André Guillotte, président et chef de la direction. Les employés, les cadres ainsi que le grand public détiennent le reste des actions de l'entreprise. Les propriétaires investissent (ou achètent des actions) dans une entreprise avec l'espoir de recevoir deux types de revenus : les dividendes, qui consistent en une distribution des bénéfices d'une entreprise (le rendement du capital investi par les actionnaires) et les gains provenant de la vente de leurs actions à un prix supérieur à celui qu'ils ont payé (les gains en capital)

Les bénéfices qui ne sont pas distribués aux actionnaires et qui sont réinvestis dans l'entreprise s'appellent les **bénéfices non répartis**[3]. Un examen du bilan de Van Houtte (voir le tableau 2.2) révèle que sa croissance a été financée par un réinvestissement considérable des bénéfices dans l'entreprise ; 38,5 % des capitaux propres de Van Houtte sont des bénéfices non répartis (bénéfices non répartis de 81 274 $ sur un total des capitaux propres de 210 864 $).

Les bénéfices non répartis désignent les bénéfices cumulatifs qui ne sont pas distribués aux actionnaires et qui sont réinvestis dans l'entreprise.

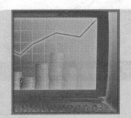

ANALYSE FINANCIÈRE

La croissance par le franchisage

Une franchise est un contrat légal dans le cadre duquel un franchiseur (le vendeur, dans ce cas-ci Van Houtte) accorde le droit au franchisé (l'acheteur, qui exploite des cafés-bistros) de vendre ou de distribuer une ligne de produits précise ou de fournir des services particuliers à un certain endroit et pour une durée déterminée. En retour, les franchisés versent habituellement un droit de franchise initial en plus des redevances annuelles pour recevoir les services du franchiseur (tels que le soutien relativement au marketing, à la formation continue, à la comptabilité et à l'administration, à l'informatique, etc.). Selon la revue *Occasions d'Affaires*, 25 % des restaurants au Québec sont franchisés et produisent 60 % du chiffre d'affaires global de cette industrie. Des exemples de franchises bien connues sont les Rôtisseries St-Hubert, la Cage aux sports, Subway, A&W.

Environ 95 % des cafés-bistros de Van Houtte sont des franchises. La société fournit à ses franchisés une gamme de services tels qu'une formation en gestion continue, un soutien relativement au marketing, la sélection de sites, la négociation de bail, l'analyse de marché, l'aide à la construction, l'assistance au financement ainsi que tous les avantages de la recherche et développement. Au cours des dernières années, Van Houtte a revu son concept de café-bistro et offre aujourd'hui à ses franchisés deux options : le café-bistro traditionnel et le café du quartier.

Van Houtte n'inclut pas les actifs et les passifs des franchisés dans son bilan au tableau 2.2. Ceux-ci sont inscrits dans les états financiers des franchisés.

Le principe de la valeur d'acquisition exige que la comptabilité soit tenue sur la base du coût historique, qui représente les liquidités versées ou reçues à la date de l'opération d'échange additionnées de la juste valeur de toute autre contrepartie également comprise dans l'échange.

Un principe comptable Le **principe de la valeur d'acquisition** (ou coût d'origine ou coût historique) stipule qu'il faut utiliser la valeur d'acquisition (le coût historique) pour constater (comptabiliser) tous les éléments figurant aux états financiers. Le principe de la valeur d'acquisition s'applique autant aux éléments de l'actif que du passif et des capitaux propres. En vertu de ce principe, on mesure le coût d'un actif à la date de l'opération d'échange sur la base des liquidités versées et de la juste valeur de toute contrepartie autre que des espèces (les actifs, les privilèges ou les droits) également échangée. Par exemple, si vous achetez une nouvelle voiture en versant une somme d'argent et en donnant un ordinateur, le coût de la nouvelle voiture est égal à l'argent versé plus la juste valeur marchande de l'ordinateur. Ainsi, dans la plupart des cas, on peut facilement déterminer le coût d'acquisition. Cette base d'évaluation est

---

3. Les bénéfices non répartis ne peuvent augmenter qu'à la suite d'activités rentables. De plus, comme nous le verrons au chapitre 3, le bénéfice net qu'une entreprise tire de ses activités n'est habituellement pas égal aux flux de trésorerie nets de l'exercice.

à la fois objective et vérifiable. Il en va de même pour les éléments du passif. En effet, la valeur attribuée à une dette correspond à sa juste valeur à la date de l'opération d'échange. Toutefois, le principe de la valeur d'acquisition ne permet pas de refléter au bilan les changements survenus dans la valeur marchande des différents actifs puisque les biens sont maintenus à leur coût. Ainsi, au fil des ans, la valeur marchande des actifs peut différer de la valeur d'acquisition inscrite au bilan.

Jusqu'à présent, nous avons examiné plusieurs concepts et termes utilisés en comptabilité. Nous pouvons maintenant analyser les activités économiques qui entraînent des changements aux états financiers de l'entreprise et le processus utilisé pour dresser ces états.

Quelles activités commerciales provoquent des changements dans les états financiers d'un exercice à l'autre?

La nature des opérations commerciales

La comptabilité se concentre sur certains événements qui ont une incidence économique sur l'entité. Ces événements, qui sont comptabilisés dans le cadre du processus comptable, s'appellent des **opérations.** La première étape pour traduire les événements commerciaux en montants figurant aux états financiers consiste à déterminer quels événements sont reflétés dans les états. Il faut noter que les définitions des *actifs* et des *passifs* indiquent que seules les ressources économiques et les dettes *provenant d'opérations passées* sont inscrites au bilan. Une définition globale inclut deux types d'opérations :

1. Les *événements extérieurs* consistent en l'*échange* d'actifs et de passifs entre l'entreprise et une ou plusieurs parties. L'achat de machinerie, la vente de marchandises, l'emprunt d'argent et l'investissement dans une nouvelle entreprise par les propriétaires en sont des exemples. Dans ce chapitre, nous discuterons ces opérations à mesure qu'elles influent sur les éléments du bilan ; dans le chapitre 3, nous aborderons les opérations qui ont un effet sur les éléments de l'état des résultats.

2. Les *événements internes* consistent en des opérations qui ne sont pas le résultat d'échanges entre l'entreprise et d'autres parties, mais qui ont un effet direct et mesurable sur l'entité comptable. Les pertes découlant d'un incendie ou les désastres naturels ainsi que les ajustements comme ceux qui sont effectués pour comptabiliser l'utilisation des immobilisations corporelles et les intérêts débiteurs sur les sommes empruntées en sont des exemples. Nous aborderons ces questions dans le chapitre 4.

Dans ce volume, nous utiliserons le mot *opération* dans le sens large afin d'inclure les deux types d'événements décrits précédemment.

Par ailleurs, certains événements importants qui ont un effet économique sur la société ne sont pas reflétés dans les états financiers. Dans la plupart des cas, la signature d'un contrat, qui ne comporte aucun échange d'argent, de biens, de services ou de propriétés, n'est pas considérée comme une opération puisqu'elle implique uniquement l'échange d'une promesse et non d'un actif ou d'un passif. Par exemple, si Van Houtte engage un nouveau directeur et signe un contrat de travail, aucune opération n'a lieu du point de vue comptable, car aucun échange d'actifs ou de passifs ne s'est produit. Chacune des parties au contrat a fait une promesse (le directeur convient de travailler et Van Houtte accepte de payer un salaire en contrepartie du travail du directeur). Cependant, pour chaque journée que le nouveau directeur travaille, l'échange de services par l'employé entraîne une opération que Van Houtte doit inscrire (à titre d'obligation de payer le salaire du directeur).

OBJECTIF D'APPRENTISSAGE 2

Reconnaître une opération commerciale et définir les principaux comptes qui apparaissent dans un bilan.

Une **opération** est 1) un échange entre une entreprise et une ou plusieurs tierces parties ou 2) un événement interne mesurable comme l'utilisation des actifs dans les activités d'exploitation.

Les comptes

Un **compte** est un tableau normalisé que les entreprises utilisent pour accumuler les effets monétaires des opérations sur chacun des éléments des états financiers.

Un **compte** est un tableau normalisé que les entreprises utilisent pour accumuler les effets monétaires des opérations sur chacun des éléments figurant aux états financiers. Les soldes qui en découlent sont conservés séparément aux fins de l'établissement des états financiers. L'ensemble des comptes d'une entreprise s'appelle le « plan comptable ». Un *plan comptable*[4] est une liste codifiée de tous les comptes classés selon les composantes des états financiers. Autrement dit, les comptes de l'actif sont énumérés d'abord (l'Encaisse, les Stocks, les Clients, le Matériel et le Terrain) et sont suivis des comptes du passif (les Fournisseurs, les Effets à payer et les Impôts à payer), les comptes des capitaux propres (le Capital-actions et les Bénéfices non répartis), les comptes des produits (les Ventes) et les comptes des charges (les Salaires). (Les comptes sont mentionnés à titre d'exemples.) Les intitulés des comptes énumérés ici sont couramment utilisés par la plupart des entreprises.

Le plan comptable prévoit aussi un numéro unique, pour chaque compte qui est utilisé au moment de la saisie des données dans le système comptable. Par exemple, 1-100 pourrait être le numéro de compte de l'Encaisse, 1-146 des Stocks de fournitures, 2-261 des Effets à payer à long terme, 3-111 du Capital-actions, 4-115 des Produits locatifs et 5-210 des Salaires. Dans des systèmes de tenue de livres incluant les systèmes de comptabilité informatisés, il est important d'utiliser les numéros de comptes appropriés. Le nombre de comptes dépend du degré de précision que les gestionnaires de l'entreprise désirent obtenir. Le tableau 2.3 donne un exemple d'un plan comptable.

TABLEAU **2.3**	Exemple d'un plan comptable

Société Bidon inc.
Plan comptable page 1
Actif
1-100 Encaisse
1-111 Petite caisse
1-120 Placements temporaires
1-121 Comptes clients
1-122 Provision pour créances irrécouvrables
1-131 Intérêts à recevoir
1-132 Loyer à recevoir
1-141 Stock
1-145 Frais payés d'avance
1-146 Stocks de fournitures
1-151 Mobilier de bureau
1-152 Amortissement cumulé – mobilier de bureau
1-153 Équipement de bureau
1-154 Amortissement cumulé – équipement de bureau
1-155 Bâtiment
1-156 Amortissement cumulé – bâtiment
1-159 Terrain

Société Bidon inc.
Plan comptable page 2
Produits
4-110 Ventes
4-115 Produits locatifs
4-120 Rendus et rabais sur ventes
4-130 Escomptes sur ventes
4-140 Intérêts créditeurs
Charges
5-110 Achats
5-120 Rendus et rabais sur achats
5-130 Escomptes sur achats
5-140 Transport à l'achat
5-210 Salaires
5-220 Charges sociales et avantages sociaux
5-320 Marketing
5-330 Assurances
5-340 Fournitures de bureau utilisées
5-345 Frais postaux
5-350 Frais de représentation
5-360 Impôts fonciers

---

4. En France, le Plan comptable général (PCG) est déterminé par l'État et son utilisation est obligatoire, ce qui n'est aucunement le cas au Canada.

page 1 (suite)

Passif

2-211 Emprunt bancaire

2-221 Comptes fournisseurs

2-231 Salaires à payer

2-232 Charges sociales à payer

2-235 Dividendes à payer

2-236 Impôts à payer

2-241 Taxes de vente à payer

2-251 Intérêts à payer

2-261 Effets à payer

2-262 Hypothèques à payer

Capitaux propres

3-111 Capital-actions

3-112 Bénéfices non répartis

3-121 Dividendes

page 2 (suite)

5-370 Taxes, licences et permis

5-380 Honoraires professionnels

5-385 Téléphone

5-390 Électricité

5-420 Frais bancaires

5-440 Intérêt débiteurs

5-470 Créances irrécouvrables

5-480 Impôts sur les bénéfices

5-515 Amortissement – mobilier de bureau

5-525 Amortissement – équipement de bureau

5-535 Amortissement – bâtiment

Les comptes que vous voyez dans les états financiers sont en fait des sommations (ou des des comptes agrégés) d'une quantité de comptes plus détaillés dans le système de comptabilité d'une entreprise. Par exemple, Van Houtte conserve des comptes de stocks distincts pour les matières premières, les produits en cours et les produits finis mais, dans le bilan, elle les regroupe sous l'élément Stocks. Puisqu'on cherche à comprendre les états financiers, on se concentrera pour l'instant sur les comptes agrégés qui sont présentés dans ces états.

PERSPECTIVE INTERNATIONALE

PSA Peugeot Citroën

La compréhension des intitulés de comptes d'entreprises étrangères

Nous avons vu au chapitre 1 que les différences politiques, culturelles et économiques ont entraîné des variations importantes en ce qui concerne les principes comptables généralement reconnus (PCGR) entre les divers pays. Les pays étrangers utilisent souvent des intitulés de comptes différents de ceux que les entreprises canadiennes emploient. Certains ont également recours à des comptes supplémentaires pour des éléments qui, en général, ne sont pas prévus dans les règles comptables canadiennes. Peugeot Citroën est une société française, grand fabricant d'automobiles. Au cours de l'année 2001, Peugeot Citroën a vendu 3 132 800 véhicules à travers le monde pour un chiffre d'affaires de 51 663 millions d'euros. Bien que les intitulés des comptes de son rapport financier 2000 soient similaires à ceux qu'utilisent les entreprises canadiennes, on remarque quelques différences dont voici quelques exemples. Il faut se rappeler qu'en tant que société française, Peugeot doit utiliser le Plan comptable général imposé par l'État.

Comptes français	Équivalents canadiens
Actifs	
Trésorerie	Espèces et quasi-espèces
Actifs d'exploitation et réalisables à court terme	Actifs à court terme
Passifs	
Fournisseurs d'exploitation	Comptes fournisseurs
Autres emprunts à long terme – partie à moins d'un an	Partie à court terme de la dette à long terme
Capitaux propres	
Capital social	Capital-actions
Réserves et résultats nets consolidés	Bénéfices non répartis

Au Canada, chaque société a un plan comptable qui lui est propre, selon la nature de ses activités. Par exemple, un petit service d'entretien de pelouse peut disposer d'un compte d'actif appelé Matériel de tonte de pelouse, mais il est peu probable que Van Houtte ait besoin de ce compte. Ces différences deviendront plus apparentes au cours de l'examen du bilan de plusieurs entreprises.

Puisque chaque société dispose d'un plan comptable différent pour les comptes, vous ne devez pas tenter de mémoriser un plan comptable typique. Dans les problèmes à la fin des chapitres, l'intitulé du compte que l'entreprise utilise sera donné ou vous devrez choisir des intitulés descriptifs appropriés. Une fois l'intitulé choisi pour un compte, vous devez l'utiliser pour toutes les opérations qui influent sur ce compte.

Saputo Inc.

TEST D'AUTOÉVALUATION

Voici une liste de comptes tirés du bilan récent de la société Saputo. Indiquez si chacun de ces comptes est un élément de l'actif (A), du passif (Pa) ou des capitaux propres (CP).

a) _Pa_ Créditeurs et charges à payer

b) _A_ Immobilisations

c) _A_ Impôts à recevoir

d) _Pa_ Emprunts bancaires

e) _A Pa_ Avantages sociaux futurs

f) _Pa A_ Débiteurs

g) _CP_ Bénéfices non répartis

h) _CP_ Capital-actions

Vérifiez vos réponses à l'aide des solutions présentées en bas de page*.

Comment les opérations commerciales influent-elles sur les comptes de l'entreprise?

OBJECTIF D'APPRENTISSAGE **3**

Analyser de simples opérations commerciales en fonction de l'équation comptable: Actif = Passif + Capitaux propres.

Les gestionnaires prennent des décisions d'affaires déclenchant souvent des opérations qui modifient les états financiers. Les décisions typiques incluent par exemple la modernisation de restaurants, la publicité d'un nouveau produit, une modification des régimes de prestation aux employés ou l'investissement de liquidités. En conservant un suivi de toutes les opérations, les gestionnaires peuvent évaluer l'effet de décisions passées et planifier les activités commerciales futures. Dans le processus de planification, les gestionnaires s'intéressent à la manière dont leurs décisions seront reflétées

* a) Pa; b) A; c) A; d) Pa; e) Pa; f) A; g) CP; h) CP.

dans les états financiers. Par exemple, la décision d'acheter comptant des stocks supplémentaires en anticipation de ventes importantes fait augmenter les stocks et diminuer l'encaisse. Si ces prévisions ne se réalisent pas, une encaisse peu élevée réduit la souplesse et la capacité de l'entreprise à faire face à d'autres obligations. Les décisions d'affaires comportent souvent des éléments de risque qu'il faut évaluer. Par conséquent, les gestionnaires doivent comprendre comment les opérations influent sur les comptes figurant aux états financiers. Ce processus s'appelle l'*analyse des opérations*.

L'analyse des opérations

L'**analyse des opérations** est l'étude des opérations en vue de déterminer ses effets économiques sur l'entité, particulièrement sur l'équation comptable (également appelée le *modèle comptable*). Nous discuterons ce processus dans cette section du chapitre. Le modèle d'analyse des opérations repose sur l'équation comptable et deux règles fondamentales. Dans le chapitre 1, nous avons vu que l'équation comptable pour une entreprise est la suivante :

L'analyse des opérations est l'étude d'une opération en vue de déterminer son effet économique sur l'entreprise et sur l'équation comptable.

Actif (A) = Passif (Pa) + Capitaux propres (CP)

Les deux règles à la base du processus d'analyse des opérations sont les suivantes :
1. Chaque opération a un double effet, influant au moins sur deux comptes (la dualité des effets) ; il est important de déterminer correctement les comptes touchés et l'orientation de l'effet (l'augmentation ou la diminution).
2. L'équation comptable doit demeurer en équilibre après chaque opération.

Le succès de l'analyse des opérations dépend d'une compréhension claire de la manière dont le modèle est conçu. Étudiez bien ce modèle. Ne passez pas à un nouveau concept avant d'avoir compris et de pouvoir appliquer toutes les notions précédemment décrites.

La dualité des effets La première règle fait en sorte que toutes les opérations ont un *double effet* sur l'équation comptable. Il s'agit de l'*effet de dualité*. À partir de cette notion de dualité, le *système de comptabilité en partie double* (voir « Un peu d'histoire » à la page suivante) a été créé. La plupart des opérations conclues avec des tierces parties comportent un *échange* en vertu duquel les entités commerciales renoncent à quelque chose et reçoivent quelque chose en retour. Par exemple, supposez que Van Houtte achète au comptant des serviettes de papier (Stocks).

Opération	Van Houtte reçoit	Van Houtte donne
Achat au comptant de serviettes de papier	Stocks	Encaisse

En analysant cette opération, on a déterminé les comptes qui ont été touchés, soit les Stocks et l'Encaisse. Il importe de déterminer les comptes touchés et le sens du changement. Dans l'échange, Van Houtte a reçu des stocks (une augmentation de ses actifs) et a renoncé à des liquidités en retour (une diminution de l'actif).

Toutefois, comme nous l'avons vu dans le chapitre 1, la plupart des stocks sont achetés à crédit (les sommes à payer aux créanciers). Dans ce cas, Van Houtte conclut *deux* opérations : 1) l'achat d'un actif à crédit et 2) le paiement final. Dans la première, la société reçoit des stocks (une augmentation de l'actif) et, en retour, elle remet une promesse de paiement ultérieur appelée les *comptes fournisseurs* (une augmentation du passif). Dans la seconde, Van Houtte exécute sa promesse de paiement inscrite dans les comptes fournisseurs (une diminution du passif) et renonce à des liquidités (une diminution de l'actif).

Opération	Van Houtte reçoit	Van Houtte donne
1. Achat à crédit de serviettes de papier	Stocks	Comptes fournisseurs (une promesse de paiement)
2. Paiement de dettes	Comptes fournisseurs (la promesse a été tenue)	Encaisse

Comme nous l'avons mentionné précédemment, ce ne sont pas toutes les activités commerciales importantes qui entraînent une opération qui influe sur les états financiers. Tout d'abord, la signature d'un contrat de service n'entraîne pas une inscription immédiate dans les comptes de l'entreprise. Par exemple, considérons le cas où Van Houtte et Xerox signent une entente en vertu de laquelle Xerox promet de fournir des services de réparation des photocopieurs de Van Houtte pour 100$ la visite durant la prochaine année, alors que Van Houtte promet de payer les services que Xerox lui rendra. Aucune opération comptable n'a eu lieu puisque Van Houtte et Xerox n'ont échangé qu'une promesse. Toutefois, chaque fois que Xerox rendra un service, une opération sera inscrite dans les comptes de Van Houtte, car le service aura été échangé contre une promesse de paiement.

De même, si Van Houtte envoie une commande à son fournisseur de café pour en obtenir une plus grande quantité et que le fournisseur accepte la commande, qui sera exécutée la semaine suivante, aucune opération n'a eu lieu à des fins comptables. Seulement deux promesses ont été échangées. Du point de vue du fournisseur, le même principe s'applique. Aucune opération ne s'est déroulée, et les états financiers du fournisseur demeurent inchangés. Cependant, aussitôt que les biens sont livrés à Van Houtte, le fournisseur a renoncé à des stocks en contrepartie d'une promesse de paiement de Van Houtte, et cette dernière a échangé une promesse de paiement contre les biens qu'elle reçoit. Dans ce cas-ci, une *promesse* a été échangée contre des *biens*, donc une opération a eu lieu et les états financiers de Van Houtte ainsi que ceux de son fournisseur seront modifiés.

Un peu d'histoire

La comptabilité en partie double

Bon nombre de chercheurs se sont penchés sur l'histoire de la comptabilité. Ils ont retracé l'évolution de ce système d'information qui a su, au fil du temps, s'adapter au développement économique et répondre aux besoins d'information des gens. Pour en savoir plus, vous pouvez consulter des sources diverses telles que des monographies, des articles ou des revues, notamment l'*Accounting historians Journal*, une revue consacrée exclusivement à l'histoire de la comptabilité.

Depuis la nuit des temps, le commerce signifie «échange». Que ce soit au temps des Pharaons, dans l'Empire grec ou l'Empire romain, l'État avait besoin de tenir des registres pour établir ses possessions, inscrire les impôts, traiter avec les commerçants. On dressait alors de simples listes: des listes de biens mais aussi des listes d'obligations liées au commerce. Ces listes sont l'ancêtre du bilan que l'on connaît aujourd'hui. La période du Moyen-Âge et de la Renaissance (du Ve au XVIIe siècle) fut ensuite une période prospère pendant laquelle les villes se développèrent; la découverte de l'Amérique entraîna l'essor de la navigation et du commerce; les grands marchands et la bourgeoisie contribuèrent à la remise en question du système féodal (pensons aux Médicis, une famille italienne de marchands et de banquiers qui joua un rôle de premier plan dans l'histoire de Florence du XVe au XVIIIe siècle), et de nouvelles structures financières et commerciales virent le jour (les lettres de change, les contrats d'assurance rendus nécessaires pour financer les grandes expéditions vers le

Nouveau Monde). Tous ces bouleversements sociaux, politiques et économiques ont nécessité la conception d'un système d'information plus élaboré, dans le but d'inscrire les biens ou les promesses échangés, les marchandises détenues, les dettes et les obligations des intéressés. Ce besoin d'information plus précise a donné naissance à un système de tenue des livres qu'on appelle « en partie double » et qu'on utilise encore aujourd'hui. En 1494, Fra Luca Pacioli publia son ouvrage *Summa de arithmetica, geometria, proportioni et proportionalita*, une sorte d'encyclopédie mathématique considérée comme le premier traité qui expose les fondements de la comptabilité en partie double. Avec ce système, chaque opération commerciale est inscrite deux fois (dualité), d'abord pour enregistrer ce qu'on reçoit et ensuite pour inscrire ce qu'on cède. Ainsi, on établissait désormais un lien entre les listes de biens (les ressources) et les listes des obligations (les sources). Par la suite, la comptabilité en partie double s'est enrichie du concept des comptes, de la notion de débit et de crédit, de l'équilibre entre les ressources et leur provenance ainsi que des livres comptables.

L'équation comptable en équilibre L'équation comptable doit demeurer en équilibre après chaque opération. Le total de l'actif doit égaler le total du passif et des capitaux propres. Si tous les comptes touchés et l'orientation de l'effet sur chaque compte ont été déterminés, l'équation devrait demeurer en équilibre. Ainsi, en effectuant le processus d'analyse des opérations, vous devriez exécuter les étapes suivantes dans l'ordre présenté ci-dessous.

1. **Les comptes et les effets**
   a) **Déterminez les comptes ayant subi un effet.** Assurez-vous que le principe de la dualité est satisfait (au moins deux comptes sont changés). Demandez-vous ce à quoi on renonce et ce qu'on reçoit en échange.
   b) **Classez chaque compte** à titre d'actif (A), de passif (Pa) ou de capitaux propres (CP).
   c) **Déterminez le sens du changement** (montant de l'augmentation (+) ou de la diminution (−) pour chaque A, Pa ou CP.
2. **L'équilibre**
   a) **Déterminez si l'équation comptable (A = Pa + CP) demeure en équilibre.**

Considérons maintenant les opérations typiques de Van Houtte et celles de la plupart des entreprises pour illustrer ce processus. Comme nous l'avons mentionné plus haut, seules les opérations influant sur les comptes du bilan sont étudiées dans ce chapitre. Nous allons supposer que Van Houtte a conclu les opérations suivantes en avril 20B (le mois suivant le bilan du tableau 2.2). Le mois se terminera le dernier dimanche d'avril, soit le 30 avril. Le tableau 2.4 présente le plan comptable qu'on utilisera dans ce chapitre ainsi que dans les chapitres 3 et 4. N'oubliez pas que les montants sont exprimés en *milliers de dollars*. (Il est important de rappeler que toutes les opérations analysées n'ont pas réellement eu lieu chez Van Houtte.)

TABLEAU **2.4**　　　　　　　　　Plan comptable de Van Houtte inc.

Plan comptable
(à utiliser dans l'exemple
de Van Houtte)

Actif (A)	**Pour comptabiliser**
Encaisse	– Liquidités
Débiteurs	– Montants dus par les clients, franchisés et autres débiteurs
Stocks	– Matières premières, produits en cours et produits finis
Frais payés d'avance	– Services à recevoir (par exemple couverture d'assurance)
Impôts futurs	– Écarts temporaires entre le résultat fiscal et le résultat comptable
Placements	– Montants investis dans des titres d'autres entités
Terrains	– Coût des terrains, des bâtiments, des équipements et d'autre matériel utilisé
Immeubles	dans l'exploitation de l'entreprise
Équipements de pause-café et distributrices automatiques	
Machinerie et équipements	
Ameublement, matériel informatique et améliorations locatives	
Matériel roulant	
Construction en cours	
Amortissement cumulé – immeubles	– Partie du coût des immobilisations passées en charges à ce jour
Amortissement cumulé – équipements de pause-café et distributrices automatiques	
Amortissement cumulé – machinerie et équipements	
Amortissement cumulé – ameublement, matériel informatique et améliorations locatives	
Amortissement cumulé – matériel roulant	
Autres éléments d'actifs	– Sommes de quelques comptes d'actifs
Passif (Pa)	
Fournisseurs	– Montants à payer aux fournisseurs
Charges à payer	– Autres montants à payer (tels que les salaires aux employés et les intérêts sur la dette)
Dettes à long terme	– Obligations à long terme de la société (emprunt hypothécaire, crédit bancaire et autres obligations)
Avantages postérieurs à l'emploi	– Dettes relatives aux prestations de retraite des salariés
Impôts futurs	– Dettes dues aux écarts entre la valeur comptable et la valeur fiscale des actifs
Part des actionnaires sans contrôle	– Partie des résultats nets se rapportant aux actionnaires sans contrôle
Capitaux propres (CP)	
Capital-actions	– Montants investis par les actionnaires au moment de l'émission des actions
Bénéfices non répartis	– Bénéfice net cumulé et non distribué aux actionnaires sous forme de dividendes
Écart de conversion	
Produits et gains (Pr)	
Revenus	– Revenus provenant de la vente de café et d'autres produits
Produits liés aux franchises	– Montants gagnés auprès des franchisés par suite de contrats de franchisage
Revenus de placements	– Montants gagnés sur les investissements réalisés (dividendes et intérêts)
Charges et pertes (C)	
Coûts des marchandises vendues	– Coût des marchandises utilisées pour produire des revenus
Salaires	– Montants gagnés par les employés pour le travail effectué
Frais d'exploitation	– Ensemble des charges engagées pour les activités d'exploitation (frais de vente et frais d'administration)
Frais financiers	– Sommes engagées pour les activités de financement
Amortissement de l'exercice	– Coûts estimatifs de l'utilisation des immobilisations durant l'exercice
Impôts sur les bénéfices	– Charge d'impôts calculés sur le bénéfice gagné de l'exercice

a) Van Houtte émet au comptant une valeur de 1 300 $ d'actions à de nouveaux investisseurs.

1. Déterminez les comptes touchés.   *Argent reçu (A) + 1 300 $*
                                           Des certificats d'actions supplémentaires sont remis,
                                           Capital-actions (CP) + 1 300 $

2. L'équation comptable est-elle en équilibre ?   *Oui. Il y a une augmentation de 1 300 $ du côté gauche et une augmentation de 1 300 $ du côté droit de l'équation.*

ÉQUATION COMPTABLE

	Actif	=	Passif	+	Capitaux propres
	Encaisse				Capital-actions
a)	+1 300	=			+1 300

b) La société emprunte 1 000 $ d'une banque ; elle signe un effet à payer venant à échéance dans trois mois.

1. Déterminez les comptes touchés.   *Argent reçu (A) + 1 000 $*
                                           Une promesse écrite de paiement est donnée à la banque,
                                           Effets à payer (Pa) + 1 000 $

2. L'équation comptable est-elle en équilibre ?   *Oui. Il y a une augmentation de 1 000 $ du côté gauche et une augmentation de 1 000 $ du côté droit de l'équation.*

ÉQUATION COMPTABLE

	Actif	=	Passif	+	Capitaux propres
	Encaisse		Effets à payer		Capital-actions
a)	+1 300	=			+1 300
b)	+1 000	=	+1 000		

Les opérations a) et b) sont des opérations de *financement*. Les sociétés qui ont besoin de liquidités à des fins d'*investissement* (pour acquérir des immobilisations supplémentaires dans le cadre de leurs plans de croissance) cherchent souvent à amasser des fonds en vendant des actions aux investisseurs (comme dans l'opération a) ou en empruntant auprès de leurs créanciers, habituellement des banques, comme dans l'opération b). Les activités d'*exploitation* influent également sur les liquidités dont dispose l'entreprise. Nous aborderons ce type d'opération au chapitre 3.

c) Pour prendre de l'expansion, Van Houtte a ouvert deux nouveaux cafés-bistros. La société a acheté des nouveaux fours, des comptoirs, des réfrigérateurs et d'autre matériel (des immobilisations) pour une somme de 5 700 $, payant 1 500 $ en espèces et signant un effet à payer au fabricant du matériel pour le solde dû, payable dans 60 jours.

1. Déterminez les comptes touchés.   *Immobilisations (A) + 5 700 $*
                                           Encaisse (A) − 1 500 $ qui sont remis, et une promesse écrite de paiement est aussi donnée au fabricant,
                                           Effets à payer (Pa) + 4 200 $

2. L'équation comptable est-elle en équilibre ?   *Oui. Il y a une augmentation nette de 4 200 $ du côté gauche et une augmentation de 4 200 $ du côté droit de l'équation.*

Il faut noter que plus de deux comptes ont été touchés par cette opération.

ÉQUATION COMPTABLE

	Actif		=	Passif	+	Capitaux propres
	Encaisse	Immobilisations	=	Effets à payer		Capital-actions
a)	+1 300		=			+1 300
b)	+1 000		=	+1 000		
c)	−1 500	+5 700	=	+4 200		

Pour les opérations d) à f), les effets sur l'équation comptable se trouvent à la fin du test d'autoévaluation. Pour les opérations g) et h), vous devez remplir les espaces prévus dans le tableau.

d) Van Houtte prête 450 $ à de nouveaux franchisés qui signent des effets convenant de rembourser le prêt dans deux ans. Les franchisés ouvrent cinq nouveaux bistros.

1. Déterminez les comptes touchés. *Argent versé (A) − 450 $*
   L'entité reçoit des promesses écrites de la part des franchisés,
   Effets à recevoir (A) + 450

2. L'équation comptable est-elle en équilibre ? *Oui. L'équation demeure la même, puisque les actifs augmentent et diminuent du même montant.*

e) Van Houtte achète pour 3 000 $ d'actions d'autres entreprises à titre de placements.

1. Déterminez les comptes touchés. *Argent remis (A) −3 000 $*
   Des certificats d'actions d'autres entreprises sont reçus,
   Placements (A) +3 000

2. L'équation comptable est-elle en équilibre ? *Oui. L'équation demeure la même, puisque les actifs augmentent et diminuent du même montant.*

f) Le conseil d'administration de Van Houtte a déclaré et versé un dividende aux actionnaires d'un montant de 200 $.

1. Déterminez les comptes touchés. *Argent versé (A) −200 $*
   Dans cette opération, les bénéfices non répartis de l'entreprise sont distribués aux investisseurs,
   Bénéfices non répartis (CP) −200 $

2. L'équation comptable est-elle en équilibre ? *Oui. Il y a une diminution de 200 $ du côté gauche et une diminution de 200 $ du côté droit de l'équation.*

La manière la plus efficace d'améliorer vos habiletés d'analyse des opérations consiste à vous exercer à analyser plusieurs opérations. Par conséquent, analysez les opérations g) et h) et remplissez le tableau. La clé de l'apprentissage est de répéter ces étapes jusqu'à ce qu'elles fassent naturellement partie de votre processus cognitif.

g) Van Houtte recouvre 90 $ en espèces sur un effet à recevoir d'un franchisé. (*Conseil :* Pensez à ce à quoi on renonce et à ce qu'on reçoit.)

　　1. Déterminez les comptes touchés.
　　2. L'équation comptable est-elle en équilibre ?

h) Van Houtte verse 400 $ en règlement partiel d'un effet à payer.

　　1. Déterminez les comptes touchés.
　　2. L'équation comptable est-elle en équilibre ?

Remplissez le tableau suivant.

	Actif				=	Passif	+	Capitaux propres	
	Encaisse	Placements	Immobilisations	Effets à recevoir		Effets à payer		Capital-actions	Bénéfices non répartis
a)	+1 300				=			+1 300	
b)	+1 000				=	+1 000			
c)	−1 500		+ 5 700		=	+4 200			
d)	−450			+450	=				
e)	−3 000	+3 000			=				
f)	−200				=				−200
g)	☐			☐	=				
h)	☐				=	☐			

Vérifiez vos réponses à l'aide des solutions présentées en bas de page*.

Comment les entreprises conservent-elles une trace de leurs activités ?

OBJECTIF D'APPRENTISSAGE **4**

Apprécier l'incidence des opérations commerciales sur le bilan en utilisant deux outils de base : les écritures de journal et les comptes en T.

Puisque les entreprises concluent quotidiennement un nombre beaucoup plus élevé d'opérations que celles que nous vous avons présentées jusqu'à présent, la comptabilisation des opérations et le suivi des soldes des comptes (comme nous l'avons fait dans les exemples précédents) est impraticable pour la plupart des entreprises. Nous élargirons maintenant le modèle d'analyse des opérations avec deux outils très importants : les écritures de journal et les comptes en T.

Ces outils d'analyse sont des mécanismes plus efficaces pour refléter les effets des opérations et déterminer les soldes des comptes nécessaires à l'établissement des états financiers. Ces outils sont aussi importants dans la conception des systèmes comptables. En tant que futurs gestionnaires d'entreprise, vous devrez approfondir votre compréhension et l'utilisation de ces outils dans un contexte d'analyse financière. Pour ceux qui étudient la comptabilité, cette connaissance est fondamentale à la compréhension du système comptable et des futurs cours de comptabilité. Après

---

* g) L'entité reçoit de l'argent (A) +90. La promesse écrite de paiement du franchisé est réglée (encaissée), Effets à recevoir (A) −90 $. L'équation demeure la même, puisque les actifs augmentent et diminuent du même montant.

　h) On verse de l'argent (A) −400 $. La promesse écrite de Van Houtte est réglée (payée), Effets à payer (Pa) −400 $. Il y a une diminution de 400 $ du côté gauche de l'équation et une diminution de 400 $ du côté droit.

　Si vos réponses ne correspondent pas à celles qui sont fournies, vous avez avantage à revoir chacune des opérations pour vous assurer que vous avez suivi toutes les étapes.

avoir appris à effectuer l'analyse des opérations à l'aide de ces outils, nous illustrerons leur utilisation.

L'impact des opérations et les notions de débit et de crédit

Comme nous l'avons discuté précédemment, les soldes des comptes de l'actif, du passif et des capitaux propres augmentent et diminuent par suite des opérations. Pour apprendre comment refléter ces changements de manière efficace, il faut d'abord structurer le modèle d'analyse des opérations afin de montrer le sens de ces changements. Cette règle est essentielle pour construire le modèle en tant qu'outil d'analyse des opérations. Il faut noter ce qui suit:

- Le symbole de l'augmentation + est inscrit à gauche lorsqu'on se trouve du côté gauche de l'équation comptable et s'inscrit à droite lorsqu'on se trouve du côté droit de l'équation.

Débit signifie le côté gauche d'un compte.

Crédit signifie le côté droit d'un compte.

- Les notions de *débit* et de *crédit* sont maintenant ajoutées au modèle. **Débit** signifie le côté gauche d'un compte et **crédit** le côté droit. Nous abrégeons débit par «dt» et crédit par «ct».

Le tableau 2.5 présente le modèle d'analyse des opérations.

TABLEAU **2.5**	Modèle d'analyse des opérations

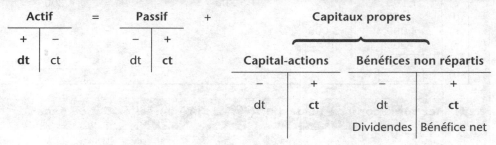

À partir de ce modèle d'analyse des opérations, on observe ce qui suit:

- les comptes de l'actif ont des soldes débiteurs (leur côté positif est à gauche);
- les comptes du passif et des capitaux propres ont des soldes créditeurs (leur côté positif est à droite).

Comme nous l'avons illustré précédemment pour les opérations a) à h), chaque compte (comme l'Encaisse et les Effets à payer) peut augmenter (+) ou diminuer (−) par suite des opérations et chaque compte a un solde. Vous remarquerez sans doute qu'aucune opération n'a eu d'effet sur le bénéfice net dans notre exemple. Nous introduirons les activités d'exploitation dans le chapitre 3. *Au fur et à mesure que vous apprenez à effectuer une analyse des opérations, vous devriez vous reporter à ce modèle régulièrement jusqu'à ce que vous puissiez le construire de manière autonome, sans recours à aucune aide.* Nous élaborerons davantage ce modèle dans le chapitre 3 lorsque nous ajouterons des opérations influant sur les activités d'exploitation.

Plusieurs étudiants ont de la difficulté à comprendre la comptabilité, car ils oublient que la seule signification du mot *débit* est «le côté gauche d'un compte» et la seule signification du mot *crédit* est «le côté droit d'un compte».

Il devrait être facile de ne pas oublier quels comptes les débits font augmenter et quels comptes les crédits font augmenter. Le débit (à gauche) fait augmenter les comptes de l'actif, car les actifs se trouvent du côté gauche de l'équation comptable (A = Pa + CP). Un crédit (à droite) fait augmenter les comptes du passif et des capitaux propres puisqu'ils se trouvent du côté droit de l'équation comptable.

Si notre analyse a permis de déterminer les bons montants et le juste sens des changements survenus, l'équation comptable demeurera en équilibre. De plus, la *valeur monétaire totale de tous les débits est égale à la valeur monétaire totale de tous les crédits* dans une opération. Par conséquent, il faut inclure cette vérification (débits = crédits) dans le processus d'analyse des opérations.

Un outil d'analyse : l'écriture de journal

Dans un système de tenue des livres simple, on inscrit d'abord les opérations par ordre chronologique dans un livre comptable qu'on appelle le «journal général». Après avoir analysé les documents d'affaires (les pièces justificatives) qui décrivent une opération, le commis comptable passe l'écriture comptable pour enregistrer cette opération. À l'aide des débits et des crédits, il passe une écriture de journal pour chaque opération. L'**écriture de journal** est une méthode comptable qui permet d'enregistrer une opération dans les comptes de l'entreprise dans un format «débit égale crédit». L'écriture de journal pour l'opération c) de l'exemple de Van Houtte est la suivante :

(date ou référence)	Immobilisations (+A)	5 700	
	Encaisse (–A)		1 500
	Effets à payer (+Pa)		4 200

Une **écriture de journal** est l'enregistrement d'une opération dans le journal général et, par extension, dans tout autre compte.

Voici quelques remarques au sujet de l'écriture de journal :
- Il est nécessaire d'inclure une date ou une forme quelconque de référence pour chaque opération de façon à bien suivre l'ordre chronologique des transactions.
- On présente en premier tous les débits à gauche et ensuite tous les crédits en retrait à droite (le nom des comptes et les montants). L'ordre des débits ou l'ordre des crédits n'a pas d'importance, en autant que les débits se trouvent en premier et les crédits ensuite, en retrait.
- Le total des débits (5 700 $) est égal au total des crédits (1 500 $ + 4 200 $).
- Chaque écriture de journal doit respecter cette égalité entre les débits et les crédits, sinon l'équation comptable (A = Pa + CP) ne sera plus en équilibre.

Une écriture de journal peut toucher plus de deux comptes. Dans notre exemple, l'opération influe sur trois comptes. Bien qu'il s'agisse de la seule opération dans l'exemple précédent qui touche plus de deux comptes, bon nombre d'opérations dans les chapitres futurs exigeront ce genre d'écriture de journal.

Parfois, il peut être utile d'inscrire une courte explication au-dessous de l'écriture pour décrire la nature de l'opération.

Pour vous aider à effectuer une analyse des opérations, utilisez les symboles A, Pa et CP près de l'intitulé de chaque compte, comme nous l'avons fait dans l'écriture de journal précédente. L'identification des comptes comme actif (A), passif (Pa) ou capitaux propres (CP) clarifie l'utilisation du modèle d'analyse des opérations et facilite les écritures de journal. Nous inclurons également le sens du changement sur le compte avec le symbole approprié. Par exemple, s'il faut augmenter l'encaisse, nous écrirons Encaisse (+A).

Nous avons constaté que bon nombre d'étudiants tentaient de mémoriser les écritures de journal sans comprendre ou utiliser le modèle d'analyse des opérations. Cette tâche deviendra de plus en plus difficile alors que de nouvelles opérations seront présentées dans les chapitres ultérieurs. Cependant, *la mémorisation, la compréhension et l'utilisation du modèle d'analyse des opérations décrit ainsi que le respect des étapes du processus d'analyse des opérations* représentent un moyen efficace pour traiter les transactions qui seront abordées tout au long de ce volume.

Un outil d'analyse : le compte en T

Après avoir passé les écritures de journal, le commis comptable reporte (transfère) les montants en dollars dans chacun des comptes qui ont été touchés par l'opération pour déterminer le solde des comptes. Dans la plupart des systèmes de comptabilité informatisés, ce processus se fait automatiquement au moment de la passation de l'écriture de journal. L'ensemble des comptes d'une entreprise est regroupé dans le *grand livre général*. Lorsque de petites entreprises utilisent un système de comptabilité manuel, le grand livre se présente sous forme d'une reliure à trois anneaux ou autres avec une page distincte pour chaque compte. Dans un système informatisé, les comptes sont stockés sur disque.

Le grand livre général comprend tous les comptes faisant partie du plan comptable de l'entreprise et sert directement à dresser les états financiers. De plus, la somme des soldes débiteurs doit être égale à la somme des soldes créditeurs pour respecter l'équilibre de l'équation comptable. À des fins d'analyse, les comptables utilisent souvent un outil simple pour représenter les comptes du grand livre, cet outil très utile s'appelle un **compte en T**.

Le tableau 2.6 présente les comptes en T pour l'Encaisse et les Effets à payer de Van Houtte, basés sur les opérations a) à h). Il faut noter que, pour l'Encaisse, qui est classé comme actif, les augmentations se font sur le côté gauche et les diminutions sur le côté droit du compte en T. Cependant, pour les Effets à payer, les augmentations se situent à droite et les diminutions à gauche puisque ce compte est un passif. De plus, il faut remarquer que le solde de clôture est indiqué du côté positif et qu'il est présenté avec un double soulignement.

Les petites entreprises utilisent parfois des comptes écrits à la main ou tenus manuellement dans le format du compte en T. Les systèmes informatisés conservent le concept du compte, mais pas le format du compte en T.

> Le compte en T est le mode simplifié de présentation d'un compte prenant la forme de la lettre T et comportant l'intitulé du compte au-dessus de la ligne horizontale. On inscrit les débits du côté gauche de la ligne verticale et les crédits, du côté droit[5].

TABLEAU **2.6**		Exemple de comptes en T

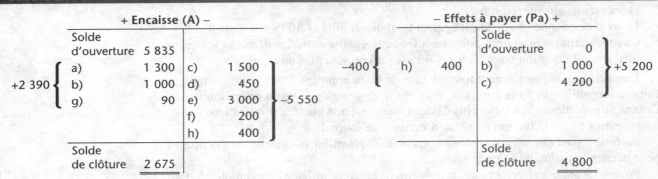

On peut aussi résumer les comptes en T sous forme d'équations :

	Solde d'ouverture	+	Côté «+»	–	Côté «–»	=	Solde de clôture
Encaisse	5 835	+	2 390	–	5 550	=	2 675
Effets à payer	0	+	5 200	–	400	=	4 800

Les mots *débit* et *crédit* peuvent être utilisés sous forme de verbes, de noms et d'adjectifs. Par exemple, on peut dire que 1) le compte Encaisse de Van Houtte a été débité (verbe) quand les actions ont été émises aux investisseurs ; 2) si on crédite (verbe) un compte, cela signifie qu'on inscrit le montant du côté gauche du compte en T ; 3) un débit (nom) est le côté gauche d'un compte et 4) les Effets à payer sont un compte créditeur (adjectif). Dorénavant, dans cet ouvrage, nous utiliserons ces mots plutôt que *gauche* et *droit*. Dans la section suivante, nous illustrerons les étapes que vous devrez suivre en utilisant le modèle pour analyser les opérations, passer les écritures de journal et déterminer le solde des comptes en utilisant les comptes en T.

---

5. Louis Ménard, *Dictionnaire de la comptabilité et de la gestion financière*, ICCA, 1994, p. 725.

Un exemple d'analyse des opérations

Nous utiliserons les opérations présentées précédemment pour illustrer l'analyse des opérations et le recours aux écritures de journal et aux comptes en T. Nous analyserons chacune des opérations en vérifiant si l'équation comptable demeure en équilibre et si les débits égalent les crédits. Dans les comptes en T, les montants du bilan de Van Houtte au 31 mars 2001 ont été insérés comme solde d'ouverture de chaque compte. Après avoir revu ou rédigé chacune des écritures de journal, faites les reports dans les comptes en T appropriés en utilisant la lettre de l'opération à titre de référence. La première opération a été mise en caractères gras à titre d'exemple.

Vous devriez étudier cet exemple attentivement (y compris les explications de l'analyse des opérations). Une étude attentive de l'exemple est *essentielle* pour comprendre 1) le modèle comptable, 2) le processus d'analyse des opérations, 3) le double effet de chaque opération et 4) l'équilibre du système comptable. La manière la plus efficace d'apprendre ces concepts critiques qui sont le fondement du système comptable est de vous exercer sans relâche.

a) **Van Houtte émet au comptant une valeur de 1 300 $ d'actions à de nouveaux investisseurs.**

ÉQUATION COMPTABLE					
Actif		=	**Passif**	+	**Capitaux propres**
Encaisse	+1 300				Capital-actions +1 300

ÉCRITURE DE JOURNAL		
Encaisse (+A)	**1 300**	
Capital-actions (+CP)		**1 300**

Vérifications : 1) débits 1 300 $ = crédits 1 300 $; 2) l'équation comptable est en équilibre.

Cette écriture est ensuite inscrite dans les comptes en T appropriés que vous trouverez à la fin de l'exemple. Pour faire le report, transférez ou copiez le montant du débit ou du crédit sur chaque ligne du compte en T approprié, ce qui permet d'accumuler le solde de chaque compte. Par exemple, le débit de 1 300 $ est inscrit dans la colonne des débits (augmentation) du compte en T de l'Encaisse.

b) **La société emprunte 1 000 $ d'une banque; elle signe un effet à payer venant à échéance dans trois mois.**

ÉQUATION COMPTABLE					
Actif		=	**Passif**	+	**Capitaux propres**
Encaisse	+1 000				Effets à payer +1 000

ÉCRITURE DE JOURNAL		
Encaisse (+A)	**1 000**	
Effets à payer (+Pa)		**1 000**

Vérifications : 1) débits 1 000 $ = crédits 1 000 $; 2) l'équation comptable est en équilibre.

c) Pour prendre de l'expansion, Van Houtte a ouvert deux nouveaux cafés-bistros. La société a acheté des nouveaux fours, des comptoirs, des réfrigérateurs et d'autre matériel (des immobilisations) pour une somme de 5 700 $, payant 1 500 $ en espèces et signant un effet à payer au fabricant pour le solde dû, payable dans 60 jours.

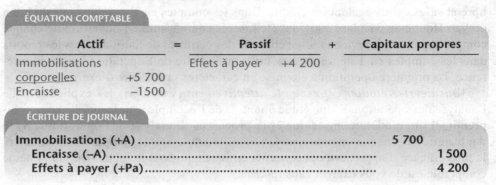

ÉQUATION COMPTABLE

Actif		=	Passif		+	Capitaux propres
Immobilisations corporelles	+5 700		Effets à payer	+4 200		
Encaisse	−1 500					

ÉCRITURE DE JOURNAL

Immobilisations (+A)	5 700	
Encaisse (−A)		1 500
Effets à payer (+Pa)		4 200

Vérifications : 1) débits 5 700 $ = crédits 5 700 $; 2) l'équation comptable est en équilibre.

d) Van Houtte prête 450 $ à de nouveaux franchisés qui signent des effets convenant de rembourser le prêt dans deux ans.

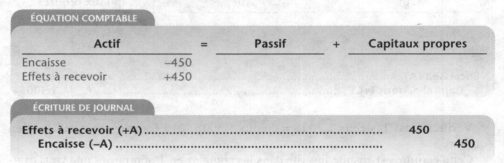

ÉQUATION COMPTABLE

Actif		=	Passif	+	Capitaux propres
Encaisse	−450				
Effets à recevoir	+450				

ÉCRITURE DE JOURNAL

Effets à recevoir (+A)	450	
Encaisse (−A)		450

Vérifications : 1) débits 450 $ = crédits 450 $; 2) l'équation comptable est en équilibre.

e) Van Houtte achète pour 3 000 $ d'actions d'autres entreprises à titre de placements.

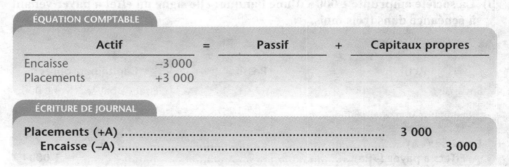

ÉQUATION COMPTABLE

Actif		=	Passif	+	Capitaux propres
Encaisse	−3 000				
Placements	+3 000				

ÉCRITURE DE JOURNAL

Placements (+A)	3 000	
Encaisse (−A)		3 000

Vérifications : 1) débits 3 000 $ = crédits 3 000 $; 2) l'équation comptable est en équilibre.

f) Le conseil d'administration de Van Houtte a déclaré et versé un dividende aux actionnaires d'un montant de 200 $.

ÉQUATION COMPTABLE

Actif		=	Passif	+	Capitaux propres	
Encaisse	−200				Bénéfices non répartis	−200

ÉCRITURE DE JOURNAL

Bénéfices non répartis (–CP) 200
    Encaisse (–A) 200

Vérifications : 1) débits 200 $ = crédits 200 $; 2) l'équation comptable est en équilibre.

TEST D'AUTOÉVALUATION

Pour les opérations g) et h), inscrivez les données manquantes, y compris les inscriptions aux comptes en T.

g) Van Houtte recouvre 90 $ en espèces sur un effet à recevoir d'un franchisé.

Insérez l'écriture de journal →

(Reportez les montants dans les comptes en T.)

Actif		=	Passif	+	Capitaux propres
Encaisse	+90				
Effets à recevoir	−90				

Vérifications : 1) débits _____ $ = crédits _____ $; 2) l'équation comptable est en équilibre.

h) Van Houtte verse 400 $ en règlement partiel d'un effet à payer.

Effets à payer (–Pa) 400
    Encaisse (–A) 400

(Reportez les montants dans les comptes en T.)

Actif	=	Passif	+	Capitaux propres

Vérifications : 1) débits 400 $ = crédits 400 $; 2) L'équation comptable est-elle en équilibre ?

Voici les comptes en T qui ont changé durant l'exercice par suite de ces opérations. Les soldes de tous les autres comptes demeurent les mêmes. Les soldes du 31 mars 2001 tirés du bilan de Van Houtte ont été inscrits à titre de soldes d'ouverture.

Encaisse (A)

+ (dt)		– (ct)	
Solde d'ouverture	5 835		
a)	1 300	c)	1 500
b)	1 000	d)	450
g)		e)	3 000
		f)	200
		h)	
Solde de clôture	2 675		

Placements (A)

+ (dt)		– (ct)
Solde d'ouverture	6 368	
e)	3 000	
Solde de clôture	9 368	

Immobilisations (A)

+ (dt)		– (ct)
Solde d'ouverture	131 192	
c)	5 700	
Solde de clôture	136 892	

Effets à recevoir (A)			
+ (dt)		**– (ct)**	
Solde d'ouverture	0		
d)	450	g)	[95]
Solde de clôture	360		

Effets à payer (Pa)			
– (dt)		**+(ct)**	
h)	[400]	Solde d'ouverture	0
		b)	1 000
		c)	4 200
		Solde de clôture	4 800

Capital-actions (CP)			
– (dt)		**+ (ct)**	
		Solde d'ouverture	127 585
		a)	1 300
		Solde de clôture	128 885

Bénéfices non répartis (CP)			
– (dt)		**+ (ct)**	
f)	200	Solde d'ouverture	81 274
		Solde de clôture	81 074

Vous pouvez vérifier si vous avez bien reporté les écritures en additionnant le côté de l'augmentation et en soustrayant le côté de la diminution. Ensuite, comparez vos réponses au solde de clôture donné dans chacun des comptes en T.

Vérifiez vos réponses à l'aide des solutions présentées en bas de page*.

ANALYSE FINANCIÈRE

La détermination des activités commerciales à partir des comptes en T

Les comptes en T sont avant tout utiles à des fins éducatives et aussi à titre d'outils d'analyse financière. Dans plusieurs cas, nous utiliserons le compte en T pour déterminer quelles opérations une entreprise a conclues durant un exercice. Par exemple, les principales opérations touchant le compte Fournisseurs pendant un exercice sont les achats d'actifs à crédit et les paiements en espèces aux fournisseurs. Si on connaît les soldes d'ouverture et de clôture du compte et tous les achats qui ont été faits à crédit durant un exercice, on peut déterminer le montant d'argent versé aux fournisseurs. Le compte en T se présentera comme suit:

Fournisseurs (Pa)			
– (dt)		**+ (ct)**	
		Solde d'ouverture	600
Paiements en espèces	?	Achats à crédit	1 500
		Solde de clôture	300

SOLUTION:

Solde d'ouverture	+	Achats	–	Paiements en espèces	=	Solde de clôture
600 $	+	1 500 $	–	?	=	300 $
		2 100 $	–	?	=	300 $
				?	=	1 800 $

* g) Écriture de journal

Encaisse (+A) 90

    Effets à recevoir (-A) 90

Débits 90 $ = crédits 90 $

h) Effet sur l'équation comptable:

Actif		=	Passif		+	Capitaux propres
Encaisse	–400		Effets à payer	–400		

L'équation comptable est en équilibre.

L'établissement du bilan

Il est possible de dresser un bilan à n'importe quel moment de l'année à partir des soldes des comptes du grand livre général. Avec les nouveaux soldes présentés dans les comptes en T de l'exemple précédent et les soldes originaux des comptes qui n'ont pas changé, nous avons dressé le bilan dans le tableau 2.7 où les soldes des comptes au 30 avril 20B sont comparés avec ceux du 31 mars 2001. Il faut noter que lorsqu'on présente plusieurs exercices, les montants du bilan le plus récent sont généralement placés à gauche.

Il convient aussi de rappeler que toutes les opérations analysées jusqu'ici étaient fictives et qu'elles ne se sont pas réellement produites chez Van Houtte.

OBJECTIF D'APPRENTISSAGE 5

Dresser et analyser un bilan simple.

Bilan (fictif)		TABLEAU 2.7

Van Houtte inc. Bilan (fictif) (en milliers de dollars)	30 avril 20B	31 mars 2001
ACTIF		
Actif à court terme :		
Encaisse	2 675$	5835$
Débiteurs	34 916	34 916
Stocks	22 428	22 428
Frais payés d'avance	4 623	4 623
Impôts futurs	75	75
	64 767	67 877
Placements	9 368	6 368
Immobilisations	136 892	131 192
Autres éléments d'actif	129 189	128 829
	340 166	334 266$
PASSIF ET AVOIR DES ACTIONNAIRES		
Passif à court terme :		
Fournisseurs et charges à payer	35 515	32 715$
Impôts sur le revenu à payer	1 044	1 044
Tranche à court terme de la dette à long terme	690	690
	39 249	34 449
Dette à long terme	80 153	80 153
Avantages postérieurs à l'emploi	4 089	4 089
Impôts futurs	1 613	1 613
Part des actionnaires sans contrôle	3 098	3 098
Avoir des actionnaires :		
Capital-actions	128 885	127 585
Bénéfices non répartis	81 074	81 274
Écart de conversion	2 005	2 005
	211 964	210 864
Engagements		
Éventualités		
	340 166$	334 266$

Au début du chapitre, nous avons présenté les changements dans les bilans de Van Houtte entre le début et la fin de l'exercice. On s'est interrogé sur ce qui avait provoqué une modification des comptes et quel était le processus utilisé pour refléter ces changements. On peut maintenant voir que les comptes ont de nouveau changé en un mois par suite des opérations décrites dans ce chapitre :

	Actif	=	Passif	+	Capitaux propres
31 mars 2001	334 266 $		123 402 $		210 864 $
30 avril 20B	340 166		128 202		211 964
Changement	+5 900 $		+4 800 $		+1 100 $

ANALYSONS LES RATIOS

Le coefficient de suffisance du capital (ratio actif/capital)

1. Connaître la question

Comment la direction a-t-elle recours à la dette pour accroître les actifs qu'elle utilise pour gagner des revenus pour ses actionnaires ? On calcule ce processus comme suit :

$$\text{Coefficient de suffisance du capital} = \frac{\text{Actif total moyen}}{\text{Capitaux propres moyens}}$$

OBJECTIF D'APPRENTISSAGE 6

Calculer et interpréter le coefficient de suffisance du capital (ratio actif/capital)

En 2001, le coefficient de Van Houtte était le suivant :

$$\frac{(334\ 266 + 269\ 288)/2}{(210\ 864 + 193\ 711)/2} = 1,49$$

2. Utiliser les techniques appropriées

a) Analyser la tendance dans le temps			b) Comparer avec les compétiteurs	
VAN HOUTTE			THE SECOND CUP LTD.	STARBUCKS COFFEE COMPANY
1999	2000	2001	2001	2001
1,27	1,34	1,49	5,09	1,32

3. Interpréter prudemment les résultats

EN GÉNÉRAL ◊ Le coefficient de suffisance du capital mesure la relation qui existe entre le total de l'actif et le total des capitaux propres qui financent les actifs. Comme on l'a mentionné, les sociétés financent leurs actifs à l'aide des capitaux propres et de la dette. Plus la proportion des actifs financés par la dette est élevée, plus le coefficient de suffisance du capital le sera aussi. Inversement, plus la proportion des actifs financés à l'aide des capitaux propres est élevée, plus le ratio sera faible. L'augmentation de la dette (et du coefficient de suffisance du capital) fait augmenter le montant d'actif que la société utilise pour générer des revenus pour les actionnaires, ce qui fait augmenter les chances d'avoir un chiffre d'affaires plus élevé. Cependant, cela fait aussi augmenter les *risques*. Le financement par la dette est plus risqué que le financement par les capitaux propres, car les versements d'intérêts sur la dette doivent se faire régulièrement (il s'agit d'obligations légales), tandis que les dividendes sur les actions peuvent être reportés. Un ratio qui augmente dans le temps reflète une plus grande dépendance du financement par la dette et donc des risques accrus.

Les créanciers et les analystes en valeurs mobilières utilisent ce ratio pour évaluer le niveau de risque d'une entreprise, tandis que les gestionnaires y recourent pour déterminer s'ils doivent prendre de l'expansion en contractant de nouveaux emprunts ou en émettant de nouvelles actions. Tant et aussi longtemps que les intérêts sur les emprunts sont inférieurs aux produits marginaux engendrés par les projets de la direction, le recours au financement par la dette permettra d'améliorer les revenus des actionnaires. Nous reviendrons sur le sujet au chapitre 9.

VAN HOUTTE ◊ Le coefficient de suffisance du capital s'est légèrement accru au cours des trois dernières années. Il est vrai que la société Van Houtte est engagée depuis quelques années dans un programme d'expansion axé principalement sur l'acquisition d'entreprises qui a eu pour conséquence d'augmenter de manière significative la valeur de sa dette. Par ailleurs, comme les bénéfices non répartis représentent 38 % du total des capitaux propres de Van Houtte au 31 mars 2001, on peut en déduire que la société réinvestit une part importante de ses résultats d'exploitation.

D'un autre côté, lorsque l'on compare Van Houtte aux autres distributeurs de café, on s'aperçoit que son ratio moyen des trois dernières années se situe au même niveau que celui de la société américaine Starbucks qui a connu en 2001 un chiffre d'affaires record de plus de 2 milliards de dollars. La société canadienne Second Cup montre un coefficient de suffisance du capital très élevé par rapport à ses compétiteurs. Ce ratio s'explique par un déficit accumulé très élevé (des bénéfices non répartis négatifs) qui vient réduire sensiblement les capitaux propres de la société. Par contre, la société Second Cup semble être engagée dans un programme de restructuration qui l'a amenée au cours de la dernière année à réduire sensiblement sa dette et ainsi à diminuer les risques.

QUELQUES PRÉCAUTIONS ◊ Un coefficient de suffisance du capital de près de 1:1 indique qu'une entreprise choisit de ne pas recourir au financement par la dette pour prendre de l'expansion. Cela laisse entendre que l'entreprise présente des risques plus faibles, mais qu'elle n'améliore pas le rendement pour les actionnaires. Quand on compare le ratio d'une entreprise avec celui de ses compétiteurs, il faut garder à l'esprit que les différences entre les stratégies d'affaires peuvent influer sur le ratio, comme le fait de louer ou d'acheter ses installations.

TEST D'AUTOÉVALUATION

Unibroue Inc.

Les soldes suivants figuraient au bilan de la société Unibroue Inc. au 31 décembre 2001 :

Début de l'exercice : Actif – 32 417 985 $;
Passif – 10 984 605 $;
Capitaux propres – 21 433 380 $

Fin de l'exercice : Actif – 33 085 333 $;
Passif – 11 448 858 $;
Capitaux propres – 21 636 475 $

Calculez le coefficient de suffisance du capital de la société Unibroue.

Que vous révèle-t-il au sujet de la stratégie financière d'Unibroue?

Vérifiez vos réponses à l'aide des solutions présentées en bas de page*.

---

* (33 085 333 + 32 417 985)/2 ÷ (21 636 475 + 21 433 380)/2 = 1,52. Unibroue applique une stratégie de financement légèrement plus risquée que Van Houtte ou Starbucks, mais il faut tenir compte du fait qu'Unibroue évolue dans le secteur de la fabrication de bières de dégustation. Par ailleurs, Unibroue est une jeune entreprise qui a fêté son dixième anniversaire en 2001.

INCIDENCE SUR LES FLUX DE TRÉSORERIE

Les activités d'investissement et de financement

OBJECTIF D'APPRENTISSAGE **7**

Reconnaître les opérations relatives aux activités d'investissement et aux activités de financement de même que la manière dont elles sont présentées à l'état des flux de trésorerie.

Dans le chapitre 1, nous avons vu que les entreprises inscrivaient les encaissements et les décaissements de l'exercice dans l'état des flux de trésorerie. Les opérations qui entraînent des flux de trésorerie sont divisées en trois catégories: les activités d'exploitation, les activités d'investissement et les activités de financement. (Utilisez le procédé mnémonique «EIF» pour vous rappeler l'ordre des catégories figurant à l'état des flux de trésorerie.)

Au début de ce chapitre, nous avons expliqué que les activités d'investissement et de financement sont abordées ici, alors que les activités d'exploitation seront étudiées dans le chapitre 3. Les activités d'investissement incluent l'achat et la vente d'éléments d'actifs à long terme; les activités de financement comprennent l'emprunt et le remboursement de la dette, l'émission et le rachat d'actions ainsi que la distribution des dividendes. Quand une opération implique une rentrée ou une sortie de fonds, celle-ci est inscrite à l'état des flux de trésorerie. Quand aucun encaissement ni décaissement n'est inclus dans une opération (comme l'acquisition d'un bâtiment avec un emprunt hypothécaire à long terme), il n'y a aucun effet sur l'état des flux de trésorerie.

Effet sur l'état des flux de trésorerie

EN GÉNÉRAL	Effet sur les flux de trésorerie
Flux de trésorerie liés aux activités d'exploitation	
(Aucune opération dans ce chapitre n'était une activité d'exploitation.)	
Flux de trésorerie liés aux activités d'investissement	
Achat d'actifs à long terme	−
Vente d'actifs à long terme	+
Acquisition de placements	−
Encaissement de capitaux prêtés	+
Flux de trésorerie liés aux activités de financement	
Augmentation de la dette à long terme	+
Versements sur la dette à long terme	−
Émission d'actions	+
Rachat d'actions	−
Versement de dividendes	−

VAN HOUTTE ◊ Le tableau 2.8 présente l'état des flux de trésorerie de Van Houtte pour les exercices terminés le 31 mars 2001 et le 1er avril 2000. Cet état explique la variation de l'encaisse survenue au cours du dernier exercice, qui est passée de 5 896 000 $ au début de l'exercice à 5 835 000 $ au 31 mars 2001 (vérifiez le bilan au tableau 2.2).

TRANSACTIONS ILLUSTRÉES DANS CE CHAPITRE ◊ Le tableau 2.9 présente un état des flux de trésorerie pour le mois d'avril 20B basé sur les opérations décrites dans ce chapitre. Il montre les rentrées et les sorties de fonds qui ont amené une diminution de l'encaisse de 3 160 000 $ (l'encaisse est passée de 5 835 000 $ à 2 675 000 $). N'oubliez pas que seules les opérations touchant l'encaisse sont présentées dans l'état.

TABLEAU 2.8

Van Houtte inc.
États consolidés des flux de trésorerie
Exercices terminés le 31 mars 2001 et le 1er avril 2000
(en milliers de dollars)

	2001	2000
FLUX DE TRÉSORERIE LIÉS AUX ACTIVITÉS D'EXPLOITATION		
Bénéfice net	21 789$	18 971$
Ajustements pour :		
Amortissement des immobilisations	22 982	19 983
Amortissement des frais financiers	176	—
Amortissement des autres éléments d'actif	3 720	2 989
Impôts futurs	(995)	889
Part des actionnaires sans contrôle	231	66
Participation aux résultats des sociétés satellites, déduction faite des dividendes reçus	68	40
Gain sur la cession d'immobilisations	(739)	(97)
Gain de change	447	(404)
	47 679	42 437
Variation des soldes hors caisse liés à l'exploitation	4 864	(1 273)
	52 543	41 164
FLUX DE TRÉSORERIE LIÉS AUX ACTIVITÉS D'INVESTISSEMENT		
Acquisition d'entreprises (note 15)	(49 495)	(23 398)
Acquisition d'immobilisations	(33 742)	(22 713)
Produit de cession d'immobilisations	1 710	2 532
Acquisition de placements	(458)	—
Produit de cession de placements	—	64
Augmentation des autres éléments d'actif	(2 801)	(1 934)
	(84 786)	(45 449)
FLUX DE TRÉSORERIE LIÉS AUX ACTIVITÉS DE FINANCEMENT		
Émission d'actions à droit de vote subalternes	6 254	1 142
Rachat d'actions à droit de vote subalternes aux fins d'annulation	(6 044)	(3 984)
Frais d'émission d'actions	(180)	(30)
Augmentation de la dette à long terme	36 348	15 621
Dividendes	(3 882)	(3 461)
Investissement des actionnaires sans contrôle dans une filiale	29	234
Dividendes versés à des actionnaires sans contrôle	(193)	(113)
	32 332	9 409
Incidence des variations du taux de change sur l'encaisse libellée en monnaie étrangère	(150)	(63)
(Diminution) augmentation de l'encaisse	(61)	5 061
Encaisse au début de l'exercice	5 896	835
Encaisse à la fin de l'exercice	5 835$	5 896$

Se reporter aux notes afférentes aux états financiers consolidés.

TABLEAU **2.9**   États des flux de trésorerie

Chacun des postes concerne une opération illustrée dans le chapitre.

Van Houtte inc.
État des flux de trésorerie
pour le mois terminé le 30 avril 20B
(en milliers de dollars)

Flux de trésorerie liés aux activités d'exploitation	
(Aucune dans ce chapitre.)	
Flux de trésorerie liés aux activités d'investissement	
Achat d'immobilisations c)	(1 500) $
Achat de placements e)	(3 000)
Prêt aux franchisés d)	(450)
Encaissement d'un prêt aux franchisés g)	90
Flux de trésorerie liés aux activités d'investissement	(4 860)
Flux de trésorerie liés aux activités de financement	
Émission d'actions a)	1 300
Emprunt b)	1 000
Paiement des dividendes f)	(200)
Remboursement des emprunts h)	(400)
Flux de trésorerie liés aux activités de financement	**1 700**
Diminution nette de l'encaisse	(3 160)
Encaisse au début du mois	5 835
Encaisse à la fin du mois	**2 675 $**

Concorde avec le montant figurant au bilan (tableau 2.7).

TEST D'AUTOÉVALUATION

La société Balance fabrique et vend des friandises. Voici quelques éléments de l'état des flux de trésorerie de cette société. Pour chacun, indiquez si l'opération a eu un effet sur les flux de trésorerie liés aux activités d'investissement (I) ou aux activités de financement (F) et précisez l'effet sur l'encaisse (+ signifie que l'opération fait augmenter l'encaisse; – signifie que l'opération fait diminuer l'encaisse).

Opérations	Type d'activité (I ou F)	Effet sur les flux de trésorerie (+ ou –)
1. Versement de dividendes		
2. Vente d'une propriété		
3. Vente de titres négociables (placements)		
4. Achat de machines distributrices		
5. Rachat de ses propres actions		

Vérifiez vos réponses à l'aide des solutions présentées en bas de page*.

*1. F – 2. I + 3. I + 4. I – 5. F –

De fausses idées

Plusieurs personnes ont tendance à mal différencier la tenue des livres et la comptabilité. En effet, elles confondent une partie de la comptabilité avec l'ensemble de celle-ci. La tenue des livres est une tâche administrative routinière. Elle exige uniquement une connaissance minimale de la comptabilité. Un commis comptable peut comptabiliser les opérations répétitives et simples dans la plupart des entreprises.

De son côté, le comptable est un membre d'un ordre professionnel ayant reçu une formation spécialisée et ayant des compétences dans la conception des systèmes informatisés, l'analyse des opérations complexes, l'interprétation des données financières, la présentation de l'information financière, la vérification, la fiscalité et le management.

On a aussi tendance à croire à tort que toutes les opérations sont soumises à une mesure précise et objective et que les résultats comptables inscrits dans les états financiers représentent exactement les événements survenus au cours de l'exercice. En réalité, les montants sont soumis à des estimations, comme nous l'illustrerons dans les chapitres ultérieurs. Certains pensent que les états financiers présentent la valeur marchande de l'entité (y compris ses actifs), mais ce n'est pas le cas. Pour bien saisir les états financiers et les interpréter, l'utilisateur doit être conscient de leurs limites. Ils doivent comprendre en quoi les états financiers peuvent être utiles, mais aussi dans quelles circonstances ils ne le sont pas.

Finalement, on considère souvent que les états financiers manquent de souplesse en raison de leur nature quantitative. En étudiant la comptabilité, vous apprendrez qu'elle exige un *jugement professionnel* de la part du comptable afin de saisir l'essence économique des opérations complexes. La comptabilité est stimulante sur le plan intellectuel. Elle n'est pas un sujet statique. Elle fait appel à l'intelligence, aux capacités d'analyse, à la créativité et au jugement. La comptabilité constitue un processus de communication faisant intervenir un public (les utilisateurs) ayant une vaste diversité de connaissances, d'intérêts et d'habiletés. Par conséquent, elle fait aussi appel à vos habiletés de communicateur. Le langage de la comptabilité recourt à des phrases concises ainsi qu'à des symboles pour fournir des informations sur la gestion des ressources des entreprises.

Pour comprendre les états financiers, vous devez posséder un certain niveau de connaissances des concepts et des règles de mesure utilisées dans le processus comptable. Vous devez apprendre ce qu'est au juste la comptabilité et apprécier les raisons pour lesquelles on utilise certains processus. Vous ne pourrez pas acquérir ces connaissances en lisant simplement chacun des chapitres. Une discussion générale ne suffira pas non plus. Vous devez vous engager davantage, notamment en résolvant les problèmes (comme dans le domaine des mathématiques) proposés dans les chapitres. Ces problèmes visent à fournir les connaissances nécessaires à la compréhension du processus comptable tant aux futurs utilisateurs qu'à la personne qui dressera les états financiers.

ANALYSONS UN CAS

Le 1er avril 2002, trois étudiants universitaires dynamiques ont créé la société Efficacité, spécialisée dans l'entretien de pelouse. Voici un résumé des opérations conclues au cours du mois d'avril 2002.

a) Émission au comptant de 9 000 $ d'actions aux trois fondateurs de l'entreprise. Chaque fondateur reçoit 500 actions (totalisant 1 500 actions émises).

b) Acquisition de râteaux et d'autres outils manuels (du matériel) ayant un prix de détail de 690 $ pour un montant de 600 $; paiement de 200 $ en espèces et signature d'un effet à payer pour le solde.

c) Commande de trois tondeuses et de deux coupe-bordures à l'entreprise Fournitures de pelouse XYZ au prix de 4 000 $.

d) Achat de 4 acres de terrain comme futur site de construction d'un entrepôt. Paiement de 5 000 $ en espèces.

e) Réception des tondeuses et des coupe-bordures qui avaient été commandés et signature d'un effet à payer à Fournitures de pelouse XYZ payable en totalité dans 30 jours.

f) Vente de un acre de terrain à la ville au même prix qu'il avait été payé. La ville a signé un effet à la société Efficacité de 1 250 $ payable à la fin du mois d'avril.

g) Versement de 700 $ en règlement partiel des effets à payer.

h) Recouvrement de l'argent sur l'effet dû par la ville.

i) Un des propriétaires a emprunté 3 000 $ à la banque pour un usage personnel.

Travail à faire

1. Analysez chacune des opérations selon le processus expliqué dans le chapitre. Montrez l'effet de chaque opération sur l'équation comptable. Passez les écritures de journal par ordre chronologique. Reportez les écritures de journal dans les comptes en T appropriés. Établissez les comptes en T pour l'Encaisse, les Effets à recevoir (de la ville), le Matériel (pour les outils manuels et le matériel de tonte), le Terrain, les Effets à payer (pour le matériel) et le Capital-actions. Les soldes d'ouverture sont de 0 $; indiquez ces soldes d'ouverture dans les comptes en T.

2. Utilisez les montants dans les comptes en T pour dresser un bilan en bonne et due forme de la société Efficacité au 30 avril 2002. À cette date, le bilan requiert le recours aux soldes des comptes pour tous les actifs, les passifs et les capitaux propres. Le modèle d'analyse des opérations est présenté ci-dessous :

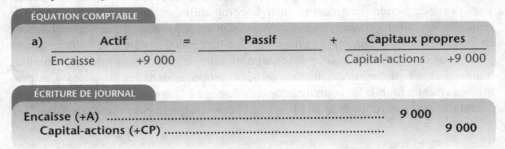

3. Préparez les sections liées aux activités d'investissement et de financement de l'état des flux de trésorerie.

Solution suggérée

1. Analyse des opérations, écritures de journal et comptes en T :

ÉQUATION COMPTABLE

a)	Actif		=	Passif	+	Capitaux propres	
	Encaisse	+9 000				Capital-actions	+9 000

ÉCRITURE DE JOURNAL

Encaisse (+A)	9 000	
Capital-actions (+CP)		9 000

Vérifications : 1) débits 9 000 $ = crédits 9 000 $; 2) l'équation comptable est en équilibre.

b)	Actif		=	Passif		+	Capitaux propres
	Matériel	+600		Effets à payer	+400		
	Encaisse	−200					

ÉCRITURE DE JOURNAL

Matériel (+A)	**600**	
Encaisse (−A)		**200**
Effets à payer (+Pa)		**400**

Vérifications : 1) débits 600 $ = crédits 600 $; 2) l'équation comptable est en équilibre. Le principe de la valeur d'acquisition établit que les actifs doivent être comptabilisés au montant payé à la date de l'opération. Il s'agit du prix payé de 600 $ et non du prix de détail de 690 $.

c) **Il ne s'agit pas d'une opération comptable ; aucun échange n'a eu lieu. Aucun compte n'est modifié.**

ÉQUATION COMPTABLE

d)	Actif		=	Passif	+	Capitaux propres
	Terrain	+5 000				
	Encaisse	−5 000				

ÉCRITURE DE JOURNAL

Terrain (+A)	**5 000**	
Encaisse (−A)		**5 000**

Vérifications : 1) débits 5 000 $ = crédits 5 000 $; 2) l'équation comptable est en équilibre.

ÉQUATION COMPTABLE

e)	Actif		=	Passif		+	Capitaux propres
	Matériel	+4 000		Effets à payer	+4 000		

ÉCRITURE DE JOURNAL

Matériel (+A)	**4 000**	
Effets à payer (+Pa)		**4 000**

Vérifications : 1) débits 4 000 $ = crédits 4 000 $; 2) l'équation comptable est en équilibre.

ÉQUATION COMPTABLE

f)	Actif		=	Passif	+	Capitaux propres
	Effets à recevoir	+1 250				
	Terrain	−1 250				

ÉCRITURE DE JOURNAL

Effets à recevoir (+A)	**1 250**	
Terrain (−A)		**1 250**

Vérifications : 1) débits 1 250 $ = crédits 1 250 $; 2) l'équation comptable est en équilibre.

g)

	Actif		=		Passif		+	Capitaux propres
Encaisse		−700		Effets à payer		−700		

Effets à payer (-Pa) 700

    Encaisse (–A) 700

Vérifications : 1) débits 700 $ = crédits 700 $; 2) l'équation comptable est en équilibre.

h)

	Actif		=	Passif	+	Capitaux propres
Encaisse		+1 250				
Effets à recevoir		−1 250				

Encaisse (+A) 1 250

    Effets à recevoir (–A) 1 250

Vérifications : 1) débits 1 250 $ = crédits 1 250 $; 2) l'équation comptable est en équilibre.

    i) **Il n'y a aucune opération pour l'entreprise. Le postulat de la personnalité de l'entité stipule que les activités des propriétaires sont distinctes de celles de l'entreprise.**

Encaisse (A)				Effets à recevoir (A)				Matériel (A)			
+ (dt)		− (ct)		+ (dt)		− (ct)		+ (dt)		− (ct)	
Solde d'ouverture	0			Solde d'ouverture	0			Solde d'ouverture	0		
a)	9 000	b)	200	f)	1 250	h)	1 250	b)	600		
h)	1 250	d)	5 000	Solde de clôture	0			e)	4 000		
		g)	700					Solde de clôture	4 600		
Solde de clôture	4 350										

Capital-actions (CP)				Terrain (A)				Effets à payer (Pa)			
− (dt)		+ (ct)		+ (dt)		− (ct)		− (dt)		+ (ct)	
		Solde d'ouverture	0	Solde d'ouverture	0					Solde d'ouverture	0
		a)	9 000	d)	5 000	f)	1 250	g)	700	b)	400
		Solde de clôture	9 000	Solde de clôture	3 750					e)	4 000
										Solde de clôture	3 700

2. Bilan:

Société Efficacité
Bilan
au 30 avril 2002

Actif		Passif	
Actif à court terme:		Passif à court terme:	
Encaisse	4 350 $	Effets à payer	3 700 $
Matériel	4 600	**Capitaux propres**	
Terrain	3 750	Capital-actions	9 000
Total de l'actif	12 700 $	Total du passif et des capitaux propres	12 700 $

Il faut noter que les bilans présentés plus tôt dans le chapitre énuméraient dans l'ordre les actifs, les passifs et les capitaux propres. Il s'agit de la **présentation en liste** ou **verticale**. L'établissement d'un bilan avec les actifs du côté gauche, puis les passifs et les capitaux propres du côté droit, comme celui-ci, est une **présentation en compte** ou **en tableau** ou **horizontale.** En pratique, on utilise les deux formes de présentation.

3. Activités d'investissement et de financement à l'état des flux de trésorerie

Société Efficacité
État des flux de trésorerie
pour le mois terminé le 30 avril 2002

Flux de trésorerie liés aux activités d'exploitation
  (Aucune activité dans ce cas.)

Flux de trésorerie liés aux activités d'investissement

Achat d'un terrain d)	(5 000) $
Achat de matériel b)	(200)
Encaissement d'un effet à recevoir h)	1 250
Flux de trésorerie liés aux activités d'investissement	(3 950)

Flux de trésorerie liés aux activités de financement

Émission d'actions a)	9 000
Paiements des effets g)	(700)
Flux de trésorerie liés aux activités de financement	8 300
Variation de l'encaisse	4 350
Solde d'ouverture de l'encaisse	0
Solde de clôture de l'encaisse	**4 350 $**

Les deux formes de présentation les plus courantes:
La **présentation en liste** ou **verticale** énumère dans l'ordre les actifs, les passifs et les capitaux propres;
La **présentation en compte** ou **en tableau** ou **horizontale** dresse la liste des actifs du côté gauche, puis des passifs et des capitaux propres du côté droit.

1. **Comprendre l'objectif premier des états financiers, les composantes du bilan et quelques postulats et principes comptables (voir la page 60).**
   - Les états financiers ont pour principal objectif de fournir aux utilisateurs externes des informations économiques utiles sur l'entreprise pour les aider à prendre des décisions financières éclairées.
   - Les composantes du bilan:
     a) L'actif – les ressources économiques susceptibles de produire des avantages économiques futurs.
     b) Le passif – les obligations qui découlent d'opérations passées et dont le règlement pourra nécessiter l'utilisation de ressources économiques.
     c) Les capitaux propres – le financement fourni par les propriétaires et les activités de l'entreprise.
   - Les postulats et les principes comptables:
     a) Le postulat de la personnalité de l'entité – on comptabilise les activités de l'entreprise d'une manière séparée et distincte des activités de ses propriétaires.
     b) Le postulat de l'unité monétaire stable – on comptabilise les informations financières dans l'unité monétaire nationale.
     c) Le postulat de la continuité de l'exploitation – l'entité poursuivra ses activités dans un avenir prévisible.
     d) Le principe de la valeur d'acquisition – il faut comptabiliser les éléments des états financiers au coût historique déterminé à la date d'acquisition.

2. **Reconnaître une opération commerciale et définir les principaux comptes qui apparaissent dans un bilan (voir la page 67).**

   Une opération inclut:
   - Un échange entre une entreprise et une ou plusieurs tierces parties.
     ou
   - Un événement interne mesurable comme l'utilisation des actifs au cours des activités d'exploitation.

   Le compte est un tableau normalisé que les entreprises utilisent pour accumuler les effets monétaires des opérations sur chacun des éléments des états financiers. Les intitulés de comptes du bilan typiques englobent:
   - L'actif: l'Encaisse, les Clients, les Stocks, les Frais payés d'avance et les Immobilisations.
   - Le passif: les Fournisseurs, les Effets à payer, les Charges à payer et les Impôts à payer.
   - Les capitaux propres: le Capital-actions et les Bénéfices non répartis.

3. **Analyser de simples opérations commerciales en fonction de l'équation comptable: Actif = Passif + Capitaux propres (voir la page 70).**

   Pour déterminer l'effet économique d'une opération sur l'entité, il faut déterminer quels comptes (au moins deux) sont touchés. Dans un échange, l'entreprise reçoit quelque chose et renonce à quelque chose. Si l'analyse des transactions est faite correctement, l'équation comptable demeurera en équilibre. Le modèle d'analyse des opérations est le suivant:

Actif		=	Passif		+	Capitaux propres			
						Capital-actions		Bénéfices non répartis	
+	–		–	+		–	+	–	+
dt	ct		dt	ct		dt	ct	dt	ct
								Dividendes	Bénéfice net

4. **Apprécier l'incidence des opérations commerciales sur le bilan en utilisant deux outils de base : les écritures de journal et les comptes en T (voir la page 77).**

- Les écritures de journal permettent d'enregistrer une opération dans les comptes de l'entreprise dans un format « débit égale crédit ». Les comptes et les montants à débiter sont énumérés en premier. Ensuite, les comptes et les montants à créditer sont énumérés au-dessous des débits et mis en retrait, ce qui fait en sorte que les débits se trouvent à gauche et les crédits à droite.

(la date ou référence)   Compte...   xxx
                                   Compte..................................   xxx

- Le compte en T est un outil simplifié de présentation d'un compte prenant la forme de la lettre T. On peut utiliser cet outil pour déterminer le solde des comptes.

+ Actif –		– Passif et Capitaux propres +	
Solde d'ouverture			Solde d'ouverture
Augmentations	Diminutions	Diminutions	Augmentations
Solde de clôture			Solde de clôture

5. **Dresser et analyser un bilan simple (voir la page 85).**

Un bilan est structuré de la façon suivante :
- L'actif à court terme (comprenant les actifs qui seront utilisés ou convertis en espèces à l'intérieur d'un an et les stocks) et l'actif à long terme comme les placements à long terme, les immobilisations corporelles et incorporelles.
- Le passif à court terme (comprenant les passifs qui seront payés au moyen de l'actif à court terme), le passif à long terme et les capitaux propres.

6. **Calculer et interpréter le coefficient de suffisance du capital (le ratio actif/capital) (voir la page 86).**

Le coefficient de suffisance du capital (Actif total moyen ÷ Capitaux propres moyens) mesure la relation qui existe entre le total de l'actif et les capitaux propres qui financent les actifs. Plus le ratio est élevé, plus l'entreprise contracte des dettes pour financer ses actifs. À mesure que le ratio augmente (et donc les dettes), les risques augmentent également.

7. **Reconnaître les opérations relatives aux activités d'investissement et aux activités de financement de même que la manière dont elles sont présentées à l'état des flux de trésorerie (voir la page 88).**

L'état des flux de trésorerie présente les rentrées et les sorties de fonds pour l'exercice selon trois catégories d'activités : l'exploitation, l'investissement et le financement. Les activités d'investissement englobent l'achat et la vente d'actifs à long terme, l'octroi de prêts et la réception des paiements liés aux prêts consentis à des tiers. Les activités de financement incluent l'emprunt et le remboursement de la dette à long terme, ainsi que l'émission et le rachat des actions de même que le versement de dividendes.

Dans ce chapitre, nous avons étudié l'équation fondamentale en comptabilité et l'analyse des opérations. Nous avons utilisé les écritures de journal et les comptes en T pour enregistrer des opérations d'investissement et de financement qui influent sur les comptes du bilan. Dans le chapitre 3, nous continuerons à examiner en détail les états financiers et plus particulièrement l'état des résultats. De plus, nous chercherons à élargir vos connaissances en discutant les concepts relatifs à la mesure des produits et des charges et en illustrant l'analyse des opérations relatives à l'exploitation.

Le coefficient de suffisance du capital (ratio actif/capital) mesure la relation existant entre le total de l'actif et le total des capitaux propres qui financent les actifs. Plus le ratio est élevé, plus la société contracte des emprunts pour financer ses actifs. On le calcule comme suit (voir la page 86) :

$$\text{Coefficient de suffisance du capital} = \frac{\text{Actif total moyen}}{\text{Capitaux propres moyens}}$$

Pour trouver
L'INFORMATION FINANCIÈRE

BILAN

Actif à court terme
  Encaisse
  Comptes clients
    et effets à
    recevoir
  Stocks
  Frais payés
    d'avance
Actif à long terme
  Placements à
    long terme
  Immobilisations
    corporelles
  Immobilisations
    incorporelles

Passif à court terme
  Comptes
    fournisseurs
  Effets à payer
  Frais courus
    à payer
Passif à long terme
  Dette à long terme
Capitaux propres
  Capital-actions
  Bénéfices non
    répartis

ÉTAT DES RÉSULTATS

Nous en énumérerons les composantes dans le chapitre 3.

ÉTAT DES FLUX DE TRÉSORERIE

Sous la catégorie des activités d'investissement

+ Vente au comptant d'actifs à long terme
– Achat au comptant d'actifs à long terme
+ Encaissement de prêts

Sous la catégorie des activités de financement

+ Emprunts
– Remboursement des emprunts
+ Émission d'actions
– Rachat d'actions
– Versement de dividendes

NOTES COMPLÉMENTAIRES

Dans le résumé des principales conventions comptables

Description des choix de la direction pour l'exercice financier

Mots clés

Questions

1. Quel est le principal objectif des états financiers ?

2. Définissez les expressions qui suivent.
   a) L'actif.
   b) L'actif à court terme.
   c) Le passif.
   d) Le passif à court terme.
   e) Le capital-actions.
   f) Les bénéfices non répartis.

3. Expliquez ce que signifient les principes ou postulats suivants.
   a) Le postulat de la personnalité de l'entité.
   b) Le postulat de l'unité monétaire stable.
   c) Le postulat de la continuité de l'exploitation.
   d) Le principe de la valeur d'acquisition.

4. Pourquoi les postulats comptables sont-ils nécessaires ?

5. Comment calcule-t-on le coefficient de suffisance du capital et comment l'interprète-t-on ?

6. À des fins comptables, qu'est-ce qu'un compte ? Expliquez la raison pour laquelle on utilise des comptes dans le système comptable.

7. Expliquez l'équation fondamentale en comptabilité.

8. Définissez une opération commerciale au sens large et donnez un exemple des deux différents types d'opérations.

9. Expliquez ce que signifient le *débit* et le *crédit*.

10. Expliquez brièvement ce que signifie l'analyse des opérations. Quelles sont les deux étapes de l'analyse des opérations ?

OA1

M2-1   L'association de définitions et de termes

Faites correspondre chacune des définitions avec le terme approprié en inscrivant la lettre dans l'espace à cet effet. Il ne doit y avoir qu'une définition par terme (autrement dit, il y a davantage de définitions que de termes).

Terme	Définition
_____ 1. Postulat de la personnalité de l'entité	a) = Passif + Capitaux propres.
	b) Présente l'actif, le passif et les capitaux propres.
_____ 2. Principe de la valeur d'acquisition	c) Les activités d'une entreprise sont distinctes de celles de ses propriétaires.
_____ 3. Crédit	d) Augmentation des actifs et diminution des passifs et des capitaux propres.
_____ 4. Actif	e) Un échange entre une entité et d'autres parties.
_____ 5. Compte en T	f) La notion selon laquelle les entreprises seront toujours exploitées dans un avenir prévisible.
	g) Diminution des actifs; augmentation des passifs et des capitaux propres.
	h) La notion selon laquelle un actif doit être comptabilisé au coût d'acquisition.
	i) Mode simplifié de présentation d'un compte.

OA1

M2-2   L'association de définitions et de termes

Faites correspondre chacune des définitions avec le terme approprié en inscrivant la lettre dans l'espace à cet effet. Il ne doit y avoir qu'une définition par terme (autrement dit, il y a davantage de définitions que de termes).

Terme	Définition
_____ 1. Écriture de journal	a) Équation comptable.
_____ 2. A = Pa + CP et Débits = Crédits	b) Quatre états financiers.
	c) Les deux égalités de la comptabilité qui aident à vérifier l'enregistrement des opérations.
_____ 3. Actif = Passif + Capitaux propres	d) Les résultats de l'analyse des opérations dans un format comptable.
_____ 4. Passif	e) Le compte qui est crédité lorsqu'on emprunte de l'argent à la banque.
_____ 5. État des résultats, bilan, état des bénéfices non répartis et état des flux de trésorerie	f) Les ressources économiques sur lesquelles l'entreprise exerce un contrôle.
	g) Total des bénéfices d'une entreprise non distribués aux actionnaires.
	h) Toutes les opérations ont un double effet.
	i) Les dettes ou les obligations de l'entité dont le règlement nécessitera l'utilisation d'actifs ou la prestation des services.

M2-3 **L'analyse des opérations**   ◻ OA2

Pour chacun des événements suivants, précisez s'il s'agit d'une opération d'échange pour la société Tremblay (O pour oui et N pour non).

_____ 1. La société Tremblay a acheté une machine qu'elle a payée en signant un effet à payer.

_____ 2. Six investisseurs de la société Tremblay ont vendu leurs actions à un autre investisseur.

_____ 3. La société a prêté 150 000 $ à un membre du conseil d'administration.

_____ 4. La société a commandé des fournitures de bureau qui seront livrées la semaine prochaine.

_____ 5. Le propriétaire fondateur, Georges Tremblay, a acquis des actions supplémentaires dans une autre entreprise.

_____ 6. La société a emprunté 1 000 000 $ à la banque.

M2-4 **La classification des comptes au bilan**   ◻ OA2

Voici quelques-uns des comptes de la société Gomez-Sanchez.

_____ 1. Fournisseurs   _____ 10. Effets à payer (dans trois ans)

_____ 2. Clients   _____ 11. Effets à recevoir (dans six mois)

_____ 3. Bâtiments

_____ 4. Encaisse   _____ 12. Loyer payé d'avance

_____ 5. Capital-actions   _____ 13. Bénéfices non répartis

_____ 6. Terrain   _____ 14. Fournitures non utilisées

_____ 7. Stocks de marchandises

_____ 8. Charge d'impôts à payer   _____ 15. Services publics à payer

_____ 9. Placements à long terme   _____ 16. Salaires à payer

Dans l'espace prévu à cet effet, classez chacun des comptes au bilan. Utilisez les codes suivants.

ACT = actif à court terme   PCT = passif à court terme   CP = capitaux propres
ALT = actif à long terme   PLT = passif à long terme

M2-5 **L'effet de plusieurs opérations sur les états financiers**   ◻ OA3

Pour chacune des opérations suivantes conclues par Nardozzi inc. pour le mois de janvier 20B, indiquez les comptes touchés, les montants et l'effet sur l'équation comptable. Un exemple est présenté.

a) (Exemple) Emprunt de 1 000 $ à une banque de la région.

b) Vente pour 3 000 $ d'actions supplémentaires à des investisseurs.

c) Achat de 500 $ de matériel, paiement de 100 $ au comptant et signature d'un effet à payer venant à échéance dans un an.

d) Déclaration et versement d'un dividende de 100 $ aux actionnaires.

e) Paiement de 200 $ sur un effet à payer.

Actif	=	Passif	+ Capitaux propres
a) (Exemple) Encaisse + 1 000		Effets à payer + 1 000	

M2-6 **Les notions de débit et de crédit**   ◻ OA4

Remplissez le tableau suivant en inscrivant *augmentation* ou *diminution* dans chacune des colonnes.

	Débit	Crédit
Actif	_____	_____
Passif	_____	_____
Capitaux propres	_____	_____

M2-7   Les notions de débit et de crédit

Remplissez le tableau suivant en indiquant le mot «débit» ou «crédit» dans chaque colonne.

	Augmentation	Diminution
Actif		
Passif		
Capitaux propres		

M2-8   L'inscription d'opérations simples

Pour chacune des opérations effectuées à l'exercice M2-5 (incluant l'exemple), passez l'écriture de journal nécessaire.

M2-9   Les comptes en T

Pour chacune des opérations enregistrées à l'exercice M2-8, reportez les écritures dans les comptes en T appropriés et déterminez le solde de clôture des comptes. Les soldes d'ouverture sont indiqués.

Encaisse

Solde d'ouverture 2 000	

Matériel

Solde d'ouverture 16 300	

Effets à payer

	Solde d'ouverture 3 000

Capital-actions

	Solde d'ouverture 5 500

Bénéfices non répartis

	Solde d'ouverture 9 800

M2-10   *L'établissement d'un bilan*

En vous basant sur les comptes en T de l'exercice M2-9, dressez un bilan pour la société Nardozzi au 31 janvier 20B.

M2-11   Le calcul et l'interprétation du coefficient de suffisance du capital

Calculez le coefficient de suffisance du capital de la société Tanguay à partir des données suivantes:

	Actif	Passif	Capitaux propres
Fin de 20A	245 600 $	90 300 $	155 300 $
Fin de 20B	278 100	110 200	167 900

Quels renseignements les résultats vous fournissent-ils au sujet de cette entreprise? Comment pouvez-vous qualifier le ratio de la société Tanguay si vous le comparez à celui de la société Van Houtte en 2001?

M2-12   L'état des flux de trésorerie

Pour chacune des opérations de l'exercice M2-5, indiquez s'il s'agit d'une activité d'investissement (I) ou de financement (F) à l'état des flux de trésorerie.

Exercices

OA1

E2-1   L'association de définitions et de termes

Trouvez la définition qui correspond à chaque terme. Une seule définition correspond à chaque terme (il y a donc plus de définitions que de termes).

Termes

_____ 1. Opération	_____ 6. Actif à court terme
_____ 2. Postulat de la continuité de l'exploitation	_____ 7. Effets à payer
	_____ 8. Dualité
_____ 3. Bilan	_____ 9. Bénéfices non répartis
_____ 4. Passif	_____ 10. Débit
_____ 5. Actif = Passif + Capitaux propres	

Définitions

a) Ressources économiques devant être utilisées ou converties en espèces à l'intérieur d'un an.

b) Présente l'actif, le passif et les capitaux propres.

c) Comptabilise les opérations de l'entreprise distinctement de celles de ses propriétaires.

d) Augmentation de l'actif et diminution du passif et des capitaux propres.

e) Échange entre une entité et d'autres parties.

f) Concept selon lequel une entreprise poursuivra ses activités dans un avenir prévisible.

g) Diminution de l'actif et augmentation du passif et des capitaux propres.

h) Concept selon lequel l'actif doit être comptabilisé au coût d'acquisition.

i) Mode simplifié de présentation d'un compte.

j) Équation comptable.

k) Deux égalités en comptabilité qui permettent de vérifier l'enregistrement des opérations.

l) Compte crédité lorsqu'une entité s'engage par écrit à payer une certaine somme d'argent.

m) Total des bénéfices d'une entreprise non distribués aux actionnaires.

n) Toute opération a au moins deux effets.

o) Dettes ou obligations devant être payées au moyen d'actifs ou de services.

OA2

E2-2   La détermination des comptes

Les situations suivantes sont indépendantes les unes des autres.

a) Une société commande et reçoit 10 ordinateurs personnels destinés à ses bureaux pour lesquels elle signe une promesse de paiement de 25 000 $ échéant dans trois mois.

b) Une société achète au comptant un nouveau camion de livraison au prix de 21 000 $ au lieu des 24 000 $ indiqués sur l'étiquette.

c) Un détaillant de vêtements pour dames commande 30 nouveaux présentoirs au prix de 300 $ chacun, pour livraison future.

d) Une nouvelle société est constituée et vend à des investisseurs 100 actions au prix de 12 $ l'action.

e) Un fabricant signe un contrat de 500 000 $ pour la construction d'un nouvel entrepôt. Lors de la signature, la société émet un chèque de 50 000 $ comme dépôt de construction.

f) Une maison d'édition achète pour 40 000 $ les droits d'auteur (des immobilisations incorporelles) du manuscrit d'un manuel d'introduction à la comptabilité.

g) Un fabricant verse aux actionnaires 100 000 $ de dividendes en espèces.

h) Une société achète au comptant 100 actions de la société Bombardier pour 2 000 $.

i) Une société paie un terrain 50 000 $ comptant. Un expert avait évalué le terrain à 52 500 $.

j) Un fabricant achète le brevet d'invention d'un nouveau système satellite numérique de réception télévisée (des immobilisations incorporelles). Il paie 500 000 $ au comptant et porte le solde de 400 000 $ sur un effet à payer échéant dans un an avec un taux d'intérêt de 10 %.

k) Le propriétaire d'une entreprise individuelle de la région (un propriétaire unique) achète pour son usage personnel une voiture qu'il paie 10 000 $. Répondez selon le point de vue de l'entreprise.

l) Le 30 juin 20A, une entreprise emprunte 1 000 $ qu'elle s'engage à rembourser dans six mois, soit le 31 décembre 20A, avec des intérêts annuels de 10 %. Répondez comme si nous étions le 30 juin 20A.

m) Une entreprise verse 1 500 $ en remboursement d'un emprunt bancaire.

Travail à faire

1. Indiquez, le cas échéant, le ou les comptes touchés par chacun des événements précédents. Considérez ce qu'on donne et ce qu'on reçoit.

2. À quel montant comptabiliseriez-vous le camion de l'événement b) et le terrain de l'événement i) ? Quels sont les principes que vous appliqueriez ?

3. Quels principes ou postulats comptables avez-vous appliqués pour les événements c) et k) ?

OA2
OA4 Polaroid Corporation

E2-3 **La classification des comptes**

Comme elle l'explique dans son rapport annuel, la société Polaroïd dessine, produit et distribue dans le monde entier une large gamme de produits, essentiellement dans le domaine de l'image. Elle produit notamment des appareils photo et des films à développement instantané, des appareils d'enregistrement d'images électroniques, des films conventionnels et des filtres et objectifs polarisants.

Travail à faire

Pour chacun des comptes suivants du bilan de Polaroïd, remplissez le tableau en indiquant s'il s'agit d'un actif à court terme (ACT), d'un actif à long terme (ALT), d'un passif à court terme (PCT), d'un passif à long terme (PLT) ou de capitaux propres (CP) et si le compte a un solde débiteur ou créditeur.

Compte	Catégorie au bilan	Solde débiteur ou créditeur
1. Terrain		
2. Bénéfices non répartis		
3. Effets à payer (dans trois ans)		
4. Charges payées d'avance		
5. Placements à long terme		
6. Capital-actions		
7. Matériel et outillage		
8. Créditeurs		
9. Placements à court terme		
10. Impôts à payer		

OA3

E2-4 **L'analyse des opérations**

Les événements suivants concernent la société Fatava.

a) Encaissement d'un investissement de 20 000 $ par les actionnaires.

b) Emprunt bancaire de 6 000 $.

c) Achat d'un terrain de 12 000 $, versement de 1 000 $ comptant ; le solde est porté sur un prêt hypothécaire de 15 ans avec une banque de la région.

d) Prêt de 300 $ à un employé, payable dans trois mois.

e) Remboursement de 6 000 $ à la banque pour le montant emprunté en b).

f) Achat de 8 000 $ de matériel, paiement de 1 000 $ comptant au fabricant ; le solde est porté sur un effet à payer.

Travail à faire

Pour chacun des événements a) à f), effectuez une analyse des opérations et indiquez le compte, le montant et l'effet (+ signifie une augmentation et – une diminution) sur l'équation comptable. Assurez-vous que l'équation demeure en équilibre après chaque opération. Utilisez les intitulés suivants.

Événement	**Actif**	=	**Passif**	+	**Capitaux propres**

E2-5 **L'analyse des opérations**

■ OA3

Nike, qui a son siège social en Oregon aux États-Unis, est un des principaux fabricants de chaussures et de vêtements de sport. Les opérations suivantes se sont produites dernièrement. Les montants sont arrondis en millions de dollars.

Nike, Inc.

a) Achat pour 216,3 $ en immobilisations corporelles, sur lesquels 5 $ ont été empruntés à long terme et le reste a été payé en espèces.

b) Émission de 21,1 $ d'actions supplémentaires au comptant.

c) Déclaration de 100 $ de dividendes, paiement de 78,8 $ cette année et du solde l'an prochain.

d) Plusieurs investisseurs de Nike ont vendu leurs propres actions à d'autres investisseurs en Bourse pour 21 $.

e) Remboursement de 3,2 $ sur les obligations à long terme.

f) Vente au comptant de placements pour une valeur de 1,4 $.

Travail à faire

1. Pour chaque événement, effectuez une analyse des opérations et indiquez le compte, le montant et l'effet sur l'équation comptable. Assurez-vous que l'équation demeure en équilibre après chaque opération. Utilisez les intitulés suivants.

Événement	**Actif**	=	**Passif**	+	**Capitaux propres**

2. Expliquez votre réponse pour l'opération d).

E2-6 **La comptabilisation des opérations**

■ OA4

Reportez-vous à l'exercice E2-4.

Travail à faire

Passez les écritures de journal pour chacune des opérations de l'exercice E2-4 en vous assurant que les débits égalent les crédits.

E2-7 **La comptabilisation des opérations**

■ OA4

Reportez-vous à l'exercice E2-5.

Travail à faire

1. Passez les écritures de journal pour chacune des opérations de l'exercice E2-5 en vous assurant que les débits égalent les crédits.

2. Expliquez votre réponse pour l'opération d).

E2-8 **L'analyse des opérations et les comptes en T**

■ OA4

La société Leblanc et frères a été créée par Édouard Leblanc et cinq autres investisseurs. Cette année, les activités suivantes ont eu lieu.

a) Encaissement de 60 000 $ provenant des investisseurs – chacun a reçu 1 000 actions du capital-actions.

b) Achat de matériel au prix de 12 000 $ – un quart a été payé au comptant, et le solde devra être remboursé dans six mois (la société a signé un effet à payer).

c) Signature d'un accord avec une société de nettoyage qui recevra 120 $ par semaine pour nettoyer les bureaux de la société.

d) Prêt de 2 000 $ à un investisseur qui a signé un effet venant à échéance dans six mois.

e) Émission d'actions à de nouveaux investisseurs qui ont apporté 4 000 $ au comptant et un terrain évalué à 10 000 $ en échange d'actions de la société.

f) Paiement de 2 000 $ sur l'effet à payer en b).

g) Édouard Leblanc a emprunté 10 000 $ à une banque de la région à des fins personnelles. Il a signé un effet payable dans un an.

Travail à faire

1. Établissez des comptes en T pour les comptes suivants : Encaisse, Effets à recevoir, Matériel, Terrain, Effets à payer et Capital-actions. Les soldes d'ouverture sont à zéro. Enregistrez chaque opération dans le compte en T correspondant.
2. En utilisant les soldes des comptes en T, inscrivez les montants suivants pour l'équation comptable.

    Actif _____ $ = Passif _____ $ + Capitaux propres _____ $

3. Expliquez vos réponses pour les opérations c) et g).

■ OA3
■ OA5

E2-9   L'analyse des opérations et l'établissement d'un bilan

Pendant sa première semaine d'exploitation, du 1er au 7 janvier 20A, la société de fabrication de meubles Lito a effectué sept opérations dont les effets monétaires sont présentés dans le tableau ci-dessous.

	Effet monétaire de chacune des opérations							Solde de clôture
Compte	1	2	3	4	5	6	7	
Encaisse	12 000 $	50 000 $	(4 000) $	(3 000) $	(7 000) $	(3 000) $	2 000 $	
Effets à recevoir à court terme				3 000			(2 000)	
Agencement du magasin					7 000			
Terrain			12 000					
Effets à payer à court terme		50 000	8 000			(3 000)		
Capital-actions	12 000							

Travail à faire

1. Décrivez brièvement chacune des opérations présentées ci-dessus. Expliquez les hypothèses que vous avez formulées.
2. Pour chaque compte, calculez le solde de clôture et dressez un bilan en date du 7 janvier 20A pour la société de fabrication de meubles Lito.

■ OA3
■ OA5

E2-10   L'analyse des opérations et l'établissement d'un bilan

Pendant son premier mois d'exploitation, en mars 20B, la société Bébé mode a effectué sept opérations dont les effets monétaires sont présentés dans le tableau ci-dessous.

	Effet monétaire de chacune des opérations							Solde de clôture
Compte	1	2	3	4	5	6	7	
Encaisse	50 000 $	(4 000) $	(4 000) $	(6 000) $	(3 000) $	2 000 $		
Placements à court terme				6 000		(2 000)		
Effets à recevoir à court terme			4 000					
Matériel informatique							4 000 $	
Camion de livraison		25 000						
Effets à payer à long terme		21 000			(3 000)			
Capital-actions	50 000						4 000	

1. Décrivez brièvement chacune des opérations présentées ci-haut. Expliquez les hypothèses que vous avez formulées.
2. Pour chaque compte, calculez le solde de clôture et dressez un bilan en date du 31 mars 20B pour la société Bébé mode.

E2-11 **La passation d'écritures de journal** ☐OA4

La société Poulain a été créée le 1er mai 20A. Les opérations suivantes ont été effectuées au cours de son premier mois d'activité.

a) Encaissement de 60 000 $ provenant des trois investisseurs à l'origine de la création de la société Poulain.

b) Emprunt de 20 000 $ et signature d'un effet à payer de 12 % payable dans deux ans.

c) Achat de matériel au montant de 10 000 $, paiement de 1 000 $ au comptant et signature d'un effet à payer échéant dans 6 mois.

d) Commande d'outillage au montant de 16 000 $.

e) Versement de 1 500 $ en règlement partiel de l'effet signé en c).

f) Prêt de 1 000 $ à un employé qui a signé un effet remboursable dans trois mois.

g) Réception et paiement d'outillage commandé en d).

Travail à faire

Passez les écritures de journal requises pour enregistrer chaque opération. (N'oubliez pas que les débits se trouvent en haut et les crédits en bas, en retrait.) Assurez-vous d'utiliser de bonnes références et classez chaque compte comme actif (A), passif (Pa) ou capitaux propres (CP). Si vous ne passez pas d'écriture de journal pour une opération, expliquez pourquoi.

E2-12 **L'analyse des opérations à l'aide de comptes en T et l'interprétation du coefficient de suffisance du capital** ☐OA4
☐OA6

La société Drago existe depuis un an (20A). Vous êtes membre de la direction et avez étudié divers projets d'expansion exigeant tous des emprunts bancaires. Au début de l'exercice 20B, les soldes des comptes en T de la société Drago se présentent comme suit.

Actif

Encaisse		Placements à court terme		Immobilisations corporelles	
5 000		2 000		4 000	

Passif

Effets à payer à court terme		Effets à payer à long terme	
	300		600

Capitaux propres

Capital-actions		Bénéfices non répartis	
	8 100		2 000

Travail à faire

1. À l'aide des données qui figurent dans les comptes en T, déterminez les montants suivants au 1er janvier 20B.

Actif _____ $ = Passif _____ $ + Capitaux propres _____ $

2. Ajoutez les opérations suivantes pour l'exercice 20B dans les comptes en T.

a) Versement d'une somme de 300 $ en règlement partiel de l'effet à payer à long terme.

b) Vente au comptant d'actions pour un montant de 1 500 $.

c) Règlement total des effets à payer à court terme.

d) Vente au comptant du quart des immobilisations corporelles pour un montant de 1 000 $.

e) Emprunt bancaire de 1 600 $ à 10 %. Le capital et les intérêts devront être remboursés dans trois ans.

f) Versement d'un dividende de 600 $ aux actionnaires.

3. Calculez les soldes de clôture des comptes en T pour déterminer les montants suivants au 31 décembre 20B.

Actif _____ $ = Passif _____ $ + Capitaux propres _____ $

4. Calculez le coefficient de suffisance du capital au 31 décembre 20B. En admettant que la moyenne industrielle de ce ratio est de 2,00, que pouvez-vous dire au sujet de la société Drago ? Est-ce que vous suggérez à Drago de se lancer dans des projets d'expansion en augmentant sa dette ? Expliquez votre réponse.

E2-13   L'établissement d'un bilan

Reportez-vous à l'exercice E2-12.

Travail à faire

En vous basant sur les soldes de clôture des comptes en T de l'exercice E2-12, dressez un bilan au 31 décembre 20B.

E2-14   L'analyse des opérations à l'aide de comptes en T, l'établissement d'un bilan et l'évaluation du coefficient de suffisance du capital

En début d'année 20F, la société Legault, créée en 20C, a sollicité auprès de votre banque un prêt de 100 000 $ pour réaliser ses projets d'expansion. Le sous-directeur de la banque vous a demandé d'analyser la situation et de faire une recommandation quant au prêt demandé par la société Legault. Les opérations suivantes ont été effectuées en 20C (première année d'exploitation) :

a) Investissement par les fondateurs de la société d'une somme de 40 000 $ en échange d'actions de la société.

b) Achat d'un terrain de 12 000 $ et signature d'un effet à payer de 10 % échéant dans un an.

c) Achat de deux camions de livraison usagés au prix de 10 000 $ chacun – 2 000 $ ont été payés au comptant et un billet payable dans trois ans (à un taux d'intérêt annuel de 11 %) a été signé pour le solde.

d) Vente du quart du terrain pour 3 000 $ à Déménagements Légaré, qui a signé un effet remboursable dans 6 mois.

e) Versement au garagiste d'une somme de 2 000 $ pour l'achat d'un nouveau moteur de camion. (*Conseil :* Augmentez le compte utilisé pour comptabiliser l'achat du camion, puisque celui-ci a été amélioré.)

f) Achat d'un nouveau camion en versant 6 000 $ comptant et en donnant en échange le deuxième camion usagé.

g) L'actionnaire Raymond Legault a payé 22 000 $ pour l'achat personnel d'un terrain.

h) Rachat de 5 000 $ du capital-actions de l'un des actionnaires.

i) Encaissement de 1 000 $ en règlement partiel de l'effet signé par Déménagements Légaré en d).

j) Règlement du tiers de l'effet à payer pour les camions achetés en c).

Travail à faire

1. Établissez des comptes en T avec des soldes d'ouverture de 0 $ pour les comptes suivants : Encaisse, Effets à recevoir, Terrain, Matériel, Effets à payer à court terme, Effets à payer à long terme et Capital-actions. Inscrivez dans les comptes en T les opérations effectuées par la société Legault.

2. Dressez le bilan de la société Legault au 31 décembre 20C.

3. À la fin des deux années suivantes, la société Legault a inscrit les montants suivants dans son bilan.

	Fin 20D	**Fin 20E**
Actif	90 000 $	120 000 $
Passif	40 000	70 000
Capitaux propres	50 000	50 000

Calculez le coefficient de suffisance du capital de la société pour les exercices 20D et 20E. Quelle tendance constatez-vous et quelles conclusions pouvez-vous tirer concernant la société ?

4. Quelles recommandations feriez-vous au sous-directeur de la banque relativement au prêt sollicité par la société Legault?

E2-15 **L'analyse des opérations à partir des comptes en T** ■OA4
La société Les Services de réparation de meubles Mondoux comprend deux actionnaires. Elle a commencé ses activités le 1er juin 20A. Les comptes en T suivants indiquent les activités du mois de juin.

Encaisse (A)			Effets à recevoir (A)			Outillage et matériel (A)		
a) 17 000	b) 10 000		c) 1 500	d) 500		a) 3 000	f) 800	
d) 500	c) 1 500							
f) 800	e) 1 000							

Bâtiment (A)		Effets à payer (Pa)		Capital-actions (CP)	
b) 50 000		e) 1 000	b) 40 000		a) 20 000

Travail à faire
Décrivez les opérations a) à f) qui ont entraîné l'enregistrement dans les comptes en T. Autrement dit, quelles activités ont fait augmenter et diminuer les comptes de bilan?

E2-16 **L'analyse des opérations à partir des comptes en T** ■OA4
Les comptes en T suivants reflètent des opérations commerciales types.

Matériel			Effets à recevoir			Effets à payer		
01-01 300			01-01 75				130 01-01	
250	?		?	290		?	170	
31-12 450			31-12 50				180 31-12	

Travail à faire
1. Décrivez quelles opérations portant sur les investissements et le financement ont été enregistrées dans chaque compte en T. Autrement dit, expliquez quels événements économiques ont fait augmenter ou diminuer ces comptes.
2. Calculez les montants manquants pour chaque compte en T.

E2-17 **L'état des flux de trésorerie** ■OA7
Dans son rapport annuel 2001, Air Canada se décrit ainsi: Air Canada
«Principale société aérienne du Canada, Air Canada assure des services complets, réguliers et nolisés, de transport aérien de passagers et de fret tant au pays qu'à l'étranger. Huitième société aérienne en Amérique du Nord et douzième au monde, elle transporte environ 30 millions de passagers annuellement et comptait à la fin de l'exercice un effectif d'environ 38 600 employés.»
Voici quelques-unes des activités d'investissement et de financement réalisées par Air Canada qui ont été inscrites dans son dernier état des flux de trésorerie.
a) Diminution de la dette à long terme
b) Placements et avances
c) Émission de capital social (capital-actions)
d) Nouvelles immobilisations
e) Emprunts à long terme
f) Produit de la vente d'éléments d'actifs
g) Acquisition de Canadien (une société aérienne)

Travail à faire
Pour chaque opération, indiquez s'il s'agit d'une activité d'investissement (I) ou d'une activité de financement (F) et l'effet sur les flux de trésorerie (+ signifie une augmentation des liquidités et – une diminution des liquidités).

E2-18   L'établissement de l'état des flux de trésorerie

La société Hôtel Paris construit, exploite et franchise des hôtels et des casinos partout dans le monde. Des données tirées d'un récent état des flux de trésorerie indiquent que les activités d'investissement et de financement suivantes (simplifiées)ont été réalisées au cours de la dernière année.

Emprunts bancaires	438,5$
Achat de placements	282,2
Produits de la vente d'immobilisations	5,4
Émission d'actions	2,9
Achat d'immobilisations corporelles	274,5
Remboursement de la dette à long terme	32,2
Encaissement d'une partie des effets à recevoir	5,4

Travail à faire

Préparez les sections « Activités d'investissement » et « Activités de financement » de l'état des flux de trésorerie de l'Hôtel Paris. Supposez que l'exercice se termine le 31 décembre 20C.

E2-19   La recherche d'informations financières

Vous envisagez d'investir l'argent dont vous venez d'hériter de votre grand-père dans différentes actions. Vous avez à votre disposition les rapports annuels de quelques sociétés importantes.

Travail à faire

Indiquez où se trouve chacun des éléments suivants dans le rapport annuel. (*Conseil :* L'information se trouve parfois à différents endroits.)

1. Total de l'actif à court terme.
2. Montant de la dette à long terme remboursé au cours de l'exercice.
3. Résumé des principales conventions comptables.
4. Liquidités reçues pour la vente d'actifs à long terme.
5. Dividendes payés durant l'exercice.
6. Fournisseurs.
7. Date du bilan.

Problèmes

Axcan Pharma Inc.

P2-1   La détermination des comptes de bilan (PS2-1)

La société Axcan Pharma produit et commercialise des produits pharmaceutiques, principalement dans le domaine de la gastro-entérologie où elle est devenue un chef de file mondial. Vous trouverez ci-dessous une liste de comptes apparaissant dans un récent bilan d'Axcan Pharma.

1. Encaisse et quasi-espèces
2. Débiteurs
3. Capital-actions
4. Dette à long terme
5. Frais payés d'avance et dépôts
6. Écart d'acquisition (immobilisations incorporelles)
7. Impôts sur les bénéfices à payer
8. Stocks
9. Créditeurs
10. Placements temporaires
11. Bénéfices non répartis
12. Placements (à long terme)
13. Immobilisations

Travail à faire

Indiquez dans quelle section du bilan chaque compte devrait être classé. Utilisez les lettres ACT (actif à court terme), ALT (actif à long terme), PCT (passif à court terme), PLT (passif à long terme) et CP (capitaux propres). Indiquez également si le compte a un solde débiteur ou créditeur.

L'analyse des opérations (PS2-2)

Quatre amis ont créé la société Santé Paré le 1er janvier 20A. Chacun a investi 10 000 $ dans la société et a reçu en contrepartie 8 000 actions. Actuellement, ce sont les seuls actionnaires. Pendant son premier mois d'exploitation (janvier 20A), la société a effectué les six opérations suivantes.

a) Encaissement de 40 000 $ provenant des fondateurs de la société et émission des actions en contrepartie.

b) Achat d'un immeuble pour la somme de 65 000 $, de matériel au prix de 16 000 $ et d'un terrain de trois acres pour 12 000 $. La société a versé 13 000 $ au comptant et a obtenu un emprunt hypothécaire de 15 ans à 10 % pour le solde dû. (*Conseil*: Cinq comptes différents sont touchés.)

c) Un actionnaire informe la société qu'il a vendu 500 actions à un autre actionnaire pour une somme de 5 000 $.

d) Achat au comptant de placements temporaires pour une valeur de 3 000 $.

e) Vente de un acre de terrain contre un chèque de 4 000 $.

f) Prêt à un actionnaire de 5 000 $ pour ses frais de déménagement – ce dernier a signé un effet remboursable dans un an.

Travail à faire

1. Est-ce que la société Santé Paré est une entreprise individuelle, une société de personnes ou une société de capitaux ? Expliquez sur quoi vous basez votre réponse.

2. Le premier mois, les livres de la société étaient incorrects. On vous a demandé de rédiger un résumé des opérations précédentes. Pour être capable d'évaluer rapidement leurs effets économiques sur la société, vous décidez d'effectuer le calcul ci-dessous en indiquant, pour chaque compte, le signe approprié (+ signifie une augmentation et – une diminution). La première opération est un exemple.

		Actif				=	Passif	+	Capitaux propres	
Encaisse	Placement temporaires	Effets à recevoir	Terrain	Bâtiment	Matériel		Effets à payer		Capital-actions	Bénéfices non répartis
a) +40 000									+40 000	

3. Avez-vous inclus l'opération conclue entre les deux actionnaires – l'opération c) – dans votre calcul ? Expliquez votre réponse.

4. En vous basant sur votre analyse, fournissez les montants suivants (présentez vos calculs).
   a) Total de l'actif à la fin du mois.
   b) Total du passif à la fin du mois.
   c) Total des capitaux propres à la fin du mois.
   d) Solde de l'encaisse à la fin du mois.
   e) Total de l'actif à court terme à la fin du mois.

P2-3 **L'utilisation des comptes en T, l'établissement d'un bilan et l'évaluation du coefficient de suffisance du capital (PS2-3)** □ OA4 □ OA5 □ OA6

La société Plastiques Lévesque existe depuis trois ans. Voici ce qu'on pouvait trouver dans ses comptes au 31 décembre 20C.

Encaisse	35 000 $	Effets à payer à court terme	12 000 $
Immobilisations incorporelles	5 000	Effets à recevoir à long terme	2 000
Placements à court terme	3 000	Effets à payer à long terme	80 000
Fournisseurs	25 000	Matériel	80 000
Comptes clients	5 000	Capital-actions	150 000
Charges à payer	3 000	Usine	150 000
Stocks	40 000	Bénéfices non répartis	50 000

Au cours de l'exercice 20D, les opérations suivantes ont été effectuées.

a) Achat de matériel d'une valeur de 30 000 $ contre un versement comptant de 10 000 $ et la signature d'un billet payable dans un an.

b) Émission de 2 000 actions pour une somme de 20 000 $ au comptant.

c) Prêt de 12 000 $ à un fournisseur qui, en retour, signe un effet payable dans deux ans.

d) Achat au comptant de placements à court terme pour une somme de 15 000 $.

e) Versement d'une somme de 5 000 $ en règlement partiel de l'effet à payer (voir l'opération a).

f) Le 31 décembre 20D, emprunt bancaire de 20 000 $. Cet emprunt est remboursable le 30 juin 20E et porte un taux d'intérêt de 10 %.

g) Achat au comptant d'un brevet (des immobilisations incorporelles) au prix de 6 000 $.

h) Construction d'un ajout à l'usine au prix de 42 000 $ contre un versement comptant de 15 000 $ et la signature d'un billet à long terme.

i) À la fin de l'année, la société embauche un nouveau président. Le contrat stipule que ce dernier recevra un salaire annuel de 85 000 $ et bénéficiera d'un régime d'option d'achat d'actions de la société à un prix variant selon le rendement de l'entreprise.

j) La société retourne à un fournisseur du matériel qu'elle juge défectueux et reçoit un remboursement de 2 000 $.

Travail à faire

1. Établissez des comptes en T pour chacun des comptes figurant au bilan et indiquez les soldes de clôture de 20C.
2. Comptabilisez toutes les opérations de 20D dans des comptes en T (donnez les références) et calculez les soldes de clôture.
3. Expliquez votre traitement de l'opération i).
4. Dressez un bilan au 31 décembre 20D.
5. Calculez le coefficient de suffisance du capital pour l'exercice 20D. Que vous suggère ce ratio concernant la société Plastiques Lévesque ?

■ OA7   **P2-4**   **Les incidences sur l'état des flux de trésorerie (PS2-4)**
Reportez-vous au problème P2-3.

Travail à faire

En vous basant sur les opérations a) à j) du problème P2-3, indiquez, pour chaque opération, s'il s'agit d'une activité d'investissement (I) ou de financement (F) pour l'exercice et si cette activité entraîne une augmentation (+) ou une diminution (–) des flux de trésorerie. Si elle n'a aucun effet sur les flux de trésorerie, indiquez AE.

■ OA4   **P2-5**   **La passation des écritures de journal, le report dans les comptes en T, l'établis-**
■ OA5   **sement d'un bilan et l'évaluation du coefficient de suffisance du capital (PS2-5)**
■ OA6 Quebecor inc   Premier imprimeur commercial au monde, Quebecor est une société active dans tous les domaines de la communication, notamment la câblodistribution, l'édition de journaux et la télédiffusion. Vous trouverez ci-après le bilan de Quebecor au 31 décembre 2001.

Quebecor inc.
Bilan consolidé
au 31 décembre 2001
(en millions de dollars canadiens)

	2001
ACTIF	
Actif à court terme :	
Espèces et quasi-espèces	356,6 $
Placements temporaires	
(valeur du marché de 34,7 millions de dollars	
(176,2 millions de dollars en 2000))	33,0
Débiteurs (note 9)	928,1
Impôts sur le bénéfice à recevoir	12,8
Montants à recevoir de filiales non consolidés	12,0
Stocks (note 10)	766,4
Placements dans des filiales détenues aux fins de revente	
(note 11)	—
Frais payés d'avance	61,6
Impôts futurs (note 6)	114,7
	2 285,2
Placements de portefeuille,	
(valeur du marché de 564,2 millions de dollars	
(720,6 millions de dollars en 2000))	376,0
Immobilisations (note 12)	6 012,6
Placements dans des filiales non consolidées (note 2)	40,6
Écart d'acquisition, déduction faite de l'amortissement cumulé	
de 664,2 millions (315,8 millions de dollars en 2000)	10 220,0
Impôts futurs (note 6)	84,9
Autres éléments d'actif	493,9
	19 513,2 $
PASSIF ET AVOIR DES ACTIONNAIRES	
Passif à court terme :	
Emprunts bancaires	38,2 $
Créditeurs et charges à payer	2 322,0
Impôts sur le bénéfice et autres taxes	55,3
Impôts futurs	1,0
Tranche de la dette à long terme et des billets convertibles	
(notes 13 et 15)	113,6
	2 530,1
Dette à long terme (note 13)	7 993,5
Actions privilégiées rachetables (note 14)	232,6
Billets convertibles (note 15)	180,2
Autres éléments de passif (note 16)	448,6
Impôts futurs (note 6)	747,0
Part des actionnaires sans contrôle (note 17)	4 809,7
Avoir des actionnaires :	
Capital-actions (note 18)	348,5
Bénéfices non répartis	2 161,0
Écart de conversion (note 19)	62,0
Engagements et éventualités (note 20)	2 571,5
	19 513,2 $

Se reporter aux notes afférentes aux états financiers consolidés.

Supposez que les opérations suivantes ont été effectuées en janvier 2002 (toutes les transactions sont fictives et sont exprimées en millions de dollars).

a) Versement aux actionnaires d'un dividende de 34,1 $.

b) Acquisition d'immobilisations incorporelles (autres éléments d'actif) pour une somme de 9,7 $.

c) Émission de nouvelles actions pour une somme de 203 $.

d) Versement d'une somme de 15 $ en règlement partiel d'emprunts bancaires.

e) Acquisition d'immobilisations moyennant le versement d'une somme de 61,1 $ et d'une dette à long terme de 79,4 $.

f) Acquisition au comptant de placements temporaires d'une valeur de 8,3 $.

Travail à faire

1. Indiquez l'effet de chaque opération sur l'équation comptable.

2. Passez une écriture de journal pour chaque opération.

3. Établissez des comptes en T pour chaque compte touché en a) en n'oubliant pas d'y inscrire les soldes au 31 décembre 2001. Reportez chaque écriture de journal dans le compte en T correspondant.

4. En vous basant sur ces opérations, dressez un bilan fictif de la société Quebecor au 30 janvier 2002. Utilisez un format identique à celui de Quebecor.

5. Calculez le coefficient de suffisance du capital de la société Quebecor à la fin du mois de janvier. Interprétez ce résultat.

OA7

Quebecor

P2-6   L'établissement d'un état partiel des flux de trésorerie (PS2-6)

Reportez-vous au problème P2-5.

Travail à faire

En vous basant sur les activités du mois de janvier, préparez les sections concernant les activités d'investissement et de financement d'un état des flux de trésorerie.

Problèmes supplémentaires

OA1
OA2   Transat A.T. Inc.

PS2-1   La détermination des comptes de bilan (P2-1)

D'après son rapport annuel récent, la société Transat est « une société intégrée de l'industrie du tourisme. Elle exerce ses activités dans tous les secteurs de l'organisation et de la distribution de voyages vacances : vente au détail par les agences de voyages, organisation et distribution de forfaits par les voyagistes, transport aérien et gestion hôtelière ». Voici quelques comptes apparaissant dans un bilan récent de l'entreprise.

1. Débiteurs
2. Emprunts bancaires
3. Capital-actions
4. Dette à long terme
5. Frais payés d'avance
6. Placements dans des sociétés satellites
7. Immobilisations

8. Bénéfices non répartis
9. Créditeurs
10. Espèces et quasi-espèces
11. Charges à payer
12. Obligations en vertu de contrats de location-acquisition
13. Stocks
14. Impôts sur le revenu à payer

Travail à faire

Indiquez dans quelle section du bilan chaque compte devrait être classé. Utilisez ACT (actif à court terme), ALT (actif à long terme), PCT (passif à court terme), PLT (passif à long terme) et CP (capitaux propres). Indiquez également si le solde du compte est créditeur ou débiteur.

OA2
OA3

PS2-2   L'analyse des opérations et l'interprétation du coefficient de suffisance du capital (P2-2)

Une petite société, Boulamite inc., fabrique des trains électriques pour les magasins de jouets et offre aussi un service de réparation. La société existe depuis cinq ans. À la fin de l'exercice 20E, les livres de la société indiquaient un total de l'actif de 500 000 $ et un total du passif de 200 000 $. Au cours de l'exercice 20F, les opérations suivantes ont été effectuées.

a) Émission de 10 000 actions pour une somme de 100 000 $ au comptant.

b) Emprunt bancaire de 120 000 $ comportant un taux d'intérêt annuel de 12 % et venant à échéance dans 10 ans.

c) Construction d'un ajout à l'usine pour une valeur de 200 000 $, somme qui est versée immédiatement à l'entrepreneur.

d) Achat de matériel pour le nouvel ajout au prix de 30 000 $ contre un versement comptant de 3 000 $ et la signature d'un billet remboursable dans six mois.

e) Achat de placements à long terme pour une valeur de 85 000 $.

f) La société retourne une pièce du matériel achetée en d) d'une valeur de 3 000 $ pour défaut de fabrication, ce qui vient réduire le solde dû.

g) Versement de 12 000 $ en règlement partiel de l'emprunt bancaire.

h) Achat d'un camion de livraison (du matériel) au prix de 10 000 $ contre un versement comptant de 5 000 $ et la signature d'un billet à court terme.

i) Prêt à la présidente de la société, Julie Aubin, de 2 000 $. Cette dernière a signé un billet dont les modalités prévoient un taux d'intérêt de 10 % et le remboursement dans un an.

j) Un actionnaire a vendu des actions au montant de 5 000 $ à une voisine.

k) Réception de 250 $ de Julie Aubin en règlement partiel de son billet.

Travail à faire

1. On vous demande de rédiger un résumé des opérations précédentes. Pour être capable d'évaluer rapidement les effets économiques des opérations de la société Boulamite inc., vous avez décidé d'effectuer les calculs ci-dessous en indiquant, pour chaque compte, un signe (+) en cas d'augmentation et (−) en cas de diminution. La première opération est présentée à titre d'exemple.

	Actif				=	Passif		+	Capitaux propres	
Encaisse	Effets à recevoir	Placements à long terme	Matériel	Bâtiment		Effets à payer à court terme	Effets à payer à long terme		Capital-actions	Bénéfices non répartis
a) +100 000									+100 000	

2. Avez-vous inclus l'opération j) dans votre calcul ? Expliquez votre réponse.

3. En vous basant sur les soldes d'ouverture et les opérations précédentes, calculez les montants suivants (présentez tous vos calculs).
   a) Total de l'actif à la fin de l'exercice 20F.
   b) Total du passif à la fin de l'exercice 20F.
   c) Total des capitaux propres à la fin de l'exercice 20F.

4. Calculez le coefficient de suffisance de capital de la société. Quelles conclusions pouvez-vous tirer concernant Boulamite inc. ?

PS2-3 **L'utilisation des comptes en T, l'établissement d'un bilan et l'évaluation du coefficient de suffisance du capital (P2-3)**

Industries Lassonde est un important fabricant canadien de jus purs et de boissons aux fruits et le plus important fabricant et distributeur de jus de pomme de l'Est du Canada. Les comptes suivants ont été adaptés à partir d'un bilan récent de la société (supposez que l'exercice se termine le 31 décembre 20C). Les montants sont exprimés en milliers de dollars.

Industries Lassonde inc.

☐ OA4
☐ OA5
☐ OA6

Encaisse	10 291 $	Dette à long terme	15 787 $
Immobilisations incorporelles	3 805	Avance à une société satellite	424
Dette bancaire	11 339	Autres passifs à long terme	15 836
Débiteurs	20 052	Immobilisations	70 856
Créditeurs et charges à payer	31 939	Capital-actions	17 083
Avance à un actionnaire	392	Placement	664
Stocks	59 781	Bénéfices non répartis	69 817
Autres passifs à court terme	2 596	Autres éléments des capitaux	2 924
Frais payés d'avance	1 056		

Supposez que les opérations suivantes ont été effectuées au premier trimestre qui s'est terminé le 31 mars 20D (toutes les opérations sont fictives et sont exprimées en milliers de dollars).

a) Recouvrement d'une somme de 30$ sur l'avance à une société satellite.

b) Remboursement de 340$ en règlement partiel de la dette à long terme.

c) Acquisition d'une marque de commerce (immobilisations incorporelles) au prix de 400$ versés au comptant.

d) Vente au comptant de matériel pour une valeur de 20$ correspondant au coût d'acquisition.

e) Acquisition de marchandises pour une somme de 980$.

f) Émission au comptant d'actions de la société pour une valeur de 520$.

g) Acquisition d'immobilisations contre un versement comptant de 200$ et la prise en charge d'une hypothèque de 800$.

h) Déclaration et paiement d'un dividende de 300$.

Travail à faire

1. Établissez des comptes en T pour chaque compte figurant au bilan et indiquez les soldes au 31 décembre 20C.

2. Inscrivez toutes les opérations effectuées au cours du premier trimestre qui s'est terminé le 31 mars 20D dans les comptes en T (y compris les références) et calculez les soldes de clôture.

3. Dressez en bonne et due forme un bilan au 31 mars 20D.

4. Calculez le coefficient de suffisance du capital pour le premier trimestre se terminant le 31 mars 20D. Que vous apprend ce ratio au sujet des Industries Lassonde?

■ OA7

PS2-4   Les incidences sur l'état des flux de trésorerie (P2-4)
Reportez-vous au problème PS2-3.

Travail à faire

En vous basant sur les opérations a) à i) du problème PS2-3, indiquez pour chaque opération s'il s'agit d'une activité d'investissement (I) ou de financement (F) et si elle entraîne une augmentation (+) ou une diminution (–) des flux de trésorerie. Si elle n'a aucun effet sur les flux de trésorerie, indiquez AE.

■ OA4
■ OA5
■ OA6 Daimler Chrysler Corporation

PS2-5   La passation des écritures de journal, le report aux comptes en T, l'établissement d'un bilan et l'évaluation du coefficient de suffisance du capital (P2-5)
En 1998, les sociétés Daimler-Benz et Chrysler se sont fusionnées pour créer la Daimler Chrysler Corporation, un important fabricant d'automobiles. Vous trouverez ci-dessous un récent bilan (simplifié) de Daimler Chrysler. Observez l'ordre dans lequel sont classés les comptes de cette société internationale dont le siège social se situe à Stuttgart en Allemagne.

Daimler Chrysler Corporation
Bilan au 31 décembre 20A
(en millions d'euros)

Actif	
Immobilisations incorporelles	2 561 euros
Immobilisations corporelles	29 532
Placements à long terme	2 851
Actifs loués en vertu de contrats de location-exploitation	14 662
Immobilisations	**49 606**
Stocks	11 796
Débiteurs et autres effets à recevoir	44 848
Titres négociables	12 160
Espèces et quasi-espèces	6 589
Actif à court terme	**75 393**
Charges payées d'avance et autres actifs	11 150
Total de l'actif	**136 149**
Passif et capitaux propres	
Capital-actions	9 835
Bénéfices non répartis	20 532
Capitaux propres	**30 367**
Frais courus à payer	34 629
Créditeurs	12 848
Autres passifs	58 305
Total du passif	**105 782**
Total du passif et des capitaux propres	**136 149**

Supposez que les opérations suivantes ont été effectuées au cours de l'exercice 20B (toutes les opérations sont fictives et sont exprimées en millions d'euros).

a) Émission d'actions au comptant pour une somme de 1 200 euros.

b) Versement de 3 000 euros en règlement partiel d'emprunts (autres passifs).

c) Déclaration et paiement d'un dividende de 510 euros.

d) Acquisition d'immobilisations incorporelles contre un versement de 100 euros.

e) Acquisition d'immobilisations corporelles – contre le versement de 160 euros et un emprunt bancaire de 580 euros.

f) Acquisition au comptant de nouveaux placements, au prix de 3 000 euros dont la moitié sont des placements à long terme.

g) Prêt de 250 euros à une société affiliée qui a signé un effet remboursable dans six mois.

h) Vente au comptant de titres négociables au prix de 2 800 euros correspondant à leur coût d'acquisition.

Travail à faire

1. Indiquez l'effet de chaque opération sur l'équation comptable.

2. Passez une écriture de journal pour chaque opération.

3. Établissez des comptes en T pour chaque compte du bilan en incluant les soldes au 31 décembre 20A. Reportez chaque écriture de journal dans le compte en T approprié.

4. En vous basant sur ces opérations et à partir des soldes de clôture des comptes en T, dressez un bilan pour Daimler Chrysler au 31 décembre 20B. Utilisez un format identique à celui qu'utilise Daimler Chrysler.

5. Calculez le coefficient de suffisance de capital de Daimler Chrysler à la fin de 20B. Que vous apprend-il au sujet de la société ?

PS2-6 L'établissement d'un état partiel des flux de trésorerie (P2-6)
Reportez-vous au problème PS2-5.

Travail à faire
En vous basant sur les opérations de l'exercice 20B, préparez les sections concernant les activités d'investissement et de financement d'un état des flux de trésorerie.

Cas et projets

Cas – Information financière

CP2-1 La recherche d'information financière
Reportez-vous aux états financiers et aux notes complémentaires des Boutiques San Francisco que vous trouverez présentés en annexe à la fin de ce volume.

Travail à faire
1. La société Les Boutiques San Francisco est-elle une entreprise individuelle, une société de personnes ou une société de capitaux ? Expliquez sur quoi vous basez votre réponse.
2. Utilisez le bilan de la société pour résoudre l'équation comptable : (A = Pa + CP).
3. Dans son bilan, la société Les Boutiques San Francisco mentionne que ses stocks valent 42 475 000 $. Cette somme équivaut-elle au prix de vente attendu ? Expliquez votre réponse.
4. Quand se termine l'exercice de la société Les Boutiques San Francisco ? Où avez-vous trouvé la date exacte ?
5. Quelles sont les obligations à long terme de la société Les Boutiques San Francisco ?
6. Calculez le coefficient de suffisance du capital de la société et expliquez ce qu'il signifie.
7. Combien d'argent la société a-t-elle consacré annuellement à l'achat d'immobilisations ? Où avez-vous trouvé cette information ?

CP2-2 La comparaison de différentes sociétés évoluant dans le même secteur
Reportez-vous aux états financiers et aux notes complémentaires des sociétés Les Boutiques San Francisco et Le Château, ainsi qu'aux ratios financiers de Standard & Poor's que vous trouverez présentés en annexe à la fin de ce volume.

Travail à faire
1. Quelle société montre l'actif le plus élevé ?
2. Calculez le coefficient de suffisance du capital des deux sociétés. Quelle société prend le plus de risques ? Expliquez votre réponse.
3. Comparez le coefficient de suffisance du capital des deux sociétés à la moyenne industrielle que vous trouverez dans le rapport de Standard & Poor's. Ces deux sociétés financent-elles leurs actifs au moyen de la dette à un rythme supérieur ou inférieur à la moyenne industrielle ?
4. Au cours du plus récent exercice, déterminez les flux de trésorerie qui ont servi au remboursement de la dette à long terme pour chacune des sociétés.
5. Quel montant de dividendes chaque société a-t-elle payé au cours de l'exercice le plus récent ?
6. Sous quel compte chaque société inscrit-elle ses terrains, ses bâtiments et son matériel ?

CP2-3 La recherche d'informations financières dans la base de données SEDAR
La Commission de valeurs mobilières de chaque province réglemente les sociétés qui émettent des actions en Bourse. Elle reçoit les rapports financiers des sociétés faisant appel à l'épargne publique sous forme de fichiers électroniques dans le système SEDAR. Tout le monde peut consulter dans Internet les rapports qui ont été déposés. À l'aide de votre fureteur, accédez à la base de données SEDAR au www.sedar.com. Cliquez sur «recherche» dans la base de données, puis cliquez sur «sociétés ouvertes», inscrivez «Van Houtte» puis cliquez sur «Rechercher» (vous pouvez

aussi préciser une date). Lorsque les documents de Van Houtte apparaissent, recherchez et cliquez sur les états financiers les plus récents.

Travail à faire

1. Dans les états financiers, reportez-vous au bilan pour répondre aux questions suivantes.
   a) À combien se chiffre le total de l'actif de Van Houtte au dernier exercice ou trimestre?
   b) La dette à long terme a-t-elle augmenté ou diminué pour ce dernier exercice ou trimestre?
   c) Calculez le coefficient de suffisance du capital. Comparez-le avec le ratio déjà calculé dans le chapitre pour Van Houtte. Comment interprétez-vous ces résultats?
2. Reportez-vous maintenant à l'état des flux de trésorerie.
   a) Combien de liquidités Van Houtte a-t-elle investies en immobilisations au cours du dernier exercice ou trimestre?
   b) Quel est le montant total des flux de trésorerie liés aux activités de financement?

CP2-4 L'utilisation de rapports financiers – l'évaluation de la fiabilité d'un bilan ■OA1

Michel Lussier a sollicité un emprunt bancaire de 50 000$ pour donner de l'expansion à sa petite entreprise. La banque a demandé à Michel Lussier de lui fournir un état financier de l'entreprise pour mieux évaluer la possibilité d'un prêt. Michel Lussier a présenté le bilan suivant.

Bilan
30 juin 20F

Actif	
Encaisse	9 000$
Stocks	30 000
Matériel	46 000
Résidence personnelle (paiements mensuels de 2 800$)	300 000
Autres actifs	20 000
Total de l'actif	**405 000$**
Passif	
Dette à court terme due à des fournisseurs	62 000$
Dette à long terme sur le matériel	38 000
Total de la dette	100 000
Capitaux propres	**305 000**
Total du passif et des capitaux propres	**405 000$**

Travail à faire

Ce bilan comporte plusieurs anomalies et au moins une erreur importante. Trouvez cette erreur et expliquez son effet sur le bilan.

CP2-5 L'utilisation de rapports financiers – l'analyse d'un bilan

Un bilan récent de la société Le Devoir (qui édite le journal *Le Devoir*) est présenté ci-après.

Le Devoir Inc. ■OA4
■OA5
■OA6

Travail à faire

1. La société Le Devoir est-elle une entreprise individuelle, une société de personnes ou une société de capitaux? Expliquez votre réponse.
2. À l'aide du bilan de la société, déterminez les montants de l'équation comptable (A = Pa + CP) pour l'exercice 2000.
3. Calculez et interprétez le coefficient de suffisance du capital de la société. Quelles autres informations pourraient faciliter votre interprétation?

4. Cette entreprise a-t-elle enregistré des profits pendant ses années d'activité? Sur quels comptes vous basez-vous pour répondre à la question précédente? Si on suppose qu'aucun dividende n'a été distribué, à combien s'élevait le bénéfice ou la perte nette en 2000? S'il vous est impossible de le déterminer sans un état des résultats, mentionnez-le.

Le Devoir inc.
Bilan
au 31 décembre 2000

	2000	1999
ACTIF		
Actif à court terme		
Encaisse	543 563 $	513 441 $
Placement à court terme, 5,05%, au coût		198 354
Comptes clients et autres	1 091 672	945 082
Frais payés d'avance	29 884	22 501
	1 665 119	1 679 378
Immobilisations (note 5)	378 769	225 162
Avantage incitatif		22 913
Frais reportés, au coût non amorti (note 6)	12 735	21 157
Droits de publication, marque de commerce et achalandage, au coût non amorti	1 014 901	1 046 616
	3 071 524 $	2 995 226 $
PASSIF		
Passif à court terme		
Comptes fournisseurs et frais courus	1 051 228 $	1 112 448 $
Provision pour vacances	288 232	271 161
Revenus perçus par anticipation	1 268 789	1 220 107
Versements sur la dette à long terme	74 833	
	2 683 082	2 603 716
Avantage incitatif	22 913	
Dette à long terme (note 7)	259 336	144 353
	2 965 331	2 748 069
AVOIR DES ACTIONNAIRES		
Capital-actions (note 8)	4 522 613	4 522 613
Surplus d'apport	300 000	300 000
Déficit	(4 716 420)	(4 575 456)
	106 193	247 157
	3 071 524 $	2 995 226 $

Les notes complémentaires font partie intégrante des états financiers.

□ OA5
□ OA6

McDonald's
Corporation

CP2-6 **L'utilisation de rapports financiers – l'établissement d'un bilan et l'analyse du coefficient de suffisance du capital**
Vous trouverez ci-dessous, classés par ordre alphabétique, les comptes adaptés d'un bilan récent de McDonald's (les montants sont exprimés en millions de dollars).

	Exercice courant	Exercice précédent
Autres actifs à long terme	538,3 $	608,5 $
Autres passifs à long terme	1 574,5	1 491,0
Bénéfices non répartis	8 458,9	8 144,1
Capital-actions	1 065,3	787,8
Charges à payer	783,3	503,5
Charges payées d'avance et autres actifs à court terme	323,5	246,9
Créditeurs	621,3	650,6
Débiteurs et effets à recevoir	609,4	483,5
Dette à long terme	6 188,6	4 834,1
Effet à payer (à court terme)	686,8	1 293,8
Effet à recevoir (à long terme)	67,9	67,0
Espèces et quasi-espèces	299,2	341,4
Immobilisations corporelles	16 041,6	14 961,4
Immobilisations incorporelles	973,1	827,5
Impôts sur les bénéfices à payer	237,7	201,0
Placements et avances aux sociétés affiliées (à long terme)	854,1	634,8
Stocks	77,3	70,5
Tranche à court terme de la dette à long terme	168,0	335,6

Travail à faire

1. Dressez un bilan pour chaque exercice de la société McDonald's. Supposez que les exercices se terminent le 31 décembre 20C et 20D. p. 85

2. Calculez le coefficient de suffisance du capital de la société pour l'exercice en cours. p. 86

3. Comment interprétez-vous ce ratio lorsque vous le comparez aux ratios de Van Houtte et de ses compétiteurs? risque /D > CA /nouvelle cie?

Cas – Analyse critique

CP2-7 **La prise de décision à titre d'analyste financier**

Votre meilleure amie vous écrit une lettre en vous décrivant une occasion d'investissement qui lui a été offerte. Une société recueille de l'argent en émettant des actions et souhaite qu'elle investisse 20 000 $ (la somme qu'elle vient d'hériter de son oncle). Votre amie n'a jamais investi d'argent dans une société auparavant et, sachant que vous êtes analyste financière, elle vous demande de jeter un coup d'œil sur le bilan et de lui donner votre avis. Elle vous fournit le bilan *non vérifié* ci-après.

☐ OA1
☐ OA5

Archambault, Benoît et Lévesque
Bilan
pour l'exercice terminé le 31 décembre 20C

Débiteurs	8 000 $
Encaisse	1 000
Stocks	8 000
Mobilier et agencements	52 000
Camion de livraison	12 000
Bâtiments (valeur marchande estimative)	98 000
Total de l'actif	**179 000 $**
Fournisseurs	16 000 $
Charges sociales à payer	13 000
Effets à payer	15 000
Hypothèque à payer	50 000
Total du passif	**94 000 $**
Capital-actions	80 000 $
Bénéfices non répartis	5 000
Total des capitaux propres	**85 000 $**

Le document comprend seulement une note de bas de page mentionnant que le bâtiment a été acheté au coût de 65 000 $, qu'il a été amorti pour une valeur de 5 000 $ dans les livres et qu'il fait toujours l'objet d'une hypothèque (présentée dans la section du passif). La note en bas de page précise aussi que l'immeuble vaut « au moins 98 000 $ » selon le président de la société.

Travail à faire

1. Dressez un nouveau bilan pour votre amie, en corrigeant toutes les erreurs que vous relevez. (Attention, si vous apportez une correction aux soldes des comptes, vous devrez peut-être corriger le solde des bénéfices non répartis en conséquence.) S'il n'y a pas d'erreur ou d'omission, mentionnez-le.

2. Écrivez à votre amie une lettre expliquant les changements, le cas échéant, que vous avez apportés au bilan. En vous basant sur ces informations, donnez votre avis sur la situation financière de la société. Mentionnez à votre amie toute autre information qu'elle pourrait demander avant de prendre une décision finale relativement à un éventuel investissement dans ce projet.

EFFET PERSONNEL !?

■ OA2

CP2-8 **L'évaluation d'un problème d'éthique**

En 2000, l'entreprise Balivernes inc., un fabricant de vêtements pour femmes, a demandé la protection de la Loi sur la faillite après qu'un scandale ait été dévoilé concernant des informations financières frauduleuses. Dans le rapport du comité de vérification de la société, on pouvait lire « qu'il aurait été difficile pour la direction de ne pas remarquer l'importante fraude commise concernant les stocks et les ventes ».

Selon ce rapport, la société Balivernes a utilisé de multiples moyens pour accroître ses ventes et réduire ses coûts. Les cadres de l'entreprise ont forgé des étiquettes de stocks, ont ignoré les pertes normales prévues sur les stocks, ont multiplié la valeur des articles en stock, ont gonflé artificiellement le chiffre des ventes et ont créé des stocks fictifs. Ces cadres ont aussi constamment modifié les livres comptables pour respecter leurs prévisions de ventes. En mars 2002, les vérificateurs externes de Balivernes, Chaloux et associés, ont intenté des poursuites contre la direction de Balivernes, soutenant qu'une des causes des activités frauduleuses était l'adoption par la direction de budgets irréalistes : « La direction a créé un environnement qui encourageait et récompensait le "tripatouillage" des livres et des dossiers de Balivernes. »

Travail à faire

1. Décrivez les parties qui ont été lésées ou avantagées par cette fraude.
2. Expliquez comment l'adoption de budgets irréalistes pourrait avoir contribué à soutenir cette fraude.
3. Selon vous, pourquoi les vérificateurs externes ont-ils intenté des poursuites contre leur ancien client?

Projets – Information financière

CP2-9   La comparaison d'entreprises d'un même secteur d'activité

■ OA2

À l'aide de votre fureteur, consultez les sites Web de trois sociétés évoluant dans le même secteur d'activité. Procurez-vous les rapports annuels de ces sociétés et examinez principalement leur bilan. Certaines entreprises ne partagent pas leurs informations financières dans Internet. Vous pouvez alors trouver ces informations sur le site de SEDAR au www.sedar.com.

Travail à faire

Rédigez un bref rapport indiquant les similarités et les différences, le cas échéant, entre les éléments d'actif et de passif des trois entreprises et leur présentation au bilan.

CP2-10   L'évolution du coefficient de suffisance du capital dans le temps

■ OA2

À l'aide de votre fureteur, consultez le site Web de Van Houtte. Examinez les bilans les plus récents. Vous pouvez également trouver ces données sur le site Web de SEDAR (www.sedar.com).

Travail à faire

Rédigez un bref rapport comparant le coefficient de suffisance du capital de l'entreprise sur trois ans. Examinez la section du rapport annuel intitulée « Analyse par la direction » pour déterminer les activités ou les stratégies qui, selon Van Houtte, ont entraîné des variations dans le ratio.

CP2-11   L'analyse de l'état flux de trésorerie

■ OA7

À l'aide de votre fureteur, consultez le site Web d'une entreprise évoluant dans le secteur de la restauration rapide (comme A&W ou Subway).

Travail à faire

Rédigez un bref rapport décrivant chacune des activités d'investissement et de financement pour chacun des exercices présentés.

CP2-12   Une question d'éthique – le passif environnemental

■ OA2

Procurez-vous un article de journal récent concernant une société qui a présenté ou qui a omis de présenter un passif environnemental.

Travail à faire

Rédigez un bref rapport décrivant la nature du passif environnemental et comment il a été ou non présenté dans les états financiers.

CP2-13   Un projet d'équipe – l'analyse des bilans et des ratios

■ OA2
■ OA6
■ OA7

Chaque équipe doit choisir un secteur d'activité qui sera analysé. À l'aide de votre fureteur, vous devez vous procurer un rapport annuel pour une société faisant appel à l'épargne publique dans le secteur choisi. Chaque membre de l'équipe doit choisir une entreprise différente.

Travail à faire

1. Sur une base individuelle, chaque membre de l'équipe doit rédiger un rapport énumérant les données suivantes.
   a) La date du bilan.
   b) Les comptes de l'actif.
   c) Les principales activités d'investissement et de financement de l'exercice le plus récent.
   d) Le coefficient de suffisance du capital pour l'exercice le plus récent.
2. En équipe, rédigez un bref rapport comparant les entreprises entre elles selon les caractéristiques trouvées en 1. Discutez entre vous les similitudes que vous avez observées et donnez des explications possibles pour les différences relevées.

L'exploitation
et l'état des résultats

VAN HOUTTE INC.

Van Houtte inc.

Un chiffre d'affaires en croissance

« Le goût de l'Europe dans votre tasse. » Fidèle à son créateur, Albert-Louis Van Houtte, originaire de Lille en France, la société Van Houtte utilise des méthodes de torréfaction européennes traditionnelles pour produire ses cafés fins. Ses activités commerciales comprennent la torréfaction du café, la commercialisation de celui-ci dans les réseaux de détail et de la restauration, la fabrication de cafetières à infusion à la tasse et, finalement, le franchisage de cafés-bistros et de cafés-bars.

Au cours des dernières années, l'Amérique du Nord a connu un engouement croissant pour les cafés fins, qu'ils soient servis à la maison, au bureau ou ailleurs. On estime que l'industrie nord-américaine de la pause-café représente un chiffre d'affaires de 5 milliards de dollars.

Par contre, la croissance de ce secteur dépend directement du contexte économique général et de la situation de l'emploi, car les services de pause-café desservent essentiellement les lieux de travail. Van Houtte entend maintenir sa croissance en augmentant ses points de vente grâce à une stratégie de développement appuyée par la promotion efficace de ses produits et un programme d'acquisitions d'entreprises.

Parlons affaires

Pour devenir le leader nord-américain du café de qualité, Van Houtte fixe des objectifs, détermine une stratégie et évalue régulièrement sa performance.

Dans son rapport annuel 2001, Van Houtte annonçait à ses actionnaires qu'elle prévoyait atteindre un taux de croissance du bénéfice par action d'au moins 20 % par an.

Sa stratégie consiste d'une part à accroître sa part du marché canadien grâce à un ensemble de mesures fondées sur son expertise et, d'autre part, à structurer le marché américain où sa part de marché est encore marginale. Pour réaliser ces objectifs, Van Houtte peut compter sur une structure organisationnelle dynamique, une image de marque forte et unifiée, des ressources humaines de qualité et des ressources financières adéquates.

Les analystes financiers élaborent aussi leurs propres prévisions sur le rendement futur de Van Houtte. L'état des résultats publié par l'entreprise est l'outil de base permettant de comparer les objectifs et les prévisions de la direction aux résultats d'exploitation réellement atteints. Dans ce chapitre, nous discuterons ces prévisions ainsi que les réactions des marchés boursiers face aux résultats de Van Houtte à mesure que nous aborderons la constatation et la mesure des résultats. Pour comprendre comment les objectifs de la direction et les résultats d'exploitation influent sur l'état des résultats, nous devons répondre aux questions suivantes :

1. Quelles activités influent sur l'état des résultats ?
2. Comment peut-on constater et mesurer ces activités ?
3. Comment inscrit-on ces activités à l'état des résultats ?

Nous nous attarderons aux activités d'exploitation de Van Houtte, qui comprennent la vente de café, les services de pause-café et les services aux franchisés. Les résultats de ces activités sont comptabilisés à l'état des résultats. Tout d'abord, nous aborderons le cycle d'exploitation ainsi que différents concepts et notions comptables pertinents. Ensuite, nous examinerons les principales règles de mesure et de constatation des résultats, et nous les appliquerons dans un exemple d'analyse approfondi des opérations. Nous dresserons un état des résultats en fonction des activités d'exploitation réalisées. Nous établirons également un état des bénéfices non répartis. Celui-ci permet de relier l'état des résultats au bilan. En outre, un état des flux de trésorerie permettra de dresser la liste des activités d'exploitation, d'investissement et de financement influant sur les liquidités. Finalement, nous analyserons un ratio financier utile.

Structure du chapitre

Les activités commerciales influant sur l'état des résultats	La constatation et la mesure des activités d'exploitation	L'établissement des états financiers avant les régularisations de fin d'exercice
Le cycle d'exploitation	La méthode de la comptabilité d'exercice	L'état des résultats
Les composantes de l'état des résultats	Le principe de réalisation	L'état des bénéfices non répartis
	Le principe du rapprochement des produits et des charges	Le bilan
	Le modèle d'analyse des opérations	Le ratio de rotation de l'actif

Les activités commerciales influant sur l'état des résultats

De façon générale, toute entreprise a pour objectif à long terme de *faire fructifier ses fonds*. Pour qu'une entreprise demeure en affaires, des fonds excédentaires doivent être produits à partir de ses activités d'exploitation (autrement dit à partir des activités pour lesquelles l'entreprise a été établie, et non pas avec les emprunts ou la vente d'actifs à long terme). Les gestionnaires savent que s'ils consacrent le temps nécessaire pour faire fructifier les liquidités de l'entreprise, ils améliorent les résultats de l'entreprise et facilitent sa croissance. Afin de comprendre les activités d'exploitation et les décisions financières susceptibles d'augmenter les bénéfices, il convient tout d'abord de saisir ce qu'on entend par *cycle d'exploitation*.

OBJECTIF D'APPRENTISSAGE 1

Comprendre le cycle d'exploitation.

Le cycle d'exploitation

Le tableau 3.1 présente un cycle d'exploitation typique. Le **cycle d'exploitation** (ou le **cycle commercial**) est la *période* qui s'écoule entre l'achat de biens et de services auprès des fournisseurs, la vente de ces biens ou de ces services aux clients et le recouvrement des sommes dues auprès des clients. Un commerçant ou un fabricant 1) achète ou fabrique et entrepose des marchandises, 2) paie ses fournisseurs, 3) vend ses marchandises à crédit (sans doute à un prix qui excède les coûts) et 4) finalement, recouvre

Le **cycle d'exploitation** (ou le **cycle commercial**) est la *période* qui s'écoule entre l'achat de biens et de services auprès des fournisseurs, la vente de ces biens ou de ces services aux clients et le recouvrement des sommes dues auprès des clients.

les sommes dues de ses clients. Ainsi, l'argent investi au départ lui permet de gagner davantage d'argent par la suite. Et le même cycle se répète ainsi de façon continue.

Pour les entreprises de services, le cycle est similaire. Bien qu'elles n'aient pas à consacrer des sommes à l'achat de stocks, elles engagent d'autres frais pertinents pour fournir des services. Ces frais peuvent concerner le loyer, l'utilisation des fournitures et du matériel requis et les salaires des employés. Ensuite, elles offrent des services à crédit à un prix supérieur aux coûts nécessaires pour les fournir. Finalement, elles encaissent le prix de leurs services auprès des clients.

Dans l'exemple du tableau 3.1, l'entreprise a déboursé 10 000 $ et a obtenu en retour 17 000 $, pour une augmentation nette de l'encaisse de 7 000 $. Elle peut utiliser cette somme pour acheter d'autres actifs (les ressources de l'entreprise), régler ses dettes ou verser des dividendes aux actionnaires.

Le temps requis pour boucler un cycle d'exploitation est fonction de la nature des activités de l'entreprise. Le cycle de Van Houtte devrait être plus court que celui d'une société produisant des biens de consommation durables comme des réfrigérateurs. De plus, la réduction du cycle d'exploitation occasionnée par des initiatives en vue d'encourager les clients à acheter ou à régler leur facture plus rapidement fait diminuer les coûts et améliore la situation financière d'une entreprise.

TABLEAU **3.1**	Cycle d'exploitation (cycle commercial)

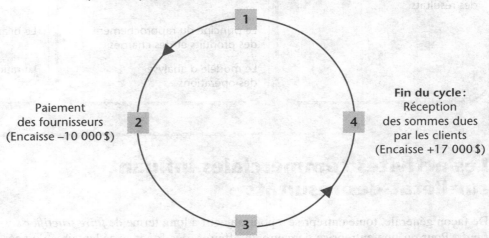

Début du cycle:
Achat à crédit ou fabrication des marchandises
(par exemple, l'achat de 10 000 $ de marchandises à crédit)

Fin du cycle:
Réception
des sommes dues
par les clients
(Encaisse +17 000 $)

Paiement
des fournisseurs
(Encaisse −10 000 $)

Livraison des produits ou prestation de services aux clients à crédit
(par exemple, la vente de 17 000 $ de marchandises à crédit)

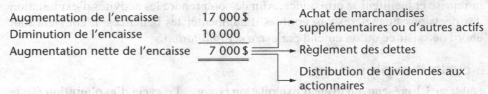

Ce que les entreprises peuvent faire avec les fonds excédentaires:

Augmentation de l'encaisse	17 000 $	Achat de marchandises supplémentaires ou d'autres actifs
Diminution de l'encaisse	10 000	Règlement des dettes
Augmentation nette de l'encaisse	7 000 $	Distribution de dividendes aux actionnaires

Bien que le tableau 3.1 présente un cycle d'exploitation typique, il est important de noter que, dans plusieurs cas, une entreprise reçoit (point 4) ou verse (point 2) de l'argent à d'autres moments que ceux qui sont mentionnés ici. Par exemple, les entreprises qui vendent des abonnements à des revues reçoivent l'argent de leurs clients *avant* de leur livrer le produit. Les entreprises paient également leurs primes d'assurance *avant* d'être couvertes pour les risques de perte, mais les factures de services publics sont en général transmises *après* que l'entreprise a consommé, par exemple, l'électricité ou le gaz.

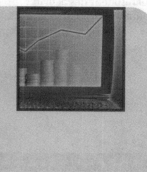

ANALYSE FINANCIÈRE

Le financement par emprunt à court terme et le cycle d'exploitation

À partir des périodes d'encaissement et de décaissement du tableau 3.1, on constate que bon nombre d'entreprises paient leurs fournisseurs et leurs employés avant d'avoir recouvré leurs comptes auprès des clients, ce qui les incite à rechercher une source de financement à court terme. Ensuite, à la réception des sommes dues par leurs clients, les entreprises règlent leurs dettes. De plus, si une société veut prendre de l'expansion, par exemple pour vendre deux fois plus de marchandises au cours du prochain exercice, elle peut ne pas avoir recouvré suffisamment de liquidités auprès de ses clients pour acheter la quantité de marchandises nécessaires à la réalisation de ses projets. Les sources de financement englobent les fournisseurs et aussi les établissements financiers (les banques et les sociétés de financement). Nous aborderons le financement par emprunt à court terme et à long terme au chapitre 9.

Le postulat de l'indépendance des exercices Jusqu'à ce qu'une entreprise mette fin à ses activités d'exploitation, le cycle commercial se répète continuellement. Cependant, les décideurs ont besoin d'information périodique sur la situation financière et le rendement d'une entreprise. Pour répondre à la nécessité de « mettre fin » au cycle d'exploitation en vue de mesurer les résultats périodiques, le **postulat de l'indépendance des exercices** (voir le tableau 2.1 du chapitre 2 sur le cadre conceptuel de la présentation de l'information financière) suppose que la vie d'une entreprise peut être découpée en périodes plus courtes, habituellement en mois, en trimestres ou en années[1]. Ce postulat implique toutefois l'application de règles permettant de répondre à deux questions essentielles :

1. *Quand* doit-on constater (inscrire) les opérations commerciales ?
2. *Quels montants* doit-on constater ?

Bien que le postulat de l'indépendance des exercices semble avoir peu de conséquences, bon nombre des problèmes examinés dans ce manuel découlent du fait que la vie d'une entreprise est divisée en périodes fixes. Ainsi, il faut déterminer à quel exercice imputer chaque opération. Tout d'abord, nous discutons les composantes des états financiers qui sont touchées par les activités d'exploitation.

> **Le postulat de l'indépendance des exercices** suppose que l'activité économique d'une entité peut être découpée en périodes égales et arbitraires qu'on appelle les exercices[2].

Les composantes de l'état des résultats

Le tableau 3.2 présente l'état des résultats de la société Van Houtte pour l'exercice 2001. Il faut noter que l'état des résultats est présenté pour un seul exercice. Les sociétés faisant un appel public à l'épargne comme Van Houtte doivent présenter des états financiers comparatifs sur deux exercices pour aider les utilisateurs à évaluer les changements survenus dans le temps.

En étudiant les composantes de l'état des résultats, vous pouvez vous reporter au cadre conceptuel présenté au tableau 2.1 du chapitre 2. Dans le présent chapitre, nous discuterons les notions relatives à l'état des résultats en spécifiant comment elles s'appliquent à Van Houtte.

> **OBJECTIF D'APPRENTISSAGE 2**
>
> Comprendre le postulat de l'indépendance des exercices et connaître les composantes de l'état des résultats.

---

1. En plus des états financiers annuels vérifiés, la plupart des entreprises dressent des états financiers trimestriels (également appelés des *rapports intérimaires* qui couvrent une période de trois mois) pour les utilisateurs externes. La Commission des valeurs mobilières exige que les sociétés faisant un appel public à l'épargne publient des rapports trimestriels.
2. Louis Ménard, *Dictionnaire de la comptabilité,* ICCA, 1994, p. 741.

Les **produits** (ou chiffre d'affaires ou revenus) représentent les augmentations des ressources économiques qui résultent des activités courantes de l'entité[3].

Les **produits** (ou chiffre d'affaires ou revenus) proviennent de la vente de biens ou de la prestation de services dans le cadre des activités normales et continues d'une entreprise (autrement dit la raison d'être de l'entreprise). Quand Van Houtte vend du café à ses clients ou rend des services à ses franchisés, elle réalise des produits. Dans ce cas, les actifs (habituellement l'encaisse ou les comptes clients) augmentent. Il arrive parfois, lorsqu'un client paie d'avance des biens ou des services, qu'un compte de passif soit créé (en général les produits reportés ou les produits perçus d'avance). À ce moment-là, aucun produit n'est gagné. Il y a simplement réception d'espèces (un actif) en contrepartie d'une promesse de fournir des biens ou des services dans l'avenir (un passif). Quand l'entreprise fournit les biens ou les services promis au client, un produit est constaté et le passif est réglé. On peut dire que les produits constituent une augmentation des actifs ou un règlement des passifs à partir des *activités courantes de l'entreprise.*

TABLEAU **3.2**	État consolidé des résultats

Van Houtte inc.
État consolidé des résultats
Exercice terminé le 31 mars 2001
(en milliers de dollars, sauf pour les montants relatifs au bénéfice par action)

	2001
Revenus	279 173$
Coût des marchandises vendues et frais d'exploitation (note 3a)	215 883
	63 290
Amortissement	24 074
Frais financiers (note 3b)	3 397
Bénéfices avant les impôts sur le bénéfice	35 819
Impôts sur le bénéfice (note 5)	11 103
Bénéfice avant participation aux résultats des sociétés satellites et la part des actionnaires sans contrôle	24 716
Participation aux résultats des sociétés satellites	(68)
Part des actionnaires sans contrôle	(340)
Bénéfices avant amortissement de l'écart d'acquisition	24 308
Amortissement de l'écart d'acquisition, déduction faite de la part des actionnaires sans contrôle	2 519
Bénéfice net	21 789$
Bénéfice par action, avant l'amortissement de l'écart d'acquisition	1,13$
Bénéfice par action	1,01$
Bénéfice dilué par action	1,00$
Nombre moyen d'actions en circulation (en milliers)	21 590

Se reporter aux notes afférentes aux états financiers consolidés.

---

3. *Ibid.*, p. 640.

Les activités d'exploitation de Van Houtte sont réparties en deux grands secteurs : les activités de fabrication et de commercialisation de café et les activités de pause-café.

1. Les activités de fabrication et de commercialisation comprennent la torréfaction du café, sa vente dans son réseau de distribution de vente au détail (plus de 3 000 points de vente au Canada), la fabrication et la vente de cafetières à infusion à la tasse et le franchisage de cafés-bistros et de cafés-bars (au 31 mars 2001, 61 cafés-bistros et 27 cafés-bars étaient franchisés). Pour l'exercice 2001, ces activités ont produit des ventes de 129 millions de dollars pour une hausse de 16,8 % par rapport à l'exercice précédent. Ces ventes représentent 31,3 % des revenus totaux de Van Houtte.

2. Van Houtte exploite le plus important réseau de pause-café en Amérique du Nord. Basés sur sa technologie d'infusion à la tasse, les services de pause-café sont implantés non seulement sur les lieux de travail, mais également dans les hôpitaux, les aéroports, les hôtels, les dépanneurs ou tout autre endroit achalandé. Van Houtte possède plus de 35 600 cafetières qui desservent chaque jour deux millions de personnes. Les services de pause-café sont assumés par 95 établissements corporatifs ou franchisés répartis dans toutes les provinces canadiennes et 28 États américains. Les activités de pause-café ont enregistré en 2001 des ventes de 191,9 millions de dollars, une hausse de 12,7 % par rapport à l'exercice précédent. Ces ventes représentent 68,7 % des revenus de Van Houtte.

D'un autre côté, les **gains** proviennent des *opérations périphériques* (autrement dit celles qui se produisent de façon sporadique et qui ne constituent pas la cible d'exploitation principale de l'entreprise). Par exemple, la vente d'un terrain à un prix supérieur à celui que la société a payé n'engendrerait pas de produits pour Van Houtte, puisque la vente d'un terrain ne fait pas partie de ses activités d'exploitation courantes. La société constate plutôt un gain sur la vente d'un terrain.

Les **charges** sont nécessaires pour engendrer des produits. Certains étudiants confondent les termes « dépenses » et « charges ». Une dépense est toute sortie de fonds, incluant l'achat de matériel ou le remboursement d'un emprunt bancaire (dépenses en immobilisations, dépenses en capital) alors qu'une charge est directement liée aux coûts attribués à un exercice particulier. Une charge est enregistrée lorsqu'on engage des frais pour la publicité ou l'achat de marchandises qui serviront à *engendrer des produits durant un exercice*. Par conséquent, toutes les dépenses ne sont pas des charges. Par exemple, Van Houtte paie ses employés pour la vente ou la torréfaction du café, elle utilise de l'électricité pour faire fonctionner le matériel et illuminer ses installations, fait de la publicité et utilise des fournitures tel le papier.

Si elle n'engageait pas ces coûts, Van Houtte ne pourrait pas engendrer de produits. Ainsi, ces activités sont des exemples de charges qui entraîneront des décaissements à un moment donné. Quand on enregistre une charge, l'actif (comme les stocks de fournitures et l'encaisse) diminue ou le passif (comme les salaires à payer ou les impôts à payer) augmente. On peut alors dire que les charges entraînent une diminution de l'actif ou une augmentation du passif en vue d'engendrer des produits durant l'exercice (autrement dit la raison pour laquelle l'entreprise a été créée). Par contre, une dépense en immobilisations est une activité d'investissement qui affecte le bilan et non les résultats d'un exercice.

De même, les **pertes** représentent une diminution de l'actif ou une augmentation du passif résultant d'opérations périphériques. Si un terrain ayant un coût de 2 800 $ se vend 2 500 $, l'entreprise constate une perte de 300 $ sur la vente. Van Houtte peut acheter occasionnellement un terrain, mais la vente du terrain ne constitue pas une de ses activités principales. Nous présenterons l'analyse des opérations portant sur les gains et les pertes dans des chapitres ultérieurs qui traitent de l'évaluation d'actifs et de passifs particuliers.

Les principales activités d'exploitation de Van Houtte

Torréfaction et vente de café

Fabrication et vente de cafetières

Franchisage de cafés-bistros

Services de pause-café

Les **gains** représentent les augmentations des ressources économiques qui résultent des activités périphériques de l'entité.

Les **charges** représentent les diminutions des ressources économiques (la diminution de l'actif ou l'augmentation du passif) qui résultent des activités courantes de l'entreprise.

Les **pertes** représentent une diminution de l'actif ou une augmentation du passif découlant des opérations périphériques.

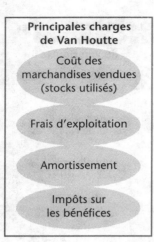

Principales charges de Van Houtte

Coût des marchandises vendues (stocks utilisés)

Frais d'exploitation

Amortissement

Impôts sur les bénéfices

Voici les principales charges de Van Houtte :

1. *Le coût des marchandises vendues.* Le principal produit de Van Houtte est le café. Pour vendre son café, la société achète des grains, les transforme par un procédé de torréfaction et les emballe sous différentes formes. Tout ce processus entraîne des coûts qui, lorsque le sac de café est vendu, deviennent une charge qu'on appelle le «coût des marchandises vendues». Van Houtte fabrique et vend également des cafetières. Ainsi, elle achète des matières premières qui entrent dans la fabrication et les transforme grâce à une main-d'œuvre et à un équipement spécialisé. Au moment de la vente d'une cafetière, les coûts de fabrication deviennent le coût des marchandises vendues à l'état des résultats. Dans les sociétés axées sur la fabrication ou le commerce, le coût des marchandises vendues représente habituellement la charge la plus importante à l'état des résultats.

2. *Les frais d'exploitation.* L'état des résultats de Van Houtte ne donne aucun détail sur les éléments faisant partie des frais d'exploitation. On peut toutefois supposer sans peur de se tromper que les salaires et les avantages sociaux représentent une charge très élevée pour une société comme Van Houtte, dont la plus grande partie des revenus provient de son service de pause-café. Les autres charges importantes d'une société incluent les frais d'administration tels que les assurances, le chauffage et l'électricité et les frais de vente comme la publicité, les frais de promotion, la livraison des marchandises, les commissions aux vendeurs.

3. *L'amortissement.* Pour produire et vendre son café ou offrir des services, Van Houtte utilise des actifs à long terme. Ses immobilisations comprennent des immeubles, des équipements de pause-café, des distributrices automatiques, de la machinerie et de l'équipement, de l'ameublement et du matériel informatique ainsi que des véhicules. Tous ces actifs contribuent à engendrer des produits, et l'amortissement représente le coût d'utilisation de ceux-ci durant un exercice donné. En 2001, Van Houtte a enregistré une charge d'amortissement de 24 millions de dollars.

4. *Les frais financiers.* Les frais financiers sont constitués principalement des intérêts sur la dette à long terme pour un montant de 3 221 000 $.

Les impôts sont les dernières charges considérées dans le calcul du bénéfice d'exploitation. Toutes les sociétés à but lucratif doivent calculer les impôts sur les bénéfices qu'elles doivent verser aux gouvernements fédéral, provinciaux ou étrangers. Bien que nous abordions plus en détail cette question au chapitre 9, la charge d'impôts se calcule à partir des taux d'imposition fixés par les gouvernements provinciaux et fédéral. Le taux d'imposition effectif de Van Houtte en 2001 était de 33,4 %. Autrement dit, pour chaque dollar de profit réalisé par Van Houtte en 2001, la société a versé 0,33 $ aux autorités fiscales.

La constatation et la mesure des activités d'exploitation

La plupart d'entre vous déterminez votre situation financière en fonction de votre solde bancaire. Votre situation financière se mesure avec la différence entre votre solde au début de l'année et votre solde à la fin de l'année (en d'autres mots, si vous avez plus ou moins d'argent à la fin de l'année). Si vous obtenez un solde plus élevé, vos encaissements ont excédé vos décaissements durant l'année. Cette mesure du bénéfice s'appelle la **méthode de la comptabilité de caisse.** À l'aide de cette méthode, on comptabilise les produits quand on reçoit l'argent et on inscrit les charges quand on verse l'argent, peu importe le moment où les produits sont gagnés et où les charges sont engagées. Bon nombre de petits détaillants, de cabinets de médecin et d'autres petites entreprises recourent à la méthode de la comptabilité de caisse, en somme les entreprises qui ne doivent pas présenter d'états financiers aux utilisateurs externes.

Mesure du bénéfice selon la comptabilité de caisse

Encaissements
– Décaissements
Bénéfice net

La **méthode de la comptabilité de caisse** consiste à comptabiliser les produits au moment où ces derniers sont encaissés et les charges au moment où celles-ci sont payées.

La méthode de la comptabilité d'exercice

Pour toutes les sociétés faisant un appel public à l'épargne et la grande majorité des entreprises privées, la méthode de la comptabilité de caisse est inappropriée pour deux raisons. Premièrement, mises à part les opérations comportant un décaissement, aucun actif ou passif n'est inscrit. Par exemple, si une entreprise achète ses équipements par le biais d'un emprunt bancaire, selon la méthode de la comptabilité de caisse, il n'y aura aucune écriture comptable pour enregistrer cette opération. Par conséquent, on ne dispose pas d'une information financière complète pour prendre des décisions éclairées. De plus, le bénéfice net selon la méthode de la comptabilité de caisse, soit la différence entre les encaissements et les décaissements, peut être trompeur. Supposons qu'une société recourt à la méthode de la comptabilité de caisse. Elle peut comptabiliser un bénéfice net plus élevé au cours d'un exercice simplement du fait que, par exemple, 1) un client paie avant de recevoir le bien ou le service ou 2) la société a reporté le paiement des services publics jusqu'au prochain exercice. Dans le premier cas, la société n'a pas rendu de services ou échangé de biens mais elle a tout de même inscrit un produit. Dans le second, la société a déjà utilisé le gaz, l'électricité ou les services téléphoniques, mais la charge n'est pas inscrite puisque le paiement n'a pas encore été effectué.

Puisque les états financiers créés en vertu de la méthode de la comptabilité de caisse retardent ou accélèrent la constatation des produits et des charges avant ou après que les biens et les services ne soient produits ou livrés, ces états peuvent être trompeurs et sont donc moins pertinents pour les utilisateurs externes. Par conséquent, les principes comptables généralement reconnus exigent le recours à la **méthode de la comptabilité d'exercice** aux fins de la présentation de l'information financière. Autrement dit, il faut constater les actifs, les passifs, les produits et les charges quand l'opération qui les entraîne se produit et non pas quand un encaissement ou un décaissement a lieu. *On constate les produits quand on les gagne et les charges quand on les engage.* Ainsi, un bilan et un état des résultats dressés en vertu de la méthode de la comptabilité d'exercice et accompagnés d'un état des flux de trésorerie sont plus informatifs pour les décideurs.

Les deux principes comptables qui déterminent à quel moment les produits et les charges sont constatés selon la méthode de la comptabilité d'exercice sont le *principe de réalisation* et le *principe du rapprochement des produits et des charges*. Il est essentiel de bien comprendre ces deux principes.

Le principe de réalisation

Le **principe de réalisation** (ou le principe de constatation des produits) indique à quel moment un produit doit être comptabilisé. En vertu de ce principe, trois conditions doivent être satisfaites pour constater les produits (en d'autres mots pour les comptabiliser et les inclure dans les états financiers).

1. *Le processus de génération de produits est complet ou presque achevé.* Ainsi, les produits provenant de la vente des biens sont constatés au moment de la livraison des marchandises, et les produits résultant de la prestation de services sont constatés au moment où les services sont rendus.
2. *Une opération d'échange est conclue.* On peut alors déterminer le montant de la transaction de façon raisonnable.
3. *Le recouvrement est raisonnablement assuré.* Comme nous le verrons plus en détail au chapitre 6, les sociétés établissent des politiques en matière de crédit pour réduire les risques d'octroi de crédit à des clients peu solvables. À la date de la vente à crédit, si on suppose que les politiques en matière de crédit ont été respectées, le recouvrement est en général considéré comme raisonnablement assuré[4].

---

4. Nous verrons au chapitre 6 que, même avec des politiques strictes en matière de crédit, les sociétés évaluent la probabilité que certains comptes ne seront pas recouvrés. Elles procèdent à l'estimation des créances irrécouvrables.

OBJECTIF D'APPRENTISSAGE 3

Expliquer la méthode de la comptabilité d'exercice.

Mesure du bénéfice selon la comptabilité d'exercice	
Produits	(quand ils sont gagnés)
– Charges	(quand elles sont engagées)
Bénéfice net	

La méthode de la comptabilité d'exercice consiste à comptabiliser les produits quand ils sont gagnés et les charges quand elles sont engagées, sans considération du moment où les opérations sont réglées par un encaissement ou un décaissement.

OBJECTIF D'APPRENTISSAGE 4

Appliquer le principe de réalisation ainsi que le principe du rapprochement des produits et des charges.

Le principe de réalisation (ou le principe de constatation des produits) établit qu'on doit constater les produits quand le processus de génération des produits est achevé ou presque, qu'une opération d'échange a eu lieu et que le recouvrement est raisonnablement sûr.

En pratique, ces trois conditions sont satisfaites pour la plupart des entreprises au moment de la livraison des marchandises ou de la prestation des services. Dans le tableau 3.1, les produits sont habituellement comptabilisés au point 3. Les produits de Van Houtte proviennent en partie de la vente de café dans ses nombreux points de vente. Au moment de la vente, une opération d'échange a lieu, le processus d'élaboration des produits est complet et il n'y a pas d'incertitude quant au montant de la transaction et du recouvrement.

Van Houtte vend aussi des franchises qui lui permettent d'obtenir au départ des droits. Si ces droits de franchise sont versés avant que la société fournisse les services prévus, on crée alors un compte de passif Redevances de franchises non gagnées ou Produits reportés.

Ce compte représente le montant des produits ou des services que l'entreprise doit aux franchisés. Comme le service n'est pas rendu, le processus d'élaboration des produits n'est pas achevé. Par la suite, quand la société fournit les services, elle constate les produits en réduisant le compte du passif.

Les produits sont comptabilisés selon le principe de réalisation quand les trois conditions sont respectées, *sans considération du moment où l'argent est reçu*. Voici des exemples de comptes de passif créés lors d'un encaissement qui se transformeront en produits au moment où le service sera rendu.

Un ENCAISSEMENT	deviendra dans le temps	un PRODUIT
Biens ou services dus aux clients	→	Gagné quand les biens ou les services sont rendus
Loyer perçu d'avance (Pa)		Produits locatifs (Pr)
Produits passages perçus d'avance (Pa)		Produits passages (Pr)
Produits des abonnements perçus d'avance (Pa)		Produits tirés des abonnements (Pr)

À mesure que le temps s'écoule, il faut ajuster les comptes du passif pour qu'ils reflètent les montants gagnés et perçus d'avance. Ces comptes sont habituellement régularisés à la fin de l'exercice. Nous aborderons le processus de régularisation des comptes au chapitre 4.

Les franchisés doivent aussi payer des redevances à leur franchiseur en fonction des produits tirés de leurs ventes. Par contrat, le franchiseur a gagné ces redevances au moment des ventes, mais la société reçoit les sommes dans les semaines suivantes. Les principaux comptes d'actifs reflétant des produits gagnés mais non encore encaissés sont les suivants.

Les SOMMES à recevoir	et déjà gagnées à titre	de PRODUITS
Intérêts à recevoir (A)		Intérêts créditeurs (Pr)
Loyer à recevoir (A)		Produits locatifs (Pr)
Redevances à recevoir (A)		Produits tirés des redevances (Pr)

En général, ces comptes de l'actif sont comptabilisés à la fin de l'exercice au cours du processus de régularisation des comptes de façon à constater les produits dans l'exercice où ils sont gagnés.

Les sociétés présentent habituellement leur politique en matière de constatation des produits dans une note afférente aux états financiers. Les états financiers de Van Houtte ne mentionnent aucune information à ce sujet dans leurs notes complémentaires. L'extrait suivant est tiré d'une note complémentaire des états financiers de Quebecor.

Quebecor inc.
Notes afférentes aux états financiers consolidés

1. Sommaire des principales conventions comptables

e) Constatation des revenus:

Les revenus sont constatés lorsque les services sont rendus. Au moment de la facturation, la portion du revenu non gagné est portée au poste «Produits reportés». Les sommes encaissées pour les services non rendus sont portées au poste «Produits perçus d'avance».

Le secteur Imprimerie procure une vaste gamme de produits et services d'impression ainsi que de services connexes à des clients selon leurs exigences particulières qui doivent être approuvées avant le début du processus d'impression. Quebecor World Inc. constate les revenus lorsque le processus de production est terminé ou que les services sont rendus, ou encore en fonction du degré d'achèvement des activités de production et de service sur la valeur facturable.

Les revenus de branchement initial du secteur Câblodistribution sont constatés aux revenus jusqu'à concurrence des frais de vente directs engagés. Le solde, le cas échéant, est reporté et amorti aux revenus sur la durée moyenne estimée de la période au cours de laquelle les abonnés demeureront connectés aux réseaux. Les frais de vente directs comprennent les commissions, la portion des incitatifs versés aux vendeurs pour l'ajout de nouveaux abonnés, les frais de publicité locale ainsi que le coût du traitement pour l'ajout de nouveaux abonnés.

Les produits tirés de la vente de temps d'antenne publicitaire du secteur Télédiffusion sont constatés lorsque la diffusion de la publicité a été effectuée. Les produits tirés de la vente de droits de distribution, de participation dans des productions et de produits télévisuels sont constatés lorsqu'un contrat a été signé selon lequel les droits de distribution sont irrévocablement transférés à un titulaire de licence, et qu'il existe un degré de certitude raisonnable que le produit sera recouvré. Dans le cas d'un produit télévisuel, les produits sont constatés selon la méthode de l'avancement des travaux. Selon cette méthode, les revenus de production et les profits sont constatés proportionnellement au degré d'avancement des travaux. La portion non encaissée de ces produits est présentée sous la rubrique production en cours.

Les revenus d'exploitation relativement au contrat de service du secteur Télécommunications d'affaires sont reconnus de façon linéaire sur la durée du contrat.

Le secteur intégration Web/Technologie génère ses produits principalement de contrats à long terme reliés au développement de technologies Web, d'affaires électroniques, de solutions de publication automatisées et de projets d'ingénierie. Les produits tirés de solutions ou de projets à des prix fixes sont constatés selon la méthode de l'avancement des travaux, selon laquelle les produits sont comptabilisés à la valeur réalisable estimative des travaux effectués jusqu'alors. Les pertes estimatives liées aux contrats sont constatées lorsqu'elles sont connues. Les produits provenant de consultation et d'impartition sont généralement facturés selon les heures engagées pour rendre les services. Les travaux en cours représentent les travaux de développement qui n'ont pas encore été facturés. Les produits tirés des activités de fabrication sont comptabilisés au moment de l'expédition de la marchandise.

La plupart de ces pratiques respectent les conditions du principe de réalisation que nous avons discuté plus haut. Au chapitre 6, nous aborderons des pratiques particulières de constatation des produits généralement acceptées, où l'une des trois conditions n'est pas satisfaite (comme la comptabilisation des produits tirés des contrats de construction à long terme avant que le projet ne soit achevé).

Ce test d'autoévaluation permet de vous exercer à appliquer le principe de réalisation selon la méthode de la comptabilité d'exercice. Il est conseillé de vous référer aux trois *critères de constatation des produits* déjà présentés pour répondre à chacune de ces questions. Il est important d'effectuer ce test pour vous assurer de bien comprendre ce principe. Que vous visiez une carrière en comptabilité ou non, vos décisions d'investissement y seront directement liées.

Pour chaque opération, procédez comme suit.

1. Indiquez l'intitulé du compte qui sera modifié ainsi que le type de compte (A pour actif, Pa pour passif et Pr pour produit).
2. Si vous devez constater un produit en *janvier*, indiquez le montant. Dans le cas contraire, précisez quel critère de constatation des produits n'est pas respecté.

Le plan comptable présenté au tableau 2.4 peut vous aider à déterminer les intitulés de comptes.

Remarque : Tous les montants sont exprimés en milliers de dollars.

Activité	Comptes modifiés et type de compte	Produits gagnés en janvier OU critère de constatation des produits non satisfait
a) En janvier, les restaurants Vendanges ont servi des repas à leurs clients pour une somme de 35 200 $.		
b) En janvier, Vendanges a encaissé 625 $ pour des contrats de service avec des franchisés, et la société a fourni pour une valeur de 400 $ de services à ces nouveaux franchisés. Les services non rendus auront lieu au cours des trois prochains mois.		
c) En janvier, les franchisés ont versé 3 450 $ à Vendanges à titre de redevances dont 750 $ concernaient les ventes de décembre.		
d) En janvier, Vendanges a vendu des sauces et des pâtes à des restaurants pour un montant de 30 200 $ dont 20 200 $ ont été encaissés et le solde porté à crédit.		
e) En janvier, les franchisés ont versé 1 200 $ à Vendanges (pour les achats de décembre de pâtes et de sauces).		Aucun produit gagné en janvier.

Vérifiez vos réponses à l'aide des solutions présentées en bas de page*.

*	Comptes modifiés et type de compte	Produits gagnés en janvier ou critère non satisfait
a)	Encaisse (A) Ventes (Pr)	35 200 $ gagnés
b)	Encaisse (A) Droits de franchises (Pr) Droits de franchise perçus d'avance (Pa)	400 $ gagnés 225 $ reportés, processus de génération des produits non encore terminé
c)	Encaisse (A) Redevances des franchisés (Pr) Redevances à recevoir (A)	2 700 $ gagnés en janvier 750 $ gagnés en décembre
d)	Encaisse (A) Redevances à recevoir (A) Ventes (Pr)	30 200 $ (10 000 $ des produits gagnés ne sont pas encore encaissés)
e)	Encaisse (A) Redevances à recevoir (A)	Aucun produit gagné en janvier; encaissement lié aux produits réalisés en décembre

Des dérogations au principe de réalisation

Les décisions des investisseurs sur le marché boursier sont fonction des résultats prévus par l'entreprise et annoncés sur le marché financier ainsi que des attentes des investisseurs. Quand les résultats trimestriels et annuels sont publiés par les sociétés, les investisseurs évaluent à quel point la société a répondu à leurs attentes et à leurs prévisions et ils adaptent leurs décisions d'investissement en fonction de leur analyse. Les sociétés qui ne satisfont pas aux attentes connaissent souvent un déclin du prix de leurs actions. Dans ce contexte, la direction cherche à produire des résultats qui satisfont à ces attentes ou même les surpassent pour maintenir la valeur boursière de leurs titres. Parfois, cette incitation entraîne les gestionnaires à prendre des décisions contraires à l'éthique, comme le décrit un article de la revue *Fortune* du 2 août 1999. Les cas de fraude comportent souvent la falsification des revenus. L'article mentionne plusieurs cas de fraude pour lesquelles les auteurs ont purgé des peines d'emprisonnement.

Directeur général	Agissement	Condamnation-défense	Résultat
Donald Ferrarini, 71 Underwriters Financial Group	A constaté des produits non existants; a maquillé les résultats déficitaires de la société	Condamné, 02-1999	Condamné à 12 ans et 1 mois d'emprisonnement; il interjette appel
Richard Rubin, 57 Donnkenny	A créé de fausses factures et de faux revenus pour atteindre les objectifs prévus	A plaidé coupable, 02-1999	Sentence en instance; risque 5 ans d'emprisonnement
Chan Desaigoudar, 61 Californie Micro Devices	A incité le personnel à inscrire des ventes pour des produits non livrés, voire même non fabriqués	Condamné, 07-1998	Purge une peine d'emprisonnement de 36 mois
Paul Safronchik, 35 Home Theater Products Intl.	A inventé des clients et des ventes, a déclaré des profits alors que la société était déficitaire	A plaidé coupable, 12-1996	Purge une peine d'emprisonnement de 37 mois

En plus des personnes qui se retrouvent en prison, bon nombre d'individus sont touchés: les actionnaires qui perdent la valeur de leurs actions, les employés qui risquent de perdre leur emploi ainsi que les clients et les fournisseurs qui deviennent méfiants. À titre de futurs gestionnaires, vous pourriez faire face à un problème d'éthique dans votre milieu de travail. Une décision éthique est celle dont vous serez fier 20 ans plus tard.

Source: Carol J. Loomis, *Fortune*, 2 août 1999, « Lies, Damned Lies, and Managed Earnings: The Crackdown Is Here », p. 75-90. © 1999, *Time, Inc.* Tous droits réservés.

Le principe du rapprochement des produits et des charges

Les ressources utilisées pour gagner des produits s'appellent les *charges*. En vertu du **principe du rapprochement des produits et des charges,** il faut comptabiliser toutes les ressources utilisées pour gagner les produits (comme le coût des stocks vendus, les sommes à verser aux employés et l'électricité consommée) au cours du même exercice, *sans tenir compte du moment où l'argent est versé*. Ainsi, les charges « sont rapprochées » des produits au cours de l'exercice durant lequel elles ont été engagées. Quand Van Houtte inscrit ses revenus de l'exercice, elle doit aussi comptabiliser toutes les charges connexes (comme le coût du café, les salaires et les frais de vente) utilisées pour engendrer les produits. Elle doit rapprocher les charges des produits au cours du même exercice.

Comme c'est le cas pour les produits et les encaissements, les charges et les décaissements ne sont pas nécessairement inscrits la même date. Par exemple,

> **Le principe du rapprochement des produits et des charges** détermine le moment où les coûts doivent être passés en charges, dans la mesure où les coûts peuvent être liés à des produits par un rapport de cause à effet[5].

---

5. Louis Ménard, *op. cit.*, p. 464.

l'acquisition de fournitures se produit *avant* qu'on les utilise. Cependant, on les comptabilise à titre de stocks de fournitures, un actif, au moment où on les achète, et on les impute comme charge à l'état des résultats seulement au moment où ils seront utilisés. De même, les entreprises paient habituellement pour leur loyer *avant* d'utiliser la propriété et comptabilisent la sortie de fonds dans un compte de l'actif, Loyer payé d'avance, qui représente des avantages futurs pour la société.

L'actif devient une charge Loyer au fur et à mesure que le temps s'écoule et que la propriété est utilisée. De plus, une partie du coût de l'actif à long terme, comme le matériel employé dans les activités d'exploitation, doit être rapprochée des produits engendrés par leur utilisation au cours d'un exercice. La portion utilisée de ces actifs est enregistrée dans un compte appelé Amortissement, qui est une charge à l'état des résultats. Voici quelques exemples de comptes d'actifs créés au moment du décaissement et qui deviennent par la suite des comptes de charge.

Un DÉCAISSEMENT	deviendra dans le temps	une CHARGE
Stock de fournitures (A)		Fournitures utilisées (C)
Assurances payées d'avance (A)		Assurances (C)
Bâtiments et matériel (A)		Amortissement (C)

À mesure que le temps s'écoule, il faut régulariser les comptes de l'actif pour refléter les montants utilisés au cours de l'exercice (les charges) et les avantages futurs restants (l'actif). On régularise habituellement ces comptes à la fin de l'exercice. Nous discuterons le processus de régularisation des comptes au chapitre 4.

Dans d'autres cas, on utilise des ressources pour engendrer des revenus avant qu'ait lieu le décaissement. Pour Van Houtte, les salaires représentent les montants gagnés par les gestionnaires et les employés. Ils constituent une charge de l'exercice. Van Houtte paie ses employés *après* le moment où ils ont rendu leurs services. Cependant, il faut comptabiliser les charges quand le service est rendu. Voici des exemples typiques de comptes de passif qui sont des charges à l'état des résultats.

Les SOMMES à payer	et déjà engagées à titre	de CHARGES
Salaires à payer (Pa)		Salaires (C)
Intérêts à payer (Pa)		Intérêts débiteurs (C)
Impôts fonciers à payer (Pa)		Impôts fonciers (C)

Ces comptes de passif découlent des frais engagés avant d'effectuer le décaissement. Ces frais courus à payer sont généralement inscrits à la fin de l'exercice au cours du processus de régularisation des comptes pour assurer la constatation des charges dans l'exercice approprié.

Ce test d'autoévaluation permet de vous exercer à appliquer le *principe du rapprochement des produits et des charges*. Il est important d'effectuer ce test maintenant pour vous assurer de bien comprendre ce principe.

Pour chaque opération, procédez comme suit.
1. Indiquez l'intitulé du compte qui sera modifié ainsi que le type de compte (A pour actif, Pa pour passif et C pour charge).
2. Si vous devez constater une charge en *janvier*, indiquez le montant. Dans le cas contraire, expliquez pourquoi.

Vous pouvez vous aider du plan comptable présenté au tableau 2.4 pour les intitulés de compte.

Remarque: Tous les montants sont exprimés en milliers de dollars.

Activité	Comptes modifiés et type de compte	Charges engagées en janvier OU raison pour laquelle une charge n'est pas constatée
a) Au début de janvier, les restaurants Vendanges ont versé 4 500 $ pour les loyers de janvier, février et mars.		
b) En janvier, Vendanges a versé 10 000 $ en règlement de ses comptes fournisseurs pour les fournitures reçues en décembre.		
c) En janvier, le coût des marchandises vendues s'élevait à 9 600 $.		
d) À la fin janvier, Vendanges a reçu une facture d'électricité de 500 $ qui sera acquittée en février pour l'électricité consommée en janvier.		

Vérifiez vos réponses à l'aide des solutions présentées en bas de page*.

Le modèle d'analyse des opérations

Puisque nous avons étudié les activités qui avaient une incidence sur l'état des résultats, leur constatation et leur mesure, il faut maintenant compléter le modèle d'analyse des opérations pour illustrer la comptabilisation de ces opérations dans les livres comptables de l'entreprise et leur présentation aux états financiers. Au chapitre 2, nous avons analysé les activités d'investissement et de financement touchant l'actif, le passif ou le capital-actions. Nous élargissons maintenant le modèle d'analyse des opérations pour inclure les produits et les charges.

Le modèle d'analyse des opérations présenté au tableau 3.3 inclut donc les produits et les charges. N'oubliez pas que le compte Bénéfices non répartis représente le total des bénéfices (les produits moins les charges) réalisés par l'entreprise depuis sa

OBJECTIF D'APPRENTISSAGE 5

Appliquer le modèle d'analyse des opérations pour enregistrer les activités d'exploitation.

*	Comptes modifiés et type de compte	Charges engagées en janvier ou raison pour laquelle une charge n'est pas constatée
a)	Encaisse (A) Loyer (C) Loyers payés d'avance (A)	1 500 $ engagés en janvier 3 000 $ non encore engagés
b)	Encaisse (A) Comptes fournisseurs (Pa)	Achats de décembre payés en janvier; fournitures imputées au moment où elles sont utilisées ou vendues. Aucune charge
c)	Stocks (A) Coût des marchandises vendues (C)	9 600 $ de marchandises
d)	Frais courus à payer (Pa) Électricité (C)	500 $ engagés en janvier et non encore payés

constitution moins les dividendes[6] versés aux actionnaires. Lorsque le bénéfice net est positif, les Bénéfices non répartis augmentent; quand l'entreprise réalise plutôt une perte nette, les Bénéfices non répartis diminuent.

En élaborant ce modèle, les règles décrites au chapitre 2 sont respectées.

| TABLEAU **3.3** | Modèle d'analyse des opérations |

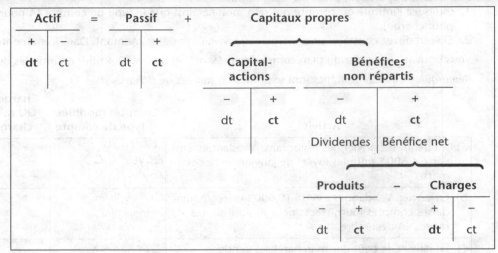

- Le symbole de l'augmentation + est inscrit à gauche quand on se trouve du côté gauche de l'équation comptable et s'inscrit à droite quand on se trouve du côté droit de l'équation comptable.
- Les débits (dt) sont présentés du côté gauche d'un compte et les crédits (ct) du côté droit.

Avant d'illustrer l'utilisation du modèle d'analyse des opérations pour les produits et les charges, il faut insister sur ce qui suit:

- Les produits font augmenter les Bénéfices non répartis (BNR) et ils ont donc un solde *créditeur*.
- Les charges font diminuer les Bénéfices non répartis (BNR) et elles ont donc un solde *débiteur* (autrement dit, pour augmenter une charge, vous la débitez, ce qui fait diminuer les Bénéfices non répartis). Les étudiants ont souvent de la difficulté à comprendre ce concept. Alors que les charges augmentent, les Bénéfices non répartis ainsi que le total des capitaux propres diminuent.

Quand les produits excèdent les charges, la société inscrit un bénéfice net qui fait augmenter les Bénéfices non répartis et, par conséquent, les capitaux propres. Cependant, quand les charges dépassent les produits, il y a perte nette, laquelle fait diminuer les Bénéfices non répartis et donc les capitaux propres.

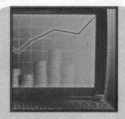

ANALYSE FINANCIÈRE

Les informations comptables et la réaction du marché boursier

Il n'est pas nécessaire qu'une entreprise affiche une perte nette pour réaliser qu'elle éprouve parfois des difficultés financières. Tout écart imprévu entre le rendement réalisé et les performances visées, comme des résultats trimestriels plus bas que prévu, doit être justifié. Les analystes en valeurs mobilières et les investisseurs utilisent entre autres les informations comptables pour prendre des décisions en matière d'investissement. Le marché boursier, qui est basé sur les attentes des investisseurs quant au rendement futur de l'entreprise, réagit souvent aux écarts de performance de manière négative (le prix des actions de l'entreprise subit alors une baisse plus ou moins importante selon l'évaluation des analystes).

---

6. Plutôt que de réduire les Bénéfices non répartis directement quand les dividendes sont déclarés, les entreprises peuvent utiliser le compte Dividendes déclarés. Ce dernier a un solde débiteur.

Au cours des derniers mois de l'année 2001, la société Van Houtte a vu ses activités de pause-café connaître une croissance inférieure aux objectifs fixés en début d'exercice à cause de la détérioration du marché de l'emploi au cours de cette période. La fin de l'année 2001 a été marquée par d'importantes pertes d'emplois tant au Canada qu'aux États-Unis, principalement dans les secteurs des technologies de l'information, sources importantes de revenus pour les activités de pause-café de Van Houtte. Sur le graphique de la valeur boursière du titre de Van Houtte, on voit qu'entre les mois de juin 2001 et mai 2002, le titre a connu un sommet à 31,25 $ et un plancher à 23 $ pour une baisse de plus du quart de sa valeur. Pourtant, au 5 janvier 2002, Van Houtte affichait un bénéfice net en hausse de 7,4 % par rapport à l'année précédente, mais tout de même inférieur aux prévisions de la direction.

Van Houtte inc.
Symbole boursier: VH
Juin 2001 à mai 2002
Prix

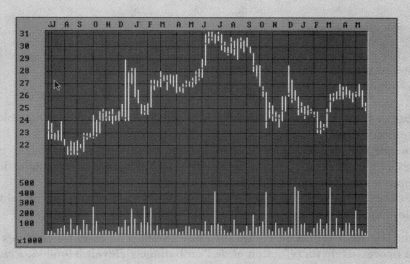

Source: www.telenium.ca, consulté le 17 mai 2002.

Quelques règles de comptabilisation

Comme nous l'avons expliqué au chapitre 2,

1. Chaque opération a un double effet, touchant au moins deux comptes (la dualité des effets). Il est essentiel de déterminer correctement les comptes touchés et l'effet de l'opération (une diminution ou une augmentation).
2. L'équation comptable doit demeurer en équilibre après chaque opération.
3. Pour chaque opération enregistrée, le total des débits doit égaler le total des crédits.

Puisque les produits sont définis comme une augmentation des ressources économiques de l'entreprise, par définition, pour augmenter un produit (un crédit), il faut habituellement qu'un actif s'accroisse ou qu'un passif diminue (un débit). De manière similaire, si une charge est augmentée (un débit), il faut normalement qu'un actif diminue ou qu'un passif s'élève (un crédit). Les produits et les charges ne sont en général pas inscrits dans la même écriture de journal.

Comme nous l'avons expliqué au chapitre 2, il est important de bien comprendre le modèle d'analyse des opérations qui est proposé jusqu'à ce que vous puissiez le construire vous-même sans aide. Étudiez attentivement l'exemple de Van Houtte pour vous assurer de bien saisir les conséquences des activités d'exploitation sur le bilan et l'état des résultats.

On reprend l'exemple de Van Houtte présenté à la fin du chapitre 2. On utilisera les mêmes intitulés de comptes qu'au chapitre 2 et ceux qui sont inscrits à l'état des résultats du tableau 3.2. Le plan comptable présenté au tableau 2.4 sera également utile. On suppose que toutes les opérations décrites se sont produites au cours du mois d'avril 20B. Tous les montants sont exprimés en milliers de dollars. (Il est important de rappeler que les opérations présentées ci-après sont fictives et n'ont pas réellement eu lieu.)

a) **Van Houtte a vendu 10 franchises pour 400$ en espèces. La société a gagné 175$ immédiatement en rendant des services aux franchisés. Elle gagnera le reste au cours des prochains mois.**

ÉQUATION COMPTABLE

Actif		=	Passif		+	Capitaux propres	
Encaisse	+400		Produits liés aux franchises perçus d'avance	+225		Produits liés aux franchises	+175

ÉCRITURE DE JOURNAL

Encaisse (+A)	400	
Produits liés aux franchises (+Pr → +CP)		175
Produits liés aux franchises perçus d'avance (+Pa)		225

Vérifications : 1. Débits 400$ = Crédits 400$; 2. L'équation comptable est en équilibre.

Lorsque les produits augmentent, on indique aussi l'effet sur le total des capitaux propres à l'aide de la notation suivante : +Pr → +CP. On emploie une indication similaire pour les charges, qui font diminuer les capitaux propres.

Ces opérations sont reportées dans les comptes en T appropriés au tableau 3.4 (voir les montants ombrés).

b) **Van Houtte a vendu au comptant pour 35 200$ de café. Le coût des grains, du processus de torréfaction et de l'emballage s'élevait à 9 600$. *Remarque :* Cette opération exige deux écritures, une pour les produits gagnés et l'autre pour les charges engagées.**

ÉQUATION COMPTABLE

Actif		=	Passif	+	Capitaux propres	
Encaisse	+35 200				Revenus	+35 200
Stocks	–9 600				Coût des marchandises vendues	–9 600

ÉCRITURE DE JOURNAL

Encaisse (+A)	35 200	
Ventes (+Pr → +CP)		35 200
Coût des marchandises vendues – café (+C → –CP)	9 600	
Stocks (–A)		9 600

Vérifications : 1. Débits 35 200$ = Crédits 35 200$; 2. L'équation comptable est en équilibre.
Vérifications : 1. Débits 9 600$ = Crédits 9 600$; 2. L'équation comptable est en équilibre.

c) **Le groupe pause-café de Van Houtte a rendu des services pour une valeur de 30 200 $ à ses clients. Van Houtte a reçu 20 200 $ en espèces, et le solde sera payé dans 30 jours.**

ÉQUATION COMPTABLE

Actif		=	Passif	+	Capitaux propres	
Encaisse	+20 200				Services pause-café	+30 200
Débiteurs	+10 000					

ÉCRITURE DE JOURNAL

Encaisse (+A)	**20 200**	
Débiteurs (+A)	**10 000**	
Services pause-café (+Pr → +CP)		**30 200**

Vérifications : 1. Débits 30 200 $ = Crédits 30 200 $; 2. L'équation comptable est en équilibre.

d) **Van Houtte a payé différentes factures : 4 700 $ liés à une campagne de promotion internationale, 2 200 $ liés à l'entretien de ses bâtiments et 410 $ pour les services publics, les réparations et l'essence des véhicules de livraison.**

ÉQUATION COMPTABLE

Actif		=	Passif	+	Capitaux propres	
Encaisse	−7 310				Frais d'exploitation	−7 310

ÉCRITURE DE JOURNAL

Frais d'exploitation – promotion (+C → −CP)	**4 700**	
Frais d'exploitation – entretien (+C → −CP)	**2 200**	
Frais d'exploitation – administration (+C → −CP)	**410**	
Encaisse (−A)		**7 310**

Vérifications : 1. Débits 7 310 $ = Crédits 7 310 $; 2. L'équation comptable est en équilibre.

e) **Van Houtte a commandé et reçu 29 000 $ de grains de café. La société a versé 9 000 $ en espèces, et le solde est porté au crédit des fournisseurs.**

ÉQUATION COMPTABLE

Actif		=	Passif		+	Capitaux propres	
Encaisse	−9 000		Fournisseurs	+20 000			
Stocks	+29 000						

ÉCRITURE DE JOURNAL

Stocks (+A)..	**29 000**	
Encaisse (−A)		**9 000**
Fournisseurs (+Pa)		**20 000**

Vérifications : 1. Débits 29 000 $ = Crédits 29 000 $; 2. L'équation comptable est en équilibre.

f) Les salaires du mois d'avril s'élèvent à 13 500 $. Van Houtte a payé 8 000 $ aux employés du groupe pause-café, 4 000 $ aux employés de production et 1 500 $ aux employés du siège social.

ÉQUATION COMPTABLE

Actif		=	Passif	+	Capitaux propres	
Encaisse	−13 500				Salaires	−13 500

ÉCRITURE DE JOURNAL

Salaires – pause-café (+C → −CP)	8 000	
Salaires – administration (+C → −CP)	1 500	
Salaires – production (+C → −CP)	4 000	
Encaisse (−A)		13 500

Vérifications : 1. Débits 13 500 $ = Crédits 12 500 $; 2. L'équation comptable est en équilibre.

g) Van Houtte a payé 7 400 $ pour certains services qui seront rendus au cours des prochains mois : 1 600 $ en paiement de la prime d'assurances couvrant les quatre prochains mois, 4 800 $ d'impôts fonciers pour une période de trois mois et 1 000 $ en frais de publicité pour le mois de mai.

ÉQUATION COMPTABLE

Actif		=	Passif	+	Capitaux propres
Encaisse	−7 400				
Frais payés d'avance	+7 400				

ÉCRITURE DE JOURNAL

Frais payés d'avance (+A)	7 400	
Encaisse (−A)		7 400

Vérifications : 1. Débits 7 400 $ = Crédits 7 400 $; 2. L'équation comptable est en équilibre.

imp.

TEST D'AUTOÉVALUATION

Pour les opérations h) à k), inscrivez les données manquantes. Assurez-vous de reporter les écritures dans les comptes en T du tableau 3.4.

h) Van Houtte a reçu 3 450 $ de redevances de la part de ses franchisés ; 750 $ du montant provenaient des ventes de mars des franchisés et 2 700 $ étaient dus pour les ventes d'avril.

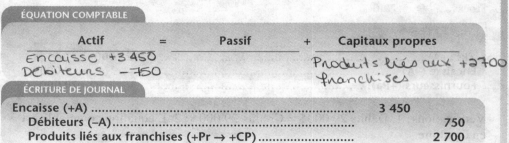

Indiquez l'effet sur l'équation comptable →

ÉQUATION COMPTABLE

Actif		=	Passif	+	Capitaux propres	
Encaisse	+3 450				Produits liés aux franchises	+2 700
Débiteurs	−750					

ÉCRITURE DE JOURNAL

Encaisse (+A)	3 450	
Débiteurs (−A)		750
Produits liés aux franchises (+Pr → +CP)		2 700

Vérifications : 1. Débits 3 450 $ = Crédits 3 450 $; 2. L'équation comptable est en équilibre.

i) Van Houtte a vendu 4 300 $ de cafetières aux franchisés, lesquels ont signé des billets payables dans 6 mois. Le coût des cafetières était de 3 800 $. *Remarque :* Cette opération exige deux écritures, une pour les produits constatés et l'autre pour les charges engagées. Le calcul du coût des marchandises vendues au moment de la vente est nécessaire lorsque l'entreprise utilise un système d'inventaire permanent. Cette notion sera abordée au chapitre 7.

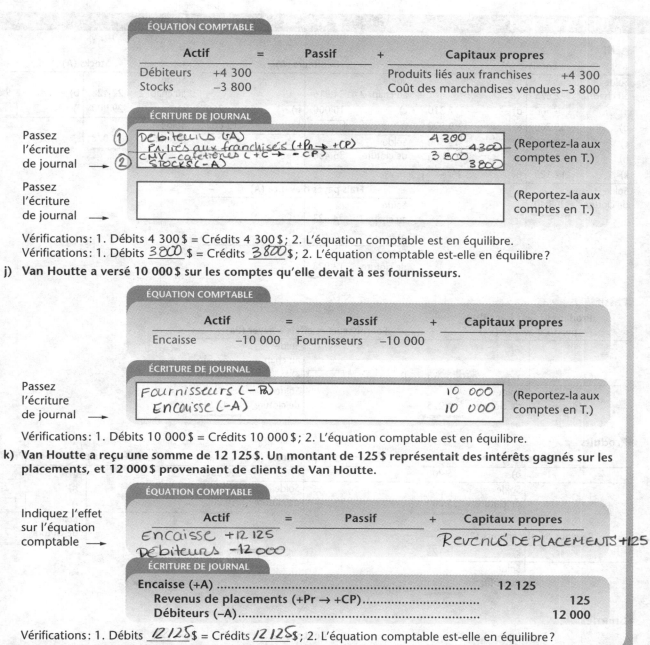

ÉQUATION COMPTABLE

	Actif	=	Passif	+	Capitaux propres	
Débiteurs	+4 300				Produits liés aux franchises	+4 300
Stocks	−3 800				Coût des marchandises vendues	−3 800

ÉCRITURE DE JOURNAL

Passez l'écriture de journal →

① Debiteurs (+A)   4 300
   Pr. liés aux franchises (+Pr → +CP)   4 300
② CMV – cafetières (+C → −CP)   3 800
   Stocks (−A)   3 800

(Reportez-la aux comptes en T.)

Passez l'écriture de journal →

(Reportez-la aux comptes en T.)

Vérifications : 1. Débits 4 300 $ = Crédits 4 300 $; 2. L'équation comptable est en équilibre.
Vérifications : 1. Débits _3800_ $ = Crédits _3800_ $; 2. L'équation comptable est-elle en équilibre ?

j) Van Houtte a versé 10 000 $ sur les comptes qu'elle devait à ses fournisseurs.

ÉQUATION COMPTABLE

	Actif	=	Passif		+	Capitaux propres
Encaisse	−10 000		Fournisseurs	−10 000		

ÉCRITURE DE JOURNAL

Passez l'écriture de journal →

Fournisseurs (−Pa)   10 000
   Encaisse (−A)   10 000

(Reportez-la aux comptes en T.)

Vérifications : 1. Débits 10 000 $ = Crédits 10 000 $; 2. L'équation comptable est en équilibre.

k) Van Houtte a reçu une somme de 12 125 $. Un montant de 125 $ représentait des intérêts gagnés sur les placements, et 12 000 $ provenaient de clients de Van Houtte.

ÉQUATION COMPTABLE

Indiquez l'effet sur l'équation comptable →

	Actif	=	Passif	+	Capitaux propres	
Encaisse	+12 125				Revenus de placements	+125
Débiteurs	−12 000					

ÉCRITURE DE JOURNAL

Encaisse (+A) 12 125
   Revenus de placements (+Pr → +CP) 125
   Débiteurs (−A) 12 000

Vérifications : 1. Débits _12 125_ $ = Crédits _12 125_ $; 2. L'équation comptable est-elle en équilibre ?

Vérifiez vos réponses à l'aide des solutions présentées en bas de page*.

---

*h)

	Actif	=	Passif	+	Capitaux propres	
Encaisse	+3 450				Produits liés aux franchises	+2 700
Débiteurs	−750					

i) Débiteurs (+A) 4 300
   Produits liés aux franchises (+Pr → +CP) 4 300
   Coût des marchandises vendues – cafetières (+C → −CP) 3 800
   Stocks (−A) 3 800
   Vérifications : 1. Débits 3 800 $ = Crédits 3 800 $; 2. L'équation comptable est en équilibre.

j) Fournisseurs (−Pa) 10 000
   Encaisse (−A) 10 000

k)

	Actif	=	Passif	+	Capitaux propres	
Encaisse	+12 125				Revenus de placements	+125
Débiteurs	−12 000					

Vérifications : 1. Débits 12 125 $ = Crédits 12 125 $; 2. L'équation comptable est en équilibre.

TABLEAU 3.4   Comptes en T

Actif

+ Encaisse (A) −			
Solde au chap. 2	2 675		
a)	400	d)	7 310
b)	35 200	e)	9 000
c)	20 200	f)	13 500
h)	3 450	g)	7 400
k)	12 125	j)	
Solde de clôture	26 840		

+ Débiteurs (A) −			
Solde au chap. 2	34 916		
c)	10 000	h)	750
i)		k)	12 000
Solde de clôture	36 466		

+ Stocks (A) −			
Solde au chap. 2	22 428	b)	9 600
e)	29 000	i)	
Solde de clôture	38 028		

+ Frais payés d'avance (A) −		
Solde au chap. 2	4 623	
g)	7 400	
Solde de clôture	12 023	

Passif

− Produits liés aux franchises perçus d'avance (Pa) +			
		a)	225
		Solde de clôture	225

− Fournisseurs et effets à payer (Pa) +			
		Solde au chap. 2	37 515
j)		e)	20 000
		Solde de clôture	47 515

Produits

− Ventes (Pr) +		
	b)	35 200
	Solde de clôture	35 200

− Services – pause café (Pr) +		
	c)	30 200
	Solde de clôture	30 200

− Produits liés aux franchises (Pr) +		
	a)	175
	h)	2 700
	i)	
	Solde de clôture	7 175

− Revenus de placements (Pr) +		
	k)	125
	Solde de clôture	125

Charges

+ Coût des marchandises vendues – café (C) −	
b)	9 600
Solde de clôture	9 600

+ Coût des marchandises vendues – cafetières (C) −	
i)	
Solde de clôture	3 800

+ Frais d'exploitation – promotion (C) −	
d)	4 700
Solde de clôture	4 700

+ Frais d'exploitation – entretien (C) −	
d)	2 200
Solde de clôture	2 200

+ Frais d'exploitation – administration (C) −	
d)	410
Solde de clôture	410

+ Salaires – pause-café (C) −	
f)	8 000
Solde de clôture	8 000

+ Salaires – production (C) −	
f)	4 000
Solde de clôture	4 000

+ Salaires – administration (C) −	
f)	1 500
Solde de clôture	1 500

On a utilisé le bilan fictif de Van Houtte présenté au tableau 2.7 pour déterminer le solde d'ouverture des comptes d'actif et de passif. Le tableau 3.4 présente les comptes touchés par les opérations a) à k). Tous les autres comptes demeurent inchangés. Par contre, au début de chaque exercice, les comptes de l'état des résultats (produits et charges, gains et pertes) ont un solde d'ouverture égal à zéro.

Vous pouvez vérifier si vous avez reporté correctement les écritures de journal en additionnant tous les éléments reportés du côté de l'augmentation et en soustrayant tous les éléments reportés du côté de la diminution, puis en comparant votre réponse au solde de clôture donné pour chacun des comptes en T.

L'établissement des états financiers avant les régularisations de fin d'exercice

En tenant compte des opérations comptabilisées en avril et reportées dans les comptes en T, vous pouvez maintenant dresser les états financiers pour le mois d'avril 20B. Il faut noter que plusieurs états sont qualifiés de *non régularisés* (avant régularisations), car les comptes ne tiennent pas compte des produits gagnés et des charges engagées en avril sans qu'un encaissement ou un décaissement n'ait eu lieu. Par exemple, bon nombre de charges importantes ne sont pas encore incluses telles que l'amortissement des immobilisations utilisées durant le mois.

De plus, il faut noter que la charge d'impôts n'a pas encore été calculée. Puisque l'état des résultats n'est pas régularisé, le montant des impôts à payer ne peut être calculé. Ces états ne respectent pas, à cette étape-ci, les principes comptables généralement reconnus et la comptabilité d'exercice. Nous ajusterons les comptes et dresserons des états financiers complets au chapitre 4.

OBJECTIF
D'APPRENTISSAGE 6
Établir les états financiers avant les régularisations de fin d'exercice.

L'état des résultats

Van Houtte inc. État des résultats avant régularisations (fictif) (en milliers de dollars)	Mois terminé le 30 avril 20B
Produits	
Ventes	35 200 $
Services – pause café	30 200
Produits liés aux franchises	7 175
Revenus de placements	125
Total des produits	72 700
Charges	
Coût des marchandises vendues	13 400
Salaires et avantages sociaux	13 500
Frais d'exploitation	7 310
Total des charges	34 210
Bénéfice avant les impôts sur les bénéfices	38 490 $

L'information sectorielle

Plusieurs entreprises font des affaires dans plus d'un pays. Ces entreprises sont souvent appelées des *multinationales*. L'état des résultats de Van Houtte (voir le tableau 3.2), qui est basé sur des données globales, peut ne pas s'avérer aussi utile pour les investisseurs cherchant à évaluer les risques et le rendement des entreprises qui évoluent sur les marchés étrangers. Par ailleurs, Van Houtte et bon nombre d'entreprises exercent également leurs activités dans plusieurs secteurs. Là encore, les analystes financiers et les investisseurs veulent une information qui leur permettra de juger du rendement de l'entreprise pour chaque secteur d'activité dans laquelle elle intervient. Aussi, les entreprises publient dans une note complémentaire aux états financiers des informations supplémentaires classées par secteur d'activité et secteur géographique. C'est ce qu'on appelle l'«information sectorielle». Voici un extrait des notes complémentaires de Van Houtte.

17. INFORMATIONS SECTORIELLES

Les activités sont classées de la façon suivante:

a) la fabrication de cafetières à infusion une tasse à la fois, la torréfaction et la commercialisation du café;

b) les services de pause-café.

Les revenus de chaque secteur incluent les revenus provenant des ventes à des tiers et des ventes intersectorielles.

Ces ventes sont comptabilisées à des prix qui ont cours sur le marché.

	2001	2000
PAR SECTEUR D'ACTIVITÉS		
Revenus:		
Fabrication et commercialisation	129 036$	110 477$
Pause-café	191 881	170 315
Intersectoriels	(41 744)	(30 440)
	279 173$	250 352$
Bénéfice d'exploitation avant amortissement et frais financiers:		
Fabrication et commercialisation	27 365$	23 995$
Pause-café	38 166	33 800
	65 531	57 795
Frais relevant de la direction de la Société	(2 241)	(1 935)
	63 290$	55 860$
Eléments d'actifs:		
Fabrication et commercialisation	104 227$	95 609$
Pause-café	245 017	187 833
Intersectoriels	(14 978)	(14 154)
	334 266$	269 288$
Acquisitions d'immobilisations:		
Fabrication et commercialisation	5 081$	3 331$
Pause-café	28 160	20 348
	33 241$	23 679$
Amortissement:		
Fabrication et commercialisation	6 460$	5 811$
Pause-café	20 242	17 161
	26 702$	22 972$

PAR SECTEUR GÉOGRAPHIQUE		
Revenus générés par les opérations :		
Canada	210 211$	198 713$
États-Unis	65 822	49 065
Autres pays	3 140	2 574
	279 173$	250 352$
Immobilisations :		
Canada	98 052$	86 671$
États-Unis	33 140	19 561
	131 192$	106 232$

L'état des bénéfices non répartis

Si on tient compte des opérations illustrées dans ce chapitre, on peut aussi dresser l'état des bénéfices non répartis. Cet état permet d'établir le lien entre l'état des résultats et le bilan. Toutes les opérations qui touchent les Bénéfices non répartis (principalement le bénéfice net ou la perte nette et la déclaration des dividendes) sont résumées dans cet état.

Van Houtte inc. État des bénéfices non répartis avant régularisations (fictif) (en milliers de dollars)	
	Mois terminé le 30 avril 20B
Solde d'ouverture, 31 mars 20B	81 274 $
Bénéfice net avant régularisations	38 490
Dividendes	(200)
Solde de clôture, 30 avril 20B	119 564 $

En provenance de l'état des résultats

À partir du chapitre 2

Présenté au bilan

Le bilan

On peut maintenant réviser le bilan du chapitre 2 pour refléter l'impact des activités d'exploitation qui sont illustrées dans ce chapitre. Il faut noter que le solde de clôture apparaissant à l'état des bénéfices non répartis fait partie des Capitaux propres au bilan. Les montants des produits, des charges ou des dividendes ne sont pas inclus au bilan directement, mais ils sont résumés dans les Bénéfices non répartis. Nous explorerons à nouveau les relations qui existent entre chacun des états financiers dans le prochain chapitre.

Van Houtte inc.
Bilan (fictif)
(en milliers de dollars)

	30 avril 20B
ACTIF	
Actif à court terme:	
Encaisse	26 840 $
Débiteurs	36 466
Stocks	38 028
Frais payés d'avance	12 023
Impôts futurs	75
	113 432
Placements	9 368
Immobilisations	136 892
Autres éléments d'actif	129 189
	388 881 $
PASSIF ET AVOIR DES ACTIONNAIRES	
Passif à court terme:	
Fournisseurs et effets à payer	47 515 $
Impôts sur le revenu à payer	1 044
Autres éléments du passif	225
Tranche à court terme de la dette à long terme	690
	49 474
Dette à long terme	80 153
Avantages postérieurs à l'emploi	4 089
Impôts futurs	1 613
Part des actionnaires sans contrôle	3 098
Avoir des actionnaires:	
Capital-actions	128 885
Bénéfices non répartis	119 564
Écart de conversion	2 005
	250 454
	388 881 $

En provenance de l'état des bénéfices non répartis

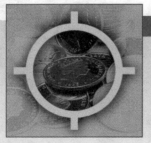

INCIDENCE SUR LES FLUX DE TRÉSORERIE

Les activités d'exploitation

Au chapitre 2, nous avons présenté l'état des flux de trésorerie de Van Houtte pour les activités d'investissement et de financement du mois d'avril 20B. Il ne faut pas oublier que les activités d'investissement concernent principalement les opérations touchant l'actif à long terme, alors que les activités de financement sont celles qui découlent des emprunts bancaires, des émissions d'actions et du versement des dividendes aux actionnaires.

La première section de l'état des flux de trésorerie présente les flux de trésorerie liés aux activités d'exploitation (n'oubliez pas le procédé mnémonique «EIF»).

Selon le *Manuel de l'ICCA* (voir le chapitre 1540), «le montant des flux de trésorerie liés aux activités d'exploitation est un indicateur clé de la mesure dans laquelle l'entreprise a dégagé par son exploitation suffisamment de flux de trésorerie pour rembourser ses emprunts, maintenir sa capacité d'exploitation, faire de nouveaux investissements et procéder à des distributions aux propriétaires sans recourir à des sources externes de financement».

Les flux de trésorerie liés aux activités d'exploitation sont essentiellement présentés à l'état des résultats et comprennent, par exemple, les rentrées de fonds découlant de la vente de biens et de la prestation de services, les sorties de fonds servant au paiement de biens et de services reçus de fournisseurs ou d'employés, les encaissements et les paiements d'intérêts ou d'impôts.

Selon les normes comptables en vigueur au Canada, l'entreprise peut présenter les flux de trésorerie liés aux activités d'exploitation selon deux méthodes : la méthode directe et la méthode indirecte. Bien que l'ICCA encourage les entreprises à utiliser la méthode directe, la plupart des entreprises choisissent la méthode indirecte. Avec la méthode directe, chaque élément de l'état des résultats, déterminé selon les principes de la comptabilité d'exercice, est ajusté pour tenir compte uniquement des rentrées et des sorties de fonds en fonction des principes de la comptabilité de caisse. Voici à quoi pourrait ressembler la section Activités d'exploitation avec la méthode directe.

EN GÉNÉRAL

Effet sur l'état des flux de trésorerie

	Effet sur les flux de trésorerie
Flux de trésorerie liés aux activités d'exploitation	
Sommes reçues des clients	+
Sommes versées aux fournisseurs et aux membres du personnel	–
Dividendes reçus	–
Intérêts reçus	+
Intérêts versés	–
Impôts payés	–

Nous aborderons la méthode indirecte dans des chapitres ultérieurs de ce volume.

VAN HOUTTE ◊ L'état des flux de trésorerie de Van Houtte a été fourni au tableau 2.8 du chapitre 2. La lecture de cet état indique que Van Houtte utilise la méthode indirecte pour présenter la section liée aux activités d'exploitation. À des fins de démonstration uniquement, on utilisera la méthode directe pour montrer l'impact des opérations illustrées dans ce chapitre à l'état des flux de trésorerie. Il faut se rappeler que les activités d'investissement et de financement proviennent des opérations décrites au chapitre 2. L'état illustre les rentrées et les sorties de fonds qui expliquent la variation nette de l'encaisse d'un montant de 21 005 $ (qui passe de 5 835 $ à 26 840 $). Il ne faut pas oublier que seules les opérations qui influent sur l'encaisse sont inscrites dans cet état.

Pour que les sociétés demeurent en affaires, elles doivent engendrer à long terme des flux de trésorerie positifs provenant de leur exploitation. Des liquidités sont nécessaires pour payer les fournisseurs et les employés. Lorsque les liquidités provenant de l'exploitation sont insuffisantes, une entreprise peut obtenir les fonds nécessaires 1) en vendant son actif à long terme (ce qui réduit la productivité future de l'entreprise), 2) en empruntant de l'argent à des créanciers (à des taux d'intérêt élevés, ce qui augmente les risques de défaut de paiement) ou 3) en émettant des actions supplémentaires (où les prévisions des investisseurs quant à un faible rendement futur peuvent entraîner une baisse du cours des actions). Toutes ces activités de financement ont leurs limites et peuvent avoir des effets négatifs sur l'entreprise.

Au cours des dernières années, les activités d'exploitation de Van Houtte ont engendré d'importantes liquidités (52,5 millions de dollars en 2001, 41,1 millions de dollars en 2000 et 29,4 millions de dollars en 1999) disponibles pour financer la croissance de la société. Van Houtte démontre une gestion rigoureuse de son fonds de roulement propre à rassurer les investisseurs.

	Van Houtte inc. État des flux de trésorerie (fictif) pour le mois d'avril 20B (en milliers de dollars)	
Flux de trésorerie liés aux activités d'exploitation		
Sommes reçues des clients (a, b, c, h, k)		71 250$
Sommes versées aux fournisseurs (d, e, g, j)		(33 710)
Sommes versées aux employés (f)		(13 500)
Intérêts reçus (k)		125
Flux de trésorerie liés aux activités d'exploitation		24 165
Flux de trésorerie liés aux activités d'investissement		
Achat d'immobilisations		(1 500)
Achat de placements		(3 000)
Prêt aux franchisés		(450)
Encaissement d'un prêt aux franchisés		90
Flux de trésorerie liés aux activités d'investissement		(4 860)
Flux de trésorerie liés aux activités de financement		
Émission d'actions		1 300
Emprunt		1 000
Paiement des dividendes		(200)
Remboursement des emprunts		(400)
Flux de trésorerie liés aux activités de financement		1 700
Augmentation nette de l'encaisse		21 005
Encaisse au début du mois		5 835
Encaisse à la fin du mois		26 840$

À partir du chapitre 2 — (Flux de trésorerie liés aux activités d'investissement)

À partir du chapitre 2 — (Flux de trésorerie liés aux activités de financement)

Concorde avec le montant figurant au bilan — (Encaisse à la fin du mois)

Les opérations décrites dans ce chapitre ont permis de calculer un bénéfice net avant régularisations de 38 490 $, alors que le solde du compte Encaisse a augmenté de seulement 21 005 $. Il s'agit d'un bel exemple de la différence entre la méthode de la comptabilité d'exercice et la méthode de la comptabilité de caisse. *Le bénéfice net selon la comptabilité d'exercice n'est pas équivalent à la variation de l'encaisse.*

ANALYSONS LES RATIOS

Le ratio de rotation de l'actif total

1. **Connaître la question**

   Quelle est l'efficacité de la direction à générer des ventes à partir de ses actifs (de ses ressources)? On calcule ce ratio comme suit:

   $$\text{Ratio de rotation de l'actif total} = \frac{\text{Ventes}}{\text{Actif total moyen}}$$

   Le ratio de Van Houtte pour l'exercice 2001 est le suivant:

   $$\frac{279\ 173\$}{(334\ 266\$ + 269\ 288\$)\ /\ 2} = 0,92$$

OBJECTIF
D'APPRENTISSAGE **7**

Calculer et interpréter le ratio de rotation de l'actif total.

2. **Utiliser les techniques appropriées**

a) Analyser la tendance dans le temps

VAN HOUTTE		
1999	2000	2001
1,07	0,99	0,92

b) Comparer avec les compétiteurs	
SECOND CUP	STARBUCKS
2001	2001
1,33	1,58

3. Interpréter prudemment les résultats

EN GÉNÉRAL ◊ Le ratio de rotation de l'actif total mesure les ventes effectuées pour chaque dollar d'actif. Un taux de rotation élevé signifie que la gestion des actifs est efficace, et un faible ratio de rotation de l'actif total laisse entendre le contraire. Le type de produits ainsi que la stratégie d'affaires d'une entreprise influent de façon significative sur le ratio. Cependant, la capacité de la direction de contrôler les actifs de l'entreprise est également essentielle dans la détermination de son succès. Le rendement financier s'améliore alors que le ratio augmente.

Les créanciers et les analystes en valeurs mobilières utilisent ce ratio pour évaluer l'efficacité d'une entreprise dans le contrôle des actifs à court terme et à long terme. Lorsqu'une entreprise est bien gérée, les créanciers s'attendent à des fluctuations du ratio dues aux hausses et aux baisses saisonnières. Par exemple, pour accumuler des stocks avant une saison de ventes élevées, les sociétés doivent emprunter des fonds. Le ratio de rotation de l'actif déclinera à cause de l'augmentation de l'actif. Ensuite, les ventes en haute saison fournissent les sommes nécessaires pour rembourser les emprunts. Le ratio de rotation de l'actif augmente en conséquence à partir de la hausse des ventes.

VAN HOUTTE ◊ Le ratio de rotation de l'actif total de Van Houtte est inférieur à 1, et il a légèrement diminué au cours des dernières années. Ce faible ratio indique que la société réalise 0,92 $ de ventes pour chaque dollar investi dans l'actif, alors que ses concurrents affichent des ratios de 1,33 pour Second Cup et de 1,58 pour Starbucks. La situation de Van Houtte peut probablement s'expliquer par le programme d'expansion qu'elle poursuit depuis quelques années. Ses nombreuses acquisitions ont augmenté sensiblement ses actifs sans se répercuter dans l'immédiat sur son chiffre d'affaires qui, lui, est durement touché par la dégradation de l'économie américaine.

QUELQUES PRÉCAUTIONS ◊ Le ratio de rotation de l'actif total peut diminuer à cause des fluctuations saisonnières. Cependant, une baisse du ratio peut aussi être provoquée par les changements dans les politiques en matière d'exploitation, par exemple une politique de recouvrement des comptes clients moins stricte, ce qui entraîne une augmentation de l'actif. Une analyse détaillée des variations des composantes clés de l'actif procure des informations supplémentaires sur la nature des variations du ratio de rotation de l'actif total et donc sur les décisions de la direction en matière de gestion des ressources.

Comparons	
Ratio de rotation de l'actif total	
Bombardier	0,90
Cascades	1,19
Unibroue	0,66

ANALYSONS UN CAS

Nous reprenons l'exemple de la Société Efficacité que nous avons utilisé au chapitre 2. Cette société, spécialisée dans l'entretien de pelouse, a démarré ses activités à l'aide de liquidités, de matériel et d'un terrain. Le bilan au 30 avril 20A, basé sur les activités d'investissement et de financement, se présente comme suit:

Société Efficacité
Bilan
au 30 avril 20A

Actif		Passif	
Actif à court terme:		Passif à court terme:	
Encaisse	4 350 $	Effets à payer	3 700 $
Matériel	4 600		
Terrain	3 750	**Capitaux propres**	
		Capital-actions	9 000
Total de l'actif	12 700 $	Total du passif et des capitaux propres	12 700 $

Les activités suivantes ont eu lieu au cours du mois d'avril 20A:
a) Achat et consommation d'essence pour les tondeuses et les coupe-bordures, paiement de 90 $ en espèces à une station-service de la région.
b) Au début du mois d'avril, la société a reçu une somme de 1 600 $ de la ville pour les services d'entretien de pelouse des mois d'avril à juillet (400 $ par mois). Le montant complet a été comptabilisé dans le compte Produits perçus d'avance.
c) Au début du mois d'avril, la société a contracté une assurance au coût de 300 $ pour une période de six mois, soit d'avril à septembre. Le paiement complet a été inscrit à titre de Frais payés d'avance.
d) Tonte de terrains pour des clients résidentiels qui sont facturés toutes les deux semaines. Au total, la société a facturé 5 200 $ pour des services rendus en avril.
e) Les clients résidentiels ont versé une somme de 3 500 $ en paiement de leur compte.
f) La société paie ses employés toutes les deux semaines. En avril, la société a versé au total 3 900 $ à ses employés.
g) Réception d'une facture de 320 $ d'une station-service de la région pour l'essence supplémentaire achetée à crédit et consommée en avril.
h) Versement d'une somme de 100 $ en règlement de comptes dus aux fournisseurs.

Travail à faire

1. a) Analysez chacune des opérations selon le processus expliqué dans les chapitres 2 et 3. Montrez l'effet de chaque opération sur l'équation comptable. Passez les écritures de journal par ordre chronologique.
   b) Sur une feuille distincte, présentez les comptes en T suivants: Encaisse, Clients, Matériel, Frais payés d'avance, Fournisseurs, Produits perçus d'avance, Effets à payer, Capital-actions, Bénéfices non répartis, Services d'entretien de pelouse, Essence et Salaires. Les soldes d'ouverture pour les comptes du bilan doivent être tirés du bilan précédent, alors que les soldes d'ouverture pour les comptes de produits et charges étaient à zéro. Indiquez ces soldes dans les comptes en T.
   c) Reportez les écritures de journal dans les comptes en T appropriés. Ajoutez les références.
   d) Calculez le solde de chaque compte en T.
2. Utilisez les soldes des comptes en T pour dresser un ensemble complet d'états financiers avant régularisations: l'état des résultats, l'état des bénéfices non répartis, le bilan et l'état des flux de trésorerie pour la Société Efficacité au 30 avril 20A. Référez-vous à l'état présenté au chapitre 2 en ce qui concerne les activités d'investissement et de financement. (Les régularisations seront inscrites au chapitre 4.)

Solution suggérée

1. Effets sur l'équation comptable, écritures de journal, vérifications de l'égalité et comptes en T:

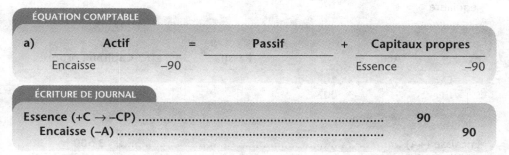

	Actif	=	**Passif**	+	**Capitaux propres**	
a)	Encaisse −90				Essence −90	

ÉCRITURE DE JOURNAL

Essence (+C → −CP) 90
   Encaisse (−A) 90

Vérifications: 1. Débits 90 $ = Crédits 90 $; 2. L'équation comptable est en équilibre.

b)

	Actif	=	Passif	+	Capitaux propres
Encaisse	+1 600		Produits perçus d'avance	+1 600	

ÉCRITURE DE JOURNAL

Encaisse (+A)	1 600	
Produits perçus d'avance (+Pa)		1 600

Vérifications: 1. Débits 1 600 $ = Crédits 1 600 $; 2. L'équation comptable est en équilibre.

ÉQUATION COMPTABLE

c)

	Actif	=	Passif	+	Capitaux propres
Encaisse	−300				
Frais payés d'avance	+300				

ÉCRITURE DE JOURNAL

Frais payés d'avance (+A)	300	
Encaisse (−A)		300

Vérifications: 1. Débits 300 $ = Crédits 300 $; 2. L'équation comptable est en équilibre.

ÉQUATION COMPTABLE

d)

	Actif	=	Passif	+	Capitaux propres
Clients	+5 200				Services d'entretien de pelouse +5 200

ÉCRITURE DE JOURNAL

Clients (+A)	5 200	
Services d'entretien de pelouse (+Pr → +CP)		5 200

Vérifications: 1. Débits 5 200 $ = Crédits 5 200 $; 2. L'équation comptable est en équilibre.

ÉQUATION COMPTABLE

e)

	Actif	=	Passif	+	Capitaux propres
Encaisse	+3 500				
Clients	−3 500				

ÉCRITURE DE JOURNAL

Encaisse (+A)	3 500	
Clients (−A)		3 500

Vérifications: 1. Débits 3 500 $ = Crédits 3 500 $; 2. L'équation comptable est en équilibre.

f)	Actif	=	Passif	+	Capitaux propres
	Encaisse −3 900				Salaires −3 900

ÉCRITURE DE JOURNAL

Salaires (+C → −CP) 3 900
    Encaisse (−A) 3 900

Vérifications: 1. Débits 3 900 $ = Crédits 3 900 $; 2. L'équation comptable est en équilibre.

ÉQUATION COMPTABLE

g)	Actif	=	Passif	+	Capitaux propres
			Fournisseurs +320		Essence −320

ÉCRITURE DE JOURNAL

Essence (+C → −CP) 320
    Fournisseurs (+Pa) 320

Vérifications: 1. Débits 320 $ = Crédits 320 $; 2. L'équation comptable est en équilibre.

ÉQUATION COMPTABLE

h)	Actif	=	Passif	+	Capitaux propres
	Encaisse −100		Fournisseurs −100		

ÉCRITURE DE JOURNAL

Fournisseurs (−Pa) 100
    Encaisse (−A) 100

Vérifications: 1. Débits 100 $ = Crédits 100 $; 2. L'équation comptable est en équilibre.

Comptes en T

Actif

+	Encaisse (A)		−
Solde au chap. 2	4 350		
b)	1 600	a)	90
e)	3 500	c)	300
		f)	3 900
		h)	100
Solde de clôture	5 060		

+	Clients (A)		−
Solde au chap. 2	0		
d)	5 200	e)	3 500
Solde de clôture	1 700		

+	Matériel (A)		−
Solde au chap. 2	4 600		
Solde de clôture	4 600		

+	Frais payés d'avance (A)		−
Solde au chap. 2	0		
c)	300		
Solde de clôture	300		

+	Terrain (A)		−
Solde au chap. 2	3 750		
Solde de clôture	3 750		

Passif

–	Fournisseurs (Pa)	+
	Solde au chap. 2	0
h) 100	g)	320
	Solde de clôture	220

–	Produits perçus d'avance (Pa)	+
	Solde au chap. 2	0
	b)	1 600
	Solde de clôture	1 600

–	Effets à payer (Pa)	+
	Solde au chap. 2	3 700
	Solde de clôture	3 700

Capitaux propres

–	Capital-actions (CP)	+
	Solde au chap. 2	9 000
	Solde de clôture	9 000

–	Bénéfices non répartis (CP)	+
	Solde d'ouverture	0

Produits

–	Services d'entretien de pelouse (Pr)	+
	Solde d'ouverture	0
	d)	5 200
	Solde de clôture	5 200

Charges

+	Salaires (C)	–
Solde d'ouverture	0	
f)	3 900	
Solde de clôture	3 900	

+	Essence (C)	–
Solde d'ouverture	0	
a)	90	
g)	320	
Solde de clôture	410	

2. États financiers avant régularisations :

Société Efficacité
État des résultats
pour le mois d'avril 20A

Produits	
Services d'entretien de pelouse	5 200 $
Charges	
Essence	410
Salaires	3 900
Total des charges	4 310
Bénéfice avant les impôts	890
Charge d'impôts	0
Bénéfice net	890 $

À l'état des bénéfices non répartis

Société Efficacité
État des bénéfices non répartis
pour le mois d'avril 20A

Solde, 1er avril 20A	0 $
Bénéfice net	890
Dividendes déclarés	0
Solde au 30 avril 20A	890 $

De l'état des résultats

Société Efficacité
Bilan
au 30 avril 20A

Actif		**Passif**	
Actif à court terme :		Passif à court terme :	
Encaisse	5 060 $	Fournisseurs	220 $
Clients	1 700	Produits perçus d'avance	1 600
Frais payés d'avance	300	Effets à payer	3 700
Total de l'actif à court terme	7 060	Total du passif à court terme	5 520
Matériel	4 600	**Capitaux propres**	
Terrain	3 750	Capital-actions	9 000
		Bénéfices non répartis	890
		Total du passif et	
Total de l'actif	15 410 $	des capitaux propres	15 410 $

Société Efficacité
État des flux de trésorerie
pour le mois d'avril 20A

Flux de trésorerie liés aux activités d'exploitation	
Sommes reçues des clients (b, e)	5 100 $
Sommes versées aux fournisseurs (a, c, h)	(490)
Sommes payées aux employés (f)	(3 900)
Flux de trésorerie liés aux activités d'exploitation	**710**
Flux de trésorerie liés aux activités d'investissement	
Achat d'un terrain	(5 000)
Achat de matériel	(200)
Encaissement d'un effet à recevoir	1 250
Flux de trésorerie liés aux activités d'investissement	**(3 950)**
Flux de trésorerie liés aux activités de financement	
Émission d'actions	9 000
Paiement des effets à payer	(700)
Flux de trésorerie liés aux activités de financement	**8 300**
Variation nette de l'encaisse	5 060
Solde d'ouverture de l'encaisse	0
Solde de clôture de l'encaisse	**5 060 $**

Concorde avec le bilan

1. **Comprendre le cycle d'exploitation (voir la page 127).**

   Le cycle d'exploitation correspond à la période requise pour acheter des biens ou des services des fournisseurs, les vendre aux clients et recouvrer les sommes dues auprès des clients.

2. **Comprendre le postulat de l'indépendance des exercices et connaître les composantes de l'état des résultats (voir la page 129).**

   - Le postulat de l'indépendance des exercices – pour être utile, l'information doit être présentée de façon périodique. On suppose alors que la vie de l'entreprise peut être découpée en périodes égales, la plupart du temps d'une durée d'un an.
   - Les composantes de l'état des résultats :
     a) les produits représentent les augmentations de l'actif ou les diminutions du passif résultant des activités courantes de l'entreprise ;
     b) les charges représentent les diminutions de l'actif ou les augmentations du passif résultant des activités courantes de l'entreprise ;
     c) les gains représentent les augmentations de l'actif ou les diminutions du passif résultant des activités périphériques de l'entreprise ;
     d) les pertes représentent les diminutions de l'actif ou les augmentations du passif résultant des activités périphériques de l'entreprise.

3. **Expliquer la méthode de la comptabilité d'exercice (voir la page 133).**

   En appliquant les concepts de la méthode de la comptabilité d'exercice, on constate 1) les produits (on les comptabilise) quand ils sont gagnés et 2) les charges lorsqu'elles sont engagées pour gagner des produits.

4. **Appliquer le principe de réalisation ainsi que le principe du rapprochement des produits et des charges (voir la page 133).**

   - Selon le principe de réalisation, on constate les produits quand le processus de génération des revenus est achevé ou presque, quand un échange a eu lieu et quand le recouvrement est raisonnablement sûr.
   - Le principe du rapprochement des produits et des charges exige que l'on constate les charges quand elles sont engagées pour gagner des produits.

5. **Appliquer le modèle d'analyse des opérations pour enregistrer les activités d'exploitation (voir la page 139).**

   Le modèle d'analyse des opérations élargi inclut les produits et les charges.

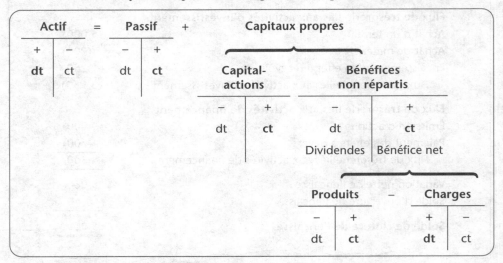

6. **Établir les états financiers avant les régularisations de fin d'exercice (voir la page 147).**

Jusqu'à ce que les comptes soient redressés pour tenir compte de tous les produits gagnés et de toutes les charges engagées au cours d'un exercice (peu importe le moment où on reçoit de l'argent et celui où on en verse), on dit que les états financiers sont «non régularisés»:
- un état des résultats non régularisé;
- un état des bénéfices non répartis non régularisé;
- un bilan non régularisé;
- un état des flux de trésorerie non régularisé.

7. **Calculer et interpréter le ratio de rotation de l'actif total (voir la page 153).**

Le ratio de rotation de l'actif total (Ventes ÷ Actif total moyen) permet de calculer le nombre de fois où le total de l'actif est compris dans les ventes de l'entreprise. Plus le ratio est élevé, plus l'entreprise gère efficacement ses actifs.

Dans ce chapitre, nous avons discuté le cycle d'exploitation ainsi que les concepts relatifs à la détermination des résultats: le postulat de l'indépendance des exercices, les définitions des composantes de l'état des résultats (les produits, les charges, les gains et les pertes), le principe de réalisation ainsi que le principe du rapprochement des produits et des charges. On définit ces principes comptables conformément à la méthode de la comptabilité d'exercice, laquelle exige que les produits soient inscrits quand ils sont gagnés et les charges quand elles sont engagées pour engendrer des produits au cours de l'exercice. Le modèle d'analyse des opérations présenté au chapitre 2 a été élargi, car on y a ajouté les produits et les charges. On a également présenté les états financiers avant régularisations. Dans le chapitre 4, nous approfondirons nos connaissances et discuterons les régularisations nécessaires à la fin de l'exercice: le processus de régularisation des comptes, l'établissement des états financiers régularisés et le processus de clôture des comptes.

RATIOS CLÉS

Le **ratio de rotation de l'actif total** permet de mesurer le nombre de fois où le total de l'actif est compris dans le chiffre d'affaires. Plus le ratio est élevé, plus la société utilise efficacement ses actifs (les ressources utilisées pour engendrer des produits). On le calcule comme suit (voir la page 153):

$$\text{Ratio de rotation de l'actif total} = \frac{\text{Ventes}}{\text{Actif total moyen}}$$

Calcul de l'actif total moyen:

(Actif total de l'exercice précédent + Actif total de l'exercice en cours)/2

BILAN

Actif à court terme
Encaisse
Clients et effets à
  recevoir
Stocks
Frais payés
  d'avance
Actif à long terme
Placements à long
  terme
Immobilisations
  corporelles
Immobilisations
  incorporelles

Passif à court terme
Fournisseurs
Effets à payer
Frais courus
  à payer
Passif à long terme
Dette à long terme
Capitaux propres
Capital-actions
Bénéfices non
  répartis

ÉTAT DES RÉSULTATS

Produits
Ventes (provenant des diverses activités
  d'exploitation)
Charges
Coûts des marchandises vendues
  (stocks utilisés)
Loyers, salaires, intérêts, amortissement,
  assurances, etc.
Bénéfice avant les impôts
Charge d'impôts
Bénéfice net

ÉTAT DES FLUX DE TRÉSORERIE

*Sous la catégorie des activités
d'exploitation*

+ Sommes reçues des clients
+ Intérêts et dividendes reçus
– Sommes versées aux fournisseurs
– Sommes versées aux employés
– Intérêts versés
– Impôts payés

NOTES COMPLÉMENTAIRES

*Sous le Résumé des principales conventions
comptables :*
Description de la politique de la société en
  matière de constatation des produits

Mots clés

Charges, **p. 131**

Cycle d'exploitation (cycle commercial),
  p. 127

Gains, **p. 131**

Méthode de la comptabilité de caisse, **p. 132**

Méthode de la comptabilité d'exercice,
  p. 133

Pertes, **p. 131**

Postulat de l'indépendance des exercices,
  p. 129

Principe de réalisation, **p. 133**

Principe du rapprochement des produits et
  des charges, **p. 137**

Produits, **p. 130**

Questions

1. Expliquez ce qu'est le cycle d'exploitation.
2. Expliquez le postulat de l'indépendance des exercices.
3. Donnez l'équation de l'état des résultats et définissez chacune de ses composantes.
4. Expliquez la différence entre
  a) les produits et les gains,
  b) les charges et les pertes.
5. Définissez la *méthode de la comptabilité d'exercice*. Comparez cette dernière avec la méthode de la comptabilité de caisse.
6. Quelles sont les trois conditions auxquelles il faut satisfaire pour constater les produits selon la méthode de la comptabilité d'exercice ?
7. Expliquez le principe du rapprochement des produits et des charges.
8. Expliquez la raison pour laquelle les capitaux propres augmentent avec les produits et diminuent avec les charges.

9. Expliquez la raison pour laquelle les produits sont des comptes créditeurs et les charges, des comptes débiteurs.

10. Remplissez le tableau suivant en inscrivant *débit* ou *crédit* dans chaque cellule.

Poste	Augmentation	Diminution
Produits		
Pertes		
Gains		
Charges		

11. Remplissez le tableau suivant en inscrivant + pour une augmentation ou – pour une diminution dans chaque cellule.

Poste	Débit	Crédit
Produits		
Pertes		
Gains		
Charges		

12. Déterminez si chacune des opérations suivantes entraîne un flux de trésorerie lié aux activités d'exploitation, d'investissement ou de financement. Ensuite, indiquez l'effet sur l'encaisse (+ pour une augmentation et – pour une diminution). S'il n'y a «aucun effet» sur les flux de trésorerie, écrivez AE.

Opération	Activités d'exploitation, d'investissement ou de financement	Effet sur l'encaisse
Sommes payées aux fournisseurs		
Vente de biens à crédit		
Sommes reçues des clients		
Achat de placements		
Intérêts payés		
Émission d'actions en contrepartie d'espèces		

13. Comment calcule-t-on le ratio de rotation de l'actif total? Expliquez comment on doit l'interpréter.

M3-1 **L'association des définitions avec les termes**

Associez chaque définition avec le terme correspondant en écrivant la lettre appropriée dans l'espace disponible. Il n'y a qu'une seule définition par terme (autrement dit, il y a plus de définitions que de termes).

Terme	Définition
_____ 1. Pertes	A. Diminution de l'actif ou augmentation du passif découlant des opérations courantes.
_____ 2. Principe du rapprochement des produits et des charges	B. Comptabiliser les produits quand ils sont gagnés et mesurables (un échange se produit, le processus de génération des revenus est complet ou presque, et le recouvrement est raisonnablement sûr).
_____ 3. Produits	C. Découper la vie d'une entreprise en exercices plus courts.
_____ 4. Postulat de l'indépendance des exercices	D. Comptabiliser les charges quand elles sont engagées.
_____ 5. Cycle d'exploitation	E. Période qui s'écoule entre l'achat de biens ou de services aux fournisseurs, leur vente aux clients et le recouvrement des sommes dues par les clients.
	F. Diminution de l'actif ou augmentation du passif découlant des opérations périphériques.
	G. Augmentation de l'actif ou diminution du passif découlant des opérations courantes.

M3-2 **La comptabilisation des produits selon la méthode de la comptabilité de caisse et la méthode de la comptabilité d'exercice**

La société Arthur Musique a effectué les opérations suivantes au cours du mois de mars :

a) Vente d'instruments de musique pour une somme de 10 000 $. La société a encaissé 6 000 $, et le solde sera versé dans quelques jours.

b) Coût des instruments vendus de 7 000 $.

c) Achat de nouveaux stocks d'instruments de musique à un coût de 4 000 $. La société verse immédiatement 1 000 $, et le solde est porté au compte Fournisseurs.

d) Paiement de 600 $ en salaires pour le mois de mars.

e) Réception d'une facture de 200 $ pour des services publics qui sera payée en avril.

f) Réception d'un acompte de 1 000 $ pour une commande de nouveaux instruments qui seront livrés aux clients au mois d'avril.

Complétez les états financiers :

État des résultats selon la méthode de la comptabilité de caisse	État des résultats selon la méthode de la comptabilité d'exercice
Produits	Produits
Ventes au comptant	Ventes
Acompte des clients	
Charges	Charges
Achats de stocks	Coût des marchandises vendues
Salaires payés	Salaires
	Frais de services publics
Bénéfice net	Bénéfice net

M3-3   La détermination des produits

Voici une description des activités du mois de juillet 20B de la société Quilles Robert, qui exploite diverses salles de quilles.

1. Indiquez les intitulés des comptes qui sont touchés et le type de compte pour chacun (A pour actif, Pa pour passif et Pr pour produits).
2. Si vous devez constater des produits en juillet, précisez le montant dont il s'agit. Dans le cas contraire, déterminez quel critère de constatation des produits n'est pas respecté.

Activités	Comptes touchés et type de compte	Produits gagnés en juillet OU critère de constatation non respecté
a) La société Quilles Robert a encaissé une somme de 10 000 $ pour des parties jouées en juillet.		
b) La société a vendu du matériel de jeu de quilles pour une valeur de 5 000 $ dont 3 000 $ au comptant et le solde à crédit. (Ignorez le coût des stocks.)		
c) La société a reçu un chèque de 1 000 $ en règlement partiel pour des marchandises vendues en juin.		
d) Les ligues de quilles ont remis à la société un dépôt de 1 500 $ pour la prochaine saison d'automne.		

M3-4   La détermination des charges

Voici une description des activités du mois de juillet 20B de la société Quilles Robert, qui exploite diverses salles de quilles.

1. Indiquez les intitulés de comptes qui sont touchés et le type de compte pour chacun (A pour actif, Pa pour passif et C pour charges).
2. Si vous devez constater des charges en juillet, précisez le montant dont il s'agit. Dans le cas contraire, expliquez pourquoi.

Activités	Comptes touchés et type de compte	Charges engagées en juillet OU raison pour laquelle une charge n'est pas constatée
a) La société Quilles Robert a vendu des marchandises de jeu de quilles pour une valeur de 2 000 $.		
b) La société a versé 2 000 $ en paiement du compte d'électricité du mois de juin, et elle a reçu le compte d'électricité du mois de juillet de 2 200 $ qui sera payé en août.		
c) La société a versé 4 000 $ à ses employés pour le travail accompli au mois de juillet.		
d) La société a acheté une police d'assurance de 1 200 $ qui couvre la période du 1er juillet au 1er octobre.		
e) La société a payé 1 000 $ aux plombiers pour la réparation d'un tuyau brisé dans les toilettes.		

M3-5   La comptabilisation des produits

Pour chacune des opérations de l'exercice M3-3, inscrivez l'effet sur l'équation comptable et passez l'écriture de journal appropriée.

M3-6   La comptabilisation des charges

Pour chacune des opérations de l'exercice M3-4, inscrivez l'effet sur l'équation comptable et passez l'écriture de journal appropriée.

M3-7 **L'effet des produits sur les états financiers**

Voici une description des activités du mois de juillet 20B de la société Quilles Robert qui exploite diverses salles de quille. Remplissez le tableau en indiquant le montant et l'effet (+ pour une augmentation et – pour une diminution) de chaque opération. (Rappelez-vous que A = Pa + CP, Pr – C = BN et que le BN touche les CP à cause des bénéfices non répartis). Écrivez AE s'il n'y a aucun effet. La première opération est donnée à titre d'exemple.

	Bilan			État des résultats		
Opérations	**Actif**	**Passif**	**Capitaux propres**	**Produits**	**Charges**	**Bénéfice net**
a) La société Quilles Robert a encaissé une somme de 10 000 $ pour des parties jouées en juillet.	+10 000	AE	+10 000	+10 000	AE	+10 000
b) La société a vendu du matériel de jeu de quilles pour une valeur de 5 000 $ dont 3 000 $ en espèces et le solde à crédit.						
c) La société a reçu un chèque de 1 000 $ en règlement partiel pour des marchandises vendues en juin.						
d) Les ligues de quilles ont remis à la société un dépôt de 1 500 $ pour la prochaine saison d'automne.						

 M3-8 **L'effet des charges sur les états financiers**

Voici une description des activités du mois de juillet 20B pour la société Quilles Robert qui exploite diverses salles de quilles. Remplissez le tableau en indiquant le montant et l'effet (+ pour une augmentation et – pour une diminution) de chaque opération. (Rappelez-vous que A = Pa + CP, Pr – C = BN et que le BN touche les CP à cause des bénéfices non répartis). Écrivez AE s'il n'y a aucun effet. La première opération est donnée à titre d'exemple.

	Bilan			État des résultats		
Opérations	**Actif**	**Passif**	**Capitaux propres**	**Produits**	**Charges**	**Bénéfice net**
a) La société Quilles Robert a vendu des marchandises de jeu de quilles pour une somme de 2 000 $.	–2 000	AE	–2 000	AE	+2 000	–2 000
b) La société a versé 2 000 $ en paiement du compte d'électricité du mois de juin, et elle a reçu le compte d'électricité du mois de juillet de 2 200 $ qui sera payé en août.						
c) La société a versé 4 000 $ à ses employés pour le travail accompli au mois de juillet.						
d) La société a acheté une police d'assurance au coût de 1 200 $ qui couvre la période du 1er juillet au 1er octobre.						
e) La société a payé 1 000 $ au plombier pour réparer un tuyau dans les toilettes.						

M3-9   L'état des résultats

En vous basant sur les opérations des exercices M3-7 et M3-8 (incluant les exemples), dressez un état des résultats pour la société Quilles Robert pour le mois de juillet 20B.

M3-10   L'état des flux de trésorerie

En vous basant sur les opérations des exercices M3-7 et M3-8 (incluant les exemples), préparez la section des activités d'exploitation de l'état des flux de trésorerie pour la société Quilles Robert pour le mois de juillet 20B.

M3-11   Le ratio de rotation de l'actif total

Les données suivantes sont tirées des rapports annuels de la bijouterie Justin.

	20C	20B	20A
Total de l'actif	60 000 $	50 000 $	40 000 $
Total du passif	12 000	10 000	5 000
Total des capitaux propres	48 000	40 000	35 000
Ventes	154 000	144 000	130 000
Bénéfice net	50 000	38 000	25 000

Calculez le ratio de rotation de l'actif total de la bijouterie Justin pour les exercices 20B et 20C. Comment interprétez-vous ces résultats?

Exercices

E3-1   L'association des définitions et des termes

Associez chaque définition avec le terme correspondant en écrivant la lettre appropriée dans l'espace disponible. Il n'y a qu'une seule définition par terme (autrement dit, il y a plus de définitions que de termes).

Terme		Définition
_____	1. Charges	A. Découper la vie d'une entreprise en périodes plus courtes.
_____	2. Gains	B. Comptabiliser les charges quand elles sont engagées.
_____	3. Principe de réalisation	C. Période qui s'écoule entre l'achat des biens et des services aux fournisseurs, leur vente aux clients et le recouvrement des sommes dues par les clients.
_____	4. Comptabilité de caisse	D. Compte de passif utilisé pour comptabiliser un encaissement avant que le produit n'ait été gagné.
_____	5. Produit perçu d'avance	E. Augmentation de l'actif ou diminution du passif provenant des opérations périphériques.
_____	6. Cycle d'exploitation	F. Diminution de l'actif ou augmentation du passif provenant des opérations courantes.
_____	7. Comptabilité d'exercice	G. Comptabiliser les produits quand ils sont gagnés et mesurables (un échange se produit, le processus de génération des produits est complet ou presque, et le recouvrement est raisonnablement sûr).
_____	8. Charges payées d'avance	H. Diminution de l'actif ou augmentation du passif résultant des opérations périphériques.
_____	9. Produits – Charges = Bénéfice net	I. Comptabiliser les produits quand ils sont reçus et les charges quand elles sont payées.
_____	10. Bénéfices non répartis à la fin de l'exercice = Bénéfices non répartis au début de l'exercice + Bénéfice net – Dividendes	J. Équation de l'état des résultats.
		K. Compte de l'actif utilisé pour comptabiliser un décaissement avant que la charge ne soit engagée.
		L. Équation des bénéfices non répartis.
		M. Comptabiliser les produits quand ils sont gagnés et les charges quand elles sont engagées.

E3-2   **La détermination des produits**

En général, les produits sont constatés quand le processus de génération de revenus est complet ou presque, qu'un échange a eu lieu et que le recouvrement est assuré de façon raisonnable. Le montant inscrit est le prix de vente en dollars. Les opérations suivantes ont eu lieu durant le mois de septembre 20A :

a) Un client a commandé et reçu 10 ordinateurs personnels de Gateway 2000 ; le client promet de verser 25 000 $ dans les trois mois suivants. Répondez selon le point de vue de la société Gateway 2000.

b) La société Samuel Leblanc Dodge vend un camion au prix de catalogue de 24 000 $ pour une somme de 21 000 $ versée au comptant.

c) Le magasin à rayons Hudson commande 1 000 chemises pour homme à la société Tricots verts à 18 $ chacune pour une livraison future. Les modalités exigent un paiement en totalité dans les 30 jours suivant la livraison. Répondez selon le point de vue de la société Tricots verts.

d) La société Tricots verts termine la production des chemises décrite en c) et livre la commande. Répondez selon le point de vue de la société Tricots verts.

e) La société Tricots verts reçoit du magasin Hudson le règlement de la commande décrite en c). Répondez selon le point de vue de la société Tricots verts.

f) Un client achète au comptant un billet de la compagnie Air Canada d'une valeur de 500 $ pour un voyage qu'il effectuera en janvier prochain. Répondez selon le point de vue de la compagnie Air Canada.

g) La société General Motors émet des actions pour un montant de 26 millions de dollars.

h) L'Université du Québec reçoit une somme de 20 millions de dollars pour la vente de 80 000 billets pour la saison de 5 matchs de football.

i) La Machine joue le premier match de football mentionné en h).

j) La société Construction Raymond signe un contrat avec un client pour l'édification d'un nouvel entrepôt au prix de 500 000 $. À la signature du contrat, la société Construction Raymond reçoit un chèque de 50 000 $ comme dépôt pour la future construction. Répondez selon le point de vue de la société Construction Raymond.

k) Au 1ᵉʳ septembre 20A, une banque prête 1 000 $ à une entreprise. Le prêt comporte un taux d'intérêt annuel de 5 % ; le capital et les intérêts sont exigibles le 31 août 20B. Répondez selon le point de vue de la banque.

l) L'éditeur d'un populaire magazine de ski reçoit aujourd'hui une somme de 1 800 $ de la part de ses abonnés. Les abonnements commencent au prochain exercice. Répondez selon le point de vue de l'éditeur du magazine.

m) Sears, un magasin de vente au détail, vend une lampe de 100 $ à un client qui porte le coût d'achat sur la carte de crédit du magasin. Répondez selon le point de vue de Sears.

Travail à faire

Pour chaque opération du mois de septembre, procédez comme suit.

1. Indiquez les intitulés des comptes qui sont touchés et le type de compte de chacun (A pour actif, Pa pour passif, CP pour les capitaux propres et Pr pour produits).

2. Si vous devez constater des produits en septembre, précisez le montant dont il s'agit. Dans le cas contraire, indiquez quel critère de constatation des produits n'est pas respecté.

Utilisez les intitulés suivants en structurant votre solution :

Activités	Comptes touchés et type de compte	Produits gagnés en septembre OU critère de constatation non respecté

E3-3

La détermination des charges

On constate normalement les charges quand les biens et les services ont été fournis et le paiement ou la promesse de paiement a été fait. La constatation des charges est liée à la constatation des produits pour un même exercice. Les opérations suivantes se sont produites au mois de janvier 20B :

a) La société Gateway 2000 verse à ses techniciens du service informatique 90 000 $ en salaire pour les deux semaines se terminant le 7 janvier. Répondez selon le point de vue de la société Gateway.

b) La société Construction Raymond verse 4 500 $ pour un régime d'assurance-indemnité aux travailleurs pour les 3 premiers mois de l'exercice.

c) La maison d'édition McGraw-Hill a utilisé 1 000 $ d'électricité et de gaz naturel pour sa maison mère, lesquels n'ont pas encore été facturés.

d) La société Tricots verts termine la production de 500 chemises pour homme commandées par le magasin à rayons Bon Ton au coût de 9 $ chacune et livre la commande. Répondez selon le point de vue de la société Tricots verts.

e) La librairie du campus reçoit 500 manuels de comptabilité au coût de 50 $ chacun. Les modalités indiquent que le paiement est exigible dans les 30 jours suivant la livraison.

f) Durant la dernière semaine de janvier, la librairie du campus vend 450 manuels de comptabilité reçus en e) à un prix de vente de 80 $ chacun.

g) La société Samuel Leblanc Dodge verse 3 500 $ en commissions à ses vendeurs pour les ventes de voitures réalisées en décembre. Répondez selon le point de vue de la société Samuel Leblanc Dodge.

h) Le 31 janvier, la société Samuel Leblanc Dodge détermine qu'elle versera à ses vendeurs 4 200 $ en commissions pour les ventes réalisées en janvier. Le paiement sera fait au début du mois de février. Répondez selon le point de vue de la société Leblanc Dodge.

i) On installe un nouveau four au restaurant McDonald's. Le même jour, on fait un paiement de 12 000 $ en espèces.

j) L'Université Laval commande 60 000 billets de saison de football de son imprimeur et paie 6 000 $ d'avance pour cette impression. Le premier match sera joué en septembre. Répondez selon le point de vue de l'université.

k) La société Carrousel avait en entrepôt des fournitures de conciergerie s'élevant à 1 000 $. Elle a acheté pour 600 $ de plus de fournitures en janvier. À la fin de ce mois, il restait 900 $ de fournitures de conciergerie en entrepôt.

l) Une employée de l'Université du Québec travaille 8 heures à 15 $ l'heure le 31 janvier ; cependant, le jour de paie est le 3 février. Répondez selon le point de vue de l'université.

m) La société Wang paie 3 600 $ pour une police d'assurance-incendie le 2 janvier. La police couvre le mois courant et les 11 prochains mois. Répondez selon le point de vue de la société Wang.

n) En janvier, la société Ambre a fait réparer son camion de livraison au coût de 2 800 $, et elle a porté ces charges à son compte Créditeurs.

o) La société Zoé, un fournisseur de matériel agricole, reçoit son compte de téléphone à la fin du mois de janvier, qui s'élève à 230 $ pour les appels de janvier. Le compte n'a pas encore été payé.

p) En janvier, la société Spina reçoit et paie une facture de 1 500 $ provenant d'un cabinet de conseillers pour des services reçus en janvier.

q) La société de taxi Diamond paie une facture de 600 $ provenant d'un cabinet de conseillers pour des services reçus et comptabilisés dans le compte Créditeurs en décembre.

Travail à faire

Pour chaque opération effectuée en janvier, procédez comme suit.

1. Indiquez l'intitulé des comptes qui sont touchés et le type de compte (A pour actif, Pa pour passif et C pour charge).

2. Si vous devez constater une charge en janvier, précisez le montant dont il s'agit. Dans le cas contraire, expliquez pourquoi.

Activités	Comptes touchés et type de compte	Charges engagées en janvier OU raison pour laquelle une charge n'est pas constatée

OA5

E3-4 **L'effet de diverses opérations sur l'état des résultats**

Les opérations suivantes se sont produites au cours d'un exercice récent :

a) Émission d'actions en contrepartie d'un paiement en espèces.

b) Emprunt auprès d'une banque.

c) Matériel acheté à crédit.

d) Produits gagnés, argent recouvré.

e) Charges engagées, à crédit.

f) Produits gagnés, à crédit.

g) Paiement d'un compte Fournisseurs.

h) Charges engagées, paiement en espèces.

i) Produits gagnés, encaissement des trois quarts, solde à crédit.

j) Vol de 100 $ en espèces.

k) Dividendes en espèces déclarés et payés.

l) Sommes reçues des clients.

m) Charges engagées, paiement des quatre cinquièmes, solde à crédit.

n) Charge d'impôts payée pour l'exercice.

Travail à faire

Remplissez le tableau, en indiquant l'effet (+ pour une augmentation et – pour une diminution) de chaque opération. (Rappelez-vous que A = Pa + CP, Pr – C = BN et que le BN influe sur les CP à cause des Bénéfices non répartis). Inscrivez AE s'il n'y a aucun effet. La première opération est donnée à titre d'exemple.

Opérations	Bilan			État des résultats		
	Actif	Passif	Capitaux propres	Produits	Charges	Bénéfice net
a) (exemple)	+	AE	+	AE	AE	AE

OA5

E3-5 **L'effet de diverses opérations sur les états financiers**

La société Bon Pied inc. fabrique des chaussures militaires, de travail, de sport et de ville ainsi que des articles en cuir sous une variété de marques commerciales. Elle les vend sur le marché mondial. Les opérations suivantes se sont déroulées durant un exercice récent. Les montants sont exprimés en milliers de dollars.

a) Émission d'actions aux investisseurs pour un montant de 48 869 $.

b) Achat à crédit de stocks de matières premières pour une valeur de 299 794 $.

c) Emprunt de 58 181 $ par la signature d'effets à long terme.

d) Vente à crédit de marchandises pour une somme de 413 957 $; le coût des marchandises vendues s'élevait à 290 469 $.

e) Versement des dividendes en espèces pour un total de 2 347 $.

f) Achat d'immobilisations corporelles au prix de 18 645 $.

g) Frais de vente engagés de 85 993 $ dont les deux tiers ont été payés en espèces, solde à crédit.

h) Revenu de 1 039 $ en intérêts sur des investissements ; 90 % du revenu ont été encaissés.

i) Charges d'intérêts engagées au montant de 4 717 $.

Travail à faire

Remplissez le tableau en indiquant l'effet (+ pour une augmentation et – pour une diminution) de chaque opération. (Rappelez-vous que A = Pa + CP, Pr – C = BN et que le BN touche les CP à cause des Bénéfices non répartis). Inscrivez AE s'il n'y a aucun effet. La première opération est donnée à titre d'exemple.

| | Bilan | | | État des résultats | | |
Opérations	Actif	Passif	Capitaux propres	Produits	Charges	Bénéfice net
a) (exemple)	+48 869	AE	+48 869	AE	AE	AE

E3-6 L'équation comptable et les écritures de journal

OA5

La société Bisco est un distributeur de produits de services alimentaires servant des restaurants, des hôtels, des écoles, des hôpitaux et d'autres établissements. Les opérations décrites ci-après sont typiques de celles qui se produisent régulièrement dans ce genre d'entreprise pour un exercice donné.

a) Emprunt bancaire de 80 000 $ et signature d'un effet à court terme.

b) Prestation de services pour un montant de 10,2 millions de dollars durant l'exercice, dont 9,5 millions à crédit et le solde au comptant.

c) Achat au comptant d'une usine et de matériel au coût de 12,7 millions de dollars.

d) Achat à crédit de marchandises au coût de 82,6 millions de dollars.

e) Versement des salaires durant l'exercice pour un montant total de 1,02 million de dollars.

f) Encaissement de comptes clients pour une somme de 4,1 millions de dollars.

g) Achat et consommation de carburant au prix de 4 millions de dollars pour les véhicules de livraison durant l'exercice (payés en espèces).

h) Déclaration et paiement d'un dividende d'une valeur de 48,8 millions de dollars.

i) Paiement des comptes fournisseurs pour un montant total de 8,2 millions de dollars.

j) Charges liées à l'utilisation des services publics pour l'exercice s'élevant à 20 millions de dollars, dont 15 millions ont été payés comptant, solde à crédit.

Travail à faire

1. Pour chaque opération, indiquez l'effet sur l'équation comptable. Déterminez si l'équation comptable demeure en équilibre.

2. Pour chaque opération, passez l'écriture de journal en vérifiant si les débits sont égaux aux crédits.

E3-7 L'équation comptable et les écritures de journal

OA5

Corporation Intrawest

La société Intrawest possède la station de ski Tremblant au Québec. La société vend des billets de remonte-pentes, des leçons de ski et de l'équipement de ski. Elle exploite divers restaurants et loue des condos aux skieurs. Les opérations hypothétiques suivantes pour le mois de décembre sont typiques de celles qui se produisent à la station de ski.

a) Le 1er décembre, la société emprunte 500 000 $ auprès d'une banque et signe un effet de 6 mois à un taux d'intérêt annuel de 6 % pour financer le début de la nouvelle saison. Le capital et les intérêts sont payables à la date d'échéance.

b) Le 1er décembre, la société achète au comptant une nouvelle charrue à neige au coût de 20 000 $. L'évaluation de la durée de vie utile de la charrue est de 5 ans, et celle-ci a une valeur résiduelle de 5 000 $.

c) La société achète à crédit de l'équipement de ski qui sera mis en vente dans sa boutique. Le coût de l'équipement est de 10 000 $, et ce dernier est livré le jour même de la commande.

d) La société paie les frais d'entretien normaux des remonte-pentes au montant de 22 000 $.

e) La société vend au comptant des laissez-passer pour la saison totalisant 72 000 $.

f) La société vend également au comptant des laissez-passer quotidiens pour un total de 76 000 $.

g) La boutique vend à crédit une paire de skis d'une valeur de 350 $. (Le coût d'une paire de skis est de 250 $.)

h) La société encaisse un montant de 320 $ qui représente un dépôt d'une location de condo pour 5 jours en janvier.

i) La société paie la moitié des comptes fournisseurs enregistrés en c).

j) La boutique reçoit un chèque de 200 $ en règlement partiel du compte client enregistré en g).

k) La société verse à ses employés 108 000 $ en salaires pour le mois de décembre.

Travail à faire

1. Pour chaque opération, indiquez l'effet sur l'équation comptable.
2. Passez les écritures de journal pour chaque opération. (Vérifiez que les débits égalent les crédits.)
3. Supposez que Tremblant avait un solde de 1 200 $ dans son compte Clients au début de l'exercice. Déterminez le solde de clôture du compte Clients. Présentez votre calcul à l'aide d'un compte en T.

■ OA5

E3-8   L'équation comptable et les écritures de journal

La société Occident Air inc. est en exploitation depuis trois ans. Les opérations suivantes se sont produites au cours du mois de février.

01-02   Paiement d'une somme de 200 $ pour la location d'un espace de hangar pour le mois de février.

02-02   Achat à crédit de carburant au coût de 450 $ pour le prochain vol vers Val-d'Or.

04-02   Réception d'un chèque de 800 $ en règlement d'une livraison à Baie-Comeau le mois prochain.

07-02   Envoie d'une cargaison de Québec à Toronto ; le client a payé 900 $ pour le transport aérien.

10-02   Paiement du salaire de 1 200 $ au pilote pour les vols effectués en janvier.

14-02   Paiement d'une publicité dans un journal local qui sera publiée le 19 février au montant de 60 $.

18-02   Expédition d'une cargaison à deux clients de Toronto à la Baie-James pour une somme de 1 700 $; un client a payé 500 $ en espèces et l'autre a demandé à être facturé.

25-02   Achat à crédit de pièces de rechange pour les avions au coût de 1 350 $.

27-02   Déclaration d'un dividende en espèces payable en mars pour une valeur de 200 $.

Travail à faire

1. Pour chaque opération, indiquez l'effet sur l'équation comptable.
2. Passez les écritures de journal pour chaque opération. Assurez-vous de classer chaque compte comme un actif (A), un passif (Pa), des capitaux propres (CP), un produit (Pr) ou une charge (C).

■ OA3
■ OA5

E3-9   Les comptes en T et le calcul du bénéfice net

La société Piano Bernard est en exploitation depuis un an (20A). Au début de l'exercice 20B, ses comptes de l'état des résultats avaient des soldes nuls, et les soldes des comptes du bilan étaient les suivants.

Encaisse	6 000 $
Clients	25 000
Fournitures	1 200
Matériel	8 000
Terrain	6 000
Bâtisse	22 000
Fournisseurs	8 000
Produits perçus d'avance (dépôts)	3 200
Effets à payer (arrivant à échéance dans trois ans avec un taux d'intérêt annuel de 12 %)	40 000
Capital-actions	8 000
Bénéfices non répartis	9 000

Travail à faire

1. Présentez des comptes en T pour les comptes du bilan et les comptes suivants : Produits tirés de rénovations, Revenus de location, Salaires et Services publics. Entrez les soldes d'ouverture.
2. Inscrivez les opérations du mois de janvier 20B dans les comptes en T en utilisant la lettre de chaque opération comme référence :
   a) Réception d'un dépôt de 500 $ d'un client qui voulait rénover son piano.

b) Location d'une partie de la bâtisse à un atelier de réparation de bicyclettes; encaissement du loyer du mois de janvier au prix de 300$.

c) Livraison de 10 pianos rénovés à des clients qui ont payé 14 500$ en espèces.

d) Encaissement de chèques d'un montant total de 6 000$ en règlement de comptes dus par les clients.

e) Réception des comptes d'électricité et de gaz. Les frais de 350$ seront payés en février.

f) Commande de fournitures au coût de 800$.

g) Paiement d'un compte fournisseur de 1 700$.

h) Le principal actionnaire donne à la société un outil d'une valeur de 600$ (du matériel) qui sera très utile à l'entreprise.

i) Paiement des salaires du mois de janvier s'élevant à 10 000$.

j) Déclaration et paiement d'un dividende de 3 000$.

k) Réception des fournitures commandées en f) et règlement de la facture.

3. En utilisant les données des comptes en T, déterminez les montants manquants.

Produits _____$ – Charges _____$ = Bénéfice net _____$

Actif _____$ = Passif _____$ + Capitaux propres _____$

4. Quel serait le bénéfice net si Piano Bernard avait utilisé la méthode de la comptabilité de caisse? Pourquoi diffère-t-il du bénéfice net calculé selon la méthode de la comptabilité d'exercice?

E3-10 **L'établissement d'un état des résultats, d'un état des bénéfices non répartis et d'un bilan**   ☐OA6

Reportez-vous à l'exercice E3-9.

Travail à faire

Utilisez les soldes de clôture des comptes en T de l'exercice E3-9 pour dresser les états financiers suivants.

1. Un état des résultats pour le mois de janvier 20B.

2. Un état des bénéfices non répartis pour le mois de janvier 20B.

3. Un bilan au 31 janvier 20B.

E3-11 **L'établissement de l'état des flux de trésorerie**   ☐OA6

Reportez-vous à l'exercice E3-9.

Travail à faire

Utilisez les opérations de l'exercice E3-9 pour dresser un état des flux de trésorerie.

E3-12 **Les comptes en T**   ☐OA5

Sylvie Burelle et Patrice Bergeron exploitent le service de traiteur Bon Appétit depuis plusieurs années. En mars 20C, les associés ont planifié de prendre de l'expansion en ouvrant une boutique de vente au détail. De plus, ils ont décidé de transformer l'entreprise en une société de capitaux appelée Gourmet Express inc. Les opérations suivantes se sont produites au cours du mois de mars 20C:

a) Réception d'une somme de 10 000$ de chacun des actionnaires pour former la société de capitaux. Les actionnaires apportent également à la nouvelle société des comptes clients de 2 000$, du matériel d'une valeur de 5 300$, une fourgonnette (du matériel) évaluée à une juste valeur marchande de 13 000$ et des fournitures s'élevant à 1 200$.

b) Achat d'une bâtisse bien située au prix de 60 000$ avec une mise de fonds de 9 000$ et une hypothèque pour le solde.

c) Emprunt bancaire de 25 000$ et signature d'un effet de 5% payable dans un an.

d) Achat au comptant de fournitures au coût de 8 830$. Toutes ces fournitures ont été utilisées au cours du mois de mars.

e) Préparation et vente au comptant de nourriture pour une somme de 10 900$.

f) Prestation de services de traiteur pour quatre fêtes. La facture s'élevait à 3 200$ dont 1 700$ ont été encaissés et le reste a été facturé.

g) Réception du compte de téléphone de 320$ pour le mois de mars qui sera payé en avril.

h) Paiement d'une facture de 63$ en essence pour la fourgonnette au mois de mars.

i) Paiement des salaires du mois de mars s'élevant à 5 080$.

j) Paiement d'un dividende de 300$ à chaque actionnaire.

k) Achat à crédit de matériel (des comptoirs de présentation réfrigérés, des comptoirs, des tables et des chaises) au prix de 15 000$ et rénovation du nouveau magasin pour un montant de 10 000$ (ajouté aux frais de la bâtisse).

Travail à faire

1. Présentez des comptes en T pour les comptes suivants : Encaisse, Clients, Stock de fournitures, Matériel, Bâtisse, Fournisseurs, Effets à payer, Hypothèque à payer, Capital-actions, Bénéfices non répartis, Vente de nourriture, Services de traiteur, Fournitures utilisées, Services publics, Salaires et Frais d'essence.

2. Présentez dans les comptes en T les opérations de Gourmet Express pour le mois de mars en utilisant la lettre de chaque opération comme référence.

E3-13 **L'établissement d'un état des résultats, d'un état des bénéfices non répartis et d'un bilan**

Reportez-vous à l'exercice E3-12.

Travail à faire

Utilisez les soldes des comptes en T établis à l'exercice E3-12 pour répondre aux demandes suivantes.

1. Dressez un état des résultats en bonne et due forme pour le mois de mars 20C.
2. Dressez un état des bénéfices non répartis pour le mois de mars 20C.
3. Dressez un bilan en bonne et due forme au 31 mars 20C.
4. Que pensez-vous du succès de cette entreprise en vous basant sur les résultats du premier mois d'exploitation ?

E3-14 **L'établissement d'un état des flux de trésorerie**

Reportez-vous à l'exercice E3-12.

Travail à faire

Utilisez les opérations décrites à l'exercice E3-12 pour dresser un état des flux de trésorerie.

E3-15 **L'établissement d'un état des résultats et d'un bilan**

La société Cerfs-Volants asiatiques (une société de capitaux) vend et répare des cerfs-volants pour des fabricants du monde entier. Ses magasins sont situés dans des locaux loués dans les centres commerciaux. Durant son premier mois d'exploitation se terminant le 30 avril 20B, Cerfs-Volants asiatiques a effectué huit opérations présentées dans le tableau suivant.

Comptes	Opérations a)	b)	c)	d)	e)	f)	g)	h)	Solde de clôture
Encaisse	50 000 $	(10 000) $	(5 000) $	7 000 $	(2 000) $	(1 000) $		3 000 $	
Clients				3 000					
Stocks			20 000	(3 000)					
Frais payés d'avance					1 500				
Matériel de magasin		10 000							
Fournisseurs			15 000				1 200		
Produits perçus d'avance								2 000	
Capital-actions	50 000								
Ventes				10 000				1 000	
Coût des marchandises vendues				3 000					
Salaires						1 000			
Charges locatives					500				
Frais de services publics							1 200		

Travail à faire

1. Rédigez une brève explication des opérations a) à h). Expliquez toutes vos hypothèses.
2. Calculez le solde de clôture de chaque compte et dressez un état des résultats ainsi qu'un bilan pour la société Cerfs-Volants asiatiques au 30 avril 20B.

E3-16 **L'utilisation des comptes en T et l'interprétation du ratio de rotation de l'actif total**

La société Derfel, en exploitation depuis trois ans, offre des services de consultation en marketing pour les entreprises du secteur technologique. Vous êtes un analyste financier chargé de faire un rapport sur l'efficacité de l'équipe de direction dans la gestion de ses actifs. Au début de l'exercice 20D (son quatrième exercice), les soldes des comptes en T de la société Derfel étaient les suivants. Les montants sont exprimés en milliers de dollars.

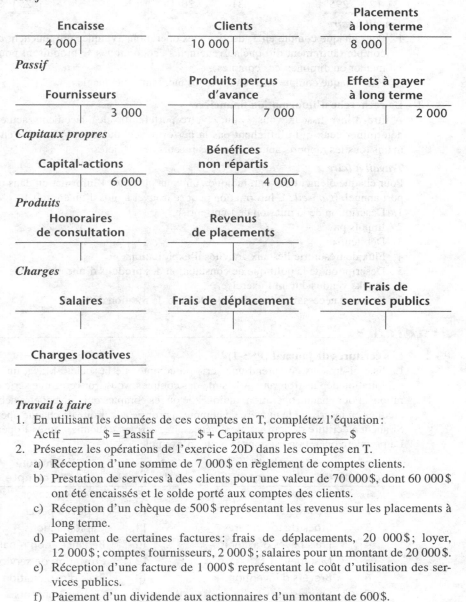

Actif

Encaisse		Clients		Placements à long terme	
4 000		10 000		8 000	

Passif

Fournisseurs		Produits perçus d'avance		Effets à payer à long terme	
	3 000		7 000		2 000

Capitaux propres

Capital-actions		Bénéfices non répartis	
	6 000		4 000

Produits

Honoraires de consultation		Revenus de placements	

Charges

Salaires		Frais de déplacement		Frais de services publics	

Charges locatives	

Travail à faire

1. En utilisant les données de ces comptes en T, complétez l'équation :

   Actif _____ $ = Passif _____ $ + Capitaux propres _____ $

2. Présentez les opérations de l'exercice 20D dans les comptes en T.
   a) Réception d'une somme de 7 000 $ en règlement de comptes clients.
   b) Prestation de services à des clients pour une valeur de 70 000 $, dont 60 000 $ ont été encaissés et le solde porté aux comptes des clients.
   c) Réception d'un chèque de 500 $ représentant les revenus sur les placements à long terme.
   d) Paiement de certaines factures : frais de déplacements, 20 000 $; loyer, 12 000 $; comptes fournisseurs, 2 000 $; salaires pour un montant de 20 000 $.
   e) Réception d'une facture de 1 000 $ représentant le coût d'utilisation des services publics.
   f) Paiement d'un dividende aux actionnaires d'un montant de 600 $.
   g) Réception d'un acompte de 2 000 $ pour des services que la société Derfel fournira l'an prochain.
3. Calculez les soldes de clôture des comptes en T et complétez l'équation au 31 décembre 20D.

   Actif _____ $ = Passif _____ $ + Capitaux propres _____ $

   Produits _____ $ – Charges _____ $ = Bénéfice net _____ $
4. Calculez le ratio de rotation de l'actif total pour l'exercice 20D. Si la société a un ratio de rotation en 20C de 2,00 et en 20B de 1,80, que vous indiquent vos calculs au sujet de la société Derfel ? Que devriez-vous écrire dans votre rapport ?

E3-17 **L'utilisation des comptes en T**

Un rapport annuel récent de la société Dow Jones & Company, le chef de file mondial en information financière (et l'éditeur du *Wall Street Journal*), comprenait les comptes suivants. Les montants sont exprimés en millions de dollars.

Débiteurs			Charges payées d'avance			Produits perçus d'avance		
01-01	313		01-01	25			240	01-01
	2 573	?		43	?	?	328	
31-12	295		31-12	26			253	31-12

Travail à faire

1. Pour chaque compte en T, décrivez les opérations typiques qui touchent chaque compte (autrement dit, quels événements économiques se produisent pour augmenter ou diminuer ces comptes).
2. Pour chaque compte en T, calculez les montants manquants.

E3-18 **La recherche d'information financière**

À titre d'investisseur, vous évaluez votre portefeuille de placements actuel pour déterminer ceux qui n'affichent pas la performance attendue. Vous avez entre les mains tous les rapports annuels les plus récents des sociétés.

Travail à faire

Pour chaque élément suivant, indiquez où vous placeriez l'information dans un rapport annuel. (*Conseil :* L'information peut se trouver à plus d'un endroit.)

1. Description de la mission de l'entreprise.
2. Impôts payés.
3. Débiteurs.
4. Flux de trésorerie liés aux activités d'exploitation.
5. Description de la politique de constatation des produits d'une entreprise.
6. Stocks vendus durant l'exercice.
7. Données nécessaires pour calculer le ratio de rotation de l'actif.

Problèmes

P3-1 **Les écritures de journal (PS3-1)**

La liste ci-dessous comprend une série de comptes de la société Maya, qui est en exploitation depuis trois ans. À la suite des comptes, vous trouverez une série d'opérations. Pour chaque opération, indiquez le ou les comptes qui doivent être débités et crédités en inscrivant le numéro de compte approprié à la droite de chaque opération. Si aucune écriture de journal n'est nécessaire, écrivez « aucune » après l'opération. La première opération est donnée à titre d'exemple.

Numéro de compte	Intitulé du compte	Numéro de compte	Intitulé du compte
1	Encaisse	9	Salaires à payer
2	Débiteurs	10	Impôts à payer
3	Stock de fournitures	11	Capital-actions
4	Frais payés d'avance	12	Bénéfices non répartis
5	Matériel	13	Prestation de services
6	Brevets d'invention	14	Frais d'exploitation
7	Fournisseurs	15	Charge d'impôts
8	Effets à payer	16	Aucun des éléments mentionnés plus haut

Opérations	Débit	Crédit
a) Exemple: Achat de matériel dont le tiers est payé comptant et le solde fait l'objet d'un effet à payer.	5	1,8
b) Émission d'actions aux nouveaux investisseurs.		
c) Paiement en espèces des salaires.		
d) Encaissement pour les services rendus durant l'exercice.		
e) Encaissement de comptes clients pour des services rendus dans l'exercice précédent.		
f) Services rendus au cours de l'exercice, à crédit.		
g) Paiement des frais d'exploitation engagés au cours de l'exercice.		
h) Paiement de comptes fournisseurs pour des charges engagées durant l'exercice précédent.		
i) Frais d'exploitation engagés au cours de cet exercice et qui seront payés durant l'exercice suivant.		
j) Achat au comptant de fournitures.		
k) Utilisation de fournitures pour l'exploitation.		
l) Achat au comptant d'un brevet d'invention (un actif incorporel).		
m) Paiement de l'effet à payer pour le matériel acheté en a); le paiement comprenait le capital et les intérêts.		
n) Paiement d'une partie de la charge d'impôts de l'exercice; le solde sera payé l'an prochain.		
o) Achat comptant d'une police d'assurance couvrant les deux prochaines années, contractée le dernier jour de l'exercice en cours.		

P3-2 **L'équation comptable et les écritures de journal (PS3-2)** ■OA5

Sylvie Quintal a mis sur pied une nouvelle entreprise, Unitête inc. L'entreprise exploite un petit magasin situé dans un centre commercial. Elle est spécialisée dans la vente de casquettes de base-ball assorties de logo. Sylvie, qui ne sort jamais sans casquette, croit que son marché cible est constitué par les étudiants universitaires. On vous a engagé pour comptabiliser les opérations qui se sont produites au cours des deux premières semaines d'exploitation.

01/05 Émission de 1 000 actions à 30$ l'action.

01/05 Emprunt bancaire de 50 000$ pour lancer les activités d'exploitation. Le taux d'intérêt annuel est de 7 %; le capital et les intérêts sont exigibles dans 24 mois.

01/05 Paiement de 2 400$ représentant le loyer des mois de mai et juin.

01/05 Paiement de la police d'assurance couvrant une période d'un an au coût de 2 400$ (comptabilisé dans le compte Frais payés d'avance).

03/05 Achat à crédit de fournitures pour le magasin au prix de 15 000$. Le montant est payable dans les 30 jours.

04/05 Achat au comptant de casquettes de base-ball avec les logos des universités Laval, McGill et UQAM pour un montant de 1 800$.

05/05 Achat d'un espace publicitaire dans les journaux universitaires au coût de 250$, montant versé comptant.

09/05 Vente de casquettes pour une valeur de 400$, dont la moitié est encaissée au comptant. Le coût des casquettes vendues était de 150$.

10/05 Paiement des fournitures achetées à crédit le 3 mai.

14-05 Encaissement d'un chèque de 50$ reçu d'une cliente.

Travail à faire

1. Indiquez pour chaque opération l'effet sur l'équation comptable.

2. Passez les écritures de journal pour enregistrer les opérations du mois de mai. Assurez-vous de classer chaque compte comme actif (A), passif (Pa), capitaux propres (CP), produits (Pr) ou charges (C).

P3-3 **L'analyse de diverses opérations** (PS3-3)

Selon son rapport annuel, les restaurants Wendy's servent «les meilleurs hamburgers sur le marché» et d'autres aliments frais comme des salades, des sandwichs au poulet et des pommes de terre au four dans plus de 4 000 restaurants dans le monde. Les activités suivantes ont été déduites à partir d'un récent rapport annuel.

a) Achat de placements temporaires.

b) Vente au comptant de repas. Ignorez l'utilisation des fournitures jusqu'au point h).

c) Paiement de dividendes en espèces.

d) Frais d'exploitation du restaurant engagés durant l'exercice. Une partie de ces frais ont été payés en espèces, et le solde est inscrit dans un compte Fournisseurs.

e) Vente de franchises dont une partie est payée en espèces, et le solde fait l'objet d'un effet à payer par les franchisés.

f) Paiement des intérêts sur la dette.

g) Achat de nourriture et de produits d'emballage. Paiement d'une partie en espèces et le reste à crédit.

h) Utilisation de nourriture et de produits d'emballage.

Travail à faire

1. Remplissez le tableau en indiquant l'effet (+ pour une augmentation et – pour une diminution) de chaque opération. (Rappelez-vous que A = Pa + CP, Pr – C = BN et que le BN touche les CP à cause des Bénéfices non répartis). Inscrivez AE s'il n'y a aucun effet. La première opération est donnée à titre d'exemple.

Opérations	Bilan			État des résultats		
	Actif	Passif	Capitaux propres	Produits	Charges	Bénéfice net
a) (exemple)	+/−	AE	AE	AE	AE	AE

2. Pour chaque opération, indiquez à quel endroit, le cas échéant, celle-ci serait présentée à l'état des flux de trésorerie. Utilisez E pour les activités d'exploitation, I pour les activités d'investissement, F pour les activités de financement et AE (pour aucun effet) si l'opération n'est pas présentée à l'état des flux de trésorerie.

P3-4 **L'utilisation des comptes en T, l'établissement des états financiers et l'analyse du ratio de rotation de l'actif total** (PS3-4)

Paul Michaud, un amateur de chocolat fin, a ouvert une boutique, Les Passions de Nathalie, à Saint-Césaire, le 1er février 20A. La boutique est spécialisée dans la vente de chocolats et de crèmes glacées de luxe. On vous a engagée comme gérante, et vos tâches comprennent la tenue des livres de la boutique. Les opérations suivantes se sont produites au cours du mois de février 20A.

a) Encaissement de 16 000 $ représentant la mise de fonds des quatre actionnaires pour démarrer l'entreprise.

b) Paiement de trois mois de loyer à 800 $ par mois (comptabilisés dans le compte Loyer payé d'avance).

c) Achat au comptant de fournitures au prix de 300 $.

d) Achat à crédit et réception de friandises pour un montant de 5 000 $, exigible dans 60 jours.

e) Négociation d'un prêt bancaire de 10 000 $, à un taux d'intérêt annuel de 6 %. Le capital et les intérêts sont exigibles dans deux ans.

f) Cet emprunt (en e) sert à acheter un ordinateur de 2 500 $ (pour la tenue des livres et le suivi des stocks), du mobilier et des frais d'agencements de la boutique au coût de 7 500 $.

g) Achat au comptant d'un espace publicitaire pour annoncer la grande ouverture de la boutique dans un journal de la région au prix de 425 $.

h) Ventes totalisant 1 800 $ pour la Saint-Valentin; 1 525 $ ont été encaissés, et la balance a été versée aux comptes des clients. Le coût des friandises vendues était de 1 000 $.

i) Paiement de 500 $ en règlement de comptes fournisseurs.

j) Paiement des salaires au montant de 420 $.

k) Sommes reçues des clients pour un montant de 50 $.

l) Paiement des frais de réparation d'un des présentoirs au coût de 118 $.

m) Ventes au comptant de 2 000 $. Le coût des marchandises vendues s'élevait à 1 100 $.

Travail à faire

1. Présentez les comptes en T suivants : Encaisse, Clients, Fournitures, Stock de marchandises, Loyer payé d'avance, Matériel, Mobilier et agencements, Fournisseurs, Effets à payer, Capital-actions, Ventes, Coût des marchandises vendues, Frais de publicité, Salaires et Frais de réparation. Tous les comptes ont au départ des soldes nuls.

2. Présentez dans les comptes en T les opérations du mois de février. Calculez le solde de clôture de tous les comptes en T.

3. Dressez les états financiers à la fin du mois de février (l'état des résultats, l'état des bénéfices non répartis et le bilan).

4. Rédigez une note brève à Paul qui exprime votre opinion sur les résultats du premier mois d'exploitation.

5. Après trois ans d'exploitation, on vous évalue pour une promotion. Un des critères d'évaluation est l'efficacité de votre gestion des actifs de l'entreprise. Les données suivantes sont disponibles.

	20C*	20B	20A
Total de l'actif	80 000 $	45 000 $	35 000 $
Total du passif	45 000	20 000	15 000
Total des capitaux propres	35 000	25 000	20 000
Total des ventes	85 000	75 000	50 000
Bénéfice net	20 000	10 000	4 000

* À la fin de l'exercice 20C, Paul a décidé d'ouvrir une deuxième boutique, et il avait besoin de fonds pour acheter des stocks avant l'ouverture au début de 20D.

Calculez le ratio de rotation de l'actif pour les exercices 20B et 20C. Croyez-vous mériter une promotion ? Expliquez votre réponse.

P3-5 **L'établissement d'un état des flux de trésorerie (PS3-5)**
Reportez-vous au problème P3-4.

Travail à faire

À partir des opérations décrites au problème P3-4, dressez un état des flux de trésorerie pour le mois de février 20A.

P3-6 **L'utilisation des comptes en T, l'établissement des états financiers et l'analyse du ratio de rotation de l'actif (PS3-6)**
Voici les soldes des comptes au 31 mai 20A (en millions de dollars) provenant d'un récent rapport annuel de la Federal Express Corporation, suivis de diverses opérations types de cette entreprise. Federal Express se décrit dans son rapport annuel comme suit.

> Federal Express Corporation offre une vaste gamme de services express pour le transport minuté de biens et de documents dans le monde entier à l'aide d'une grande flotte d'avions et de véhicules ainsi que de technologies de l'information très évoluées.

◾OA6

◾OA5
◾OA6
Federal Express ◾OA7

Compte	Solde	Compte	Solde
Équipement de transport aérien et de transport au sol	3 476 $	Capital-actions	702 $
		Débiteurs	923
Bénéfices non répartis	970	Autres actifs	1 011
Fournisseurs	554	Encaisse	155
Frais payés d'avance	64	Pièces de rechange, fournitures et carburant	164
Frais courus à payer	761		
Effets à payer à long terme	2 016	Autres passifs à long terme	790

Ces comptes ne sont pas nécessairement dans le bon ordre, et ils ont des soldes créditeurs ou débiteurs. Les opérations suivantes (en millions de dollars) se sont produites au cours du mois de juin 20A.

a) Prestation de services de livraison pour une somme de 7 800 $, dont 600 $ ont été encaissés et 7 200 $ enregistrés dans les comptes clients.

b) Achat de nouveau matériel au coût de 816 $. Signature d'un effet à payer à long terme.

c) Paiement de 744 $ pour la location de matériel et d'avion, dont un montant de 648 $ concerne le présent exercice et le solde l'exercice prochain.

d) Décaissement de 396 $ pour l'entretien et la réparation des locaux et du matériel au cours de l'exercice.

e) Recouvrement d'un montant de 6 524 $ provenant des comptes clients.

f) Emprunt d'une somme de 900 $ et signature d'un effet à long terme.

g) Émission d'actions pour une valeur de 240 $.

h) Paiement des salaires des employés d'un montant total de 3 804 $ pour l'exercice.

i) Achat au comptant et utilisation de carburant pour les avions et le matériel au coût de 492 $.

j) Paiement de 384 $ sur les comptes fournisseurs.

k) Commande de 72 $ en pièces de rechange et en fournitures.

Travail à faire

1. Présentez les comptes en T en vous servant de la liste des comptes donnée plus haut ; inscrivez les soldes respectifs. Vous aurez besoin de comptes en T additionnels pour les comptes de l'état des résultats.

2. Inscrivez chaque opération dans les comptes en T. Précisez chaque opération en utilisant la lettre de référence. Calculez le solde de clôture de chaque compte.

3. Dressez en bonne et due forme un état des résultats, un état des bénéfices non répartis, un bilan et un état des flux de trésorerie.

4. Calculez le ratio de rotation de l'actif total. Que vous révèle-t-il au sujet de Federal Express ?

OA5
OA6

P3-7 **L'équation comptable, les écritures de journal et les flux de trésorerie**

Tornade inc. possède et exploite quatre parcs d'amusement saisonniers. Voici quelques opérations qui se sont produites au cours de l'exercice 20A.

a) Les clients des parcs ont payé 89 664 000 $ en frais d'admission.

b) Les frais d'exploitation de base (comme le salaire des employés, les installations, les réparations et l'entretien) pour l'exercice 20A étaient de 66 347 000 $, dont 60 200 000 $ ont été réglés au comptant.

c) Les intérêts versés sur la dette à long terme s'élevaient à 6 601 000 $.

d) Les parcs vendent de la nourriture et des produits, et ils exploitent des jeux. L'argent reçu en 20A pour ces activités combinées totalisaient 77 934 000 $.

e) Le coût des produits vendus durant l'exercice étaient de 19 525 000 $.

f) Tornade a acheté et construit des bâtisses additionnelles, des manèges et du matériel durant l'exercice 20A, payant 23 813 000 $ au comptant.

g) Les actifs les plus significatifs pour l'entreprise sont le terrain, les bâtiments, les manèges et le matériel. Par conséquent, l'amortissement représente une charge considérable pour Tornade (relié à l'utilisation de ces biens pour produire des revenus durant l'exercice). En 20A, le montant s'élevait à 14 473 000 $ (créditez l'Amortissement cumulé).

h) Les clients peuvent séjourner dans les chambres situées à l'intérieur des parcs qui appartiennent à l'entreprise. En 20A, les produits tirés de la location de chambres étaient de 11 345 000 $; 11 010 000 $ ont été encaissés, et la balance portée aux comptes des clients.

i) Tornade a versé 2 900 000 $ en règlement partiel des effets à payer.

j) L'entreprise a acheté 19 100 000 $ en nourriture et en stock de marchandises pour l'exercice, dont 18 000 000 $ ont été payés au comptant.

k) Les frais de vente, généraux et administratifs (comme le salaire du président et la publicité pour les parcs, non classés comme frais d'exploitation) pour l'exercice 20A, totalisaient 21 118 000 $; 19 500 000 $ ont été versés au comptant et le solde reste à payer.

l) Tornade a payé 8 600 000 $ sur les comptes fournisseurs durant l'exercice.

Travail à faire

1. Montrez l'effet de chaque opération sur l'équation comptable.
2. Passez les écritures de journal requises pour enregistrer les opérations.
3. Utilisez le tableau suivant pour déterminer si chaque opération produit un effet sur les flux de trésorerie liés aux activités d'exploitation (E), d'investissement (I) ou de financement (F). De plus, indiquez l'effet sur l'encaisse (+ pour une augmentation et – pour une diminution). S'il n'y a aucun effet sur le flux de trésorerie, écrivez AE. La première opération est donnée à titre d'exemple.

Opération	Activités d'exploitation, d'investissement ou de financement	Effet sur l'encaisse
a)	E	+ 89 664 000 $

Problèmes supplémentaires

PS3-1 Les écritures de journal (P3-1)

□OA5

La liste ci-dessous comprend une série de comptes de la société Otis inc., qui est en exploitation depuis deux ans. À la suite des comptes, vous trouverez une série d'opérations.

Pour chaque opération, indiquez le ou les comptes qui doivent être débités et crédités en inscrivant le numéro de compte approprié à la droite de chaque opération. Si aucune écriture de journal n'est nécessaire, écrivez *aucune* après l'opération. La première opération est donnée à titre d'exemple.

Numéro de compte	Intitulé du compte	Numéro de compte	Intitulé du compte
1	Encaisse	9	Salaires à payer
2	Débiteurs	10	Impôts à payer
3	Stock de fournitures	11	Capital-actions
4	Frais payés d'avance	12	Bénéfices non répartis
5	Bâtiments	13	Prestation de services
6	Terrain	14	Frais d'exploitation
7	Fournisseurs	15	Charge d'impôts
8	Hypothèque à payer		

Opérations	Débit	Crédit
a) Exemple : Émission d'actions aux nouveaux investisseurs.	1	11
b) Services rendus au cours de cet exercice à crédit.		
c) Achat à crédit de fournitures.		
d) Paiement d'avance d'une police d'assurance contre l'incendie couvrant les 12 prochains mois.		
e) Achat d'une bâtisse avec une mise de fonds de 20 % et l'obtention d'un prêt hypothécaire.		
f) Encaissement de comptes clients se rapportant à des services rendus au cours de l'exercice précédent.		
g) Paiement des salaires gagnés et comptabilisés au cours de l'exercice précédent.		
h) Paiement des frais d'exploitation engagés et comptabilisés au cours de l'exercice précédent.		
i) Paiement des frais d'exploitation engagés et comptabilisés au cours de l'exercice en cours.		
j) Comptabilisation des frais d'exploitation engagés et qui seront payés durant le prochain exercice.		
k) Services rendus au comptant.		
l) Utilisation de fournitures pour nettoyer les bureaux.		
m) Comptabilisation de la charge d'impôts à payer pour l'exercice en cours.		
n) Déclaration et paiement d'un dividende en espèces.		
o) Versement sur l'hypothèque à payer, comprenant le capital et les intérêts.		
p) Au cours de l'exercice, une actionnaire a vendu des actions à une autre personne pour un montant inférieur au prix d'émission initial.		

■OA5

PS3-2 L'équation comptable et les écritures de journal (P3-2)

Alexandre Lesbros est président de ServicePro inc., une entreprise qui offre du personnel temporaire aux entreprises sans but lucratif. ServicePro est en exploitation depuis cinq ans. Ses revenus augmentent chaque année. On vous a engagé pour aider Alexandre à analyser les opérations qui se sont produites au cours des deux premières semaines du mois d'avril.

02-04	Achat à crédit de fournitures de bureau au prix de 500 $.
03-04	Réception de la facture de téléphone au montant de 245 $.
05-04	Facturation de la société Belair au montant de 1 950 $ pour services rendus.
08-04	Paiement d'un compte fournisseur de 250 $.
09-04	Achat au comptant d'un nouvel ordinateur pour le bureau au coût de 2 300 $.
10-04	Paiement des salaires des employés au montant de 1 200 $. De ce montant, 200 $ ont été constatés au cours de l'exercice précédent.
11-04	Réception de 1 000 $ de la société Bélair en règlement partiel de son compte.
12-04	Achat d'un terrain pour le futur site d'un nouvel édifice au prix de 10 000 $. Mise de fonds de 2 000 $ et signature d'un effet à payer pour la balance. La note est exigible dans cinq ans, et son taux d'intérêt annuel est de 5 %.
13-04	Émission de 2 000 actions au prix de 40 $ l'action en anticipation de la construction de nouveaux bureaux.
14-04	Facturation de Services Famille au montant de 2 000 $ pour la prestation de services.

Travail à faire

1. Pour chaque opération, indiquez l'effet sur l'équation comptable.
2. Passez les écritures de journal pour enregistrer les opérations du mois d'avril. Assurez-vous de classer chaque compte comme actif (A), passif (Pa), capitaux propres (CP), produits (Pr) ou charges (C).

L'analyse de diverses opérations (P3-3)

Microcell Telecommunications Inc. est un fournisseur canadien de services de communication sans fil. La société a été fondée en 1995, et elle est devenue une société ouverte le 15 octobre 1997. Microcell est bien connue avec son service de messagerie Fido, pour les services de communications personnelles. Au 31 décembre 2001, la société comptait plus de 2 200 employés au Canada.

Microcell Telecommunications Inc.

☐ OA5
☐ OA6

Les activités suivantes ont été déduites à partir d'un récent rapport annuel de l'entreprise.

a) Charges administratives engagées dont une partie a été réglée en espèces, et la balance sera versée ultérieurement.

b) Vente à crédit de cartes à puces et d'appareils SCP. (*Conseil :* Réduisez aussi les stocks pour les quantités vendues.)

c) Acquisition au comptant de titres négociables.

d) Encaissement de comptes clients.

e) Frais de publicité engagés pour l'exercice en cours. Le montant sera payé au cours du prochain exercice.

f) Remboursement d'une partie de la dette à long terme et des intérêts.

g) Achat à crédit de matériel informatique.

h) Paiement de compte fournisseurs.

i) Émission d'actions au comptant.

j) Paiement des salaires aux employés.

k) Encaissement de dividendes et d'intérêts sur des placements à court terme.

Travail à faire

1. Remplissez le tableau en indiquant l'effet (+ pour une augmentation et – pour une diminution) de chaque opération. (Rappelez-vous que A = Pa + CP, Pr – C = BN et que le BN influe sur les CP à cause des Bénéfices non répartis.) Inscrivez AE s'il n'y a aucun effet. La première opération est donnée à titre d'exemple.

	Bilan			État des résultats		
Opérations	**Actif**	**Passif**	**Capitaux propres**	**Produits**	**Charges**	**Bénéfice net**
a) (exemple)	–	+	–	AE	+	–

2. Pour chaque opération, indiquez à quel endroit, le cas échéant, celle-ci sera présentée à l'état des flux de trésorerie. Indiquez E pour les activités d'exploitation, I pour les activités d'investissement, F pour les activités de financement et AE (pour aucun effet) si l'opération n'est pas présentée à l'état des flux de trésorerie.

PS3-4 **L'utilisation des comptes en T, l'établissement des états financiers et l'analyse du ratio de rotation de l'actif total (P3-4)**

☐ OA5
☐ OA6
☐ OA7

La société Les Granges vertes inc. a été fondée à Trois-Rivières le 1er avril 20C. La société fournit des écuries, des soins vétérinaires et des terrains pour monter et présenter les chevaux. On vous a engagé comme contrôleur adjoint. Les opérations suivantes ont eu lieu au mois d'avril 20C.

a) Les cinq fondateurs de la société investissent les actifs suivants : 50 000 $ en espèces (10 000 $ chacun), une écurie évaluée à 100 000 $, un terrain évalué à 60 000 $ et des fournitures évaluées à 2 000 $. Chaque investisseur a reçu 3 000 actions.

b) Construction d'une petite écurie au montant de 42 000 $. La société a payé la moitié de cette somme en espèces et a signé un effet à payer de trois ans pour le solde en date du 1er avril 20C.

c) La société a fourni à crédit des services de soins aux animaux pour une valeur de 15 260 $.

d) Location d'écuries aux clients qui prennent soin eux-mêmes de leurs animaux et réception d'un paiement en espèces de 13 200 $.

e) Encaissement d'une somme de 1 500 $ pour loger un cheval en avril, mai et juin (comptabilisée comme produits perçus d'avance).

f) Achat à crédit de paille (un stock de fournitures) au prix de 3 210 $.

g) Émission d'un chèque de 840 $ pour les services publics d'eau utilisés durant le mois.

h) Paiement de 1 700 $ de comptes fournisseurs concernant des achats déjà effectués.

i) Réception de chèques d'une valeur de 1 000 $ en règlement de comptes clients.

j) Paiement des salaires aux employés qui ont travaillé au cours du mois, au montant de 4 000 $.

k) À la fin du mois, achat d'une police d'assurance pour une période de 2 ans au coût de 3 600 $.

l) Réception d'un compte d'électricité de 1 200 $ pour le mois d'avril ; la facture sera payée au mois de mai.

m) Paiement d'un dividende de 100 $ à chaque actionnaire.

Travail à faire

1. Présentez les comptes en T nécessaires. Tous les comptes commencent par un solde nul.

2. Inscrivez dans les comptes en T les opérations du mois d'avril. Calculez le solde de clôture de tous les comptes en T.

3. Dressez les états financiers à la fin du mois d'avril (l'état des résultats, l'état des bénéfices non répartis et le bilan).

4. Rédigez une note brève aux propriétaires donnant votre opinion sur les résultats d'exploitation durant le premier mois d'exploitation.

5. Après trois années en affaires, on vous évalue pour vous offrir une promotion comme directrice des finances. Un des critères d'évaluation est votre efficacité à gérer les actifs de l'entreprise. Voici les données disponibles.

	20E*	20D	20C
Total de l'actif	480 000 $	320 000 $	300 000 $
Total du passif	125 000	28 000	30 000
Total des capitaux propres	355 000	292 000	270 000
Total des ventes	450 000	400 000	360 000
Bénéfice net	50 000	30 000	(10 000)

* À la fin de l'exercice 20E, Les Granges vertes décident de construire un manège intérieur pour donner des leçons d'équitation durant toute l'année. La société contracte un emprunt auprès d'une banque de la région pour financer la construction. On a ouvert le manège au début de l'exercice 20F.

Calculez et interprétez le ratio de rotation de l'actif total. Pensez-vous mériter cette promotion ? Expliquez votre réponse.

□ OA6 **PS3-5** **L'établissement d'un état des flux de trésorerie (P3-5)**
Reportez-vous au problème PS3-4.

Travail à faire
À partir des opérations décrites dans le problème PS3-4, dressez un état des flux de trésorerie pour le mois d'avril 20C.

□ OA5
□ OA6

PS3-6 **L'utilisation des comptes en T, l'établissement des états financiers et l'analyse du ratio de rotation de l'actif total (P3-6)**

Esso – L'Impériale

Voici le résumé des soldes de comptes tirés d'un récent bilan de la Compagnie Pétrolière Impériale Ltée. Les comptes sont accompagnés d'une liste d'opérations hypothétiques pour le mois de janvier 20D. Les comptes suivants sont exprimés en millions de dollars.

Compte	Solde	Compte	Solde
Encaisse	872 $	Bénéfices non répartis	2 488 $
Dette à court terme	460	Créditeurs et charges à payer	1 793 $
Débiteurs	992	Impôts sur les bénéfices à payer	774
Stocks	478	Matières, fournitures	116
Dette à long terme	906	et frais payés d'avance	
Biens fonds, installations	7 709	Placements	139
et matériel		Autres actifs incorporels	24
Actions ordinaires	1 941	Autres dettes	2 399
Autres actifs	431		

Les comptes ont des soldes débiteurs ou créditeurs normaux, mais ils ne sont pas nécessairement énumérés dans le bon ordre.

a) Achat à crédit de nouveau matériel au coût de 15 millions de dollars.

b) Encaissement de 200 millions de dollars sur les comptes clients.

c) Réception et paiement des comptes de téléphone au montant de 1 million de dollars.

d) Ventes à crédit de 5 millions de dollars; le coût des marchandises vendues s'élevait à 1 million de dollars.

e) Paiement aux employés des salaires gagnés en janvier au montant total de 1 million de dollars.

f) Paiement de la moitié des impôts à payer.

g) Achat à crédit d'un stock de fournitures au prix de 23 millions de dollars.

h) Loyer de février payé d'avance pour un entrepôt au montant de 12 millions de dollars.

i) Paiement d'une dette à court terme de 10 millions de dollars et des intérêts sur cette dette de 1 million de dollars.

j) Achat au comptant d'un brevet d'invention (un actif incorporel) au coût de 8 millions de dollars.

Travail à faire

1. Présentez les comptes en T au 31 janvier 20D à partir de la liste précédente. Inscrivez les soldes respectifs. Vous aurez besoin de comptes en T additionnels pour les comptes de l'état des résultats. Inscrivez les soldes de 0 $.

2. Enregistrez les opérations dans les comptes en T. Calculez les soldes de clôture.

3. Dressez en bonne et due forme un état des résultats, un état des bénéfices non répartis, un bilan et un état des flux de trésorerie.

4. Calculez le ratio de rotation de l'actif total. Que vous révèle-t-il au sujet de l'Impériale?

Cas et projets

Cas – Information financière

CP3-1 La recherche d'informations financières

Reportez-vous aux états financiers et aux notes afférentes de la société Les Boutiques San Francisco présentés en annexe à la fin de ce volume.

Les Boutiques San Francisco

☐ OA2
☐ OA5
☐ OA7

Travail à faire

1. Quelle est la charge la plus importante de l'état des résultats de l'exercice 2001? Que comprend ce montant?

2. En supposant que toutes les ventes nettes sont des ventes à crédit, calculez le montant recouvré des clients pour l'exercice 2001. (*Conseil:* Utilisez un compte en T des débiteurs pour déduire les encaissements.)

3. Expliquez pourquoi le bénéfice net (ou la perte nette) de l'exercice à l'état des résultats ne correspond pas à la variation de l'encaisse à l'état des flux de trésorerie.

4. Décrivez et comparez l'objectif d'un état des résultats par rapport au bilan.

5. Calculez le ratio de rotation de l'actif total de la société pour le dernier exercice. Expliquez sa signification.

CP3-2 La comparaison d'entreprises au sein d'un même secteur d'activité

Reportez-vous aux états financiers de la société Les Boutiques San Francisco et de la société Le Château ainsi qu'aux ratios financiers de Standard & Poor's présentés en annexe à la fin de ce volume.

Les Boutiques San Francisco et Le Château

☐ OA2
☐ OA7

Travail à faire

1. Quel intitulé chaque société donne-t-elle à son état des résultats? Expliquez ce que signifie le mot «consolidé».

2. Quelle société a le bénéfice net le plus élevé?

3. Comment chaque société explique-t-elle les changements survenus au sujet de leurs ventes entre l'exercice 2000 et 2001? (*Conseil*: Consultez la section Analyse de la direction du rapport annuel.)

4. Calculez le ratio de rotation de l'actif total des deux sociétés pour l'exercice le plus récent. Quelle société utilise plus efficacement ses actifs pour obtenir des ventes? Expliquez votre réponse.

5. Comparez le ratio de rotation de l'actif total des deux sociétés à la moyenne de l'industrie. En général, ces deux sociétés utilisent-elles leurs actifs pour obtenir des ventes de manière plus ou moins efficace que leurs concurrents?

6. À combien s'élèvent les liquidités provenant des activités d'exploitation en 2001 pour chacune des sociétés? Quel est le pourcentage de changement dans les flux de trésorerie provenant de l'exploitation de 2000 à 2001 pour chacune des sociétés? (*Conseil:* [Montant de l'exercice en cours – Montant de l'exercice précédent] ÷ Exercice précédent.)

7. Quel est le montant payé en impôts en 2001 pour chacune des sociétés? Où avez-vous trouvé cette information?

8. Quelles informations présentent Les Boutiques San Francisco et Le Château dans la note complémentaire portant sur les informations sectorielles?

■ OA7

Les Boutiques San Francisco

CP3-3 **L'analyse d'une société dans le temps**

Reportez-vous au rapport annuel de la société Les Boutiques San Francisco présenté en annexe.

Travail à faire

1. À la page 10 de son rapport annuel, la société Les Boutiques San Francisco fournit des données financières pour les cinq derniers exercices. Calculez le ratio de rotation de l'actif total pour les exercices 1998, 1999, 2000 et 2001.

2. Au chapitre 2, nous avons discuté le coefficient de suffisance du capital. Calculez ce ratio pour les exercices 1998, 1999, 2000 et 2001.

3. Que vous suggèrent vos résultats sur les tendances de ces deux ratios?

■ OA5
■ OA6

CP3-4 **L'utilisation des rapports financiers: l'analyse des changements dans les comptes et l'établissement des états financiers**

La société Service de peinture Beauchemin a été mise sur pied par trois personnes au cours du mois de janvier 20A. Le 20 janvier 20A, la société a émis 5 000 actions à chacun des fondateurs. Voici un tableau du solde des comptes de la société immédiatement après chacune des 10 premières opérations se terminant le 31 janvier 20A.

Comptes	a)	b)	c)	d)	e)	f)	g)	h)	i)	j)
Encaisse	75 000 $	70 000 $	85 000 $	71 000 $	61 000 $	61 000 $	57 000 $	46 000 $	41 000 $	57 000 $
Débiteurs			12 000	12 000	12 000	26 000	26 000	26 000	26 000	10 000
Agencements de bureau		20 000	20 000	20 000	20 000	20 000	20 000	20 000	20 000	20 000
Terrain				18 000	18 000	18 000	18 000	18 000	18 000	18 000
Fournisseurs					3 000	3 000	3 000	10 000	5 000	5 000
Effets à payer		15 000	15 000	19 000	19 000	19 000	19 000	19 000	19 000	19 000
Capital-actions	75 000	75 000	75 000	75 000	75 000	75 000	75 000	75 000	75 000	75 000
Bénéfices non répartis							(4 000)	(4 000)	(4 000)	(4 000)
Produits tirés des travaux de peinture			27 000	27 000	27 000	41 000	41 000	41 000	41 000	41 000
Frais de fournitures					5 000	5 000	5 000	8 000	8 000	8 000
Salaires					8 000	8 000	8 000	23 000	23 000	23 000

Travail à faire

1. Analysez les changements survenus dans ce tableau relativement à chacune des opérations. Ensuite, expliquez chaque opération. Les opérations a) et b) sont présentées à titre d'exemples.

   a) L'encaisse a augmenté de 75 000 $, et le capital-actions (les capitaux propres) s'est accru de 75 000 $. Par conséquent, l'opération a) était une émission du capital-actions de la société pour 75 000 $ en espèces.

b) L'encaisse a diminué de 5 000 $, les agencements du bureau (un actif) ont augmenté de 20 000 $ et les effets à payer (un passif) se sont accrus de 15 000 $. Par conséquent, l'opération b) était un achat d'agencements de bureau qui a coûté 20 000 $. Le paiement a été effectué comme suit : encaisse, 5 000 $; effets à payer, 15 000 $.

2. En vous basant sur le tableau précédent, à partir de l'opération j), dressez un état des résultats, un état des bénéfices non répartis et un bilan avant régularisations.

3. Pour chaque opération, indiquez l'effet sur les flux de trésorerie : E pour exploitation, I pour investissement, F pour financement ou AE s'il n'y a aucun effet sur les flux de trésorerie et l'orientation (+ pour une augmentation et − pour une diminution) et le montant de l'effet. La première opération est donnée à titre d'exemple.

Opération	Exploitation, Investissement ou Financement	Orientation et montant de l'effet
a)	E	+75 000

CP3-5 L'interprétation d'états financiers de sociétés étrangères

Votre cousin, un ingénieur, a hérité d'une somme d'argent et désire investir dans un société de fabrication d'automobiles. Il n'a jamais pris de cours de comptabilité et vous a demandé de l'aider à comprendre les états financiers d'un fabricant allemand. Votre cousin vous a donné l'état des résultats, la section de l'actif du bilan et l'opinion des vérificateurs pour la société Volkswagen d'un exercice récent.

Volkswagen □OA5 □OA6

Rapport des vérificateurs

Nous avons vérifié les états financiers consolidés, conformément aux normes de vérification de la profession. Ces états financiers sont conformes aux provisions légales allemandes. Selon les principes comptables généralement reconnus, les états financiers consolidés donnent un aperçu véritable et juste de l'actif, du passif, de la situation financière et des résultats du groupe. Le rapport de la direction est conforme aux états financiers consolidés.
Hanover, 24 février 20B
C&L TREUARBEIT
Deutsche revision
Aktiengesellschaft

État des résultats du groupe Volkswagen
pour l'exercice se terminant le 31 décembre 20B
– en millions de deutsche marks (DM)

	20B	20A
Ventes	85 403	76 315
Coût des marchandises vendues	79 155	69 472
Marge bénéficiaire brute	+ 6 248	+ 6 843
Frais de vente et de distribution	5 661	5 414
Frais généraux d'administration	2 316	2 185
Autres produits tirés de l'exploitation	4 246	4 406
Autres charges d'exploitation	2 634	3 104
Résultats des participations	+ 55	+ 97
Revenus de placements	+ 739	+ 1 228
Dépréciation des actifs financiers et des titres classés comme actifs à court terme	75	86
Bénéfice d'exploitation	+ 602	+ 1 785
Impôts sur le revenu	455	671
Bénéfice net	147	1 114

Travail à faire

Révisez les extraits des états financiers de la société Volkswagen. Rédigez une lettre à votre cousin pour lui expliquer les similarités et les différences prévisibles si vous compariez les états de Volkswagen à ceux d'une société canadienne. Dites-lui si les principes comptables sous-jacents des deux pays sont, selon vous, similaires ou différents. Sur quoi basez-vous votre opinion?

Bilan du groupe Volkswagen au 31 décembre 20B – en millions de deutsches marks		
ACTIF	**31-12-20B**	**31-12-20A**
Actifs à long terme	631	372
Immobilisations corporelles	24 050	21 126
Actif financier	2 747	2 655
Contrats de location-acquisition	7 393	6 293
	34 821	30 446
Actif à court terme		
Stock	9 736	9 049
Débiteurs et autres actifs	21 065	18 675
Titres négociables	1 497	2 329
Encaisse, dépôts à la Banque fédérale allemande et argent en banque	7836	9 255
	40 134	39 308
Charges payées d'avance et reportées	329	336
Total du bilan	**75 284**	**70 090**

Cas – Analyse critique

■OA3
■OA4
■OA5
■OA6

CP3-6 **L'analyse et le redressement des états financiers**

Laura Martinez a fondé et exploité une petite entreprise de réparation de bateaux au cours de l'exercice 20A. Elle aimerait obtenir un prêt de 100 000 $ de votre banque pour construire une cale sèche afin d'entreposer des bateaux pour ses clients durant l'hiver. À la fin de l'exercice, elle a dressé les états financiers suivants en se basant sur l'information conservée dans un grand classeur.

Société Martinez
Profit pour 20A

Recouvrement d'honoraires durant 20A		55 000 $
Encaissement de dividendes		10 000
Total		65 000 $
Frais d'exploitation payés en 20A	*Charges* 22 000 $	
Argent volé	" 500	
Achat de nouveaux outils durant 20A (payé au comptant)	ACTIF 1 000	
Achat de fournitures pour les réparations (payé au comptant)	*Charges* 3 200	
Total		26 700
Profit		38 300 $

Actifs détenus à la fin de 20A

Solde dans le compte chèque	29 300 $
Garage de service (à la valeur marchande actuelle)	32 000
Outils et matériel	18 000
Terrain (à la valeur marchande actuelle)	30 000
Actions dans ABC Industrielle	130 000
Total	239 300 $

Voici un résumé des opérations effectuées durant l'exercice 20A.

a) Contributions de la propriétaire au moment de la fondation de l'entreprise en échange de 1 000 actions.

Bâtiment	21 000 $	Terrain	20 000 $
Outils et matériel	17 000	Encaisse	1 000

b) Les honoraires gagnés durant l'exercice 20A sont de 87 000 $. Parmi les sommes encaissées, un montant de 20 000 $ représentait des dépôts de clients pour des services que la société Martinez effectuera au cours du prochain exercice

55 000 - 20 000 = 35 000.

c) Encaissement de dividendes sur les actions d'ABC Industrielle achetées par Laura Martinez six ans plus tôt.

d) Charges engagées durant l'exercice 20A, 61 000 $.

Charges 22 000

e) Stock de fournitures non utilisées à la fin de l'exercice 20A, 700 $.

Travail à faire

1. L'état des résultats a-t-il été dressé selon la méthode de la comptabilité de caisse ou la méthode de la comptabilité d'exercice ? Expliquez comment vous en êtes arrivé à cette conclusion. Quelle méthode devrait-elle utiliser ? Expliquez votre réponse.

2. Dressez un état des résultats, un bilan et un état des flux de trésorerie selon la méthode de la comptabilité d'exercice. Expliquez (en utilisant les notes de bas de page) la raison de chaque changement que vous avez effectué à l'état des résultats.

3. Quelles informations supplémentaires vous aideraient à prendre votre décision en ce qui concerne le prêt de Laura Martinez.

4. En vous basant sur les états financiers révisés et les informations additionnelles nécessaires, rédigez une lettre à Laura Martinez pour expliquer votre décision en ce qui concerne le prêt.

CP3-7   Une question d'éthique   OA4

Michel Lynch est le directeur du bureau régional de Montréal d'une compagnie d'assurances. À titre de directeur régional, sa rémunération comprend un salaire de base, des commissions et une prime quand la région vend un nombre de nouvelles polices supérieur à son quota. Depuis quelque temps, Michel travaille sous pression en raison de deux facteurs. Premièrement, il voit une dette personnelle grandir à cause de la maladie d'un membre de sa famille. Deuxièmement, pour ajouter à ses inquiétudes, les ventes de nouvelles polices dans la région ont chuté au-dessous du quota normal pour la première fois depuis des années.

Vous travaillez pour Michel depuis deux ans et, comme tout le monde au bureau, vous vous considérez chanceuse de travailler pour un patron aussi encourageant. Vous compatissez aussi aux problèmes personnels qu'il connaît depuis quelques mois. À titre de comptable du bureau régional, vous êtes au courant de la dégringolade des ventes de nouvelles polices et des conséquences que cette situation aura sur la prime de votre patron.

Alors que vous travaillez tard en fin d'exercice, Michel passe à votre bureau. Ce dernier vous demande de changer la manière dont vous avez comptabilisé une nouvelle police d'assurance propriété pour un important commerce de la région. Un chèque d'un montant considérable est arrivé par la poste le 31 décembre, le dernier jour de l'exercice financier. Ce chèque représente la prime de la police pour une période débutant le 5 janvier. Vous avez déposé le chèque et correctement débité l'encaisse, puis vous avez crédité un compte de produits perçus d'avance. Michel vous explique : « Nous avons l'argent cette année, alors pourquoi ne pas comptabiliser les produits maintenant ? De toute façon, je n'ai jamais compris pour quelle raison les comptables sont si méticuleux à ce sujet. J'aimerais que vous changiez votre manière de comptabiliser l'opération, que vous créditiez un compte de produits. Et de toute manière, je vous ai déjà rendu des services dans le passé et je vous demande très peu en retour. » Ensuite, il quitte le bureau pour la journée.

Travail à faire

Comment devriez-vous régler cette situation? Quelles sont les conséquences sur le plan éthique de la demande de Michel? Quelles parties seraient avantagées ou désavantagées si vous satisfaisiez à sa demande? Si vous refusez d'acquiescer à sa demande, comment allez-vous justifier votre refus le lendemain matin?

Projets – Information financière

■OA2

CP3-8 **Le perfectionnement des habiletés en recherche financière: l'observation de la réaction des marchés boursiers aux nouvelles d'une entreprise**

Dans le présent chapitre, nous avons vu comment les investisseurs réagissent aux événements qui touchent directement une entreprise ou qui modifient leurs attentes quant au rendement futur de la société. Leurs décisions influent sur le prix des actions de la société.

Travail à faire

1. À l'aide de votre fureteur, consultez le site Web d'une entreprise qui vous intéresse ou les services de nouvelles financières pour trouver un article portant sur cette entreprise ou des annonces faites par l'entreprise.
2. À l'aide du journal *Les Affaires* ou *La Presse* ou de toute autre source (par exemple le site de Telenium), obtenez le prix de clôture des actions de cette entreprise cinq jours ouvrables avant la date de parution de l'article ou de l'annonce de l'entreprise, la journée même et cinq jours ouvrables après la date.
3. Tracez le graphe des données du cours des actions et rédigez un bref rapport sur la nature de l'article ou de l'annonce (autrement dit le sujet traité) et comment les investisseurs ont réagi à ces nouvelles.

■OA2
■OA6

CP3-9 **La comparaison de l'état des résultats d'entreprises d'un même secteur d'activité**

À l'aide de votre fureteur, consultez les sites Web de trois entreprises qui évoluent au sein du même secteur d'activité. Trouvez l'état des résultats de chacune dans les rapports annuels. Certaines entreprises ne diffusent pas leurs informations financières sur le Web. Vous pouvez trouver les rapports annuels des entreprises canadiennes sur le site de SEDAR (www.sedar.com).

Travail à faire

Rédigez un bref rapport relevant toutes les différences dans les comptes utilisés par les trois entreprises et leur emplacement à l'état des résultats.

■OA1
■OA2
■OA7

CP3-10 **L'analyse du ratio de rotation de l'actif total et des flux de trésorerie de compétiteurs**

À l'aide de votre fureteur, consultez le site Web de Van Houtte et de deux de ses concurrents (par exemple SecondCup et Starbucks). Obtenez les états financiers les plus récents soit sur leur site, soit sur le site de SEDAR (www.sedar.com).

Travail à faire

1. Pour l'exercice le plus récent, calculez le ratio de rotation de l'actif pour chaque entreprise.
2. Pour l'exercice le plus récent, calculez le pourcentage des flux de trésorerie liés aux activités d'exploitation par rapport au total de la «variation de l'encaisse» pour chaque entreprise.
3. Rédigez un bref rapport où vous comparez les ratios de rotation de l'actif total des entreprises et les flux de trésorerie liés aux activités d'exploitation. Précisez quelles différences dans leurs activités ou leur cycle d'exploitation peuvent justifier les différences entre les ratios.

CP3-11 Un projet d'équipe

En équipe, choisissez un secteur que vous analyserez. À l'aide d'un fureteur, chaque membre de l'équipe doit trouver le rapport annuel d'une société de ce secteur faisant un appel public à l'épargne. Chaque membre doit choisir une société différente.

■ OA2
■ OA3
■ OA4
■ OA7

Travail à faire

1. De façon individuelle, chaque membre de l'équipe doit rédiger un court rapport qui énumère les informations suivantes :

   a) Les principaux comptes de produits et de charges présentés à l'état des résultats.

   b) Le calcul du ratio de rotation de l'actif total.

   c) Une description de la politique de la société en matière de constatation des produits.

   d) Le pourcentage des flux de trésorerie liés aux activités d'exploitation par rapport au bénéfice net pour chaque exercice présenté. Cette mesure évalue à quel point la gestion d'une entreprise est laxiste (autrement dit, accélérer la constatation des produits ou ralentir la constatation des charges) ou conservatrice (ne pas comptabiliser les produits trop tôt ou les charges trop tard) en choisissant parmi diverses politiques en matière de constatation des produits et des charges. Un ratio supérieur à 1,0 suggère des politiques plus conservatrices, et un ratio inférieur à 1,0 suggère des politiques moins strictes.

2. Ensuite, en équipe, rédigez un court rapport où vous comparez les entreprises choisies en utilisant ces attributs. Fournissez des explications possibles pour toutes les différences observées.

CHAPITRE 4

Le processus de régularisation des comptes

Objectifs d'apprentissage

Au terme de ce chapitre, l'étudiant sera en mesure :

1. de reconnaître l'utilité de la balance de vérification (voir la page 197);

2. de régulariser les comptes du bilan et de l'état des résultats à la fin de l'exercice (voir la page 200);

3. de présenter un ensemble complet d'états financiers : l'état des résultats avec le bénéfice par action, l'état des bénéfices non répartis, le bilan et l'état des flux de trésorerie (voir la page 219);

4. de calculer et d'interpréter la marge bénéficiaire nette (voir la page 225);

5. d'expliquer le processus de clôture des comptes (voir la page 226).

VAN HOUTTE INC.

Van Houtte inc.

Une date importante : le 31 mars, fin de l'exercice financier

L'exercice financier de Van Houtte porte sur une période de 52 semaines se terminant le 31 mars ou le samedi le plus rapproché de cette date. L'exercice financier 2001 s'est terminé le samedi 31 mars 2001 et celui de l'exercice 2000, le samedi 1er avril 2000. Comme cette société à l'étude permet de l'illustrer, l'exercice financier d'une entreprise ne doit pas nécessairement se conformer à l'année civile. Pourtant, dans un sondage récemment effectué auprès de 200 entreprises canadiennes[1], 131 d'entre elles (65 %) adoptent un exercice financier se terminant le 31 décembre alors que 35 % des entreprises analysées choisissent des exercices financiers se terminant à d'autres moments, les mois de mars, d'août et de septembre étant les plus fréquents. De plus, 13 de ces entreprises ont opté pour un exercice financier de 52 ou de 53 semaines se terminant, par exemple, « le dernier dimanche du mois de septembre » ou bien comme Van Houtte, qui faisait d'ailleurs partie des entreprises sondées.

Bon nombre d'entreprises déterminent leur fin d'exercice de façon qu'il corresponde à la période la moins occupée du cycle commercial annuel. Les magasins de vente au détail, par exemple, sont sujets aux fluctuations saisonnières. La période des fêtes, en novembre et en décembre, ainsi que les retours de marchandises en janvier sont habituellement les mois où les activités sont les plus nombreuses. Ensuite, cette période est suivie de plusieurs mois de faible activité. Ces entreprises utilisent souvent une fin d'exercice qui coïncide avec la fin du mois de janvier. À titre d'exemple, voici une liste d'entreprises avec la date de leur fin d'exercice financier.

Société	Secteur d'activité	Fin d'exercice
Transat A.T. inc.	Tourisme	31 octobre
Bombardier inc.	Aéronautique, transport et produits récréatifs	31 janvier
Compagnie Pétrolière Impériale Ltée	Ressources naturelles	31 décembre
Molson Inc.	Entreprise brassicole	31 mars
Les Boutiques San Francisco Incorporées	Vente au détail	Le samedi le plus près du 31 janvier
Le Groupe Jean Coutu (PJC) inc.	Services et produits pharmaceutiques	31 mai
Alcan inc.	Industrie de l'aluminium	31 décembre
Shermag Inc.	Fabrication de meubles	Le dernier vendredi du mois de mars
Quebecor inc.	Imprimerie et média	31 décembre
Lassonde Industrie inc.	Fabrication de jus de fruits et de boissons aux fruits	31 décembre
Saputo Inc.	Production fromagère	31 mars
Métro Inc.	Détaillant et distributeur alimentaire	Le dernier samedi de septembre

1. Clarence Byrd, Ida Chen et Heather Chapman, *Financial Reporting in Canada*, ICCA, 2001, p. 2.

Pour toute entreprise, peu importe la fin d'exercice choisie, cette période est la plus occupée et la plus critique du point de vue comptable. Les comptes sont régularisés, les états financiers dressés et les livres fermés. Il s'agit également de la période au cours de laquelle les vérificateurs externes terminent leur travail de vérification et émettent une opinion quant à la fidélité des états financiers. L'entreprise publie ensuite les états financiers pour les utilisateurs externes. En ce qui concerne Van Houtte, même si les activités de 2001 se sont terminées le 31 mars 2001, le vérificateur de l'entreprise, KPMG, a effectué la vérification et signé son rapport le 22 mai 2001 (soit huit semaines plus tard).

Parlons affaires

Comme toutes les sociétés bien gérées, Van Houtte organise son système de comptabilité en tentant d'être la plus efficace possible sur le plan de la tenue des livres. En conséquence, elle comptabilise habituellement les opérations au moment où elle traite les documents les justifiant.

À la fin de l'exercice (en général un mois, un trimestre ou une année), les comptes de l'actif, du passif, des produits et des charges peuvent ne pas être entièrement à jour selon les principes comptables liés à la comptabilité d'exercice. Autrement dit, certains produits et certaines charges, ainsi que les changements dans l'actif et le passif, peuvent ne pas avoir été comptabilisés correctement au cours de l'exercice. Par conséquent, il faut apporter des régularisations ou des corrections aux comptes à la fin de l'exercice.

Le tableau 4.1 présente les différentes étapes du **cycle comptable.** La phase 1 du cycle comptable comprend tout le processus de collecte de données, d'analyse et d'enregistrement des opérations survenues *au cours* de l'exercice. Ces opérations résultent des échanges entre l'entreprise et d'autres parties *externes*; elles sont similaires à celles qui ont été présentées aux chapitres 2 et 3. Dans ce chapitre, nous examinons les *différentes étapes du cycle comptable qui se situent à la fin de l'exercice financier (phase 2)*, qui sont principalement axées sur la régularisation des comptes. Il s'agit d'opérations *internes* qui n'entraînent pas un échange véritable entre l'entreprise et d'autres parties, mais qui ont un effet direct et mesurable sur l'entité, particulièrement sur le plan de la constatation des produits et des charges. Il est important de comprendre les étapes de la deuxième phase du cycle comptable. En effet, l'évaluation du bilan et la mesure du bénéfice demeureront inachevées si les comptes ne sont pas mis à jour. Cela permet de s'assurer que les principes comptables sur la constatation des produits et le rapprochement des produits et des charges sont bien appliqués pour l'exercice qui se termine.

Le cycle comptable est le processus de comptabilisation des opérations et des faits économiques qu'on applique durant et à la fin de l'exercice, et qui permet de dresser les états financiers.

DÉBUT DE L'EXERCICE FINANCIER

Phase 1 :
Durant l'exercice
(ce sujet a été abordé
aux chapitres 2 et 3)

Analyser les opérations à l'aide des pièces justificatives sur lesquelles on trouve les détails de chaque transaction.

Enregistrer les opérations par ordre chronologique dans les livres comptables (le journal général ou les journaux auxiliaires).

Reporter les montants dans les comptes du grand livre (les pages sont similaires à des comptes en T).

Phase 2 :
À la fin de l'exercice
(ce sujet est discuté dans le
présent chapitre)

Établir une balance de vérification (une liste des comptes et des soldes à ce jour) pour vérifier l'égalité des débits et des crédits.

Régulariser et corriger les comptes (pour mettre à jour tous les comptes en fonction des principes comptables et corriger les erreurs commises au cours de l'exercice).

Dresser les états financiers (à partir des soldes des comptes régularisés)

Procéder à la clôture des comptes (pour mettre à zéro (solder) les comptes temporaires qui seront utilisés au cours de l'exercice suivant*).

* Les comptes temporaires sont les comptes où figurent les produits, les charges, les gains et les pertes d'un exercice, de même que les retraits et dividendes. Ils sont soldés à la fin de chaque exercice.

FIN DE L'EXERCICE FINANCIER

ANALYSE FINANCIÈRE

Le jugement de la direction dans les régularisations de fin d'exercice

Contrairement aux procédés relativement routiniers suivis pour enregistrer les opérations à partir des pièces justificatives au cours de l'exercice, les régularisations de fin d'exercice font davantage appel au jugement et à l'expérience. C'est pourquoi les comptes qui risquent d'être régularisés en fin d'exercice revêtent un intérêt considérable pour les utilisateurs externes des états financiers. Les analystes reconnaissent le fait que le jugement de la direction joue un rôle essentiel dans la détermination des régularisations de fin d'exercice et que ces jugements peuvent fournir des indices importants quant aux attentes futures de la direction. Parallèlement, les analystes savent que ces régularisations peuvent donner lieu à des erreurs ou même à des manipulations. En conséquence, les vérificateurs examinent attentivement les régularisations. Vous devez comprendre le processus de régularisation des comptes afin de bien saisir les informations qui en découlent ainsi que les erreurs qui peuvent s'y glisser.

Avant de discuter le processus de communication des informations comptables aux utilisateurs (voir le chapitre 5), on doit connaître le processus de fin d'exercice qui permet de dresser les états financiers. Dans ce chapitre, nous insisterons sur l'utilisation des mêmes outils d'analyse qui ont été employés dans les chapitres 2 et 3 (l'effet sur l'équation comptable, les comptes en T et les écritures de journal) pour analyser et inscrire les régularisations. Après cette étape de régularisation, on peut dresser les états financiers. De plus, il faut préparer certains comptes, comme les produits et les charges, pour le début du prochain exercice. Cette étape s'appelle la *clôture des comptes.*

Structure du chapitre

La balance de vérification	Les écritures de régularisation	L'établissement des états financiers	La clôture des comptes
	Les produits et les charges reportés	L'état des résultats	Le cycle comptable et le processus de communication
	Les produits et les charges constatés par régularisation	L'état des bénéfices non répartis	
	Une illustration des écritures de régularisation	Le bilan	
		La marge bénéficiaire nette	

La balance de vérification

La première étape qu'on effectue normalement à la fin de l'exercice consiste à créer une **balance de vérification**, également appelée la *balance de vérification avant régularisations.* Une balance de vérification est une liste des comptes du grand livre, habituellement présentés dans l'ordre où ils figurent aux états financiers, accompagnés de leur solde débiteur ou créditeur. Dans un format en deux colonnes, on indique les soldes débiteurs dans la colonne de gauche et les soldes créditeurs dans celle de droite. Ensuite, on fait le total des colonnes pour vérifier l'égalité des débits et des crédits. La balance de vérification sert ainsi à vérifier l'exactitude arithmétique des écritures comptables en conformité avec le principe de la comptabilité en partie double. Toutefois, même s'il y a égalité entre les débits et les crédits, rien ne garantit que toutes les opérations ont été correctement enregistrées. Il peut subsister plusieurs types d'erreurs :
- on peut avoir enregistré une opération dans un mauvais compte ;
- on peut avoir enregistré des montants erronés mais égaux ;
- on peut avoir reporté incorrectement une écriture de journal ;
- on peut avoir oublié de reporter une écriture de journal ou même d'enregistrer une opération.

La balance de vérification n'indique pas les problèmes qui découlent de ces erreurs. De plus, si les deux colonnes ne sont pas égales, d'autres erreurs ont pu se produire au moment :
- de la passation des écritures de journal, alors que les débits ne sont pas égaux aux crédits ;
- du report des écritures de journal au grand livre ;
- du calcul du solde des comptes ;
- de l'inscription du solde des comptes du grand livre dans la balance de vérification.

Il est possible de repérer ces erreurs, et celles-ci doivent être corrigées avant de passer à l'étape suivante. Même si les systèmes de comptabilité informatisés réduisent certaines de ces erreurs potentielles, l'utilisation de comptes inappropriés ou de montants égaux mais incorrects risque tout de même de se produire.

OBJECTIF D'APPRENTISSAGE **1**

Reconnaître l'utilité de la balance de vérification.

Une **balance de vérification** est la liste de tous les comptes du grand livre avec leur solde débiteur ou créditeur. Elle permet de vérifier l'égalité des débits et des crédits.

Nous avons conclu le chapitre 3 avec les états financiers avant régularisations de Van Houtte, car plusieurs opérations internes relatives aux comptes des produits et des charges n'avaient toujours pas été comptabilisées dans l'exercice approprié. Les soldes avant régularisations dans les comptes en T du chapitre 3 sont énumérés dans la balance de vérification présentée au tableau 4.2. Une balance de vérification est un tableau construit à des fins internes uniquement. C'est un outil très utile pour l'établissement des états financiers.

TABLEAU 4.2 — Balance de vérification

	A	B	C	D	E
1			Van Houtte inc.		
2		Balance de vérification avant régularisations			
3			au 30 avril 20B		
4			(en milliers de dollars)		
5					
6				Débit	Crédit
7	Encaisse			26 840	
8	Débiteurs			36 466	
9	Stocks			38 028	
10	Frais payés d'avance			12 023	
11	Impôts futurs			75	
12	Placements			9 368	
13	Immobilisations corporelles			268 699	
14	Amortissement cumulé				131 807
15	Autres éléments d'actifs			129 189	
16					
17	Fournisseurs et charges à payer				47 515
18	Impôts sur le revenu à payer				1 044
19	Produits liés aux franchises perçus d'avance				225
20	Tranche à court terme de la dette à long terme				690
21	Dette à long terme				80 153
22	Avantages postérieurs à l'emploi				4 089
23	Impôts futurs				1 613
24	Part des actionnaires sans contrôle				3 098
25					
26	Capital-actions				128 885
27	Bénéfices non répartis				81 274
28	Écart de conversion				2005
29	Dividendes			200	
30					
31	Revenus				65 400
32	Produits liés aux franchises				7 175
33	Revenus de placements				125
34	Coût des marchandises vendues – café			9 600	
35	Coût des marchandises vendues – cafetières			3 800	
36	Frais d'exploitation – promotion			4 700	
37	Frais d'exploitation – entretien			2 200	
38	Frais d'exploitation – administration			410	
39	Salaires – pause-café			8 000	
40	Salaires – production			4 000	
41	Salaires – administration			1 500	
42	Amortissement			0	
43	Intérêts débiteurs			0	
44	Impôts sur les bénéfices			0	
45				555 098	555 098

Actif : lignes 7 à 15
Passif : lignes 17 à 24
Capitaux propres : lignes 26 à 29
Produits : lignes 31 à 33
Charges : lignes 34 à 44

La balance de vérification telle qu'elle est présentée exige quelques commentaires :

1. Pour établir cette balance de vérification, on s'est basé sur le solde des comptes en T calculé au chapitre 3. Il convient de rappeler que les états financiers réels de la société Van Houtte ont été utilisés et que des opérations fictives (voir les chapitres 2 et 3) ont été ajoutées.

2. La balance de vérification est établie à partir des soldes des comptes du grand livre. Dans notre exemple, les montants sont exprimés en milliers de dollars, ce qui n'est jamais le cas dans la réalité.

3. Le plan comptable de Van Houtte est beaucoup plus détaillé que celui qui est présenté ici. Seulement les comptes apparaissant dans les états financiers ont été utilisés.

4. Le compte Immobilisations corporelles présente un montant de 268 699 $ dans la balance de vérification, alors qu'il était inscrit à 136 892 $ dans les comptes en T (voir les chapitres précédents). Ce dernier montant résulte de la différence entre le coût des immobilisations (268 699 $) et l'amortissement accumulé (131 807 $). Ce montant provient du rapport annuel de Van Houtte.

Pour les actifs à long terme comme le matériel et l'équipement utilisé dans les activités d'exploitation, le solde des comptes demeure à son coût initial pour préserver les informations historiques. Afin de refléter la portion utilisée du coût de l'actif, on crée alors un **compte de contrepartie.** *Tout compte de contrepartie est rattaché directement à un autre compte et affiche un solde opposé.* Par exemple, pour les immobilisations corporelles, le compte de contrepartie s'appelle Amortissement cumulé et il a un solde créditeur. Nous discuterons plusieurs comptes de contrepartie dans les prochains chapitres, et nous les désignerons à l'aide d'un *X* placé devant le type de compte auquel il correspond (par exemple Amortissement cumulé [*XA*] signifie qu'il s'agit d'un compte de contrepartie d'un actif).

La différence entre le coût d'acquisition d'un actif et l'amortissement cumulé s'appelle la **valeur comptable** (ou la **valeur comptable nette**). La valeur comptable *ne représente pas* la valeur marchande actuelle de l'actif, car la comptabilisation de l'amortissement est un processus de répartition des coûts plutôt qu'un processus d'évaluation de la valeur marchande (ce sujet sera abordé plus loin dans le chapitre ainsi qu'au chapitre 8). Comme bon nombre d'entreprises, Van Houtte soustrait le solde du compte Amortissement cumulé du compte Immobilisations corporelles, présentant le montant net au bilan. Par contre, le solde de chacun des comptes est indiqué dans les notes afférentes aux états financiers. Voici une partie de la note (portant sur les immobilisations) tirée du rapport annuel 2001 de Van Houtte.

Un **compte de contrepartie** est un compte qui vient compenser ou réduire le compte correspondant.

La **valeur comptable** (ou la **valeur comptable nette**) d'un actif représente la partie du coût d'acquisition non encore passée en charges à titre d'amortissement ou de perte[2].

Coup d'œil sur

Van Houtte

RAPPORT ANNUEL

7. IMMOBILISATIONS	Prix coûtant	Amortissement cumulé	Montant net
Terrains	1 624 $	–	1 624 $
Immeubles	14 098	3 306 $	10 792
Équipements de pause-café et distributrices automatiques	175 648	89 741	85 907
Machinerie et équipement	28 812	15 259	13 553
Ameublement, matériel informatique et améliorations locatives	24 104	13 437	10 667
Matériel roulant	16 829	10 064	6 765
Construction en cours	1 884	–	1 884
	262 999 $	131 807 $	131 192 $

2. Louis Ménard, *Dictionnaire de la comptabilité,* ICCA, 1994, p. 486.

Les écritures de régularisation

OBJECTIF D'APPRENTISSAGE 2

Régulariser les comptes du bilan et de l'état des résultats à la fin de l'exercice.

Les **écritures de régularisation** sont les écritures qu'il faut passer à la fin de l'exercice pour bien mesurer le bénéfice selon les PCGR, corriger les erreurs et assurer l'évaluation appropriée des comptes figurant au bilan.

Les **produits** et les **charges reportés** sont les passifs et les actifs, les produits ou les charges qui doivent être régularisés à la fin de l'exercice pour refléter les produits gagnés ou les charges engagées.

Au chapitre 3, nous avons appris qu'en vertu de la méthode de la comptabilité d'exercice, il faut comptabiliser les produits quand ils sont gagnés et rapprocher les charges des produits connexes au cours du même exercice. Par conséquent, le bénéfice d'exploitation pour une période est déterminé en tenant compte de *toutes* les charges et de *tous* les produits de cette même période. Généralement, on passe des **écritures de régularisation** à la fin de l'exercice pour atteindre cet objectif. En réalité, on analyse et on régularise presque tous les comptes de l'actif et du passif à la fin de l'exercice pour bien déterminer le bénéfice, corriger les erreurs et assurer une évaluation appropriée des comptes figurant au bilan. Dans ce chapitre, nous présenterons le processus de régularisation des comptes pour les opérations les plus courantes. Nous aborderons des régularisations supplémentaires dans les chapitres ultérieurs lors de l'analyse plus approfondie de comptes d'actif et de passif.

Il faut passer des écritures de régularisation à la fin de l'exercice afin d'inscrire les produits gagnés et les charges engagées au cours de l'exercice approprié. Cette analyse est nécessaire du fait 1) qu'on a reçu ou versé de l'argent *dans le passé*, mais qu'avec le temps, il est devenu gagné ou engagé ou 2) qu'on recevra de l'argent ou qu'on en versera *dans l'avenir*, alors que les produits ont été gagnés et les charges engagées durant l'exercice en cours.

Les types d'opérations exigeant une régularisation sont les suivants.

Une opération monétaire passée

On a reçu ou versé de l'argent avant la constatation du produit correspondant ou de la charge correspondante.

Les produits reportés (ou perçus d'avance) Ce sont les produits encaissés et comptabilisés *dans un compte de passif* jusqu'à ce qu'ils soient gagnés.

- Le recouvrement du loyer par une entreprise avant que le locataire n'ait occupé l'espace loué – les Produits locatifs perçus d'avance (Pa) sont inscrits lorsque l'argent est reçu. Il faut noter que le terme « perçu d'avance » dans l'intitulé signifie qu'il s'agit d'un compte de passif.
- L'argent reçu pour des abonnements à des revues avant que ces dernières soient livrées – les Produits tirés des abonnements reportés (ou perçus d'avance) (Pa) sont comptabilisés quand l'argent est reçu.

Les charges reportées (ou payées d'avance) Ce sont les sommes versées et comptabilisées *dans un compte d'actif* à titre d'avantages futurs pour l'entreprise jusqu'à ce qu'elle soient utilisées.

- L'argent versé pour la couverture d'assurance relativement à une période future précise – les Assurances payées d'avance (A) sont comptabilisées quand l'argent est versé. Il faut noter que « payé d'avance » dans l'intitulé signifie qu'il s'agit d'un compte d'actif.
- Les fournitures achetées avant d'être utilisées par l'entreprise – le Stock de fournitures (A) est comptabilisé quand les fournitures sont reçues.

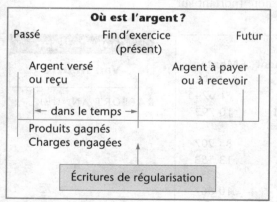

Une opération monétaire future

Une opération monétaire future concerne les produits qui ont été gagnés ou les charges qui ont été engagées avant la fin de l'exercice, mais qui n'ont pas encore été inscrits et pour lesquels *de l'argent sera reçu ou versé dans le futur*.

Les produits constatés par régularisation   Ce sont les produits gagnés avant l'encaissement.

- Les intérêts gagnés mais non encore recouvrés sur les prêts octroyés à des tierces parties – le compte Intérêts à recevoir (A) est comptabilisé à la fin de l'exercice.
- Le loyer gagné mais non encore recouvré auprès des locataires – puisque les locataires doivent de l'argent à l'entreprise, le compte Loyer à recevoir (A) est comptabilisé à la fin de l'exercice.

Les charges constatées par régularisation   Ce sont les charges engagées avant le décaissement.

- Les salaires gagnés par les employés, mais qui n'ont pas encore été payés – puisque l'entreprise doit de l'argent aux employés, le compte Salaires à payer (Pa) est comptabilisé à la fin de l'exercice.
- Les intérêts à payer sur les prêts en cours – puisque l'entreprise doit de l'argent à ses créanciers, le compte Intérêts à payer (Pa) est comptabilisé à la fin de l'exercice.

> **Les produits** et les **charges constatés par régularisation** sont les produits qui ont été gagnés et les charges qui ont été engagées à la fin de l'exercice en cours, mais qui seront recouvrés ou payées dans un exercice futur.

Le processus d'analyse des opérations est légèrement plus complexe pour les produits et les charges reportés que pour les produits et les charges constatés par régularisation. Les principaux outils utilisés dans le processus sont le calendrier, les comptes en T et les écritures de journal.

Pour illustrer ce processus, on suppose que l'exercice financier d'un cabinet dentaire se termine le 31 décembre. La dentiste tient ses livres comptables selon la méthode de la comptabilité d'exercice. Après avoir examiné sa balance de vérification à la fin de l'exercice, elle détermine quatre comptes qui exigent une régularisation.

1. Les honoraires perçus d'avance. La dentiste a *encaissé* d'avance des honoraires pour fournir des soins dentaires aux employés d'entreprises de la région – un produit reporté.
2. Une assurance responsabilité professionnelle qu'elle a déjà *payée* et qui lui fournit une couverture d'assurance pour les prochains mois – une charge reportée.
3. Les intérêts qu'elle *recevra* dans l'avenir à partir d'un prêt octroyé durant l'année à un employé – un produit à recevoir.
4. Les salaires qu'elle *doit* à ses employés qui ont travaillé pour elle jusqu'à la fin de l'exercice – une charge à payer.

Les produits et les charges reportés

Les produits reportés   Le 1er décembre, le cabinet dentaire a accepté un paiement de 2 400 $ des entreprises de la région pour fournir des soins dentaires à leurs employés au cours des trois prochains mois. Le 31 décembre, la dentiste avait fourni un mois de service et avait donc gagné des revenus. Le processus de régularisation des comptes est le suivant.

Étape 1 : Quelle écriture a-t-on passée au moment de l'encaissement ?

Le 1er décembre, le montant reçu représente des obligations futures (les services dentaires) pour le cabinet dentaire. Il s'agit de la définition d'un passif. À cette première étape, il faut retracer l'inscription initiale de l'opération.

Encaisse (+A)	2 400	
Honoraires perçus d'avance (+Pa)		2 400

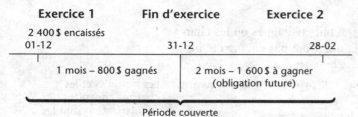

Exercice 1	Fin d'exercice	Exercice 2
2 400 $ encaissés 01-12	31-12	28-02

1 mois – 800 $ gagnés   2 mois – 1 600 $ à gagner (obligation future)

Période couverte

Étape 2 : Construisez un calendrier et établissez au moins deux comptes en T (un pour l'actif ou le passif créé et un pour les produits ou les charges connexes).

Le calendrier est un bon outil pour aider à établir le temps d'arrêt des comptes et ainsi ventiler les produits sur plus d'un exercice. Dans le calendrier, indiquez toutes les dates et les montants pertinents pour l'exercice. Alors que le temps s'écoule, une portion du passif est réglée (le service de soins dentaires est fourni), et les produits sont gagnés. Il faut alors déterminer le montant exact qui doit figurer au bilan et à l'état des résultats.

Étape 3 : Passez l'écriture de régularisation (ER).

L'écriture de régularisation vient corriger les comptes de produit et de passif pour refléter l'analyse effectuée à l'étape 2. Une partie (800 $) du compte Honoraires perçus d'avance est un produit. La portion restante perçue d'avance (1 600 $) représente l'obligation du cabinet à fournir des services dentaires pour les deux prochains mois ; il s'agit donc d'un passif.

Honoraires perçus d'avance (Pa)

		2 400	01-12
ER	800 gagnés		
		1 600	31-12

Honoraires – soins dentaires (Pr)

	0	01-12
	800	ER
	800	31-12

ÉQUATION COMPTABLE

Actif	=	Passif	+	Capitaux propres
		Honoraires perçus d'avance –800		Honoraires – soins dentaires +800

ÉCRITURE DE JOURNAL

31-12 ER	Honoraires perçus d'avance (–Pa)	800	
	Honoraires – soins dentaires (+Pr).................		800

Vérifications : 1. Débits 800 $ = Crédits 800 $; 2. L'équation comptable est en équilibre.

Les charges reportées Considérons maintenant la deuxième situation où, le 1er novembre, la dentiste a versé 1 800 $ pour une couverture d'assurance de 10 mois (du 1er novembre de cette année au 30 avril de l'année suivante). Le coût de la prime est donc de 300 $ par mois (1 800 $ ÷ 6 mois). Au 31 décembre, deux mois se sont écoulés, et deux des six mois de la prime d'assurance ont été utilisés au cours de l'exercice. Pour refléter les dépenses engagées durant l'exercice en cours, il faut passer une écriture de régularisation. Voici la marche à suivre.

Assurances payées d'avance (+A)	1 800	
Encaisse (–A)		1 800

Étape 1 : Quelle écriture a-t-on passée au moment de la sortie de fonds ?

Le 1er novembre, le montant versé représente les avantages futurs (la couverture d'assurance) pour le cabinet dentaire. Il s'agit de la définition d'un actif. À cette première étape, il faut retracer l'inscription initiale de l'opération.

Étape 2: Construisez un calendrier et établissez au moins deux comptes en T (un pour l'actif ou le passif créé et un pour les produits ou les charges connexes).

Alors que le temps s'écoule, une portion de l'actif a été utilisée (représentant la couverture reçue par la dentiste) au cours de l'exercice qui vient de se terminer.

Étape 3: Passez l'écriture de régularisation (ER).

L'écriture de régularisation vient corriger les comptes d'actif et de charge en fonction des montants déterminés à l'étape 2. La portion utilisée (600 $) de l'actif Assurances payées d'avance est une charge. La portion inutilisée (1 200 $) procurera des avantages futurs au cours de l'exercice suivant; il s'agit donc d'un actif.

Exercice 1	Fin d'exercice	Exercice 2
1 800 $ payés		
01-11	31-12	30-04
2 mois – 600 $ utilisés	4 mois – 1 200 $ à utiliser (avantages futurs)	

Période de la couverture de l'assurance

Assurances payées d'avance (A)

01-11	1 800		
		600 utilisés	ER
31-12	1 200		

Assurances (C)

01-11	0	
ER	600	
31-12	600	

ÉQUATION COMPTABLE

Actif	=	Passif	+	Capitaux propres
Assurances payées d'avance –600				Assurances –600

ÉCRITURE DE JOURNAL

31-12 ER	Assurances (+C)	600	
	Assurances payées d'avance (–A)....................		600

Vérifications: 1. Débits 600 $ = Crédits 600 $; 2. L'équation comptable est en équilibre.

Le 31 décembre (la fin de l'exercice), la dentiste aura bénéficié de deux mois de couverture d'assurance au coût de 600 $. Ainsi, pour l'exercice en cours, la charge Assurances (C) devra s'élever à 600 $ et le compte d'actif Assurances payées d'avance (A) à 1 200 $.

ANALYSE FINANCIÈRE

Les régularisations selon la méthode d'enregistrement des opérations

Dans les exemples précédents, l'argent reçu ou versé avant la constatation des produits ou des charges avait été inscrit dans un compte du bilan. Cette approche concorde avec la méthode de la comptabilité d'exercice puisque, à la date de l'échange monétaire, il existait un actif ou un passif. Cependant, les encaissements ou les décaissements sont souvent inscrits à titre de charges ou de produits à la date de conclusion de l'opération monétaire. On effectue cette démarche pour simplifier la tenue des livres, puisque les produits ou les charges sont souvent gagnés ou engagées avant la fin de l'exercice. Lorsque le montant complet n'est pas entièrement engagé ou gagné, il faut également effectuer une régularisation. Il faut noter que peu importe la manière dont l'écriture initiale est inscrite, on trouve les mêmes soldes de clôture dans les comptes Honoraires perçus d'avance et Honoraires – soins dentaires après régularisations. L'écriture de régularisation est cependant différente dans chaque cas.

Par exemple, pour l'exemple du 1er décembre, on aurait pu inscrire l'écriture initiale dans un compte de produits et la corriger ainsi:

Étape 1: Quelle écriture a-t-on passée précédemment lors de l'encaissement?

Le 1er décembre, le montant reçu aurait pu être inscrit dans un compte de produits.

Encaisse (+A)	2 400	
Honoraires – soins dentaires (+Pr)		2 400

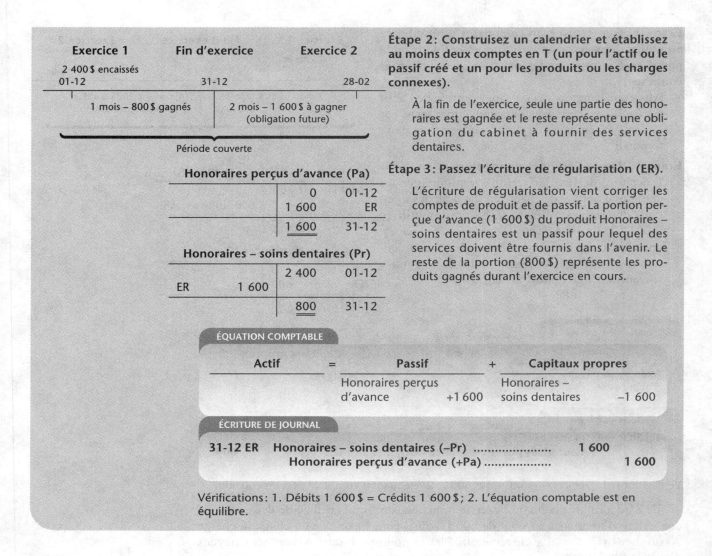

Étape 2: Construisez un calendrier et établissez au moins deux comptes en T (un pour l'actif ou le passif créé et un pour les produits ou les charges connexes).

À la fin de l'exercice, seule une partie des honoraires est gagnée et le reste représente une obligation du cabinet à fournir des services dentaires.

Étape 3: Passez l'écriture de régularisation (ER).

L'écriture de régularisation vient corriger les comptes de produit et de passif. La portion perçue d'avance (1 600 $) du produit Honoraires – soins dentaires est un passif pour lequel des services doivent être fournis dans l'avenir. Le reste de la portion (800 $) représente les produits gagnés durant l'exercice en cours.

Vérifications: 1. Débits 1 600 $ = Crédits 1 600 $; 2. L'équation comptable est en équilibre.

Les produits et les charges constatés par régularisation

D'autres écritures de régularisation sont nécessaires même si aucune somme d'argent n'a été reçue ou versée et qu'aucune écriture de journal n'a été comptabilisée. Ces régularisations sont essentielles pour reconnaître des produits ou des charges qui n'ont pas encore été comptabilisés, mais qui sont imputables à l'exercice. Comme aucune écriture n'a été passée, le processus de régularisation des comptes est plus simple. On élimine l'étape 1 et on n'a généralement pas besoin de créer de comptes en T. On calcule le montant à inscrire directement.

Poursuivons avec l'exemple du cabinet dentaire. Deux éléments exigent normalement une écriture de régularisation: les intérêts sur les prêts octroyés aux employés et les salaires à payer aux employés.

Les produits constatés par régularisation Supposons que le cabinet dentaire a prêté 2 000 $ à un employé le 1er septembre. L'employé a signé un effet, s'engageant à rembourser le capital et les intérêts à un taux annuel de 6 % dans six mois. Tout emprunt ou prêt d'argent comporte deux flux de trésorerie: un pour le capital et l'autre pour les intérêts. Les intérêts représentent le coût de l'emprunt d'argent; il s'agit d'une charge pour l'emprunteur et d'un produit pour le prêteur. Chaque jour, et ce, jusqu'à ce que le capital soit payé, les intérêts s'accumulent.

Le 1er septembre, une écriture a été passée pour refléter le prêt d'argent (le capital) octroyé à l'employé, mais aucun intérêt n'a été comptabilisé puisque aucun intérêt n'est gagné le jour où l'effet est signé. Cependant, à la fin de l'exercice, quatre mois se sont écoulés. Donc, le cabinet dentaire a gagné quatre mois d'intérêts pour lesquels il ne sera pas payé avant le 1er mars.

Étape 1: Quelle écriture a-t-on passée au moment du prêt?

Puisqu'il s'agit d'un produit gagné (intérêts créditeurs) durant l'exercice qui n'a pas encore été recouvré (un produit à recevoir), aucune écriture n'a encore été passée.

Étape 2: Construisez un calendrier et établissez au moins deux comptes en T (un pour l'actif ou le passif créé et un pour les produits ou les charges connexes).

Les intérêts sont calculés à l'aide de la formule suivante:

Capital × Taux d'intérêt annuel ×	Nombre de mois écoulés
	12

$2\,000\,\$ \times 6\,\% \times 4/12 = 40\,\$$ d'intérêts gagnés au cours du premier exercice.

Étape 3: Passez l'écriture de régularisation (ER).

Pour constater les produits durant l'exercice au cours duquel ils ont été gagnés, on doit passer une écriture de régularisation. L'effet est une augmentation de l'actif et une augmentation d'un produit (les intérêts créditeurs).

Les comptes en T ne sont pas nécessaires puisque le montant est calculé directement. Ils sont présentés ici à titre d'exemple.

Aucune écriture n'a été passée pour les intérêts créditeurs gagnés. Cependant, quand l'argent a été prêté, le cabinet dentaire a augmenté son compte d'actif Effet à recevoir du montant du capital.

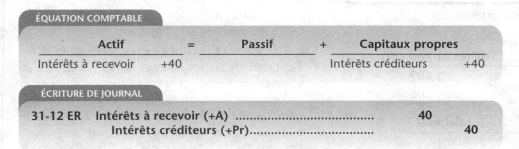

	Exercice 1	Fin d'exercice	Exercice 2
	12 000 $ prêtés		
	01-09	31-12	01-03
	4 mois – 40 $ gagnés	2 mois – 20 $ à gagner	2 000 $ + 60 $ à encaisser

Période du prêt

Intérêts à recevoir (A)

ER	40	
31-12	40	

Intérêts créditeurs (Pr)

	40	ER
	40	31-12

ÉQUATION COMPTABLE

Actif	=	Passif	+	Capitaux propres	
Intérêts à recevoir +40				Intérêts créditeurs	+40

ÉCRITURE DE JOURNAL

31-12 ER	Intérêts à recevoir (+A)	40	
	Intérêts créditeurs (+Pr)............................		40

Vérifications: 1. Débits: 40 $ = Crédits 40 $; 2. L'équation comptable est en équilibre.

Puisque les produits constatés par régularisation n'avaient pas encore été inscrits avant la fin de l'exercice, l'écriture de régularisation fait augmenter un compte d'actif et un compte de produit pour le montant calculé. Lorsque l'employé verse les intérêts et le capital le 1er mars de l'exercice suivant, il faut passer l'écriture qui suit.

ÉQUATION COMPTABLE

Actif	=	Passif	+	Capitaux propres	
Encaisse +2 060				Intérêts créditeurs	+20
Effet à recevoir –2 000					
Intérêts à recevoir –40					

1er mars	Encaisse (+A)	2 060	
	Effet à recevoir (–A)		2 000
	Intérêts à recevoir (–A)		40
	Intérêts créditeurs (+Pr)...................................		20

Vérifications : 1. Débits 2 060 $ = Crédits 2 060 $; 2. L'équation comptable est en équilibre.

Le montant de 2 060 $ qui sera encaissé le 1er mars inclut le remboursement du capital de 2 000 $ et des intérêts de 60 $. Quatre mois d'intérêts ont été constatés au cours de l'exercice précédent à titre d'intérêts créditeurs, et les deux autres mois d'intérêts (20 $) seront constatés au cours de l'exercice suivant.

Les charges constatées par régularisation À présent, supposons que tous les employés sont payés au total 3 000 $ toutes les deux semaines. Le paiement pour 10 jours ouvrables (du lundi au vendredi) est effectué le deuxième vendredi. Le dernier paiement pour l'année avait été effectué le vendredi 27 décembre. Les employés ont continué à travailler jusqu'au 31 décembre, la fin de l'exercice, mais ils n'ont pas été payés avant le 10 janvier.

Aucune écriture n'a été effectuée dans le passé.

Étape 1 : Quelle écriture a-t-on effectuée dans le passé ?

Puisqu'il s'agit d'une charge engagée durant l'exercice qui n'a pas encore été payée (une charge à payer), aucune écriture n'a encore été passée.

Étape 2 : Construisez un calendrier et établissez au moins deux comptes en T (un pour l'actif ou le passif créé et un pour les produits ou les charges connexes).

3 000 $ payés pour 10 jours ouvrables = 300 $ à payer aux employés par journée de travail. Les 30 et 31 décembre (lundi et mardi) sont des jours de travail non encore payés. Par conséquent, 300 $ × 2 jours = 600 $ engagés.

Étape 3 : Passez l'écriture de régularisation (ER).

Pour enregistrer les charges durant l'exercice au cours duquel elles ont été engagées, on doit passer une écriture de régularisation. L'effet est une augmentation d'un passif (Salaires à payer) et une augmentation d'une charge (Salaires).

Les comptes en T ne sont pas nécessaires puisque le montant est calculé directement. Ils sont présentés ici à titre d'exemple.

Exercice 1	Fin d'exercice	Exercice 2
27-12	31-12	10-01

| Deux jours ouvrables 600 $ engagés | Huit jours ouvrables 2 400 $ à engager | 3 000 $ à payer |

Période de paie

Salaires à payer (Pa)

	600	ER
	600	31-12

Salaires (C)

ER	600	
31-12	600	

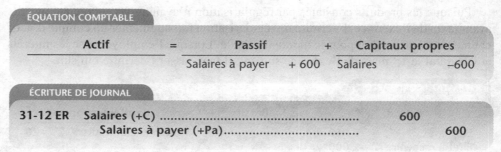

ÉQUATION COMPTABLE

Actif	=	Passif	+	Capitaux propres
		Salaires à payer + 600		Salaires –600

ÉCRITURE DE JOURNAL

| 31-12 ER | Salaires (+C) .... | 600 | |
| | Salaires à payer (+Pa)...................................... | | 600 |

Vérifications : 1. Débits 600 $ = Crédits 600 $; 2. L'équation comptable est en équilibre.

Pour terminer cette analyse, considérez ce que sera l'écriture pour la journée de paie du 10 janvier au cours de l'exercice suivant.

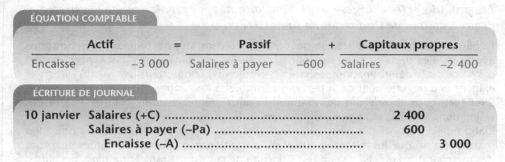

ÉQUATION COMPTABLE						
Actif		=	**Passif**		+	**Capitaux propres**
Encaisse	–3 000		Salaires à payer	–600		Salaires –2 400

ÉCRITURE DE JOURNAL		
10 janvier Salaires (+C)	**2 400**	
Salaires à payer (–Pa)	**600**	
Encaisse (–A)		**3 000**

Vérifications : 1. Débits 3 000 $ = Crédits 3 000 $; 2. L'équation comptable est en équilibre.

Lorsque les 3 000 $ sont payés, une partie seulement (2 400 $) représente les charges engagées au cours du deuxième exercice. Un montant de 600 $ a été comptabilisé à titre de charges de l'exercice précédent et il est maintenant payé (le passif est réduit). Puisque l'exercice se termine entre deux dates de paie, une portion du montant versé au cours du deuxième exercice est une charge du premier exercice, et le reste est une charge du deuxième exercice. Ainsi, les charges ont été correctement inscrites dans l'exercice approprié, c'est-à-dire dans l'exercice où les services ont été rendus.

Voici un résumé du processus de régularisation.

Les produits et les charges reportés : Les produits et les charges reportés existent déjà à la fin de l'exercice par suite d'une écriture de journal passée au moment d'un encaissement ou d'un décaissement. À la fin de l'exercice et en raison du passage du temps, un actif (habituellement les Charges payées d'avance, les Fournitures, les Bâtiments et le Matériel) ou un passif (les Produits perçus d'avance) est surévalué et doit être *diminué* ; son compte de produits ou de charges correspondant est sous-estimé et doit être *augmenté*. On calcule le solde de clôture corrigé du compte et on régularise le solde à ce montant. Dans chaque cas, les comptes en T et un calendrier peuvent être très utiles.

Les produits et les charges constatés par régularisation : Puisque aucune écriture n'a encore été passée, les charges constatées par régularisation font *augmenter* une charge et un passif, alors que les produits constatés par régularisation font *augmenter* un produit et actif. En conséquence, on calcule directement le montant de la régularisation nécessaire.

En général : Il est important de noter que les écritures de régularisation *n'ont aucun effet sur le compte Encaisse ni sur les flux de trésorerie.*

Lorsque les écritures de régularisation sont effectuées, le solde des comptes après régularisations est utilisé pour dresser les états financiers, ce qui constitue la prochaine étape du cycle comptable. Avant d'illustrer un ensemble complet d'états financiers, on doit régulariser les comptes de Van Houtte à la fin du mois d'avril[3].

Produits et charges reportés	
Charge ↑	Passif ↓
ou	
Actif ↓	Produit ↑

Produits et charges constatés par régularisation	
Actif ↑	Charge ↑
ou	
Produit ↑	Passif ↑

---

3. Les états financiers peuvent couvrir différentes périodes (un mois, un trimestre ou une année). On peut passer les écritures de régularisation mensuellement, trimestriellement ou annuellement en vue de s'assurer que les montants appropriés sont inclus dans les rapports financiers présentés aux utilisateurs externes.

Les produits et les charges reportés ou constatés par régularisation : la stratégie de présentation de l'information financière

La plupart des produits et des charges reportés ou constatés par régularisation que nous avons étudiés dans ce chapitre (par exemple, la ventilation des assurances payées d'avance ou la détermination des intérêts créditeurs) comportent des calculs directs et exigent peu de jugement de la part des comptables de l'entreprise. Dans des chapitres ultérieurs, nous aborderons de nombreuses autres régularisations qui demandent des estimations difficiles et complexes concernant le futur. Elles incluent notamment l'évaluation de la capacité des clients à rembourser leurs créances, la vie utile des nouvelles machines ainsi que les montants futurs qu'une entreprise peut devoir sur les garanties des marchandises qu'elle a vendues. Chacune de ces estimations et de plusieurs autres peuvent avoir des effets importants sur le bénéfice net que les entreprises présentent.

Quand les analystes tentent d'évaluer les entreprises en fonction des données du bilan et de l'état des résultats, ils jugent la valeur des estimations utilisées pour évaluer les produits et les charges reportés ou constatés par régularisation. Les entreprises qui formulent des estimations relativement pessimistes ayant pour effet de réduire le bénéfice net actuel respectent des stratégies *prudentes* de présentation de l'information financière. Les analystes chevronnés accordent plus de crédibilité à leur rapport sur le rendement. Les montants des bénéfices inscrits par ces entreprises sont souvent dits de qualité supérieure, car ils subissent moins l'influence de l'optimisme naturel de la direction. Cependant, on estime que les entreprises qui formulent régulièrement des estimations optimistes entraînant la présentation d'un bénéfice net plus élevé sont plus *agressives*. Les analystes considèrent que la mesure des résultats de ces entreprises est moins fiable.

Une illustration des écritures de régularisation

Nous illustrerons les écritures de régularisation courantes en mettant à jour les comptes de Van Houtte en fonction des soldes des comptes et des opérations déjà vus dans les chapitres 2 et 3. En examinant la balance de vérification de Van Houtte au tableau 4.2, on peut déterminer plusieurs comptes de régularisation qu'il faudra analyser et peut-être régulariser.

Stocks	Une portion de la marchandise a été utilisée au cours du mois.
Frais payés d'avance	La totalité ou une portion du loyer, de l'assurance et de la publicité payés d'avance a été utilisée avant la fin du mois.
Immobilisations corporelles	Une portion a été utilisée durant le mois pour produire des revenus.
Produits liés aux franchises perçus d'avance	La totalité ou une portion peut avoir été gagnée avant la fin du mois.

De plus, on peut constater que plusieurs comptes de régularisation doivent être comptabilisés pour tenir compte de certaines activités qui ont produit des revenus ou des charges.

Débiteurs	Les franchisés peuvent devoir certaines redevances à Van Houtte pour les ventes de la dernière semaine.
Placements	Un investissement dans les actions et les obligations crée des revenus de placements (des dividendes sur les actions et des intérêts sur les obligations).

Autres éléments d'actif   Les franchisés peuvent devoir des intérêts sur les sommes empruntées à Van Houtte.

Les charges à payer   Tous les salaires à payer aux employés pour le travail accompli la dernière semaine et les montants à payer pour les services publics utilisés durant le mois, mais non encore facturés à Van Houtte, doivent être comptabilisés à titre de charges pour le mois.

Effets à payer   Van Houtte doit des intérêts sur les fonds empruntés.

Impôts sur le revenu à payer   Les impôts doivent être comptabilisés pour la période couverte.

Les trois étapes utilisées jusqu'à présent permettront d'analyser les comptes et de déterminer les écritures de régularisation nécessaires. Vous devez étudier l'exemple suivant attentivement pour comprendre les étapes du processus de régularisation, en portant une attention particulière au calcul des montants de la régularisation et à l'effet sur le solde des comptes. Premièrement, on régularise les produits et les charges reportés et ensuite les produits à recevoir et les charges à payer.

La régularisation des produits et des charges reportés

On régularise les comptes des produits et des charges reportés en utilisant la marche à suivre en trois étapes déjà présentée : 1) la détermination de l'écriture initiale, 2) la création d'un calendrier avec les dates et les montants pertinents ainsi que les comptes en T et 3) la passation des écritures de régularisation nécessaires.

a) Les stocks incluent entre autres les grains de café et les cafetières offerts en vente aux franchisés. Le solde des stocks au début du mois d'avril totalisait 22 428 $. Durant le mois, Van Houtte a acheté 29 000 $ de stocks qui ont été comptabilisés au chapitre 3, opération e) ; elle a aussi vendu ou consommé des stocks coûtant 13 400 $ qui ont été comptabilisés à titre de Coût des marchandises vendues au chapitre 3, opérations b) et i). Le solde du compte Stocks avant régularisations est de 38 028 $. Pourtant, à la fin du mois, Van Houtte a dénombré 37 009 $ de stocks en magasin. La différence (1 019 $) constitue les stocks supplémentaires utilisés durant le mois par l'entreprise.

Étape 1 : Quelle écriture a-t-on passée au moment de l'achat ?

Stocks (+A)	29 000	
Encaisse (–A)		29 000

Étape 2 : Construisez un calendrier et établissez au moins deux comptes en T (un pour l'actif ou le passif créé et un pour les produits ou les charges connexes).

Mois 1	Fin de mois	Mois 2 et suivants
29 000 $ payés pour les stocks	30-04	

Ouverture	En magasin	Clôture
22 428 $		37 009 $

Déjà vendus ou utilisés = 13 400 $
Utilisés en plus = 1 019 $

Stocks (A)

Ouverture	22 428		
Achetés	29 000	9 600	Vendus
		3 800	Vendus
		1 019	Utilisés ER
Clôture	37 009		

Coût des marchandises vendues – café (C)

Ouverture	0
Vendues	3 800
Utilisées	1 019
Clôture	4 819

Coût des marchandises vendues – cafetières (C)

Ouverture	0
Utilisées	9 600
Clôture	9 600

Étape 3 : Passez l'écriture de régularisation (ER).
L'écriture de régularisation est nécessaire pour obtenir le solde de clôture approprié de 37 009 $ dans le compte Stocks. Les stocks supplémentaires utilisés par la société (1 019 $) sont une charge. Les stocks en main (37 009 $) procureront des avantages futurs pour l'exercice suivant et sont donc un actif.

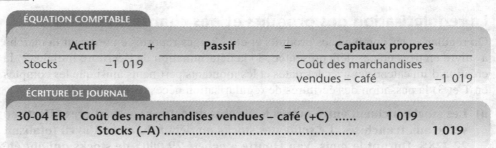

ÉQUATION COMPTABLE

	Actif	+	Passif	=	Capitaux propres	
Stocks	−1 019				Coût des marchandises vendues – café	−1 019

ÉCRITURE DE JOURNAL

30-04 ER	Coût des marchandises vendues – café (+C)	1 019	
	Stocks (−A)		1 019

Vérifications : 1. Débits 1 019 $ = Crédits 1 019 $; 2. L'équation comptable est en équilibre.

b) Au chapitre 3, l'opération g), Frais payés d'avance, inclut 1 600 $ pour quatre mois d'assurance (il reste trois mois), 4 800 $ pour les impôts fonciers pour une période de trois mois (il reste deux mois) et 1 000 $ de publicité pour le mois de mai. Des frais de publicité payés d'avance dans les mois précédents, d'une valeur de 2 700 $, ont été utilisés durant le mois d'avril.

Étape 1 : Quelle écriture a-t-on passée au moment du décaissement ?

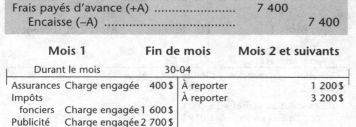

Frais payés d'avance (+A)	7 400	
Encaisse (−A)		7 400

Étape 2 : Construisez un calendrier et établissez au moins deux comptes en T (un pour l'actif ou le passif créé et un pour les produits ou les charges connexes).

	Mois 1	Fin de mois	Mois 2 et suivants	
	Durant le mois	30-04		
Assurances	Charge engagée	400 $	À reporter	1 200 $
Impôts fonciers	Charge engagée	1 600 $	À reporter	3 200 $
Publicité	Charge engagée	2 700 $		

Étape 3: Passez l'écriture de régularisation (ER).

Alors que l'assurance, le loyer et la publicité sont utilisés, l'actif Frais payés d'avance doit refléter les avantages futurs restants. Dans ce cas, trois comptes sont touchés par l'écriture de régularisation.

Frais payés d'avance (A)			
Solde tiré du chapitre 3	12 023	4 700	Utilisés
Clôture	7 323		

Frais d'exploitation – promotion (C)		
Solde tiré du chapitre 3	4 700	
ER	2 700	
Clôture	7 400	

Frais d'exploitation – administration (C)		
Solde tiré du chapitre 3	410	
ER	1 600	
ER	400	
Clôture	2 410	

ÉQUATION COMPTABLE

Actif	+	Passif	=	Capitaux propres	
Frais payés d'avance –4 700				Frais d'exploitation – administration	–2 000
				Frais d'exploitation – promotion	–2 700

ÉCRITURE DE JOURNAL

30-04 ER	Frais d'exploitation – administration (+C)..........	400	
	Frais d'exploitation – administration (+C)..........	1 600	
	Frais d'exploitation – promotion (+C)	2 700	
	Frais payés d'avance (–A)...............................		4 700

Vérifications : 1. Débits 4 700 $ = Crédits 4 700 $; 2. L'équation comptable est en équilibre.

c) **Les immobilisations corporelles ont une valeur d'acquisition de 268 699 $ et un amortissement cumulé (la portion utilisée du coût historique) de 131 807 $. On posera l'hypothèse que ces immobilisations présentent une durée de vie utile moyenne de 10 ans et une valeur résiduelle estimative (le prix de vente estimatif de l'actif ou la valeur de réalisation nette estimative à la fin de leur durée de vie utile pour l'entreprise) de 22 700 $.**

Comme les entreprises utilisent leurs immobilisations corporelles pour mener à bien leurs activités, une partie de leur coût doit être imputée à chaque exercice durant lequel ils servent à engendrer des produits. La charge d'amortissement reflète le coût d'utilisation d'un bien.

Le processus comptable de l'amortissement comporte la ventilation systématique du coût d'un actif immobilisé sur sa durée de vie utile, soit sur plusieurs exercices.

Les étudiants et d'autres personnes peu familières avec la terminologie comptable ont tendance à croire que l'amortissement reflète le déclin de la valeur marchande de l'actif.

Cette notion de l'amortissement dans un contexte comptable *ne concorde pas nécessairement avec la variation de la valeur marchande* de l'actif. Ainsi, cette notion diffère de l'emploi qu'en fait le profane en déclarant qu'une nouvelle voiture se «déprécie» dès le moment où elle quitte le parc du concessionnaire. En comptabilité, l'amortissement est une notion de *ventilation d'un coût* et non pas d'*évaluation*. Comme on l'a discuté précédemment, on utilise un compte de contrepartie, Amortissement cumulé, pour calculer le montant du coût historique ventilé sur les exercices précédents. Il est directement relié au compte Immobilisations corporelles, mais il affiche un solde opposé (un solde créditeur).

Nous étudierons l'amortissement plus en détail au chapitre 8. D'ici là, pour simplifier ces questions, on supposera que les immobilisations utilisées dans les activités d'exploitation procurent des avantages pour l'entreprise de manière égale dans le temps. Par conséquent, le coût historique est amorti en montants égaux à chaque exercice. Il s'agit de la méthode de l'amortissement linéaire.

Immobilisations corporelles (+A) ...	(plusieurs achats)
Encaisse (–A) (ou un passif).......	(plusieurs achats)

Mois 1	Fin de mois	Mois 2 et suivants
Un mois d'utilisation	30-04	
Amortissement = 2 050 $		

(268 699 $ – 22 700 $) ÷ 10 années = 24 600 $ par année
24 600 $ d'amortissement annuel ÷ 12 mois = 2 050 $ par mois

Amortissement cumulé (XA)

	131 807	Solde au 31-03
	2 050	**Utilisés**
	133 857	Clôture

Amortissement (C)

Solde tiré du chapitre 3	0	
ER	2 050	
Clôture	2 050	

Étape 1 : Quelle écriture a-t-on passée au moment des achats ?

Étape 2 : Construisez un calendrier et établissez au moins deux comptes en T (un pour l'actif ou le passif créé et un pour les produits ou les charges connexes).

La charge d'amortissement selon la méthode de l'amortissement linéaire se calcule ainsi.

$$\frac{\text{(Coût – Valeur résiduelle)}}{\text{Vie utile}} = \text{Amortissement de l'exercice}$$

Étape 3 : Passez l'écriture de régularisation (ER).

Il faut noter que l'augmentation du compte de contrepartie fait diminuer le total de l'actif.

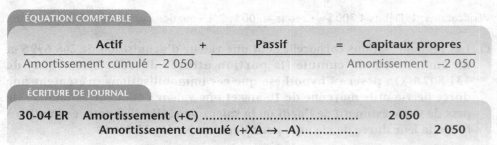

ÉQUATION COMPTABLE

Actif	+	Passif	=	Capitaux propres
Amortissement cumulé –2 050				Amortissement –2 050

ÉCRITURE DE JOURNAL

30-04 ER	Amortissement (+C)	2 050	
	Amortissement cumulé (+XA → –A)...............		2 050

Vérifications : 1. Débits 2 050 $ = Crédits 2 050 $; 2. L'équation comptable est en équilibre.

La régularisation des produits à recevoir et des charges à payer

Maintenant, pour régulariser certains comptes de produits et de charges, on utilise la marche à suivre en trois étapes déjà présentée plus haut, telle qu'elle a été modifiée pour les comptes de régularisation qui n'ont pas d'écriture initiale : 1) déterminez l'écriture initiale (pour les comptes de régularisation, il n'y a qu'une activité passée, aucun mouvement d'argent) ; 2) créez un calendrier avec les dates, les montants ainsi que les comptes en T pertinents ; 3) déterminez l'écriture de régularisation nécessaire. Les impôts à payer et la charge d'impôts sont déterminés après que toutes les autres régularisations ont été effectuées.

d) Les franchisés ont déclaré qu'ils devaient 900 $ à Van Houtte en redevances additionnelles pour les ventes effectuées au cours de la dernière semaine du mois.

Étape 1 : Quelle écriture a-t-on effectuée dans le passé ?

Aucune écriture n'a été passée.

Étape 2 : Construisez un calendrier et établissez au moins deux comptes en T (un pour l'actif ou le passif créé et un pour les produits ou les charges connexes).

Étape 3 : Passez l'écriture de régularisation (ER).

Puisque la société recevra de l'argent dans le futur, les deux comptes Débiteurs et Produits liés aux franchises augmenteront.

Mois 1	Fin de mois	Mois 2 et suivants
Au cours de la dernière semaine 30-04		
900 $ de produits gagnés		À recouvrer

Débiteurs (A)

Solde tiré du chapitre 3	36 466	
Gagnés	**900**	
Clôture	37 366	

Produits liés aux franchises (Pr)

	7 175	Solde tiré du chapitre 3
	900	ER
	8 075	Clôture

ÉQUATION COMPTABLE

Actif	+	Passif	=	Capitaux propres
Débiteurs +900				Produits liés aux franchises +900

ÉCRITURE DE JOURNAL

30-04 ER	Débiteurs (+A)	900	
	Produits liés aux franchises (+Pr)		900

Vérifications : 1. Débits 900 $ = Crédits 900 $; 2. L'équation comptable est en équilibre.

e) Van Houtte a gagné 250 $ sur ses placements et 80 $ d'intérêts sur les effets à recevoir des franchisés pour le mois. Elle recevra l'argent au cours du mois prochain.

Étape 1 : Quelle écriture a-t-on effectuée dans le passé ?

Aucune écriture n'a été passée.

Étape 2 : Construisez un calendrier et établissez au moins deux comptes en T (un pour l'actif ou le passif créé et un pour les produits ou les charges connexes).

Étape 3 : Passez l'écriture de régularisation (ER).

Puisque la société recevra de l'argent dans le futur, les deux comptes Intérêts à recevoir et Revenus de placements augmenteront.

Mois 1	Fin de mois	Mois 2 et suivants
Durant le mois	30-04	
330 $ de produits gagnés		À recouvrer

Intérêts à recevoir (A)

Ouverture	0	
Gagnés	330	
Clôture	330	

Revenus de placements (Pr)

	125	Solde tiré du chapitre 3
	330	ER
	455	Clôture

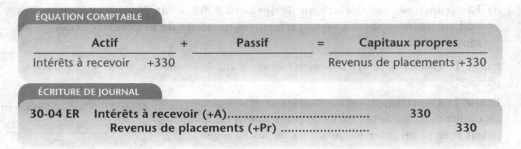

ÉQUATION COMPTABLE

Actif	+	Passif	=	Capitaux propres
Intérêts à recevoir +330				Revenus de placements +330

ÉCRITURE DE JOURNAL

30-04 ER   Intérêts à recevoir (+A)..   330
                  Revenus de placements (+Pr)   330

Vérifications : 1. Débits 330 $ = Crédits 330 $; 2. L'équation comptable est en équilibre.

f) **Le 30 avril, Van Houtte a reçu une facture de 500 $ pour le gaz naturel et l'électricité consommés à son siège social durant le mois d'avril. La facture sera payée en mai.**

Aucune écriture n'a été passée.

Étape 1 : Quelle écriture a-t-on effectuée dans le passé ?

Étape 2 : Construisez un calendrier et établissez au moins deux comptes en T (un pour l'actif ou le passif créé et un pour les produits ou les charges connexes).

Mois 1	Fin de mois	Mois 2 et suivants
Durant le mois	30-04	
500 $ de charges engagées		À payer

Fournisseurs et charges à payer (Pa)

	47 515	Solde tiré du chapitre 3
	500	Engagés
	48 015	Clôture

Frais d'exploitation – administration (C)

Solde de **b)**	2 410	
ER	500	
Clôture	2 910	

Étape 3 : Passez l'écriture de régularisation (ER).

Puisqu'il a été nécessaire d'utiliser les services publics pour que l'entreprise réalise des produits en avril, le montant doit être inscrit à titre de charges pour le mois d'avril.

ÉQUATION COMPTABLE

Actif	+	Passif	=	Capitaux propres
		Fournisseurs et charges à payer +500		Frais d'exploitation – administration +500

ÉCRITURE DE JOURNAL

30-04 ER   Frais d'exploitation – administration (+C)...........   500
                  Fournisseurs et charges à payer (+Pa)   500

Vérifications : 1. Débits 500 $ = Crédits 500 $; 2. L'équation comptable est en équilibre.

g) **Van Houtte devait les salaires à ses employés pour la dernière semaine du mois : 1 200 $ aux employés du groupe pause-café, 300 $ aux employés de production et 1 600 $ aux employés de bureau travaillant au siège social. Les salaires seront payés au cours de la première semaine du mois de mai.**

Aucune écriture n'a été passée.

Étape 1 : Quelle écriture a-t-on effectuée dans le passé ?

Étape 2 : Construisez un calendrier et établissez au moins deux comptes en T (un pour l'actif ou le passif créé et un pour les produits ou les charges connexes).

Mois 1	Fin de mois	Mois 2 et suivants
Durant la dernière semaine	30-04	
3 100 $ de charges engagées		À payer

Étape 3 : Passez l'écriture de régularisation (ER).

Puisque les employés ont travaillé et produit des revenus durant le mois d'avril, le montant à leur payer doit être inscrit à titre de charges en avril.

Fournisseurs et Charges à payer (Pa)

	48 015	Solde de f)
	3 100	Engagés
	51 115	Clôture

Salaires – pause-café (C)

Solde tiré		
du chapitre 3	8 000	
ER	1 200	
Clôture	9 200	

Salaires – production (C)

Solde tiré		
du chapitre 3	4 000	
ER	300	
Clôture	4 300	

Salaires – administration (C)

Solde tiré		
du chapitre 3	1 500	
ER	1 600	
Clôture	3 100	

ÉQUATION COMPTABLE

Actif	+	Passif	=	Capitaux propres	
		Fournisseurs et		Salaires –	
		Charges à payer +3 100		administration	−1 600
				Salaires – pause-café	−1 200
				Salaires – production	−300

ÉCRITURE DE JOURNAL

30-04 ER	Salaires – pause-café (+C)...................................	1 200	
	Salaires – production (+C)..............................	300	
	Salaires – administration (+C)...........................	1 600	
	Fournisseurs et Charges à payer (+Pa)		3 100

Vérifications : 1. Débits 3 100 $ = Crédits 3 100 $; 2. L'équation comptable est en équilibre.

Pour les opérations h) à i), inscrivez les données manquantes.

h) Van Houtte a fourni 100 $ de services supplémentaires à de nouveaux franchisés qui avaient déjà payé les redevances initiales (les produits perçus d'avance).

Étape 1: Quelle écriture a-t-on passée au moment de l'encaissement?

Puisqu'il y a déjà eu un encaissement, le compte à régulariser est (encerclez-en un) un produit ou une charge reporté, un produit à recevoir ou une charge à payer.

Étape 2: Construisez un calendrier et établissez au moins deux comptes en T (un pour l'actif ou le passif créé et un pour les produits ou les charges connexes).

Étape 3: Passez l'écriture de régularisation (ER).

Encaisse (+A) .... (plusieurs opérations)
Produits liés aux franchises
perçus d'avance (+Pa) .. (plusieurs opérations)

Mois 1	Fin de mois	Mois 2 et suivants
	30-04	
Produits gagnés = 100 $		À gagner = 125 $

Produits liés aux franchises perçus d'avance (Pa)

	225	Solde tiré du chapitre 3
☐		ER
	125	Clôture

Produits liés aux franchises (Pr)

	8 075	Solde de **d)**
☐		ER
	8 175	Clôture

Actif	=	**Passif**	+	**Capitaux propres**
		Produits liés aux franchises perçus d'avance −100		Produits liés aux franchises +100

30-04 ER

Inscrivez l'écriture →

Vérifications: 1. Débits 100 $ = Crédits 100 $; 2. L'équation comptable est en équilibre.

i) Au début du mois, Van Houtte a emprunté 1 000 $ d'une banque (chapitre 2, opération b) venant à échéance dans trois mois avec des intérêts au taux annuel de 12%.

Étape 1: Quelle écriture a-t-on effectuée dans le passé? Aucune écriture n'a été passée.

Puisqu'on doit verser de l'argent dans le futur, le compte à régulariser est (encerclez-en un) un produit ou une charge reporté, un produit à recevoir ou une charge à payer.

Étape 2: Construisez un calendrier et établissez au moins deux comptes en T (un pour l'actif ou le passif créé et un pour les produits ou les charges connexes).

Mois 1	Fin de mois	Mois 2 et suivants
Durant le mois	30-04	
☐ $ de charges engagées		À payer

Étape 3 : Passez l'écriture de régularisation (ER).
Calculez les intérêts en utilisant la formule suivante.

Capital × Taux d'intérêt annuel ×	$\dfrac{\text{Nombre de mois}}{12}$

Intérêts à payer (Pa)

	0	Solde tiré du chapitre 3
	☐	Engagés
	☐	Clôture

Intérêts débiteurs (C)

Solde tiré du chapitre 3	0	
ER	☐	
Clôture	☐	

Actif	=	Passif	+	Capitaux propres
		Intérêts à payer + ☐		Intérêts débiteurs − ☐

30-04 ER

Inscrivez l'écriture ⟶ [ ]

Vérifications : 1. Débits [ ] $ = Crédits [ ] $; 2. L'équation comptable est en équilibre.

Vérifiez vos réponses à l'aide des solutions présentées en bas de page*.

L'écriture de régularisation finale consiste à comptabiliser les impôts à payer (une charge non comptabilisée). Pour ce faire, vous devez calculer le bénéfice avant impôts en fonction des soldes après régularisations.

Tous les produits	74 030 $	Total tiré du chapitre 3	72 700 $ + 900 + 330 + 100
– Toutes les charges	–45 589	Total tiré du chapitre 3	34 210 $ + 1 019 + 4 700 + 2 050 + 500 + 3 100 + 10
Bénéfice avant impôts	28 441 $		

j) Le taux d'imposition moyen de Van Houtte est d'environ 33 %.

Étape 1 : Quelle écriture a-t-on effectuée dans le passé ?
Aucune écriture n'a été effectuée.

Étape 2 : Construisez un calendrier et établissez au moins deux comptes en T (un pour l'actif ou le passif créé et un pour les produits ou les charges connexes).

Mois 1	Fin de mois	Mois 2 et suivants
	30-04	
Bénéfice avant impôts 28 441 $ × Taux d'imposition de 33 % = 9 386 $ Charge d'impôts engagée (valeur arrondie)		À payer

---

*h) Le compte à régulariser est un compte de produits reportés.

Produits liés aux franchises perçus d'avance (–Pa) 100

   Produits liés aux franchises (+Pr) 100

i) Le compte à régulariser est un compte de charges à payer. Le capital a été comptabilisé quand la note a été signée. Cependant, l'argent de la banque a été utilisé durant le mois. L'utilisation de l'argent entraîne des intérêts débiteurs pour l'exercice jusqu'à ce que le capital soit remboursé.

     1 000 $ de capital × 12 % taux d'intérêt annuel × 1 mois/12 = 10 $ d'intérêts débiteurs

Les comptes Intérêts à payer (Pa) et Intérêts débiteurs (C) augmentent de 10 $, ce qui entraîne des soldes de 10 $ pour chacun. Après avoir passé l'écriture de journal, les débits sont égaux aux crédits et l'équation demeure en équilibre.

Intérêts débiteurs (+C) 10

   Intérêts à payer (+Pa)... 10

Étape 3 : Passez l'écriture de régularisation (ER).

Impôts à payer (Pa)

		1 044	Solde tiré du chapitre 3
		9 386	Engagés
		10 430	Clôture

Impôts sur les bénéfices (C)

Solde tiré du chapitre 3		0	
	ER	9 386	
Clôture		9 386	

ÉQUATION COMPTABLE

Actif	+	Passif	=	Capitaux propres
		Impôts à payer +9 386		Impôts sur les bénéfices −9 386

ÉCRITURE DE JOURNAL

30-04 ER	Impôts sur les bénéfices (+C)	9 386	
	Impôts à payer (+Pa)...		9 386

Vérifications : 1. Débits 9 386 $ = Crédits 9 386 $; 2. L'équation comptable est en équilibre.

À partir des soldes des comptes en T après régularisations, on peut maintenant dresser un ensemble complet d'états financiers selon la méthode de la comptabilité d'exercice à la fin du mois d'avril (30 avril 20B).

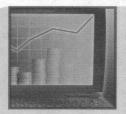

ANALYSE FINANCIÈRE

La régularisation des comptes et la vérification

Puisque les régularisations de fin d'exercice constituent la portion la plus complexe du processus de comptabilisation, elles tendent à contenir davantage d'erreurs. Comme nous l'avons mentionné au chapitre 1, les vérificateurs externes examinent les livres de la société à l'aide de tests et de sondages statistiques. Pour accroître au maximum les chances de détecter des erreurs suffisamment importantes pour influer sur les décisions des utilisateurs, les vérificateurs portent une attention particulière aux opérations plus susceptibles de contenir des erreurs. Plusieurs recherches en comptabilité ont relevé les opérations qui ont tendance à contenir le plus d'erreurs dans les entreprises de fabrication de taille moyenne. Les erreurs dans les comptes de régularisation de fin d'exercice, comme le fait de ne pas présenter un passif pour garantie de produit suffisamment élevé, de ne pas inclure des postes qui devraient être régularisés ou de comptabiliser des opérations dans le mauvais exercice (ce qu'on appelle des *erreurs de démarcation*) se situent dans la principale catégorie d'erreurs et reçoivent ainsi beaucoup d'attention de la part des vérificateurs.

L'établissement des états financiers

L'étape suivante du cycle comptable consiste à dresser un ensemble complet d'états financiers après régularisations :
- l'état des résultats ;
- l'état des bénéfices non répartis ;
- le bilan ;
- l'état des flux de trésorerie.

Premièrement, on illustre la relation qui existe entre les états financiers, autrement dit la manière dont les montants d'un état financier se retrouvent dans un autre état financier.

Le modèle d'analyse des opérations élaboré au chapitre 3 est présenté dans le tableau 4.3. Il illustre la manière dont l'information circule de l'état des résultats à l'état des bénéfices non répartis et ensuite au bilan.

| **Relations entre les états financiers** | TABLEAU **4.3** |

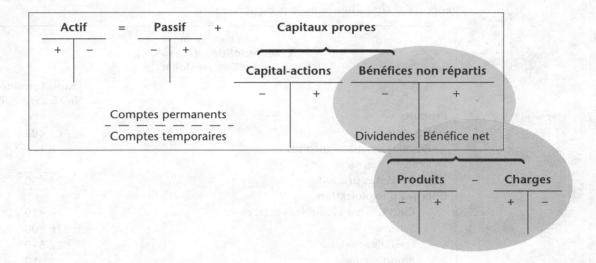

Le **cercle vert** englobe les informations utilisées à l'état des résultats. Le **cercle ocre** met en évidence les composantes de l'état des bénéfices non répartis (BNR). Plutôt qu'un état des bénéfices non répartis, les entreprises américaines présentent un état plus vaste des capitaux propres avec des colonnes distinctes pour les variations dans le capital-actions et les bénéfices non répartis. Au Canada, les variations dans le capital-actions incluant les émissions et les rachats d'actions sont expliquées dans une note aux états financiers. Toutefois, il arrive que certaines entreprises canadiennes, dont Bombardier, adoptent la norme américaine et publient un état des capitaux propres. On peut représenter la circulation de l'information entre les états à l'aide du graphique suivant. Le bénéfice net tiré de l'état des résultats est inclus dans l'état des BNR. Ensuite, le solde de clôture des bénéfices non répartis est compris dans les capitaux propres au bilan (le **rectangle**).

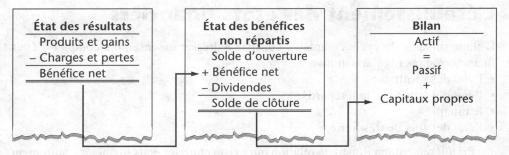

État des résultats	État des bénéfices non répartis	Bilan
Produits et gains – Charges et pertes **Bénéfice net**	Solde d'ouverture + Bénéfice net – Dividendes **Solde de clôture**	Actif = Passif + Capitaux propres

On dresse maintenant ces trois états de la société Van Houtte pour le mois terminé le 30 avril 20B, en fonction des soldes des comptes après régularisations.

L'état des résultats

Mis à part le fait que les montants ne s'appliquent que pour un mois, l'état des résultats suivant, basé sur les soldes après régularisations, ressemble à l'état des résultats annuel véritable de Van Houtte présenté au tableau 3.2. Les états des résultats dressés à des fins externes (comme on l'a déjà vu) sont en général établis trimestriellement et annuellement et ils présentent des données comparatives sur deux années. Cette exigence a été simplifiée dans le présent chapitre.

Van Houtte inc. État consolidé des résultats (en milliers de dollars)	Mois terminé le 30 avril 20B
Produits	
Revenus	65 400 $
Produits liés aux franchises	8 175
Revenus de placements	455
Total des produits	74 030
Charges d'exploitation	
Coût des marchandises vendues	14 419
Salaires	16 600
Frais d'exploitation	12 510
Amortissement	2 050
Frais financiers	10
Total des charges d'exploitation	45 589
Bénéfice avant les impôts sur les bénéfices	28 441
Impôts sur les bénéfices	9 386
Bénéfice net	19 055 $
Résultat par action	0,88 $

Il faut noter que le résultat par action est inscrit à l'état des résultats. Il est largement utilisé pour évaluer le rendement et la rentabilité d'une entreprise. De plus, il constitue le seul ratio qu'on doit obligatoirement divulguer dans les états financiers ou les notes afférentes aux états financiers. On calcule le résultat par action comme suit.

$$\text{Résultat par action} = \frac{\text{Bénéfice net disponible pour les détenteurs d'actions ordinaires}}{\text{Nombre moyen pondéré d'actions ordinaires en circulation pour l'exercice}}$$

Le calcul du dénominateur étant complexe, il est expliqué dans d'autres cours de comptabilité. En fonction du rapport annuel de Van Houtte pour l'exercice 2001, le nombre moyen pondéré d'actions ordinaires en circulation s'élevait à environ 21 590 000. Pour simplifier, on utilise ce même dénominateur dans le calcul du résultat par action présenté à l'état des résultats. Nous discuterons les autres informations à présenter sur le résultat par action au chapitre 5.

19 055 000 $ de bénéfice net ÷ 21 590 000 actions = 0,88 $

L'état des bénéfices non répartis

Le résultat final de l'état des résultats, le bénéfice net, est reporté à l'état des bénéfices non répartis. La déclaration du dividende enregistrée au chapitre 2 est également incluse dans l'état. La société Van Houtte ne dresse pas un état des capitaux propres, mais plutôt un état des bénéfices non répartis.

Van Houtte inc.	
État des bénéfices non répartis	
pour l'exercice terminé le 30 avril 20B	
(en milliers de dollars)	
Solde au début	81 274 $
Bénéfice net	19 055
	100 329
Dividende	200
Solde à la fin	100 129 $

Le bilan

Le solde à la fin de l'exercice des BNR se retrouve au bilan. On remarque aussi que le compte de contrepartie, Amortissement cumulé, a été déduit du compte Immobilisations corporelles pour refléter la valeur comptable nette à la fin du mois. Des informations détaillées sur le coût du matériel ainsi que le solde du compte Amortissement cumulé pourraient être données dans les notes afférentes aux états financiers.

Van Houtte inc.	
Bilan	
(en milliers de dollars)	
	au 30 avril 20B
ACTIF	
Actif à court terme :	
Encaisse	26 840 $
Débiteurs	37 696
Stocks	37 009
Frais payés d'avance	7 323
Impôts futurs	75
	108 943
Placements	9 368
Immobilisations	134 842
Autres éléments d'actif	129 189
	382 342 $

PASSIF ET AVOIR DES ACTIONNAIRES	
Passif à court terme :	
Fournisseurs et charges à payer	51 115 $
Impôts sur le revenu à payer	10 430
Autres éléments du passif	135
Tranche à court terme de la dette à long terme	690
	62 370
Dette à long terme	80 153
Avantages postérieurs à l'emploi	4 089
Impôts futurs	1 613
Part des actionnaires sans contrôle	3 098
Avoir des actionnaires :	
Capital-actions	128 885
Bénéfices non réparties	100 129
Écart de conversion	2 005
	231 019
	382 342 $

INCIDENCE SUR LES FLUX DE TRÉSORERIE

La présentation de l'information financière

Comme on l'a discuté dans les chapitres précédents, l'état des flux de trésorerie explique la différence qui existe entre les soldes d'ouverture et de clôture du compte Encaisse au bilan au cours d'un exercice. Plus simplement, l'état des flux de trésorerie est une liste ordonnée de toutes les opérations conclues au cours de l'exercice qui ont influé sur le compte Encaisse. Les trois composantes de l'état des flux de trésorerie sont les activités d'exploitation, d'investissement et de financement.

Effet sur l'état des flux de trésorerie

EN GÉNÉRAL	**Effet sur les flux de trésorerie**
Activités d'exploitation (tirées du chapitre 3)	+/−
Activités d'investissement (tirées du chapitre 2)	+/−
Activités de financement (tirées du chapitre 2)	+/−
Variation de l'encaisse	Total
+ Solde d'ouverture de l'encaisse	+
Solde de clôture de l'encaisse	Total

VAN HOUTTE ◊ Aux chapitres 2 et 3, nous avons analysé et regroupé les opérations monétaires en trois catégories. Puisque aucune régularisation apportée dans ce chapitre n'influe sur l'encaisse, l'état présenté au chapitre 3 n'a pas changé et il est reproduit ici. Le solde d'ouverture de l'encaisse pour le mois (5 835 $) ainsi que le solde de clôture de l'encaisse pour le mois (26 840 $) figurant au bilan sont les mêmes que ceux qui ont été déclarés à l'état des flux de trésorerie. Des informations sont données sur la manière dont Van Houtte a reçu et utilisé ses liquidités au cours du mois.

Van Houtte inc.
État des flux de trésorerie
pour le mois d'avril 20B (en milliers de dollars)

Flux de trésorerie liés aux activités d'exploitation

Sommes reçues des clients	71 250 $
Sommes versées aux fournisseurs	(33 710)
Sommes versées aux employés	(13 500)
Intérêts reçus	125
Flux de trésorerie liés aux activités d'exploitation	24 165
Flux de trésorerie liés aux activités d'investissement	
Achat d'immobilisations	(1 500)
Achat de placements	(3 000)
Prêt aux franchisés	(450)
Encaissement d'un prêt aux franchisés	90
Flux de trésorerie liés aux activités d'investissement	(4 860)
Flux de trésorerie liés aux activités de financement	
Émission d'actions	1 300
Emprunt	1 000
Paiement des dividendes	(200)
Remboursement des emprunts	(400)
Flux de trésorerie liés aux activités de financement	1 700
Augmentation nette de l'encaisse	21 005
Encaisse au début du mois	5 835
Encaisse à la fin du mois	26 840 $

QUELQUES PRÉCAUTIONS ◊ Le format que nous venons de présenter pour les activités d'exploitation s'appelle la *méthode directe,* alors que la grande majorité des entreprises utilisent la *méthode indirecte.* Nous ajouterons des exemples de cette forme de présentation avec l'état des flux de trésorerie de la société Axcan Pharma au chapitre 5. De plus, nous présenterons plus en détail l'établissement et l'utilisation de l'état des flux de trésorerie au chapitre 12.

ANALYSE FINANCIÈRE

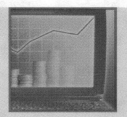

Les flux de trésorerie provenant de l'exploitation et le bénéfice net

Plusieurs manuels traitant d'analyse financière expliquent aux analystes qu'ils doivent rechercher les comptes de régularisation inhabituels lorsqu'ils tentent de prédire les bénéfices des exercices futurs. Ils suggèrent également que d'importantes disparités entre le bénéfice net et les flux de trésorerie liés aux activités d'exploitation représentent en général un avertissement. Par exemple, Bernstein et Wild précisent ceci:

Les flux de trésorerie font moins souvent l'objet d'erreurs que le bénéfice net. Les comptes de régularisation qui déterminent le bénéfice net dépendent des estimations, des reports, des ventilations et des évaluations. Ces considérations admettent généralement plus de subjectivité que les facteurs qui déterminent les flux de trésorerie. Pour cette raison, nous établissons régulièrement un lien entre les flux de trésorerie et le bénéfice net lorsque nous évaluons sa qualité. Certains utilisateurs considèrent que les bénéfices sont de qualité supérieure quand le ratio des flux de trésorerie liés aux activités d'exploitation divisé par le bénéfice net est élevé. Cela provient du fait que l'entreprise pourrait utiliser des critères de constatation des produits ou des charges produisant un bénéfice net élevé, mais des flux de trésorerie faibles*.

* L. Bernstein et J. Wild, *Financial Statement Analysis*, Burr Ridge, Illinois, Irwin/McGraw-Hill, 1998, p. 366.

Les régularisations et l'éthique

Nous avons précisé au chapitre 1 que les gestionnaires et les propriétaires des entreprises sont directement touchés par les données présentées dans les états financiers. Si le rendement financier et la situation de l'entreprise semblent solides, le cours des actions de l'entreprise augmentera. Les actionnaires reçoivent habituellement des dividendes, ce qui fait croître la valeur de leurs placements.

Les gestionnaires obtiennent souvent des primes en fonction de la solidité du rendement de l'entreprise, et bon nombre de cadres supérieurs sont rémunérés au moyen d'options d'achat d'actions de l'entreprise qui leur permettent d'acheter des actions à des prix inférieurs à leur valeur marchande. Plus la valeur marchande des actions est élevée, plus leur rémunération l'est également. Lorsque le rendement réel de l'entreprise est inférieur aux attentes, les gestionnaires et les propriétaires sont parfois tentés de manipuler le processus de régularisation pour compenser cet écart. Par exemple, les gestionnaires peuvent comptabiliser l'argent reçu avant de l'avoir gagné à titre de produits de l'exercice en cours ou peuvent ne pas inscrire certaines charges à la fin de l'exercice de façon à augmenter le bénéfice net.

Aux États-Unis, des études effectuées sur un grand nombre d'entreprises indiquent que certaines entreprises adoptent ce comportement. Cette recherche a vu le jour à la suite des poursuites entamées par la Securities and Exchange Commission (SEC) contre des entreprises et parfois contre leurs vérificateurs. Ces poursuites de la SEC concernent généralement l'inscription de produits et de comptes débiteurs qui devraient être reportés à des exercices futurs. Dans bon nombre de ces cas, les entreprises impliquées, leurs gestionnaires et leurs vérificateurs sont pénalisés pour ces actions. De plus, les propriétaires en souffrent puisque le cours des actions de l'entreprise est touché (à la baisse) par l'annonce d'une enquête menée par la SEC.

Dans l'actualité

La Presse

«Xerox Corp., le plus important fabricant de copieurs au monde, a gonflé ses revenus de 1,9 milliard de dollars américains au cours des cinq dernières années en déclarant de manière inexacte le moment et la composition de ses ventes d'équipement et des contrats d'entretien.

Le déplacement du moment des transactions et de leur classement a permis à Xerox d'atteindre ses prévisions de profits. Le gendarme des Bourses américaines, la Securities and Exchange Commission (SEC), a imposé à l'entreprise une amende record de 10 millions de dollars américains en avril (2002) pour avoir faussement déclaré des ventes d'environ 3 milliards de dollars américains.»

La Presse, 29 juin 2002, p. E-1.

ANALYSONS LES RATIOS

La marge bénéficiaire nette

1. Connaître la question

Quelle est l'efficacité de la direction à engendrer un bénéfice pour chaque dollar de ventes? On calcule cette efficacité comme suit:

$$\text{Marge bénéficiaire nette} = \frac{\text{Bénéfice net}}{\text{Ventes nettes*}}$$

Le ratio de Van Houtte pour l'année 2001 est le suivant:

$$\frac{21\ 789\ \$}{279\ 173\ \$} = 0,078\ (7,8\%)$$

OBJECTIF
D'APPRENTISSAGE **4**

Calculer et interpréter la marge bénéficiaire nette.

2. Utiliser les techniques appropriées

a) Analyser la tendance dans le temps		
VAN HOUTTE		
1999	2000	2001
7,3%	7,6%	7,8%

b) Comparer avec les compétiteurs	
SECOND CUP	STARBUCKS
2001	2001
12,8%	6,8%

3. Interpréter prudemment les résultats

EN GÉNÉRAL ◊ La marge bénéficiaire nette mesure combien rapporte chaque dollar de ventes. Une marge bénéficiaire nette qui augmente révèle une gestion plus efficace des ventes, et des charges et une marge bénéficiaire nette qui diminue laisse entendre une gestion moins efficace. Les différences qu'on peut observer entre les secteurs proviennent de la nature des produits ou des services fournis et de l'intensité de la concurrence. Par ailleurs, les différences entre des entreprises d'un même secteur reflètent la manière dont chaque entreprise réagit aux changements en ce qui concerne la demande de produits ou de services et les changements dans la gestion du volume des ventes, du prix de vente et des coûts. Les analystes financiers s'attendent à ce que les entreprises bien gérées maintiennent ou améliorent leur marge bénéficiaire nette dans le temps.

VAN HOUTTE ◊ La marge bénéficiaire nette de Van Houtte a légèrement augmenté au cours des trois dernières années, ce qui démontre une amélioration du contrôle des ventes et des coûts.

Second Cup, un important concurrent de Van Houtte dans le secteur des cafés-bistros, a une marge bénéficiaire nette beaucoup plus élevée (12,8%). Cette différence suppose une plus grande efficacité dans les activités de gestion. Par contre, Van Houtte a une marge bénéficiaire nette plus élevée que Starbucks, une entreprise américaine dont le chiffre d'affaires est 10 fois plus élevé que celui de Van Houtte. Ces écarts s'expliquent également par des stratégies d'affaires différentes adoptées par chacune des entreprises.

QUELQUES PRÉCAUTIONS ◊ Les décisions que prend la direction pour maintenir la marge bénéficiaire nette de l'entreprise peuvent avoir des conséquences négatives à long terme. Les analystes doivent effectuer des analyses supplémentaires du ratio pour cerner les tendances dans chacune des composantes des produits et des charges, en divisant chaque élément de l'état des résultats par les ventes nettes. Les changements dans le pourcentage des composantes individuelles du bénéfice net procurent de l'information additionnelle sur les stratégies de la direction.

Comparons	
Marge bénéficiaire nette	
Axcan Pharma	10,9%
Bombardier	1,8%
Unibroue	2,8%

---

* Les ventes nettes représentent les produits tirés des ventes déduits des retours de marchandises et d'autres réductions que nous discuterons au chapitre 6.

La clôture des comptes

OBJECTIF D'APPRENTISSAGE 5

Expliquer le processus de clôture des comptes.

Les comptes permanents (ou **comptes de bilan**) sont les comptes ayant pour objet de constater les divers éléments du patrimoine de l'entreprise[4]. Leur solde est reporté d'un exercice à l'autre.

Les comptes temporaires (ou **comptes de résultats**) sont les comptes où figurent respectivement les produits, les charges, les pertes et les gains d'un exercice. Ces comptes sont soldés à la fin de chaque exercice[5].

Le sommaire des résultats est un compte du grand livre où sont virés les soldes des comptes de produits, de gains, de charges et de pertes à la fin d'un exercice en vue de déterminer le bénéfice net ou la perte nette de l'exercice[6].

Les écritures de clôture sont les écritures passées à la fin de l'exercice afin de virer les soldes des comptes de produits et de charges au compte Sommaire des résultats et, de là, au compte Bénéfices non répartis[7].

Au tableau 4.3, on peut remarquer qu'une ligne pointillée divise les comptes de l'état des résultats (les produits et les charges) et les dividendes des comptes du bilan (l'actif, le passif et les capitaux propres). Les comptes du bilan sont mis à jour régulièrement au cours de l'exercice, et le solde de clôture de l'exercice qui se termine devient le solde d'ouverture de l'exercice suivant. Ces comptes *ne sont pas* soldés (mis à un solde nul) périodiquement. Par conséquent, on dit souvent qu'il s'agit de **comptes permanents** ou **comptes de bilan.** Pour illustrer ce cas, le solde de clôture du compte Encaisse d'un exercice doit être égal au solde d'ouverture du compte Encaisse de l'exercice suivant. La seule fois où un compte permanent a un solde nul est quand celui-ci ne représente plus une dette ou une ressource.

Par ailleurs, les comptes de produits, de charges, de gains et de pertes sont souvent appelés des **comptes temporaires** ou **comptes de résultats**, puisqu'on les utilise pour accumuler des données *pour l'exercice en cours seulement*. À la fin de chaque exercice, leurs soldes sont virés (ou clôturés) dans le compte **Sommaire des résultats.** Ce virement périodique des soldes des comptes de l'état des résultats dans le compte Sommaire des résultats et, de là, dans le compte Bénéfices non répartis s'effectue à l'aide des écritures de clôture.

Le processus qui consiste à inscrire les **écritures de clôture** pour virer les soldes de tous les comptes temporaires au compte Sommaire des résultats et, de là, aux bénéfices non répartis poursuit deux objectifs :
- déterminer le bénéfice net ou la perte nette de l'exercice ;
- établir un solde nul dans chacun des comptes temporaires.

Les comptes de produits et de gains ayant des soldes créditeurs sont clôturés en les débitant ; les comptes de charges et de pertes ayant un solde débiteur sont clôturés en les créditant. La différence entre le total des soldes créditeurs et le total des soldes débiteurs représente le bénéfice net ou la perte nette de l'exercice. Ainsi, les comptes de l'état des résultats sont de nouveau prêts pour enregistrer les opérations de l'exercice suivant.

En se reportant au tableau 4.3, le processus de clôture des comptes permet de mettre à zéro tous les comptes temporaires de façon à ne conserver que les comptes permanents. Ce processus comporte quatre étapes :
1. la clôture de chacun des comptes de produits et de gains (les comptes de l'état des résultats ayant une solde créditeur) ;
2. la clôture de chacun des comptes de charges et de pertes (les comptes de l'état des résultats ayant une solde débiteur) ;
3. la clôture du compte Sommaire des résultats ;
4. la clôture du compte Dividendes.

Les écritures de clôture se font en date du dernier jour de l'exercice au journal général, et elles sont immédiatement reportées au grand livre (ou dans les comptes en T). Pour illustrer le processus de clôture, nous passerons les écritures de clôture pour Van Houtte au 30 avril 20B.
1. La clôture de chacun des comptes de produits et de gains

Revenus	65 400	
Produits liés aux franchises	8 175	
Revenus de placements	455	
Sommaire des résultats		74 030

---

4. Louis Ménard, *op.cit*, p. 606.
5. *Ibid.*, p. 491.
6. *Ibid.*, p. 373.
7. *Ibid.*, p. 140.

2. La clôture de chacun des comptes de charges et de pertes

Sommaire des résultats	54 975	
Coût des marchandises vendues – café		9 600
Coût des marchandises vendues – cafetières		4 819
Frais d'exploitation – promotion		7 400
Frais d'exploitation – entretien		2 200
Frais d'exploitation – administration		2 910
Salaires – pause-café		9 200
Salaires – production		4 300
Salaires – administration		3 100
Amortissement		2 050
Intérêts débiteurs		10
Impôts sur les bénéfices		9 386

3. La clôture du compte Sommaire des résultats

Sommaire des résultats	19 055*	
Bénéfices non répartis		19 055

* 74 030 $ – 54 975 $ = 19 055 $

4. La clôture du compte Dividendes

Bénéfices non répartis	200	
Dividendes		200

Le compte Dividendes (pour les sociétés par actions) ou Retraits (pour les autres sociétés) sont également des comptes temporaires qu'il faut fermer dans le compte Bénéfices non répartis ou Capital des propriétaires à la fin de l'exercice.

Après avoir achevé le processus de clôture, tous les comptes de résultats ont un solde nul. Ces comptes sont ainsi prêts pour l'inscription des produits et des charges du nouvel exercice. Le solde de clôture du compte Bénéfices non répartis est maintenant à jour ; il correspond au montant apparaissant au bilan et il devient le solde d'ouverture de l'exercice suivant. Comme dernière étape du cycle comptable, il faut dresser une **balance de vérification après clôture** (voir le tableau 4.4) pour vérifier l'égalité des débits et des crédits et la clôture de tous les comptes temporaires.

Une **balance de vérification après clôture** est établie après avoir procédé à la clôture des comptes afin de vérifier que les crédits sont égaux aux débits et que tous les comptes temporaires ont un solde à zéro.

Le cycle comptable et le processus de communication

Bien que l'établissement des états financiers et la clôture des comptes représentent l'étape finale du processus de tenue des livres, cette étape ne représente que le début du processus formel de communication des états financiers aux utilisateurs externes. Au prochain chapitre, nous examinerons l'établissement des états financiers ainsi que les notes afférentes qui figurent dans le rapport annuel et les rapports trimestriels. Nous analyserons également le processus en vertu duquel ces informations et les informations connexes sont présentées aux analystes professionnels, aux investisseurs et au grand public.

TABLEAU **4.4** Balance de vérification

	A	B	C	D	E	F
1			Van Houtte inc.			
2			Balance de vérification après clôture			
3			au 30 avril 20B			
4						
5				Après		Après clôture
6				régularisations		
7			Débit	Crédit	Débit	Crédit
8	Encaisse		26 840		26 840	
9	Débiteurs		37 696		37 696	
10	Stocks		37 009		37 009	
11	Frais payés d'avance		7 323		7 323	
12	Impôts futurs		75		75	
13	Placements		9 368		9 368	
14	Immobilisations corporelles		268 699		268 699	
15	Amortissement cumulé			133 857		133 857
16	Autres éléments d'actifs		129 189		129 189	
17	Fournisseurs et charges à payer			51 115		51 115
18	Impôts sur le revenu à payer			10 430		10 430
19	Produits liés aux franchises perçus d'avance			135		135
20	Tranche à court terme de la dette à long terme			690		690
21	Dette à long terme			80 153		80 153
22	Avantages postérieurs à l'emploi			4 089		4 089
23	Impôts futurs			1 613		1 613
24	Part des actionnaires sans contrôle			3 098		3 098
25	Capital-actions			128 885		128 885
26	Bénéfices non répartis			81 274		100 129
27	Écart de conversion			2 005		2 005
28						
29	Dividendes		200		0	
30	Revenus			65 400		0
31	Produits liés aux franchises			8 175		0
32	Revenus de placements			455		0
33	Coût des marchandises vendues – café		9 600		0	
34	Coût des marchandises vendues – cafetières		4 819		0	
35	Frais d'exploitation – promotion		7 400		0	
36	Frais d'exploitation – entretien		2 200		0	
37	Frais d'exploitation – administration		2 910		0	
38	Salaires – pause-café		9 200		0	
39	Salaires – production		4 300		0	
40	Salaires – administration		3 100		0	
41	Amortissement		2 050		0	
42	Intérêts débiteurs		10		0	
43	Impôts sur les bénéfices		9 386		0	
44			571 374	571 374	516 199	516 199

ANALYSONS UN CAS

On examine pour la dernière fois les activités de la société Efficacité à la fin du cycle comptable : le processus de régularisation des comptes, l'établissement des états financiers et le processus de clôture des comptes. Au chapitre 2, nous avons présenté les activités d'investissement et de financement et au chapitre 3, les activités d'exploitation. Cependant, aucune régularisation n'a été apportée aux comptes pour refléter tous les produits gagnés et les charges engagées au cours du mois d'avril. La balance de vérification de la société Efficacité au 30 avril 20A, basée sur les soldes avant régularisations tirés du chapitre 3, est la suivante.

	A	B	C	D
1		Société Efficacité		
2		Balance de vérification avant régularisations		
3		au 30 avril 20A		
4				
5			Débit	Crédit
6	Encaisse		5 060	
7	Clients		1 700	
8	Frais payés d'avance		300	
9	Matériel		4 600	
10	Amortissement cumulé			0
11	Terrain		3 750	
12	Fournisseurs			220
13	Produits perçus d'avance			1 600
14	Salaires à payer			0
15	Services publics à payer			0
16	Intérêts à payer			0
17	Impôts à payer			0
18	Effets à payer			3 700
19	Capital-actions			9 000
20	Bénéfices non répartis			0
21	Dividendes		0	
22	Services d'entretien de pelouse			5 200
23	Essence		410	
24	Salaires		3 900	
25	Assurances		0	
26	Services publics		0	
27	Amortissement		0	
28	Intérêts débiteurs		0	
29	Impôts sur les bénéfices		0	
30			19 720	19 720

En examinant la balance de vérification, on observe que trois comptes (Produits perçus d'avance, Frais payés d'avance et Matériel) devront possiblement être régularisés, et des comptes de régularisation supplémentaires devront être créés pour les intérêts sur les effets à payer, les salaires, les impôts et les autres postes. Les informations suivantes sont déterminées à la fin du cycle comptable.

Les produits et les charges reportés

a) Un montant de 1 600 $ reçu de la Ville au début du mois d'avril (inscrit à titre de Produits perçus d'avance) pour quatre mois de services (d'avril à juillet) est partiellement gagné à la fin du mois d'avril.

b) Une assurance coûtant 300 $ et couvrant une période de six mois (d'avril à septembre) payée par la société Efficacité au début du mois d'avril (Frais payés d'avance) a été partiellement utilisée en avril.

c) Les tondeuses, les coupe-bordures, les râteaux et les outils manuels (le Matériel) ont été utilisés et doivent être amortis. Ils ont coûté au total 4 600 $, et ils ont une durée de vie utile estimative de 10 ans. Aucune valeur résiduelle n'est prévue. La société utilise la méthode de l'amortissement linéaire.

Les produits et les charges constatés par régularisation

d) Les salaires ont été payés jusqu'au lundi 29 avril. Les salaires gagnés en avril par les employés, mais non encore payés par la société, s'élèvent à 130 $ la journée.

e) Une ligne téléphonique supplémentaire a été installée au mois d'avril. La facture de téléphone de 52 $ (incluant le raccordement et les frais d'utilisation) a été reçue le 30 avril et payée en mai.

f) Les intérêts se sont accumulés sur l'effet à payer à un taux annuel de 6 %. Le capital emprunté de 3 700 $ est demeuré inchangé durant tout le mois.

g) Le taux d'imposition estimatif pour la société Efficacité est de 22 % pour les impôts fédéraux et provinciaux.

Travail à faire

1. Analysez chacun des faits rapportés en utilisant la marche à suivre décrite dans ce chapitre. Créez les comptes en T et calculez les soldes de clôture.
2. Préparez une balance de vérification régularisée.
3. Utilisez les montants régularisés pour dresser l'état des résultats, l'état des bénéfices non répartis, le bilan et l'état des flux de trésorerie pour le mois terminé le 30 avril 20A.
4. Passez les écritures de clôture au 30 avril 20A.
5. Calculez la marge bénéficiaire nette de l'entreprise pour le mois d'avril.

Solution suggérée

1. La passation des écritures de régularisation et les comptes en T

Les produits et les charges reportés

a) Un montant de 1 600 $ reçu de la Ville au début du mois d'avril (inscrit à titre de Produits perçus d'avance) pour quatre mois de services (d'avril à juillet) est partiellement gagné à la fin du mois d'avril.

Encaisse (+A)	1 600	
Produits perçus d'avance (+Pa)..........		1 600

Étape 1 : Quelle écriture a-t-on passée au moment du décaissement ?

Étape 2 : Construisez un calendrier et établissez au moins deux comptes en T (un pour l'actif ou le passif créé et un pour les produits ou les charges connexes).

1 600 $ ÷ 4 mois = 400 $ de produits gagnés par mois

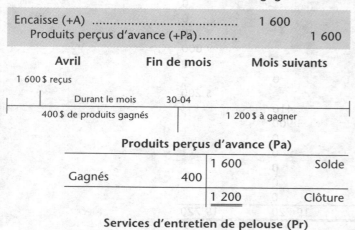

Étape 3 : Passez l'écriture de régularisation (ER).

Produits perçus d'avance (Pa)

		1 600	Solde
Gagnés	400		
		1 200	Clôture

Services d'entretien de pelouse (Pr)

	5 200	Solde
	400	ER
	5 600	Clôture

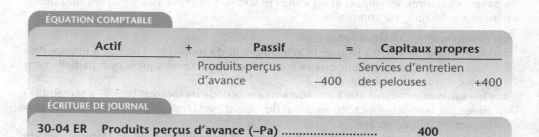

ÉQUATION COMPTABLE

Actif	+	Passif	=	Capitaux propres
		Produits perçus d'avance −400		Services d'entretien des pelouses +400

ÉCRITURE DE JOURNAL

30-04 ER	Produits perçus d'avance (−Pa)	400	
	Services d'entretien des pelouses (+Pr)		400

Vérifications : 1. Débits 400 $ = Crédits 400 $; 2. L'équation comptable est en équilibre.

b) Une assurance coûtant 300 $ et couvrant une période de six mois (d'avril à septembre) payée par la société Efficacité au début du mois d'avril (Frais payés d'avance) a été partiellement utilisée en avril.

Étape 1 : Quelle écriture a-t-on passée au moment du décaissement ?

Frais payés d'avance (+A)	300	
Encaisse (–A)		300

Étape 2 : Construisez un calendrier et établissez au moins deux comptes en T (un pour l'actif ou le passif créé et un pour les produits ou les charges connexes).

$$300\ \$ \div 6 \text{ mois} = 50\ \$ \text{ par mois}$$

Étape 3 : Passez l'écriture de régularisation (ER).

Avril	Fin de mois	Mois suivants
300 $ payés		
	Durant le mois 30-04	
50 $ de charges engagées		250 $ à engager

Frais payés d'avance (A)

Solde	300		
		50	Utilisés
Clôture	<u>250</u>		

Assurances (C)

Solde	0	
ER	50	
Clôture	<u>50</u>	

ÉQUATION COMPTABLE

Actif	+	Passif	=	Capitaux propres
Frais payés d'avance –50				Assurances –50

ÉCRITURE DE JOURNAL

30-04 ER Assurances (+C)	50	
Frais payés d'avance (–A)		50

Vérifications : 1. Débits 50 $ = Crédits 50 $; 2. L'équation comptable est en équilibre.

c) Les tondeuses, les coupe-bordures, les râteaux et les outils manuels (le Matériel) ont été utilisés et doivent être amortis. Ils ont coûté au total 4 600 $, et ils ont une durée de vie utile estimative de 10 ans. Aucune valeur résiduelle n'est prévue. La société utilise la méthode de l'amortissement linéaire.

Étape 1 : Quelle écriture a-t-on passée au moment de l'achat ?

Matériel (+A)	4 600	
Encaisse (–A)		200
Effets à payer (+Pa)		4 400

Étape 2 : Construisez un calendrier et établissez au moins deux comptes en T (un pour l'actif ou le passif créé et un pour les produits ou les charges connexes).

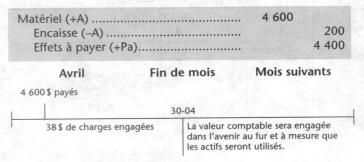

Avril	Fin de mois	Mois suivants
4 600 $ payés		
	30-04	
38 $ de charges engagées	La valeur comptable sera engagée dans l'avenir au fur et à mesure que les actifs seront utilisés.	

$$\frac{\text{Coût de } 4\ 600\ \$}{10 \text{ années}} = 460\ \$ \text{ d'amortissement annuel}$$

	÷ 12	mois
	<u>38 $</u>	par mois (montant arrondi)

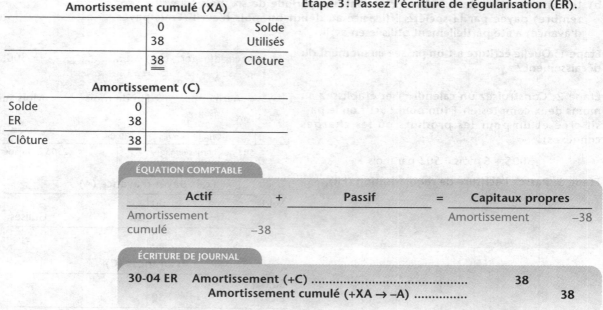

Amortissement cumulé (XA)

		0	Solde
		38	Utilisés
		38	Clôture

Amortissement (C)

Solde	0		
ER	38		
Clôture	38		

Étape 3: Passez l'écriture de régularisation (ER).

ÉQUATION COMPTABLE

Actif	+	Passif	=	Capitaux propres
Amortissement cumulé −38				Amortissement −38

ÉCRITURE DE JOURNAL

30-04 ER	Amortissement (+C)	38	
	Amortissement cumulé (+XA → −A)		38

Vérifications : 1. Débits 38 $ = Crédits 38 $; 2. L'équation comptable est en équilibre.

d) **Les salaires ont été payés jusqu'au lundi 29 avril. Les salaires gagnés en avril par les employés, mais non encore payés par la société, s'élèvent à 130 $ la journée.**

Il s'agit d'une charge constatée par régularisation. Aucune écriture n'a été passée.

Étape 1: Quelle écriture a-t-on effectuée dans le passé ?

Étape 2: Construisez un calendrier et établissez au moins deux comptes en T (un pour l'actif ou le passif créé et un pour les produits ou les charges connexes).

Étape 3: Passez l'écriture de régularisation (ER).

Avril	Fin de mois	Mois suivants
Une journée de travail	30-04	
130 $ de charges engagées		À payer

Salaires à payer (Pa)

		0	Solde
		130	Engagés
		130	Clôture

Salaires (C)

Solde	3 900		
ER	130		
Clôture	4 030		

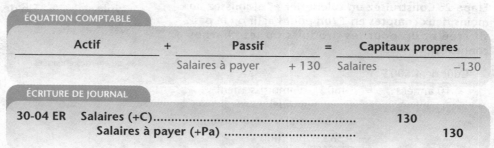

ÉQUATION COMPTABLE

Actif	+	Passif	=	Capitaux propres
		Salaires à payer + 130		Salaires −130

ÉCRITURE DE JOURNAL

30-04 ER	Salaires (+C)...	130	
	Salaires à payer (+Pa)		130

Vérifications : 1. Débits 130 $ = Crédits 130 $; 2. L'équation comptable est en équilibre.

e) Une ligne téléphonique supplémentaire a été installée au mois d'avril. La facture de téléphone de 52$ (incluant le raccordement et les frais d'utilisation) a été reçue le 30 avril et payée en mai.

Étape 1: Quelle écriture a-t-on effectuée dans le passé?

Étape 2: Construisez un calendrier et établissez au moins deux comptes en T (un pour l'actif ou le passif créé et un pour les produits ou les charges connexes).

Étape 3: Passez l'écriture de régularisation (ER).

Il s'agit d'une charge constatée par régularisation. Aucune écriture n'a été passée.

Avril	Fin de mois	Mois suivants
	30-04	
52$ de charges engagées		À payer

Services publics à payer (Pa)

	0	Solde
	52	Engagés
	52	Clôture

Services publics (C)

Solde	0	
ER	52	
Clôture	52	

ÉQUATION COMPTABLE

Actif	+	Passif	=	Capitaux propres
		Services publics à payer +52		Services publics −52

ÉCRITURE DE JOURNAL

30-04 ER Services publics (+C).. 52
Services publics à payer (+Pa) 52

Vérifications: 1. Débits 52$ = Crédits 52$; 2. L'équation comptable est en équilibre.

f) Les intérêts se sont accumulés sur l'effet à payer à un taux annuel de 6%. Le capital emprunté de 3 700$ est demeuré inchangé durant tout le mois.

Étape 1: Quelle écriture a-t-on effectuée dans le passé?

Étape 2: Construisez un calendrier et établissez au moins deux comptes en T (un pour l'actif ou le passif créé et un pour les produits ou les charges connexes).

$$3\ 700\$ \text{ capital} \times 0,06 \text{ intérêts annuels}$$
$$\times 1 \text{ mois}/12 = 18\$ \text{ (arrondi)}$$

Étape 3: Passez l'écriture de régularisation (ER).

Les effets à payer ont été inscrits lorsqu'ils ont été signés. Les intérêts engagés n'ont pas encore été inscrits.

Avril	Fin de mois	Mois suivants
	30-04	
18$ de charges engagées		À payer

Intérêts à payer (Pa)

	0	Solde
	18	Engagés
	18	Clôture

Intérêts débiteurs (C)

Solde	0	
ER	18	
Clôture	18	

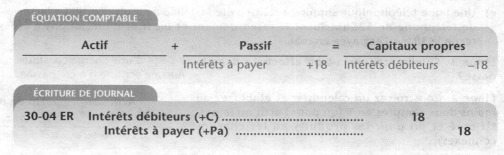

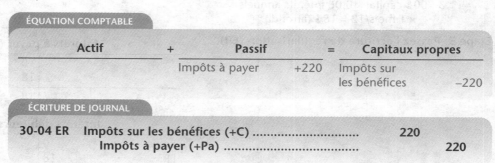

ÉQUATION COMPTABLE

Actif		+		Passif		=	Capitaux propres	
				Intérêts à payer	+18		Intérêts débiteurs	−18

ÉCRITURE DE JOURNAL

30-04 ER	Intérêts débiteurs (+C)	18	
	Intérêts à payer (+Pa)		18

Vérifications : 1. Débits 18 $ = Crédits 18 $; 2. L'équation comptable est en équilibre.

g) Le taux d'imposition estimatif pour la Société Efficacité est de 22 % pour les impôts fédéraux et provinciaux.

Il s'agit d'une charge constatée par régularisation. Aucune écriture n'a été passée.

Étape 1: Quelle écriture a-t-on effectuée dans le passé?

Étape 2: Construisez un calendrier et établissez au moins deux comptes en T (un pour l'actif ou le passif créé et un pour les produits ou les charges connexes).

Avril	Fin de mois	Mois suivants
	30-04	
220 $ de charges engagées		À payer

Totaux tirés du chapitre 3 + Régularisations

Tous les produits	5 600 $ = 5 200 $ + 400 $
Toutes les charges	−4 598 $ = 4 310 $ + 50 $ + 38 $
	+ 130 $ + 52 $ + 18 $
Bénéfice avant impôts	1 002 $ × 0,22 de taux d'imposition =
	220 $ d'impôts sur les bénéfices (montant arrondi)

Étape 3: Passez l'écriture de régularisation (ER).

Impôts à payer (Pa)

		0	Solde
		220	Engagés
		220	Clôture

Impôts sur les bénéfices (C)

Solde	0		
ER	220		
Clôture	220		

ÉQUATION COMPTABLE

Actif		+		Passif		=	Capitaux propres	
				Impôts à payer	+220		Impôts sur les bénéfices	−220

ÉCRITURE DE JOURNAL

30-04 ER	Impôts sur les bénéfices (+C)	220	
	Impôts à payer (+Pa)		220

Vérifications : 1. Débits 220 $ = Crédits 220 $; 2. L'équation comptable est en équilibre.

2. La balance de vérification après régularisations

Société Efficacité
Balance de vérification après régularisations
au 30 avril 20A

	Débit	Crédit
Encaisse	5 060 $	
Clients	1 700	
Frais payés d'avance	250	
Matériel	4 600	
Amortissement cumulé		38 $
Terrain	3 750	
Fournisseurs		220
Produits perçus d'avance		1 200
Salaires à payer		130
Services publics à payer		52
Intérêts à payer		18
Impôts à payer		220
Effets à payer		3 700
Capital-actions		9 000
Bénéfices non répartis		0
Dividendes	0	
Services d'entretien de pelouse		5 600
Essence	410	
Salaires	4 030	
Assurances	50	
Services publics	52	
Amortissement	38	
Impôts sur les bénéfices	220	
Intérêts débiteurs	18	
	20 178 $	20 178 $

3. Les états financiers

Société Efficacité
État des résultats
pour le mois terminé le 30 avril 20A

Produits :
Services d'entretien de pelouse .... 5 600 $

Charges :
Essence 410
Salaires 4 030
Assurances 50
Services publics 52
Amortissement 38
Intérêts débiteurs 18
Total des charges 4 598
Bénéfice avant impôts 1 002
Impôts sur les bénéfices 220
Bénéfice net .... 782 $
Résultat par action .... 0,52 $

Bénéfice net 782 $
─────────────────────────
1 500 actions en circulation

Société Efficacité
État des bénéfices non répartis
pour le mois terminé le 30 avril 20A

Solde d'ouverture .... 0 $
Bénéfice net 782
Dividendes 0
Au bilan ──────▶ Solde de clôture .... 782 $

Société Efficacité
Bilan
au 30 avril 20A

Actif			Passif		
Actif à court terme:			**Passif à court terme:**		
Encaisse		5 060$	Fournisseurs		220$
Clients		1 700	Produits perçus d'avance		1 200
Frais payés d'avance		250	Salaires à payer		130
Total de l'actif à court terme		7 010	Services publics à payer		52
			Intérêts à payer		18
Matériel	4 600$		Impôts à payer		220
Moins: Amortissement cumulé	38	4 562	Effets à payer		3 700
Terrain		3 750	Total du passif à court terme		5 540
			Capitaux propres		
			Capital-actions		9 000
			Bénéfices non répartis		782
			Total des capitaux propres		9 782
			Total du passif et		
Total de l'actif		15 322$	des capitaux propres		15 322$

Tiré de l'état
des bénéfices non répartis

Société Efficacité
État des flux de trésorerie
pour le mois terminé le 30 avril 20A

Flux de trésorerie liés aux activités d'exploitation

Sommes reçues des clients		5 100$
Sommes versées aux fournisseurs		(490)
Sommes versées aux employés		(3 900)
Flux de trésorerie liés aux activités d'exploitation		(710

Flux de trésorerie liés aux activités d'investissement

Achat d'un terrain		(5 000)
Achat de matériel		(200)
Encaissement d'un effet à recevoir		1 250
Flux de trésorerie liés aux activités d'investissement		(3 950)

Flux de trésorerie liés aux activités de financement

Émission d'actions ordinaires		9 000
Paiement des effets à payer		(700)
Flux de trésorerie liés aux activités de financement		8 300
Variation de l'encaisse		5 060
Solde d'ouverture de l'encaisse		0
Solde de clôture de l'encaisse		5 060$

4. Les écritures de clôture des comptes
   a) La clôture des comptes de produits

Services d'entretien de pelouses (–Pr)	5 600	
Sommaire des résultats (+CP)		5 600

b) La clôture des comptes de charges

Sommaire des résultats (–CP)...	4 818
Essence (–C)...	410
Salaires (–C)...	4 030
Assurances (–C)..	50
Services publics (–C)..	52
Amortissement (–C)..	38
Intérêts débiteurs (–C)..	18
Impôts sur les bénéfices (–C)...	220

c) La clôture du compte Sommaire des résultats

Sommaire des résultats	782
Bénéfices non répartis	782

Quand ces écritures sont reportées au grand livre, tous les comptes temporaires ont un solde nul et sont prêts pour l'enregistrement de la période suivante. Il faut toutefois se rappeler que le processus de clôture des comptes survient à la fin de l'exercice financier seulement et non à chaque mois.

5. La marge bénéficiaire nette

$$\frac{\text{Bénéfice net}}{\text{Ventes nettes}} = 782\$ \div 5\ 600\$ = 13,9\% \text{ pour le mois d'avril}$$

Points saillants du chapitre

1. **Reconnaître l'utilité de la balance de vérification (voir la page 197).**

   Une balance de vérification est une liste de tous les comptes du grand livre ainsi que de leur solde créditeur ou débiteur dans un format de deux colonnes. Elle permet de vérifier l'égalité des débits et des crédits. La balance de vérification peut être donnée :
   • avant régularisations (avant que les régularisations soient apportées) ;
   • après régularisations (après que les régularisations aient été effectuées) ;
   • après clôture (après que les comptes temporaires aient été soldés).

2. **Régulariser les comptes du bilan et de l'état des résultats à la fin de l'exercice (voir la page 200).**
   • Il faut passer des écritures de régularisation à la fin de l'exercice pour bien mesurer le bénéfice, corriger les erreurs et assurer une évaluation appropriée des comptes figurant au bilan. L'analyse comporte :
   1) la ventilation des produits et des charges sur plus d'un exercice et la comptabilisation des charges à payer et des produits à recevoir ;
   2) la construction d'un calendrier et l'établissement d'au moins deux comptes en T avec les dates, les montants et les calculs pertinents.
   3) La passation des écritures de régularisation nécessaires pour obtenir les soldes de clôture appropriés dans les comptes.
   Le processus se résume comme suit :

Produits et charges reportés		Produits et charges constatés par régularisation	
Charge ↑	Passif ↓	Actif ↑	Charge ↑
Actif ↓	ou Produit ↑	Produit ↑	ou Passif ↑

   • La passation des écritures de régularisation n'a aucun effet sur le compte Encaisse.

3. **Présenter un ensemble complet d'états financiers : l'état des résultats avec le bénéfice par action, l'état des bénéfices non répartis, le bilan et l'état des flux de trésorerie (voir la page 219).**

On utilise les soldes des comptes après régularisations pour dresser les états financiers suivants :

- État des résultats → Produits – Charges = Bénéfice net (incluant le bénéfice par action calculé à titre de bénéfice net disponible pour les actionnaires ordinaires divisé par le nombre moyen pondéré d'actions ordinaires en circulation durant l'exercice).
- État des bénéfices non répartis → (Bénéfices non répartis d'ouverture + Bénéfice net – Dividendes) = Bénéfices non répartis de clôture.
- Bilan → Actif = Passif + Capitaux propres.
- État des flux de trésorerie → Variation de l'encaisse = Flux de trésorerie liés aux activités d'exploitation +/– Flux de trésorerie liés aux activités d'investissement +/– Flux de trésorerie liés aux activités de financement.

4. **Calculer et interpréter la marge bénéficiaire nette (voir la page 225).**

La marge bénéficiaire nette (Bénéfice net ÷ Ventes nettes) permet de mesurer l'efficacité de la direction à produire un bénéfice pour chaque dollar de vente. Une marge bénéficiaire nette à la hausse révèle une gestion plus efficace des ventes et des charges.

5. **Expliquer le processus de clôture des comptes (voir la page 226).**

Les comptes temporaires (les produits, les charges, les gains et les pertes) sont clôturés à la fin de l'exercice pour mettre leur solde à zéro et, ainsi, enregistrer les opérations de l'exercice suivant. Pour clôturer ces comptes, il faut :
- débiter chacun des comptes de produits et de gains et créditer le compte Sommaire des résultats ;
- créditer chacun des comptes de charges et de pertes et débiter le compte Sommaire des résultats ;
- verser le solde du compte Sommaire des résultats au compte Bénéfices non répartis.

Dans ce chapitre, nous avons discuté les principales étapes du cycle comptable qui se déroulent à la fin de chaque exercice. Ces étapes incluent le processus de régularisation des comptes, l'établissement des états financiers et le processus de clôture des comptes, lequel permet de préparer les livres pour le prochain exercice. Cette fin du processus comptable interne marque le début du processus de communication des informations comptables aux utilisateurs externes. Au chapitre 5, nous préciserons les principaux intervenants de ce processus de communication, les formes de présentation des états financiers, les informations supplémentaires requises pour les sociétés fermées et ouvertes ainsi que le processus et le moment de la transmission de ces informations aux utilisateurs. Parallèlement, nous étudierons l'utilité de ces informations quand il est question de placements, de contrats d'emprunt ainsi que de rémunération des cadres. Ces discussions vous aideront à résumer une bonne part des connaissances que vous avez acquises sur le processus de présentation de l'information financière dans les chapitres précédents.

Pour trouver
**L'INFORMATION
FINANCIÈRE**

BILAN

Actif à court terme

Les produits à
  recevoir
  incluent :
Intérêts à recevoir
Loyer à recevoir
La ventilation des
  comptes touche :
Stocks
Frais payés
  d'avance

Actif à long terme

La ventilation des
  comptes touche :
Immobilisations
  corporelles
Actifs incorporels

Passif à court terme

Les charges à
  payer incluent :
Intérêts à payer
Salaires à payer
Services publics à
  payer
Impôts à payer
La ventilation des
  comptes touche :
Produits perçus
  d'avance

ÉTAT DES RÉSULTATS

Produits

Augmentés par les écritures
  de régularisation

Charges

Augmentées par les écritures
  de régularisation

Bénéfice avant impôts

Impôts sur les bénéfices

Bénéfice net

ÉTAT DES FLUX DE TRÉSORERIE

*Les écritures de régularisation n'ont pas
d'effet sur l'encaisse*

NOTES COMPLÉMENTAIRES

*Détails des charges à payer, du calcul
des impôts*

Mots clés

Questions

1. Expliquez ce qu'est le cycle comptable.

2. Nommez, dans l'ordre, les étapes du cycle comptable.

3. Qu'est-ce qu'une balance de vérification ? Quel est son objectif ?

4. Expliquez brièvement ce que sont les écritures de régularisation. Décrivez quatre types d'écritures de régularisation et donnez un exemple de chacun.

5. Qu'est-ce qu'un compte de contrepartie ? Donnez un exemple.

6. Expliquez la raison pour laquelle les écritures de régularisation sont inscrites au journal la dernière journée de la période et sont reportées au grand livre.

7. Expliquez la relation des états financiers entre eux.

8. Quelle est l'équation correspondant à chacun des états suivants : a) l'état des résultats, b) le bilan, c) l'état des flux de trésorerie et d) l'état des bénéfices non répartis ?

9. Expliquez l'effet des écritures de régularisation sur l'encaisse.

10. Comment calcule-t-on le bénéfice par action et comment l'interprète-t-on ?

11. Comment calcule-t-on la marge bénéficiaire nette et comment l'interprète-t-on ?

12. Quel est l'objectif des écritures de clôture ? Pourquoi sont-elles inscrites dans le journal et reportées dans le grand livre ?

13. Établissez la différence entre des comptes a) permanents, b) temporaires, c) de bilan et d) de résultats.

14. Pourquoi les comptes de l'état des résultats sont-ils clôturés, mais non ceux du bilan ?

15. Qu'est-ce qu'une balance de vérification après clôture ? Constitue-t-elle une partie utile du cycle comptable ? Expliquez votre réponse.

Mini-exercices

M4-1 L'établissement d'une balance de vérification   ☐OA1

Le grand livre de la société Leblanc présentait les comptes suivants au 30 juin 20B.

Créditeurs	200	Amortissement	110	Frais payés d'avance	40
Débiteurs	350	Impôts sur		Salaires	660
Charges à payer	150	les bénéfices	110	Ventes	2 400
Amortissement cumulé	250	Impôts à payer	30	Charges locatives	400
Bâtiments et matériel	1 400	Intérêts débiteurs	80	Bénéfices non répartis	120
Encaisse	120	Intérêts créditeurs	50	Produits perçus	
Capital-actions	300	Stocks	610	d'avance	100
Coût des marchandises		Terrain	200		
vendues	820	Dette à long terme	1 300		

Travail à faire

Établissez une balance de vérification après régularisations selon le format approprié pour la société Leblanc au 30 juin 20B.

M4-2 L'association de définitions et de termes

Associez chacune des définitions avec le terme correspondant. Inscrivez la lettre appropriée dans l'espace fourni.

Définition	Terme
_____ 1. Produits non encore gagnés, mais déjà encaissés.	A. Charge à payer
_____ 2. Fournitures de bureau en magasin à utiliser au cours du prochain exercice	B. Charge payée d'avance
	C. Produit à recevoir
_____ 3. Produits locatifs recouvrés, non encore gagnés	D. Produit perçu d'avance
_____ 4. Loyer non encore recouvré, déjà gagné	
_____ 5. Charge engagée, non encore payée ou inscrite	
_____ 6. Charge non encore engagée mais déjà payée	
_____ 7. Impôts fonciers engagés, non encore payés	
_____ 8. Produit gagné, non encore recouvré	

M4-3 L'association de définitions et de termes

Associez chacune des définitions avec le terme correspondant. Inscrivez la lettre appropriée dans l'espace fourni.

Définition	Terme
_____ 1. À la fin de l'exercice, des salaires gagnés par les employés au montant de 3 600 $ n'avaient pas encore été comptabilisés ou payés.	A. Charge à payer
	B. Charge payée d'avance
	C. Produit à recevoir
_____ 2. Des fournitures de bureau d'une valeur de 500 $ avaient été achetées durant l'exercice. À la fin de l'exercice, des fournitures d'une valeur de 100 $ n'avaient pas encore été utilisées.	D. Produit perçu d'avance
_____ 3. Des intérêts de 250 $ sur un effet à recevoir étaient gagnés à la fin de l'exercice, bien que le recouvrement des intérêts n'est pas exigible avant le prochain exercice.	
_____ 4. À la fin de l'exercice, une somme de 2 000 $ avait été encaissée pour des services non encore rendus.	

M4-4 La passation d'écritures de régularisation

Pour chacune des opérations suivantes de la société Linéaire, passez l'écriture de régularisation nécessaire pour l'exercice terminé le 31 décembre 20C en utilisant la marche à suivre décrite dans le chapitre.

a) Encaissement d'un loyer de 900 $ pour la période du 1er décembre 20C au 1er mars 20D, qui a été crédité aux Produits perçus d'avance le 1er décembre 20C.

b) Paiement de 2 400 $ pour une prime d'assurance de deux ans à partir du 1er juillet 20C ; le compte Assurances payées d'avance a été débité de ce montant.

c) Achat au comptant d'une machine d'une valeur de 12 000 $ le 1er janvier 20A ; on a estimé sa durée de vie utile à cinq ans avec une valeur résiduelle de 2 000 $.

M4-5 **L'effet des écritures de régularisation sur les états financiers**

Pour chacune des opérations de l'exercice M4-4, indiquez le montant et l'effet de l'écriture de régularisation sur les composantes du bilan et de l'état des résultats. (Inscrivez un « + » pour une augmentation, un « − » pour une diminution et AE pour « aucun effet ».)

	Bilan			État des résultats		
Opérations	**Actif**	**Passif**	**Capitaux propres**	**Produits**	**Charges**	**Bénéfice net**
a)						
b)						
c)						

M4-6 **La passation d'écritures de régularisation**

Pour chacune des opérations suivantes de la société Linéaire, passez l'écriture de régularisation nécessaire pour l'exercice terminé le 31 décembre 20C en utilisant la marche à suivre décrite dans le chapitre.

a) Réception d'une facture d'un montant de 220 $ pour l'électricité consommée en décembre. Cette facture sera payée en janvier 20D.

b) Salaires à payer à 10 employés qui ont travaillé trois jours pour un montant de 120 $ par jour à la fin du mois de décembre. L'entreprise paiera les employés à la fin de la première semaine de janvier 20D.

c) Le 1er septembre 20C, l'entreprise a prêté 3 000 $ à un cadre qui remboursera ce prêt dans un an avec un taux d'intérêt annuel de 5 %.

M4-7 **L'effet des écritures de régularisation sur les états financiers**

Pour chacune des opérations effectuées à l'exercice M4-6, indiquez le montant et l'effet de l'écriture de régularisation sur les postes du bilan et de l'état des résultats. (Inscrivez un « + » pour une augmentation, un « − » pour une diminution et AE pour « aucun effet ».)

	Bilan			État des résultats		
Opérations	**Actif**	**Passif**	**Capitaux propres**	**Produits**	**Charges**	**Bénéfice net**
a)						
b)						
c)						

M4-8 L'établissement d'un état de résultats

Voici la balance de vérification après régularisations de la société Linéaire au 31 décembre 20C. Aucun dividende n'a été déclaré. Cependant, 400 actions supplémentaires ont été émises au cours de l'exercice, et ce, pour un montant de 2 000 $.

	Débit	Crédit
Encaisse	1 500 $	
Débiteurs	2 000	
Intérêts à recevoir	120	
Assurances payées d'avance	1 800	
Effets à recevoir	3 000	
Matériel	12 000	
Amortissement cumulé		2 000 $
Créditeurs		1 600
Charges à payer		3 820
Impôts à payer		2 900
Produits perçus d'avance		600
Capital-actions (500 actions)		2 400
Bénéfices non répartis		1 000
Ventes		42 000
Intérêts créditeurs		120
Produits locatifs		300
Salaires	21 600	
Amortissement	2 000	
Services publics	220	
Assurances	600	
Loyer	9 000	
Impôts sur les bénéfices	2 900	
TOTAL	56 740 $	56 740 $

Dressez l'état des résultats pour l'exercice terminé le 31 décembre 20C. Calculez le bénéfice par action.

M4-9 L'établissement d'un état des bénéfices non répartis

Reportez-vous à l'exercice M4-8. Dressez un état des bénéfices non répartis pour l'exercice terminé le 31 décembre 20C.

M4-10 L'établissement d'un bilan

Reportez-vous à l'exercice M4-8. Dressez un bilan au 31 décembre 20C. Ensuite, expliquez de quelle manière les régularisations effectuées aux exercices M4-4 et M4-6 ont influé sur les activités d'exploitation, d'investissement et de financement de l'état des flux de trésorerie.

M4-11 L'analyse de la marge bénéficiaire nette

Calculez le bénéfice net en vous basant sur la balance de vérification de l'exercice M4-8. Calculez la marge bénéficiaire nette de la société Linéaire.

M4-12 La passation des écritures de clôture

Reportez-vous à la balance de vérification régularisée de l'exercice M4-8 et passez les écritures de clôture nécessaires au 31 décembre 20C.

E4-1 **L'établissement d'une balance de vérification** □ OA1

La société Mada Marketing offre des services de recherche en marketing aux entreprises du secteur de la vente au détail. Voici les soldes des comptes avant régularisations de la société en date du 30 septembre 20A.

Amortissement cumulé	
	18 100

Charges à payer	
	25 650

Encaisse	
173 000	

Frais généraux et d'administration	
320 050	

Stock de fournitures	
12 200	

Salaires et avantages sociaux	
1 590 000	

Frais payés d'avance	
10 200	

Intérêts débiteurs	
17 200	

Débiteurs	
225 400	

Honoraires gagnés	
	2 564 200

Bénéfices non répartis	
	?

Impôts à payer	
	2 030

Frais de déplacement	
23 990	

Bâtiments et matériel	
323 040	

Services publics	
25 230	

Gain sur la vente d'un terrain	
	5 000

Honoraires perçus d'avance	
	32 500

Revenus de placements	
	10 800

Créditeurs	
	86 830

Terrain	
60 000	

Autres frais d'exploitation	
188 000	

Capital-actions	
	233 370

Frais de développement professionnel	
18 600	

Effets à payer	
	160 000

Charges locatives (pour les ordinateurs)	
152 080	

Placements	
145 000	

Travail à faire

Dressez une balance de vérification avant régularisations pour la société Mada Marketing en date du 30 septembre 20A.

E4-2 **La balance de vérification avant régularisations** □ OA1 □ OA2

Comme on peut le lire dans son rapport annuel, «Compaq Computer Corporation est une société de la technologie de l'information qui développe et distribue du matériel, des logiciels, des solutions et des services». Vous trouverez ci-dessous une balance de vérification énumérant les comptes utilisés par Compaq. Supposez que les comptes n'ont pas été régularisés à la fin d'un exercice récent qui s'est terminé le 31 décembre.

Compaq Computer Corporation

Compaq Computer Corporation
Balance de vérification avant régularisations
au 31 décembre 20A
(en millions de dollars)

	Débit	Crédit
Encaisse	4 091 $	
Débiteurs	6 998	
Stocks	2 005	
Frais payés d'avance	624	
Immobilisations corporelles	5 223	
Amortissement cumulé		2 321 $
Actifs incorporels	3 641	
Autres actifs	3 414	
Créditeurs		4 237
Charges à payer		1 110
Impôts à payer		282
Avantages sociaux futurs		545
Autres passifs		5 104
Capital-actions		7 270
Bénéfices non répartis		8 633
Ventes de marchandises		27 372
Produits tirés des services		3 797
Coût des marchandises vendues	21 383	
Coût des services rendus	2 597	
Frais généraux, de vente et d'administration	4 978	
Frais de recherche et développement	1 353	
Autres frais d'exploitation	4 283	
Impôts sur les bénéfices	81	
	60 671 $	60 671 $

Travail à faire

1. En vous basant sur les informations trouvées dans la balance de vérification avant régularisations, énumérez les comptes du bilan qui devront possiblement être ventilés au 31 décembre et les comptes correspondants (aucun calcul n'est requis).

2. En vous basant sur les informations trouvées dans la balance de vérification avant régularisations, énumérez les comptes du bilan qui devront possiblement être créés au 31 décembre et les comptes correspondants (aucun calcul n'est requis).

■OA2

E4-3 **La passation d'écritures de régularisation**

La première année d'exploitation de la société Evans s'est terminée le 31 décembre 20A. Toutes les écritures de l'exercice 20A ont été passées, sauf les écritures suivantes :

a) À la fin de l'exercice, les employés ont gagné des salaires pour un montant de 6 000 $ qui leur seront versés à la prochaine paie, le 6 janvier 20B.

b) À la fin de l'exercice, l'entreprise a gagné 3 000 $ en intérêts. Elle recevra cet argent le 1er mars 20B.

Travail à faire

1. Quel est l'exercice financier de cette entreprise ?

2. Pour chaque opération, passez l'écriture de régularisation nécessaire. Pour chaque écriture, indiquez les dates et rédigez une brève explication.

3. Pourquoi a-t-on effectué ces régularisations ?

E4-4 **La passation d'écritures de régularisation**

OA2
OA3

La comptable de la société Chiasson passe des écritures de régularisation pour l'exercice qui s'est terminé le 31 décembre 20B. Lorsqu'elle recueillait des informations à ce sujet, elle a appris ce qui suit.

a) La société a payé une somme de 7 200 $ pour une prime d'assurance de deux ans commençant le 1er septembre 20B.

b) Le 31 décembre 20B, elle a trouvé dans les livres et les autres documents de l'entreprise les données suivantes relatives aux fournitures. La société utilise une importante quantité de fournitures qu'elle achète, stocke et utilise selon ses besoins.

Fournitures en magasin le 1er janvier 20B	15 000 $
Achat de fournitures au cours de l'exercice 20B	72 000
Fournitures en magasin, selon l'inventaire au 31 décembre 20B	11 000

Travail à faire

1. Quels montants devraient apparaître à l'état des résultats de l'exercice 20B pour les comptes Assurances et Fournitures ?

2. Quels montants devraient être inscrits dans les comptes Assurances payées d'avance et Stock de fournitures dans le bilan au 31 décembre 20B ?

3. En vous basant sur la marche à suivre décrite dans ce chapitre, passez l'écriture de régularisation au 31 décembre 20B. Supposez que la prime a été payée le 1er septembre 20B et que le commis-comptable a débité la totalité du montant dans le compte Assurances payées d'avance.

4. En vous basant sur la marche à suivre décrite dans ce chapitre, passez l'écriture de régularisation au 31 décembre 20B. Supposez que les achats des fournitures ont été débités au compte Stock de fournitures.

E4-5 **L'effet des écritures de régularisation sur les états financiers**

OA2
OA3

Reportez-vous aux exercices E4-3 et E4-4.

Travail à faire

Pour chacune des opérations effectuées aux exercices E4-3 et E4-4, indiquez le montant et l'effet des écritures de régularisation sur les postes du bilan et de l'état des résultats. Remplissez le tableau ci-dessous. (Inscrivez un «+» pour une augmentation, un «–» pour une diminution et AE pour «aucun effet».)

	Bilan			État des résultats		
Opérations	Actif	Passif	Capitaux propres	Produits	Charges	Bénéfice net
E4-3 a)						
E4-3 b)						
E4-4 a)						
E4-4 b)						

E4-6 **La passation d'écritures de régularisation**

OA2

Le magasin Véronique termine son exercice financier le 31 décembre 20B. Les opérations effectuées au cours de l'exercice 20B ont été passées dans le journal général et reportées dans les comptes du grand livre. En ce qui concerne les écritures de régularisation, les données suivantes sont disponibles.

a) Le compte Stock de fournitures de bureau au 1er janvier 20B était de 250 $. Les fournitures de bureau achetées et débitées au compte Stock de fournitures de bureau pendant l'exercice s'élevaient à 600 $. Les fournitures en magasin à la fin de l'exercice s'élevaient à 300 $.

b) Les salaires gagnés au cours du mois de décembre 20B, non payés et non inscrits le 31 décembre 20B, s'élevaient à 2 700 $. La dernière paie a été effectuée le 28 décembre, et la prochaine aura lieu le 6 janvier 20C.

c) Les trois quarts du sous-sol du magasin sont loués à un autre commerçant, Marc Rondeau, pour 1 100 $ par mois. Marc Rondeau vend des produits compatibles avec ceux des magasins Véronique mais non concurrents. Le 1er novembre 20B, le magasin Véronique a reçu de Marc Rondeau une avance de loyer de 6 600 $. La totalité de la somme a été créditée au compte Produits locatifs perçus d'avance.

d) Le reste du sous-sol est loué à la boutique Rita pour 520 $ par mois, payables chaque mois. Le 31 décembre 20B, les loyers de novembre et décembre 20B n'avaient été ni perçus ni inscrits. Le paiement est prévu pour le 10 janvier 20C.

e) Le magasin utilise du matériel de livraison d'une valeur de 30 000 $. On estime qu'il a une durée de vie utile de quatre ans et qu'il aura une valeur résiduelle de 6 000 $ à la fin de cette période. Supposez un amortissement pour tout l'exercice 20B. L'actif sera amorti de manière égale pendant ses quatre années de durée de vie utile.

f) Le 1er juillet 20B, une prime d'assurance de deux ans s'élevant à 3 000 $ a été payée au comptant et débitée en totalité au compte Assurances payées d'avance. L'assurance en question a pris effet le 1er juillet 20B.

g) Le magasin Véronique dispose d'un atelier de réparation pour ses propres besoins. Cet atelier de réparation dépanne également Marc Rondeau. Le 31 décembre 20B, ce dernier devait 750 $ à l'atelier. Cette somme n'a toujours pas été inscrite dans le compte Produits tirés de l'atelier de réparation. Marc Rondeau devrait payer sa dette au cours du mois de janvier 20C.

Travail à faire

1. Pour chaque opération, indiquez s'il s'agit d'un produit reporté ou d'une charge reportée, ou d'un produit à recevoir ou d'une charge à payer.

2. En vous basant sur la marche à suivre décrite dans ce chapitre, pour chaque situation, passez l'écriture de régularisation nécessaire au 31 décembre 20B.

OA2
OA3

E4-7   L'effet des écritures de régularisation sur les états financiers

Reportez-vous à l'exercice E4-6.

Travail à faire

Pour chacune des opérations effectuées à l'exercice E4-6, indiquez le montant et l'effet des écritures de régularisation sur les postes du bilan et de l'état des résultats. Remplissez le tableau ci-dessous. (Inscrivez un « + » pour une augmentation, un « − » pour une diminution et AE pour « aucun effet ».)

Opérations	Bilan			État des résultats		
	Actif	Passif	Capitaux propres	Produits	Charges	Bénéfice net
a)						
b)						
c)						
d)						
e)						
f)						

OA2
OA5

E4-8   La passation d'écritures de régularisation et d'écritures de clôture

La société Cuisine Robert utilise les comptes suivants.

Code	Compte	Code	Compte
A	Encaisse	J	Capital-actions
B	Stock de fournitures de bureau	K	Bénéfices non répartis
C	Produits à recevoir	L	Services rendus
D	Matériel de bureau	M	Intérêts créditeurs
E	Amortissement cumulé	N	Salaires
F	Effets à payer	O	Amortissement
G	Salaires à payer	P	Intérêts débiteurs
H	Intérêts à payer	Q	Fournitures
I	Services perçus d'avance	R	Sommaire des résultats

Travail à faire

Pour chacune des neuf situations indépendantes décrites ci-dessous, passez une écriture de journal en entrant le ou les codes et le ou les montants corrects.

Situations indépendantes		Débit		Crédit	
		Code	Montant	Code	Montant
a)	Salaires gagnés par les employés, non inscrits et non payés à la fin de l'exercice, 400 $ (exemple).	N	400	G	400
b)	Services perçus d'avance, 800 $.				
c)	Dividendes déclarés et payés pendant l'exercice, 900 $.				
d)	Amortissement de l'exercice, 1 000 $.				
e)	Services gagnés, mais non encore perçus en fin d'exercice, 600 $.				
f)	Compte Stock de fournitures de bureau en début d'exercice, 400 $; stock de fournitures de bureau à la fin de l'exercice, 150 $.				
g)	À la fin de l'exercice, intérêts sur effets à payer non encore inscrits ou payés, 220 $.				
h)	Solde du compte Services rendus à la fin de l'exercice, 62 000 $; passez l'écriture de clôture en fin d'exercice.				
i)	Solde du compte Intérêts débiteurs à la fin de l'exercice, 420 $; passez l'écriture de clôture en fin d'exercice.				

E4-9 **L'effet des écritures de régularisation sur les états financiers** □OA2 □OA3

La société Montréal Cité a commencé ses activités le 1er janvier 20A. Nous sommes aujourd'hui le 31 décembre 20A, c'est-à-dire à la fin de l'exercice. Le commis-comptable qui y travaille à temps partiel a besoin de votre aide pour analyser les trois opérations suivantes.

a) Le 1er janvier 20A, la société a acheté une machine spéciale qu'elle a payée 12 000 $ en espèces. On a estimé sa durée de vie utile à 10 ans, et sa valeur résiduelle est nulle.

b) Au cours de l'exercice 20A, la société a acheté des fournitures de bureau coûtant 1 400 $. En fin d'exercice, il restait pour 400 $ de fournitures de bureau en magasin.

c) Le 1er juillet 20A, la société a payé 400 $ comptant une prime d'assurance de deux ans pour la machine spéciale. La couverture de l'assurance a pris effet le 1er juillet.

Travail à faire

Remplissez le tableau ci-dessous en inscrivant les montants appropriés.

Comptes de bilan au 31 décembre 20A	Montant à inscrire
Actif	
Matériel	_____ $
Amortissement cumulé	_____
Valeur comptable du matériel	_____
Stocks de fournitures bureau	_____
Assurances payées d'avance	_____
Comptes de l'état des résultats pour l'exercice terminé le 31 décembre 20A	
Charges	
Amortissement	_____ $
Fournitures de bureau	_____
Assurances	_____

■OA2
■OA3

E4-10 L'effet des écritures de régularisation sur les états financiers

Opération 1: Le 1er avril 20B, l'entreprise Brières et Filles a reçu d'un client, en règlement d'une créance, un effet de 10 000 $ portant intérêt au taux de 6%. Selon les modalités du contrat, le capital et les intérêts sont payables dans un an. L'exercice de Brières et Filles se termine le 31 décembre 20B.

Opération 2: Le 1er août 20B, pour pallier un découvert de trésorerie, Brières et Filles a obtenu un prêt bancaire de 20 000 $ à un taux d'intérêt de 5%. Le capital et les intérêts sont payables dans un an.

Travail à faire

Pour chaque date mentionnée, indiquez le montant et l'effet des opérations sur les postes du bilan et de l'état des résultats. Remplissez le tableau ci-dessous. (Inscrivez un «+» pour une augmentation, un «−» pour une diminution et AE pour «aucun effet».)

		Bilan			État des résultats		
Date	Opérations	Actif	Passif	Capitaux propres	Produits	Charges	Bénéfice net
01-04-20B	Réception de l'effet à recevoir						
31-12-20B	Régularisation de l'effet à recevoir						
31-03-20C	Recouvrement de l'effet à recevoir						
01-08-20B	Signature de l'effet à payer						
31-12-20B	Régularisation de l'effet à payer						
31-07-20C	Paiement de l'effet à payer						

■OA2
■OA3

E4-11 L'effet des erreurs sur les états financiers

La société Neville publie des livres sur le cinéma et la chanson. Voici la liste des erreurs commises retracées lors de la régularisation de ses comptes à la fin de l'exercice (le 31 décembre).

a) L'amortissement du matériel, dont le coût est de 130 000 $, n'a pas été comptabilisé (durée de vie utile estimative de 10 ans et valeur résiduelle de 30 000 $).

b) On a omis de régulariser le compte Produits perçus d'avance pour refléter un montant de 3 000 $ gagné à la fin de l'exercice.

c) On a comptabilisé une année complète d'intérêts débiteurs sur un effet à payer de 15 000 $ à un taux d'intérêt de 8 %. Ce dernier a été signé le 1er novembre.

d) On a omis de régulariser le compte Assurances pour refléter qu'un montant de 400 $ représente la prime d'assurance pour le mois de janvier prochain.

e) On n'a pas enregistré le loyer de 750 $ dû par la société Boudo, qui loue une partie du bâtiment de la société Neville.

Travail à faire

1. Pour chaque erreur, rédigez, le cas échéant, l'écriture de journal a) qui a été passée et b) qui aurait dû être passée à la fin de l'exercice.

2. Remplissez le tableau ci-dessous en indiquant le montant et l'effet de chaque erreur, c'est-à-dire la différence entre l'écriture qui a été ou non passée et l'écriture qui aurait dû être passée. (Inscrivez un « + » si l'effet surévalue le poste, un « – » si l'effet sous-évalue le poste et AE pour « aucun effet ».)

		Bilan			État des résultats		
Opérations	Actif	Passif	Capitaux propres	Produits	Charges	Bénéfice net
a)						
b)						
c)						

E4-12 **L'effet des écritures de régularisation sur l'état des résultats et le bilan**

■ OA2
■ OA3

Le 31 décembre 20B, la société Ferland a dressé un état des résultats et un bilan, mais elle a omis quatre écritures de régularisation. Établi à partir de ces données incorrectes, l'état des résultats présentait un bénéfice avant impôts de 30 000 $. Le bilan (avant l'effet des impôts) reflétait un actif total de 90 000 $, un passif de 40 000 $ et des capitaux propres de 50 000 $. Vous trouverez ci-dessous les données relatives aux quatre écritures de régularisation.

a) L'amortissement de l'exercice sur le matériel dont le coût est de 85 000 $ n'a pas été enregistré (durée de vie utile estimative de 10 ans, valeur résiduelle de 5 000 $).

b) Des salaires totalisant 17 000 $ pour les trois derniers jours de décembre 20B n'ont été ni payés ni inscrits (la prochaine paie sera effectuée le 10 janvier 20C).

c) Des produits de location pour des bureaux loués du 1er décembre 20B au 28 février 20C ont été perçus le 1er décembre 20B. La totalité de cette somme, soit 4 800 $, a été créditée au compte Produits perçus d'avance.

d) Les impôts n'ont pas été inscrits. Le taux pour cette société est de 22 %.

Travail à faire

Remplissez le tableau ci-dessous pour corriger les quatre erreurs commises (indiquez les déductions entre parenthèses).

Comptes	Bénéfice net	Total de l'actif	Total du passif	Capitaux propres
Soldes reportés	30 000 $	90 000 $	40 000 $	50 000 $
Effet de l'amortissement				
Effet des salaires				
Effet des produits locatifs				
Soldes régularisés				
Effet des impôts				
Soldes corrigés				

E4-13 **La passation d'écritures de régularisation et l'établissement d'un état des résultats et d'un bilan**

Le 31 décembre 20C, la commis-comptable de la société Médor a dressé l'état des résultats et le bilan suivants, mais elle a négligé de considérer trois écritures de régularisation.

	Montant inscrit	Effet des écritures de régularisation	Montants corrigés
État des résultats			
Produits	98 000 $	_____	_____
Charges	(72 000)	_____	_____
Impôts sur les bénéfices		_____	_____
Bénéfice net	26 000 $		_____
Bilan			
Actif			
Encaisse	20 000 $		
Clients	22 000	_____	_____
Loyers à recevoir		_____	_____
Matériel	50 000	_____	_____
Amortissement cumulé	(10 000)	_____	_____
	82 000 $		_____
Passif			
Fournisseurs	10 000 $		
Impôts à payer		_____	_____
Capitaux propres			
Capital-actions	40 000	_____	_____
Bénéfices non répartis	32 000	_____	_____
	82 000 $		_____

Voici quelques précisions concernant les trois écritures de régularisation.

a) L'amortissement du matériel n'a pas été inscrit pour l'exercice 20C (durée de vie utile estimative de 10 ans, valeur résiduelle nulle).

b) Les produits locatifs de 2 000 $ gagnés en décembre 20C n'ont été ni perçus ni inscrits.

c) La charge d'impôts pour l'exercice 20C n'a été ni payée ni inscrite. Elle s'élevait à 6 900 $.

Travail à faire

1. Passez les trois écritures de régularisation omises. Utilisez les comptes apparaissant à l'état des résultats et au bilan.

2. Remplissez les deux colonnes de droite dans le tableau précédent pour présenter les montants justes à l'état des résultats et au bilan.

E4-14 **L'établissement d'un état des résultats, le bénéfice par action et la marge bénéficiaire nette**

La société Xéna inc. a terminé sa première année d'exploitation le 31 décembre 20A. Puisqu'il s'agit de la fin de l'exercice, le commis-comptable de l'entreprise a dressé l'état des résultats provisoire suivant.

État des résultats, 20A

Produits locatifs		114 000 $
Charges :		
Salaires	28 500 $	
Frais d'entretien	12 000	
Charges locatives (sur la location)	9 000	
Services publics	4 000	
Gaz et essence	3 000	
Autres charges	1 000	
Total des charges		57 500
Bénéfice		56 500 $

Vous êtes une experte-comptable engagée par l'entreprise pour analyser le système comptable de la société et examiner les états financiers. Au cours de votre vérification, vous avez relevé les données suivantes.

a) Les salaires des trois derniers jours du mois de décembre, totalisant 310 $, n'ont été ni inscrits ni payés (ne pas tenir compte des charges sociales).

b) La facture de téléphone de 400 $ de décembre 20A n'a été ni inscrite ni payée.

c) L'amortissement des voitures de location, totalisant 23 000 $ pour l'exercice 20A, n'a pas été inscrit.

d) Les intérêts sur un effet à payer de 20 000 $ échéant dans un an à un taux d'intérêt de 6 %, daté du 1ᵉʳ octobre 20A, n'ont pas été inscrits. Les intérêts de 6 % doivent être payés à la date d'échéance de l'effet.

e) Le compte Produits locatifs perçus d'avance comprend un montant de 4 000 $ représentant les loyers du mois de janvier 20B.

f) Les frais d'entretien comprennent des fournitures d'une somme de 1 000 $, toujours en magasin (d'après l'inventaire) au 31 décembre 20A. Ces fournitures seront utilisées durant l'exercice 20B.

g) La charge d'impôts s'élève à 7 000 $. Cette somme sera versée durant l'exercice 20B.

Travail à faire

1. Selon vous, pour chaque élément décrit, quelle écriture de régularisation la société Xéna devrait-elle inscrire au journal général au 31 décembre 20A ? Si vous n'en voyez aucune, expliquez votre réponse.

2. Dressez un état des résultats pour l'exercice terminé le 31 décembre 20A incluant le bénéfice par action. Supposez que 7 000 actions sont en circulation. Présentez vos calculs.

3. Calculez la marge bénéficiaire nette en vous basant sur les informations corrigées. Qu'est-ce que ce ratio vous indique ? Si la marge bénéficiaire nette moyenne de ce secteur est de 18 %, que pouvez-vous conclure à propos de la société Xéna ?

E4-15 L'effet des produits perçus d'avance sur les flux de trésorerie

■OA3

Vous êtes le directeur des ventes régional de la société Nouvelles. Votre entreprise passe actuellement des écritures de régularisation pour la fin de l'exercice, le 31 mars 20C. Le 1ᵉʳ septembre 20B, vous avez encaissé une somme de 18 000 $ pour des abonnements de trois ans à des magazines qui commencent à cette même date (le 1ᵉʳ septembre). Les magazines sont publiés et envoyés aux abonnés une fois par mois. Ces abonnements étaient les seuls de tout l'exercice dans votre région.

Travail à faire

1. Quel montant devez-vous inscrire à titre de flux de trésorerie liés aux activités d'exploitation à l'état des flux de trésorerie ?

2. Quel montant devez-vous inscrire à titre de produits tirés des abonnements à l'état des résultats de l'exercice 20C ?

3. Quel montant devez-vous inscrire à titre d'abonnements perçus d'avance au bilan au 31 mars 20C ?

4. Passez l'écriture de régularisation au 31 mars 20C, en supposant que les abonnements reçus le 1er septembre 20B ont été comptabilisés dans le compte Abonnements perçus d'avance.

5. La société s'attend à ce que les revenus annuels de votre région atteignent 4 000 $.

a) Évaluez le rendement de votre région, en supposant que cet objectif est basé sur les ventes au comptant.

b) Évaluez le rendement de votre région, en supposant que cet objectif est basé sur la méthode de la comptabilité d'exercice.

■OA2

E4-16   La passation d'écritures de régularisation et la balance de vérification régularisée

La société Cacouna a dressé la balance de vérification suivante à la fin de sa première année d'exploitation se terminant le 31 décembre 20A. Pour simplifier ce cas, les montants sont exprimés en milliers de dollars.

Comptes	Avant régularisations Débit	Avant régularisations Crédit	Régularisations Débit	Régularisations Crédit	Après régularisations Débit	Après régularisations Crédit
Encaisse	38					
Débiteurs	9					
Assurances payées d'avance	6					
Machinerie (durée de vie utile de 20 ans, valeur résiduelle nulle)	80					
Amortissement cumulé		8				
Créditeurs		9				
Salaires à payer						
Impôts à payer						
Capital-actions (4 000 actions)		68				
Bénéfices non répartis	4					
Produits (non détaillés)		84				
Charges (non détaillées)	32					
Total	169	169				

Voici les données non inscrites au 31 décembre 20A.

a) Assurance arrivée à échéance au 31 décembre 20A : 5 $.

b) Amortissement pour l'exercice 20A : 4 $.

c) Salaires à payer : 7 $.

d) Impôts sur le bénéfice : 9 $.

Travail à faire

1. Passez les écritures de régularisation au 31 décembre 20A.

2. Remplissez le tableau ci-dessus.

■OA3

E4-17   L'établissement d'un état des résultats, d'un état des bénéfices non répartis et d'un bilan

Reportez-vous à l'exercice E4-16.

Travail à faire

À l'aide des soldes régularisés de l'exercice E4-16, dressez l'état des résultats, l'état des bénéfices non répartis et le bilan pour l'exercice 20A. Utilisez les trois états suivants.

État des résultats
pour l'exercice terminé le 31 décembre 20A

Produits (non détaillés)	_____ $
Charges (non détaillées)	_____
Bénéfice avant impôts	_____
Impôts sur les bénéfices	_____
Bénéfice net	_____ $
BPA	_____ $

État des bénéfices non répartis
pour l'exercice terminé le 31 décembre 20A

Solde d'ouverture, 01-01-20A	_____ $	_____ $	_____ $
Bénéfice net	_____	_____	
Dividendes déclarés	_____	_____	
Solde de clôture, 31-12-20A	_____ $	_____ $	_____ $

Bilan
au 31 décembre 20A

Actif		Passif	
Encaisse	_____ $	Créditeurs	_____ $
Débiteurs	_____	Salaires à payer	_____
Assurances payées d'avance	_____	Impôts à payer	_____
Machinerie	_____	Total du passif	_____
Amortissement cumulé	_____		
		Capitaux propres	
		Capital-actions	_____
		Bénéfices non répartis	_____
		Total du passif et	
Total de l'actif	_____ $	des capitaux propres	_____ $

E4-18   La passation des écritures de clôture
OA5

Reportez-vous à l'exercice E4-16.

Travail à faire

À l'aide des soldes régularisés de l'exercice E4-16, passez les écritures de clôture au 31 décembre 20A. Quelle est l'utilité de la fermeture des livres à la fin de l'exercice ?

Problèmes

P4-1   L'établissement d'une balance de vérification (PS4-1)

Dell Computer Corporation est le plus grand fabricant au monde de systèmes d'ordinateurs vendus directement aux clients. Ses produits comprennent des ordinateurs de bureau, des ordinateurs portatifs, des postes de travail, des serveurs de réseau, des produits de stockage ainsi que des périphériques et des logiciels. Voici une liste de comptes de la société et des montants inscrits. Les comptes ont des soldes débiteurs ou créditeurs normaux, et les montants sont arrondis au million de dollars près. Supposez que l'exercice se termine le 29 janvier 20A.

OA1

Dell Computer Corporation

Créditeurs	2 397 $	Impôts sur		Frais de recherche	
Débiteurs	2 094	les bénéfices	624 $	et développement	272 $
Charges à payer	1 298	Stocks	273	Bénéfices	
Amortissement		Dette à long terme	512	non répartis	?
cumulé	252	Titres négociables	2 661	Ventes	18 243
Encaisse	520	Autres actifs	806	Frais généraux	
Capital-actions	1 781	Autres charges	38	de vente et	
Coût des		Autres passifs	349	d'administration	1 788
marchandises		Immobilisations			
vendues	14 137	corporelles	775		

Travail à faire

Dressez une balance de vérification au 29 janvier 20A. Comment avez-vous déterminé le montant des bénéfices non répartis ?

■OA2

P4-2 **La passation d'écritures de régularisation (PS4-2)**

L'exercice de la société Médaille inc. se termine le 31 décembre. Nous sommes le 31 décembre 20C, et toutes les écritures de l'exercice 20C ont été passées sauf les écritures de régularisation suivantes.

a) Le 1er septembre 20C, la société Médaille a encaissé six mois de loyer pour un espace de rangement : 4 800 $. À cette date, la société Médaille a débité le compte Encaisse et crédité le compte Produits locatifs perçus d'avance de cette somme.

b) La société a gagné 3 000 $ pour un travail spécial qui a été terminé le 29 décembre 20C. Le montant sera payé au courant du mois de janvier 20D. Aucune écriture n'a été passée.

c) Le 1er novembre 20C, la société a payé 4 200 $ pour une prime d'assurance d'un an sur la propriété. La couverture commence immédiatement. Le compte Encaisse a été crédité et le compte Assurances payées d'avance débité de cette somme.

d) Le 31 décembre 20C, le montant des salaires des employés non encore payés s'élevait à 1 100 $. Les employés seront payés le 15 janvier 20D.

e) Un amortissement doit être constaté pour un camion dont le prix d'achat effectué le 1er janvier 20C est de 12 000 $ (durée de vie utile estimative de six ans, valeur résiduelle nulle).

f) Un montant de 1 500 $ a été encaissé le 1er novembre 20C pour des services à rendre tout au long du prochain exercice commençant le 1er novembre (le compte Services perçus d'avance a été crédité).

g) Le 27 décembre 20C, la société a reçu de la ville un compte d'impôts fonciers s'élevant à 400 $ pour l'exercice 20C. Cette facture doit être payée en janvier 20D.

h) Le 1er octobre 20C, la société a emprunté 10 000 $ auprès d'une banque et signé un effet à un taux d'intérêt de 5 %. Le capital et les intérêts doivent être payés à la date d'échéance, le 30 septembre 20D.

Travail à faire

1. Pour chaque opération, indiquez s'il s'agit d'un produit reporté ou d'une charge reportée, ou d'un produit à recevoir ou d'une charge à payer.
2. Pour chaque opération, passez les écritures de régularisation nécessaires au 31 décembre 20C.

■OA2

P4-3 **L'effet des écritures de régularisation sur les états financiers (PS4-3)**

Reportez-vous au problème P4-2.

Travail à faire

Remplissez le tableau ci-après en indiquant le montant et l'effet des écritures de régularisation. (Inscrivez un « + » pour une augmentation, un « – » pour une diminution et AE pour « aucun effet ».)

		Bilan			État des résultats		
Opérations	Actif	Passif	Capitaux propres	Produits	Charges	Bénéfice net
a)						
b)						
c)						
etc.						

■OA2

P4-4   La passation d'écritures de régularisation (PS4-4)

La société Julie termine son exercice le 31 décembre 20B. Les données suivantes proviennent des livres et des documents de l'entreprise.

a) Le 1er juillet 20B, une prime d'assurance sur le matériel d'une durée de trois ans a été payée au prix de 1 200 $ et débitée en totalité au compte Assurances payées d'avance. La couverture prenait effet le 1er juillet.

b) Au cours de l'exercice 20B, des fournitures de bureau ont été achetées comptant pour un montant de 800 $ et débitées entièrement au compte Stocks de fournitures. À la fin de l'exercice 20A, le dénombrement des stocks en magasin (non utilisés) indiquait un montant de 200 $. Le compte Stocks des fournitures avait un solde de 300 $ au 31 décembre 20B.

c) Le 31 décembre 20B, le garage Jocelyn terminait des réparations sur un camion de l'entreprise pour un coût de 800 $. Ce montant n'est pas encore inscrit et sera payé au cours du mois de janvier 20C.

d) En décembre 20B, la Ville a envoyé un compte d'impôts fonciers de 1 600 $ pour l'exercice 20B. Ces impôts à payer n'ont pas encore été inscrits. Ils seront payés le 15 février 20C.

e) Le 31 décembre 20B, la société a rempli un contrat pour une entreprise située dans une autre province. La facture était de 8 000 $ payable dans les 30 jours. Aucun argent n'a été perçu pour cette opération, et aucune écriture n'a été passée.

f) Le 1er juillet 20B, la société a acheté un nouveau véhicule de remorquage au prix de 23 600 $. La durée de vie utile estimative du véhicule est de 10 ans, et la valeur résiduelle est estimée à 1 600 $. Aucun amortissement n'a été inscrit pour l'exercice 20B (calculez un amortissement de six mois).

g) Le 1er octobre 20B, la société a emprunté 10 000 $ auprès de la banque en signant un effet d'un an à un taux d'intérêt de 8 %. Le capital et les intérêts sont remboursables dans un an.

h) Le bénéfice avant régularisations et impôts était de 30 000 $. Le taux d'imposition de l'entreprise est de 22 %. Pour déterminer la charge d'impôts, calculez le bénéfice régularisé en vous basant sur les opérations a) à g).

Travail à faire

1. Pour chaque opération, indiquez s'il s'agit d'un produit reporté ou d'une charge reportée, ou d'un produit à recevoir ou d'une charge à payer.

2. Passez l'écriture de régularisation nécessaire pour tenir compte de chaque opération au 31 décembre 20B.

■OA2

P4-5   L'effet des écritures de régularisation sur les états financiers (PS4-5)

Reportez-vous au problème P4-4.

Travail à faire

Remplissez le tableau ci-après en indiquant les montants et l'effet des écritures de régularisation. (Inscrivez un « + » pour une augmentation, un « – » pour une diminution et AE pour « aucun effet ».)

		Bilan			État des résultats		
Opérations	Actif	Passif	Capitaux propres	Produits	Charges	Bénéfice net
a)						
b)						
c)						
etc.						

OA3

P4-6 **Le processus de régularisation des comptes (PS4-6)**

Les informations suivantes ont été trouvées dans les livres de la société (de capitaux) Appartements de la Côte Sud à la fin de l'exercice, soit le 31 décembre 20B.

Encaissements
a) Produits locatifs encaissés et gagnés au cours de l'exercice 20B   512 000 $
b) Produits locatifs gagnés en décembre 20B, mais non encaissés avant 20C   16 000
c) En décembre 20B, produits locatifs perçus en avance pour janvier 20C   12 000

Décaissements pour les salaires
d) Paiement comptant en janvier 20B pour les salaires de décembre 20A   4 000
e) Salaires engagés et payés au cours de l'exercice 20B   62 000
f) Salaires gagnés par les employés au mois de décembre 20B et qui seront payés en janvier 20C   3 000
g) En décembre 20B, avances en espèces aux employés pour leurs salaires de janvier 20C   1 500

Décaissements pour les fournitures
h) Stock de fournitures d'entretien le 1er janvier 20B (solde en magasin)   3 000
i) Fournitures d'entretien achetées au cours de l'exercice 20B   8 000
j) Stock de fournitures d'entretien au 31 décembre 20B   1 700

Travail à faire

En utilisant des comptes en T, calculez les soldes des comptes suivants et indiquez dans quel état financier chaque compte est présenté.
1. Produits locatifs
2. Salaires
3. Fournitures d'entretien
4. Produits locatifs à recevoir
5. Sommes à payer aux fournisseurs
6. Sommes à recevoir des employés
7. Stock de fournitures d'entretien
8. Produits locatifs perçus d'avance
9. Salaires à payer
10. Somme à payer aux employés

OA1
OA2
OA4
OA5

P4-7 **Le processus de régularisation des comptes, le bénéfice par action, la marge bénéficiaire nette et la passation des écritures de clôture (PS4-7)**

La société Grenon termine son cycle comptable le 31 décembre 20B. Vous trouverez ci-après les soldes des comptes au 31 décembre 20B avant et après les écritures de régularisation pour l'exercice 20B.

| Comptes | Balance de vérification au 31 décembre 20B | | | | | |
| | Avant régularisations | | Régularisations | | Après régularisations | |
	Débit	Crédit	Débit	Crédit	Débit	Crédit
a) Encaisse	9 000 $				9 000 $	
b) Produits tirés des services à recevoir					400	
c) Assurances payées d'avance	600				400	
d) Matériel	120 200				120 200	
e) Amortissement cumulé, matériel		31 500				40 000
f) Impôts à payer						4 700
g) Capital-actions		80 000				80 000
h) Bénéfices non répartis au 1er janvier 20B		14 000				14 000
i) Produits tirés des services		46 000				46 400
j) Salaires	41 700				41 700	
k) Amortissement					8 500	
l) Assurances					200	
m) Impôts sur les bénéfices					4 700	
	171 500 $	171 500 $			185 100 $	185 100 $

Travail à faire

1. Comparez les chiffres indiqués dans les colonnes avant et après les écritures de régularisation pour calculer le montant des régularisations effectuées au 31 décembre 20B. Donnez une explication pour chacune.
2. Calculez le bénéfice en vous basant sur les chiffres a) avant les écritures de régularisation et b) après les écritures de régularisation. Quel montant du bénéfice est correct ? Expliquez votre réponse.
3. Calculez le résultat par action en supposant que 3 000 actions sont en circulation.
4. Calculez la marge bénéficiaire nette. Qu'est-ce que cela vous indique au sujet de la société ?
5. Passez les écritures de clôture au 31 décembre 20B.

P4-8 **La passation des écritures de régularisation et des écritures de clôture et l'établissement d'un bilan et d'un état des résultats (PS4-8)**

Gabrielle inc. est une petite société de services. Après un long travail, un comptable externe a dressé la balance de vérification avant régularisations ci-après au 31 décembre 20D.

☐ OA1
☐ OA2
☐ OA3
☐ OA5

Comptes	Débit	Crédit
Encaisse	60 000 $	
Débiteurs	13 000	
Stock de fournitures	800	
Assurances payées d'avance	1 000	
Véhicules de service	20 000	
(durée de vie utile estimative de cinq ans, valeur résiduelle nulle)		
Amortissement cumulé – véhicules de service		12 000 $
Autres actifs	11 200	
Créditeurs		3 000
Salaires à payer		
Impôts à payer		
Effets à payer		20 000
(trois ans; 8 % au 31 décembre de chaque année)		
Capital-actions (5 000 actions en circulation)		28 200
Bénéfices non répartis		7 500
Produits tirés des services		77 000
Autres charges (non détaillées, excluant les impôts)	41 700	
Impôts sur les bénéfices		
Total	147 700 $	147 700 $

Voici les données non inscrites au 31 décembre 20D.

a) Au 31 décembre 20D, les stocks de fournitures en magasin s'élevaient à 300 $.

b) Le compte Assurances payées d'avance comprend une prime de 500 $ se rapportant à l'exercice 20D.

c) L'amortissement pour l'exercice 20D est de 4 000 $.

d) Les salaires non encore payés au 31 décembre 20D s'élèvent à 900 $.

e) La charge d'impôts à payer est de 7 350 $.

Travail à faire

1. Passez les écritures de régularisation au 31 décembre 20D.
2. Remplissez les tableaux des états financiers de l'exercice 20D en tenant compte des cinq opérations décrites ci-dessus (présentez vos calculs).
3. Passez les écritures de clôture au 31 décembre 20D.

État des résultats
pour l'exercice terminé le 31 décembre 20D

Produits tirés des services		$
Fournitures	$	
Assurances		
Amortissement		
Salaires		
Autres charges (non détaillées)		
Total des charges		
Bénéfice avant les impôts		
Impôts sur les bénéfices		
Bénéfice net		$
Résultat par action		$

Bilan
au 31 décembre 20D

Actif		Passif	
Encaisse	$	Créditeurs	$
Débiteurs		Salaires à payer	
Stock de fournitures		Impôts à payer	
Assurances payées d'avance		Effets à payer à long terme	
Véhicules de service			
Amortissement cumulé – véhicules de service		Total du passif	
Autres actifs (non détaillés)			
		Capitaux propres	
		Capital-actions	
		Bénéfices non répartis	
		Total des capitaux propres	
		Total du passif et des capitaux propres	
Total de l'actif	$		$

P4-9 **Problème de révision : l'enregistrement des opérations (y compris les écritures de régularisation et de clôture), l'établissement des états financiers et une analyse de rendement au moyen de ratios (voir les chapitres 2, 3 et 4) (PS4-9)**

☐ OA1
☐ OA2
☐ OA3
☐ OA4
☐ OA5

Le frère et la sœur, Louis et Dominique Jumeaux, ont entrepris leurs activités d'outilleurs-ajusteurs (LX Outils inc.) le 1er janvier 20A. Leur exercice financier se termine le 31 décembre. Au 1er janvier 20B, la balance de vérification se présentait comme suit (pour simplifier, les montants ont été arrondis en milliers de dollars).

Numéro de compte	Intitulé des comptes	Débit	Crédit
01	Encaisse	3	
02	Débiteurs	5	
03	Stock de fournitures	12	
04	Terrain		
05	Matériel	60	
06	Amortissement cumulé (matériel)		6
07	Autres actifs (non détaillés pour simplifier)	4	
11	Créditeurs		5
12	Effets à payer		
13	Salaires à payer		
14	Intérêts à payer		
15	Impôts à payer		
21	Capital-actions (65 000 actions)		65
31	Bénéfices non répartis		8
35	Produits tirés des services		
40	Amortissement		
41	Impôts sur les bénéfices		
42	Intérêts		
43	Autres charges (non détaillées pour simplifier)		
	Total	84	84

Les opérations réalisées au cours de l'exercice 20B (en milliers de dollars) sont décrites ci-après.

a) Signature d'un effet à payer de 10 $ à un taux de 6 %, daté du 1er mars 20B.

b) Achat d'un terrain pour la construction future d'un bâtiment, payé 9 $ en espèces.

c) Produits gagnés durant l'exercice 20B : 160 $, dont 40 $ à crédit.

d) Vente de 3 000 actions supplémentaires au coût de 1 $ en espèces par action (inscrivez les montants en milliers de dollars ; le nombre d'actions et leur prix unitaire est tel qu'il est indiqué).

e) Autres charges constatées pour l'exercice 20B : 85 $, dont 15 $ à crédit.

f) Encaissement des comptes débiteurs : 24 $.

g) Achat d'actifs supplémentaires : 10 $ en espèces (débit au compte Autres actifs).

h) Créditeurs payés : 13 $.

i) Achats à crédit de fournitures : 18 $ (débit au compte n° 3).

j) Signature d'un contrat de service qui doit débuter le 1er février 20C d'une valeur de 25 $.

k) Déclaration et paiement de dividendes : 17 $.

Les données concernant les écritures de régularisation sont les suivantes.

l) Stock de fournitures en magasin au 31 décembre 20B : 14 $ (débit au compte Autres charges).

m) Matériel – durée de vie utile estimative de 10 ans, valeur résiduelle nulle.

n) Intérêts à payer sur les effets à payer (à calculer).

o) Salaires gagnés depuis le 24 décembre, mais non encore payés : 12 $.

p) Charge d'impôts de 8 $ à payer au début de l'exercice 20C.

Travail à faire

1. Créez des comptes en T pour chaque compte de la balance de vérification et indiquez les soldes d'ouverture.

2. Passez les écritures de journal pour enregistrer les opérations a) à k) et reportez-les dans les comptes en T.

3. Passez les écritures de régularisation l) à p) et reportez-les dans les comptes en T.

4. Dressez un état des résultats (incluant le résultat par action), un état des bénéfices non répartis, un bilan et un état des flux de trésorerie.

5. Passez les écritures de clôture et reportez-les dans les comptes en T.

6. Dressez une balance de vérification après clôture.

7. Calculez les ratios suivants pour l'exercice 20B :
   a) le coefficient de suffisance du capital ;
   b) le ratio de rotation de l'actif ;
   c) le ratio de la marge bénéficiaire nette.

Problèmes supplémentaires

OA1

Starbucks Corporation

PS4-1   L'établissement d'une balance de vérification (P4-1)

Starbucks Corporation est une entreprise américaine qui achète, torréfie et vend des grains de café entiers de grande qualité ainsi que des cafés, des boissons espresso de style italien, une variété de pâtisseries, des accessoires et du matériel reliés au café ainsi qu'une gamme de thés de première qualité. En plus des ventes par l'entremise de ses propres magasins de vente au détail, Starbucks vend également ses produits grâce à un vaste réseau de distribution. Voici une liste simplifiée des comptes inscrits dans des états financiers récents de la société. Les comptes ont des soldes débiteurs et créditeurs normaux, et les montants sont arrondis au million de dollars près. Supposez que l'exercice se termine le 30 septembre 20A.

Créditeurs	56 $	Impôts sur		Autres frais	
Débiteurs	48	les bénéfices	62 $	d'exploitation	51 $
Charges à payer	131	Intérêts débiteurs	1	Frais payés d'avance	19
Amortissement		Intérêts créditeurs	9	Immobilisations	
cumulé	321	Stocks	181	corporelles	1 081
Encaisse	66	Placements à		Bénéfices non répartis	?
Capital-actions	647	long terme	68	Dette bancaire à court	
Coût des marchandises		Passif à long terme	40	terme	64
vendues	741	Ventes	1 680	Placements à	
Amortissement	98	Autres actifs à		court terme	51
Frais de vente, généraux		court terme	21	Frais d'exploitation	
et d'administration	90	Autres actifs à		des magasins	544
		long terme	38		

Travail à faire

Dressez une balance de vérification au 30 septembre 20A. Comment avez-vous déterminé le montant des bénéfices non répartis?

PS4-2   La passation des écritures de régularisation (P4-2)

L'exercice de la société Camille se termine le 30 juin. Nous sommes le 30 juin 20B, et toutes les écritures de l'exercice 20B ont été passées sauf les écritures de régularisation suivantes.

a) Le 1er mars 20B, la société Camille a payé 3 200 $ une prime d'assurance de six mois pour sa propriété. La couverture commence immédiatement. Le compte Encaisse a été crédité et le compte Assurances payées d'avance débité de cette somme.

b) Le 30 juin 20B, les employés avaient gagné 900 $ de salaires, mais ils n'avaient pas encore été payés. Les employés seront payés le 15 juillet 20B.

c) Le 1er juin 20B, la société a encaissé une somme de 450 $ représentant les deux prochains mois d'entretien. À cette date, la société a débité le compte Encaisse et crédité le compte Produits perçus d'avance pour 450 $.

d) Un amortissement doit être constaté pour un camion de service qui a coûté 15 000 $ le 1er juillet 20A (durée de vie utile estimative de quatre ans, valeur résiduelle de 3 000 $).

e) Une somme de 4 200 $ a été encaissée le 1er mai 20B pour des services à rendre tout au long du prochain exercice commençant le 1er mai (le compte Produits perçus d'avance a été crédité).

f) Le 1er février 20B, la société a emprunté 16 000 $ auprès d'une banque et a signé un effet à 7 % pour ce montant. Le capital et les intérêts doivent être payés à la date d'échéance, le 31 janvier 20C.

g) Le 15 juin 20B, la société a reçu de la Ville un compte d'impôts fonciers s'élevant à 500 $ pour le premier semestre de 20B. Cette facture doit être payée au cours du mois de juillet 20B.

h) La société a terminé un contrat de services d'entretien d'une valeur de 2 000 $ le 29 juin 20B. Le montant sera payé au mois de juillet 20C. Aucune écriture n'a été passée.

Travail à faire

1. Pour chaque opération, indiquez s'il s'agit d'un produit reporté ou d'une charge reportée, ou d'un produit à recevoir ou d'une charge à payer.

2. Pour chaque opération, passez les écritures de régularisation au 30 juin 20B.

PS4-3   L'effet des écritures de régularisation sur les états financiers (P4-3)

Reportez-vous au problème PS4-2.

Travail à faire

Remplissez le tableau ci-après en indiquant le montant et l'effet des écritures de régularisation. (Inscrivez un «+» pour une augmentation, un «−» pour une diminution et AE pour «aucun effet».)

		Bilan			État des résultats		
Opérations	Actif	Passif	Capitaux propres	Produits	Charges	Bénéfice net
a)						
b)						
c)						
etc.						

■ OA2

PS4-4 **La passation des écritures de régularisation (P4-4)**

La société Traiteurs Jean-François termine son exercice financier le 31 décembre 20B. Les données suivantes proviennent des livres et des documents de l'entreprise.

a) À la fin de l'exercice 20A, des fournitures de bureau ont été achetées pour un montant de 1 200 $ en espèces et débitées entièrement au compte Stocks de fournitures de bureau. À la fin de l'exercice 20B, le dénombrement des fournitures encore en magasin (non utilisées) s'élevait à 350 $. Le compte Stock de fournitures de bureau montrait un solde de 400 $ au 31 décembre 20B.

b) Le 31 décembre 20B, la société a offert des services de traiteur pour une soirée gala donnée en l'honneur d'une vedette de la région. La facture était de 75 000 $, payable à la fin du mois de janvier 20C. Aucun montant n'a été perçu pour cette opération, et aucune écriture n'a été passée.

c) Le 15 décembre 20B, un garage terminait des réparations sur un camion de l'entreprise pour un coût de 600 $. Ce montant n'est pas encore inscrit et sera payé au début du mois de janvier 20C.

d) Le 1er octobre 20B, une prime d'assurance sur le matériel d'une durée d'un an a été payée 1 200 $ et débitée en totalité au compte Assurances payées d'avance. La couverture prenait effet le 1er novembre.

e) En novembre 20B, la société a signé un bail pour la location d'un nouveau magasin de vente au détail et a remis un acompte de 2 100 $ pour les trois premiers mois de loyer. Le bail prenait effet le 1er décembre 20B.

f) Le 1er juillet 20B, la société a acheté au comptant un nouveau comptoir d'étalage réfrigéré au prix de 18 000 $. La durée de vie utile estimative du matériel est de cinq ans, et la valeur résiduelle est estimée à 2 000 $. Aucun amortissement n'a été inscrit pour l'exercice 20B (calculez un amortissement de six mois pour l'exercice 20B).

g) Le 1er novembre 20B, la société a prêté 4 000 $ à une employée à un taux d'intérêt de 6 %. Le capital et les intérêts sont remboursables dans un an.

h) Le bénéfice avant régularisations ou impôts était de 22 400 $. Le taux d'imposition de l'entreprise est de 22 %. Pour déterminer la charge d'impôts, calculez le bénéfice régularisé en vous basant sur les opérations a) à g).

Travail à faire

1. Pour chaque opération, indiquez s'il s'agit d'un produit reporté ou d'une charge reportée, ou d'un produit à recevoir ou d'une charge à payer.
2. Passez les écritures de régularisation au 31 décembre 20B.

■ OA2

PS4-5 **L'effet des écritures de régularisation sur les états financiers (P4-5)**

Reportez-vous au problème PS4-4.

Travail à faire

Remplissez le tableau ci-après en indiquant le montant et l'effet des écritures de régularisation. (Inscrivez un « + » pour une augmentation, un « – » pour une diminution et AE pour « aucun effet ».)

			Bilan			État des résultats		
Opérations		Actif	Passif	Capitaux propres	Produits	Charges	Bénéfice net
a)								
b)								
c)								
etc.								

PS4-6 Le processus de régularisation des comptes (P4-6) OA3

Les informations suivantes ont été trouvées dans les livres de la société (de capitaux) Nettoyage Rondeau à la fin de l'exercice, le 31 décembre 20C.

Encaissements

a) Encaissement, en janvier 20C, des montants relatifs aux seuls contrats de nettoyage exécutés au cours des dernières années qui n'avaient pas été payés par les clients ... 11 000 $

b) Produits gagnés et encaissés pour les contrats de nettoyage exécutés durant l'exercice 20C ... 213 000

c) Produits gagnés pour les contrats exécutés en décembre 20C, mais non perçus avant l'exercice 20D ... 14 000

d) En décembre 20C, produits perçus d'avance pour des contrats qui seront réalisés en janvier 20D ... 19 000

Décaissements pour les salaires

e) Versement, en janvier 20C, des salaires gagnés en 20B; aucun autre montant n'était à payer aux employés pour les derniers exercices ... 1 500

f) Salaires engagés et payés en 20C ... 78 000

g) Salaires gagnés par les employés en décembre 20C et qui seront payés en janvier 20D ... 1 900

Décaissements pour les fournitures

h) Stock de fournitures de nettoyage au 1er janvier 20C (solde en magasin) ... 1 800

i) Fournitures de nettoyage achetées au comptant durant l'exercice 20C ... 14 500

j) Stock de fournitures de nettoyage au 31 décembre 20C ... 2 700

Travail à faire

En utilisant des comptes en T, calculez le solde des comptes suivants de la société Nettoyage Rondeau en indiquant dans quel état financier le compte en question sera présenté.

1. Produits
2. Somme versée aux employés (Encaisse)
3. Fournitures de nettoyage
4. Somme à recevoir des clients
5. Somme versée aux fournisseurs (Encaisse)
6. Stock de fournitures de nettoyage
7. Salaires
8. Somme reçue des clients (Encaisse)
9. Produits perçus d'avance
10. Salaires à payer

PS4-7 Le processus comptable en fin d'exercice (P4-7) OA1 OA2 OA4 OA5

La société Elian termine son cycle comptable le 31 décembre 20B. Vous trouverez ci-après le solde des comptes au 31 décembre 20B avant et après les écritures de régularisation.

Comptes	Balance de vérification au 31 décembre 20B					
	Avant régularisations		Régularisations		Après régularisations	
	Débit	Crédit	Débit	Crédit	Débit	Crédit
a) Encaisse	18 000 $				18 000 $	
b) Produits à recevoir					1 500	
c) Loyer payé d'avance	1 200				800	
d) Immobilisations corporelles	210 000				210 000	
e) Amortissement cumulé – Immobilisations corporelles		52 500 $				70 000 $
f) Impôts à payer						6 500
g) Produits perçus d'avance		16 000				8 000
h) Capital-actions		110 000				110 000
i) Bénéfices non répartis au 1er janvier 20B		21 700				21 700
j) Produits tirés des services		83 000				92 500
k) Salaires	54 000				54 000	
l) Amortissement					17 500	
m) Loyer					400	
n) Impôts sur les bénéfices					6 500	
	283 200 $	283 200 $			308 700 $	308 700 $

Travail à faire

1. Comparez les chiffres indiqués dans les colonnes avant et après les écritures de régularisation pour reconstituer les écritures de régularisation effectuées au 31 décembre 20B. Donnez une explication pour chacune.
2. Calculez le montant du bénéfice en vous basant sur les chiffres a) avant les écritures de régularisation et b) après les écritures de régularisation. Quel montant du bénéfice est juste ? Expliquez votre réponse.
3. Calculez le résultat par action en supposant que 5 000 actions sont en circulation.
4. Calculez la marge bénéficiaire nette. Qu'est-ce que cela vous indique au sujet de la société ?
5. Passez les écritures de clôture au 31 décembre 20B.

PS4-8 **La passation des écritures de régularisation et des écritures de clôture et l'établissement d'un bilan et d'un état des résultats (P4-8)**

Vivaldi inc. est une petite société de services de réparation qui s'occupe elle-même de sa comptabilité. Après un long travail, un comptable externe a dressé la balance de vérification avant régularisations ci-après, au 31 décembre 20B.

■ OA1
■ OA2
■ OA3
■ OA5

Comptes	Débit	Crédit
Encaisse	19 600 $	
Clients	7 000	
Stock de fournitures	1 300	
Assurances payées d'avance	900	
Véhicules de service (durée de vie utile estimative de cinq ans, valeur résiduelle nulle)	27 000	
Amortissement cumulé – matériel		12 000
Autres actifs	5 100	
Fournisseurs		2 500
Salaires à payer		
Impôts à payer		
Effet à payer (deux ans; 8% au 31 décembre chaque année)		5 000
Capital-actions (4 000 actions en circulation)		16 000
Bénéfices non répartis		10 300
Produits tirés des services		48 000
Autres charges (non détaillées, excluant les impôts)	32 900	
Impôts sur les bénéfices		
Total	93 800 $	93 800 $

Voici les données non inscrites au 31 décembre 20B :
a) L'amortissement pour l'exercice 20B est de 3 000 $.
b) Le compte Assurances payées d'avance comprend une prime de 450 $ se rapportant à l'exercice 20B.
c) Les salaires non encore payés au 31 décembre 20B s'élèvent à 1 100 $.
d) Au 31 décembre 20B, le compte Stock de fournitures en magasin s'élevait à 600 $.
e) La charge d'impôts à payer est de 2 950 $.

Travail à faire
1. Passez les écritures de régularisation au 31 décembre 20B.
2. Remplissez les tableaux des états financiers de l'exercice 20B en tenant compte des cinq opérations ci-dessus (présentez vos calculs).
3. Passez les écritures de clôture au 31 décembre 20B.

État des résultats
pour l'exercice terminé le 31 décembre 20B

Produits tirés des services		_____ $
Fournitures	_____ $	
Assurances	_____	
Amortissement	_____	
Salaires	_____	
Autres charges (non détaillées)	_____	
Total des charges		_____
Bénéfice avant les impôts		_____
Impôts sur les bénéfices		_____
Bénéfice net		_____ $
Résultat par action		_____ $

Bilan
au 31 décembre 20B

Actif			Passif		
Encaisse		$	Fournisseurs		$
Clients			Salaires à payer		
Stock de fournitures			Impôts à payer		
			Effets à payer à long terme		
Assurances payées d'avance			Total du passif		
Matériel					
Amortissement cumulé – matériel			**Capitaux propres**		
Autres actifs (non détaillés)			Capital-actions		
			Bénéfices non répartis		
			Total des capitaux propres		
			Total du passif et		
Total de l'actif		$	des capitaux propres		$

□OA1
□OA2
□OA3
□OA4
□OA5

PS4-9 **Problème de révision : L'enregistrement des opérations (y compris les écritures de régularisation et de clôture), l'établissement des états financiers et une analyse de rendement au moyen de ratios (voir les chapitres 2, 3 et 4) (P4-9)**

Sophie et Robert Plante ont commencé leurs activités de réparation de meubles (Meubles Rumeurs inc.) le 1er janvier 20A. Leur exercice financier se termine le 31 décembre. Au 1er janvier 20B, la balance de vérification se présentait comme suit (pour simplifier, les montants ont été arrondis en milliers de dollars).

Numéro de compte	Intitulé des comptes	Débit	Crédit
01	Encaisse	5	
02	Clients	4	
03	Stock de fournitures	2	
04	Stock de petits outils	6	
05	Matériel		
06	Amortissement cumulé (matériel)		
07	Autres actifs (non détaillés pour simplifier)	9	
11	Fournisseurs		7
12	Effets à payer		
13	Salaires à payer		
14	Intérêts à payer		
15	Impôts à payer		
21	Capital-actions (15 000 actions)		15
31	Bénéfices non répartis		4
35	Produits tirés des services		
40	Amortissement		
41	Impôts sur les bénéfices		
42	Intérêts		
43	Autres charges (non détaillées pour simplifier)		
	Total	26	26

Les opérations réalisées au cours de l'exercice de 20B (en milliers de dollars) sont décrites ci-après.

a) Signature d'un effet à payer de 20 $, au taux de 5 %, daté du 1er juillet 20B.

b) Achat au comptant de matériel pour une valeur de 18 $, le 1er juillet 20B.

c) Vente de 5 000 actions supplémentaires au coût de 1 $ en espèces par action (inscrivez les montants en milliers de dollars; le nombre d'actions et leur prix unitaire sont tels qu'ils sont indiqués).

d) Produits gagnés durant l'exercice 20B: 65 $, dont 9 $ à crédit.

e) Autres charges constatées pour l'exercice 20B: 35 $, dont 7 $ à crédit.

f) Achat au comptant de petits outils supplémentaires: 3 $.

g) Encaissement des comptes clients: 8 $.

h) Paiement des comptes fournisseurs: 11 $.

i) Achats à crédit de fournitures: 10 $ (débit au compte n° 3).

j) Réception d'un acompte de 3 $ pour des travaux à entreprendre le 15 janvier 20C.

k) Déclaration et paiement de dividendes: 10 $.

Les données concernant les écritures de régularisation sont les suivantes.

l) Stock de fournitures en main le 31 décembre 20B: 4 $; stock de petits outils en main au 31 décembre 20B: 8 $, dénombré le 31 décembre 20B (débité au compte Autres charges).

m) Matériel – durée de vie utile de quatre ans, valeur résiduelle de 2 $.

n) Intérêts à payer sur les effets à payer (à calculer).

o) Salaires gagnés depuis le 24 décembre, mais non encore payés: 3 $.

p) Charge d'impôts de 4 $ à payer au début de l'exercice 20C.

Travail à faire

1. Créez des comptes en T pour chaque compte de la balance de vérification et indiquez les soldes d'ouverture.

2. Passez les écritures de journal pour enregistrer les opérations a) à k) et reportez-les dans les comptes en T.

3. Passez les écritures de régularisation l) à p) et reportez-les dans les comptes en T.

4. Dressez un état des résultats (incluant le résultat par action), un état des bénéfices non répartis, un bilan et un état des flux de trésorerie.

5. Passez les écritures de clôture et reportez-les dans les comptes en T.

6. Dressez une balance de vérification après clôture.

7. Calculez les ratios suivants pour l'exercice 20B:
   a) le coefficient de suffisance du capital;
   b) le ratio de rotation de l'actif;
   c) le ratio de la marge bénéficiaire nette.

Cas et projets

Cas – Information financière

CP4-1   La recherche d'informations financières

Reportez-vous aux états financiers et aux notes complémentaires de la société Les Boutiques San Francisco fournis en annexe à la fin de ce volume.

Les Boutiques □ OA2
San Francisco □ OA3
Incorporées □ OA4
□ OA5

Travail à faire

1. À combien s'élève le compte Frais payés d'avance au 2 février 2002?

2. Quel est le montant d'amortissement se rapportant aux immobilisations corporelles de l'exercice 2001?

3. Quelle est la charge d'impôts sur les bénéfices pour l'exercice 2001? Où avez-vous trouvé cette information?

4. Quel est le montant des intérêts créditeurs pour l'exercice 2001? Où avez-vous trouvé cette information?

5. Quels comptes de l'entreprise ne figureraient pas dans une balance de vérification après clôture?

6. Passez l'écriture de clôture pour le compte Frais payés d'avance.

7. Quel est le résultat par action de l'entreprise pour les deux années présentées?

8. Calculez la marge bénéficiaire nette de l'entreprise pour les deux années présentées. Que vous suggère cette tendance à propos des Boutiques San Francisco?

■ OA2
■ OA4 Les Boutiques
San Francisco
Incorporées et
Le Château Inc.
Dun & Bradstreet

Standard Poor's

CP4-2 La comparaison d'entreprises au sein d'un même secteur d'activité

Reportez-vous aux états financiers de la société Les Boutiques San Francisco et de la société Le Château ainsi qu'aux ratios financiers de Standard & Poor's et de Dun & Bradstreet présentés en annexe à la fin de ce volume.

Travail à faire

1. Calculez la marge bénéficiaire nette de chacune des sociétés pour les deux exercices présentés. Que vous suggèrent vos résultats concernant chacune des entreprises dans le temps et l'une par rapport à l'autre?

2. Comparez la marge bénéficiaire nette des deux sociétés pour l'exercice 2001 à la moyenne américaine du secteur selon le rapport de la société Standard & Poor's. Que constatez-vous?

3. Comparez la marge bénéficiaire nette des deux sociétés pour l'exercice 2001 à la moyenne canadienne du secteur de la vente au détail du vêtement selon le rapport de Dun & Bradstreet. Quelle est votre conclusion?

■ OA1
■ OA2
■ OA5

CP4-3 L'utilisation des rapports financiers: les écritures de régularisation et les écritures de clôture

Les comptes en T de la société Brigitte à la fin de sa troisième année d'exploitation, au 31 décembre 20C (avant les écritures de clôture) sont les suivants. Les écritures de régularisation inscrites au 31 décembre 20C sont précisées par des lettres.

Encaisse			Effets à payer 8%			Capital-actions (8 000 actions)		
Solde	20 000				10 000 01-01-20B		56 000	Solde

Stock de fournitures d'entretien			Intérêts débiteurs			Bénéfices non répartis		
Solde	500	300 a)	800		b)		9 000	Solde

Matériel de service			Impôts à payer			Prestation de services		
01-01-20A	90 000				13 020 f)	c)	6 000	220 000 Solde

Amortissement cumulé – équipement de service			Salaires à payer			Charges		
		18 000 Solde		500	e)	Solde	160 000	
		9 000 d)				a)	300	
						b)	800	
						d)	9 000	
						e)	500	
						f)	13 020	

Autres actifs			Produits perçus d'avance		
Solde	42 500			6 000	c)

Travail à faire

1. Dressez trois balances de vérification au 31 décembre 20C pour la société Brigitte en respectant le format suivant.

Comptes	Balance de vérification avant régularisations		Balance de vérification après régularisations		Balance de vérification après clôture	
	Débit	Crédit	Débit	Crédit	Débit	Crédit

2. Rédigez une explication pour chacune des écritures de régularisation.
3. Passez les écritures de clôture.
4. Quelle est la durée de vie utile apparente de l'équipement de service? Quelles hypothèses devez-vous poser pour répondre à cette question?
5. Quel est le prix d'émission moyen par action?

CP4-4 **L'utilisation des rapports financiers : l'analyse des régularisations**

La société Terrain SANACO, une société de capitaux fermée, investit dans des propriétés locatives commerciales. L'exercice de la société se termine le 31 décembre. À la fin de chacun des exercices, elle doit passer plusieurs écritures de régularisation, car bon nombre des opérations chevauchent plus d'un exercice financier. Supposez que l'exercice en cours est 20D.

Travail à faire

Vous devez analyser les quatre opérations qui sont comprises dans ce cas. Répondez aux questions pour chacune d'elles.

OPÉRATION 1 : Le 1er juillet 20A, la société a acheté du matériel de bureau coûtant 14 000 $ pour ses locaux. La société estime que le matériel aura une durée de vie utile de 10 ans et aucune valeur résiduelle.

1. Sur combien d'exercices cette opération aura-t-elle un effet sur les états financiers de SANACO ? Expliquez votre réponse.
2. En supposant un amortissement linéaire, déterminez quel est le montant de l'amortissement inscrit aux états financiers de l'exercice 20A et de l'exercice 20B.
3. Comment doit-on présenter le matériel de bureau dans le bilan au 31 décembre 20C ?
4. SANACO doit-elle passer une écriture de régularisation à la fin de chaque année durant la vie utile du matériel de bureau ? Expliquez votre réponse.

OPÉRATION 2 : Le 1er septembre 20D, la société SANACO a encaissé 24 000 $ de loyer pour ses propriétés. Ce montant représente le loyer pour une période de six mois allant du 1er septembre 20D au 28 février 20 E. Les comptes Produits locatifs perçus d'avance et Encaisse ont augmenté de 24 000 $.

1. Sur combien d'exercices cette opération aura-t-elle un effet sur les états financiers de SANACO ? Expliquez votre réponse.
2. Quel montant de produits locatifs SANACO devrait-elle inscrire à l'état des résultats de l'exercice 20D ? Expliquez votre réponse.
3. Cette opération a-t-elle créé un passif pour SANACO au 31 décembre 20D ? Expliquez votre réponse. Si oui, quel est le montant du passif ?
4. La société doit-t-elle passer une écriture de régularisation le 31 décembre 20D ? Expliquez votre réponse. Si votre réponse est oui, passez l'écriture de régularisation en question.

OPÉRATION 3 : Le 31 décembre 20D, SANACO devait à ses employés des salaires de 7 500 $ puisque les employés ont travaillé les trois derniers jours de décembre 20D. La prochaine date de paie est le 5 janvier 20 E.

1. Sur combien d'exercices cette opération aura-t-elle un effet sur les états financiers de SANACO ? Expliquez votre réponse.
2. Comment ces 7 500 $ influent-ils sur l'état des résultats et le bilan de SANACO pour l'exercice 20D ?
3. La société doit-t-elle passer une écriture de régularisation le 31 décembre 20D ? Expliquez votre réponse. Si votre réponse est oui, passez l'écriture de régularisation en question.

OPÉRATION 4 : Le 1er janvier 20D, SANACO a convenu de superviser la planification et la subdivision d'un important terrain pour un client, J. Raymond. Ce contrat de service effectué par SANACO comporte quatre phases. Le 31 décembre 20D, trois phases avaient été achevées à la satisfaction de J. Raymond. La phase restante sera accomplie durant l'exercice 20E. Le prix total pour les quatre phases (convenu d'avance par les deux parties) est de 60 000 $. Chaque phase comporte environ la même quantité de services. Le 31 décembre 20D, SANACO n'avait recouvré aucun argent pour les services déjà exécutés.

1. SANACO devrait-elle inscrire des produits gagnés relativement à ce contrat pour l'exercice 20D ? Expliquez votre réponse. Si oui, quel montant devrait-elle inscrire ?
2. Si vous répondez « oui » à la première question, SANACO doit-elle passer une écriture de régularisation le 31 décembre 20D ? Si votre réponse est encore « oui », passez l'écriture de régularisation en question. Expliquez votre réponse.
3. Quelle écriture SANACO devra-t-elle passer lorsqu'elle achèvera la dernière phase ? Supposez que le prix du contrat est recouvré à la date d'achèvement, le 15 février 20E.

CP4-5 **L'utilisation des rapports financiers : les écritures de régularisation et les écritures de clôture**

La société Rosalie a été constituée le 1er janvier 20A. À la fin de la première année d'exploitation, le 31 décembre 20A, le commis-comptable a dressé les balances de vérification suivantes (les montants sont exprimés en milliers de dollars).

Numéro de compte	Intitulé des comptes	Balance de vérification avant régularisations		Régularisations		Balance de vérification après régularisations	
		Débit	Crédit	Débit	Crédit	Débit	Crédit
11	Encaisse	40				40	
12	Débiteurs	17				17	
13	Assurances payées d'avance	2				1	
14	Loyer à recevoir					2	
15	Immobilisations corporelles	46				46	
16	Amortissement cumulé – immobilisations corporelles						11
17	Autres actifs	6				6	
18	Créditeurs		27				27
19	Salaires à payer						3
20	Impôts à payer						5
21	Loyers perçus d'avance						4
22	Effet à payer (6 %, 1er janvier 20A)		20				20
23	Capital-actions (1 000 actions)		30				30
24	Bénéfices non répartis	3				3	
25	Produits (total)		105				103
26	Charges	68				83	
27	Impôts sur les bénéfices					5	
	Total	182	182			203	203

Travail à faire

1. En fonction de l'examen des deux balances de vérification, essayez de déduire les écritures de régularisation passées par le commis-comptable au 31 décembre 20A (donnez de brèves explications pour chacune).

2. En fonction de ces données, passez les écritures de clôture (donnez de brèves explications pour chacune).

3. Répondez aux questions suivantes (présentez tous vos calculs) :
   a) Combien d'actions étaient en circulation à la fin de l'exercice ?
   b) Quelle était la durée de vie utile estimative des immobilisations corporelles ? Supposez une valeur résiduelle de 2 000 $ et une date d'achat au 1er janvier 20A.
   c) Quel était le montant des intérêts créditeurs inclus dans le total des charges ?
   d) Quel est le solde des Bénéfices non répartis au 31 décembre 20A ?
   e) Comment les deux comptes Loyers à recevoir et Loyers perçus d'avance sont-ils présentés au bilan ?
   f) Expliquez la raison pour laquelle l'encaisse a augmenté de 40 000 $ durant l'année même si, en comparaison, le bénéfice net était très faible.
   g) Quel est le montant du résultat par action pour l'exercice 20A ?
   h) Quel est le prix de vente moyen des actions ?

i) Quand la prime d'assurance a-t-elle été versée et sur quelle période la couverture s'étend-elle ?

j) Quelle est la marge bénéficiaire nette pour l'exercice ?

CP4-6 L'analyse des informations financières lors de la vente d'une entreprise

OA2
OA3

Jeanne Paradis, une massothérapeute, a décidé de vendre sa pratique et de prendre sa retraite. Elle a discuté avec un collègue d'une autre province, Jean Dumoulin, qui souhaite déménager. Les discussions portent maintenant sur la détermination d'un prix. Parmi les facteurs importants, ils ont discuté les états financiers de la société de Jeanne Paradis, Clinique anti-stress Paradis. Ces états sont dressés sous ses directives par la secrétaire de Jeanne Paradis, Joanne. Chaque année, ils ont dressé un état des résultats selon la méthode de la comptabilité de caisse. Aucun bilan n'a été dressé. À sa demande, Jeanne Paradis a remis à son collègue les états suivants pour l'exercice 20F, établis par Joanne.

Clinique anti-stress Paradis
État des résultats
20F

Honoraires encaissés		115 000 $
Charges payées :		
Loyer	13 000 $	
Frais de services publics	360	
Frais de téléphone	2 200	
Salaires du personnel de bureau	22 000	
Fournitures de bureau	900	
Frais divers	2 400	
Total des charges		40 860
Profit pour l'année		74 140 $

Avec l'accord des deux parties, on vous a demandé d'examiner les montants pour l'exercice 20F. Le futur acheteur vous donne cette explication : « Je doute des montants présentés, car ils semblent basés à 100 % sur la méthode de la comptabilité de caisse. » Votre analyse vous révèle les données supplémentaires suivantes au 31 décembre 20F.

a) Sur les 115 000 $ d'honoraires encaissés en 20F, 32 000 $ provenaient de services rendus avant l'exercice 20F.

b) À la fin de l'exercice 20F, des honoraires de 9 000 $ pour des services rendus durant l'année n'étaient pas encore encaissés.

c) Le matériel de bureau utilisé par la société avait coûté 5 000 $ et avait une durée de vie utile estimative de 10 ans.

d) Les stocks de fournitures de bureau au 31 décembre 20F s'élevaient à 200 $ d'articles achetés durant l'exercice. De plus, les livres de l'exercice 20E indiquaient que les fournitures en magasin à la fin de l'exercice s'élevaient à environ 125 $.

e) À la fin de l'exercice 20F, la secrétaire, dont le salaire était de 18 000 $ par année, n'avait pas été payée pour le mois de décembre.

f) La facture de téléphone du mois de décembre 20F, d'un montant de 1 400 $, n'a pas été payée avant le 11 janvier 20G.

g) Le loyer de 13 000 $ couvrait une période de 13 mois (il incluait le loyer de janvier 20G).

Travail à faire

1. À partir de ces données, dressez un état des résultats corrigé pour l'exercice 20F. Présentez vos calculs pour tous les montants que vous modifiez. (Le format de solution suggéré comprendrait les intitulés de colonnes suivants : Comptes ; Comptabilité de caisse, $; Explication des modifications ; Montant corrigé, $.)

2. Rédigez un rapport pour expliquer le tableau effectué au problème 1. Vous devez tenter d'expliquer les raisons pour lesquelles vous avez effectué des modifications et suggérer d'autres éléments importants à considérer dans la décision relative à la détermination du prix.

Cas – Analyse critique

■ OA2
■ OA3
■ OA4

CP4-7 L'analyse des informations financières

La société Merlin est en exploitation depuis le 1er janvier 20A. Nous sommes maintenant le 31 décembre 20A, la fin de l'exercice. La société n'a pas réalisé de bons résultats financiers durant l'exercice, bien que ses revenus aient été relativement élevés. Les trois actionnaires gèrent l'entreprise, mais ils ne se sont pas attardés sur la tenue des livres. En prévision d'un découvert de trésorerie important, ils font une demande d'emprunt de 20 000 $ à votre banque. Vous avez demandé un ensemble complet d'états financiers. Les états financiers annuels suivants pour l'exercice 20A ont été dressés par une commis et vous ont ensuite été remis.

Société Merlin				
État des résultats pour l'exercice terminé le 31 décembre 20A		**Bilan au 31 décembre 20A**		
Produits de transport	85 000 $		**Actif**	
Charges :		Encaisse		2 000 $
Salaires	17 000	Débiteurs		3 000
Frais d'entretien	12 000	Stock de fournitures d'entretien		6 000
Autres charges	18 000	Matériel		40 000
Total des charges	47 000 $	Assurances payées d'avance		4 000
		Autres actifs		27 000
Bénéfice net	38 000 $	Total de l'actif		82 000 $
			Passif	
		Créditeurs		9 000 $
			Capitaux propres	
		Capital-actions (10 000 actions en circulation)		35 000
		Bénéfices non répartis		38 000
		Total du passif et des capitaux propres		82 000 $

Après avoir examiné brièvement les états financiers et analysé la situation, vous demandez qu'on redresse les résultats en ce qui concerne l'amortissement, les comptes à recevoir et à payer, les stocks et les impôts. Par suite de l'examen des livres et des pièces justificatives, vous obtenez les données supplémentaires suivantes.

a) Le stock de fournitures d'entretien de 6 000 $ présenté au bilan n'a pas été ajusté pour les fournitures utilisées durant l'exercice. Un dénombrement des stocks de fournitures d'entretien en magasin (inutilisées), le 31 décembre 20A, révélait 1 800 $ de fournitures. Les fournitures utilisées sont incluses dans le compte Frais d'entretien.

b) La prime d'assurance payée durant l'exercice 20A couvrait les exercices 20A et 20B. Le coût de la prime d'assurance a été débité en totalité au compte Assurances payées d'avance lorsqu'elle a été réglée.

c) Le matériel a coûté 40 000 $ quand on l'a acheté le 1er janvier 20A. Il a une durée de vie utile estimative de cinq ans et une valeur résiduelle nulle. Aucun amortissement n'a été inscrit pour l'exercice 20A.

d) Les salaires impayés (et non inscrits), au 31 décembre 20A, s'élevaient à 2 200 $.

e) Au 31 décembre 20A, les produits perçus d'avance atteignaient 7 000 $. Ce montant a été crédité en totalité au compte Produits de transport quand l'argent a été reçu.

f) La charge d'impôts est de 3 650 $.

Travail à faire

1. Passez les six écritures de régularisation requises au 31 décembre 20A, en fonction des données supplémentaires précédentes.

2. Dressez de nouveau les états financiers précédents en tenant compte des écritures de régularisation. Voici la forme suggérée pour présenter votre solution.

		Changement		
Élément	Montant inscrit	Plus	Moins	Montant corrigé

3. L'omission des écritures de régularisation a causé:
   a) une surévaluation ou une sous-évaluation du bénéfice net (choisissez) de _____ $;
   b) une surévaluation ou une sous-évaluation du total de l'actif (choisissez) de _____ $.
4. En utilisant les soldes avant et après régularisations, calculez ces ratios pour l'entreprise: a) le bénéfice par action et b) la marge bénéficiaire nette. Expliquez les conséquences des régularisations sur ces ratios.
5. Écrivez une lettre à l'entreprise dans laquelle vous expliquez les résultats des régularisations effectuées, votre analyse et la décision concernant le prêt.

Projets – Information financière

CP4-8 Les habiletés de recherche d'informations financières

Le moteur de recherche Yahoo présente des informations financières sur diverses entreprises à l'adresse suivante: cf.finance.yahoo.com.

Travail à faire

1. À l'aide de votre fureteur, visitez le site cf.finance.yahoo.com. Entrez le symbole boursier d'une entreprise canadienne. Vous pouvez utiliser «Recherche de symbole» si vous ne connaissez pas le symbole boursier de l'entreprise au sujet de laquelle vous souhaitez vous renseigner.
2. Quelle est la tendance du prix des actions au cours de la dernière année? Consultez les graphiques sur les cours historiques.
3. Au-dessous du tableau se trouve une liste d'articles récents. Quel est le sujet du dernier article paru?
4. Sélectionnez au moins un article, résumez son contenu et discutez la manière dont, le cas échéant, l'article a influé sur le prix des actions ou en quoi le prix des actions était relié au sujet de l'article.

CP4-9 La comparaison d'entreprises de secteurs différents

■OA2

À l'aide de votre fureteur, visitez les sites Web de trois entreprises de différents secteurs d'activité. Imprimez les bilans de chacune à partir des rapports annuels des trois entreprises. (Le site SEDAR www.sedar.com est aussi une bonne source de rapports annuels d'entreprises canadiennes.)

Travail à faire

1. Déterminez les comptes qui ont probablement été régularisés à la fin de l'exercice.
2. Rédigez un bref rapport indiquant les similitudes et les différences, le cas échéant, entre les comptes utilisés par les trois entreprises.

CP4-10 L'analyse de la marge bénéficiaire nette

■OA4

À l'aide de votre fureteur, visitez le site Web de Van Houtte. Imprimez les états des résultats des plus récentes années de l'entreprise.

Travail à faire

1. Calculez la marge bénéficiaire nette pour chacun des exercices.
2. Rédigez un bref rapport dans lequel vous comparez ces ratios avec la marge bénéficiaire nette de l'entreprise présentée dans ce chapitre. Expliquez ce qui pourrait justifier les différences entre les ratios dans le temps.

CP4-11 L'éthique

À l'aide de votre fureteur, recherchez un article de journal récent concernant une fraude financière et qui discute les facteurs qui ont motivé la direction à poser de tels actes.

Travail à faire

Rédigez un bref rapport soulignant la nature de la fraude, les motivations de la direction et les parties lésées ou avantagées par les informations financières frauduleuses.

CP4-12 **Un projet d'équipe**

À l'aide de votre fureteur, chaque équipe doit choisir un secteur d'activité à analyser. Chaque membre de l'équipe doit ensuite, dans Internet, obtenir le rapport annuel d'une société ayant déjà fait un appel public à l'épargne dans ce secteur. Chaque membre de l'équipe doit choisir une entreprise différente.

Travail à faire

1. De façon individuelle, chaque membre doit rédiger un bref rapport énumérant les informations suivantes :
   a) le bénéfice par action de l'entreprise pour chaque exercice financier présenté ;
   b) la marge bénéficiaire nette de l'entreprise pour chaque exercice financier présenté ;
   c) le montant des charges à payer (un passif) au bilan et le ratio des charges à payer par rapport au total du passif.
2. Ensuite, en équipe, rédigez un bref rapport où vous comparez les entreprises choisies en fonction des trois questions énumérées plus haut. Donnez des explications possibles pour les différences observées.

La publication de l'information financière

Objectifs d'apprentissage

Au terme de ce chapitre, l'étudiant sera en mesure :

1. de déterminer les principaux intervenants dans le processus de communication de l'information financière, leur rôle dans ce processus et les normes juridiques et professionnelles à respecter (voir la page 280) ;

2. de reconnaître les étapes du processus de diffusion de l'information financière, notamment la publication de communiqués de presse, de rapports annuels et trimestriels et de prospectus (voir la page 290) ;

3. de reconnaître et d'utiliser les différents modes de présentation des états financiers (voir la page 295) ;

4. d'analyser la performance d'une entreprise d'après le taux de rendement des capitaux propres (voir la page 310).

Axcan Pharma Inc.

Une stratégie d'affaires intégrée

Fort de son expérience dans des entreprises pharmaceutiques, Léon F. Gosselin, diplômé en biologie et MBA, s'associe, en 1982, avec le médecin allemand Herbert Falk. Il lance une petite entreprise pharmaceutique dans le sous-sol de sa résidence de Mont-Saint-Hilaire avec seulement 801 $ en poche. Les premiers revenus se font attendre quatre ans, le temps que le Canada approuve la vente du *Salofalk*.

Connaissant le milieu de l'industrie pharmaceutique, Léon F. Gosselin a réalisé que les fusions des années 1980 et 1990 entraînaient la création de méga-entreprises transnationales engagées dans de multiples spécialités. À cause de la grosseur même de ces entreprises, il en a déduit qu'il y avait de la place pour une société de taille moindre, qui était capable de réagir plus rapidement et de se concentrer dans un domaine de spécialité médicale. En 1992, Herbert Falk souhaite que l'entreprise demeure un distributeur de médicaments. Toutefois, Léon F. Gosselin envisage plutôt d'en faire une société pharmaceutique intégrée qui ne se contenterait pas de distribuer des médicaments, mais qui en développerait de nouveaux. Il convainc un puissant partenaire financier, la Caisse de dépôt et de placement du Québec (CDPQ) que son entreprise peut se spécialiser dans les produits pour le traitement des maladies liées au système digestif, et y retirer des avantages importants. La CDPQ fournit alors les capitaux nécessaires et Léon F. Gosselin rachète les parts de son partenaire.

Cette vision est au cœur de la stratégie de développement d'Axcan. Cette entreprise est en train de devenir un chef de file mondial en gastro-entérologie. Elle se concentre sur deux axes principaux :
- développer des produits/technologies dont les droits de licence ont été achetés ;
- étendre les champs d'application des produits de l'entreprise.

En misant davantage sur les produits/technologies en phase de développement, Axcan diminue les frais et les risques inhérents aux délais de mise au point et d'approbation de ses produits. De plus, en se concentrant dans un domaine spécialisé, elle a réussi plus rapidement à se construire une expertise scientifique ainsi qu'une expertise de mise en marché dans le domaine de la gastro-entérologie. Axcan organise de façon régulière des congrès scientifiques dans son champ d'expertise afin d'informer les professionnels de la santé.

Ce même souci de transmettre une information juste sur ses produits s'applique aux questions financières de l'entreprise. Après s'être adjoint un important partenaire financier en 1993, Axcan a fait son premier appel public à l'épargne en décembre 1995 par l'émission de quatre millions d'actions ordinaires. Depuis, Axcan a eu recours à quelques reprises à des émissions publiques, ce qui lui a permis de financer des acquisitions stratégiques de produits ou d'entreprises telles que la société américaine Scandipharm et les sociétés françaises Entéris et Lactiol.

Axcan se conforme aux réglementations canadienne et américaine sur les sociétés ouvertes en publiant régulièrement, à l'intention de ses actionnaires et du milieu financier, toute l'information financière nécessaire à leurs prises de décision. Les titres d'Axcan se transigent sur le NASDAQ sous le symbole AXCA et à la Bourse de Toronto sous le symbole AXP. Depuis août 2000, le titre d'Axcan fait partie de l'indice composite S&P/TSX à la Bourse de Toronto, ce qui lui confère une certaine notoriété dans les milieux financiers nord-américains.

Parlons affaires

Axcan est engagée dans la recherche, le développement, la production et la commercialisation de produits pharmaceutiques, principalement dans le domaine de la gastro-entérologie. Les deux principaux produits d'Axcan sont Ultrase, utilisé par les patients souffrant de fibrose kystique, et URSO 250, un médicament traitant les maladies du foie. Axcan commercialise en tout une vingtaine de produits au Canada, aux États-Unis et en Europe. D'autres produits dont elle a obtenu les licences ou les droits sont à différentes phases de développement en vue d'obtenir l'approbation des organismes de santé des différents gouvernements. La société réalise la majeure partie de son chiffre d'affaires aux États-Unis, en partie grâce à sa filiale Axcan Scandipharm d'Alabama.

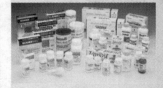

Les entreprises prospères comme Axcan ont vite appris à conjuguer leur stratégie en matière de communication de l'information financière et leur stratégie d'affaires. Le marketing et les communications constituent des éléments essentiels dans les deux cas, particulièrement lorsqu'une entreprise recourt aux marchés boursiers pour son financement. Axcan doit faire preuve d'un souci d'intégrité dans la publication de ses résultats financiers tout autant que dans ses relations avec les professionnels de la santé, les fournisseurs et ses employés. Comme toute entreprise qui veut garder la confiance des médias financiers, des analystes et de l'ensemble des investisseurs, Axcan doit présenter des états financiers fiables, qui présentent une image fidèle de ses opérations. Une telle façon de procéder facilite la communication avec les intervenants du milieu financier : les analystes, les prêteurs et les investisseurs. Ces lignes de conduite, le passage d'un financement privé à un financement public et la réussite commerciale de l'entreprise en font un excellent exemple. Celui-ci nous servira dans l'analyse du processus de diffusion menant à la publication de l'information financière.

Dans les chapitres 2, 3 et 4, nous avons examiné les techniques comptables qui ont permis de dresser l'état des résultats, le bilan, l'état des bénéfices non répartis et l'état des flux de trésorerie. Dans ce chapitre, notre intérêt se portera sur les personnes qui interviennent dans le processus de diffusion et de publication de l'information financière. Nous traiterons également des modes de présentation des états financiers et des informations supplémentaires contenues dans les rapports annuels et les autres documents pour vous aider à comprendre comment y trouver les renseignements pertinents. Enfin, nous examinerons la façon d'évaluer le rendement d'une entreprise d'après ces documents.

Les intervenants dans le processus de communication de l'information financière

Le tableau 5.1 résume le processus de diffusion de l'information financière en fonction des participants, de leur rôle et des règles de conduite basées sur les normes juridiques et professionnelles.

Les gestionnaires

OBJECTIF D'APPRENTISSAGE 1

Déterminer les principaux intervenants dans le processus de communication de l'information financière, leur rôle dans ce processus et les normes juridiques et professionnelles à respecter.

Comme nous l'avons vu au chapitre 1, c'est à la direction de l'entreprise qu'incombe principalement la responsabilité des informations contenues dans les états financiers et les notes complémentaires. La direction est représentée par le cadre le plus haut placé dans la hiérarchie de l'entreprise, c'est-à-dire le président et chef de la direction, ainsi que par le responsable de la direction financière, soit le vice-président-finances. Ces deux cadres signent normalement le rapport de la direction (voir le chapitre 1) qui accompagne les états financiers. Dans le cas des sociétés ouvertes, ces mêmes cadres ont la responsabilité du contenu des principaux rapports présentés à la Commission des valeurs mobilières. Chez Axcan, le président et chef de la direction, Léon F. Gosselin, le vice-président exécutif et chef de la direction des opérations, David W. Mims, et le vice-président-finances et chef de la direction financière, Jean Vézina, ont signé le rapport de la direction pour l'exercice 2001. Ils devaient s'assurer que les états financiers et les informations annexées respectaient les principes comptables généralement reconnus. Même si leur responsabilité juridique est moindre, les membres du service de la comptabilité qui recueillent les renseignements pour établir les rapports ont également une responsabilité professionnelle en ce qui a trait à l'exactitude de ces données. Leur carrière professionnelle future dépend grandement de leur réputation en matière d'honnêteté et de compétence. Les cas de fraudes comptables aux États-Unis montrent bien que cette responsabilité est partagée.

D'ailleurs, aux États-Unis, un règlement de la SEC exige depuis l'été 2002 que les dirigeants des grandes sociétés américaines – celles dont les revenus annuels sont supérieurs à 1,2 milliard de dollars américains – fassent une déclaration assermentée dans laquelle ils se portent garants des résultats financiers publiés par leur entreprise.

Les vérificateurs

Comme nous l'avons vu au chapitre 1, la Commission des valeurs mobilières exige des sociétés cotées en Bourse que leurs états financiers soient vérifiés par des experts-comptables conformément à des normes de vérification généralement reconnues.

Processus de diffusion de l'information financière	TABLEAU 5.1

Direction
Établissement des états financiers
Président et chef
de la direction
Vice-président-finances
Personnel du service
de la comptabilité
Guidés par les PCGR

Vérificateurs indépendants
Vérification des états financiers
Associés
Directeurs
Vérificateurs adjoints
*Guidés par les normes de
vérification généralement
reconnues (NVGR)*

**Intermédiaires de
l'information**
Analyse et conseils
Analystes financiers
Courtiers et conseillers en valeurs
mobilières
Services d'information

(Sociétés
ouvertes
seulement)

Autorités de réglementation
*Vérification de l'information
financière*
Commission des valeurs
mobilières du Québec (CVMQ)
Personnel de la CVMQ
*Guidés par les lois et règlements de
la CVMQ*

(Sociétés
ouvertes
seulement)

Utilisateurs
Analyse et prise de décision
Investisseurs institutionnels
Investisseurs privés
Prêteurs
Autres (fournisseurs, etc.)

Un grand nombre de sociétés fermées (ou privées) font également vérifier leurs états financiers. En signant une **opinion** (**certification** ou **attestation**) **sans réserve,** un bureau d'experts-comptables renforce la crédibilité de ces documents et rassure les prêteurs et les investisseurs privés qui ne participent pas de façon active à la gestion des entreprises. Au départ, la société Axcan était financée par les investissements de ses fondateurs ainsi que par des prêts provenant d'établissements financiers (par exemple des banques ou d'autres établissements). Au fil des ans, d'autres partenaires financiers se sont associés à l'entreprise et l'ont l'amenée à soumettre ses états financiers à une vérification indépendante pour assurer la fiabilité de leurs résultats aux yeux des milieux financiers.

Raymond Chabot Grant Thornton est le vérificateur actuel de la société Axcan. Il s'agit du plus important cabinet d'experts-comptables et de conseillers en administration à contrôle québécois. Raymond Chabot Grant Thornton compte plus de 1 400 personnes dont 202 associés répartis dans plus de 60 bureaux au Québec. D'autres cabinets d'experts-comptables vérifient les entreprises québécoises et canadiennes. Les quatre plus importants sont PricewaterhouseCoopers, KPMG Peat Marwick, Ernst & Young et Deloitte & Touche. Ces grands cabinets emploient des milliers d'experts-comptables dans des bureaux répartis un peu partout à travers le monde. Ils effectuent la vérification d'un grand nombre de sociétés ouvertes et même de sociétés fermées. Voici une liste d'entreprises bien connues accompagnées du nom du cabinet d'experts-comptables chargé de la vérification de leurs livres au moment de la rédaction de ce volume.

Société	Industrie	Vérificateur
Bombardier inc.	Aéronautique, transport et produits récréatifs	Ernst & Young
Bell Canada	Télécommunications	Deloitte & Touche
Molson Inc.	Brassiculture	PricewaterhouseCoopers
Georges Weston limitée	Transformation et distribution d'aliments	KPMG Peat Marwick
Le Devoir inc.	Éditeur	Raymond Chabot Grant Thornton

Depuis octobre 2002, le Conseil canadien sur la reddition de comptes est l'organisme chargé d'administrer un nouveau système de surveillance des vérificateurs des sociétés cotées au Canada. Ce nouveau système prévoit une inspection plus rigoureuse des vérificateurs de sociétés cotées, des règles plus strictes en matière d'indépendance des vérificateurs et de nouvelles exigences de contrôle de la qualité pour les cabinets vérificateurs de sociétés cotées.

Par ailleurs, il n'est pas rare de voir les entreprises choisir leurs directeurs financiers parmi les membres du cabinet d'experts-comptables chargé de la vérification de leurs états financiers. En effet, ces spécialistes ont une vaste expérience dans le domaine financier et une bonne connaissance de l'entreprise elle-même.

Les intermédiaires de l'information financière : les analystes financiers et les services d'information

Le rôle des analystes financiers Les étudiants s'imaginent souvent que la communication entre les entreprises et les utilisateurs d'états financiers se limite à un processus simple. Celui-ci consisterait à expédier un rapport par la poste à chaque actionnaire qui, après avoir lu ce document, prendrait des décisions en matière d'investissements d'après ce qu'il vient d'apprendre. Cette vision simpliste de la situation ne représente en rien la réalité nord-américaine. De nos jours, les analystes financiers expérimentés utilisent les outils les plus récents de l'informatique pour collecter et analyser des informations. Ils reçoivent des communiqués et des documents comptables émis par les entreprises ainsi que d'autres renseignements grâce à des services d'information en ligne (dont il sera question plus loin). Ils recueillent aussi des données au cours de conversations téléphoniques avec les dirigeants des entreprises et de visites dans les locaux des entreprises. Ils combinent ensuite les résultats de leurs analyses avec les informations qu'ils rassemblent sur les sociétés concurrentes, l'économie dans son ensemble et même les tendances observées dans la population afin de faire des prévisions concernant l'évolution du chiffre d'affaires et surtout l'évolution des marges bénéficiaires. Ils s'aventurent même à établir un prix cible que devrait atteindre le prix de l'action au cours du trimestre ou de l'année à venir. Ces **résultats prévisionnels** servent de base à leurs recommandations relativement à l'achat, à la vente ou à la conservation des titres d'une entreprise.

La plupart des grandes maisons de courtage (Disnat-Valeurs mobilières Desjardins, Financière Banque Nationale, RBC Dominion valeurs mobilières, Scotia McLeod, BMO Nesbitt Burns, CIBC Marchés Mondiaux) ont des services de recherche dont les analystes publient régulièrement un bulletin d'information financière à l'intention de leurs clients. Des analystes financiers évoluent aussi au sein des sociétés de gestion de portefeuille et des sociétés de fonds de placement. D'autres analystes vendent leurs analyses à des investisseurs sous la forme de lettres d'information financière écrite ou en ligne. Par exemple, au Québec, la firme Cote 100 publie mensuellement une lettre financière qu'elle vend à ses abonnés.

Les analystes financiers se spécialisent généralement dans un secteur d'activité précis, par exemple les entreprises pharmaceutiques ou le secteur bancaire. Ainsi, Geneviève Poulin, chez Financière Banque Nationale, et Lennox Gibbs, de CIBC Marchés Mondiaux (deux sociétés qui sont à la fois des maisons de courtage et des membres d'un groupe bancaire) font partie de ceux qui s'intéressent à Axcan. Avec d'autres analystes faisant partie de leur société, ils rédigent des rapports sur les perspectives d'avenir de différentes entreprises. Dans leurs rapports, les analystes ont l'habitude d'inclure leurs estimations ou leurs prévisions du bénéfice par action de l'entreprise étudiée ainsi que du cours de l'action pour le prochain trimestre et l'exercice en cours. Les maisons de courtage utilisent directement ces rapports afin d'orienter les achats de titres par leur clientèle.

Ainsi, les analystes transmettent leurs connaissances sur les entreprises ou un secteur d'activité à ceux qui ne possèdent pas leur expertise. Bon nombre de gens croient que les conseils de certains analystes influents de certaines maisons de courtage importantes ont pour effet de faire réagir rapidement le cours de la Bourse à l'annonce de leurs recommandations d'achat sur des titres particuliers.

Pourtant, les analystes ne tirent pas nécessairement les mêmes conclusions à la suite de leur analyse.

Voici un exemple de différentes opinions concernant les prévisions du cours de l'action de la société Axcan. Ces prévisions ont été établies par des analystes de quatre établissements financiers concernant Axcan au moment de la rédaction de ce volume.

Firme	Recommandation	Prévision du cours de l'action sur un an
J.B. Morgan (USA)	Achat	17 $US
USB Warburg (USA)	Achat	17 $US
Financière Banque Nationale	Achat	19 $US
CIBC Marchés Mondiaux	–	16 $US

Les résultats prévisionnels sont des prévisions de bénéfices nets pour des exercices futurs.

Coup d'œil sur

Société Axcan Pharma Inc.

Les services d'information dont il sera question dans la prochaine section permettent aux investisseurs d'avoir accès aux recommandations de différents analystes.

Il est très peu probable que de simples investisseurs puissent trouver plus de renseignements dans des états financiers que ces analystes chevronnés.

QUESTION D'ÉTHIQUE

Les investisseurs auraient avantage à être circonspects !

La bulle spéculative des marchés boursiers américains de 1999 à 2001, qui a touché surtout les secteurs des technologies et des télécommunications, a prouvé que les investisseurs avisés doivent être prudents. Non seulement ils doivent se baser sur leurs connaissances en comptabilité, mais ils doivent aussi faire preuve d'une bonne dose de scepticisme lorsqu'ils lisent ou écoutent des conseils en matière d'investissement. Des manquements à l'éthique, des pratiques commerciales douteuses et des activités illégales, le tout commis par des représentants de quelques-unes des maisons de courtage et des banques d'affaires les plus importantes et les plus respectées ont fait les manchettes aux États-Unis. Par exemple, on note les infractions suivantes: 1) la manipulation des prix de titres boursiers; 2) des délits d'initiés; 3) de la part des courtiers, des recommandations d'achat d'un titre afin d'en maintenir le cours boursier, alors que les initiés le vendaient ou que la maison de courtage souhaitait faire une émission d'actions; 4) un nombre abusif d'opérations dans des comptes clients dans le but d'augmenter la commission; 5) la vente de titres sans information préalable quant aux risques courus; 6) la conclusion de transactions à des coûts plus avantageux pour certains clients que pour d'autres. La plupart des analystes, des courtiers et des preneurs fermes se comportent de façon honnête et respectent les règles de l'éthique. Toutefois, il faut savoir que les courtiers se font payer une commission pour chaque transaction de titres. Aussi, si les courtiers laissent leur appétit du gain influer sur les conseils qu'ils donnent en matière de placements, leur comportement cesse d'être conforme à l'éthique de leur profession.

Les services d'information Les analystes financiers obtiennent une grande partie des renseignements qu'ils utilisent à partir d'une multitude de services d'information. Ces services sont généralement disponibles dans Internet ou encore sur cédérom. Certains de ces services communiquent des informations financières spécialisées, d'autres des renseignements plus généraux.

En premier lieu, toutes les sociétés ouvertes canadiennes sont tenues de déposer les documents exigés par les autorités canadiennes en valeurs mobilières dans le Système électronique de données, d'analyse et de recherche (SEDAR). Ce système électronique a aussi été mis au point pour faciliter la diffusion publique de l'information financière sur les entreprises. Les renseignements qui s'y trouvent sont accessibles aux utilisateurs 24 heures après avoir été déposés devant la Commission et bien avant qu'ils ne soient reçus par la poste sous forme de copie papier. En ce moment, SEDAR est un service gratuit et disponible sur le Web à l'adresse suivante: www.sedar.com.

Pour consulter le site de SEDAR, il suffit de taper l'adresse dans votre navigateur Web, de faire une recherche dans la base de données des sociétés ouvertes et d'entrer le nom de la société recherchée. Ainsi, vous accéderez aux documents les plus récents déposés aux dossiers de l'entreprise. On y trouve les communiqués de presse, les états financiers trimestriels et annuels, le rapport annuel, les prospectus et toute autre déclaration exigée par les organismes de réglementation. Il existe également l'équivalent américain de ce service pour les sociétés américaines. Il s'agit de l'Electronic Data Gathering and Retrieval Service (EDGAR), parrainé par la SEC et qu'on peut consulter à l'adresse suivante: www.sec.gov.

Parmi les services d'information plus générale, on peut mentionner le site de la Bourse de Toronto, le site de Telenium, les sites du *Globe and Mail* et du *Financial Post*. Ces sites donnent accès à des nouvelles concernant les entreprises, aux cours des actions actuels et historiques et aux communiqués publiés par les entreprises. Ces communiqués comprennent notamment les premières annonces des résultats financiers du trimestre et de l'exercice. Ces sites rassemblent aussi les informations provenant des différents fils de presse des agences de nouvelles (par exemple Reuters et Canada News Wire). Ces informations et ces nouvelles peuvent aussi être accessibles sur le site en ligne de la plupart des maisons de courtage. Pour obtenir plus de détails sur ces services, visitez leur site Web aux adresses suivantes :

- www.tse.com
- www.telenium.ca
- www.globeinvestor.com
- www.financialpost.com

D'autres sites tels que Multex, First Invest, Yahoo Finance, Moneycentral (le site financier de Microsoft) et Bloomberg rendent aussi disponible en ligne l'information bien avant que les actionnaires et d'autres parties reçoivent leur copie papier des rapports financiers. Ils publient aussi les résultats de différentes analyses sur les entreprises répertoriées (certaines analyses sont disponibles moyennant un paiement). Pour obtenir plus de détails sur ces services, visitez leur site aux adresses suivantes :

- www.firstinvest.com
- www.multex.com
- www.moneycentral.com
- www.bloomberg.com
- www.yahoofinance.com

Le site Webfin est aussi une bonne source d'information financière. Non seulement il fournit les cotes boursières et des informations sur les indices en temps réel, mais il présente différentes rubriques, par exemple des résultats financiers, des conseils d'experts, le top 100 des entreprises les plus performantes au Canada ainsi que différentes nouvelles sur les entreprises et les marchés boursiers. Le tableau 5.2 montre une page tirée du site Webfin portant sur la société Axcan.

- www.webfin.com

Une nouvelle tendance fort intéressante en matière de services d'information est la présentation de renseignements à caractère financier sous forme audio et vidéo. Vous pouvez accéder à des enregistrements de conférences téléphoniques et à des vidéos de réunions entre des analystes financiers et la direction d'une entreprise. L'écoute de ces enregistrements est un excellent moyen de se renseigner sur la stratégie d'ensemble d'une entreprise, ses perspectives d'avenir ainsi que les principaux facteurs considérés par les analystes dans leur évaluation de cette entreprise. Vous pouvez trouver ces documents audio ou vidéo soit sur le site de l'entreprise, soit sur les sites d'information financière déjà cités.

Un grand nombre d'entreprises permettent au public d'accéder directement à leurs états financiers et à d'autres renseignements les concernant sur le Web. Ainsi, pour communiquer avec Axcan, il suffit de visiter leur site à l'adresse suivante :

- www.axcan.com

Vous y trouverez une description de la société, de ses projets de recherche et développement, de ses produits et de ses filiales. Une section réservée aux relations avec les investisseurs fournit les communiqués, les rapports financiers intérimaires et annuels, les données boursières ainsi que d'autres informations pertinentes. À l'occasion, Axcan diffuse aussi sur son site Internet des conférences téléphoniques en direct avec des analystes et des investisseurs institutionnels.

TABLEAU 5.2   Informations sur Axcan en provenance du site de Webfin

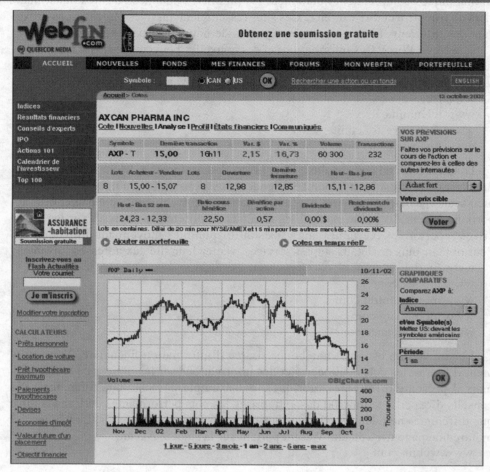

Source: www.webfin.com

ANALYSE FINANCIÈRE

Les services d'information utilisés par les analystes en marketing et les étudiants

Une telle abondance de données comptables, financières et autres sur les entreprises cotées en Bourse ne peut que constituer des outils précieux non seulement pour les analystes financiers, mais aussi pour les analystes en marketing. Ces derniers peuvent consulter ces sites afin de mieux connaître les stratégies, les forces et les faiblesses des entreprises concurrentes. En outre, les représentants en marketing peuvent s'y référer pour analyser des clients potentiels. Ils peuvent ainsi déterminer les clients qui peuvent avoir besoin de leurs produits ou services et ceux qui ont une santé financière permettant de les qualifier de clients solvables.

Ces sites d'information financière peuvent constituer une source importante de renseignements pour les étudiants dans leurs travaux de session tout autant que dans leur recherche d'emploi. Les employeurs potentiels s'attendent à ce que les candidats soient bien informés de tout ce qui concerne leur entreprise avant de se présenter à une entrevue. Nous vous suggérons de communiquer avec la ou le bibliothécaire spécialisé en gestion de votre établissement scolaire ou encore de visiter une maison de courtage de votre ville pour en apprendre davantage sur ces services d'information en ligne et, s'il y a lieu, sur les frais exigés pour leur utilisation.

Les autorités de réglementation

La Commission des valeurs mobilières du Québec (CVMQ) est l'organisme de surveillance du marché des valeurs mobilières au Québec. Chaque province ou territoire canadien possède sa propre commission. Les 13 commissions provinciales se sont associées afin de former les Autorités canadiennes en valeurs mobilières (ACVM) dont le but est d'harmoniser et de coordonner la réglementation des marchés financiers canadiens.

La CVMQ a pour mission d'assurer la protection des investisseurs, de réglementer l'information produite par les sociétés qui font un appel public à l'épargne et enfin de favoriser le bon fonctionnement des marchés financiers grâce à son encadrement des spécialistes et des organismes qui interviennent sur le marché des valeurs mobilières. Dans ce but, la CVMQ édicte des règlements devant être respectés par les émetteurs qui font un appel public à l'épargne, les intermédiaires tels que les courtiers et les conseillers en valeurs mobilières ainsi que les Bourses.

Le personnel de la Commission étudie les rapports qui lui sont présentés pour s'assurer qu'ils respectent les règles émises. Il enquête sur les irrégularités et punit les entreprises qui enfreignent ses règlements. Ces règlements sont d'ailleurs régulièrement mis à jour comme le souligne l'article ci-dessous.

Le Canada se dote de nouvelles règles en valeurs mobilières

Les Autorités canadiennes en valeurs mobilières (ACVM) ont annoncé hier l'adoption d'une nouvelle instruction générale en matière de communication d'information sur les sociétés.

Dans un communiqué, l'organisme, qui représente les différentes agences du pays, dont la Commission des valeurs mobilières du Québec (CVMQ), a expliqué que cette nouvelle règle complétait des lois déjà existantes afin d'empêcher les sociétés de commettre des délits d'initiés en communiquant des informations à des tiers préalablement sélectionnés.

« Il est essentiel que les investisseurs aient tous accès à temps et de la même façon à l'information qui peut influer sur leurs décisions en matière de placement », a indiqué le président des ACVM, Doug Hyndman.

Source: *Le Devoir,* 16 juillet 2002, p. B3.

Par ailleurs, l'application rigoureuse de la Loi sur les valeurs mobilières est une des priorités de la CVMQ. Dans son dernier rapport annuel, la Commission entendait mettre l'accent sur les activités de surveillance et de répression des infractions pour dissuader certaines pratiques du marché et renforcer le contrôle de la qualité de l'information transmise aux investisseurs.

Les utilisateurs: les investisseurs institutionnels et privés, les prêteurs et autres

Parmi les **investisseurs institutionnels,** on compte les gestionnaires de caisses de retraite privées, de régimes de retraite universels (pour les employés de l'État), de fonds communs de placements ainsi que des fondations privées ou publiques et des sociétés de gestion de portefeuille. Ces actionnaires institutionnels emploient généralement leurs propres analystes et utilisent les services d'information déjà mentionnés. Ce type d'investisseurs contrôle la majorité des actions émises dans le public par les sociétés canadiennes. Par exemple, à la fin de l'exercice 2001, quatre investisseurs institutionnels détenaient plus de 9 millions d'actions d'Axcan, ce qui représentait plus de 22 % des titres en circulation.

Les **investisseurs institutionnels** sont des gestionnaires de caisses de retraite, de fonds communs de placements, de fondations privées ou publiques et d'autres sociétés de gestion de portefeuille qui investissent pour le compte d'autres personnes.

Les investisseurs privés sont, entre autres, des personnes qui achètent et vendent des actions de sociétés.

Les **investisseurs privés** sont, entre autres, des investisseurs individuels qui possèdent une fortune personnelle. Ils investissent directement des capitaux soit dans une entreprise avant que cette entreprise devienne une société ouverte, soit dans les sociétés cotées. Ce sont parfois de petits investisseurs individuels qui, comme beaucoup de gens, achètent un petit nombre d'actions de sociétés ouvertes par l'intermédiaire de courtiers en valeurs mobilières. Ces petits investisseurs ne possèdent en général ni l'expertise nécessaire pour comprendre les états financiers ni les ressources suffisantes pour recueillir d'autres données importantes de façon efficiente. Il en résulte qu'ils se fient souvent aux conseils des courtiers ou des conseillers en valeurs mobilières ou qu'ils confient leur argent à des gestionnaires de fonds communs de placement (des investisseurs institutionnels).

Parmi les prêteurs (ou les **créanciers**), on trouve des fournisseurs et des établissements financiers qui prêtent de l'argent aux entreprises.

Dans la catégorie des **prêteurs** (ou des **créanciers**), on inclut les fournisseurs, les établissements bancaires et les autres institutions financières qui prêtent de l'argent aux entreprises. Les responsables du prêt et les analystes financiers de ces organismes utilisent les mêmes sources publiques d'information dans leurs analyses. En outre, lorsqu'une entreprise veut emprunter de l'argent à ces établissements, elle accepte souvent de fournir des renseignements financiers supplémentaires (par exemple des états financiers mensuels) dans son contrat de prêt. Les prêteurs forment fréquemment le principal groupe d'utilisateurs externes des états financiers des sociétés fermées. Des investisseurs individuels et institutionnels deviennent aussi des créanciers lorsqu'ils achètent des obligations garanties ou des «débentures» émises par des sociétés ouvertes[1].

QUESTION D'ÉTHIQUE

Les divergences d'intérêts

Les intérêts économiques des dirigeants d'entreprises, des actionnaires et des créanciers peuvent différer. Par exemple, le paiement de dividendes aux actionnaires profite à ces actionnaires, mais il diminue les fonds disponibles pour payer les créanciers. Inversement, les projets de développement des dirigeants diminuent le montant affecté au paiement des dividendes.

Les attentes en matière d'éthique et la confiance mutuelle ont une importance primordiale dans le maintien de l'équilibre entre ces intérêts divergents.

La comptabilité et les états financiers jouent également un rôle de premier plan quand il s'agit de protéger ces relations de confiance. Plus loin dans ce chapitre, nous verrons comment on s'assure que les accords (ou les contrats) entre les dirigeants et les actionnaires ainsi qu'entre les actionnaires et les créanciers sont respectés à l'aide des données des états financiers*.

* La «théorie de la délégation» est un domaine de recherche en comptabilité qui s'intéresse au comportement des différentes parties intéressées dans l'entreprise.

Comme nous l'avons vu au chapitre 1, les états financiers occupent une place importante dans les relations entre les clients et les fournisseurs. Les clients s'en servent pour évaluer la santé financière des fournisseurs et déterminer si ces derniers seront en mesure de constituer une source d'approvisionnement fiable et à la fine pointe du progrès. Les fournisseurs, de leur côté, évaluent leurs clients afin d'estimer leurs besoins futurs et leur capacité à régler leurs dettes. Toute entreprise peut tenter d'obtenir des renseignements utiles sur ses concurrents à partir des états financiers.

---

1. Les débentures (ou les obligations non garanties) sont des titres de créance dont le remboursement n'est pas garanti par des biens désignés à cet effet, alors que les obligations sont garanties par des actifs spécifiques.

La perte potentielle d'un avantage concurrentiel est un des risques inhérents à la présentation publique des informations financières. Les autorités de réglementation prennent ces coûts en considération de même que les coûts directs d'établissement de ces documents lorsqu'ils envisagent de demander des informations supplémentaires. Ils cherchent donc à établir ce qu'on appelle l'**équilibre avantages-coûts** en vertu duquel les avantages de communiquer des informations devraient dépasser les coûts associés à cette opération. D'autres usages de l'information contenue dans les états financiers ont déjà été examinés au chapitre 1, notamment par les employés et leurs syndicats pour déterminer les conditions de travail ou par les organismes gouvernementaux pour vérifier le respect des lois et des règlements en vigueur dans le pays.

D'après la notion d'**équilibre avantages-coûts**, on doit rechercher un équilibre entre les coûts de l'information et les avantages qu'elle est censée procurer.

Les qualités de l'information financière

Selon le chapitre 1000 du *Manuel de l'ICCA,* les qualités de l'information sont les caractéristiques de l'information qu'on trouve dans les états financiers et qui font que celle-ci est utile aux utilisateurs. Les quatre principales qualités de l'information sont la compréhensibilité, la pertinence, la fiabilité et la comparabilité.

L'**information** fournie dans les états financiers doit être **compréhensible** pour les utilisateurs qui, de leur côté, doivent avoir une bonne connaissance des activités commerciales et économiques et aussi de la comptabilité.

Seule une **information compréhensible** est utile aux utilisateurs.

Une **information pertinente** peut influer sur les décisions économiques parce qu'elle permet aux utilisateurs d'évaluer les activités passées d'une entreprise (la valeur rétrospective) ou de prévoir ses activités futures (la valeur prédictive) et aussi parce qu'elle est disponible en temps opportun. Une **information fiable** doit donner une image fidèle de la situation financière de l'entreprise, neutre et vérifiable (c'est-à-dire que des parties indépendantes peuvent s'entendre sur la nature d'une opération, sa constatation et sa mesure). De plus, dans des situations d'incertitude, la prudence doit guider les jugements portés pour éviter toute surévaluation des ressources ou sous-évaluation des engagements.

Une **information pertinente** peut influer sur les décisions économiques que les utilisateurs sont appelés à prendre; ce type d'information est communiqué en temps opportun et a une valeur prédictive et/ou rétrospective.

Dans nos analyses de ratios, nous soulignons toujours l'importance de pouvoir comparer les ratios d'une même entreprise dans le temps et de comparer les entreprises entre elles. Toutefois, de telles comparaisons ne sont valables que si l'**information** est **comparable,** c'est-à-dire que les mêmes conventions comptables sont appliquées de la même manière d'un exercice à l'autre (la permanence des conventions comptables).

Une **information fiable** est exacte (fidèle à la réalité), neutre, vérifiable, et elle est basée sur des estimations prudentes.

À ces caractéristiques de l'information, on peut ajouter le **principe de bonne information.** Selon ce principe comptable, toute l'information susceptible d'influer sur le jugement d'un utilisateur doit être fournie dans les états financiers. Cette information doit être suffisamment détaillée pour inclure tous les éléments importants, mais aussi assez condensée pour être compréhensible pour le lecteur. Ces qualités de l'information financière, jumelées au principe de bonne information, servent de guide au Conseil des normes comptables lorsque vient le temps d'élaborer de nouvelles normes.

Une **information comparable** permet d'établir un parallèle entre les états financiers de deux entités distinctes ou entre les états financiers d'une même entité ayant trait à des exercices différents.

Le **principe de bonne information** incite les entreprises à fournir dans les états financiers toutes les informations financières susceptibles d'influer sur les décisions économiques d'un utilisateur.

Associez les intervenants du processus de communication de l'information à leur rôle ou les qualités de l'information financière à la définition appropriée.

_____ 1. L'information pertinente

_____ 2. Le président et chef de la direction et le directeur des finances

_____ 3. L'analyste financier

_____ 4. Le vérificateur

_____ 5. L'équilibre avantages-coûts

a) Les dirigeants à qui incombe principalement la responsabilité de l'information comptable.

b) Une partie indépendante qui vérifie les états financiers.

c) Une information qui influe sur les décisions économiques des utilisateurs.

d) Les avantages de présenter une information devrait en surpasser les coûts.

e) Une personne qui analyse l'information financière et donne des conseils.

Vérifiez vos réponses à l'aide des solutions présentées en bas de page*.

Le processus de diffusion de l'information financière

OBJECTIF
D'APPRENTISSAGE **2**

Reconnaître les étapes du processus de diffusion de l'information financière, notamment la publication de communiqués de presse, de rapports annuels et trimestriels et de prospectus.

Un **communiqué** est une annonce publique écrite, émise par l'entreprise et généralement distribuée aux principaux services de nouvelles.

Comme nous l'avons vu dans la section sur les intermédiaires de l'information, le processus de diffusion de l'information financière comprend plus d'étapes et de participants qu'on serait porté à le croire dans une situation se résumant à expédier les rapports annuels et trimestriels par la poste.

Les communiqués

Axcan et la plupart des sociétés ouvertes annoncent leurs bénéfices trimestriels et annuels dans un **communiqué** aussitôt que les chiffres (soumis à une vérification dans le cas des résultats annuels et à un examen dans le cas des résultats trimestriels) sont disponibles. Ainsi, ils diffusent rapidement (en temps utile) les renseignements aux utilisateurs externes et évitent la possibilité de fuites sélectives de l'information. En général, Axcan émet ce type de communiqué entre cinq à sept semaines après la fin de la période couverte. Ces annonces sont transmises par courriel aux grands services de nouvelles électroniques et imprimées qui les transmettent immédiatement à leurs abonnés. Un extrait d'un communiqué trimestriel typique d'Axcan est reproduit ci-après. On y trouve d'importantes données financières et une analyse des résultats par la direction. Ce texte est accompagné des états financiers trimestriels (non vérifiés) qui seront expédiés aux actionnaires après la publication de ce communiqué.

*1. c), 2. a), 3. e), 4. b), 5. d).

Date : 7 mai 2002
Le bénéfice d'Axcan pour le deuxième trimestre est en hausse de 30 %
et ses revenus augmentent de 24 %

Mont-Saint-Hilaire (Québec) – Axcan Pharma Inc. (« Axcan » ou la « Société ») a annoncé aujourd'hui une hausse de 30 % de son bénéfice pour le deuxième trimestre terminé le 31 mars 2002 de même qu'une augmentation des revenus de 24 % pour le trimestre, par rapport à la même période de l'exercice précédent. Les revenus se sont accrus de 20 % lors du premier semestre de l'exercice financier 2002. De plus, au cours du trimestre, la Société a complété un appel public à l'épargne de 66,1 millions $ [tous les montants sont en dollars américains] et, une fois le trimestre terminé, elle a conclu une entente visant à faire l'acquisition d'une deuxième entreprise en France, le Laboratoire du Lactéol du Docteur Boucard S.A. (« Lactéol »), située près de Paris.

« Ces résultats indiquent clairement la pertinence de la stratégie d'entreprise et de commercialisation d'Axcan ainsi que de sa réputation dans le domaine de la gastro-entérologie », a déclaré Léon F. Gosselin, président et chef de la direction d'Axcan. « La société occupe une place de plus en plus importante au sein du marché des États-Unis et la position de tête détenue par bon nombre de nos produits clés aux États-Unis de même qu'au Canada confirme la position d'Axcan à titre de chef de file, de par sa capacité à répondre aux besoins de patients souffrant de maladies gastro-intestinales. Notre approche proactive utilisée pour percer le marché européen, notamment grâce à nos récentes acquisitions en France, renforce notre position de société chef de file spécialisée dans le domaine de la gastro-entérologie. Par ailleurs, notre capacité à obtenir des appuis financiers fait en sorte que la Société demeure essentiellement sans endettement, disposant d'environ 80 millions $ en espèces et quasi-espèces disponibles à la fin du trimestre pour poursuivre son expansion », a-t-il ajouté.

Faits saillants du trimestre
– Revenus d'exploitation de 30,5 millions $ pour le trimestre, en hausse de 24 % par rapport au trimestre correspondant de l'exercice financier précédent.
– Bénéfice de 4,7 millions $ pour le trimestre, en hausse de 30 % par rapport au trimestre correspondant de l'exercice financier précédent et de 8,2 millions $ pour le premier semestre, en hausse de 25 % par rapport au premier semestre de l'exercice 2001 (sur une base ajustée).
– Augmentation du bénéfice par action de 20 % relativement au dernier exercice (sur une base ajustée), passant de 0,10 $ à 0,12 $, malgré une hausse de 12 % de la moyenne pondérée du nombre d'actions en circulation.
– Clôture d'un appel public à l'épargne avec émission de 5 750 000 actions pour un produit brut total de 66,1 millions $.
– À la suite de la fin du trimestre :
– Acquisition de Lactéol en France et des actifs qui y sont liés pour un prix d'achat total de 12,6 millions $, dont une part approximative de 4,8 millions $ a été payée par l'émission d'actions d'Axcan. Cette nouvelle filiale est spécialisée dans la fabrication et la distribution de poudre et de capsules lyophilisées, lesquelles contiennent une souche exclusive et spécifique de *Lactobacillus* destinée au traitement de la diarrhée. Ce produit est commercialisé sous le nom de marque Lactéol. Lactéol a enregistré des produits d'exploitation de plus de 10 millions $ pour son exercice financier terminé le 31 décembre 2001 de même qu'un bénéfice.
– Dépôt d'une demande d'autorisation de commercialisation auprès de l'Agence européenne pour l'évaluation des médicaments relativement à l'utilisation de la thérapie photodynamique d'Axcan, PHOTOBARR (porfimère sodique) dans le traitement de la dysplasie de haut degré associée au syndrome de Barrett.

Source : www.axcan.com, 7 mai 2002.

Pour des titres négociés activement comme ceux de la société Axcan, l'essentiel de la réaction du marché (l'augmentation et la diminution du cours du titre à la suite des transactions des investisseurs) face aux informations contenues dans le communiqué se produit en général très vite. Il ne faut pas oublier que de nombreux analystes surveillent Axcan et que ces derniers prédisent régulièrement quels seront les bénéfices de l'entreprise. Lorsque les chiffres sont connus, le marché réagit non pas au montant de ces bénéfices, mais à la différence entre les prévisions et le montant réel. Cette différence porte le nom de « bénéfices imprévus ». Par exemple, voici ce que le site Webfin annonçait à la suite du communiqué d'Axcan sur ses résultats trimestriels.

La pharmaceutique de Saint-Hilaire bat les prévisions des analystes

Axcan Pharma (AXR) affiche une hausse de son bénéfice net pour le deuxième trimestre terminé le 3 mars 2002. Ce bénéfice s'est élevé à 4,7 M$ comparativement à 2,5 M$ au trimestre comparable l'an dernier. (Tous les montants sont en dollars américains.)

Il s'agit d'une augmentation du bénéfice par action de 20 % relativement au dernier exercice, passant de 0,10 $ à 0,12 $, malgré une hausse de 12 % de la moyenne pondérée du nombre d'actions en circulation.

Les analystes misaient sur un bénéfice par action de 0,10 $. Le chiffre d'affaires de 30,5 M$, est en hausse de 24 % comparativement aux 24,6 M$ rapportés en 2001.

Source : www.webfin.com. Nouvelles, Axcan Pharma, 7 mai 2002, 10 h 27.

Les bénéfices réalisés ont été supérieurs aux prévisions de 0,02 $ l'action, et le prix de l'action a alors connu son sommet de l'année à 24,23 $CAN.

Des entreprises telle Axcan émettent des communiqués concernant d'autres événements importants, y compris l'annonce de nouveaux produits ou la signature d'ententes avec de nouveaux distributeurs ou d'importants investisseurs. Le marché boursier semble souvent réagir à certaines annonces de ce type. Voici, par exemple, un extrait d'un autre communiqué de la société Axcan.

Le fonds de solidarité FTQ investit dans Axcan

Mont-Saint-Hilaire (Québec) – Axcan Pharma Inc. et le Fonds de solidarité FTQ annoncent aujourd'hui que le Fonds de solidarité s'est engagé à investir jusqu'à 14,1 millions $US dans le capital social de Axcan et pourrait investir un montant additionnel de 15 millions $US.

Source : www.axcan.com, 4 juillet 2002.

Les communiqués portant sur les résultats financiers annuels et trimestriels précèdent souvent de quelques semaines la publication papier des rapports. Un tel délai est nécessaire afin de permettre l'insertion de renseignements supplémentaires, d'imprimer et de distribuer les rapports.

Les rapports annuels

Dans le cas des *sociétés fermées,* les rapports annuels sont des documents relativement simples. En général, ils renferment seulement les éléments suivants :
1. quatre états financiers de base : l'état des résultats, le bilan, l'état des bénéfices non répartis et l'état des flux de trésorerie ;
2. toutes les notes complémentaires ou les notes afférentes aux états financiers ;
3. le rapport du vérificateur.

Les rapports annuels des *sociétés ouvertes* sont beaucoup plus détaillés. En effet, des exigences supplémentaires sont imposées par la CVMQ. Elles concernent la présentation de l'information et le fait qu'un grand nombre d'entreprises utilisent ces documents comme instruments de relations publiques pour communiquer des renseignements non comptables à leurs actionnaires, à leurs clients, aux médias, etc.

En général, les rapports annuels des sociétés ouvertes se divisent en deux sections :

- La première section, non financière, comporte habituellement un message aux actionnaires de la part du président du conseil ou du président et chef de la direction, une présentation de la mission et de la philosophie de la direction, une description des produits, et aussi un aperçu de ses perspectives d'avenir et des possibilités stimulantes qui s'offrent à elle. On y ajoute souvent de magnifiques photographies des produits, des locaux et du personnel.
- La seconde section, de nature financière, souvent imprimée sur un papier de couleur différente pour que les utilisateurs la trouvent facilement, comprend l'essentiel du rapport. Dans cette section, on trouve les informations exigées par la CVMQ, celles qui sont exigées par la SEC pour les entreprises canadiennes cotées à une

Source : www.axcan.com

Bourse américaine, et toutes les autres informations financières jugées pertinentes par la direction de l'entreprise. Voici les principaux éléments qu'on trouve dans cette section (les éléments exigés par la CVMQ sont précisés) :

1. un rapport de gestion intitulé «Analyse par la direction de la situation financière et des résultats d'exploitation» (CVMQ) ;
2. les quatre états financiers de base présentés sur une base comparative avec l'exercice précédent (CVMQ) ;
3. les notes complémentaires ou les notes afférentes aux états financiers (CVMQ) ;
4. le rapport du vérificateur (CVMQ) ;
5. des renseignements récents sur le cours des actions ;
6. un résumé des résultats trimestriels non vérifiés (il en sera question plus loin) ;
7. une rétrospective financière des 5 à 10 dernières années ;
8. la liste des directeurs et des cadres de l'entreprise ainsi que des adresses pertinentes. L'ordre de présentation de ces éléments peut varier.

Le rapport annuel doit être transmis aux actionnaires dans les 140 jours suivant la fin de l'exercice financier. De plus, les états financiers doivent être approuvés par le conseil d'administration de l'entreprise. Deux administrateurs du conseil ont pour mandat de signer ces états. Léon F. Gosselin et Claude Sauriol, tous deux administrateurs, ont signé les états financiers d'Axcan.

L'analyse par la direction de la situation financière et des résultats d'exploitation présente une analyse historique et prospective des activités de l'entreprise. Cette analyse permet aux utilisateurs d'évaluer la performance et les perspectives d'avenir de la société. Vous trouverez les rapports annuels complets des sociétés Les Boutiques San Francisco et Le Château en annexe à la fin de ce volume. Comme nous l'avons souligné précédemment, les rapports financiers d'un grand nombre d'entreprises sont disponibles sur le Web.

Les rapports trimestriels

En général, les rapports trimestriels commencent par un message aux actionnaires relatant les faits saillants du trimestre. Ce message est suivi de l'état des résultats et de l'état des flux de trésorerie, tous deux présentés en comparaison avec ceux de la période correspondante de l'exercice précédent. Ces états financiers portent la mention «non vérifiés», car la vérification des états financiers trimestriels n'est pas légalement requise. De plus en plus d'entreprises comme Axcan fournissent dans leurs rapports trimestriels un jeu complet d'états financiers et quelques notes complémentaires, bien que la CVMQ ne l'exige pas. Les sociétés fermées préparent elles aussi des rapports trimestriels destinés aux prêteurs. Les rapports trimestriels d'Axcan sont publiés environ cinq semaines après la fin de chaque trimestre. Ces trimestres se terminent les 31 décembre, 31 mars, 30 juin et 30 septembre.

Les prospectus

Toute entreprise qui veut procéder à un appel public à l'épargne doit soumettre, pour approbation, un prospectus à la CVMQ. Le prospectus est un document d'information à l'intention des investisseurs. Il présente tous les faits importants et toutes les données financières susceptibles d'influer sur la valeur ou le cours des titres qui font l'objet du placement. De façon générale, on trouve dans un prospectus une description du placement proposé, une évaluation des facteurs de risques liés à ce titre, une description de l'utilisation du produit de la vente du placement, des informations sur les dirigeants et leur rémunération ainsi que sur les actionnaires principaux de l'entreprise, une analyse par la direction de la situation financière et des résultats d'exploitation, des états financiers vérifiés et une foule d'autres renseignements pertinents. Tous les prospectus des sociétés ouvertes canadiennes sont déposés sur le système SEDAR et sont ainsi accessibles au public. En 2002, Axcan a déposé un prospectus dans le cadre de son appel public à l'épargne. Nous présentons ci-dessous un extrait de la première page du prospectus (qui comprend en tout 116 pages). Vous remarquerez qu'aucun prix n'est indiqué. Celui-ci sera fixé en fonction du prix du marché au moment où Axcan pourra procéder à la vente de ses titres.

<table>
<tr><td>

Coup d'œil sur

Axcan Pharma Inc.

PROSPECTUS

</td><td>

Nouveau placement   Le 19 mars 2002

AXCAN PHARMA INC.
$US
4 500 000 actions ordinaires

Le présent prospectus vise le placement de 4 500 000 actions ordinaires émises par Axcan Pharma Inc. («Axcan»). Les actions ordinaires d'Axcan (les «actions ordinaires») sont inscrites à la cote de la Bourse de Toronto sous le symbole «AXP» et à celle du marché national NASDAQ (le «NASDAQ») sous le symbole «AXCA». Le 18 mars 2002, le cours de clôture des actions ordinaires était de 18,30 $CAN l'action à la Bourse de Toronto et de 11,52 $US l'action sur le NASDAQ. Le prix d'offre des actions ordinaires a été fixé par voie de négociation entre Axcan, d'une part, et J.P. Morgan Securities Inc., Thomas Weisel Partners LLC, USB Warburg LLC, Financière Banque Nationale Inc. et Sun Trust Capital Markets, Inc. (ensemble, les «preneurs fermes»), d'autre part. Le présent placement est fait simultanément au Canada et aux États-Unis en vertu du système d'information multiterritorial mis en œuvre par les autorités en valeurs mobilières de ces pays.

Prix : •$US L'ACTION ORDINAIRE

	Prix	Réductions de prise ferme	Produit net[1]
Par action ordinaire[2]	•$US	•$US	•$US
Placement total[3]	•$US	•$US	•$US

1. Compte non tenu des frais du présent placement, évalués à 700 000 $US, qui seront, comme les réductions de prise ferme, payés sur les fonds généraux d'Axcan. (Voir la rubrique «Prise ferme».)

2. Le prix d'offre des actions ordinaires offertes au Canada est payable en dollars canadiens au taux calculé, pour la conversion des dollars américains en dollars canadiens, selon le cours acheteur inverse à midi de la ville de New York pour les virements par câble en dollars canadiens, tel que ce taux est certifié pour les besoins douaniers par la Federal Reserve Bank of New York le • 2002.

3. Compte non tenu de l'option accordée aux preneurs fermes pour l'achat de 675 000 actions ordinaires supplémentaires au prix unitaire de •$US aux fins de couverture des attributions excédentaires, s'il y a lieu, et de stabilisation du marché (l'«option d'attributions excédentaires»). L'option d'attributions excédentaires peut être levée dans les 30 jours suivant la signature de la convention de prise ferme dont il est question à la rubrique «Prise ferme». Si cette option est levée en entier, le prix, les réductions de prise ferme et le produit net seront de •$US, •$US, •$US respectivement. Le présent prospectus vise aussi les actions ordinaires émissibles à la levée de l'option d'attributions excédentaires. (Voir la rubrique «Prise ferme».)

</td></tr>
</table>

Un examen minutieux des états financiers et des notes complémentaires

Nous avons déjà vu que les données financières contenues dans les rapports comptables constituent des éléments importants qui aident les investisseurs, les prêteurs et les analystes à prendre leurs décisions. Pour faciliter l'utilisation de ces états financiers par les décideurs, l'information y est présentée selon un certain ordre suivi par les entreprises. Toutefois, il existe des différences entre les entreprises, car celles-ci adoptent un mode de présentation propre à leurs activités de façon à présenter une image fidèle de leur situation financière. Malgré ces différences, chacun de ces rapports est conforme aux principes comptables étudiés dans ce volume. Nous allons maintenant examiner quelques-uns de ces états financiers.

OBJECTIF D'APPRENTISSAGE **3**

Reconnaître et utiliser les différents modes de présentation des états financiers.

Le bilan

Le bilan d'Axcan en date du 30 septembre 2001 apparaît au tableau 5.4. Il faut d'abord noter le titre de ce document: «Bilans consolidés». Le terme «consolidés» signifie que ces états financiers incluent les comptes de l'entreprise et de ses filiales (par exemple Axcan Scandipharm Inc.). Les comptes de l'entreprise et de ses filiales ont été additionnés par un processus de consolidation qui consiste à enregistrer un seul chiffre pour chaque élément. (Il sera question du processus de consolidation au chapitre 11.)

Le bilan d'Axcan est établi suivant un mode de présentation verticale (les comptes d'actif sont énumérés en tête, puis viennent ceux du passif et ceux des capitaux propres, dans une seule colonne). D'autres entreprises utilisent un mode de présentation horizontale (les actifs du côté gauche, le passif et les capitaux propres du côté droit). Comme c'est généralement le cas, le bilan d'Axcan est ordonné. Autrement dit, ses actifs et les éléments de son passif sont inscrits dans un ordre précis, et ils sont séparés en deux catégories: à court terme et à long terme. Nous avons vu au chapitre 2 que les *actifs à court terme* sont définis comme étant des actifs susceptibles d'être transformés en liquidités ou de venir à échéance à l'intérieur de la plus longue des deux périodes suivantes: un exercice ou un cycle d'exploitation. Nous avons également vu, au chapitre 3, que le cycle d'exploitation (ou le cycle commercial) varie d'une entreprise à l'autre et dure normalement un an. On définit le *passif à court terme* comme les sommes qui seront payées à l'aide des actifs à court terme au cours de l'année qui suit la date du bilan. En général, un bilan typique est ordonné de la façon suivante.

A. Actif (par ordre décroissant de liquidité)
1. Actif à court terme
   a) Espèces et quasi-espèces
   b) Placements temporaires (titres négociables)
   c) Comptes clients (ou Débiteurs)
   d) Stocks
   e) Frais payés d'avance
   f) Autres actifs à court terme
2. Actif à long terme
   a) Placements à long terme
   b) Immobilisations corporelles
   c) Immobilisations incorporelles
   d) Autres actifs
   Total de l'actif

B. Passif (par ordre d'échéance)
1. Passif à court terme
    a) Emprunt bancaire
    b) Comptes fournisseurs (ou Créditeurs)
    c) Charges à payer
    d) Tranche à court terme de la dette à long terme
    e) Autres passifs à court terme
2. Passif à long terme
    a) Effets à payer
    b) Obligations et débentures
    c) Emprunts bancaires
        Total du passif

C. Capitaux propres (par source)
1. Capital-actions (provenant des propriétaires)
2. Bénéfices non répartis (bénéfices nets cumulés moins les dividendes cumulés et déclarés)
    Total des capitaux propres
    Total du passif et des capitaux propres

Il faut souligner, encore une fois, que chaque poste d'un état financier est une combinaison d'un certain nombre de comptes utilisés dans les livres comptables d'une entreprise. De plus, selon les circonstances, les impôts futurs peuvent apparaître à quatre endroits différents au bilan : à titre d'actif à court terme, de passif à court terme, d'actif à long terme ou de passif à long terme.

Ce compte représente le montant d'impôts sur les bénéfices qui devrait probablement être versé aux gouvernements ou économisé dans l'avenir d'après les différences qui existent entre l'application des lois fiscales et des principes comptables généralement reconnus concernant la constatation des charges et des produits d'exploitation dans l'exercice en cours. Si le montant est un actif (à court ou à long terme), on s'attend à des économies d'impôts à venir (des réductions). Si le montant est un passif (à court ou à long terme), on prévoit le paiement d'impôts à une date ultérieure.

Après la section des actifs à court terme, on trouve les *placements à long terme*. Il s'agit d'actifs qui ne servent pas à l'exploitation de l'entreprise. Par exemple, les investissements immobiliers et les placements en titres et en obligations d'autres entreprises font partie de cette catégorie.

Bilans consolidés au 30 septembre (en milliers de dollars américains)	2001 $	2000 $
ACTIF		
Actif à court terme		
Encaisse et quasi-espèces	16 541	11 135
Placements temporaires, au coût (note 6)		9 787
Débiteurs (note 7)	22 178	14 776
Impôts sur les bénéfices à recevoir	417	3 301
Stocks (note 8)	16 735	13 335
Frais payés d'avance et dépôts	1 803	2 014
Impôts futurs (note 9)	3 335	2 315
Total de l'actif à court terme	61 009	56 663
Placements (note 10)	2 579	1 838
Immobilisations (note 11)	162 584	168 138
Impôts futurs (note 9)	3 221	6 173
Écart d'acquisition (note 12)	19 710	21 240
	249 103	254 052
PASSIF		
Passif à court terme		
Créditeurs (note 14)	16 113	15 620
Impôts sur les bénéfices à payer	782	1 722
Versements sur la dette à long terme	103	10 614
Impôts futurs (note 9)	453	467
Total du passif à court terme	17 451	28 423
Dette à long terme (note 15)	112	36 688
Impôts futurs (note 9)	25 704	26 655
Part des actionnaires sans contrôle	695	556
	43 962	93 322
Avoir des actionnaires		
Composantes de capitaux propres du prix d'achat (note 16)	2 704	2 704
Capital-actions (note 17)	186 650	152 905
Bénéfices non répartis	16 914	7 195
Redressements cumulés de conversion des devises	(1 127)	(1 074)
	205 141	161 730
	249 103	254 052

Les notes complémentaires font partie intégrante des états financiers consolidés.

Pour le conseil,

(signé)   (signé)
Léon F. Gosselin   Claude Sauriol
Administrateur   Administrateur

Les *immobilisations corporelles* sont souvent appelées des « actifs immobilisés ». Cette catégorie comprend les actifs corporels (les biens matériels) qui ont été acquis pour servir à l'exploitation de l'entreprise plutôt que pour être revendus sous forme d'éléments de stocks ou détenus sous forme de placements. Parmi ces actifs, on trouve les immeubles, les terrains sur lesquels les immeubles sont construits ainsi que le matériel, les outils, le mobilier et les agencements utilisés dans l'exploitation de l'entreprise. Les immobilisations corporelles, à l'exception des terrains, se déprécient à mesure qu'elles sont utilisées. Comme nous l'avons vu au chapitre 4, leur coût initial est imputé à la charge d'amortissement de l'exercice tout au long de leur durée de vie utile estimative. Le terrain ne fait pas l'objet d'une dépréciation parce qu'il a une durée de vie indéfinie. La charge d'amortissement calculée pour chaque exercice est enregistrée à l'état des résultats. Pour déterminer la valeur comptable ou la valeur comptable nette des immobilisations incorporelles, on retranche le montant de la charge d'amortissement cumulé au cours des exercices passés du coût initial de l'actif (Coût – Amortissement cumulé). À titre d'exemple, on suppose qu'une entreprise a payé 23 000 $ un nouveau système informatique dont la durée de vie utile estimative est de 5 ans et la valeur résiduelle, de 1 000 $. On calcule la charge d'amortissement comme suit : (23 000 $ – 1 000 $) ÷ 5 ans = 4 400 $ par exercice. S'il s'agissait du seul actif immobilisé de l'entreprise, les bilans établis pendant ces cinq exercices comporteraient les calculs suivants, probablement sous forme de notes aux états financiers.

	20A	20B	20C	20D	20E
Système informatique (au coût historique)	23 000 $	23 000 $	23 000 $	23 000 $	23 000 $
Moins : amortissement cumulé	4 400	8 800	13 200	17 600	22 000
Valeur comptable nette	18 600 $	14 200 $	9 800 $	5 400 $	1 000 $

Les *immobilisations incorporelles* n'ont pas d'existence physique, mais leur durée de vie est longue. Leur valeur découle des droits et des privilèges juridiques associés à leur possession. On peut citer par exemple les brevets, les marques de commerce, les droits d'auteur, les concessions ou franchises et les écarts d'acquisition résultant de l'achat d'autres entreprises. En général, les immobilisations de ce type ne sont pas destinées à la revente, mais elles sont directement reliées à l'exploitation de l'entreprise. À titre d'immobilisations incorporelles, Axcan détient des marques de commerce, des licences d'utilisation de marques de commerce et des droits de fabrication. Axcan présente aussi un écart d'acquisition provenant de l'achat d'entreprises effectué au cours des dernières années. Comme nous l'avons vu au chapitre 2, les immobilisations incorporelles développées par l'entreprise la plupart du temps n'apparaissent pas au bilan parce qu'elles n'ont donné lieu à aucune transaction effective, bien que leur valeur économique puisse être importante. Toutefois, de nouvelles normes comptables permettent de capitaliser les frais attribuables au développement d'actifs incorporels lorsque les avantages futurs en découlant sont assurés. Axcan regroupe dans son bilan les immobilisations corporelles et incorporelles et en présente le détail dans une note complémentaire.

On s'attend à ce que le *passif à court terme* soit réglé au cours de l'exercice qui suit la date du bilan. Le passif à court terme comprend les comptes fournisseurs, les effets à payer à court terme, les salaires à payer, les impôts exigibles et les autres charges engagées (c'est-à-dire utilisées mais non payées). Axcan regroupe les comptes fournisseurs et les charges à payer, mais elle inscrit les impôts exigibles séparément. On trouve aussi dans cette section les versements exigibles sur la dette à long terme, c'est-à-dire les sommes que l'entreprise est tenue par contrat de rembourser au cours du prochain exercice.

Le *passif à long terme* comprend les dettes d'une entreprise qui ne sont pas classées dans le passif à court terme. Leurs échéances dépassent d'une année la date du bilan. On peut citer par exemple les emprunts bancaires à long terme, les emprunts obligataires, les débentures, les dettes relatives à un régime de retraite et les obligations locatives.

Les *capitaux propres* ou l'*avoir des actionnaires* (ou *des propriétaires*) représente les droits résiduels des propriétaires sur l'actif (c'est-à-dire A – Pa = CP). Ces droits résultent des contributions des actionnaires (le capital-actions) auxquelles s'ajoutent les bénéfices non répartis correspondant aux bénéfices accumulés de l'entreprise depuis les débuts de son exploitation dont on a soustrait les dividendes cumulés déclarés. Les bénéfices non répartis constituent le montant des bénéfices qui ont été réinvestis en vue de la croissance de l'entreprise. D'autres éléments tels que les redressements liés à la conversion de devises peuvent également faire partie des capitaux propres de l'entreprise. Ces sujets sont étudiés dans les cours de comptabilité avancés.

Jusqu'ici, nous avons classé le financement provenant des actionnaires dans le compte Capital-actions. Toutefois, les apports des actionnaires peuvent aussi apparaître dans deux comptes : le compte Capital-actions et le compte Surplus d'apport. En effet, il peut arriver que les actions aient une **valeur nominale.** Cette valeur est le montant officiel de l'action tel qu'il a été établi par le conseil d'administration de l'entreprise et n'a aucun rapport avec le prix de l'action sur le marché. Elle sert à déterminer le montant minimal qu'un actionnaire doit investir dans l'entreprise. Lorsqu'une société émet des actions, la valeur nominale des actions est enregistrée dans le compte Capital-actions (Nombre d'actions × Valeur nominale par action), et le surplus encaissé est inscrit dans le compte **Surplus d'apport.** Au Canada, la grande majorité des entreprises émettent des actions sans valeur nominale.

Dans une note complémentaire aux états financiers, Axcan fournit de l'information sur son capital-actions autorisé et son capital-actions émis et payé (38 412 133 actions ordinaires étaient en circulation à la fin de l'exercice 2001). Axcan peut émettre un nombre illimité d'actions ordinaires et un nombre illimité d'actions privilégiées. Toutefois, aucune action privilégiée n'était émise à la fin de l'exercice 2001. Il sera de nouveau question des capitaux propres au chapitre 10.

La valeur nominale est le montant théorique par action établi par le conseil d'administration d'une entreprise ; elle correspond au montant minimal qu'un actionnaire doit fournir et n'a aucun rapport avec le cours de l'action sur le marché.

Le surplus d'apport comprend, entre autres, la prime à l'émission d'actions avec valeur nominale.

ANALYSE FINANCIÈRE

Les ratios financiers et la dette

Lorsque les entreprises empruntent de l'argent, elles s'engagent à verser des montants spécifiques d'intérêts et de capital dans l'avenir. Pour protéger les créanciers, elles acceptent souvent d'autres restrictions sur leurs opérations. Par exemple, une entreprise peut accepter de maintenir à un niveau minimal prédéterminé son ratio du fonds de roulement et son ratio d'endettement que l'on calcule comme suit.

$$\text{Ratio du fonds de roulement} = \frac{\text{Actif à court terme}}{\text{Passif à court terme}}$$

$$\text{Ratio d'endettement} = \frac{\text{Passif total}}{\text{Capitaux propres}}$$

En réclamant le maintien d'un niveau donné pour le ratio du fonds de roulement, la banque s'assure que l'entreprise possède suffisamment de liquidités pour rembourser ses dettes à court terme. Le ratio d'endettement sert à mesurer dans quelle proportion l'entreprise se finance à partir de sa dette. En limitant ce ratio, une entreprise accepte de restreindre le montant de ses emprunts, limitant ainsi le nombre de créanciers. Il sera question de ces deux ratios plus en détail au chapitre 9.

L'état des résultats

L'état des résultats consolidé d'Axcan pour l'exercice 2001 est reproduit au tableau 5.5. Cet état prend parfois le nom de « résultats ». L'état des résultats comporte jusqu'à cinq grandes sections :

1. les activités d'exploitation poursuivies ;
2. les activités abandonnées ;
3. les éléments extraordinaires ;
4. les éléments inhabituels, *Bénéfice net ;* (somme de 1, 2, 3 et 4)
5. le résultat par action.

TABLEAU 5.5 — État des résultats

Coup d'œil sur

Axcan Pharma Inc.

RAPPORT ANNUEL

Résultats consolidés des exercices terminés les 30 septembre (en milliers de dollars américains, sauf les montants par action)	2001 $	2000 $	1999 $
Produits	104 549	87 486	37 549
Coût des marchandises vendues	26 540	22 313	9 546
Frais de vente et d'administration	39 101	32 127	17 771
Frais de recherche et développement	6 129	6 174	3 175
	71 770	60 614	30 492
	32 779	26 872	7 057
Frais financiers	3 528	9 095	2 800
Revenus d'intérêts	(981)	(1 072)	(1 111)
Amortissements	12 032	10 522	3 021
	14 579	18 545	4 710
Bénéfice avant impôts sur les bénéfices	18 200	8 327	2 347
Impôts sur les bénéfices (note 9)	6 728	3 387	1 348
Bénéfice provenant des activités poursuivies	11 472	4 940	999
Bénéfice provenant des activités abandonnées, comprenant un gain net sur cession de 1 442 $ en 2000 (note 5)	–	1 796	413
Bénéfice net	11 472	6 736	1 412
Bénéfice par action ordinaire			
De base et dilué			
Activités poursuivies	0,31	0,18	0,06
Activités abandonnées	–	0,07	0,03
Bénéfice net	0,31	0,25	0,09
Nombre moyen pondéré d'actions ordinaires			
De base	35 832 198	26 575 475	16 111 545
Dilué	36 531 052	26 791 510	16 144 329

Les notes complémentaires font partie intégrante des états financiers consolidés.

Les états des résultats de toutes les entreprises comportent les sections 1 (les activités d'exploitation poursuivies) et 5 (le résultat par action). Selon les circonstances propres à chacune, les entreprises peuvent ajouter une ou plusieurs des trois sections restantes. La somme des montants enregistrés dans les quatre premières sections doit être égale au résultat du poste Bénéfice net. Nous allons d'abord examiner la section qu'on trouve le plus couramment et qui est la plus importante : la section des activités poursuivies.

Les activités poursuivies La première section d'un état des résultats donne les résultats des activités d'exploitation normales de l'entreprise. Il est possible de présenter cette section d'une des deux manières suivantes :

1. une forme de présentation à groupements simples qui consiste à regrouper en premier lieu tous les produits et les gains et de soustraire toutes les charges et les pertes ;
2. une forme de présentation à groupements multiples dans laquelle on soustrait le coût des marchandises vendues du chiffre d'affaires pour indiquer la marge bénéficiaire brute (ou le bénéfice brut) à titre de total partiel puis les autres charges d'exploitation pour faire ressortir le bénéfice d'exploitation ; cette méthode met aussi en évidence le bénéfice avant impôts et le bénéfice net.

L'état des résultats de la société Axcan est établi suivant la méthode de présentation à groupements multiples. Il met en évidence le bénéfice avant intérêts et amortissement, le bénéfice provenant des activités poursuivies et le bénéfice net. Dans des chapitres précédents, nous avons à l'occasion utilisé un mode de présentation simplifié, connu sous le nom de « présentation à groupements simples », dans lequel tous les produits d'exploitation, le bénéfice et les gains étaient inscrits en tête, puis on retranchait les coûts, les charges et les pertes. Selon un sondage effectué auprès de 200 sociétés canadiennes, seulement une entreprise (0,05 %) présentait en 2000 un état des résultats à groupements simples[2].

Le *chiffre d'affaires net* (ou Produits dans l'état des résultats d'Axcan) correspond au chiffre d'affaires brut dont on soustrait les escomptes de caisse, ainsi que les rendus et rabais consentis au cours de l'exercice. Il sera question de ces éléments au chapitre 6.

Le *coût des marchandises vendues* équivaut au coût des stocks vendus par un marchand (une entreprise qui achète des produits aux fabricants pour les revendre ensuite) ou par un fabricant (une entreprise qui produit les marchandises à vendre aux grossistes ou aux détaillants). Supposez, par exemple, que la société Sur Le Vert vend à crédit des bâtons de golf d'une valeur de 90 000 $ à la société Sportif pour 200 000 $. Voici l'effet de cette transaction sur l'équation comptable ainsi que les écritures de journal nécessaires pour l'enregistrer.

ÉQUATION COMPTABLE

Actif	=	Passif	+	Capitaux propres	
Comptes clients +200 000				Ventes	+200 000
Stocks −90 000				Coût des marchandises vendues	−90 000

ÉCRITURE DE JOURNAL

Comptes clients (A)	200 000	
Ventes (Pr)		200 000
Pour refléter la réalisation des produits d'exploitation en échange d'une promesse de paiement du client		
Coût des marchandises vendues (C)	90 000	
Stocks (A)		90 000
*Pour refléter le fait que les stocks servent à engendrer des produits d'exploitation au cours de cet exercice**		

* Cet exemple illustre la méthode de l'inventaire permanent. Il sera question des différents systèmes d'inventaire au chapitre 7.

---

2. Clarence Byrd, Ida Chen et Heather Chapman, *Financial Reporting in Canada 2001*, Toronto, ICCA, 2001, p. 100.

Tout stock qui est acheté ou produit mais non vendu au cours de l'exercice est inclus dans le compte Stocks au bilan. Nous aborderons de nouveau la comptabilité du chiffre d'affaires et du coût des marchandises vendues pour les entreprises de détail et de fabrication aux chapitres 6 et 7.

Le bénéfice brut (ou la **marge bénéficiaire brute**) est un total partiel et non un compte. Il s'agit de la différence entre le chiffre d'affaires net et le coût des marchandises vendues. Il peut être utile dans le calcul de certains ratios financiers. Au tableau 5.5, il faut noter que la société Axcan n'effectue pas ce calcul. Toutefois, elle donne la possibilité de le faire puisqu'elle précise le montant du Coût des marchandises vendues. Selon le sondage cité précédemment, moins de la moitié des entreprises canadiennes présente de façon distincte le coût des marchandises vendues. Il est vrai que la divulgation de cette information donne un précieux renseignement aux compétiteurs en leur permettant de calculer la marge bénéficiaire brute. Notons que les normes américaines exigent la divulgation de cette information.

Les *frais d'exploitation* sont les charges habituelles engagées dans le cadre des activités d'exploitation normales d'une entreprise au cours d'un exercice. Il n'est pas rare d'observer des différences entre les charges et les produits d'exploitation selon la nature de chaque entreprise et de chaque secteur d'activité. La société Axcan montre dans cette catégorie des frais de vente et d'administration ainsi que des frais de recherche et développement. Un autre total partiel, le **bénéfice d'exploitation** (aussi appelé le **résultat d'exploitation**) est calculé après qu'on a soustrait les frais d'exploitation du bénéfice brut.

En outre, le chapitre 1520 du *Manuel de l'ICCA* précise quelles informations l'état des résultats doit fournir. C'est le cas entre autres des revenus de placement, des amortissements, des frais d'intérêts ainsi que des gains ou des pertes découlant de la vente d'actifs immobilisés. Les intérêts créditeurs sur une dette sont parfois regroupés (déduits) avec les revenus d'intérêts de sorte qu'on n'enregistre qu'un seul montant. Ces éléments sont ensuite additionnés au (ou soustraits du) bénéfice d'exploitation pour obtenir le **bénéfice avant impôts**.

Le bénéfice brut (ou la marge bénéficiaire brute) correspond au chiffre d'affaires net dont on soustrait le coût des marchandises vendues.

Le bénéfice d'exploitation (ou le résultat d'exploitation) est égal au chiffre d'affaires net dont on soustrait le coût des marchandises vendues et les autres charges d'exploitation.

Le bénéfice avant impôts correspond aux produits d'exploitation dont on soustrait toutes les charges à l'exception des impôts sur les bénéfices.

ANALYSE FINANCIÈRE

Des primes de rendement pour les cadres supérieurs

Certaines sociétés choisissent de lier la rémunération de leurs cadres supérieurs aux résultats financiers de l'entreprise. En plus d'autres formes de rémunération, elles versent à leurs cadres supérieurs des primes de rendement pouvant aller jusqu'à 75 % de leur salaire de base si la croissance du bénéfice avant impôts (qui est calculée ci-dessous) permet d'atteindre les objectifs prévus. Des statistiques indiquant une croissance inférieure aux objectifs se traduisent par des primes de rendement moins élevées. Voici un exemple de calcul de la prime de rendement maximale pour un exercice.

Prime de rendement maximale

$$\text{Pourcentage de croissance du bénéfice avant impôts} = \frac{\left(\begin{array}{c}\text{Bénéfice avant impôts de l'exercice en cours}\end{array} - \begin{array}{c}\text{Bénéfice avant impôts de l'exercice précédent}\end{array}\right)}{\text{Bénéfice avant impôts de l'exercice précédent}} = 30\,\%$$

La réalisation de cet objectif pendant l'exercice se traduira par des primes de rendement maximales pour les cadres supérieurs de l'entreprise.

1. Remplissez le tableau suivant. (Inscrivez un «+» pour une augmentation, un «–» pour une diminution et AE pour «aucun effet».) Considérez chaque élément indépendamment des autres.
   a) Enregistrement et paiement du loyer de 200 $.
   b) Enregistrement de la vente à crédit de marchandises pour un montant de 400 $ et d'un coût des marchandises vendues de 300 $.

Opération	Actif à court terme	Bénéfice brut	Bénéfice d'exploitation
a)			
b)			

2. On suppose que les cadres supérieurs de la société Axcan reçoivent des primes de rendement maximales si la croissance du bénéfice avant impôts est égale ou supérieure à un objectif de 50 %. À l'aide du tableau 5.5, déterminez si ces cadres ont gagné leur prime de rendement maximale au cours de l'exercice le plus récent.

   Pour quelles raisons l'entreprise choisirait-elle de payer ses cadres supérieurs d'après les résultats financiers? Pourquoi utilise-t-elle les mêmes chiffres comptables présentés dans les rapports destinés aux actionnaires pour mesurer la performance de ses cadres?

Vérifiez vos réponses à l'aide des solutions présentées en bas de page*.

Les activités abandonnées Toute entreprise qui procède ou a procédé à la fermeture ou à la cession d'un secteur important de ses activités doit présenter de façon distincte à l'état des résultats les informations en résultant. De plus, elle doit ajouter les détails s'y rapportant dans une note complémentaire.

Les **activités abandonnées** peuvent résulter de l'abandon ou de la vente d'un secteur important de l'entreprise. Tout bénéfice d'exploitation engendré par ce secteur abandonné est présenté séparément de tout gain ou de toute perte résultant de la vente (la différence entre la valeur comptable des actifs nets cédés et le prix de vente ou le coût de l'abandon). La présentation de chaque élément peut se faire dans une note complémentaire. À l'état des résultats, tout montant lié aux activités abandonnées est présenté déduction faite des impôts s'y rapportant. Le fait de présenter ces informations de façon distincte informe les utilisateurs que ces résultats d'activités abandonnées ont une utilité moindre comme indicateurs du rendement futur de l'entreprise.

L'état des résultats d'Axcan inclut un élément concernant les activités abandonnées pour les exercices 2000 et 1999. Dans une note complémentaire qui est reproduite dans le tableau 5.6, Axcan donne toute l'information pertinente à ce sujet. La société a abandonné en 2000 les activités de sa coentreprise Althin Biopharm inc., et elle a vendu en 1999 sa filiale Axcan Ltée. Tous les détails concernant le bénéfice d'exploitation lié à ces activités ainsi que le gain ou la perte résultant de leur abandon sont fournis.

Les **activités abandonnées** résultent de l'abandon ou de la cession-vente d'une partie des activités de l'entreprise, et elles sont présentées à l'état des résultats déduction faite des impôts s'y rapportant.

---

*1. a) –200, AE, –200; b) +100, +100, +100.
   2. Pourcentage de croissance du bénéfice avant impôts = (18 200 – 8 327) ÷ 8 327 = 118,5 % par rapport à un objectif de 50 %.
   Les cadres auraient obtenu leur prime de rendement maximale. Une augmentation de la croissance du bénéfice avant impôts peut entraîner une hausse du prix des actions de l'entreprise. En versant une prime de rendement à ses cadres lorsque la croissance des bénéfices s'accélère, une entreprise espère faire coïncider les intérêts de ses cadres supérieurs avec ceux de ses actionnaires. En outre, les entreprises utilisent les chiffres inscrits dans le rapport annuel parce que ces chiffres ont fait l'objet d'une vérification par des experts-comptables.

TABLEAU 5.6   Note 5 : Activités abandonnées

Notes complémentaires
au 30 septembre
Les montants dans les tableaux sont exprimés en milliers de dollars américains, sauf les montants par action.

5. Activités abandonnées

Au cours du troisième trimestre de l'exercice terminé le 30 septembre 2000, la Société a convenu d'abandonner les activités reliées à l'exploitation de la coentreprise Althin Biopharm inc., qui évoluait dans le secteur de la dialyse. Les actions de la coentreprise ont été cédées à l'autre coentrepreneur pour une contrepartie de 5 067 568 $ en espèces.

Au cours du troisième trimestre de l'exercice terminé le 30 septembre 1999, la Société a convenu d'abandonner les activités reliées à l'exploitation de sa filiale Axcan Ltée, spécialisée dans la contraception et la prévention des maladies transmises sexuellement. Les actions de la filiale ont été cédées à une société privée pour une contrepartie de 1 156 463 $ en actions privilégiées.

Les résultats d'exploitation de la filiale et de la coentreprise jusqu'aux dates de cession et les gains nets sur cession ont été présentés distinctement à titre d'activités abandonnées aux états financiers et aux notes complémentaires. Le détail des activités abandonnées présentées aux états des résultats est le suivant :

	2000	1999
	$	$
Produits	3 701	5 659
Charges		
Coût des marchandises vendues	2 473	4 062
Frais de vente et d'administration	540	773
Frais de recherche et développement	7	81
Frais financiers	7	17
Amortissements	68	50
Impôts sur les bénéfices	252	263
	3 347	5 246
Apport au bénéfice de la Société	354	413
Gain net sur cession	1 442	–
Bénéfice provenant des activités abandonnées	1 796	413
Le gain net sur cession se détaille comme suit :		
Produit net	5 055	1 156
Éléments d'actif net cédés		
Placements	463	–
Immobilisations	827	693
Écart d'acquisition	227	–
Éléments du fonds de roulement		
(incluant 468 $ d'encaisse en 2000)	1 691	80
Impôts futurs		383
Dette à long terme	(465)	–
	2 743	1 156
Gain sur cession	2 312	–
Gain réalisé résultant de la cession de l'immeuble		
à une coentreprise	243	–
Impôts sur les bénéfices	(1 113)	–
Gain net sur cession	1 442	–

Les éléments extraordinaires Les **éléments extraordinaires** sont des gains ou des pertes résultant d'opérations qui ne font pas partie des activités normales de l'entreprise et qui ne sont pas susceptibles de se répéter fréquemment. De plus, ces opérations ne doivent pas découler d'une décision de la direction ou des propriétaires de l'entreprise. Cette troisième caractéristique des éléments extraordinaires restreint énormément les éléments qu'on peut y inclure. On peut citer, par exemple, les pertes subies à la suite de catastrophes naturelles telles que des inondations ou des ouragans. Il faut enregistrer ces éléments dans une section distincte de l'état des résultats déduction faite des impôts. Cette présentation permet aux décideurs de constater que ces éléments ne se reproduiront probablement pas de manière fréquente et, par conséquent, qu'ils sont peu pertinents dans leur analyse concernant l'avenir de l'entreprise. De plus, une note complémentaire est requise pour expliquer la nature de l'élément extraordinaire.

Depuis l'ajout de cette notion de non-contrôle concernant les éléments extraordinaires, certaines opérations sont maintenant présentées à titre d'**éléments inhabituels.** Ces opérations respectent les deux premières caractéristiques des éléments extraordinaires, soit la nature inhabituelle et la non-fréquence. On trouve notamment dans cette catégorie les gains ou les pertes sur vente d'actifs immobilisés ou de placements ainsi que les frais de restructuration. Les éléments inhabituels doivent être présentés séparément à l'état des résultats, avant le Bénéfice avant activités abandonnées et éléments extraordinaires, puis faire l'objet d'une note complémentaire donnant toutes les informations pertinentes.

Enfin, on arrive au résultat net, c'est-à-dire au bénéfice net. Toutefois, un état des résultats n'est pas complet sans les renseignements sur le résultat par action.

Le résultat par action Comme nous l'avons vu au chapitre 4, il existe une façon simple de calculer le résultat par action.

	Résultat net revenant aux actionnaires ordinaires
Résultat par action =	**Moyenne pondérée du nombre d'actions en circulation au cours de l'exercice**

Axcan publie ce montant dans son état des résultats (voir le tableau 5.5) sous le titre « Bénéfice par action ordinaire ». Toute entreprise qui présente une structure financière complexe (c'est-à-dire soit des options d'achat d'actions, soit des titres de créance ou des titres participatifs à durée indéterminée convertibles en actions ordinaires) doit aussi calculer l'effet de ces éléments comme s'ils avaient été exercés ou convertis au début de l'exercice ou au moment de leur émission initiale si elle a eu lieu au cours de l'exercice (on parle alors de résultat par action dilué). Le calcul de tels montants dépasse le cadre de ce volume, et il sera étudié dans les cours avancés de comptabilité. Toute entreprise qui déclare des activités abandonnées ou des éléments extraordinaires doit également présenter l'effet de ces éléments sur le résultat par action.

Les impôts sur les bénéfices Une des caractéristiques communes aux quatre premières sections de l'état des résultats est qu'on trouve dans chacune d'elles le montant de la charge fiscale relative à cette section. C'est ce qu'on appelle la « ventilation des impôts de l'exercice ». Les éléments qui apparaissent à la suite des activités normales maintenues sont présentés nets des impôts qui s'y rapportent. Par exemple, un gain extraordinaire de 1 000 $ est présentée à 700 $ (1 000 $ – 300 $ de charges fiscales).

Avant de déterminer le bénéfice provenant des activités poursuivies, on calcule et on soustrait la charge fiscale. Dans le cas d'Axcan, cette charge correspond à environ 37 % du résultat comptable. Les sociétés par actions (ou les sociétés de capitaux) sont assujetties à une telle charge, mais non les entreprises individuelles ni les sociétés en nom collectif. Les impôts sur les bénéfices sont payables à chaque exercice (en partie par anticipation selon des estimations trimestrielles).

Les éléments extraordinaires sont des gains ou des pertes caractérisés à la fois par leur nature inhabituelle, leur non-fréquence et l'absence de contrôle par la direction ou les actionnaires.

Les éléments inhabituels sont les gains ou les pertes découlant d'opérations qui ne sont pas susceptibles de se répéter fréquemment et qui ne sont pas typiques des activités normales de l'entreprise.

L'état des bénéfices non répartis

L'état des bénéfices non répartis indique les changements survenus au cours d'un exercice dans les bénéfices non répartis. Nous analyserons cet état financier plus en détail au chapitre 10.

L'état des flux de trésorerie

Dans les chapitres précédents, nous avons discuté les différentes composantes de l'état des flux de trésorerie énumérées ci-après.

Les flux de trésorerie liés aux activités d'exploitation Cette section comprend les flux de trésorerie relatifs aux opérations qui entrent dans le calcul du bénéfice net.

Les flux de trésorerie liés aux activités d'investissement Cette section porte sur les activités d'investissement telles que l'acquisition et la cession d'actifs à long terme destinés à engendrer des produits et des liquidités futures.

Les flux de trésorerie liés aux activités de financement Cette section traite des activités liées au financement de l'entreprise au moyen des capitaux propres et de la dette.

L'état des flux de trésorerie consolidé de la société Axcan pour l'exercice 2001 est reproduit dans le tableau 5.7. Il contient les sections énumérées précédemment dans le même ordre. On peut présenter la première section (les flux de trésorerie liés aux activités d'exploitation) selon la méthode directe ou la méthode indirecte. La société Axcan utilise la méthode indirecte qui consiste à ajuster le bénéfice net calculé selon la méthode de la comptabilité d'exercice pour tenir compte des éléments sans effet sur la trésorerie, des variations dans les comptes Stocks, Débiteurs, Créditeurs, Frais payés d'avance et Produits reportés ainsi que des autres éléments liés à l'investissement ou au financement. La méthode indirecte est la méthode la plus utilisée par les entreprises canadiennes. Selon le sondage Byrd cité précédemment, 199 entreprises sur 200 présentaient leurs activités d'exploitation selon la méthode indirecte[3].

INCIDENCE SUR LES FLUX DE TRÉSORERIE

Les activités d'exploitation (la méthode indirecte)

La section des activités d'exploitation de l'état des flux de trésorerie établie selon la méthode indirecte permet à l'analyste de comprendre les raisons des différences entre le bénéfice net et les flux de trésorerie d'une entreprise. En fait, il peut s'agir de montants très différents. Il ne faut pas oublier que l'état des résultats est établi selon la méthode de la comptabilité d'exercice. On enregistre donc les produits d'exploitation lorsqu'ils sont réalisés sans tenir compte du moment où les flux de trésorerie qui s'y rapportent se produisent. Les charges sont rapprochées des produits d'exploitation et enregistrées dans le même exercice que ceux-ci, encore une fois sans considération du moment où les sorties de fonds correspondantes ont lieu.

Le premier élément des flux de trésorerie liés aux activités d'exploitation est le bénéfice net qui a été calculé suivant la méthode de la comptabilité d'exercice et qu'on doit transformer en flux de trésorerie. Les éléments qui apparaissent entre ces deux montants servent à expliquer pourquoi ils diffèrent l'un de l'autre. Prenons l'exemple de la société Axcan. Comme aucune sortie de fonds n'a lieu au cours de l'exercice pour la charge d'amortissement inscrite à l'état des résultats, ce montant est réintégré par le processus de conversion. De même, les augmentations et les diminutions des actifs et des passifs à court terme justifient une fraction de la différence entre le bénéfice net et les flux de trésorerie liés aux activités d'exploitation. À mesure que nous examinerons plus en détail différents éléments de l'état des résultats et du bilan (voir les chapitres 6 à 11), nous traiterons également de l'incidence de ceux-ci sur l'état des flux de trésorerie. L'étude de tous les aspects de cet état financier se fera au chapitre 12.

---

3. *Ibid.*, p.121.

TABLEAU **5.7**

Coup d'œil sur

Axcan Pharma Inc.

RAPPORT ANNUEL

Flux de trésorerie consolidés Des exercices terminés les 30 septembre en milliers de dollars des États-Unis	2001 $	2000 $	1999 $
Exploitation			
Bénéfice provenant des activités poursuivies	11 472	4 940	999
Dividendes d'une société satellite	–	12	25
Éléments hors caisse			
Part des actionnaires sans contrôle	(249)	–	–
Intérêts	–	–	1 484
Amortissements	12 032	10 995	3 966
Gain sur cession d'éléments d'actif	(141)	(37)	–
Variation de change étranger	102	320	(69)
Impôts futurs	2 515	1 934	3 986
Crédits d'impôt à l'investissement	(746)	(627)	214
Quote-part de la perte nette des sociétés satellites	–	125	186
Variations d'éléments du fonds de roulement des activités abandonnées (note 19)	(8 580)	(5 674)	(10 310)
Flux de trésorerie liés aux activités d'exploitation poursuivies	16 405	11 988	481
Flux de trésorerie liés aux activités d'exploitation abandonnées	–	396	160
Flux de trésorerie liés aux activités d'exploitation	16 405	12 384	641
Financement			
Billet à payer	–	–	90 533
Remboursements des billets à payer	–	(92 017)	–
Remboursements d'emprunts à long terme	(47 075)	(13 620)	–
Part des actionnaires sans contrôle	388	–	–
Émission d'actions	33 302	88 342	10 252
Frais d'émission d'actions	(2 333)	(4 876)	(183)
Flux de trésorerie liés aux activités abandonnées	–	(12)	(17)
Flux de trésorerie liés aux activités de financement	(15 718)	(22 183)	100 585
Investissement			
Acquisitions de placements temporaires	(48 552)	(9 787)	(34 951)
Cessions de placements temporaires	58 339	19 300	43 180
Produit de la cession des activités abandonnées	–	4 587	–
Acquisition de placements	(961)	(99)	(128)
Cessions de placements	186	1 982	–
Acquisitions d'immobilisations	(4 283)	(20 827)	(865)
Autres	–	–	(1 041)
Trésorerie nette utilisée pour les acquisitions d'entreprises (note 4)	–	(1 798)	(82 456)
Flux de trésorerie liés aux activités abandonnées	–	17	33
Flux de trésorerie liés aux activités d'investissement	4 729	(6 625)	(76 228)
Perte de change sur espèces libellées en monnaie étrangère	(10)	–	(504)
Augmentation (diminution) nette de l'encaisse et quasi-espèces	5 406	(16 424)	24 494
Encaisse et quasi-espèces au début	11 135	27 559	3 065
Encaisse et quasi-espèces à la fin	16 541	11 135	27 559

Les notes complémentaires font partie intégrante des états financiers consolidés.

Les notes complémentaires (ou les notes afférentes) aux états financiers

Les montants présentés dans les différents états financiers fournissent des informations importantes pour les décideurs, mais la plupart des utilisateurs ont besoin d'informations supplémentaires pour mener à bien leur analyse. Selon le chapitre 1000 du *Manuel de l'ICCA,* les notes complémentaires visent à fournir des précisions sur des éléments constatés dans les états financiers ou à donner des informations au sujet d'éléments ne satisfaisant pas aux critères de constatation et qui, de ce fait, ne sont pas constatés dans les états financiers. Ces notes font partie intégrante des états financiers. En effet, elles sont comprises dans le rapport du vérificateur, et l'information incluse a la même importance que celle qui est présentée dans les états financiers mêmes. Pour les besoins de notre analyse, nous avons classé les notes aux états financiers d'Axcan par catégories : les principales conventions comptables, les précisions sur des éléments constatés dans les états financiers et les informations financières pertinentes non constatées dans les états financiers.

La description des principales conventions comptables La grande majorité des entreprises présentent, dans leur première note aux états financiers, un résumé des principales conventions comptables utilisées. Comme vous pourrez le constater à la lecture des prochains chapitres, les principes comptables généralement reconnus (PCGR) permettent aux entreprises de choisir entre différentes méthodes pour mesurer certains éléments.

Le résumé des principales conventions comptables indique à l'utilisateur quelles méthodes comptables l'entreprise a adoptées. Il est impossible d'analyser efficacement les résultats financiers d'une entreprise si on ne possède pas au départ une bonne connaissance des différentes méthodes utilisées. Voici la convention comptable adoptée par Axcan pour évaluer ses stocks.

Notes complémentaires

3. Les conventions comptables
L'évaluation des stocks
Les stocks de matières premières et de matériel de conditionnement sont évalués au moindre du coût et du coût de remplacement, alors que les stocks de produits en cours et de produits finis sont évalués au moindre du coût et de la valeur de réalisation nette, le coût étant déterminé selon la méthode de l'épuisement successif.

ANALYSE FINANCIÈRE

Les différentes méthodes comptables et les principes comptables généralement reconnus

De nombreuses personnes ont de fausses impressions concernant la nature des règles que sont les principes comptables généralement reconnus. Elles croient par exemple que les PCGR exigent l'utilisation d'une seule méthode comptable pour calculer chaque valeur inscrite aux états financiers (par exemple la valeur des stocks). En fait, les PCGR permettent souvent de choisir une méthode comptable parmi plusieurs méthodes acceptables. Une entreprise peut alors adopter les méthodes qui correspondent le mieux à sa situation économique particulière. Toutefois, cette possibilité complique la tâche des utilisateurs d'états financiers, car ces derniers doivent comprendre comment le choix des méthodes comptables d'une entreprise influe sur la présentation de ses états financiers.

Par exemple, avant d'analyser les états financiers de deux entreprises qui utilisent des méthodes comptables différentes, on doit convertir les états de l'une en utilisant les méthodes adoptées par l'autre pour pouvoir les comparer. Autrement, le lecteur se retrouve dans la situation d'une personne qui comparerait des distances en kilomètres avec des distances en milles sans les convertir dans une échelle commune. À l'intérieur des chapitres subséquents, nous verrons comment développer les habiletés nécessaires pour effectuer de telles conversions.

Des précisions sur des éléments constatés dans les états financiers Le deuxième type de notes fournit des informations supplémentaires, et des précisions sur différents postes présentés aux états financiers. Entre autres informations, ces notes peuvent présenter séparément les produits d'exploitation par région géographique ou secteur d'activité, décrire des opérations importantes telle l'acquisition d'une entreprise ou donner de plus amples détails sur un poste en particulier. Par exemple, la société Axcan donne des informations supplémentaires sur les activités abandonnées dans sa note 5. Elle précise les secteurs abandonnés, les résultats d'exploitation jusqu'aux dates de cession et le gain net réalisé. La note 7, que voici, précise la composition du compte Débiteurs.

Notes complémentaires
(en milliers de dollars des États-Unis)

7. Débiteurs

	2001	2000
	$	$
Comptes clients, déduction faite de la provision pour mauvaises créances de 221 000 $ (215 000 $ en 2000) a)	19 319	13 778
Placements encaissables à court terme	278	146
Taxes à recevoir	289	508
Autres	2 292	344
	22 178	14 776

a) Au 30 septembre 2001, les débiteurs incluent les sommes à recevoir de quatre clients (un distributeur américain et deux clients en 2000) qui représentent approximativement 72 % (50 % en 2000) du total des débiteurs de la société.

Les informations financières pertinentes non constatées dans les états financiers Les informations de cette dernière catégorie ont des répercussions financières sur l'entreprise, mais elles n'apparaissent pas comme telles dans les états financiers. Il s'agit par exemple de renseignements concernant un régime d'options d'achat d'actions, des questions juridiques ou tout événement important qui a eu lieu après la fin de l'exercice, mais avant la publication des états financiers. La note 13 qui suit en est un exemple.

Notes complémentaires

13. Ligne de crédit autorisé
Les comptes clients et les stocks ainsi que les marques de commerce, les licences d'utilisation de marques de commerce et les droits de fabrication canadiens sont affectés à la garantie des emprunts bancaires. Les montants maximums autorisés des emprunts bancaires sont de 6 000 000 $CAN et de 4 000 000 $US. Les emprunts en dollars canadiens portent intérêt au taux préférentiel, et les emprunts en dollars des États-Unis portent intérêt au taux de base LIBOR plus 2,25 % et sont tous renégociables annuellement. Au 30 septembre 2001, le taux est de 5,25 % (7,5 % en 2000 et 6,25 % en 1999) pour les emprunts en dollars canadiens et de 4,85 % (8,87 % en 2000 et 8,5 % en 1999) pour les emprunts en dollars des États-Unis. Au 30 septembre 2001 et 2000, il n'y avait aucun montant utilisé en vertu de ces emprunts bancaires.

Différentes contraintes

Pour bien interpréter les états financiers, l'utilisateur doit aussi être conscient de trois contraintes importantes qui interviennent dans le processus comptable. Premièrement, même si les éléments et les montants peu importants doivent être comptabilisés, il n'est pas nécessaire de se conformer à des normes comptables spécifiques ni de présenter séparément ces éléments s'ils n'ont aucune influence sur les décisions des utilisateurs. Il s'agit ici de la notion d'**importance relative.** Cette notion décrit le caractère significatif des informations financières utiles aux investisseurs. L'appréciation de l'importance relative est une question de jugement.

Deuxièmement, nous avons vu que la **prudence** est une des qualités de l'information financière. Cette notion requiert donc qu'on choisisse les méthodes comptables pour éviter 1) de surévaluer l'actif et les produits d'exploitation et 2) de sous-évaluer le passif et les charges. Une telle directive a pour but de contrebalancer l'optimisme naturel des gestionnaires en ce qui a trait à leurs activités, qui transparaît parfois dans l'établissement de leurs états financiers. Cette contrainte explique le caractère relativement conservateur des montants inscrits à l'état des résultats et au bilan.

Enfin, les utilisateurs d'états financiers consciencieux doivent connaître les pratiques comptables particulières qui ont cours dans différents secteurs. Par exemple, le secteur public (régi par les gouvernements) a adopté la méthode de la comptabilité par fonds pour enregistrer et présenter ses opérations.

La notion d'**importance relative** fait référence à des éléments ou à des montants assez importants pour influer sur la prise de décision des utilisateurs.

D'après la notion de **prudence,** il faut choisir les méthodes comptables qui risquent le moins de surévaluer l'actif et les produits d'exploitation ou de sous-évaluer le passif et les charges.

L'analyse du taux de rendement des capitaux propres

OBJECTIF D'APPRENTISSAGE 4

Analyser la performance d'une entreprise d'après le taux de rendement des capitaux propres.

L'objectif principal de l'analyse des états financiers est d'évaluer la performance des entreprises. Les dirigeants d'une entreprise (ainsi que ses concurrents) utilisent les états financiers pour mieux comprendre et évaluer les stratégies d'affaires. De leur côté, les analystes, les investisseurs et les prêteurs s'en servent pour évaluer la performance de l'entité dans le cadre de l'évaluation de ses titres et de son crédit. À ce stade de notre étude des données financières contenues dans les rapports financiers, nous sommes en mesure d'utiliser ces données pour évaluer le rendement des entreprises à l'aide d'un outil d'analyse, soit le calcul du taux de rendement des capitaux propres (appelé aussi le «taux de rendement sur le capital investi»).

ANALYSONS LES RATIOS

Le taux de rendement des capitaux propres

1. Connaître la question

Avec quel succès la direction a-t-elle utilisé l'investissement des actionnaires au cours de l'exercice? Pour le savoir, on procède au calcul suivant.

$$\text{Rendement des capitaux propres} = \frac{\text{Bénéfice net}}{\text{Capitaux propres moyens*}}$$

Pour Axcan en 2001, ce rapport était le suivant:

$$\frac{11\ 472\$}{(161\ 730\$ + 205\ 141) \div 2} = 0{,}062\ (6{,}2\%)$$

* Capitaux propres moyens = (Capitaux propres au début + Capitaux propres à la fin) ÷ 2

2. **Utiliser les techniques appropriées**

a) Analyser la tendance dans le temps			b) Comparer avec les compétiteurs	
AXCAN			**LABORATOIRES AETERNA**	**LABOPHARM**
1999	2000	2001	2001	2001
2,6 %	6,1 %	6,2 %	(4,8 %)	(28,9 %)

3. **Interpréter prudemment les résultats**

EN GÉNÉRAL ◊ Le taux de rendement des capitaux propres sert à mesurer le bénéfice réalisé pour chaque dollar des capitaux propres. À long terme, on s'attend à ce que les actions des entreprises dont le taux de rendement des capitaux propres est supérieur à la moyenne se transigent à des prix plus élevés que les actions des entreprises dont le taux de rendement est inférieur, toutes choses étant égales par ailleurs. Les gestionnaires, les analystes et les prêteurs utilisent ce ratio pour évaluer la capacité de l'entreprise à atteindre un rendement adéquat pour les actionnaires.

AXCAN ◊ Le taux de rendement des capitaux propres de la société Axcan s'est accru au cours des trois dernières années, passant de 2,6 % à 6,2 %. Cet indicateur est le reflet de la stratégie de développement de la société qui a accru son marché aux États-Unis et en Europe grâce à des acquisitions d'entreprises et de licences de produits-technologies. Son chiffre d'affaires a triplé au cours des trois dernières années, alors que dans le même temps, son bénéfice net s'est multiplié par huit.

Si on compare Axcan avec ses concurrents dans le domaine pharmaceutique, on s'aperçoit qu'elle est la seule société à montrer un taux de rendement des capitaux propres positif. Les Laboratoires Aeterna et Labopharm réalisaient tous deux en 2001 des pertes nettes importantes. Il faut dire que le secteur bio-pharmaceutique est un secteur en plein développement qui exige beaucoup d'investissement en recherche et développement avant d'en récolter les fruits.

QUELQUES PRÉCAUTIONS ◊ Un taux de rendement des capitaux propres croissant peut aussi indiquer que l'entreprise n'investit pas assez dans la recherche et développement ou dans la modernisation de ses immobilisations corporelles. Bien qu'une telle stratégie tende à faire diminuer les coûts et, par le fait même, à augmenter le taux de rendement des capitaux propres à court terme, il entraîne normalement des baisses de ce taux à mesure que les produits et les immobilisations corporelles de l'entité atteignent la fin de leur cycle de vie. En conséquence, les décideurs expérimentés évaluent le taux de rendement des capitaux propres dans un contexte plus global de la stratégie d'affaires d'une entreprise.

Une analyse globale du taux de rendement des capitaux propres

Pour analyser le rendement de la société Axcan de façon efficace, il faut comprendre pourquoi son taux de rendement des capitaux propres de 2001 diffère de celui des exercices précédents et de celui de ses concurrents. L'analyse globale du taux de rendement des capitaux propres permet de décomposer ce taux en trois indicateurs précisés dans le tableau 5.8. Ces indicateurs décrivent les trois moyens dont la direction d'une entreprise dispose pour améliorer le taux de rendement de ses capitaux propres. On les mesure en se servant des ratios clés que nous avons étudiés dans les trois chapitres précédents.

A. *Le ratio de la marge bénéficiaire nette* Le ratio de la marge bénéficiaire nette correspond (en pourcentage) au quotient du bénéfice net par le chiffre d'affaires net. Il sert à mesurer combien rapporte chaque dollar de vente. On peut l'augmenter ainsi :

1. en accroissant le volume des ventes ;
2. en augmentant le prix de vente ;
3. en diminuant les charges.

B. *Le ratio de rotation de l'actif total (l'efficience)* Le ratio de rotation de l'actif total correspond au quotient du chiffre d'affaires net par l'actif total moyen. Il sert à évaluer l'efficacité de la direction à obtenir des ventes à partir de ses ressources. On peut l'augmenter ainsi :

1. en accroissant le volume des ventes ;
2. en diminuant le nombre d'actifs moins productifs.

C. *Le coefficient de suffisance du capital* Le coefficient de suffisance du capital correspond au quotient de l'actif total moyen par les capitaux propres moyens. Il sert à mesurer dans quelle proportion l'entreprise finance ses actifs à même ses capitaux propres ou sa dette. On peut l'accroître ainsi :

1. en augmentant la dette ;
2. en rachetant (ou en diminuant) les actions en circulation.

TABLEAU 5.8   **Indicateurs du taux de rendement des capitaux propres**

L'analyse globale du taux de rendement des capitaux propres

Taux de rendement des capitaux propres	=	Marge bénéficiaire nette	×	Ratio de rotation de l'actif total	×	Coefficient de suffisance du capital
$\dfrac{\text{Bénéfice net}}{\text{Capitaux propres moyens}}$	=	$\dfrac{\text{Bénéfice net}}{\text{Chiffre d'affaires net}}$	×	$\dfrac{\text{Chiffre d'affaires net}}{\text{Actif total moyen}}$	×	$\dfrac{\text{Actif total moyen}}{\text{Capitaux propres moyens}}$

L'analyse du rendement et la stratégie d'affaires

Les industriels avisés appliquent souvent l'une ou l'autre des stratégies suivantes. Dans le premier cas, il s'agit d'une stratégie de haute valeur ou de différenciation du produit. L'entreprise compte sur la recherche et développement ainsi que sur des activités de promotion pour persuader la clientèle de la supériorité ou de l'originalité d'un produit. Elle peut alors exiger un prix plus élevé et réaliser une marge bénéficiaire plus importante. Dans le second cas, il s'agit d'une stratégie de diminution des coûts qui mise sur une gestion efficace des comptes clients, des stocks et des actifs productifs pour favoriser l'obtention d'un ratio de rotation de l'actif total élevé.

TABLEAU 5.9   **Indicateurs du taux de rendement des capitaux propres**

Axcan Pharma Inc.

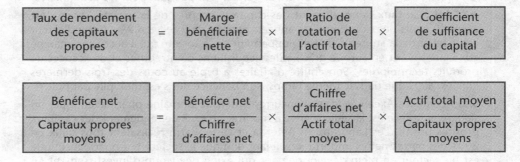

Exercice financier	30/09/2001	30/09/2000	30/09/1999
Bénéfice net/ Ventes nettes	0,11	0,08	0,03
× Ventes nettes/ Actif total moyen	0,41	0,38	0,33
× Actif total moyen/ Capitaux propres moyens	1,37	2,04	2,5
= Bénéfice net/ Capitaux propres moyens	0,06	0,06	0,02

La société Axcan a adopté une stratégie typique très efficace. L'analyse globale du taux de rendement des capitaux propres présentée au tableau 5.9 indique à quoi on peut attribuer la croissance de ce taux au cours des trois dernières années. Elle permet de constater une hausse régulière du ratio de rotation de l'actif total, attribuable au fait que l'entreprise a pénétré de nouveaux marchés et s'est départie de certaines activités pour concentrer ses énergies dans le domaine de la gastro-entérologie. Sa marge bénéficiaire nette a également augmenté parce que son chiffre d'affaires a triplé au cours des trois dernières années. De plus, Axcan est dans un secteur où les bénéfices viennent après plusieurs années de recherche et développement. Quant à son coefficient de suffisance du capital, il a sensiblement diminué au cours de la dernière année. En effet, Axcan a diminué sa dette de plus de la moitié, réduisant par le fait même les risques associés à ce type de financement. Par contre, Axcan a renoncé à l'effet de levier financier. En réalité, le recours à l'emprunt (plutôt que le recours aux capitaux propres) pour augmenter son actif lui permettait de disposer de ressources additionnelles pour réaliser des bénéfices plus élevés et ainsi accroître son taux de rendement des capitaux propres.

Les entreprises prospères qui adoptent une stratégie de diminution des coûts affichent généralement un taux de rendement des capitaux propres élevé ainsi qu'un ratio de rotation de l'actif total et un coefficient de suffisance du capital plus élevés que la moyenne pour compenser leur faible marge bénéficiaire nette. Vous trouverez un exemple de la stratégie de ces entreprises dans le test d'autoévaluation à la fin de cette section.

Comme on vient de le voir, les entreprises peuvent appliquer différentes mesures pour tenter de modifier chacune des composantes du taux de rendement des capitaux propres. Afin de comprendre les répercussions de ces mesures, les analystes financiers décomposent chacun de ces indicateurs en des rapports encore plus détaillés. Ainsi, le ratio de rotation de l'actif total se subdivise en ratios de rotation d'actifs plus spécifiques tels que les comptes clients, les stocks et les actifs immobilisés. Nous allons approfondir notre compréhension de ces ratios dans les sept prochains chapitres du volume. Ensuite, au chapitre 13, nous réunirons ces ratios pour une analyse globale.

TEST D'AUTOÉVALUATION

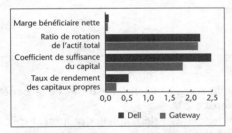

L'analyse du tableau 5.9 visait à comprendre les raisons de la hausse régulière du taux de rendement des capitaux propres de la société Axcan au cours des trois derniers exercices. Ce type d'analyse est souvent appelé une «analyse chronologique». On peut aussi s'en servir afin d'expliquer pourquoi le taux d'une entreprise est différent de celui de ses concurrents à un moment précis dans le temps. On parle alors d'une «analyse sectorielle». Voici une analyse des taux de rendement des capitaux propres de l'exercice en cours des sociétés Dell Computer et de Gateway, deux grands fabricants d'ordinateurs qui vendent directement leurs produits à leur clientèle, soit par correspondance ou via Internet. Ces deux sociétés ont adopté une stratégie de réduction des coûts, se bâtissant ainsi une réputation de produits de qualité et de services à bas prix. Dell a eu un taux de rendement des capitaux propres plus élevé que celui de Gateway au cours des deux derniers exercices. Servez-vous de l'analyse du taux de rendement des capitaux propres pour expliquer comment Dell a obtenu un taux plus élevé que celui de Gateway.

Analyse globale du taux de rendement des capitaux propres	Dell	Gateway
Bénéfice net/Chiffre d'affaires net	0,08	0,05
× Chiffre d'affaires net/Actif total moyen	2,65	2,58
× Actif total moyen/Capitaux propres moyens	2,96	2,15
= Bénéfice net/Capitaux propres moyens	0,63	0,28

Vérifiez vos réponses à l'aide des solutions présentées au bas de la page suivante*.

Conclusion

Au cours du deuxième trimestre 2002, la société Axcan a réalisé une hausse de ses revenus d'exploitation de 24 % et une hausse de son bénéfice net de 30 %. Ces résultats montrent que la stratégie de développement préconisée par Axcan porte ses fruits. Ces résultats ont aussi eu un effet sur les rapports des analystes qui recommandent de plus en plus l'achat du titre.

ANALYSONS UN CAS   *La société Microsoft*

La société Microsoft, conceptrice d'une vaste gamme de logiciels informatiques dont le système d'exploitation Windows et la suite bureautique Office est maintenant l'une des plus grandes entreprises informatiques au monde. Voici une liste de comptes tirés d'un état des résultats et d'un bilan récents de cette société. Il s'agit d'éléments qui ont des soldes débiteurs et créditeurs normaux et qui sont enregistrés en millions de dollars. Pour l'exercice considéré, 5 341 millions d'actions étaient en circulation. L'exercice se termine le 30 juin 20A.

Fournisseurs	1 188 $	Produits d'exploitation nets	25 296 $
Comptes clients	3 671	Autres actifs à court terme	2 417
Espèces et quasi-espèces	3 922	Autres passifs à court terme	2 862
Capital-actions	28 390	Autres pertes	375
Coût des marchandises vendues	3 455	Autres actifs à long terme	3 170
Frais généraux et d'administration	857	Immobilisations corporelles	2 309
Impôts à payer	1 468	Charge d'impôts	3 804
Perte sur investissements	195	Recherche et développement	4 379
Placements à long terme	14 141	Bénéfices non répartis	18 899
Impôts futurs (PLT*) =	836	Frais de mise en marché	4 885
Impôts futurs (ALT**) =	1 949	Placements temporaires	27 678
Revenus perçus d'avance	5 614		

* Passif à long terme
** Actif à long terme

Travail à faire

1. Dressez un état des résultats (indiquant la marge bénéficiaire brute et le bénéfice d'exploitation) ainsi qu'un bilan pour l'exercice 20A.
2. Effectuez une analyse globale du taux de rendement des capitaux propres. Expliquez brièvement sa signification et comparez les résultats que vous avez obtenus à ceux de la société Axcan pour l'exercice 2001. (Le total des actifs et le total des capitaux propres de Microsoft étaient, au début de l'exercice 20A, respectivement de 52 150 millions de dollars et de 41 368 millions de dollars.)

---

* Les sociétés Dell et Gateway sont toutes deux reconnues pour l'efficience de leurs activités qui se traduit par des ratios de rotation de l'actif total élevés. Dans le domaine de l'efficience des actifs, Dell l'emporte sur Gateway, mais par une mince avance. Son principal avantage réside dans une marge bénéficiaire nette qui est de 60 % plus élevée que celle de son concurrent et qui reflète sa réussite auprès de son segment de marché, une clientèle d'affaires. Les clients de cette catégorie achètent en plus grande quantité que les autres, ce qui diminue les coûts de traitement des commandes et de production. Ils se procurent aussi souvent des appareils haut de gamme et à marge bénéficiaire nette plus élevée que les clients du segment de marché de Gateway qui sont des particuliers. L'effet de cet avantage en matière de marge bénéficiaire nette est encore multiplié par le fait que Dell compte plus que son concurrent sur l'effet de levier (le financement par dettes). Toutefois, ce coefficient de suffisance du capital plus important pourrait nuire un jour à l'entreprise si le marché de l'ordinateur personnel connaissait un ralentissement.

Solution suggérée

1.

Société Microsoft
État des résultats
pour l'exercice terminé le 30 juin 20A
(en millions de dollars)

Produits d'exploitation nets	25 296$
Coût des marchandises vendues	3 455
Marge bénéficiaire brute	21 841
Charges d'exploitation	
Recherche et développement	4 379
Frais de mise en marché	4 885
Frais généraux et d'administration	857
Total des charges d'exploitation	10 121
Bénéfice d'exploitation	11 720
Perte sur investissements	(195)
Autres pertes	(375)
Bénéfice avant impôts	11 150
Charge d'impôts	3 804
Bénéfice net	7 346$
Résultat par action	1,38$

Société Microsoft
Bilan
au 30 juin 20A
(en millions de dollars)

Actif	
Actif à court terme	
Espèces et quasi-espèces	3 922$
Comptes clients	3 671
Placements temporaires	27 678
Impôts futurs	1 949
Autres actifs à court terme	2 417
Total des actifs à court terme	39 637
Actif à long terme	
Immobilisations corporelles	2 309
Placements à long terme	14 141
Autres actifs à long terme	3 170
Total des actifs	59 257$
Passif	
Passif à court terme	
Fournisseurs	1 188$
Revenus perçus d'avance	5 614
Impôts à payer	1 468
Autres passifs à court terme	2 862
Total du passif à court terme	11 132
Impôts futurs	836
Total du passif	11 968
Capitaux propres	
Capital-actions	28 390
Bénéfices non répartis	18 899
Total des capitaux propres	47 289
Total du passif et des capitaux propres	59 257$

2.

Fin de l'exercice fiscal	30 juin 20A
Bénéfice net/Chiffre d'affaires net	0,29
× Chiffre d'affaires net/Actif total moyen	0,45
× Actif total moyen/Capitaux propres moyens	0,26
= Bénéfice net/Capitaux propres moyens	0,16

Pour l'exercice se terminant le 30 juin 20A, les actionnaires de Microsoft ont obtenu un taux de rendement de leurs capitaux propres de 16 %. Ce taux est plus élevé que celui d'Axcan en 2001 (voir les résultats de 2001 au tableau 5.9). Microsoft présente une marge bénéficiaire élevée, réalisant 0,29 $ de bénéfice net sur chaque dollar de vente, bien que le ratio de rotation de l'actif total soit sensiblement le même pour les deux sociétés. Cette analyse indique la prédominance de Microsoft dans le domaine des logiciels, qui lui permet d'exiger des prix élevés pour ses produits. Son coefficient de suffisance du capital, comme celui de la société Axcan, indique que le capital de Microsoft provient essentiellement de ses capitaux propres et non de sa dette à long terme. Avec 1,26 $ d'actifs pour chaque dollar de capitaux propres, l'entreprise a choisi de ne pas augmenter son ratio d'endettement (emprunter) autant, par exemple, que Dell ou Gateway qui doivent se mesurer à une concurrence féroce dans le secteur du matériel informatique (voir le test d'autoévaluation).

Points saillants du chapitre

1. **Déterminer les principaux intervenants dans le processus de communication de l'information financière, leur rôle dans ce processus et les normes juridiques et professionnelles à respecter (voir la page 280).**

   La direction de l'entreprise est responsable des informations contenues dans les états financiers et les notes complémentaires. Le recours à des vérificateurs indépendants ajoute de la crédibilité à ces renseignements. Les annonces que font les sociétés ouvertes concernant leurs états financiers sont transmises aux utilisateurs d'abord par des services d'information en ligne. Les analystes financiers jouent un rôle primordial dans la communication de l'information financière grâce à leur analyse des entreprises, leurs recommandations en matière de placements et leurs prévisions de bénéfices.

2. **Reconnaître les étapes du processus de diffusion de l'information financière, notamment la publication de communiqués de presse, de rapports annuels et trimestriels et de prospectus (voir la page 290).**

   Les entreprises font d'abord connaître leurs résultats par la voie de communiqués. Elles publient ensuite des rapports annuels et trimestriels contenant les états financiers et des informations supplémentaires. Les services d'information constituent le principal moyen de diffusion de ce type d'information auprès des utilisateurs spécialisés.

3. **Reconnaître et utiliser les différents modes de présentation des états financiers (voir la page 295).**

   La plupart des états financiers sont dressés selon un ordre déterminé. Au bilan, les distinctions les plus importantes concernent les actifs et les passifs à court et à long terme. À l'état des résultats et à l'état des flux de trésorerie, c'est la séparation entre les éléments d'exploitation et les éléments hors exploitation qui est essentielle. Les notes afférentes aux états financiers fournissent la description des conventions comptables utilisées, des précisions sur des éléments constatés dans les états financiers ainsi que des informations sur des événements à portée économique qui n'y sont pas mentionnés.

4. **Analyser la performance d'une entreprise d'après le taux de rendement des capitaux propres (voir la page 310).**

Le taux de rendement des capitaux propres sert à mesurer jusqu'à quel point la direction a su tirer parti des investissements de ses actionnaires au cours d'un exercice. Trois indicateurs (la marge bénéficiaire nette, le ratio de rotation de l'actif total et le coefficient de suffisance du capital) permettent d'expliquer pourquoi le taux de rendement des capitaux propres d'une entreprise diffère de ses taux antérieurs ou de celui de ses concurrents. De tels indicateurs donnent une idée des stratégies à adopter pour améliorer le taux de rendement des capitaux propres dans l'avenir.

À partir du chapitre 6, nous entreprenons une étude en profondeur des états financiers. Nous commencerons par deux des actifs les plus liquides, l'encaisse et les comptes clients, et nous examinerons les opérations relatives aux produits d'exploitation. De nombreux analystes considèrent l'application du principe de constatation des produits et du rapprochement des produits et des charges (dont il sera question au prochain chapitre) qui s'y rapporte comme le principal facteur de l'exactitude et, par conséquent, de l'utilité des différents types d'états financiers. Nous présenterons aussi des concepts relatifs à la gestion et au contrôle de l'encaisse et des comptes clients puisqu'il s'agit de fonctions essentielles dans l'entreprise. Il est indispensable que les futurs gestionnaires, comptables et analystes financiers comprennent bien tous les aspects de ces sujets.

RATIOS CLÉS

Le taux de rendement des capitaux propres sert à mesurer le bénéfice réalisé pour chaque dollar des capitaux propres. Le taux se calcule comme suit (voir la page 310) :

$$\text{Taux de rendement des capitaux propres} = \frac{\text{Bénéfice net}}{\text{Capitaux propres moyens}}$$

BILAN

Principales catégories

Actifs et passifs à court et à long terme

Surplus d'apport et bénéfices non répartis

ÉTAT DES RÉSULTATS

Totaux partiels principaux

Marge bénéficiaire brute

Bénéfice d'exploitation

Bénéfice net

Résultat par action

Pour trouver
L'INFORMATION FINANCIÈRE

ÉTAT DES FLUX DE TRÉSORERIE

Dans la catégorie des activités d'exploitation (méthode indirecte)

Bénéfice net

± Différence entre le bénéfice net et les rentrées et sorties de fonds liées à l'exploitation

NOTES

Principales catégories

Description des conventions comptables appliquées dans les états financiers

Précisions sur des éléments constatés dans les états financiers

Informations financières pertinentes non constatées dans les états financiers

Mots clés

Questions

1. Décrivez les rôles et les responsabilités de la direction des entreprises et des vérificateurs dans le processus de communication de l'information financière.

2. Définissez les trois types d'utilisateurs d'informations comptables suivants et les relations qui existent entre eux : les analystes financiers, les investisseurs privés et les investisseurs institutionnels.

3. Décrivez brièvement le rôle des services d'information dans la diffusion de l'information financière.

4. Expliquez pourquoi l'utilité d'une information dépend de sa pertinence et de sa fiabilité.

5. Quelle méthode comptable est utilisée pour dresser a) l'état des résultats, b) le bilan et c) l'état des flux de trésorerie ?

6. Expliquez brièvement les différentes publications des sociétés ouvertes au cours d'un exercice financier.

7. Quelles sont les cinq grandes sections d'un état des résultats ?

8. Définissez l'expression « éléments extraordinaires ». Pourquoi ces éléments devraient-ils être enregistrés à part dans un état des résultats ?

9. Définissez l'expression « éléments inhabituels ».

10. Énumérez les cinq grandes sections qui apparaissent dans un bilan.

11. Dans le cas des immobilisations corporelles inscrites au bilan, expliquez la signification des postes a) Coût, b) Amortissement cumulé et c) Valeur comptable nette.

12. Expliquez brièvement les composantes des capitaux propres pour une société.

13. Quelles sont les trois grandes sections d'un état des flux de trésorerie ?

14. Quelles sont les trois grandes catégories de notes complémentaires qui accompagnent les états financiers ? Donnez un exemple de chacune d'elles.

15. Définissez brièvement ce qu'est le taux de rendement des capitaux propres et ce qu'il permet de mesurer.

M5-1 L'association de termes et de définitions

□OA1

Associez chaque intervenant du processus de communication de l'information financière avec sa définition en inscrivant la lettre appropriée dans l'espace prévu à cet effet.

Intervenant	Définition
_____ 1. Le président et chef de la direction et le directeur des services financiers	A. Un conseiller qui analyse les informations financières et les autres renseignements économiques pour faire des prévisions et des recommandations en matière de placements.
_____ 2. Le vérificateur	B. Notamment des investisseurs institutionnels et privés ainsi que des prêteurs.
_____ 3. Les utilisateurs	C. Les principaux responsables de l'information présentée dans les états financiers.
_____ 4. L'analyste financier	D. Un expert-comptable indépendant qui examine les états financiers et porte une opinion sur ceux-ci.

M5-2 L'ordre des communications

□OA2

Indiquez l'ordre dans lequel les publications ou les rapports suivants sont généralement faits par les sociétés ouvertes.

Numéro	Titre
_____	Rapport annuel
_____	Rapports trimestriels
_____	Communiqué de presse

M5-3 Les éléments des états financiers

□OA3

Indiquez dans quel état financier on retrouve les différents éléments en inscrivant la lettre appropriée dans l'espace prévu à cet effet.

Élément	État financier
_____ 1. Le passif	A. L'état des résultats
_____ 2. Les flux de trésorerie liés aux activités d'exploitation	B. Le bilan
	C. L'état des flux de trésorerie
_____ 3. Les pertes	D. Aucun de ces documents
_____ 4. Les actifs	
_____ 5. Les produits d'exploitation	
_____ 6. Les flux de trésorerie liés aux activités de financement	
_____ 7. Les gains	
_____ 8. Les capitaux propres	
_____ 9. Les charges	
_____ 10. Les actifs qu'un actionnaire possède	

M5-4 L'effet d'opérations sur les états financiers

□OA3

Remplissez le tableau suivant en indiquant l'effet de chacune des opérations suivantes. (Inscrivez un « + » pour une augmentation, un « − » pour une diminution et AE pour « aucun effet ».) Considérez chaque élément séparément.

a) Inscription de ventes à crédit de 100 $ et du coût des marchandises vendues qui s'y rapporte de 60 $.

b) Inscription des charges de publicité de 10 $ engagées mais non encore payées.

Opération	Actif à court terme	Bénéfice brut	Passif à court terme
a)			
b)			

OA3

M5-5 **L'effet d'opérations sur l'équation comptable**

Indiquez l'effet des opérations suivantes sur l'équation comptable. (Inscrivez un «+» pour une augmentation, un «−» pour une diminution et AE pour « aucun effet ».) Précisez les comptes qui sont modifiés et de quels montants.

a) Ventes à crédit de 500 $ et coût des marchandises vendues qui s'y rapporte de 360 $.

b) Émission au comptant de 10 000 actions pour un montant de 90 000 $.

Opération   Actif = Passif + Capitaux propres

OA3

M5-6 **Les écritures de journal**

Passez les écritures de journal pour enregistrer chacune des opérations de l'exercice M5-5.

OA3

M5-7 **La valeur comptable nette des immobilisations corporelles**

Le restaurant Pimbina a acheté de nouvelles tables pour un montant de 5 000 $ le 1er janvier 20A. Ces tables devraient avoir une durée de vie utile de 10 ans et une valeur résiduelle de 500 $. Quelle sera leur valeur comptable nette au 31 décembre 20C ?

OA4

M5-8 **Le taux de rendement des capitaux propres**

La société Sumac a récemment enregistré les montants suivants (en milliers de dollars) dans ses états financiers en date du 31 décembre.

	Exercice en cours	Exercice précédent
Marge bénéficiaire brute	170 $	140 $
Bénéfice net	85	70
Total des actifs	1 000	900
Total des capitaux propres	800	750

Calculez le taux de rendement des capitaux propres pour l'exercice en cours. Qu'est-ce que ce ratio sert à mesurer ?

Exercices

OA1

E5-1 **L'association de termes et de définitions**

Associez chaque intervenant du processus de communication de l'information financière à sa définition en inscrivant la lettre appropriée dans l'espace prévu à cet effet.

Intervenant	Définition
_____ 1. La Commission des valeurs mobilières du Québec	A. Un conseiller qui analyse les informations ayant un caractère financier ou économique pour faire des prévisions et des recommandations en matière de placements.
_____ 2. Un vérificateur	
_____ 3. Un investisseur institutionnel	B. Un établissement financier ou un fournisseur qui prête de l'argent à une entreprise.
_____ 4. Un président et chef de la direction et un directeur des services financiers	C. Des personnes qui ont la responsabilité des informations présentées dans les états financiers.
_____ 5. Un prêteur	D. Un expert-comptable indépendant qui examine les états financiers et porte une opinion sur ceux-ci.
_____ 6. Un analyste financier	E. Un organisme de surveillance des marchés boursiers.

_____ 7. Un investisseur privé

_____ 8. Un service d'information

F. Une entreprise qui recueille, analyse et transmet (sur papier et de façon électronique) des informations financières.

G. Une personne qui achète des actions d'une société.

H. Un gestionnaire de caisse de retraite, de fonds commun de placement et de fonds d'investissement qui investit sur le marché boursier pour le compte d'autres personnes.

E5-2   L'association de termes et de définitions ☐OA2

Voici différents types d'informations financières. Faites correspondre une définition à chacun d'eux en inscrivant la lettre appropriée dans l'espace prévu à cet effet.

Information financière	Définition
_____ 1. Un rapport annuel	A. Une annonce publique par écrit généralement distribuée aux principales agences de presse.
_____ 2. Un communiqué	B. Un rapport contenant les quatre états financiers de base pour un exercice, les notes afférentes, le rapport de gestion de la direction et le rapport des vérificateurs.
_____ 3. Un rapport trimestriel	C. Un bref rapport non vérifié pour un trimestre qui renferme en général un état des résultats et un état des flux de trésorerie.

E5-3   L'association de termes et de définitions ☐OA2

Voici des éléments d'information qui apparaissent dans différents rapports financiers. Faites correspondre chacun d'eux au ou aux rapports dans lesquels on a le plus de chances de le trouver en inscrivant la lettre appropriée dans l'espace prévu à cet effet.

Élément d'information	Rapport
_____ 1. Un résumé des données financières pour une période de 5 à 10 ans.	A. Un rapport annuel
_____ 2. La première annonce des bénéfices trimestriels.	B. Un communiqué
_____ 3. L'annonce d'un changement de vérificateurs.	C. Un rapport trimestriel
_____ 4. Les quatre états financiers de base d'un exercice.	D. Aucun de ces documents
_____ 5. Un résumé de l'information contenue dans l'état des résultats pour le trimestre.	
_____ 6. Des notes afférentes aux états financiers.	
_____ 7. La description des personnes responsables du contenu des états financiers.	
_____ 8. La première annonce de l'engagement d'un nouveau vice-président des ventes.	

E5-4   Le classement des éléments d'un bilan

Voici une liste d'éléments d'un bilan. Numérotez-les dans l'ordre où ils apparaissent normalement au bilan.

Numéro	Titre
_____	Passif à court terme
_____	Passif à long terme
_____	Investissements à long terme
_____	Immobilisations incorporelles
_____	Immobilisations corporelles
_____	Actif à court terme
_____	Bénéfices non répartis
_____	Capital-actions
_____	Autres actifs à long terme

Compaq Computer

E5-5   L'établissement d'un bilan

À ses débuts, la société Compaq Computer était le premier fabricant d'ordinateurs portables compatibles avec le système d'exploitation MS-DOS. Le plus important créneau commercial de ces ordinateurs de la taille d'une machine à coudre était constitué principalement d'experts-comptables pour qui la transportabilité était un facteur essentiel. De nos jours, Compaq est un des chefs de file dans la fabrication d'ordinateurs compatibles avec les systèmes d'exploitation Windows. L'entreprise vend une grande variété d'ordinateurs de bureau, d'ordinateurs portables et d'ordinateurs familiaux ainsi que des serveurs puissants qui exploitent des réseaux d'entreprises. Voici des éléments d'un de ses bilans récents (en millions de dollars) énumérés par ordre alphabétique.

Autres actifs à long terme	14 $
Autres passifs à court terme	538
Bénéfices non répartis	2 068
Capital-actions	586
Comptes clients nets	1 377
Comptes fournisseurs	637
Espèces et quasi-espèces	627
Frais payés d'avance	164
Immobilisations corporelles moins l'amortissement cumulé	779
Impôts futurs (PLT)	186
Impôts à payer	69
Stocks	1 123

Travail à faire

Dressez un bilan consolidé de la société Compaq pour l'exercice se terminant le 31 décembre 20A à l'aide des éléments présentés ci-dessus.

Les restaurants
Sportscene inc.

E5-6   L'établissement d'un bilan

Les restaurants Sportscene est une société exploitant-franchiseur depuis 1984 de la chaîne de restos-bars La Cage aux sports. La société comprend une quarantaine d'établissements à travers le Québec et dessert près de six millions de consommateurs chaque année. Sportscene est une entreprise publique dont les actions sont cotées à la Bourse canadienne de croissance (CDNX). Voici les éléments d'un bilan de cette entreprise présentés par ordre alphabétique.

Autres actifs à court terme	113 265 $
Autres actifs à long terme	358 615
Autres passifs à long terme	1 361 587
Bénéfices non répartis	5 949 538
Capital-actions	2 610 416
Créditeurs et charges à payer	3 320 595
Débiteurs	2 004 801

Dette à long terme	4 159 142 $
Écart d'acquisition, net	298 709
Effets à recevoir, dépôts et placements (ALT)	783 410
Espèces et quasi-espèces	3 372 293
Frais payés d'avance	248 785
Immobilisations	11 833 378
Impôts futurs (ALT)	193 439
Impôts sur le revenu à recouvrer	410 405
Revenus perçus d'avance et crédits reportés	903 876
Stocks	592 339
Tranche à court terme de la dette à long terme	1 800 062
Tranche à court terme des effets à recevoir	122 307

Travail à faire

Dressez le bilan de l'entreprise pour l'exercice se terminant le 31 décembre 20A en vous servant des éléments présentés.

E5-7 Les immobilisations corporelles au bilan ▪OA3

Le 1er janvier 20B, la Boulangerie Painchaud a acheté un four neuf pour la somme de 6 800 $. Le propriétaire a l'intention de s'en servir pendant 4 ans puis de le revendre 2 000 $ le 1er janvier 20F. Construisez un tableau indiquant les montants qui seront présentés aux bilans dressés à la fin des exercices 20B, 20C, 20D et 20E pour le four (au coût historique), l'amortissement cumulé et la valeur comptable nette.

E5-8 L'association de termes et de définitions ▪OA3

Voici une série de termes relatifs à l'état des résultats. Faites correspondre chaque définition au terme auquel elle se rapporte en inscrivant la lettre appropriée dans l'espace prévu à cet effet.

	Terme		Définition
_____	1. Le coût des marchandises vendues	A.	Ventes – Coût des marchandises vendues.
_____	2. Les intérêts débiteurs	B.	Un élément qui est à la fois inhabituel et peu fréquent.
_____	3. Un élément inhabituel	C.	Des services rendus en échange d'argent ou à crédit.
_____	4. Des produits tirés de la prestation de services	D.	Produits + Gains – Charges – Pertes, incluant les activités abandonnées et les éléments extraordinaires.
_____	5. Une charge d'impôts	E.	Le montant des ressources utilisées pour acheter ou produire les marchandises qui ont été vendues au cours de l'exercice.
_____	6. Un bénéfice avant éléments extraordinaires	F.	Les impôts sur les bénéfices.
		G.	Le coût d'emprunt dans le temps.
_____	7. Un bénéfice net	H.	Le bénéfice net divisé par le nombre moyen d'actions en circulation.
_____	8. Une marge bénéficiaire brute	I.	Le bénéfice avant les éléments extraordinaires et les impôts qui s'y rapportent.
_____	9. Un résultat par action	J.	Les charges totales directement reliées aux activités d'exploitation.
_____	10. Des charges d'exploitation	K.	Le bénéfice avant les impôts, les activités abandonnées et les éléments extraordinaires.
_____	11. Un bénéfice provenant des opérations avant les impôts	L.	Aucune de ces définitions.

E5-9   L'état des résultats

Trouvez les montants (en dollars) qui manquent dans l'état des résultats de l'exercice 20B de la société SupraStyle. Considérez chaque cas indépendamment des autres.

	Cas A	Cas B	Cas C	Cas D	Cas E
Chiffre d'affaires	900 $	700 $	410 $	? $	? $
Frais de vente	?	150	80	400	250
Coût des marchandises vendues	?	380	?	500	310
Charge d'impôts	?	30	20	40	30
Marge bénéficiaire brute	400	?	?	?	440
Bénéfice avant les impôts	200	90	?	190	?
Frais d'administration	150	?	60	100	80
Bénéfice net	170	?	50	?	80

E5-10   L'établissement d'un état des résultats

Les données suivantes proviennent des livres de la société Cornouiller au 31 décembre 20B.

Chiffre d'affaires	70 000 $
Bénéfice brut	24 500
Frais de vente	8 000
Frais d'administration	?
Bénéfice avant les impôts	12 000
Taux d'imposition	30 %
Actions en circulation	3 000

Travail à faire

Dressez un état des résultats (en indiquant à la fois le bénéfice brut et le bénéfice d'exploitation). Montrez tous vos calculs. (*Conseil :* Servez-vous des montants et des pourcentages fournis pour déduire les valeurs manquantes.)

E5-11   L'établissement d'un état des résultats

Voici des données tirées des livres de la société Amélanchier au 31 décembre 20D.

Chiffre d'affaires	120 000 $
Frais d'administration	10 000
Frais de vente	18 000
Taux d'imposition	25 %
Bénéfice brut	48 000
Actions en circulation	2 000

Travail à faire

1. Dressez un état des résultats à groupements simples. Montrez tous vos calculs. (*Conseil :* Servez-vous des montants et des pourcentages fournis pour calculer les valeurs manquantes.)

2. Dressez un état des résultats à groupements multiples. (Indiquez à la fois le bénéfice brut et le bénéfice d'exploitation.)

E5-12   L'effet d'opérations sur le bilan et l'état des résultats

Voici un résumé de quelques opérations qui se sont produites au cours de l'exercice 20B (en millions de dollars). Remplissez le tableau suivant. (Inscrivez un « + » pour une augmentation, un « – » pour une diminution, AE pour « aucun effet » et le montant de chaque opération.) Considérez chaque élément indépendamment des autres.

a) L'enregistrement de ventes à crédit pour un montant de 500 $ et du coût des marchandises vendues qui y est associé, de 360 $.

b) Un emprunt bancaire de 306 $; le capital est remboursable dans un délai d'un an.

c) Des frais de recherche et développement payés comptant, 10$.

Opération	Actif à court terme	Bénéfice brut	Passif à court terme
a)			
b)			
c)			

E5-13 **L'effet d'opérations sur le bilan, l'état des résultats et l'état des flux de trésorerie**
La société Focus est une entreprise de fabrication de meubles située à Sherbrooke. Voici deux opérations tirées de ses livres pour le premier trimestre de l'exercice 20B (en millions de dollars). Remplissez le tableau ci-dessous. (Inscrivez un «+» pour une augmentation, un «−» pour une diminution, AE pour «aucun effet» et le montant de chaque opération.) Considérez chaque cas indépendamment des autres.
a) L'enregistrement de comptes clients, 32$.
b) Le remboursement d'une partie du capital, soit 2$, d'un emprunt; le montant du capital doit être payé en totalité à l'intérieur d'un an.

Opération	Actif à court terme	Bénéfice brut	Passif à court terme	Flux de trésorerie liés aux activités d'exploitation
a)				
b)				

E5-14 **L'établissement d'un état des flux de trésorerie**
La société Chèvrefeuille dresse actuellement ses états financiers annuels au 31 décembre 20A. Voici les éléments de son état des flux de trésorerie présentés par ordre alphabétique. Les parenthèses indiquent qu'il faut soustraire le montant inscrit de cet état financier. Les soldes initial et final du compte Encaisse s'élèvent respectivement à 36 000$ et à 41 000$.

Émission d'un effet à recevoir	25 000$
Diminution des stocks	2 000
Diminution des comptes fournisseurs	(4 000)
Augmentation des comptes clients	(10 000)
Bénéfice net	18 000
Émission d'actions contre espèces	22 000
Achat d'un nouveau camion de livraison	(12 000)
Achat d'un terrain	(36 000)

Travail à faire
Dressez l'état des flux de trésorerie de la société Chèvrefeuille pour l'exercice 20A. Établissez la section des flux de trésorerie liés aux activités d'exploitation à l'aide de la méthode indirecte, décrite dans ce chapitre.

E5-15 **L'analyse et l'interprétation du taux de rendement des capitaux propres**
La société Microcell est une société canadienne qui fournit des services de communications sans fil dont le service Fido. Voici quelques montants tirés de son état des résultats et de son bilan (en milliers de dollars).

Microcell
Telecommunications
Inc.

	Exercice en cours	Exercice précédent
Chiffre d'affaires	97 038$	97 250$
Bénéfice net	733	457
Capitaux propres moyens	7 148	6 553
Actif total moyen	46 124	50 346

Travail à faire
1. Calculez le taux de rendement des capitaux propres de l'exercice en cours et de l'exercice précédent, puis expliquez la signification du changement que vous observez.
2. Expliquez ce changement à l'aide d'une analyse des indicateurs du taux de rendement des capitaux propres.

E5-16 L'analyse et l'interprétation du taux de rendement des capitaux propres

Unibroue est un fabricant de bières de dégustation. La société commercialise ses produits sous différents noms tels que La Blanche de Chambly ou la Bolduc. Voici quelques montants tirés de son état des résultats et de son bilan (en milliers de dollars).

	Exercice en cours	Exercice précédent
Chiffre d'affaires	21 580 $	21 397 $
Bénéfice net	609	537
Capitaux propres moyens	21 535	21 340
Actif total moyen	32 752	31 872

Travail à faire

1. Calculez le taux de rendement des capitaux propres de l'exercice en cours et de l'exercice précédent, puis expliquez la variation que vous constatez.
2. Expliquez la variation à l'aide d'une analyse des indicateurs du taux de rendement des capitaux propres.
3. S'ils se basaient sur cette variation, les analystes financiers seraient-ils plus susceptibles d'augmenter ou de diminuer leurs estimations de la valeur des actions de l'entreprise? Expliquez votre réponse.

Problèmes

P5-1 L'association d'opérations et de concepts

Voici des concepts comptables dont il a été question dans les chapitres 2 à 5. Faites correspondre chaque opération au concept qui s'y rapporte en inscrivant la lettre appropriée dans l'espace prévu à cet effet. Utilisez une seule lettre pour chaque espace.

Les concepts	Les opérations
_____ 1. Les utilisateurs d'états financiers	A. L'enregistrement d'une vente de marchandises à crédit de 1 000 $.
_____ 2. Un objectif des états financiers	B. L'évaluation en dollars des articles non vendus à la fin de l'exercice.
Les qualités de l'information	C. L'acquisition d'un véhicule utile à l'exploitation de l'entreprise.
_____ 3. La pertinence	D. L'enregistrement du montant de la charge d'amortissement parce qu'elle est susceptible d'influer sur les décisions importantes des utilisateurs des états financiers.
_____ 4. La fiabilité	
Les postulats	E. La description des investisseurs, des créanciers et d'autres personnes qui s'intéressent à l'entreprise.
_____ 5. La personnalité de l'entité	
_____ 6. La continuité de l'exploitation	F. L'utilisation de méthodes comptables spécifiques à un secteur d'activité.
_____ 7. L'unité monétaire	G. Les emprunts obligataires pour un montant de 1 million de dollars.
_____ 8. L'indépendance des exercices	H. Le paiement de 10 000 $ en argent et l'emprunt de 20 000 $ pour l'achat d'un camion de 30 000 $.
Les composantes des états financiers	I. L'engagement d'un expert-comptable pour vérifier les états financiers.
_____ 9. Les produits d'exploitation	J. La vente de marchandises et la prestation de services au comptant et à crédit au cours de l'exercice, puis l'établissement du coût de ces marchandises vendues et du coût de prestation de ces services.
_____ 10. Les charges	
_____ 11. Les gains	
_____ 12. Les pertes	
_____ 13. L'actif	
_____ 14. Le passif	
_____ 15. Les capitaux propres	K. Le principe comptable d'après lequel les produits d'exploitation ne sont constatés que lorsque la propriété des marchandises vendues est transmise au client.

Les principes

_____ 16. La valeur d'acquisition

_____ 17. La constatation des produits

_____ 18. Le rapprochement des produits et des charges

_____ 19. La bonne information

Les contraintes de la comptabilité

_____ 20. L'importance relative

_____ 21. L'équilibre avantages-coûts

_____ 22. Les pratiques dans l'industrie

L. La conception et l'établissement des états financiers pour aider les utilisateurs à prendre des décisions.

M. La convention visant à ne pas inclure dans les états financiers les activités financières personnelles des propriétaires de l'entreprise.

N. La perte due à la vente d'un actif immobilisé.

O. La supériorité de la valeur d'une information pour l'utilisateur par rapport au coût de sa préparation.

P. L'opération consistant à dater l'état des résultats en inscrivant «pour l'exercice terminé le 31 décembre 20B».

Q. L'achat de fournitures payées en partie comptant et en partie à crédit.

R. L'acquisition d'un actif (un aiguisoir à crayons qui aura une durée de vie utile de cinq ans) et l'enregistrement à titre de charge au moment de l'achat de 1,99 $.

S. La communication dans les états financiers de tous les renseignements financiers pertinents sur l'entreprise.

T. Le gain obtenu par la vente d'un actif immobilisé.

U. Actif de 500 000 $ – Passif de 300 000 $ = Capitaux propres de 200 000 $.

V. La présentation de l'information basée sur le postulat de la continuité de l'exploitation.

P5-2 L'association de termes et de définitions

Voici une liste de termes relatifs au bilan que nous avons étudiés dans les chapitres 2 à 5. Associez chaque définition au terme qui s'y rapporte en inscrivant la lettre appropriée dans l'espace prévu à cet effet.

Termes

_____ 1. Les bénéfices non répartis	_____ 8. Le passif à long terme
_____ 2. Le passif à court terme	_____ 9. Le cycle (normal) d'exploitation
_____ 3. La liquidité	
_____ 4. Le compte de contrepartie d'un compte d'actif	_____ 10. La valeur comptable
	_____ 11. Le passif
_____ 5. L'amortissement cumulé	_____ 12. Les actifs immobilisés
_____ 6. Les immobilisations incorporelles	_____ 13. Les capitaux propres
	_____ 14. L'actif à court terme
_____ 7. Les actions en circulation	_____ 15. L'actif

Définitions

A. Les immobilisations corporelles.

B. Les dettes ou les obligations découlant d'opérations passées qui seront réglées avec les actifs ou des services.

C. Le total de l'actif moins le total du passif.

D. La capacité de transformer rapidement des actifs en argent (dans le temps).

E. Les actifs qu'on s'attend à recouvrer au cours du prochain exercice ou du cycle d'exploitation, si celui-ci dépasse un an.

F. Le coût moins l'amortissement cumulé.

G. Les bénéfices accumulés moins les dividendes déclarés.

H. Le compte soustrait de l'actif auquel il se rapporte.

I. Le nombre d'actions émises et en circulation.

J. Les actifs qui n'ont pas de substance physique.

K. Les ressources économiques que l'entreprise possède à la suite d'opérations passées.

L. Les éléments du passif qui devraient être réglés à même les actifs à court terme au cours du prochain exercice.

M. Le cycle d'exploitation moyen au cours duquel se font les opérations de l'entreprise.

N. La somme des charges d'amortissement pour un actif depuis sa date d'acquisition à ce jour.

O. Tous les éléments du passif non classés dans la catégorie du passif à court terme.

P. Aucune de ces définitions.

□ OA3

P5-3 **L'établissement d'un bilan (PS5-1)**

La bijouterie Brillant dresse ses états financiers annuels pour l'exercice 20C. Les montants suivants étaient exacts au 31 décembre 20C: Encaisse, 42 000$; Comptes clients, 51 300$; Stocks de marchandises, 110 000$; Assurance payée d'avance, 800$; Investissement dans les actions de la société Z (à long terme), 26 000$; Matériel de magasin, 48 000$; Matériel de magasin déjà utilisé et conservé en vue d'une cession, 7 000$; Amortissement cumulé – matériel de magasin, 9 600$; Comptes fournisseurs, 42 000$; Effet à payer à long terme, 30 000$; Impôts à payer, 7 000$; Bénéfices non répartis, 86 500$; Capital-actions, 100 000 actions ordinaires en circulation (vendues et émises à 1,10$ par action).

Travail à faire

1. En vous servant de ces données, dressez un bilan au 31 décembre 20C. Utilisez les intitulés suivants (inscrivez chaque élément sous l'un d'eux).

   a) Actif: Actif à court terme, Investissements à long terme, Immobilisations et Autres actifs.

   b) Passif: Passif à court terme et Passif à long terme.

   c) Capitaux propres: Capital-actions et Bénéfices non répartis.

2. Quelle est la valeur comptable nette

   a) des stocks?

   b) des comptes clients?

   c) du matériel de magasin?

   d) de l'effet à payer (à long terme)?

   Donnez une brève explication de ces valeurs.

□ OA3

P5-4 **Les immobilisations corporelles (PS5-2)**

L'entreprise Seringat dresse actuellement son bilan au 31 décembre 20X. Voici les actifs immobilisés qu'elle possède.

a) Un immeuble acheté il y a 15 ans (20X inclus); le coût initial est de 450 000$; la durée de vie utile estimative est de 25 ans à partir de la date d'acquisition; il n'y a aucune valeur résiduelle.

b) Un terrain acheté il y a 15 ans (20X inclus); le coût initial est de 70 000$.

Travail à faire

1. Montrez comment il faudrait présenter ces deux actifs au bilan. Quelle est la valeur comptable totale des immobilisations corporelles?

2. Quelle charge d'amortissement faudrait-il présenter à l'état des résultats de 20X? Présentez tous vos calculs.

□ OA3

P5-5 **Les capitaux propres (PS5-3)**

À la fin de l'exercice 20A, le bilan de la société Forsythia contenait les données suivantes.

Société Forsythia
Bilan
au 31 décembre 20A

Capitaux propres

Capital-actions (7 000 actions)	80 000$
Bénéfices non répartis	50 000
Total des capitaux propres	130 000$

Au cours de l'exercice 20B, l'entreprise a effectué les opérations suivantes.

a) Vente et émission de 1 000 actions ordinaires à 15$ par action.

b) Calcul du bénéfice net de 40 000$.

c) Déclaration et paiement d'un dividende en argent de 3 $ par action sur les 7 000 actions en circulation au début de l'exercice.

Travail à faire

Établissez la section des capitaux propres au bilan de l'entreprise en date du 31 décembre 20B.

■ OA3

P5-6 **L'établissement d'un état des résultats**

Molson Inc.

La société Molson, fondée en 1786, est le plus important brasseur au Canada. Parmi ses produits, on peut mentionner Molson Dry, Coors Light, Corona et Heineken. Récemment, Molson a vendu le Centre Molson et sa participation majoritaire dans l'équipe de hockey Canadien de Montréal. Elle a aussi abandonné ses activités dans le domaine du commerce au détail et des produits chimiques spécialisés. Voici, par ordre alphabétique, les éléments présentés à l'état des résultats de l'exercice se terminant le 31 mars 20A (en millions de dollars).

Amortissement des immobilisations	49,4 $
Amortissement des éléments d'actif incorporel	38,5
Charge d'impôts	57,7
Coût des produits vendus, frais de vente et d'administration	1 505,6
Intérêts débiteurs, montant net	68,7
Perte concernant les activités abandonnées	(3,3)
Chiffre d'affaires net	1 857,1

Travail à faire

1. À l'aide des intitulés appropriés, dressez un état des résultats consolidé.
2. Quelles informations le mode de présentation à groupements multiples fait-il ressortir par rapport au mode de présentation à groupements simples ?

P5-7 **L'établissement d'un état des résultats et d'un bilan à partir d'une balance de vérification (PS5-4)**

■ OA3

La société immobilière Mamaison (constituée en société de capitaux le 1er avril 20A) a terminé son deuxième exercice le 31 mars 20C. La balance de vérification qu'elle a établie à cette occasion est présentée à la page suivante.

Travail à faire

1. Dressez les états suivants.
   a) L'état des résultats pour l'exercice terminé le 31 mars 20C. Indiquez la charge d'impôts en supposant un taux d'imposition de 25 %. Servez-vous des intitulés suivants : Produits d'exploitation, Charges, Bénéfice avant impôts, Impôts sur les bénéfices, Bénéfice net et Résultat par action (inscrivez chaque élément sous un de ces intitulés).
   b) Le bilan au 31 mars 20C. Présentez 1) la charge d'impôts pour l'exercice sous forme d'impôts à payer et 2) les dividendes dans la section des bénéfices non répartis. Utilisez les intitulés suivants et inscrivez chaque élément sous l'un d'entre eux.

Actif
Actif à court terme
Actif à long terme
Passif
Passif à court terme
Passif à long terme
Capitaux propres
Capital-actions
Bénéfices non répartis

2. Passez l'écriture de journal destinée à enregistrer les impôts (pas encore payés) de l'exercice.

	A	B	C	D	E
1		Société immobilière Mamaison			
2		Balance de vérification			
3		au 31 mars 20C			
4					
5	**Intitulé des comptes**		**Débit**		**Crédit**
6	Encaisse		53 000		
7	Clients		44 800		
8	Stocks de fournitures de bureau		300		
9	Matériel roulant		30 000		
10	Amortissement cumulé – matériel roulant				10 000
11	Matériel de bureau		3 000		
12	Amortissement cumulé –				
13	matériel de bureau				1 000
14	Fournisseurs				20 250
15	Impôts à payer				0
16	Salaires à payer				1 500
17	Effet à payer à long terme				30 000
18	Capital-actions (30 000 actions)				35 000
19	Bénéfices non répartis (au 1er avril 20B)				7 350
20	Dividendes déclarés et versés au cours				
21	de l'exercice		8 000		
22	Commissions gagnées				77 000
23	Frais de gestion gagnés				13 000
24	Charges d'exploitation				
25	(détails omis pour épargner du temps)		48 000		
26	Amortissement (sur le matériel roulant				
27	et 500 $ sur le matériel de bureau)		5 500		
28	Intérêts débiteurs		2 500		
29	Charge d'impôts (pas encore calculée)				
30	Totaux		195 100		195 100

■OA3

P5-8 **L'établissement d'un état des résultats** (défi)

Voici un état des résultats incomplet de la société Rhododendron pour l'exercice terminé le 31 décembre 20B.

Élément	Autre donnée	Montant	
Chiffre d'affaires net			260 000 $
Coût des marchandises vendues			
Marge bénéficiaire brute	Marge bénéficiaire brute en pourcentage des ventes: 35 %		
Charges			
Frais de vente			
Frais généraux et d'administration		28 000 $	
Intérêts débiteurs		4 000	
Total des charges			
Bénéfice avant impôts et éléments extraordinaires			
Impôts sur les bénéfices			
Bénéfice avant éléments extraordinaires			
Gain extraordinaire, net		9 600	
Bénéfice net			
Résultat par action			

Travail à faire

D'après ces données et en supposant 1) un taux d'imposition de 30 % sur tous les éléments et 2) un total de 25 000 actions ordinaires en circulation, terminez cet état des résultats. Présentez tous vos calculs.

□ OA3

P5-9 **L'établissement d'un état des flux de trésorerie**

Voici les éléments de l'état des flux de trésorerie de la société Sabrevois pour l'exercice 20B présentés par ordre alphabétique. Les parenthèses indiquent les montants qui devraient être soustraits dans cet état financier. Le solde au début de l'encaisse se chiffrait à 40 000 $ et le solde à la fin, à 27 000 $.

Achat de matériel	(80 000)
Achat d'un terrain	(8 000)
Augmentation des comptes fournisseurs	6 000
Augmentation des comptes clients	(5 000)
Augmentation des stocks	(10 000)
Bénéfice net	55 000
Émission de 3 000 actions à 12 $	36 000
Émission d'un effet à payer à long terme	20 000
Paiement d'un dividende	(15 000)
Remboursement d'un effet à payer à long terme	(12 000)

Travail à faire

Dressez l'état des flux de trésorerie de la société Sabrevois pour l'exercice 20B en utilisant la méthode indirecte présentée dans ce chapitre.

□ OA3
□ OA4

P5-10 **L'effet de certaines opérations sur l'état des résultats et le taux de rendement des capitaux propres (PS5-5)**

Apple Computer

La société Apple Computer a popularisé l'ordinateur personnel et l'interface graphique conviviale. Pourtant, elle doit maintenant lutter pour survivre parmi une multitude d'entreprises qui ont adopté les microprocesseurs Intel et le système d'exploitation Windows. Voici un état des résultats récent de cette société (en millions de dollars).

Chiffre d'affaires net	5 363 $
Charges	
Coût des marchandises vendues	4 128
Recherche et développement	430
Frais de vente, généraux et d'administration	1 138
Autres charges	11
Bénéfice d'exploitation (perte)	(344)
Gain sur placements	88
Perte non réalisée sur placements	(13)
Intérêts et autres revenus, nets	217
Bénéfice avant impôts	(52)
Charge d'impôts	(15)
Changement de méthodes comptables, nets d'impôt	12
Bénéfice net	(25) $

Les capitaux propres se chiffraient respectivement à 4 107 $ et à 3 920 $ au début et à la fin de l'exercice.

Travail à faire

1. Voici une liste d'opérations supplémentaires hypothétiques. Supposez qu'elles ont également été effectuées au cours de l'exercice en question, et remplissez le tableau ci-après en indiquant l'effet de chacune de ces opérations supplémentaires.

(Inscrivez un «+» pour une augmentation, un «−» pour une diminution et AE pour «aucun effet».) Considérez chaque élément indépendamment des autres et ne tenez pas compte des impôts.

a) L'enregistrement de ventes à crédit pour un total de 500$ et du coût des marchandises vendues correspondant de 475$.

b) L'engagement d'une charge de 100$ en recherche et développement, payée comptant.

c) L'émission d'actions ordinaires pour un montant de 200$.

d) La déclaration et le paiement d'un dividende de 90$.

Opération	Marge bénéficiaire brute	Bénéfice d'exploitation (perte)	Taux de rendement des capitaux propres
a)			
b)			
c)			
d)			

2. Supposez qu'au cours de l'exercice suivant, Apple ne verse aucun dividende, n'émet ou ne rachète aucune action et réalise le même bénéfice que durant l'exercice considéré ici. Le taux de rendement de ses capitaux propres sera-t-il plus élevé, moins élevé ou le même que celui du présent exercice? Expliquez votre réponse.

Problèmes supplémentaires

■OA3

PS5-1 L'établissement d'un bilan (P5-3)

L'entreprise Tapis volant dresse actuellement ses états financiers annuels pour l'exercice 20C. Les montants suivants sont exacts en date du 31 décembre 20C: Encaisse, 35 000$; Investissement en actions de la société ABC (à long terme), 32 000$; Matériel de magasin, 51 000$; Comptes clients, 47 500$; Stocks, 118 000$; Assurance payée d'avance, 1 300$; Matériel de magasin détenu pour cession, 3 500$; Amortissement cumulé – matériel de magasin, 10 200$; Impôts à payer, 6 000$; Effet à payer à long terme, 26 000$; Comptes fournisseurs, 45 000$; Bénéfices non répartis, 76 100$ et Capital-actions, 100 000 actions ordinaires en circulation vendues et émises initialement à 1,25$ l'action.

Travail à faire

1. D'après ces données, dressez un bilan au 31 décembre 20C. Servez-vous des intitulés suivants (inscrivez chaque élément sous l'un d'eux).

   a) Actif: Actif à court terme, Investissements à long terme, Immobilisations et Autres actifs.

   b) Passif: Passif à court terme et Passif à long terme.

   c) Capitaux propres: Capital-actions et Bénéfices non répartis.

2. Quelle est la valeur comptable nette

   a) des stocks?

   b) des comptes clients?

   c) du matériel de magasin?

   d) de l'effet à payer à long terme?

   Donnez une brève explication de ces valeurs.

■OA3

PS5-2 Les immobilisations corporelles (P5-4)

La société Aubépine dresse son bilan au 31 décembre 20X. Voici les actifs immobilisés qu'elle possède.

a) Un immeuble acheté il y a 12 ans (20X inclus); le coût d'origine est de 630 000$; la durée de vie utile estimative est de 20 ans à partir de la date d'acquisition; il n'y a aucune valeur résiduelle.

b) Un terrain acheté il y a 12 ans (20X inclus); le coût d'origine est de 112 000$.

Travail à faire

1. Indiquez comment ces deux actifs devraient être présentés au bilan. Quelle est la valeur comptable totale des immobilisations corporelles ?
2. Quelle charge d'amortissement devrait-on présenter à l'état des résultats de 20X ? Présentez vos calculs.

PS5-3   Les capitaux propres (P5-5) OA3

À la fin de l'exercice 20A, le bilan de la société Le Potiron contenait les données suivantes.

Société Le Potiron
Bilan
au 31 décembre 20A

Capitaux propres	
Capital-actions (9 500 actions)	123 500 $
Bénéfices non répartis	70 000
Total des capitaux propres	193 500 $

Voici, en résumé, quelques opérations effectuées au cours de l'exercice 20B.

a) Vente et émission de 1 500 actions ordinaires à 17 $ l'action.
b) Évaluation du bénéfice net à 50 000 $.
c) Déclaration et paiement d'un dividende en espèces de 2 $ l'action sur les 9 500 actions en circulation au début de l'exercice.

Travail à faire

Établissez la section des capitaux propres au bilan de cette société en date du 31 décembre 20B.

PS5-4   L'établissement d'un état des résultats et d'un bilan à partir d'une balance de vérification (P5-7) OA3

Les services d'extermination Cataire (constitués en société par actions le 1er septembre 20A) ont terminé leur deuxième exercice financier le 31 août 20C. L'entreprise a dressé une balance de vérification contenant les données présentées à la page suivante.

Travail à faire

1. Dressez les états suivants.
   a) L'état des résultats pour l'exercice se terminant le 31 août 20C. Calculez la charge d'impôts en supposant que le taux d'imposition s'élève à 25 %. Servez-vous des grands titres suivants : Produits d'exploitation, Charges, Bénéfice avant impôts, Impôts sur les bénéfices, Bénéfice net et Résultat par action. (Inscrivez chacun des éléments sous un de ces intitulés.)
   b) Le bilan au 31 août 20C. Présentez : 1) la charge d'impôts pour l'exercice en cours sous forme d'impôts à payer et 2) les dividendes dans la section des bénéfices non répartis. Utilisez les intitulés suivants (et inscrivez chaque élément sous l'un d'eux).

Actif
Actif à court terme
Actif à long terme
Passif
Passif à court terme
Passif à long terme
Capitaux propres
Capital-actions
Bénéfices non répartis

2. Passez l'écriture de journal destinée à enregistrer les impôts (non encore payés) de l'exercice.

	A	B	C	D	E
1		Services d'extermination Cataire			
2		Balance de vérification			
3		au 31 août 20C			
4	**Intitulés des comptes**		**Débit**		**Crédit**
5	Encaisse		26 000		
6	Clients		30 800		
7	Stocks de fournitures		1 300		
8	Véhicules de service		60 000		
9	Amortissement cumulé – véhicules				20 000
10	Matériel		14 000		
11	Amortissement cumulé – matériel				4 000
12	Fournisseurs				16 700
13	Impôts à payer				0
14	Salaires à payer				1 100
15	Effet à payer à long terme				34 000
16	Capital-actions (10 000 actions)				40 000
17	Bénéfices non répartis				
18	(au 1er septembre 20B)				4 300
19	Dividendes déclarés et payés au cours				
20	de l'exercice		2 000		
21	Ventes				38 000
22	Produits tirés des contrats				
23	d'entretien				17 000
24	Charges d'exploitation				
25	(détails omis pour épargner du temps)		27 000		
26	Amortissement				
27	(incluant 2 000 $ sur le matériel)		12 000		
28	Intérêts débiteurs		2 000		
29	Charge d'impôts (pas encore calculée)				
30	Total		175 100		175 100

■ OA3
■ OA4

PS5-5   L'effet de certaines opérations sur l'état des résultats et le taux de rendement des capitaux propres (P5-10)

La société Livresque a complètement transformé le commerce du livre en faisant de ses magasins des espaces publics et des établissements communautaires où les clients peuvent naviguer sur le Web, chercher un livre, se détendre en prenant une tasse de café, bavarder avec des auteurs ou participer à des discussions en groupes. Cette entreprise doit maintenant lutter contre une concurrence croissante non seulement de la part des librairies traditionnelles, mais aussi de la part des librairies en ligne. Voici un de ses états des résultats récents (en milliers de dollars).

Chiffre d'affaires	2 448 $
Charges	
Coût des marchandises vendues	1 785
Frais de vente, généraux et d'administration	466
Amortissement des immobilisations corporelles et des immobilisations incorporelles	78
Bénéfice d'exploitation (perte)	119
Intérêts et autres revenus de placement, nets	(38)
Bénéfice (perte) avant impôts	81
Charge d'impôts	30
Bénéfice net (perte)	51 $

Les capitaux s'élevaient à 400 $ au début de l'exercice et à 446 $ à la fin de l'exercice.

Travail à faire

1. Voici une liste d'opérations supplémentaires hypothétiques. Supposez qu'elles ont également été effectuées au cours de l'exercice en question, et remplissez le tableau ci-dessous en indiquant l'effet de chaque opération supplémentaire. (Inscrivez un «+» pour une augmentation, un «−» pour une diminution et AE pour «aucun effet».) Considérez chaque élément indépendamment des autres et ne tenez pas compte des impôts.
   a) Enregistrement et encaissement d'intérêts créditeurs additionnels d'un montant de 4 $.
   b) Achat à crédit de stocks pour un montant de 25 $.
   c) Enregistrement et paiement de frais de publicité d'un montant de 9 $.
   d) Émission d'actions ordinaires pour un total de 50 $.

Opération	Bénéfice d'exploitation (perte)	Bénéfice net	Taux de rendement des capitaux propres
a)			
b)			
c)			
d)			

2. Supposez qu'au cours de l'exercice suivant, l'entreprise ne verse aucun dividende, n'émet ou ne rachète aucune action et réalise 20 % de bénéfice de plus qu'au cours de l'exercice actuel. Son taux de rendement des capitaux propres sera-t-il plus élevé, moins élevé ou le même que le taux de l'exercice en cours ? Expliquez votre réponse.

Cas et projets

Cas – Information financière

CP5-1　**La recherche d'information financière**　　　　　　　　　　　□OA2

Référez-vous aux états financiers de la société Les Boutiques San Francisco présentés en annexe à la fin de ce volume. Au bas de chaque état financier, l'entreprise demande aux lecteurs de « Voir les notes afférentes aux états financiers consolidés ». Les questions suivantes fournissent des exemples de renseignements qu'on peut trouver dans les états financiers et les notes qui les accompagnent. (*Conseil :* Servez-vous de ces notes. Pour chaque question, indiquez où vous trouvez l'information.)

Les Boutiques San Francisco inc. □OA3

Travail à faire

1. Les acquisitions d'immobilisations de l'entreprise se chiffrent à 19 419 000 $ pour le dernier exercice. Ces acquisitions ont-elles été payées en majeure partie grâce aux activités d'exploitation ou aux activités de financement ?
2. La société prévoit-elle des investissements en immobilisations pour le prochain exercice ?
3. À combien s'élève la valeur des terrains pour l'exercice le plus récent ?
4. La société a-t-elle un régime d'options d'achat d'actions ?
5. Combien de semaines comprenait l'exercice financier 2001 ? L'exercice financier 2000 ?

CP5-2　**La recherche d'information financière**　　　　　　　　　　　□OA2

Référez-vous aux états financiers de la société Le Château présentés en annexe à la fin de ce volume. Au bas de chaque état financier, l'entreprise demande aux lecteurs de « Voir les notes afférentes aux états financiers ». Les questions suivantes mettent en lumière les renseignements qu'on peut trouver dans les états financiers et les notes

Le Château inc. □OA3

qui les accompagnent. (*Conseil :* Servez-vous de ces notes. Pour chaque question, indiquez où vous avez trouvé l'information.)

Travail à faire

1. Quel a été le résultat par action pour le dernier exercice ?
2. Quelle est la valeur d'acquisition des immobilisations ?
3. Combien d'actions de catégorie A étaient en circulation à la fin du dernier exercice ?
4. Quel est le montant des ventes faites aux États-Unis durant le dernier exercice ?
5. Quelles entreprises sont incluses dans les états financiers consolidés ?

■ OA4

Les Boutiques San Francisco et Le Château

Standard & Poor's Dun & Bradstreet

CP5-3   La comparaison d'entreprises d'un même secteur d'activité

Référez-vous aux états financiers des sociétés Les Boutiques San Francisco et Le Château ainsi qu'aux ratios financiers de Standard & Poor's et de Dun & Bradstreet que vous trouverez en annexe à la fin de ce volume.

Travail à faire

1. Calculez le taux de rendement des capitaux propres du dernier exercice pour chacune des sociétés. Quelle entreprise présente le taux le plus élevé pendant cet exercice ?
2. Analysez les indicateurs du taux de rendement des capitaux propres pour déterminer la ou les raisons des différences que vous observez.
3. Comparez les différents indicateurs du taux de rendement des capitaux propres des deux entreprises à ceux de leur secteur d'activité. Dans quels domaines la société Les Boutiques San Francisco réussit-elle mieux ou moins bien que ses concurrents ? Et dans le cas de la société Le Château ?

■ OA2
■ OA3

CP5-4   L'utilisation des états financiers

Voici quelques comptes extraits des états financiers annuels de la société Genévrier au 31 décembre 20C (la fin du troisième exercice).

Extrait de l'état des résultats pour l'exercice 20C

Chiffre d'affaires	275 000 $
Coût des marchandises vendues	(170 000)
Toutes les autres charges (y compris les impôts)	(95 000)
Bénéfice net	10 000 $

Extrait du bilan au 31 décembre 20C

Actif à court terme	90 000 $
Tous les autres actifs	212 000
Total des actifs	302 000
Passif à court terme	40 000
Passif à long terme	66 000
Capital-actions (10 000 actions)	116 000
Bénéfices non répartis	80 000
Total des éléments du passif et des capitaux propres	302 000 $

Travail à faire

Analysez les données des états financiers de la société Genévrier pour l'exercice 20C en répondant aux questions suivantes. Présentez tous vos calculs.

1. Quelle est la marge bénéficiaire brute sur le chiffre d'affaires ?
2. Quel est le montant du résultat par action ?
3. Si le taux d'imposition est de 25 %, quel est le bénéfice avant les impôts ?
4. Quel est le prix moyen de vente par action ?
5. En supposant que l'entreprise n'a déclaré ni versé aucun dividende au cours de l'exercice 20C, déterminez quel était le solde initial (le 1er janvier 20C) des bénéfices non répartis ?

■ OA3

Diageo

CP5-5   L'utilisation des états financiers d'entreprises étrangères (défi)

Avec la mondialisation croissante de l'économie, on s'attend à ce que les utilisateurs d'états financiers analysent des entreprises qui ne sont ni canadiennes ni américaines. Diageo est une importante société à l'échelle internationale dont le siège social se trouve à Londres. Elle possède de nombreuses entreprises bien connues telles que Pillsbury, Burger King et les crèmes glacées Häagen-Dazs.

Travail à faire

D'après les concepts présentés jusqu'ici dans ce volume, expliquez la signification des différentes catégories de comptes apparaissant dans l'extrait d'un rapport annuel de Diageo reproduit ci-dessous. (Note : Il y a cinq comptes de réserve. Les trois du milieu se rapportent à des sujets dont il sera question dans des cours de comptabilité plus avancés.)

Diageo Bilan consolidé au 30 septembre 20B et 20A				
		20B		**20A**
	Notes	m£	m£	m£	m£
Actifs immobilisés					
Immobilisations incorporelles	11		2 652		588
Biens corporels	12		3 839		3 280
Placements	13		144		206
			6 635		4 074
Actifs à court terme					
Stocks	14	1 269		761	
Débiteurs	15	1 451		873	
Encaisse		215		138	
		2 935		1 772	
Comptes créditeurs – payables à l'intérieur d'un an					
Emprunts	17	(362)		(187)	
Autres créditeurs	19	(2 316)		(1 301)	
		(2 678)		(1 488)	
Actif net à court terme	15		257		284
Total des actifs moins les éléments de passif à court terme			6 892		4 358
Comptes créditeurs – payables après plus d'un an					
Emprunts	17	(3 494)		(702)	
Autres comptes créditeurs	20	(231)		(163)	
			(3 725)		(865)
Provisions pour risques et charges	21		(325)		(55)
			2 842		3 438
Capital et réserve					
Capital souscrit	22		506		443
Réserves	23				
Prime à l'émission		436		7	
Plus-value d'expertise		(944)		649	
Réserves affectées		–		282	
Réserves liées aux sociétés affiliées		10		16	
Compte de profits et pertes		2 802		2 010	
			2 304		2 964
			2 810		3 407
Intérêts minoritaires			32		31
			2 842		3 438

CP5-6 **L'utilisation des états financiers : l'analyse des primes accordées aux dirigeants**

Comme nous l'avons vu dans ce chapitre, certaines sociétés relient les primes qu'elles accordent à leurs directeurs à la performance de l'entreprise telle que celle-ci est mesurée par les états financiers. Supposez qu'une entreprise a convenu avec ses cinq directeurs généraux de leur verser des primes allant jusqu'à 200 % de leur salaire de base si la croissance du chiffre d'affaires et les bénéfices avant impôts, sous forme de pourcentage du chiffre d'affaires (calculé ici), correspondaient ou étaient supérieurs aux objectifs visés. Voici les états des résultats de la société Ballot pour deux exercices financiers.

(en milliers de dollars sauf pour les actions)	Pour l'exercice terminé le 31 décembre			
	Exercice en cours		Exercice précédent	
Chiffre d'affaires net	254 645 $	100 %	132 058 $	100 %
Coût des marchandises vendues	115 458	45 %	62 970	48 %
Marge bénéficiaire brute	139 187	55 %	69 088	52 %
Frais de vente	38 485	15 %	19 810	15 %
Frais généraux et d'administration	28 633	11 %	14 990	11 %
Frais de recherche et développement	3 653	1 %	1 585	1 %
Bénéfice d'exploitation	68 416	27 %	32 703	25 %
Autres revenus				
Intérêts créditeurs, nets	1 024		403	
Autres revenus, nets	160		69	
Bénéfice avant impôts	69 600	27 %	33 175	25 %
Charge d'impôts	26 738		13 895	
	42 862 $	17 %	19 280 $	15 %

Les directeurs de l'entreprise reçoivent des primes à la condition que la croissance du chiffre d'affaires et du bénéfice avant les impôts corresponde ou soit supérieure respectivement à 35 % et à 21 %. La réalisation de ces objectifs dans l'exercice en cours permettrait à chacun des cinq dirigeants d'obtenir des primes variant entre 400 000 et 700 000 $.

Travail à faire

1. À l'aide des renseignements fournis, déterminez si les dirigeants de l'entreprise obtiendront leur prime pour l'exercice le plus récent.
2. Trois ans plus tard, le chiffre d'affaires a augmenté de 22,6 % pour atteindre un montant de 678 512 $. Comment pourrait-on expliquer le taux de croissance moins élevé d'un exercice ultérieur par rapport à l'exercice en cours présenté ici ?

Cas – Analyse critique

CP5-7 **La prise de décision à titre de gestionnaire**

Sony est un chef de file mondial dans le domaine de la fabrication de produits électroniques pour les entreprises et le grand public ainsi que dans les secteurs du divertissement et de l'assurance. Le taux de rendement de ses capitaux propres a augmenté de 9 à 14 % au cours des trois dernières années.

Travail à faire

1. Indiquez l'effet le plus probable de chacun des changements de stratégie énumérés ci-après sur le taux de rendement des capitaux propres de Sony au cours du prochain exercice et des exercices à venir. (Inscrivez un « + » pour une augmentation, un « – » pour une diminution et AE pour « aucun effet ».) Supposez qu'aucun autre facteur ne varie.
2. Expliquez chacune de vos réponses et traitez chaque élément indépendamment des autres.

a) L'entreprise diminue ses investissements en recherche et développement de produits qui seront mis sur le marché dans plus d'un an.

b) L'entreprise entreprend une nouvelle campagne de publicité pour un film qui sortira en salle au cours de la prochaine année.

c) L'entreprise émet des actions supplémentaires; le produit de cette émission permettra d'acquérir d'autres entreprises de haute technologie dans les exercices à venir.

Changement de stratégie	Taux de rendement des capitaux propres de l'exercice en cours	Taux de rendement des capitaux propres d'exercices à venir
a)		
b)		
c)		

CP5-8 **La prise de décision à titre de vérificateur** ■OA1

L'entreprise Malvina n'a pas tenu ses livres comptables avec exactitude pendant sa première année d'activité 20A. Nous sommes le 31 décembre 20A, date de la fin de l'exercice financier. Un expert-comptable indépendant examine les livres de l'entreprise et découvre de nombreuses erreurs qui sont décrites ci-après. Supposez que ces erreurs n'influent pas les unes sur les autres.

Travail à faire

Analysez chaque erreur et déterminez son effet sur le bénéfice, l'actif et le passif des exercices 20A et 20B si personne ne la corrige. Prenez pour hypothèse qu'il n'y a aucune autre erreur. Pour indiquer l'effet de chaque erreur, inscrivez un «+» pour une surévaluation, un «−» pour une sous-évaluation et AE pour «aucun effet». Rédigez une explication de votre analyse de chaque opération à l'appui de votre réponse.

	Effet sur					
	Bénéfice net		Actif		Passif	
Erreurs indépendantes	20A	20B	20A	20B	20A	20B
1. Une charge d'amortissement pour l'exercice 20A non enregistrée, 950 $.	+950 $	AE	+950 $	+950 $	AE	AE
2. Des salaires gagnés par des employés au cours de l'exercice 20A non enregistrés ni versés en 20A, mais qui seront versés en 20B, 500 $.						
3. Des produits d'exploitation réalisés au cours de l'exercice 20A, mais non recouvrés ni enregistrés jusqu'en 20B, 600 $.						
4. Un montant payé et enregistré à titre de charge en 20A, mais ne constituant pas une charge avant 20B, 200 $.						
5. Des ventes encaissées et enregistrées comme produits d'exploitation en 20A, mais ceux-ci ne seront pas gagnés avant 20B, 900 $.						
6. Une vente de services encaissée en 20A, le montant est enregistré au débit du compte Encaisse et au crédit du compte Débiteurs, 300 $.						

7. Un achat à crédit, le 31 décembre 20A, d'un terrain pour 8 000 $ non enregistré jusqu'au moment du paiement, le 1er février 20B.						

Voici l'explication qu'on pourrait fournir pour la première erreur.

1. Le fait de ne pas avoir enregistré l'amortissement pour l'exercice 20A sous-évalue la charge d'amortissement à l'état des résultats ; par conséquent, le bénéfice est surévalué de 950 $. Au bilan, l'amortissement cumulé est sous-évalué de 950 $, de sorte que les actifs seront surévalués de 950 $ jusqu'à ce que l'erreur soit corrigée.

■ OA3

WorldCom

CP5-9   **L'évaluation d'un problème d'éthique**

WorldCom est une des plus grandes entreprises mondiales évoluant dans le secteur des télécommunications. En juin 2002, WorldCom a admis qu'au cours des cinq derniers trimestres, des charges d'exploitation d'environ 4 milliards de dollars américains avaient été comptabilisés à titre d'actifs, gonflant ainsi frauduleusement ses bénéfices d'exploitation. Par suite de l'annonce de ces irrégularités comptables, voici un aperçu des communiqués de presse qui ont suivi.

> **26-06-2002 Les bénéfices de la compagnie WorldCom ont été frauduleusement gonflés**
> **Jackson, Mississippi (AP)** Une enquête interne déclenchée par le conseil d'administration de WorldCom a dévoilé des coûts d'opération de 3,8 milliards de dollars américains illégalement comptabilisés, mettant ainsi au jour ce qui pourrait s'avérer être l'une des plus importantes fraudes comptables de l'histoire.
>
> Plus de 3 milliards de dollars américains en 2001 et 797 millions au premier trimestre de 2002 ont été inscrits par la société de télécommunications à titre d'investissement en capital et non comme des coûts d'opération.
>
> **02-07-2002 WorldCom va procéder à la révision de ses résultats financiers**
> **Washington (AP)** Le géant des télécommunications WorldCom, qui fait face à des poursuites pour avoir caché des dépenses de près de 4 milliards de dollars américains, a affirmé lundi au gouvernement américain qu'il enquêtait sur de possibles irrégularités dans ses comptes de réserve.
>
> WorldCom a affirmé dans un communiqué que son comité de vérification passait en revue ses résultats financiers de 1999 à 2001 parce que des questions ont été soulevées concernant des modifications significatives dans les réserves servant à contrer des pertes financières éventuelles.
>
> **19-07-2002 WorldCom sur le point de se mettre en faillite**
> **Jackson, Mississippi (AP)** Le géant américain des télécommunications WorldCom devrait se déclarer en faillite dans les prochains jours, ce qui serait la plus retentissante faillite de l'histoire des États-Unis, supérieure à celle d'Enron.

En consultant les sites Web des services d'information financière, faites une recherche sur WorldCom et consultez les communiqués émis sur cette entreprise depuis 2002.

1. Selon vous, à qui incombe la responsabilité de ces états financiers inexacts ?
2. Faites un résumé des événements qui ont touché cette entreprise depuis juin 2002.
3. Tracez un diagramme du cours de l'action de WorldCom depuis janvier 2002.

Projets – Information financière

CP5-10 La comparaison d'entreprises dans le temps

OA4

À l'aide de votre navigateur Web, visitez le site de la société Axcan et trouvez le rapport annuel le plus récent de cette entreprise. (Note : Vous pouvez aussi vous procurer les renseignements nécessaires sur le site de SEDAR.)

Travail à faire

1. Quel est le taux de rendement des capitaux propres de l'entreprise au cours de l'exercice le plus récent et comment se compare-t-il aux taux fournis dans ce volume ? Quelle est l'explication de la direction concernant cette variation (s'il y a lieu) ?

2. Utilisez les indicateurs du taux de rendement des capitaux propres pour déterminer ce qui a causé l'essentiel de la variation.

CP5-11 La comparaison d'entreprises d'un même secteur d'activité

OA4

Cascades et Domtar

Consultez les sites Web de Cascades et de Domtar, deux importantes entreprises du secteur des pâtes et papiers. D'après les informations fournies dans leurs derniers états financiers, déterminez le taux de rendement des capitaux propres de chacune de ces sociétés. Rédigez un bref rapport dans lequel vous comparerez ces deux taux.

CP5-12 Les services d'information financière

OA1

Consultez le site Web d'une maison de courtage ou d'un service d'information financière cité dans le texte.

Travail à faire

Rédigez un bref rapport donnant un aperçu de l'information disponible sur le site choisi en matière d'information financière.

CP5-13 La recherche d'information financière : les sites Web des entreprises

OA2
OA3

Nortel Networks

Consultez le site Web de Nortel.

Travail à faire

Répondez aux questions suivantes à l'aide des informations disponibles sur le site de l'entreprise.

1. À quel endroit pouvez-vous trouver les renseignements sur les bénéfices trimestriels ?

2. Pour le dernier trimestre, quel changement observez-vous dans le chiffre d'affaires par rapport au même trimestre de l'exercice précédent ? De quelle façon la direction explique-t-elle ce changement (s'il y a lieu) ?

3. Quel est le résultat par action, le prix par action et le ratio cours-bénéfice (voir le chapitre 1) le jour du communiqué le plus récent concernant les bénéfices du quatrième trimestre ?

CP5-14 Une question d'éthique : les irrégularités comptables

OA1

Procurez-vous un reportage récent décrivant une irrégularité comptable (une déclaration erronée) dans lequel on attribue comme motif à ces inexactitudes les primes offertes aux cadres supérieurs en fonction des résultats comptables déclarés. (Consultez les bases de données répertoriant les revues et les journaux financiers ou les services d'informations cités dans le texte.)

Travail à faire

Rédigez un bref rapport exposant la nature de l'irrégularité, l'ampleur de la correction à apporter au bénéfice déclaré précédemment, l'impact de l'annonce de cette irrégularité sur le cours des actions de l'entreprise, mais aussi sur les primes des cadres supérieurs.

CP5-15 Un projet en équipe : le processus de communication de l'information financière

OA2
OA3

Chaque équipe doit choisir un secteur d'activité à analyser. Chaque membre de l'équipe devra se procurer le rapport annuel d'une société ouverte de ce secteur, différente de celles qui ont été choisies par les autres membres.

Travail à faire

Sur une base individuelle, chaque membre de l'équipe devra rédiger un bref rapport répondant aux questions suivantes concernant l'entreprise choisie.

1. Quels modes de présentation utilise-t-on pour dresser le bilan et l'état des résultats ?
2. Trouvez une note qui décrit une convention comptable appliquée dans les états financiers de l'entreprise, une autre qui donne des précisions sur un élément constaté dans un état financier et une dernière qui communique de l'information financière n'apparaissant pas dans les états financiers. Quelle information chacune de ces notes vous fournit-elle ?
3. Consultez le site Web de l'entreprise ou le site SEDAR, ou encore le site d'un service d'information financière pour trouver un article présentant l'annonce des bénéfices annuels de l'entreprise. À quel moment cette annonce a-t-elle été faite par rapport à la date du rapport annuel ?
4. Calculez le taux de rendement des capitaux propres pour l'exercice en cours. Quelle entreprise offre le rendement le plus élevé à ses actionnaires pour cet exercice ?
5. Servez-vous de l'analyse des indicateurs du taux de rendement des capitaux propres pour déterminer les raisons de toute différence que vous observez.

Rédigez ensuite ensemble un bref rapport dans lequel vous soulignerez les ressemblances et les différences entre ces entreprises selon les éléments étudiés. Donnez des explications possibles aux différences relevées.

☐ OA1
☐ OA2
☐ OA3

CP5-16 **Un projet sur la publication de l'information financière**

Ce projet a pour but de vous familiariser avec les états financiers et les notes complémentaires qui les accompagnent. Vous devez aussi suivre la réaction du cours des actions à l'annonce des résultats financiers d'une société ouverte. Votre professeur vous assignera peut-être une entreprise particulière à analyser ou vous pourriez choisir l'une des entreprises présentées dans ce volume, une entreprise concurrente du même secteur d'activité ou encore une entreprise qui vous intéresse.

Travail à faire

1. Consultez le site Web de l'entreprise ou adressez-vous à son service des relations avec les investisseurs et procurez-vous un exemplaire de son dernier rapport annuel.
   a) Décrivez les modes de présentation utilisés pour dresser le bilan et l'état des résultats.
   b) Décrivez l'information contenue dans trois catégories de notes : une qui énonce une convention comptable appliquée dans les états financiers de l'entreprise, une autre qui fournit des précisions sur un élément constaté dans un état financier et une dernière qui donne de l'information financière sur des éléments n'apparaissant dans aucun des états financiers.
2. Consultez le site Web de l'entreprise ou tout autre service mentionné dans ce chapitre pour trouver un article qui publie l'annonce des résultats annuels de l'entreprise. Trouvez également la cote en Bourse de l'entreprise.
   a) Tracez un diagramme illustrant le prix de clôture de l'action de votre entreprise à la date de l'annonce des bénéfices, ainsi que cinq jours avant et cinq jours après cette date.
   b) Décrivez l'effet apparent de l'annonce sur le prix de l'action de cette société.
   c) Donnez les explications fournies dans l'article au sujet des résultats enregistrés ou sur les variations du cours des actions. Trouvez-vous ces explications convaincantes ? Expliquez votre réponse.

☐ OA1
☐ OA2
☐ OA3
☐ OA4

CP5-17 **Un projet sur la publication de l'information financière (approfondissement)**

Ce projet a pour but de suivre le processus de publication d'informations financières d'une société ouverte pendant trois mois après la fin de son dernier exercice. Votre professeur vous attribuera peut-être une société particulière à analyser ou vous pourriez choisir l'une des entreprises présentées dans ce volume, une entreprise concurrente du même secteur d'activité ou encore une entreprise qui vous intéresse.

Travail à faire

1. Recueillez l'information qui vous sera utile.
   a) Procurez-vous le dernier rapport annuel ainsi qu'un communiqué concernant les derniers résultats.

b) Trouvez un article annonçant un événement significatif non relié aux résultats financiers (le lancement d'un nouveau produit, un regroupement d'entreprises, etc.) qui s'est produit au cours du dernier exercice.

c) Tracez deux diagrammes séparés illustrant : 1) le prix de clôture de l'action de votre entreprise le jour du communiqué portant sur ses résultats ainsi que cinq jours avant et après la publication de ce communiqué et 2) le prix de clôture de l'action pendant la semaine où l'article choisi en b) est paru ainsi que cinq jours avant et après la parution de cet article.

2. Analysez les communiqués.

a) En vous basant sur le rapport de l'entreprise, déterminez les principales branches d'activité de la société, nommez son président et chef de la direction, son directeur des finances, ses vérificateurs et ses principaux concurrents.

b) Comparez le ratio cours-bénéfice, le coefficient de suffisance du capital, le ratio de rotation de l'actif total, le ratio de la marge bénéficiaire nette et le taux de rendement des capitaux propres de l'exercice choisi avec ceux de l'exercice précédent.

3. Présentez les résultats de votre analyse : rédigez un rapport incluant les éléments suivants.

a) Une brève description de l'entreprise et de ses activités, des personnes qui y jouent un rôle important et de ses concurrents.

b) Une brève analyse des informations recueillies au numéro 1. Ajoutez toute explication des événements rapportés ou des fluctuations du cours de l'action fournie par les médias.

c) Un résumé de votre analyse comparative du rendement de l'entreprise basée sur les différents ratios calculés au numéro 2. b).

CHAPITRE 6

L'enregistrement et l'interprétation des produits d'exploitation, des comptes débiteurs et de l'encaisse

Objectifs d'apprentissage

Au terme de ce chapitre, l'étudiant sera en mesure :

1. d'appliquer le principe de constatation des produits afin de déterminer à quel moment il convient d'enregistrer les produits dans le cas de détaillants, de grossistes et de fabricants (voir la page 348) ;

2. d'analyser l'effet des ventes par carte de crédit, des escomptes et des retours sur ventes sur le chiffre d'affaires de l'entreprise (voir la page 349) ;

3. d'analyser et d'interpréter le pourcentage de la marge bénéficiaire brute (voir la page 354) ;

4. d'estimer, d'enregistrer et d'évaluer l'impact des comptes clients non recouvrables (les créances irrécouvrables) sur les états financiers (voir la page 357) ;

5. d'analyser et d'interpréter le ratio de rotation des comptes clients et l'impact des comptes clients sur les flux de trésorerie (voir la page 364) ;

6. d'enregistrer, de gérer et de protéger les liquidités (voir la page 367).

L'ÉQUIPEUR

L'Équipeur

La qualité des produits, le respect des gens et une progression continue sont les garants d'une croissance soutenue

En 1977, la société Mark's Work Warehouse, Ltd., mieux connue au Québec sous l'appellation de L'Équipeur, a été fondée. C'est d'ailleurs ce nom qui sera retenu dans le présent ouvrage. À la fin de l'exercice financier 2001, l'entreprise comptait déjà 309 magasins répartis à travers le Canada. Ces magasins comportent trois divisions. La première, Mark's Work Wearhouse, englobe 157 magasins spécialisés dans les vêtements et les chaussures de travail, les activités de plein air et la détente. Cette division est aussi responsable du soutien auprès des entreprises. Elle met en place des programmes visant à répondre aux besoins spécifiques de la clientèle en ce qui a trait aux uniformes de travail. La deuxième division, Work World, comprend 144 magasins. Elle s'apparente à la précédente en ce qui concerne la clientèle cible et les produits offerts. Toutefois, la différence majeure réside dans la superficie occupée par les magasins. Comme ces derniers sont situés dans des secteurs de marché plus petits, la superficie totale ne représente qu'environ 30 % de la superficie généralement occupée par les magasins des grandes villes canadiennes. Enfin, la troisième division, DOCKERS®, représente un nouveau concept actuellement à l'essai et ne compte que huit magasins. Les clients visés par ces magasins sont les hommes et les femmes ayant des goûts vestimentaires classiques et qui se préoccupent de la qualité. La gamme de vêtements offerts correspond à des tenues décontractées pour les sorties, le travail et les loisirs, comme le golf. Selon les dirigeants de l'entreprise, «ce créneau n'est pas exploité actuellement par les autres détaillants, ce qui nous assure une longueur d'avance».

Comme on peut le constater, chaque division offre des produits relativement similaires. Toutefois, chacune d'entre elles détient sa propre marque de vêtements et une stratégie de mise en marché spécifique.

La mission de l'entreprise est de poursuivre sa croissance afin de devenir une entreprise prospère et reconnue comme étant:
- l'organisation qui répond le mieux aux besoins de ses clients, qui procure le meilleur service à la clientèle parmi tous les détaillants de l'industrie du vêtement sur les marchés visés;
- une entreprise qui offre un environnement de travail orienté vers les besoins de ses employés tant en ce qui concerne la participation à la prise de décisions qu'à la responsabilisation des tâches; elle cherche aussi à créer un environnement où les employés auront le goût d'apprendre et pourront obtenir une rémunération financière appropriée;
- une société qui accorde un rendement sur investissement supérieur aux investisseurs, ce rendement étant le résultat de la stratégie axée sur les besoins des clients et des employés.

Parlons affaires

L'élaboration de la stratégie de croissance de l'entreprise L'Équipeur nécessite inévitablement une coordination minutieuse des activités de mise en marché, de production, de soutien technique et de financement. Les renseignements fournis dans le sommaire de l'état consolidé des résultats (voir le tableau 6.1) permettent de constater l'atteinte de chacun des objectifs visés par cette stratégie. Pour respecter la présentation à regroupements multiples dont il a été question au chapitre 5, on précise d'abord les produits d'exploitation (le chiffre d'affaires) et, par la suite, on mentionne distinctement le coût des marchandises vendues (une charge) du reste des autres charges. On emploie parfois d'autres libellés, soit «coût des ventes» ou «coût d'achat des produits vendus» pour désigner ce compte. Il faut noter que sur la *marge bénéficiaire brute* (le *bénéfice brut* ou la *marge sur coût de revient*), qui correspond au chiffre d'affaires net dont on a soustrait le coût des marchandises vendues, est présentée en troisième place à l'état des résultats. Comme on peut le constater à la lecture du sommaire de l'état des résultats de L'Équipeur, les produits d'exploitation, la marge bénéficiaire brute et le bénéfice net de 2001 ont atteint des niveaux jusque-là inégalés par l'entreprise.

Sommaire de l'état consolidé des résultats (en milliers de dollars)	Exercice terminé le 27 janvier 2001	Exercice terminé le 29 janvier 2000
Chiffre d'affaires	363 870 $	314 547 $
Coût des marchandises vendues	214 361	186 723
Marge bénéficiaire brute	149 509	127 824
Redevances des franchisés et autres	6 558	6 640
	156 067	134 464
Frais d'exploitation	124 727	108 159
Frais d'intérêts	3 978	4 017
Amortissement, incluant l'écart d'acquisition	10 836	9 978
Bénéfice d'exploitation avant impôts sur les bénéfices	16 526	12 310
Impôts sur les bénéfices	8 346	5 923
Bénéfice net	8 180 $	6 387 $

TABLEAU 6.1

Coup d'œil sur

L'Équipeur

RAPPORT ANNUEL

Afin d'évaluer l'efficacité d'une stratégie de croissance, il faut savoir comment le chiffre d'affaires net et le coût des marchandises vendues sont obtenus. Dans ce chapitre, nous traiterons principalement des transactions qui ont un impact sur le *chiffre d'affaires net* présenté à l'état des résultats et sur l'*encaisse* et les *comptes clients* présentés au bilan. Nous analyserons le ratio de la marge bénéficiaire brute comme base d'évaluation de la variation de la marge brute ainsi que le ratio de rotation des comptes clients comme mesure de l'efficacité des activités d'approbation de crédit et de recouvrement des créances. Dans le chapitre 7, nous étudierons les transactions reliées au coût des marchandises vendues à l'état des résultats et aux stocks présentés au bilan ainsi que le ratio de rotation des stocks qui permet de mesurer l'efficacité en ce qui concerne la gestion des stocks.

La création de liquidités émanant de l'exploitation constitue un des principaux objectifs financiers des entreprises. Comme nous le verrons plus loin dans ce chapitre et dans le chapitre 7, la principale source de liquidités pour la plupart des entreprises est le recouvrement des comptes clients alors que la principale source d'utilisation de liquidités est l'achat de stocks. Par conséquent, une gestion avisée des comptes clients et des stocks peut permettre d'éviter des problèmes de rentabilité pour l'entreprise occasionnés par d'éventuels manques de liquidités. Comme l'encaisse peut aussi facilement faire l'objet de fraudes et de détournements de fonds, les systèmes comptables comportent généralement des mesures de contrôle qui aident à prévenir et à déceler de tels délits.

Les bailleurs de fonds, les actionnaires et les analystes financiers examinent ces deux comptes avec intérêt, car ces derniers peuvent aider à prévoir la réussite ou l'échec des entreprises dans le futur. Ces comptes sont importants. En effet, la plupart des poursuites intentées par les actionnaires et les brefs d'exécution de la Commission des valeurs mobilières contre les entreprises présentant des états financiers trompeurs se rapportent souvent à ces deux comptes. Nous analyserons un cas réel d'états financiers trompeurs plus loin dans ce chapitre.

Structure du chapitre

La comptabilisation des produits d'exploitation	La mesure et la présentation des comptes débiteurs	La présentation et la protection des liquidités
Les ventes aux consommateurs	Les comptes débiteurs – définition	Les espèces et les quasi-espèces – définition
Les ventes aux entreprises	La comptabilisation des créances irrécouvrables	Le contrôle de l'encaisse
Les rendus et rabais sur ventes, et les escomptes	La présentation des comptes clients et des créances irrécouvrables	Le rapprochement des comptes d'encaisse et des relevés bancaires
La présentation du chiffre d'affaires	Les méthodes d'estimation des créances irrécouvrables	
Le pourcentage de la marge bénéficiaire brute	Le ratio de rotation des comptes clients	

La comptabilisation des produits d'exploitation

OBJECTIF D'APPRENTISSAGE 1

Appliquer le principe de constatation des produits afin de déterminer à quel moment il convient d'enregistrer les produits dans le cas de détaillants, de grossistes et de fabricants.

Comme nous l'avons vu au chapitre 3, d'après le *principe de constatation des produits d'exploitation*, il faut enregistrer les produits lorsque ces derniers sont gagnés (c'est-à-dire lorsque les risques et les avantages importants inhérents à la propriété ont été transférés, que la mesure de la contrepartie est raisonnablement sûre et que le recouvrement est raisonnablement certain). Dans la plupart des cas, ces critères sont satisfaits au moment où les marchandises passent du vendeur à l'acheteur. Le vendeur des marchandises enregistre alors le produit de la vente à cette date. Le plus souvent, les entreprises qui offrent des services enregistrent les produits d'exploitation lorsque le service au client a été effectué. Les entreprises indiquent la méthode de constatation des produits qu'elles suivent dans une note aux états financiers intitulée « Résumé des principales conventions comptables ».

Coup d'œil sur

Axcan Pharma inc.

RAPPORT ANNUEL

Notes complémentaires
3. **Conventions comptables**
Constatation des produits:
Les revenus sont constatés au fur et à mesure que les obligations de la Société en matière d'expédition sont remplies.

Un grand nombre de fabricants, de grossistes et de détaillants constatent leurs produits d'exploitation au moment de l'expédition, sans se demander si le titre de propriété change de mains à ce moment-là ou au moment de la livraison[1]. Les entreprises adoptent cette façon de procéder, car il est plus facile de faire le suivi des expéditions que celui des livraisons aux clients. À la condition que cette règle soit appliquée de façon uniforme et continue d'un exercice à l'autre, le fait que l'enregistrement des produits d'exploitation ait lieu à la *date d'expédition* plutôt qu'à la *date de livraison* n'a généralement que très peu d'effets sur les états financiers. Il sera question plus loin, dans une annexe à la fin de ce chapitre, d'autres méthodes de constatation des produits qui s'appliquent à des situations particulières.

Le montant de produits qu'il faut enregistrer aux livres correspond au prix de vente. Toutefois, la forme de paiement (en argent, par carte de crédit ou sous forme de crédit) de même que les rendus à la suite des retours de marchandises et des rabais accordés sur les ventes influent sur le montant inscrit comme chiffre d'affaires à l'état des résultats. Lorsque la transaction comporte la vente avec échange d'une contrepartie non monétaire (par exemple la vente d'une voiture neuve avec reprise de l'ancienne), le montant des produits correspond à la juste valeur des marchandises et des biens cédés ou reçus selon ce qui peut être déterminé le plus facilement.

Certaines pratiques commerciales relatives aux ventes diffèrent si elles s'appliquent à des entreprises ou à des consommateurs. Ces particularités causent des problèmes de comptabilité spécifiques selon l'un ou l'autre type de clientèle. L'Équipeur est un bon exemple, puisque l'entreprise vend ses produits aux deux types de clientèles. En effet, elle vend des chaussures et des uniformes à différentes entreprises. De plus, la société gère ses propres magasins et les magasins spécialisés qui vendent des vêtements et des chaussures directement aux consommateurs. Comme la majorité des entreprises vendent soit à des entreprises, soit aux consommateurs, les connaissances acquises à partir d'une société telle L'Équipeur permettront de comprendre les états financiers d'un grand nombre d'entreprises différentes.

La plupart des entreprises utilisent diverses approches pour inciter les clients à acheter leurs produits et à payer leurs achats. Parmi les principales méthodes, on peut noter : 1) l'autorisation d'utiliser des cartes de crédit pour payer les achats ; 2) l'offre de crédit lors des achats et de rabais en cas de paiement rapide de la part des entreprises clientes ; 3) la possibilité de retours sur ventes dans certaines circonstances, et ce, pour tous les clients. Toutefois, ces méthodes modifient la façon de calculer le chiffre d'affaires net.

Chiffre d'affaires net = Chiffre d'affaires − $\begin{cases} \text{Escomptes sur cartes de crédit} \\ \text{Escomptes sur ventes} \\ \text{Rendus et rabais sur ventes} \end{cases}$

Les ventes aux consommateurs

Dans les différents magasins de L'Équipeur, les consommateurs paient leurs achats en argent comptant ou par carte de crédit (principalement Visa et MasterCard). L'entreprise accepte les paiements par carte de crédit pour différentes raisons : 1) elle pense qu'en offrant ce service, elle accroît la clientèle de ses magasins ; 2) elle évite ainsi les coûts du crédit accordé directement aux clients (la tenue de la comptabilité

OBJECTIF D'APPRENTISSAGE **2**

Analyser l'effet des ventes par carte de crédit, des escomptes et des retours sur ventes sur le chiffre d'affaires de l'entreprise.

1. Le moment où le titre de propriété change de mains dépend des modalités d'expédition prévues au contrat de vente. Lorsque l'entreprise expédie des marchandises franco à bord (FAB) au lieu d'expédition, le titre de propriété change de mains au moment de l'expédition et, normalement, l'acheteur paie les frais de transport. Au contraire, lorsqu'elle les expédie FAB à destination, le titre de propriété change de mains au moment de la livraison et, dans cette situation, le vendeur paie les frais d'expédition. Les deux méthodes de constatation des produits répondent au critère selon lequel le processus de génération de produits est presque terminé et sont, par conséquent, conformes aux principes comptables généralement reconnus. Les vérificateurs devront aussi s'assurer que les méthodes de constatation des produits sont appliquées de façon uniforme d'un exercice à l'autre et que les produits sont comptabilisés dans l'exercice financier approprié.

et les créances irrécouvrables (il en sera question plus loin); 3) en acceptant les cartes de crédit plutôt que les chèques, l'entreprise évite les pertes occasionnées par les chèques sans provision émis par des clients malhonnêtes; 4) les sociétés émettrices de cartes de crédit (par exemple Visa) absorbent toute perte liée à des achats effectués de façon frauduleuse à l'aide de cartes de crédit à la condition, bien sûr, que l'entreprise accepte d'appliquer les mesures de vérification et d'autorisation obligatoires sur les achats par carte de crédit; 5) l'entreprise peut ainsi récupérer son argent plus rapidement qu'elle ne le ferait en offrant directement du crédit à ses clients; en effet, elle peut déposer les reçus des cartes de crédit directement dans son compte en banque.

Néanmoins, les sociétés émettrices de cartes de crédit réclament des frais pour ce service. Ainsi, lorsque les reçus de cartes de crédit de L'Équipeur sont déposés à la banque, l'entreprise ne reçoit un crédit que pour un montant équivalant à 97 % de son prix de vente.

Les sociétés émettrices imposent des frais de 3 % pour ces services (appelés l'**escompte sur cartes de crédit**). Par exemple, si les ventes par carte de crédit rapportent 3 000 $ à un magasin pour la journée du 2 janvier, L'Équipeur enregistre les résultats suivants.

Chiffre d'affaires	3 000 $
Moins: Escompte sur cartes de crédit (0,03 × 3 000 $)	90
Chiffre d'affaires net (présenté à l'état des résultats)	2 910 $

Les ventes aux entreprises

La plupart des ventes de L'Équipeur à des entreprises sont des ventes à crédit. Cependant, il n'y a pas de billet écrit selon les règles qui indique la somme due par le client à l'entreprise. À la place, lorsque L'Équipeur vend des chaussures à crédit à des détaillants, les modalités de paiement sont imprimées sur chacun des documents de vente et les factures envoyées à ces clients. On se sert souvent de symboles pour abréger le texte. Par exemple, si la somme totale est due dans les 30 jours suivant la date de facturation, on notera n/30 comme modalité de paiement. Le « n » désigne le montant net de la vente, c'est-à-dire le montant dont on a soustrait, s'il y a lieu, les retours sur ventes. L'expression « 10, FDM » indique que la somme totale doit être payée au plus tard 10 jours après la fin du mois au cours duquel la vente a eu lieu.

Dans d'autres cas, on consent un **escompte sur ventes** (souvent appelé un **escompte de caisse**) au client pour l'inciter à payer plus vite. Supposons que l'entreprise offre des modalités de paiement standard de 2/10, n/30. Cela signifie que le client peut soustraire 2 % du montant de la facture s'il paie en espèces dans un délai de 10 jours après la date de vente. Si le client n'effectue pas son paiement au comptant à l'intérieur de ce délai de 10 jours, il devra verser le prix de vente total (moins les retours) au plus tard 30 jours après la date de la vente.

Les entreprises offrent des escomptes sur ventes pour encourager leurs clients à régler rapidement leur compte en argent comptant. Une telle tactique profite à l'entreprise, car elle lui permet d'emprunter moins d'argent aux banques (comme la Banque Impériale de Commerce, la Banque de Nouvelle-Écosse ou la Banque Nationale) pour satisfaire à ses besoins de liquidités. En outre, si un client paie la facture de L'Équipeur avant celles de ses autres fournisseurs, les risques que ce client manque de fonds pour payer cette facture sont moindres.

Un **escompte sur cartes de crédit** désigne les frais réclamés par la société émettrice de la carte pour ses services.

Un **escompte sur ventes** (ou **escompte de caisse**) est un escompte en argent offert aux acheteurs pour encourager un paiement rapide des comptes clients.

Profiter de l'escompte ou non, voilà la question !

En général, les clients paient en respectant le délai prévu pour bénéficier de l'escompte puisqu'ils réalisent ainsi des économies substantielles. Par exemple, avec des modalités du type 2/10, n/30, le client économise 2 % en payant 20 jours plus tôt (le dixième jour au lieu du trentième), ce qui représente approximativement des intérêts annuels de 37 %. On obtient ce taux d'intérêt en calculant d'abord le taux d'intérêt pour la période du délai lié à l'escompte. Lorsque les 2 % d'escompte sont soustraits, le client paie seulement 98 % du prix de vente. Par conséquent, le taux d'intérêt pour les 20 jours du délai d'escompte est le suivant :

(Montant économisé ÷ Montant versé) = Taux d'intérêt pour 20 jours
(2 % de la facture ÷ 98 % de la facture) = 2,04 % pour 20 jours

On calcule ensuite le taux d'intérêt annuel ainsi :

Taux d'intérêt pour 20 jours × (365 jours ÷ 20 jours) = Taux d'intérêt annuel
2,04 % × (365 jours ÷ 20 jours) = 37,23 % d'intérêts annuels

Lorsque les clients achètent à crédit, ils économisent, même s'ils doivent emprunter à la banque à un taux d'intérêt de 10 % pour profiter des escomptes de caisse. Cette opération est possible puisque les taux d'intérêt bancaires sont généralement inférieurs aux taux d'intérêt imposés à ceux qui ne se prévalent pas des escomptes de caisse.

Les entreprises enregistrent habituellement les escomptes accordés sur les ventes en déduisant ces escomptes du chiffre d'affaires lorsque le paiement est effectué à l'intérieur du délai prévu pour obtenir l'escompte (ce qui est le cas le plus fréquent[2]). Par exemple, si on enregistre une vente à crédit assortie de modalités de paiement de 2/10, n/30 (1 000 $ × 0,98 = 980 $) et que le paiement est effectué à l'intérieur du délai de l'escompte, on inscrit le montant suivant au chiffre d'affaires :

Chiffre d'affaires	1 000 $
Moins : Escompte sur ventes (0,02 × 1 000 $)	20
Chiffre d'affaires net (présenté à l'état des résultats)	980 $

Si le paiement est effectué après le délai de l'escompte, on indique le montant total de 1 000 $ comme chiffre d'affaires.

Il faut noter que l'objectif des escomptes sur ventes et la façon de les comptabiliser ressemblent beaucoup à l'objectif et à la façon de comptabiliser les escomptes sur cartes de crédit. Ces deux types d'escomptes constituent une option intéressante pour les clients tout en favorisant la rentrée rapide de liquidités, en réduisant les coûts liés à la comptabilisation et en minimisant les risques de créances irrécouvrables. Les deux éléments sont souvent présentés en déduction du chiffre d'affaires (on parle aussi de compte de contrepartie), mais ils peuvent également être inscrits comme des charges à l'état des résultats. La comptabilisation des escomptes sur ventes sera abordée plus en détail à l'annexe 6-B de ce chapitre.

Il est important de ne pas confondre un escompte de caisse et une remise. Les vendeurs utilisent parfois une remise pour fixer un prix de vente ; ce prix correspond alors au prix courant ou au prix de catalogue dont on soustrait la remise. Par exemple, si le prix d'un article est établi à 10 $ l'unité, mais qu'il y a une remise de 20 % sur les

---

2. Nous utilisons la méthode brute dans tous les exemples de cet ouvrage. Certaines entreprises se servent de la méthode nette qui consiste à enregistrer le chiffre d'affaires après en avoir soustrait le montant de l'escompte de caisse. Comme le choix de la méthode influe peu sur les états financiers, l'étude de cette méthode sera réservée à un cours plus avancé.

commandes de 100 unités et plus, le prix de l'unité, pour une grosse commande, sera alors de 8 $. De même, pour diminuer le prix d'une gamme de produits dont l'écoulement est lent, il suffit d'augmenter la remise. On doit toujours déduire les remises du montant du chiffre d'affaires.

QUESTION D'ÉTHIQUE

L'étalement des décaissements

La société Chaussures Houle a dû verser des intérêts débiteurs importants (12 %) sur des emprunts bancaires à court terme*. Elle achète normalement des chaussures de ses fournisseurs suivant des modalités de paiement de 1/10, n/30. Le taux d'intérêt annuel économisé grâce à l'escompte est de 18,43 % et se calcule comme suit.

$$
\begin{aligned}
\text{(Montant économisé} \div \text{Montant versé)} &= \text{Taux d'intérêt pour 20 jours} \\
(1\% \div 99\%) &= 1{,}01\% \text{ pour 20 jours} \\
\text{Taux d'intérêt pour 20 jours} & \\
\times \text{(365 jours} \div \text{20 jours)} &= \text{Taux d'intérêt annuel} \\
1{,}01\% \times \text{(365 jours} \div \text{20 jours)} &= 18{,}43\% \text{ d'intérêts annuels}
\end{aligned}
$$

L'entreprise a toujours eu comme politique de profiter de tous les escomptes sur achats, même lorsqu'elle devait emprunter à un taux de 12 % pour faire un paiement avant l'échéance. Elle économise ainsi 6,43 % de plus que le montant payé en intérêts (18,43 % – 12 %).

Une nouvelle employée suggère une autre façon de procéder. D'après cette dernière, même si les modalités de paiement selon l'entente entre Les chaussures Houle et ses fournisseurs (soit 1/10, n/30) requièrent le paiement du montant intégral dans un délai de 30 jours, les fournisseurs n'auraient sans doute aucune objection à être payés dans les 55 jours suivant l'achat puisqu'ils attendent habituellement 60 jours avant d'envoyer un avis de retard pour non-paiement de la facture. Toujours selon cette employée, l'entreprise aurait avantage à ne pas se prévaloir de l'escompte et à payer le 55e jour suivant l'achat.

En effet, si l'entreprise payait dans un délai de 55 jours après l'achat plutôt que de 10 jours après, le fait de ne pas profiter de l'escompte correspondrait à emprunter pour 45 jours plutôt que pour les 20 jours qui ont servi à l'analyse précédente. L'analyse à l'appui de la proposition de l'employée se chiffre comme suit.

$$
\begin{aligned}
\text{(Montant économisé} \div \text{Montant versé)} &= \text{Taux d'intérêt pour 45 jours} \\
(1\% \div 99\%) &= 1{,}01\% \text{ pour 45 jours} \\
\text{Taux d'intérêt pour 45 jours} \times & \\
\text{(365 jours} \div \text{45 jours)} &= \text{Taux d'intérêt annuel} \\
1{,}01\% \times \text{(365 jours} \div \text{45 jours)} &= 8{,}19\% \text{ d'intérêts annuels}
\end{aligned}
$$

D'après ce plan, l'entreprise emprunterait à ses fournisseurs à un taux de 8,19 % plutôt qu'à la banque à un taux de 12 %, ce qui représenterait une économie de 3,81 %. Lorsque l'employée a présenté ce plan à la direction, le directeur des achats a reconnu la justesse de ses calculs, mais s'y est néanmoins opposé. Comme ce plan ne respecte pas l'entente conclue avec les fournisseurs, le directeur des achats le considérait comme étant contraire à l'éthique. En affaires, un bon nombre de problèmes éthiques exigent des compromis entre les avantages pécuniaires et la possibilité de porter atteinte à des valeurs morales.

* La société Chaussures Houle est fictive, mais la plupart des entreprises font face à ce dilemme.

Les rendus et rabais sur ventes, et les escomptes

En général, on considère que le meilleur moyen de maintenir de bonnes relations avec les détaillants consiste à leur livrer rapidement et spécifiquement ce qu'ils ont commandé. La livraison de marchandises non conformes à celles qui avaient été commandées ou encore endommagées peut faire perdre des ventes au détaillant et envenimer sa relation avec ses clients. En pareils cas, les clients ont le droit de retourner la marchandise et, par la suite, de recevoir un remboursement ou un rajustement de leur facture.

Ces retours sont souvent additionnés dans un compte distinct appelé **rendus et rabais sur ventes (retours et rabais sur ventes)** et doivent être déduits du chiffre d'affaires brut au moment du calcul du chiffre d'affaires. Ce compte joue un rôle important, car il renseigne la direction de l'entreprise sur le volume des retours et des rabais, lui fournissant ainsi une indication de la qualité du service offert aux clients. Supposons qu'une entreprise achète 40 paires de bottes de travail à crédit chez L'Équipeur pour la somme de 2 000 $. Avant de régler sa facture, l'entreprise constate que 10 paires (soit 25 % de la commande) ne sont pas de la couleur commandée et les retourne. Le fabricant calcule alors son chiffre d'affaires comme suit.

Les rendus et rabais sur ventes constituent une réduction du chiffre d'affaires due aux retours ou aux rabais consentis sur des marchandises pour diverses raisons.

Chiffre d'affaires	2 000 $
Moins: Rendus sur ventes (0,25 × 2 000 $)	500
Chiffre d'affaires net (présenté à l'état des résultats)	1 500 $

La présentation du chiffre d'affaires

Dans ses livres, l'entreprise comptabilise séparément les escomptes sur cartes de crédit, les escomptes sur ventes ainsi que les rendus et les rabais sur ventes pour pouvoir contrôler les coûts des différentes activités qui leur sont associées (l'autorisation d'utiliser des cartes de crédit, l'offre d'escomptes sur ventes et le retour de marchandises non conformes aux commandes des clients ou encore endommagées). Le montant du chiffre d'affaires qui apparaît à l'état des résultats est alors calculé comme suit.

Chiffre d'affaires
Moins: Escomptes sur cartes de crédit (si ces escomptes sont considérés comme un compte de contrepartie aux revenus)
Escomptes sur ventes (si ces escomptes sont considérés comme un compte de contrepartie)
Rendus et rabais sur ventes
Chiffre d'affaires net (présenté à l'état des résultats)

Toutefois, on verra plus loin qu'il est souvent difficile, même pour un utilisateur bien renseigné et neutre, de déterminer les effets de ces postes. En effet, les entreprises révèlent rarement les facteurs pris en considération dans le chiffre d'affaires net présenté dans leur rapport annuel. Comme nous l'avons indiqué précédemment, le chiffre d'affaires dont on soustrait le coût des marchandises vendues est égal à la marge bénéficiaire brute. Les analystes traitent souvent cette marge bénéficiaire brute comme un pourcentage du chiffre d'affaires ou comme un pourcentage de la marge bénéficiaire brute ou du profit brut.

ANALYSONS LES RATIOS

Le pourcentage de la marge bénéficiaire brute

OBJECTIF D'APPRENTISSAGE 3

Analyser et interpréter le pourcentage de la marge bénéficiaire brute.

1. Connaître la question

De quel montant (en pourcentage) le prix de vente excède-t-il les coûts d'achat ou de production des marchandises vendues ou les coûts liés à la prestation des services offerts? On calcule ce montant comme suit.

$$\text{Pourcentage de la marge bénéficiaire} = \frac{\text{Marge bénéficiaire brute}}{\text{Chiffre d'affaires net}}$$

Pour L'Équipeur, en 2001, ce rapport était de:

$$\frac{149\ 509\ \$}{363\ 870\ \$} = 0,4109\ (41,09\%)$$

2. Utiliser les techniques appropriées

1. Analyser la tendance dans le temps			2. Comparer avec les compétiteurs	
L'ÉQUIPEUR			LE CHÂTEAU INC.	VÊTEMENTS DE SPORT GILDAN
1999	2000	2001	2001	2001
40,31%	40,64%	41,09%	30,5%	21,1%

3. Interpréter prudemment les résultats

EN GÉNÉRAL ◊ Le pourcentage de la marge bénéficiaire brute mesure la capacité d'exiger un prix de vente assez élevé et de produire des marchandises et des services à un coût moindre. Toutes choses étant égales par ailleurs, une marge bénéficiaire brute plus élevée résulte en un bénéfice net plus élevé. Les stratégies d'affaires de même que la concurrence ont un impact sur le pourcentage de cette marge. Les entreprises qui privilégient la différenciation du produit ont recours à des activités telles que la recherche et le développement ainsi que la promotion pour convaincre les consommateurs de la supériorité et du caractère distinct de leurs produits. Cette stratégie leur permet d'exiger des prix plus élevés et d'accroître ainsi le pourcentage de leur marge bénéficiaire brute. Par contre, les entreprises qui adoptent une stratégie basée sur des coûts peu élevés comptent sur une gestion plus efficace de la production pour diminuer les coûts et augmenter le pourcentage de la marge bénéficiaire brute. Les gestionnaires, les analystes et les créanciers se servent de ce ratio afin d'évaluer l'efficacité des stratégies des entreprises sur les plans du développement de produits, de la mise en marché et de la production.

L'ÉQUIPEUR ◊ Le pourcentage de la marge bénéficiaire brute de l'entreprise s'est légèrement amélioré au cours de ces trois derniers exercices en passant de 40,31 en 1999 à 40,64 en 2000 et à 41,09 au cours du plus récent exercice. Par rapport aux entreprises d'autres secteurs d'activité, L'Équipeur fait bonne figure puisque son ratio est nettement supérieur à la moyenne de celui des trois autres entreprises choisies aux fins de comparaison. En effet, selon les renseignements obtenus dans le rapport annuel des sociétés Domtar Inc., Harley-Davidson et Aliments Humpty Dumpty inc., on obtient respectivement des ratios de 24,87, de 34,1 et de 40,92 si on les compare au ratio de 41,09 de l'Équipeur. Il faut toutefois noter qu'une analyse comparative avec des secteurs d'activité différents peut faire ressortir des variations significatives en ce qui concerne les ratios, comme on peut le voir ici. Ce résultat est tout à fait normal puisque la marge de profit réalisée sur chaque article vendu n'est pas la même d'un secteur à l'autre. Ainsi, la marge de profit qu'on peut espérer obtenir à la suite de la vente de croustilles est évidemment différente de celle qui est réalisée sur la vente d'une motocyclette de renom comme un modèle

Comparons	
Domtar Inc.	24,87%
Harley-Davidson	34,1%
Aliments Humpty Dumpty inc.	40,92%

Harley-Davidson. Il est donc généralement plus pertinent de procéder à une analyse comparative avec les concurrents directs de l'entreprise, c'est-à-dire les entreprises du même secteur d'activité. Malheureusement, pour certains ratios, il n'est pas toujours possible de le faire car cette information n'est pas toujours publiée par les entreprises. On peut toutefois comparer l'Équipeur à deux sociétés semblables : Le Château et Gildan. On réalise alors que le pourcentage de la marge bénéficiaire brute est beaucoup plus élevé chez l'Équipeur que chez ses concurrents.

QUELQUES PRÉCAUTIONS ◊ Il est important de connaître les raisons de toute variation dans le pourcentage de la marge bénéficiaire brute afin de pouvoir évaluer la capacité d'une entreprise à maintenir cette marge. Par exemple, l'augmentation de la marge bénéficiaire brute qui résulte d'une augmentation de la vente de vêtements ayant une contribution marginale élevée, au cours d'un hiver particulièrement rigoureux, sera jugée plus difficile à soutenir qu'une augmentation due à l'apparition de nouveaux produits. De plus, pour pouvoir justifier des prix plus élevés, on doit souvent investir en recherche et développement de même qu'en publicité, et ces coûts peuvent à toutes fins utiles éliminer l'effet positif d'une augmentation de la marge bénéficiaire brute. Enfin, il faut savoir qu'une légère variation dans le pourcentage de cette marge peut entraîner une variation importante du bénéfice net.

ANALYSE FINANCIÈRE

Les comptes de contrepartie et l'évaluation du pourcentage de la marge bénéficiaire brute

Le calcul du chiffre d'affaires apparaît rarement dans les états financiers. Lorsque les escomptes sur ventes et les escomptes sur cartes de crédit sont enregistrés comme des comptes de contrepartie, le chiffre d'affaires net s'en trouve réduit et, par conséquent, la marge bénéficiaire brute (comme le pourcentage de cette marge) et le bénéfice d'exploitation le sont également. Toutefois, lorsqu'on les considère comme des frais de vente, le bénéfice d'exploitation diminue mais la marge bénéficiaire brute reste intacte. À cause de cette différence dans les pratiques comptables, on peut difficilement comparer les pourcentages de la marge bénéficiaire brute d'entreprises qui utilisent respectivement l'une et l'autre des méthodes. Par exemple, une comparaison entre le pourcentage de marge bénéficiaire de Kimberly-Clark, le fabricant des papiers mouchoirs Kleenex, et celui de son principal concurrent Scott Paper, basée sur les montants inscrits dans leurs états des résultats pour l'année 1994, donne les résultats suivants.

	Kimberly-Clark	Scott Paper
Pourcentage de la marge bénéficiaire brute	33,4 %	29,9 %

En 1995, lorsque Kimberly-Clark a procédé à l'acquisition de Scott Paper, on a constaté que la première société présentait les différentes déductions comme des charges liées aux ventes, alors que Scott Paper présentait ces éléments comme des comptes de contrepartie au chiffre d'affaires. À la suite de la conversion des états financiers de Scott Paper selon les mêmes traitements comptables que ceux en vigueur chez Kimberly-Clark, l'analyse de la marge bénéficiaire brute donne des résultats très différents.

	Kimberly-Clark	Scott Paper
Pourcentage de la marge bénéficiaire brute	33,4 %	41,0 %

Les analystes financiers avisés devraient interroger les représentants des entreprises sur les effets possibles de telles différences dans leurs traitements comptables avant de comparer ces entreprises.

La mesure et la présentation des comptes débiteurs

Les comptes débiteurs – définition

Les comptes clients (ou débiteurs) sont des comptes de bilan où figurent les sommes à recouvrer des clients suite à une vente de produits ou de marchandises, ou à une prestation de services.

Les effets à recevoir sont des promesses écrites dans lesquelles une partie s'engage à payer ce qu'elle doit à une entreprise en respectant des conditions précises (le montant, l'échéance et les intérêts).

En général, on classe les comptes débiteurs en trois catégories. Premièrement, il peut s'agir d'un compte client ou d'un effet à recevoir. On crée un **compte client** lorsque l'on comptabilise une vente à crédit dans un compte ouvert au nom du client et dont le montant de crédit maximal accordé a fait l'objet d'une préautorisation. Un **effet à recevoir** est une promesse écrite (c'est-à-dire un document en bonne et due forme) de payer : 1) un montant précis d'argent sur demande ou à une date ultérieure spécifiée (connue sous le nom d'échéance) ; 2) des intérêts déterminés d'avance à une ou à plusieurs dates ultérieures. Un tel effet concerne souvent deux montants distincts : le capital, c'est-à-dire le montant sur lequel on base le taux d'intérêt ; les intérêts qui sont le montant exigé pour l'utilisation du capital. Les effets à recevoir requièrent un enregistrement périodique des revenus d'intérêts. Nous étudierons le calcul des intérêts en même temps que les effets à payer dans un chapitre ultérieur.

Deuxièmement, on peut classer les comptes débiteurs comme étant des comptes clients ou des créances diverses. On crée normalement un compte client lors de la vente de marchandises ou de la prestation de services à crédit. Les créances diverses résultent de transactions autres que des activités courantes de l'entreprise, comme la vente de marchandises ou la prestation de services. Par exemple, si une entreprise prête de l'argent à un nouveau vice-président chargé des activités internationales pour l'aider à s'acheter une maison près de son nouveau lieu de travail, elle classera ce prêt dans la catégorie des créances diverses (les avances aux employés).

Troisièmement, dans le bilan, on classe aussi les comptes débiteurs comme étant soit des créances à court terme, soit des créances à long terme selon le moment où on s'attend à recouvrer le montant en question.

À l'inverse de beaucoup d'autres entreprises, L'Équipeur enregistre plusieurs types de comptes débiteurs dont, entre autres, les comptes clients pour les transactions auprès de la clientèle d'affaires, les sommes à recevoir des franchisés et les autres débiteurs. L'entreprise classe ces élément d'actifs dans les actifs à court terme parce que tous ces comptes doivent être payés dans un délai d'un an. Elle permet à sa clientèle d'affaires (les détaillants qui achètent des uniformes pour leurs employés) de se procurer ses marchandises à crédit, car elle croit qu'un tel service augmentera ses ventes auprès de ce type de clientèle.

Toutefois, la prestation d'un tel service à la clientèle d'affaires entraîne des coûts. L'Équipeur doit engager des frais pour maintenir un système de préautorisation de crédit et de recouvrement, et l'entreprise se doute bien que tous ses clients n'honoreront pas leurs dettes. Une politique de crédit devrait être fondée sur un compromis entre les profits sur les ventes supplémentaires et les coûts associés à toutes créances irrécouvrables additionnelles. En fait, un niveau très bas de créances irrécouvrables n'est pas nécessairement souhaitable non plus, car il peut refléter une politique de crédit trop sévère. En effet, l'entreprise est alors susceptible de refuser un certain nombre de bons clients qui achètent à crédit et d'ainsi réduire le volume des ventes.

PERSPECTIVE INTERNATIONALE

Les comptes débiteurs en monnaie étrangère

Les ventes à l'étranger (ou les exportations) prennent de plus en plus d'ampleur dans l'économie canadienne. La plupart des ventes aux entreprises, sur le marché international comme sur le marché intérieur, se font à crédit. Lorsque l'acheteur a convenu de payer avec sa devise plutôt qu'en dollars canadiens, on ne peut pas additionner directement ces comptes clients, libellés en devises, aux comptes clients en dollars canadiens. On doit d'abord les convertir en dollars canadiens en se servant du taux de change en vigueur entre les deux monnaies à la date de la transaction. Par exemple, si un grand magasin français devait 20 000 euros à une société canadienne le 1er avril 2002, et que chaque euro valait alors 1,4087 $ CA à cette date, l'entreprise devrait alors inscrire 28 174 $ aux comptes clients dans son bilan.

Taux de change des différentes monnaies (en dollars canadiens le 1er avril 2002)	
Dollar américain	1,5994 $
Peso mexicain	0,1774 $
Euro	1,4087 $

La comptabilisation des créances irrécouvrables

Toute entreprise qui offre des marchandises à crédit sait qu'un certain nombre de ventes se solderont par des créances irrécouvrables. Selon le principe du rapprochement des produits et des charges, il faut enregistrer les créances irrécouvrables dans la période comptable au cours de laquelle les ventes dont elles découlent ont été effectuées. Toutefois, dans bien des cas, l'entreprise ne sait pas avant la période comptable suivante que certains clients ne paieront pas leur dû.

L'Équipeur résout le problème et se conforme au principe comptable du rapprochement des produits et des charges en se servant de la **méthode d'imputation fondée sur la création d'une provision** pour calculer les créances irrécouvrables. Cette méthode est fondée sur l'estimation du montant de créances irrécouvrables auquel on peut s'attendre. L'emploi de cette méthode comporte deux étapes principales : 1) passer une écriture de régularisation en fin d'exercice afin d'enregistrer le montant estimé de créances irrécouvrables ; 2) radier certains comptes estimés irrécouvrables au cours de cet exercice.

L'enregistrement de l'estimation des créances irrécouvrables Les **créances irrécouvrables** (les **créances douteuses**) sont les charges relatives aux comptes clients estimés irrécouvrables. Une écriture de régularisation à la fin de la période comptable sert à enregistrer le montant prévu de créances irrécouvrables. Pour l'exercice se terminant le 29 janvier 2000, on a estimé les créances irrécouvrables de L'Équipeur à 300 000 $ et on a passé l'écriture de régularisation suivante en date du 29 janvier.

OBJECTIF D'APPRENTISSAGE **4**

Estimer, enregistrer et évaluer l'impact des comptes clients non recouvrables (les créances irrécouvrables) sur les états financiers.

La méthode d'imputation fondée sur la création d'une provision établit le montant des créances irrécouvrables à l'aide d'une estimation

Les créances irrécouvrables (les créances douteuses) sont les charges associées aux comptes clients estimés irrécouvrables.

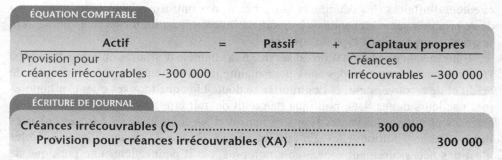

ÉQUATION COMPTABLE

Actif	=	Passif	+	Capitaux propres
Provision pour créances irrécouvrables −300 000				Créances irrécouvrables −300 000

ÉCRITURE DE JOURNAL

Créances irrécouvrables (C)	300 000	
Provision pour créances irrécouvrables (XA)		300 000

L'Équipeur a enregistré un montant de créances irrécouvrables de 300 000 $ dans son état des résultats de l'exercice terminé le 29 janvier 2000. On inclut normalement ce montant dans la catégorie « frais d'exploitation » (voir le tableau 6.1). Le crédit lié à l'écriture de journal précédente a été inscrit dans un compte présenté en contrepartie du compte client et appelé **provision pour créances irrécouvrables** (aussi appelé **provision pour créances douteuses** ou **provision pour dépréciation des créances**). Ainsi, cette écriture de journal réduit à la fois le bénéfice net et le total de l'actif. On ne peut créditer les comptes clients spécifiques. En effet, il est impossible de savoir lesquels sont en cause puisqu'il s'agit d'une provision. À titre de compte de contrepartie, on doit toujours soustraire le solde de la provision pour créances irrécouvrables du solde des comptes clients. Ce solde est donc traité exactement comme un amortissement cumulé, qui est le premier compte de contrepartie analysé au chapitre 4.

La radiation de certains comptes estimés irrécouvrables   On enregistre les radiations de créances irrécouvrables individuelles par une série d'écritures de journal passées au cours de l'exercice, et ce, dès qu'on a déterminé qu'un client ne paiera pas ses dettes (par exemple à cause d'une faillite). Cette radiation élimine le compte client correspondant par une réduction du compte de contrepartie de la provision pour créances irrécouvrables. Par exemple, si on veut radier un montant total de 100 000 $ au cours de l'exercice, l'écriture de journal suivante doit être passée :

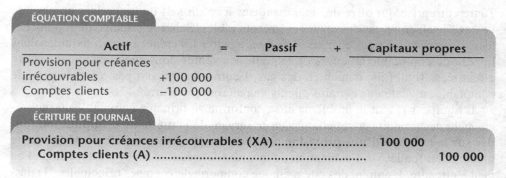

ÉQUATION COMPTABLE

Actif	=	Passif	+	Capitaux propres
Provision pour créances irrécouvrables +100 000				
Comptes clients −100 000				

ÉCRITURE DE JOURNAL

Provision pour créances irrécouvrables (XA).........................	100 000	
Comptes clients (A)		100 000

Il faut noter que cette écriture de journal n'a aucun effet sur les comptes de l'état des résultats. Elle n'enregistre pas de créance douteuse, puisque la charge estimée a été inscrite sous forme d'une écriture de régularisation, dans la période où la vente a eu lieu, et qu'on a ainsi établi le compte de provision correspondant. En outre, l'écriture n'a pas fait varier la valeur comptable nette des comptes clients, car la diminution du compte d'actif (comptes clients) a été compensée par une diminution du compte de contrepartie du compte d'actif (provision pour créances irrécouvrables), de sorte que le total de l'actif n'a pas changé.

Lorsqu'un client effectue un paiement sur un compte précédemment radié, on annule l'écriture de journal qui a servi à radier le compte pour le montant à percevoir et on enregistre le recouvrement de la somme en question. C'est le cas entre autres de L'Équipeur qui, dans son état des résultats au 27 janvier 2001, présente une charge négative (le produit lié au recouvrement) pour ses comptes débiteurs aux franchisés.

Une provision pour créances irrécouvrables (provision pour créances douteuses ou provision pour dépréciation des créances) est un compte de contrepartie aux comptes clients dans lequel on classe les comptes clients que la société estime ne pas pouvoir recouvrer.

Les radiations réelles et estimées   Le montant des créances irrécouvrables réellement radiées est rarement égal au montant estimé et enregistré précédemment. On règle ce problème lors de l'écriture de régularisation suivante, à la fin de la période comptable (on enregistre alors un montant plus ou moins élevé pour corriger les erreurs d'estimation de la période précédente).

Même lorsque l'on constate que les estimations sont erronées, on ne corrige pas les valeurs présentées aux états financiers des exercices précédents.

Un résumé du processus comptable   Il importe de se rappeler que la comptabilisation des créances irrécouvrables est un processus constitué de deux étapes.

1. On enregistre d'abord les créances irrécouvrables et on augmente la provision pour créances irrécouvrables en passant une écriture de régularisation (la correction de la créance irrécouvrable) à la fin de l'exercice. Cette étape a un impact à la fois sur l'état des résultats, à cause d'une augmentation des créances irrécouvrables, et sur le bilan, puisqu'une augmentation de la provision pour créances irrécouvrables réduira la valeur comptable nette des comptes clients.

2. De plus, on enregistre tout au long de l'exercice les radiations en diminuant à la fois les comptes clients et la provision pour créances irrécouvrables, à mesure qu'on juge que les comptes de certains clients sont devenus irrécouvrables. Cette étape n'influe pas sur l'état des résultats puisqu'on n'inscrit aucune charge. Elle n'a pas non plus d'effet sur le bilan, car la diminution de la provision pour créances irrécouvrables combinée à la baisse des comptes clients ne fait pas varier la valeur comptable nette de ces deux comptes.

On peut donc résumer le processus comptable complet concernant les créances irrécouvrables sous forme de variations dans les comptes clients et la provision pour créances irrécouvrables[3].

Comptes clients (C)

Solde au début	Recouvrement sur les ventes à crédit
Ventes à crédit	Radiations
Solde à la fin	

Provision pour créances irrécouvrables (XA)

	Solde au début
Radiations	Ajustements pour créances irrécouvrables
	Solde à la fin

La présentation des comptes clients et des créances irrécouvrables

Le tableau 6.2 donne le montant des comptes clients de L'Équipeur, dont on a soustrait la provision pour créances irrécouvrables (la valeur comptable nette), et qui s'élève à 13 998 000 $ pour 2001 et à 15 010 000 $ pour 2000. On y trouve aussi le montant de la provision pour chaque année. La provision pour créances irrécouvrables présente un solde créditeur de fin de période. Ce solde correspond approximativement au montant total des comptes clients estimés irrécouvrables. Le solde des comptes clients dont on soustrait le compte de provision mesure la valeur de réalisation nette évaluée (soit le montant que l'entreprise peut espérer recouvrer) des comptes clients.

Les montants des créances irrécouvrables inclus dans les frais de vente à l'état des résultats et les comptes clients radiés pour la période terminée n'apparaissent généralement pas dans le rapport annuel.

---

3. On suppose que toutes les ventes aux entreprises (les ventes en gros) se font à crédit.

	2001	2000
Franchisés		
Magasins Mark's	5 357 $	7 232 $
Magasins Work World	969	1 460
Comptes commerciaux	5 851	4 568
Rabais du propriétaire	1 145	1 653
Publicité corporative	385	654
Autres comptes à recevoir	1 598	1 242
	15 305	16 809
Provision pour créances irrécouvrables, due principalement aux montants à recevoir des franchisés	(1 307)	(1 799)
Comptes clients	13 998 $	15 010 $

Les méthodes d'estimation des créances irrécouvrables

On estime souvent le montant des créances irrécouvrables enregistrées à la fin de l'exercice d'après soit le total des ventes à crédit pour la période, soit le classement chronologique des comptes clients.

Le pourcentage des ventes à crédit   Un grand nombre d'entreprises établissent leurs estimations à l'aide de la **méthode d'estimation fondée sur le chiffre des ventes à crédit.** Cette méthode évalue les créances irrécouvrables selon une analyse des ventes à crédit réalisées au cours des exercices antérieurs et qui se sont révélées comme étant des créances irrécouvrables. Elle porte aussi le nom de « méthode fondée sur l'état des résultats », car elle requiert le calcul direct du nombre de créances irrécouvrables présentées à l'état des résultats d'après le montant des ventes à crédit présenté dans cet état.

Il est possible de déterminer le pourcentage moyen de ventes à crédit qui pourraient se révéler comme étant des créances irrécouvrables en divisant le total des pertes sur créances survenues au cours des exercices précédents par le total des ventes à crédit de l'exercice. Une entreprise qui possède quelques années d'existence a suffisamment d'expérience pour prévoir la possibilité de pertes futures sur ses créances. Supposons par exemple que l'entreprise Roger et Lambert a enregistré les éléments suivants au cours des trois dernières années.

Année	Pertes sur créances	Ventes à crédit
20A	900 $	190 000 $
20B	1 200	220 000
20C	1 400	290 000
Total	3 500 $	700 000 $

3 500 $ ÷ 700 000 $ = 0,5 % (taux de perte moyen pour une période de trois ans, de 20A à 20C)

Si le chiffre des ventes à crédit dans l'année en cours s'élevait approximativement à 268 000 $ et que l'entreprise utilisait cette méthode, on enregistrerait directement le montant suivant comme créances irrécouvrables (ainsi qu'une augmentation de la provision pour créances irrécouvrables) pour l'année en cours.

Ventes à crédit × Taux de perte sur créances = Créances irrécouvrables

268 000 $ × 0,5 % = 1 340 $

Les nouvelles entreprises se fient souvent à l'expérience d'entreprises du même type qui existent depuis un certain nombre d'années. En général, elles adaptent le taux moyen de pertes observé dans le passé pour que ce taux indique ce qu'elles peuvent prévoir dans l'avenir. Par exemple, si les ventes au détail augmentent, une entreprise pourrait justifier une diminution de son taux à 0,4 % par le fait qu'une proportion moins grande de ses clients commerciaux risque de faire faillite.

Par contre, l'accroissement rapide du taux des pertes sur créances peut laisser supposer que l'entreprise a commis l'erreur d'assouplir sa politique de crédit en essayant d'accroître ses ventes. Pour corriger la situation, il faudrait alors modifier la structure de l'entreprise en séparant le service du crédit et du recouvrement de celui des ventes afin d'éviter ce type de problèmes dans l'avenir. Ces changements permettraient de réduire le pourcentage de créances irrécouvrables.

ANALYSE FINANCIÈRE

Comment évaluer l'exactitude des provisions pour créances irrécouvrables

Si l'analyste financier n'a pas accès à des renseignements détaillés concernant toutes les modifications au sujet de la composition de la clientèle ou des conditions de règlement qu'une entreprise accorde à ses clients, il dispose de très peu de points de référence pour évaluer l'exactitude des provisions pour créances irrécouvrables d'un exercice récemment terminé. Cette situation est représentative de ce qui se passe au Canada, puisque les principes comptables généralement reconnus (PCGR) n'exigent pas que les entreprises présentent de l'information sur la méthode utilisée pour estimer et évaluer leurs créances irrécouvrables. Toutefois, ce n'est pas le cas des entreprises américaines. En effet, celles-ci doivent présenter cette information dans leur rapport 10-K annuel, exigé par la Commission des valeurs mobilières des États-Unis, comme le démontre l'exemple suivant. Voici, par exemple, ce que rapporte un article publié dans *The Wall Street Journal*.

Dans l'actualité

The Wall Street Journal

D'anciens directeurs de T2 règlent une poursuite de la Commission des valeurs mobilières des États-Unis concernant son état des résultats

New York – Quatre anciens directeurs de T2 Medical Inc. acceptent de verser un montant total de plus de 456 000 $ pour régler une poursuite fondée sur des allégations de la Commission des valeurs mobilières selon lesquelles ils auraient gonflé artificiellement les bénéfices enregistrés par leur entreprise… D'après la poursuite intentée par la Commission en Cour fédérale, ces quatre personnes auraient devancé de façon injustifiée la constatation des produits et modifié le registre des livraisons tout en retardant la radiation de créances irrécouvrables de manière à surévaluer le bénéfice net.

Dans ce cas précis, l'entreprise avait augmenté les créances irrécouvrables comptabilisées, les faisant passer de 5,4 % de ses ventes l'année précédente à 6,5 % dans l'année en question afin de compenser l'augmentation du risque lié aux créances irrécouvrables. Toutefois, après une enquête sur ces irrégularités comptables, on a constaté que le taux des créances irrécouvrables atteignait en réalité 11 % des ventes. Même si le milieu financier s'attendait à une augmentation du taux sur ce type de créances, la plupart des analystes ont été surpris de voir qu'il avait doublé parce que personne n'avait réalisé les changements importants apportés par l'entreprise dans sa politique de ventes à crédit.

Source : *The Wall Street Journal*, 12 juin 1997, p. B12.

Le classement chronologique des comptes clients Plutôt que de recourir à la méthode d'estimation fondée sur le chiffre des ventes à crédit, bon nombre d'entreprises se basent sur le temps écoulé depuis l'enregistrement aux livres des comptes clients pour estimer leurs créances irrécouvrables. D'après cette méthode, qui porte le nom de **classement chronologique des comptes clients**, les comptes clients les plus vieux sont généralement ceux qui sont le moins susceptibles d'être recouvrés. Par exemple, un compte débiteur payable dans un délai de 30 jours et qui n'a pas été réglé après 60 jours est plus susceptible, en moyenne, d'être recouvré que le même

La méthode d'estimation fondée sur le classement chronologique des comptes clients consiste à estimer les comptes non recouvrables d'après l'âge chronologique de chacun des comptes clients.

type de compte débiteur encore en souffrance après 120 jours. En se basant sur son expérience antérieure, l'entreprise peut estimer quelle proportion de ses comptes débiteurs datant de différentes périodes demeurera impayée.

Cette méthode porte aussi le nom de « méthode fondée sur le bilan », puisqu'elle permet le calcul du chiffre de la provision pour créances irrécouvrables présenté au bilan selon l'âge spécifique des comptes clients.

| TABLEAU **6.3** | | | | | | Classement chronologique des comptes clients |

Roger et Lambert
Classement chronologique des comptes clients
au 31 décembre 20A

Client	Courant	1-30 jours de retard	31-60 jours de retard	61-90 jours de retard	Plus de 90 jours de retard	Total
Albert inc.	600 $					600 $
Bellevue ltée	300	900 $	100 $			1 300
Couture enr.			400	900 $	100 $	1 400
Zéro inc.	2 000		1 000			3 000
Total	17 200 $	12 000 $	8 000 $	1 200 $	1 600 $	40 000 $
Estimation du pourcentage de créances irrécouvrables	1 %	3 %	6 %	10 %	25 %	
Estimation du montant des créances irrécouvrables	172 $	360 $	480 $	120 $	400 $	1 532 $

Supposons que la société Roger et Lambert répartit ses comptes clients en cinq catégories distinctes (voir le tableau 6.3). Ces catégories pourraient permettre à la direction de l'entreprise d'estimer les taux probables de pertes sur créances suivants : les comptes courants, 1 % ; les comptes ayant de 1 à 30 jours de retard, 3 % ; les comptes ayant de 31 à 60 jours de retard, 6 % ; les comptes ayant de 61 à 90 jours de retard, 10 % et les comptes ayant plus de 90 jours de retard, 25 %. La somme des montants qu'on estime irrécouvrables, d'après la méthode du classement selon l'âge chronologique, correspond au solde qu'on devrait trouver à la provision pour créances irrécouvrables au bilan à la fin de l'exercice. On parle alors d'un solde estimé.

La démarche à suivre pour enregistrer les créances irrécouvrables à l'aide de la méthode du classement selon l'âge chronologique des créances diffère de celle qu'on utilise avec la méthode d'évaluation fondée sur le chiffre des ventes à crédit. Il faut se rappeler qu'avec cette dernière méthode, on doit calculer directement le montant à inscrire comme créances irrécouvrables à l'état des résultats pour une certaine période à l'aide d'écritures de régularisation. Par contre, avec la méthode selon le classement chronologique, on calcule directement le solde de clôture qu'on souhaite trouver à la provision pour créances irrécouvrables au bilan après avoir passé les écritures nécessaires. Par conséquent, on enregistre la différence entre le solde réel du compte et le solde estimé sous forme d'écriture de régularisation des créances irrécouvrables pour cette période.

Le montant des créances irrécouvrables de la période correspond à la différence entre l'estimation des créances irrécouvrables (qu'on vient de calculer) et le solde de la provision pour créances irrécouvrables avant qu'on passe l'écriture de régularisation.

> **Calcul**
>
> | | |
> |---|---:|
> | Solde estimé (d'après l'âge chronologique) | 1 532 $ |
> | Moins : Solde actuel | 188 |
> | (solde avant la correction provenant du compte du grand livre) | |
> | Correction aux créances irrécouvrables à enregistrer pour l'année en cours (en calculant la différence) | 1 344 $ |

On peut aussi représenter ce calcul sous forme de compte en T. Le solde de crédit en cours dans la provision, avant la correction de fin d'exercice, est de 188 $. On ajoute le nouveau solde de clôture provenant des calculs obtenus avec la méthode selon l'âge chronologique, puis on calcule la différence en fonction du montant actuel des créances irrécouvrables.

Provision pour créances irrécouvrables (XA)

	Solde au début	1 455
Radiations (au cours de l'année) 1 267		
	Solde avant ajustements	188
	Ajustements pour créances irrécouvrables (on calcule la différence)	1 344
	Solde estimé (d'après l'âge chronologique)	1 532

2ᵉ étape : correction par déduction

1ʳᵉ étape : Solde de clôture estimé d'après le classement chronologique

L'écriture de régularisation de fin d'exercice pour les créances irrécouvrables et la provision pour créances irrécouvrables est comptabilisée le 31 décembre et s'élève à 1 344 $.

La méthode d'évaluation de la provision fondée sur le chiffre de ventes à crédit met l'accent sur l'assertion relative à la valeur de l'état des résultats (le rapprochement entre les créances irrécouvrables et le chiffre d'affaires de la période). D'un autre côté, avec la méthode du classement chronologique, on concentre les efforts sur l'évaluation du bilan (l'estimation de la valeur de réalisation nette des comptes clients). Les deux méthodes sont permises selon les principes comptables généralement reconnus et sont largement utilisées par les entreprises.

ANALYSE FINANCIÈRE

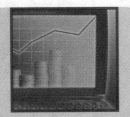

Les ventes et les recouvrements – le conflit entre le marketing et la gestion financière

Un journal financier rapportait récemment qu'un grand nombre de directeurs des ventes axés sur la mise en marché oublient que, s'ils peuvent augmenter leur volume de ventes en assouplissant leur politique de crédit, ils n'en tireront aucun avantage si leurs clients ne les paient jamais. D'après cet article, une bonne partie des entreprises qui mettent l'accent sur les ventes sans contrôler le recouvrement des ventes à crédit se retrouvent rapidement dans une impasse face à leurs comptes clients. Voici trois façons de procéder qui peuvent aider à minimiser le nombre de créances irrécouvrables :

1. Établir les antécédents des clients en matière de crédit (par l'analyse de crédit) avant de leur permettre de régler leurs achats à une date ultérieure.
2. Procéder périodiquement à un classement chronologique des comptes clients et communiquer avec les clients dont les paiements sont en retard.
3. Récompenser à la fois le personnel des ventes et celui des recouvrements pour tout recouvrement rapide de façon que les deux groupes travaillent en équipe.

Afin d'évaluer de façon globale l'efficacité des personnes responsable des évaluations de crédit et des recouvrements, les gestionnaires et les analystes financiers calculent souvent le coefficient de rotation des comptes clients.

ANALYSONS LES RATIOS

Le ratio de rotation des comptes clients

1. Connaître la question

Jusqu'à quel point les activités liées à l'acceptation de crédit et aux recouvrements rencontrent-elles leurs objectifs ? Pour répondre à cette question, on peut effectuer le calcul suivant.

$$\text{Coefficient de rotation des comptes clients} = \frac{\text{Chiffre d'affaires net*}}{\text{Comptes clients nets moyens †}}$$

Dans le cas de L'Équipeur, le coefficient pour 2001 est le suivant:

$$\frac{363\ 870\ \$}{(13\ 998\ \$ + 15\ 010\ \$) \div 2} = 25{,}09$$

2. Utiliser les techniques appropriées

1. Analyser la tendance dans le temps			2. Comparer avec les compétiteurs	
L'ÉQUIPEUR			**BOUTIQUES SAN FRANCISCO**	**REITMANS (CANADA) LIMITÉE**
1999	2000	2001	2001	2001
21,70	22,17	25,09	137,1	187,6

3. Interpréter prudemment les résultats

EN GÉNÉRAL ◊ Le ratio de rotation des comptes clients reflète le nombre moyen de fois où les comptes clients ont été enregistrés et recouvrés au cours d'une période donnée. Un ratio plus élevé indique un recouvrement plus rapide des comptes clients. L'entreprise en bénéficie car elle peut investir l'argent recouvré et ainsi obtenir des intérêts créditeurs ou réduire ses emprunts et diminuer ses intérêts débiteurs. Par contre, l'autorisation de crédit comportant des échéances de paiement de plus en plus éloignées et l'emploi de méthodes de recouvrement inefficaces vont nécessairement résulter en un ratio moins élevé. Les analystes et les créanciers surveillent ce ratio, sachant qu'une baisse soudaine pourrait signifier que l'entreprise accorde des délais de paiement plus longs dans le but d'augmenter ses ventes en perte de vitesse ou même d'enregistrer des ventes qui feront plus tard l'objet de retours.

L'ÉQUIPEUR ◊ Le ratio de rotation des comptes clients de l'entreprise n'a cessé de s'améliorer au cours des trois derniers exercices en passant de 21,70 en 1999 à 22,17 en 2000 et à 25,09 au cours du plus récent exercice. Par rapport aux entreprises du même secteur d'activité, L'Équipeur fait moins bonne figure puisque son ratio est inférieur à celui des deux autres entreprises choisies aux fins de comparaison. En effet, selon les renseignements obtenus dans le rapport annuel des sociétés Boutiques San Fransisco et Reitmans, nous obtenons respectivement un ratio de 137,1 et de 187,6. Cela peut s'expliquer en partie pour les raisons suivantes: le fait que le solde moyen des comptes clients de L'Équipeur est cinq fois plus élevé que

* En général, comme on n'inscrit pas le montant net des ventes à crédit séparément du reste, la plupart des analystes utilisent le chiffre d'affaires net afin de résoudre cette équation.

† Les comptes clients nets moyens = (Comptes clients nets au début + Comptes clients nets à la fin) ÷ 2

celui des deux autres entreprises pour un montant de ventes moyen équivalent ; de plus, le solde des débiteurs utilisé pour l'analyse correspond au montant présenté au bilan et peut ainsi inclure d'autres débiteurs et non seulement les montants à recevoir sur les ventes à crédit ; finalement, comme on l'a indiqué précédemment, L'Équipeur offre un service aux entreprises pour les uniformes de travail. Ces ventes sont effectuées à crédit alors que les ventes au détail sont plutôt effectuées au comptant. Cela a pour effet d'augmenter le solde des comptes clients au bilan. Voilà pourquoi, au cours d'une analyse comparative au moyen de ratios, il faut garder un esprit critique. Dans le cas contraire, les conclusions tirées de l'analyse pourraient être mal interprétées et mener à de mauvaises décisions concernant la gestion.

QUELQUES PRÉCAUTIONS ◊ Les différences qui existent entre les secteurs d'activité au sujet des modalités de crédit accordé aux clients peuvent créer des variations importantes dans le ratio de rotation des comptes clients. Ainsi, le ratio d'une entreprise en particulier ne devrait être comparé qu'avec celui des années antérieures de cette même entreprise ou avec ceux d'autres entreprises du même secteur. De nombreux directeurs et analystes financiers calculent le délai moyen de recouvrement des créances (ou jours de crédit client), qui est égal à 365 divisé par le coefficient de rotation des comptes clients, soit 14,55 jours pour L'Équipeur. Ce résultat donne le temps moyen que met un client à payer ses comptes. À l'annexe D, Dun & Bradstreet présente la période de recouvrement des comptes clients, alors que Standard & Poor's calcule le ratio de rotation des comptes clients.

Comparons les coefficients moyens de rotation des comptes clients	
Bois et matériel de construction	10,9
Boissons à base de malt	14,1
Magasin de variétés	66,4

INCIDENCE SUR LES FLUX DE TRÉSORERIE

Les comptes clients

La variation des comptes clients peut devenir un facteur important en ce qui concerne les flux de trésorerie provenant de l'exploitation d'une entreprise. L'état des résultats reflète les produits d'exploitation d'une période, tandis que les flux de trésorerie provenant de l'exploitation doivent refléter le recouvrement en espèces des sommes dues par les clients pour la même période. Comme les ventes à crédit augmentent le solde des comptes clients et que le recouvrement des sommes dues auprès des clients diminue ce solde, la variation des comptes clients entre le début et la fin d'une période correspond à la différence entre les deux montants.

L'effet sur l'état des flux de trésorerie

EN GÉNÉRAL ◊ Lorsqu'on observe une diminution des comptes clients pour une période donnée, les montants en espèces recueillis auprès des clients est toujours supérieur au chiffre d'affaires. Par conséquent, on doit ajouter le montant de la diminution dans le calcul des flux de trésorerie provenant de l'exploitation.

Lorsqu'il s'agit plutôt d'une augmentation des comptes clients, les montants en espèces recueillis auprès des clients est toujours inférieur au chiffre d'affaires. Ainsi, on doit soustraire le montant de cet accroissement dans le calcul des flux de trésorerie liés aux activités d'exploitation.

	Effet sur les flux de trésorerie
Activités d'exploitation (méthode indirecte)	
Bénéfice net	XXX $
Plus ou moins les ajustements :	
Ajouter la diminution des comptes clients	+
ou	
Soustraire l'augmentation des comptes clients	−

L'ÉQUIPEUR ◊ Le tableau 6.4 reproduit la section liée aux activités d'exploitation de l'état des flux de trésorerie de L'Équipeur. Lorsque le solde des comptes clients augmente au cours d'une période, par exemple en 1999 et en 2000, l'entreprise enregistre un chiffre d'affaires net supérieur au montant en espèces recouvré auprès de ses clients durant cette période. Par conséquent, on soustrait le montant correspondant à cet accroissement dans le calcul des flux de trésorerie qui proviennent de l'exploitation. Inversement, lorsque le solde des comptes clients diminue au cours d'une période, comme en 2001, l'entreprise recouvre chez ses clients un montant en espèces supérieur au chiffre d'affaires net enregistré au cours de cette période. On a donc additionné le montant correspondant à cette diminution au calcul des flux de trésorerie liés aux activités d'exploitation*.

Lorsque le chiffre d'affaires augmente rapidement, par exemple pour L'Équipeur au cours des trois dernières années, les comptes clients s'accroissent généralement, ce qui entraîne une baisse des flux de trésorerie provenant de l'exploitation. Malgré tout, L'Équipeur a amélioré son ratio de rotation des comptes clients. Dans le tableau 6.4, le poste Comptes débiteurs indique que la variation dans les comptes clients au cours du dernier exercice a produit une augmentation nette de +1012 $ des flux de trésorerie.

TABLEAU **6.4**   Comptes clients à l'état des flux de trésorerie

Coup d'œil sur

L'Équipeur

RAPPORT ANNUEL

État consolidé des flux de trésorerie (en milliers de dollars)		
	Exercice terminé le 27 janvier 2001	Exercice terminé le 29 janvier 2000
Espèces et quasi-espèces liées aux activités d'exploitation :		
Bénéfice net	8 180 $	6 387 $
Éléments sans incidence sur les liquidités		
Amortissement	10 836	9 978
Perte (gain) sur disposition d'immobilisations	(164)	124
Passif d'impôts futurs	29	387
Variation des éléments hors caisse du fonds de roulement :		
Comptes débiteurs	1 012	(1 646)
Stocks	(144)	(4 439)
Autres actifs à court terme	(1 330)	73
Comptes fournisseurs et charges à payer	(1 227)	2 173
Impôts à payer	3 948	(2 738)
Espèces et quasi-espèces liées aux activités d'exploitation	21 140 $	10 299 $

* Pour les entreprises qui ont des comptes débiteurs en monnaie étrangère ou qui font des acquisitions–cessions d'entreprises, le total des variations enregistré à l'état des flux de trésorerie ne sera pas nécessairement égal aux variations dans les comptes clients apparaissant au bilan. Ce n'est toutefois pas le cas pour L'Équipeur.

La présentation et la protection des liquidités

Les espèces et les quasi-espèces – définition

Les espèces comprennent l'**encaisse** et se définissent comme étant de l'argent ou tout autre effet de commerce (tel qu'un chèque, un mandat ou une traite bancaire) que les banques acceptent en dépôt et qu'elles créditent immédiatement au compte de l'entreprise. Par contre, les effets à recevoir, les reconnaissances de dettes et les timbres-poste (une charge payée d'avance), entre autres, n'entrent pas dans cette définition. On peut généralement séparer l'encaisse en trois catégories : les fonds composant la petite caisse (les liquidités disponibles sur place), les fonds en banque et les autres effets de commerce auxquels s'applique la définition de l'encaisse.

Le *Manuel de l'ICCA* (article 1540.06) définit les **quasi-espèces** comme étant des placements dont l'échéance initiale est de trois mois ou moins, qui sont facilement convertibles en espèces et dont la valeur est peu susceptible de varier (c'est-à-dire qu'elle ne subit pas les fluctuations des taux d'intérêt). Parmi les éléments qu'on trouve dans la catégorie des quasi-espèces, mentionnons les certificats de dépôt et les bons du Trésor émis par le gouvernement pour financer différentes activités.

Une entreprise peut avoir plusieurs comptes en banque et différents types de quasi-espèces, mais tous ses comptes de caisse et ses quasi-espèces se trouvent habituellement combinés en un seul montant à des fins de présentation de l'information financière. La société L'Équipeur, par exemple, inscrit un seul compte : « encaisse et quasi-espèces ». De plus, on indique que la valeur comptable des quasi-espèces apparaissant dans le bilan correspond à leur juste valeur au marché, ce à quoi on pouvait s'attendre, compte tenu de la nature des effets de commerce présentés comme des quasi-espèces (des placements dont la valeur est peu susceptible de varier).

De nombreuses entreprises reçoivent chaque jour de leurs clients une grande quantité d'argent, de chèques et de reçus de cartes de crédit. Comme les employés pourraient facilement s'approprier cet argent, la direction doit prévoir des mesures visant à protéger les liquidités qu'elle reçoit et utilise au cours de ses transactions. Afin de gérer efficacement la trésorerie, il ne suffit pas simplement de protéger l'encaisse contre le vol, les fraudes ou les pertes causées par la négligence. La gestion de la trésorerie comporte plusieurs autres volets, notamment :

1. comptabiliser les transactions de manière appropriée afin de pouvoir dresser l'état des flux de trésorerie et le bilan ;

OBJECTIF D'APPRENTISSAGE 6

Enregistrer, gérer et protéger les liquidités.

L'encaisse est l'argent ou tout effet de commerce qu'une banque accepte en dépôt et crédite immédiatement au compte de l'entreprise, par exemple un chèque, un mandat ou une traite bancaire.

Les quasi-espèces sont des instruments financiers qu'on peut facilement convertir en espèces et dont la valeur est peu sujette à des variations.

---

*1. Le fait de repousser les échéances de paiement diminuera probablement le ratio de rotation des comptes clients. En effet, en retardant le recouvrement des créances, on augmente le solde moyen de comptes clients (le dénominateur du ratio), ce qui réduit le ratio.

2. On soustrairait le montant, car une augmentation du total des comptes clients indique que le chiffre d'affaires est plus élevé que les sommes recouvrées auprès des clients au cours de cette période.

2. établir des contrôles permettant de s'assurer qu'il y a suffisamment de liquidités pour a) répondre aux besoins des activités d'exploitation, b) payer les dettes qui arrivent à échéance et c) faire face aux imprévus ;
3. prévenir l'accumulation de quantités excessives de liquidités. Les liquidités superflues ne rapportent rien à l'entreprise si elles sont laissées dans le compte courant. Donc, on les investit souvent dans des titres de placements temporaires afin d'en retirer un certain revenu (un rendement) en attendant le moment de s'en servir.

Le contrôle de l'encaisse

Le contrôle (ou contrôle interne) est un ensemble de mesures grâce auxquelles le conseil d'administration d'une entreprise, sa direction et les membres du personnel peuvent offrir une assurance raisonnable concernant la fiabilité de l'information financière produite, l'efficacité et l'efficience de ses opérations et le respect des lois et des règlements auxquels la société est tenue de se conformer.

L'expression **contrôle** (ou **contrôle interne**) désigne les diverses mesures mises en place par le conseil d'administration d'une entreprise, sa direction et d'autres membres du personnel. Ces mesures visent à procurer une assurance raisonnable quant à la fiabilité de l'information financière de cette entreprise, de l'efficacité et de la capacité de rendement de ses opérations et du respect des lois et des règlements auxquels la société doit se conformer. Les mesures de contrôle doivent s'appliquer à tous les actifs : l'encaisse, les comptes débiteurs, les investissements, les biens utilisés dans l'exploitation, etc. Les contrôles visant à s'assurer de l'exactitude des registres comptables d'une entreprise ont pour but de prévenir les erreurs d'inattention et les fraudes telles que celle qui a été décrite dans l'exemple de Discus (voir le chapitre 1).

Comme l'encaisse est le poste le plus sujet au vol ou à la fraude, il doit faire l'objet d'un nombre élevé de mesures de contrôle. Chacun a sans doute déjà observé l'application de mesures de ce type sans réellement savoir de quoi il s'agissait. En effet, dans la plupart des cinémas, un employé est chargé de vendre les billets d'admission et un autre de vérifier si les clients ont un billet en leur possession avant de leur accorder l'accès à la salle. Il serait sans aucun doute beaucoup moins coûteux de faire accomplir ces deux tâches par la même personne. Toutefois, un seul employé pourrait alors facilement voler de l'argent en laissant entrer des clients sans leur donner un billet à la suite de l'encaissement du montant d'argent. Si différents employés effectuent ces deux tâches, la coopération des deux personnes est alors nécessaire pour réussir ce type de vol. Cette mesure permet donc de réduire un tel risque.

QUESTION D'ÉTHIQUE

L'éthique et la nécessité de contrôle

Certaines personnes s'inquiètent de la recommandation selon laquelle toutes les entreprises faisant l'objet d'une saine gestion devraient se doter d'importantes mesures de contrôle. À leur avis, de telles mesures donnent l'impression que la direction de l'entreprise ne fait pas confiance à ses employés. Malheureusement, même si la grande majorité de ceux-ci sont dignes de confiance, on ne peut nier le fait que chaque année, des entreprises perdent des milliards de dollars qui leur sont volés par les employés. Dans bien des cas, les auteurs de ces actes criminels avouent avoir volé leur employeur parce qu'il leur paraissait facile de le faire et que personne ne semblait y accorder une grande importance par la suite (il n'y avait pas de mesures de contrôle interne en place).

Nombre d'entreprises fournissent à leurs employés un code d'éthique établissant les standards à respecter et les comportements à adopter en ce qui a trait aux transactions avec les clients, les fournisseurs et les autres employés, mais aussi en ce qui concerne l'utilisation des biens de l'entreprise. Même si dans les faits, chaque employé est responsable de son propre comportement, les mesures de contrôle interne peuvent être perçues comme étant représentatives des valeurs importantes véhiculées par la direction de l'entreprise.

Un système de contrôle efficace permettant de bien gérer et de protéger les liquidités de l'entreprise devrait inclure les éléments suivants:

1. **La séparation des tâches**
   a) Séparer les tâches liées à l'encaissement des tâches liées au décaissement.
   b) Séparer les tâches liées à l'enregistrement comptable des encaissements et des décaissements.
   c) Séparer les tâches liées à la manipulation de l'argent et les tâches liées à l'enregistrement aux livres.

2. **Les responsabilités attribuées aux personnes**
   a) Exiger que toutes les recettes soient déposées à la banque, et ce, quotidiennement; exercer un contrôle sévère sur l'argent.
   b) Exiger une séparation de tâches entre la personne qui est responsable de l'approbation des achats et autres décaissements et celle qui est responsable des paiements en espèces. Utiliser des chèques prénumérotés et accorder une attention particulière aux paiements effectués par transfert électronique de fonds, car la banque ne reçoit alors aucun document vérifiable par la suite (comme pour les chèques).
   c) Attribuer la responsabilité de l'approbation du paiement en espèces et celle de la signature des chèques ou de la transmission électronique de fonds à des personnes différentes.
   d) Exiger un rapprochement mensuel des comptes bancaires et des comptes d'encaisse avec les soldes aux livres de l'entreprise (il en sera question dans la prochaine section).

La séparation des responsabilités individuelles et l'application des politiques et des mesures recommandées constituent des étapes importantes faisant partie du contrôle de l'encaisse. La séparation des tâches décourage le vol, car elle requiert la collusion de deux personnes ou plus pour commettre un vol et le dissimuler ensuite dans les registres comptables.

Les mesures recommandées permettent de s'assurer que le travail accompli par une personne est corroboré par les résultats enregistrés par d'autres personnes. Par exemple, le montant d'argent recueilli à une caisse enregistreuse par un vendeur peut être comparé au montant d'argent déposé à la banque par un autre employé. Le rapprochement des comptes de caisse et des relevés bancaires constitue un contrôle supplémentaire sur les dépôts.

Tout décaissement devrait être effectué à l'aide de chèques prénumérotés. Si l'entreprise n'utilise pas de tels chèques, un employé pourrait facilement émettre un chèque au nom d'un ami et ne jamais l'inscrire aux livres. La responsabilité des paiements en espèces devrait être confiée à différentes personnes qui se chargeraient ainsi respectivement de 1) l'approbation des paiements, 2) la préparation des chèques et 3) la signature des chèques. Lorsque les entreprises appliquent de telles mesures, il devient difficile de cacher un décaissement frauduleux sans la collusion de deux ou de plusieurs personnes. Encore une fois, le rapprochement bancaire constitue un contrôle supplémentaire des décaissements. Le niveau de contrôle interne, qui fait l'objet d'un examen par un vérificateur externe indépendant, accroît la fiabilité des états financiers d'une entreprise.

Le rapprochement des comptes d'encaisse et des relevés bancaires

Les relevés bancaires L'utilisation appropriée des comptes en banque d'une entreprise peut constituer une mesure de contrôle importante des liquidités de l'entreprise. Chaque mois, la banque envoie à l'entreprise (le déposant) un **relevé bancaire**, c'est-à-dire la liste 1) de chaque dépôt enregistré à la banque au cours de cette période, 2) de chaque chèque compensé par la banque pendant cette période et 3) du solde du compte de l'entreprise. Ce relevé indique aussi les frais bancaires ou les retenues (tels

Un **relevé bancaire** est un rapport mensuel émis par les banques indiquant les dépôts enregistrés, les chèques compensés ainsi que d'autres débits et crédits, et le solde en banque à la fin de la période couverte par le relevé.

les frais de service) prélevés directement au compte de l'entreprise par la banque. Le relevé bancaire inclut parfois les copies des bordereaux de dépôts et tous les chèques compensés par la banque au cours de la période couverte par le relevé. Toutefois, cette façon de faire est de moins en moins répandue, car elle augmente les coûts pour la banque. Un exemple de relevé bancaire (sans les bordereaux de dépôts et les chèques compensés) est présenté au tableau 6.5.

Le tableau 6.5 comprend trois éléments qui requièrent une explication. Le 20 juin, on a prélevé, dans la colonne des «Chèques et débits» un montant de 18 $ dont le code est CSP[4]. À cette date, l'entreprise J. Doré a reçu un chèque provenant d'un de ses clients, P. Lajoie, et l'a déposé à sa banque, la Banque Transcanadienne. Suivant la procédure habituelle, la banque a ensuite traité le chèque et l'a fait parvenir à la banque de P. Lajoie. Toutefois, le compte de ce client ne contenait pas les liquidités suffisantes afin de couvrir le chèque. La banque l'a donc retourné à la Banque Trans-canadienne, qui l'a ensuite reversé au compte de l'entreprise J. Doré. Ce type de chèque est souvent désigné par le code CSP (chèque sans provision). Dans ce cas-ci, le chèque sans provision devient un compte débiteur; l'entreprise doit donc inscrire le nom de P. Lajoie dans la colonne des «Comptes débiteurs» et créditer la colonne «Encaisse» de 18 $.

Par ailleurs, le 30 juin, on a inscrit un montant de 6 $ dans la colonne des «Chèques et débits» accompagné du code FS (le code désignant les frais de service). Le relevé bancaire comprend une note de la banque expliquant ces frais (qui ne correspondent pas à un chèque). L'entreprise doit inscrire ce montant dans ses comptes sous forme de débit dans le compte de frais approprié, par exemple les frais bancaires, et sous forme de crédit dans la colonne de l'encaisse afin d'expliquer la diminution de 6 $ de son solde bancaire.

Enfin, le 12 juin, un montant de 100 $ apparaît dans la colonne «Dépôts» accompagné du code NC pour «note de crédit». La banque a perçu un effet à recevoir appartenant à l'entreprise et l'a ajouté au solde de son compte bancaire. Les frais de services (FS) bancaires comprennent les coûts lies à cette opération. L'entreprise doit enregistrer ce recouvrement en l'inscrivant comme débit dans la colonne de l'encaisse, et elle doit créditer la colonne des effets à recevoir de 100 $ (en supposant que les intérêts sur cet effet ont déjà été enregistrés).

---

4. Ces codes varient selon les institutions bancaires.

| | | TABLEAU **6.5** |

Exemple d'un relevé bancaire

B͞T Banque Transcanadienne
123, rue Commerciale, Touteville (Touteprovince) A1B 2C3
Téléphone: (514) 356-4567

Relevé bancaire

Date du relevé	
30-06-02	
Numéro de compte	Numéro de page
877-95861	1

Entreprise Jeanne Doré
1000, rue Déserte
Villesage (Belleprovince) Z9Y 8X7

À cette date	Votre solde	Dépôts	Débits	Frais de service inclus	Solde final
01-06-02	7 762,40	4 050,00	3 490,20	6,00	8 322,20

Chèques et débits			Dépôts	Date	Solde quotidien
				01-06-02	7 762,40
			3 000,00	02-06-02	10 762,40
500,00				04-06-02	10 262,40
55,00	5,00	40,00		05-06-02	10 162,40
100,00			500,00	08-06-02	10 562,40
8,20	16,50	160,00		10-06-02	10 377,70
2 150,00	10,00		*100,00NC	12-06-02	8 317,70
7,50	15,30			16-06-02	8 294,90
35,00	1,50		150,00	17-06-02	8 408,40
40,20	15,00	6,00		18-06-02	8 347,20
*18,00CSP				20-06-02	8 329,20
125,50	80,00	2,00		21-06-02	8 121,70
18,90			300,00	24-06-02	8 402,80
7,52	19,60			27-06-02	8 375,68
15,00	32,48			28-06-02	8 328,20
*6,00FS				30-06-02	8 322,20

Code: NC: note de crédit, recouvrement de l'effet d'un client
CSP: chèque sans provision
FS: frais de service

Veuillez examiner le relevé bancaire et les chèques ci-joints le plus tôt possible. Si aucune erreur ne nous est signalée d'ici 10 jours, nous considérerons que les renseignements concernant votre compte sont exacts.
Veuillez nous informer de tout changement d'adresse.
Si vous avez des questions ou des problèmes, composez le numéro 1(800)SAVAPAS.

Membre de la Chambre de commerce de Touteville
Important: Voir au verso

Le **rapprochement bancaire** est le processus selon lequel on compare (en expliquant les différences) le solde du compte Encaisse inscrit aux livres de l'entreprise et le solde selon la banque, tel qu'il apparaît sur le relevé bancaire mensuel. Il faut effectuer ce rapprochement bancaire pour chaque compte en banque (c'est-à-dire pour chaque relevé bancaire fourni par chacune des banques) à la fin de chaque mois.

En général, le solde apparaissant au relevé bancaire ne concorde pas avec celui qu'on trouve au compte Encaisse du grand livre de l'entreprise.

Par exemple, on trouve les chiffres suivants au compte Encaisse du grand livre de l'entreprise J. Doré à la fin de juin (l'entreprise ne possède qu'un seul compte de chèques).

Un rapprochement bancaire est un processus qui consiste à vérifier l'exactitude du relevé bancaire et des comptes d'encaisse d'une entreprise.

Encaisse			
1er juin – solde au début	7 010,00	Juin – chèques émis	3 800,00
Juin – dépôts	5 750,00		
Solde à la fin	8 960,00		

Le solde final de 8 322,20$ inscrit sur le relevé bancaire (voir le tableau 6.5) diffère du montant de 8 960,00$ qui apparaît dans les livres de l'entreprise. Cette différence est due : 1) à certaines transactions relatives à l'encaisse qui ont été enregistrées dans les livres de l'entreprise, mais qui ne sont pas inscrites sur le relevé bancaire ; 2) à certaines transactions apparaissant sur le relevé bancaire, mais qui n'ont pas été inscrites aux livres de l'entreprise. Voici l'aspect général d'un rapprochement bancaire.

Solde à la fin selon les livres	xxx $	Solde à la fin selon	xxx $
+ Recouvrements reçus		le relevé bancaire	
par la banque	xx	+ Dépôts en circulation	xx
– Chèques SP et frais de service	xx	– Chèques en circulation	xx
± Erreurs de l'entreprise	xx	± Erreurs de la banque	xx
Solde à la fin corrigé	xxx $	Solde à la fin corrigé	xxx $

Voici quelques-unes des causes les plus fréquentes des différences entre le solde selon le relevé bancaire et celui qui est indiqué aux livres de l'entreprise.

1. *Les chèques en circulation.* Les chèques ont été émis par l'entreprise et ils ont été enregistrés aux livres sous forme de crédit au compte Encaisse. Ces chèques n'ont cependant pas encore été compensés par la banque (ils n'apparaissent donc pas au relevé bancaire comme une déduction au solde). On relève les chèques en transit (en circulation) en comparant les chèques payés et retournés par la banque avec le registre des chèques (par exemple les talons de chèques ou le journal des décaissements) tenu par l'entreprise.

2. *Les dépôts en circulation.* L'entreprise expédie les dépôts à la banque, et elle enregistre cette opération aux livres sous forme de débits au compte Encaisse. Toutefois, la banque ne les a pas encore enregistrés (ils n'apparaissent donc pas dans le relevé bancaire sous forme d'augmentation du solde en banque). Les dépôts en circulation sont généralement des dépôts effectués un ou deux jours avant la fin de la période couverte par le relevé bancaire. On les retrace en comparant la liste des dépôts qui apparaissent sur le relevé bancaire aux copies des bordereaux de dépôts conservées par l'entreprise.

3. *Les frais bancaires.* Les frais engagés pour des services bancaires sont inscrits sur le relevé bancaire. Ces frais doivent être enregistrés aux livres de l'entreprise sous forme de débit au compte de charge approprié, par exemple celui des frais bancaires. De plus, il faut créditer l'encaisse.

4. *Les chèques sans provision.* Ces chèques ont été déposés, mais ils doivent être réinscrits aux comptes de l'entreprise. Aux livres de l'entreprise, on doit alors passer une écriture de journal pour débiter les comptes clients et créditer l'encaisse.

5. *La note de crédit.* Par exemple, il peut s'agir d'un effet à recevoir qui a été recouvré par la banque au nom de l'entreprise. On enregistre cette transaction en débitant l'encaisse et en créditant le poste des effets à recevoir.

6. *Les erreurs.* La banque et l'entreprise peuvent commettre des erreurs, en particulier lorsque le volume des transactions effectué au compte d'encaisse est très élevé.

Une illustration d'un rapprochement bancaire L'entreprise devrait procéder à un rapprochement bancaire dès la réception d'un relevé bancaire. Rappelez-vous que le rapprochement bancaire est un des éléments importants du contrôle que doit exercer l'entreprise. De plus, il est essentiel d'un point de vue comptable. Le tableau 6.6 présente le rapprochement bancaire entre le solde bancaire (8 322,20 $ selon le tableau 6.5) et le solde final aux livres (8 960 $) de l'entreprise J. Doré pour le mois de juin. Selon ce tableau, une fois le rapprochement bancaire effectué, on constate que le solde d'encaisse corrigé s'élève à 9 045 $. Ce résultat ne correspond ni au solde selon la banque, ni à celui aux livres avant le rapprochement bancaire. Comme on peut le constater, des espaces sont prévus afin de permettre d'effectuer des additions et des soustractions, de manière à ce que la dernière ligne représente le même solde d'encaisse à la fin (à la fois pour la banque et aux livres de l'entreprise). Ce solde doit aussi apparaître au compte Encaisse à la suite du rapprochement. Dans notre exemple, il s'agit également du montant d'encaisse qui devrait être présenté au bilan (l'entreprise n'a qu'un seul compte de chèques et aucune petite caisse). Voici les étapes suivies par l'entreprise afin d'établir le rapprochement bancaire.

1. *Déterminer les chèques en circulation.* En comparant les chèques payés et retournés par la banque au registre de tous les chèques émis, on constate que les chèques suivants sont encore en circulation (non compensés) à la fin de juin.

Numéro du chèque	Montant
101	145,00 $
123	815,00
131	117,20
Total	1 077,20 $

On inscrit ce total au rapprochement bancaire sous forme d'une diminution au compte en banque. Ces chèques seront déduits par la banque lorsque celle-ci aura procédé à leur compensation.

2. *Déterminer les dépôts en circulation.* En comparant les bordereaux de dépôts avec la liste des dépôts inscrits sur le relevé bancaire, on constate qu'un dépôt de 1 800 $, effectué le 30 juin, n'apparaît pas sur le relevé bancaire. Ce montant est inscrit lors du rapprochement sous forme d'une augmentation au compte en banque. La banque l'ajoutera au relevé lorsqu'elle aura enregistré le dépôt.

3. *Enregistrer les frais et les crédits bancaires.*
   a) Le produit d'un effet recouvré, 100 $, apparaît au rapprochement bancaire sous forme d'une augmentation du solde aux livres. Ce montant a déjà été inclus dans le solde bancaire. Il faut alors passer une écriture de journal pour débiter l'encaisse et créditer les effets à recevoir.
   b) Le chèque sans provision de P. Lajoie, au montant de 18 $, apparaît au rapprochement bancaire sous forme d'une diminution du solde aux livres. Il a déjà été soustrait du solde bancaire. Il faut donc recourir à une écriture de journal pour créditer l'encaisse et débiter les comptes clients.
   c) On inscrit les frais bancaires de 6 $ au rapprochement bancaire sous forme de diminution du solde aux livres. Ils ont déjà été soustraits du solde bancaire. Il faut donc passer une écriture de journal pour créditer l'encaisse et débiter un compte de frais, soit le compte des frais bancaires.

4. *Évaluer l'effet des erreurs.* À ce stade, l'entreprise constate qu'il y a une différence de 9 $ entre les soldes à la suite du rapprochement. Comme ce montant est divisible par 9, on soupçonne qu'il y a eu une inversion de chiffres. (L'erreur qui résulte d'une inversion de chiffres dans une écriture, par exemple 27 au lieu de 72, est toujours exactement divisible par 9.) En vérifiant les écritures de journal passées au cours du mois, on a trouvé un chèque émis au montant de 56 $ pour payer un compte fournisseur. Or, le montant enregistré au compte de l'entreprise s'élevait à 65 $. Il s'agissait d'un débit aux comptes fournisseurs et d'un crédit à l'encaisse de 65 $ (au lieu de 56 $). Par conséquent, on doit additionner la différence de 9 $ (65 $ – 56 $) au solde de l'encaisse aux livres de l'entreprise. De son côté, la banque a compensé le chèque pour le bon montant, soit 56 $. Il n'y a donc pas de correction à effectuer. Il faut alors passer l'écriture de correction suivante : un débit de 9 $ à l'encaisse et un crédit de 9 $ aux comptes créditeurs.

TABLEAU **6.6**   Illustration d'un rapprochement bancaire

Entreprise J. Doré
Rapprochement bancaire
pour le mois se terminant le 30 juin 2002

Registres comptables		Relevé bancaire	
Solde aux livres	8 960,00 $	Solde selon le relevé bancaire	8 322,20 $
Plus :		Plus :	
Billet recouvré par la banque	100,00	Dépôts en circulation	1 800,00
Erreur dans l'enregistrement du chèque n° 137	9,00		
	9 069,00		10 122,20
Moins :		Moins :	
Chèque sans provision de P. Lajoie	18,00	Chèques en circulation	1 077,20
Frais bancaires	6,00		
Solde aux livres corrigé	9 045,00 $	Solde à la banque corrigé	9 045,00 $

Il faut noter qu'au tableau 6.6, les soldes selon les registres comptables de l'entreprise et selon le relevé bancaire à la suite du rapprochement bancaire concordent et le solde de l'encaisse corrigé s'élève à 9 045,00 $. Ce montant sera présenté comme solde de l'encaisse au bilan à la fin de l'exercice. Si l'entreprise avait aussi un solde de petite caisse, on l'ajouterait à ce montant-là et le montant total serait alors présenté au bilan.

Un rapprochement bancaire comme celui du tableau 6.6 vise deux objectifs :

1. Il permet de vérifier l'exactitude du solde bancaire et des registres comptables de l'entreprise en déterminant si le solde de l'encaisse est exact. Ce solde (auquel on ajoute le solde de la petite caisse s'il y en a un) correspond au montant d'encaisse présenté au bilan.

2. Il permet de déterminer toutes les transactions ou toutes les variations qui n'ont pas encore été enregistrées, mais qui doivent apparaître dans les livres de l'entreprise afin que son solde d'encaisse soit exact. Ces transactions (ou variations) doivent être enregistrées par des écritures de journal. Les explications précédentes sur le rapprochement bancaire de l'entreprise J. Doré contiennent des transactions et des variations de ce type. Par conséquent, il faut que les écritures de journal suivantes basées sur le rapprochement bancaire (voir le tableau 6.6) soient passées dans les registres de l'entreprise.

Comptes de l'entreprise J. Doré

Actif		=	Passif	+	Capitaux propres	
Encaisse			Comptes fournisseurs	+9	Frais bancaires	–6
(+100, –18, –6, +9)	+85					
Comptes clients	+18					
Effets à recevoir	–100					

ÉCRITURE DE JOURNAL

a) **Encaisse (A)** 100
     Effet à recevoir (A) 100
     pour enregistrer l'effet recouvré par la banque
b) **Comptes clients (A)** 18
     Encaisse (A) 18
     pour enregistrer un chèque sans provision
c) **Frais bancaires (C)** 6
     Encaisse (A) 6
     pour enregistrer les frais bancaires réclamés par la banque
d) **Encaisse (A)** 9
     Comptes fournisseurs (Pa) 9
     pour corriger une erreur commise lors de l'enregistrement
     d'un chèque payable à un fournisseur

Compte Encaisse de l'entreprise J. Doré Dans ce chapitre, nous avons déjà présenté le compte Encaisse avant le rapprochement bancaire. À la suite des écritures de journal indiquées ci-dessus, on obtient le compte Encaisse suivant.

Encaisse (à la suite des corrections effectuées après le rapprochement bancaire)

1er juin	Solde	7 010,00	Juin	Chèques émis	3 800,00
Juin	Dépôts	5 750,00	30 juin	Chèque sans provision*	18,00
30 juin	Effet recouvré*	100,00	30 juin	Frais bancaires*	6,00
30 juin	Correction d'erreur*	9,00			
Solde du compte corrigé		9 045,00			

* D'après le rapprochement bancaire

Il faut noter que toutes les augmentations et les diminutions qui apparaissent du côté des registres comptables de l'entreprise requièrent des écritures de journal pour mettre le compte Encaisse à jour. Les augmentations et les diminutions qui se trouvent du côté du relevé bancaire ne requièrent pas d'écritures, car elles seront ajustées automatiquement dès que la banque les aura compensées. Le montant de l'encaisse présenté au bilan et qui provient du compte Encaisse aux livres n'indiquera le bon solde qu'à la condition que les écritures de journal indiquées précédemment soient effectuées à la suite du rapprochement bancaire.

Parmi les éléments suivants découverts au cours du rapprochement bancaire, indiquez lesquels entraîneront une correction du solde d'encaisse au bilan.

1. Les chèques en circulation;
2. les dépôts en circulation;
3. les frais bancaires;
4. les chèques sans provision qui ont été déposés.

Vérifiez vos réponses à l'aide des solutions présentées en bas de page*.

Conclusion

Comme nous l'avons vu précédemment dans ce chapitre, une entreprise doit s'assurer que la croissance dont elle bénéficie entraînera aussi une augmentation des profits. Pour ce faire, elle doit réaliser rapidement ce qui suit : 1) renouveler continuellement ses gammes de produits tout en utilisant les nouvelles technologies liées à la fabrication ; 2) tendre vers une production à moindre coût tout en tirant profit des lieux de production où les coûts sont les moins élevés ; 3) accorder plus d'attention à la gestion des stocks et au recouvrement des comptes clients, puisqu'une créance non recouvrée n'a aucune valeur pour l'entreprise. Chacun de ces objectifs vise à augmenter le chiffre d'affaires net ou à diminuer le coût des marchandises vendues, c'est-à-dire à accroître la marge bénéficiaire brute.

ANALYSONS UN CAS *Exemple 6-A*

Au cours de l'année 20C, les magasins Entrepôts en gros ont vendu pour 950 000 $ de marchandises dont 400 000 $ ont été payés à crédit avec des modalités de paiement de 2/10, n/30 (75 % du montant a été payé à l'intérieur du délai de l'escompte), 500 000 $ par carte de crédit (avec un escompte de 3 % sur cartes de crédit) et le reste en argent comptant. Le 31 décembre 20C, le solde des comptes clients s'élevait à 80 000 $, et la provision pour créances irrécouvrables était de 3 000 $ (solde créditeur).

Travail à faire

1. Calculez le chiffre d'affaires net de l'exercice 20C en supposant que les escomptes sur ventes et sur cartes de crédit sont présentés en contrepartie des revenus.
2. Supposez que l'entreprise utilise la méthode d'estimation fondée sur le chiffre d'affaires pour évaluer les créances irrécouvrables et qu'elle estime que 2 % des ventes à crédit vont se révéler comme étant des créances irrécouvrables. Comptabilisez les créances irrécouvrables pour l'exercice 20C.
3. Supposez que l'entreprise emploie la méthode selon l'âge chronologique des comptes clients et qu'elle estime qu'une valeur de 10 000 $ des comptes courants est irrécouvrable. Enregistrez les créances irrécouvrables pour l'exercice 20C.

---

*3. Comme les frais bancaires doivent être déduits du compte de l'entreprise, il faut donc diminuer l'encaisse et enregistrer une charge.

4. Les chèques sans provision qui ont été déposés ont été enregistrés aux livres comme une augmentation de l'encaisse. Il faut donc diminuer l'encaisse et augmenter le compte client en question, mais seulement si on peut raisonnablement s'attendre à être payé.

Solution suggérée

1. On doit soustraire à la fois les escomptes sur ventes et les escomptes sur cartes de crédit du chiffre d'affaires dans le calcul du chiffre d'affaires net.

Chiffre d'affaires	950 000 $
Moins : Escomptes sur ventes $(0,02 \times 0,75 \times 400\,000\,\$)$	6 000
Escomptes sur cartes de crédit $(0,03 \times 500\,000\,\$)$	15 000
Chiffre d'affaires net	929 000 $

2. Il faut appliquer le pourcentage estimé des créances irrécouvrables aux ventes à crédit. Les ventes en argent ne produisent jamais de créances irrécouvrables.

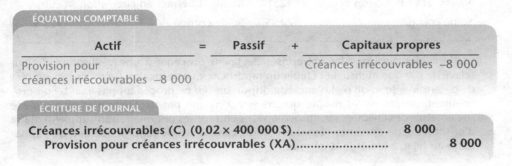

ÉQUATION COMPTABLE

Actif	=	Passif	+	Capitaux propres
Provision pour créances irrécouvrables –8 000				Créances irrécouvrables –8 000

ÉCRITURE DE JOURNAL

Créances irrécouvrables (C) $(0,02 \times 400\,000\,\$)$..........................	8 000	
Provision pour créances irrécouvrables (XA).........................		8 000

3. Lorsqu'on a recours au classement chronologique des comptes clients, l'écriture qui en résulte correspond au solde estimé moins le solde aux livres.

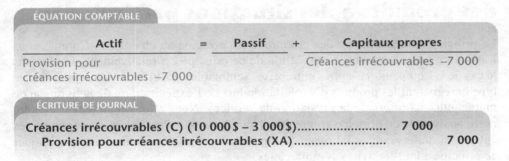

ÉQUATION COMPTABLE

Actif	=	Passif	+	Capitaux propres
Provision pour créances irrécouvrables –7 000				Créances irrécouvrables –7 000

ÉCRITURE DE JOURNAL

Créances irrécouvrables (C) $(10\,000\,\$ - 3\,000\,\$)$..........................	7 000	
Provision pour créances irrécouvrables (XA)..........................		7 000

Exemple 6-B

ANALYSONS UN CAS

Un étudiant de première année dans une grande université vient de recevoir le premier relevé bancaire de son compte de chèques. C'est la première fois qu'il établit un rapprochement bancaire. Voici les renseignements dont il dispose.

Solde bancaire au 1er septembre	1 150 $
Dépôts du mois de septembre	650
Chèques compensés en septembre	900
Frais bancaires	25
Solde bancaire au 30 septembre	875

L'étudiant est surpris de constater qu'un dépôt de 50 $, effectué le 29 septembre, n'apparaît pas dans son compte. Toutefois, il se réjouit du fait que le chèque de 200 $, destiné à payer son loyer, n'a pas encore été compensé. Le solde de son carnet de chèques s'élève à 750 $.

Travail à faire

1. Établissez le rapprochement bancaire.
2. Pourquoi est-il important que des individus comme cet étudiant, de même que les entreprises, établissent un rapprochement bancaire chaque mois?

Solution suggérée

1. Le rapprochement bancaire ressemble à ce qui suit.

Livre de l'étudiant		Relevé bancaire	
Solde au 30 septembre	750 $	Solde au 30 septembre	875 $
Plus : Aucune	–	Plus : Dépôts en circulation	50
Moins : Frais bancaires	(25)	Moins : Chèques en circulation	(200)
Solde corrigé	725 $	Solde corrigé	725 $

2. Les individus ainsi que les entreprises devraient procéder à une vérification de leur relevé de banque mensuel et établir un rapprochement bancaire. Ce processus permet de déterminer le solde réel d'encaisse disponible. En ne procédant pas à un tel rapprochement, on accroît les risques qu'une erreur ne soit pas découverte et qu'on finisse par émettre des chèques sans provision. Les entreprises ont une raison supplémentaire d'effectuer cette opération : le solde corrigé, calculé lors du rapprochement, doit apparaître au bilan à la fin de la période.

Annexe 6-A L'application du principe de constatation des produits à des situations particulières

Le principe de constatation des produits a été présenté au chapitre 3. Comme nous l'avons vu précédemment, l'application de ce principe est relativement simple dans le cas de L'Équipeur et d'autres entreprises semblables. En effet, les entreprises de ce type enregistrent les produits d'exploitation lors de l'expédition ou de la livraison de marchandises ou lors de la prestation de services. Nous allons maintenant étendre notre analyse de ce principe comptable. Nous pourrons ainsi examiner comment les entreprises autres que les fabricants, les grossistes et les détaillants doivent appliquer ce principe à leurs activités commerciales.

La constatation différée des produits : la méthode de constatation des produits en fonction des encaissements

Il faut se rappeler que pour enregistrer les produits, 1) un échange doit avoir eu lieu, 2) la mesure de la contrepartie doit être raisonnablement sûre et 3) le recouvrement doit être raisonnablement certain. Si le troisième critère de comptabilisation des produits n'est pas satisfait (le recouvrement raisonnablement certain), la constatation doit être différée jusqu'au moment de l'encaissement des montants, c'est-à-dire après l'échange initial du bien. Lorsqu'il existe une grande incertitude entourant le recouvrement du montant de la vente, la constatation de cette vente est retardée jusqu'à ce que le montant ait été reçu de la part du client. Cette méthode, appelée **méthode de constatation des produits en fonction des encaissements,** est considérée comme très conservatrice puisque, dans certains cas, elle repousse la constatation des produits longtemps après la livraison des marchandises. Elle s'applique le plus souvent à certains types de transactions commerciales et d'opérations immobilières. Dans ces transactions, les paiements s'échelonnent sur une période de plusieurs années et une forte proportion de clients cessent de payer bien avant l'échéance du dernier versement. Les contrats de vente de certains types d'équipement très dispendieux prévoient

Avec la **méthode de constatation des produits en fonction des encaissements,** on constate les produits en se basant sur le recouvrement des montants à la suite de la livraison des marchandises.

que les paiements s'échelonneront sur plusieurs années et que le client a le droit de retourner l'équipement et de mettre fin à ses paiements s'il n'est pas pleinement satisfait. La méthode de la constatation des produits selon les encaissements s'applique aussi dans ce cas. L'application pratique de cette méthode de constatation des produits est étudiée dans les cours de comptabilité de niveau intermédiaire.

La constatation des produits avant la fin du processus de génération des produits : les contrats de construction à long terme

Il existe une exception importante aux critères de constatation des produits habituellement retenus : lorsque des entreprises s'occupent de projets de construction de longue durée, par exemple la construction d'un complexe de bureaux pour une grande société. Ces projets peuvent mettre des années à se réaliser. Si l'entreprise n'enregistre aucun produit ni aucune charge directement reliés à son projet durant les années de réalisation, puis qu'elle enregistre par la suite un montant considérable de produits dans l'année où elle remet l'immeuble au client, ses états financiers ne représenteront pas fidèlement ses activités économiques. Cette méthode de constatation est appelée la « méthode de l'achèvement des travaux ».

Afin de résoudre le problème particulier lié aux projets de construction de longue durée, un grand nombre d'entreprises utilisent la **méthode de constatation des produits selon l'avancement des travaux.** Cette méthode permet d'enregistrer les produits d'après le pourcentage de travail accompli au cours de l'exercice, tandis que la **méthode de constatation des produits à l'achèvement des travaux** enregistre les produits uniquement lorsque la vente du bien ou la prestation du service est achevée.

Selon la méthode de l'avancement des travaux, les produits sont évalués d'après le pourcentage de travail exécuté chaque année. En général, on mesure l'avancement des travaux à l'aide du pourcentage des travaux réalisés au cours de l'exercice sur le coût total prévu pour la réalisation du projet. Supposons, par exemple, que le prix total du contrat est de 50 millions de dollars et que le coût total de la construction est de 40 millions de dollars. En 20A, l'entreprise de construction dépense 10 millions de dollars, soit 25 % du coût du contrat (10 000 000 $ ÷ 40 000 000 $)[5]. On multiplie alors ce pourcentage d'achèvement par le produit total du contrat pour déterminer la quantité de produits à enregistrer en 20A (25 % × 50 000 000 $ = 12 500 000 $).

Le montant de la charge enregistrée chaque année correspond au coût réellement engagé (10 000 000 $ en 20A), et le montant du bénéfice net est simplement la différence entre les produits et les charges d'exploitation (12 500 000 $ − 10 000 000 $ = 2 500 000 $ en 20A). Il est important de noter que, avec les deux méthodes, le total des produits d'exploitation, des charges et du bénéfice net est exactement le même pour la durée du contrat. Ces méthodes diffèrent donc seulement du point de vue des exercices financiers au cours desquels on enregistre les divers produits et charges d'exploitation. Avec la méthode de constatation des produits selon l'avancement des travaux, on constate le bénéfice net tout au long de la durée du contrat, tandis qu'avec la méthode de constatation des produits à l'achèvement des travaux, on le constate seulement dans l'année où le processus est terminé.

Il faut noter que la méthode selon l'avancement des travaux ne respecte pas entièrement le premier critère de constatation des produits, puisque les produits sont enregistrés avant que l'échange du bien ait eu lieu. Toutefois, on choisit de préférence cette méthode dans les situations comme celle qu'on vient de décrire. En effet, la méthode de l'achèvement des travaux donnerait l'impression que l'entrepreneur a été incapable de générer des produits dans les premières années du contrat, puis qu'il en a généré beaucoup durant la dernière année.

Avec la **méthode de constatation des produits selon l'avancement des travaux**, on comptabilise les produits selon le pourcentage de travail effectué au cours de la période (ou au prorata du degré de réalisation atteint).

Avec la **méthode de constatation des produits à l'achèvement des travaux**, on comptabilise les produits lorsque le client a reçu la marchandise ou obtenu le service qui fait l'objet du contrat.

---

5. Les dépassements de coûts (ou l'inverse) dont il n'a pas été question dans cet exemple de base posent d'autres problèmes en comptabilité.

En réalité, l'entreprise a été active pendant toutes ces années. Ainsi, la méthode de l'avancement des travaux représente de façon plus réaliste ce type d'activité économique.

Les entreprises ne peuvent toutefois utiliser cette méthode que lorsqu'elles sont en mesure d'estimer de façon raisonnable le degré d'avancement d'un projet et les coûts nécessaires pour le terminer. De plus, elles doivent avoir en main un contrat ferme qui leur garantit un paiement pour satisfaire au critère de constatation des produits portant sur le recouvrement des créances. Au cours d'un récent sondage américain réalisé auprès d'entreprises engagées dans des contrats de construction de longue durée, il a été démontré que sur 85 entreprises[6], seulement 6 n'utilisaient pas la méthode de constatation des produits selon l'avancement des travaux ou une méthode similaire.

La constatation des produits dans le cas des contrats de services

Les entreprises qui fournissent des services pendant plus d'un exercice financier appliquent souvent des politiques de constatation des produits semblables à celles qu'on utilise pour les contrats de construction à long terme. Elles peuvent enregistrer les produits d'exploitation après la prestation de tous les services (lorsque le contrat est terminé) ou constater des produits chaque fois qu'une partie du contrat est réalisée. Comme les sommes en cause dans ces contrats sont souvent minimes (par rapport aux contrats de construction par exemple) et que ces entreprises exécutent souvent plusieurs contrats de services dont les dates de début et de fin diffèrent, l'écart dû à l'emploi de la méthode de l'achèvement des travaux est généralement moindre que dans le cas des contrats de construction à long terme. Néanmoins, de nombreuses entreprises de services, comme Federal Express qui offre un service de livraison aérien, se servent de la méthode de l'avancement des travaux en matière de constatation de produits.

Pour les services non encore achevés à la fin de l'exercice financier, Federal Express utilise la méthode de l'avancement des travaux pour la constatation des produits et comptabilise un pourcentage seulement des produits et des coûts reliés à la prestation de ses services selon leur degré d'achèvement. Cette méthode porte aussi le nom de « méthode de la constatation au prorata des travaux ». Cette forme de constatation des produits ressemble beaucoup à la comptabilité utilisée par Time Warner pour ses contrats de télévision par câble et par McDermott pour ses contrats de construction. Chaque entreprise comptabilise les produits et les charges reliés à la partie du contrat qui est déjà réalisée. La principale différence réside dans le fait que les clients de Time Warner paient à l'avance pour le câble, que McDermott reçoit des paiements basés sur le degré d'avancement des travaux, tandis que la société Federal Express est payée par ses clients commerciaux après la prestation des services.

---

6. *Accounting Trends & Techniques*, New York, AICPA, 1998.

La constatation des produits et l'analyse des états financiers

Les analystes financiers sont incapables d'évaluer le bénéfice net d'une entreprise s'ils ne peuvent comprendre comment elle a appliqué les critères de constatation des produits. C'est pour cette raison que toutes les entreprises divulguent le moindre problème relatif à ce sujet dans les notes aux états financiers. Par exemple, voici ce qu'on trouve dans le rapport annuel de Bombardier Inc.

Coup d'œil sur

Bombardier Inc.

RAPPORT ANNUEL

Constatation des revenus

Les revenus tirés des contrats à long terme sont comptabilisés selon la méthode de l'avancement des travaux, conformément au Statement of Position 81-1, intitulé Accounting for Performance of Construction-type and certain Production-Type Contracts, *publié par l'American Institute of Certified Public Accountant (AICPA). Dans le cas du secteur transport, le degré d'avancement est généralement établi en fonction des coûts prévus pour l'ensemble du contrat, à l'exclusion des coûts qui ne sont pas représentatifs de la mesure du rendement ou, s'il est plus approprié, en fonction de la livraison des unités.*

Les revenus estimatifs provenant des contrats à long terme incluent les revenus futurs liés aux réclamations résultant des travaux effectués pour des clients en plus des travaux prévus dans les contrats initiaux, lorsqu'il est probable que des revenus additionnels découleront de ces réclamations et qu'ils peuvent être estimés de manière fiable.

Les contrats de nouveaux avions d'affaires sont classés en fonction des avions non aménagés (avant l'aménagement intérieur et avant que les appareils électroniques de bord facultatifs soient installés) et des avions avec aménagement intérieur, une fois que celui-ci est achevé. Les revenus sont constatés lors de la livraison d'avions non aménagés et lors de l'acceptation définitive par le client de l'aménagement intérieur.

Les revenus provenant de la vente d'avions commerciaux, de participations fractionnaires dans des avions d'affaires et d'autres produits et services sont comptabilisés lorsque les produits sont livrés ou les services sont rendus.

Cette brève description de la méthode de l'avancement des travaux donne une explication appropriée pour ceux qui ont lu ce chapitre. Toutefois, une personne n'ayant pas de connaissances en comptabilité n'en comprendrait probablement pas le sens. Un tel exemple montre bien l'importance d'étudier attentivement la comptabilité même lorsqu'on ne souhaite pas en faire une profession.

Exemple 6-C

Supposez que, le 31 décembre de l'exercice en cours: 1) Federal Express a des livraisons en transit qui représentent, en frais, un total de 20 millions de dollars; 2) qu'aucune de ces sommes n'a encore été recouvrée; 3) qu'en moyenne, 60 % de ces livraisons ont été faites.

Travail à faire
1. Déterminez quel montant relatif aux livraisons en transit sera constaté comme produit durant l'exercice en cours en vous servant de la méthode de l'avancement des travaux.
2. Indiquez quel est l'actif ou quels sont les actifs modifiés par l'enregistrement des produits provenant des livraisons en transit (les comptes et les montants).

Solution suggérée

1. On a enregistré 12 000 000 $ comme produits d'exploitation provenant de la livraison.
2. Les comptes clients augmentent de 12 000 000 $.

Annexe 6-B

L'enregistrement des escomptes et des retours (ou rendus)

Comme nous l'avons vu précédemment, il est possible d'enregistrer les escomptes sur cartes de crédit et les escomptes de caisse en contrepartie du chiffre d'affaires ou comme des charges. Par exemple, si une société émettrice de cartes de crédit réclame des frais de 3 % pour ses services et que les ventes par carte de crédit s'élèvent à 3 000 $ pour le 2 janvier, l'entreprise enregistre ce qui suit.

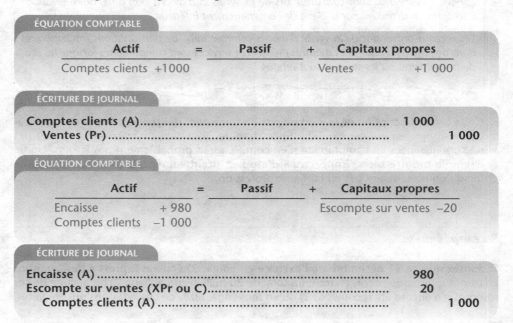

ÉQUATION COMPTABLE

Actif	=	Passif	+	Capitaux propres	
Encaisse +2 910				Ventes	+3 000
				Escompte sur cartes de crédit	−90

ÉCRITURE DE JOURNAL

Encaisse (A)	2 910	
Escompte sur cartes de crédit (XPr ou C)	90	
Ventes (Pr)		3 000

De plus, si les ventes à crédit sont comptabilisées suivant des modalités de paiement de 2/10, n/30 (1 000 $ × 0,98 = 980 $), et que le paiement a lieu à l'intérieur du délai d'escompte, l'entreprise enregistrera les éléments ci-dessous.

ÉQUATION COMPTABLE

Actif	=	Passif	+	Capitaux propres	
Comptes clients +1000				Ventes	+1 000

ÉCRITURE DE JOURNAL

Comptes clients (A)	1 000	
Ventes (Pr)		1 000

ÉQUATION COMPTABLE

Actif		=	Passif	+	Capitaux propres	
Encaisse	+ 980				Escompte sur ventes	−20
Comptes clients	−1 000					

ÉCRITURE DE JOURNAL

Encaisse (A)	980	
Escompte sur ventes (XPr ou C)	20	
Comptes clients (A)		1 000

On devrait toujours traiter les rendus et les rabais sur ventes comme des comptes de contrepartie. Supposons qu'une entreprise achète à crédit de L'Équipeur 40 paires de bottes de travail pour un total de 2 000 $. Le jour de la vente, chez L'Équipeur, on passe l'écriture de journal suivante.

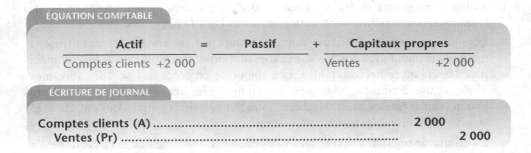

ÉQUATION COMPTABLE

Actif	=	Passif	+	Capitaux propres	
Comptes clients +2 000				Ventes	+2 000

ÉCRITURE DE JOURNAL

Comptes clients (A) 2 000
    Ventes (Pr) 2 000

Avant d'avoir payé les bottes de travail, l'entreprise découvre que 10 des paires qui lui ont été livrées ne sont pas de la couleur spécifiée et les renvoie chez L'Équipeur où, le même jour, on enregistre ce qui suit.

ÉQUATION COMPTABLE

Actif	=	Passif	+	Capitaux propres
Comptes clients −500				Rendus et rabais sur ventes −500

ÉCRITURE DE JOURNAL

Rendus et rabais sur ventes (XPr) 500
    Comptes clients (A) 500

Points saillants du chapitre

1. **Appliquer le principe de constatation des produits afin de déterminer à quel moment il convient d'enregistrer les produits dans le cas de détaillants, de grossistes et de fabricants (voir la page 348).**

   On considère généralement la politique de constatation des produits comme l'un des principaux déterminants d'une présentation fidèle des états financiers. Pour la plupart des marchands et des fabricants, le moment recommandé pour la constatation des produits est celui de l'expédition ou de la livraison des marchandises. Dans le cas des entreprises de services, il s'agit du moment suivant la prestation du service.

2. **Analyser l'effet des ventes par carte de crédit, des escomptes et des retours sur ventes sur le chiffre d'affaires de l'entreprise (voir la page 349).**

   On peut enregistrer les escomptes sur cartes de crédit et les escomptes de caisse soit en contrepartie des produits, soit comme des charges. Lorsqu'on les inscrit en contrepartie des produits, ils réduisent le chiffre d'affaires net. Les rendus et rabais sur ventes, qui devraient toujours être traités en contrepartie des produits, diminuent également le chiffre d'affaires net.

3. **Analyser et interpréter le pourcentage de la marge bénéficiaire brute (voir la page 354).**

   Le pourcentage de la marge bénéficiaire brute sert à mesurer la capacité d'une entreprise à exiger des prix de vente assez élevés et à produire des marchandises et des services à des coûts moindres. Les gestionnaires, les analystes et les créanciers se servent de ce rapport pour évaluer l'efficacité des stratégies d'une entreprise sur les plans du développement de produits, de la mise en marché et de la production.

4. **Estimer, enregistrer et évaluer l'impact des comptes clients non recouvrables (les créances irrécouvrables) sur les états financiers (voir la page 357).**

Lorsque les comptes débiteurs sont importants, les entreprises doivent utiliser la méthode d'imputation fondée sur la constitution d'une provision pour comptabiliser les créances irrécouvrables. Les étapes de ce processus sont les suivantes : 1) passer une écriture de régularisation en fin d'exercice afin d'enregistrer la provision pour créances irrécouvrables ; 2) radier certains comptes qui ont été jugés comme irrécouvrables au cours de l'exercice.

L'écriture de régularisation réduit le bénéfice net de même que le montant net des comptes clients. La radiation n'influe sur aucun.

5. **Analyser et interpréter le ratio de rotation des comptes clients et l'impact des comptes clients sur les flux de trésorerie (voir la page 364).**

Le ratio de rotation des comptes clients – Ce ratio sert à mesurer l'efficacité des activités d'approbation de crédit et de recouvrement des créances. Il indique combien de fois, en moyenne, on a enregistré et recouvré des comptes clients durant l'exercice. Les analystes et les créanciers l'examinent attentivement, car une diminution majeure et soudaine pourrait signifier qu'une entreprise repousse les échéances de paiement dans le but de soutenir des ventes au ralenti ou encore qu'elle enregistre la vente de biens qui feront plus tard l'objet de retours.

Les effets sur les flux de trésorerie – Lorsqu'il y a une diminution nette des comptes clients pour un exercice financier, le montant des espèces recouvrées auprès des clients excède toujours le chiffre d'affaires et les flux de trésorerie provenant de l'exploitation augmentent. Dans le cas d'un accroissement net des comptes clients, le montant des espèces recouvrées est toujours inférieur au chiffre d'affaires. Ainsi, les flux de trésorerie provenant de l'exploitation diminuent.

6. **Enregistrer, gérer et protéger les liquidités (voir la page 367).**

L'encaisse est le plus liquide de tous les actifs. Il circule constamment de l'intérieur vers l'extérieur de l'entreprise et inversement. Par conséquent, on devrait lui appliquer de nombreuses mesures de contrôle, y compris le rapprochement bancaire. En outre, la gestion de l'encaisse revêt une importance capitale pour les gestionnaires qui doivent toujours disposer d'argent afin de répondre aux besoins d'exploitation de l'entreprise, tout en évitant de conserver des montants superflus qui ne produisent aucun revenu.

L'enregistrement du coût des marchandises vendues ressemble beaucoup à celui des produits d'exploitation. Le chapitre 7 porte sur les transactions reliées aux stocks et au coût des marchandises destinées à la vente. Ce sujet est important, car le coût des marchandises vendues par une entreprise a un impact considérable sur sa marge bénéficiaire brute et son bénéfice net, deux éléments qui font l'objet d'un suivi minutieux de la part des investisseurs, des analystes financiers et de divers autres utilisateurs des états financiers. L'importance accrue accordée à la qualité, à la productivité et aux coûts oriente de plus en plus l'attention des directeurs de production vers le coût des marchandises vendues et les stocks. Les coûts de détention des stocks jouent un rôle considérable lors de lancement de nouveaux produits et de la prise de décisions concernant l'établissement des prix. Les directeurs de marketing et les gestionnaires s'y intéressent donc aussi de façon particulière. Enfin, comme la comptabilisation des stocks a un impact direct sur les impôts à payer de nombreuses entreprises, nous en profiterons pour explorer l'effet de la fiscalité sur les prises de décisions des gestionnaires et sur la communication de l'information financière.

Le **pourcentage de la marge bénéficiaire brute** sert à mesurer, sous forme de pourcentage, l'excédent des prix de vente sur les coûts d'achat ou de production des marchandises vendues ou les coûts liés à la prestation des services rendus. On le calcule comme suit (voir la page 354):

$$\text{Pourcentage de la marge bénéficiaire brute} = \frac{\text{Marge bénéficiaire brute}}{\text{Chiffre d'affaires net}}$$

Le **ratio de rotation des comptes clients** sert à mesurer l'efficacité des activités d'approbation de crédit et de recouvrement des créances. On le calcule comme suit (voir la page 364):

$$\text{Coefficient de rotation des comptes clients} = \frac{\text{Chiffre d'affaires net}}{\text{Comptes clients nets moyens}}$$

BILAN

Dans la catégorie des actifs à court terme

Comptes clients (après déduction de la provision pour créances irrécouvrables)

ÉTAT DES RÉSULTATS

Produits d'exploitation

Chiffre d'affaires net (le chiffre d'affaires moins les escomptes, si ces derniers sont présentés en contrepartie des produits, et les rendus et rabais sur ventes)

Charges

Frais de vente (y compris les créances irrécouvrables et les escomptes si on les considère comme des charges)

Pour trouver
L'INFORMATION FINANCIÈRE

ÉTAT DES FLUX DE TRÉSORERIE

Dans la catégorie des activités d'exploitation (méthode indirecte)

Bénéfice net

+ Diminutions des comptes clients (nettes)

– Augmentations des comptes clients (nettes)

NOTES

Dans la section «Résumé des principales conventions comptables»

Politique de constatation des produits

Mots clés

Compte client (ou compte débiteur), **p. 356**

Contrôle (ou contrôle interne), **p. 368**

Créances irrécouvrables (créances douteuses), **p. 357**

Effet à recevoir, **p. 356**

Encaisse, **p. 367**

Escompte sur cartes de crédit, **p. 350**

Escompte sur ventes (ou escompte de caisse), **p. 350**

Méthode de constatation des produits en fonction des encaissements, **p. 378**

Méthode de constatation des produits à l'achèvement des travaux, **p. 379**

Méthode de constatation des produits selon l'avancement des travaux, **p. 379**

Méthode d'estimation fondée sur le chiffre des ventes à crédit, **p. 360**

Méthode d'estimation fondée sur le classement chronologique des comptes clients, **p. 361**

Méthode d'imputation fondée sur la création d'une provision, **p. 357**

Provision pour créances irrécouvrables (ou provision pour créances douteuses ou provision pour dépréciation des créances), **p. 358**

Quasi-espèces, **p. 367**

Rapprochement bancaire, **p. 371**

Relevé bancaire, **p. 369**

Rendus et rabais sur ventes, **p. 353**

Questions

1. Expliquez la différence entre le chiffre d'affaires et le chiffre d'affaires net.

2. Qu'est-ce que le bénéfice brut ou la marge bénéficiaire brute sur les ventes? Comment calcule-t-on le ratio (ou pourcentage) de la marge bénéficiaire brute? Dans votre explication, supposez que le chiffre d'affaires net est de 100 000$ et que le coût des marchandises vendues s'élève à 60 000$.

3. Qu'est-ce qu'un escompte sur cartes de crédit? Comment cet escompte influe-t-il sur les montants qui apparaissent à l'état des résultats?

4. Qu'est-ce qu'un escompte sur ventes? Utilisez les modalités «1/10, n/30» dans votre explication.

5. Quelle est la distinction entre un «rabais sur ventes» et un «escompte sur ventes»?

6. Expliquez la différence entre les comptes clients et les effets à recevoir.

7. Quel principe comptable de base la méthode d'imputation fondée sur la création d'une provision employée lors de la comptabilisation des créances irrécouvrables vise-t-elle à respecter?

8. D'après la méthode d'imputation fondée sur la création d'une provision, doit-on constater les créances irrécouvrables a) dans l'exercice au cours duquel les ventes correspondant à ces créances ont eu lieu ou b) dans l'exercice où le vendeur apprend que le client est incapable de payer?

9. Quel est l'effet de la radiation de créances irrécouvrables (pour la méthode d'imputation fondée sur la création d'une provision) sur a) le bénéfice net et b) les comptes clients nets?

10. En général, une augmentation du ratio de rotation des comptes clients indique-t-il un recouvrement plus rapide ou plus lent des comptes débiteurs? Expliquez votre réponse.

11. Définissez les termes «encaisse» et «quasi-espèces» dans le contexte de la comptabilité. Indiquez les types d'éléments qui devraient être inclus ou exclus de ces catégories.

12. Résumez les principales caractéristiques d'un système de contrôle efficace de l'encaisse.

13. Pourquoi la manipulation de l'argent et la comptabilisation de l'encaisse devraient-elles être des activités séparées? Comment procède-t-on à une telle séparation?

14. Quels sont les objectifs d'un rapprochement bancaire? Quels soldes cherche-t-on à rapprocher?

15. Expliquez brièvement comment on calcule le montant total de l'encaisse avant de l'inscrire au bilan.

16. (Annexe 6-A) À quel moment est-il acceptable d'utiliser la méthode de constatation des produits selon l'avancement des travaux?

17. (Annexe 6-B) Selon la méthode de la marge bénéficiaire brute pour l'enregistrement des escomptes sur ventes, inscrit-on le montant de ces escomptes a) au moment où la vente est enregistrée ou b) au moment où le recouvrement du compte est enregistré?

Mini-exercices

M6-1 **Le principe de constatation des produits**

Indiquez le moment le plus probable où, selon vous, on enregistrerait le produit d'une vente pour chacune des transactions ci-dessous.

	Transaction	Point A	Point B
a)	Une vente par carte de crédit de billets d'avion par une compagnie d'aviation	_____ Lieu de la vente	_____ À la fin du vol
b)	Une vente par carte de crédit d'un ordinateur par une entreprise de vente par correspondance	_____ À l'expédition	_____ À la livraison
c)	Une vente à crédit de marchandises à un client commercial	_____ À l'expédition	_____ À l'encaissement

M6-2 **Le chiffre d'affaires et les escomptes sur ventes**

Des marchandises dont la facture s'élève à 2 000 $ ont été vendues suivant des modalités de paiement de 2/10, n/30. Si l'acheteur paie à l'intérieur du délai prévu pour bénéficier de l'escompte, quel montant inscrira-t-on comme chiffre d'affaires à l'état des résultats de l'entreprise ?

M6-3 **Le chiffre d'affaires et les escomptes sur ventes, les escomptes sur cartes de crédit et les retours sur ventes**

Le chiffre d'affaires brut total d'une période donnée inclut les éléments suivants.

    Ventes par carte de crédit (escompte de 3 %)   8 000 $
    Ventes à crédit (2/15, n/60)   9 500 $

Les retours sur ventes reliés aux ventes à crédit se chiffrent à 500 $. Tous les retours sont effectués avant le paiement des marchandises. La moitié des marchandises vendues à crédit ont été payées à l'intérieur du délai d'escompte. Cette entreprise considère tous les escomptes et les retours comme des comptes de contrepartie. Quel montant inscrira-t-on à l'état des résultats à titre de chiffre d'affaires ?

M6-4 **Le calcul et l'interprétation du pourcentage de la marge bénéficiaire brute**

Le chiffre d'affaires de l'exercice s'élève à 56 000 $, et le coût des produits vendus est de 48 000 $. Calculez le pourcentage de la marge bénéficiaire brute pour l'année en cours. Qu'indique ce pourcentage ?

M6-5 **L'enregistrement des créances irrécouvrables**

Passez les écritures de journal pour chacune des transactions suivantes.

a) Au cours de l'exercice, l'entreprise a radié pour un montant de 17 000 $ de créances irrécouvrables.

b) À la fin de l'exercice, on estime que les créances irrécouvrables s'élèvent à 14 000 $.

M6-6 **L'impact des créances irrécouvrables sur les états financiers**

À l'aide des choix suivants, indiquez l'impact des transactions proposées. Utilisez le signe « + » pour une augmentation et le signe « – » pour une diminution. Précisez les comptes qui subissent un changement et les montants en cause.

a) À la fin de l'exercice, on estime les créances irrécouvrables à 10 000 $.

b) Au cours de cet exercice, on a radié un montant de 8 000 $ en créances irrécouvrables.

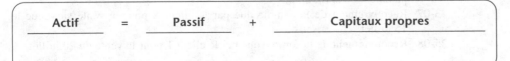

Actif	=	Passif	+	Capitaux propres

OA1

OA2

OA2

OA3

OA4

OA4

M6-7 **L'impact de la politique de crédit sur le ratio de rotation des comptes clients**
Déterminez l'effet le plus probable que les changements suivants de la politique de crédit pourraient avoir sur le ratio de rotation des comptes clients. (Indiquez une augmentation par le signe «+» et une diminution par le signe «−». S'il n'y a aucun effet, écrivez «AE».)
a) Le crédit offert est assorti d'échéances de paiement plus courtes. _____
b) L'efficacité des méthodes de recouvrement est améliorée. _____
c) Du crédit est accordé à des clients moins fiables. _____

M6-8 **Le rapprochement bancaire**
Indiquez s'il faut additionner (+) ou soustraire (−) les éléments suivants aux registres comptables de l'entreprise ou du relevé bancaire lors de l'établissement d'un rapprochement bancaire.

Éléments de rapprochement	Registres de l'entreprise	Relevé bancaire
a) Chèques en circulation		
b) Frais bancaires		
c) Dépôts en circulation		

M6-9 **(Annexe 6-B) L'enregistrement des escomptes sur ventes**
On effectue une vente de 700 $ assortie de modalités de paiement de 2/10, n/30. À quel montant la vente devrait-elle être enregistrée selon la méthode brute pour l'enregistrement des escomptes sur ventes? Passez l'écriture de journal requise. Passez aussi l'écriture correspondant au recouvrement, en supposant que celui-ci se fait au cours du délai prévu pour bénéficier de l'escompte.

Exercices

E6-1 **Les ventes à crédit et les escomptes sur ventes**
Au cours des mois de janvier et de février, la société Bronze ltée a vendu des marchandises à trois clients. Voici les transactions dans l'ordre où elles ont été effectuées.
06-01 Vente de marchandises à M. Leblanc pour un montant de 1 000 $ et facturation suivant des modalités de 2/10, n/30.
06-01 Vente de marchandises à M. Munod pour un montant de 800 $ et facturation suivant des modalités de 2/10, n/30.
14-01 Recouvrement de la somme due par A. Leblanc.
02-02 Recouvrement du montant dû par M. Munod.
28-02 Vente de marchandises à M. Raymond pour un montant de 500 $ et facturation suivant des modalités de 2/10, n/45.

Travail à faire
Supposez que les escomptes sur ventes sont considérés comme un compte de contrepartie et calculez le chiffre d'affaires pour chacun des deux mois.

E6-2 **Les ventes à crédit, les escomptes sur ventes et les ventes par carte de crédit**
On a obtenu les transactions suivantes aux livres de la société Verdure.
12-07 Vente de marchandises au client R pour un total de 1 000 $ porté au compte de sa carte de crédit Visa; Visa réclame 2 % de frais de carte de crédit à l'entreprise.
15-07 Vente de marchandises au client S dont la facture s'élève à 5 000 $; modalités de paiement de 3/10, n/30.
20-07 Vente de marchandises au client T; la facture est de 3 000 $; modalités de paiement de 3/10, n/30.
23-07 Recouvrement de la somme due par le client S pour la vente survenue le 15 juillet.
25-08 Recouvrement de la somme due par le client T pour la vente du 20 juillet.

Travail à faire

En supposant que l'entreprise considère les escomptes comme un compte de contre-partie, calculez le chiffre d'affaires de la période de deux mois se terminant le 31 août.

□ OA2

E6-3 **Les ventes à crédit, les escomptes sur ventes, les retours sur ventes et les ventes par carte de crédit**

On a obtenu les transactions suivantes pour l'ensemble des activités du détaillant Hébert pour l'exercice 20B.

20-11-20B   Vente de deux articles au client B qui règle les 400$ du prix de vente avec sa carte de crédit Visa; Visa réclame à Hébert 2% de frais sur les cartes de crédit.

25-11-20B   Vente de 20 articles au client C dont la facture totale s'élève à 4 000$; modalités de paiement de 3/10, n/30.

28-11-20B   Vente de 10 articles identiques au client D; la facture totale est de 6 000$; modalités de paiement de 3/10, n/30.

30-11-20B   Le client D retourne un des articles achetés le 28 novembre; selon lui, l'article est défectueux; le client obtient un crédit.

06-12-20B   Le client D paie le solde du compte en entier.

30-12-20B   Le client C règle en entier la facture du 25 novembre 20B.

Travail à faire

En supposant que la société Hébert considère les escomptes sur ventes et les escomptes sur cartes de crédit comme des comptes de contrepartie, calculez le chiffre d'affaires de la période de deux mois se terminant le 31 décembre 20B.

□ OA2

E6-4 **L'impact des ventes à crédit, des escomptes sur ventes, des ventes par carte de crédit et des rendus et rabais sur ventes sur les postes de l'état des résultats**

L'entreprise de chaussures Rockland enregistre les rendus et rabais sur ventes comme des comptes de contrepartie et les escomptes sur ventes et sur cartes de crédit comme des frais de vente. Remplissez le tableau ci-dessous en indiquant l'effet de chacune des transactions. (Inscrivez un «+» pour une augmentation, un «−» pour une diminution et «AE» pour «aucun effet».) Ne comptabilisez pas le coût des marchandises vendues.

12-07   Vente de marchandises à un client au magasin de l'usine; l'achat de 300$ est porté sur la carte American Express du client; la société émettrice réclame des frais de service de 1%.

15-07   Vente de marchandises à un client T; la facture totale est de 5 000$; modalités de paiement de 3/10, n/30.

20-07   Recouvrement de la somme due par le client T.

21-07   Avant d'avoir réglé sa facture, un client retourne des chaussures dont le prix s'élève à 1 000$.

Transactions	Chiffre d'affaires	Marge bénéficiaire brute	Bénéfice provenant des activités d'exploitation
12 juillet			
15 juillet			
20 juillet			
21 juillet			

□ OA2

E6-5 **L'évaluation du taux d'intérêt implicite annuel de l'escompte sur ventes**

La société Paysagistes Papineau offre des modalités de paiement de 3/10, n/60 à ses clients.

Travail à faire

1. Calculez le taux d'intérêt implicite annuel de son escompte sur ventes.

2. Si la banque d'un client exige 15% d'intérêts, est-il avantageux de faire un emprunt pour profiter de l'escompte? Expliquez votre réponse.

E6-6 **L'analyse du pourcentage de la marge bénéficiaire brute**

Le tableau ci-dessous résume les données fournies aux registres de la société Salaberry pour l'exercice se terminant le 31 décembre 20B.

Ventes de marchandises au comptant	220 000 $
Ventes de marchandises à crédit	32 000
Coût des marchandises vendues	147 000
Frais de vente	40 200
Frais d'administration	19 000
Rendus et rabais sur ventes	7 000
Éléments non inclus dans les montants ci-dessus	
Estimation des créances irrécouvrables :	
2,5 % des ventes à crédit	
Taux moyen d'impôts sur le revenu : 25 %	
Le nombre d'actions ordinaires en circulation est de 5 000	

Travail à faire

1. À partir des données fournies, dressez un état des résultats (qui indique à la fois la marge bénéficiaire brute et le bénéfice provenant des activités d'exploitation). Ajoutez une colonne et présentez aussi les montants sous forme de pourcentage.
2. Quel est le montant de la marge bénéficiaire brute ? Quel est le ratio de la marge bénéficiaire brute ? Expliquez la signification de ces deux montants.

E6-7 **L'analyse du pourcentage de la marge bénéficiaire brute**

La société D'un océan à l'autre Inc. s'enorgueillie d'être l'un des chefs de file mondiaux parmi les distributeurs de chaussures non destinées aux athlètes. L'entreprise fait face à une forte concurrence sur un grand nombre de marchés, et elle offre souvent ses produits à un prix inférieur à celui de ses concurrents. Les données suivantes proviennent de son plus récent rapport annuel (en milliers de dollars).

Ventes de marchandises	206 978 $
Impôts sur le revenu	5 023
Dividendes en espèces déclarés	1 173
Frais d'administration et de vente	42 996
Coût des marchandises vendues	145 234
Intérêts débiteurs	1 839
Autres revenus	148
Éléments non inclus dans les postes ci-dessus	
Le nombre d'actions ordinaires en circulation est de 8 557	

Travail à faire

1. À partir des données fournies, dressez un état des résultats (indiquant à la fois la marge bénéficiaire brute et le bénéfice provenant des activités d'exploitation). Ajoutez une colonne et présentez aussi les montants sous forme de pourcentage.
2. Quel est le montant de la marge bénéficiaire brute ? Quel est le ratio de la marge bénéficiaire brute ? Expliquez la signification de ces deux montants. Comparez le ratio de la marge bénéficiaire brute de cette entreprise à celui de L'Équipeur. À votre avis, comment s'explique la différence entre les deux entreprises ?

E6-8 **La comptabilisation des créances irrécouvrables**

Au cours de l'exercice 20A, les Entreprises électroniques Gagnon ont enregistré des ventes à crédit pour un montant total de 720 000 $. En se basant sur leur expérience des années antérieures, les directeurs ont estimé que le taux de créances irrécouvrables sur les ventes à crédit était de 0,5 %.

Travail à faire

Passez les écritures de journal pour chacune des transactions suivantes.

a) L'ajustement approprié des créances irrécouvrables pour l'exercice 20A.
b) Le 31 décembre 20A, on a évalué qu'un compte client de 300 $ provenant d'un exercice précédent était irrécouvrable ; on doit donc le radier.

E6-9   L'impact des créances irrécouvrables sur les états financiers

Indiquez l'impact des transactions énumérées à l'exercice E6-8 sur l'équation comptable. Inscrivez un «+» pour une augmentation et un «−» pour une diminution. Indiquez les comptes qui varient ainsi que les montants en cause.

Actif	=	Passif	+	Capitaux propres

E6-10   L'impact des créances irrécouvrables sur différents postes d'un état des résultats

Au cours de l'exercice 20A, l'entreprise Meubles Choiseul a comptabilisé des ventes à crédit pour un total de 650 000$. Par expérience, ses gestionnaires estiment que le taux de créances irrécouvrables est de 2% sur ce type de ventes.

Travail à faire

1. Passez les écritures de journal pour chacune des transactions suivantes.
   a) L'ajustement approprié en matière de créances irrécouvrables pour l'exercice 20A.
   b) Le 31 décembre 20A, on a déterminé qu'un compte client de 1 600$ provenant d'un exercice précédent était irrécouvrable; on doit donc le radier.
2. Remplissez le tableau ci-dessous en indiquant le montant et l'effet de chacune des transactions. (Inscrivez un «+» pour une augmentation, un «−» pour une diminution et «AE» pour «aucun effet».)

Transactions	Chiffre d'affaires	Marge bénéficiaire brute	Bénéfice provenant des activités d'exploitation
a)			
b)			

E6-11   L'interprétation des renseignements présentés au sujet des créances irrécouvrables

DaimlerChrysler AG

DaimlerChrysler est le plus important groupe industriel établi en Allemagne. Cette entreprise est bien connue puisqu'elle est le constructeur des voitures Mercedes-Benz et des voitures et camions Chrysler. L'entreprise fabrique aussi différents produits reliés aux domaines du transport (ferroviaire et aérospatial), de la propulsion, de la défense et de la technologie de l'information. Lors de sa demande d'inscription à la Bourse de New York, la société s'est conformée aux exigences de cet organisme en divulguant les renseignements suivants concernant ses provisions pour créances irrécouvrables (en millions de marks allemands, DM).

Solde au début de l'exercice	Débité aux charges	Montants radiés	Solde à la fin de la période
1 933	92	(52)	1 973

Travail à faire

1. Rédigez un résumé des écritures de journal portant sur les créances irrécouvrables pour l'exercice en cours.
2. Si Daimler Chrysler avait radié un montant supplémentaire de 10 millions de marks allemands de ses comptes clients au cours de cet exercice, quels en auraient été les effets sur les comptes débiteurs, le chiffre d'affaires et le bénéfice net de l'entreprise? Expliquez votre réponse.

E6-12 **Le traitement des radiations de créances irrécouvrables et du recouvrement ultérieur des montants dus par les clients**

Microtechnique développe, produit et met sur le marché une vaste gamme de logiciels informatiques. Dans un bilan récent, l'entreprise présentait les renseignements suivants concernant son chiffre d'affaires et ses comptes clients (en milliers de dollars).

	20B	20A
Comptes clients, déduction faite d'une provision de 76 $ et de 57 $	338 $	270 $
Chiffre d'affaires	3 753 $	2 759 $

Selon d'autres renseignements obtenus, l'entreprise a aussi comptabilisé des créances irrécouvrables de 47 000 $ et n'a réinscrit aucun des comptes précédemment radiés au cours de l'exercice 20B.

Travail à faire

1. Quel montant de créances irrécouvrables l'entreprise a-t-elle radié au cours de l'exercice 20B ?
2. En supposant que toutes les ventes de Microtechnique au cours de cet exercice ont été faites à crédit, déterminez le montant des encaissements au cours de l'exercice 20B.

E6-13 **L'impact des créances irrécouvrables sur le bénéfice net et le fonds de roulement**

Un rapport annuel récent de la société Sears présente les renseignements suivants (en millions de dollars américains).

	2000	1999
Comptes clients	18 003 $	18 793 $
Provision pour créances irrécouvrables	(686)	(760)
	17 317 $	18 033 $

Une note aux états financiers indique qu'on a aussi radié des créances irrécouvrables pour un montant de 1 323 $ au cours de l'année 2000 et de 1 713 $ au cours de l'année 1999. Supposez que le taux d'imposition de l'entreprise est de 30 %.

Travail à faire

1. Déterminez le montant des créances irrécouvrables de l'exercice 2000 en vous basant sur les renseignements ci-dessus.
2. Le fonds de roulement se définit comme l'actif à court terme dont on soustrait le passif à court terme. Quel est l'effet de la radiation de 1 323 $ en créances irrécouvrables sur le fonds de roulement de Sears au cours de l'exercice 2000 ? Durant cette deuxième année, quel impact la comptabilisation des créances irrécouvrables a-t-elle eu sur le fonds de roulement de l'entreprise ?
3. De quelle façon cette radiation de 1 323 $ a-t-elle modifié le bénéfice net de l'entreprise au cours de l'exercice 2000 ? Quel impact l'enregistrement de créances irrécouvrables a-t-il eu sur le bénéfice net de l'exercice 2000 ?

E6-14 **Le calcul des créances irrécouvrables à l'aide du classement chronologique des comptes clients**

À la laiterie Les Vaches rieuses, on utilise la méthode fondée sur le classement chronologique des comptes clients pour estimer les créances irrécouvrables. On classe le solde de chacun des comptes clients en se basant sur les trois périodes de temps suivantes : 1) un montant de 12 000 $ représentant les comptes courants ; 2) un montant de 5 000 $ pour les comptes de moins de 120 jours ; 3) un montant de 3 000 $ pour les comptes de plus de 120 jours. L'expérience passée a démontré que le taux moyen de perte dû au non-recouvrement du montant des comptes débiteurs à la fin de l'exercice est respectivement de 2 %, de 10 % et de 30 % pour chacune des catégories. Le 31 décembre 20F (date de la fin de l'exercice en cours), le solde de la provision pour créances irrécouvrables était de 300 $ (crédit) avant qu'on enregistre l'écriture de régularisation de fin d'exercice.

Travail à faire

Quel montant l'entreprise devrait-elle comptabiliser comme créances irrécouvrables pour l'exercice en cours?

E6-15 **L'enregistrement, la comptabilisation et l'évaluation d'une provision pour créances irrécouvrables**

L'entreprise Caulincourt s'est lancée en affaires le 1er janvier 20A. Au cours de ce premier exercice, ses registres présentaient les renseignements suivants.

Ventes au comptant	400 000 $
Ventes à crédit	150 000
Recouvrement de comptes clients	100 000

Le directeur de l'entreprise est préoccupé par la comptabilisation des créances irrécouvrables. Le 31 décembre 20A, malgré le fait qu'une seule créance soit estimée irrécouvrable, quelques clients étaient très en retard dans le paiement de leur compte. À la suggestion d'un ami, le directeur a décidé d'utiliser dès le départ un taux de créances irrécouvrables de 1 % sur ses ventes.

Travail à faire

1. Vous avez été embauché à temps partiel pour aider à la comptabilité de l'entreprise. Le directeur vous demande d'établir le montant des créances irrécouvrables à 5 500 $. Passez l'écriture comptable qui reflète cette décision.

2. Vous vous demandez comment ce montant de 5 500 $ a été calculé. Le directeur vous répond qu'il s'agit d'un montant établi à la suite d'une suggestion d'un ami directeur d'entreprise qui connaît bien son métier et qui utilise un taux de 1 % des ventes. Êtes-vous d'accord avec ce montant de provision des créances irrécouvrables? Si vous n'êtes pas d'accord, passez l'écriture de correction appropriée. Expliquez votre réponse.

3. Indiquez comment les différents comptes liés aux ventes à crédit devraient être présentés à l'état des résultats et au bilan au 31 décembre 20A.

E6-16 **L'enregistrement, la comptabilisation et l'estimation d'une provision pour créances irrécouvrables**

Au cours de l'exercice 20G, le magasin Caméra MIL a enregistré un chiffre d'affaires de 170 000 $, dont 85 000 $ provenaient de ventes à crédit. Au début de l'exercice 20G, le solde débiteur des comptes clients s'élevait à 10 000 $, et la provision pour créances irrécouvrables présentait un solde créditeur de 800 $.

Le recouvrement des comptes clients au cours de l'exercice 20G a rapporté 68 000 $. Voici quelques renseignements au sujet de l'exercice 20G.

a) Le 31 décembre 20G, on a décidé qu'un compte client de 1 500 $ (celui de J. Dupont) datant de l'exercice précédent était irrécouvrable. On l'a donc immédiatement radié à titre de créance irrécouvrable.

b) Le 31 décembre 20G, en se basant sur leur expérience, les gestionnaires de l'entreprise ont décidé de maintenir leur politique comptable consistant à estimer les pertes dues à des créances irrécouvrables à un taux de 2 % des ventes à crédit pour l'année.

Travail à faire

1. Passez les écritures de journal correspondant aux deux décisions prises le 31 décembre 20G (c'est-à-dire à la fin de l'exercice financier).

2. Montrez comment les montants relatifs aux comptes clients et aux créances irrécouvrables seront présentés à l'état des résultats et au bilan de l'exercice 20G. Ne tenez pas compte des impôts sur le revenu.

3. D'après les renseignements disponibles, un taux de 2 % paraît-il raisonnable? Expliquez votre réponse.

E6-17 **L'analyse et l'interprétation du ratio de rotation des comptes clients**

Un récent rapport annuel de Federal Express présente les renseignements suivants.

	(en milliers de dollars américains)	
	Exercice 2001	Exercice 2000
Comptes clients	2 601 859 $	2 633 015 $
Moins : Provision pour créances irrécouvrables	95 815	85 972
Comptes clients nets	2 506 044 $	2 547 043 $
Chiffre d'affaires (supposez que tout a été vendu à crédit)	19 629 040 $	18 256 945 $

Travail à faire

1. Calculez le ratio de rotation des comptes clients et le délai moyen de recouvrement des comptes débiteurs pour l'exercice en cours.
2. Expliquez ce que vous révèle chacun des montants.

E6-18 **L'impact des créances irrécouvrables sur le ratio de rotation des comptes clients**

Au cours de l'exercice 20A, l'entreprise Leneuf a enregistré des ventes à crédit pour un montant de 650 000 $. Selon l'expérience acquise au cours des exercices précédents, la direction estime à 1 % le taux des mauvaises créances sur les ventes à crédit. Au début de l'année, le solde du montant net des comptes clients s'élevait à 50 000 $. À la fin de l'exercice, mais avant qu'on passe l'écriture de régularisation due aux créances irrécouvrables et qu'on radie l'une de ces créances, ce solde était de 55 500 $.

Travail à faire

1. Supposez que, le 31 décembre 20A, on a enregistré la correction appropriée relativement aux créances irrécouvrables pour l'exercice 20A, qu'on a jugé irrécouvrable un montant total de 6 000 $ provenant des comptes clients et que ce montant a été radié. Quel serait alors le ratio de rotation des comptes clients pour 20A ?
2. Supposez maintenant que le 31 décembre 20A, on a enregistré la correction appropriée relativement aux créances irrécouvrables pour l'exercice 20A, qu'on a jugé irrécouvrable un montant de 7 000 $ provenant des comptes clients et que ce montant a été radié. Quel serait alors le ratio de rotation des comptes clients pour l'exercice 20A ?
3. Expliquez pourquoi les réponses aux questions 1 et 2 diffèrent ou pas selon vos calculs.

E6-19 **L'impact de la baisse du chiffre d'affaires et des comptes débiteurs sur les flux de trésorerie**

Chaussures Bibeau inc. fabrique et met en marché des chaussures sous les marques Bibeau, Bellevue et Basta. Au cours des trois derniers exercices, on a observé une diminution du chiffre d'affaires et du bénéfice net qui a entraîné une perte nette de 4 215 000 $. Toutefois, à chaque exercice, l'entreprise enregistrait des flux de trésorerie positifs provenant de l'exploitation.

Les variations dans les comptes clients contribuent à expliquer ce résultat positif. Voici, en effet, ce que présentent les bilans de l'exercice en cours et de l'exercice précédent.

	(en milliers de dollars)	
	Exercice en cours	Exercice précédent
Comptes clients et effets à recevoir déduction faite de la provision	24 033 $	31 701 $

Travail à faire

1. Comment les variations dans les comptes clients pourraient-elles modifier les flux de trésorerie provenant de l'exploitation ? Expliquez pourquoi ces variations auraient un tel impact.
2. Expliquez comment la diminution du chiffre d'affaires entraîne souvent a) une diminution des comptes clients et b) un encaissement des comptes clients plus élevé que le chiffre d'affaires.

E6-20 **L'impact de l'augmentation du chiffre d'affaires et des variations des comptes débiteurs sur les flux de trésorerie**

■OA5

Nike Inc.

Nike Inc. est l'entreprise de fabrication d'articles et d'équipement de sport la plus connue au monde. Au cours des dernières années, son chiffre d'affaires et son bénéfice net ont tous les deux augmenté de façon spectaculaire. Toutefois, les flux de trésorerie provenant de l'exploitation ont diminué au cours de la même période. Cette diminution s'explique en partie par une variation dans le solde des comptes clients. Voici ce que présente le bilan de l'exercice 2000 et de l'exercice 1999.

	(en milliers de dollars)	
	Exercice 2000	**Exercice 1999**
Comptes clients moins la provision pour créances irrécouvrables	1 567 200 $	1 540 100 $

Travail à faire

1. Comment les variations aux comptes clients pourraient-elles modifier les flux de trésorerie provenant de l'exploitation ? Expliquez pourquoi les variations auraient cet impact.
2. Expliquez comment l'augmentation du chiffre d'affaires entraîne souvent a) une augmentation des comptes clients et, par conséquent, b) des recouvrements auprès des clients qui totalisent un montant d'argent moins élevé que le chiffre d'affaires.

E6-21 **L'encaisse et les quasi-espèces**

■OA6

La société Siguoin a des places d'affaires dans différentes villes et elle dispose de liquidités à plusieurs endroits ainsi que dans différents comptes en banque. À la fin de l'exercice 20A, le grand livre de l'entreprise renferme les renseignements suivants : petite caisse – établissement principal, 700 $; Banque de la Ville – établissement principal, 58 600 $; monnaie, 300 $ (inclus dans le solde du compte d'encaisse); petite caisse – endroit A, 100 $; Banque Nationale – endroit A, 3 350 $; petite caisse – endroit B, 200 $; Banque du Sud-Ouest – endroit B, 785 $; petite caisse – endroit C, 200 $; Banque Provinciale – endroit C, 965 $; Banque Métropolitaine – certificat de placement de trois mois, 5 800 $; Banque du Sud-Ouest – certificat de placement de 6 mois, 850 $.

Ces soldes représentent les soldes des comptes courants tels qu'ils apparaissent aux rapprochements bancaires.

Travail à faire

Quel montant d'encaisse et de quasi-espèces devrait apparaître au bilan de l'entreprise pour l'exercice 20A ? Expliquez les raisons de vos décisions concernant tous les éléments présentés plus haut.

E6-22 L'établissement du rapprochement bancaire et les écritures de journal

Voici un résumé du relevé bancaire en date du 30 juin 20B et le solde des comptes du grand livre du mois de juin liés à l'encaisse de l'entreprise Jonas.

Relevé bancaire			
	Chèques	Dépôts	Solde
Solde au 1er juin 20B			7 200 $
Dépôts en juin		17 000 $	24 200
Chèques compensés en juin	18 100 $		6 100
Frais bancaires	50		6 050
Solde au 30 juin 20B			6 050

Encaisse					
01-06	Solde au début	6 800	Juin	Chèques émis	18 400
Juin	Dépôts	19 000			

Petite caisse		
30-06	Solde	300

Travail à faire

1. Établissez le rapprochement bancaire. Une comparaison entre les chèques émis et les chèques compensés par la banque indique que 700 $ de chèques sont en circulation. Certains chèques compensés en juin avaient été émis dans les mois précédents. Aucun dépôt en circulation n'a fait l'objet d'un report suivant le mois de mai ; par contre, il y a un dépôt en circulation à la fin de juin.
2. Passez toutes les écritures de journal nécessaires à la suite du rapprochement bancaire.
3. Quel est le solde du compte Encaisse après les écritures rendues nécessaires à la suite du rapprochement bancaire ?
4. Quel montant total de liquidités faudrait-il inscrire au bilan à la date du 30 juin ?

E6-23 L'établissement du rapprochement bancaire et les écritures de journal

Voici un résumé du relevé bancaire au 30 septembre 20D ainsi que le solde des comptes liés à l'encaisse pour le mois de septembre de l'entreprise Rousseau.

Relevé bancaire			
	Chèques	Dépôts	Solde
Solde au 1er septembre 20D			6 300 $
Dépôts enregistrés en septembre		27 000 $	33 300
Chèques compensés en septembre	28 500 $		4 800
Chèque SP – J. Dupont	150		4 650
Frais bancaires	50		4 600
Solde au 30 septembre 20D			4 600

Encaisse					
01-09	Solde au début	6 300	Septembre	Chèques émis	28 600
Septembre	Dépôts	28 000			

Petite caisse

30-09	Solde	400	

Aucun chèque en circulation ni dépôt en circulation n'a fait l'objet d'un report après le mois d'août. Toutefois, il y a encore des dépôts et des chèques en circulation à la fin de septembre.

Travail à faire
1. Établissez le rapprochement bancaire.
2. Passez toutes les écritures de journal nécessaires à la suite de ce rapprochement bancaire.
3. Quel devrait être le solde du compte Encaisse après les écritures rendues nécessaires à la suite du rapprochement bancaire ?
4. Quel montant total d'encaisse faudrait-il inscrire au bilan au 30 septembre ?

E6-24 **(Annexe 6-A) La détermination du bénéfice net à l'aide de la méthode de constatation des produits selon l'avancement des travaux**

L'entreprise Construction Jodoin a signé un contrat à long terme avec le gouvernement fédéral pour la construction d'une piste spéciale d'atterrissage. Ce projet d'une durée de trois ans a coûté 12 millions de dollars au gouvernement. L'entreprise a effectué les versements suivants : 2 millions de dollars en 20A ; 5 millions de dollars en 20B et 3 millions de dollars en 20C. Elle utilise la méthode de constatation des produits fondée sur l'avancement des travaux. Il n'y a pas eu de différence entre l'estimation des coûts et les coûts réels.

Travail à faire
Déterminez le montant de bénéfice net que l'entreprise peut enregistrer pour chaque année de ce projet.

E6-25 **(Annexe 6-B) L'enregistrement des ventes à crédit, des escomptes sur ventes, des retours sur ventes et des ventes par carte de crédit**

Les transactions suivantes ont été choisies parmi les opérations réalisées par les détaillants Hébert au cours de l'exercice 20B.

20-11 Vente de 2 articles au client B ; le prix de vente de 400 $ est porté au compte Visa du client ; Visa exige d'Hébert 2 % de frais sur les cartes de crédit.

25-11 Vente de 20 articles au client C ; la facture totale s'élève à 4 000 $; modalités de paiement de 3/10, n/30.

28-11 Vente de 10 articles identiques au client D ; la facture totale est de 6 000 $; modalités de paiement de 3/10, n/30.

30-11 Le client D retourne un des articles achetés le 28 puisqu'il est défectueux ; le client obtient un crédit.

06-12 Le client D paie le solde de son compte en entier.

30-12 Le client C règle en entier la facture du 25 novembre 20B.

Travail à faire
Passez les écritures de journal correspondant à chacune de ces transactions ; supposez que l'entreprise enregistre son chiffre d'affaires selon la méthode brute. Ne comptabilisez pas le coût des marchandises vendues.

Problèmes

P6-1 **L'application du principe de constatation des produits** ■OA1

À quel moment doit-on comptabiliser les produits d'exploitation pour chacune des situations suivantes ?

Cas A Un établissement de restauration rapide vend, comme cadeaux de Noël, des carnets de bons de réduction à 10 $. On peut échanger chaque bon de 1 $ en tout temps au cours des 12 prochains mois. Les clients doivent payer comptant pour pouvoir se procurer les carnets.

Cas B La société de construction Hugo a vendu un terrain à l'entreprise Finition impeccable pour la construction d'une nouvelle maison. Le prix du lot est de 50 000 $. L'entreprise a versé un acompte de 100 $ et a convenu de payer le reste de la somme dans 6 mois. Après avoir conclu la vente, la société Hugo apprend que l'entreprise Finition impeccable passe fréquemment de tels contrats, mais qu'elle refuse de payer le solde lorsqu'elle ne trouve pas de client qui accepte de se construire sur les lots en question.

Cas C En 20A, l'entreprise Simard s'est engagée dans un projet à long terme visant la construction d'un vaste complexe de bureaux dont la construction a été achevée en 20C. À la fin de 20C, elle n'avait toujours pas trouvé preneur, car elle exigeait un prix très élevé pour ses locaux. Toutefois, elle était certaine de pouvoir vendre l'immeuble au prix demandé, à cause d'une grave pénurie de locaux de ce type dans le quartier.

Cas D L'entreprise Frigoplus a toujours constaté ses produits au moment de la vente de ses réfrigérateurs. Récemment, elle a augmenté la période admissible pour ses garanties prolongées afin de couvrir toutes les réparations sur une période de sept ans. Le comptable se demande si l'entreprise a terminé son processus de génération de produits lorsqu'elle vend ses réfrigérateurs. Selon lui, la provision pour garanties de sept ans signifie qu'une quantité importante de travail supplémentaire pourrait devoir être effectuée au cours de cette période.

□OA2
□OA4

P6-2 **Les escomptes, les retours et les créances irrécouvrables (PS6-1)**
Les données suivantes proviennent des registres comptables de la société Juvénile et portent sur l'exercice financier se terminant le 31 décembre 20C.

Soldes au 1er janvier 20C	
Comptes clients (différents clients)	120 000 $
Provision pour créances irrécouvrables	6 000

Mises à part les ventes au comptant, l'entreprise a aussi vendu des marchandises et effectué des recouvrements selon des modalités de paiement de 2/10, n/30. (Supposez que le prix de vente unitaire est de 500 $ pour toutes les transactions et que la société Juvénile emploie la méthode brute pour enregistrer son chiffre d'affaires.)

Transactions au cours de l'exercice 20C
a) Vente de marchandises au comptant : 228 000 $.
b) Vente de marchandises à R. Jeunet ; montant de la facture : 12 000 $.
c) Vente de marchandises à K. Noiret ; montant de la facture : 26 000 $.
d) Deux jours après la date de son achat, R. Jeunet retourne un des articles achetés en b) et un crédit est inscrit à son compte.
e) Vente de marchandises à B. Serrault ; montant de la facture : 24 000 $.
f) R. Jeunet a payé son compte en entier dans les délais prévus pour bénéficier de l'escompte.
g) L'entreprise a recouvré 98 000 $ en espèces sur les ventes à crédit aux clients de l'année précédente ; tous ces paiements ont été faits dans les délais prévus pour obtenir l'escompte.
h) K. Noiret a payé sa facture (pour la transaction en c) à temps pour bénéficier de l'escompte.
i) Vente de marchandises à R. Roy ; montant de la facture : 17 000 $.
j) Trois jours après avoir payé intégralement son compte, K. Noiret retourne sept articles défectueux et reçoit un remboursement en espèces.
k) L'entreprise recouvre 7 000 $ en espèces sur un compte client pour des ventes effectuées l'année précédente, donc après le délai prévu pour profiter de l'escompte.
l) L'entreprise radie un compte qu'elle a estimé irrécouvrable de 2 900 $ en souffrance depuis 20A.
m) L'entreprise estime son taux de créances irrécouvrables à 1 % de ses ventes à crédit (les marchandises retournées étant exclues).

Travail à faire

1. À l'aide des comptes suivants, indiquez l'effet de chacune des transactions énumérées, y compris la radiation de la créance irrécouvrable et la correction pour l'estimation des créances irrécouvrables. (Ne tenez pas compte du coût des marchandises vendues.)

Chiffre d'affaires	Escomptes sur ventes	Rendus et rabais sur ventes	Créances irrécouvrables

2. Indiquez comment on devrait présenter les comptes relatifs aux activités de vente et de recouvrement à l'état des résultats de l'entreprise pour l'exercice 20C. (Considérez les escomptes sur ventes comme un compte de contrepartie.)

□OA3

P6-3   Le ratio de la marge bénéficiaire brute

Les données suivantes proviennent des rapports de fin d'exercice de la société d'exportation Namur. Calculez les montants manquants et présentez vos calculs.

	Cas indépendants	
Postes de l'état des résultats	Cas A	Cas B
Chiffre d'affaires brut	160 000 $	232 000 $
Rendus et rabais sur ventes	?	18 000
Chiffre d'affaires net	?	?
Coût des marchandises vendues	(68 %) ?	?
Bénéfice brut	?	(30 %) ?
Frais d'exploitation	18 500	?
Bénéfice avant impôts	?	20 000
Impôts sur les bénéfices (20 %)	?	?
Bénéfice avant éléments extraordinaires	?	?
Éléments extraordinaires	10 000 (gain)	2 000 (perte)
Moins : Impôts sur les éléments extraordinaires (20 %)	?	?
Bénéfice net	?	?
Résultat par action (10 000 actions)	3,00	?

□OA4

P6-4   L'interprétation de l'information disponible sur la provision pour créances irrécouvrables (PS6-2)

Kimberly-Clark

Kimberly-Clark fabrique et met sur le marché différents produits de papier et de fibres synthétiques dont le plus connu est le papier mouchoir Kleenex. L'entreprise a récemment publié les renseignements suivants concernant sa provision pour créances irrécouvrables sur le formulaire 10-K de son rapport annuel déposé auprès de la Commission des valeurs mobilières des États-Unis.

Tableau VIII
Renseignements sur les comptes débiteurs
pour les exercices se terminant le 31 décembre 20C, 20B et 20A
(en millions de dollars)

Provision pour créances irrécouvrables	Solde au début de l'exercice	Coûts imputés aux charges	Coûts imputés aux autres comptes*	Radiations	Solde à la fin de l'exercice
31-12-20C	8,2 $	4,5 $	0,2 $	2,7 $	10,2 $
31-12-20B	7,1	4,8	–	(?)	8,2
31-12-20A	6,4	(?)	0,2	3,3	7,1

* Il s'agit principalement de recouvrement de créances irrécouvrables. *Conseil:* Ces chiffres requièrent une écriture afin de corriger l'écriture passée au moment de la radiation.

Travail à faire

1. Passez les écritures de journal relatives aux créances irrécouvrables pour l'exercice 20C.
2. Calculez les montants manquants, indiqués par des points d'interrogation (?), pour les exercices 20A et 20B.

OA4

P6-5 **L'évaluation des créances irrécouvrables selon le classement chronologique des comptes clients (PS6-3)**

La société de fabrication de matériel Prévert utilise la méthode du classement chronologique des comptes clients pour estimer les créances irrécouvrables à la fin de chaque exercice financier. Les ventes sont à crédit et assorties de modalités de paiement de n/60. On classe le solde de chacun des comptes clients de l'entreprise dans trois catégories : 1) les comptes courants ; 2) les comptes en souffrance depuis moins d'une année ; 3) les comptes en souffrance depuis plus d'une année. L'expérience prouve qu'en fin d'exercice, le taux moyen de perte due à l'impossibilité de recouvrer le montant d'une créance est, selon chacune des catégories, respectivement de 1 %, de 5 % et de 30 %.

Le 31 décembre 20F (à la fin de l'exercice en cours), le solde des comptes clients s'élevait à 41 000 $ et celui de la provision pour créances irrécouvrables à 1 020 $ (créditeur). Pour simplifier, il ne sera question que des comptes de cinq clients. Voici les renseignements concernant ces comptes en date du 31 décembre 20F.

Date	Description	Débit	Crédit	Solde à la fin
	V. Lebrun – compte client			
11-03-20E	Vente	14 000		14 000
30-06-20E	Recouvrement		5 000	9 000
31-01-20E	Recouvrement		4 000	5 000
	D. David – compte client			
28-02-20F	Vente	22 000		22 000
15-04-20F	Recouvrement		10 000	12 000
30-11-20F	Recouvrement		8 000	4 000
	N. Leblanc – compte client			
30-11-20F	Vente	9 000		9 000
15-12-20F	Recouvrement		2 000	7 000
	S. Strapontin – compte client			
02-03-20D	Vente	5 000		5 000
15-04-20D	Recouvrement		5 000	0
01-09-20E	Vente	10 000		10 000
15-10-20E	Recouvrement		8 000	2 000
01-02-20F	Vente	19 000		21 000
01-03-20F	Recouvrement		5 000	16 000
31-12-20F	Vente	3 000		19 000
	T. Thomas – compte client			
30-12-20F	Vente	6 000		6 000

Travail à faire

1. Dressez un tableau selon l'âge chronologique des comptes clients.
2. Calculez le montant estimé des créances irrécouvrables au total ; calculez-le aussi pour chacune des catégories de classement selon l'âge des comptes clients.
3. Passez l'écriture de régularisation correspondant aux créances irrécouvrables en date du 31 décembre 20F.
4. Indiquez comment il faudrait présenter les montants relatifs aux comptes clients à l'état des résultats et au bilan de l'exercice 20F.

P6-6 **L'établissement d'un état des résultats et le calcul du ratio de la marge bénéficiaire brute en tenant compte des escomptes, des retours et des créances irrécouvrables (PS6-4)**

□OA2
□OA3
□OA4

La société Bidule vend de l'équipement lourd servant à la construction. Ses états financiers pour l'exercice terminé le 31 décembre indiquent que le capital-actions est composé de 10 000 actions en circulation. Voici un extrait de la balance de vérification provenant du grand livre de l'entreprise, en date du 31 décembre 20D.

Liste des comptes	Débit	Crédit
Encaisse	42 000 $	
Comptes clients	18 000	
Stocks (en fin d'exercice)	65 000	
Actifs immobilisés	50 000	
Amortissement cumulé		21 000 $
Passifs		30 000
Capital-actions		90 000
Bénéfices non répartis, au 1er janvier 20D		11 600
Chiffre d'affaires		182 000
Rendus et rabais sur ventes	7 000	
Coûts des marchandises vendues	98 000	
Frais de vente	17 000	
Frais d'administration	18 000	
Créances irrécouvrables	2 000	
Escomptes sur ventes	8 000	
Impôts sur les bénéfices	9 600	
Totaux	334 600 $	334 600 $

Travail à faire

1. En débutant par le chiffre d'affaires net, dressez un état des résultats (indiquant à la fois la marge bénéficiaire brute et le bénéfice net des activités). Considérez les escomptes sur ventes comme un compte de contrepartie.
2. Calculez le pourcentage (ou ratio) de la marge bénéficiaire brute et commentez son utilité.

P6-7 **L'évaluation de l'impact d'un changement concernant la politique de crédit d'une entreprise sur le coefficient de rotation des comptes clients et les flux de trésorerie**

□OA5

L'entreprise Rao et associés a été fondée il y a cinq ans. Cette firme d'experts conseils évolue dans la domaine des logiciels, et elle est spécialisée dans l'installation de produits industriels. Au cours de cette période, elle a connu une croissance rapide de son chiffre d'affaires et de ses comptes clients. R. Rao et ses associés ont tous une formation en informatique. Cette année, l'entreprise vous a engagé à titre de contrôleur.

Vous avez mis en place de nouvelles procédures d'approbation de crédit et de recouvrement de façon à réduire d'environ le tiers les comptes clients d'ici la fin de l'exercice. Voici les données que vous avez recueillies à la suite de ces changements.

	(en milliers de dollars)	
	Début de l'exercice	Fin de l'exercice (prévision)
Comptes clients	1 000 608 $	660 495 $
Moins: Provision pour créances irrécouvrables	36 800	10 225
Comptes clients nets	963 808 $	650 270 $
		Exercice en cours (prévision)
Chiffre d'affaires net (en supposant que toutes les ventes sont à crédit)		7 015 069 $

Travail à faire

1. Calculez le ratio de rotation des comptes clients en vous basant sur deux hypothèses :
   a) les comptes clients qui apparaissent au tableau sont exacts, ce qui signifie une diminution dans le solde des comptes clients ;
   b) depuis le début de l'exercice, il n'y a eu aucune variation au solde des comptes clients.
2. Évaluez l'impact des changements que vous avez apportés durant l'exercice aux politiques relatives aux comptes clients sur les flux de trésorerie. (Donnez le signe et le montant.)
3. D'après ce que vous avez trouvé en 1 et en 2, rédigez une note brève expliquant comment une augmentation du ratio de rotation des comptes clients peut entraîner une augmentation des flux de trésorerie. Expliquez aussi comment cette augmentation peut profiter à l'entreprise.

■OA6 **P6-8** **L'évaluation des mesures de contrôle**

L'entreprise Le Petit Ruisseau compte un employé en qui la direction a une confiance absolue et qui, selon le propriétaire, « s'occupe de toute les facettes de la comptabilité ». Cet employé a ainsi la responsabilité de compter, de vérifier et d'enregistrer les encaissements et les paiements en espèces. Il effectue les dépôts bancaires hebdomadaires, émet les chèques pour les charges importantes (signés par le propriétaire), effectue de petits retraits de la caisse enregistreuse pour les dépenses quotidiennes et s'occupe du recouvrement des comptes clients. Le propriétaire a demandé un prêt de 20 000 $ à la banque locale qui a alors exigé une vérification des états financiers pour l'exercice venant de se terminer. Au cours d'un entretien avec le propriétaire, le vérificateur externe (un expert-comptable) a présenté au propriétaire des preuves de certaines transactions effectuées au cours de l'exercice par l'employé censé être digne de confiance.

a) Certaines ventes au comptant n'ont pas été versées à la caisse enregistreuse, et l'employé a ainsi empoché environ 50 $ par mois.
b) L'argent pris dans la caisse enregistreuse par cet employé a été remplacé par des notes de frais comportant de fausses signatures (environ 12 $ par jour).
c) L'employé a empoché une somme de 300 $ recouvrée du compte d'un client important. Il a dissimulé son vol par l'écriture suivante au même montant : débit pour des retours sur ventes et crédit aux comptes clients.
d) L'employé a également empoché un montant de 800 $ provenant du recouvrement du compte d'un autre client. Il a dissimulé son vol par l'écriture suivante au même montant : débit au compte Provision pour créances irrécouvrables et crédit aux Comptes clients.

Travail à faire

1. Quel est le montant approximatif volé par l'employé au cours du dernier exercice financier ?
2. Quelles recommandations feriez-vous au propriétaire ?

■OA6 **P6-9** **L'établissement d'un rapprochement bancaire et les écritures de journal correspondantes**

Prétextant un manque de temps, le comptable de la maison Hocquart n'a pas établi le rapprochement de son relevé bancaire et de son compte de caisse. On vous demande d'établir ce rapprochement et de revoir les procédures à suivre avec le comptable.

Le 30 avril 20D, le relevé bancaire et le compte Encaisse indiquaient les transactions suivantes pour le mois d'avril :

Relevé bancaire		Chèques	Dépôts	Solde
Solde au 1er avril 20D				25 850 $
Dépôts au cours du mois d'avril			36 000 $	61 850
Billets (effets à recevoir) recouvrés par l'entreprise (y compris 70 $ d'intérêts)			1 070	62 920
Chèques compensés au cours du mois d'avril		44 200 $		18 720
Chèque SP – A. B. Ray		140		18 580
Frais bancaires		50		18 530
Solde au 30 avril 20D				18 530

Encaisse					
01-04	Solde	23 250	Avril	Chèques émis	43 800
Avril	Dépôts	42 000			

Petite caisse			
30-04	Solde	100	

La comparaison effectuée entre les chèques émis avant et durant le mois d'avril, ainsi que les chèques compensés par la banque pour la même période, indique que le montant des chèques en circulation à la fin de ce mois s'élève à 2 200 $. Il n'y a aucun dépôt en circulation reporté depuis le mois de mars, mais il y en a un en circulation à la fin d'avril.

Travail à faire
1. Établissez un rapprochement bancaire détaillé pour le mois d'avril.
2. Passez les écritures de journal qui s'imposent à la suite de ce rapprochement. Pourquoi sont-elles nécessaires ?
3. Quels sont les soldes des différents comptes au 30 avril 20D ?
4. Quel montant d'encaisse devrait-on inscrire au bilan à la fin d'avril ?

P6-10 L'établissement d'un rapprochement bancaire et les écritures de journal nécessaires (PS6-5)

Voici ce que le relevé bancaire et le solde des comptes indiquent pour le mois d'août 20B de l'entreprise Marthe et Marie.

Relevé bancaire			
Date	Chèques	Dépôts	Solde
01-08			17 470 $
02-08	300 $		17 170
03-08		12 000 $	29 170
04-08	400		28 770
05-08	250		28 520
09-08	900		27 620
10-08	300		27 320
15-08		4 000	31 320
21-08	400		30 920
24-08	21 000		9 920
25-08		7 000	16 920
30-08	800		16 120
30-08		2 180*	18 300
31-08	100 †		18 200

* Recouvrement d'un billet de 2 000 $ avec intérêts
† Frais bancaires

Encaisse

01-08	Solde		16 520	Chèques émis	
Dépôts				02-08	300
02-08			12 000	04-08	900
12-08			4 000	15-08	290
24-08			7 000	17-08	550
31-08			5 000	18-08	800
				20-08	400
				23-08	21 000

Petite caisse

31-08	Solde	200	

À la fin de juillet, il y avait trois chèques en circulation respectivement pour des montants de 250 $, de 400 $ et de 300 $. Il n'y avait aucun dépôt en circulation à ce moment-là.

Travail à faire

1. Calculez les dépôts en circulation à la fin du mois d'août.
2. Calculez le total des chèques en circulation à la fin du mois d'août.
3. Établissez le rapprochement bancaire pour le mois d'août.
4. Passez les écritures de journal nécessaires à la suite de ce rapprochement bancaire. Pourquoi sont-elles nécessaires ?
5. Après l'enregistrement des écritures de journal requises à la suite du rapprochement bancaire, quels seront les soldes des comptes aux livres de l'entreprise ?
6. Quel montant total d'encaisse devrait-on présenter au bilan au 31 août 20B ?

P6-11 **(Annexe 6-B) L'enregistrement du chiffre d'affaires, les retours et les créances irrécouvrables**

Servez-vous des données fournies pour le problème P6-2 et qui proviennent des registres comptables de la société Juvénile pour l'exercice se terminant le 31 décembre 20C.

Travail à faire

1. Passez les écritures de journal relatives à ces transactions, y compris la radiation des créances irrécouvrables et l'écriture de régularisation pour l'estimation des créances irrécouvrables. Ne comptabilisez pas le coût des marchandises vendues. Indiquez vos calculs pour chaque écriture.
2. Précisez comment on devrait présenter les comptes relatifs à ces activités de vente et de recouvrement à l'état des résultats pour l'exercice 20C. (Considérez les escomptes sur ventes comme un compte de contrepartie.)

Problèmes supplémentaires

PS6-1 **Le chiffre d'affaires et le montant des escomptes, des retours et des créances irrécouvrables (P6-2)**

Les données suivantes proviennent des livres de la société Floubec pour l'exercice se terminant le 31 décembre 20B.

Soldes au 1er janvier 20B	
Comptes clients (différents clients)	97 000 $
Provision pour créances irrécouvrables	5 000

L'entreprise a vendu des marchandises et effectué des recouvrements selon des modalités de paiement de 3/10, n/30 (sauf pour les ventes au comptant). Supposez que le prix de vente à l'unité est de 400 $ pour toutes les transactions. Utilisez la méthode brute afin d'enregistrer le chiffre d'affaires.

Transactions effectuées au cours de l'exercice 20B

a) Vente de marchandises au comptant, 122 000 $.
b) Vente de marchandises à la société L'Abbaye ; montant de la facture, 6 800 $.
c) Vente de marchandises à la société Brunet ; montant de la facture, 14 000 $.

d) La société L'Abbaye paie sa facture en b) dans les délais prévus pour bénéficier de l'escompte.

e) Vente de marchandises à Caroline inc.; montant de la facture, 12 400 $.

f) Deux jours après avoir payé son compte en entier, la société L'Abbaye retourne quatre articles défectueux et reçoit un remboursement en espèces.

g) Recouvrement de 78 000 $ en espèces sur des ventes à crédit réalisées au cours de l'année précédente, soit avant l'échéance des délais prévus pour obtenir les escomptes.

h) Trois jours après la date de son achat, la société Brunet retourne deux des articles achetés en c) et reçoit un crédit à son compte.

i) La société Brunet paie son compte en entier avant l'échéance de l'escompte.

j) Vente de marchandises à la société DEC; montant de la facture, 9 000 $.

k) La société Caroline paie son compte en entier, mais après le délai prévu pour bénéficier de l'escompte.

l) Radiation d'un compte en souffrance depuis l'exercice 20A au montant de 1 600 $, puisque ce dernier est estimé irrécouvrable.

m) L'estimation du taux de créances irrécouvrables dont se sert l'entreprise se chiffre à 2 % de ses ventes à crédit; les retours sont exclus.

Travail à faire

1. À l'aide des comptes suivants, indiquez l'impact de chacune des transactions énumérées, y compris la radiation de la créance irrécouvrable et l'écriture de correction pour l'estimation des créances irrécouvrables. (Ne tenez pas compte du coût des marchandises vendues.)

Chiffre d'affaires	Escomptes sur ventes	Rendus et rabais sur ventes	Créances irrécouvrables

2. Indiquez comment les comptes précédents relatifs aux activités de vente et de recouvrement devraient apparaître à l'état des résultats pour l'exercice 20B. (Considérez les escomptes sur ventes comme un compte de contrepartie.)

PS6-2 **L'interprétation de l'information disponible sur la provision pour créances irrécouvrables (P6-4)**

Sous diverses marques de commerce, la société Saucony inc. et ses filiales développent, fabriquent et vendent des bicyclettes et leurs composantes ainsi que des vêtements et des souliers pour athlètes. L'entreprise a récemment publié les renseignements suivants au sujet de sa provision pour créances irrécouvrables sur le formulaire 10-K de son rapport annuel déposé auprès de la Commission des valeurs mobilières des États-Unis.

Saucony inc.

Tableau II
Information sur les comptes débiteurs
pour les exercices se terminant le 1er janvier 20C,
le 2 janvier 20B et le 3 janvier 20A
(en milliers de dollars)

Provision pour créances irrécouvrables	Solde au début de l'année	Créances irrécouvrables imputées aux charges	Diminution de la provision	Solde à la fin de l'exercice
01-01-20C	2 032 $	4 908 $	5 060 $	(?)
02-01-20B	1 234	(?)	4 677	2 032 $
03-01-20A	940	5 269	(?)	1 234

Travail à faire

1. Passez les écritures de journal relatives aux créances irrécouvrables pour l'exercice 20C.

2. Déterminez les montants manquants, qui sont indiqués par des points d'interrogation (?), pour les exercices 20A, 20B et 20C.

PS6-3 **L'évaluation des créances irrécouvrables selon le classement chronologique des comptes clients (P6-5)**

La société Moteurs Sirois utilise la méthode du classement chronologique des comptes clients afin d'estimer ses créances irrécouvrables à la fin de chaque exercice. Elle offre des modalités de paiement de n/45 sur les ventes à crédit. Le solde de chaque compte client est classé dans l'une des quatre catégories suivantes : 1) les comptes courants ; 2) les comptes en souffrance depuis moins de 6 mois ; 3) les comptes en souffrance depuis 6 à 12 mois ; 4) les comptes en souffrance depuis plus de 1 an. L'expérience démontre qu'en fin d'exercice, le taux moyen de perte due à l'impossibilité de recouvrer le montant des comptes débiteurs est, selon les catégories, respectivement de 1 %, de 5 %, de 20 % et de 50 %.

À la fin de l'exercice terminé le 31 décembre 20D, le solde des comptes clients s'élevait à 39 500 $ et celui de la provision pour créances irrécouvrables, à 1 550 $ (créditeur). Pour simplifier, seulement cinq comptes clients seront retenus ici. Voici les renseignements concernant chacun de ces comptes en date du 31 décembre 20D.

Date	Description	Débit	Crédit	Solde
	R. Damien – compte client			
13-03-20D	Vente	19 000		19 000
12-05-20D	Recouvrement		10 000	9 000
30-09-20D	Recouvrement		7 000	2 000
	C. Huot – compte client			
01-11-20C	Vente	31 000		31 000
01-06-20C	Recouvrement		20 000	11 000
01-12-20D	Recouvrement		5 000	6 000
	D. Macquart – compte client			
31-10-20D	Vente	12 000		12 000
10-12-20D	Recouvrement		8 000	4 000
	T. Skibinski – compte client			
02-05-20D	Vente	15 000		15 000
01-06-20D	Vente	10 000		25 000
15-06-20D	Recouvrement		15 000	10 000
15-07-20D	Recouvrement		10 000	0
01-10-20D	Vente	26 000		26 000
15-11-20D	Recouvrement		16 000	10 000
15-12-20D	Vente	4 500		14 500
	H. Wu – compte client			
30-12-20D	Vente	13 000		13 000

Travail à faire

1. Dressez un tableau selon l'âge chronologique des comptes clients.
2. Calculez le montant total estimé irrécouvrable et le montant pour chaque catégorie d'âge des comptes débiteurs.
3. Passez les écritures de correction requises pour les créances irrécouvrables au 31 décembre 20D.
4. Indiquez comment on devrait présenter les montants relatifs aux comptes clients à l'état des résultats et au bilan de l'exercice 20D.

PS6-4 **L'établissement d'un état des résultats et le calcul du ratio de la marge bénéficiaire brute en tenant compte des escomptes, des retours et des créances irrécouvrables (P6-6)**

L'entreprise Gargantua a été constituée en société par action il y a sept ans et elle exploite une épicerie locale. Lors de l'incorporation de l'entreprise, 6 000 actions ordinaires ont été émises au nom des trois propriétaires. L'emplacement du magasin a été si bien choisi que le chiffre d'affaires s'est accru chaque année. À la fin de l'exercice 20G, le comptable a dressé l'état des résultats suivant. (Supposez que tous les montants sont exacts, même si la terminologie et la présentation sont erronées.)

Société Gargantua		
Profits et pertes		
au 31 décembre 20G		
	Débit	Crédit
Chiffre d'affaires		420 000 $
Coût des marchandises vendues	279 000 $	
Rendus et rabais sur ventes	10 000	
Frais de vente	58 000	
Frais généraux et d'administration	16 000	
Créances irrécouvrables	1 000	
Escomptes sur ventes	6 000	
Impôts sur les bénéfices	15 000	
Profit net	35 000	
Totaux	420 000 $	420 000 $

Travail à faire

1. En débutant par le chiffre d'affaires net, dressez un état des résultats (indiquant à la fois la marge bénéficiaire brute et le bénéfice net des activités). Considérez les escomptes sur ventes comme une charge.
2. Calculez le pourcentage de la marge bénéficiaire brute et expliquez son utilité.

PS6-5 **L'établissement d'un rapprochement bancaire et les écritures de journal nécessaires (P6-10)**

Voici le relevé bancaire de la société Padoue au 31 décembre 20B ainsi que le compte Encaisse tiré de son grand livre pour décembre 20B.

Relevé bancaire			
Date	Chèques	Dépôts	Solde
01-12			48 000 $
01-12	400 ; 300 $	17 000 $	64 300
04-12	7 000 ; 90		57 210
06-12	120 ; 180 ; 1 600		55 310
11-12	500 ; 1 200 ; 70	28 000	81 540
13-12	480 ; 700 ; 1 900		78 460
17-12	12 000 ; 8 000		58 460
23-12	60 ; 23 500	36 000	70 900
26-12	900 ; 2 650		67 350
28-12	2 200 ; 5 200		59 950
30-12	17 000 ; 1 890 ; 300 *	19 000	59 760
31-12	1 650 ; 1 350 ; 150 †	5 250‡	61 860

* Chèque SP de J. Gaucher, un client
† Frais bancaires
‡ Recouvrement d'un effet à recevoir : capital de 5000 $ plus les intérêts

Encaisse					
01-12	Solde	64 100	Chèques émis durant le mois de décembre		
Dépôts			60	5 000	2 650
11-12		28 000	17 000	5 200	1 650
23-12		36 000	700	1 890	2 200
30-12		19 000	3 300	1 600	7 000
31-12		13 000	1 350	120	300
			180	90	480
			12 000	23 500	8 000
			70	500	1 900
			900	1 200	

Petite caisse		
31-12	Solde	300

Le rapprochement bancaire du mois de novembre 20B présentait les renseignements suivants : en date du 30 novembre – un solde d'encaisse s'élevant à 64 100 $; des dépôts en circulation pour un montant total de 17 000 $ et deux chèques en circulation respectivement de 400 $ et de 500 $ pour un total de 900 $.

Travail à faire

1. Calculez les dépôts en circulation au 31 décembre 20B.
2. Calculez le montant des chèques en circulation au 31 décembre 20B.
3. Établissez un rapprochement bancaire en date du 31 décembre 20B.
4. Passez toutes les écritures de journal requises à la suite du rapprochement bancaire de l'entreprise. Pourquoi sont-elles nécessaires ?
5. À la suite des écritures de journal dues au rapprochement bancaire, quels seraient les soldes des comptes aux livres de l'entreprise ?
6. Quel montant total d'encaisse devrait être présenté au bilan au 31 décembre 20B ?

Cas et projets

Cas — Information financière

OA1
OA3 Les Boutiques
OA4 San Francisco
OA6 Incorporées

CP6-1 La recherche d'information financière

Référez-vous aux états financiers de la société Les Boutiques San Francisco Incorporées qui sont présentés en annexe à la fin de ce manuel.

Travail à faire

1. Quel montant en encaisse l'entreprise présente-t-elle à la fin de l'exercice ? Que comprennent les espèces et les quasi-espèces ?
2. L'entreprise fait-elle mention d'une provision pour créances irrécouvrables au bilan ou dans les notes ? Expliquez pourquoi.
3. Calculez le pourcentage de la marge bénéficiaire brute de l'entreprise pour les deux dernières années. Ce pourcentage a-t-il augmenté ou diminué ? Expliquez les raisons de cette variation.
4. L'entreprise divulgue-t-elle sa politique de constatation des produits ? Étant donné qu'il s'agit d'un détaillant, à quel moment croyez-vous qu'elle constate ses produits ?

OA2
OA5 Le Château Inc.
OA6

CP6-2 La recherche d'information financière

Référez-vous aux états financiers de la société Le Château Inc. présentés en annexe à la fin de ce manuel.

Travail à faire

1. Qu'est-ce que l'entreprise révèle au sujet de la valeur de ses espèces et quasi-espèces ?
2. Quelles charges la société Le Château soustrait-elle de son chiffre d'affaires lors du calcul de sa marge bénéficiaire brute ? En quoi cette pratique pourrait elle être différente de celle qui est utilisée par d'autres entreprises et comment cela pourrait-il modifier la façon dont vous interprétez le pourcentage de la marge bénéficiaire brute ?
3. Calculez le ratio de rotation des comptes clients de la société Le Château pour l'exercice financier se terminant le 26 janvier 2002.
4. Quelle est la variation des comptes clients au cours de l'exercice et quel effet cette dernière a-t-elle eu sur les liquidités provenant de l'exploitation pour l'exercice en cours ?

OA3 Les Boutiques
OA5 San Francisco
      Incorporées
      et Le Château Inc.

CP6-3 La comparaison d'entreprises d'un même secteur d'activité

Référez-vous aux états financiers de Les Boutiques San Francisco, à ceux de la société Le Château et au rapport de Standard & Poor's pour les ratios de ce secteur d'activité présentés en annexe à la fin du manuel.

Travail à faire

1. Calculez le pourcentage de la marge bénéficiaire brute des deux entreprises pour l'exercice le plus récent.

2. Sachant que ces deux entreprises sont des détaillants spécialisés qui occupent un créneau commercial particulier par rapport à d'autres magasins dans le même secteur, vous attendez-vous à ce que leur pourcentage de marge bénéficiaire brute soit plus élevé ou plus bas que celui de la moyenne des autres entreprises de ce secteur? Justifiez votre réponse.

3. Comparez le pourcentage de la marge bénéficiaire brute de chacune des deux entreprises à la moyenne de leur secteur d'activité. Réussissent-elles mieux ou moins bien que la moyenne? Ce résultat correspond-il à ce que vous aviez prévu en 2?

4. Le 2 février 2002, le solde des comptes clients (net) de la société Les Boutiques San Francisco s'élevait à 2 127 000 $. Calculez le ratio de rotation des comptes clients de l'entreprise pour les deux dernières années. Qu'est-ce qui explique cette variation?

CP6-4 **L'utilisation des rapports financiers: la publication de créances irrécouvrables à l'échelle internationale**

☐ OA4
☐ OA5

L'entreprise Foster's Brewing contrôle plus de 50 % du marché de la bière en Australie. De plus, elle possède 40 % des Brasseries Molson au Canada ainsi que 100 % de Courage Limited au Royaume-Uni. À titre d'entreprise australienne, elle se conforme aux principes comptables généralement reconnus de son pays d'origine, et elle utilise la terminologie comptable qui y est en vigueur. Dans les notes aux états financiers de son plus récent rapport annuel, elle présente les renseignements suivants sur ses comptes débiteurs. (Tous les chiffres y sont enregistrés en milliers de dollars australiens.)

Foster's Brewing

Note 3: Comptes débiteurs	20B	20A
Créances à court terme		
Créances client	792 193	999 159
Réserve pour créances irrécouvrables	(121 449)	(238 110)
Autres débiteurs	192 330	130 288
Réserve pour créances irrécouvrables	(384)	(2 464)
Créances à long terme		
Créances clients	164 808	200 893
Autres débiteurs	15 094	16 068
Réserve pour créances irrécouvrables	(7 920)	(7400)
Note 15: Bénéfice d'exploitation	**20B**	**20A**
Montants mis de côté pour les réserves des:		
Créances irrécouvrables – créances clients	(21 143)	(53 492)
Créances irrécouvrables – autres débiteurs	(228)	(2 570)

Travail à faire

1. Le libellé des comptes employés par l'entreprise australienne diffèrent de ceux qu'on utilise généralement au Canada. Quel libellé remplace ici la provision pour créances irrécouvrables et les créances irrécouvrables?

2. Le montant des ventes à crédit en 20B s'élevait à 9 978 875 $. Calculez le ratio de rotation des comptes clients (créances clients) pour l'exercice 20B. (Ne tenez pas compte des créances irrécouvrables.)

3. Calculez la provision pour créances irrécouvrables sous forme de pourcentage des comptes courantes en traitant séparément les créances clients des autres créances. Expliquez pourquoi ces pourcentages pourraient être différents.
4. Quel est le montant total des comptes débiteurs radiés en 20B ?

Cas — Analyse critique

■ OA6

CP6-5   La prise de décisions pour un expert-comptable indépendant

La maison L'Aîné et fils est une entreprise locale relativement petite qui se spécialise dans la réparation et la rénovation de meubles anciens. Le propriétaire est un artisan reconnu dans son milieu. Même s'il emploie un certain nombre d'ouvriers spécialisés, il y a toujours une grande quantité de commandes en attente à l'atelier. Un employé de longue date, qui fait office de commis-comptable, s'occupe des encaissements, tient les livres et émet les chèques en cas de décaissement. Toutefois, c'est le propriétaire qui les signe. Cet employé paie de petites sommes en argent qui sont vérifiées à la fin de chaque mois par le propriétaire.

Environ 80 des clients les plus fidèles bénéficient d'un crédit dont le montant ne dépasse généralement pas 1 000 $. Même si les créances irrécouvrables sont peu élevées, le comptable a établi, au cours des dernières années, une provision pour créances irrécouvrables, et toutes les radiations sont effectuées à la fin de l'exercice. En janvier 20E, le propriétaire a décidé de faire construire, le plus tôt possible, un immeuble mieux adapté à son commerce que le local qu'il louait jusque-là. Ce nouvel immeuble lui permettrait d'avoir des installations de production plus vastes. L'institution financière à laquelle il s'est adressé lui a demandé des états financiers vérifiés de l'exercice 20D. Or, les registres comptables de l'entreprise n'ont jamais été vérifiés. Dès le début de sa vérification, l'expert-comptable indépendant a découvert de nombreuses irrégularités et des montants erronés qui l'ont grandement inquiété.

D'après certains documents, une commande de 2 500 $ effectuée par l'entreprise avait été enregistrée comme un compte débiteur (pour un nouveau client) le 15 juillet 20D. Quelques jours plus tard, le compte débiteur était crédité pour un recouvrement en espèces d'un montant de 2 500 $. Ce nouveau compte n'a jamais été actif par la suite. Le vérificateur a aussi réalisé que, peu de temps après, trois soldes de comptes clients ont été radiés et versés à la provision pour créances irrécouvrables. Il s'agissait de Jonas, 800 $; de Bleau, 750 $ et de Cellier, 950 $ – tous trois reconnus comme étant de fidèles clients de l'entreprise. Ces radiations ont attiré l'attention du vérificateur.

Travail à faire

1. Expliquez pourquoi l'expert-comptable est inquiet. Devrait-il faire part de ses soupçons au propriétaire ?
2. Quelles recommandations feriez-vous concernant les mesures de contrôle de cette entreprise ?

■ OA1

UPS,
Federal Express
et Airborne Freight

CP6-6   La prise de décision pour un directeur financier : le choix entre deux périodes de constatation des produits

UPS, Federal Express et Airborne Freight comptent parmi les plus grandes entreprises du domaine très concurrentiel de la livraison de colis. La comparabilité est une qualité essentielle des chiffres comptables, notamment afin de permettre aux analystes de comparer des entreprises du même secteur d'activité. Toutefois, les notes aux états financiers portant sur la constatation des produits de ces trois concurrents indiquent trois périodes différentes pour la constatation des produits d'exploitation provenant de la livraison de colis, soit à la livraison des colis, selon le degré d'avancement de la prestation du service et au moment où le paquet est pris en charge chez le client. Ces périodes correspondent respectivement à la fin, à la constatation progressive et au début du processus de génération de produits.

> **United Parcel Service of America, Inc.**
>
> La constatation des produits s'effectue lors de la livraison du colis.

Federal Express Corporation

La constatation des produits est généralement effectuée au moment de la remise des envois. Pour les envois en cours de transport, on enregistre le produit d'exploitation d'après le degré d'avancement de la prestation du service.

Airborne Freight Corp.

La constatation des produits domestiques et de la plupart des charges relatives aux activités domestiques se fait lorsque les colis à envoyer sont pris en charge chez le client. La note d'Airborne Freight indique aussi: «Le bénéfice net obtenu selon la politique de constatation actuelle n'est pas réellement différent de celui qu'on obtiendrait au moyen d'une constatation basée sur la date de livraison.»

Travail à faire

1. À votre avis, la différence entre les politiques de constatation des produits d'Airborne Freight et d'UPS influe-t-elle sur le bénéfice net que ces entreprises enregistrent? Expliquez votre réponse.

2. Supposez que les trois entreprises collectent des colis chez leurs clients, qu'elles reçoivent 1 million de dollars en paiement pour leurs services et que chaque colis est livré le lendemain, et ce, chaque jour de l'année. Quels seraient les produits d'exploitation dus à chacune d'elles pour une année, compte tenu de leur politique respective de constatation des produits?

3. Dans quelles circonstances les réponses que vous avez données en 2 pourraient-elles changer?

4. Si vous étiez directeur ou directrice d'une telle entreprise, laquelle de ces règles de constatation des produits préféreriez-vous? Expliquez votre réponse.

CP6-7 **La façon d'évaluer un dilemme sur le plan éthique: les mesures incitatives de la direction, la constatation des produits et les ventes avec droit de retour**

■OA1

L'entreprise Platinum Software était un fabricant de logiciels de comptabilité en pleine expansion. Selon les accusations qui ont été portées par le gouvernement fédéral, lorsque les affaires de la société ont ralenti et que l'entreprise est devenue incapable de satisfaire aux attentes de croissance constante exigées par le marché boursier, l'ancien président du conseil d'administration et directeur général (également fondateur de l'entreprise), de même que le directeur des finances et le contrôleur ont réagi en enregistrant des produits d'exploitation et des provisions pour retours non justifiés. Cette politique a eu pour résultat d'entraîner une surévaluation du bénéfice net de 18 millions de dollars. Les trois accusés ont récemment réglé leur litige avec la Commission des valeurs mobilières des États-Unis et les poursuites engagées par un actionnaire en remboursant près de 2,8 millions de dollars et en payant les amendes prévues. En outre, ils ont fait l'objet d'une suspension temporaire de leur permis de pratique professionnelle. L'extrait d'article ci-dessous décrit la nature exacte de la fraude qu'ils ont commise.

Les sanctions imposées par la Commission des valeurs mobilières des États-Unis à trois anciens directeurs d'une entreprise de logiciels ayant déclaré faillite

Le fondateur de Platinum, Gerald Blackie, accepte l'interdiction qui lui est faite de diriger toute société ouverte au cours des 10 prochaines années afin de régler une poursuite concernant la falsification des registres comptables. Deux autres directeurs devront aussi payer des amendes dans cette affaire.

Par John O'Dell, membre de la rédaction du *Los Angeles Times*, édition Orange County, 10 mai 1996

D'après les accusations portées par la Commission des valeurs mobilières des États-Unis, Blackie, Tague et Erickson ont commencé à falsifier le journal des ventes en 1993 ainsi qu'au début de 1994 dans le but de gonfler le chiffre d'affaires trimestriel de Platinum. Ils visaient à faire paraître l'entreprise en meilleure situation financière qu'elle ne l'était en réalité. Pendant une période d'au moins neuf mois, c'est-à-dire jusqu'au début de 1994, ces trois hommes ont modifié les dates des bons de commande et ils ont enregistré comme produits d'exploitation des honoraires qui n'avaient pas encore été reçus et qui, d'ailleurs, faisaient l'objet d'accords d'annulation secrets dont les clients se sont souvent prévalus par la suite.

La poursuite allègue qu'en 1993, Blackie a personnellement conclu une transaction concernant la cession de la licence d'un logiciel pour la somme de 1,5 million de dollars avec la Wackenhut Corp. le dernier jour de l'exercice financier. De plus, l'ancien directeur avait rédigé une lettre dans laquelle il mentionnait à son client que ce dernier avait 60 jours pour annuler la transaction. Blackie a alors demandé à Erickson d'inscrire le montant de 1,5 million de dollars aux produits d'exploitation de l'exercice financier qui venait de se terminer, et ce même si l'entreprise n'en avait pas touché un cent.

Par la suite, Wackenhut a annulé le contrat mais, selon la poursuite, la direction de Platinum n'a pas révélé cette annulation ni corrigé ses états financiers avant de déposer son rapport annuel à la Commission des valeurs mobilières.

En août 1993, lorsque le prix des actions de l'entreprise s'est mis à augmenter par suite de la publication des états financiers falsifiés, Blackie, Tague et Erickson ont tous trois vendu de grandes quantités d'actions. Selon la Commission, Blackie aurait encore fait des profits avec une vente d'actions en novembre 1993. Lorsque l'entreprise a dévoilé les irrégularités concernant sa comptabilité et qu'elle a annoncé la démission de Blackie, en avril 1994, le prix des actions a alors chuté de 64 %.

D'après la poursuite, Blackie aurait aussi reçu 128 125 $ en primes de rendement pour la période de neuf mois durant laquelle il a falsifié les états financiers. De leur côté, Erickson et Tague ont reçu respectivement 50 000 $ et 6 000 $. « Si leurs postes avaient été à un niveau hiérarchique de moindre importance au sein de l'entreprise, ils n'auraient jamais pu poursuivre aussi longtemps leurs activités avant de se faire prendre » a fait remarquer le procureur Nathan de la Commission des valeurs mobilières des États-Unis.

Droit de reproduction 1996, *Los Angeles Times*, reproduit avec autorisation.

Travail à faire

1. Dans cet article, certains faits portent-ils à croire que Platinum n'a pas respecté le principe de constatation des produits ? Si oui, pourquoi ?
2. En supposant que Platinum procédait à la constatation des produits lors de la signature des contrats, comment croyez-vous que l'entreprise aurait pu présenter aux états financiers le fait que ses clients avaient le droit d'annuler leurs contrats ? (Faites le lien avec la comptabilisation des créances irrécouvrables.)
3. À votre avis, qu'est-ce qui pourrait avoir incité la direction à falsifier ses états financiers ? Pourquoi tenait-elle à afficher une croissance constante de son bénéfice net ?
4. Déterminez qui a souffert de la conduite frauduleuse de la direction de Platinum.
5. Supposez que vous êtes le vérificateur d'entreprises qui vendent aussi des licences de logiciels. Après vous être renseigné sur cette fraude, quels types de transactions surveilleriez-vous avec plus d'attention lors de la vérification des états financiers de vos clients ?

Projets — Information financière

CP6-8 La comparaison des entreprises dans le temps : le pourcentage de la marge bénéficiaire brute et le ratio de rotation des comptes clients

■OA3
■OA5

L'Équipeur

Procurez-vous les états des résultats et les bilans de L'Équipeur pour les trois dernières années. (Ces renseignements sont disponibles sur le site Internet de l'entreprise.

Travail à faire

Rédigez un court texte dans lequel vous comparerez le pourcentage de marge bénéficiaire brute et le ratio de rotation des comptes clients de l'entreprise au cours des trois dernières années. Indiquez les modifications relatives aux activités qui pourraient expliquer les variations des ratios.

CP6-9 La comparaison d'entreprises d'un même secteur d'activité : le pourcentage de la marge bénéficiaire brute et le ratio de rotation des comptes clients

■OA3
■OA5

L'Équipeur et
ses concurrents

L'Équipeur a plusieurs concurrents dans l'industrie de la vente au détail de vêtements et de chaussures de travail. Procurez-vous l'état des résultats et le bilan les plus récents de L'Équipeur et de deux de ses concurrents. (Consultez ces documents sur le site du service SEDAR à l'adresse www.sedar.com ou sur les sites Web des entreprises elles-mêmes.)

Travail à faire

Rédigez un court rapport dans lequel vous comparerez le pourcentage de la marge bénéficiaire brute et le ratio de rotation des comptes clients de ces entreprises. Indiquez quelles différences, pour ce qui est des gammes de produits offertes ou de leurs stratégies commerciales, permettraient d'expliquer les écarts que vous avez observés lors du calcul des ratios.

CP6-10 La comparaison d'entreprises provenant de différents secteurs d'activité : les politiques de constatation des produits

■OA2

Procurez-vous les notes indiquant le choix de la méthode de constatation des produits apparaissant aux rapports annuels de trois entreprises appartenant à des secteurs d'activité différents. (Consultez ces documents sur le site du service SEDAR à l'adresse www.sedar.com ou sur le site Web des entreprises elles-mêmes.)

Travail à faire

Rédigez un bref rapport indiquant les différences observées dans le choix de conventions comptables. Demandez-vous si les différences entre ces conventions devancent, retardent ou ne modifient aucunement le moment de la constatation des produits. Examinez aussi les différences qui existent entre les divers secteurs d'activité et qui pourraient justifier des différences au sujet du choix de convention comptable portant sur la constatation des produits.

CP6-11 La comparaison d'entreprises de différents secteurs d'activité : le pourcentage de la marge bénéficiaire brute

■OA3

Microsoft et
Dell Computer

Consultez les sites Web de Microsoft, le principal fabricant de logiciels et de Dell Computer, un important fabricant de matériel d'ordinateurs personnels.

Travail à faire

1. D'après les renseignements contenus dans les rapports annuels les plus récents de ces entreprises, déterminez leur pourcentage de marge bénéficiaire brute.
2. Rédigez un bref rapport comparant les ratios des deux entreprises. Indiquez les différences au sujet des activités qui permettraient d'expliquer tout écart important concernant leur ratio.

CP6-12 Un projet en matière d'éthique : l'analyse d'irrégularités lors de la constatation des produits

■OA1

Trouvez un reportage récent décrivant une irrégularité comptable relative à la constatation des produits. (Consultez les bases de données à la bibliothèque recensant les journaux d'affaires, les sites Internet voués au monde des affaires. Faites une recherche à partir de la rubrique «irrégularités comptables».) Rédigez un bref rapport exposant la nature de l'irrégularité, en quoi cette dernière est contraire au principe de constatation des produits, l'étendue des corrections à apporter au bénéfice net déclaré précédemment, l'effet de l'annonce de cette irrégularité sur le prix des actions de l'entreprise et, enfin, les amendes administratives ou autres imposées à l'entreprise et à ses cadres.

■OA1
■OA4
■OA5

CP6-13 Un projet d'équipe: l'analyse des produits d'exploitation et des comptes débiteurs

Formez une équipe et choisissez un secteur d'activité à analyser (vous en trouverez la liste à l'adresse suivante: www.sedar.com. Cliquez ensuite sur «entreprises» ou «secteur d'activité».) Chaque membre de l'équipe devrait se procurer le rapport annuel d'une société ouverte de ce secteur, différente de celles qui ont été choisies par les autres membres. (Consultez les sites Web de chaque entreprise.) Individuellement, chacun devra ensuite rédiger un bref rapport répondant aux questions suivantes concernant l'entreprise choisie.

1. Quel principe de constatation des produits l'entreprise applique-t-elle ?
2. Quel est le ratio de rotation des comptes clients ?
3. Déterminez quels sont les renseignements supplémentaires disponibles concernant la provision pour créances irrécouvrables. Si les renseignements dont vous avez besoin sont fournis, calculez le pourcentage des créances irrécouvrables par rapport au chiffre d'affaires.
4. Quel effet la variation dans les comptes clients a-t-elle eu sur les flux de trésorerie provenant de l'exploitation ? Justifiez votre réponse.

Analysez toute similitude que vous observez concernant les entreprises choisies par les membres de l'équipe. Rédigez ensuite ensemble un bref rapport dans lequel vous soulignerez les ressemblances et les différences entre ces entreprises pour chacune des questions traitées. Donnez des explications possibles aux différences observées entre les diverses entreprises.

CHAPITRE 7

L'enregistrement et l'interprétation du coût des marchandises vendues et des stocks

UNIBROUE INC.

Unibroue inc.

Le succès d'une microbrasserie québécoise

Vous avez le goût d'une «Maudite» ou encore d'une «Fin du Monde»? Si vous êtes plus sage, la «Blanche de Chambly» vous dit quelque chose? Il s'agit bien sûr de trois des nombreuses bières brassées par Unibroue, microbrasserie spécialisée dans les bières de dégustation. Malgré une compétition féroce sur le marché de la bière, cette société québécoise a réussi à s'y tailler une place grâce à une clientèle de plus en plus consciente de la qualité de ses produits. Après 10 ans de production, elle atteint des ventes de 63 milles hectolitres de bière par année (plus de 21 millions de dollars). Ses principaux marchés sont le Canada, les États-Unis, l'Europe et l'Asie. Du fait que ses principales bières sont des bières de refermentation, elles ont une durée de vie plus longue que les bières traditionnelles. Ainsi, Unibroue peut exporter ses produits sans perte de qualité ou de fraîcheur.

À plusieurs reprises, Unibroue a remporté la médaille d'or à des concours internationaux de dégustation de bière. Plus de 25 prix au cours des 6 dernières années lui ont valu une réputation internationale. Ses bières sont naturelles, sans additifs chimiques ni agent de conservation, et elles sont faites d'ingrédients de qualité sans OGM, selon des méthodes de brassage traditionnelles. En effet, la refermentation se fait en bouteille, et la bière est clarifiée par une filtration partielle au lieu d'une filtration totale comme c'est en général le cas dans l'industrie. Ce procédé est plus coûteux, mais il permet aux bières de conserver toutes leurs protéines et une partie de leur levure pour en faire de véritables bières de dégustation, gorgées de vitamine B. La majorité des bières sont ainsi refermentées à l'exception de la U, de la U2 et de la Bolduc qui sont filtrées comme le sont les bières des plus grandes brasseries. La durée de conservation des bières filtrées s'étend sur quelques mois, alors que la bière refermentée peut se conserver sur une période allant de 2 à 10 ans.

En 2001, Unibroue a réussi à augmenter ses bénéfices de 13,3%, malgré un chiffre de vente stable au cours des derniers exercices, et ce, grâce à une saine gestion de ses coûts. Les coûts de production ont fait l'objet de réductions substantielles, ce qui a permis d'améliorer la marge bénéficiaire brute de l'entreprise de 2,45 points. Unibroue doit continuer de contrôler la qualité et le coût de ses stocks afin de maintenir ou même d'améliorer sa marge bénéficiaire brute. Plutôt que de se lancer dans une guerre de prix et de compromettre la qualité de ses produits (cette stratégie étant souvent utilisée lorsque la compétition est forte), Unibroue vise surtout à étendre ses ventes à l'échelle mondiale. La société cherche aussi à réduire le coût des différentes composantes liées aux stocks, soit les matières premières, la main-d'œuvre directe et les frais généraux de fabrication, sans altérer la qualité de ses produits. Ainsi, afin de préserver sa place dans l'industrie de la bière et continuer à croître, Unibroue devra sans cesse améliorer sa production et la gestion de ses stocks en plus d'agrandir son marché.

Parlons affaires

De nos jours, tous les fabricants et les marchands doivent se préoccuper du coût et de la qualité de leurs stocks. Nous allons donc nous intéresser de plus près au *coût des marchandises vendues (coût des produits vendus ou prix coûtant des marchandises vendues ou coût des ventes)* présenté à l'état des résultats, de même qu'aux stocks présentés au bilan. Le tableau 7.1 montre des extraits des états financiers de la société Unibroue qui présentent ces deux principaux comptes. Le coût des marchandises vendues est déduit du chiffre d'affaires net afin de déterminer la marge bénéficiaire brute qu'on indiquera à l'état des résultats. Les stocks sont considérés comme des éléments d'actif à court terme au bilan. Ils sont présentés après l'encaisse et les comptes clients, puisqu'il s'agit d'un actif moins liquide que les deux premiers.

Extraits de l'état des résultats et du bilan		TABLEAU **7.1**

Coup d'œil sur

Unibroue inc.

RAPPORT ANNUEL

Unibroue inc.
États consolidés des résultats d'exploitation
Exercices terminés les 31 décembre 2001 et 2000
(en milliers de dollars)

	2001	2000
Ventes	21 580 $	21 397 $
Coût des marchandises vendues	11 540	11 968
Marge bénéficiaire brute	10 040 $	9 429 $

Unibroue inc.
Bilans partiels consolidés
au 31 décembre 2001 et 2000
(en milliers de dollars)

ACTIF	2001	2000
Actif à court terme :		
Encaisse	1 714 $	944 $
Placements temporaires, au coût équivalent à la valeur du marché	400	1 212
Débiteurs	4 435	4 443
Impôts sur les bénéfices à recevoir	327	370
Stocks	3 417	3 316
Frais payés d'avance	307	245
Total des éléments d'actif à court terme	10 600 $	10 530 $

Chez Unibroue, la réussite liée à l'expansion de la production et à la gestion du coût des marchandises vendues et des stocks nécessite la participation et la coopération des directeurs de nombreux services, tels que les directeurs administratifs, les directeurs de la logistique, de la production et du marketing, ainsi que le contrôleur et le directeur du développement international. Il s'agit véritablement d'un effort collectif. Pour une bonne gestion des stocks, il est important de s'assurer que l'entreprise dispose toujours de quantités suffisantes de stocks afin de répondre aux besoins des clients tout en minimisant les coûts de détention liés aux stocks non vendus (c'est-à-dire les coûts de production, d'entreposage, de produits périmés, de financement, etc.).

Par exemple, la production d'une quantité *insuffisante* d'une bière très en demande entraîne une pénurie de stocks. Cette insuffisance se traduit par des pertes en ce qui concerne les ventes et une diminution du degré de satisfaction de la clientèle. À l'opposé, la production d'une *trop grande quantité* de bière qui se vend moins augmente les coûts d'entreposage et les charges afférentes au paiement des intérêts sur la marge de crédit servant à financer les stocks. Cette situation peut aussi entraîner des pertes importantes si l'entreprise ne parvient pas, par la suite, à écouler la marchandise avant qu'elle ne devienne périmée. Par exemple, Unibroue doit évaluer sa production en fonction des prévisions météorologiques. Une vague de chaleur amène une plus grande demande de bière. Unibroue peut augmenter sa production, mais une trop grande production de la U, de la U2 et de la Bolduc, bières filtrées dont la durée de vie est plus courte, peut entraîner des pertes si elles deviennent périmées avant leur vente.

Même dans un marché à forte compétition, Unibroue ne peut réduire ses prix de façon importante, car la qualité de ses produits est prioritaire. Il en est ainsi des bières refermentées, qui sont de véritables bières de dégustation. Si on doit attendre quelques jours supplémentaires de fermentation pour assurer la qualité, on le fera. On ne saurait vendre à rabais des bières de grande qualité. On ne voit jamais une vente à rabais de montres Rolex ou de parfum Chanel nº 5. Pour Unibroue, la qualité est essentielle. Dans tout domaine, les produits de moindre qualité créent de l'insatisfaction chez la clientèle, et ils entraînent des retours de marchandises et une diminution des ventes dans le futur.

Pour atteindre les principaux objectifs liés à la gestion des stocks, les responsables des services du marketing, de la gestion financière et de la production chez Unibroue doivent travailler de concert afin de prévoir la demande de la clientèle en ce qui a trait aux différentes marques de bière offertes. Ils doivent aussi s'assurer de fournir rapidement l'information qui permettra d'adapter le niveau de production et des achats de matières premières, si cela devait s'avérer nécessaire. C'est ainsi que les prévisions sont révisées toutes les semaines. Les responsables de la production, de la gestion du personnel et de l'approvisionnement doivent également surveiller le coût des marchandises vendues pour améliorer la marge bénéficiaire brute. Voilà pourquoi les gestionnaires, les investisseurs et les analystes financiers analysent le coût des marchandises vendues et les stocks à cause de l'importance que ces deux postes représentent pour la réussite d'une entreprise.

Dans le processus de gestion des stocks, le système comptable joue trois rôles. En effet, le système comptable doit pouvoir fournir : 1) les renseignements nécessaires pour dresser les états financiers et les déclarations de revenus ; 2) les informations à jour et continues sur les quantités et le coût des stocks afin de faciliter les décisions relatives aux achats et à la fabrication ; 3) les renseignements permettant d'aider à protéger ce bien important, car les stocks peuvent faire l'objet de vols et d'autres formes de mauvaise utilisation. Nous examinerons d'abord les principaux choix que les directeurs doivent effectuer au cours du processus d'établissement des rapports financiers et fiscaux. Nous verrons ensuite brièvement comment tenir les registres comptables pour s'assurer que ces derniers représentent le plus fidèlement possible les quantités et le coût des stocks, et ce, dans le but de favoriser la prise de décisions et le contrôle des stocks. Les cours de comptabilité de management portent plus précisément sur la gestion des stocks.

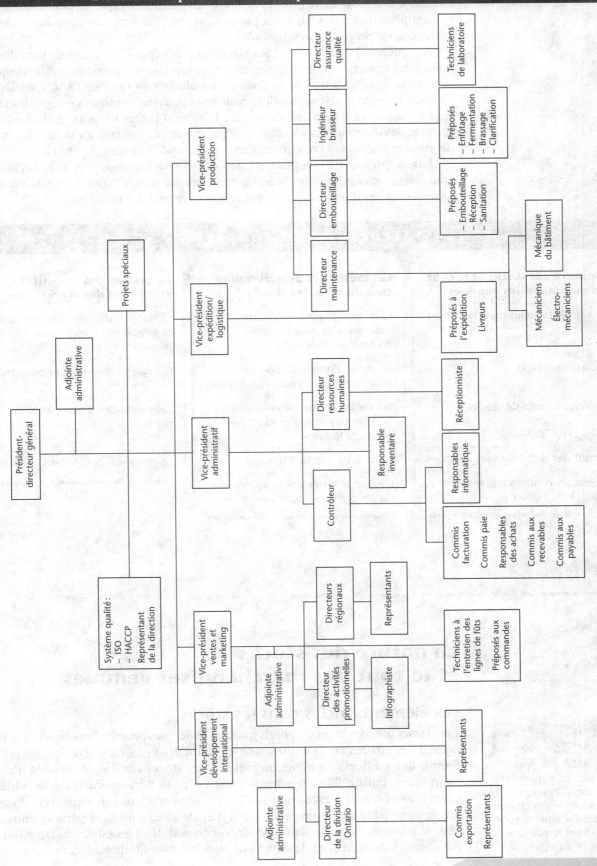

Le succès de la qualité de production et de la gestion des stocks ainsi que la diversité des marques de bière offertes font d'Unibroue un exemple particulièrement intéressant pour traiter des sujets du présent chapitre. La structure corporative de cette entreprise est présentée au tableau 7.2.

Au Québec, Unibroue vend ses bières au public par l'entremise de détaillants du réseau des épiceries et des dépanneurs, des propriétaires de bars, de discothèques et de restaurants, ainsi que de la Société des alcools du Québec (SAQ). Ailleurs au Canada, la vente se fait auprès des organismes gouvernementaux de régie des alcools (par exemple, la Régie des alcools de l'Ontario [LCBO]). Aux États-Unis et en Europe, des distributeurs s'occupent d'acheminer les produits au public. D'un point de vue comptable, ces entreprises sont les clients de la société Unibroue.

Les problèmes de comptabilité des stocks que les *grossistes* et les *détaillants* connaissent ressemblent beaucoup à ceux des *fabricants*. Nous les examinerons en analysant le cas d'une entreprise qui achète et revend des marchandises.

Structure du chapitre

La nature des stocks et le coût des marchandises vendues	Les méthodes de détermination du coût des stocks	La gestion des quantités et du coût des stocks
Les éléments inclus dans les stocks	La démonstration de quatre méthodes de détermination du coût des stocks	Le système d'inventaire permanent et le système d'inventaire périodique
Le coût des stocks	Le choix d'une méthode de détermination du coût des stocks	Le registre d'inventaire permanent
Les mouvements de stocks	Les méthodes de détermination du coût des stocks et l'analyse des états financiers	Les méthodes d'estimation des stocks
Le coût des marchandises vendues	Le ratio de rotation des stocks	La propriété des stocks
Les erreurs relatives à la mesure du stock de clôture	L'évaluation des stocks au moindre du coût et de la juste valeur	

La nature des stocks et le coût des marchandises vendues

Les éléments inclus dans les stocks

OBJECTIF D'APPRENTISSAGE 1

Appliquer les principes de la valeur d'acquisition et du rapprochement des produits et des charges afin de déterminer le coût des stocks et le coût des marchandises vendues.

Les **stocks** sont des biens corporels qui sont 1) détenus pour être vendus dans le cours normal des affaires ou 2) utilisés pour produire des biens en vue de les revendre ou fournir des services. Au bilan, on présente les stocks comme un élément d'actif à court terme puisqu'ils sont généralement utilisés ou transformés en liquidités au cours d'une période n'excédant pas 12 mois ou au cours du prochain cycle d'exploitation comptable de l'entreprise. Les types de stocks détenus par une entreprise varient selon les caractéristiques de leurs opérations. Les grossistes ou les détaillants détiennent habituellement des stocks de marchandises qu'ils achètent et revendent.

Unibroue n'a pas de stocks de marchandises qu'elle achète et revend à ses clients hormis quelques articles promotionnels qui sont sans importance. Elle est essentiellement une entreprise de fabrication. Par contre, la société Canadian Tire est une entreprise qui achète des biens des manufacturiers et les revend aux consommateurs.

Les entreprises de fabrication détiennent les stocks décrits ci-après.

Les **stocks de matières premières** sont des articles qui ont été achetés, cultivés (les produits alimentaires, par exemple) ou obtenus à la suite de l'extraction (les ressources naturelles) et qui sont destinés à être transformés en produits finis. On les inclut aux stocks de matières premières jusqu'à ce qu'on les ait utilisés. Ils sont alors transférés aux stocks de produits en cours de fabrication.

Les **stocks de produits en cours** sont des produits en cours de fabrication qui ne sont pas encore terminés. À la fin des opérations de transformation, ces stocks deviennent des stocks de produits finis.

Les **stocks de produits finis** sont les produits fabriqués par l'entreprise dont la transformation est entièrement terminée et qui sont prêts à être vendus.

Chez Unibroue, les stocks liés aux activités de fabrication de la bière sont enregistrés dans le type de comptes décrits ci-dessus.

Le coût des stocks

L'entreprise comptabilise ses stocks selon le principe de la *valeur d'acquisition* (ou coût d'origine ou coût historique). Le but recherché de cette pratique est d'attribuer aux stocks une valeur équivalant à leur valeur en espèces, c'est-à-dire le prix payé ou la contrepartie donnée lors de l'acquisition de cet actif. Le coût d'acquisition des stocks comprend, entre autres, la somme des frais directement ou indirectement liés au processus d'acquisition ainsi que les frais nécessaires pour expédier l'article là où il sera utilisé ou vendu.

Lorsque Unibroue achète des matières premières pour fabriquer ses bières ou lorsque la société Canadian Tire achète des marchandises pour les revendre aux consommateurs, ces sociétés utilisent des méthodes comptables similaires. En principe, le montant enregistré pour l'achat de matières premières ou de marchandises devrait inclure le prix facturé et les charges indirectes liées à cet achat, par exemple les frais de transport pour la livraison des articles aux entrepôts (les frais de livraison) ainsi que les coûts d'inspection et d'installation. En général, l'entreprise devrait cesser d'accumuler les coûts aux marchandises achetées lorsque les matières premières sont *prêtes à être utilisées* ou lorsque le stock de marchandises se trouve dans un état et dans un lieu où il est *prêt à être vendu* ou livré aux consommateurs. Par exemple, pour Unibroue, les matières premières comprennent les coûts de préparation des céréales et de l'eau. Tous les frais supplémentaires reliés à la vente de marchandises aux épiciers par Unibroue ou aux consommateurs par Canadian Tire, par exemple le salaire des employés du service de marketing ainsi que les frais de publicité et de promotion, devraient être inclus dans les frais de vente de l'exercice au cours duquel a eu lieu la vente. En effet, ces coûts sont engagés lorsque les stocks sont déjà prêts à être utilisés dans le cours normal des affaires.

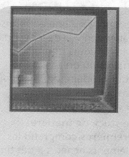

L'application pratique du principe de l'importance relative

Pour bon nombre d'entreprises, les frais accessoires comme les coûts d'inspection et de préparation de la marchandise ne représentent pas une somme très importante (voir la discussion sur le principe de l'importance relative au chapitre 5) et, dans ce cas, ces frais n'ont pas à être imputés au coût des stocks. Ainsi, pour des raisons d'ordre pratique, un grand nombre d'entreprises utilisent le prix indiqué sur la facture, auquel elles soustraient les rendus et les escomptes, pour obtenir le coût unitaire des matières premières ou des marchandises. Elles enregistrent les autres frais indirects dans un compte distinct qui est comptabilisé comme une charge. Le prix indiqué sur la facture peut ou non inclure les frais de transport (les frais de livraison à l'achat) liés à l'expédition des éléments commandés jusqu'à l'entrepôt.

Les mouvements de stocks

Les mouvements de stocks, aussi bien pour les grossistes que pour les détaillants, sont relativement simples [voir le tableau 7.3 a)]. Lorsque ceux-ci achètent des marchandises, les stocks augmentent. Lorsqu'ils en vendent, le coût des marchandises vendues augmente et les stocks diminuent.

Le tableau 7.3 b) donne un aperçu du mouvement des stocks spécifique au secteur de la fabrication. Dans le cas des activités de fabrication de la bière chez Unibroue, comme on peut le voir, le processus est plus complexe. D'abord, l'entreprise doit acheter des *matières premières* (appelées aussi des *matières directes*). Il s'agit de matières qui entrent dans la recette de la bière telles que l'orge malté, le houblon, la levure, les épices et aromates, les fruits, le sucre et l'eau, ainsi que les contenants et leurs accessoires comme les bouteilles, les bouchons, les étiquettes, la colle et les caisses pour le transport et les produits de nettoyage des bouteilles et autres. Lorsque ces matières sont utilisées, le coût de chacune d'elles est déduit du stock de matières premières et ajouté au stock des produits en cours en même temps que deux autres éléments du coût de fabrication décrits ci-dessous.

En effet, on ajoute le coût de la main-d'œuvre directe et les coûts indirects de production aux stocks de produits en cours lorsqu'ils sont engagés dans le processus de fabrication. Le **coût de la main-d'œuvre directe** correspond aux salaires des employés qui travaillent directement à la transformation des matières premières. Les **frais généraux de fabrication** comprennent tous les coûts de production, à l'exception du coût des matières premières et de la main-d'œuvre directe.

Par exemple, le salaire du contremaître et le coût du chauffage, de l'éclairage et de l'électricité pour faire fonctionner l'usine entrent dans les frais généraux de fabrication. Lorsque les bières sont embouteillées et prêtes à être vendues, les montants correspondants inscrits au compte Stock de produits en cours sont transférés au compte Stock de produits finis. Lorsque ces produits finis sont vendus, le coût des marchandises vendues augmente et le stock de produits finis diminue.

Au tableau 7.3, on remarque que pour les détaillants ou grossistes *comme* pour les fabricants, les coûts sont inclus aux stocks en suivant trois étapes : la première étape a trait aux activités d'achat ou de production ; la deuxième étape comprend les ajouts aux postes de stock au bilan ; à la troisième étape, celle de la vente, les montants relatifs aux stocks sont passés en charge au coût des marchandises vendues à l'état des résultats.

(marge gauche)

Le **coût de la main-d'œuvre directe** désigne le salaire des employés qui travaillent directement au processus de transformation des produits.

Les **frais généraux de fabrication** représentent les coûts de fabrication qui ne sont pas des matières premières ou des coûts de main-d'œuvre directe.

TABLEAU **7.3**

Mouvement du coût des stocks

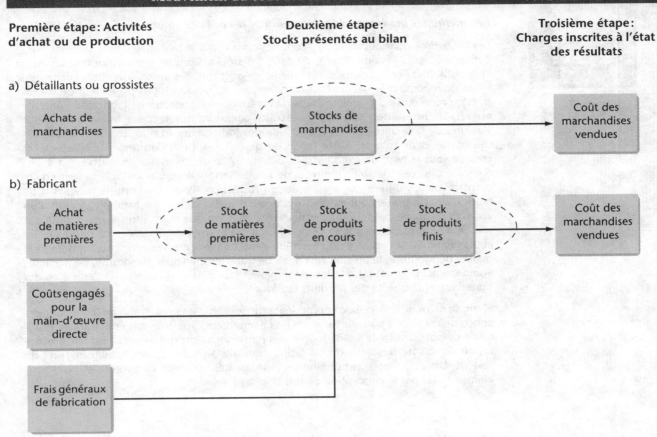

Première étape: Activités d'achat ou de production

Deuxième étape: Stocks présentés au bilan

Troisième étape: Charges inscrites à l'état des résultats

a) Détaillants ou grossistes

Achats de marchandises → Stocks de marchandises → Coût des marchandises vendues

b) Fabricant

Achat de matières premières → Stock de matières premières → Stock de produits en cours → Stock de produits finis → Coût des marchandises vendues

Coûts engagés pour la main-d'œuvre directe

Frais généraux de fabrication

Dans une note aux états financiers portant sur les stocks de la société Unibroue, on trouve ce qui suit.

Unibroue inc.		
Notes complémentaires aux états financiers consolidés		
	31 décembre	
6. Stocks	**2001**	**2000**
Produits finis	1 093 054 $	742 816 $
Produits en cours	496 126	1 093 663
Matières premières, emballage et fournitures	1 827 982	1 479 088
	3 417 162 $	3 315 567 $

Unibroue présente séparément le stock de matières premières et le stock de produits en cours. Les matières premières comprennent l'emballage de la bière ainsi que des fournitures tels les produits pour le nettoyage des bouteilles.

Les méthodes modernes de fabrication et le coût des stocks

Le diagramme du mouvement du coût des stocks (voir le tableau 7.3) présente les principaux éléments liés au contrôle du coût des stocks. Comme l'entreprise doit financer l'acquisition et l'entreposage des matières premières et des autres fournitures achetées, le fait de minimiser les stocks tout en prévoyant les besoins futurs du secteur de la production représente la première étape de la réussite du processus de fabrication. Afin d'y arriver, Unibroue doit travailler en étroite collaboration avec ses fournisseurs pour s'assurer de la qualité et de la production des ingrédients, et pour planifier la livraison des matières premières. Cette façon de gérer les approvisionnements en stock est connue sous le nom de *méthode juste-à-temps*. Afin de minimiser les coûts de la main-d'œuvre directe et les frais indirects de fabrication inhérents aux stocks, il faut également revoir les différentes étapes de la production. Pour améliorer le processus de fabrication, Unibroue peut automatiser une partie des tâches. Par exemple, l'achat d'un appareil qui inspecte les bouteilles peut réduire le coût de la main-d'œuvre et réduire la marge d'erreur que peut faire l'employé, ce qui permet de diminuer les retours et les coûts afférents. Si l'achat d'une machine à moudre les céréales permet d'augmenter la qualité de mouture, le produit sera aussi de qualité supérieure. En somme, de meilleurs équipements permettent à la fois de diminuer les coûts et d'augmenter l'efficacité des matériaux et la qualité des produits fabriqués.

Normalement, le système de comptabilité de gestion d'une entreprise de fabrication est conçu de manière à pouvoir vérifier si les changements apportés ont engendré les résultats escomptés, outre le fait de fournir des renseignements qui permettront une amélioration constante des activités de fabrication. Il s'agit de la comptabilité de prix de revient. Les cours de comptabilité de management traitent en profondeur des problèmes posés par la conception de tels systèmes.

Le coût des marchandises vendues

Le coût des marchandises vendues (CMV) ou le prix coûtant des marchandises vendues (PCMV) représente une charge importante pour la plupart des entreprises (sauf les entreprises de services). De plus, il est directement lié au chiffre d'affaires. Le montant du chiffre d'affaires (les ventes) au cours d'un exercice correspond au nombre d'unités vendues multiplié par leur prix de vente, alors que le coût des marchandises vendues équivaut au même nombre d'unités multiplié par leur coût unitaire. Ainsi, le coût des marchandises vendues représente le coût de toutes les marchandises et de tous les produits finis vendus au cours de l'exercice. L'évaluation du coût des marchandises vendues est un excellent exemple d'application du principe de rapprochement des produits et des charges.

Pour le détaillant, le mouvement du coût relatif aux stocks, qui passe du stock de marchandises au coût des marchandises vendues, est un processus similaire à celui du fabricant dont le mouvement du coût des stocks passe du stock de produits finis au coût des marchandises vendues. Afin de simplifier notre analyse, nous nous concentrerons sur les stocks de marchandises.

Canadian Tire commence chaque exercice avec un stock de marchandises disponibles (ou en main) appelé le *stock au début* (SD) ou le stock d'ouverture, qu'elle peut vendre aux consommateurs, ses clients. Les marchandises dont elle dispose à la fin d'un exercice financier portent le nom de *stock à la fin* (SF) ou de stock de clôture. Le stock à la fin d'un exercice devient automatiquement le stock au début de l'exercice suivant.

Au cours de l'exercice, le stock au début augmente à la suite d'achats de nouvelles marchandises. Le total du stock au début et des achats de marchandises (A) au cours d'un exercice représente le **coût des marchandises destinées à la vente.** La portion des marchandises destinées à la vente qui est vendue au cours de l'exercice devient le

Le coût des marchandises destinées à la vente représente le coût du stock au début de la période plus les achats (ou les éléments transférés aux produits finis).

coût des marchandises vendues à l'état des résultats. Comme les marchandises destinées à la vente ne sont habituellement pas toutes vendues au cours d'un exercice, ce qui est invendu sera alors inscrit à titre de stock à la fin au bilan. Ces explications sont présentées au tableau 7.4.

On peut calculer le coût des marchandises vendues comme suit :

$$\underbrace{\textbf{Stock au début (SD)} + \textbf{Achats de l'exercice (A)}}_{\substack{\textbf{Coût des marchandises} \\ \textbf{destinées à la vente}}} - \underbrace{\textbf{Stock à la fin (SF)}}_{\substack{\textbf{Marchandises} \\ \textbf{invendues}}} = \underbrace{\textbf{Coût des marchandises vendues (CMV)}}_{\substack{\textbf{Marchandises} \\ \textbf{vendues}}}$$

Plus loin dans ce chapitre, nous verrons comment cette **équation du coût des marchandises vendues** peut servir d'outil pour analyser les erreurs relatives à la mesure des stocks et pour évaluer l'effet de différentes méthodes comptables sur les états financiers.

L'**équation du coût des marchandises vendues :** SD + A − SF = CMV.

Éléments du coût des marchandises vendues pour les stocks de marchandises	TABLEAU **7.4**

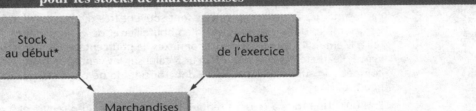

* Stock à la fin de l'exercice précédent

Afin d'illustrer les liens existant entre chacune des composantes de cette équation portant sur le stock de marchandises, on suppose 1) que Canadian Tire a un stock d'ouverture de 400 millions de dollars, 2) qu'elle achète, au cours de cette période, des marchandises pour un montant de 2 500 millions de dollars et 3) que son stock de fermeture a une valeur de 500 millions de dollars. À l'aide de l'équation, on peut déterminer que l'entreprise enregistrera un coût des marchandises vendues de 2 400 millions de dollars, calculé de la façon suivante :

	(en millions de dollars)
Stock au début (1er janvier 20F)	400 $
Plus : Achats de marchandises au cours de l'exercice 20F	+2 500
Marchandises destinées à la vente	2 900 $
Moins : Stock à la fin (31 décembre 20F)	− 500
Coût des marchandises vendues	2 400 $

On peut présenter la même information sur les stocks sous forme d'un compte en T.

Stock de marchandises (A) (en millions de dollars)

Stock au début	400		
Plus : Achats de l'exercice	2 500	Moins : Coût des marchandises vendues	2 400
Stock à la fin	500		

Dès que trois de ces quatre valeurs sont connues, on peut se servir soit de l'équation, soit du compte en T afin de déterminer la quatrième. Le processus est le même pour les stocks de produits finis d'un fabricant.

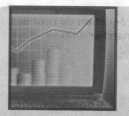

ANALYSE FINANCIÈRE

La comparaison des marges bénéficiaires brutes

Comme nous l'avons vu au chapitre 6, pour calculer le pourcentage de la marge bénéficiaire brute, on divise cette marge par le chiffre d'affaires net (ou les ventes nettes). Les analystes financiers se servent de ce pourcentage afin de voir l'évolution ou la tendance sur plusieurs exercices pour une même entreprise et aussi pour comparer les entreprises entre elles. Il est important de comparer des entreprises d'un même secteur d'activité, car les marges bénéficiaires brutes sont souvent très différentes d'un secteur à l'autre. Par exemple, Unibroue a projeté d'embouteiller et de vendre de l'eau de source naturelle. Même s'il s'agit de secteurs connexes, le pourcentage de marge bénéficiaire sur la vente d'eau était largement inférieur à celui sur les ventes de bière à cause d'une forte compétition sur ce marché. Elle a donc décidé de ne pas se lancer dans cette avenue peu profitable.

En 2001, Unibroue a réussi à réduire le coût de sa main-d'œuvre et à augmenter l'efficacité de son processus de production grâce à l'automatisation de certains procédés. Cette stratégie, jumelée à une légère augmentation de ses prix de vente, lui a permis d'augmenter sa marge bénéficiaire brute de 2,45 points. Les analystes accordent une grande importance à ce pourcentage. Normalement, une telle nouvelle jumelée à une augmentation des ventes et des profits est suffisante pour faire grimper le prix des actions à la Bourse. Dans le cas d'Unibroue, l'augmentation de la cote boursière s'est faite de façon progressive. Le jour de l'annonce, le prix d'une action se transigeait à environ 2,30 $ (mi-mars 2002); au cours des deux mois suivants, le prix a augmenté de façon graduelle pour se situer à 2,95 $ au 27 mai.

La prévision d'une augmentation du pourcentage de marge bénéficiaire brute et des profits est un facteur déterminant dans la décision d'achat d'actions d'Unibroue. Plusieurs autres éléments d'actualité viennent aussi influer sur le prix des actions, par exemple la forte compétition dans le secteur de la bière. En effet, Unibroue doit livrer bataille contre les grosses brasseries pour obtenir l'espace tablette dans les épiceries et les dépanneurs. De plus, les taxes d'accises défavorisent les petites brasseries. Chose certaine, à mesure que le volume des ventes augmente, certains éléments du coût de fabrication diminuent pour chaque unité ce qui entraîne une augmentation du pourcentage de marge bénéficiaire brute. Cet exemple démontre bien comment les analystes financiers peuvent utiliser les renseignements comptables afin d'en apprendre davantage sur les activités d'une entreprise de même que sur sa capacité à faire face à la concurrence.

Les erreurs relatives à la mesure du stock de clôture

OBJECTIF D'APPRENTISSAGE **2**

Analyser l'incidence d'erreurs relatives aux stocks sur les états financiers.

Comme le démontre l'équation du coût des marchandises vendues, il existe un lien entre le stock à la fin et le coût des marchandises vendues, car les éléments non inclus au stock de fermeture sont présumés vendus au cours de l'exercice. On peut ainsi voir que l'évaluation des quantités et des coûts relatifs aux stocks à la fin aura un effet à la fois sur le bilan (l'actif) et sur l'état des résultats (le coût des marchandises vendues, la marge bénéficiaire brute et le bénéfice net). L'évaluation du stock de fermeture a non seulement un effet sur le bénéfice net de l'exercice en cours, mais aussi sur celui de l'*exercice suivant*. Cet effet sur deux exercices s'explique par le fait que le stock à la fin d'un exercice devient le stock d'ouverture de l'exercice suivant.

Selon un article tiré du *Wall Street Journal*[1], le fabricant de cartes de souhaits Gibson Greetings (maintenant une filiale de American Greetings inc.) avait surévalué de 20 % son bénéfice net, car une de ses divisions avait surestimé le stock à la fin de l'exercice. Il est possible de calculer l'effet d'une telle erreur sur les bénéfices nets avant impôts de l'exercice en cours et de l'exercice suivant à l'aide de l'équation du coût des marchandises vendues. Supposons que le stock à la fin est surévalué de 10 000 $ à cause d'une erreur d'écriture qui n'a pas été découverte durant l'exercice suivant. Voici quel serait l'effet de cette surévaluation :

Exercice en cours (20A)

Stock au début + Achats de l'exercice − Stock à la fin = Coût des marchandises vendues

Surévaluation de 10 000 $ Sous-évaluation de 10 000 $

Ainsi, le bénéfice avant impôts serait *surévalué* de 10 000 $ pour l'exercice 20A. De plus, comme le stock à la fin de l'année en cours (20A) devient le stock au début de l'exercice suivant (20B), voici l'effet obtenu pour l'exercice suivant :

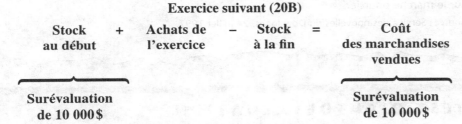

Exercice suivant (20B)

Stock au début + Achats de l'exercice − Stock à la fin = Coût des marchandises vendues

Surévaluation de 10 000 $ Surévaluation de 10 000 $

Le bénéfice avant impôts serait alors *sous-évalué* du même montant en 20B. Comme le bénéfice net est reporté aux bénéfices non répartis, ces erreurs seraient imputées aux bénéfices non répartis, de sorte qu'à la fin de 20A, ils seraient surévalués de 10 000 $ (moins la charge fiscale correspondante). Cette erreur se trouverait toutefois compensée au cours de l'exercice 20B de telle façon qu'à la fin de 20B, le montant des bénéfices non répartis de même que la valeur des stocks seraient exacts. Il faut donc une période de deux ans pour qu'une erreur dans les stocks se corrige d'elle-même sur les comptes cumulatifs des stocks et des bénéfices non répartis.

Pour cet exemple, on a supposé que la surévaluation du stock à la fin était due à une erreur d'inattention qui a résulté en une erreur d'écriture. Toutefois, nous avons vu au chapitre 6 que les fraudes relatives aux stocks constituaient une des deux formes les plus courantes de fraudes dans les états financiers. Il faut se rappeler que c'est d'ailleurs ce qui s'est produit dans l'affaire Discus, analysée au chapitre 1, ainsi que dans le cas d'une autre fraude réellement survenue, celle de MiniScribe. Dans cette dernière affaire, la société International Nesmont Industrial Corp., entreprise minière canadienne d'affinage et de transformation de l'or, a été accusée d'un délit similaire comme le rapporte l'article ci-après.

---

1. *The Wall Street Journal*, 3 avril 1995, p. B5.

La Commission des valeurs mobilières des États-Unis poursuit les anciens directeurs d'International Nesmont pour avoir surévalué ses actifs

par Matthew Benjamin

Washington (Dow Jones) – La Commission des valeurs mobilières des États-Unis a porté plainte au civil contre trois anciens directeurs d'International Nesmont Industrial Corp. (NESFE) qui sont accusés d'avoir falsifié les résultats financiers de l'entreprise de 1992 à 1994.

D'après la poursuite déposée en cour fédérale, à New York, les trois directeurs auraient délibérément planifié de surévaluer les bénéfices et les actifs de la compagnie minière canadienne d'affinage et de transformation de l'or. Parmi les moyens utilisés pour arriver à leurs fins, la Commission rapporte la pratique de faire passer des barres de cuivre jaune pour des lingots d'or afin de gonfler la valeur des stocks. Ces directeurs sont également accusés d'avoir rédigé de faux documents et d'avoir caché la vérité sur les bénéfices nets de l'entreprise au cours de communiqués de presse et dans des documents qu'ils ont remis à la Commission des valeurs mobilières.

Les accusés, Alexandra Montgomery, William Nestor et Frederick Burgess, sont tous d'anciens membres de la direction de la maison Ladner en Colombie-Britannique.

La valeur des actions de l'entreprise a augmenté de façon significative en 1994, à la suite de l'annonce de produits d'exploitation en pleine croissance et de profits modestes. Elle est toutefois tombée à presque rien lorsque la présumée fraude concernant les stocks a été révélée par la nouvelle direction et que l'action a été rayée du Nasdaq (Bourse américaine dont les actions comportent des risques élevés) plus tard au cours de la même année. Cette entreprise fait toujours l'objet d'une interdiction de transiger ses actions sur le marché boursier.

Source: Service des nouvelles du Dow Jones, 24 juillet 1997.

TEST D'AUTOÉVALUATION

Prenez pour hypothèse de travail les données suivantes concernant la gamme de bicyclettes vendue par l'un des magasins de la société Canadian Tire pour l'exercice 20F.

Stock au début: 500 unités à un coût unitaire de 75 $

Stock à la fin: 600 unités à un coût unitaire de 75 $

Ventes: 1 100 unités à un prix unitaire de 100 $ (coût par unité de 75 $)

1. À l'aide de l'équation du coût des marchandises vendues, calculez le montant (en dollars) des achats de bicyclettes pour l'exercice.

$$\begin{array}{c} \text{Stock} \\ \text{au début} \end{array} + \begin{array}{c} \text{Achats de} \\ \text{l'exercice} \end{array} - \begin{array}{c} \text{Stock} \\ \text{à la fin} \end{array} = \begin{array}{c} \text{Coût} \\ \text{des marchandises} \\ \text{vendues} \end{array}$$

2. Rédigez les trois premières lignes d'un état des résultats (en indiquant la marge bénéficiaire brute) relativement à la gamme de bicyclettes pour l'exercice 20F.

Vérifiez vos réponses à l'aide des solutions présentées en bas de page*.

---

*1. SD = 500 × 75 $ = 37 500 $ SD + A − SF = CMV
    SF = 600 × 75 $ = 45 000 $ 37 500 $ + A − 45 000 $ = 82 500 $
    CMV = 1 100 × 75 $ = 82 500 $ A = 90 000 $
 2. Ventes nettes   110 000 $
    Coût des marchandises vendues   82 500
    Marge bénéficiaire brute   27 500 $

Les méthodes de détermination du coût des stocks

Selon l'exemple des bicyclettes dans le test d'autoévaluation précédent, le coût unitaire (prix d'achat par le détaillant) de toutes les bicyclettes était le même, soit de 75 $. En général, si le coût des stocks demeurait le même, il n'y aurait plus rien à dire sur ce sujet. Toutefois, on sait que les prix de la plupart des marchandises varient beaucoup. Le coût d'un grand nombre de produits manufacturés tels que les automobiles et les bicyclettes et même la bière a augmenté à un rythme modéré au cours des dernières années. Cependant, dans d'autres secteurs comme celui de l'informatique, les coûts de production (et les prix de vente au détail) ont diminué de façon spectaculaire.

Lorsque le coût des stocks varie beaucoup, le fait de déterminer quels éléments il faut considérer comme vendus ou encore comme faisant partie du stock à la fin peut transformer des profits en pertes (ou inversement). Ainsi, cette opération peut faire en sorte que certaines entreprises doivent verser (ou peuvent économiser) des sommes substantielles en impôts. Avant d'analyser ces questions plus complexes, nous allons d'abord étudier un exemple simple qui permettra d'analyser le fonctionnement de chacune des méthodes proposées afin de déterminer quels coûts seront imputés à l'état des résultats et quels coûts seront conservés au bilan. On verra ensuite les méthodes employées par les entreprises et on s'interrogera sur les raisons de leurs choix respectifs. Il ne faut pas se méprendre sur la simplicité de l'exemple qui suit. Comme nous le constaterons plus loin, cet exemple simple servira de modèle pour extrapoler les données plus complexes des méthodes réellement utilisées par les entreprises. Voici les données utilisées pour cet exemple.

La Nouvelle Entreprise s'est lancée en affaires le 1er janvier 20A. Les événements qui suivent ont eu lieu au cours de l'exercice 20A :

15 janvier	Achat de 1 unité du produit A à 1 $;
2 avril	Achat de 1 unité du produit A à 3 $;
27 juin	Achat de 1 unité du produit A à 5 $;
5 novembre	Vente de 2 unités à 7 $ chacune.

Il faut noter que le coût d'acquisition des stocks de marchandises augmente rapidement. Le 5 novembre, l'entreprise vend deux unités à 7 $ chacune et elle enregistre des ventes de 14 $. Quel montant doit-on comptabiliser comme coût des marchandises vendues ? La réponse dépend des marchandises qui seront déterminées comme étant vendues. Afin de répondre à cette question, voici quatre méthodes qui respectent les PCGR en matière de détermination du coût des stocks :

1. la méthode de l'épuisement successif (ou méthode du premier entré premier sorti – PEPS);
2. la méthode de l'épuisement à rebours (ou méthode du dernier entré premier sorti – DEPS) (cette méthode n'est pas acceptée par le fisc au Canada);
3. la méthode du coût moyen;
4. la méthode du coût distinct (ou du coût d'achat réel).

La démonstration de quatre méthodes de détermination du coût des stocks

Les quatre méthodes proposées pour déterminer le coût des stocks sont des méthodes qui permettent *toutes* de répartir le montant total des marchandises destinées à la vente (le stock au début et les achats) entre 1) le stock à la fin (présenté comme un actif au bilan) et 2) le coût des marchandises vendues (présenté à l'état des résultats comme une charge de l'exercice). À ce stade-ci, il est important de noter que le choix d'une des quatre méthodes de détermination du coût des stocks *n'est pas* nécessairement *basé sur le mouvement réel* des marchandises sur les étagères. Par exemple, le mouvement réel des marchandises dans un supermarché correspond à l'épuisement

OBJECTIF
D'APPRENTISSAGE **3**

Comptabiliser les stocks et le coût des marchandises vendues à l'aide de quatre méthodes de détermination du coût des stocks.

successif (premier entré, premier sorti). Toutefois, un supermarché peut se servir de n'importe quelle méthode de détermination du coût des stocks pour enregistrer le coût des marchandises vendues et le coût des stocks dans ses états financiers. La seule exigence selon les PCGR est que la méthode choisie doit être celle qui permet le meilleur rapprochement des produits et des charges. Comme ces méthodes ne suivent pas nécessairement le mouvement réel des marchandises, on parle souvent d'*hypothèses* portant sur le *mouvement des coûts*.

Pour illustrer les différentes méthodes, on suppose l'utilisation d'un bac. Il suffit alors de se représenter ces différentes méthodes comme des mouvements de stocks qui entrent et qui sortent du bac. Pour simplifier, on pose comme *hypothèse de départ* dans cette section (et dans les problèmes de fin de chapitre) le fait que tous les *achats effectués* au cours de l'exercice ont eu lieu *avant la vente*.

La méthode de l'épuisement successif Selon la **méthode de l'épuisement successif** (aussi appelée **méthode du premier entré, premier sorti – PEPS** [ou **FIFO,** *First In First Out*]), on attribue aux articles encore en stock les coûts les plus récents. Cette méthode part du principe que les coûts les plus anciens doivent être ceux que l'on doit tenter de rapprocher des produits. On suppose alors que les coûts des articles achetés en premier (les premiers coûts enregistrés) sont les premiers à être passés au coût des ventes (les premiers coûts sortis) et que les coûts des articles les plus récents, sont ceux qui sont utilisés pour évaluer le stock de clôture. Selon cette méthode, le coût des marchandises vendues et le stock à la fin sont calculés comme si les mouvements d'entrée et de sortie du bac de stock présentés au tableau 7.5 (PEPS) avaient eu lieu. Premièrement, on considère que le prix de chaque achat est déposé dans le bac selon l'ordre chronologique des transactions, l'un par-dessus l'autre (soit l'unité de 1 $ d'abord, puis celle de 3 $ et finalement celle de 5 $). On enlève ensuite le prix de chaque marchandise en commençant par le *fond* (une unité à 1 $ et une unité à 3 $). *La première qui est entrée est la première à sortir*. Le coût de ces marchandises, qui s'élève à 4 $, devient le coût des marchandises vendues. L'unité qui reste (évaluée à 5 $) constitue le stock à la fin. Ces éléments des états financiers de notre entreprise fictive, la Nouvelle Entreprise, sont résumés au tableau 7.5. S'il y avait des marchandises dans le stock au début, on considère leur coût comme les premières unités vendues. Viendraient ensuite les unités du premier achat de l'exercice et ainsi de suite jusqu'à ce que le stock à la fin soit composé uniquement des achats les plus récents. La méthode de l'épuisement successif attribue les *coûts les plus anciens* au *coût des marchandises vendues* et les *coûts les plus récents* au *stock de fermeture*.

La méthode de l'épuisement à rebours Selon la **méthode de l'épuisement à rebours** (aussi appelée **méthode du dernier entré, premier sorti – DEPS** [ou **LIFO,** *Last In First Out*]),« on attribue aux articles en stock les coûts les plus anciens. Cette méthode part du principe que les coûts les plus récents doivent être ceux que l'on doit tenter de rapprocher des produits[2]. » Aussi, on suppose 1) que les coûts des marchandises faisant partie des plus récents achats sont les premiers à être passés au coût des ventes et 2) que les coûts des articles achetés en premier sont ceux qui seront utilisés pour évaluer le stock à la fin. On peut se représenter visuellement cette méthode à l'aide d'un bac de stock DEPS (voir le tableau 7.5). Comme avec la méthode PEPS, on considère que chaque prix est déposé dans le bac, un à la suite de l'autre (1 $, 3 $ et 5 $). Cependant, contrairement à la méthode PEPS, chaque prix relatif à la marchandise vendue sort du bac par le *haut*, dans l'ordre inversé des achats (5 $, 3 $). Ces marchandises, dont le coût total s'élève à 8 $, devient le coût des marchandises vendues, alors que le prix qui demeure, soit 1 $, est utilisé pour évaluer le stock à la fin.

La méthode de l'épuisement successif (ou méthode du premier entré, premier sorti – PEPS) consiste à attribuer aux articles encore en stock les coûts les plus récents.

La méthode de l'épuisement à rebours (ou méthode du dernier entré, premier sorti – DEPS) consiste à attribuer aux articles en stock les coûts les plus anciens.

---

2. Louis Ménard, *Dictionnaire de la comptabilité*, ICCA, p. 420.

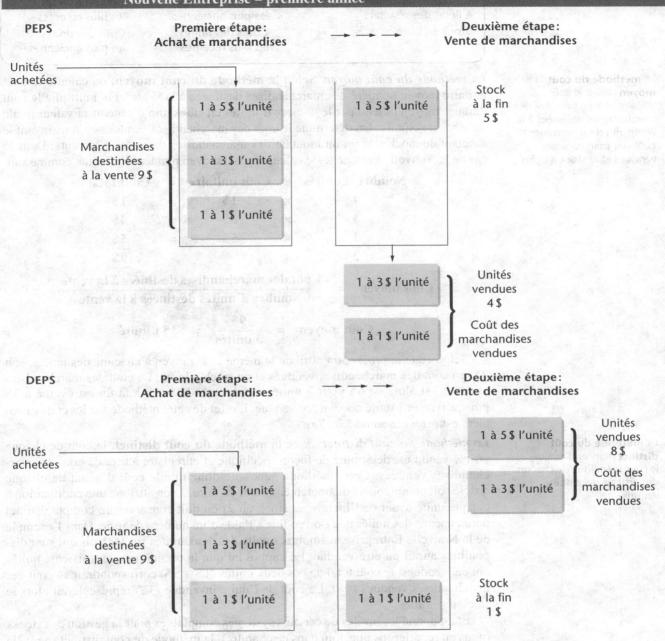

S'il y a lieu, les marchandises qui étaient déjà incluses au stock d'ouverture sont considérées comme vendues en dernier. Selon cette méthode d'évaluation, les unités provenant de l'achat le plus récent sont toujours considérées comme étant vendues en premier et ainsi de suite jusqu'à ce que le stock à la fin soit composé uniquement des achats les plus anciens. La résultante de cette méthode d'évaluation est que le coût unitaire des articles du stock d'ouverture et des achats effectués en premier durant l'exercice correspond à la valeur incluse au stock à la fin. La méthode DEPS attribue les *coûts les plus récents* au *coût des marchandises vendues* et les *coûts les plus anciens* au *stock à la fin*. L'hypothèse portant sur le mouvement des coûts de la méthode DEPS est exactement à l'opposé de celle sur laquelle se fonde la méthode PEPS, comme le montre l'encadré suivant.

	PEPS	DEPS
Coût des marchandises vendues à l'état des résultats	Coûts des unités les plus anciennes	Coût des unités les plus récentes
Stock au bilan	Coûts des unités les plus récentes	Coût des unités les plus anciennes

La méthode du coût moyen utilise le coût unitaire moyen pondéré des marchandises destinées à la vente afin de déterminer le coût des marchandises vendues et le stock à la fin.

La méthode du coût moyen Selon la **méthode du coût moyen,** on calcule le coût unitaire moyen pondéré des marchandises destinées à la vente[3]. On multiplie le coût unitaire moyen obtenu par le nombre d'unités en stock afin d'obtenir la valeur totale du stock de clôture. On détermine le coût des marchandises vendues en soustrayant le montant du stock à la fin du montant des marchandises destinées à la vente. Dans le cas de la Nouvelle Entreprise, le calcul du coût moyen pondéré s'effectue comme suit.

Nombre d'unités	×	Coût unitaire	=	Coût total
1	×	1$	=	1$
1	×	3$	=	3$
1	×	5$	=	5$
3				9$

$$\text{Coût moyen} = \frac{\text{Coût des marchandises destinées à la vente}}{\text{Nombre d'unités destinées à la vente}}$$

$$\text{Coût moyen} = \frac{9\$}{3 \text{ unités}} = 3\$ \text{ l'unité}$$

Selon cette approche, on attribue le même coût moyen à chacune des unités, soit 3$, au coût des marchandises vendues et au stock à la fin. Le coût des marchandises vendues est alors de 6$ pour 2 unités vendues, et le stock à la fin est évalué à 3$ puisqu'il reste 1 unité non encore vendue. L'effet de cette méthode sur les états financiers est présenté au tableau 7.6.

La méthode du coût distinct permet d'évaluer le coût spécifique de chacun des articles qui ont été vendus.

La méthode du coût distinct Avec la **méthode du coût distinct,** le coût de chaque article vendu est déterminé de façon spécifique et enregistré à titre de coût des marchandises vendues. Cette méthode nécessite donc que le coût d'achat de chaque article soit comptabilisé distinctement. Pour ce faire, 1) on attribue une codification à chaque unité avant de l'inclure au stock ou 2) on doit conserver un compte distinct pour chacune des unités que l'on codifie à l'aide d'un numéro de série. Dans l'exemple de la Nouvelle Entreprise, n'importe quelle des deux unités sur les trois qui sont disponibles aurait pu être vendue. En supposant que la première et la troisième unités ont été vendues, le coût total de ces deux unités (1$ + 5$) correspondrait au coût des marchandises vendues (6$). Le coût de l'unité invendue (3$) représenterait alors le stock de clôture.

Étant donné les limites de certains systèmes comptables pour la gestion des stocks (nous en reparlerons plus loin dans ce chapitre), la méthode du coût distinct se révèle peu pratique lorsque les stocks se composent d'une grande quantité d'articles différents. La codification de la marchandise à l'aide de code à barres en a toutefois simplifié l'application. Par contre, lorsqu'il s'agit d'articles ayant un coût unitaire très élevé, comme les automobiles ou des bijoux de grande qualité, cette méthode convient bien car chaque article sera sans doute différent des autres. Par contre, cette méthode peut aussi servir à modifier de façon intentionnelle l'information présentée aux états financiers lorsque les articles en stock sont *identiques*. En effet, il devient

---

3. On doit utiliser un coût unitaire moyen pondéré plutôt qu'une simple moyenne des coûts unitaires. Dans la plupart des cas, une moyenne simple est erronée, car elle ne tient pas compte du nombre d'unités qui correspondent à chaque coût unitaire. Par exemple, si on achète une unité à 2$, une unité à 3$ et trois unités à 5$, le coût moyen pondéré est de 4$ ([2$ + 3$ + 5$ + 5$ + 5$] / 5 unités) comparativement au coût moyen simple de 3,33$ ([2$ + 3$ + 5$] / 3).

alors possible de manipuler le coût des marchandises vendues et le stock à la fin en choisissant parmi plusieurs coûts unitaires, même si les marchandises ne diffèrent sous aucun autre aspect.

	PEPS	DEPS	Coût moyen
Calcul du coût des marchandises vendues			
Stock du début	0$	0$	0$
Plus: Achats de l'exercice	9	9	9
Marchandises disponibles à la vente	9	9	9
Moins: Stock à la fin (au bilan)	5	1	3
Coût des marchandises vendues (à l'état des résultats)	4$	8$	6$
Effet sur l'état des résultats			
Ventes	14$	14$	14$
Coût des marchandises vendues	4	8	6
Marge bénéficiaire brute	10$	6$	8$
Effet sur le bilan			
Stock	5$	1$	3$

Asahi Chemical Industry Co., Ltd.

PERSPECTIVE INTERNATIONALE

Des méthodes différentes selon les types de stocks

Asahi Chemical Industry est un important fabricant japonais de produits chimiques, de plastiques, de fibres et de textiles ainsi que de matériaux de construction et d'habitation. La comptabilisation de la plupart de ses stocks se fait selon la méthode du coût moyen qui est couramment utilisée au Japon. De plus, la division des matériaux de construction et d'habitation se spécialise dans la construction et la vente d'unités d'habitation. L'entreprise comptabilise alors, dans un compte Construction et selon la méthode du coût distinct, les terrains ainsi que les maisons en construction. Le choix de cette méthode est ici tout à fait justifié, puisque ces éléments de stock représentent des composants coûteux et facilement identifiables.

La comparaison entre les différentes méthodes d'évaluation du coût des stocks
Chacune des quatre méthodes proposées pour évaluer le coût des stocks respecte les principes comptables généralement reconnus. Toutefois, au Canada, seulement trois méthodes sont admises selon les lois et les règlements fiscaux. En effet, la méthode de l'épuisement à rebours (DEPS) est refusée par le fisc dans la déclaration de revenus. Voilà pourquoi cette méthode n'est pas réellement utilisée au Canada, car il faudrait alors produire deux jeux d'états financiers. Le premier utiliserait la méthode de l'épuisement à rebours et le deuxième une des trois autres méthodes permises pour la déclaration de revenus. En effet, sur 200 entreprises canadiennes sondées en 2001, seulement 3 utilisaient la méthode DEPS pour évaluer les stocks[4]. Chacune des méthodes discutées dans ce chapitre peut donner des montants de produits d'exploitation et d'actifs (le stock à la fin) très différents. On peut constater cette différence en comparant les résultats obtenus par la Nouvelle Entreprise à l'aide des méthodes PEPS, DEPS et du coût moyen au tableau 7.6. Il faut noter que l'écart entre les *marges bénéficiaires brutes* de chacune des méthodes est le même qu'entre les montants de

---

4. Clarence Byrd, Ida Chen et Heather Chapman, *Financial Reporting in Canada,* Institut Canadien des Comptables Agréés, 2001, p. 244.

stock à la fin. La méthode qui présente le montant de stock à la fin le plus élevé présente aussi les montants de marge bénéficiaire brute et de bénéfices les plus élevés et inversement. Comme on peut aussi le constater, la méthode du coût moyen donne un montant de bénéfice et de stock qui se situe entre les deux extrêmes représentés par les méthodes PEPS et DEPS.

Il faut noter que, selon la comparaison effectuée au tableau 7.6, les coûts unitaires augmentaient au fur et à mesure des achats. Lorsque les coûts unitaires *augmentent,* la méthode DEPS produit un *bénéfice moins élevé* et une *valeur de stock au bilan plus basse* que la méthode PEPS. Cependant, même en cas d'inflation générale, les coûts de certaines entreprises diminuent et, lorsque les coûts unitaires *diminuent,* la méthode DEPS produit un *bénéfice supérieur* et une *valeur de stock au bilan plus élevée* que ceux qui sont obtenus avec la méthode PEPS. Ces résultats, qui ne sont *observables que tant et aussi longtemps que les quantités en stock sont constantes ou croissantes*, sont présentés ci-dessous.

Effet d'une hausse des coûts sur les états financiers

	PEPS	DEPS
Coût des marchandises vendues à l'état des résultats	Moins élevé	Plus élevé
Bénéfice net	Plus élevé	Moins élevé
Stock au bilan	Plus élevé	Moins élevé

Effet d'une réduction des coûts sur les états financiers

	PEPS	DEPS
Coût des marchandises vendues à l'état des résultats	Plus élevé	Moins élevé
Bénéfice net	Moins élevé	Plus élevé
Stock au bilan	Moins élevé	Plus élevé

Ces variations s'expliquent du fait que, selon la méthode DEPS, le coût des marchandises vendues enregistré à l'état des résultats reflète les coûts les plus récents, ce qui représente une valeur réaliste du coût actuel des articles vendus. À l'opposé, selon la méthode PEPS, le coût des marchandises vendues reflète les coûts les plus anciens. Toutefois, au bilan, le montant du stock à la fin, calculé selon la méthode DEPS, est fondé sur les coûts les plus anciens, ce qui peut représenter une évaluation irréaliste de la valeur actuelle de ces stocks. De son côté, le montant du stock à la fin obtenu avec la méthode de l'épuisement successif (PEPS) représente une valeur beaucoup plus réaliste du coût actuel (ou de la valeur de remplacement) de ces stocks.

Il est important de se rappeler que, peu importe les mouvements réels de marchandises, une entreprise peut, selon les PCGR, utiliser n'importe laquelle des méthodes de détermination du coût des stocks. En outre, elle n'est pas tenue d'utiliser la même méthode pour tous les articles en stock, et elle n'a pas besoin non plus d'une justification particulière pour le choix d'une ou de plusieurs des méthodes acceptées selon les PCGR. La plupart des grandes entreprises utilisent différentes méthodes d'évaluation pour différents articles de leurs stocks.

Afin de faciliter la comparabilité des informations présentées aux états financiers, les normes comptables requièrent que les entreprises appliquent les méthodes comptables de façon uniforme d'un exercice à l'autre. Ainsi, il ne leur est pas permis d'employer la méthode de l'épuisement à rebours (DEPS) pour un exercice, celle de l'épuisement successif (PEPS) pour l'exercice suivant et finalement revenir à la première méthode au cours du troisième exercice. Un changement de méthode comptable n'est permis que dans les cas où il peut améliorer la mesure des résultats financiers et ainsi mieux refléter la réalité des opérations de l'entreprise. Passer d'une méthode de détermination du coût des stocks à une autre constitue ainsi un événement en soi assez rare et, si cela se produisait, l'entreprise devrait alors fournir les raisons justifiant ce changement de même que l'effet du changement de méthode sur les données financières présentées dans les états financiers.

Le choix d'une méthode de détermination du coût des stocks

OBJECTIF D'APPRENTISSAGE **4**

Évaluer dans quelles circonstances il est plus avantageux pour une entreprise d'utiliser l'une ou l'autre des méthodes de détermination du coût des stocks.

Comme nous l'avons mentionné précédemment, seulement 3 entreprises au Canada utilisent la méthode de l'épuisement à rebours (DEPS) pour calculer le coût de leurs stocks, car cette méthode n'est pas acceptée par le fisc. On constate cependant que 30 entreprises canadiennes (sur 200) utilisaient plus d'une méthode d'évaluation[5]. Une telle constatation soulève une question importante. Qu'est-ce qui incite les entreprises à choisir différentes méthodes d'évaluation du coût des stocks ? D'après ce que nous avons vu au chapitre 5, la direction devrait opter pour une méthode autorisée par les principes comptables généralement reconnus. Cette méthode devrait être celle qui, aux fins de publication de ses états financiers, reflète le mieux sa situation économique et financière. Le choix de la méthode de détermination devra aussi être retenu pour la déclaration de revenus de la société sauf, bien entendu, dans le cas de la méthode DEPS qui est refusée à cette fin et qui devrait alors être changée pour une autre méthode[6]. Ainsi, une entreprise pourrait vouloir choisir parmi les différentes méthodes permises celle qui lui permet de payer le moins d'impôts et aussi celle qui lui permet de reporter le paiement de ces impôts à une date ultérieure.

En général, dans les pays comme le Canada, qui n'autorisent pas l'utilisation de la méthode DEPS pour la déclaration de revenus, on utilise fréquemment la méthode PEPS ou celle du coût moyen (94 % des entreprises canadiennes utilisent l'une ou l'autre ou les deux méthodes[7]). Par ailleurs, les entreprises pouvant utiliser la méthode de l'épuisement à rebours préféreront ces deux méthodes (PEPS et la méthode du coût moyen) lorsque les prix ont tendance à diminuer, ce qui est tout de même assez rare d'un point de vue économique (c'est cependant le cas dans l'industrie de la haute technologie, comme nous le verrons plus loin). Du fait que la plupart des entreprises d'un même secteur d'activité doivent s'approvisionner auprès des mêmes sources et qu'elles doivent ainsi composer avec des structures de prix similaires, on observe que la plupart choisissent souvent la même méthode d'évaluation des stocks, ce qui permet d'éviter les problèmes de comparaison.

PERSPECTIVE INTERNATIONALE

La méthode DEPS : des comparaisons à l'échelle internationale

Les méthodes d'évaluation des stocks présentées ici sont utilisées dans la plupart des grands pays industrialisés. En Angleterre, l'usage de la méthode DEPS n'est pas autorisé par le fisc pour la déclaration de revenus, et on y recourt rarement pour les rapports financiers. La situation est la même en Australie et à Hong Kong. Par contre, aux États-Unis de même qu'à Singapour, on peut l'utiliser à la condition d'indiquer les différences entre les résultats obtenus avec cette méthode et ceux qui seraient obtenus avec la méthode de l'épuisement successif (si ces différences sont importantes, bien sûr). Ces différences peuvent poser des problèmes de comparabilité lorsqu'on veut analyser des entreprises de différents pays. Par exemple, General Motors et Ford recourent à la méthode DEPS pour évaluer leur stock américain et à la méthode du coût moyen ou à celle de l'épuisement successif pour évaluer la valeur des stocks détenus à l'extérieur du territoire américain, alors que de son côté, Honda, une entreprise japonaise, utilise la méthode PEPS.

5. *Ibid.*
6. Il faut remarquer qu'on peut utiliser la méthode DEPS pour les états financiers tout en se servant de la méthode PEPS ou de celle du coût moyen pour la déclaration de revenus. Toutefois, ce type de combinaison s'observe rarement, comme on a pu le constater (3 entreprises sur 200 = 1,5 %).
7. Clarence Byrd, Ida Chen et Heather Chapman, *op. cit.*, p. 245.

En reprenant l'exemple de la Nouvelle Entreprise, on peut illustrer l'effet des méthodes DEPS et PEPS sur le montant d'impôts sur le revenu à payer lorsque les prix augmentent. On utilise les données du tableau 7.6 et on suppose que les charges autres que le coût des marchandises vendues sont de 2 $ et que le taux d'imposition est de 25 %. On peut alors observer les différences suivantes au point de vue fiscal.

Méthode de détermination du coût des stocks		
	PEPS	DEPS
Ventes	14 $	14 $
Coût des marchandises vendues	4	8
Marge bénéficiaire brute	10	6
Autres charges	2	2
Bénéfice avant impôts	8	4
Charge d'impôts (0,25 × Bénéfices avant impôts)	2	1
Bénéfice net	6 $	3 $

Comme on peut le voir, il existe entre les deux méthodes un écart de 4 $ relativement au coût des marchandises vendues et du bénéfice avant impôts. Le prix des unités a augmenté. Par conséquent, il existe une différence importante entre le prix payé lors des premiers achats et le prix payé récemment. Lorsqu'on multiplie la différence de 4 $ en bénéfice avant impôts par le taux d'imposition de 25 %, on obtient des économies d'impôts de 1 $. Il est toutefois essentiel de se rappeler que ce choix n'est pas lié aux mouvements réels des marchandises. Un tel exemple illustre bien les principales raisons qui pourraient justifier le choix de la méthode DEPS. Dans un contexte inflationniste, la plupart des entreprises doivent composer avec des augmentations de prix. Aux États-Unis, l'avantage fiscal relié à de telles circonstances et le fait que la méthode DEPS est permise permettent d'expliquer l'usage très répandu de cette méthode. Par contre, la réduction d'impôts qu'elle suscite explique peut-être la position des autorités fiscales canadiennes, tant provinciales que fédérales, d'interdire cette méthode pour la déclaration de revenus.

Cet exemple simple montre les calculs requis afin d'évaluer les économies d'impôts, mais il ne reflète pas l'importance des montants en cause souvent obtenus dans la pratique. Par exemple, la société Harley-Davidson est un cas typique d'entreprise utilisant « une combinaison » de méthodes d'évaluation de ses stocks. Le montant de 181,1 millions de dollars américains de stock présenté à son bilan du 31 décembre 2001 comprend des *stocks américains* évalués selon la méthode DEPS. Le bénéfice net obtenu avec cette méthode est inférieur à celui qu'on obtiendrait en utilisant la méthode PEPS, pour un montant de 17,1 millions de dollars américains. À un taux d'imposition de 17 %, l'entreprise a ainsi économisé au total environ 6 millions de dollars américains en impôts, ce qui représente un gain important. Elle n'utilise cependant pas la méthode DEPS pour son stock de motocyclettes détenu à l'*extérieur des États-Unis,* soit parce que son usage n'est pas autorisé pour la déclaration de revenus, soit parce que la méthode n'est pas conforme à la pratique.

QUESTION D'ÉTHIQUE

La méthode d'évaluation des stocks et les conflits entre les intérêts des gestionnaires et ceux des propriétaires

Comme nous l'avons vu précédemment dans ce chapitre, le choix d'une méthode d'évaluation des stocks peut avoir un effet important sur les états financiers. Cependant, les gestionnaires d'entreprises ont parfois des motifs personnels pour choisir une méthode en particulier. Ces motifs ne sont pas nécessairement en accord avec les objectifs des propriétaires de l'entreprise.

Par exemple, l'utilisation de la méthode du coût moyen (plutôt que la méthode PEPS) au cours d'une période de hausse des prix peut favoriser les intérêts des propriétaires, puisqu'elle permet souvent de réduire les impôts à payer par l'entreprise. En effet, selon la méthode du coût moyen, le coût relatif au coût des ventes sera plus élevé que celui avec la méthode PEPS en période d'inflation (voir le tableau 7.6). Par contre, les gestionnaires préféreront peut-être la méthode PEPS dans les mêmes conditions économiques, car celle-ci donne habituellement des bénéfices plus élevés et la rémunération de la plupart d'entre eux est basée sur le bénéfice net présenté aux états financiers.

Un programme de rémunération bien conçu devrait récompenser les gestionnaires qui agissent dans l'intérêt des propriétaires, mais ce n'est malheureusement pas toujours le cas. Certes, un gestionnaire qui refuse de choisir la meilleure méthode comptable pour son entreprise dans le seul but d'augmenter sa rémunération présente un comportement peu souhaitable sur le plan de l'éthique.

En principe, aucune méthode ne peut permettre de réaliser des économies d'impôts de façon permanente. En effet, lorsque les niveaux de stock ou les prix diminuent, l'impact sur le bénéfice est inversé et les impôts qui avaient jusqu'alors été reportés doivent être payés. Il y a toutefois un avantage économique à différer le paiement des impôts, car l'entreprise peut alors placer l'argent qu'elle aurait autrement versé en impôts et recevoir des intérêts. En outre, le paiement d'une partie de ce montant peut être retardé, et une certaine partie pourrait même ne jamais être payée à cause de pertes d'exploitation que pourrait accumuler l'entreprise au fil des ans.

Par ailleurs, un grand nombre d'entreprises de haute technologie doivent composer avec de fortes baisses de prix. Dans ces circonstances, la méthode PEPS, pour laquelle les marchandises achetées en premier et au prix le plus élevé déterminent le coût des marchandises vendues, permet d'enregistrer le coût des marchandises le plus élevé, la marge bénéficiaire brute la plus faible et, par conséquent, les montants d'impôts à payer les plus bas. C'est la méthode que les sociétés Apple et Hewlett-Packard ont utilisée pour leurs stocks.

TEST D'AUTOÉVALUATION

Supposez qu'une entreprise a commencé ses activités au cours de l'exercice. Voici les achats effectués pour l'exercice en cours.

Achats de janvier	10 unités à 6 $ chacune
Achats de mai	5 unités à 10 $ chacune
Achats de novembre	5 unités à 12 $ chacune

Au cours de l'exercice, l'entreprise a vendu 15 unités à 20 $ chacune. Ses autres charges d'exploitation se sont élevées à 100 $. Le taux d'imposition est de 25 %.

1. Calculez le coût des marchandises vendues et le bénéfice net de l'exercice selon les méthodes PEPS et du coût moyen.
2. Selon vous, quelle méthode l'entreprise devrait-elle adopter ? Expliquez votre réponse.

Vérifiez vos réponses à l'aide des solutions présentées au bas de la page suivante*.

Les méthodes de détermination du coût des stocks et l'analyse des états financiers

On reproche souvent aux principes comptables généralement reconnus l'existence de plusieurs méthodes comptables permises pour une seule et même situation, ce qui va à l'encontre du critère de *comparabilité* et réduit l'*utilité* de l'information financière présentée. Or, il s'agit de deux éléments essentiels pour permettre aux analystes financiers de comparer les renseignements fournis par les entreprises au cours d'un même exercice financier. Ces comparaisons sont rendues plus difficiles à cause de l'utilisation de méthodes comptables différentes qui obligent l'analyste à modifier les données des états financiers afin de les ramener à une base comparative *avant* de pouvoir en tirer des conclusions significatives. L'analyste peut procéder à de telles corrections lorsqu'il s'agit de sociétés américaines seulement, car ces dernières sont tenues de divulguer l'évaluation des stocks au début et à la fin de l'exercice selon la méthode PEPS lorsque la méthode DEPS est utilisée et que les différences sont importantes. Cette divulgation n'est pas requise au Canada, car peu d'entreprises utilisent la méthode DEPS. De plus, il arrive souvent que les entreprises d'un même secteur utilisent les mêmes méthodes. Cependant, ce n'est pas toujours le cas et, de ce fait, il serait donc difficile, pour un même secteur d'activité, de comparer les entreprises canadiennes qui utilisent la méthode PEPS et celles qui utilisent la méthode du coût moyen. Cela s'explique du fait que les informations nécessaires pour les rendre comparables ne sont pas fournies. On se rappelle toutefois que les différences entre la méthode PEPS et la méthode du coût moyen sont souvent moins importantes que celles entre la méthode PEPS et la méthode DEPS (voir le tableau 7.6).

Néanmoins, les utilisateurs d'états financiers doivent faire preuve de prudence et s'assurer que leurs décisions se fondent sur des faits économiques réels. Ils devront bien connaître les différentes méthodes comptables et savoir en quoi elles peuvent modifier les états financiers. Cependant, rappelez-vous que le choix d'une méthode n'a pas d'impact sur la valeur économique des biens ni sur ses attributs physiques.

*1.

	PEPS	Coût moyen
Ventes (15 × 20 $)	300 $	300 $
Coût des marchandises vendues	110	128
Marge bénéficiaire brute	190	172
Autres charges	100	100
Bénéfice avant impôts	90	72
Charge d'impôts	23	18
Bénéfice net	67	54

Coût des marchandises vendues selon PEPS : (10 × 6 $) + (5 × 10 $) = 110 $
Coût des marchandises vendues selon la méthode du coût moyen :
[(10 × 6 $) + (5 × 10 $) + (5 × 12 $)] / 20 = 8,50 $ × 15 = 128 $

2. La méthode PEPS donne un bénéfice net plus élevé que la méthode du coût moyen. Par contre, cette dernière permet de réduire la charge fiscale et, par conséquent, produit plus de flux monétaires. La méthode la plus efficace est celle qui permet un meilleur rapprochement des produits et des charges. Si les deux méthodes conviennent, celle qui a le meilleur impact sur les flux monétaires est préférable, car elle va dans le sens des intérêts des propriétaires.

ANALYSONS LES RATIOS

Le ratio de rotation des stocks

1. **Connaître la question**

Jusqu'à quel point les activités de gestion des stocks sont-elles efficaces? Pour le savoir, on effectue les calculs suivants.

$$\text{Ratio de rotation des stocks} = \frac{\text{Coût des marchandises vendues}}{\text{Stock moyen*}}$$

* Stock moyen = (Stock au début + Stock à la fin) ÷ 2

En 2001, le ratio de rotation des stocks d'Unibroue était le suivant:

$$\frac{11\ 539\ 905\ \$}{(3\ 315\ 567\ \$ + 3\ 417\ 162\ \$) \div 2} = 3,43$$

OBJECTIF D'APPRENTISSAGE **5**

Analyser et interpréter le ratio de rotation des stocks et l'effet des stocks sur les flux de trésorerie.

2. **Utiliser les techniques appropriées**

a) Analyser la tendance dans le temps			b) Comparer avec les compétiteurs	
UNIBROUE			SLEEMAN BREWERIES LTD.	BIG ROCK BREWERY
1999	2000	2001	2001	2001
3,59	3,50	3,43	4,61	3,42

3. **Interpréter prudemment les résultats**

EN GÉNÉRAL ◊ Le ratio de rotation des stocks indique le nombre de fois où on a produit et vendu une quantité d'articles correspondant au stock moyen à l'intérieur d'un exercice donné. Un ratio élevé révèle que le stock passe plus rapidement du processus de fabrication jusqu'à l'acheteur final. Une telle situation profite à l'entreprise puisqu'elle réduit ses coûts d'entreposage et les coûts potentiels de désuétude des stocks. Cela signifie également qu'il y a moins d'argent investi dans les stocks. L'entreprise peut ainsi se servir de ce surplus ou l'investir pour gagner des intérêts ou encore réduire ses emprunts et, par le fait même, diminuer sa charge d'intérêts. Des politiques d'achat et de production efficaces, comme la méthode juste-à-temps, de même qu'une forte demande pour un produit auront tendance à faire augmenter le ratio. Par contre, des lacunes à ce propos de même qu'une demande à la baisse auront tendance à le faire diminuer.

Les analystes et les créanciers surveillent de près ce ratio, car une baisse soudaine pourrait signifier qu'une entreprise connaît une diminution imprévue dans la demande de ses produits ou qu'il existe des problèmes concernant la gestion de la production. De nombreux gestionnaires et analystes calculent aussi un autre indice, soit celui du délai moyen de rotation des stocks qui s'obtient de la façon suivante: 365 ÷ ratio de rotation des stocks. Dans le cas d'Unibroue, ce délai est de 106,4 jours. Cela nous indique la durée moyenne que l'entreprise met à produire et à livrer la marchandise à ses clients.

UNIBROUE ◊ Le ratio de rotation des stocks d'Unibroue a diminué légèrement entre 1999 et 2001, passant de 3,59 à 3,43. Cette baisse est due à la forte compétition que les entreprises se sont livrées dans le secteur au cours des deux dernières années. Cette compétition a provoqué une diminution du chiffre d'affaires en 2000 de 8,7%. En 2001, les ventes ont augmenté de 1%, malgré les événements du 11 septembre. Comme nous le verrons ci-après, la diminution du ratio de rotation des stocks a également entraîné une diminution des flux de trésorerie provenant de l'exploitation. Toutefois, Unibroue a un ratio comparable à celui des petites brasseries au Canada. Pour les grandes brasseries, Interbrew, société mère belge de Labatt, affiche un ratio de 6,88 en 2001 (le ratio de Molson ne peut être calculé, car l'entreprise ne fournit pas de données précises sur le coût de ses ventes qui est regroupé avec les frais de vente et les frais d'administration). Dans un premier temps, la différence entre Unibroue et Interbrew peut s'expliquer par la différence de taille des deux entreprises. Interbrew affiche des ventes qui sont presque 500 fois celles d'Unibroue (au Canada, Labatt affiche des ventes qui sont 37 fois celles d'Unibroue). Compte tenu de leur taille, les grosses entreprises peuvent bénéficier de ce que les économistes appellent des « économies d'échelle ». Comme on l'a déjà expliqué, le processus de fabrication de la majorité des bières d'Unibroue est beaucoup plus long que celui des grandes brasseries, ce qui favorise sa conservation sur une plus longue période de temps (de 2 à 10 ans), comparativement aux grandes brasseries (6 mois). Par ailleurs, Interbrew évalue ses stocks selon le coût moyen comparativement à Unibroue qui évalue ses stocks selon PEPS. En période d'inflation, on a remarqué dans les exemples précédents que la méthode du coût moyen donne un coût des ventes plus élevé et des stocks d'ouverture et de fermeture moins élevés que la méthode PEPS. Par conséquent, le ratio de rotation des stocks sera plus élevé lorsque la méthode du coût moyen est utilisée pour comptabiliser les stocks et le coût des ventes, comparativement au ratio de rotation des stocks avec la méthode PEPS.

Sleeman, dont le chiffre d'affaires est 14 fois celui d'Unibroue, a poursuivi une stratégie agressive d'expansion de son marché. Ainsi, ses ventes ont augmenté de 6,7 % en 2001, ce qui explique son taux de rotation plus élevé. De plus, cette société vend ses bières à escompte dans des grands magasins tel Costco et fabrique plusieurs bières filtrées dont certaines pour les entreprises américaines. Sleeman ne divulgue pas la méthode qu'elle utilise pour évaluer le coût des marchandises vendues et les stocks à son bilan. S'il advenait qu'elle utilise la méthode du coût moyen, une partie de la différence des taux de rotation pourrait s'expliquer. Par ailleurs, Unibroue et Sleeman n'occupent pas tout à fait le même créneau.

Quant à Big Rock Breweries, son chiffre d'affaires s'élève à 31 millions de dollars en 2001, donc 1,5 fois celui d'Unibroue. Sa taille est la plus près de celle d'Unibroue avec un taux de rotation des stocks presque identique, et toutes deux utilisent la méthode PEPS pour évaluer les stocks au bilan et le coût des marchandises vendues.

Par ailleurs, on peut noter qu'Unibroue est la seule à avoir amélioré sa marge bénéficiaire brute de 2,45 points en 2001, qui se situe à 46,5 % (Big Rock Breweries +0,8 points à 43,4 % et Sleeman −0,8 points à 47,1 %). Au début de ce chapitre, nous avons examiné les principaux éléments de la stratégie d'expansion d'Unibroue, qui repose sur l'agrandissement des marchés et un contrôle plus serré des coûts de production. Ce sont là les deux éléments importants permettant d'améliorer le taux de rotation des stocks. La comparaison de la marge bénéficiaire brute d'Unibroue, de Big Rock Breweries et de Sleeman en 2001 révèle peu de différences. Cependant, Unibroue présente la meilleure fiche d'amélioration du contrôle de ses coûts. Unibroue vise un autre objectif, qui constitue la deuxième partie de sa stratégie, celle d'augmenter le volume des ventes, stratégie qui sera poursuivie en 2002.

QUELQUES PRÉCAUTIONS ◊ Les écarts qui existent entre les différents secteurs d'activité en matière de processus d'achat, de production et de vente peuvent entraîner des différences significatives entre les ratios calculés. Par exemple, les restaurants qui doivent renouveler très rapidement leur stock de produits périssables ont tendance à présenter un ratio de rotation des stocks plus élevé que ceux qui sont obtenus dans d'autres secteurs d'activité. On devrait comparer le ratio d'une entreprise uniquement à ceux qui sont obtenus au cours des exercices antérieurs ou à ceux d'autres entreprises appartenant au même secteur d'activité. Toutefois, la comparaison est difficile lorsque les sociétés utilisent des méthodes différentes pour évaluer les stocks et le coût des marchandises vendues.

Comparons

Ratio de rotation des stocks

L'Équipeur	2,58
Domtar	5,30
Les Aliments Humpty Dumpty	14,36

La méthode d'évaluation des stocks et le ratio de rotation des stocks

Si on voulait effectuer une analyse comparative du ratio de rotation des stocks entre une entreprise canadienne et une entreprise américaine, il ne faudrait pas oublier de tenir compte de la différence en ce qui concerne le choix de la méthode d'évaluation des stocks des deux entreprises. En effet, comme nous l'avons déjà vu, un grand nombre d'entreprises américaines utilisent la méthode DEPS, puisque cette dernière est autorisée par les autorités fiscales de ce pays. Le ratio de rotation des stocks peut cependant se révéler trompeur selon cette méthode. Il ne faut pas oublier, comme on l'a discuté précédemment, que pour ces entreprises, les montants correspondant aux stocks au début et à la fin qui constituent le dénominateur de ce ratio sont artificiellement réduits puisqu'ils reflètent les prix les moins élevés provenant des achats effectués en premier. Considérons le cas de Coors Brewing, grande brasserie américaine dont le chiffre d'affaires atteint presque les 3 milliards de dollars en 2001. Voici les montants présentés dans la note sur les stocks.

Coors Brewing Company
Notes afférentes aux états financiers consolidés

À partir de la note sur les stocks, on peut déduire que :
(en millions de dollars)

	2001	2000
Valeur totale des stocks selon la méthode PEPS	156,6 $	152,8 $
Ajustements requis pour passer à la méthode DEPS	41,5	42,9
Stock présenté au bilan	115,1 $	109,9 $

Le coût des marchandises vendues de Coors Brewing en 2001 atteignait 1 537,6 millions de dollars. En calculant le ratio selon la valeur des stocks enregistrée à l'aide de la méthode DEPS, on obtient le résultat suivant :

$$\text{Ratio de rotation des stocks} = \frac{1\ 537,6\ \$}{(115,1\ \$ + 109,9\ \$) \div 2} = 13,7$$

Si on convertit le coût des marchandises vendues qui constitue le numérateur en fonction de la méthode PEPS et qu'on utilise la valeur des achats les plus récents pour évaluer les stocks pour le dénominateur, on obtient ce qui suit :

$$\text{Ratio de rotation des stocks} = \frac{1\ 537,6\ \$ + 1,4\ \$*}{(156,6\ \$ + 152,8\ \$) \div 2} = 9,9$$

* (–109,9 $ + 115,1 $ + 152,8 $ – 156,6 $)

Il faut remarquer que la principale différence se situe au dénominateur. La valeur des stocks à la fin obtenue avec la méthode de l'épuisement successif (PEPS) est près de 1,4 fois plus élevée (156,6 $ / 115,1 $) que la valeur obtenue avec la méthode de l'épuisement à rebours. Il s'ensuit que le ratio de rotation des stocks est presque de 40 % moins élevé qu'avec la méthode DEPS. La valeur des stocks au début et à la fin selon la méthode DEPS est artificiellement réduite, car elle tient compte des prix d'achat les plus anciens, donc des coûts engagés au début de l'exercice. Par conséquent, le rapport entre le numérateur et le dénominateur du premier calcul n'est pas très représentatif de la réalité.

INCIDENCE SUR LES FLUX DE TRÉSORERIE

Les stocks

Comme il en a été question pour la variation dans les comptes clients, la variation des stocks peut devenir un facteur important pour les flux de trésorerie provenant de l'exploitation d'une entreprise. L'état des résultats reflète le coût des marchandises vendues au cours d'un exercice, tandis que l'état des flux de trésorerie devrait refléter les paiements au comptant versés aux fournisseurs au cours du même exercice. Le coût des marchandises vendues peut être supérieur ou inférieur au montant en espèces payé aux fournisseurs au cours de l'exercice. Comme la plus grande partie des stocks est achetée à crédit auprès des fournisseurs (on appelle généralement ce type de dette *compte fournisseur*), le rapprochement du coût des marchandises vendues et des espèces versées aux fournisseurs doit se faire en tenant compte des variations au compte Stocks et au compte Fournisseurs.

La façon la plus simple de considérer l'effet de la variation des stocks est de se dire que l'achat des stocks (l'augmentation des stocks) fait diminuer l'encaisse, alors que la vente des stocks (la diminution des stocks) fait augmenter l'encaisse. De même, l'emprunt aux fournisseurs (l'augmentation des comptes fournisseurs) augmente l'encaisse, tandis que le paiement aux fournisseurs (la diminution des comptes fournisseurs) diminue l'encaisse.

Incidence sur les flux de trésorerie

EN GÉNÉRAL ◊ Lorsqu'il y a une *diminution nette du stock* au cours d'un exercice (SF – SD < 0), les ventes sont supérieures aux achats. Par conséquent, on doit *additionner* le montant de cette diminution lors du calcul des flux de trésorerie provenant de l'exploitation.

Lorsqu'il y a une *augmentation nette du stock* au cours d'un exercice (SF – SD > 0), les ventes sont inférieures aux achats. Par conséquent, on doit *soustraire* le montant de cette augmentation lors du calcul des flux de trésorerie provenant de l'exploitation.

Lorsqu'il y a une *diminution nette des comptes fournisseurs* au cours d'un exercice, les paiements aux fournisseurs sont supérieurs aux nouveaux achats. Par conséquent, on doit *soustraire* le montant de cette diminution lors du calcul des flux de trésorerie provenant de l'exploitation.

À l'inverse, lorsqu'il y a une *augmentation nette dans les comptes fournisseurs* au cours d'un exercice, les paiements aux fournisseurs sont alors inférieurs aux nouveaux achats. Par conséquent, on doit *additionner* cette augmentation au calcul des flux de trésorerie provenant de l'exploitation.

	Incidence sur les flux de trésorerie
Activités d'exploitation (méthode indirecte)	
Bénéfice net	xxx $
Ajusté des redressements suivants :	
Plus la *diminution* des stocks	+
ou	
Moins l'*augmentation* des stocks	–
Plus l'*augmentation* des comptes fournisseurs	+
ou	
Moins la *diminution* des comptes fournisseurs	–

UNIBROUE ◊ Le tableau 7.7 présente une partie de la section des activités d'exploitation de l'état des flux de trésorerie d'Unibroue.

Comparons
Variation concernant les flux de trésorerie liée aux variations dans les stocks (en milliers de dollars)

L'Équipeur	(144)
Domtar	(25)
Les Aliments Humpty Dumpty	(426)

Lorsque le solde du compte Stocks augmente au cours d'un exercice (SF − SD > 0), comme c'était le cas pour Unibroue en 2001, cela signifie que l'entreprise a acheté ou produit plus de stock qu'elle n'en a vendu au cours de cet exercice. On doit soustraire cette augmentation lors du calcul de ses flux de trésorerie provenant de l'exploitation (voir la note 17). Si, au cours du même exercice, le solde des comptes fournisseurs a augmenté, on en déduit que l'entreprise a effectué plus d'emprunts auprès de ses fournisseurs que de remboursements. On doit alors additionner cette augmentation lors du calcul de ses flux de trésorerie provenant de l'exploitation (voir la note 17)*.

Lorsque les ventes augmentent, comme c'était le cas pour Unibroue en 2001, on observe généralement une augmentation des stocks qui entraîne une diminution des flux de trésorerie provenant de l'exploitation. Toutefois, les éléments mis en évidence au tableau 7.7 démontrent que l'augmentation des emprunts auprès des fournisseurs (l'augmentation des liquidités) a plus que compensé la diminution des liquidités provoquée par la variation des stocks.

Stocks à l'état des flux de trésorerie		TABLEAU 7.7

États partiels des flux de trésorerie consolidés et note 17 aux états financiers pour les exercices se terminant les 31 décembre

	2001	2000
Activités d'exploitation		
Bénéfice net	608 754 $	537 368 $
Éléments hors caisse :		
Amortissement des immobilisations	1 637 472	1 816 890
Amortissement des autres éléments d'actif	195 227	216 539
Impôts futurs	443 764	166 783
Marge brute d'autofinancement	2 885 217	2 737 580
Variation d'éléments du fonds de roulement (note 17)	335 739	(252 467)
Flux de trésorerie liés aux activités d'exploitation	3 220 956 $	2 485 113 $

Note 17 : Informations sur les flux de trésorerie

Les variations d'éléments du fonds de roulement se détaillent comme suit :

	2001	2000
Comptes clients	100 181 $	(420 597) $
Crédits d'impôt à recevoir	(91 930)	217 509
Impôts sur les bénéfices à recevoir	43 040	(14 503)
Stocks	(101 595)	202 405
Frais payés d'avance	(61 349)	(32 829)
Comptes fournisseurs et frais courus	447 392	(204 452)
Total	335 739 $	(252 467) $

Coup d'œil sur **Unibroue inc.** RAPPORT ANNUEL*

* Pour les entreprises qui ont des comptes en devises étrangères ou qui effectuent des acquisitions ou cessions d'entreprises, le montant de la variation inscrit à l'état des flux de trésorerie n'est pas égal à celui de la variation des comptes enregistrés au bilan.

1. L'analyse du ratio de rotation des stocks d'Unibroue a été présentée précédemment dans ce chapitre. En vous basant sur les calculs pour 2001, répondez à la question qui suit. Si Unibroue avait pu gérer ses stocks de façon plus efficiente et avait diminué ses achats ainsi que son stock à la fin de 50 000 $, son ratio de rotation des stocks aurait-il augmenté ou diminué ? Expliquez votre réponse.
2. Répondez à la question suivante en vous référant à la section de ce chapitre intitulée Incidence sur les flux de trésorerie. Si Unibroue avait pu non seulement gérer son stock de façon encore plus efficiente mais aussi réduire son stock à la fin, ses flux de trésorerie provenant de l'exploitation auraient-ils augmenté ou diminué ?

Vérifiez vos réponses à l'aide des solutions présentées en bas de page*.

L'évaluation des stocks au moindre du coût et de la juste valeur

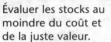

OBJECTIF
D'APPRENTISSAGE **6**

Évaluer les stocks au moindre du coût et de la juste valeur.

L'évaluation au moindre du coût et de la juste valeur est une méthode d'évaluation qui diffère du principe du coût historique. Elle sert à constater une perte lorsque le coût de remplacement (ou la valeur de réalisation nette) devient inférieur au coût d'origine.

Le coût de remplacement est le prix d'achat qu'il faudrait payer aujourd'hui afin de se procurer des articles identiques à ceux en stock.

À la fin de l'exercice et pour les fins de la présentation aux états financiers, on doit comparer la juste valeur des stocks avec leur valeur d'acquisition.

On devrait présenter les stocks à leur coût d'acquisition, conformément au principe du coût d'origine. Toutefois, lorsqu'il est possible de remplacer les marchandises incluses au stock à la fin par des articles identiques mais à un coût moindre, on devrait plutôt utiliser ce coût pour évaluer le stock. Par ailleurs, il faudrait attribuer aux articles endommagés, désuets ou invendables toujours en stock, un coût unitaire qui représente leur valeur de réalisation nette estimative si celle-ci est inférieure à leur coût d'origine. Cette règle porte le nom de « méthode d'**évaluation** des stocks **au moindre du coût et de la juste valeur** » (ou règle de la valeur minimale).

Cette méthode basée sur la valeur minimale s'éloigne du principe de la valeur d'acquisition à cause du principe de prudence (voir le chapitre 5) selon lequel il faut éviter de surestimer les actifs ou le bénéfice net. Cette méthode est particulièrement utilisée pour deux types d'entreprises : 1) les entreprises de technologie de pointe comme Hewlett Packard, qui fabriquent des produits dont le coût de production et le prix de vente sont souvent en baisse et 2) les entreprises comme L'Équipeur qui vendent des produits saisonniers, tels les vêtements, dont la valeur diminue de façon spectaculaire à la fin de chaque saison de vente.

Dans le cas d'entreprises comme Hewlett Packard, la méthode de la valeur minimale permet de constater une perte de détention (ou moins-value) dans l'exercice au cours duquel le **coût de remplacement** d'un article a diminué plutôt que dans l'exercice au cours duquel le bien a été vendu. Le montant de la radiation des stocks est la différence entre le coût d'achat et le coût de remplacement (inférieur au coût d'achat) ; il est ajouté au coût des marchandises vendues pour cet exercice. Afin d'illustrer ce concept, supposons que le stock de la société Hewlett Packard comprend les articles suivants à la fin de l'exercice 20B (exercice en cours).

---

*1. Le ratio de rotation des stocks augmentera puisque le dénominateur du ratio diminuera de 25 000 $.

$$\frac{11\ 539\ 905\ \$}{(3\ 315\ 567\ \$ + 3\ 367\ 162\ \$) \div 2} = 3,45$$

2. Une diminution des stocks devrait entraîner une augmentation des flux de trésorerie provenant de l'exploitation (voir la section de ce chapitre intitulée Incidence sur les flux de trésorerie).

Article	Quantité	Coût unitaire	Coût de remplacement (juste valeur) par unité	Moindre du coût et de la juste valeur par unité	Moindre du coût et juste valeur Total
Puces Pentium	1 000	250 $	200 $	200 $	1 000 × 200 $ = 200 000 $
Lecteurs de disques	400	100 $	110 $	100 $	400 × 100 $ = 40 000

Il faudrait comptabiliser les 1 000 puces Pentium au stock à la fin au prix courant du marché (200 $), puisque ce dernier est moins élevé que le coût historique (250 $). Chez Hewlett Packard, on enregistrerait cette dépréciation de valeur de la façon suivante.

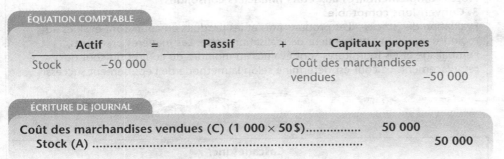

ÉQUATION COMPTABLE

Actif	=	Passif	+	Capitaux propres
Stock –50 000				Coût des marchandises vendues –50 000

ÉCRITURE DE JOURNAL

Coût des marchandises vendues (C) (1 000 × 50 $)............... 50 000
    Stock (A) 50 000

Comme le coût des lecteurs de disques (100 $) est inférieur au coût du marché (110 $), il n'est pas nécessaire de dévaluer ces articles. Ceux-ci seront donc laissés aux livres à leur coût d'acquisition, soit de 100 $ l'unité (40 000 $ au total).

Cependant, la réduction du coût des puces Pentium entraîne les effets suivants.

Effets d'une radiation des stocks	Exercice en cours (20B)	Exercice de la vente (20C)
Coût des marchandises vendues	Augmentation de 50 000 $	Diminution de 50 000 $
Bénéfice avant impôts	Diminution de 50 000 $	Augmentation de 50 000 $
Stock à la fin au bilan	Diminution de 50 000 $	Aucune incidence

Premièrement, comme on peut le constater, selon la méthode d'évaluation au moindre du coût et de la juste valeur, il faut reporter une partie des charges normalement liées à la période de la vente (20C) à la période en cours (20B). Il en résulte ainsi une diminution de 50 000 $ du bénéfice avant impôts au cours de l'exercice durant lequel le coût de remplacement a diminué (20B) plutôt que pour l'exercice suivant (20C) durant lequel les puces seront utilisées pour fabriquer les ordinateurs qui seront par la suite vendus. Comme le coût des marchandises vendues pour 20B *augmente* de 50 000 $ et que le coût des marchandises vendues pour 20C *diminue* de 50 000 $, le coût des marchandises vendues (et le bénéfice net avant impôts) des deux exercices (20B et 20C) combinés demeure le même. Deuxièmement, au bilan, la perte de 50 000 $ subie en 20B réduit le montant du stock inscrit en date du 31 décembre 20B.

Par contre, le coût de remplacement des lecteurs de disques a augmenté à 110 $ l'unité ; il s'agit d'un gain de détention (ou plus-value). Les principes comptables généralement reconnus ne permettent pas la constatation des plus-values non matérialisées, et ce, afin de respecter le principe de prudence.

Dans le cas d'articles saisonniers comme les vêtements ou de produits désuets ou endommagés, si le prix de vente moins les frais de vente afférents (ou **valeur de réalisation nette**) devient inférieur au coût, on déduit la différence au stock à la fin et on l'ajoute au coût des marchandises vendues de l'exercice en cours. Cette radiation a la même incidence sur les états financiers des exercices en cours et futurs qu'une réduction de la valeur du prix de remplacement.

La valeur de réalisation nette est le prix de vente prévu dont on soustrait les frais de vente (par exemple, les frais de réparation et de mise au rebut).

Selon les principes comptables généralement reconnus, on doit appliquer la règle de la valeur minimale aux stocks, et ce, peu importe laquelle des quatre méthodes d'évaluation du coût des stocks a été utilisée. Il faut remarquer que dans les deux extraits de notes qui suivent, la société Unibroue, qui utilise uniquement la méthode de l'épuisement successif, et la société Cascades inc., qui se sert de la méthode du coup moyen et de la méthode de l'épuisement successif, indiquent qu'elles emploient la méthode du moindre du coût et de la juste valeur lors de l'établissement de leurs états financiers.

Unibroue inc.
Notes complémentaires aux états financiers consolidés
3. Conventions comptables
Évaluation des stocks – Les produits finis et les produits en cours sont évalués au moindre du coût et de la valeur de réalisation nette. Les matières premières, l'emballage et les fournitures sont évalués au moindre du coût et du coût de remplacement. Le coût est déterminé selon la méthode de l'épuisement successif.

Cascades inc.
Notes afférentes aux états financiers consolidés
1. Conventions comptables
Stocks – Les stocks de produits finis sont évalués au moindre du coût moyen de fabrication et de la valeur de réalisation nette. Les stocks de matières premières et les approvisionnements sont évalués au moindre du coût et du coût de remplacement. Le coût des matières premières et des approvisionnements est déterminé respectivement selon la méthode du coût moyen et de la méthode de l'épuisement successif.

La gestion des quantités et du coût des stocks

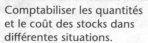

OBJECTIF D'APPRENTISSAGE 7

Comptabiliser les quantités et le coût des stocks dans différentes situations.

Afin d'obtenir le coût des marchandises vendues, il faut connaître trois montants : 1) le stock au début, 2) les achats de marchandises (ou les articles transférés aux produits finis) au cours de l'exercice financier et 3) le stock à la fin. Afin de simplifier l'analyse des différentes méthodes d'enregistrement des quantités de stocks aux registres comptables, nous prendrons comme exemple la gamme de produits offerte par la société Canadian Tire. En général, bien que les principes de base abordés ici s'appliquent également aux systèmes de comptabilité utilisés dans les entreprises de fabrication, le système de celles-ci sera abordé dans les cours de comptabilité de gestion à cause de leur complexité.

Comme on l'a vu précédemment, le stock d'ouverture d'un exercice financier est le stock de clôture de l'exercice précédent. De plus, le montant de chaque achat de l'exercice est enregistré aux livres comptables. On peut cependant déterminer le montant correspondant au stock à la fin à l'aide d'un des deux systèmes suivants : le système d'inventaire permanent ou le système d'inventaire périodique.

Le système d'inventaire permanent et le système d'inventaire périodique

Le système d'inventaire permanent Le **système d'inventaire permanent** consiste à tenir à jour un compte Stock (ou d'inventaire) dans les livres comptables au cours de l'exercice financier. Pour chaque type de marchandises en main, ce compte détaillé indique 1) le nombre d'unités et le coût du stock au début, 2) le nombre d'unités et le coût de chaque achat, 3) le nombre d'unités et le coût des marchandises pour chaque vente et 4) le nombre d'unités et le coût des marchandises en main à n'importe quel moment. On le tient à jour en enregistrant chacune des transactions à mesure qu'elles ont lieu au cours de l'exercice. Dans un système d'inventaire permanent, le compte Stock donne à la fois le montant du stock de clôture et le montant du coût des marchandises vendues à tout moment. Il faut cependant procéder à un dénombrement de temps à autre pour s'assurer que ce compte est exact et pouvoir y apporter les corrections nécessaires en cas d'erreur ou de vol.

Ce type d'inventaire requiert normalement un système informatique. Que le système comptable soit manuel ou informatisé, les données divulguées et enregistrées sont les mêmes. Il est généralement nécessaire de tenir un compte Stock distinct pour chaque type de marchandises en main, basé sur l'enregistrement de chaque opération, pour prendre des décisions concernant les achats, la fabrication et la distribution. Des entreprises comme Canadian Tire se fient grandement au système d'inventaire permanent et partagent même par voie électronique une partie des renseignements qu'elles en tirent avec leurs fournisseurs.

Toutes les écritures de journal concernant les activités d'achat et de vente dont il a été question jusqu'ici dans ce volume étaient enregistrées à l'aide d'un système d'inventaire permanent. Dans ce type de système, on inscrit directement les achats dans le compte Stock (au lieu d'un compte d'achat). En outre, lors de l'enregistrement de chaque vente, on entre en contrepartie le coût de l'article cédé, ce qui permet de comptabiliser la diminution du stock existant et le coût des marchandises vendues. Il en résulte qu'on dispose à tout moment des renseignements sur le coût des marchandises vendues et le stock à la fin.

Le système d'inventaire périodique Selon le **système d'inventaire périodique,** on ne tient pas à jour le compte Stock au cours de l'exercice. Il faut donc procéder à un véritable dénombrement (décompte ou prise d'inventaire) des marchandises qui sont toujours en main *à la fin de chaque exercice financier*. On calcule alors la valeur (en dollars) du stock à la fin en multipliant le nombre d'unités de chaque type de marchandises que l'entreprise possède par leur coût unitaire. On détermine ensuite le coût des marchandises vendues à l'aide de l'équation suivante :

$$\begin{matrix} \textbf{Stock} \\ \textbf{au début} \end{matrix} + \begin{matrix} \textbf{Achats} \\ \textbf{de l'exercice} \end{matrix} - \begin{matrix} \textbf{Stock} \\ \textbf{à la fin} \end{matrix} = \begin{matrix} \textbf{Coût des marchandises} \\ \textbf{vendues} \end{matrix}$$

Ainsi, on ne connaît pas la valeur du stock avant la fin de l'exercice, c'est-à-dire au moment où on procède au dénombrement physique des stocks. Il est ainsi impossible de déterminer de façon précise le coût des marchandises vendues tant que ce dénombrement n'est pas terminé. Chaque fois qu'il a été question d'erreurs relatives aux stocks et de l'application de différentes hypothèses portant sur l'enregistrement des coûts (avec la méthode de l'épuisement successif, du coût moyen, etc.) dans ce chapitre, nous avons supposé que le système d'inventaire était périodique (c'est-à-dire que tous les achats de l'exercice avaient été enregistrés avant que l'on comptabilise le coût des marchandises vendues).

On inscrit les achats de stock dans un compte temporaire (ou compte de résultats) libellé Achats (au lieu de Stock), et on enregistre les revenus ou les produits au moment de chaque vente. Toutefois, le coût des marchandises vendues n'est pas comptabilisé avant que le dénombrement des stocks ne soit achevé.

Le **système d'inventaire permanent** consiste à tenir un registre d'inventaire détaillé dans lequel sont inscrits, au cours de l'exercice financier, chacun des achats et chacune des ventes.

S'il s'agit d'un système d'inventaire périodique, on détermine le stock de clôture et le coût des marchandises vendues seulement à la fin de l'exercice financier à la suite du dénombrement des stocks.

Le reste du temps (par exemple, pour dresser des états financiers trimestriels), les entreprises qui utilisent un système d'inventaire périodique doivent estimer la quantité de stock qu'elles possèdent. Il sera brièvement question de l'estimation des quantités de stocks en main plus loin dans ce chapitre.

Avant que les entreprises puissent se procurer des ordinateurs et des lecteurs de codes à barres à prix abordables, la raison fondamentale pour laquelle elles utilisaient le système d'inventaire périodique était son coût peu élevé. Ce type de système a pour principal inconvénient le manque de renseignements à jour sur les stocks. Les directeurs ne disposent alors d'aucun moyen de savoir s'il y a surstockage ou risque de pénurie. De nos jours, la plupart des entreprises ne pourraient survivre sans cette information. Comme on l'a vu au début de ce chapitre, les pressions en matière de coûts et de qualité dues à une concurrence croissante, combinées à des baisses spectaculaires du prix des ordinateurs, ont presque obligé toutes les entreprises sauf les plus petites à se doter de systèmes d'inventaire permanent assez sophistiqués.

Une comparaison entre le système d'inventaire périodique et le système d'inventaire permanent On peut résumer les différences entre le système d'inventaire permanent et le système d'inventaire périodique à l'aide de l'équation de base portant sur les stocks.

Système d'inventaire permanent

Équation :	**Stock au début**	**+**	**Achats de la période**	**–**	**Coût des marchandises vendues**	**=**	**Stock à la fin**
	↓		↓		↓		↓
Provenance :	**Reporté de la période précédente**		**Accumulé au compte Stocks**		**Déterminé pour chaque vente d'après le fichier d'inventaire permanent**		**Fichier d'inventaire permanent remis à jour après chaque vente**

Système d'inventaire périodique

Équation :	**Stock au début**	**+**	**Achats de la période**	**–**	**Stock à la fin**	**=**	**Coût des marchandises vendues**
	↓		↓		↓		↓
Provenance :	**Reporté de la période précédente**		**Accumulé au compte Achats***		**Déterminé à la fin de chaque exercice lors du dénombrement des stocks**		**Montant résiduel obtenu selon l'équation (en fin d'exercice)**

* Les achats constituent un compte temporaire (T) qui, à la fin de l'exercice, est remis à zéro et dont le solde est reporté au compte du coût des marchandises vendues.

Supposons, pour l'exemple qui suit, que Canadian Tire entrepose et vend seulement un article, des drilles électriques, et que seuls les événements suivants ont eu lieu en 20F :

1er janvier	Stock au début : 800 unités à un coût unitaire de 50 $;
14 avril	Achat : 1 100 unités à un coût unitaire de 50 $;
30 novembre	Vente : 1 300 unités à un prix de vente unitaire de 83 $.

Pour chacun des deux types de systèmes d'inventaire, ces événements donneraient lieu aux étapes suivantes (on suppose que les ventes sont faites au comptant et que les achats sont faits à crédit) :

Système d'inventaire permanent	Système d'inventaire périodique

Système d'inventaire permanent

1. Enregistrer tous les achats dans le compte Stock et dans le fichier d'inventaire permanent
   14 avril 20F

   Équation comptable :

Actif	=	Passif	+	Capitaux propres
Stocks		Fournisseurs		
+ 55 000		+ 55 000		

   Écriture de journal :
   Stock (A) (1 100 unités à 50 $)* 55 000
     Fournisseurs (Pa) 55 000

   * La donnée est entrée également dans le fichier d'inventaire permanent pour ce produit sous la forme suivante : 1 100 drilles électriques à 50 $ chacune.

2. Enregistrer toutes les ventes dans le compte Ventes et enregistrer le coût des marchandises vendues
   30 novembre 20F

   Équation comptable :

Actif	=	Passif	+	Capitaux propres
Encaisse				Ventes
+107 900				+107 900
Stock				CMV
–65 000				–65 000

   Écriture de journal :
   Encaisse (A) 107 900
     Ventes (Pr) (1 300 unités à 83 $) 107 900
   CMV (C) 65 000
     Stock (A) (1 300 unités à 50 $)* 65 000

   * La donnée est entrée également dans le fichier d'inventaire permanent de ce produit, ce qui signifie une réduction de 1 300 unités à 50 $ chacune.

3. Utiliser le coût des marchandises vendues (CMV) et les quantités de stocks.
   À la fin de l'exercice financier, le solde du compte Coût des marchandises vendues correspond au montant de cette charge telle qu'elle est présentée à l'état des résultats. Il n'est pas nécessaire de calculer le coût des marchandises vendues car, selon le système d'inventaire permanent, ce compte est à jour. De plus, le compte Stock indique la valeur du stock à la fin qui sera présenté au bilan. La somme de tous les soldes à la fin de chacun des fichiers d'inventaires permanents devrait alors correspondre au solde du compte Stock au grand livre, et ce, à n'importe quel moment au cours de l'exercice. Un dénombrement des stocks à la fin de l'exercice est néanmoins nécessaire pour s'assurer de l'exactitude des fichiers permanents et pour évaluer l'incidence de vols ou d'autres formes de réduction des stocks, comme la désuétude.
   Aucune entrée comptable n'est nécessaire.

Système d'inventaire périodique

1. Enregistrer tous les achats au compte Achats
   14 avril 20F

   Équation comptable :

Actif	=	Passif	+	Capitaux propres
		Fournisseurs		Achats
		+ 55 000		–55 000

   Écriture de journal :
   Achats* (C) (1 100 unités à 50 $) 55 000
     Fournisseurs (Pa) 55 000

   * Le compte Achats est un compte temporaire qu'on remet à zéro à la fin de l'exercice et dont le solde est reporté au compte Coût des marchandises vendues (CMV) qui, lui, sera fermé au compte Sommaire des résultats.

2. Enregistrer toutes les ventes au compte Ventes
   30 novembre 20F

   Équation comptable :

Actif	=	Passif	+	Capitaux propres
Encaisse				Ventes
+107 900				+107 900

   Écriture de journal :
   Encaisse (A) 107 900
     Ventes (Pr) (1 300 unités à 83 $) 107 900

3. À la fin de l'exercice :
   a) Dénombrer les unités en main
   b) Calculer la valeur (en dollars) du stock à la fin
   c) Calculer et enregistrer le coût des marchandises vendues

Stock au début (stock de la fin de l'exercice précédent)	40 000 $
Ajouter : Achats (solde du compte des achats)	55 000
Marchandises destinées à la vente	95 000 $
Déduire : Stock à la fin (dénombrement des stocks : 600 unités à 50 $)	30 000
Coût des marchandises vendues	65 000 $

   31 décembre 20F
   Transfert du solde des comptes Stock au début et Achats (marchandises destinées à la vente) au compte Coût des marchandises vendues

   Équation comptable :

Actif	=	Passif	+	Capitaux propres
Stock (d'ouverture)				Achats +55 000
–40 000				CMV –95 000

   Écriture de journal :
   Coût des marchandises vendues (C) . . . 95 000
     Stock (d'ouverture) (A) 40 000
     Achats (C) 55 000

Déduire la valeur du stock à la fin du compte Coût des
marchandises vendues afin de terminer la comptabilisation
de ce compte et d'établir le solde du compte Stock à la fin

Équation comptable :

Actif	=	Passif	+	Capitaux propres
Stock (de clôture) +30 000				CMV +30 000

Écriture de journal :
Stock (de clôture) (A) 30 000
  CMV (C) 30 000

Il faut remarquer que l'incidence des écritures sur l'équation comptable est la même pour les deux systèmes. Seul le moment de la comptabilisation des montants diffère.

Le registre d'inventaire permanent

La décision d'utiliser un système d'inventaire permanent plutôt qu'un système d'inventaire périodique repose essentiellement 1) sur le besoin qu'ont les gestionnaires de disposer de renseignements pertinents et en temps utile afin de prendre les décisions liées à l'exploitation de l'entreprise et 2) sur les coûts d'un système d'inventaire permanent. En outre, la conception de ce type de système devra tenir compte des compromis à faire concernant ces deux aspects. Il est à noter que bon nombre de décisions portant sur l'achat de marchandises et les niveaux de production à atteindre requièrent seulement des renseignements précis sur les quantités d'articles et non pas sur leur coût. En effet, ce type d'information suffit généralement pour gérer de manière efficace les stocks, fournir des renseignements sur la livraison aux détaillants et assurer le contrôle de la qualité.

Les systèmes comptables qui tiennent un registre distinct des coûts de chacun des articles ou lots utilisent habituellement, pour l'évaluation des stocks, la méthode de l'épuisement successif ou du coût moyen (ou standard) estimé ou encore, pour les articles de grande valeur et facilement identifiables, la méthode du coût distinct. Même aux États-Unis, on emploie rarement la méthode de l'épuisement à rebours pour la tenue de fichiers permanents, car cette méthode est plus complexe et plus coûteuse que les autres. Rappelons qu'au Canada, comme on l'a déjà dit, cette méthode n'est pas permise par les autorités fiscales.

Les méthodes d'estimation des stocks

Lorsqu'une entreprise utilise un système d'inventaire périodique sans tenir de fichier d'inventaire permanent détaillé par produit, elle ne peut calculer directement le coût des marchandises vendues et le montant correspondant au stock à la fin que par suite d'un dénombrement des stocks. Or, comme la prise d'inventaire physique coûte cher, on n'y recourt en général qu'une fois par année à la fin de l'exercice. Dans ces conditions, les gestionnaires qui souhaitent dresser des états financiers mensuels ou même trimestriels aux fins d'usage interne doivent souvent estimer le coût des marchandises vendues et le stock à la fin de la période à l'aide de la *méthode de la marge bénéficiaire brute*. Cette méthode nécessite l'utilisation du pourcentage de marge bénéficiaire brute calculé à partir du bénéfice des exercices antérieurs (il en a été question au chapitre 6).

Par exemple, on a supposé un pourcentage de marge bénéficiaire brute sur la vente de drilles électriques par la société Canadian Tire d'environ 40 % (33 $ / 83 $). Si l'entreprise vendait pour 100 millions de dollars de drilles électriques en janvier, elle estimerait alors que le coût des marchandises vendues s'élève à plus ou moins

60 millions de dollars (100 000 000 $ × [100 % – 40 %]) pour ce mois. Si elle comptabilise les achats dans un compte distinct, elle peut alors se servir de l'équation du coût des marchandises vendues afin d'estimer son stock à la fin. Les détaillants procèdent souvent au dénombrement de leurs stocks en se basant sur le prix de vente au détail au lieu du coût, et ils utilisent une méthode semblable (appelée la *méthode de l'inventaire au prix de détail*) pour estimer les coûts[8].

La propriété des stocks

Lors de la prise d'inventaire en fin d'exercice, certaines marchandises commandées peuvent être en transit. La question qui se pose est la suivante : doit-on inclure ces articles en transit dans les stocks de la fin ? Cela dépend du contrat entre l'expéditeur et l'acheteur. Les règles et les méthodes comptables obligent l'acheteur à inclure dans ses stocks toutes les marchandises pour lesquelles il détient le titre de propriété. Le moment où le titre de possession change de mains est déterminé selon les modalités d'expédition précisées au contrat de vente. Ainsi, lorsque les marchandises sont expédiées *franco à bord point de départ* ou FAB expédition (de l'anglais *Freight on board* – FOB), le titre de propriété change de mains au moment de l'expédition, et l'acheteur acquitte normalement les frais de transport et assure les biens au cours du transit. On ajouterait donc aux stocks à la fin de l'acheteur les marchandises FAB expédition, même si elles ne sont pas physiquement dans l'entrepôt de l'acheteur au moment de la prise d'inventaire. Par contre, lorsque les marchandises sont expédiées *franco à bord point d'arrivée* (ou FAB livraison, FAB destination, FAB réception), le titre change de mains au moment de la livraison. Alors, le vendeur débourse normalement les frais du transport et assume les frais d'assurances au cours du transit. Dans ce cas, les marchandises en transit ne sont pas incluses au stock de la fin de l'acheteur ; elles n'en feront partie qu'au moment de leur réception dans l'entrepôt de l'acheteur.

Parfois, certaines marchandises se vendent difficilement. Dans ces situations, le vendeur ne veut pas s'engager fermement en achetant ces marchandises au risque de ne pouvoir les vendre et de subir les pertes de valeurs subséquentes. Les fabricants peuvent alors expédier quand même ces marchandises chez le vendeur et les envoyer *en consignation*. Selon cette entente, le fournisseur conserve la propriété de l'article, tandis que l'entreprise agissant à titre de dépositaire n'est pas tenue de payer ces articles jusqu'à ce qu'ils soient vendus à un client. Ces marchandises appartiennent donc au fabricant tant et aussi longtemps que les articles ne sont pas vendus. Ainsi, toute marchandise en consignation à la fin d'un exercice est incluse dans les stocks du fabricant, même s'il ne les a pas en sa possession et, par conséquent, ces marchandises sont exclues du stock du vendeur, même s'il les a en sa possession.

Exemple 7-A

ANALYSONS UN CAS

Depuis trois ans, la société Métal inc. distribue une gamme de produits en métal. À la fin de l'année 20C, pour la première fois, l'entreprise se soumettra à une vérification effectuée par un cabinet d'experts-comptables. La société utilise un système d'inventaire périodique. Son état des résultats de l'exercice (remarquez à quelle colonne correspond l'exercice en cours) est le suivant.

---

8. Les manuels et les cours de comptabilité intermédiaires traitent en détail des méthodes d'estimation des stocks et du coût des marchandises vendues.

	État des résultats pour l'exercice terminé le 31 décembre			
		20B		**20C**
Chiffre d'affaires			750 000 $	800 000 $
Coût des marchandises vendues				
Stock au début	45 000 $		40 000 $	
Plus: Achats de l'exercice	460 000		484 000	
Marchandises destinées à la vente	505 000		524 000	
Moins: Stock à la fin	40 000		60 000	
Coût des marchandises vendues		465 000		464 000
Marge bénéficiaire brute sur les ventes		285 000		336 000
Frais d'exploitation		275 000		306 000
Bénéfice avant impôts		10 000		30 000
Charge d'impôts (20 %)		2 000		6 000
Bénéfice net		8 000 $		24 000 $

Dès le début de la vérification, l'expert-comptable constate que le stock à la fin de l'exercice 20B a été sous-évalué de 15 000 $.

Travail à faire

1. En vous basant sur les montants inscrits à l'état des résultats qui précède, calculez le pourcentage de la marge bénéficiaire brute sur le chiffre d'affaires pour chacun des exercices. Ces résultats laissent-ils supposer qu'il pourrait y avoir une erreur dans les stocks? Expliquez votre réponse.
2. Corrigez les deux états des résultats.
3. Répondez aux questions suivantes.
   a) Quels sont les pourcentages appropriés de la marge bénéficiaire brute?
   b) Quel impact la sous-évaluation du stock à la fin d'un montant de 15 000 $ a-t-elle eu sur le bénéfice avant impôts de l'exercice 20B? Expliquez votre réponse.
   c) Quelle incidence cette erreur sur les stocks a-t-elle eu sur le bénéfice avant impôts de l'exercice 20C? Expliquez votre réponse.
   d) Quel est l'effet de cette erreur sur la charge d'impôts?

Solution suggérée

1. Pourcentages de la marge bénéficiaire brute tels qu'ils ont été enregistrés:
   20B: 285 000 $ ÷ 750 000 $ = 0,38
   20C: 336 000 $ ÷ 800 000 $ = 0,42
   La variation du pourcentage de marge bénéficiaire brute, de 0,38 à 0,42, laisse entrevoir la possibilité d'une erreur relative aux stocks à défaut de toute autre explication.

2. États des résultats corrigés:

		État des résultats pour l'exercice terminé le 31 décembre		
		20B		**20C**
Chiffre d'affaires		750 000 $		800 000 $
Coût des marchandises vendues				
Stock au début	45 000 $		55 000 $*	
Plus: Achats de l'exercice	460 000		484 000	
Marchandises destinées à la vente	505 000		539 000	
Moins: Stock à la fin	55 000*		60 000	
Coût des marchandises vendues		450 000		479 000
Marge bénéficiaire brute		300 000		321 000
Frais d'exploitation		275 000		306 000
Bénéfice avant impôts		25 000		15 000
Charge d'impôts (20 %)		5 000		3 000
Bénéfice net		20 000 $		12 000 $

* Augmenté de 15 000 $.

3. a) Pourcentages corrigés de la marge bénéficiaire brute:
   20B: 300 000 $ ÷ 750 000 $ = 0,400
   20C: 321 000 $ ÷ 800 000 $ = 0,401
   L'erreur relative aux stocks de 15 000 $ permet d'expliquer l'écart entre les pour-centages de marge bénéficiaire brute calculés précédemment (en 1.). L'erreur rela-tive au stock de la fin de l'exercice 20B a modifié la marge bénéficiaire de 20B et celle de 20C du même montant (15 000 $) mais dans des directions opposées.
   b) Incidence sur le bénéfice avant impôts de l'exercice 20B: la sous-évaluation du stock à la fin (de 15 000 $) a entraîné une sous-évaluation du bénéfice avant impôts du même montant.
   c) Incidence sur le bénéfice avant impôts de l'exercice 20C: la sous-évaluation du stock au début (du même montant de 15 000 $ puisque la quantité de stock à la fin est reportée de l'exercice précédent) a entraîné une surévaluation du bénéfice avant impôts du même montant.
   d) Le montant total de la charge d'impôts des exercices 20B et 20C est la même (8 000 $), quelle que soit l'erreur. Toutefois, sans la correction, il y aurait un report de 3 000 $ (15 000 $ × 20 %) de la charge d'impôts de 20B à celle de 20C.

Observation: Une erreur relative au stock à la fin d'un exercice modifie le bénéfice avant impôts de cet exercice du montant de l'erreur et, pour l'exercice suivant, il le modifie du même montant mais en sens inverse.

ANALYSONS UN CAS

Exemple 7-B

Cet exemple permet de réviser l'application de la méthode de détermination du coût des stocks PEPS, de même que le ratio de rotation des stocks.

La société Appareils Belmont est le distributeur d'un certain nombre d'appareils électro-ménagers coûteux. Pour cet exemple, l'appareil choisi est le four à micro-ondes. Supposez que les opérations résumées ci-dessous ont été effectuées au cours de l'exercice financier dans l'ordre chronologique indiqué. Supposez aussi que toutes les opérations ont été faites en argent comptant.

	Unités	Coût unitaire
a) Stock au début	11	200 $
b) Nouveaux achats de stock	9	220
c) Ventes (prix de vente, 420 $)	8	?

Travail à faire

1. Calculez les montants suivants en supposant que l'entreprise utilise la méthode PEPS.

	Stock à la fin		Coût des marchandises vendues	
	Unités	Dollars	Unités	Dollars
PEPS (évaluation établie à la fin de l'exercice)				

2. Calculez le ratio de rotation des stocks pour l'exercice en cours. Que vous indique-t-il?

Solution suggérée

1.

	Stock à la fin		Coût des marchandises vendues	
	Unités	Dollars	Unités	Dollars
PEPS (évaluation établie à la fin de l'exercice)	12	2 580	8	1 600

Calculs

Marchandises destinées à la vente
= Stock au début + (Achats – Retours)
= (11 unités × 200 $ = 2 200 $) + (9 unités × 220 $ = 1 980 $)
= 4 180 $

Stock selon PEPS (évaluation établie à la fin de l'exercice)
Stock à la fin: (9 unités × 220 $ = 1 980 $) + (3 unités × 200 = 600 $) = 2 580 $
Coût des marchandises vendues:
(Marchandises disponibles, 4 180 $) – (Stock à la fin, 2 580 $) = 1 600 $

2. Ratio de rotation des stocks = Coût des marchandises vendues ÷ Stock moyen
= 1 600 $ ÷ (2 200 $ + 2 580 $) ÷ 2
= 0,7

Le ratio de rotation des stocks reflète le nombre de fois où le stock moyen de l'entreprise a été produit et vendu au cours de l'exercice financier. Ainsi, la société Appareils Belmont a produit et vendu son stock moyen moins d'une fois au cours de l'exercice.

Annexe 7-A   Les éléments supplémentaires portant sur la mesure des achats

Les retours et les rabais sur achats

Une entreprise peut retourner des marchandises au vendeur si ces dernières ne sont pas conformes à ses spécifications, si elles arrivent endommagées ou sont autrement insatisfaisantes. Dans ces cas, l'entreprise doit mesurer l'impact d'un retour de marchandises ou du rabais en découlant consenti par le vendeur sur le coût de son achat. L'acheteur reçoit normalement un remboursement en argent ou une réduction de sa dette envers le vendeur en échange du retour. Si Unibroue retournait à un fournisseur des céréales qui ne respectent pas ses normes de qualité et dont le coût total s'élève à 1 000 $, elle enregistrerait probablement ce retour de la façon suivante (on suppose que le vendeur lui rembourse la somme versée).

Actif	=	Passif	+	Capitaux propres
Encaisse +1 000				
Stock −1 000				

ÉCRITURE DE JOURNAL

Encaisse (A)	1 000	
Stock* (A)		1 000

* Lorsqu'on utilise un système d'inventaire périodique, on peut créditer le compte des rendus et des rabais sur achats pour ce montant. On le soustrait ensuite lors du calcul du coût des marchandises vendues.

Les **retours** et les **rabais sur achats** constituent une réduction du coût d'achat des stocks lorsque les marchandises ne répondent pas aux attentes du client.

Les retours et les rabais sur achats constituent une réduction du coût d'achat due à des marchandises non acceptables.

Les escomptes sur achats

Le vendeur et l'acheteur doivent tous deux comptabiliser les escomptes de caisse. (Il a été question de la constatation par le vendeur au chapitre 6.) Lors de l'achat de marchandises à crédit, le vendeur établit parfois des modalités de paiement telle 2/10, n/30, ce qui signifie que si le paiement est effectué à l'intérieur d'un certain délai suivant la date de l'achat (10 jours dans ce cas), l'acheteur obtiendra un escompte de caisse (de 2 %) appelé un **escompte sur achats.** Si le paiement n'est pas effectué à l'intérieur du délai prévu pour bénéficier de l'escompte, le client devra payer la totalité de la facture dans les 30 jours de l'achat (30 jours après l'achat). Supposons que le 17 janvier, Unibroue a acheté des marchandises dont le prix d'achat s'élevait à 1 000 $ et dont les modalités de paiement étaient de 2/10, n/30. En supposant qu'elle utilise la *méthode du montant brut* (voir le chapitre 6), l'entreprise devrait enregistrer son achat comme suit.

Un escompte sur achats est une réduction du montant à payer ; il est obtenu grâce au paiement rapide d'un compte.

Date de l'achat : 17 janvier

ÉQUATION COMPTABLE

Actif	=	Passif	+	Capitaux propres
Stocks +1 000		Fournisseurs +1 000		

ÉCRITURE DE JOURNAL

Stock* (A)	1 000	
Fournisseurs (Pa)		1 000

* L'écriture permet de supposer que le système d'inventaire permanent est utilisé. Lorsqu'on utilise un système d'inventaire périodique, on affecte le compte Achats au lieu du compte Stock.

Date de paiement à l'intérieur du délai prévu pour l'escompte : 26 janvier

ÉQUATION COMPTABLE

Actif		=	Passif		+	Capitaux propres
Stock	−20		Fournisseurs	−1 000		
Encaisse	−980					

ÉCRITURE DE JOURNAL

Fournisseurs (Pa)	1 000	
Stock* (A)		20
Encaisse (A)		980

* Lorsqu'on utilise un système d'inventaire périodique, on affecte le compte Escomptes sur achats. Lors du calcul du coût des marchandises vendues, on comptabiliserait les escomptes sur achats en déduction du coût des marchandises achetées.

Si, pour une raison quelconque, Unibroue ne paie pas à l'intérieur du délai prévu pour bénéficier de l'escompte de 10 jours, elle devrait alors enregistrer les données suivantes au 1er février.

ÉQUATION COMPTABLE

Actif		=	Passif		+	Capitaux propres
Encaisse	−1 000		Fournisseurs	−1 000		

ÉCRITURE DE JOURNAL

Fournisseurs (Pa)	1 000	
Encaisse (A)		1 000

Points saillants du chapitre

1. **Appliquer les principes de la valeur d'acquisition et du rapprochement des produits et des charges afin de déterminer le coût des stocks et le coût des marchandises vendues (voir la page 420).**

   Le stock devrait comprendre tous les articles que l'entreprise possède et qu'elle détient aux fins de revente. Les coûts sont affectés au compte Stock lorsque des marchandises sont produites ou achetées et en sortent (comme une charge) lorsque des marchandises sont vendues ou qu'on en dispose de toute autre façon. Pour respecter le principe du rapprochement des produits et des charges, il faut déduire le coût total des marchandises vendues au cours d'un exercice du chiffre d'affaires obtenu au cours du même exercice.

2. **Analyser l'incidence d'erreurs relatives aux stocks sur les états financiers (voir la page 426).**

   Une erreur concernant l'évaluation du stock à la fin modifie le coût des marchandises vendues à l'état des résultats de l'exercice en cours de même que la valeur du stock à la fin au bilan. Elle modifie inversement le coût des marchandises vendues de l'exercice suivant d'un montant équivalent, car le stock à la fin d'un exercice devient le stock au début de l'exercice suivant. On peut comprendre les faits expliqués grâce à l'équation du coût des marchandises vendues (SD + A − SF = CMV).

3. **Comptabiliser les stocks et le coût des marchandises vendues à l'aide de quatre méthodes de détermination du coût des stocks (voir la page 429).**

   Lorsqu'une entreprise se retrouve avec différents coûts unitaires pour ses produits, par suite de plusieurs achats, elle doit recourir à une méthode logique et systématique pour attribuer ces coûts aux unités vendues et aux unités qui demeurent en stock à la fin de l'exercice. Ce chapitre présente quatre méthodes de détermination du coût des stocks et montre comment les appliquer à différentes situations. Il s'agit des méthodes de l'épuisement successif (PEPS), de l'épuisement à rebours (DEPS), du coût moyen et du coût distinct. Chacune de ces méthodes est permise selon les principes comptables généralement reconnus. Toutefois, la méthode de l'épuisement à rebours n'est pas permise pour la déclaration de revenus au Canada. De plus, il est important de se rappeler que l'hypothèse au sujet du mouvement des coûts ne correspond pas nécessairement au mouvement ou au déplacement physique des marchandises.

4. **Évaluer dans quelles circonstances il est plus avantageux pour une entreprise d'utiliser l'une ou l'autre des méthodes de détermination du coût des stocks (voir la page 435).**

Le choix d'une méthode de détermination du coût des stocks est important, car il aura un impact sur les montants des bénéfices, de la charge d'impôts (et, par le fait même, du flux de trésorerie) ainsi que sur l'évaluation des stocks au bilan. Au cours d'une période de hausse des prix, l'utilisation de la méthode PEPS résultera habituellement en un bénéfice et des impôts plus élevés que ceux qui sont déterminés à l'aide des méthodes DEPS et du coût moyen. Par contre, en période de baisse des prix, on obtient exactement les résultats contraires. En général, on choisit la méthode qui reflète le mieux les opérations de l'entreprise et celle qui produit le plus de flux de trésorerie.

5. **Analyser et interpréter le ratio de rotation des stocks et l'effet des stocks sur les flux de trésorerie (voir la page 439).**

Le ratio de rotation des stocks mesure l'efficacité de la gestion des stocks. Il indique combien de fois une entreprise a produit et vendu son stock moyen au cours d'un exercice. Les analystes et les créanciers surveillent attentivement ce ratio, car une baisse soudaine pourrait indiquer une diminution imprévue de la demande pour les produits d'une entreprise ou des inefficacités concernant la gestion de sa production. Lorsqu'il y a une diminution nette des stocks durant un exercice, cela indique que les ventes sont alors supérieures aux achats. Par conséquent, on doit additionner le montant de cette diminution du calcul des flux de trésorerie liés aux activités d'exploitation. Lorsqu'il y a une augmentation nette des stocks au cours d'un exercice, les ventes sont alors inférieures aux achats. On doit alors retrancher le montant correspondant à cette augmentation au calcul des flux de trésorerie liés aux activités d'exploitation.

6. **Évaluer les stocks au moindre du coût et de la juste valeur (voir la page 444).**

Le stock à la fin devrait être mesuré selon le moindre du coût actuel ou du coût de remplacement (la méthode d'évaluation au moindre du coût et de la juste valeur ou la règle de la valeur minimale). Ce procédé peut avoir un effet considérable sur les états financiers des entreprises dont les coûts sont susceptibles de baisser. En ce qui concerne les articles endommagés, désuets ou détériorés, il faut aussi leur attribuer un coût unitaire qui correspond à une estimation de leur valeur de réalisation nette, si cette dernière est inférieure au coût. L'ajustement par suite de l'évaluation des stocks au moindre du coût et de la juste valeur augmente le coût des marchandises vendues, réduit le bénéfice et diminue le montant des stocks inscrits aux livres.

7. **Comptabiliser les quantités et le coût des stocks dans différentes situations (voir la page 446).**

Dans ce chapitre, il a été question de deux systèmes d'inventaire permettant de comptabiliser les achats relatifs aux stocks et le coût des marchandises vendues au cours de l'exercice : 1) le système d'inventaire permanent, basé sur la tenue de fichiers détaillés et continus pour chacun des produits entreposés; 2) le système d'inventaire périodique, basé sur le dénombrement des stocks à la fin de l'exercice afin de déterminer les montants appropriés pour le coût des marchandises vendues et le stock à la fin.

Dans ce chapitre et les chapitres précédents, nous avons étudié les actifs à court terme. Une entreprise est incapable de survivre sans encaisse, mais celle-ci ne produit ni marchandises ni services qui pourraient être vendus à des clients. Dans le chapitre 8, nous aborderons les actifs à long terme tels que les immeubles, l'usine et le matériel ainsi que les ressources naturelles et les biens incorporels qui sont utilisés pour les activités de production. Un grand nombre d'actifs à long terme ajoutent de la valeur, par exemple l'usine dans laquelle on construit des automobiles. Ces actifs présentent des problèmes de comptabilité intéressants puisqu'ils génèrent des avantages futurs sur un certain nombre d'exercices financiers.

RATIOS CLÉS

Le **ratio de rotation des stocks** mesure l'efficience de la gestion des stocks. Il indique combien de fois le stock moyen a été produit et vendu au cours d'un exercice financier. On le calcule comme suit (voir la page 439):

$$\text{Ratio de rotation des stocks} = \frac{\text{Coût des marchandises vendues}}{\text{Stock moyen}}$$

Pour trouver
L'INFORMATION FINANCIÈRE

BILAN
Sous la rubrique «Actif à court terme»
Stock

ÉTAT DES RÉSULTATS
Charges
Coût des marchandises vendues

ÉTAT DES FLUX DE TRÉSORERIE
Sous la rubrique «Activités d'exploitation (méthode indirecte)»
Bénéfice net
+ diminution des stocks
− augmentation des stocks
+ augmentation des comptes fournisseurs
− diminution des comptes fournisseurs

NOTES
Sous la rubrique «Principales conventions comptables»
Description du choix de la direction en matière de comptabilisation des stocks (PEPS, coût moyen, moindre du coût et de la juste valeur, etc.)

Dans une note distincte
Si les composantes du stock (les fournitures, les matières premières, les produits en cours de fabrication, les produits finis) ne sont pas inscrites directement au bilan

Si les composantes du fonds de roulement (stocks, comptes fournisseurs) ne sont pas inscrites directement à l'état des flux de trésorerie

Questions

1. Pourquoi le stock est-il un élément important pour les utilisateurs internes (les gestionnaires) et les utilisateurs externes des états financiers ?

2. Sur quoi se base-t-on pour décider ce qui devrait être inclus au compte Stock ?

3. Discutez l'application du principe de la valeur d'acquisition à un article faisant partie du stock à la fin.

4. Définissez l'expression « coût des marchandises destinées à la vente ». En quoi ce coût diffère-t-il de celui des marchandises vendues ?

5. Définissez les expressions « stock au début » et « stock à la fin ».

6. Le présent chapitre traite de quatre méthodes de détermination du coût des stocks. Énumérez ces quatre méthodes et expliquez brièvement chacune d'elles.

7. Expliquez comment on peut manipuler le bénéfice lorsqu'on utilise la méthode du coût distinct pour la détermination du coût des stocks.

8. Comparez l'impact des méthodes DEPS, PEPS et du coût moyen en ce qui a trait aux stocks à la fin présentés au bilan lorsque a) les prix augmentent et b) les prix diminuent.

9. Comparez l'impact des méthodes DEPS, PEPS et du coût moyen sur l'état des résultats (c'est-à-dire sur le bénéfice avant impôts) lorsque a) les prix augmentent et b) les prix diminuent.

10. Démontrez l'impact des méthodes DEPS et PEPS sur les rentrées et les sorties de fonds.

11. Expliquez brièvement l'application du concept de l'évaluation des stocks au moindre du coût et de la juste valeur au stock de fermeture, ainsi que son incidence sur l'état des résultats et le bilan lorsque la valeur marchande est inférieure au coût.

12. Lorsqu'on utilise un système d'inventaire permanent, on connaît les coûts unitaires des articles vendus à la date de chaque vente. Par contre, avec un système d'inventaire périodique, on ne constate les coûts unitaires qu'à la fin de l'exercice. Pourquoi ces énoncés sont-ils exacts ?

13. Selon un système d'inventaire périodique, on calcule les coûts à l'aide de l'équation SD + A − SF = CMV. Pour un système d'inventaire permanent, ce calcul devient SD + A − CMV = SF. Expliquez la différence entre ces deux calculs.

Mini-exercices

OA1

M7-1   **Les liens entre les articles en stock et le type d'entreprise**

Dans le tableau suivant, reliez chaque type de stock à une catégorie d'entreprise.

	Type d'entreprise	
Type de stock	**Détaillant ou grossiste**	**Fabricant**
Marchandises		
Produits finis		
Produits en cours de fabrication		
Matières premières		

OA1

M7-2   **La comptabilisation du coût des achats pour un détaillant ou un grossiste**

L'entreprise Bazin a acheté 80 nouvelles chemises et a enregistré un coût total de 3 140 $ répartis comme suit.

Coût facturé	2 600 $
Frais d'expédition	165
Droits et taxes à l'importation	115
Intérêts payés d'avance (10 %) sur la somme de 2 600 $ empruntée pour financer l'achat	260
	3 140 $

Travail à faire

En supposant l'utilisation d'un système d'inventaire permanent, apportez les corrections que vous jugerez nécessaires aux calculs déjà effectués. Présentez ces corrections à l'aide de l'équation comptable et ensuite passez la ou les écritures de journal permettant d'enregistrer cet achat au montant approprié. Présentez vos calculs.

OA1

M7-3   **La détermination du coût des stocks pour un fabricant**

Les coûts d'exploitation d'une entreprise de fabrication sont traités a) comme une partie du coût des stocks qui sera passée en charges (à partir du coût des marchandises vendues) lors de la vente des produits finis ou b) comme des charges au moment où ils sont engagés. Indiquez si chacun des coûts suivants appartient à la catégorie a) ou b) :

1.   le salaire des ouvriers d'usine ;
2.   le salaire des vendeurs ;
3.   le coût des matières premières achetées ;
4.   le chauffage, l'éclairage et l'électricité de l'usine ;
5.   le chauffage, l'éclairage et l'électricité de l'immeuble du siège social.

OA1

Dofasco inc.

M7-4   **La détermination des achats à l'aide de l'équation du coût des marchandises vendues et le ratio de rotation des stocks**

L'entreprise Dofasco inc. est un important fabricant d'acier au Canada. Partout en Amérique du Nord, elle fournit à ses clients des produits en acier laminé plat, des tubes d'acier et des flans soudés au laser de haute qualité. L'un des éléments de sa stratégie comprend « une excellence opérationnelle, qui donne lieu à une performance d'exploitation maximale ». Dans un rapport annuel récent, l'entreprise a enregistré un coût des marchandises vendues de 2 580,4 millions de dollars pour l'exercice en cours et de 2 601,8 millions de dollars pour l'exercice précédent, un stock de fermeture pour l'exercice en cours de 848,5 millions de dollars, un stock de fermeture pour l'exercice précédent de 853,5 millions de dollars et un stock de fermeture pour l'exercice précédant cet exercice de 772,7 millions de dollars.

Travail à faire

1.   Est-il possible d'obtenir une estimation raisonnable des achats de marchandises pour l'exercice en cours ? Si oui, évaluez cette estimation ; sinon, expliquez pourquoi vous ne pouvez pas estimer un montant.

2. À l'aide d'un calcul de rotation des stocks permettant de faire la comparaison, pouvez-vous déterminer si l'entreprise progresse vers ses objectifs d'excellence opérationnelle ? D'autres éléments doivent-ils être considérés pour faire une bonne évaluation ?

M7-5 L'évaluation de l'incidence aux états financiers d'erreurs portant sur les stocks ☐OA2
Supposez que le stock à la fin de l'exercice 20A a été sous-évalué de 100 000 $. Expliquez comment cette erreur modifierait le montant des bénéfices avant impôts de 20A et de 20B. Si le stock à la fin de 20A avait été surévalué plutôt que sous-évalué de 100 000 $, quel serait l'effet d'une telle erreur ?

M7-6 Les incidences des différentes méthodes de détermination du coût des stocks sur les états financiers ☐OA3
Précisez laquelle des deux méthodes de détermination des stocks, PEPS ou DEPS, produit normalement les effets suivants pour les situations indiquées.
a) Hausse des coûts
   Bénéfice net plus élevé _____
   Stock plus élevé _____
b) Baisse des coûts
   Bénéfice net plus élevé _____
   Stock plus élevé

M7-7 Le choix d'une méthode de détermination du coût des stocks et la situation économique des entreprises ☐OA4
Indiquez laquelle des deux méthodes de détermination des stocks, PEPS ou du coût moyen, serait la plus appropriée dans les situations suivantes.
a) Hausse des coûts _____
b) Baisse des coûts _____

M7-8 L'évaluation de l'incidence de changements concernant la gestion des stocks sur le ratio de rotation des stocks ☐OA5
Indiquez l'effet le plus probable des changements suivants concernant la gestion des stocks sur le ratio de rotation des stocks. (Inscrivez un « + » pour une augmentation, un « − » pour une diminution et AE pour « aucun effet ».)
_____ a) la livraison de stocks de pièces par les fournisseurs de façon quotidienne plutôt qu'hebdomadaire ;
_____ b) la diminution du processus de fabrication de 10 à 8 jours ;
_____ c) l'augmentation des délais de paiement pour les achats de stocks de 15 à 30 jours.

M7-9 L'évaluation des stocks au moindre du coût et de la juste valeur ☐OA6
L'entreprise Morel a encore en main les articles de stock suivants à la fin de son exercice.

	Quantité	Coût par article	Coût de remplacement par article
Article A	50	75 $	100 $
Article B	25	60	50

En utilisant la règle de la valeur minimale pour évaluer chaque article, déterminez le montant qui devrait être présenté comme stock au bilan.

OA1

E7-1 **La détermination des montants manquants à l'aide des liens existant entre les postes de l'état des résultats**

Pour chacun des cas suivants, trouvez les montants manquants à l'état des résultats de l'entreprise de détail Verdurin pour l'exercice 20B (il n'y a aucun lien entre les cas).

Cas	Chiffre d'affaires	Stock au début	Achats	Total disponible	Stock à la fin	Coût des marchandises vendues	Marge bénéficiaire brute	Charges	Bénéfice (ou perte) avant impôts
A	650 $	100 $	700 $	? $	500 $	? $	? $	200 $	? $
B	900	200	800	?	?	?	?	150	0
C	?	150	?	?	300	200	400	100	?
D	800	?	600	?	250	?	?	250	100
E	1 000	?	900	1 100	?	?	500	?	(50)

OA1

E7-2 **La détermination des montants manquants à l'aide des liens existant entre les postes de l'état des résultats**

Pour chacun des cas suivants, trouvez les montants manquants à l'état des résultats de l'entreprise Bloch pour l'exercice 20B (il n'y a aucun lien entre les cas).

	Cas A	Cas B	Cas C
Chiffre d'affaires	8 000 $	6 000 $	? $
Rendus et rabais sur ventes	150	?	275
Chiffre d'affaires net	?	?	5 920
Stock d'ouverture	11 000	6 500	4 000
Achats	5 000	?	9 420
Frais de transport à l'achat	?	120	170
Rendus sur achat	350	600	?
Marchandises disponibles à la vente	?	14 790	13 370
Stock de fermeture	10 000	10 740	?
Coût des marchandises vendues	?	?	5 400
Marge bénéficiaire brute	?	1 450	?
Charges	1 300	?	520
Bénéfice avant impôts	800 $	(500) $	0 $

OA1

La société Gap inc.

E7-3 **Le calcul par déduction des achats de marchandises**

La société Gap est un détaillant spécialisé dans la vente de vêtements sous les appellations commerciales de Gap, d'Old Navy et de Banana Republic. Supposez que vous êtes une analyste financière et que votre patron vient tout juste de terminer l'analyse du plus récent rapport annuel de la société Gap. Il vous fournit ses notes, mais certains renseignements dont vous avez besoin sont manquants. Selon les notes, le stock de fermeture pour l'exercice en cours se chiffre à 1 677 millions de dollars et celui de l'exercice précédent, à 1 904 millions de dollars. Le chiffre d'affaires de l'exercice s'élève à 13 848 millions de dollars. La marge bénéficiaire brute atteint 4 143 millions de dollars et la perte nette, 8 millions de dollars. Pour procéder à votre analyse, vous considérez avoir besoin du montant des achats de l'exercice et du coût des marchandises vendues.

Travail à faire

Devez-vous demander à votre patron de vous prêter son exemplaire du rapport annuel ou pouvez-vous trouver les renseignements nécessaires à partir de ses notes ? Expliquez votre réponse et présentez vos calculs.

OA2

E7-4 **L'analyse de l'impact d'une erreur à la suite de l'enregistrement des achats**

L'entreprise Le Paradis du ski a enregistré par erreur des achats de stocks achetés à crédit reçus au cours de la dernière semaine de décembre 20A comme étant des achats effectués en janvier 20B (on parle alors d'erreur de démarcation concernant les achats). L'entreprise utilise un système d'inventaire périodique. Son stock de fermeture a été dénombré, et aucune erreur n'a été relevée. En supposant qu'aucune correction n'a été faite en 20A ou en 20B, indiquez si, dans les états financiers, chacun des montants suivants sera sous-évalué, surévalué ou exact:

1. le bénéfice net pour 20A;
2. le bénéfice net pour 20B;
3. les bénéfices non répartis au 31 décembre 20A;
4. les bénéfices non répartis au 31 décembre 20B.

E7-5 **L'analyse de l'incidence d'une erreur portant sur les stocks, telle qu'elle est indiquée sous forme de note aux états financiers**

Il y a quelques années, la note suivante apparaissait dans les états financiers de l'entreprise Gibson Greeting Cards (maintenant une filiale d'American Greetings Corp.).

> Le 1er juillet, l'entreprise a annoncé qu'elle avait constaté que son stock [...] avait été surévalué [...] La surestimation se chiffrait à 8 806 000 $.

L'entreprise avait enregistré un bénéfice net erroné de 25 852 000 $ pour l'exercice au cours duquel l'erreur avait été commise, et son taux d'imposition était de 39,3 %.

Travail à faire

1. Calculez le montant du bénéfice net que l'entreprise a enregistré après avoir corrigé l'erreur relative aux stocks. Présentez vos calculs.
2. Supposez que l'erreur sur les stocks n'a pas été découverte. Déterminez les postes des états financiers qui seraient erronés pour l'exercice où l'erreur s'est produite de même que pour l'exercice suivant. Indiquez, pour chaque compte, s'il s'agit d'une surévaluation ou d'une sous-évaluation.

E7-6 **L'analyse et l'interprétation de l'incidence d'une erreur sur les stocks**

L'entreprise Dolbeau a dressé les états des résultats suivants (qui ont été simplifiés pour les besoins du problème).

	Premier trimestre 20B	Deuxième trimestre 20B
Chiffre d'affaires	15 000 $	18 000 $
Coût des marchandises vendues		
Stock au début	3 000 $	4 000 $
Achats	7 000	12 000
Marchandises destinées à la vente	10 000	16 000
Stock à la fin	4 000	9 000
Coût des marchandises vendues	6 000	7 000
Marge bénéficiaire brute	9 000	11 000
Charge	5 000	6 000
Bénéfice avant impôts	4 000 $	5 000 $

Au cours du troisième trimestre, l'entreprise a découvert que le stock de clôture du premier trimestre aurait dû être de 4 400 $.

Travail à faire

1. Quel effet cette erreur a-t-elle eu sur le montant combiné des bénéfices avant impôts des deux premiers trimestres? Expliquez votre réponse.
2. Cette erreur a-t-elle modifié le montant du résultat par action de chaque trimestre? (Voir l'analyse du résultat par action au chapitre 5.) Expliquez votre réponse.
3. Dressez l'état des résultats corrigé pour chacun des trimestres.

4. Construisez un tableau ayant les intitulés qui suivent. Pour chaque poste de l'état des résultats, comparez les montants exacts et erronés. Déterminez si l'erreur qui s'ensuit surestime ou sous-estime le poste et de combien.

	Premier trimestre			Deuxième trimestre		
Postes de l'état des résultats	Erroné	Exact	Erreur	Erroné	Exact	Erreur

■OA3

E7-7 L'analyse et l'interprétation de l'incidence des méthodes DEPS et PEPS sur les états financiers

L'entreprise Bontemps utilise un système d'inventaire périodique. À la fin de l'exercice terminé le 31 décembre 20B, les renseignements suivants concernant le produit n° 2 étaient inscrits aux livres.

Transactions	Nombre d'unités	Coût unitaire
a) Stock au 31 décembre 20A	3 000	12 $
Pour l'exercice 20B :		
b) Achat, 11 avril	9 000	10
c) Achat, 1er juin	8 000	13
d) Vente, 1er mai (40 $ l'unité)	5 000	
e) Vente, 3 juillet (40 $ l'unité)	6 000	
f) Frais d'exploitation (excluant la charge d'impôts), 195 000 $		

Travail à faire

1. Dressez l'état des résultats jusqu'au bénéfice avant impôts en donnant le détail du coût des marchandises vendues selon :
   a) la méthode PEPS ;
   b) la méthode DEPS.
   Pour chacun des cas, présentez vos calculs du stock à la fin. (*Conseil :* Utilisez des colonnes adjacentes pour comparer les deux cas.)
2. Comparez les montants du bénéfice avant impôts et du stock à la fin dans les deux cas. Expliquez les ressemblances et les différences que vous observez.
3. Au Canada, laquelle ou lesquelles des méthodes de détermination du coût des stocks sont acceptées du point de vue fiscal ? Du point de vue des PCGR ?

■OA3
■OA4

E7-8 Le choix entre trois méthodes de détermination du coût des stocks selon leur incidence sur les flux de trésorerie et le bénéfice net

L'entreprise Brichot utilise un système d'inventaire périodique. Voici les données qu'elle a enregistrées pour l'exercice 20B : Stock de marchandises au début (31 décembre 20A), 2 000 unités à 35 $ chacune ; achats, 8 000 unités à 38 $ chacune ; charges (en excluant les impôts) 142 000 $; stock à la fin selon le dénombrement au 31 décembre 20B, 1 800 unités ; prix de vente unitaire, 70 $; taux d'impôt moyen sur le revenu, 30 %.

Travail à faire

1. Dressez l'état des résultats selon les méthodes PEPS, DEPS et du coût moyen. Utilisez une présentation semblable à celle-ci.

État des résultats	Nombre d'unités	Méthode de détermination du coût des stocks		
		PEPS	DEPS	Coût moyen
Chiffre d'affaires	_____	_____ $	_____ $	_____ $
Coût des marchandises vendues	_____	_____	_____	_____
Stock au début	_____	_____	_____	_____
Achats	_____	_____	_____	_____
Marchandises disponibles à la vente	_____	_____	_____	_____
Stock à la fin	_____	_____	_____	_____
Coût des marchandises vendues	_____	_____	_____	_____
Marge bénéficiaire brute	_____	_____	_____	_____
Charges	_____	_____	_____	_____
Bénéfice avant impôts	_____	_____	_____	_____
Charge d'impôts	_____	_____	_____	_____
Bénéfice net		_____ $	_____ $	_____ $

2. Laquelle des trois méthodes de détermination du coût des stocks est préférable du point de vue a) du bénéfice net et b) des flux de trésorerie ? Expliquez vos réponses.
3. Quelles seraient vos réponses à la question 2. si les prix étaient en baisse ? Expliquez votre réponse.

E7-9 **Le choix entre trois méthodes de détermination du coût des stocks selon leur effet sur le flux de trésorerie** ☐OA3 ☐OA4

Voici une partie des renseignements de l'état des résultats de l'entreprise Tibère selon trois méthodes différentes de détermination du coût des stocks. Supposez que cette entreprise utilise un système d'inventaire périodique.

	PEPS	DEPS	Coût moyen
Prix de vente unitaire, 50 $			
Coût des marchandises vendues			
Stock au début (330 unités)	11 220 $	11 220 $	11 220 $
Achats (475 unités)	17 100	17 100	17 100
Marchandises destinées à la vente			
Stock à la fin (510 unités)			
Coût des marchandises vendues			
Charges, 1 600 $			

Travail à faire
1. Calculez le coût des marchandises vendues selon les méthodes PEPS, DEPS et du coût moyen.
2. Dressez l'état des résultats jusqu'au bénéfice avant impôts selon chacune des méthodes.
3. Classez ces trois méthodes en fonction de leurs avantages concernant les flux de trésorerie et expliquez les raisons de votre classement.

E7-10 L'analyse des notes aux états financiers de sociétés américaines afin de rectifier le montant des stocks à partir de la méthode DEPS vers la méthode PEPS

La note suivante apparaissait dans un récent rapport annuel de la société Ford Motor Company.

> **Évaluation du stock – secteur automobile** Les stocks sont comptabilisés au moindre du coût et de la juste valeur. Le coût de la plupart des stocks aux États-Unis est déterminé selon la méthode de l'épuisement à rebours (DEPS). Le coût des autres stocks en main est calculé à l'aide de la méthode de l'épuisement successif (PEPS).
>
> Si l'entreprise utilisait uniquement la méthode de l'épuisement successif (PEPS) comme méthode de comptabilisation des stocks, ceux-ci seraient de 1 235 millions de dollars plus élevés que les montants enregistrés cette année et de 1 246 millions de dollars plus élevés que les montants enregistrés l'année précédente.

Voici les principales catégories de stocks pour le secteur automobile de l'entreprise en date du 31 décembre.

	Stocks (en millions de dollars)	
	Exercice en cours	Exercice précédent
Produits finis	3 413,8 $	3 226,7 $
Matières premières et produits en cours de fabrication	2 983,9	2 981,6
Fournitures	419,1	429,9
Total	6 816,8 $	6 638,2 $

Travail à faire
1. Déterminez la valeur du stock à la fin qui aurait été enregistrée pour l'exercice en cours si Ford avait utilisé uniquement la méthode de l'épuisement successif (PEPS).
2. L'entreprise a enregistré un coût des marchandises vendues de 74 315 millions de dollars pour l'exercice en cours. Déterminez le coût des marchandises vendues qu'elle aurait enregistré si elle avait utilisé uniquement la méthode de l'épuisement successif au cours des deux exercices.

E7-11 L'analyse et l'interprétation du ratio de rotation des stocks

Coreco est une entreprise canadienne qui conçoit, développe, fabrique et met en marché du matériel et des logiciels pour des applications en vision artificielle dans le milieu de l'industrie, de l'imagerie médicale, du multimédia et de la sécurité. Au cours d'un exercice récent, l'entreprise a enregistré les résultats suivants en dollars américains*.

Chiffre d'affaires	26 008 794 $
Coût des marchandises vendues	11 394 574
Stock au début	3 717 502
Stock à la fin	4 717 602

* Certaines entreprises canadiennes publient leurs états financiers en dollars américains pour diverses raisons. Coreco invoque l'importance des activités commerciales exercées aux États-Unis et la proportion croissante d'activités d'exploitation, de financement et d'investissement dans les établissements canadiens qui sont libellées en dollars américains.

Travail à faire

1. Calculez le ratio de rotation des stocks ainsi que le délai moyen de rotation pour l'exercice considéré.
2. Expliquez chacun des montants obtenus.

■ OA5

E7-12 L'analyse et l'interprétation de l'incidence du choix entre les méthodes PEPS et DEPS sur le ratio de rotation des stocks

Les renseignements suivants sur un produit particulier proviennent des registres comptables de l'entreprise Alcazar et datent de la fin de janvier 20B.

Stock, 31 décembre 20A, selon PEPS, 19 unités à 14 $ = 266 $

Stock, 31 décembre 20A, selon DEPS, 19 unités à 10 $ = 190 $

Transactions	Nombre d'unités	Coût unitaire	Coût total
Achat, 9 janvier 20B	25	15 $	375 $
Achat, 20 janvier 20B	50	16	800
Vente, 11 janvier 20B (à 38 $ l'unité)	40		
Vente, 27 janvier 20B (à 39 $ l'unité)	28		

Travail à faire

Calculez le ratio de rotation des stocks selon les méthodes PEPS et DEPS. Présentez vos calculs et arrondissez au dollar près. Expliquez laquelle de ces deux méthodes, à votre avis, indique avec le plus de précision la liquidité des stocks.

■ OA5

E7-13 L'interprétation de l'effet des variations concernant les stocks et les comptes fournisseurs sur les flux de trésorerie liés aux activités d'exploitation

L'entreprise Acier Leroux est le plus important distributeur d'acier dans l'est du Canada et constitue une force croissante aux États-Unis. La société se spécialise dans l'approvisionnement, l'entreposage, la transformation et la distribution de quelque 3 000 produits d'acier. Voici les renseignements inscrits au bilan d'un rapport annuel récent de cette entreprise.

Acier Leroux inc.

Bilans consolidés (en milliers de dollars) au 3 novembre 20B et au 28 octobre 20A	**20B**	**20A**
. . . . . .	. . .	. . .
Stock	122 469 $	170 884 $
. . . . . .	. . .	. . .
Créditeurs	55 497	84 039

Travail à faire

Expliquez l'effet des variations des stocks et des comptes créditeurs en 20B sur les flux de trésorerie liés aux activités d'exploitation pour le même exercice.

■ OA6

E7-14 L'enregistrement des stocks au moindre du coût et de la juste valeur

L'entreprise Porphyre dresse ses états financiers annuels en date du 31 décembre 20B. Voici des renseignements sur le stock de clôture pour les cinq principaux types d'articles.

		Stock à la fin, 20B	
Article	Quantité en main	Coût unitaire à l'achat (PEPS)	Coût de remplacement (valeur au marché) à la fin de l'exercice
A	50	15 $	13 $
B	75	40	40
C	10	50	52
D	30	30	30
E	400	8	6

Travail à faire

Déterminez le montant du stock à la fin de l'exercice 20B en vous servant de la règle de la valeur minimale et en l'appliquant à chacun des articles. (*Conseil :* Créez une colonne pour chacun des éléments suivants : l'article, la quantité, le coût total, la valeur marchande totale et l'évaluation selon la méthode de la valeur minimale.)

■OA7

E7-15   **La comptabilisation des achats et des ventes avec un système d'inventaire permanent ou un système d'inventaire périodique**

L'entreprise Cottard a enregistré un stock d'ouverture de 100 unités à un coût unitaire de 25 $. Au cours de l'exercice 20A, elle a effectué les opérations d'achat et de vente suivantes.

14 janvier	Vente à crédit de 25 unités à un prix unitaire de 45 $
9 avril	Achat à crédit de 15 unités supplémentaires à un coût unitaire de 25 $
2 septembre	Vente à crédit de 50 unités à un prix unitaire de 50 $

À la fin de l'exercice 20A, par suite du dénombrement des stocks, l'entreprise a encore 40 unités en stock.

Travail à faire

Présentez chaque opération en supposant que l'entreprise Cottard utilise a) un système d'inventaire permanent et b) un système d'inventaire périodique. Présentez les redressements nécessaires à la fin de l'exercice, soit au 31 décembre. Dans votre réponse, a) indiquez les incidences sur les éléments de l'équation comptable et b) passez les écritures de journal nécessaires.

E7-16   **(Annexe 7-A) L'enregistrement des ventes et des achats compte tenu des escomptes de caisse**

Le Coin du vélo vend de la marchandise à crédit avec des modalités de paiement de 2/10, n/30. Une vente au montant de 800 $ (le coût des marchandises vendues est de 500 $) est facturée à Milou Clément, le 1er février 20B. L'entreprise utilise la méthode du montant brut pour enregistrer ses escomptes sur vente.

Travail à faire

1. Présentez la vente à crédit. Formulez votre réponse sous forme d'équation comptable. Passez aussi les écritures de journal. Supposez que l'entreprise utilise un système d'inventaire permanent.

2. Supposez que le montant du compte a été recouvré en entier le 9 février 20B. Décrivez les incidences sur les éléments de l'équation comptable et passez l'écriture de journal à cette date.

3. Reformulez la solution de la question précédente en supposant plutôt que le montant du compte a été recouvré en entier le 2 mars 20B.

Le 4 mars 20B, l'entreprise a acheté à crédit d'un fournisseur des bicyclettes et des accessoires pour un montant de 8 000 $ selon des modalités de paiement de 1/15, n/30. Elle utilise la méthode du montant brut pour enregistrer ses achats.

Travail à faire

4. Présentez cet achat à crédit en supposant que l'entreprise utilise un système d'inventaire permanent. Formulez votre réponse sous forme d'équation comptable. Passez ensuite l'écriture de journal nécessaire.

5. Présentez le recouvrement du compte en entier le 12 mars 20B. Formulez votre réponse sous forme d'équation comptable. Passez ensuite l'écriture de journal nécessaire.

6. Reformulez votre réponse à la question précédente en supposant que le compte a été recouvré en entier le 28 mars 20B.

Problèmes

P7-1 **L'analyse des éléments à inclure au stock** ■OA1

L'entreprise Régence vient de terminer l'inventaire physique de ses stocks pour l'exercice se terminant le 31 décembre 20B. On a dénombré seulement les articles qui se trouvaient sur les tablettes, en entrepôt et dans l'aire de réception. On les a déterminés selon la méthode de l'épuisement successif (PEPS). La valeur du stock s'élevait à 70 000 $. Au cours de sa vérification, l'expert-comptable indépendant a obtenu les renseignements supplémentaires suivants.

a) Des marchandises évaluées à 500 $ étaient utilisées à l'essai par un client et n'ont donc pas été incluses dans le dénombrement du 31 décembre 20B.

b) Des marchandises d'une valeur de 600 $ étaient en transit au 31 décembre 20B. Elles avaient été expédiées avec la mention «franco à bord point d'arrivée» par un fournisseur. Elles ont été exclues du dénombrement parce qu'elles n'avaient pas encore été livrées à l'entreprise.

c) Le 31 décembre 20B, le montant total des marchandises en transit expédiées aux clients avec des modalités franco à bord point de départ (FAB expédition) s'élevait à 1 000 $. (La date de livraison prévue était le 10 janvier 20C.) Comme les marchandises avaient déjà été expédiées, elles ne faisaient pas partie des articles dénombrés.

d) Le 28 décembre 20B, un client a payé 2 000 $ comptant pour des marchandises qu'il reviendrait chercher le 3 janvier 20C. L'entreprise avait déboursé 1 200 $ pour ces marchandises et, comme ces dernières se trouvaient sur place, elles ont été incluses dans le dénombrement des stocks.

e) Le jour de l'inventaire physique, l'entreprise a reçu une note d'un fournisseur l'informant que des marchandises commandées précédemment à un coût de 2 200 $ avaient été livrées à la société de transport le 27 décembre 20B. Les modalités étaient franco à bord expédition. Comme l'envoi n'était pas arrivé le 31 décembre 20B, les marchandises ont été exclues du dénombrement.

f) Le 31 décembre 20B, l'entreprise a expédié à un client des marchandises d'une valeur de 950 $ FAB réception. Ces marchandises ne devraient pas arriver avant le 8 janvier 20C et, comme elles n'étaient pas sur place lors de l'inventaire, elles n'ont pas été incluses dans le dénombrement.

g) Le volume des ventes d'un des articles est si faible que la direction de l'entreprise avait prévu de s'en débarrasser au cours de l'exercice précédent. Pour l'inciter à garder l'article en question, son fournisseur l'envoie à l'entreprise «en consignation». Chaque mois, l'entreprise envoie au fabricant un rapport portant sur le nombre d'unités vendues et lui remet le coût en argent comptant. À la fin de décembre 20B, l'entreprise Régence disposait encore de cinq de ces articles à 1 000 $ chacun. Elle les a donc inclus dans son dénombrement.

Travail à faire

Rappelez-vous que les règles et les méthodes comptables obligent l'entreprise Régence à inclure dans ses stocks toutes les marchandises pour lesquelles elle détient le titre de propriété. N'oubliez pas que le moment où le titre de possession change de mains est déterminé selon les modalités d'expédition précisées au contrat de vente. En commençant par le stock de 70 000 $, calculez le montant corrigé du stock à la fin. Expliquez selon quelles règles vous traitez chacun des éléments relevés par l'expert-comptable. (*Conseil:* Établissez trois colonnes, une pour l'article, une autre pour le montant et la troisième pour l'explication que vous apportez.)

P7-2 **L'analyse et l'interprétation de l'effet des erreurs sur les stocks (PS7-1)**

Voici certains montants de l'état des résultats partiel de l'entreprise Clémenceau pour les quatre dernières années.

	20A	20B	20C	20D
Chiffre d'affaires	50 000 $	51 000 $	62 000 $	58 000 $
Coût des marchandises vendues	32 500	35 000	43 000	37 000
Marge bénéficiaire brute	17 500	16 000	19 000	21 000
Charges	10 000	12 000	14 000	12 000
Bénéfice avant impôts	7 500 $	4 000 $	5 000 $	9 000 $

Après une analyse détaillée de ces montants, on a déterminé que, lors du dénombrement effectué le 31 décembre 20B, le stock avait été sous-évalué de 3 000 $.

Travail à faire

1. Modifiez les états des résultats de façon que les montants reflètent la correction de l'erreur concernant les stocks.
2. Calculez le pourcentage de la marge bénéficiaire brute pour chacune des années a) avant la correction et b) après la correction. Ces résultats ajoutent-ils de la crédibilité aux montants corrigés selon vos calculs ? Expliquez votre réponse.
3. Quel effet cette erreur aurait-elle eu sur la charge d'impôts de l'entreprise si son taux moyen d'imposition était de 30 % ?

P7-3 **L'analyse de l'impact des quatre méthodes de détermination du coût des stocks (PS7-2)**

L'entreprise Toutazimut utilise un système d'inventaire périodique. À la fin de l'exercice, le 31 décembre 20E, ses livres indiquent les informations suivantes concernant l'article le plus vendu par la société.

Transactions	Nombre d'unités	Coût unitaire
Stock au début, 1er janvier 20E	400	30 $
Transactions au cours de 20E		
a) Achat, 20 février	600	32
b) Vente, 1er avril (46 $ l'unité)	(700)	
c) Achat, 30 juin	500	36
d) Vente, 1er août (46 $ l'unité)	(100)	
e) Retours sur vente, 5 août [relatif à la transaction en d)]	20	

Travail à faire

Calculez les montants a) des marchandises disponibles à la vente, b) du stock à la fin et c) du coût des marchandises vendues en date du 31 décembre 20E selon chacune des méthodes de détermination du coût des stocks. (Présentez vos calculs et arrondissez les montants au dollar près.)

1. Utilisez la méthode du coût moyen.
2. Utilisez la méthode de l'épuisement successif (PEPS).
3. Utilisez la méthode de l'épuisement à rebours (DEPS).
4. Utilisez la méthode du coût distinct. Dans ce cas, supposez qu'un cinquième des marchandises vendues le 1er avril 20E proviennent du stock au début et les quatre autres cinquièmes, de l'achat du 20 février. Supposez aussi que les marchandises vendues le 1er août proviennent de l'achat du 30 juin 20E.

P7-4 **Le choix des quatre méthodes de détermination du coût des stocks selon le bénéfice et les flux de trésorerie**

☐OA3
☐OA4

À la fin de janvier 20B, les livres de l'entreprise Balbec indiquent les renseignements suivants concernant un article se vendant 18 $ l'unité.

Transactions	Nombre d'unités	Montant
Stock, 1er janvier 20B	500	2 500 $
Vente, 10 janvier	(400)	
Achat, 12 janvier	600	3 600
Vente, 17 janvier	(300)	
Achat, 26 janvier	160	1 280
Retours sur achat, 28 janvier	(10)	Pour l'achat du 26 janvier

Travail à faire

1. En supposant que l'entreprise utilise un système d'inventaire périodique, dressez un état des résultats sommaire (jusqu'à la marge bénéficiaire brute) en vous servant de chacune des méthodes suivantes : a) du coût moyen, b) PEPS, c) DEPS et d) du coût distinct. Dans le cas de la méthode du coût distinct, supposez que les marchandises de la première vente provenaient du stock d'ouverture et celles de la deuxième vente, de l'achat du 12 janvier. Présentez vos calculs.

2. Laquelle des deux méthodes, PEPS ou coût moyen (CM), permettrait d'obtenir le bénéfice avant impôts le plus élevé ? Laquelle aurait comme résultat le résultat par action le plus élevé ?

3. Laquelle des deux méthodes, PEPS ou CM, présenterait la charge d'impôts la plus faible ? Expliquez votre réponse en supposant que le taux d'imposition moyen est de 30 %.

4. Laquelle des deux méthodes, PEPS ou CM, permettrait d'obtenir le flux de trésorerie le plus avantageux pour l'entreprise ? Expliquez votre réponse.

P7-5 **L'analyse et l'interprétation de la manipulation des résultats selon la méthode DEPS**

☐OA3
☐OA4

L'entreprise Pacifique vend de l'appareillage d'essai électronique qu'elle se procure auprès d'une société étrangère. Au cours de l'exercice 20W, le compte de stocks contenait les renseignements suivants.

	Nombre d'unités	Coût unitaire	Coût total
Stock au début	15	12 000 $	180 000 $
Achats	40	10 000	400 000
Chiffre d'affaires (45 unités à 25 000 $ chacune)			

L'entreprise évalue son stock selon la méthode de l'épuisement à rebours (DEPS). Le 28 décembre 20W, le coût unitaire de chaque appareillage d'essai a diminué à 8 000 $. Il diminuera encore au cours du premier trimestre du prochain exercice.

Travail à faire

1. Dressez l'état des résultats sommaire suivant à l'aide de la méthode de l'épuisement à rebours et du système d'inventaire périodique. Présentez vos calculs.

Chiffre d'affaires	_____ $
Coût des marchandises vendues	_____
Marge bénéficiaire brute	_____
Charges	300 000 $
Bénéfice avant impôts	_____ $
Stock à la fin	_____ $

2. Pour différentes raisons, la direction pense acheter 20 unités supplémentaires au montant de 8 000 $ chacune avant le 31 décembre 20W. Dressez à nouveau l'état des résultats (et corrigez le stock à la fin) en supposant que cet achat est effectué le 31 décembre 20W.
3. Par quel montant le bénéfice avant impôts a-t-il varié à la suite de la décision du 31 décembre 20W ? Y a-t-il le moindre indice d'une manipulation des résultats ? Expliquez votre réponse.

OA4

P7-6 **L'évaluation du changement de la méthode de l'épuisement successif à celle du coût moyen selon le point de vue d'un actionnaire**

La société Valcourt a présenté les données suivantes à la fin de l'année 20X.

	(en millions de dollars)
Chiffre d'affaires	850 $
Coût des marchandises vendues*	400
Marge bénéficiaire brute	450
Charges	310
Bénéfice avant impôts	140 $

* Selon un stock de fermeture de 120 millions de dollars calculé à l'aide de la méthode PEPS. Avec la méthode du coût moyen, ce stock serait évalué à 75 millions de dollars.

Avant de publier l'état des résultats ci-dessus, l'entreprise a décidé de passer de la méthode de l'épuisement successif à celle du coût moyen pour l'exercice 20X sous prétexte que cette dernière reflète mieux les résultats de ses activités. Jusque-là, elle avait toujours employé la méthode de l'épuisement successif.

Travail à faire
1. Dressez à nouveau l'état des résultats sommaire ci-dessus en utilisant la méthode du coût moyen pour évaluer les stocks.
2. De quel montant le bénéfice avant impôts a-t-il varié à la suite de la décision de l'entreprise de passer à la méthode du coût moyen pour 20X ? Qu'est-ce qui a entraîné cette variation ?
3. Si vous étiez actionnaire de la société Valcourt, quelle serait votre réaction face à cette décision ? Expliquez votre réponse.

OA4

P7-7 **L'évaluation du choix entre les méthodes PEPS et DEPS dans le contexte de hausses et de baisses des prix**

Vous devez évaluer le bénéfice selon quatre scénarios différents.
1. Lorsque les prix augmentent :
   – situation A : on utilise la méthode PEPS ;
   – situation B : on utilise la méthode DEPS.
2. Lorsque les prix diminuent :
   – situation C : on utilise la méthode PEPS ;
   – situation D : on utilise la méthode DEPS.

Voici les données de base communes aux quatre situations : les ventes sont de 500 unités pour un chiffre d'affaires de 12 500 $; le stock au début est de 300 unités ; les achats, de 400 unités ; le stock à la fin, de 200 unités et les frais d'exploitation, de 4 000 $. Les états des résultats ci-après ont été dressés afin de refléter les quatre scénarios.

	Hausse des prix		Baisse des prix	
	Situation A PEPS	Situation B DEPS	Situation C PEPS	Situation D DEPS
Chiffre d'affaires	12 500 $	12 500 $	12 500 $	12 500 $
Coût des marchandises vendues				
Stock au début	3 600	?	?	?
Achats	5 200	?	?	?
Marchandises disponibles à la vente	8 800	?	?	?
Stock à la fin	2 600	?	?	?
Coût des marchandises vendues	6 200	?	?	?
Marge bénéficiaire brute	6 300	?	?	?
Charges	4 000	4 000	4 000	4 000
Bénéfice avant impôts	2 300	?	?	?
Charge d'impôts (30 %)	690	?	?	?
Bénéfice net	1 610 $			

Travail à faire

1. Remplissez les différentes colonnes ci-dessus pour chacune des situations. En ce qui concerne les situations A et B (hausse de prix), supposez que le stock d'ouverture était de 300 unités à 12 $ l'unité, soit 3 600 $ et que les achats étaient de 400 unités à 13 $ l'unité, soit 5 200 $. Dans le cas des situations C et D (baisse de prix), supposez le contraire, c'est-à-dire que le stock d'ouverture est de 300 unités à 13 $ chacune, soit 3 900 $, et que les achats sont de 400 unités à 12 $ chacune, soit 4 800 $. Utilisez le système d'inventaire périodique.

2. Analysez l'impact de l'augmentation et de la diminution des prix que vous avez observées à la question précédente sur le bénéfice avant impôts et sur le bénéfice net.

3. Analysez l'impact de chaque situation sur les flux de trésorerie.

4. Si la méthode DEPS était acceptée au Canada du point de vue fiscal, quelle méthode, PEPS ou DEPS, recommanderiez-vous ? Expliquez votre réponse.

P7-8   **L'évaluation du choix entre les méthodes DEPS et PEPS à la suite d'une note sur le stock aux états financiers**   ■ OA4

Un rapport annuel de la société General Motors comporte la note suivante aux états financiers.

General Motors (GM)

> Les stocks sont généralement enregistrés à un coût qui ne dépasse pas la valeur marchande. Le coût de presque tous les stocks aux États-Unis a été déterminé à l'aide de la méthode de l'épuisement à rebours (DEPS). Si on avait utilisé la méthode de l'épuisement successif (PEPS), on estime que la valeur de ces stocks aurait augmenté de 2 077,1 millions de dollars à la fin du présent exercice par rapport à une hausse de 1 784,5 millions de dollars à la fin de l'exercice précédent.

Pour l'exercice en cours, GM a enregistré un bénéfice net (après impôts) de 320,5 millions de dollars. À la fin de l'exercice, le solde du compte des bénéfices non répartis était de 15 340 millions de dollars.

Travail à faire

1. Évaluez le montant de bénéfice net que l'entreprise aurait enregistré pour l'exercice en cours si elle avait utilisé la méthode PEPS (en supposant que le taux d'imposition est de 30 %).

2. Évaluez le montant des bénéfices non répartis que l'entreprise aurait enregistré en fin d'exercice si elle avait toujours utilisé la méthode PEPS (en supposant que le taux d'imposition est de 30 %).

3. L'emploi de la méthode DEPS, permise aux États-Unis par les autorités fiscales, a permis à l'entreprise de réduire le montant d'impôts qu'elle devait verser pour l'exercice en cours par rapport au montant qu'elle aurait payé en utilisant la méthode PEPS. Calculez le montant de cette réduction (en supposant que le taux d'imposition est de 30 %).

■ OA5

P7-9 **L'évaluation de l'impact de changements dans le processus de fabrication sur le ratio de rotation des stocks et sur les flux de trésorerie liés aux activités d'exploitation (PS7-3)**

La société Tan inc. se spécialise depuis cinq ans dans la fabrication de composantes électroniques pour les téléphones cellulaires. Au cours de cette période, l'entreprise a connu une croissance rapide de son chiffre d'affaires et de ses stocks. La société Tan vous a engagé comme contrôleur de la société. Vous avez établi de nouveaux procédés relativement aux achats et à la fabrication dans le but de diminuer les stocks d'environ un tiers d'ici la fin de l'exercice. Voici les données que vous avez recueillies concernant ces changements.

	(en milliers de dollars)	
	Début de l'exercice	Fin de l'exercice (prévisions)
Stock	463 808 $	310 270 $
		Exercice en cours (prévisions)
Coût des marchandises vendues		7 015 069 $

Travail à faire

1. Calculez le ratio de rotation des stocks en vous basant sur les deux hypothèses suivantes.
   a) Celle qui est présentée au tableau ci-dessus (c'est-à-dire une baisse au solde des stocks).
   b) Aucune variation au solde des stocks par rapport au début de l'exercice.

2. Calculez l'impact du changement prévu au solde des stocks sur les flux de trésorerie liés aux activités d'exploitation de l'exercice. (Évaluez le montant de cet impact et le signe correspondant.)

3. Selon l'analyse précédente, rédigez une note brève expliquant comment une hausse du ratio de rotation des stocks peut entraîner une augmentation des flux de trésorerie liés aux activités d'exploitation. Expliquez également comment l'entreprise peut bénéficier de cette augmentation.

■ OA6

P7-10 **La détermination de l'incidence de la règle de la valeur minimale sur l'état des résultats et les flux de trésorerie**

L'entreprise Simonet a dressé ses états financiers en date du 31 décembre 20B. L'entreprise utilise la méthode PEPS pour évaluer ses stocks. Toutefois, elle a négligé d'appliquer la règle du moindre du coût et de la juste valeur à ses stocks de fermeture. Voici l'état des résultats provisoire de 20B.

Chiffre d'affaires		280 000 $
Coût des marchandises vendues		
Stock au début	30 000 $	
Achats	182 000	
Marchandises disponibles à la vente	212 000	
Stock à la fin (selon la méthode PEPS)	44 000	
Coût des marchandises vendues		168 000
Marge bénéficiaire brute		112 000
Frais d'exploitation		61 000
Bénéfice avant impôts		51 000
Charge d'impôts (30 %)		15 300
Bénéfice net		35 700 $

Supposez qu'on vous a demandé de dresser à nouveau les états financiers de 20B pour que la règle de la valeur minimale y soit reflétée. Vous avez déjà recueilli les données suivantes concernant le stock à la fin de 20B.

		Coût d'achat		Coût de remplacement coût unitaire
Article	Quantité	Coût unitaire	Total	(Valeur marchande)
A	3 000	3 $	9 000 $	4 $
B	1 500	4	6 000	2
C	7 000	2	14 000	4
D	3 000	5	15 000	3
			44 000 $	

Travail à faire

1. Dressez à nouveau l'état des résultats en tenant compte de la règle de la valeur minimale pour déterminer le stock à la fin de l'exercice 20B. Appliquez cette règle à chacun des articles. Présentez vos calculs.
2. Comparez et expliquez l'incidence de la règle de la valeur minimale sur chacun des montants que vous avez modifiés en 1.
3. Sur quel concept se base-t-on pour justifier la méthode de l'évaluation au moindre du coût et de la juste valeur des stocks de marchandises ?
4. Quelle incidence cette méthode a-t-elle eu sur les flux de trésorerie de l'exercice 20B ? Quel serait son effet à long terme sur les flux de trésorerie ?

P7-11 **(Annexe 7-A) La comptabilisation des ventes et des achats incluant les escomptes de caisse et les retours (PS7-4)**

Le Coin du campus est une coopérative étudiante. Le 1er janvier 20X, son stock d'ouverture s'élevait à 150 000 $, le solde de ses comptes clients, à 4 000 $, et le solde créditeur de sa provision pour créances irrécouvrables, à 800 $. L'entreprise utilise un système d'inventaire permanent et comptabilise ses achats de stocks selon la méthode du montant brut.

Voici, à titre d'exemple, un résumé de quelques-unes des opérations effectuées en 20X :

a) Vente de marchandises au comptant (coût des ventes, 137 500 $)	275 000 $
b) Retour de marchandises défectueuses par les clients en échange d'un remboursement en espèces (coût des ventes, 800 $)	1 600
Achats de marchandises à crédit chez divers fournisseurs ; modalités de 3/10, n/30 comme suit :	
c) Les Fournitures Auguste, prix de la facture avant la déduction pour l'escompte de caisse	5 000
d) Autres fournisseurs, prix de facture avant déduction de l'escompte de caisse	120 000
e) Achats au comptant de matériel utilisé dans le magasin	2 200

f) Achats au comptant de fournitures de bureau pour utilisation future dans le magasin — 700

g) Frais de transport pour les marchandises achetées ; payées comptant — 400

Paiement des comptes fournisseurs au cours de l'exercice comme suit :

h) Paiement à la société Les Fournitures Auguste après le délai de la période d'escompte — 5 000

i) Paiement des autres fournisseurs avant l'expiration du délai de l'escompte de 3 % — 116 400

Travail à faire

1. Présentez les effets de ces transactions sur les postes du bilan à l'aide de l'équation comptable.
2. Passez les écritures de journal pour chacune des transactions.

Problèmes supplémentaires

■OA2

PS7-1 **L'analyse et l'interprétation de l'incidence d'erreurs concernant les stocks (P7-2)**
Voici quelques données extraites de l'état des résultats de l'entreprise Pontbriand pour les quatre derniers exercices financiers.

	20A	20B	20C	20D
Chiffre d'affaires	2 000 000 $	2 400 000 $	2 500 000 $	3 000 000 $
Coût des marchandises vendues	1 400 000	1 630 000	1 780 000	2 100 000
Marge bénéficiaire brute	600 000	770 000	720 000	900 000
Frais d'exploitation	450 000	500 000	520 000	550 000
Bénéfice avant impôts	150 000	270 000	200 000	350 000
Charge d'impôts (30 %)	45 000	81 000	60 000	105 000
Bénéfice net	105 000 $	189 000 $	140 000 $	245 000 $

Une vérification a permis de découvrir qu'en calculant ces montants, on a surévalué le stock à la fin de 20B de 20 000 $. L'entreprise utilise un système d'inventaire périodique.

Travail à faire

1. Dressez à nouveau ces états de résultats en corrigeant l'erreur.
2. L'erreur a-t-elle eu un effet sur le bénéfice net cumulatif des quatre années en question ? Expliquez votre réponse.
3. Quel effet cette erreur aurait-elle eu sur la charge d'impôts si on suppose que le taux moyen d'imposition est de 30 % ?

■OA3

PS7-2 **L'analyse de l'incidence des quatre méthodes de détermination du coût des stocks (P7-3)**
L'entreprise Desmeules utilise un système d'inventaire périodique. À la fin de l'exercice terminé le 31 décembre 20C, voici ce que présentent les livres comptables de l'entreprise concernant le produit le plus en demande.

Transactions	Nombre d'unités	Coût unitaire
Stock d'ouverture, 1er janvier 20C	1 800	2,50 $
Transactions au cours de 20C :		
a) Achat, 30 janvier	2 500	3,10
b) Vente, 14 mars (5 $ l'unité)	(1 450)	
c) Achat, 1er mai	1 200	4,00
d) Vente, 31 août (5 $ l'unité)	(1 900)	
e) Retour de marchandises, 5 septembre [provenant de la transaction d)]	150	

Travail à faire

Calculez les montants suivants au 31 décembre 20C : a) le coût des marchandises disponibles à la vente, b) le stock à la fin et c) le coût des marchandises vendues selon chacune des méthodes de détermination du coût des stocks suivantes (présentez vos calculs et arrondissez au dollar près) :

1. la méthode du coût moyen ;
2. la méthode de l'épuisement successif ;
3. la méthode de l'épuisement à rebours ;
4. la méthode du coût distinct. Avec cette méthode, supposez que les articles de la vente du 14 mars 20C provenaient aux deux cinquièmes du stock d'ouverture et aux trois cinquièmes de l'achat effectué le 30 janvier 20C. Supposez aussi que les articles de la vente du 31 août 20C provenaient du reste du stock d'ouverture et de l'achat du 1er mai 20C.

PS7-3 **L'évaluation de l'impact de l'implantation infructueuse d'un plan de croissance sur le ratio de rotation des stocks et les flux de trésorerie liés aux activités d'exploitation (P7-9)** □OA4

La société Les entreprises du Nord ltée fabrique des motoneiges. Elle a connu une croissance exceptionnelle au cours des dernières années. La société prévoyait une augmentation importante de son chiffre d'affaires pour le prochain exercice grâce à une augmentation considérable de la capacité de production. Malheureusement, cet hiver-là, le Canada et le nord des États-Unis ont connu leur plus faible niveau de neige en 20 ans. Les ventes sont ainsi demeurées stagnantes, et l'entreprise n'a enregistré qu'un petit profit de 1,9 million de dollars. Par contre, le solde de son stock a augmenté de 24 millions de dollars. En vous servant des renseignements ci-dessous, répondez aux questions qui suivent.

	(en milliers de dollars)	
	Début de l'exercice	Fin de l'exercice
Stock	23 808 $	47 270 $
		Exercice en cours
Coût des marchandises vendues		161 069 $

Travail à faire

1. Calculez le ratio de rotation des stocks en vous basant sur les deux hypothèses suivantes :
   a) selon les données présentées dans le tableau ci-dessus ;
   b) s'il n'y a eu aucune variation au solde des stocks depuis le début de l'exercice.
2. Calculez l'incidence de la variation du solde des stocks sur les flux de trésorerie liés aux activités d'exploitation pour l'exercice considéré (indiquez le signe et le montant relatif à cette incidence).
3. En vous basant sur votre analyse, rédigez une note brève expliquant comment une diminution du ratio de rotation des stocks peut entraîner une diminution des flux de trésorerie liés aux activités d'exploitation.

PS7-4 **(Annexe 7-A) La comptabilisation des ventes et des achats assortis d'escomptes de caisse et de retours de marchandises (P7-11)**

Les transactions suivantes ont été choisies parmi l'ensemble des opérations qui ont eu lieu au cours du mois de janvier 20D au magasin Théo. Une vaste gamme de produits est offerte aux clients. Parmi ces derniers, seulement quelques-uns peuvent effectuer des achats à crédit, généralement selon des modalités de paiement de n/FDM (fin du mois). Le coût des marchandises vendues correspond toujours à la moitié du chiffre d'affaires brut.

a) Ventes aux clients :
   Au comptant   228 000 $
   À crédit   72 000
b) Marchandises retournées par les clients :
   Au comptant   3 000
   À crédit   2 000
Marchandises achetées à crédit à des fournisseurs selon les modalités
de 2/10, n/30 :
c) Fournisseur XYZ : montant facturé avant l'escompte de caisse   4 000
d) Autres fournisseurs : montant facturé avant l'escompte de caisse 68 000
e) Transport pour les marchandises achetées, payé comptant   1 500
f) Recouvrement des comptes clients   36 000
Paiement intégral des comptes fournisseurs au cours de cette période
comme suit :
g) Paiement du fournisseur XYZ après l'expiration du délai de l'escompte   4 000
h) Paiement des autres fournisseurs avant l'expiration
   du délai de l'escompte   66 640
i) Achat de deux machines à écrire neuves pour le bureau ; payé comptant   1 000

Travail à faire

Supposez que le magasin utilise un système d'inventaire permanent et comptabilise les achats de stocks à l'aide de la méthode du montant brut (voir le chapitre 6). Présentez les effets de ces opérations sur les postes du bilan à l'aide de l'équation comptable. Passez ensuite les écritures de journal correspondant à ces opérations.

Cas et projets

Cas – Information financière

CP7-1 **La recherche d'informations financières**

Référez-vous aux états financiers de la société Les Boutiques San Francisco qui sont présentés en annexe à la fin de ce manuel.

1. Quel est le montant du stock détenu par l'entreprise à la fin de l'exercice le plus récent ?
2. Estimez le montant des marchandises que l'entreprise a achetées au cours de l'exercice le plus récent. (*Conseil :* Utilisez l'équation du coût des marchandises vendues.)
3. Quelle méthode l'entreprise utilise-t-elle pour déterminer le coût de ses stocks ?
4. Quelle variation y a-t-il eu concernant les stocks ? En quoi cette variation a-t-elle modifié les flux de trésorerie nets provenant de l'exploitation au cours de l'exercice le plus récent ?

CP7-2 **La recherche d'informations financières**

Référez-vous aux états financiers de la société Le Château présentés en annexe à la fin de ce manuel.

1. Quelle méthode l'entreprise emploie-t-elle pour déterminer le coût de ses stocks ?
2. Quelles sont les composantes du solde des stocks de l'entreprise ? Si l'entreprise présente plus d'une composante, quels aspects de ses activités pourraient permettre de déterminer pourquoi la première composante est beaucoup moins importante que la deuxième ?
3. Calculez le ratio de rotation des stocks de l'entreprise pour l'exercice terminé en 2001.

CP7-3 La comparaison des entreprises d'un même secteur d'activité

Référez-vous aux états financiers de la société Les Boutiques San Francisco, à ceux de la société Le Château ainsi qu'au rapport de Standard & Poor's et Dun and Bradstreet pour les ratios de ce secteur d'activité qui sont présentés en annexe à la fin du manuel.

Travail à faire

1. Calculez les ratios de rotation des stocks des deux entreprises pour les exercices les plus récents. Que pourriez-vous déduire de la différence entre les deux?

2. Les deux entreprises évaluent leurs stocks au moindre du coût et de la juste valeur. Est-ce que les deux entreprises utilisent la même méthode d'évaluation pour leurs stocks? À votre avis, l'utilisation de méthodes différentes peut-elle entraîner un grand écart entre les coûts des marchandises vendues de deux entreprises? Expliquez votre réponse.

3. Comparez le ratio de rotation des stocks de chacune des deux entreprises à la moyenne de ce secteur d'activité. Ces entreprises ont-elles une meilleure ou une moins bonne rotation des stocks comparativement à la moyenne du secteur?

CP7-4 L'interprétation des informations financières

Dans un article intitulé «Convenient Fiction: Inventory Chicanery Tempts More Firms, Fools More Auditors», *The Wall Street Journal* passait en revue une suite de cas où des entreprises ont commis des fraudes portant sur les stocks en vue de surévaluer leur bénéfice net. Cet article est disponible sur le site www.dlcmcgrawhill.ca. Lisez cet article, puis rédigez un résumé des cas dont il est question et de la façon dont chacune des déclarations erronées concernant les stocks a pu servir à exagérer le bénéfice net. Pour chaque cas, il s'agissait de gonfler les quantités de stocks de clôture ou leur valeur. Indiquez comment ces pratiques peuvent accroître les bénéfices. Discutez aussi les étapes que l'auteur propose aux vérificateurs pour éviter la répétition de telles inexactitudes dans l'avenir.

CP7-5 L'utilisation des rapports financiers: une perspective internationale

En raison de la mondialisation de l'économie, les utilisateurs d'états financiers doivent souvent analyser des entreprises dont le siège social n'est pas dans leur propre pays. Diageo est une grande société de capitaux de niveau international établie à Londres. Elle possède un grand nombre d'entreprises telles que Seagram, The Pillsbury Company et Burger King.

Travail à faire

En vous servant des concepts présentés dans ce volume, expliquez la signification des différentes catégories de comptes qui apparaissent dans l'extrait du rapport annuel de Diageo reproduit ici. (*Note:* Les postes Quote-part provenant de sociétés affiliées et Participations sans contrôle se rapportent à des sujets dont il sera question au cours de chapitres ultérieurs.)

Diageo Compte des profits et pertes consolidés Exercices terminés les 30 septembre 20B et 20A (en millions de livres)	Notes	20B	20A
Rotation	2	12 821 £	11 870 £
Charges d'exploitation	4	10 948	10 088
Bénéfice d'exploitation	2	1 873	1 782
Quote-part des résultats des sociétés affiliées	6	203	195
Bénéfice commercial		2 076	1 977
Gain sur la vente de biens immeubles		19	5
Ventes d'entreprises	7	(23)	(168)
Intérêts nets	8	(350)	(363)
Bénéfice sur les activités courantes avant impôts		1 722	1 451
Impôts sur le bénéfice des activités courantes	9	(416)	(401)
Bénéfice sur les activités courantes après impôts		1 306	1 050
Participations sans contrôle		(80)	(74)
Bénéfice de l'exercice		1 226	976
Dividendes	10	(751)	(713)
Virement à la réserve		475	263
Résultat par action	11	36,3p	28,8p

■ OA1

Dana Corporation

CP7-6 **L'utilisation des rapports financiers: l'interprétation de l'effet d'un changement concernant la comptabilisation des coûts relatifs à la production**

Dana Corporation conçoit et fabrique des pièces détachées pour les marchés industriels, les véhicules et l'équipement mobile original tout-terrain. Dans un rapport annuel antérieur, on trouve la note suivante concernant les stocks de l'entreprise.

> Dana Corporation a apporté des modifications à sa méthode de comptabilisation des stocks applicables à partir du 1er janvier [...] pour y inclure certains coûts reliés à la production qui étaient précédemment imputés aux charges. Ce changement relatif aux principes comptables permet un rapprochement plus représentatif des coûts et des produits d'exploitation correspondants. Il a eu pour effet d'augmenter la valeur des stocks de 23,0 millions de dollars et le bénéfice net, de 12,9 millions de dollars.

Travail à faire

1. Selon la méthode comptable employée jusque-là par l'entreprise, certains coûts de production étaient comptabilisés sous forme de charges à l'état des résultats de l'exercice au cours duquel ils avaient été engagés. Selon la nouvelle méthode, à quel moment ces coûts de production seront-ils passés en charge?
2. Expliquez comment le fait d'imputer ces coûts aux stocks a entraîné une augmentation de leur valeur et une augmentation du bénéfice net de l'exercice.

■ OA3
■ OA5

CP7-7 **L'utilisation des rapports financiers: l'interprétation de l'incidence du choix entre les méthodes du coût moyen et PEPS sur le ratio de rotation des stocks**

Un récent rapport annuel de la société Construit inc., un important fabricant d'outillage agricole et de construction, contenait les renseignements suivants concernant ses stocks.

Le coût des stocks est déterminé principalement au moyen de la méthode d'évaluation du coût moyen. L'entreprise a adopté cette méthode pour la majeure partie de ses stocks il y a plus de 50 ans. Selon la méthode en question, la valeur des stocks représentait environ 90 % de celle de l'ensemble des stocks au coût actuel en date du 31 décembre 20C, 20B et 20A. Si on avait utilisé la méthode de l'épuisement successif (PEPS), les stocks auraient été de 2 103 $, de 2 035 $ et de 1 818 $ plus élevés que les montants enregistrés respectivement les 31 décembre 20C, 20B et 20A.

Au bilan de l'entreprise, on trouve les renseignements suivants.

	20C	20B	20A
Stock	1 921 $	1 835 $	1 525 $

L'état des résultats présente les données suivantes.

	20C	20B	20A
Coût des marchandises vendues	12 000 $	10 834 $	9 075 $

Travail à faire

On vous a récemment engagé pour analyser l'efficience de la gestion des stocks chez Constuit inc. et on vous demande de rédiger un bref rapport à ce sujet. Plus précisément, vous devez calculer le ratio de rotation des stocks de 20C selon les méthodes de l'épuisement successif (PEPS) et du coût moyen (CM). Ensuite, vous devez comparer vos résultats en fonction de deux données : 1) le ratio de l'entreprise pour l'année précédente, 20B ; 2) le ratio de son principal concurrent, Poutrelle ltée. En 20C, le ratio de rotation des stocks de Poutrelle était de 4,2 selon la méthode de l'épuisement successif et de 9,8 selon la méthode du coût moyen. Votre rapport devrait contenir les éléments suivants :

1. les ratios demandés, calculés avec les deux méthodes (PEPS et CM) ;
2. une explication des écarts entre les ratios d'une méthode à l'autre ;
3. une explication concernant les ratios (calculés d'après la méthode PEPS ou la méthode CM) qui indiquent avec le plus d'exactitude possible l'efficience avec laquelle les entreprises gèrent leurs stocks.

Cas – Analyse critique

CP7-8 La prise de décisions lorsqu'on est analyste financier : l'analyse de l'effet du passage à la méthode DEPS

■OA4

Dans un rapport annuel antérieur de Quaker Oats (maintenant une division de Pepsico), on trouve les renseignements suivants.

Quaker Oats

L'entreprise a adopté l'hypothèse portant sur le mouvement des coûts de la méthode de l'épuisement à rebours pour évaluer la majorité des stocks de la société U.S. Grocery Products qui lui restent. Selon elle, l'utilisation de la méthode de l'épuisement à rebours permettait un rapprochement plus fidèle des coûts et des produits d'exploitation. L'effet cumulatif de ce changement sur les bénéfices non répartis était impossible à déterminer au début de l'exercice, de même que les effets *pro forma* d'une application rétroactive de cette méthode aux exercices précédents. Dans le cas de l'exercice au cours duquel le changement a eu lieu, on a constaté une diminution du bénéfice net de 16,0 millions de dollars, soit 0,20 $ par action.

Travail à faire

En tant qu'analyste financier, rédigez un rapport exposant les effets du changement de méthode comptable sur les états financiers de Quaker Oats. Dans votre rapport, supposez que le taux d'imposition est de 34 %. Répondez aux questions suivantes.

1. Outre la raison invoquée, pourquoi la direction de l'entreprise avait-elle choisi la méthode de l'épuisement à rebours ?

2. À titre d'analyste, comment auriez-vous réagi à la diminution de 0,20 $ par action du bénéfice net due à l'adoption de la méthode de l'épuisement à rebours ?

3. Une situation semblable pourrait-elle se produire pour une entreprise canadienne ? Expliquez votre réponse.

■OA2

Micro Warehouse Inc.

CP7-9 **La résolution d'un problème d'éthique : le bénéfice net, les achats de stocks et les primes de rendement à la direction**

Micro Warehouse est une entreprise qui vend des logiciels et du matériel informatique en ligne et par catalogue. Voici ce que révélait un article écrit il y a quelques années dans *The Wall Street Journal* à son sujet.

Micro Warehouse réorganise sa direction générale

Micro Warehouse Inc. a annoncé un important remaniement de sa direction et la démission de trois de ses cadres supérieurs.

Cette réorganisation se produit seulement quelques semaines après que l'entreprise de ventes informatiques par catalogue, Norwalk, Conn., a révélé qu'elle a surévalué son bénéfice net de 28 millions de dollars depuis 1992 à cause d'irrégularités comptables. Cette révélation avait déclenché une série de poursuites d'actionnaires contre l'entreprise. Micro Warehouse annonce aussi qu'elle coopère à une «enquête non officielle» de la Commission des valeurs mobilières des États-Unis.

Source : Stephan E. Frank, *The Wall Street Journal*, 21 novembre 1996, p. B2.

Dans son rapport trimestriel à la Commission des valeurs mobilières des États-Unis présenté deux jours auparavant, l'entreprise indiquait des inexactitudes relatives à la sous-évaluation d'achats et de comptes fournisseurs dans l'exercice en cours et des exercices antérieurs se chiffraient à 47,3 millions de dollars. Elle signalait également que, par conséquent, les primes de rendement de 2,2 millions de dollars destinées aux cadres supérieurs pour l'exercice de 1995 allaient être annulées. Le taux d'imposition total de l'entreprise est d'environ 40,4 %. Le coût des marchandises vendues et les primes de rendement aux cadres supérieurs sont entièrement déductibles d'impôts.

Travail à faire

À titre de vérificateur du bureau comptable de Micro Warehouse, rédigez un rapport décrivant les effets de la sous-évaluation des achats et de l'annulation des primes de rendement. Voici les sujets dont vous devez traiter :

1. l'effet total de la sous-estimation des achats sur les bénéfices avant et après impôts ;

2. l'effet total de l'annulation des primes de rendement sur les bénéfices avant et après impôts ;

3. une estimation du pourcentage des bénéfices après impôts que la direction recevait sous forme de primes de rendement ;

4. une analyse des raisons possibles pour lesquelles le conseil d'administration de Micro Warehouse a décidé de relier l'attribution de primes aux cadres aux bénéfices enregistrés et de l'éventuelle relation entre ce type de système de primes et les erreurs de comptabilité.

Projets – Information financière

CP7-10 La comparaison d'entreprises dans le temps : le ratio de rotation des stocks

Procurez-vous les états financiers des trois derniers exercices de la société Sleeman Breweries (ces documents sont disponibles sur le site Web de l'entreprise ou sur le site du service SEDAR). Rédigez un bref rapport comparant les ratios de rotation des stocks de l'entreprise au cours des trois derniers exercices. Indiquez quels changements dans ses activités permettraient d'expliquer tout écart que vous observez dans ces ratios.

■OA5

Sleeman Breweries ltée

CP7-11 La comparaison d'entreprises provenant d'un même secteur d'activité : le ratio de rotation des stocks

Parmi les concurrents d'Unibroue dans l'industrie de la bière, on compte Sleeman Breweries, Molson, Interbrew, la société mère belge de Labatt, Brick Brewing et Big Rock Brewery. Procurez-vous les états financiers les plus récents de la société Unibroue et de trois de ses concurrents. (Consultez ces documents à partir du site du service SEDAR ou des sites Web des entreprises elles-mêmes). Rédigez un bref rapport dans lequel vous comparerez les ratios de rotation des stocks des quatre entreprises. Indiquez quelles différences dans leurs produits ou leurs stratégies commerciales permettraient d'expliquer les écarts que vous observez dans leurs ratios. Considérez l'effet possible de l'utilisation de la méthode du coût moyen.

■OA5

Unibroue et ses concurrents

CP7-12 La comparaison des règles et des méthodes comptables relatives aux stocks dans différents secteurs d'activité

Procurez-vous la note sur la méthode de comptabilisation des stocks apparaissant dans les rapports annuels de trois entreprises appartenant à différents secteurs d'activité. Vous trouverez une liste de secteurs et d'entreprises à l'adresse www.sedar.com. Cliquez sur «Entreprises ouvertes» et ensuite sur «Secteurs». Rédigez un bref rapport indiquant les ressemblances et les différences entre les règles et les méthodes comptables relatives aux stocks. Demandez-vous quelles caractéristiques de chacune des trois entreprises et de leurs stocks ont pu mener au choix de ces méthodes. Si une entreprise utilise la méthode d'évaluation selon le coût moyen, indiquez si elle doit payer des impôts plus ou moins élevés pour l'exercice en cours.

■OA3
■OA4

CP7-13 L'analyse de l'incidence des stocks et des comptes fournisseurs sur les flux de trésorerie

Procurez-vous les états de flux de trésorerie d'une entreprise pour les trois derniers exercices. (Consultez le site www.sedar.com ou le site Web de l'entreprise.) Rédigez un court texte décrivant, pour chaque année, l'effet d'une variation des stocks et des comptes fournisseurs sur l'écart entre le bénéfice net et le flux de trésorerie provenant de l'exploitation.

■OA5

CP7-14 Un projet portant sur l'éthique : l'analyse des irrégularités relatives aux stocks

Trouvez un récent reportage décrivant une irrégularité comptable relative à des stocks. Consultez la bibliothèque de votre institution, les index des journaux *Les Affaires*, *The Globe and Mail*, *The Financial Post*, *La Presse* ou *Le Devoir*, par exemple. Cherchez sous la rubrique «Irrégularités comptables». Rédigez un bref rapport exposant la nature de l'irrégularité, l'ampleur des corrections à apporter au bénéfice net déclaré précédemment, les répercussions de l'annonce de cette irrégularité sur le prix des actions de l'entreprise et, enfin, les amendes ou les pénalités imposées à l'entreprise et à ses cadres, s'il y a lieu. (Si vous ne trouvez rien dans la presse canadienne, cherchez dans la presse américaine : *The Wall Street Journal,* le *Dow Jones Interactive* ou le *Bloomberg Business News*.)

■OA2

CP7-15 L'accroissement des habiletés en matière de recherche financière : une analyse comparative sur le Web

Dans l'analyse au moyen de ratios, il est essentiel de pouvoir reconnaître les entreprises provenant du même secteur d'activité (les concurrents) afin de les comparer entre elles. À partir du site www.sedar.com, trouvez des concurrents dans le secteur de l'acier. Rendez-vous sur ce site, cliquez sur «Entreprises ouvertes» et ensuite sur «Secteurs», puis sur «Produits industriels - acier». À ce stade, vous devrez effectuer trois tâches : 1) trouver la définition et le code industriel normalisé de ce secteur d'activité ; 2) dresser la liste des entreprises décrites ainsi que le pays où se situe le siège social ; 3) classer ces entreprises d'après leur plus récent chiffre d'affaires annuel.

■ OA4
■ OA5

CP7-16 Un projet en équipe : l'analyse des stocks

En équipe, choisissez un secteur d'activité à analyser. Vous en trouverez des listes aux adresses suivantes : www.sedar.com (des entreprises canadiennes), www.hoovers.com et www.marketguide.com/mgi/INDUSTRY/INDUSTRY.html (des entreprises américaines). Cliquez sur «Entreprises» et «Secteurs d'activité».

Chaque membre de l'équipe devrait se procurer le rapport annuel d'une société publique de ce secteur, mais cette société doit être différente de celles qui sont choisies par les autres membres. Consultez par exemple la bibliothèque de votre institution, le service SEC EDGAR (pour les entreprises américaines, www.sec.gov/cgi-bin/srch-edgar), le service SEDAR (pour les entreprises canadiennes, www.sedar.com) ou les sites Web de chaque entreprise. Individuellement, chacun devrait ensuite rédiger un bref rapport répondant aux questions suivantes concernant l'entreprise choisie.

1. Quelle méthode de détermination du coût des stocks applique-t-on aux stocks ? Quels sont, à votre avis, les motifs de ce choix ?

2. Dans le cas d'une entreprise qui a utilisé la méthode de l'épuisement à rebours (s'il s'agit d'une entreprise américaine) ou la méthode du coût moyen (s'il s'agit d'une entreprise canadienne), le bénéfice net avant impôts aurait-il été supérieur ou inférieur s'il avait été calculé à l'aide de la méthode de l'épuisement successif ? Supposez que les prix sont à la hausse.

3. Quel est le ratio de rotation des stocks ?

4. Quelle a été l'incidence d'une variation des stocks sur les flux de trésorerie liés aux activités d'exploitation ? Expliquez votre réponse.

Analysez toute répétition des mêmes caractéristiques que vous observez de l'une à l'autre des entreprises choisies par les membres de l'équipe. Rédigez ensuite ensemble un bref rapport dans lequel vous soulignerez les ressemblances et les différences entre ces entreprises d'après les caractéristiques observées. Trouvez des explications possibles à toutes les différences que vous remarquerez.

CHAPITRE 8

Les immobilisations corporelles et incorporelles

Objectifs d'apprentissage

Au terme de ce chapitre, l'étudiant sera en mesure :

1. de définir, de classer et d'expliquer la nature des immobilisations (voir la page 487) ;

2. d'appliquer le principe de la valeur d'acquisition (ou du coût d'origine) lors de l'acquisition d'immobilisations corporelles (voir la page 490) ;

3. de distinguer et de comptabiliser les différents coûts liés à l'utilisation des immobilisations corporelles (voir la page 494) ;

4. de connaître et d'appliquer différentes méthodes d'amortissement et les révisions des estimations (voir la page 499) ;

5. de comprendre l'effet de l'amortissement sur les flux de trésorerie, et de calculer et d'interpréter le coefficient de rotation des actifs immobilisés (voir la page 511) ;

6. de connaître le processus comptable lors de la cession (ou de l'aliénation) des immobilisations corporelles (voir la page 514) ;

7. de reconnaître les particularités comptables liées à la comptabilisation des ressources naturelles et des actifs incorporels (voir la page 516) ;

8. d'expliquer l'effet de la réduction de valeur des actifs sur les états financiers (voir la page 521).

TRANSAT A.T. INC.

Transat A.T. inc.

La gestion des bénéfices grâce au contrôle de la capacité de production

Transat A.T. inc. est une société intégrée de l'industrie du tourisme. Elle se spécialise dans l'organisation, la commercialisation et la distribution de voyages vacances. Que ce soit au Canada ou en Europe, Transat compte plus de 20 filiales dont le transporteur aérien Air Transat, le voyagiste Vacances Air Transat et l'agence de voyages Vacances Tourbec.

Air Transat a transporté, au cours de l'année 2001, environ 3,3 millions de passagers vers 90 destinations dans 25 pays, ce qui représente environ 300 vols par semaine. Air Transat est la plus importante compagnie aérienne spécialisée dans les vols nolisés au Canada. Elle offre ce service à partir d'une dizaine de villes canadiennes. Elle dessert principalement les destinations du Sud en hiver et de l'Europe durant l'été.

Tout le secteur du transport aérien a été fortement perturbé par les événements du 11 septembre 2001 à New York, mais aussi par le ralentissement économique qui s'ensuivit. L'effet du 11 septembre sur les résultats de Transat a été immédiat et négatif. Toutefois, Transat a réagi rapidement à la chute de la demande en réduisant ses activités (le nombre de vols et de sièges) de 25 %, en diminuant ses effectifs de 25 % et en gelant ou en réduisant le salaire de ses employés. Transat a aussi décidé de retirer ses sept Lockheed L-1011-150 du service, compte tenu de la baisse de la demande. Cette radiation représente un coût de 74,8 millions de dollars imputé à l'exercice 2001. Transat dispose d'une flotte d'une dizaine d'avions pour répondre à la demande.

L'industrie du voyage vacances est un secteur dont la demande a toujours été très sensible aux conditions économiques générales et aux prix. Depuis les attentats contre le World Trade Center, la sécurité aérienne et la confiance des clients sont de nouveaux facteurs qui influent beaucoup sur la demande. Dans ces conditions, il est de plus en plus difficile pour Transat de déterminer la capacité optimale qu'elle doit maintenir. Sans oublier que Transat doit aussi composer avec la concurrence et les fluctuations du prix du carburant.

Parlons affaires

Un des principaux défis que les dirigeants d'entreprises doivent relever consiste à planifier leur capacité de production pour rencontrer les besoins futurs de leur société. De là vient l'importance d'une bonne gestion des immobilisations corporelles. Si les dirigeants sous-estiment le niveau de production requis, la société ne pourra produire les biens ou les services selon la demande, et l'opportunité de réaliser des revenus lui échappera. À l'inverse, si les besoins de production sont surestimés, l'entreprise engagera des coûts supplémentaires qui réduiront ses bénéfices.

L'industrie aérienne est un bel exemple des difficultés associées à ce processus de planification de la capacité de production. Si un avion part de Montréal à destination de Paris avec des sièges vacants, la valeur économique de ceux-ci est perdue à jamais.

Il n'y a aucune façon de vendre des sièges à un client une fois que l'avion a décollé. Au contraire d'un fabricant, une compagnie aérienne ne peut «stocker» ses produits pour l'avenir.

D'un autre coté, si un grand nombre de personnes veulent prendre l'avion, la société refusera des clients si les sièges ne sont pas disponibles. Vous seriez probablement prêts à acheter une télévision chez un marchand, même si ce dernier vous dit que l'appareil ne peut vous être livré avant une semaine. Par contre, si vous voulez faire un voyage à Pâques, vous refuserez l'offre d'une compagnie aérienne qui ne vous propose une place que la semaine après Pâques. Vous changerez simplement de compagnie aérienne ou de moyen de transport.

En tant que transporteur aérien, Transat a de nombreux concurrents dont les plus connus sont Air Canada et WestJet. Pour attirer des passagers, chacun mise sur sa capacité à répondre à la demande. Les clients veulent un horaire flexible (ce qui requiert un bon nombre d'appareils) et des avions modernes et confortables. Les entreprises devant investir des sommes importantes dans leurs actifs immobilisés, elles font de nombreux efforts pour remplir leur avion à chaque vol.

Selon le PDG de Transat, Jean-Marc Eustache, les événements du 11 septembre 2001 ont grandement perturbé l'industrie aérienne, et plusieurs années seront nécessaires pour lui permettre de s'en remettre.

Dans l'actualité

Le Devoir

> «Je ne crois pas qu'il y ait une véritable reprise économique dans le deuxième semestre 2002, en tout cas pas dans l'industrie touristique, et l'année sera donc difficile. L'année 2003 sera meilleure et en 2004 nous reviendrons à des résultats comme nous en avions en 1999 et 2000.»
>
> Source: Rollande Parent, «Résultats de l'exercice 2001», *Le Devoir*, 25 janvier 2002, p. B5.

L'actif au bilan de la société Transat au 31 octobre 2001 est présenté au tableau 8.1. D'autres informations sur les actifs immobilisés sont présentées dans les notes complémentaires. Ce sujet sera abordé dans le présent chapitre.

Les questions concernant les immobilisations corporelles ont des répercussions importantes sur la stratégie d'affaires d'une entreprise. Les gestionnaires consacrent un temps considérable à planifier le niveau optimal de capacité de production, et les analystes financiers examinent attentivement les états financiers pour déterminer l'effet des décisions des gestionnaires.

La classification des immobilisations

Selon la nature des entreprises, les **immobilisations** représentent très souvent l'élément d'actif le plus important. En outre, comme on l'a déjà vu, elles permettent de déterminer directement la capacité de production de l'entreprise. Les immobilisations sont des éléments d'actif à long terme qui satisfont à tous les critères suivants[1]:

1. Ils sont destinés à être utilisés pour la production ou la fourniture de biens, pour la prestation de services ou pour l'administration, à être donnés en location à des tiers, ou bien à servir au développement ou à la mise en valeur, à la construction, à l'entretien ou à la réparation d'autres immobilisations.
2. Ils ont été acquis, construits, développés ou mis en valeur en vue d'être utilisés de façon durable.
3. Ils ne sont pas destinés à être vendus dans le cours normal des affaires.

OBJECTIF D'APPRENTISSAGE 1

Définir, classer et expliquer la nature des immobilisations.

Les immobilisations (ou les actifs immobilisés) sont des éléments d'actifs corporels et incorporels qui appartiennent à l'entreprise, qu'elle utilise de façon durable dans le cadre de ses activités, et qui ne sont pas destinées à être vendues.

---

1. *Manuel de l'ICCA*, chap. 3061.04.

TABLEAU **8.1**

Bilan

**Bilans consolidés
au 31 octobre
(en milliers de dollars)**

	2001	2000
Actif (notes 10, 11 et 12)		
Actif à court terme		
Espèces et quasi-espèces (note 4)	84 619$	147 401$
Débiteurs	85 529	67 464
Impôts sur le bénéfice à recevoir	35 375	2 737
Actifs d'impôts futurs (note 17)	8 283	–
Stocks	11 348	9 603
Dépôts auprès des fournisseurs	38 299	52 204
Frais payés d'avance	29 077	24 611
Total de l'actif à court terme	292 530	304 120
Dépôts et autres frais (note 5)	19 731	85 991
Actifs d'impôts futurs (note 17)	17 891	17 442
Placements (note 6)	8 389	19 173
Immobilisations (note 7)	185 403	180 559
Écart d'acquisition	68 617	49 075
Autres éléments d'actif (note 8)	21 810	27 759
	614 371$	684 119$
Passif et avoir des actionnaires		
Passif à court terme		
Emprunts bancaires (note 9)	8 843$	991$
Créditeurs et charges à payer	232 378	200 039
Dépôts des clients et revenus reportés	66 960	96 490
Versements sur la dette à long terme et sur les obligations en vertu de contrats de location-acquisition échéant à moins d'un an	21 965	19 999
Total du passif à court terme	330 146	317 519
Dette à long terme (note 10)	73 036	66 652
Obligations en vertu de contrats de location-acquisition (note 11)	52 495	57 484
Débentures (note 12)	10 894	10 000
Part des actionnaires sans contrôle et autres éléments de passif	11 933	–
	478 504	451 655
Avoir des actionnaires		
Capital-actions (note 13)	109 402	108 154
Bénéfices non répartis	25 879	124 952
Écarts de conversion reportés et composante capitaux propres d'une débenture (note 12)	586	(642)
	135 867	232 464
	614 371$	684 119$

Au nom du conseil d'administration
Jean-Marc Eustache, administrateur (signé)
André Bisson, O.C., administrateur (signé)

Engagements et éventualités (note 20)
Voir les notes afférentes aux états financiers consolidés.

On reconnaît deux grandes catégories d'immobilisations : les immobilisations corporelles et les immobilisations incorporelles.

1. Les **immobilisations corporelles** sont des biens qui ont une existence à la fois tangible et physique, c'est-à-dire qu'on peut les toucher. On distingue trois types d'immobilisations corporelles :

   a) Les terrains dont la durée de vie est illimitée et qui ne sont donc pas sujets à l'amortissement. Le bilan de Transat ne montre aucun actif de ce type.

   b) Les bâtiments, le matériel et les améliorations locatives dont la durée de vie est limitée. Dans le cas de Transat, cette catégorie comprend, entre autres, les avions, l'équipement pour l'entretien des avions et les bâtiments.

   c) Les ressources naturelles telles que les biens miniers ou les biens pétroliers et gaziers. Cette catégorie d'immobilisations existe dans des entreprises (par exemple Esso l'Impériale) qui exploitent des réserves de pétrole et de gaz.

2. Les **immobilisations incorporelles** sont des éléments de l'actif à long terme qui n'ont pas d'existence physique, mais qui confèrent à leur propriétaire des droits particuliers. On peut citer par exemple les brevets d'invention, les droits d'auteur, les licences, les franchises, les marques de commerce mais aussi les écarts d'acquisition et certains frais reportés. Transat présente dans son bilan un écart d'acquisition ainsi que des frais reportés.

Nous allons suivre le cycle de vie naturel des immobilisations en étudiant d'abord les questions de constatation et de mesure au moment de l'acquisition des immobilisations corporelles. Nous examinerons ensuite les différentes questions relatives à la possession et à l'utilisation de ces actifs dans le temps et, enfin, leur aliénation ou cession. Ensuite, nous concentrerons notre attention sur les problèmes de constatation, de mesure et de présentation des immobilisations incorporelles.

> Les immobilisations **corporelles** sont des biens qui ont une existence tangible et physique.

> Les immobilisations **incorporelles** sont des biens qui n'ont pas d'existence physique, mais qui confèrent des droits particuliers.

Structure du chapitre

La détermination du coût d'acquisition	L'utilisation des immobilisations corporelles après la date d'acquisition	La cession des immobilisations corporelles	Les immobilisations incorporelles
Les différentes méthodes d'acquisition	Les coûts des réparations et de l'entretien, des améliorations, et des ajouts et agrandissements		L'acquisition et la répartition des coûts
	L'amortissement	**Les ressources naturelles**	Quelques exemples d'immobilisations incorporelles
	Les concepts liés à l'amortissement	L'acquisition et la répartition des coûts	
	Les différentes méthodes d'amortissement		**Les réductions de valeur**
	Le choix des gestionnaires		
	Les révisions des estimations		
	Le coefficient de rotation des actifs immobilisés		

La détermination du coût d'acquisition

OBJECTIF D'APPRENTISSAGE 2

Appliquer le principe de la valeur d'acquisition (ou du coût d'origine) lors de l'acquisition d'immobilisations corporelles.

Les immobilisations doivent être comptabilisées au coût. Voici comment on définit le coût dans le *Manuel de l'ICCA* au chapitre 3060.05 :

« Le coût correspond au montant de la contrepartie donnée pour acquérir, construire, développer ou mettre en valeur, ou améliorer une immobilisation corporelle. Il englobe tous les frais directement rattachés à l'acquisition, à la construction, au développement ou à la mise en valeur, ou à l'amélioration de l'immobilisation corporelle, y compris les frais engagés pour amener celle-ci à l'endroit et dans l'état où elle doit se trouver aux fins de son utilisation prévue. »

D'après la définition du coût, les frais acceptables et nécessaires engagés pour l'acquisition d'une immobilisation corporelle, son installation et sa préparation à l'utilisation font partie du coût d'acquisition (c'est-à-dire que ces frais doivent être capitalisés).

On additionne ces coûts (y compris toutes les taxes sur les ventes, les frais juridiques, les frais de transport et les coûts d'installation) au prix d'achat de l'actif. Par contre, on ne devrait pas y inclure les rabais spéciaux ou les charges financières (les intérêts) relatifs à l'achat. On enregistrera plutôt ces charges financières à titre d'intérêts débiteurs.

Pour illustrer notre propos, on suppose que Transat a acheté un appareil Airbus au cours de l'exercice 20A au prix, selon le contrat, de 40 millions de dollars. La société Airbus a offert à Transat un rabais de 2 millions de dollars pour un contrat exclusif. Il en résulte que le prix du nouvel avion livré à Transat est de 38 millions de dollars. On suppose aussi que la compagnie aérienne a payé des frais de transport de 100 000 $, alors que le coût du réglage de l'appareil se chiffre à 400 000 $ pour préparer le nouvel appareil afin qu'il soit mis en service. Le **coût d'acquisition** correspond au montant de la contrepartie donnée pour acquérir le bien et le mettre en service. L'entreprise a établi que le coût d'acquisition du nouvel appareil se détaille comme suit :

Le coût d'acquisition correspond au montant de la contrepartie donnée pour acquérir une immobilisation.

Prix facturé pour l'appareil	40 000 000 $
Moins : Rabais spécial en vertu de l'entente	2 000 000
Prix facturé net à payer	38 000 000 $
Plus : Frais de transport payés par Transat	100 000
Coûts de mise en service payés par Transat	400 000
Coût d'acquisition	38 500 000 $

Outre l'achat de bâtiments et de matériel, une entreprise peut aussi acquérir un terrain, généralement pour y bâtir une nouvelle usine ou un bâtiment administratif. Dans le cas de l'achat d'un terrain, on doit inclure dans le coût d'acquisition tous les frais accessoires payés par l'acquéreur, par exemple les frais d'assainissement et d'aménagement, la commission payée à l'agent immobilier, les frais juridiques, les arrérages d'impôts fonciers et les frais d'arpentage. Comme un terrain a une durée de vie illimitée, son coût ne sera pas amorti. Il faut donc l'enregistrer dans un compte distinct.

Il arrive parfois qu'une entreprise achète un vieil immeuble ou du matériel d'occasion à des fins d'exploitation. Les coûts de rénovation et de réparation prévus au moment de l'achat et engagés par l'acheteur avant la mise en service doivent être inclus dans le coût d'acquisition de cet actif immobilisé.

Les différentes méthodes d'acquisition

L'acquisition au comptant On suppose que Transat paie l'appareil comptant. Cette opération apparaît alors dans ses livres comme suit.

ÉQUATION COMPTABLE

	Actif	=	Passif	+	Capitaux propres
Aéronef	+38 500 000				
Encaisse	−38 500 000				

ÉCRITURE DE JOURNAL

Aéronef (A)	38 500 000	
Encaisse (A)...		38 500 00

L'acquisition par emprunt Bien des gens trouveront inusité qu'une compagnie aérienne paie comptant l'achat de nouveaux biens coûtant 38 500 000$, mais c'est souvent le cas. Lorsqu'elle acquiert des actifs immobilisés, une entreprise peut payer avec des liquidités provenant de son exploitation ou qu'elle a récemment empruntées. Il est aussi possible que le vendeur finance l'achat.

On suppose que Transat a signé un effet à payer pour le nouvel appareil et qu'elle a payé comptant les coûts de transport et de mise en service. Voici l'effet de cette opération sur l'équation comptable et l'écriture de journal qu'elle devra passer.

ÉQUATION COMPTABLE

	Actif	=	Passif	+	Capitaux propres
Aéronef	+38 500 000		Effet à payer +38 000 000		
Encaisse	−500 000				

ÉCRITURE DE JOURNAL

Aéronef (A)	38 500 000	
Encaisse (A)...		500 000
Effet à payer (Pa)		38 000 000

L'acquisition pour une contrepartie autre qu'en espèces (ou monétaire) On pourrait inclure dans la transaction une contrepartie autre que monétaire, par exemple des actions de l'entreprise ou un droit accordé par celle-ci à l'acheteur de se procurer des biens ou des services à un prix particulier pendant un intervalle de temps précis. Lorsqu'on intègre ce type de contrepartie dans l'achat d'un bien, on mesure le coût d'acquisition selon le montant payé comptant, auquel on additionne la juste valeur de la contrepartie autre que monétaire cédée. S'il n'est pas possible de déterminer la juste valeur de cette contrepartie, on se sert de la juste valeur du bien acheté pour comptabiliser l'opération.

On suppose maintenant que Transat a cédé 1 000 000 d'actions ayant une valeur boursière de 7$ l'action (le prix approximatif de l'action au moment de l'opération), et qu'elle a versé à Airbus le solde du montant en espèces, y compris les frais de transport et de mise en service. Voici l'effet de l'opération sur l'équation comptable et l'écriture de journal appropriée pour enregistrer la transaction.

ÉQUATION COMPTABLE

	Actif	=	Passif	+	Capitaux propres
Aéronef	+38 500 000				Capital-actions +7 000 000
Encaisse	−31 500 000				

Aéronef (A)	38 500 000	
Encaisse (A)		31 500 000
Capital-actions (CP)		7 000 000

L'acquisition par construction Une entreprise construit parfois elle-même certains biens plutôt que de les acheter d'un fabricant. Le cas échéant, le coût d'acquisition d'une immobilisation construite par l'entreprise pour son propre compte comprend tous les frais liés à la construction (comme le coût des matières, la main-d'œuvre et les frais indirects imputables à l'activité de construction). Dans la plupart des cas, le coût comprend aussi les frais financiers engagés au cours de la période de construction tels les intérêts débiteurs. On parle alors de la **capitalisation des intérêts.** Comme ces frais financiers font partie des coûts directement imputables à la construction, l'entreprise peut les inclure dans le coût de l'actif immobilisé jusqu'à son achèvement. Vous étudierez plus en détail les calculs liés à la capitalisation des intérêts si vous poursuivez des études en comptabilité.

La **capitalisation des intérêts** consiste à inclure les intérêts débiteurs engagés au cours de la période de construction dans le coût des immobilisations, lorsque l'entreprise construit pour son propre compte.

Voici une note concernant les intérêts capitalisés qu'on peut trouver dans un rapport annuel récent de la société Air Canada.

Coup d'œil sur

Air Canada

RAPPORT ANNUEL

Notes afférentes aux états financiers consolidés
Principales conventions comptables
Intérêts capitalisés

Les intérêts sur les sommes affectées au financement de l'acquisition du nouveau matériel volant, d'installations et d'autre matériel sont capitalisés jusqu'à l'entrée en service de ces actifs.

L'acquisition sous forme d'achat en bloc Lorsqu'une entreprise acquiert plusieurs actifs immobilisés (par exemple un terrain, un bâtiment et du matériel) au cours d'une seule opération et pour un prix global, on parle d'**achat à un prix global** (ou d'**achat en bloc**). On doit alors constater et mesurer séparément le coût de chaque actif. En effet, il faut se rappeler d'une part que le coût d'un terrain n'est pas amorti, contrairement aux bâtiments et au matériel et, d'autre part, que la durée de vie utile du matériel et des bâtiments est très différente. Le prix d'achat doit donc être ventilé (ou réparti) entre le terrain, le bâtiment et le matériel de façon rationnelle.

Un **achat à un prix global** (ou un **achat en bloc**) consiste à acquérir de façon simultanée deux ou plusieurs immobilisations à un prix forfaitaire.

Les normes comptables suggèrent d'utiliser la juste valeur de chacune des immobilisations acquises pour répartir le coût d'acquisition global. L'entreprise peut aussi se servir de l'évaluation d'un expert indépendant ou de l'évaluation municipale dans le cas des terrains et des bâtiments. On suppose maintenant que Transat a payé 300 000 $ en espèces pour acheter un bâtiment et le terrain sur lequel il est construit.

Les justes valeurs respectives de l'immeuble et du terrain n'étant pas connues, on a eu recours aux services d'un expert. Son évaluation, qui se chiffre à 315 000 $, indique les justes valeurs estimatives suivantes : 189 000 $ pour le bâtiment et 126 000 $ pour le terrain. Afin de déterminer le coût d'acquisition de chaque actif, on fait le calcul suivant :

Bâtiment

$$\frac{\text{Juste valeur}}{\text{Juste valeur totale}} = \frac{189\,000\,\$}{315\,000\,\$} = 60\,\%$$

$$60\,\% \times \text{Prix d'achat de } 300\,000\,\$ = 180\,000\,\$$$

Terrain

$$\frac{\text{Juste valeur}}{\text{Juste valeur totale}} = \frac{126\,000\,\$}{315\,000\,\$} = 40\,\%$$

$$40\,\% \times \text{Prix d'achat de } 300\,000\,\$ = 120\,000\,\$$$

On multiplie le rapport entre la juste valeur du terrain et la juste valeur totale (126 000 $ ÷ 315 000 $ = 0,40 ou 40 %) par le prix forfaitaire pour mesurer le coût du terrain (300 000 $ × 40 %). De même, on multiplie le rapport entre la valeur marchande du bâtiment et la valeur marchande totale (189 000 $ ÷ 315 000 $ = 0,60 ou 60 %) par le coût total pour mesurer le coût du bâtiment (300 000 $ × 60 %). Si Transat avait effectué l'achat des biens en question au comptant, voici l'effet sur l'équation comptable et l'écriture qu'elle aurait passée.

ÉQUATION COMPTABLE

Actif		=	Passif	+	Capitaux propres
Terrain	+120 000				
Bâtiment	+180 000				
Encaisse	−300 000				

ÉCRITURE DE JOURNAL

Terrain (A)	120 000	
Bâtiment (A)	180 000	
Encaisse (A)		300 000

L'exemple le plus courant d'un achat de biens à un prix forfaitaire est probablement l'acquisition d'une société par une autre. Dans ce cas, le prix global comprend en général tous les biens possédés par la société acquise. Il sera question de l'acquisition de sociétés dans un chapitre ultérieur.

TEST D'AUTOÉVALUATION

Au cours d'un exercice récent, la société McDonald's a acheté des immobilisations corporelles à un prix de 1,8 milliard de dollars. Lors de l'acquisition de ces actifs, supposez que l'entreprise a aussi payé 70 millions de dollars en taxes; 8 millions de dollars en frais de transport; 1,3 million de dollars pour l'installation et la préparation de ces immobilisations corporelles avant leur utilisation et 100 000 $ en contrats d'entretien pour couvrir les réparations sur ces immobilisations pendant toute la durée de leur utilisation.

1. Calculez le coût d'acquisition de ces immobilisations corporelles.
2. En vous basant sur les hypothèses ci-dessous, précisez les effets de cette acquisition sur l'équation comptable. (Inscrivez un «+» pour une augmentation, un «−» pour une diminution et donnez les comptes avec les montants correspondants.)

	Actif	Passif	Capitaux propres
a) 30 % sont payés comptant et le solde par la signature d'un effet à payer			
b) Émission de 10 millions d'actions ordinaires ayant une valeur boursière de 45 $ l'action et le reste en espèces			

Vérifiez vos réponses à l'aide des solutions présentées en bas de page*.

*1.

Immobilisations corporelles	
Prix d'achat	1 800 000 000 $
Taxe sur les ventes	70 000 000
Frais de transport	8 000 000
Frais d'installation	1 300 000
Coût d'acquisition	1 879 300 000 $

Les contrats d'entretien ne sont pas nécessaires pour rendre les biens utilisables et, par conséquent, ne sont pas inclus dans le coût d'acquisition.

2.

	Actif		Passif		Capitaux propres	
a)	Immobilisations corporelles	+1 879 300 000	Effet à payer	+1 315 510 000		
	Encaisse	−563 790 000				
b)	Immobilisations corporelles	+1 879 300 000			Capital-actions	+450 000 000
	Encaisse	−1 429 300 000				

L'utilisation des immobilisations corporelles après la date d'acquisition

Les coûts des réparations et de l'entretien, des améliorations et des ajouts et agrandissements

OBJECTIF D'APPRENTISSAGE 3

Distinguer et comptabiliser les différents coûts liés à l'utilisation des immobilisations corporelles.

La plupart des entreprises doivent engager des coûts pour maintenir ou améliorer la capacité de production de leurs immobilisations. De telles dépenses comprennent les réparations ordinaires découlant de l'entretien normal, les réparations importantes telles que les améliorations et les remplacements, et les ajouts et agrandissements. Certains investisseurs peu familiers avec ce domaine croient que les termes «dépense» et «charge» sont synonymes, mais ce n'est pas le cas. Une dépense est une sortie de fonds pour acquérir des biens ou des services. On peut comptabiliser ces biens et ces services soit comme des actifs, soit comme des charges selon qu'ils procurent des avantages au cours d'un certain nombre d'exercices ou seulement pour l'exercice en cours. On classe comme suit les dépenses engagées après la date d'acquisition d'une immobilisation.

1. Les **dépenses en capital** sont des dépenses effectuées en vue d'accroître le potentiel de service d'une immobilisation. Elles procurent des avantages au cours d'un certain nombre d'exercices. Par conséquent, ces dépenses sont capitalisées et inscrites à l'actif.

2. Les **dépenses d'exploitation** sont des dépenses qui procurent des avantages pour l'exercice en cours seulement. Par conséquent, ces dépenses sont passées en charges dans l'exercice au cours duquel elles sont engagées.

Une **dépense en capital** (ou une dépense en immobilisations) est une dépense effectuée en vue d'accroître le potentiel de service d'une immobilisation. Elle est capitalisée à l'actif.

La **dépense d'exploitation** permet de réaliser des profits pendant l'exercice en cours seulement, de sorte qu'on l'enregistre comme une charge.

Pour déterminer le mode de comptabilisation d'une dépense, il faut donc comprendre la raison qui justifie ces coûts. Si ces derniers ont pour objectif de maintenir le potentiel de service de l'immobilisation, ce sont des dépenses d'exploitation et ces coûts sont donc passés en charges à l'état des résultats. Si, au contraire, les coûts engagés augmentent le potentiel de service de l'immobilisation, ils doivent être capitalisés à l'actif.

Dans bien des cas, la distinction entre une dépense en capital (un actif) et une dépense d'exploitation (une charge) est difficile à faire. Les gestionnaires doivent alors se servir de leur jugement et prendre une décision selon la nature de la dépense engagée. De nombreux gestionnaires préféreront classer des éléments dans la catégorie des dépenses de capital dans le but de présenter un bénéfice net plus élevé que s'ils enregistraient le montant en charges pour l'exercice en cours.

D'autres gestionnaires préféreront inscrire la dépense à titre de charge à l'état des résultats pour payer moins d'impôts dans l'exercice en cours. Étant donné qu'il s'agit de décisions basées sur le jugement, les vérificateurs doivent examiner très attentivement le mode de comptabilisation des coûts engagés après la date d'acquisition des immobilisations.

Pour éviter de perdre du temps à distinguer une dépense en capital d'une dépense d'exploitation, certaines entreprises adoptent des lignes de conduite simples qui régissent le mode de comptabilisation de ces coûts. Par exemple, une grande entreprise peut décider de passer en charges toutes les dépenses individuelles qui coûtent moins de 1 000 $. Ce type de politique peut être acceptable compte tenu de la notion de l'importance relative. Voici quelques exemples de dépenses en capital et de dépenses d'exploitation.

Les réparations et l'entretien Les dépenses pour les **réparations et** l'**entretien** sont des coûts engagés pour l'entretien normal des immobilisations corporelles. Elles sont nécessaires pour maintenir ces actifs en bon état. Ces dépenses sont récurrentes et ne servent pas à prolonger la durée de vie utile de l'actif. Ces coûts sont considérés comme une dépense d'exploitation ; ils sont comptabilisés comme une charge de l'exercice dans lequel ils sont engagés.

Pour ce qui est de Transat, les réparations ordinaires comprennent, entre autres, la vidange des moteurs, le remplacement des voyants lumineux dans les tableaux de bord ou la réparation du tissu endommagé des sièges. Même si chacune des dépenses effectuées pour les réparations est relativement petite, dans l'ensemble, elles peuvent devenir substantielles. Pour une compagnie aérienne, les frais d'entretien des appareils sont très importants et sont passés en charges à l'état des résultats.

Les améliorations On classe les **améliorations** dans la catégorie des dépenses en capital. Le coût des améliorations est enregistré dans un compte d'actif approprié. Les améliorations augmentent l'utilité économique de l'actif parce qu'elles accroissent son efficience ou sa durée de vie.

Le chapitre 3061.26 du *Manuel de l'ICCA* précise ce qui suit :

« Les coûts engagés pour accroître le potentiel de service d'une immobilisation corporelle représentent une amélioration. Le potentiel de service peut être accru lorsque la capacité de production physique ou de service estimée antérieurement est augmentée, que les frais d'exploitation y afférents sont réduits, que la durée de vie utile est prolongée ou que la qualité des extrants est améliorée. »

Par exemple, le remplacement du moteur d'un avion permettra d'augmenter non seulement le nombre d'heures de vol de l'avion, mais aussi son potentiel de service. Le coût de remplacement sera capitalisé.

Les ajouts et agrandissements Les **ajouts et agrandissements** consistent à apporter un élément supplémentaire à un actif existant, par exemple l'ajout d'une aile à un immeuble. Comme ils augmentent le potentiel de service de l'immobilisation, ils constituent des dépenses en capital. Par conséquent, le coût des ajouts et agrandissements sont capitalisés et additionnés au compte d'actif auquel ils s'appliquent.

L'amortissement

Le coût d'une immobilisation corporelle qui a une vie utile limitée (comme l'avion acheté par une compagnie aérienne) représente le montant payé d'avance afin d'engendrer des produits ou de fournir un service pendant un certain nombre d'exercices. Selon le principe du rapprochement des produits et des charges, l'entreprise doit répartir le coût d'acquisition des immobilisations (autres que les terrains) entre les exercices au cours desquels elle les utilise et en retire des avantages. Autrement dit, le coût d'acquisition des immobilisations est rapproché de façon systématique et logique des bénéfices que rapporte son utilisation.

Les revenus de la société Transat proviennent, entre autres, du vol de ses avions, et ses charges, de l'utilisation d'une partie de la vie limitée de ses avions.

On emploie le terme **amortissement** quand il s'agit d'exprimer le rapprochement entre le coût des bâtiments et du matériel et les revenus produits par ces actifs.

L'amortissement est la répartition, d'une façon logique et systématique, du coût d'acquisition des immobilisations corporelles, autres que les terrains, entre les exercices durant lesquels ces biens fourniront des services ou procureront des avantages.

On inscrit le montant de l'amortissement de chaque exercice comme charge à l'état des résultats. Le montant de l'amortissement cumulé depuis la date de l'acquisition est comptabilisé au bilan dans un compte de contrepartie, appelé Amortissement cumulé, qui est déduit du coût de l'actif auquel il correspond.

Certains étudiants ont de la difficulté à comprendre le concept d'amortissement tel qu'il est utilisé par les comptables. En comptabilité, l'amortissement est un processus de répartition des coûts. Il ne s'agit pas de déterminer la valeur ou ce que vaut l'actif. Lorsqu'un actif est amorti, le montant restant qui apparaît au bilan ne représente probablement pas sa valeur marchande actuelle. Le montant inscrit au bilan porte le nom de «valeur comptable nette». La **valeur comptable nette** d'une immobilisation corporelle correspond à son coût d'acquisition moins le montant de l'amortissement cumulé à partir de la date de l'acquisition jusqu'à la date d'établissement du bilan.

Selon le principe de la valeur d'acquisition, le coût d'une immobilisation corporelle correspond à sa juste valeur au moment de l'acquisition seulement. Dans les bilans ultérieurs, on se contente de réduire le coût d'acquisition du montant de l'amortissement cumulé, peu importe les variations de la juste valeur de l'actif en question.

La valeur comptable nette d'une immobilisation correspond à son coût d'acquisition diminué de l'amortissement cumulé et de toute autre réduction de valeur.

Les concepts liés à l'amortissement

L'amortissement permet de répartir le coût d'une immobilisation corporelle sur plusieurs exercices financiers. Un exemple simple permettra d'illustrer la nécessité de ce type de constatation. Si vous étiez présidente ou président de la société Transat au cours de l'exercice pendant lequel l'entreprise a acheté un nouvel avion pour un montant de 38,5 millions de dollars payés comptant, il est probable que vous n'approuveriez pas l'idée que le comptable enregistre le coût total de l'appareil à titre de charges dans l'année de l'acquisition. Vous lui feriez sûrement remarquer que l'avion devrait permettre de réaliser des revenus durant de nombreuses années, de sorte que son coût devrait être inscrit à titre de charges tout au long de la période pendant laquelle il produira des revenus. Autrement, les bénéfices de l'année d'acquisition seraient sous-évalués, tandis qu'ils seraient surévalués pour chacun des exercices au cours desquels l'avion servirait. Voilà pourquoi les comptables amortissent les immobilisations corporelles et pourquoi l'amortissement constitue un aspect important de la mesure de la rentabilité d'une entreprise.

Pour calculer l'amortissement de l'exercice (ou la charge d'amortissement de l'exercice), on a besoin des éléments suivants :
1. le coût d'acquisition de l'actif ;
2. la durée de vie de l'actif et sa durée de vie utile pour l'entreprise ;
3. la valeur de récupération de l'actif à la fin de sa durée de vie et sa valeur résiduelle à la fin de sa durée de vie utile pour l'entreprise.

De ces trois éléments, deux sont des estimations. Par conséquent, l'amortissement de l'exercice est aussi une estimation. Selon les normes comptables canadiennes, le montant d'amortissement qui doit être passé en charges est le plus élevé des montants suivants :
a) le coût, moins la *valeur de récupération,* réparti sur la *durée de vie* de l'immobilisation ;
b) le coût, moins la *valeur résiduelle,* réparti sur la *durée de vie utile* de l'immobilisation.

Dans une note aux états financiers, Transat indique comment elle calcule l'amortissement de ses immobilisations selon différentes estimations.

Notes afférentes aux états financiers consolidés
Note 2 Principales conventions comptables
Immobilisations

Les immobilisations sont comptabilisées au coût et sont amorties en tenant compte de la valeur résiduelle, selon la méthode linéaire sur la durée estimative de leur utilisation comme suit :

Biens loués en vertu de contrats de location-acquisition

Aéronefs	7 à 10 ans
Autres biens	Durée du bail
Immobilisations acquises	
Hangar et édifice administratif	35 ans
Améliorations des aéronefs loués en vertu de contrats de location-exploitation	Durée du bail
Moteurs d'aéronefs	Cycles utilisés
Équipement d'aéronefs	10 % et 20 %
Équipement et logiciels informatiques	20 % à 33 1/3 %
Équipement et mobilier de bureau	10 % à 25 %
Améliorations locatives et autres	Durée du bail
Pièces de rechange durables	Utilisation ou durée du bail

Ainsi, on pourrait mesurer la charge annuelle d'amortissement en répartissant le coût de 38,5 millions de dollars sur une période de 10 ans.

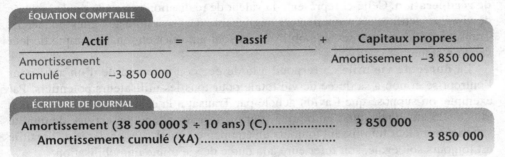

ÉQUATION COMPTABLE

Actif	=	Passif	+	Capitaux propres
Amortissement cumulé −3 850 000				Amortissement −3 850 000

ÉCRITURE DE JOURNAL

Amortissement (38 500 000 $ ÷ 10 ans) (C)................. 3 850 000
     Amortissement cumulé (XA)..................................... 3 850 000

On suppose que l'avion a été acheté et utilisé au cours de l'exercice, par exemple le 1ᵉʳ mai, plutôt qu'au début de l'exercice. On calcule alors la charge d'amortissement pour la fraction de l'exercice durant lequel l'appareil a servi. Le 1ᵉʳ mai étant 6 mois avant la fin de l'exercice, la charge d'amortissement s'élève donc à 1 925 000 $ (soit 3 850 000 $ par année × 6/12 mois)[2].

---

2. Dans la plupart des exemples présentés dans ce chapitre, on suppose que l'acquisition des immobilisations se fait le premier jour de l'exercice et que l'amortissement est calculé sur tout l'exercice. En réalité, les entreprises achètent des actifs à différents moments de leur exercice. La plupart adoptent une politique concernant l'amortissement sur une fraction de l'exercice, par exemple « jusqu'au mois complet le plus rapproché » ou « à la moitié de l'exercice de l'année d'acquisition ».

Valeur comptable nette/ Coût d'acquisition	
Air Canada	56 %
Transat	68 %
WestJet	73 %

ANALYSE FINANCIÈRE

La valeur comptable nette et la durée de vie utile restante

Certains analystes comparent la valeur comptable nette des actifs à leur coût d'acquisition pour obtenir une approximation de leur durée de vie utile restante. Si la valeur comptable d'un actif correspond à 100 % de son coût, il s'agit d'un actif neuf; si cette valeur correspond à 25 % de son coût, on suppose qu'il reste à cet actif environ 25 % de sa durée de vie utile. Dans le cas de Transat, la valeur comptable nette de ses aéronefs correspond à 68 % de son coût d'origine. Si on compare cette mesure aux 56 % de la société Air Canada et aux 73 % de WestJet Airlines, on peut supposer que la durée de vie utile restante des appareils de Transat est inférieure à celle des avions de WestJet mais supérieure à celle d'Air Canada. Il s'agit évidemment d'une approximation sommaire. Certaines questions relatives à ce genre d'approximation seront abordées dans la prochaine section.

La valeur résiduelle est la valeur de réalisation nette estimative d'une immobilisation corporelle, à la fin de sa durée de vie utile pour l'entreprise.

La valeur de récupération est la valeur de réalisation nette estimative d'une immobilisation corporelle à la fin de sa durée de vie. La valeur de récupération est normalement négligeable.

La durée de vie utile est la période de temps pendant laquelle on prévoit qu'un actif contribue aux flux de trésorerie futurs de l'entreprise.

On doit déduire la **valeur résiduelle** du coût d'acquisition lorsque l'on calcule la charge d'amortissement de l'exercice. En effet, cette valeur représente la partie du coût d'acquisition que l'entreprise s'attend à récupérer lorsqu'elle vendra l'actif à la fin de sa durée de vie utile pour l'entreprise. La valeur résiduelle correspond à la valeur de réalisation nette que l'entreprise estime pouvoir recouvrer au moment où elle n'aura plus besoin de l'actif. Dans le cas d'un avion, il peut s'agir du montant que l'entreprise s'attend à recevoir lorsqu'elle vendra l'actif à une petite compagnie aérienne régionale qui utilise un équipement plus ancien.

La valeur résiduelle d'une immobilisation ne correspond pas toujours à sa **valeur de récupération.** Celle-ci représente la valeur de réalisation nette à la fin de la durée de vie d'un actif, et est normalement négligeable. Dans sa note aux états financiers, Transat mentionne que ses immobilisations sont amorties en tenant compte de leur valeur résiduelle.

La durée de vie utile correspond à la durée économique utile d'un actif pour l'entreprise et non à sa durée de vie totale pour tous les utilisateurs potentiels. Par exemple, on suppose que l'avion acheté par Transat a la capacité de voler pendant plus de 25 ans, mais que l'entreprise veut offrir à ses clients un service de qualité supérieure en leur fournissant toujours un équipement moderne. La durée de vie utile est toujours soit égale, soit inférieure à la durée de vie d'une immobilisation.

Sur le plan comptable, Transat se base donc sur une durée de vie utile estimative de 10 ans, et le propriétaire suivant (une compagnie aérienne régionale) se basera sur une durée de vie estimative établie d'après ses propres politiques.

La détermination de la durée de vie utile estimative d'une immobilisation doit respecter le postulat de la continuité de l'exploitation. Selon ce postulat, l'entreprise continuera indéfiniment à poursuivre ses objectifs commerciaux et ne liquidera pas ses actifs dans un avenir rapproché.

L'estimation de la durée de vie utile dans un même secteur d'activité

Les notes afférentes aux états financiers de certaines entreprises du secteur du transport aérien fournissent les estimations suivantes concernant la durée de vie des appareils.

Compagnie aérienne	Durée de vie utile
Transat	7 à 10 ans
Air Canada	20 à 25 ans
WestJet	Nombre d'heures de vol

On peut attribuer ces différences dans les durées de vie à plusieurs facteurs, entre autres au type d'appareil utilisé par chacune des compagnies aériennes, à la location ou à l'acquisition des appareils, à leurs plans de remplacement, aux différences dans leurs activités et au degré de conservatisme de la direction. En outre, avec le même type d'appareil, les entreprises qui décident d'utiliser leur équipement moins longtemps peuvent peut-être estimer des valeurs résiduelles supérieures à celles des entreprises qui planifient une durée de vie utile plus longue.

Les différences dans les estimations de la durée de vie utile et des valeurs résiduelles des immobilisations utilisées par certaines entreprises peuvent avoir un effet important sur une analyse comparative de ces entreprises. Les analystes doivent comprendre les causes de ces différences pour porter un jugement adéquat.

Les différentes méthodes d'amortissement

Les comptables n'ont pas réussi à s'entendre sur la meilleure méthode d'amortissement à cause des différences importantes qui existent, d'une part, entre les entreprises et, d'autre part, entre les actifs qu'elles possèdent. Il en résulte que différentes méthodes sont couramment utilisées dans les états financiers. Ces méthodes d'amortissement sont toutes fondées sur le même concept. Chacune d'elles répartit une partie du coût d'un bien amortissable sur chaque exercice à venir de façon logique et systématique. Toutefois, chacune d'elles attribue à chaque période une fraction différente du coût à amortir. Nous allons étudier trois des méthodes d'amortissement les plus couramment employées :

1. la méthode de l'amortissement linéaire ;
2. la méthode de l'amortissement fonctionnel ;
3. la méthode de l'amortissement dégressif à taux double.

Les données et les informations fournies au tableau 8.2 serviront à illustrer ces méthodes. Dans cet exemple, on suppose que Transat a acquis un véhicule de service (un équipement) ayant une durée de vie utile estimative de quatre ans. On pose aussi l'hypothèse que la charge d'amortissement calculée avec la durée de vie et la valeur de récupération de l'actif serait moins élevée qu'avec sa durée de vie utile et sa valeur résiduelle.

OBJECTIF D'APPRENTISSAGE **4**

Connaître et appliquer différentes méthodes d'amortissement et les révisions des estimations.

TABLEAU **8.2**

**Données illustrant le calcul de l'amortissement
à l'aide de différentes méthodes**

Transat		
Coût d'acquision d'un camion-atelier acheté le 1ᵉʳ novembre 20A		62 500 $
Durée de vie utile estimative (en années)		4
Valeur résiduelle estimative		2 500 $
Durée de vie utile (en kilomètres parcourus)		100 000 km
Nombre de kilomètres parcourus :	Exercice 20A	30 000 km
	Exercice 20B	40 000 km
	Exercice 20C	20 000 km
	Exercice 20D	10 000 km

La méthode de l'amortissement linéaire Les entreprises, y compris Transat, se servent de la méthode de **l'amortissement linéaire** plus que de toutes les autres méthodes d'amortissement combinées.

Avec cette méthode, on impute une partie égale du coût d'acquisition moins la valeur résiduelle à chaque exercice tout au long de la durée de vie utile estimative de l'immobilisation. La formule employée pour estimer la charge d'amortissement annuelle est la suivante.

L'**amortissement linéaire** est une méthode d'amortissement qui consiste à répartir le coût d'acquisition d'une immobilisation en des montants périodiques égaux tout au long de sa durée de vie utile.

Méthode de l'amortissement linéaire

Assiette de l'amortissement   **Taux linéaire**

(Coût d'acquisition – Valeur résiduelle) × 1/Durée de vie utile = Charge d'amortissement de l'exercice

Le coût d'acquisition moins la valeur résiduelle donne l'assiette de l'amortissement. Pour calculer le taux linéaire, on divise 1 par la durée de vie utile. Si on applique cette formule aux données du tableau 8.2, on obtient la charge d'amortissement qui sera imputée à chaque exercice au cours des quatre prochaines années.

(62 500 $ – 2 500 $) × 1/4 = 15 000 $ Charge d'amortissement annuelle

D'après la méthode de l'amortissement linéaire, la charge d'amortissement annuelle pour Transat s'élèvera à 15 000 $. Voici donc le plan d'amortissement pour la durée de vie utile totale du camion-atelier.

Année	Calculs	Charge d'amortissement (à l'état des résultats)	Amortissement cumulé (au bilan)	Valeur comptable nette (Coût – Amortissement cumulé)
À l'acquisition				62 500 $
20A	(62 500 $ – 2 500 $) × 1/4	15 000 $	15 000 $	47 500
20B	(62 500 $ – 2 500 $) × 1/4	15 000	30 000	32 500
20C	(62 500 $ – 2 500 $) × 1/4	15 000	45 000	17 500
20D	(62 500 $ – 2 500 $) × 1/4	15 000	60 000	2 500
	Total	60 000 $		

Il faut noter 1) que la charge d'amortissement est constante à chaque exercice, 2) que l'amortissement cumulé augmente d'un montant égal chaque année et 3) que la valeur comptable nette de l'immobilisation diminue du même montant à chaque exercice. C'est pourquoi cette méthode est qualifiée de linéaire. Il faut aussi préciser que ce plan permet de préparer l'écriture de régularisation et de déterminer d'avance son effet sur l'état des résultats et le bilan. Transat utilise la méthode de l'amortissement linéaire pour tous ses actifs. En 2001, elle a enregistré une charge d'amortissement sur ses immobilisations de 44 250 000 $, soit 2,1 % de ses revenus pour cet exercice. La plupart des compagnies aériennes ont aussi recours à la méthode de l'amortissement linéaire.

La méthode de l'amortissement fonctionnel La méthode de l'**amortissement fonctionnel** (ou proportionnel à l'utilisation ou proportionnel au rendement) tient compte du degré d'utilisation de l'immobilisation. Voici la formule permettant d'estimer la charge d'amortissement de l'exercice selon cette méthode.

> La méthode de l'amortissement fonctionnel consiste à répartir le coût d'acquisition d'une immobilisation pendant sa durée de vie utile en fonction de son utilisation.

Méthode de l'amortissement fonctionnel

Taux d'amortissement par unité de production

$$\underbrace{\frac{(\text{Coût d'acquisition} - \text{Valeur résiduelle})}{\text{Utilisation ou production totale estimée}}} \times \begin{array}{c}\text{Utilisation ou production} \\ \text{annuelle réelle}\end{array} = \begin{array}{c}\text{Charge d'amortissement} \\ \text{de l'exercice}\end{array}$$

Comme dans la méthode précédente, le coût moins la valeur résiduelle correspond à l'assiette de l'amortissement. En divisant ce montant par le total de la production estimative, on peut calculer le taux d'amortissement par unité de production, puis le multiplier par la production annuelle réelle pour déterminer la charge d'amortissement de l'exercice. En se servant des données du tableau 8.2, on obtient le taux d'amortissement par unité.

$$\frac{62\,500\,\$ - 2\,500\,\$}{100\,000\text{ km}} = 0{,}60\,\$ \text{ de taux d'amortissement par kilomètre}$$

Pour chaque kilomètre parcouru par le véhicule, Transat enregistrerait une charge d'amortissement de 0,60 $. Voici le plan d'amortissement du camion-atelier d'après la méthode de l'amortissement fonctionnel.

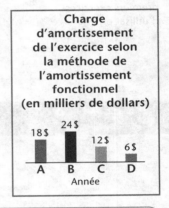

Charge d'amortissement de l'exercice selon la méthode de l'amortissement fonctionnel (en milliers de dollars)

Année	Calculs	Charge d'amortissement (à l'état des résultats)	Amortissement cumulé (au bilan)	Valeur comptable nette (Coût – Amortissement cumulé)
À l'acquisition				62 500 $
20A	0,60 $ (taux) × 30 000 km	18 000 $	18 000 $	44 500
20B	0,60 $ (taux) × 40 000 km	24 000	42 000	20 500
20C	0,60 $ (taux) × 20 000 km	12 000	54 000	8 500
20D	0,60 $ (taux) × 10 000 km	6 000	60 000	2 500
	Total	60 000 $		

Il faut noter que la charge d'amortissement, l'amortissement cumulé et la valeur comptable nette varient d'un exercice à l'autre en fonction du nombre de kilomètres parcourus au cours de l'exercice. Lorsqu'on utilise la méthode de l'amortissement fonctionnel, on dit que la charge d'amortissement est un coût variable, puisqu'elle varie de façon directement proportionnelle à la production ou à l'utilisation.

Dans le secteur des ressources naturelles, la méthode de l'amortissement fonctionnel est fréquemment utilisée, comme le montre cette note tirée des états financiers de la compagnie pétrolière Esso.

**Exposé des principales conventions comptables
Biens-fonds, installations et matériel**

Pour les gisements productifs, l'amortissement pour épuisement (répartition du coût d'une immobilisation sur sa durée de vie utile) est calculé selon la méthode proportionnelle au rendement. Pour les autres immobilisations, l'amortissement est calculé selon la méthode linéaire, sur leur durée de vie estimative. En général, les raffineries sont amorties sur 25 ans; les autres immobilisations importantes, comme les usines chimiques et les stations-services, sont amorties sur 20 ans.

La méthode de l'amortissement fonctionnel se fonde sur une estimation de la capacité de production totale d'une immobilisation. Naturellement, il est très difficile d'estimer la production à venir. Il s'agit d'un autre exemple du degré de subjectivité inhérent à la comptabilité.

L'amortissement accéléré Avec les méthodes d'**amortissement accéléré,** la charge d'amortissement est plus élevée au cours des premières années de vie utile d'une immobilisation que par la suite. On se sert de ces méthodes pour les raisons suivantes.

1. Un bien amortissable produit plus de revenus au début de sa vie utile parce qu'il est plus efficient dans les premières années d'utilisation que par la suite.

2. Les frais de réparations augmentant avec les années, le coût total d'utilisation par exercice devrait donc inclure une charge d'amortissement décroissante pour compenser l'augmentation des frais de réparations de chaque exercice.

La relation entre les charges d'amortissement accéléré, les frais de réparations et le total des frais d'utilisation apparaît dans le tableau 8.3.

> Les méthodes d'**amortissement accéléré** ont pour effet de produire des charges d'amortissement plus élevées au cours des premiers exercices d'utilisation.

| TABLEAU **8.3** | Relation entre les charges de l'amortissement accéléré, les frais de réparations et le total des frais d'utilisation |

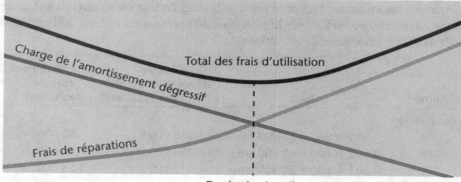

L'analyse des états financiers de 200 sociétés canadiennes rapporte que 50 d'entre elles, soit le quart, mentionnent qu'elles utilisent entre autres une méthode d'amortissement accéléré. La méthode d'amortissement accéléré la plus utilisée est la méthode de l'amortissement dégressif à taux double (voir le diagramme ci-dessus). Il en existe une autre, moins fréquemment utilisée, la méthode de l'amortissement proportionnel à l'ordre numérique inversé des années, qui est décrite dans les manuels de comptabilité plus avancés.

La méthode de l'**amortissement dégressif à taux double** est basée sur l'application d'un taux constant à la valeur comptable de l'immobilisation au début de l'exercice. Le taux constant est le double de celui qu'on utiliserait avec la méthode de l'amortissement linéaire. On détermine ce taux d'amortissement dégressif 1) en calculant le taux linéaire, sans tenir compte de la valeur résiduelle, puis 2) en multipliant

> La méthode de l'**amortissement dégressif à taux double** est une méthode qui consiste à répartir le coût d'une immobilisation sur sa durée de vie utile par l'application d'un multiple du taux de l'amortissement linéaire.

ce taux linéaire par deux. Par exemple, si la durée de vie utile estimative est de 10 ans, le taux linéaire est de 10 % (1 ÷ 10), et le double du taux est de 20 % (2 × Taux linéaire de 10 %).

Pour calculer la charge d'amortissement selon la méthode de l'amortissement dégressif à taux double, on multiplie la valeur comptable nette de l'immobilisation par le taux d'amortissement comme suit.

Méthode de l'amortissement dégressif à taux double

$$\underbrace{\text{(Coût – Amortissement cumulé)}}_{\text{Valeur comptable nette}} \times \underbrace{\cfrac{2}{\text{Durée de vie utile}}}_{\substack{\text{Taux} \\ \text{d'amortissement}}} = \text{Charge d'amortissement de l'exercice}$$

Il faut noter qu'à cette étape des calculs, on n'a pas tenu compte de la valeur résiduelle de l'immobilisation dans la détermination de la charge d'amortissement (c'est-à-dire qu'on utilise la valeur comptable et non l'assiette d'amortissement). Toutefois, la valeur comptable nette d'une immobilisation ne peut pas être amortie au-delà de sa valeur résiduelle. Par conséquent, si le calcul annuel de la charge d'amortissement produit un solde d'amortissement cumulé trop élevé (si bien que la valeur comptable nette devient inférieure à la valeur résiduelle), la charge d'amortissement sera réduite de façon que les deux valeurs (comptable et résiduelle) soient égales. On cesse alors de calculer la charge d'amortissement dans les années qui suivent. On illustre cette méthode de calcul en l'appliquant aux données du tableau 8.2 comme suit.

Année	Calculs	Charge d'amortissement (à l'état des résultats)	Amortissement cumulé (au bilan)	Valeur comptable nette (Coût – Amortissement cumulé)
À l'acquisition				62 500 $
20A	(62 500 $ – 0 $) × 2/4	31 250 $	31 250 $	31 250
20B	(62 500 $ – 31 250 $) × 2/4	15 625	46 875	15 625
20C	(62 500 $ – 46 875 $) × 2/4	7 812	54 687	7 813
20D	(62 500 $ – 54 687 $) × 2/4	3 906	58 593	3 907
20E	(62 500 $ – 58 593 $) × 2/4	1 407*	60 000	2 500
	Total	60 000 $		

*1 953 $ étant une charge trop élevée, on enregistre 1 407 $.

Il faut noter que la charge d'amortissement calculée pour l'exercice 20E (1 953 $) n'est pas le montant réellement inscrit à l'état des résultats (1 407 $). On ne doit jamais amortir un actif au-dessous de sa valeur résiduelle. Or, la valeur résiduelle de l'actif détenu par Transat est estimée à 2 500 $. Si on enregistrait une charge d'amortissement de 1 953 $, la valeur comptable de l'actif serait inférieure à 2 500 $. Par conséquent, la charge d'amortissement appropriée pour l'exercice 20E se chiffre à 1 407 $ (3 907 $ – 2 500 $), c'est-à-dire au montant qui diminuera la valeur comptable à exactement 2 500 $. Comme le montre cet exemple, il faut s'assurer chaque année que le montant qu'on a calculé en charge d'amortissement ne fait pas passer la valeur comptable de l'actif au-dessous de sa valeur résiduelle estimative. Lorsque c'est le cas, on limite en général la charge d'amortissement au chiffre qui ramène la valeur comptable au montant exact de la valeur résiduelle estimative.

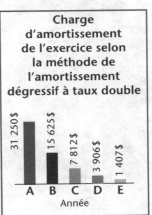

Charge d'amortissement de l'exercice selon la méthode de l'amortissement dégressif à taux double

Les entreprises des secteurs où le matériel devient très vite désuet et un grand nombre d'entreprises japonaises utilisent la méthode de l'amortissement dégressif. Sony en est un exemple.

Coup d'œil sur

Sony

RAPPORT ANNUEL

2. Résumé des principales conventions comptables
Les immobilisations corporelles et l'amortissement

Les immobilisations corporelles sont constatées au coût historique. On calcule l'amortissement de ces immobilisations d'après la méthode de l'amortissement dégressif pour la société mère et pour les filiales japonaises. D'un autre côté, on emploie la méthode de l'amortissement linéaire pour les filiales situées à l'étranger en appliquant des taux basés sur les durées de vie utile estimatives des immobilisations, compte tenu de leur catégorie générale, de leur type de construction et de leur usage.

Comme l'indique cette note, les entreprises peuvent employer différentes méthodes d'amortissement pour diverses catégories d'actifs. Toutefois, elles doivent appliquer les mêmes méthodes d'un exercice à l'autre pour assurer la comparabilité de leurs états financiers (la permanence des méthodes).

Le tableau suivant résume les différentes méthodes d'amortissement déjà abordées avec les calculs qui s'y rapportent. Le tableau 8.4 montre les variations de la charge d'amortissement entre la méthode de l'amortissement linéaire et la méthode de l'amortissement dégressif à taux double dans le temps. Comme la méthode de l'amortissement fonctionnel varie en fonction de l'utilisation réelle au cours d'un exercice, elle n'apparaît pas dans la figure.

Méthode	Calculs
Amortissement linéaire	(Coût d'acquisition – Valeur résiduelle) × 1/Durée de vie utile
Amortissement fonctionnel	(Coût d'acquisition – Valeur résiduelle)/ Production totale estimée × Production annuelle
Amortissement dégressif à taux double	(Coût d'acquisition – Amortissement cumulé) × 2/Durée de vie utile

ANALYSE FINANCIÈRE

L'effet des différentes méthodes d'amortissement

Supposez que vous devez analyser deux entreprises qui sont identiques, sauf que l'une utilise la méthode de l'amortissement dégressif et l'autre, la méthode de l'amortissement linéaire. À votre avis, quelle méthode permettra d'enregistrer les bénéfices nets les plus élevés? En réalité, il ne s'agit pas d'une question facile, car il est impossible d'y répondre avec certitude.

Avec les méthodes d'amortissement accéléré, on enregistre un amortissement plus élevé au cours des premières années de la vie d'un actif, ce qui permet d'inscrire des bénéfices nets moins élevés. À mesure que l'actif prend de l'âge, l'effet est inversé. Ainsi, les entreprises qui emploient l'amortissement accéléré enregistrent une charge d'amortissement moins élevée et des bénéfices nets plus élevés dans les dernières années de vie d'un actif que dans les exercices antérieurs. Le diagramme ci-après représente le schéma typique de l'amortissement au cours de la durée de vie d'un actif selon deux des méthodes déjà étudiées. Lorsque la courbe de la méthode d'amortissement dégressif passe au-dessous de la droite de la méthode d'amortissement linéaire, les bénéfices nets qu'elle permet d'enregistrer sont plus élevés que ceux qui sont obtenus avec la méthode linéaire.

Les utilisateurs d'états financiers doivent comprendre la différence entre l'utilisation d'une méthode d'amortissement plutôt qu'une autre et la façon dont le passage du temps modifie ces différences. En effet, les écarts importants qu'on observe dans les bénéfices nets enregistrés par des entreprises peuvent être dus aux caractéristiques des différentes méthodes d'amortissement plutôt qu'à des différences économiques réelles.

TABLEAU 8.4
Comparaison de la charge d'amortissement selon la méthode de l'amortissement linéaire et selon la méthode de l'amortissement dégressif à taux double

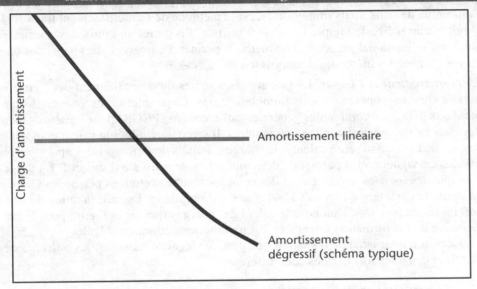

TEST D'AUTOÉVALUATION

Supposez que Transat a acheté du nouveau matériel informatique au prix de 240 000 $. Ce matériel a une durée de vie utile estimative de 6 ans (soit une durée de service estimative à 50 000 heures) et une valeur résiduelle estimative de 30 000 $. La durée de vie est de 10 ans, et la valeur de récupération est nulle. Déterminez la charge d'amortissement du premier exercice complet d'après chacune des méthodes suivantes :

1. la méthode de l'amortissement linéaire ;
2. la méthode de l'amortissement dégressif à taux double ;
3. la méthode de l'amortissement fonctionnel (si on suppose que ce matériel a servi durant 8 000 heures au cours du premier exercice).

Vérifiez vos réponses à l'aide des solutions présentées en bas de page*.

Le choix des gestionnaires

Dans l'édition 2001 de *Financial Reporting in Canada*[3], on énumère les méthodes d'amortissement employées par 200 entreprises canadiennes. D'après le tableau 8.5, le nombre total de méthodes est supérieur au nombre d'entreprises, car certaines d'entre elles utilisent plus d'une méthode pour leurs différentes catégories d'actifs.

---

*1. (240 000 $ − 30 000 $) × 1/6 = 35 000 $
2. (240 000 $ − 0 $) × 2/6 = 80 000 $
3. [(240 000 $ − 30 000 $) ÷ 50 000] × 8 000 = 33 600 $

---

3. Clarence Byrd, Ida Chen et Heather Chapman, *Financial reporting in Canada*, Toronto, ICCA, 2001, p. 277.

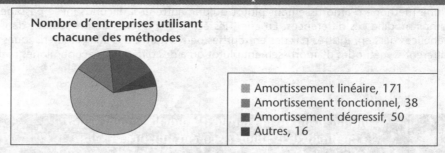

Nombre d'entreprises utilisant chacune des méthodes

- Amortissement linéaire, 171
- Amortissement fonctionnel, 38
- Amortissement dégressif, 50
- Autres, 16

La méthode employée par plus de 85 % des entreprises, pour une partie ou pour l'ensemble de leurs actifs immobilisés, est la méthode de l'amortissement linéaire. Il s'agit d'une méthode simple et facile à utiliser. En outre, au cours des premières années d'utilisation d'un actif, cette méthode permet d'enregistrer des bénéfices plus élevés qu'avec les méthodes d'amortissement accéléré.

L'amortissement et l'impôt La plupart des sociétés ouvertes tiennent deux ensembles de comptes concernant leurs immobilisations. Le premier est préparé conformément aux principes comptables généralement reconnus (PCGR) pour l'établissement des états financiers destinés aux actionnaires. Il sert à déterminer la valeur comptable des actifs. Le second sert à calculer la charge d'impôts de l'entreprise d'après les lois fiscales en vigueur, et il permet de déterminer la valeur fiscale d'un actif. En apprenant que des sociétés tiennent ainsi des comptes séparés, certaines personnes mettent en doute le caractère éthique et légal d'une telle pratique. En fait, la tenue de deux ensembles de registres, l'un pour le calcul des charges fiscales et l'autre pour la présentation de l'information financière, est parfaitement éthique et légale.

La raison pour laquelle il s'agit d'une pratique légale est simple : les objectifs des PCGR et ceux des lois fiscales sont différents.

Communication de l'information financière (PCGR)	Déclaration de revenus
Les règles de l'information financière conformes aux principes comptables généralement reconnus sont conçues afin de fournir des renseignements de nature économique qui servent à la prévision des flux de trésorerie à venir des entreprises.	L'objectif des règles fiscales est de ramasser suffisamment d'argent pour payer les dépenses gouvernementales. En outre, ces règles renferment de nombreuses dispositions destinées à favoriser certains comportements jugés avantageux pour la société (par exemple les contributions à des organismes de charité sont déductibles d'impôts pour inciter les gens à soutenir des programmes dignes d'encouragement).

Il est facile de comprendre pourquoi on permet aux entreprises de tenir deux ensembles de registres, mais il serait intéressant de connaître la raison pour laquelle des directeurs choisissent d'engager les frais supplémentaires inhérents à une telle pratique. Dans certains cas, les différences entre la Loi sur les impôts et les principes comptables généralement reconnus ne laissent pas le choix aux gestionnaires – ces derniers doivent tenir des registres séparés. Dans d'autres cas, il s'agit d'une décision économique qu'on appelle souvent la «règle du moindre et du plus tard». Tous les contribuables veulent payer le montant d'impôts le moins élevé qui est légalement permis, et ils veulent le payer le plus tard possible. Si vous aviez le choix entre verser 100 000 $ au gouvernement fédéral à la fin de cette année ou de l'année prochaine, vous choisiriez sûrement la fin de l'an prochain. Une telle décision vous permettrait d'investir cette somme pendant une année supplémentaire et d'en retirer un rendement intéressant.

En tenant des registres séparés, les sociétés peuvent retarder ou différer le paiement de millions et, parfois même, de milliards de dollars en impôts. Par contre, si le coût d'utilisation de méthodes d'amortissement différentes des règles fiscales est plus important que les avantages qui en découlent (équilibre coûts/avantages), l'entreprise adoptera les règles fiscales. C'est souvent le cas des petites entreprises.

Le tableau ci-dessous dresse une liste de sociétés qui ont enregistré d'importants passifs d'impôts futurs dans un exercice récent. Une grande partie de ce passif est attribuable à des écarts entre la valeur comptable et fiscale des immobilisations.

Société	Passif d'impôts futurs	Pourcentage attribuable à l'application de différentes méthodes d'amortissement
Air Canada	88 millions $	100%
Weston	180 millions	74
Cascades	211 millions	83
Quebecor	1 094,2 millions	74

L'amortissement fiscal, qu'on appelle la «déduction pour amortissement», diffère donc très souvent de l'amortissement comptable calculé afin de dresser les états financiers. Aux fins fiscales, les immobilisations sont classées par catégorie selon leur nature. À chaque catégorie correspond un taux d'amortissement dégressif qu'on applique à la fraction non amortie du coût en capital (le coût d'acquisition). Ce calcul permet de déterminer le maximum déductible pour l'année.

L'amortissement fiscal n'essaie pas de rapprocher le coût d'un actif des produits d'exploitation qu'il engendre au cours de sa vie utile, en conformité avec le principe du rapprochement des produits et des charges. Ce système permet plutôt un amortissement rapide des actifs, diminuant ainsi le bénéfice imposable au cours des premières années d'utilisation. Son objectif est d'encourager les entreprises à investir dans des immobilisations corporelles modernes pour qu'elles puissent rester concurrentielles sur les marchés mondiaux.

PERSPECTIVE INTERNATIONALE

Les méthodes d'amortissement dans d'autres pays

Les différentes méthodes d'amortissement abordées à l'intérieur de ce chapitre sont employées par de nombreuses entreprises dans la plupart des pays du monde. Toutefois, dans certains pays, on se sert d'autres méthodes. Ainsi, des entreprises britanniques sont autorisées à se servir de la méthode de l'amortissement à intérêts composés qui réduit le montant de l'amortissement pendant les premières années d'utilisation d'un actif (au contraire, avec la méthode d'amortissement accéléré, les montants d'amortissement sont plus élevés au début qu'à la fin de la durée de vie de l'actif).

Un grand nombre de pays, dont l'Australie, le Brésil, l'Angleterre, le Mexique et la Chine, permettent aussi de réévaluer les immobilisations corporelles à leur coût actuel à la date de l'établissement du bilan. Le principal argument en faveur de cette réévaluation est que le coût historique d'un actif acheté 10 à 15 ans plus tôt n'est pas pertinent à cause des effets de l'inflation. Par exemple, la plupart des gens ne songeraient pas à comparer le prix d'origine d'une Honda 1972 à celui d'une Honda 2002, car le pouvoir d'achat en dollars a considérablement changé en 30 ans. Toutefois, la réévaluation au coût actuel est interdite (selon les principes comptables généralement reconnus) au Canada, aux États-Unis, en Allemagne et au Japon: un des principaux arguments contre cette pratique est le manque d'objectivité inévitable dans l'estimation du coût actuel d'un actif.

Les révisions des estimations

Pour calculer la charge d'amortissement, on a recours à des estimations – la durée de vie utile (et la durée de vie) ainsi que la valeur résiduelle (et la valeur de récupération) – qui sont faites au moment de l'acquisition d'un bien amortissable en fonction des informations disponibles à cette date. On doit parfois réviser l'une ou l'autre de ces estimations initiales à mesure qu'on accumule de nouvelles informations concernant le bien en question.

Le chapitre 3061.34 du *Manuel de l'ICCA* énumère quelques circonstances qui peuvent modifier les estimations :

1. un changement dans le niveau d'utilisation de l'immobilisation ;
2. un changement du mode d'utilisation de l'immobilisation ;
3. la mise hors service de l'immobilisation pendant une période prolongée ;
4. des dommages matériels à l'immobilisation ;
5. des progrès technologiques importants ;
6. des modifications de la législation ou de l'environnement, ou l'évolution de la mode ou des goûts, ayant une incidence sur la durée d'utilisation de l'immobilisation.

Lorsqu'une entreprise doit réviser ses estimations, la valeur comptable nette de l'actif moins la valeur résiduelle sera amortie d'après ces nouvelles estimations. Une révision des estimations modifie la charge de l'exercice en cours et des exercices subséquents sans influer sur les exercices antérieurs.

Pour n'importe quelle méthode d'amortissement décrite ici, on remplace simplement la valeur résiduelle originale ou la durée de vie utile estimative originale par les nouvelles estimations pour calculer la charge d'amortissement. Voici, comme exemple, les calculs effectués à l'aide de la méthode de l'amortissement linéaire.

On suppose les données suivantes concernant un avion.

Coût de l'avion au moment de l'acquisition	60 000 000 $
Durée de vie utile estimative	20 ans
Valeur résiduelle estimative	3 000 000 $
Amortissement cumulé en 5 ans (on suppose l'utilisation de la méthode de l'amortissement linéaire) :	
(60 000 000 $ – 3 000 000 $) × 1/20 = 2 850 000 par an × 5 ans = 14 250 000 $	

Peu après le début de la sixième année, l'entreprise a révisé son estimation initiale de la durée de vie utile à 25 ans, et elle a diminué la valeur résiduelle estimative à 750 000 $. À la fin de ce sixième exercice, on calcule la charge d'amortissement de la façon suivante.

Coût d'acquisition	60 000 000 $
Moins : Amortissement cumulé (de la première à la cinquième année)	14 250 000
Valeur comptable nette	45 750 000 $
Moins : Nouvelle valeur résiduelle	750 000
Nouvelle assiette de l'amortissement	45 000 000 $
Amortissement de l'exercice basé sur la durée de vie restante :	
45 000 000 $ ÷ 20 ans (25 ans – 5 ans) = 2 250 000 $ par an	

L'écriture de régularisation et l'effet de cette révision sur l'équation comptable, à la fin de la sixième année (et pour les années subséquentes), prennent la forme suivante.

Actif	=	Passif	+	Capitaux propres
Amortissement cumulé −2 250 000				Amortissement −2 250 000

Amortissement (C) 2 250 000
    Amortissement cumulé (XA) 2 250 000

Les entreprises peuvent aussi changer de méthode d'amortissement, par exemple passer de l'amortissement dégressif à l'amortissement linéaire. Toutefois, un changement de la méthode d'amortissement sera considéré comme une révision des estimations si ce changement découle de faits nouveaux. Sinon, un changement de méthode d'amortissement devient une modification de convention comptable, sujet qui est étudié dans les cours de comptabilité intermédiaire. Selon les principes comptables généralement reconnus, une entreprise ne devrait modifier ses estimations comptables et ses méthodes d'amortissement que si les nouvelles estimations ou les nouvelles méthodes utilisées lui permettent de mieux mesurer son bénéfice périodique. De son côté, le principe de la permanence des méthodes requiert que les renseignements comptables enregistrés dans les états financiers soient comparables d'un exercice à l'autre. Il s'agit d'une sérieuse restriction à tout changement dans les estimations et les méthodes d'amortissement à moins qu'un tel changement n'ait pour effet d'améliorer la mesure de la charge d'amortissement et des bénéfices nets.

La société Air Canada fait mention d'une révision d'estimation dans une note à ses états financiers.

Notes afférentes aux états financiers consolidés
1. Principales conventions comptables
   h) Amortissement

   Au deuxième trimestre de 2001, de manière à refléter la durée de vie utile attendue des appareils détenus en propriété avec plus de précision et d'une manière conforme aux pratiques du milieu, la société a modifié l'estimation de la durée de vie utile prévue des appareils Airbus, la faisant passer de 20 à 25 ans, et elle a réduit en conséquence leur valeur résiduelle, la faisant passer de 15 % à 10 %. Par suite de ce changement, les charges d'exploitation ont été réduites de 9 millions $ pour l'exercice clos le 31 décembre 2001.

Coup d'œil sur

Air Canada

RAPPORT ANNUEL

Air Canada a modifié la durée de vie estimative et la valeur résiduelle de ses appareils Airbus en 2001. Pourquoi la direction de l'entreprise a-t-elle révisé ses estimations ? D'une part, Air Canada mentionne qu'elle se conforme ainsi aux pratiques du milieu (l'industrie du transport aérien). D'autre part, on peut supposer qu'Air Canada prévoit prolonger la durée de service de ses appareils Airbus. Or, l'équipement dont on prolonge ainsi la durée perd de sa valeur résiduelle lorsque le moment de le vendre sera venu.

Au cours des années 2002 à 2004, Air Canada prévoit acquérir 41 appareils Airbus dont 10 pour son transporteur Régional Jet de Canadair. Air Canada s'attend, avec ces nouveaux appareils du même type, à réaliser des économies sur le plan de l'exploitation et de la maintenance.

ANALYSE FINANCIÈRE

Une rentabilité accrue due à une révision comptable ?
La lecture des notes complémentaires

Les analystes financiers s'intéressent de près aux révisions des estimations comptables, car elles ont un effet direct sur le bénéfice d'exploitation avant impôts d'une entreprise. Dans le cas d'Air Canada, ces révisions s'étaient traduites par une hausse de 9 millions de dollars en 2001 attribuable à une réduction de la charge d'amortissement. Ces révisions devaient permettre d'additionner un montant similaire chaque année pour la durée de vie restante de l'avion. Les analystes examinent attentivement ce chiffre, car il représente un accroissement de la rentabilité dû à un ajustement comptable.

On peut aussi citer l'exemple de «la société Japan Airlines, le plus important transporteur aérien japonais qui, en mai 1996, enregistrait son premier bénéfice d'exploitation depuis 1991. L'entreprise a attribué cette amélioration de mars 1995 à mars 1996 à une importante restructuration et à une forte demande en provenance des marchés asiatiques en pleine expansion. Toutefois, un changement dans ses méthodes de comptabilisation de l'amortissement a également contribué à l'obtention de ces résultats»*. L'entreprise a abandonné la méthode de l'amortissement dégressif (avec une charge d'amortissement plus élevée) pour la méthode de l'amortissement linéaire (dont la charge d'amortissement est moins élevée), et elle a enregistré un accroissement du bénéfice récurrent de 10,9 milliards de yens par rapport à l'année précédente. «Même si ce changement laissait supposer qu'avec l'ancienne méthode, l'entreprise aurait enregistré une perte considérable pour l'exercice en question, la Japan Airlines a affirmé qu'en réalité, l'état des résultats reflétait plus fidèlement les coûts et les profits des importantes mises de fonds qu'elle a récemment effectuées à de nouveaux aéroports et à d'autres installations du même type.»

* Source: Gerard Baker, *Financial Times*, 30 mai 1996. (Traduction libre)

TEST D'AUTOÉVALUATION

Supposez que Transat possède un camion-atelier qui a coûté au départ 100 000 $. Au moment de l'achat, ce camion avait une durée de vie utile estimative de 10 ans et aucune valeur résiduelle. La durée de vie était de 12 ans et la valeur de récupération nulle. Après s'en être servi pendant cinq ans, l'entreprise décide que la durée de vie restante de ce camion est de seulement deux ans. D'après cette révision d'estimation, quel montant devrait-elle enregistrer comme charge d'amortissement pour la durée de vie restante de ce bien? Considérez que Transat utilise la méthode de l'amortissement linéaire.

Vérifiez vos réponses à l'aide des solutions présentées en bas de page*.

---

*50 000 $ (valeur comptable après 5 ans) ÷ 2 ans (durée de vie restante) = 25 000 $ en charge d'amortissement par exercice.

Les immobilisations et l'amortissement

On dit que l'amortissement est une charge sans effet sur la trésorerie parce qu'elle n'implique pas de sortie de fonds. Les flux de trésorerie sont touchés lors de l'acquisition de l'actif immobilisé. Pour chaque exercice où on enregistre un amortissement, aucun paiement en argent n'est effectué (c'est-à-dire qu'il n'y a pas de crédit au compte Encaisse lors de l'enregistrement de la charge d'amortissement). La plupart des charges entraînent une sortie de fonds immédiate ou ultérieure. Ainsi, la comptabilisation des charges relatives aux salaires donne lieu soit à un paiement immédiat en espèces, soit à un paiement ultérieur lorsque le compte Salaires à payer est réglé.

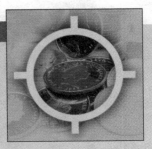

OBJECTIF D'APPRENTISSAGE 5

Comprendre l'effet de l'amortissement sur les flux de trésorerie, et calculer et interpréter le coefficient de rotation des actifs immobilisés.

L'effet sur l'état des flux de trésorerie

EN GÉNÉRAL ◊ L'acquisition, la vente et l'amortissement d'immobilisations influent sur les flux de trésorerie d'une entreprise comme le montre le tableau ci-dessous.

	Effet sur les flux de trésorerie
Activités d'exploitation (avec la méthode indirecte)	
Bénéfice net	xxx $
Ajustements pour : Amortissement des immobilisations	+
Gains sur cession d'immobilisations	–
Pertes sur cession d'immobilisations	+
Activités d'investissement	
Acquisition d'immobilisations	–
Cession d'immobilisations	+

TRANSAT ◊ Le tableau 8.6 présente l'état des flux de trésorerie de la société Transat pour les exercices 2001 et 2000. Transat utilise la méthode indirecte et ajuste le bénéfice net des exercices pour tenir compte des éléments ne nécessitant pas de sorties ou de rentrées de fonds. Elle a donc ajouté la charge d'amortissement au bénéfice net pour déterminer les flux de trésorerie liés aux activités d'exploitation. Dans les activités d'investissement, Transat a déboursé 54 697 000 $ pour acquérir des immobilisations au cours de l'exercice 2001 (60 146 000 $ en 2000).

État des flux de trésorerie
TABLEAU 8.6

États consolidés des flux de trésorerie exercices terminés le 31 octobre (en milliers de dollars)	2001	2000
Activités d'exploitation		
Bénéfice net (perte nette) de l'exercice	**(98 964) $**	36 640 $
Imputations à l'exploitation ne nécessitant pas de sorties (rentrées) de fonds		
Amortissement et charge d'écart d'acquisition	**55 717**	36 740
Radiation d'éléments d'actif	**100 782**	–
Quote-part du bénéfice net des sociétés satellites	**(939)**	(1 023)
Part des actionnaires sans contrôle dans les résultats de filiales	**117**	–
Impôts futurs	**2 644**	2 869
Marge brute d'autofinancement	**59 357**	75 226
Variation nette des soldes hors caisse du fonds de roulement liée à l'exploitation	**(86 041)**	39 392
Dépôts et frais de remise en état des moteurs et cellules	**14 683**	(62 033)
Flux de trésorerie liés aux activités d'exploitation	**(12 001)**	52 585

	2001	2000
Activités d'investissement		
Dépôts	**3 783**	1 865
Acquisitions de placements	**(1 320)**	(1 854)
Acquisitions d'immobilisations (note 7)	**(54 697)**	(60 146)
Contrepartie pour des sociétés acquises	**(24 546)**	(11 329)
Espèces et quasi-espèces de sociétés acquises	**35 122**	6 510
Autres éléments d'actif	**(17 783)**	(14 960)
Dividendes reçus de sociétés satellites	**–**	3 566
Prêts à une coentreprise	**–**	(11 700)
Flux de trésorerie liés aux activités d'investissement	**(59 441)**	(88 048)
Activités de financement		
Emprunts bancaires	**7 755**	(3 433)
Dette à long terme - crédit à terme rotatif	**(2 353)**	8 725
Augmentation d'autres éléments de la dette à long terme	**15 899**	32 055
Remboursement d'autres éléments de la dette à long terme et des obligations en vertu de contrats de location-acquisition	**(23 281)**	(18 881)
Émission d'actions ordinaires	**1 256**	818
Autres éléments de passif	**6 905**	–
Émission d'une débenture	**2 500**	–
Rachat d'actions	**(21)**	(10 288)
Flux de trésorerie liés aux activités de financement	**8 660**	8 996
Variation nette des espèces et quasi-espèces	**(62 782)**	(26 467)
Espèces et quasi-espèces au début de l'exercice	**147 401**	173 868
Espèces et quasi-espèces à la fin de l'exercice	**84 619 $**	147 401 $
Informations supplémentaires		
Impôts sur les bénéfices payés	**16 831**	37 417
Intérêts payés	**8 556**	13 187

Voir les notes afférentes aux états financiers consolidés.

Dans des secteurs d'activité fortement capitalisés comme l'aéronautique, l'amortissement est une charge considérable qui entre dans le calcul du bénéfice net. De plus, c'est souvent le seul ajustement d'importance qui est apporté au bénéfice net lorsqu'il s'agit de déterminer les flux de trésorerie provenant de l'exploitation. C'était le cas pour Transat au cours de l'exercice 2000. Par contre, en 2001, Transat a radié de ses livres certains actifs corporels et incorporels sans effet sur la trésorerie pour une valeur de 100 782 000 $. Parmi ces actifs, on comptait sept avions Lockheed.

De fausses idées

Certains utilisateurs qui interprètent mal la signification d'une charge sans effet sur la trésorerie croient que l'amortissement engendre des fonds. Cette erreur peut être attribuable au fait qu'on additionne l'amortissement dans la section Activités d'exploitation de l'état des flux de trésorerie. Toutefois, l'amortissement n'est en aucun cas une source d'encaisse. Pour qu'il y ait un flux de trésorerie provenant de l'exploitation, il faut absolument vendre des biens et des services. Une entreprise qui enregistre une charge d'amortissement élevée ne produit pas plus d'argent qu'une autre dont le montant d'amortissement est faible (si on suppose qu'elles sont exactement semblables sur tous les autres plans). La charge d'amortissement réduit le montant de bénéfice net enregistré par une entreprise, mais elle ne diminue pas le montant d'argent qu'elle produit car il s'agit d'une charge sans effet sur la trésorerie. (Il faut se rappeler que la comptabilisation de l'amortissement a pour effet de diminuer les capitaux propres et les actifs immobilisés mais non l'encaisse.) C'est pourquoi, dans l'état des flux de trésorerie, on réincorpore l'amortissement de l'exercice au bénéfice net (calculé selon la méthode de la comptabilité d'exercice) pour calculer les flux de trésorerie provenant de l'exploitation (calculés selon la méthode de la comptabilité de caisse).

L'effet sur les impôts Bien que l'amortissement n'implique aucune sortie de fonds, le concept d'amortissement fiscal peut, par contre, influer sur les flux de trésorerie de l'entreprise. En effet, l'amortissement fiscal est une dépense déductible du revenu. Plus l'amortissement fiscal est élevé, moins les impôts à payer seront élevés. De plus, comme les impôts nécessitent un décaissement, l'amortissement fiscal permet de réduire les sorties de fonds de l'entreprise.

ANALYSONS LES RATIOS

Le coefficient de rotation des actifs immobilisés

1. **Connaître la question**

   Quel est le degré d'efficacité de la direction d'une entreprise dans l'utilisation de ses installations ? Pour le savoir, on effectue les calculs suivants.

$$\text{Coefficient de rotation des actifs immobilisés} = \frac{\text{Chiffre d'affaires net}}{\text{Actifs immobilisés nets moyens}}$$

$$\text{Actifs immobilisés nets moyens} = \frac{\text{Actifs immobilisés au début de l'exercice} + \text{Actifs immobilisés à la fin de l'exercice}}{2}$$

En 2001, le coefficient de Transat était le suivant.

2 121 886 \$ ÷ [(185 403 \$ + 180 559 \$) ÷ 2] = 11,6 fois

2. **Utiliser les techniques appropriées**

a) Analyser la tendance dans le temps		
TRANSAT		
1999	2000	2001
13,6	13,5	11,6

b) Comparer avec les compétiteurs	
AIR CANADA	WESTJET
2001	2001
2,7	1,8

3. **Interpréter prudemment les résultats**

EN GÉNÉRAL ◊ Le coefficient de rotation des actifs immobilisés permet de mesurer la productivité de l'entreprise. Un coefficient élevé indique normalement une gestion efficace. Un taux croissant dans le temps indique une utilisation très efficiente des actifs immobilisés. Les créanciers et les analystes financiers se servent de ce coefficient pour évaluer l'efficacité d'une entreprise à obtenir un chiffre d'affaires intéressant grâce à une bonne gestion de ses immobilisations.

TRANSAT ◊ Le coefficient de rotation des actifs immobilisés de Transat est à la baisse durant les dernières années. Cette performance est due en partie à son programme d'acquisition de nouveaux appareils qui a eu pour effet d'augmenter la valeur de ses immobilisations. De plus, comme toute l'industrie du transport aérien, Transat est grandement touchée par une baisse de la clientèle depuis les événements du 11 septembre 2001 à New York. Par ailleurs, il est difficile de comparer Transat avec Air Canada et WestJet. Ces deux dernières compagnies sont beaucoup plus capitalisées que Transat. Air Canada affiche des immobilisations d'une valeur de 2,8 milliards de dollars comparativement à 185 millions de dollars pour Transat. Le transporteur Air Transat est une des filiales de Transat. Cette société exploite aussi le domaine des voyagistes et des agences de voyage qui sont des secteurs qui n'ont pas besoin d'une forte capitalisation pour fonctionner.

QUELQUES PRÉCAUTIONS ◊ Un coefficient faible ou décroissant peut indiquer que l'entreprise est en pleine expansion (à la suite de l'acquisition d'actifs immobilisés supplémentaires) et qu'elle prévoit atteindre un chiffre d'affaires plus élevé dans l'avenir. Un taux croissant peut aussi signifier que l'entreprise a réduit ses dépenses en capital si elle croit que son chiffre d'affaires risque de diminuer. Par conséquent, pour interpréter correctement le coefficient de rotation des actifs immobilisés, il faut examiner d'autres activités connexes de l'entreprise.

La cession des immobilisations corporelles

OBJECTIF D'APPRENTISSAGE 6

Connaître le processus comptable lors de la cession (ou de l'aliénation) des immobilisations corporelles.

Il arrive très souvent qu'une entreprise décide volontairement de ne pas rester propriétaire d'un actif immobilisé pour toute sa durée de vie. Si, par exemple, elle abandonne un article de sa gamme de produits, elle n'a plus besoin de l'équipement dont elle se servait pour fabriquer cet article. Elle peut aussi vouloir remplacer une machine par une autre plus efficace. Ces cessions se font, entre autres, par la vente, l'échange ou la mise hors service de l'immobilisation. Lorsque Transat se débarrasse d'un vieil avion, elle peut le vendre à une compagnie aérienne régionale ou de transport de marchandises. Une entreprise peut aussi perdre un actif de façon involontaire par suite d'un événement qui échappe au contrôle comme un accident, une expropriation ou un incendie.

La cession d'actifs immobilisés se produit rarement le dernier jour d'un exercice. Tous les comptes relatifs à une immobilisation dont on se départit doivent d'abord être mis à jour puis radiés. La cession d'un bien amortissable nécessite en général deux écritures : 1) une écriture de régularisation pour mettre à jour la charge d'amortissement et l'amortissement cumulé et 2) une écriture pour radier les soldes et constater le gain ou la perte qui en découle. À la date d'aliénation, on doit radier le coût de l'actif immobilisé et tout amortissement cumulé. Tout écart entre le produit de l'aliénation (la contrepartie reçue en échange) et la valeur comptable de l'actif cédé devient une perte ou un gain sur aliénation. On comptabilise ce gain (ou cette perte) à l'état des résultats. Comme il ne s'agit pas d'une opération qui découle des activités normales de l'entreprise, ce gain (ou cette perte) sera considéré soit comme un élément inhabituel (une aliénation volontaire) ou un élément extraordinaire (une aliénation non volontaire).

On suppose qu'à la fin du dix-septième exercice, Air Canada a vendu un avion dont elle n'avait plus besoin à cause de la suppression de ses vols à destination d'une petite ville canadienne. Elle a obtenu 4 millions de dollars comptant. Le coût d'acquisition de cet appareil était de 20 millions de dollars, et il était amorti suivant la méthode d'amortissement linéaire sur une période de 20 ans sans valeur résiduelle (soit une charge d'amortissement de 1 million de dollars par année). Dans un premier temps, il faut enregistrer la charge d'amortissement pour l'exercice en cours (le dix-septième exercice), puis radier les soldes et constater le gain ou la perte. Les calculs se font comme suit.

Encaissement		4 000 000 $
Coût d'acquisition de l'avion	20 000 000 $	
Moins : Amortissement cumulé		
(1 000 000 $ × 17 ans)	17 000 000	
Valeur comptable à la date de la vente		3 000 000
Gain sur vente d'immobilisation		1 000 000 $

Voici l'effet de l'opération sur l'équation comptable et les écritures qu'on doit passer à la date de la vente.

ÉQUATION COMPTABLE

Actif		=	Passif	+	Capitaux propres	
1 Amortissement					1 Amortissement	−1 000 000
cumulé	−1 000 000					
2 Encaisse	+4 000 000				2 Gain sur l'aliénation	
Amortissement					d'immobilisation	+1 000 000
cumulé	+17 000 000					
Appareil	−20 000 000					

ÉCRITURE DE JOURNAL

1 Amortissement (C)	1 000 000	
Amortissement cumulé (XA)		1 000 000
2 Encaisse (A)	4 000 000	
Amortissement cumulé (XA)	17 000 000	
Appareil (A)		20 000 000
Gain sur l'aliénation d'immobilisation (Pr)...........		1 000 000

Un gain (ou une perte) sur l'aliénation d'immobilisation se produit pour deux raisons : 1) la charge d'amortissement est parfois basée sur des estimations qui ne se réalisent pas et 2) le calcul de l'amortissement est basé sur le coût d'acquisition et non sur la juste valeur de l'actif. Comme ce type de gain (ou de perte) par cession ne fait pas partie des activités d'exploitation qu'une entreprise entend poursuivre, on l'inscrit généralement dans un poste distinct à l'état des résultats. Ainsi, au cours de l'année 2001, Transat a radié sept appareils Lookheed et a enregistré une perte de 74 756 000 $ à titre d'élément inhabituel à l'état des résultats.

Un changement de stratégie pour réussir

Fondée en 1972, Singapore Airlines, qui jouit d'une rentabilité soutenue, se classe parmi les plus grands exploitants au monde d'avions gros porteurs équipés de systèmes à la fine pointe de la technologie, les Boeing 747-400. Contrairement aux autres compagnies aériennes dont les flottes ont une moyenne d'âge de plus de 12 ans, Singapore Airlines utilise ses appareils en moyenne un peu moins de 6 ans. Cette stratégie de gestion de la productivité de l'entreprise a un double effet. La charge d'amortissement est beaucoup plus élevée à cause de la durée de vie utile estimative très courte des avions, ce qui réduit le bénéfice net. Toutefois, Singapore Airlines vend ses avions mis hors service, une activité qui lui permet de réaliser des gains inscrits dans un poste de son état des résultats intitulé Surplus des ventes d'avions et pièces de rechange. Les charges d'amortissement (basées sur des estimations) et les ventes d'actifs (effectuées au moment choisi par les gestionnaires) donnent à la direction une certaine marge de manœuvre en matière de gestion des bénéfices nets.

Les ressources naturelles

Le public connaît surtout les grandes entreprises qui fabriquent des biens (comme Honda et Bombardier), qui les distribuent (comme Rona et Les Boutiques San Francisco) ou qui fournissent des services (comme Bell Canada et Vidéotron). Toutefois, il existe beaucoup de grandes entreprises, certaines étant peu connues, qui exploitent des **ressources naturelles,** entre autres des biens miniers (tels que des gisements d'or ou de minerai de fer), des réserves de pétrole, de gaz et des terrains boisés. Les entreprises dont les activités portent sur les ressources naturelles jouent un rôle essentiel dans l'économie, car elles produisent des biens importants tels que le bois pour la construction, le mazout pour le chauffage et le transport, mais aussi des matières premières qui seront transformées par des entreprises qui fabriquent des biens de consommation. Elles attirent aussi énormément l'attention à cause des effets considérables qu'elles peuvent avoir sur l'environnement. Les citoyens préoccupés par cette question lisent souvent les états financiers des entreprises qui font de l'exploration (pour trouver du pétrole, du charbon et différents minerais) afin de déterminer les montants qu'elles consacrent à la protection de l'environnement.

Les ressources naturelles sont des actifs qu'on trouve dans la nature, par exemple des biens miniers, pétroliers et gaziers.

L'acquisition et la répartition des coûts

Les entreprises du secteur des ressources naturelles appliquent les mêmes principes comptables que nous avons étudiés jusqu'à présent. Les ressources naturelles sont donc comptabilisées au coût d'acquisition.

Selon le *Manuel de l'ICCA,*

3061.06 Les biens miniers s'entendent des immobilisations corporelles que représentent les coûts capitalisés des droits miniers acquis ou les coûts rattachés à l'exploration et à la mise en valeur des réserves minérales.

3061.22 Le coût des biens pétroliers et gaziers comprend les coûts d'acquisition, les frais de mise en valeur et certains frais d'exploration.

À mesure que l'entreprise exploite ses ressources naturelles, le coût d'acquisition des immobilisations doit être réparti sur les exercices au cours desquels elle en retire des produits d'exploitation, conformément au principe du rapprochement des produits et des charges. Le terme « **épuisement** » décrit le processus de répartition logique et systématique du coût d'acquisition sur la durée de vie utile d'une ressource

L'épuisement est la répartition logique et systématique du coût d'une ressource naturelle sur sa période d'exploitation.

naturelle. Ce concept d'épuisement ressemble en tous points au concept d'amortissement ; la seule différence réside dans le type d'actifs dont on rend compte.

L'épuisement – La répartition logique et systématique du coût d'acquisition des ressources naturelles sur des exercices au cours desquels leur utilisation contribuera à engendrer des produits d'exploitation. Un grand nombre d'entreprises du secteur des ressources naturelles utilise la méthode d'amortissement fonctionnelle pour calculer la charge d'épuisement à inscrire à l'état des résultats.

Un exemple – L'épuisement du coût d'acquisition d'un terrain boisé au montant de 530 000 $ selon un taux d'amortissement de 20 % (déterminé en fonction de la période de coupe prévue).

ÉQUATION COMPTABLE

Actif	=	Passif	+	Capitaux propres	
Épuisement cumulé –106 000				Épuisement –106 000	

ÉCRITURE DE JOURNAL

Épuisement (C)	106 000	
Épuisement cumulé (XA)		106 000

On calcule le taux d'épuisement en divisant le total des coûts d'acquisition et de développement (moins toute valeur résiduelle estimative) par l'estimation du nombre d'unités qu'une entreprise peut retirer économiquement d'une ressource. Pour chaque période, on multiplie ensuite ce taux par le nombre réel d'unités tirées de la ressource pendant l'exercice.

Les constructions ou tout autre aménagement similaire acquis en vue du développement et de l'exploitation d'une ressource naturelle doivent être comptabilisés dans des comptes d'actifs distincts et amortis. Leur durée de vie utile estimative ne peut pas dépasser le temps requis pour l'exploitation de la ressource naturelle, à moins qu'ils n'aient une utilité particulière après l'épuisement de cette ressource.

Voici un extrait des notes afférentes aux états financiers 2001 de la société Domtar qui décrit les conventions comptables de l'entreprise en ce qui a trait aux ressources naturelles qu'elle exploite, soit des territoires forestiers.

Coup d'œil sur

Domtar inc.

RAPPORT ANNUEL

**Notes afférentes aux états financiers
(en milliers de dollars)**

1. Terrains, bâtiments et matériel

L'amortissement des concessions forestières et des terrains boisés est calculé selon la méthode de l'amortissement proportionnel à l'utilisation.

10. Terrains, bâtiments et matériel	Coût	Amortissement cumulé	Valeur comptable nette
Matériel et outillage	6 294 $	1 636 $	4 658 $
Bâtiments	989	335	654
Concessions forestières et terrains	195	15	180
Actifs en construction	108	–	108
	7 586 $	1 986 $	5 600 $

Les immobilisations incorporelles

Une immobilisation incorporelle, comme tout autre actif, tire sa valeur de certains droits et privilèges qui sont conférés par la loi à son propriétaire. Un bien incorporel n'a cependant aucune substance physique ou matérielle au contraire des immobilisations corporelles telles que des terrains ou des immeubles. Parmi les biens incorporels, on peut citer les droits d'auteurs, les brevets, les marques de commerce et les licences. La plupart des actifs incorporels, sauf l'écart d'acquisition (dont il sera question plus loin) sont en général attestés par un document juridique.

L'acquisition et la répartition des coûts

On comptabilise l'acquisition des immobilisations incorporelles conformément au principe de la valeur d'acquisition et de la même façon que les immobilisations corporelles. Dans le cas du développement d'une immobilisation incorporelle à l'intérieur de l'entreprise, le coût de l'actif comprend les frais directs de développement et les frais indirects imputables de façon explicite à l'activité de développement. Par contre, pour capitaliser ces frais, l'entreprise doit être raisonnablement sûre d'en retirer des avantages futurs, sinon ces frais sont passés en charges à l'état des résultats.

Le processus d'amortissement des actifs incorporels est à peu près le même que pour les immobilisations corporelles. En général, la méthode utilisée est la méthode d'amortissement linéaire. Toutefois, on dit que certaines immobilisations ont une durée de vie limitée et que d'autres ont une durée de vie indéfinie. Les actifs incorporels dont la durée de vie est limitée (par exemple un brevet acquis qui expire dans 17 ans) sont amortis sur leur durée de vie utile pour l'entreprise. Lorsque la durée de vie utile est indéfinie (par exemple l'exploitation de routes aériennes ou une licence de radiodiffusion), l'actif incorporel ne doit pas être amorti. Les normes comptables canadiennes recommandent de réexaminer chaque année l'estimation de la durée de vie utile des actifs incorporels.

Sauf exception, la valeur résiduelle d'un actif incorporel est présumée nulle. La charge d'amortissement est inscrite à l'état des résultats de chaque exercice; quant aux biens incorporels, ils sont comptabilisés au bilan à leur valeur d'acquisition dont on soustrait l'amortissement cumulé.

L'amortissement – La répartition logique et systématique du coût d'acquisition des immobilisations incorporelles sur les exercices au cours desquels leurs avantages permettront de réaliser des produits d'exploitation.

Un exemple – L'amortissement du coût d'acquisition d'un brevet au montant de 850 000 $ sur une durée de vie économique utile pour l'entreprise estimée à 17 ans.

ÉQUATION COMPTABLE

Actif	=	Passif	+	Capitaux propres
Amortissement cumulé – Brevets –50 000				Amortissement –50 000

ÉCRITURE DE JOURNAL

Amortissement (C)	50 000	
Amortissement cumulé – Brevets (XA)		50 000

Quelques exemples d'immobilisations incorporelles

Selon l'édition 2001 du sondage[4] effectué auprès de 200 sociétés canadiennes, les actifs incorporels les plus couramment déclarés sont:

- les écarts d'acquisition;
- les licences;
- les listes de clients;
- les franchises;
- les droits d'auteur;
- les marques de commerce;
- les brevets.

L'écart d'acquisition   L'immobilisation incorporelle la plus fréquemment relevée est, de loin, l'**écart d'acquisition** (ou la survaleur ou le fonds commercial). La survaleur (qu'on appelle souvent à tort l'achalandage), telle que l'entendent la plupart des gens d'affaires, réside dans la bonne réputation d'une entreprise auprès de sa clientèle. Elle est due à des facteurs comme la confiance des clients, une réputation de bons services ou de produits de qualité et une bonne situation financière. Dès le premier jour de ses activités, une entreprise prospère contribue à constituer son fonds commercial. En ce sens, on dit que ce fonds est autogénéré et il n'est pas comptabilisé comme un actif.

Un écart d'acquisition est l'excédent du coût d'une entreprise acquise sur la juste valeur de ses actifs et de ses passifs.

La seule façon de comptabiliser un écart d'acquisition sous forme d'actif est d'acheter une autre entreprise. Souvent, le prix d'acquisition d'une entreprise dépasse la juste valeur de son actif net (Actif – Passif). Cet excédent est comptabilisé à titre d'écart d'acquisition. Pourquoi payer plus pour une entreprise dans son ensemble qu'on ne paierait pour chacun de ses actifs si on les achetait séparément? Il est facile d'acheter du matériel d'embouteillage moderne pour fabriquer et vendre une nouvelle boisson gazeuse au cola mais, ce faisant, on ne réaliserait sûrement pas autant de profits que si on pouvait acquérir le potentiel de profits associé à Coca-Cola ou à Pepsi. En achetant le fonds commercial d'une entreprise existante, l'acheteur espère ainsi réaliser des bénéfices supérieurs à la normale.

À des fins comptables, on définit l'écart d'acquisition comme la différence entre le prix d'achat d'une entreprise dans son ensemble et la juste valeur de tous ses actifs moins la juste valeur de son passif.

> Prix d'achat
> − Juste valeur de l'actif net
> ―――――――――――――――――――
> Écart d'acquisition à comptabiliser

Conformément au principe de la valeur d'acquisition, on comptabilise le montant relatif à l'écart d'acquisition à titre d'immobilisation incorporelle uniquement lorsqu'il est acheté à un coût mesurable.

Au cours de l'exercice 2001, Transat a acquis différentes entreprises dans le secteur des voyages, et elle a comptabilisé un écart d'acquisition de 29 287 000 $.

À l'encontre des autres actifs incorporels, l'écart d'acquisition n'est pas amorti. L'entreprise doit plutôt, à la fin de chaque exercice financier, effectuer un test de dépréciation pour vérifier si l'écart d'acquisition a perdu de la valeur. Si oui, la valeur de l'actif sera réduite et une charge sera inscrite à l'état des résultats. Il s'agit d'un sujet complexe qui est abordé dans les cours de comptabilité avancés. Nous y reviendrons tout de même au chapitre 11.

La marque de commerce   Une **marque de commerce** est un nom, une image ou un slogan distinctif qui est associé à un produit ou à une entreprise. Elle est protégée par la loi. Les marques de commerce comptent souvent parmi les actifs ayant la plus grande valeur que puisse posséder une entreprise. Il est difficile d'imaginer la société

Une marque de commerce est un droit juridique exclusif d'utiliser un nom, une image ou un slogan en particulier.

---

4. Clarence Byrd et autres, *op. cit.*, p. 280.

Walt Disney sans Mickey Mouse. Il est possible aussi qu'une partie du plaisir que vous prenez à boire votre boisson gazeuse favorite provienne de l'image qui s'est créée autour de son nom. De nombreuses personnes reconnaissent le logo d'une entreprise aussi vite qu'ils le font pour un panneau d'arrêt sur les routes. Les marques de commerce sont donc des actifs de grande valeur, mais elles apparaissent rarement au bilan. L'enregistrement d'une marque de commerce vous donne le droit exclusif de l'utiliser pendant une période de 15 ans renouvelable. Les marques de commerce ont donc une durée de vie indéfinie, et elles ne seront pas amorties tant et aussi longtemps que leur durée de vie n'est pas considérée comme limitée.

Le brevet Un **brevet** est un droit exclusif accordé par l'État pour une période de 20 ans. Il est en général conféré à une personne qui invente un nouveau produit ou découvre un nouveau procédé. Il permet à son détenteur d'exploiter, de fabriquer ou de vendre l'objet du brevet et le brevet lui-même. Sans la protection d'un brevet, les inventeurs montreraient probablement peu d'intérêt pour la recherche de nouveaux produits. Le droit d'exclusivité empêche un concurrent de copier une nouvelle invention ou une découverte jusqu'à ce que l'inventeur ou son acquéreur ait eu le temps de tirer profit de son produit.

> Un brevet est un titre accordé par le gouvernement pour une invention; il s'agit d'un droit exclusif qui permet à son détenteur d'utiliser, de fabriquer ou de vendre l'objet de ce brevet.

Lorsqu'on achète un brevet, on le comptabilise à sa valeur d'acquisition. Suivant le principe du rapprochement des produits et des charges, le coût d'un brevet doit être amorti au cours de sa durée de vie utile pour l'entreprise. Cette estimation doit être réexaminée chaque année.

Le droit d'auteur Le **droit d'auteur** accorde à son propriétaire le droit exclusif de publier, d'exploiter et de vendre une œuvre littéraire, musicale ou artistique pour une période déterminée. Le manuel que vous lisez en ce moment est couvert par un droit d'auteur (*copyright*) qui protège son éditeur et ses auteurs. Ainsi, la loi interdit à un professeur de photocopier plusieurs chapitres de ce livre pour les distribuer à ses étudiants. On comptabilise ces droits en appliquant les mêmes principes, directives et processus que ceux qu'on utilise pour comptabiliser le coût des brevets.

> Un droit d'auteur est un droit exclusif de publier, d'utiliser et de vendre une œuvre littéraire, musicale ou artistique.

La franchise La **franchise** est l'autorisation donnée par un franchiseur (par exemple Van Houtte) à un franchisé (une entreprise qui achète une franchise) de vendre certains produits ou services, d'utiliser une marque de commerce dans une région géographique donnée. Les contrats de franchisage renferment en général différentes clauses concernant les droits et les devoirs des franchisés et du franchiseur. L'acquisition d'une franchise nécessite un investissement de la part du franchisé, qu'on appelle une «redevance». La redevance sera comptabilisée à titre d'immobilisation incorporelle. La durée d'un contrat de franchisage dépend de la convention qui lie les parties et peut être d'une année ou porter sur une période indéfinie. Blockbuster Video est une entreprise qui a du succès dans le domaine de la location de vidéos. Pour accélérer son expansion, elle conclut des contrats de franchisage avec des entrepreneurs locaux. Ces contrats requièrent le paiement de redevances de franchisage et couvrent une période de 20 ans. Plus de 750 magasins sont liés à Blockbuster par des contrats de ce type.

> Une franchise est un droit contractuel de vendre certains produits ou services, d'utiliser certaines marques de commerce ou d'effectuer certaines activités dans une région géographique donnée.

Voici un extrait des notes afférentes aux états financiers consolidés de Bombardier tiré de son rapport annuel 2002.

Coup d'œil sur

Bombardier inc.

RAPPORT ANNUEL

Sommaire des principales conventions comptables
Actifs incorporels

Les actifs incorporels correspondent au coût des licences, des brevets et des marques de commerce acquis, et sont amortis sur leur durée d'utilisation estimative, qui ne dépasse pas 20 ans. La valeur comptable des actifs incorporels fait périodiquement l'objet d'un test de dépréciation qui repose sur une estimation des flux de trésorerie non actualisée sur la période d'amortissement restante.

Les réductions de valeur

Les sociétés doivent régulièrement passer en revue leurs immobilisations corporelles et incorporelles pour déceler toute réduction de valeur. On parle de réduction de valeur lorsque, à la suite d'événements ou de changements de circonstances, la valeur comptable nette d'une immobilisation est plus élevée que les estimations de rentrées nettes de fonds découlant de son utilisation. Le cas échéant, il faut constater une réduction de valeur ou une moins-value. Voici un extrait du rapport annuel de la société CGI, consultant en informatique, en télécommunication et en gestion.

OBJECTIF D'APPRENTISSAGE **8**

Déterminer l'effet de la réduction de valeur des actifs sur les états financiers.

Coup d'œil sur

Groupe CGI inc.

RAPPORT ANNUEL

> **Baisse de valeur des actifs à long terme**
>
> La société évalue la valeur comptable de ses actifs à long terme, y compris l'écart d'acquisition, de façon continue. Afin de déterminer s'il y a baisse de valeur, la direction évalue les flux de trésorerie estimatifs non actualisés qui seront générés par ces actifs et prend également en considération d'autres facteurs. Toute baisse permanente de la valeur comptable des actifs est imputée aux résultats dans la période au cours de laquelle la baisse de valeur est établie.

Toutefois, CGI mentionne un peu plus loin dans ses notes que puisque ces normes sont nouvelles, elle n'a pas encore évalué leur incidence sur son bénéfice net consolidé ni sur sa situation financière future.

QUESTION D'ÉTHIQUE

Une forte pression pour enregistrer des bénéfices réguliers toujours plus élevés

Au cours des 10 dernières années, de fortes pressions ont été exercées sur les dirigeants des entreprises pour qu'ils maintiennent une augmentation régulière de leur bénéfice net, de façon à satisfaire les attentes de tous les analystes financiers. À mesure que ces attentes s'exprimaient de plus en plus explicitement, les mécanismes utilisés par les dirigeants pour gérer le bénéfice net et atteindre leurs objectifs devenaient de plus en plus évidents. Le titre d'un article de journal est assez éloquent.

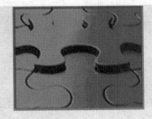

Dans l'actualité

> «Apprenez à jouer le jeu du bénéfice net (et Wall Street vous adulera)»

L'année 2002 a été marquée par de nombreux scandales financiers dévoilant la manipulation des principes comptables par les dirigeants d'entreprises. Enron, WorldCom, Xerox, Qwest, Merck et bien d'autres ont tous voulu gonfler leurs résultats pour satisfaire les attentes du marché financier. Les actifs immobilisés peuvent jouer un rôle important dans la capacité des entreprises à satisfaire ou à dépasser les estimations des experts. La décision de capitaliser ou de passer en charges certains frais, d'amortir ou non les actifs incorporels, de réduire ou non la valeur des actifs sont tous des éléments qui relèvent du jugement et qui influent directement sur les résultats d'un exercice. Les dirigeants se doivent d'adopter en ces domaines un comportement éthique pour garder la confiance des investisseurs.

Conclusion

L'industrie du transport aérien connaît en 2002 une période très difficile. La baisse de clientèle et la surcapacité des compagnies ont forcé des entreprises comme United Airlines et US Airways à se placer sous la Loi de la protection sur les faillites, alors qu'American Airlines doit supprimer des milliers d'emplois. De leur côté, les transporteurs spécialisés et à escompte comme Transat ou WestJet traversent un peu mieux la crise qui sévit dans l'industrie. Bien que le deuxième rapport trimestriel de Transat au 30 avril 2002 présentait toujours une diminution de son chiffre d'affaires par rapport à la même période de l'année précédente, Transat possède des espèces et des quasi-espèces d'une valeur de 222,4 millions de dollars, ce qui la place dans une position confortable pour faire face à l'avenir.

De plus, une saine gestion de sa flotte d'avions (la mise hors service de Lockheed et l'acquisition d'Airbus) lui permet d'améliorer son service et de réduire ses coûts.

L'action de Transat a varié entre 4,50 $ et 11,00 $ au cours de la dernière année, et elle se situe en août 2002 aux environs de 7 $. Les analystes financiers qui suivent le titre l'ont classé *super performer*.

ANALYSONS UN CAS

Donjon inc. poursuit ses activités depuis un certain nombre d'années. Au moment de sa fondation, il s'agissait d'une entreprise de construction d'habitations. Au cours des dernières années, elle a étendu ses activités à la construction lourde, au béton prêt à l'emploi, aux sables et graviers, aux matériaux de construction et aux services de terrassement.

Voici quelques-unes des opérations qui ont été effectuées au cours de l'exercice 20D. Elles portent sur les principaux sujets abordés dans ce chapitre. Les montants ont été simplifiés pour faciliter la démonstration.

20D

1er janvier :	La direction a décidé d'acheter un immeuble construit il y a une dizaine d'années. L'emplacement est idéal et compte un nombre satisfaisant de places de stationnement. L'entreprise a acheté l'immeuble et le terrain sur lequel il se trouve pour 305 000 $. Elle a versé 100 000 $ comptant et a contracté un emprunt hypothécaire pour le reste du montant. Un expert fiable a établi les valeurs marchandes suivantes : le terrain à 126 000 $ et l'immeuble à 174 000 $.
12 février :	L'entreprise paie des frais de 38 100 $ pour la rénovation de l'immeuble prévue lors de l'achat.
19 juin :	L'entreprise achète un troisième terrain pour en faire une carrière de gravier (désignée par « no 3 »), et elle paie comptant un montant de 50 000 $. L'emplacement a été minutieusement arpenté. D'après des estimations, on peut en extraire 100 000 mètres cubes de gravier.
10 juillet :	L'entreprise paie 1 200 $ pour l'entretien de l'immeuble.
1er août :	Elle paie 10 000 $ pour les coûts de préparation de la nouvelle carrière à son exploitation.
31 décembre :	Elle passe les écritures de régularisation de fin d'exercice.

a) L'amortissement de l'immeuble s'effectuera selon la méthode d'amortissement linéaire sur une durée de vie utile estimative de 30 ans. La valeur résiduelle estimative s'élève à 35 000 $.

b) Au cours de l'exercice 20D, on a extrait et vendu 12 000 mètres cubes de gravier de la carrière no 3.

c) L'entreprise possède un brevet dont elle se sert dans ses activités. Au 1er janvier 20D, le solde du compte Brevet se chiffrait à 3 300 $. Le brevet a une durée de vie utile restante de six ans (incluant 20D).

d) Au début de l'année, l'entreprise possédait un équipement dont le coût était de 650 000 $ et la valeur comptable nette, de 550 000 $. Cet équipement continue d'être amorti au moyen de la méthode de l'amortissement dégressif à taux double sur une durée de vie utile de 20 ans, sans valeur résiduelle.

e) À la fin de l'exercice, l'entreprise a jugé qu'une partie du vieil équipement d'excavation dont le coût d'acquisition était de 156 000 $ et dont la valeur comptable restante se chiffre à 120 000 $ est d'une utilité limitée. L'entreprise a évalué cet actif en vue d'une possible réduction de valeur. Elle s'attend à des flux de trésorerie nets futurs de 40 000 $.

Le 31 décembre 20D marque la fin de l'exercice financier.

Travail à faire

1. Indiquez les comptes touchés, le montant et l'effet de chacune des opérations énumérées précédemment sur l'équation comptable. (Inscrivez un «+» pour une augmentation, un «−» pour une diminution et AE pour «aucun effet».) Servez-vous des rubriques suivantes.

Date	Actif	=	Passif	+	Capitaux propres

2. Passez les écritures de régularisation nécessaires au 31 décembre pour les éléments a) et b).
3. Présentez un bilan partiel au 31 décembre 20D pour les comptes suivants :
   Immobilisations corporelles – Terrain, Immeuble, Équipement et Carrière de gravier
   Immobilisations incorporelles – Brevet
4. En supposant que l'entreprise a eu un chiffre d'affaires de 1 000 000 $ pour l'exercice 20D et que ses actifs immobilisés avaient une valeur comptable nette de 500 000 $ au début de l'année, calculez le coefficient de rotation des immobilisations. Expliquez sa signification.

Solution suggérée

1. L'effet sur l'équation comptable (avec les calculs)

Date	Actif		Passif	Capitaux propres	
1er janvier 1)	Encaisse Terrain Immeuble	−100 000 +128 100 +176 900	Hypothèque à payer +205 000		
12 février	Encaisse Immeuble	−38 100 +38 100			
19 juin	Encaisse Carrière n° 3	−50 000 +50 000			
10 juillet	Encaisse	−1 200		Frais d'entretien	−1 200
1er août	Encaisse Carrière n° 3	−10 000 +10 000			
31 décembre a) 2)	Amortissement cumulé – Immeuble	−6 000		Amortissement	−6 000
31 décembre b) 3)	Épuisement cumulé – Carrière n° 3	−7 200		Épuisement	−7 200
31 décembre c) 4)	Amortissement cumulé – Brevet	−550		Amortissement	−550
31 décembre d) 5)	Amortissement cumulé – Équipement	−50 000		Amortissement	−50 000
31 décembre e) 6)	Amortissement cumulé – Équipement	−80 000		Perte due à la réduction de valeur des immobilisations	−80 000

1)

	Terrain		Immeuble		Total
Marché	126 000 $	+	174 000 $	=	300 000 $
Pourcentage du total	42 %	+	58 %	=	100 %
Coût	128 100 $	+	176 900 $	=	305 000 $

2) **Coût de l'immeuble**

Paiement initial	176 900 $
Réparations avant utilisation	38 100
Coût d'acquisition	215 000 $

Amortissement linéaire

(Coût de 215 000 $ – Valeur résiduelle de 35 000 $) × 1/30 ans = 6 000 $ d'amortissement de l'exercice

3) **Coût de la carrière de gravier**

Paiement initial	50 000 $	
Coûts de préparation	10 000	
Coût d'acquisition	60 000 $	

Amortissement fonctionnel

(Coût de 60 000 $/Production estimée à 100 000) × Production réelle de 12 000 = 7 200 $ d'épuisement

4) **Amortissement linéaire**

Coût du brevet non amorti	3 300 $
÷ Durée de vie utile restante	6 ans
	550 $

5) **Amortissement dégressif à taux double**

(Coût de 650 000 $ – Amortissement cumulé de 150 000 $) × 2/20 = Amortissement de l'exercice de 50 000 $

6) **Réduction de valeur**

Valeur comptable de l'ancien équipement	120 000 $
Flux de trésorerie futurs	40 000
Perte découlant de la réduction de valeur	80 000 $

2. Écritures de régularisation au 31 décembre 20D

a)	Amortissement (C)	6 000	
	Amortissement cumulé – Immeuble (XA)		6 000
b)	Épuisement (C)	7 200	
	Épuisement cumulé – Carrière #3 (XA)		7 200

3. Bilan au 31 décembre 20D

Actif		
Immobilisations		
Terrain		128 100 $
Immeuble	215 000 $	
Moins: Amortissement cumulé	6 000	209 000
Équipement	650 000	
Moins: Amortissement cumulé (150 000 $ + 50 000 $ + 80 000 $)	280 000	370 000
Carrière de gravier	60 000	
Moins: Épuisement cumulé	7 200	52 800
Total des actifs immobilisés		759 900 $
Immobilisations incorporelles		
Brevet	3 300	
Moins: Amortissement cumulé	550	2 750 $

4. Coefficient de rotation des actifs immobilisés

$$\frac{\textbf{Chiffre d'affaires net}}{\textbf{(Immobilisations au début de l'exercice + Immobilisations à la fin de l'exercice) ÷ 2}} = \frac{1\ 000\ 000\ \$}{(500\ 000\ \$ + 759\ 900\ \$) ÷ 2} = 1,59$$

Cette entreprise de construction est hautement capitalistique. Le coefficient de rotation des actifs immobilisés permet de mesurer l'efficience de l'entreprise à utiliser ses investissements dans des immobilisations corporelles pour produire son chiffre d'affaires.

Points saillants du chapitre

1. **Définir, classer et expliquer la nature des immobilisations (voir la page 487).**

   Les immobilisations sont des éléments d'actifs à long terme qu'une entreprise possède et utilise de façon durable dans le cours normal de ses activités. On distingue deux catégories d'immobilisations : les immobilisations corporelles (par exemple les terrains, les immeubles, l'équipement et les ressources naturelles) et les immobilisations incorporelles (par exemple les marques de commerce, les brevets et l'écart d'acquisition).

2. **Appliquer le principe de la valeur d'acquisition (ou du coût d'origine) lors de l'acquisition d'immobilisations corporelles (voir la page 490).**

   Le coût d'acquisition des immobilisations correspond à la juste valeur de la contrepartie donnée pour acquérir les biens à laquelle on ajoute tous les frais raisonnables et nécessaires engagés pour acquérir et amener l'actif à l'endroit et dans l'état nécessaire à son utilisation. L'achat d'une immobilisation peut se régler au comptant, par un emprunt ou par l'émission d'actions. L'acquisition peut aussi se faire sous forme d'achat en bloc ou encore la société peut elle-même s'occuper de la construction.

3. **Distinguer et comptabiliser les différents coûts liés à l'utilisation des immobilisations corporelles (voir la page 494).**

   a) Les dépenses en capital procurent des avantages pendant plusieurs exercices ; les montants sont portés aux comptes d'actifs appropriés et ensuite ils sont amortis sur leur durée de vie utile.

   b) Les dépenses d'exploitation procurent des avantages uniquement pendant l'exercice en cours ; au moment où elles sont engagées, leurs montants sont portés aux comptes de charges appropriés.

4. **Connaître et appliquer différentes méthodes d'amortissement et les révisions des estimations (voir la page 499).**

   a) *Les méthodes d'amortissement :* Selon le principe du rapprochement des produits et des charges, on doit répartir le coût d'acquisition (moins toute valeur résiduelle estimative) des immobilisations sur les exercices au cours desquels l'entreprise les utilise. La valeur comptable nette de l'actif correspond au coût d'acquisition moins l'amortissement cumulé. La charge d'amortissement diminue le bénéfice net de l'exercice. Les méthodes les plus utilisées sont la méthode d'amortissement linéaire (une charge constante dans le temps), la méthode d'amortissement fonctionnel (une charge qui varie selon l'utilisation réelle) et la méthode de l'amortissement dégressif à taux double (une charge qui diminue avec le temps).

   b) *Les révisions des estimations :* On calcule la charge d'amortissement en fonction de la valeur comptable nette et des nouvelles estimations de la valeur résiduelle ou de la durée de vie utile. Une révision d'estimation modifie la charge de l'exercice en cours et des exercices subséquents.

5. **Comprendre l'effet de l'amortissement sur les flux de trésorerie, et calculer et interpréter le coefficient de rotation des actifs immobilisés (voir la page 511).**

   L'amortissement est une charge qui n'a aucun effet sur l'encaisse ; on l'additionne au bénéfice net à l'état des flux de trésorerie pour déterminer les flux de trésorerie liés aux activités d'exploitation. La méthode d'amortissement utilisée par l'entreprise détermine la valeur comptable nette des immobilisations qui entre dans le calcul du coefficient de rotation des actifs immobilisés. Les méthodes d'amortissement accéléré réduisent la valeur comptable nette et donnent un coefficient plus élevé qu'avec la méthode d'amortissement linéaire.

6. **Connaître le processus comptable lors de la cession (ou de l'aliénation) des immobilisations corporelles (voir la page 514).**

a) On s'assure que la charge d'amortissement est inscrite jusqu'à la date d'aliénation.

b) La cession peut être volontaire ou involontaire ; on retranche des livres le coût de l'actif et le montant de l'amortissement cumulé qui s'y rapporte.

c) On enregistre le produit d'aliénation.

d) Il y a gain (ou perte) lorsque la valeur comptable nette est inférieure (ou supérieure) à la contrepartie reçue.

7. **Reconnaître les particularités comptables liées à la comptabilisation des ressources naturelles et des actifs incorporels (voir la page 516).**

Le principe de la valeur d'acquisition guide le processus de comptabilisation des ressources naturelles et des actifs incorporels. Les ressources naturelles sont amorties en général selon la méthode d'amortissement fonctionnel. Les actifs incorporels dont la durée de vie est limitée sont habituellement amortis selon la méthode d'amortissement linéaire, et les actifs incorporels dont la durée de vie est indéfinie ne sont pas amortis.

8. **Expliquer l'effet de la réduction de valeur des actifs sur les états financiers (voir la page 521).**

Par suite de certains événements ou en raison des circonstances, la valeur comptable des actifs à long terme peut être plus élevée que les flux de trésorerie prévus dans l'avenir. On réduit alors la valeur de l'actif à sa valeur recouvrable nette.

Dans les chapitres précédents, nous avons examiné des questions d'affaires et de comptabilité relatives aux actifs qu'une entreprise détient. Dans les chapitres 9 et 10, nous allons changer de point de vue et analyser l'autre côté du bilan pour voir comment les gestionnaires financent les activités de leur entreprise et l'acquisition de leurs actifs. Dans le chapitre 9, nous traiterons de différents éléments du passif et dans le chapitre 10, nous aborderons les capitaux propres.

RATIOS CLÉS

Le **coefficient de rotation des actifs immobilisés** permet de mesurer avec quel degré d'efficience une entreprise utilise ses investissements en immobilisations corporelles. Ce coefficient peut être comparé à celui des concurrents de l'entreprise. Il se calcule comme suit (voir la page 513) :

$$\text{Coefficient de rotation des actifs immobilisés} = \frac{\text{Chiffre d'affaires net}}{\text{Actifs immobilisés nets moyens}}$$

BILAN

Sous la rubrique Actif à long terme

    Immobilisations corporelles nettes

    Ressources naturelles nettes

    Immobilisations incorporelles nettes

ÉTAT DES RÉSULTATS

Sous la rubrique Charges d'exploitation

    Amortissement

    Épuisement

Pour trouver
L'INFORMATION FINANCIÈRE

ÉTAT DES FLUX DE TRÉSORERIE

Sous la rubrique Activités d'exploitation (avec la méthode indirecte)

    Bénéfice net

    + Amortissement des immobilisations

    – Gains sur la vente des actifs

    + Pertes sur la vente des actifs

Sous la rubrique Activités d'investissement

    + Vente d'actifs au comptant

    – Achat d'actifs au comptant

NOTES

Sous la rubrique Résumé des principales conventions comptables

    Description du choix de la direction en matière de méthodes d'amortissement pour les actifs immobilisés corporels et incorporels, y compris la durée de vie utile et le montant d'amortissement de l'exercice si ces éléments n'apparaissent pas à l'état des résultats

    Une liste des principales catégories d'actifs immobilisés présentant le coût d'acquisition, l'amortissement cumulé et la valeur comptable pour chaque catégorie

Mots clés

Questions

1. Définissez le terme « immobilisations ». Pourquoi considère-t-on ces actifs comme un « lot de services futurs » ?

2. Quelles sont les catégories d'immobilisations ? Expliquez chacune de ces catégories.

3. Établissez un lien entre le principe de la valeur d'acquisition et la comptabilisation des immobilisations. D'après ce principe, quels montants devrait-on habituellement inclure dans le coût d'acquisition d'une immobilisation ?

4. Décrivez la relation qui existe entre le principe du rapprochement des produits et des charges et la comptabilisation des immobilisations.

5. Qu'est-ce qu'un achat en bloc ? Quel problème de mesure ce type d'achat pose-t-il ?

6. Expliquez ce qui distingue l'amortissement et l'épuisement.

7. Dans le calcul de l'amortissement, on doit connaître ou estimer certaines valeurs ; nommez-les et expliquez la nature de chacune d'elles.

8. La durée de vie utile estimative et la valeur résiduelle d'une immobilisation sont reliées au propriétaire ou à l'utilisateur actuel de cet actif plutôt qu'à tous ses utilisateurs potentiels. Expliquez cet énoncé.

9. Quel type de charge d'amortissement trouve-t-on avec chacune des méthodes suivantes ? Quand doit-on utiliser chacune de ces méthodes ?
   a) La méthode de l'amortissement linéaire.
   b) La méthode de l'amortissement fonctionnel.
   c) La méthode de l'amortissement dégressif à taux double.

10. Expliquez la distinction entre les éléments suivants.
    a) Les dépenses en capital et les dépenses d'exploitation – Comment comptabilise-t-on les unes et les autres ?
    b) Les réparations ordinaires et les améliorations – Comment comptabilise-t-on les unes et les autres ?

11. Sur quelle période un ajout – agrandissement à une immobilisation déjà existante devrait-il être amorti ? Expliquez votre réponse.

12. Définissez l'expression « immobilisation incorporelle ». Comment doit-on amortir une immobilisation incorporelle ?

13. Définissez l'expression « écart d'acquisition ». À quel moment est-il approprié de comptabiliser l'écart d'acquisition ?

14. Dans quelles circonstances peut-on capitaliser les intérêts ?

15. Comment calcule-t-on le coefficient de rotation de l'actif immobilisé ? Expliquez la signification de ce coefficient.

16. Qu'est-ce que la réduction de valeur d'une immobilisation ?

17. Pourquoi additionne-t-on la charge d'amortissement au bénéfice net à l'état des flux de trésorerie ?

Mini-exercices

■OA1

M8-1   Le classement des immobilisations

Indiquez la nature de chacun des actifs immobilisés suivants et le concept de répartition des coûts qui s'y rapporte. Utilisez les symboles présentés dans le tableau.

Nature		Concept de répartition des coûts	
T	Terrain	A	Amortissement
I	Immeuble	E	Épuisement
M	Matériel	AI	Amortissement des actifs incorporels
RN	Ressources naturelles	AR	Aucune répartition des coûts
II	Immobilisation incorporelle	AU	Autre
AU	Autre		

Actif	Nature	Répartition des coûts		Actif	Nature	Répartition des coûts
1. Droit d'auteur	_____	_____		6. Permis d'exploitation	_____	_____
2. Terrain détenu pour l'exploitation	_____	_____		7. Terrain détenu pour revente	_____	_____
3. Entrepôt	_____	_____		8. Camion de livraison	_____	_____
4. Puits de pétrole	_____	_____		9. Terrain boisé	_____	_____
5. Nouveau moteur pour une vieille machine	_____	_____		10. Usine de production	_____	_____

M8-2 **Un achat en bloc**

La société DesMeules a acquis un terrain supplémentaire et un immeuble qui renferme plusieurs pièces d'équipement, le tout pour une somme de 600 000 $. L'achat a été effectué de la façon suivante : 20 % en espèces, 20 % en actions et 60 % sous la forme d'un emprunt hypothécaire auprès d'un établissement bancaire. D'après un expert, le terrain, l'immeuble et le matériel ont respectivement une valeur marchande estimative de 200 000 $, de 500 000 $ et de 100 000 $. Indiquez l'effet de cette acquisition sur l'équation comptable. (Inscrivez un «+» pour une augmentation et un «−» pour une diminution.) Précisez les comptes qui sont modifiés et les montants en cause.

Actif	=	Passif	+	Capitaux propres

☐ OA2

M8-3 **La distinction entre les dépenses en capital et les dépenses d'exploitation**

Pour chacune des opérations suivantes, inscrivez à gauche la lettre correspondant au type de dépense. Utilisez les symboles suivants.

Type de dépense

C Dépense en capital

E Dépense d'exploitation

N Ni l'un ni l'autre

Opérations

_____ 1. Paiement de 400 $ pour des réparations ordinaires.

_____ 2. Paiement de 6 000 $ pour des améliorations apportées à du matériel.

_____ 3. Paiement de 20 000 $ en espèces pour des agrandissements à un vieil immeuble.

_____ 4. Paiement de 200 $, à crédit, pour l'entretien de l'équipement.

_____ 5. Achat d'une machine à 7 000 $ avec l'émission d'un effet à payer à long terme.

_____ 6. Paiement de 2 000 $ pour des frais de publicité.

_____ 7. Paiement d'une prime d'assurance de 3 ans pour 900 $.

_____ 8. Achat d'un brevet, 4 300 $ comptant.

_____ 9. Paiement de 10 000 $ en salaires mensuels.

_____ 10. Paiement d'un dividende en espèces, 20 000 $.

☐ OA3

M8-4 **Le calcul de la valeur comptable nette (avec la méthode de l'amortissement linéaire)**

Calculez la valeur comptable nette d'un appareil de trois ans qui a coûté 21 500 $ et qui a une valeur résiduelle estimative de 1 500 $ et une durée de vie utile estimative de 4 ans. La durée de vie est de cinq ans, et la valeur de récupération est nulle. L'entreprise utilise la méthode de l'amortissement linéaire.

☐ OA4

M8-5 **Le calcul de la valeur comptable nette (avec la méthode de l'amortissement dégressif à taux double)**

Calculez la valeur comptable nette d'un appareil de 3 ans qui a coûté 21 500 $. La valeur résiduelle estimative est de 1 500 $, et la durée de vie utile estimative est de 4 ans. La durée de vie est de cinq ans, et la valeur de récupération est nulle. L'entreprise utilise la méthode de l'amortissement dégressif à taux double. Arrondissez au dollar près.

M8-6 **Le calcul de la valeur comptable nette (avec la méthode de l'amortissement fonctionnel)**

Calculez la valeur comptable nette d'un appareil de 3 ans qui a coûté 21 500 $. La valeur résiduelle estimative est de 1 500 $, et la durée de vie utile estimative est de 20 000 heures-machine. La durée de vie est de cinq ans, et la valeur de récupération est nulle. L'entreprise utilise la méthode de l'amortissement fonctionnel et a utilisé l'appareil 3 000 heures au cours de l'exercice 1, 8 000 heures au cours de l'exercice 2 et 7 000 heures au cours de l'exercice 3.

M8-7 **L'établissement de l'état des flux de trésorerie**

Voici quelques-unes des activités de la société Frontenac au cours de l'exercice se terminant le 31 décembre 20B : vente d'un terrain au comptant à son coût d'acquisition de 15 000 $; achat de matériel à 80 000 $ (paiement de 75 000 $ comptant et le reste sous forme d'un effet à payer) ; enregistrement de 3 000 $ en charge d'amortissement de l'exercice. Le bénéfice net de l'entreprise se chiffre à 10 000 $ pour l'exercice. Préparez les sections Exploitation et Investissement d'un état des flux de trésorerie pour l'exercice 20B à partir des données fournies.

M8-8 **Le coefficient de rotation des actifs immobilisés**

Les renseignements suivants ont été enregistrés par l'entreprise de service de fret aérien Courcelles pour l'exercice 20C.

Actifs immobilisés nets (début de l'exercice)	1 450 000 $
Actifs immobilisés nets (fin de l'exercice)	2 250 000
Chiffre d'affaires net pour l'exercice	3 250 000
Bénéfice net pour l'exercice	1 700 000

Calculez le coefficient de rotation des actifs immobilisés de cette entreprise pour l'exercice 20C. Que pouvez-vous dire du coefficient de rotation de la société Courcelles en comparaison avec celui d'Air Canada pour 2001 ?

M8-9 **La cession d'une immobilisation corporelle**

À la suite d'un vaste projet de rénovation entrepris au début de l'année, la pharmacie Couillard inc. a vendu des éléments de rayonnage (des accessoires de magasins) qui avaient 10 ans pour un montant de 1 400 $ en argent. À l'origine, ces étagères avaient coûté 6 200 $ et avaient été amorties de façon linéaire sur une durée de vie utile estimative de 12 ans. Leur valeur résiduelle estimative était de 200 $. Indiquez l'effet de la vente de ces éléments sur l'équation comptable. Passez les écritures de journal nécessaires.

M8-10 **L'acquisition d'actifs incorporels**

La Pâtisserie Bégon est en affaires depuis 30 ans. Elle s'est constituée une clientèle fidèle qui est formée de nombreux restaurants. La société Bigot a offert de l'acheter pour 5 000 000 $. La valeur comptable des éléments d'actif et de passif de la Pâtisserie Bégon à la date de l'offre s'élève à 4 400 000 $ et sa valeur marchande, à 4 600 000 $. En outre, l'entreprise 1) détient le brevet d'un appareil à canneler la pâte à tarte inventé dans le cadre de ses activités (le brevet, d'une valeur marchande de 200 000 $, n'a jamais été comptabilisé par la Pâtisserie Bégon) et 2) elle estime que son fonds commercial (ses clients fidèles) se chiffre à 300 000 $ (montant qui n'a jamais été comptabilisé non plus par l'entreprise). La direction de la Pâtisserie Bégon devrait-elle accepter l'offre de 5 000 000 $ de la société Bigot ? Si oui, calculez le montant que la société Bigot devrait enregistrer à titre d'écart d'acquisition à la date de l'achat.

M8-11 La réduction de valeur d'une immobilisation

■OA8

Pour chacun des éléments ci-dessous, indiquez si un actif devrait subir une réduction de valeur. (Inscrivez «O» pour oui ou «N» pour non.) Lorsque la réponse est positive, quel est le montant de la perte à comptabiliser ?

	Valeur comptable nette	Estimation des flux de trésorerie futurs
a) Machinerie	16 000$	10 000$
b) Droits d'auteur	40 000	41 000
c) Usine	50 000	35 000
d) Améliorations locatives	30 000	30 000

Exercices

E8-1 L'établissement d'un bilan

■OA1

Groupe Jean Coutu inc. (PJC)

Voici une liste des comptes et des montants (en milliers) provenant des livres du Groupe Jean Coutu inc. (PJC), l'un des plus importants réseaux de distribution et de vente au détail de produits pharmaceutiques et parapharmaceutiques.

Constructions en cours	6 034$	Matériel roulant	2 695$
Placements temporaires	156 645	Amortissement cumulé – Matériel roulant	1 227
Autres éléments d'actif à court terme	20 878	Autres immobilisations corporelles	147 986
Autres actifs à long terme	107 385	Amortissement cumulé – Autres immobilisations	69 186
Placements à long terme	18 223	Stocks	347 620
Encaisse	7 126	Immeubles	116 546
Autres propriétés immobilières	194 637	Amortissement cumulé – Immeubles	22 470
Amortissement cumulé – Propriétés immobilières	18 369	Terrains	36 692
		Débiteurs	165 893
		Mobilier et équipement	52 370
		Amortissement cumulé – Mobilier et équipement	38 673

Travail à faire

Préparez la section des actifs du bilan de l'entreprise en classant ceux-ci en trois catégories : Actif à court terme, Immobilisations corporelles (nettes) et Autres éléments d'actif.

E8-2 La comptabilisation d'un achat en bloc et l'amortissement des actifs (avec la méthode de l'amortissement linéaire)

■OA2
■OA4

La société Marie-Rollet a acheté un immeuble et le terrain sur lequel il est situé pour un montant total en espèces de 178 000$. Elle paie 2 000$ en frais de notaire. Les rénovations effectuées sur l'immeuble ont coûté 21 200$. Selon un expert indépendant, l'immeuble et le terrain ont respectivement des valeurs marchandes de 158 384$ et de 50 016$.

Travail à faire

1. Répartissez le coût d'acquisition entre le terrain et l'immeuble d'après les valeurs estimatives. Présentez vos calculs.
2. Montrez l'effet de ces opérations sur l'équation comptable.
3. Passez l'écriture de journal pour enregistrer l'achat du terrain et de l'immeuble incluant tous les frais engagés. Supposez que toutes les transactions ont été faites au comptant et que tous les achats ont eu lieu au début de l'exercice.

4. Calculez la charge d'amortissement selon la méthode de l'amortissement linéaire à la fin du premier exercice. Supposez que la durée de vie utile estimative est de 12 ans et que la valeur résiduelle se chiffre à 14 000 $, alors que la durée de vie est de 20 ans sans valeur de récupération.

5. Quelle serait la valeur comptable de l'immeuble à la fin du deuxième exercice ?

■ OA2
■ OA4

E8-3 **L'acquisition et l'amortissement d'un actif (avec la méthode de l'amortissement linéaire)**

L'entreprise Vaudreuil a acheté une machine le 1er mars 20A, à un prix de 20 000 $. Le jour de la livraison, le 2 mars 20A, elle a versé 8 000 $ comptant et le solde est payable le 1er octobre, avec des intérêts de 5 %. Le 3 mars 20A, elle a déboursé 250 $ pour le transport de la machine. Le 5 mars, elle a payé des frais d'installation relatifs à cet achat qui se chiffraient à 1 200 $. Le 1er octobre 20A, elle s'est acquittée du solde de la facture et des intérêts. Le 31 décembre 20A (date de la fin de l'exercice), l'entreprise a enregistré la charge d'amortissement pour la machine en se servant de la méthode d'amortissement linéaire. Elle estimait alors la durée de vie utile de cet appareil à 10 ans et sa valeur résiduelle à 3 450 $, alors que la durée de vie était évaluée à 15 ans sans valeur de récupération.

Travail à faire (arrondissez tous les montants au dollar près)

1. Indiquez l'effet sur l'équation comptable de chaque opération (des 1er, 2, 3 et 5 mars ainsi que du 1er octobre). Précisez les comptes modifiés et les montants ; inscrivez un « + » pour une augmentation ou un « − » pour une diminution). Utilisez le modèle suivant.

Date	Actif	=	Passif	+	Capitaux propres

2. Calculez le coût d'acquisition de la machine.
3. Calculez la charge d'amortissement qu'on doit enregistrer pour l'exercice 20A.
4. Quelle incidence les intérêts de 5 % versés sur l'effet à payer ont-ils sur le coût de la machine ? Dans quelles circonstances peut-on intégrer les intérêts débiteurs dans le coût d'acquisition ?
5. Quelle serait la valeur comptable de la machine à la fin de l'exercice 20B ?

■ OA2

Hilton Hotels

E8-4 **La capitalisation des intérêts**

Vous êtes analyste financière et on vous demande d'évaluer l'efficience de certaines entreprises du secteur hôtelier en matière d'actifs. Les états financiers des Hilton Hotels comportent la note suivante.

Résumé des principales conventions comptables
Immobilisations corporelles et amortissement

Les immobilisations corporelles sont enregistrées au coût d'origine. Les intérêts accumulés pendant la construction des installations sont capitalisés et amortis pendant la durée de vie utile de l'actif.

Travail à faire

1. Supposez que l'entreprise a appliqué cette règle de conduite à un important projet de construction dans l'exercice en cours. Quel est l'effet de cette règle sur les éléments suivants (pendant l'exercice en cours). (Inscrivez un « + » pour une augmentation, un « − » pour une diminution et AE pour « aucun effet ».) Ne tenez pas compte des impôts.
   a) Les flux de trésorerie.
   b) Le coefficient de rotation des actifs immobilisés.
2. Normalement, comment votre réponse à la question 1. b) influerait-elle sur votre évaluation de l'efficience de l'entreprise en matière d'utilisation des actifs immobilisés ?
3. Une diminution du coefficient de rotation des actifs immobilisés due à la capitalisation des intérêts indiquerait-elle une diminution réelle de l'efficience ? Expliquez votre réponse.

E8-5 **La comptabilisation de l'amortissement et des réparations (avec la méthode de l'amortissement linéaire)**

La société Beauharnois exploite un petit établissement de production en plus de ses activités normales de prestation de service. Au début de l'exercice 20C, les soldes suivants apparaissaient dans les comptes de l'entreprise.

Matériel de production	80 000 $
Amortissement cumulé	55 000

Au cours de l'exercice 20C, l'entreprise a engagé les dépenses suivantes pour les réparations et l'entretien.

Entretien courant et réparations du matériel	850 $
Amélioration majeure du matériel	10 500

Le matériel est amorti selon la méthode d'amortissement linéaire sur une durée de vie utile estimative de 15 ans, compte tenu d'une valeur résiduelle estimative de 5 000 $. L'exercice annuel se termine le 31 décembre.

Travail à faire

1. Calculez la charge d'amortissement enregistrée à la fin de l'exercice 20B.
2. À partir de 20C, quelle sera la durée de vie utile restante ?
3. Passez les écritures de journal pour enregistrer les frais de réparations et d'entretien engagés au cours de l'exercice 20C.
4. Calculez la charge d'amortissement de l'exercice 20C pour le matériel de production. Supposez qu'il n'y a aucun changement dans sa durée de vie utile ni dans sa valeur résiduelle. Présentez tous vos calculs.

E8-6 **L'effet de l'amortissement et des réparations (avec la méthode de l'amortissement linéaire) sur l'équation comptable**

Référez-vous aux renseignements contenus dans l'exercice E8-5.

Travail à faire

Indiquez l'effet sur l'équation comptable des éléments suivants. (Précisez les comptes modifiés et les montants ; inscrivez un « + » pour une augmentation ou un « – » pour une diminution.)

1. La charge d'amortissement de l'exercice 20B.
2. Des frais de réparations et d'entretien engagés au cours de l'exercice 20C.
3. La charge d'amortissement du matériel de production pour l'exercice 20C en supposant que la durée de vie utile et la valeur résiduelle estimatives ne varient pas. Présentez tous vos calculs et servez-vous du modèle de présentation suivant.

Date	Actif	=	Passif	+	Capitaux propres

E8-7 **Le calcul et la comptabilisation de l'amortissement (avec la méthode de l'amortissement linéaire)**

À la fin de l'exercice, le 31 décembre 20C, les livres de l'entreprise Lévis contenaient les renseignements suivants au sujet de la machine A.

Coût au moment de l'acquisition	28 000 $
Amortissement cumulé	10 000

Au cours du mois de janvier 20D, cette machine est remise en état et le coût de cette opération se chiffre à 11 000 $. Il en résulte que sa durée de vie utile estimative augmente de 5 à 8 ans et que sa valeur résiduelle passe de 3 000 $ à 5 000 $. L'entreprise utilise la méthode de l'amortissement linéaire.

Travail à faire

1. Quel est l'effet de la remise en état de la machine sur l'équation comptable ?
2. Passez l'écriture de journal pour enregistrer cette remise en état.
3. Quel âge la machine avait-elle à la fin de l'exercice 20C ?
4. Calculez la charge d'amortissement pour l'exercice 20D et passez l'écriture de régularisation nécessaire pour l'enregistrer.
5. Expliquez vos écritures pour les questions 2. et 4.

OA3
OA4

OA3
OA4

OA3
OA4

E8-8 **Le calcul de l'amortissement selon différentes méthodes**

Au début de son exercice, la société Callières a acheté une machine qui lui a coûté 6 400 $. Cette machine a une durée de vie utile estimative de 4 ans et une valeur résiduelle de 800 $, alors que sa durée de vie est de 8 ans sans valeur de récupération. Supposez que sa durée de vie utile est de 80 000 unités. Supposez aussi que sa production annuelle est, pour la première année, de 28 000 unités ; pour la deuxième, de 22 000 unités ; pour la troisième, de 18 000 unités et pour la quatrième, de 12 000 unités.

Travail à faire

1. Déterminez le charge d'amortissement selon les différentes méthodes indiquées dans le tableau ci-dessous. Présentez tous vos calculs et arrondissez au dollar près.

Charge d'amortissement			
Année	Amortissement linéaire	Amortissement fonctionnel	Amortissement dégressif à taux double
1			
2			
3			
4			
Total			

2. Supposez que la machine a servi directement à la production d'un des articles fabriqués et vendus par l'entreprise. Quels facteurs la direction pourrait-elle alors considérer dans le choix d'une méthode d'amortissement plutôt que d'une autre en accord avec le principe du rapprochement des produits et des charges ?

E8-9 **La révision des estimations**

La société de La Pocatière possède l'immeuble à bureaux occupé par son administration. Cet immeuble apparaissait comme suit dans les comptes à la fin du dernier exercice.

Coût d'acquisition	450 000 $
Amortissement cumulé (d'après la méthode de l'amortissement linéaire, compte tenu d'une durée de vie utile estimative de 30 ans et d'une valeur résiduelle de 30 000 $)	196 000

Au cours du mois de janvier de l'exercice en cours, à la suite d'un examen attentif des lieux, la direction a décidé que la durée de vie utile estimative de l'immeuble devrait être ramenée de 30 à 25 ans et que sa valeur résiduelle devrait être réduite de 30 000 $ à 23 000 $. La méthode d'amortissement reste la même.

Travail à faire

1. Calculez la charge d'amortissement annuelle avant les révisions des estimations.
2. Calculez la charge d'amortissement annuelle après les révisions des estimations.
3. Quel sera l'effet net des révisions des estimations sur le bilan, le bénéfice net et les flux de trésorerie de l'exercice ?

E8-10 La politique d'amortissement

Dans le rapport annuel de la société Kodak, on trouve la note suivante.

> **Principales conventions comptables**
> **L'amortissement**
>
> La charge d'amortissement est déterminée d'après le coût historique et la durée de vie utile estimative des actifs. En général, l'entreprise utilise la méthode de l'amortissement linéaire pour calculer l'amortissement. En ce qui a trait aux actifs situés aux États-Unis et acquis avant le 1er janvier 1992, le calcul de l'amortissement se fait généralement à l'aide des méthodes d'amortissement accéléré.

Travail à faire

1. Expliquez la signification de l'expression «coût historique».
2. À votre avis, pourquoi l'entreprise a-t-elle changé de méthode d'amortissement pour les actifs acquis en 1992 et au cours des années suivantes? Quel effet ce changement a-t-il eu sur le bénéfice net?

E8-11 Le calcul de l'amortissement selon différentes méthodes

La société de La Buade a acheté une machine au prix de 65 000$ payés comptant. Cette machine avait une durée de vie utile estimative de 5 ans et une valeur résiduelle estimative de 5 000$, alors que sa durée de vie est de 8 ans et que la valeur de récupération est nulle. Supposez que la durée de vie utile estimative en unités de production se chiffre à 150 000 et que la machine a produit 40 000 unités la première année et 45 000 unités l'année suivante.

Travail à faire

1. Remplissez le tableau ci-dessous en déterminant les montants appropriés. Présentez tous vos calculs et arrondissez au dollar près.

Méthode d'amortissement	Charge d'amortissement 1re année	2e année	Valeur comptable à la fin de la 1re année	2e année
Linéaire				
Fonctionnel				
Dégressif à taux double				

2. Laquelle de ces méthodes permettrait d'obtenir le résultat par action le plus faible pour la première année? Pour la deuxième année?
3. Laquelle de ces méthodes permettrait d'obtenir les flux de trésorerie les plus élevés la première année? Expliquez votre réponse.
4. Indiquez l'effet a) de l'acquisition de la machine et b) de la charge d'amortissement sur les activités d'exploitation et d'investissement à l'état des flux de trésorerie (avec la méthode indirecte) pour la première année (en supposant l'utilisation de la méthode d'amortissement linéaire).

E8-12 Le coefficient de rotation des actifs immobilisés

Les données suivantes apparaissent dans un rapport annuel récent de la société Cascades.

En millions de dollars	2001	2000	1999	1998	1997	1996	1995	1994	1993	1992
Chiffre d'affaires net	3 023$	2 866$	2 615$	2 527$	2 109$	2 012$	2 184$	1 643$	1 590$	857$
Immobilisations corporelles nettes	1 481	1 376	1 335	1 400	1 314	1 114	1 145	944	888	1 057

Travail à faire

1. Calculez le coefficient de rotation des actifs immobilisés de l'entreprise pour 1992, 1994, 1996, 1998 et 2000 (les années paires).
2. Comment des analystes financiers interpréteraient-ils ces résultats?

E8-13 La cession d'un actif immobilisé

La société Cartier a développé un important réseau de livraison de colis à travers tout le territoire québécois. Elle possède plus de 2 000 camions de livraison. Supposez que l'entreprise a vendu un petit camion de livraison qui a été utilisé pendant trois ans. Ses livres contiennent les données suivantes.

Camion de livraison	18 000 $
Amortissement cumulé	13 000

Travail à faire

1. Calculez le gain (ou la perte) relatif à la cession du camion, en supposant que le prix de vente était de 5 000 $.
2. Calculez le gain (ou la perte) relatif à la cession du camion, en supposant que le prix de vente était de 5 600 $.
3. Calculez le gain (ou la perte) relatif à la cession du camion, en supposant que le prix de vente était de 4 600 $.
4. Passez l'écriture de journal dans les trois situations décrites ci-dessus.

E8-14 La cession d'un actif immobilisé

Référez-vous aux renseignements fournis dans l'exercice E8-13.

Travail à faire

1. À l'aide du modèle ci-dessous, précisez l'effet de la cession du camion sur l'équation comptable. Précisez les comptes modifiés et les montants. (Inscrivez un « + » pour une augmentation ou un « − » pour une diminution.)
   a) Supposez que le prix de vente est de 5 000 $.
   b) Supposez que le prix de vente est de 5 600 $.
   c) Supposez que le prix de vente est de 4 600 $.

Hypothèse	Actif	=	Passif	+	Capitaux propres

2. Expliquez le processus comptable lié à la cession d'un actif immobilisé.

E8-15 La cession d'une immobilisation

En date du 1er janvier 20C, voici ce qu'indiquent les livres de la société Jarret.

Camion (valeur résiduelle estimative de 2 000 $)	12 000 $
Amortissement cumulé (linéaire, pour deux exercices)	4 000

Le 30 septembre 20C, le camion de livraison devenait complètement inutilisable par suite d'un accident. Comme il était assuré, l'entreprise a reçu une indemnité de 5 600 $ comptant de la compagnie d'assurance, le 5 octobre 20C.

Travail à faire

1. À l'aide des données fournies, calculez la durée de vie utile estimative du camion.
2. Montrez l'effet sur l'équation comptable de la perte du camion.
3. Passez toutes les écritures de journal relatives à ce camion au 30 septembre et au 5 octobre 20C. Présentez tous vos calculs.

E8-16 Les ressources naturelles

La société Titane se spécialise dans l'exploration, le développement et l'extraction de ressources naturelles. Supposez qu'en janvier 20A, l'entreprise a versé 700 000 $ pour un gisement de minerai dans le nord du Québec. Au cours du mois de mars, elle a dépensé 65 000 $ pour préparer ce gisement afin qu'il soit exploitable. Elle estimait pouvoir extraire au total 900 000 mètres cubes de minerais. Au cours de l'exercice 20A, l'entreprise a extrait 60 000 mètres cubes de minerais de ce gisement. Au mois de janvier 20B, elle a dépensé un montant supplémentaire de 6 000 $ pour de nouveaux travaux de développement. Après l'achèvement des plus récents travaux, on a augmenté l'estimation de la capacité restante du gisement de 900 000 à 1 200 000 mètres cubes pour le reste de sa durée économique. Au cours de l'exercice 20B, l'entreprise a extrait 50 000 mètres cubes de minerais.

Travail à faire

1. Calculez le coût d'acquisition du gisement durant l'exercice 20A.
2. Calculez la charge d'épuisement de ce gisement pour l'exercice 20A.
3. Calculez le coût d'acquisition du gisement après le paiement des coûts de développement en janvier 20B.
4. Calculez la charge d'épuisement de l'exercice 20B.

E8-17 L'acquisition et l'amortissement des actifs incorporels   ☐OA7

La société Laviolette possède trois immobilisations incorporelles à la fin de l'exercice 20H.

a) Un brevet a été acheté à Robert Laflèche le 1er janvier 20H au coût de 5 640$ payés comptant. Robert Laflèche avait fait enregistrer son brevet auprès du gouvernement fédéral sept ans auparavant, le 1er janvier 20A. La durée de vie totale du brevet est de 20 ans.

b) Une licence de radiodiffusion a été acquise au coût de 25 000$ pour une période de 10 ans, renouvelable indéfiniment.

c) Des droits d'auteur ont été acquis le 1er janvier 20H au coût de 12 000$. Ils ont une durée de vie juridique de 50 ans. L'entreprise estime toutefois que ces droits produiront des flux de trésorerie pendant approximativement 30 ans.

Travail à faire

1. Calculez le coût d'acquisition de chacune de ces immobilisations incorporelles.
2. Calculez l'amortissement de chacune de ces immobilisations incorporelles pour l'exercice 20H.
3. Montrez comment ces immobilisations et les charges qui s'y rapportent devraient être présentées au bilan et à l'état des résultats de l'exercice 20H.

E8-18 La réduction de valeur des immobilisations   ☐OA8

On pouvait lire dans un rapport annuel récent d'une entreprise la note suivante.

> ### Note 1 – Résumé des principales conventions comptables
> ### Immobilisations corporelles
>
> L'entreprise a analysé la possibilité de recouvrer la valeur comptable nette des immobilisations corporelles dont les activités sont insatisfaisantes. Il en résulte qu'elle a réduit ses immobilisations corporelles de...

	En millions de dollars
Coût des immobilisations corporelles (au début de l'exercice)	192$
Coût des immobilisations corporelles (à la fin de l'exercice)	178
Dépenses en capital au cours de l'exercice	29
Amortissement cumulé (au début de l'exercice)	63
Amortissement cumulé (à la fin de l'exercice)	77
Charge d'amortissement au cours de l'exercice	27

Travail à faire

En vous basant sur les renseignements ci-dessus, calculez le montant des immobilisations corporelles (le coût et l'amortissement cumulé) que l'entreprise a radiées au cours de l'exercice. (*Conseil:* Établissez des comptes en T.)

E8-19 La recherche d'informations financières   ☐OA1
                                                                                             ☐OA4
Vous prévoyez investir l'argent que vous avez reçu en cadeau à l'occasion de l'obten-   ☐OA6
tion de votre diplôme en achetant des actions de différentes sociétés. Vous avez en   ☐OA7
main quelques rapports annuels de grandes entreprises.   ☐OA8

Indiquez où vous trouveriez des renseignements sur chacun des points suivants dans un rapport annuel. (*Conseil :* Dans certains cas, l'information se trouve à plus d'un endroit.)

1. Les détails concernant les principales catégories d'immobilisations.
2. Les méthodes comptables utilisées pour dresser les états financiers.
3. Les dépenses en capital effectuées ou non par l'entreprise au cours de l'exercice.
4. Le montant net des immobilisations corporelles.
5. Les politiques de l'entreprise en matière d'amortissement des immobilisations incorporelles.
6. La charge d'amortissement.
7. Tout gain (ou toute perte) important lors de la cession d'actifs immobilisés.
8. L'amortissement cumulé de l'exercice précédent.
9. Le montant des actifs radiés pour réduction de valeur au cours de l'exercice.

Problèmes

OA1
OA2

P8-1 **La nature des immobilisations et l'effet de leur achat sur l'équation comptable (PS8-1)**

Le 2 janvier 20A, l'entreprise Soulanges a acheté une machine pour ses activités d'exploitation. Cette machine a une durée de vie utile estimative de 8 ans et une valeur résiduelle estimative de 1 500 $, alors qu'on estime sa durée de vie à 10 ans et une valeur de récupération nulle. L'entreprise fait état des coûts suivants.

a) Le prix facturé de la machine, 70 000 $.
b) Le transport payé par le vendeur d'après le contrat de vente, 800 $.
c) Les coûts d'installation, 2 000 $.
d) Le paiement de 70 000 $ a été effectué comme suit.

Le 2 janvier :
- 2 000 actions de l'entreprise Soulanges (le cours du marché est de 3 $ l'action) ;
- un effet à payer de 40 000 $ portant intérêt de 5 %, payable le 16 avril 20A (le capital et les intérêts) ;
- le solde du prix facturé à payer en espèces ; la facture prévoit un rabais de 2 % sur ce montant si celui-ci est payé comptant avant le 11 janvier.

Le 15 janvier :
- L'entreprise a payé le solde dû.

Travail à faire

1. Quelles sont les deux catégories d'immobilisations ? Expliquez les différences entre elles.
2. Indiquez les comptes, les montants et l'effet des opérations décrites sur l'équation comptable. (Inscrivez un « + » pour une augmentation, un « – » pour une diminution et AE pour « aucun effet ».) Utilisez le modèle suivant.

Date	Actif	=	Passif	+	Capitaux propres

3. Expliquez sur quoi vous avez basé votre décision pour tout élément discutable.

OA1
OA2

P8-2 **La nature et l'acquisition des immobilisations (PS8-2)**

Référez-vous aux données du problème P8-1.

Travail à faire

1. Quelles sont les deux catégories d'immobilisations ? Expliquez les différences entre elles.
2. Passez les écritures de journal pour enregistrer l'achat du 2 janvier et le paiement ultérieur du 15 janvier. Présentez tous vos calculs.
3. Expliquez sur quoi vous avez basé votre décision pour tout élément discutable.

P8-3 **Les coûts liés à l'utilisation des immobilisations (PS8-3)**

Dans un rapport annuel récent de Federal Express, on trouve la note suivante.

□ OA3
□ OA4

Federal Express

> **Les immobilisations corporelles**
>
> Les dépenses relatives aux principaux ajouts et agrandissements, aux améliorations et aux modifications à l'équipement de vol ainsi que les frais de remise en état sont capitalisés. L'entretien et les réparations sont imputés aux comptes de charges à mesure que ces frais sont engagés.

Supposez que l'entreprise a effectué des réparations importantes sur un immeuble lui appartenant et qu'elle a ajouté une nouvelle aile. Cet immeuble sert de garage et d'atelier de réparations pour les camions de livraison. Son coût d'origine s'élève à 420 000 $ et, à la fin de 20C (soit 10 ans plus tard), il était déjà à moitié amorti sur la base d'une durée de vie utile estimative de 20 ans et d'une valeur résiduelle nulle. Supposez que l'entreprise utilise la méthode de l'amortissement linéaire. Au cours de l'exercice 20D, l'entreprise a payé les frais suivants relativement à l'immeuble.

a) Les charges de l'exercice pour l'entretien normal de l'immeuble, 7 000 $ comptant.

b) Des améliorations majeures à l'immeuble, 22 000 $ en espèces. Ces travaux étaient terminés le 30 juin 20D.

c) La construction de la nouvelle aile était terminée le 30 juin 20D et a coûté 130 000 $ en espèces. Cette aile a une durée de vie utile estimative de 15 ans et aucune valeur résiduelle. L'entreprise a l'intention de vendre l'immeuble et l'aile à la fin de la durée de vie utile de l'immeuble (soit dans 9 ans à partir du 30 juin 20D).

Travail à faire

1. En appliquant les conventions comptables de Federal Express, remplissez le tableau ci-dessous et indiquez l'effet des opérations décrites précédemment. S'il n'y a aucun effet sur un compte, inscrivez « AE » sur la ligne correspondante.

	Immeuble	Amortissement cumulé	Charge d'amortissement	Frais de réparations	Encaisse
Solde au 1er janvier 20D	420 000 $	_____	_____	_____	_____
Amortissement jusqu'au 30 juin	_____	_____	_____	_____	_____
Solde avant les opérations décrites	420 000	_____	_____	_____	_____
Opération a)	_____	_____	_____	_____	_____
Opération b)	_____	_____	_____	_____	_____
Opération c)	_____	_____	_____	_____	_____
Amortissement du 1er juillet au 31 décembre :					
Immeuble existant	_____	_____	_____	_____	_____
Améliorations et ajouts	_____	_____	_____	_____	_____
Solde au 31 décembre 20D	_____	_____	_____	_____	_____

2. Quelle était la valeur comptable de l'immeuble au 31 décembre 20D ?

3. Expliquez l'effet de l'amortissement sur les flux de trésorerie.

P8-4 **L'acquisition et l'amortissement d'actifs immobilisés selon les différentes méthodes (PS8-4)**

□ OA2
□ OA4

Au début de l'année, la société d'Ailleboust a acheté trois machines d'occasion de la société Hangar inc. pour un prix total de 38 000 $ payés comptant, et elle a déboursé 2 000 $ supplémentaires en frais de transport. L'entreprise a immédiatement remis les machines en état, elle les a installées et a commencé à s'en servir. Comme il s'agissait de trois machines différentes, elles ont été enregistrées séparément dans les comptes. Une experte a été chargée de déterminer leur valeur marchande à la date de leur achat (c'est-à-dire avant la remise en état et l'installation). Il est possible aussi de connaître leur valeur comptable dans les livres de la société Hangar. Voici donc les valeurs comptables, les valeurs d'expertise, les coûts d'installation et de rénovation de ces machines.

	Machine A	Machine B	Machine C
Valeur comptable – Hangar inc.	8 000 $	12 000 $	6 000 $
Valeur d'expertise	9 500	32 000	8 500
Coûts d'installation	300	500	200
Coûts de rénovation avant l'utilisation	2 000	400	600

À la fin de la première année, chaque machine avait fonctionné pendant 8 000 heures.

Travail à faire

1. Calculez le coût d'acquisition de chaque machine. Expliquez votre méthode de répartition.
2. Calculez la charge d'amortissement à la fin de la première année en vous basant sur les hypothèses suivantes.

		Estimation		
Machine	Durée de vie utile	Durée de vie (valeur de récupération nulle)	Valeur résiduelle	Méthode d'amortissement
A	5 ans	7 ans	1 500 $	Linéaire
B	40 000 heures	6 ans	900	Fonctionnel
C	4 ans	6 ans	2 000	Dégressif à un taux de 200 %

■ OA4

Quebecor inc.

P8-5 **La révision des estimations**

Quebecor inc. imprime des magazines, des livres, des catalogues et des encarts publicitaires à l'échelle internationale. C'est aussi une des principales sociétés en matière de publipostage. Un grand nombre d'entreprises spécialisées dans le publipostage se servent de presses Didde ultra-rapides pour imprimer leurs publicités. Ces presses peuvent coûter plus de 1 million de dollars. Supposez que Quebecor possède une presse Didde, achetée au coût initial de 400 000 $. L'appareil est amorti de façon linéaire sur une durée de vie utile estimative de 20 ans, et il a une valeur résiduelle estimative de 50 000 $. À la fin de l'exercice 20C, l'amortissement couvrait huit années entières. En janvier 20D, par suite de l'amélioration des mesures d'entretien, l'entreprise a décidé qu'il serait plus réaliste d'augmenter la durée de vie utile estimative de sa presse à 25 ans et sa valeur résiduelle à 73 000 $. L'exercice se termine le 31 décembre.

Travail à faire

1. Calculez a) la charge d'amortissement enregistrée en 20C et b) la valeur comptable de la presse à la fin de l'exercice 20C.
2. Calculez le montant de l'amortissement que l'entreprise devrait enregistrer pour l'exercice 20D. Présentez tous vos calculs.
3. Passez l'écriture de régularisation relative à l'amortissement en date du 31 décembre 20D.

■ OA4
■ OA5 Molson

P8-6 **L'effet de l'amortissement sur quelques ratios financiers (PS8-5)**

Molson, dont le siège social se trouve à Montréal, est l'une des deux plus importantes entreprises brassicoles au Canada avec un chiffre d'affaires de près de 2,5 milliards de dollars. Voici des informations tirées de son rapport annuel 2001.

(1) Conventions comptables
e) Immobilisations

Les immobilisations corporelles sont inscrites au coût, moins l'amortissement cumulé. L'amortissement est calculé selon la méthode linéaire à compter de la date de mise en service des immobilisations corporelles, essentiellement à des taux annuels de 2% à 5% pour les bâtiments et de 5% à 33% pour le matériel. Voici les composantes des immobilisations au 31 mars 2001 et 2000.

	2001	2000
	(en millions de dollars)	
Terrains	59,4 $	58,4 $
Bâtiments	343,3	287,4
Matériel	894,2	750,2
Construction en cours	11,3	22,9
	1 308,2	1 118,9
Moins : Amortissement cumulé	(393,3)	(342,4)
	914,9 $	776,5 $

Travail à faire

1. Si l'entreprise n'a vendu aucune immobilisation corporelle en 2001, quel était la charge d'amortissement enregistrée pour cet exercice ?

2. Si l'entreprise avait oublié d'enregistrer l'amortissement en 2001, quel aurait été l'effet de cette erreur (une surévaluation ou une sous-évaluation) sur les éléments suivants ?
   a) Le résultat par action.
   b) Le coefficient de rotation des actifs immobilisés.
   c) Le coefficient de suffisance du capital (le ratio actif – capital).
   d) Le taux de rendement des capitaux propres.

P8-7 **L'incidence de différentes méthodes d'amortissement sur les ratios financiers**

Bell Canada fournit des services de télécommunication principalement au Canada. Comme ses actifs dépassent les 24 milliards de dollars, l'amortissement est un élément important à l'état des résultats de cette entreprise. On vous demande, à titre d'analyste financier chez Bell Canada, de déterminer les effets de différentes méthodes d'amortissement. Aux fins de votre analyse, vous devez comparer ces méthodes appliquées à un appareil ayant coûté 68 225 $. La durée de vie utile estimative de l'appareil est de 10 ans et sa valeur résiduelle estimative, de 2 225 $, alors que sa durée de vie est de 14 ans sans valeur de récupération. Sa durée de vie en matière de production est de 88 000 unités. L'appareil a produit 10 000 unités au cours de la première année et 8 000 au cours de la deuxième.

□ OA4
□ OA5

Bell Canada

Travail à faire

1. Remplissez le tableau. Présentez tous vos calculs.

Amortissement	Charge d'amortissement		Valeur comptable nette à la fin de la	
	1re année	2e année	1re année	2e année
Linéaire				
Fonctionnel				
Dégressif à taux double				

2. Évaluez chaque méthode en fonction de son effet sur les flux de trésorerie, le coefficient de rotation des actifs immobilisés et le résultat par action. Si l'essentiel pour l'entreprise est de réduire ses impôts et de maintenir un résultat par action élevé pour la première année, que recommanderiez-vous à la direction ? Feriez-vous une recommandation différente pour la deuxième année ? Expliquez votre réponse.

P8-8 **L'effet de la cession d'une immobilisation sur les états financiers (défi) (PS8-6)**

Fisher-Price fabrique et met en marché des jouets haut de gamme pour les nourrissons et les enfants d'âge préscolaire. Les produits d'exploitation de l'entreprise dépassent les 600 millions de dollars. Dans le secteur des jouets, il est très difficile de déterminer l'espérance de vie d'un produit. En effet, des objets que les enfants aiment une année peuvent ne pas se vendre l'année suivante. Il en résulte que les entreprises de fabrication de jouets vendent souvent de la machinerie devenue inutile. Supposez que le 31 décembre 20D (après les écritures de régularisation), les livres de l'entreprise présentent les données suivantes concernant une machine devenue inutile et qui servait à fabriquer un jouet très populaire l'année précédente.

Machine, coût d'origine	52 000 $
Amortissement cumulé	27 500 *

* Donnée basée sur une durée de vie utile estimative de 8 ans et une valeur résiduelle de 8 000 $, obtenue par amortissement linéaire.

Le 1er avril 20E, la machine a été vendue 26 000 $ en espèces. L'exercice se termine le 31 décembre.

Travail à faire

1. Quel était l'âge de cette machine au 1er janvier 20E ? Présentez tous vos calculs.
2. Indiquez l'effet du montant de la vente de cette machine le 1er avril 20E sur les éléments suivants. (Inscrivez un « + » pour une augmentation, un « − » pour une diminution et AE pour « aucun effet ».)
   a) Le total des actifs.
   b) Le bénéfice net.
   c) Les flux de trésorerie (pour chaque section de l'état : l'exploitation, l'investissement et le financement).

P8-9 **L'analyse des notes afférentes aux états financiers**

Singapore Airlines a publié les renseignements suivants dans les notes afférentes aux états financiers dans un rapport annuel récent (en dollars de Singapour).

Singapore Airlines
Notes afférentes aux états financiers
13. Les actifs immobilisés (en millions de dollars)

	Début de l'exercice	Ajouts et agrandissements	Cession – transfert	Fin de l'exercice
Coût				
Avions	10 293,1	954,4	296,4	10 951,1
Autres actifs immobilisés (en résumé)	3 580,9	1 499,1	1 156,7	3 923,3
	13 874,0	2 453,5	1 453,1	14 874,4
Amortissement cumulé				
Avions	4 024, 8	683,7	290,1	4 418,4
Autres actifs immobilisés (en résumé)	1 433, 4	158,5	73,8	1 518,1
	5 458,2	842,2	363,9	5 936,5

La compagnie aérienne a également publié les renseignements suivants concernant ses flux de trésorerie.

Flux de trésorerie liés aux activités d'exploitation (en millions de dollars)		
	Exercice en cours	**Exercice précédent**
Bénéfice d'exploitation	755,9	816,5
Ajustements pour :		
Amortissement des actifs immobilisés	842,2	837,5
Perte (ou surplus) sur la vente des actifs immobilisés	(1,3)	(0,3)
Autres ajustements (en résumé)	82,3	39,4
Encaisse nette provenant de l'exploitation	1 679,1	1 693,1

Travail à faire

1. Restructurez les renseignements de la note 13 sous forme de comptes en T pour les actifs immobilisés et l'amortissement cumulé.

Actifs immobilisés			**Amortissement cumulé**	
Solde au début				Solde au début
Acquisitions	Cessions – transferts		Cessions – transferts	Charge d'amortissement
Solde à la fin				Solde à la fin

2. Calculez le montant d'encaisse que l'entreprise a reçu pour les cessions – transferts. Présentez tous vos calculs.

3. Calculez le pourcentage de la charge d'amortissement par rapport aux flux de trésorerie provenant de l'exploitation. Comment interprétez-vous ce résultat ?

P8-10 La cession des immobilisations (PS8-7)   ■OA6

Au cours de l'exercice 20C, la société Montmagny s'est départie de trois actifs. Le 1er janvier 20C, avant ces cessions, les comptes s'établissaient comme suit.

Actif	Coût d'origine	Valeur résiduelle	Durée de vie utile estimative	Amortissement cumulé (avec la méthode d'amortissement linéaire)
Machine A	20 000 $	3 000 $	8 ans	12 750 (6 ans)
Machine B	42 600	4 000	10 ans	30 880 (8 ans)
Machine C	76 200	4 200	15 ans	57 600 (12 ans)

L'entreprise s'est départie de ses machines de la façon suivante.

a) La machine A a été vendue le 1er janvier 20C pour 8 200 $ en espèces.

b) La machine B a été vendue le 1er avril 20C pour 10 000 $; l'entreprise a reçu 3 000 $ en espèces et un effet à recevoir de 7 000 $ (portant intérêt au taux de 6 %) dû dans 12 mois.

c) La machine C a subi un dommage irréparable par suite d'un accident le 2 juillet 20C. Le 10 juillet 20C, une entreprise de récupération est venue la chercher sans frais. Comme la machine était assurée, l'entreprise a recouvré 18 500 $ de la compagnie d'assurance.

Travail à faire

1. Montrez l'effet de chaque cession sur l'équation comptable.
2. Passez toutes les écritures de journal relatives à la cession de chacune des machines.
3. Expliquez chaque écriture.

P8-11 **L'effet d'opérations relatives aux immobilisations sur l'équation comptable (PS8-8)**

Au cours de l'exercice 20E, la société Denonville a effectué les opérations suivantes.

a) Le 10 janvier 20E, l'entreprise a déboursé 7 000$ pour la remise à neuf complète de chacune des machines suivantes, achetées le 1er janvier 20A (coût total, 14 000$).

  • Machine A: coût d'origine, 26 000$, amortissement cumulé (linéaire) au 31 décembre 20D, 18 400$ (valeur résiduelle, 3 000$).

  • Machine B: coût d'origine, 32 000$, amortissement cumulé (linéaire), 13 000$ (valeur résiduelle, 6 000$).

b) Le 1er juillet 20E, l'entreprise a acheté comptant un brevet d'une valeur de 19 600$ (durée de vie utile de 7 ans).

c) Le 1er janvier 20E, elle a acquis une autre entreprise au montant de 60 000$ comptant, incluant 16 000$ pour l'écart d'acquisition. Elle n'a pris en charge aucun élément de passif.

d) Le 1er septembre 20E, l'entreprise a fait construire un hangar d'entreposage sur un terrain loué à H. Hakkat. Elle a déboursé 10 800$ pour ce hangar qui a une durée de vie utile estimative de 5 ans et aucune valeur résiduelle. L'entreprise utilise la méthode de l'amortissement linéaire. Le bail expire dans trois ans.

e) Les dépenses totales engagées au cours de l'exercice 20E pour les réparations ordinaires et l'entretien se chiffrent à 4 800$.

f) Le 1er juillet 20E, l'entreprise a vendu comptant la machine A pour une somme de 6 000$.

Travail à faire

1. Pour chacune des opérations décrites, précisez les comptes, les montants et l'effet sur l'équation comptable. (Inscrivez un «+» pour une augmentation et un «−» pour une diminution). Utilisez le modèle ci-dessous.

Date	Actif	=	Passif	+	Capitaux propres

2. Pour chacun des éléments d'actifs, calculez au mois près la charge d'amortissement qui devra être enregistrée en fin d'exercice, le 31 décembre 20E.

P8-12 **L'achat d'une entreprise**

La société Richelieu a acheté la société Saint-François le 5 janvier 20A. L'entreprise a acquis le nom de sa concurrente et tous ses actifs, sauf l'encaisse, pour la somme de 400 000$ en espèces. Toutefois, elle n'a pris en charge aucun élément de passif. Voici les valeurs comptables des actifs qu'on trouvait au bilan de l'entreprise Saint-François à la date de la transaction, accompagnées de leur valeur marchande estimée par un expert indépendant.

Société Saint-François 5 janvier 20A	Valeur comptable	Juste valeur*
Comptes clients (nets)	45 000$	45 000$
Stocks	220 000	210 000
Actifs immobilisés (nets)	32 000	60 000
Autres actifs	3 000	10 000
Total des actifs	300 000$	
Passif	60 000$	
Capitaux propres	240 000	
Total du passif et des capitaux propres	300 000$	

* Un expert indépendant a fourni à Richelieu la juste valeur des actifs compris dans la vente.

Travail à faire

1. Calculez le montant de l'écart d'acquisition associé à cet achat. (*Conseil :* Les actifs sont achetés à leur juste valeur, conformément au principe de la valeur d'acquisition.)

2. Quel ajustement la société Richelieu devra-t-elle effectuer le 31 décembre 20A concernant les éléments suivants ?
   a) L'amortissement des actifs immobilisés (avec la méthode linéaire), si on suppose que la durée de vie et la durée de vie utile estimative restante est de 15 ans et qu'il n'y a aucune valeur résiduelle.
   b) L'écart d'acquisition.

P8-13 **L'acquisition et l'amortissement des immobilisations incorporelles** ■OA7

La société Jonquière, dont l'exercice se termine le 31 décembre, a acquis trois immobilisations incorporelles au cours de l'exercice 20F. Pour chacune des transactions suivantes, indiquez les comptes, les montants et l'effet des opérations décrites sur l'équation comptable. (Inscrivez un « + » pour une augmentation, un « – » pour une diminution et AE pour « aucun effet ».) Utilisez le modèle suivant.

Date	Actif	=	Passif	+	Capitaux propres

a) Le 1ᵉʳ janvier 20F, l'entreprise a acheté un brevet de la société Saguenay pour une somme de 6 000 $ en espèces. Cette société était à l'origine de l'invention qui fait l'objet du brevet et l'avait enregistrée auprès du gouvernement le 1ᵉʳ janvier 20A. La durée de vie utile restante de ce brevet est de 15 ans.

b) Le 1ᵉʳ janvier 20F, l'entreprise a acheté des droits d'auteur pour un montant total en espèces de 14 000 $; la durée de vie légale restante de ces droits était de 25 ans. Toutefois, la direction de l'entreprise considère qu'au bout de 20 ans, ces droits n'auront plus de valeur.

c) L'entreprise a acheté une autre entreprise en janvier 20F pour une valeur de 120 000 $. Ce montant comprenait un fonds commercial d'une valeur de 30 000 $; le reste correspondait aux immobilisations corporelles et aux agencements (aucun élément de passif n'a été pris en charge).

d) Le 31 décembre 20F, l'entreprise amortit le brevet sur sa durée de vie utile restante.

e) Le 31 décembre 20F, elle amortit les droits d'auteur.

f) Le 31 décembre 20F, elle effectue un test de dépréciation sur l'écart d'acquisition et ne constate aucune perte de valeur.

P8-14 **Le calcul de l'amortissement, de la valeur comptable et de la réduction de valeur de différentes immobilisations incorporelles (PS8-9)** ■OA7
■OA8

La société Châteaufort a cinq immobilisations incorporelles différentes dans ses états financiers. La direction se préoccupe de l'amortissement du coût de chacune d'elles. Voici quelques renseignements concernant ces actifs.

a) *Un brevet.* L'entreprise a acheté comptant un brevet au coût de 54 600 $ le 1ᵉʳ janvier 20E. Ce brevet a une durée de vie de 20 ans à partir de son enregistrement légal, le 1ᵉʳ janvier 20A. Il est amorti sur sa durée vie utile restante.

b) *Un droit d'auteur.* Le 1ᵉʳ janvier 20E, l'entreprise a acheté un droit d'auteur pour un montant de 22 500 $ en espèces. La durée de vie légale restante à partir de cette date est de 30 ans. On estime que l'article couvert par ce droit n'aura plus aucune valeur d'ici 25 ans.

c) *Une licence.* L'entreprise a obtenu une licence de radiodiffusion. Elle a obtenu cette licence le 1ᵉʳ janvier 20E pour une somme de 14 400 $ en espèces et une période de 10 ans, renouvelable indéfiniment.

d) *Un permis.* Le 1ᵉʳ janvier 20D, l'entreprise a obtenu un permis de la Ville pour la prestation d'un service particulier sur une période de cinq ans. Le montant total déboursé pour obtenir ce permis s'élevait à 14 000 $ en espèces.

e) *Un fonds commercial.* L'entreprise s'est lancée en affaires en janvier 20C. Elle a acheté une autre entreprise pour une somme forfaitaire en espèces de 400 000 $. Ce montant incluait un fonds commercial de 60 000 $.

Travail à faire

1. Calculez le montant de l'amortissement qui devrait être enregistré pour chaque immobilisation incorporelle à la fin de l'exercice, le 31 décembre 20E.
2. Donnez la valeur comptable de chaque immobilisation incorporelle au 1er janvier 20G.
3. Supposez que, le 2 janvier 20G, la capacité du droit d'auteur à générer des produits d'exploitation a diminué. La société Châteaufort estime que ce droit permettra de produire des flux de trésorerie futurs de 15 000 $. Calculez (s'il y a lieu) la perte due à la réduction de valeur qu'elle doit enregistrer.

Problèmes supplémentaires

PS8-1 **La nature des immobilisations et l'effet de leur acquisition sur l'équation comptable (P8-1)**

Le 1er juin 20B, la société La Barre a acheté une machine qui devait lui servir dans ses activités d'exploitation. La durée de vie utile de cette machine était estimée à 6 ans et sa valeur résiduelle, à 2 000 $, alors qu'on estime sa durée de vie à 9 ans et une valeur de récupération nulle. L'entreprise a fourni les renseignements suivants sur les coûts relatifs à cette opération.

a) Le prix facturé de la machine, 60 000 $.
b) Le transport payé par le vendeur, d'après le contrat de vente, 650 $.
c) Le coût d'installation, 1 500 $.
d) Les modalités du paiement de la somme de 60 000 $ sont décrites ci-après.
   Le 1er juin :
   - 2 000 actions de la société La Barre (cours du marché, 5 $) ;
   - Pour le solde du prix facturé, un effet à payer portant intérêt au taux de 4 %, remboursable le 2 septembre 20B (capital et intérêts).
   Le 2 septembre :
   - La société La Barre paie le solde et les intérêts de l'effet à payer.

Travail à faire

1. Quelles sont les deux catégories d'immobilisations ? Expliquez les différences entre elles.
2. Indiquez les comptes modifiés, les montants et l'effet sur l'équation comptable des opérations décrites. (Inscrivez un « + » pour une augmentation, un « – » pour une diminution et AE pour « aucun effet ».) Utilisez le modèle suivant.

Date	Actif	=	Passif	+	Capitaux propres

3. Expliquez sur quoi vous avez basé votre décision pour tout élément discutable.

PS8-2 **La nature et l'acquisition des immobilisations (P8-2)**

Référez-vous aux données du problème PS8-1.

Travail à faire

1. Quelles sont les deux catégories d'immobilisations ? Expliquez les différences entre elles.
2. Passez les écritures de journal pour enregistrer l'achat du 1er juillet et le paiement ultérieur du 2 septembre. Présentez tous vos calculs.
3. Expliquez sur quoi vous avez basé votre décision pour tout élément discutable.

PS8-3 **Les coûts liés à l'utilisation des immobilisations (P8-3)**

Un rapport annuel récent de Quebecor, une société du secteur de l'imprimerie et des médias, comportait la note suivante.

Immobilisations

Les immobilisations sont inscrites au prix coûtant, déduction faite des subventions gouvernementales et des crédits d'impôt sur le revenu s'y rapportant qui sont comptabilisés lorsque les dépenses admissibles sont engagées. Le prix coûtant représente les coûts d'acquisition ou de construction, y compris les frais de réparation, d'installation et d'essai ainsi que les intérêts versés au titre des immobilisations jusqu'à la phase de la production commerciale. Concernant les programmes de construction et de distribution de cablôdistribution, le coût englobe le matériel, la main-d'œuvre directe, les charges générales d'administration et les frais financiers applicables. Les coûts d'acquisition, d'amélioration et de renouvellement sont capitalisés, tandis que les charges d'entretien et de réparations sont imputées aux frais d'exploitation. Le coût et l'amortissement cumulé correspondant sont retirés des livres après la période d'amortissement.

Supposez que Quebecor a effectué des améliorations sur un bâtiment existant et y a ajouté une nouvelle aile. Le bâtiment en question abrite un garage et un atelier de réparations pour les camions de location qui desservent la région de Québec. À l'origine, il a coûté 230 000 $ et, à la fin de l'exercice 20F (au bout de 5 ans), il est amorti à 25 %, sa durée de vie utile estimative étant de 20 ans et sa valeur résiduelle nulle. Supposez que Quebecor utilise la méthode de l'amortissement linéaire. Au cours de l'exercice 20G, l'entreprise a engagé les frais suivants relatifs à ce bâtiment.

a) Les charges de l'exercice pour l'entretien normal du bâtiment, 5 000 $ en espèces.

b) Des améliorations majeures apportées au bâtiment, 17 000 $ en espèces ; ces travaux ont été terminés le 30 juin 20G.

c) La construction de la nouvelle aile était terminée le 30 juin 20G et a coûté 70 000 $ comptant. Indépendamment du reste, cette aile a une durée de vie utile estimative de 15 ans et aucune valeur résiduelle. L'entreprise compte vendre l'aile et le bâtiment à la fin de la durée de vie utile de celui-ci (dans 14 ans à partir du 30 juin 20G).

Travail à faire

1. Appliquez les conventions comptables de Quebecor pour remplir le tableau ci-dessous et indiquez l'effet des opérations décrites précédemment. (Inscrivez un « + » pour une augmentation, un « – » pour une diminution et AE pour « aucun effet ».)

	Bâtiment	Amortissement cumulé	Charge d'amortissement	Frais de réparations	Encaisse
Solde au 1er janvier 20G	230 000 $	_____	_____	_____	_____
Amortissement jusqu'au 30 juin	_____	_____	_____	_____	_____
Solde avant les opérations décrites	230 000	_____	_____	_____	_____
Opération a)	_____	_____	_____	_____	_____
Opération b)	_____	_____	_____	_____	_____
Opération c)	_____	_____	_____	_____	_____
Amortissement du 1er juillet au 31 décembre :					
Bâtiment existant	_____	_____	_____	_____	_____
Améliorations et ajouts	_____	_____	_____	_____	_____
Solde au 31 décembre 20G	_____	_____	_____	_____	_____

2. Quelle était la valeur comptable du bâtiment le 31 décembre 20G ?

3. Expliquez l'effet de l'amortissement sur les flux de trésorerie.

PS8-4 **L'acquisition et l'amortissement d'actifs immobilisés selon différentes méthodes (P8-4)**

Au début de l'année, la société La Galissonière a acheté trois machines d'occasion de la société Lemoyne pour un montant total de 62 000 $ payés comptant. Les frais de transport de ces machines se chiffraient à 3 000 $. Les machines ont immédiatement été remises en état et installées, puis elles ont commencé à fonctionner. Comme elles étaient différentes les unes des autres, on a dû les enregistrer séparément dans les comptes. Un expert a été engagé pour estimer leur valeur marchande à la date de l'achat (avant la remise en état et l'installation). On dispose également de leur valeur comptable qui apparaît dans les livres de la société Lemoyne. Voici ces valeurs, les résultats de l'estimation, les coûts d'installation et les dépenses relatives aux remises à neuf.

	Machine A	Machine B	Machine C
Valeur comptable, société Lemoyne	10 500 $	22 000 $	16 000 $
Valeur d'expertise	11 500	32 000	28 500
Coûts d'installation	800	1 100	1 100
Coûts de remise à neuf avant l'utilisation	600	1 400	1 600

À la fin de la première année, chaque machine avait fourni 7 000 heures de travail.

Travail à faire

1. Calculez le coût d'acquisition de chaque machine. Expliquez votre méthode de répartition.
2. Calculez la charge d'amortissement à la fin de la première année, en prenant pour hypothèses les estimations suivantes.

	Estimation			
Machine	Durée de vie (valeur de récupération nulle)	Durée de vie utile	Valeur résiduelle	Amortissement
A	6 ans	4 ans	1 000 $	Linéaire
B	7 ans	35 000 heures	2 000	Fonctionnel
C	7 ans	5 ans	1 500	Dégressif à taux double

Georges Weston limitée

PS8-5 **L'effet de l'amortissement sur quelques ratios (P8-6)**

La société Weston, fondée en 1882, exerce ses activités dans le secteur de la transformation des aliments et de la distribution alimentaire. Avec un chiffre d'affaires en 2001 de 25 milliards de dollars, Weston emploie 139 000 employés principalement au Canada. Voici des notes tirées du rapport annuel 2001 de l'entreprise.

> **1. Sommaire des principales conventions comptables Immobilisations**
>
> Les immobilisations sont inscrites au coût, qui comprend les intérêts capitalisés. L'amortissement est calculé essentiellement selon la méthode linéaire de façon à amortir le coût de ces actifs sur leur durée d'utilisation estimative prévue. La durée d'utilisation estimative prévue varie de 10 à 40 ans dans le cas des bâtiments et de 2 à 16 ans dans le cas du matériel et des agencements. Les améliorations locatives sont amorties sur la durée d'utilisation prévue du bien ou la durée du contrat de location, si cette durée est plus courte.

Voici le détail des immobilisations au 31 décembre (en millions de dollars).

		2001					2000
	Coût	Amortissement cumulé	Valeur comptable nette	Coût	Amortissement cumulé		Valeur comptable nette
Propriétés détenues à des fins d'aménagement	248 $		248 $	217 $			217 $
Propriétés en voie d'aménagement	206		206	192			192
Terrains	1 171		1 171	948			948
Bâtiments	2 957	588 $	2 369	2 382	543 $		1 839
Matériel et agencements	3 739	1 874	1 865	2 984	1 639		1 345
Améliorations locatives	592	217	375	516	183		333
	8 913	2 679	6 234	7 239	2 365		4 874
Bâtiments et matériel loués en vertu de contrats de location-acquisition	87	66	21	82	60		22
	9 000 $	2 745 $	6 255 $	7 321	2 425 $		4 896 $

Travail à faire

1. Si Weston n'a radié ni vendu aucune immobilisation corporelle en 2001, quelle est la charge d'amortissement enregistrée pour cet exercice ?
2. Si l'entreprise avait oublié d'enregistrer l'amortissement en 2001, quel aurait été l'effet de cette erreur (une sous-évaluation ou une surévaluation) sur les éléments suivants ?
   a) Le résultat par action.
   b) Le coefficient de rotation des actifs immobilisés.
   c) Le coefficient de suffisance du capital (ratio actif-capital).
   d) Le taux de rendement des capitaux propres.

PS8-6 **L'effet de la cession d'une immobilisation sur les états financiers (défi) (P8-8)**

☐OA5
Lego ☐OA6

Le fabricant danois Lego conçoit, fabrique et met en marché des jouets, des jeux et des produits haut de gamme pour les jeunes enfants. Les produits d'exploitation de l'entreprise dépassent le milliard de dollars. Dans le secteur des jouets, il est très difficile de déterminer l'espérance de vie d'un produit. En effet, des objets que les enfants aiment une année peuvent se vendre difficilement l'année suivante. Les entreprises de ce secteur vendent donc souvent des actifs productifs devenus inutiles. Supposez que le 31 décembre 20F (après les écritures de régularisation), les livres de l'entreprise renferment les données suivantes concernant une machine devenue inutile et qui servait à fabriquer un jouet très populaire l'année précédente.

Machine, coût d'origine	107 000 $
Amortissement cumulé	64 000*

* Calculé sur une durée de vie utile estimative de 6 ans, avec une valeur résiduelle de 11 000 $ et à l'aide de la méthode d'amortissement linéaire.

Le 1er juillet 20G, la machine a été vendue pour 38 000 $ payés comptant. L'exercice se termine le 31 décembre.

Travail à faire

1. Quel est l'âge de la machine au 1er janvier 20G ? Présentez tous vos calculs.
2. Indiquez l'effet de la vente de la machine, le 1er juillet 20G, sur les éléments suivants. (Inscrivez un « + » pour une augmentation, un « – » pour une diminution et AE pour « aucun effet ».)
   a) Le total des actifs.
   b) Le bénéfice net.
   c) Les flux de trésorerie (pour chaque section de l'état des résultats : l'exploitation, l'investissement et le financement).

PS8-7 La cession des immobilisations (P8-10)

Au cours de l'exercice 20A, la société Mésy s'est départie de trois actifs différents. Le 1er janvier 20A, avant ces cessions, les comptes s'établissaient comme suit.

Actif	Coût initial	Valeur résiduelle	Durée de vie utile estimative	Amortissement cumulé (avec la méthode de l'amortissement linéaire)
Machine A	24 000 $	2 000 $	5 ans	17 600 $ (4 ans)
Machine B	16 500	5 000	10 ans	8 050 (7 ans)
Machine C	59 200	3 200	14 ans	48 000 (12 ans)

La cession des machines s'est faite comme suit.

a) La machine A a été vendue le 1er janvier 20A pour 5 750 $ en espèces.

b) La machine B a été vendue le 1er juillet 20A pour 9 000 $; l'entreprise a reçu 4 000 $ en espèces et un effet à recevoir de 5 000 $ (portant intérêt au taux de 7 %) payables dans 12 mois.

c) La machine C a subi un dommage irréparable par suite d'un accident, le 2 octobre 20A. Le 10 octobre 20A, une entreprise de récupération est venue l'enlever immédiatement sans frais. Comme cette machine était assurée, l'entreprise a recouvré 12 000 $ comptant auprès de la compagnie d'assurance.

Travail à faire

1. Montrez l'effet de chaque cession sur l'équation comptable.
2. Passez toutes les écritures de journal relatives à la cession de chaque machine.
3. Expliquez le raisonnement comptable sur lequel vous fondez votre façon de comptabiliser chaque cession.

PS8-8 L'effet d'opérations concernant les immobilisations sur l'équation comptable (P8-11)

Au cours de l'exercice 20D, la société Zhou a effectué les opérations suivantes.

a) Le 1er janvier 20D, elle a déboursé 8 000 $ pour une remise en état complète de chacune des machines suivantes achetées le 1er janvier 20A (au coût total de 16 000 $).
   - Machine A: coût d'origine, 21 500 $; amortissement cumulé (linéaire) au 31 décembre 20C, 13 500 $ (valeur résiduelle de 3 500 $).
   - Machine B: coût d'origine, 18 000 $; amortissement cumulé (linéaire) au 31 décembre 20C, 10 200 $ (valeur résiduelle de 1 000 $).

b) Le 1er juillet 20D, elle a acheté une licence d'exploitation pour la somme de 7 200 $ en espèces (durée de vie utile estimative de 3 ans).

c) Le 1er juillet 20D, elle a acheté une autre entreprise pour 120 000 $ en espèces, y compris un fonds commercial évalué à 29 000 $. Elle a pris en charge un passif de 24 000 $.

d) Le 1er juillet 20D, elle a vendu comptant la machine A pour une somme de 10 500 $.

e) Le 1er octobre 20D, elle a fait recouvrir d'asphalte le stationnement de l'immeuble dont elle est locataire au coût de 7 800 $. La durée de vie utile estimative de ces travaux est de cinq ans et leur valeur résiduelle nulle. L'entreprise utilise la méthode d'amortissement linéaire. Le bail de l'immeuble expirera le 31 décembre 20G.

f) Le total des charges au cours de l'exercice 20D, pour les réparations ordinaires et l'entretien courant, se chiffrait à 6 700 $.

Travail à faire

1. Pour chacune de ces opérations, indiquez les comptes touchés, les montants en cause et l'effet sur l'équation comptable. (Inscrivez un «+» pour une augmentation et un «–» pour une diminution.) Utilisez le modèle suivant.

Date	Actif	=	Passif	+	Capitaux propres

2. Pour chacun des actifs, calculez au mois près la charge d'amortissement que l'entreprise doit enregistrer à la fin de l'exercice, le 31 décembre 20D.

PS8-9 **Le calcul de l'amortissement, de la valeur comptable et de la réduction de valeur de différentes immobilisations incorporelles (P8-14)**

OA7
OA8

La société Bailli doit comptabiliser et enregistrer dans ses états financiers cinq immobilisations incorporelles différentes. Ses dirigeants se demandent comment amortir le coût de chacune d'elles. Voici des renseignements au sujet de ces immobilisations.

a) *Un brevet.* L'entreprise a acheté un brevet pour une somme de 18 600 $ payés comptant, le 1er janvier 20C. Ce brevet a une durée de vie utile de 12 ans à partir du moment où il a été enregistré, le 1er janvier 20A. Il est amorti sur sa durée de vie utile restante.

b) *Un droit d'auteur.* Le 1er janvier 20C, l'entreprise a acheté un droit d'auteur pour un montant de 24 750 $ payés comptant. La durée de vie légale restante du droit à partir de cette date est de 30 ans. On estime cependant que l'objet couvert n'aura plus aucune valeur au bout de 15 ans.

c) *Une licence.* L'entreprise a obtenu une licence de la société Saint-Vallier pour fabriquer et distribuer un article particulier. Elle s'est procuré cette licence le 1er janvier 20C, au coût de 19 200 $ payés comptant, pour une période de 12 ans.

d) *Un permis.* Le 1er janvier 20B, l'entreprise s'est procuré un permis de la Ville pour exploiter un service particulier pendant une période de sept ans. Le coût total pour obtenir ce permis se chiffre à 21 000 $.

e) *L'écart d'acquisition.* La société Bailli s'est lancée en affaires au mois de janvier 20A en achetant une autre entreprise pour une somme forfaitaire de 650 000 $ en espèces qui incluait une survaleur évaluée à 75 000 $.

Travail à faire

1. Calculez le montant de l'amortissement que l'entreprise devrait enregistrer pour chaque immobilisation incorporelle à la fin de l'exercice, le 31 décembre 20C.

2. Donnez la valeur comptable de chaque immobilisation incorporelle à la date du 1er janvier 20F.

3. Supposez que, le 2 janvier 20F, la capacité de la licence à créer des produits d'exploitation se trouve réduite. La société Bailli estime alors que cette licence pourra produire des flux de trésorerie futurs de 14 500 $. Calculez, s'il y a lieu, la perte découlant de la réduction de valeur qu'elle doit enregistrer.

Cas et projets

Cas – Information financière

CP8-1 **La recherche d'informations financières**

Référez-vous aux états financiers et aux notes afférentes de la société Les Boutiques San Francisco qui sont présentés en annexe à la fin de ce volume.

Les Boutiques
San Francisco

OA4
OA5
OA8

Travail à faire

1. Quelles méthodes d'amortissement l'entreprise utilise-t-elle ?

2. Quel est le montant de l'amortissement cumulé au 2 février 2002 ?

3. Quelle est la durée de vie utile estimative de l'équipement ?

4. Quelle est la valeur d'acquisition des améliorations locatives possédées par l'entreprise à la fin du dernier exercice ?

5. À combien s'élève la charge d'amortissement des immobilisations pour le dernier exercice ?

6. Quel est le coefficient de rotation des actifs immobilisés ? Que suggère-t-il ?

7. Pour chacune des questions ci-dessus, indiquez où vous avez trouvé les renseignements nécessaires à votre réponse.

CP8-2   La comparaison d'entreprises d'un même secteur d'activité

Référez-vous aux états financiers des sociétés Les Boutiques San Francisco et Le Château en annexe à la fin de ce volume.

Travail à faire

1. Calculez le pourcentage d'actifs immobilisés nets par rapport à l'actif total pour les deux entreprises chaque année. Pourquoi y a-t-il des différences?
2. Calculez le pourcentage de l'amortissement cumulé par rapport au coût d'acquisition des immobilisations pour les deux entreprises. À votre avis, pourquoi ces deux pourcentages diffèrent-ils?
3. Calculez le coefficient de rotation de l'actif immobilisé du dernier exercice pour chacune des deux entreprises. Laquelle de ces entreprises présente la plus grande efficience en matière de gestion des immobilisations? Expliquez votre réponse.
4. Comparez les coefficients de rotation de l'actif immobilisé de ces deux sociétés à la moyenne du secteur présenté dans le rapport de Standard & Poor's en annexe.

CP8-3   La recherche d'informations financières

Le site SEDAR classe les entreprises canadiennes par secteur d'activité.

Travail à faire

À l'aide de votre navigateur, rendez vous sur le site de SEDAR (ou tout autre site qui offre ce type d'informations) et trouvez trois concurrents dans chacun des secteurs suivants: 1) les télécommunications, 2) l'hôtellerie, 3) les vêtements de sport et 4) le matériel informatique.

CP8-4   L'interprétation de la presse financière

Le numéro du 10 août 2002 du journal *Le Devoir* renfermait un article intitulé «Les normes comptables au cœur des scandales boursiers». Procurez-vous cet article en consultant la base de données Biblio-branché.

Travail à faire

Lisez l'article et répondez aux questions suivantes.

1. Quelles sont les différences entre les normes IAS et les normes US GAAP?
2. Pourquoi dit-on que les normes comptables sont au cœur des scandales boursiers?

CP8-5   L'âge des immobilisations

Dans un rapport annuel récent de Black & Decker, on trouve les renseignements suivants (en milliers de dollars).

	Exercice en cours	Exercice précédent
Terrain et aménagements	69 091 $	20 963 $
Bâtiments	298 450	160 570
Matériel et outillage	928 151	626 453
	1 295 692	807 986
Moins: Amortissement cumulé	468 511	404 591
	827 181 $	403 395 $

La charge d'amortissement (en milliers de dollars) imputée à l'exploitation se chiffre à 99 234 $ pour l'exercice en cours et à 81 459 $ pour l'exercice précédent. L'entreprise utilise la méthode d'amortissement linéaire.

Travail à faire

1. Quelle est, à votre avis, l'estimation la plus probable de la durée de vie utile moyenne prévue pour les actifs amortissables de Black & Decker?
2. Quelle est, à votre avis, l'estimation la plus probable de l'âge moyen des actifs amortissables de l'entreprise?

CP8-6 L'analyse des notes aux états financiers

La note suivante apparaît dans un rapport annuel récent de Coca Cola.

OA4

Coca-Cola Company

> Les immobilisations corporelles sont comptabilisées au coût historique dont on retranche la provision pour amortissement. On détermine la charge d'amortissement surtout à l'aide de la méthode linéaire. Les taux annuels d'amortissement sont de 2% à 10% pour les bâtiments et les améliorations, et de 7% à 34% pour le matériel, l'outillage et les bouteilles.

Travail à faire

1. Quel est l'intervalle des durées de vie utile pour les bâtiments et les améliorations ?
2. Expliquez pourquoi Coca-Cola amortit le coût de ses bouteilles au lieu de l'inclure dans le coût des marchandises vendues au cours de l'exercice durant lequel a lieu la vente du produit.

CP8-7 Le coefficient de rotation de l'actif immobilisé et les flux de trésorerie

OA4
OA5
OA7

Metro Inc.

La société Metro, un des principaux détaillants et distributeurs alimentaires au Canada, affiche un chiffre d'affaires pour l'exercice 2001 de 4,9 milliards de dollars. Au cours des années, Metro a acquis des entreprises qui l'ont amenée à comptabiliser un écart d'acquisition dont la valeur comptable s'élève au 29 septembre 2001 à 171,3 millions de dollars. Voici quelques données tirées d'un rapport annuel récent de l'entreprise (en millions de dollars).

Immobilisations corporelles et incorporelles d'après le bilan consolidé	Exercice 2001	Exercice 2000
Immobilisations corporelles, montant net	325,7$	284,8$
Immobilisations incorporelles	156,2	146,1
Écart d'acquisition	171,3	176,1
D'après l'état des résultats consolidé		
Chiffre d'affaires	4 868,9$	4 657,5$
D'après l'état des flux de trésorerie consolidé		
Bénéfice net	122,8$	97,3$
Ajustements :		
Amortissement	55,5	46,4
Amortissement de l'écart d'acquisition	5,9	6,1
Autres ajustements (en résumé)	(38)	6,1
Flux de trésorerie liés aux activités d'exploitation	146,2	155,9
D'après les notes afférentes aux états financiers		
Amortissement cumulé sur les immobilisations corporelles	248,7$	242,6$

Travail à faire

1. Calculez le coefficient de rotation de l'actif immobilisé pour le dernier exercice. Expliquez votre résultat.
2. Calculez le coût d'acquisition des immobilisations corporelles à la fin du dernier exercice. Expliquez votre réponse.
3. Dans l'état des flux de trésorerie, pourquoi les montants de l'amortissement sont-ils ajoutés au bénéfice net ?

CP8-8 **La cession des immobilisations**

D'après le rapport annuel d'une grande entreprise, le solde des immobilisations corporelles à la fin de l'exercice en cours s'élevait à 16 774 millions de dollars. À la fin de l'exercice précédent, il était de 15 667 millions de dollars. Au cours de l'exercice considéré, l'entreprise a acheté du matériel neuf d'une valeur de 2 118 millions de dollars. Le solde de l'amortissement cumulé à la fin de cet exercice se chiffrait à 8 146 millions de dollars tandis qu'à la fin de l'exercice précédent, il était de 7 654 millions de dollars. La charge d'amortissement pour l'année est de 1 181 millions de dollars. Comme le rapport annuel n'indique aucun gain et aucune perte attribuable à une cession d'immobilisations corporelles, on suppose que ce montant est nul.

Travail à faire

Quelle somme l'entreprise a-t-elle reçue lors de la vente d'immobilisations corporelles au cours de l'exercice? (*Conseil*: Établissez des comptes en T.)

Diageo

CP8-9 **Les méthodes d'amortissement dans différents pays**

Diageo est une grande entreprise d'envergure internationale établie à Londres. Un de ses rapports annuels récents contient les renseignements que voici concernant ses conventions comptables.

Actifs immobilisés et amortissement

Les actifs immobilisés sont enregistrés au coût historique ou suivant l'évaluation d'un expert. Ce coût inclut les intérêts, nets d'impôts, sur le capital utilisé au cours de la période de développement.

Il n'y a aucun amortissement sur les terrains, libres de toute obligation. Des contrats de location-acquisition sont amortis sur la durée du bail. Toutes les autres immobilisations corporelles, y compris les véhicules, sont amorties jusqu'à leur valeur résiduelle sur leur durée de vie utile estimative à l'intérieur des intervalles suivants.

Matériel et équipement	25 à 100 ans
Immobilisations de production	3 à 25 ans
Agencements	3 à 17 ans

Travail à faire

Comparez la comptabilité relative aux actifs immobilisés en Angleterre aux procédures comptables utilisées au Canada.

Cas – Analyse critique

Sears Canada

CP8-10 **L'effet de la capitalisation des intérêts sur un ratio comptable**

Il a été question dans ce chapitre de la capitalisation des intérêts associée aux immobilisations que l'entreprise construit pour son propre compte. On peut lire dans un rapport annuel récent de Sears les renseignements suivants concernant la capitalisation des intérêts.

La société capitalise les intérêts afférents aux projets de construction importants et les amortit sur la durée d'utilisation des immobilisations visées.

D'après l'état des résultats du dernier exercice, les intérêts débiteurs se chiffraient à 64 200 000 $. Certains analystes financiers se servent du ratio de couverture des intérêts (Bénéfice d'exploitation ÷ Intérêts débiteurs) pour analyser la structure financière de l'entreprise.

Travail à faire

1. Expliquez pourquoi des analystes calculeraient ce ratio.
2. Si l'entreprise a capitalisé des intérêts pour une somme de 34 897 000 $, ceux-ci sont-ils inclus dans les intérêts débiteurs, soit 64 200 000 $? Sinon, les analystes devraient-ils l'inclure dans leur calcul du ratio de couverture des intérêts ? Expliquez votre réponse.

CP8-11 L'évaluation d'un problème d'éthique : l'analyse d'une modification de convention comptable

■OA4
■OA5

Ford Motor Company

Un rapport annuel de Ford Motor Company renferme les renseignements suivants.

> ### Note n° 6 Immobilisations et amortissement – secteur automobile
>
> Les actifs mis en service avant le 1er janvier 1993 sont amortis à l'aide d'une méthode accélérée. Les actifs mis en service au début de 1993 sont amortis suivant la méthode d'amortissement linéaire. Une telle modification des conventions comptables vise à refléter les améliorations apportées à la conception et à la flexibilité du matériel et de l'outillage de fabrication ainsi qu'aux mesures d'entretien. Ces améliorations ont permis d'obtenir une plus grande uniformité dans les capacités de production et dans les coûts d'entretien pendant la durée de vie utile des actifs. Dans ces circonstances, la méthode d'amortissement linéaire est préférable. La modification devrait améliorer les résultats après impôts de l'entreprise de 80 à 100 millions de dollars pour 1993.

Travail à faire

1. Quelle est la raison énoncée pour expliquer le changement de méthode ? À votre avis, quels autres facteurs la direction a-t-elle considérés avant de décider de procéder à ce changement ?
2. Croyez-vous qu'il s'agit d'une question d'éthique ?
3. Sur qui ce changement a-t-il eu un effet ? Ces personnes ont-elles profité ou non de cet effet ? Expliquez votre réponse.
4. Quelle incidence ce changement a-t-il eu sur les flux de trésorerie de Ford ?
5. À titre d'investisseur, comment réagiriez-vous au fait que le bénéfice net de l'entreprise augmentera de 80 à 100 millions de dollars à cause de ce changement ?

Projets – Information financière

CP8-12 La comparaison d'entreprises de différents secteurs

■OA4
■OA5

À l'aide de votre navigateur, visitez le site de trois entreprises canadiennes exploitant trois secteurs d'activité différents et téléchargez leur dernier rapport annuel.

Travail à faire

En vous basant sur les renseignements contenus dans leur dernier rapport annuel, rédigez un texte décrivant les éléments suivants.

1. Les différences entre les comptes d'immobilisations utilisés par ces trois entreprises (y compris les immobilisations incorporelles).
2. Les méthodes d'amortissement et les estimations utilisées.
3. La durée de vie utile moyenne approximative des actifs.
4. Le pourcentage d'immobilisations corporelles par rapport au total des actifs.
5. Le coefficient de rotation de l'actif immobilisé.
6. Pour conclure votre analyse, expliquez en quoi ces trois entreprises se ressemblent ou non.

■OA5

Transat A.T. Inc.

CP8-13 Une analyse chronologique

À l'aide de votre navigateur, visitez le site de Transat. Examinez son rapport annuel le plus récent.

Travail à faire

1. À partir des renseignements fournis, calculez le coefficient de rotation de l'actif immobilisé pour chacun des exercices présentés.

2. Comparez ces coefficients à ceux qui vous sont fournis dans ce chapitre pour Transat. Quelle tendance, s'il y a lieu, remarquez-vous? Qu'est-ce qui pourrait expliquer ce changement?

■OA4
■OA5

CP8-14 Un projet en équipe: l'analyse des immobilisations

À l'aide de votre navigateur, visitez un site d'information financière (voir le chapitre 5) où vous trouverez des listes de secteurs d'activité et d'entreprises concurrentes dans chacun de ces secteurs.

En équipe, choisissez un secteur à analyser. Chaque membre de l'équipe doit ensuite se servir de son navigateur pour se procurer le rapport annuel d'une société ouverte de ce secteur, différente de celles qui ont été choisies par les autres membres.

Travail à faire

1. Individuellement, chaque membre de l'équipe doit rédiger un bref rapport traitant des éléments suivants.

   a) Les catégories d'immobilisations et leur valeur (les immobilisations corporelles, les immobilisations incorporelles).

   b) Les méthodes d'amortissement et les estimations utilisées pour chaque catégorie d'immobilisations.

   c) La durée de vie moyenne approximative des actifs immobilisés.

   d) Le coefficient de rotation de l'actif immobilisé.

2. Faites une analyse comparative des différentes entreprises choisies par les membres de l'équipe. Rédigez ensuite ensemble un bref rapport dans lequel vous soulignerez les ressemblances et les différences entre ces entreprises en fonction des éléments étudiés.

CHAPITRE 9

L'enregistrement et l'interprétation des éléments de passif

Objectifs d'apprentissage

Au terme de ce chapitre, l'étudiant sera en mesure:

1. de définir, de mesurer et de présenter les éléments du passif (voir la page 560);

2. d'utiliser le ratio du fonds de roulement (voir la page 561);

3. d'analyser le coefficient de rotation des fournisseurs (voir la page 563);

4. de déterminer l'effet des variations du fonds de roulement net sur les flux de trésorerie (voir la page 572);

5. de comprendre les éléments d'actif et de passif d'impôts futurs (voir la page 576);

6. de présenter les éléments de passif éventuels (voir la page 582);

7. de comprendre les concepts de valeur actualisée et de valeur capitalisée (voir la page 582);

8. d'appliquer les concepts relatifs à la valeur actualisée aux éléments de passif (voir la page 589);

9. de décrire les caractéristiques des obligations et d'utiliser le ratio d'endettement (voir la page 593);

10. de décrire les événements reliés aux emprunts obligataires et les caractéristiques des émissions à escompte et à prime (voir la page 598);

11. d'analyser le ratio de couverture des intérêts (voir la page 602);

12. de présenter les activités de financement à l'état des flux de trésorerie (voir la page 603).

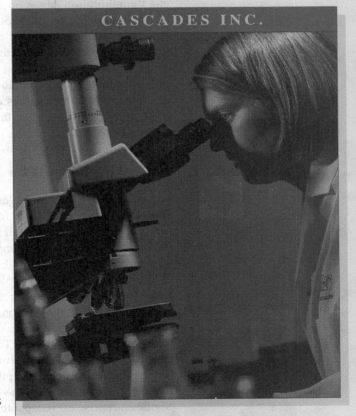

Cascades inc.

Une structure de capital bien gérée !

Tous les jours, vous utilisez des produits de la société Cascades inc., que ce soit la boîte de céréales au déjeuner, le papier hygiénique, les enveloppes pour la correspondance, les sacs d'épicerie, les cartons pour l'emballage des œufs, les contenants de Big Mac ou de fleurs pour le jardin, le papier utilisé pour emballer la viande, le seuil de la porte ou les revêtements de sol. Bien que cette liste soit plutôt longue, elle n'est pas exhaustive ! Fondée en 1964, Cascades est reconnue aujourd'hui comme un leader nord-américain dans la fabrication, la transformation et la commercialisation de produits d'emballage, de papiers fins et de papiers tissu.

La direction de Cascades exploite la société en se fixant des objectifs ambitieux. Bien que plusieurs de ces objectifs soient reliés à la croissance du volume des ventes et à l'amélioration de ses opérations, quelques-uns visent des résultats financiers tels que le maintien d'un ratio total des ventes nettes sur la capitalisation de plus de 1:1 et la réduction du ratio net d'endettement sur la capitalisation totale à moins de 50 %. Ce dernier objectif est directement relié au sujet de ce chapitre.

Dans leur étude du bilan d'une entreprise, les analystes financiers considèrent plusieurs facteurs pour évaluer les forces et les faiblesses de l'entreprise. L'un des éléments importants évalués est la stratégie de financement des opérations. Comme c'est le cas pour Cascades, la gestion de la dette est souvent aussi importante que la gestion des actifs.

Parlons affaires

Pour acquérir leurs actifs, les entreprises recourent au financement. Il existe deux sources de financement : les fonds provenant des créanciers (le passif) et ceux provenant des propriétaires (l'avoir). Le mélange de passif et d'avoir que l'entreprise utilise est appelé la *structure financière* ou la *structure de capital*. Théoriquement, toute structure financière est possible (par exemple 60 % de passif et 40 % d'avoir).

Le bilan de Cascades (voir le tableau 9.1) montre que sa structure de capital est composée de 68 % de passif et de 32 % d'avoir.

Quels facteurs les gestionnaires considèrent-ils lorsqu'ils choisissent une structure financière ? La réponse à cette question est complexe et vous l'étudierez en détail dans vos cours de finance. Toutefois, le risque et le rendement sont deux facteurs essentiels qui retiennent leur attention. Les capitaux empruntés représentent un risque plus grand que les capitaux propres (ou l'avoir des propriétaires) parce que le paiement des intérêts sur une dette constitue une obligation légale pour l'entreprise. Si une entreprise est incapable d'effectuer un paiement d'intérêts à cause d'un découvert de trésorerie temporaire, ses créanciers peuvent l'acculer à la faillite et exiger la vente de ses actifs pour la forcer à honorer ses engagements. Par contre, le versement de dividendes sur des actions n'est pas une obligation légale tant que le conseil

Bilans consolidés
au 31 décembre 2001 et 2000 (en millions de dollars)

	2001	2000
Actif		
Actif à court terme		
Espèces et quasi-espèces	31 $	41 $
Comptes débiteurs	491	525
Stocks (note 3)	438	418
	960	984
Immobilisations corporelles (note 4)	1 481	1 376
Autres actifs (note 5)	313	277
	2 754 $	2 637 $
Passif		
Passif à court terme		
Emprunts et avances bancaires	101 $	117 $
Comptes fournisseurs et charges	451	432
Partie à court terme de la dette à long terme		
Avec recours	19	5
Sans recours	41	46
	612	600
Dette à long terme (note 6)		
Avec recours	268	201
Sans recours	775	844
Autres passifs (note 7)	208	216
	1 863	1 861
Avoir des actionnaires		
Capital-actions (note 8)	260	260
Bénéfices non répartis	615	505
Écarts de conversion cumulés	16	11
	891	776
	2 754 $	2 637 $

d'administration ne le déclare pas. Par conséquent, les capitaux propres représentent un risque moins grand que les capitaux empruntés pour la société émettrice.

Malgré le risque associé aux dettes, la plupart des entreprises incluent des capitaux d'emprunt à leur structure financière, car ces fonds peuvent servir à atteindre un taux de rendement plus élevé pour les actionnaires. On obtient un taux de rendement plus élevé lorsqu'il est possible d'emprunter de l'argent à un taux (par exemple de 6 %) et de l'investir à un taux plus élevé (par exemple de 8 %). Cette opération d'emprunt à un taux et d'investissement à un autre taux est appelée l'*effet de levier financier*.

Les entreprises qui intègrent des éléments de passif à leur structure financière doivent aussi prendre des décisions stratégiques concernant l'équilibre qui convient entre les dettes à court terme et les dettes à long terme. Les analystes financiers calculent différents ratios financiers qui leur permettent d'évaluer la structure financière d'une entreprise et l'équilibre entre ces deux types de passif. Dans ce chapitre, nous traiterons à la fois des dettes à court terme et des dettes à long terme et nous étudierons brièvement les obligations, un type particulier de passif à long terme.

La définition et le classement des éléments de passif	Les éléments de passif à court terme	Les éléments de passif à long terme	Les éléments de passif éventuels
Le ratio du fonds de roulement	Les fournisseurs	La dette à long terme	Les autres obligations
	Le coefficient de rotation des fournisseurs	Autres sujets	
	Les charges courues à payer	Les éléments d'impôts futurs	**Les concepts de valeur actualisée et de valeur capitalisée**
	Les produits perçus d'avance et l'obligation de service	Les avantages sociaux futurs	Un versement unique
	Les effets à payer		Des versements périodiques
	La partie à court terme de la dette à long terme		Les applications comptables

Les caractéristiques des emprunts obligataires	La mesure de l'emprunt obligataire et des charges d'intérêts	L'analyse des opérations d'émission d'obligations	Les obligations émises à des taux d'intérêt variables
		Les obligations émises à escompte	Le ratio de couverture des intérêts

La définition et le classement des éléments de passif

OBJECTIF D'APPRENTISSAGE **1**

Définir, mesurer et présenter les éléments du passif.

Le **passif** est une composante du bilan décrivant les obligations qui incombent à l'entité par suite d'opérations ou de faits passés, et dont le règlement pourra nécessiter le transfert ou l'utilisation d'actifs, la prestation de services ou encore toute autre cession d'avantages économiques.

La plupart des gens comprennent relativement bien la définition du terme *passif*. Les comptables définissent le **passif** comme «des obligations qui incombent à l'entité par suite d'opérations ou de faits passés, et dont le règlement pourra nécessiter le transfert ou l'utilisation d'actifs, la prestation de services ou encore, toute autre cession d'avantages économiques[1]». Comme le montre le bilan du tableau 9.1, en date du 31 décembre 2001, Cascades avait accumulé une dette à long terme de 1 043 000 000 $. Ce montant a été emprunté à un groupe de créanciers à un moment dans le passé (une opération passée). L'entreprise a l'obligation présente de verser de l'argent (un actif) à ces créanciers à un moment donné dans l'avenir, conformément au contrat d'emprunt. À cause de cette obligation, elle doit enregistrer une dette à long terme.

Lorsqu'on enregistre un élément de passif pour la première fois, on le mesure en fonction de sa valeur courante en quasi-espèces, c'est-à-dire en fonction du montant qu'un créancier accepterait en paiement de cette dette au moment présent. La société Cascades a emprunté 1 043 000 000 $, mais elle devra rembourser une somme

---

1. Louis Ménard, *Dictionnaire de la comptabilité*, Institut canadien des comptables agréés, 1994, p. 428.

beaucoup plus élevée, car elle doit rendre non seulement le montant du prêt, mais aussi les intérêts relatifs sur cette dette. Les intérêts que l'entreprise devra payer dans l'avenir n'apparaissent pas dans le montant du passif parce qu'ils deviennent exigibles (et donc une dette) à mesure que le temps passe.

Comme la plupart des entreprises, Cascades a plusieurs types d'éléments de passif et un vaste éventail de créanciers. Les utilisateurs d'états financiers s'attendent à y trouver les renseignements pertinents sur les types et les montants des éléments de passif dus par l'entreprise. La liste des éléments de passif d'un bilan n'est à peu près jamais la même d'une entreprise à l'autre, car à différentes activités d'exploitation correspondent différents types d'éléments de passif.

La section du passif du rapport de Cascades commence par le sous-titre Passif à court terme. On définit le **passif à court terme** comme «des sommes à payer au cours de l'année qui suit la date du bilan ou au cours du cycle normal d'exploitation s'il excède un an; ce cycle doit être celui qui sert à déterminer l'actif à court terme[2]». La plupart des entreprises ont un cycle d'exploitation plus court qu'une année. Dans la majorité des cas, on peut définir les éléments de passif à court terme simplement comme des dettes exigibles en moins d'un an. Le passif à long terme comprend tous les éléments de passif qui ne sont pas classés comme des éléments de passif à court terme.

> Le **passif à court terme** comprend les sommes à payer au cours de l'année qui suit la date du bilan ou au cours du cycle normal d'exploitation s'il excède un an; ce cycle doit être celui qui sert à déterminer l'actif à court terme.

ANALYSONS LES RATIOS

Le ratio du fonds de roulement

1. Connaître la question

Les analystes s'interrogent souvent sur la *liquidité* d'une entreprise. Dans ce contexte, le mot «liquidité» signifie la capacité de l'entreprise à acquitter ses dettes qui viennent à échéance. Les analystes se servent du ratio du fonds de roulement pour mesurer le montant des actifs à court terme pouvant servir à éponger les éléments de passif à court terme. On calcule ce ratio comme suit:

$$\text{Ratio du fonds de roulement} = \frac{\text{Actif à court terme}}{\text{Passif à court terme}}$$

En 2001, le ratio de Cascades était le suivant:

$$\frac{960\,\$}{612\,\$} = 1,6$$

> **OBJECTIF D'APPRENTISSAGE** **2**
>
> Utiliser le ratio du fonds de roulement.

2. Utiliser les techniques appropriées

a) Analyser la tendance dans le temps			b) Comparer avec les compétiteurs	
CASCADES			DOMTAR INC.	ABITIBI-CONSOLIDATED INC.
1999	2000	2001	2001	2001
1,7	1,6	1,6	1,4	1,2

---

2. Institut canadien des comptables agréés, *Manuel de l'ICCA*, paragr. 1510.03.

3. **Interpréter prudemment les résultats**

EN GÉNÉRAL ◊ Un ratio élevé indique un bon montant de liquidités ; par contre, un ratio trop élevé pourrait indiquer une utilisation non efficiente des ressources.

CASCADES ◊ Le ratio du fonds de roulement de Cascades se situe dans la moyenne des entreprises (la plupart des sociétés ont un ratio du fonds de roulement entre 1 et 2). Même s'il diminue légèrement depuis les trois derniers exercices, le ratio de Cascades est meilleur que celui de ses compétiteurs. Durant 2001, Cascades a réduit ses emprunts et ses avances bancaires de 16 millions de dollars ainsi que sa dette à long terme de 2 millions de dollars, malgré l'acquisition de plusieurs entreprises (148 millions de dollars) et de nouvelles immobilisations corporelles de plus de 116 millions de dollars. La stratégie globale de l'entreprise de réduire son ratio d'endettement permet la réduction de la charge annuelle des intérêts. La société et ses filiales disposent aussi de crédits bancaires non utilisés sur les crédits à court terme et à long terme respectivement de 82 millions de dollars et de 296 millions de dollars que les analystes financiers prennent en considération pour évaluer la liquidité globale d'une entreprise.

QUELQUES PRÉCAUTIONS ◊ En tant que mesure de liquidité, le ratio du fonds de roulement peut se révéler trompeur lorsque des fonds importants ont été investis dans des actifs difficilement transformables en espèces. Une entreprise qui présente un ratio de fonds de roulement élevé pourrait quand même avoir des problèmes de liquidité si la majorité de ses éléments d'actif à court terme était composée d'articles difficiles à écouler. Les analystes devraient reconnaître qu'il est possible de modifier un tel ratio en effectuant certaines opérations juste avant la fermeture de l'exercice. Dans la plupart des cas, par exemple, on réussit à l'améliorer en payant les créanciers immédiatement avant l'établissement des états financiers.

Au cours de l'étude des entreprises, vous entendrez souvent des gens parler du ratio du fonds de roulement ou d'un concept très rapproché, le **fonds de roulement net.** Celui-ci correspond au *montant (en dollars)* de l'écart entre les éléments d'actif à court terme et les éléments de passif à court terme. Le ratio du fonds de roulement (ou de solvabilité à court terme) et le fonds de roulement (net) constituent des mesures du degré de liquidité des actifs d'une entreprise.

Les éléments de passif jouent un rôle très important sur le plan analytique parce qu'ils influent sur les flux de trésorerie à venir d'une entreprise et ses éléments de risque. La plupart des analystes consacrent beaucoup de temps à réviser les éléments de passif d'une entreprise. La façon la plus simple de les étudier consiste à les passer en revue en respectant l'ordre où ils apparaissent dans la plupart des bilans. Ainsi, vous pourrez mieux comprendre les renseignements présentés au bilan. Nous concentrerons notre attention sur les éléments de passif qui n'ont pas encore été abordés dans les chapitres précédents.

> Le fonds de roulement net (et non le ratio) correspond à la *différence en dollars* entre le total des éléments d'actif à court terme et le total des éléments de passif à court terme.

Les éléments de passif à court terme

Les fournisseurs

La plupart des entreprises ne produisent pas tous les biens et les services dont elles ont besoin pour leurs activités d'exploitation de base. Elles achètent plutôt ces biens et ces services à d'autres entreprises. En général, ces opérations incluent des conditions de règlement nécessitant des paiements en espèces après que les biens et les services ont été fournis. Il en résulte que ces opérations entraînent la création de (comptes) *fournisseurs,* appelés aussi (comptes) *créditeurs.* Il a été question des écritures de journal relatives à ces comptes fournisseurs au chapitre 7.

Nous n'avons pas de statistiques sur les termes les plus populaires mais, au cours d'un examen rapide d'une dizaine d'entreprises, nous avons découvert que la plupart emploient les expressions *créditeurs* ou *fournisseurs*. De plus, des expressions telles que *et frais courus* ou *et charges courues* viennent souvent s'ajouter à l'intitulé du compte au bilan.

Pour un grand nombre d'entreprises, le crédit commercial est une manière assez peu coûteuse de financer l'achat de stock. Les comptes fournisseurs ne comportent généralement pas d'intérêts. Afin d'encourager leurs clients à acheter davantage, certains vendeurs offrent des modalités de paiement très généreuses qui donnent à l'acheteur la possibilité de revendre des marchandises et d'encaisser le produit avant de devoir rembourser l'achat initial.

Certains dirigeants sont parfois tentés de retarder les paiements dus à leurs fournisseurs autant que possible pour conserver des liquidités. Toutefois, cette stratégie n'est habituellement pas recommandable. La plupart des entreprises qui ont réussi ont commencé par établir de bonnes relations de travail avec leurs fournisseurs pour s'assurer de recevoir des biens et des services de qualité. Ces bonnes relations peuvent se détériorer lorsqu'une entreprise ne paie pas ses comptes à temps. Par ailleurs, pour les analystes financiers, cette lenteur à payer indique souvent des difficultés financières.

ANALYSONS LES RATIOS

Le coefficient de rotation des fournisseurs

1. Connaître la question

Combien de temps une entreprise met-elle pour respecter ses engagements envers ses fournisseurs? Le coefficient de rotation des fournisseurs est une mesure de la rapidité avec laquelle une entreprise rembourse ses fournisseurs. Les analystes se servent de ce coefficient pour mesurer la liquidité de l'entreprise. On le calcule comme suit.

OBJECTIF D'APPRENTISSAGE 3

Analyser le coefficient de rotation des fournisseurs.

$$\text{Coefficient de rotation des fournisseurs} = \frac{\text{Coût des marchandises vendues}}{\text{Comptes fournisseurs moyens}}$$

En 2001, le coefficient de Cascades était le suivant:

$$\frac{2\,325,0\,\$}{441,5\,\$^*} = 5,2$$

2. Utiliser les techniques appropriées

a) Analyser la tendance dans le temps			b) Comparer avec les compétiteurs	
CASCADES			**DOMTAR**	**ABITIBI-CONSOLIDATED**
1999	2000	2001	2001	2001
5,4[†]	5,6[†]	5,2[†]	5,6[‡]	3,3[†]

* (432 $ + 451 $) ÷ 2 = 441,5 $ (comprend aussi les frais courus qu'il est impossible d'isoler, faute d'information aux états financiers).

† Ces taux sont sous-évalués, car les éléments de frais courus sont intégrés aux fournisseurs. Les états financiers ne dissocient pas l'information.

‡ Le taux de 5,6 est calculé sur une base comparative avec Cascades et Abitibi-Consolidated en incluant les frais courus aux fournisseurs. Le taux actuel pour Domtar est de 10,8.

3. **Interpréter prudemment les résultats**

EN GÉNÉRAL ◊ Un coefficient élevé indique qu'une entreprise paie régulièrement ses fournisseurs. On peut énoncer ce coefficient de façon plus intuitive en le divisant par le nombre de jours dans une année.

$$\text{Délai moyen de remboursement des fournisseurs} = \frac{365 \text{ jours}}{\text{Coefficient de rotation}}$$

En 2001, la période de remboursement des comptes fournisseurs de Cascades est impossible à déterminer de façon précise, car on ne peut isoler les fournisseurs des autres frais courus. Pour Domtar, la période de remboursement des comptes fournisseurs était :

$$365 \text{ jours} \div 10{,}8** = 34 \text{ jours}$$

CASCADES ◊ Le coefficient de rotation des comptes fournisseurs est comparable à ceux des entreprises dans son secteur d'activité, et il varie légèrement d'une année à l'autre. On ne peut l'évaluer avec précision, car le bilan ne dissocie pas les comptes fournisseurs des autres charges courues. Cette précision aurait pour effet d'augmenter le coefficient de rotation des comptes fournisseurs et de diminuer le délai moyen de remboursement. Si on examine l'un de ses compétiteurs, Domtar, le coefficient de 5,62 (calculé sur une base comparative incluant les frais courus) est porté à 10,75 lorsque les comptes fournisseurs sont isolés. Cela donne des délais moyens de remboursement des comptes fournisseurs respectifs de 65 jours et de 34 jours, ce qui constitue une différence assez importante. En conservant ses espèces pendant une période de 35 à 70 jours, une société minimise ses emprunts et, par conséquent, le paiement des intérêts, démontrant ainsi une bonne gestion des liquidités.

QUELQUES PRÉCAUTIONS ◊ Le coefficient de remboursement des comptes fournisseurs est une moyenne relative à tous les comptes fournisseurs. Il ne reflète pas nécessairement la réalité dans le cas où une entreprise paierait certains de ses fournisseurs dans les délais convenus et les autres en retard. Ce coefficient peut aussi faire l'objet d'une manipulation. L'entreprise peut être en retard dans ses paiements pendant toute l'année mais se rattraper à la fin de l'exercice, de sorte que le coefficient se retrouve à un niveau acceptable. Aussi, un coefficient qui n'est pas très élevé peut indiquer soit des problèmes de liquidité, soit une gestion de l'encaisse agressive, où le but visé est d'éloigner le plus possible la date de paiement pour diminuer les emprunts et, par conséquent, la charge annuelle des intérêts. Dans le premier cas, l'entreprise éprouve des difficultés, dans le second elle possède un atout de taille. Les analystes devraient donc étudier d'autres facteurs (tels que le ratio du fonds de roulement et le montant des flux de trésorerie provenant de l'exploitation) pour déterminer dans quelle situation elle se trouve.

** Taux actuel de Domtar

Les charges courues à payer

Les **charges courues à payer** sont des dépenses qui ont été engagées, mais qui n'ont pas encore été payées à la fin de l'exercice.

Dans de nombreuses circonstances, une entreprise engage une dépense au cours d'un exercice et en effectue le paiement comptant dans un exercice ultérieur. Les **charges courues** (appelées aussi les *charges ou frais à payer* ou les *charges constatées par régularisation*) sont comptabilisées lorsque des dépenses ont été engagées avant la fin d'un exercice, mais qu'elles ne sont pas encore payées. Parmi ces dépenses, mentionnons entre autres l'impôt foncier, l'électricité, les taxes de vente et les salaires. Aux états financiers de Domtar, on a enregistré plusieurs éléments dont la masse salariale, les indemnités de vacances et les intérêts courus.

Les charges à payer sont comptabilisées sous forme d'écritures de régularisation à la fin de l'exercice (parce qu'aucune opération d'échange n'a encore eu lieu). Il a été question des écritures de régularisation au chapitre 4.

Les impôts sur le bénéfice à payer Comme les individus, les sociétés doivent payer des impôts sur leurs revenus. Les taux d'imposition des sociétés sont progressifs (ou régressifs), et les plus grandes ont un taux d'imposition fédéral et provincial combiné d'un maximum de 45 %. Les sociétés paient parfois aussi des impôts sur leurs bénéfices à l'étranger. Dans les notes du rapport annuel de Domtar, on trouve les renseignements suivants concernant les impôts.

Extrait de la note 6 – Impôts sur les bénéfices (en millions de dollars)	2001	2000	1999
	$	$	$
Taux de base combiné des gouvernements fédéral et provinciaux du Canada	39,8 %	40,7 %	41,9 %
Impôts sur les bénéfices	14	105	111
Charge (recouvrement) d'impôts sur les bénéfices :			
Exigibles	40	30	12
Futurs	(26)	75	99
	14	105	111

Au bilan de Domtar, le montant des impôts sur le bénéfice et autres taxes à payer pour 2001 était de 19 millions de dollars. Ce montant diffère du montant des impôts exigibles dans la note ci-dessus (40 millions de dollars). Le montant de la note 6 représente la charge d'impôts pour tout l'exercice. Une partie de ce montant a été payée comptant au cours de l'exercice sous forme d'acomptes provisionnels. Le montant qui apparaît dans le bilan est la partie de la charge d'impôts pour l'exercice qui n'a pas été acquittée à la fin de cet exercice (19 sur 40 millions de dollars).

Les salaires à payer Les éléments de passif associés aux salaires non versés peuvent être comptabilisés dans le même compte que les charges à payer, comme le fait Cascades, ou sous forme d'élément séparé comme le fait Domtar qui affiche un montant de 68 millions de dollars dans une note complémentaire au bilan. Outre les salaires à payer qui sont dus aux employés mais qui ne sont pas encore payés, les entreprises doivent aussi constater d'avance le coût des avantages, tels que les régimes de retraite, les congés, le régime d'assurance-emploi, le régime d'assurance-santé, etc.

Tous les salaires et les traitements sont imposables. En effet, les lois fédérales et provinciales exigent qu'au cours de chaque exercice, l'employeur déduise un montant approprié en *impôts sur le revenu* du salaire brut de chaque employé. Le montant d'impôts retenu à la source est comptabilisé par l'employeur à titre d'élément de passif à court terme entre la date de la déduction et la date où le montant retenu est remis au gouvernement.

Les charges relatives aux services rendus par les employés ne se limitent pas aux dépenses en salaires et en traitements. Elles comprennent aussi les *contributions* que l'employeur doit payer pour assurer certains avantages sociaux à ses employés. En voici quelques exemples : le régime de retraite de l'entreprise, le Régime de rentes du Québec ou le Régime de pension du Canada, l'assurance-santé, l'assurance-emploi, les normes du travail (CNT), le programme de la Commission de la santé et sécurité au travail (CSST). Ces sommes, qui s'ajoutent aux salaires et aux traitements des employés, peuvent parfois atteindre 20 % des montants de salaires. Il en résulte que les employeurs ont généralement tendance à demander à leurs employés de faire du travail supplémentaire plutôt que d'embaucher de nouvelles personnes. En effet, il est souvent moins coûteux de rémunérer du travail supplémentaire à un employé déjà en place que de payer le salaire et les avantages sociaux d'un nouvel employé à cause des montants maximaux à payer par employé pour certains avantages.

Les dépenses de rémunération relatives aux services fournis par les employés englobent tous les fonds gagnés en salaires par les employés ainsi que les *fonds* qui doivent être *versés à d'autres organismes* en leur nom (par exemple à l'assurance-emploi). Supposons, par exemple, que Cascades a recueilli les renseignements suivants dans son registre détaillé de la masse salariale pour les deux premières semaines de juin 20A.

Salaires bruts	1 800 000 $
Impôts retenus à la source	450 000
Assurance-emploi (part des employés)	105 000
Salaires nets versés aux employés	1 245 000

Rappelez-vous que l'employeur et les employés doivent contribuer à l'assurance-emploi (AE). La charge de l'employeur est de 1,4 fois celle de l'employé. Par conséquent, le total des éléments de passif correspondant à l'assurance-emploi s'élève à 252 000 $ (105 000 $ + 147 000 $). On comptabilise la masse salariale et les retenues à la source de la façon suivante.

ÉQUATION COMPTABLE

Actif	=	Passif	+	Capitaux propres
Encaisse –1 245 000		AE à payer +252 000		Charge
		Impôts retenus		de salaires –1 947 000
		à la source		
		à payer +450 000		

ÉCRITURE DE JOURNAL

Charge de salaires (C)	1 947 000	
Impôts retenus à la source à payer (Pa)		450 000
AE à payer (Pa)..		210 000
Encaisse (A)		1 245 000

Il faut noter que la charge de salaires (1 800 000 $ + 147 000 $) comprend les salaires bruts ainsi que la part de l'employeur dans les sommes destinées à l'assurance-emploi, car ceux-ci font partie des avantages sociaux accordés aux employés. L'argent versé aux employés (1 245 000 $) ne représente pas le total du montant qu'ils ont gagné (1 800 000 $), puisque l'employeur doit retenir les impôts (450 000 $) et la part des employés dans les cotisations au régime d'assurance-emploi (105 000 $). Le montant à payer pour ce régime reflète à la fois la part des employés et celle des employeurs.

D'autres éléments de passif reliés aux salaires Les entreprises accordent généralement à leurs employés des vacances payées d'après le nombre de mois qu'ils ont travaillé (par exemple un jour de vacances pour chaque mois). Selon le principe du rapprochement des produits et des charges, elles doivent comptabiliser le coût du temps des vacances dans l'exercice où les employés ont rendu des services (c'est-à-dire qu'ils ont aidé à engendrer des produits) plutôt que dans l'exercice où ils prennent réellement ces vacances. Supposons que Cascades a estimé le coût des indemnités de vacances à 125 000 $, la charge de salaire devra être rectifiée de la façon suivante à la fin de l'exercice.

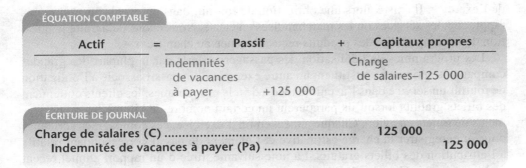

ÉQUATION COMPTABLE

Actif	=	Passif	+	Capitaux propres
		Indemnités de vacances à payer +125 000		Charge de salaires–125 000

ÉCRITURE DE JOURNAL

Charge de salaires (C) 125 000

    Indemnités de vacances à payer (Pa) 125 000

Lorsque les vacances sont prises (par exemple l'été suivant), le comptable enregistre les données suivantes.

ÉQUATION COMPTABLE

Actif	=	Passif	+	Capitaux propres
Encaisse –125 000		Indemnités de vacances à payer –125 000		

ÉCRITURE DE JOURNAL

Indemnités de vacances à payer (Pa) 125 000

    Encaisse (A) 125 000

Il faut noter que la charge relative aux indemnités de vacances est comptabilisée dans l'exercice au cours duquel elles sont dues et non dans l'exercice au cours duquel elles sont prises. Les indemnités de vacances à payer ne sont généralement pas considérables par rapport aux autres éléments du passif, bien qu'elles puissent représenter un montant substantiel. Il y a quelques années, les états financiers de la société Eastman Kodak enregistrait des indemnités relatives aux vacances de plusieurs centaines de millions de dollars. Ce montant représentait près de 10 % du total des éléments de passif de l'entreprise. À cause de l'importance de ces charges, certains employeurs essaient de contrôler le montant des indemnités de vacances en exigeant que leurs employés prennent des vacances chaque année. Il y a quelques années, les dirigeants d'IBM ont offert des primes d'encouragement à leurs employés pour les inciter à prendre leurs vacances avant la fin de l'exercice de façon à réduire le montant des indemnités de vacances à payer inscrites au bilan.

Chez Cascades, les indemnités à payer pour les vacances n'apparaissent pas dans un poste distinct. Elles sont plutôt comptabilisées au bilan à l'intérieur des charges afférentes aux salaires. Il semble que, pour la direction, le montant de ces indemnités ne constitue pas un facteur important dans l'analyse financière de l'entreprise. La plupart des analystes seraient probablement du même avis.

Les produits perçus d'avance et l'obligation de service

Dans la plupart des transactions d'affaires, on paie comptant après la livraison du produit ou la prestation du service. Dans certains cas, toutefois, on paie avant. Vous avez probablement déjà payé pour des revues que vous recevrez à différents moments dans le futur. L'éditeur recueille l'argent de votre abonnement avant de publier la revue. Lorsqu'une entreprise recouvre de l'argent pour un produit ou un service avant que celui-ci n'ait été réalisé, on parle de **produit perçu d'avance** (de *produit non réalisé*, de *revenu reporté* ou de *produit reçu d'avance*). D'après le principe de réalisation des revenus, on ne peut comptabiliser un produit tant qu'il n'a pas été réalisé.

On enregistre les produits perçus d'avance à titre d'éléments du passif parce que l'argent a été encaissé, mais sans que le produit correspondant ait été réalisé à la fin

Les produits perçus d'avance (ou les revenus différés ou reportés) sont les produits qui ont été encaissés mais non réalisés. Ils constituent des éléments de passif jusqu'à ce que les marchandises ou les services soient fournis.

de l'exercice. Il existe alors une obligation de fournir, dans un avenir plus ou moins rapproché, les services ou les marchandises en cause. Nous avons déjà traité la question de la comptabilité des produits reçus d'avance au chapitre 6.

Les programmes de fidélisation des passagers offerts par la plupart des grandes compagnies aériennes constituent un autre exemple d'un passif associé à l'obligation de fournir un service dans l'avenir. Grâce à de tels programmes, les clients obtiennent des billets gratuits lorsqu'ils parcourent un certain nombre de kilomètres ou de segments de trajets en avion. Chaque année, en fin d'exercice, ces compagnies aériennes doivent enregistrer la charge estimative et l'élément de passif correspondant relatifs à l'attribution des billets gratuits. La note suivante, tirée d'un rapport annuel récent de la société Air Canada, illustre cette pratique.

Programmes de fidélisation

Les frais marginaux associés aux primes-voyages des programmes de fidélisation des voyageurs sont passés en charges dès que les droits à ces primes sont acquis. Le produit de la vente de crédits de millage à des tiers est reporté et constaté à titre de produits à mesure que les points sont échangés.

Il n'est pas toujours facile de déterminer le montant d'une obligation de service à venir. Il faut noter que la plupart des sociétés aériennes, notamment Air Canada, comptabilisent comme éléments de passif les frais marginaux de l'attribution de vols gratuits et non le prix de vente réel d'un billet d'avion. Selon certains analystes, le vrai coût d'un tel programme équivaut à la perte de revenu associée au fait de donner un billet à un client au lieu de le lui vendre. Ils croient que les éléments de passif enregistrés pour les programmes de fidélisation des passagers sont sérieusement sous-évalués. À l'heure actuelle, les principes comptables généralement reconnus permettent d'enregistrer ces charges en se basant sur les coûts marginaux parce qu'il n'existe aucune méthode précise pour estimer le nombre de voyageurs qui auraient acheté des billets s'ils ne les avaient pas obtenus gratuitement.

Un grand nombre d'entreprises offrent des garanties sur les produits qu'elles vendent. Il s'agit d'une autre forme d'obligation de fournir des services dans l'avenir. Le coût de l'exécution des travaux de réparation doit alors être estimé et comptabilisé comme un élément de passif (et une charge) dans l'exercice au cours duquel la vente du produit a eu lieu.

La plupart des entreprises remboursent rapidement tout produit défectueux qu'elles ont vendu. Souvent, on n'enregistre pas d'élément de passif pour ce type d'obligation, car il s'agit de montants négligeables.

Une entreprise peut devoir remplir un autre type d'obligation relative à l'incidence possible de ses activités sur l'environnement. Certaines entreprises contractent d'importantes obligations de ce type. Prenons l'exemple de Domtar, société qui exploite le domaine des pâtes et papiers. Elle doit restaurer les sols de certains sites exploités surtout en ce qui concerne la préservation du bois. Le processus d'extraction des ressources naturelles du sol employé par cette entreprise a des effets considérables sur l'environnement. Les exigences réglementaires l'obligent donc à reconstituer le sol lorsqu'elle a fini d'en extraire les ressources. Dans son bilan, elle enregistre un élément de passif de 47 millions de dollars pour la remise en état des lieux, comme l'indique la note suivante.

Domtar est assujettie à des lois et à des règlements environnementaux promulgués par les autorités fédérales et provinciales, de même que par des États et des juridictions locales. Domtar continue de prendre des mesures correctives en vertu de son programme de restauration des sols à certains sites qu'elle a exploités [...] Au 31 décembre 2001, Domtar avait une provision de 47 millions de dollars [...] relativement aux frais de restauration des lieux connus et déterminables, dont la tranche à long terme de 39 millions de dollars [...] Dans le cadre de cette provision, des frais de 2 millions de dollars [...] ont été portés aux résultats de 2001. Toutefois, Domtar pourrait engager des frais additionnels, non encore déterminés, au chapitre de la restauration des lieux. La direction estime que les frais additionnels de restauration des lieux, le cas échéant, n'auront pas de répercussions défavorables importantes sur la situation financière, les résultats et les flux de trésorerie de Domtar, compte tenu des politiques et procédures existantes en matière de contrôle des risques environnementaux.

Les éléments de passif relatifs à des obligations de services dans l'avenir sont souvent fondés sur des estimations difficiles à établir avec précision. Le coût de la protection de l'environnement dans les années qui viennent dépend d'un certain nombre de facteurs dont, entre autres, les progrès techniques et les normes gouvernementales. En Amérique du Nord, de nombreuses entreprises ont été acculées à la faillite pour avoir sous-estimé le coût de l'application des lois concernant l'environnement. Les dirigeants et les analystes doivent donc être très prudents dans leur évaluation des coûts potentiels reliés aux activités ayant un effet sur l'environnement.

Les effets à payer

La plupart des entreprises ont besoin d'emprunter de l'argent pour financer leurs activités. Lorsqu'une entreprise recourt à un emprunt, on rédige un document en bonne et due forme. Les obligations constatées par ces notes écrites portent généralement le nom d'*effets à payer*. Un effet à payer précise des éléments tels que le montant emprunté, la date où il doit être remboursé et le taux d'intérêt exigé pour l'emprunt.

Les créanciers prêtent volontiers de l'argent parce qu'ils reçoivent des intérêts en compensation du fait qu'ils renoncent à l'utilisation de leur avoir pendant une période de temps déterminée. Ce concept simple est appelé la **valeur temporelle de l'argent.** Dans cette expression, le terme *temporel* est important, car plus on allonge la durée d'un emprunt, plus le montant de la charge (en dollars) des intérêts augmente. Les intérêts que rapporte un prêt de deux ans, à un taux donné, est plus important que les intérêts engendrés par un prêt d'un an. Pour l'*emprunteur*, les intérêts constituent une charge mais, pour le *créancier* (ou prêteur), il s'agit d'un produit (un revenu).

Dans le calcul des intérêts, il faut considérer trois variables : 1) le capital (c'est-à-dire le montant d'argent emprunté), 2) le taux d'intérêt annuel et 3) la durée du prêt. La formule pour calculer les intérêts s'écrit comme suit.

$$\text{Intérêts} = \text{Capital} \times \text{Taux d'intérêt} \times \text{Durée}$$

Pour illustrer la comptabilisation d'un effet à payer, supposons que le 1er novembre 20A, Cascades a emprunté 100 000 $ en argent en souscrivant un effet à payer portant intérêt de 6 % pour un an. Les intérêts sont payables le 31 mars 20B et le 31 octobre 20B. Le capital doit être remboursé à la date d'échéance du billet, soit le 31 octobre 20B. Voici comment on comptabilise cet effet.

La valeur temporelle de l'argent est une «notion exprimant la relation économique entre le temps et l'argent. L'argent que l'on possède acquiert de la valeur en raison du passage du temps et par suite de la possibilité d'en tirer un rendement[3]» sous forme d'intérêts ou autre.

---

3. Louis Ménard, *op. cit.*, p. 741.

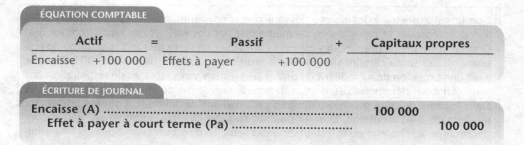

ÉQUATION COMPTABLE

Actif	=	Passif	+	Capitaux propres
Encaisse +100 000		Effets à payer +100 000		

ÉCRITURE DE JOURNAL

Encaisse (A) 100 000
    Effet à payer à court terme (Pa) 100 000

Les intérêts sont une charge qui s'applique à l'exercice au cours duquel l'argent est utilisé. D'après le principe du rapprochement des produits et des charges, on enregistre la charge d'intérêts au moment où cette dépense est engagée plutôt qu'à celui où le montant en question est payé.

À quel moment la société Cascades engage-t-elle des frais d'intérêts associés à l'effet à payer comptabilisé ci-dessus? Comme l'entreprise a utilisé l'argent emprunté pendant 2 mois en 20A, elle comptabilise la charge d'intérêts (les intérêts débiteurs) pour 2 mois en 20A, même si elle ne débourse rien avant le 31 mars 20B. En 20B, elle utilise cet argent pendant 10 mois; par conséquent, elle devrait enregistrer la charge d'intérêts pour ces 10 mois en 20B.

Le calcul de la charge se fait comme suit.

$$\text{Intérêts} = \text{Capital} \times \text{Taux d'intérêt} \times \text{Durée}$$
$$1\ 000\$ = 100\ 000\$ \times 6\% \times 2/12$$

Pour comptabiliser la charge d'intérêts, on affecte les comptes suivants le 31 décembre 20A.

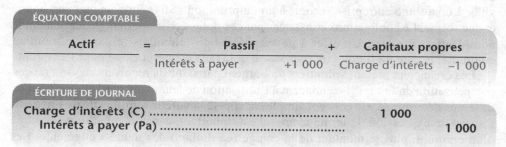

ÉQUATION COMPTABLE

Actif	=	Passif	+	Capitaux propres
		Intérêts à payer +1 000		Charge d'intérêts –1 000

ÉCRITURE DE JOURNAL

Charge d'intérêts (C) 1 000
    Intérêts à payer (Pa) 1 000

La partie à court terme de la dette à long terme

La distinction entre la dette à court terme et la dette à long terme est importante pour les dirigeants d'entreprises comme pour les analystes, car la dette à court terme doit être remboursée dans le courant du prochain exercice. Une entreprise doit donc disposer de suffisamment d'encaisse pour payer une dette qui vient à échéance à court terme. Si elle veut fournir des renseignements exacts sur ses éléments de passif à court terme, elle doit reclasser la portion de la dette à long terme arrivant à échéance à l'intérieur d'une période d'un an dans la catégorie des dettes à court terme. Supposons que, chez Cascades, on signe un effet à payer de 5 millions de dollars le 1er janvier 20A. Le remboursement doit se faire en deux versements comme suit: le 31 décembre 20C – 2,5 millions de dollars et le 31 décembre 20E – 2,5 millions de dollars. Voici ce qui apparaîtra dans le bilan de l'entreprise les 31 décembre 20B, 20C et 20D.

31 décembre 20B	
Passif à long terme	
Effet à payer	5 000 000 $
31 décembre 20C	
Passif à court terme	
Partie à court terme de la dette à long terme	2 500 000
Passif à long terme	
Effet à long terme	2 500 000
31 décembre 20D	
Passif à court terme	
Partie à court terme de la dette à long terme	2 500 000

Un exemple de ce type de présentation est illustré dans le tableau 9.1. Il faut noter qu'en 2001, Cascades a enregistré 60 millions de dollars à titre de partie à court terme de la dette à long terme qui sera remboursée en entier au cours de l'exercice suivant.

ANALYSE FINANCIÈRE

Le refinancement de la dette doit-il se faire à court terme ou à long terme ?

De nombreuses entreprises procèdent au refinancement de leur dette lorsque celle-ci vient à échéance. Au lieu de l'acquitter avec l'encaisse disponible, elles signent un nouveau contrat de prêt avec une nouvelle date d'échéance ou elles empruntent de l'argent à un autre créancier pour rembourser le premier. Le fait qu'une entreprise décide de refinancer une dette et qu'elle ait les moyens de le faire soulève une question de comptabilité intéressante. Une dette qui arrive à échéance à court terme et qui fera l'objet d'un refinancement devrait-elle être classée dans la catégorie des éléments de passif à court terme ou à long terme ?

N'oubliez pas que les analystes s'intéressent aux éléments de passif à court terme d'une entreprise parce que ces éléments nécessitent des sorties de fonds dans l'exercice suivant. Lorsqu'il est clair qu'un élément de passif ne produira pas de sortie de fonds dans le prochain exercice, les principes comptables généralement reconnus exigent qu'on ne le classe pas dans la catégorie «à court terme». La note suivante, tirée d'un rapport annuel de Cascades illustre cette règle.

Coup d'œil sur

Cascades

RAPPORT ANNUEL

Extrait de la note 6 a) sur les dettes à long terme

La Compagnie a un crédit bancaire autorisé de 225 millions $ se convertissant, après une période rotative de deux ans, et à moins d'une reconduction conclue annuellement, en un emprunt à terme remboursable sur une période de trois ans. Pour les fins de versements décrits à la note 6 i)*, il est assumé que la période rotative continuera d'être reconduite dans le futur.

* Note qui décrit les montants à rembourser sur la dette à long terme au cours des cinq prochains exercices.

La gestion du fonds de roulement

Rappelez-vous que la différence (en dollars) entre les actifs à court terme et les éléments de passif à court terme porte le nom de *fonds de roulement net*. La gestion du fonds de roulement est une activité importante qui peut avoir un effet considérable sur la rentabilité et les flux de trésorerie d'une entreprise. Un surplus de stock ou des retards dans le recouvrement des comptes clients immobilisent l'encaisse et réduisent la rentabilité. Les comptes du fonds de roulement sont gérés avec vigilance par les entreprises prospères et sont tout aussi étroitement surveillés par les analystes financiers.

L'effet sur l'état des flux de trésorerie

EN GÉNÉRAL ◊ Les variations des comptes du fonds de roulement affectent les flux de trésorerie, comme le montre le tableau suivant.

	Effet sur les flux de trésorerie
Activités d'exploitation (méthode indirecte)	
Bénéfice net	XXX $
Ajusté aux diminutions des actifs à court terme* ou aux augmentations du passif à court terme	+
Ajusté aux augmentations des actifs à court terme* ou aux diminutions du passif à court terme	–

* Autres que les espèces et quasi-espèces.

CASCADES ◊ Vous trouverez une partie de l'état des flux de trésorerie de Cascades établi au moyen de la méthode indirecte ci-dessous.

D'après le rapport annuel de Cascades, la direction, dans son analyse des résultats d'exploitation et de la situation financière, attribue la diminution des frais annuels d'intérêts (2 millions de dollars) en partie à la «gestion serrée de notre fonds de roulement». En effet, cette gestion serrée du fonds de roulement a généré 65 millions $ sous forme d'encaisse, comparativement à une utilisation de 45 millions $ l'année précédente. Pour comprendre la signification de cet énoncé, il faut réfléchir sur les analyses précédentes concernant l'état des flux de trésorerie. Vous devez retenir qu'on relie souvent les comptes du fonds de roulement (c'est-à-dire les actifs à court terme et les passifs à court terme) aux produits et aux charges enregistrés à l'état des résultats. Par exemple, une augmentation dans les comptes clients (ou comptes débiteurs) correspond à des ventes effectuées à crédit et donc sans mouvement d'encaisse. Ce recouvrement a lieu chaque fois qu'un client règle sa facture. Une augmentation dans les fournisseurs (ou comptes créditeurs) correspond à une charge engagée sans qu'il y ait paiement au comptant. Le déboursement a lieu lors du règlement du compte.

L'état des flux de trésorerie de Cascades indique que les flux de trésorerie provenant des activités d'exploitation ont augmenté de 65 millions de dollars à la suite des changements apportés aux éléments d'actif et de passif à court terme. Pour connaître l'ampleur de l'un des éléments du fonds de roulement hors caisse, il suffit de consulter la note 11. Par exemple, les comptes clients ont contribué à l'augmentation des flux de trésorerie pour un montant total de 74 millions de dollars. Cette diminution des comptes clients est sûrement attribuable au fait que Cascades a pu récupérer les sommes dues par ses clients plus rapidement pendant l'exercice en cours.

OBJECTIF D'APPRENTISSAGE 4

Déterminer l'effet des variations du fonds de roulement net sur les flux de trésorerie.

Comparons

La variation des flux de trésorerie reliée au fonds de roulement en 2001 (en millions de dollars)

Molson	(91) $
Quebecor	1 309 $
Air Canada	67 $

État consolidé des flux de trésorerie (partiel)
pour les exercices terminés le 31 décembre 2001 et 2000
(en millions de dollars)

	2001	2000
Activités d'exploitation		
Bénéfice net de l'exercice	120 $	75 $
Redressement pour les éléments hors caisse		
Amortissement	132	125
Éléments inhabituels	(3)	1
Impôts futurs	2	11
Part des résultats des compagnies satellites	(3)	(5)
Part des actionnaires sans contrôle	—	3
Autres	1	4
	249	214
Variation des éléments hors caisse du fonds de roulement (note 11)	65	(45)
Variation des espèces et quasi-espèces provenant des activités d'exploitation	314 $	169 $

Note 11 : Variation des éléments hors caisse du fonds de roulement (en millions de dollars):

	2001	2000
Comptes débiteurs	74 $	(26) $
Stocks	7	(54)
Comptes fournisseurs et charges	(16)	35
	65 $	(45) $

TEST D'AUTOÉVALUATION

Précédemment, dans ce chapitre, nous avons défini le ratio du fonds de roulement et le fonds de roulement (net). En répondant à ce questionnaire, supposez que le ratio du fonds de roulement de Cascades est de 2,0. Pour chacun des événements suivants, indiquez si ce ratio et le fonds de roulement net augmenteront ou diminueront.
1. Cascades contracte une dette de 250 000 $ sans qu'il y ait de changement dans les actifs à court terme hors caisse.
2. L'entreprise emprunte 1 million de dollars à titre de dette à long terme.
3. L'entreprise paie 750 000 $ des impôts à payer.
4. L'entreprise finance un nouveau bâtiment grâce à une dette à long terme.

Vérifiez vos réponses à l'aide des solutions présentées en bas de page*.

Les éléments de passif à long terme

La plupart des entreprises utilisent des éléments de leur passif à long terme pour produire les fonds nécessaires à l'achat d'actifs d'exploitation. Parmi les éléments de passif à long terme, on trouve les effets à payer et les emprunts obligataires à long terme qui sont des contrats stipulant les modalités d'un accord d'emprunt (par exemple

---

*	Ratio du fonds de roulement	Fonds de roulement (net)
1.	Diminution	Diminution
2.	Augmentation	Augmentation
3.	Augmentation	Aucun changement
4.	Aucun changement	Aucun changement

Les éléments de passif à long terme (ou la dette à long terme ou l'obligation à long terme) regroupent toutes les obligations d'une entité qui ne sont pas classées dans la catégorie des éléments de passif à court terme.

le taux d'intérêt et le calendrier de remboursement). Les éléments de **passif à long terme** comprennent toutes les obligations d'une entreprise qui n'entrent pas dans la catégorie des éléments de passif à court terme.

En vue de diminuer le risque que courent les créanciers disposés à prêter de l'argent pour une longue période (ce qui par le fait même réduit le taux d'intérêt à payer), certaines entreprises acceptent par contrat que des actifs spécifiques servent de garantie. Si l'emprunteur n'acquitte pas sa dette, le créancier peut alors prendre possession de ces actifs.

Une dette fondée sur ce type de contrat (habituellement une hypothèque) porte le nom de *dette garantie* ou *dette avec recours*. Dans le cas de la *dette non garantie* (ou *dette sans recours*), le créancier compte principalement sur l'honnêteté de l'emprunteur et sur sa capacité en général de rapporter des bénéfices.

Dans le bilan, on enregistre les éléments de passif à long terme immédiatement après les éléments de passif à court terme. Examinez le bilan de Cascades présenté en exemple dans le tableau 9.1. Les comptes Dette à long terme et Autres éléments de passif sont tous des éléments de passif à long terme, même si aucun sous-titre distinct ne les catégorise comme tels.

La dette à long terme

Les entreprises peuvent obtenir du capital sous forme de dettes à long terme en s'adressant directement à des établissements qui offrent des services financiers tels que les banques, les compagnies d'assurances et les fiducies. Une dette contractée de cette façon est considérée comme un *placement privé* et porte souvent le nom d'«effet à payer», car il s'agit d'une promesse écrite de rembourser un montant donné à une ou à plusieurs dates à venir, dites *dates d'échéance*.

Dans bien des cas, les besoins d'une entreprise en capitaux d'emprunt dépassent la capacité financière d'un seul créancier. L'entreprise peut alors émettre des titres d'emprunt publics négociables appelés des *obligations*. Il est possible de négocier ces obligations sur des marchés établis, ce qui procure des liquidités aux créanciers obligataires (c'est-à-dire que les créanciers ont la capacité de vendre l'obligation et de recevoir rapidement de l'argent). Ces créanciers peuvent aussi vendre leurs obligations à d'autres investisseurs avant la date d'échéance s'ils ont un urgent besoin de liquidités. Les effets et les obligations se ressemblent beaucoup parce que tous deux sont des promesses écrites de rembourser une dette. Il sera question en détail des obligations un peu plus loin dans ce chapitre.

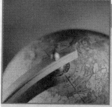

PERSPECTIVE INTERNATIONALE

Les emprunts en devises étrangères

Au cours des dernières années, les entreprises ont étendu leurs activités à l'échelle planétaire. Les plus prospères commercialisent leurs produits dans de nombreux pays et installent des unités de production un peu partout dans le monde en se basant sur des considérations de coût et de productivité. Le financement des entreprises a également pris une envergure internationale, même dans le cas de celles dont les activités ne dépassent pas les frontières nationales.

De nombreuses sociétés qui poursuivent leurs activités dans d'autres pays choisissent de les financer à l'aide de capitaux étrangers pour réduire le risque de change. À cause de différents facteurs économiques, la valeur relative de la devise de chaque pays varie presque de manière quotidienne, ce qui entraîne un risque de change. Au moment de la rédaction de ce manuel, le dollar américain valait environ 1,60 $ CAN alors qu'une année plus tôt, il valait environ 1,50 $ CAN. Une entreprise canadienne qui a une dette en dollars américains enregistrerait une perte due à l'augmentation de la valeur du dollar américain.

Une société canadienne qui fait des affaires aux États-Unis pourrait décider d'emprunter des dollars américains pour financer ses activités. Comme elle obtient un bénéfice net en dollars américains, elle s'en servirait pour rembourser sa dette qui est également en dollars américains. Si elle réalisait un bénéfice net en dollars américains, mais qu'elle remboursait sa dette en dollars canadiens, elle s'exposerait au risque de change parce que la valeur relative du dollar canadien par rapport au dollar américain fluctue.

Plusieurs sociétés étrangères installées en Amérique du Nord ont le même problème. Voici une note tirée d'un rapport annuel de l'entreprise japonaise Toyota.

> Le bénéfice net a diminué au cours de l'exercice qui se termine, l'appréciation du yen ayant empiré l'effet négatif d'une demande faible... La variation des taux de change a réduit le bénéfice d'exploitation de l'entreprise. Les pertes dues au taux de change ont ainsi presque annulé les économies réalisées sur les coûts.

Toyota a emprunté un important montant d'argent aux États-Unis pour réduire le risque de change auquel elle doit faire face. L'entreprise possède et exploite également un grand nombre d'usines dans ce pays.

Même si une entreprise n'a pas d'activités à l'échelle internationale, elle peut décider d'emprunter sur des marchés étrangers. Par exemple, dans les pays aux prises avec une récession, les taux d'intérêt sont souvent très bas. Un tel contexte permet aux entreprises d'emprunter de l'argent à un moindre coût.

Les comptables doivent convertir (ou traduire) la dette étrangère en dollars canadiens à des fins de présentation des états financiers. Les taux de conversion des principales devises sont publiés dans la plupart des journaux. Pour illustrer la conversion des devises, supposons que Cascades a emprunté 1 million d'euros. Dans le rapport annuel de l'entreprise, le comptable doit se servir du taux de conversion en date de l'établissement du bilan qu'on suppose être de 1,00 € pour 0,69 $ can. L'équivalent de la dette en dollars est donc de 690 000 $ (1 000 000 € × 0,69 = 690 000 $). Évidemment, l'équivalent en dollars de la dette en devises peut varier si le taux de change varie, même si aucun emprunt supplémentaire ni remboursement n'est effectué.

Les notes afférentes au bilan de Cascades indiquent que l'entreprise a emprunté principalement au Canada et aux États-Unis. Voici, par contre, l'extrait d'une note provenant d'un rapport annuel de Toys «R» Us (en millions de dollars américains).

	2001	2000
Papier commercial à taux d'intérêt variables	834 $	368 $
Effet à payer de 475 millions de francs suisses dû en 2003	342	342
Obligation (sans garantie) à fonds d'amortissement à 8 3/4 % due en 2021	198	198
Effet à payer de 16 milliards de yens japonais exigibles en divers versements jusqu'en 2005	147	—
Obligations industrielles	41	52
Obligations des contrats de location	32	8
Effets à payer sur hypothèques à des taux annuels variant entre 10 et 11 %	9	10
Prêts en yens japonais exigibles en divers versements jusqu'en 2012	—	242
Prêt à 7 % exigible en livres sterling britanniques dû en 2001	—	19
Obligation (sans garantie) à fonds d'amortissement à 8 1/4 % due en 2017	—	12
	1 603	1 251
Moins: Partie à court terme	36	21
	1 567 $	1 230 $

Toys «R» Us est une entreprise internationale, et plus de 25 % de ses ventes et de ses actifs se trouvent à l'extérieur des États-Unis. L'entreprise emprunte beaucoup sur les marchés internationaux pour minimiser le risque associé aux variations dans les taux de change. Ce comportement est typique de la plupart des grandes sociétés, et c'est une des raisons pour lesquelles les dirigeants d'entreprises doivent bien comprendre le fonctionnement des marchés internationaux.

TEST D'AUTOÉVALUATION

Supposez que Cascades a contracté un effet à payer de 100 000 $ à un taux d'intérêt de 6 % par année le 31 octobre 20A. Les intérêts doivent être payés le 31 mars et le 30 septembre de chaque année.

Présentez les effets de ces opérations sur les éléments du bilan de l'entreprise:

1. au 31 décembre 20A;
2. au 31 mars 20B;
3. au 30 septembre 20B.

Passez les écritures pour les questions 1 à 3.

Vérifiez vos réponses à l'aide des solutions présentées en bas de page*.

Autres sujets

Deux domaines d'activités d'une entreprise peuvent donner lieu à la création soit d'un actif, soit d'un passif. Ces domaines concernent la comptabilité des impôts sur les bénéfices et celle des prestations de retraite des employés. Dans la plupart des états financiers, ces postes sont considérés comme des éléments de passif, de sorte que nous les étudierons avec les autres éléments de passif.

Les éléments d'impôts futurs

OBJECTIF
D'APPRENTISSAGE **5**

Comprendre les éléments d'actif et de passif d'impôts futurs.

Dans les chapitres précédents, nous avons posé des hypothèses simplificatrices concernant les charges fiscales. Ainsi, à partir du montant de charge fiscale qui était donné (par exemple 100 000 $), vous deviez souvent comptabiliser la transaction de la façon suivante:

ÉQUATION COMPTABLE

Actif	=	Passif	+	Capitaux propres
		Impôts exigibles à payer +100 000		Charges fiscales −100 000

ÉCRITURE DE JOURNAL

Charges fiscales (C)	100 000	
Impôts exigibles à payer (Pa)		100 000

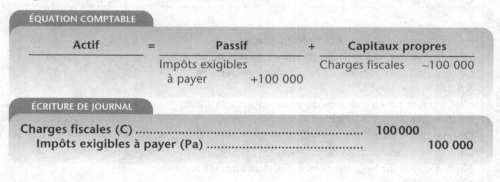

*	Actif		=	Passif		+	Capitaux propres	
1.				Intérêts courus à payer	+1 000		Charge d'intérêts	−1 000
2.	Encaisse	− 3 000		Intérêts courus à payer	−1 000		Charge d'intérêts	−2 000
3.	Encaisse	−3 000					Charge d'intérêts	−3 000

Écritures:

1.	Charge d'intérêts (C)	1 000	
	Intérêts courus à payer (Pa)		1 000
2.	Charge d'intérêts (C)	2 000	
	Intérêts courus à payer (Pa)	1 000	
	Encaisse (A)		3 000
3.	Charge d'intérêts (C)	3 000	
	Encaisse (A)		3 000

Comme des règles distinctes régissent l'établissement des états financiers (PCGR) et la préparation des déclarations d'impôts (la Loi de l'impôt sur le revenu – LIR), le montant des impôts calculés en fonction des bénéfices enregistrés à l'état des résultats diffère généralement du montant d'impôts calculé d'après les bénéfices imposables déterminés dans la déclaration de revenus. Cette différence soulève un problème de comptabilité intéressant. Le montant des impôts à payer inscrit dans le bilan devrait-il être le même que celui des impôts exigibles à court terme suivant la déclaration de revenus ou devrait-il inclure les incidences fiscales à venir dues aux différences entre les PCGR et la LIR ? Des comptables ont résolu ce problème en enregistrant l'élément de passif (ou d'actif) « économique » pour tenir compte des différences entre les PCGR et la LIR.

À cause de ces différences, le montant de la *charge fiscale* et le montant d'*impôts exigibles* diffèrent habituellement. Ainsi, pour équilibrer les comptes, il faut un nouveau compte qui porte le nom de *Passif d'impôts futurs* (ou Actif d'impôts futurs). En pratique, on considère les éléments d'impôts futurs soit comme des *éléments d'actifs* (par exemple les impôts relatifs au montant recouvré auprès d'un client qui est imposable avant d'être enregistré comme un produit à l'état des résultats), soit comme des *éléments de passif* (comme les impôts relatifs à l'amortissement des biens qui est enregistré dans la déclaration de revenus avant d'être comptabilisé à l'état des résultats). La note 10 présentée ci-dessous divulgue les montants d'impôts futurs de Cascades à la fois comme des actifs et des passifs.

Les impôts futurs comprennent les éléments suivants (en millions de dollars).

	2001	2000
Actif d'impôts futurs		
Avantage fiscal découlant des pertes fiscales	72 $	62 $
Avantages sociaux futurs	15	16
Crédits d'impôts non utilisés	9	11
Autres	13	9
Actif d'impôts futurs non constatés	(22)	(29)
	87	69
Passif d'impôts futurs		
Immobilisations corporelles	176	163
Avantages sociaux futurs	14	14
Autres actifs	15	11
Autres	6	3
	211	191
Impôts futurs	124 $	122 $

Les **éléments** de passifs (et d'actifs) **d'impôts futurs** proviennent des différences temporaires (ou des décalages dans le temps) qui existent entre la comptabilisation des produits et des dépenses dans l'état des résultats d'une entreprise et dans sa déclaration de revenus. Ces **écarts temporaires** sont attribuables d'une part aux différences entre les principes comptables généralement reconnus, qui régissent l'établissement des états financiers et, d'autre part, à la Loi de l'impôt sur le revenu, qui régit l'établissement des déclarations d'impôts. Pour illustrer ce propos, on prend comme exemple un élément qui donne lieu à un passif d'impôts futurs. Cascades utilise la méthode de l'amortissement linéaire pour ses états financiers et la méthode de l'amortissement accéléré pour sa déclaration de revenus. Il en résulte que l'entreprise enregistre un bénéfice moins élevé dans sa déclaration de revenus que dans son état des résultats. Supposons qu'on a calculé un montant d'impôts exigibles de 8 millions de dollars d'après les chiffres apparaissant dans la déclaration de revenus de l'entreprise et

Les éléments d'impôts futurs sont attribuables en grande partie aux écarts temporaires qui découlent des différentes normes de mesure des produits et des charges mises de l'avant par les PCGR servant à dresser l'état des résultats et la Loi de l'impôt sur le revenu servant à rédiger les déclarations fiscales.

Les écarts temporaires sont des différences de temps (ou des décalages dans le temps) entraînant un passif (ou un actif) d'impôts qui vont se résorber ou disparaître progressivement dans l'avenir.

une charge fiscale de 10 millions de dollars d'après le bénéfice constaté à l'état des résultats. Voici comment l'entreprise enregistre les impôts qu'elle devra payer.

Actif	=	Passif		+	Capitaux propres	
					Charge fiscale	−10 000 000
		Passif d'impôts futurs	+2 000 000			
		Impôts exigibles à payer	+8 000 000			

ÉCRITURE DE JOURNAL

Charge fiscale (C)	10 000 000	
Passif d'impôts futurs (Pa)		2 000 000
Impôts exigibles à payer (Pa)		8 000 000

Le montant des impôts futurs sera payé dans l'avenir à mesure que l'écart d'amortissement se résorbera. Autrement dit, à un moment donné dans les prochains exercices, l'amortissement accéléré inscrit dans la déclaration de revenus deviendra moins élevé que l'amortissement linéaire qui apparaît à l'état des résultats.

(Rappelez-vous que, comme nous l'avons vu au chapitre 8, la méthode de l'amortissement accéléré a pour effet de produire des charges plus élevées au début de la durée de vie utile d'un actif et, par la suite, de produire des charges moins élevées que celles qu'on obtient avec la méthode de l'amortissement linéaire.) Lorsqu'un écart temporaire se résorbe, le montant du passif d'impôts futurs diminue.

Le calcul des passifs et des actifs d'impôts futurs comporte certaines notions complexes que vous étudierez dans des cours de comptabilité avancés. À ce stade, il vous suffit de comprendre que les économies (l'actif) et les charges (le passif) reliées à des reports d'impôts sont attribuables à des écarts temporaires (ou à des décalages dans le temps) entre la valeur fiscale d'un bien et sa valeur comptable. Chacun de ces écarts a un effet sur l'état des résultats d'un exercice et la déclaration de revenus d'un autre exercice.

Les avantages sociaux futurs

La plupart des employeurs offrent un régime de retraite à leurs employés. Dans un régime de retraite à *cotisations déterminées*, l'employeur effectue des versements en espèces dans une caisse de retraite (ou un fonds de pension) gérée par un organisme qui investit l'argent de ce fonds et réalise des bénéfices. Lorsque les employés prennent leur retraite, ils ont droit à une partie des fonds ainsi accumulés. Plus la stratégie d'investissement du fonds est efficace, plus la pension de retraite des employés est importante. Par contre, si cette stratégie échoue, la pension sera moindre. L'employeur n'a qu'une seule obligation : verser la cotisation annuelle requise à ce fonds, un montant qu'il enregistre à titre de charge de retraite.

Certains employeurs offrent plutôt des régimes de retraite à *prestations déterminées*. Dans de tels régimes, les prestations de retraite (ou la rente de retraite) de l'employé sont établies d'après un pourcentage du salaire reçu au moment où il prend sa retraite, ou elles correspondent à un montant déterminé pour chaque année durant laquelle l'employé fournit des services. Chaque année, l'employeur doit enregistrer la charge de retraite. En gros, le montant de cette charge, qui doit être constaté par régularisation à la fin de chaque exercice, est la variation de la valeur courante en espèces du plan de pension de l'employé. La valeur actuelle en espèces varie chaque année pour différentes raisons. Par exemple, elle varie 1) lorsque l'employé se rapproche de l'âge de la retraite ; 2) lorsque les prestations de retraite augmentent par suite d'une hausse de salaire ou d'un accroissement des années de service ; 3) lorsque l'espérance de vie d'un employé change. L'entreprise doit enregistrer une charge de retraite en se basant sur toute fraction de la valeur courante en espèces du régime de retraite qui n'a pas été financée à ce jour. Par exemple, si l'entreprise a transféré 8 millions de dollars au gestionnaire du fonds de pension, mais que la valeur courante en espèces de ce régime calculée par des experts (actuaires) est de 10 millions de dollars, elle doit enregistrer un passif de 2 millions de dollars dans son bilan.

L'obligation financière relative aux régimes de retraite à prestations déterminées peut être assez considérable dans certaines entreprises, en particulier lorsque la main-d'œuvre est syndiquée. Voici ce que révélait un état financier récent de la société Ford Motor.

Note 12
Avantages sociaux futurs (en millions de dollars américains)
au 31 décembre 2000

	Régimes de retraite		Autres avantages	Total
	Régimes américains	Régimes non américains		
Obligations estimées	33 282	16 918	23 374	73 574
Juste valeur des actifs du fonds	39 830	14 714	3 135	57 679
Excédent des actifs sur les obligations estimées (excédent des obligations sur les actifs)	6 548	(2 204)	(20 239)	(15 895)
Charge de l'exercice	(188)	365	1 553	1 730
Au bilan :				
Charges payées d'avance	2 856	1 040	—	3 896
Obligations accumulées (passif)	(1 244)	(2 900)	(15 620)	(19 764)
Actifs incorporels	116	490	—	606
Autres	175	410	—	585

Pour avoir une idée juste de la taille de l'obligation accumulée (19 764 millions de dollars américains), imaginez qu'elle représente un montant un peu plus élevé que l'avoir des actionnaires de l'entreprise qui se situe à 18 610 millions de dollars américains à la fin de l'an 2000. La charge relative aux avantages sociaux futurs pour l'exercice considéré était de 1,73 milliard de dollars, ce qui représente la moitié du bénéfice net de Ford pour l'exercice.

Cascades présente un passif découlant des avantages sociaux futurs de 14 millions de dollars en 2001 à cause d'un déficit dans sa situation de capitalisation. Voici ce que contient une note afférente à son rapport annuel.

Cascades, extrait de la note 12

Avantages sociaux futurs:

Le montant net constaté au Bilan au 31 décembre 2001
se détaille comme suit (en millions $):

	Régime de retraite	Autres régimes	Total
Actif	52	—	52
Passif	(10)	(56)	(66)
	42	(56)	(14)

Situation de capitalisation à la fin de 2001:

	Régime de retraite	Autres régimes	Total
Excédent (déficit) en fin d'exercice	21	(56)	(35)
Perte actuarielle nette non constatée	22	—	22
Autre	(1)	—	(1)
	42	(56)	(14)

Ces renseignements sont importants pour les analystes qui tentent de prévoir les flux de trésorerie à venir d'une entreprise. Ford a des engagements beaucoup plus contraignants que Cascades en matière de transferts d'encaisse dans les fonds de retraite.

La comptabilisation des prestations de retraite est un sujet complexe dont il sera question plus en détail dans des cours de comptabilité ultérieurs. Nous en avons traité ici pour illustrer encore une fois l'application du principe du rapprochement des produits et des charges, où les dépenses doivent être enregistrées dans l'exercice au cours duquel les services sont rendus. C'est aussi un bon exemple de la façon dont la comptabilité évite de créer des mesures d'incitation non appropriées pour les dirigeants. Si le coût des prestations de retraite à venir n'était pas enregistré dans l'exercice au cours duquel le travail est effectué, les gestionnaires pourraient être tentés d'offrir aux employés des augmentations de ces prestations plutôt que des augmentations de salaires. Ils pourraient ainsi sous-évaluer le coût réel des services des employés et donner l'impression que leur entreprise est plus rentable qu'elle ne l'est en réalité. Selon un grand nombre d'économistes, les différents ordres de gouvernement sont tombés dans ce piège. Les fonctionnaires octroient souvent des pensions considérables à des employés encore en poste sans que le coût n'en soit constaté avant la retraite de ces employés. De cette façon, l'administration peut paraître très efficace alors qu'en réalité, elle se contente de reporter des coûts sur les exercices à venir.

Les éléments de passif éventuels

OBJECTIF
D'APPRENTISSAGE **6**

Présenter les éléments de passif éventuels.

Un élément de passif éventuel est un élément de passif potentiel (une éventualité) qui résulte d'un événement passé; le passif réel ne surviendra qu'au moment où un événement futur le confirmera.

Chacun des éléments de passif du bilan que nous avons analysés jusqu'ici comportait un montant déterminé avec certitude. Il existe aussi des situations ou des conditions qui présentent de l'incertitude. Certains événements futurs pourraient venir confirmer une perte future ou un sacrifice futur d'avantages économiques découlant de situations présentes. Il s'agit d'éléments de **passif éventuels,** c'est-à-dire d'éléments de passif qui sont possibles à cause d'un événement passé. La transformation d'un élément de passif éventuel en élément de passif enregistré dépend d'un ou de plusieurs événements à venir. Une situation qui produit un élément de passif éventuel donne également lieu à une perte éventuelle.

Le fait qu'une situation entraîne un élément de passif enregistré ou un élément de passif éventuel dépend de la *probabilité* du sacrifice économique à venir et de la capacité de la direction à estimer le montant de cet élément. Le tableau qui suit illustre les différentes possibilités.

	Probable	Non déterminable	Peu probable
Sujet à une estimation raisonnable	Enregistrement dans le passif	Présentation dans une note	Présentation non requise
Non sujet à une estimation raisonnable	Présentation dans une note	Présentation dans une note	Présentation non requise

Les probabilités d'un événement se définissent comme suit.

1. Probable – la probabilité que l'événement ou les événements prévus se produisent dans l'avenir est élevée.

2. Non déterminable – la probabilité que l'événement ou les événements prévus se produisent ne peut être déterminée.

3. Peu probable – la probabilité que l'événement ou les événements prévus se produisent est faible.

Lorsqu'une entreprise enregistre des éléments de passif, elle doit déterminer si le montant peut être *estimé de façon raisonnable*. Les directives générales en matière de comptabilité sont les suivantes : 1) un élément de passif qui est probable et qui peut être estimé de façon raisonnable doit être *enregistré* et présenté dans le bilan ; 2) un élément de passif qui ne peut être déterminé doit être *mentionné* dans une note afférente aux états financiers ; 3) il n'est *pas nécessaire* de présenter de l'information sur les éléments de passif dont l'éventualité est peu probable.

Parmi les notes afférentes au rapport annuel de Domtar, on trouve celle-ci.

Éventualités

Domtar fait l'objet de diverses demandes d'indemnisation et de poursuites, entre autres en matière d'environnement, qui sont actuellement contestées. La direction estime que le règlement de ces poursuites et de ces demandes d'indemnisation n'aura pas de répercussions défavorables importantes sur la situation financière, les résultats ou les flux de trésorerie de Domtar.

L'entreprise n'avait pas à enregistrer un élément de passif dans son bilan, car le risque de subir une perte sur ces poursuites était indéterminable et le risque de perte importante peu probable. Voici comment Harley-Davidson a présenté une éventualité dans ses états financiers il y a quelques années.

Note 7
Engagements et éventualités

Le jury d'un tribunal de l'État de la Californie a reconnu que l'entreprise est tenue de verser des dommages-intérêts compensatoires et exemplaires de 7,2 millions de dollars, incluant les intérêts, dans une poursuite intentée par un fournisseur de systèmes d'échappement de marché secondaire. L'entreprise en a immédiatement appelé de ce jugement.

Dans ce cas, l'existence d'un élément de passif constituait un événement probable par suite du jugement défavorable prononcé. En conséquence, d'après les principes de comptabilité généralement reconnus au Canada, la société Harley-Davidson aurait été tenue d'estimer le montant du passif et de l'inscrire au bilan. Les règles en matière de divulgation sont différentes au États-Unis. L'existence d'une autre catégorie appelée une « possibilité raisonnable » requiert la présentation par voie de note seulement, ce

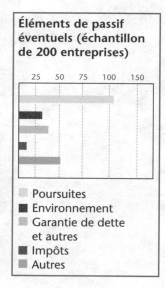

que l'entreprise a fait. L'entreprise a finalement conclu un arrangement à l'amiable de 5 millions de dollars. À ce stade, la perte a été enregistrée, car elle devenait probable ainsi que l'élément de passif qui y était relié.

L'étude des états financiers de 200 entreprises effectuée par *Financial Reporting in Canada* indique que les poursuites sont le type d'éléments de passif éventuels le plus couramment observé[4].

Les autres obligations

Comme nous venons de le voir dans le cas des éventualités, toutes les obligations financières ne se traduisent pas par l'enregistrement d'éléments de passif dans le bilan. Nous citerons encore comme exemple les situations dans lesquelles il y a entente concernant un échange dans l'avenir. De nombreuses entreprises négocient avec des cadres supérieurs des contrats de travail en vertu desquels elles acceptent de leur verser un salaire donné pendant une période de temps déterminée. Cette obligation financière n'est pas enregistrée comme un élément de passif parce qu'il s'agit du paiement dans le futur d'un service qui sera rendu dans le futur. L'élément de passif apparaît seulement au moment où le cadre rend le service en question.

On observe la même situation lorsqu'une entreprise loue un actif. Un contrat de location permet à une entreprise de payer dans l'avenir pour un actif qu'elle utilisera dans l'avenir. Ainsi, de nombreux contrats de location ne produisent pas immédiatement un élément de passif. Connus sous le nom de *location-exploitation,* ces contrats requièrent l'enregistrement des charges et des comptes créditeurs découlant de la location en fonction du temps échelonné.

D'après un autre postulat comptable sous-jacent, les transactions doivent être enregistrées en fonction de leur substance et non de leur forme. Un grand nombre d'entreprises passent des contrats de location à long terme qui leur permettent d'utiliser un actif pendant toute la durée de sa vie utile. En réalité, ce type de contrats correspond à l'achat et au financement d'un actif même s'il s'agit, du point de vue juridique, d'une location.

Un tel bail porte le nom de *contrat de location-acquisition.* Un bail qui couvre au moins 75 % de la durée de vie d'un actif doit être enregistré à titre de contrat de location-acquisition. (Il sera question des autres critères à considérer dans des cours de comptabilité subséquents.) On constate ce type de contrats comme s'il s'agissait de l'achat d'un bien (c'est-à-dire qu'on enregistre un actif et un élément de passif). La valeur enregistrée correspond à la valeur actuelle en espèces des paiements du bail. Dans la prochaine section sur les concepts de valeur actualisée, nous verrons comment calculer ce montant.

Les concepts de valeur actualisée et de valeur capitalisée

OBJECTIF D'APPRENTISSAGE 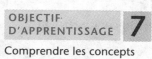 **7**

Comprendre les concepts de valeur actualisée et de valeur capitalisée.

Nous avons passé en revue les catégories de comptes qu'on trouve le plus souvent dans les bilans que vous devrez étudier. Avant de clore le sujet des éléments de passif, nous allons traiter d'un important concept sous-jacent à la plupart de ces éléments.

Au cours de l'étude des effets à payer, on s'en est tenu à une situation de base. Pour analyser correctement des éléments de passif plus complexes, on se sert de notions de mathématiques relativement simples : les concepts de *valeur actualisée* et de *valeur capitalisée.* Ces concepts occuperont une place importante dans l'examen des emprunts obligataires un peu plus loin.

---

4. Clarence Byrd, Ida Chen et Heather Chapman, *Financial Reporting in Canada*, publié par l'Institut canadien des comptables agréés, 2001, p. 376.

Les concepts de valeur capitalisée et de valeur actualisée mettent l'accent sur la valeur temporelle de l'argent. L'argent qu'on a en main aujourd'hui vaut plus que l'argent qu'on recevra dans un an (ou à tout autre moment dans l'avenir), car il peut servir à réaliser des intérêts. Si vous investissez 1 000 $ aujourd'hui à 10 %, vous aurez 1 100 $ dans un an. Par contre, si vous recevez ce montant de 1 000 $ seulement dans un an, jour pour jour, vous aurez raté l'occasion de réaliser 100 $ d'intérêts au cours de cette année. La différence entre 1 000 $ et 1 100 $ correspond aux intérêts que vous pouvez réaliser pendant l'année.

Dans certaines situations d'affaires, on connaît le montant en dollars d'un flux de trésorerie qui aura lieu dans l'avenir et on a besoin de déterminer sa valeur à ce moment-là. C'est ce qu'on appelle un problème de **valeur actualisée** (ou de valeur présente). Au contraire, lorsque l'on connaît le montant (en dollars) d'un flux de trésorerie qui se produit aujourd'hui et qu'on doit déterminer sa valeur à un moment donné dans l'avenir, il s'agit d'un problème de **valeur capitalisée** (ou de valeur future). La valeur de l'argent varie avec le passage du temps parce qu'il peut rapporter des intérêts (autrement dit, 1 $ en main aujourd'hui vaut plus que 1 $ reçu à une date ultérieure). Le tableau suivant illustre la différence fondamentale entre la valeur actualisée et la valeur capitalisée.

La valeur actualisée (ou valeur présente) est la valeur actuelle d'un montant qu'on recevra dans le futur; ce montant futur est actualisé en tenant compte des intérêts composés.

La valeur capitalisée (ou valeur future) correspond à la somme que représente un montant investi lorsqu'on y additionne les intérêts composés qu'il rapportera.

	Aujourd'hui	Dans l'avenir
Valeur actualisée	?	1 000 $
Valeur capitalisée	1 000 $	?

Outre ces deux types de situations courantes (soit la nécessité de déterminer une valeur actualisée ou une valeur capitalisée), il existe deux types de flux de trésorerie, le *versement unique* où, comme son nom l'indique, il n'y a qu'un seul versement, et les *versements périodiques* qui, toujours comme leur nom l'indique, consistent en une série de paiements en espèces souvent appelés des *annuités*. Il y a donc quatre types de situations différentes reliées à la valeur temporelle de l'argent (voir le tableau 9.2). Chaque type de problème est basé sur la formule des intérêts dont il a été question au début de ce chapitre.

$$\text{Intérêts} = \text{Capital} \times \text{Taux d'intérêt} \times \text{Durée}$$

De nombreuses calculatrices de poche peuvent effectuer en détail les calculs arithmétiques requis dans les problèmes de valeur actualisée et de valeur capitalisée. Dans les cours ultérieurs et dans toutes les situations d'affaires, vous utiliserez probablement une machine à calculer pour résoudre ces problèmes. Toutefois, à ce stade, nous vous encourageons à employer plutôt des tables (les tables A-1 à A-4 de l'annexe A à la fin du volume) qui vous fourniront des valeurs applicables à chacun des quatre types de problèmes pour différentes périodes de temps (*n*) et différents taux d'intérêt (*i*). L'utilisation de ces tables devrait vous aider à mieux comprendre comment et pourquoi les concepts de valeur actualisée et de valeur capitalisée s'appliquent aux problèmes d'affaires. Il est important pour les étudiants qui poursuivent des études en comptabilité ou en finances de maîtriser l'utilisation de ces tables.

Quatre types de problèmes de valeur capitalisée et de valeur actualisée		TABLEAU **9.2**

	Symbole	
Paiement ou encaissement	**Valeur capitalisée (valeur future)**	**Valeur actualisée (valeur présente)**
Versement unique	vf	va
Versements périodiques (montants égaux payés ou encaissés à intervalles réguliers)	VF	VA

Les valeurs fournies dans les tables sont basées sur des paiements de 1 $. Si un problème comporte des paiements de montants autres que de 1 $, il suffit de multiplier la valeur de la table par le montant du paiement[5]. Examinons maintenant chacun des quatre types de problèmes relatifs aux valeurs actualisées et capitalisées.

Les valeurs capitalisées et actualisées d'un versement unique

La valeur capitalisée d'un versement unique (vf)

Dans les problèmes concernant la valeur capitalisée d'un versement unique, on vous demande de calculer combien d'argent vous aurez en main dans le futur (f) après avoir investi un certain montant aujourd'hui. Supposons que vous recevez un cadeau de 10 000 $. Vous pouvez décider de le déposer dans un compte d'épargne et de l'utiliser comme acompte (ou versement initial) sur l'achat d'une maison lorsque vous aurez terminé vos études. Grâce au calcul de la valeur capitalisée, vous pouvez savoir de combien d'argent vous disposerez lors de l'obtention de votre diplôme.

Pour résoudre un problème de valeur capitalisée, vous devez connaître trois éléments : 1) le montant à investir, 2) le taux d'intérêt (i) que rapporte le montant investi et 3) le nombre de périodes (n) pendant lesquelles ce montant vous rapportera des intérêts.

Le concept de valeur capitalisée est basé sur les intérêts composés. Par conséquent, on calcule le montant des intérêts de chaque période en multipliant le capital, auquel on additionne les intérêts accumulés des périodes productives précédentes (qui n'ont pas été versés) par le taux d'intérêt.

Pour illustrer ce propos, supposons que le 1er janvier 20A, on dépose 10 000 $ dans un compte d'épargne à un taux d'intérêt annuel de 5 %, composé annuellement. Au bout de trois ans, le montant initial est passé à 11 576 $ de la façon suivante.

Année	Montant au début de l'année	+	Intérêts au cours de l'année	=	Montant à la fin de l'année
1	10 000 $	+	10 000 $ × 5 % = 500 $	=	10 500 $
2	10 500	+	10 500 × 5 % = 525	=	11 025
3	11 025	+	11 025 × 5 % = 551	=	11 576

Pour éviter le calcul détaillé de ce résultat, consultez la table A-1 de l'annexe A intitulée La valeur capitalisée de 1 $, vf. Pour $i = 5 \%$ et $n = 3$, on obtient 1,1576. À la fin de la troisième année, on peut calculer le solde comme étant 10 000 $ × 1,1576 = 11 576 $. L'augmentation de 1 576 $ est attribuable à la valeur temporelle de l'argent. Il s'agit d'un *revenu d'intérêts* (ou d'un *produit financier* ou des *intérêts créditeurs*) pour le propriétaire du compte d'épargne et de *charge d'intérêts* (ou des intérêts débiteurs) pour l'établissement bancaire. Voici une façon pratique de présenter les calculs de ce problème.

$$10\ 000\ \$ \times \text{vf}_{\,i = 5\%,\, n = 3} \text{ (table A-1, annexe A, 1,1576)} = 11\ 576\ \$$$

Le tableau 9.3 résume le concept de la valeur capitalisée.

La valeur actualisée d'un montant unique (va)

La valeur actualisée d'un montant unique correspond à la valeur qu'on accorde aujourd'hui au fait de pouvoir encaisser ce montant à une date ultérieure. Supposons que vous avez l'occasion, par exemple, d'investir dans un instrument d'emprunt qui

---

5. Les problèmes de valeur actualisée et de valeur capitalisée comportent des flux de trésorerie. Les concepts de base sont identiques pour les rentrées de fonds (les encaissements) et les sorties de fonds (les décaissements). Il n'existe pas de différences fondamentales entre les calculs de valeur actualisée et de valeur capitalisée en ce qui a trait aux montants payés ou aux montants encaissés.

vous rapporterait 10 000 $ en 10 ans. Vous voudriez alors déterminer la valeur actuelle de l'instrument avant de prendre la décision d'investir ou non.

Pour calculer la valeur d'aujourd'hui d'un montant à encaisser dans l'avenir, on lui fait subir une *actualisation* (qui est l'opération inverse de la capitalisation) à un taux d'intérêt i pour n périodes. Dans l'actualisation, on soustrait les intérêts au lieu de les additionner (comme c'est le cas dans la capitalisation).

Supposons, par exemple, qu'aujourd'hui, le 1er janvier 20A, on vous donne l'occasion d'encaisser 10 000 $ comptant le 31 décembre 20C (c'est-à-dire dans trois ans). À un taux d'intérêt de 5 % par année, quelle est la valeur de ce montant le 1er janvier 20A ? Vous pourriez procéder à un calcul d'actualisation, année par année, qui serait l'inverse de celui du tableau présenté pour la valeur capitalisée[6]. Pour simplifier ces calculs, référez-vous à la table A-2 de l'annexe A intitulée La valeur actualisée de 1 $, va. Pour $i = 5$ % et $n = 3$, la valeur actualisée de 1 $ est de 0,8638. Par conséquent, le montant de 10 000 $ que vous encaisserez à la fin des trois années vaut aujourd'hui 10 000 $ × 0,8638 = 8 638 $. La différence (c'est-à-dire l'écart d'actualisation) de 1 362 $ représente les intérêts. Voici une façon pratique de présenter les calculs de ce problème.

$$10\ 000\ \$ \times va_{i=5\%,\,n=3} \text{ (table A-2, annexe A, 0,8638)} = 8\ 638\ \$$$

Le concept de la valeur actualisée de 1 $ est résumé dans le tableau 9.3.

Vous apprendrez sans difficulté à calculer le montant d'une valeur actualisée, mais il est plus important encore de comprendre la signification de ce calcul. Le montant de 8 638 $ est ce que vous devriez verser pour pouvoir encaisser 10 000 $ à la fin des trois années, si on suppose que le taux d'intérêt est de 5 %. Théoriquement, vous devriez être indifférent au fait d'avoir 8 638 $ aujourd'hui ou 10 000 $ dans trois ans, car vous pouvez passer par des établissements financiers pour convertir les dollars d'aujourd'hui dans ceux de l'avenir et inversement. Si vous aviez 8 638 $ aujourd'hui, mais que vous préfériez avoir 10 000 $ dans trois ans, il vous suffirait de déposer ce montant dans un compte d'épargne vous rapportant 5 % d'intérêts composés annuels et d'attendre qu'il augmente jusqu'à 10 000 $ en trois ans. De même, si vous aviez en main un contrat qui vous promettait 10 000 $ dans trois ans, vous pourriez le vendre à un investisseur pour 8 638 $ comptant aujourd'hui parce que l'investisseur gagnerait ainsi 5 % sur le montant déboursé.

TEST D'AUTOÉVALUATION

1. Dans un problème de valeur actualisée, si le taux d'intérêt augmente de 8 à 10 %, la valeur actualisée augmentera-t-elle ou diminuera-t-elle ?
2. Quelle est la valeur actualisée d'un montant de 10 000 $ encaissable dans 10 ans jour pour jour si le taux annuel d'intérêt composé est de 8 % ?

Vérifiez vos réponses à l'aide des solutions présentées en bas de page*.

6. Le calcul détaillé de l'actualisation est le suivant.

Période	Intérêts annuels	Valeur actualisée (table A-2, annexe A)
1	10 000 $ – (10 000 $ × 1/1,05) = 476,19 $	10 000 $ – 476,19 $ = 9 523,81 $
2	9 523,81 – (9 523,81 × 1/1,05) = 453,51	9 523,81 – 453,51 = 9 070,30
3	9 070,30 – (9 070,30 × 1/1,05) = 431,92	9 070,30 – 431,92 = 8 638,38

*1. La valeur actualisée sera moins élevée.
2. 10 000 $ × 0,4632 = 4 632 $

Table		Définition et représentation graphique	Formule (table)
A–1	**Valeur capitalisée de 1 $ (vf)** $n = 3$, $i = 10\%$	La valeur capitalisée de 1 $ à la fin de n périodes à un taux d'intérêt composé de i. Il s'agit simplement du capital auquel on additionne les intérêts composés.	$(1 + i)^n$

Aujourd'hui

```
                                                            Valeur
                                                            capitalisée
                                                            de 1 $
        1              2              3
|--------------|--------------|--------------→
1 $                                           1,33 $
```

| A–2 | **Valeur actualisée de 1 $ (va)** $n = 3$, $i = 10\%$ | La valeur actualisée (aujourd'hui) de 1 $ payable dans n périodes, actualisée à un taux d'intérêt composé de i. Il s'agit simplement du montant futur à encaisser, duquel on soustrait les intérêts composés. | $\dfrac{1}{(1+i)^n}$ |

Valeur actualisée de 1 $

```
                                                      Temps futur
        1              2              3
|--------------|--------------|--------------→
0,75 $                                         1 $
```

| A–3 | **Valeur capitalisée de versements périodiques de 1 $* (VF)** $n = 3$, $i = 10\%$ | La valeur capitalisée de n versements périodiques de 1 $ chacun, auxquels on ajoute les intérêts composés accumulés à un taux de i. Le premier versement est fait à la fin de la période en cours, et la valeur capitalisée s'achève à la date du dernier paiement. | $\dfrac{(1+i)^n - 1}{i}$ |

Aujourd'hui

```
                                                            Valeur
                                                            capitalisée de
                                                            n versements
                                                            de 1 $ chacun
        1              2              3
|--------------|--------------|--------------→
            1 $            1 $            1 $
                                              3,31 $
```

| A–4 | **Valeur actualisée de versements périodiques de 1 $ (VA)** $n = 3$, $i = 10\%$ | La valeur actualisée (aujourd'hui) de n versements périodiques de 1 $ chacun, encaissés (ou payés) chaque période et actualisés à un taux d'intérêt composé de i par période. Le paiement se fait à la fin de l'exercice. | $\dfrac{1 - \dfrac{1}{(1+i)^n}}{i}$ |

Valeur actualisée de n versements de 1 $

```
                                                      Temps futur
        1              2              3
|--------------|--------------|--------------→
            1 $            1 $            1 $
2,49 $
```

* Il faut noter qu'il s'agit de versements en fin de période qu'on appelle souvent des « annuités de fin de période ». Par conséquent, les valeurs de la table pour VF, la valeur capitalisée, correspondent à la date du dernier paiement; dans le cas de la table de la valeur actualisée, les valeurs correspondent au début de la période du premier paiement. Lorsqu'il s'agit de versements ou d'une annuité en début de période, on peut convertir les valeurs simplement en multipliant les versements de fin de période par $(1 + i)$.

Les valeurs capitalisées et actualisées des versements périodiques

Au lieu d'un seul paiement, les entreprises doivent souvent effectuer de multiples paiements en espèces sur un certain nombre de périodes. Les **versements périodiques** ou les **annuités** comportent une série de paiements successifs et ont les caractéristiques suivantes :

1. des montants égaux (en dollars) versés à chaque période d'intérêt ;
2. des périodes d'intérêt de la même longueur (une année, un semestre, un trimestre ou un mois) ;
3. le même taux d'intérêt pour chaque période d'intérêt.

On peut citer comme exemples les paiements mensuels sur une voiture ou une maison, les dépôts annuels dans un compte d'épargne et les prestations de retraite mensuelles provenant d'un fonds de pension.

Un ensemble de versements périodiques (ou annuités) consiste en une série d'encaissements ou de paiements périodiques de montants égaux à chaque période d'intérêt.

La valeur capitalisée des versements périodiques (VF)

Si vous économisez de l'argent dans un but quelconque, par exemple pour acheter une nouvelle voiture ou faire un voyage en Europe, vous pourriez décider de déposer chaque mois un montant d'argent fixe dans un compte d'épargne. Le calcul de la valeur capitalisée de ces versements périodiques vous indiquerait alors combien il y aura d'argent dans votre compte d'épargne à un moment donné dans l'avenir.

La valeur capitalisée d'un ensemble de versements périodiques inclut les *intérêts composés* sur chaque versement, de la date du premier paiement jusqu'à la fin des versements. Chaque paiement accumule moins d'intérêts que les paiements précédents uniquement parce que le nombre de périodes qui restent pour accumuler des intérêts diminue.

Supposons qu'on dépose 1 000 $ en espèces dans un compte d'épargne chaque année pendant trois ans à un taux d'intérêt de 10 % par an (c'est-à-dire que le capital est de 3 000 $ au total). On effectue le premier dépôt le 31 décembre 20A, le deuxième le 31 décembre 20B et le troisième le 31 décembre 20C. Le premier dépôt de 1 000 $ rapporte des intérêts composés pendant deux ans (le total du capital et des intérêts est de 1 210 $) ; le deuxième rapporte des intérêts pendant un an (le total du capital et des intérêts est de 1 100 $), tandis que le troisième ne rapporte aucun intérêt puisqu'on le dépose le jour où la banque calcule le solde. Par conséquent, le montant total dans le compte d'épargne à la fin de trois ans s'élève à 3 310 $ (1 210 $ + 1 100 $ + 1 000 $).

On pourrait aussi calculer les intérêts sur chaque dépôt pour déterminer la valeur capitalisée de ces versements périodiques. En se référant à la table A-3 de l'annexe A, intitulée La valeur capitalisée d'un versement périodique de 1 $ (VF) pour $i = 10 \%$ et $n = 3$, on trouve 3,3100. Ainsi, le total des trois dépôts de 1 000 $ chacun se chiffre à 1 000 $ × 3,31 = 3 310 $ le 31 décembre 20C. L'augmentation de 310 $ est attribuable aux intérêts. On peut formuler ce problème comme suit.

$$1\ 000\ \$ \times \text{VF}_{i = 10\%,\ n = 3} \textbf{ (table A-3, annexe A, 3,3100) = 3 310 \$}$$

Ce concept est résumé dans le tableau 9.3.

La puissance de la capitalisation Les intérêts composés constituent un instrument économique remarquablement puissant. La capacité de réaliser des intérêts sur des intérêts est la clé de la richesse économique. Si vous épargnez 1 000 $ par an pendant les 10 premières années de votre carrière, vous aurez plus d'argent à votre retraite que si vous épargnez 15 000 $ par an au cours de vos 10 dernières années de travail. Ce résultat surprenant s'explique par le fait que l'argent que vous économisez au début de votre carrière a la possibilité de rapporter plus d'intérêts que l'argent que vous économisez à la fin de vos années de service. Si vous commencez tôt, la plus grande partie de votre avoir proviendra non pas de l'argent que vous aurez épargné, mais des

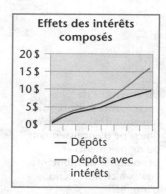
intérêts réalisés grâce à cet argent. Le tableau ci-contre illustre la puissance de la capitalisation sur un bref intervalle de 10 ans. On suppose, au départ, que vous déposez 1 $ par année dans un compte d'épargne qui porte un taux d'intérêt de 10 %. À la fin de 10 ans exactement, seulement 64 % du solde de votre compte est constitué de l'argent économisé, le reste provient des intérêts réalisés. Après 20 ans, seulement 35 % du solde provient de l'argent épargné. La leçon à tirer de cet exemple est fort claire : malgré les difficultés que cela comporte, il faut commencer à épargner dès maintenant si on veut profiter au maximum des intérêts composés.

La valeur actualisée des versements périodiques (VA)

La valeur actualisée des versements périodiques correspond à la valeur aujourd'hui d'une série de montants égaux à recevoir (ou à payer) à chaque période, pour un nombre donné de périodes à venir.

Pour déterminer cette valeur, il faut procéder à l'actualisation de chacun des montants périodiques égaux. Un régime de retraite qui assure au retraité un revenu mensuel pendant une période de temps donnée constitue un bon exemple de ce type de problèmes.

Pour illustrer ce propos, supposons que nous sommes le 1er janvier 20A et que vous devez recevoir 1 000 $ comptant respectivement les 31 décembre 20A, 20B et 20C. Quelle est la valeur au 1er janvier 20A de la somme de ces trois versements de 1 000 $ à venir, si le taux d'intérêt est de 10 % par an ? Il est possible de se servir de la table A-2 de l'annexe A pour calculer cette valeur actualisée comme suit.

Année	Montant		Valeur de la table A-2, annexe A, $i = 10\%$		Valeur actualisée
1	1 000 $	×	0,9091 ($n = 1$)	=	909,10 $
2	1 000 $	×	0,8264 ($n = 2$)	=	826,40 $
3	1 000 $	×	0,7513 ($n = 3$)	=	751,30 $
			Total de la valeur actualisée	=	2 486,80 $

On peut calculer la valeur actualisée de ces versements périodiques de façon plus simple encore en utilisant une des valeurs actualisées de la table A-4 de l'annexe A comme suit.

1 000 $ × VA$_{i = 10\%, n = 3}$ (table A-4, annexe A, 2,4869) = 2 487 $ (valeur arrondie)

Ce concept est résumé dans le tableau 9.3.

Les taux d'intérêt et les périodes d'intérêt Il faut noter que, dans les exemples précédents, on a utilisé des périodes annuelles pour la capitalisation et l'actualisation. Même si les taux d'intérêt sont presque toujours indiqués sur une base annuelle, la plupart des périodes de capitalisation d'intérêts dont il est question dans les entreprises ont une durée de moins d'un an (par exemple un semestre ou un trimestre). Lorsque les périodes d'intérêt sont plus courtes qu'un an, on doit traiter de nouveau les valeurs de n et de i conformément à leur durée.

Ainsi, pour un taux d'intérêt de 12 % composé annuellement pendant cinq ans, on utilise les valeurs $n = 5$ et $i = 12\%$. Si la capitalisation se fait par trimestre, la période d'intérêt correspond au quart d'un an (c'est-à-dire qu'il y a quatre périodes ou trimestres par an), et le taux d'intérêt trimestriel équivaut au quart du taux d'intérêt annuel (c'est-à-dire de 3 % par trimestre). Par conséquent, dans le cas d'intérêts composés trimestriels de 12 % pendant cinq ans, on utilisera $n = 20$ et $i = 3\%$.

La vérité dans la publicité

Un bon nombre de publicités qu'on trouve dans les journaux, les magazines et à la télévision peuvent facilement induire le consommateur en erreur s'il ne comprend pas le concept de la valeur actualisée. Examinons deux exemples.

La plupart des constructeurs d'automobiles offrent des rabais saisonniers accompagnés de programmes de financement incitant à l'achat. Ainsi, un concessionnaire peut annoncer un taux d'intérêt de 4 % sur les prêts pour l'achat d'une voiture lorsque les banques réclament 10 %. En réalité, le taux d'intérêt le plus bas n'est pas le meilleur, car le concessionnaire hausse simplement le prix des voitures qu'il finance lui-même. Il est parfois préférable d'emprunter de l'argent à la banque et de payer le concessionnaire comptant de façon à pouvoir négocier un prix moins élevé. Les consommateurs devraient se servir des concepts de valeur actualisée décrits dans ce chapitre pour comparer des choix de financement.

Une autre publicité trompeuse, qui revient constamment, fait miroiter la chance de devenir millionnaire instantanément. On y précise, en caractères plus petits, que le gagnant recevra 25 000 $ pendant 40 ans, ce qui correspond effectivement à 1 million de dollars (40 × 25 000 $) mais, en réalité, la valeur actualisée de ces versements périodiques à 8 % atteint seulement 298 000 $. La plupart des gagnants sont heureux de recevoir cet argent, mais ils ne sont pas réellement millionnaires.

Certains défenseurs des droits des consommateurs critiquent les entreprises qui utilisent ce genre de publicité. Selon eux, les consommateurs ne devraient pas avoir à étudier les concepts de valeur actualisée pour comprendre les publicités qu'on leur présente. Bien qu'une partie de ces critiques soit probablement justifiée, la qualité des renseignements contenus dans les publicités concernant les taux d'intérêt s'est améliorée au cours des dernières années.

Les applications comptables des valeurs capitalisées et des valeurs actualisées

Un grand nombre de transactions d'affaires requièrent l'emploi des concepts de valeur capitalisée et de valeur actualisée. Nous vous présentons deux exemples pour que vous puissiez vérifier votre compréhension de ces concepts.

Cas A Le 1er janvier 20A, la société Vitevite a acheté de nouveaux camions de livraison. L'entreprise a signé un effet à payer en vertu duquel elle s'engage à verser 200 000 $ pour ces camions le 31 décembre 20B. Le taux d'intérêt du marché sur cet effet est de 12 %. Le montant de 200 000 $ représente l'équivalent en espèces du prix des camions et des intérêts pour deux ans.

OBJECTIF D'APPRENTISSAGE 8

Appliquer les concepts relatifs à la valeur actualisée aux éléments de passif.

1. Comment le comptable devrait-il enregistrer cet achat ?

Réponse : Ce cas requiert l'application du concept de la valeur actualisée d'un versement unique. Conformément au principe du coût, le coût des camions correspond à leur prix actuel au comptant, c'est-à-dire à la valeur aujourd'hui de leur paiement dans l'avenir. On calcule donc la valeur actualisée de 200 000 $ comme suit.

$$200\ 000\ \$ \times va_{i = 12\%,\ n = 2} \text{ (table A-2, annexe A, 0,7972)} = 159\ 440\ \$$$

Par conséquent, voici l'inscription de cette transaction.

ÉQUATION COMPTABLE

Actif	=	Passif	+	Capitaux propres
Camions de livraison +159 440		Effet à payer +159 440		

ÉCRITURE DE JOURNAL

Camions de livraison (A) 159 440
   Effet à payer (Pa) 159 440

Certaines entreprises préfèrent inscrire la transaction de la façon suivante.

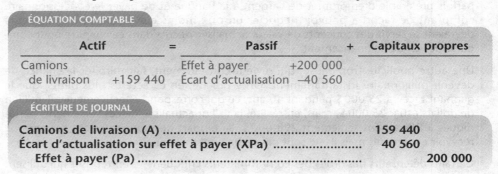

ÉQUATION COMPTABLE

Actif	=	Passif	+	Capitaux propres
Camions de livraison +159 440		Effet à payer +200 000 Écart d'actualisation −40 560		

ÉCRITURE DE JOURNAL

Camions de livraison (A) 159 440
Écart d'actualisation sur effet à payer (XPa) 40 560
   Effet à payer (Pa) 200 000

Le compte Écart d'actualisation est un compte de contrepartie d'un compte de passif. Il représente les intérêts courus sur l'effet à payer pendant sa durée de vie. On se sert abondamment de ce compte lorsqu'il est question des obligations.

2. Quels sont les effets de cette transaction à la fin de la première année et de la deuxième année en ce qui concerne les charges d'intérêts ?

Réponse : Pour chaque année, la charge d'intérêts sur le montant du compte des effets à payer est comptabilisée à l'aide d'une opération de régularisation comme suit.

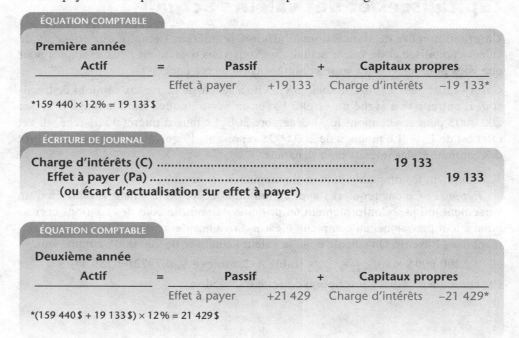

ÉQUATION COMPTABLE

Première année

Actif	=	Passif	+	Capitaux propres
		Effet à payer +19 133		Charge d'intérêts −19 133*

*159 440 × 12 % = 19 133 $

ÉCRITURE DE JOURNAL

Charge d'intérêts (C) 19 133
   Effet à payer (Pa) 19 133
   (ou écart d'actualisation sur effet à payer)

ÉQUATION COMPTABLE

Deuxième année

Actif	=	Passif	+	Capitaux propres
		Effet à payer +21 429		Charge d'intérêts −21 429*

*(159 440 $ + 19 133 $) × 12 % = 21 429 $

ÉCRITURE DE JOURNAL

Charge d'intérêts (C)	21 429	
Effet à payer (Pa)		21 429
(ou écart d'actualisation sur effet à payer)		

3. Quels sont les incidences sur les éléments du bilan au 31 décembre 20B à la suite du paiement de la dette?

Réponse : À cette date, le montant à payer correspond au solde de l'effet à payer qui est identique au montant dû à l'échéance. L'opération du paiement complet de la dette est inscrite comme suit.

ÉQUATION COMPTABLE

Actif		=	Passif		+	Capitaux propres
Encaisse	–200 000		Effet à payer	–200 000		

ÉCRITURE DE JOURNAL

Effet à payer (Pa)..	200 000	
Encaisse (A)		200 000

Cas B Le 1er janvier 20A, la société Vitevite a acheté du matériel d'impression neuf. L'entreprise a décidé de financer cet achat par un effet à payer qui sera acquitté en trois versements annuels égaux de 163 686$. Chaque versement comprend une partie du capital et des intérêts de 11% par an sur le solde non payé. Les versements annuels égaux sont payables respectivement les 31 décembre 20A, 20B et 20C.

1. Quel est le montant de cet effet?

Réponse : L'effet correspond à la valeur actualisée de chaque versement lorsque $i = 11\%$ et $n = 3$. Il s'agit d'un ensemble de versements périodiques puisque le paiement se fait en trois versements égaux. On calcule le montant de l'effet comme suit.

163 686$ × VA$_{i = 11\%,\, n = 3}$ (table A-4, annexe A, 2,4437) = 400 000$

On enregistre l'achat de la façon suivante.

ÉQUATION COMPTABLE

Actif		=	Passif		+	Capitaux propres
Matériel d'impression	+400 000		Effet à payer	+400 000		

ÉCRITURE DE JOURNAL

Matériel d'impression (A)..	400 000	
Effet à payer (Pa)		400 000

2. À combien s'élève le montant total de la charge d'intérêts (en dollars)?

Réponse :

163 686$ × 3 = 491 058$ – 400 000$ = 91 058$

3. Enregistrez le paiement de cet effet de 400 000$ à la fin de chaque exercice.

Réponse :

ÉQUATION COMPTABLE

Actif		=	Passif		+	Capitaux propres	
Encaisse	–163 686		Effet à payer	–119 686		Charge d'intérêts	–44 000

4. Préparez un calendrier de paiement de la dette incluant l'effet sur la charge d'intérêts et sur le solde du capital pour chaque exercice.

Réponse:

Calendrier de paiement de la dette

Date	Paiement comptant (crédit)	Charge d'intérêts (Solde précédent × 11 %) (Débit)	Diminution du capital (Débit)	Solde non payé du capital
01-01-20A				400 000 $
31-12-20A	163 686 $	400 000 $ × 11 % = 44 000 $	119 686 $[a]	280 314[b]
31-12-20B	163 686	280 314 × 11 % = 30 835	132 851	147 463
31-12-20C	163 686	147 463 × 11 % = 16 223*	147 463	0
Total	491 058 $	91 058 $*	400 000 $	

*   Pour tenir compte des erreurs dues à l'arrondissement des chiffres.
[a] 163 686 $ − 44 000 $ = 119 686 $, etc.
[b] 400 000 $ − 119 686 $ = 280 314 $, etc.

Dans ce calendrier, il faut noter que pour chaque versement successif le montant remboursé sur le capital augmente, tandis que le montant en charge d'intérêts diminue. Il en est ainsi car les intérêts de chaque période sont calculés sur un montant de moins en moins élevé de capital impayé. Dans le cas d'un ensemble de versements périodiques, les échéanciers comme celui-ci se révèlent souvent des outils d'analyse très utiles.

Parlons affaires

Au début de ce chapitre, nous avons employé l'expression *structure financière* pour désigner une combinaison de capitaux d'emprunts et de capitaux propres pour financer les opérations d'une entreprise. Presque toutes les entreprises ont un certain pourcentage de capitaux empruntés dans leur structure financière. En fait, comme les grandes sociétés ont besoin d'emprunter des milliards de dollars, elles pourraient difficilement s'adresser à des créanciers individuels. Elles émettent plutôt des obligations qui leur permettent de réunir des capitaux d'emprunt.

Les *obligations* sont des titres que les sociétés et certaines entités gouvernementales (ou collectivités publiques) émettent lorsqu'elles veulent emprunter des montants d'argent importants. Après leur émission, les obligations peuvent être négociées sur le parquet de Bourses bien établies comme la Bourse de Toronto. La capacité de vendre une obligation sur le marché obligataire constitue un avantage important pour les créanciers parce qu'elle leur assure un certain niveau de *liquidité,* c'est-à-dire la possibilité de transformer leur investissement en argent. Si quelqu'un prêtait directement de l'argent à une société pour une période de 20 ans, il devrait attendre la fin de ce délai pour que son investissement lui soit remboursé. Par contre, lorsqu'il prête de l'argent en achetant une obligation, il peut, en cas de besoin, la revendre à un autre créancier avant qu'elle arrive à échéance.

La liquidité qu'offrent les obligations négociables en Bourse constitue également un avantage important pour les sociétés. La plupart des créanciers hésitent à prêter de l'argent pour de longues périodes de temps en sachant qu'ils ne recevront aucun montant en espèces avant la date d'échéance de la dette. Ils réclament donc un taux d'intérêt plus élevé en guise de compensation pour les prêts à long terme. La liquidité assurée par les obligations permet aux sociétés d'emprunter de l'argent pour de longues périodes de temps mais à un coût moindre.

L'utilisation d'obligations pour mobiliser des capitaux à long terme offre encore d'autres avantages précieux pour des entreprises comme Cascades.

1. La propriété et le contrôle de l'entreprise restent entre les mains des actionnaires actuels. Contrairement aux actionnaires, les créanciers obligataires (ou les détenteurs d'obligations) ne participent pas à la gestion de l'entreprise (il n'ont pas de droit de vote) et ne reçoivent pas de quote-part des bénéfices cumulés.

2. Les paiements en espèces aux créanciers obligataires se limitent au versement des intérêts, déterminés d'avance, et au remboursement du capital de la dette.

3. Contrairement aux dividendes versés aux actionnaires, les charges d'intérêts constituent une dépense déductible d'impôts. La déductibilité des charges d'intérêts permet de réduire le coût net d'un emprunt. Par exemple, lorsqu'une entreprise verse 100 000 $ d'intérêts au cours d'un exercice, son bénéfice imposable diminue de 100 000 $. Si le taux d'imposition combiné est de 40 %, elle paie 40 000 $ de moins en impôts (40 % × 100 000 $) parce que son bénéfice imposable a diminué. Par conséquent, le **coût net des intérêts** est de 60 000 $ (soit 100 000 $ − 40 000 $). Lorsque l'entreprise paie 100 000 $ en dividendes, le coût net se chiffre à 100 000 $ parce que les dividendes ne sont pas déductibles d'impôts.

4. Il est souvent possible d'emprunter des capitaux à un faible taux d'intérêt et de les investir à un taux plus élevé. C'est ce qu'on appelle un **effet de levier** favorable. Pour illustrer cet effet, prenons comme exemple la société Vidéo Maison inc., qui possède un magasin de location de vidéos. On suppose que le solde des capitaux propres de cette entreprise se chiffre à 100 000 $ investis dans le magasin et qu'elle n'a aucune dette. Le magasin lui rapporte un bénéfice net de 20 000 $ par an (c'est-à-dire un rendement de 20 % sur l'investissement des actionnaires). La direction prévoit ouvrir un autre magasin qui coûtera également 100 000 $ et rapportera 20 000 $ par an. Si les actionnaires fournissent de nouvelles ressources financières, ils recevront toujours 20 % sur leur investissement (40 000 $ ÷ 200 000 $), mais si

OBJECTIF D'APPRENTISSAGE **9**

Décrire les caractéristiques des obligations et utiliser le ratio d'endettement.

Le coût net des intérêts est le coût des intérêts dont on soustrait toute économie d'impôts associée à la charge d'intérêts.

L'effet de levier ou le levier financier se définit comme l'utilisation de capitaux empruntés pour accroître le taux de rendement des actionnaires; il survient lorsque le taux d'intérêt d'une dette est inférieur au taux de rendement de l'actif total (bénéfices/actif total).

l'entreprise emprunte 100 000 $ pour ouvrir son magasin à un coût net d'intérêts après impôts de 8 %, le taux de rendement des actionnaires augmentera. Ils recevront 20 000 $ sur le premier magasin et 12 000 $ sur le second (20 000 $ – 8 000 $ d'intérêts) pour un rendement total de 32 000 $ sans avoir déboursé de somme additionnelle. Grâce à l'emprunt effectué par l'entreprise, le solde des capitaux propres demeurera le même (100 000 $), mais le taux de rendement sera de 32 % (32 000 $ ÷ 100 000 $).

Malheureusement, l'émission d'obligations présente aussi certains inconvénients dont les principaux sont 1) la nécessité d'effectuer le paiement des intérêts requis à chaque période d'intérêt et 2) la nécessité de rembourser le montant du capital, généralement considérable, en totalité à la date d'échéance. Les intérêts payés par versements aux créanciers obligataires constituent des charges (ou des coûts) fixes qui accroissent le risque d'exploitation (commerciale ou économique). Selon la loi, les intérêts doivent être versés périodiquement quoi qu'il arrive, c'est-à-dire que l'entreprise réalise des bénéfices ou qu'elle subisse des pertes. Les dividendes, au contraire, ne sont généralement payés aux actionnaires que si les bénéfices non répartis et les liquidités sont suffisants. Chaque année, des entreprises font faillite à cause de leur incapacité à effectuer les paiements d'intérêts requis à leurs créanciers. Une saine gestion des affaires nécessite le maintien d'un équilibre entre les capitaux empruntés et les capitaux propres.

ANALYSONS LES RATIOS

Le ratio d'endettement

1. Connaître la question

Quelle est la relation entre le montant des capitaux fournis par les propriétaires et le montant des capitaux fournis par les créanciers ? Le *ratio d'endettement* ou le *ratio des capitaux empruntés/capitaux propres* est une mesure de cette relation. Les analystes s'en servent pour évaluer la capacité d'emprunt (ou la capacité d'endettement) d'une entreprise. On le calcule comme suit.

$$\text{Ratio d'endettement} = \frac{\text{Passif total}}{\text{Capitaux propres}}$$

En 2001, le ratio d'endettement de Cascades était le suivant:

$$\frac{1\ 863\ \text{millions \$}}{891\ \text{millions \$}} = 2,1$$

2. Utiliser les techniques appropriées

a) Analyser la tendance dans le temps			b) Comparer avec les compétiteurs	
CASCADES			DOMTAR	ABITIBI-CONSOLI-DATED
1999	2000	2001	2001	2001
2,8	2,4	2,1	1,9	2,6

3. Interpréter prudemment les résultats

EN GÉNÉRAL ◊ Un ratio élevé indique que l'entreprise compte grandement sur les capitaux fournis par ses créanciers. Plus sa dépendance envers les créanciers est forte, plus une entreprise risque de ne pas pouvoir remplir les obligations financières auxquelles elle s'est engagée en cas de ralentissement de ses activités.

CASCADES ◊ Le ratio d'endettement de Cascades a diminué au cours des trois dernières années; en 2001, il se situe à mi-chemin entre ceux de ses compétiteurs. Comme nous l'avons mentionné au début du chapitre, l'un des objectifs de Cascades est de réduire le ratio d'endettement. La société a réussi cette stratégie non en diminuant de façon globale ses passifs qui ont augmenté légèrement au cours de trois derniers exercices (de 1 787 millions de dollars en 1999 à 1 863 millions de dollars en 2001), mais en améliorant sa rentabilité, ce qui augmente les capitaux propres. Ce dernier est passé de 649 millions de dollars en 1999 à 891 millions de dollars en 2001 à cause de la croissance des bénéfices non répartis. Ainsi, la plupart des analystes financiers verraient d'un bon œil les améliorations du ratio d'endettement de Cascades, d'autant plus que le ratio est comparable à celui de ses compétiteurs.

QUELQUES PRÉCAUTIONS ◊ Le ratio d'endettement ne dévoile qu'une partie de la situation en ce qui a trait aux risques associés à une dette. Il constitue une bonne indication de la capacité d'emprunt (ou d'endettement), mais il n'aide pas l'analyste à savoir si les activités de l'entreprise lui permettent de composer avec le montant des dettes qu'elle a accumulées. N'oubliez pas qu'une dette comporte l'obligation d'effectuer des paiements en espèces pour payer les intérêts et rembourser le capital. La plupart des analystes préfèrent donc évaluer le ratio d'endettement en tenant compte du montant d'encaisse que l'entreprise est en mesure de produire par ses activités. Plus loin dans ce chapitre, nous examinerons un autre coefficient dont les analystes se servent en combinaison avec le ratio d'endettement.

Les caractéristiques des emprunts obligataires

Il existe différents types d'obligations ayant chacun leurs caractéristiques propres. Le tableau 9.4 donne un aperçu d'un bon nombre des caractéristiques les plus courantes des obligations émises par des sociétés. À première vue, le nombre de types d'obligations différents peut paraître déconcertant, mais il y a une sérieuse raison économique à ce foisonnement. Les préférences face au risque diffèrent d'un créancier à l'autre. Une personne à la retraite, par exemple, acceptera de recevoir un faible taux d'intérêt en échange d'une sécurité accrue pour ses placements. Ce type de créancier pourrait opter pour une obligation hypothécaire en vertu de laquelle un actif en particulier est mis en gage à titre de garantie dans le cas où l'entreprise serait incapable de rembourser l'obligation (appelée aussi une *obligation garantie* ou une *obligation avec recours*). Un autre créancier pourrait se contenter d'un faible taux d'intérêt et de peu de garanties en échange de la possibilité de convertir l'obligation en actions ordinaires à un certain moment dans l'avenir si l'entreprise prospère. Une obligation qui n'est pas garantie par la mise en gage d'un actif en particulier porte le nom de **débenture,** d'**obligation non garantie** ou d'**obligation sans recours.** Les entreprises s'efforcent de créer des obligations dont les caractéristiques conviendront à différents types de créanciers. De la même façon, les fabricants d'automobiles essaient de concevoir des modèles qui plairont à divers groupes de consommateurs.

Une obligation requiert généralement le paiement d'intérêts tout au long de sa durée et le remboursement du capital à la date d'échéance. Le **capital de l'obligation** est le montant 1) exigible à la date d'échéance et 2) d'après lequel on calcule les versements d'intérêts périodiques en espèces. Ce montant ne varie pas. On l'appelle aussi la **valeur nominale** ainsi que la *valeur à l'échéance*. Toutes les obligations ont une valeur nominale correspondant au montant qui sera versé à leur propriétaire lorsqu'elles arriveront à échéance. La plupart des obligations ont une valeur nominale de 1 000 $, mais celle-ci peut être plus élevée. Normalement, les obligations se présentent sous forme de multiples de 1 000, par exemple, 5 000 $, 10 000 $, etc.

Une débenture est une obligation non garantie (ou une obligation sans recours), c'est-à-dire qu'aucun actif n'est spécifiquement donné en gage pour garantir un remboursement.

Le capital d'une obligation est le montant a) remboursable à l'échéance de l'obligation et b) sur lequel on calcule les paiements d'intérêts périodiques en espèces.

La valeur nominale est une autre façon de désigner le capital d'une obligation ou le montant que représente cette obligation à sa date d'échéance.

Le taux contractuel (ou le coupon) est le taux d'intérêt périodique en espèces inscrit dans le contrat d'emprunt ou l'acte de fiducie.

Sur un certificat d'obligation, on trouve toujours le **taux contractuel** (ou le **coupon**) et les dates des versements périodiques des intérêts – généralement annuels ou semi-annuels. Pour calculer le montant de chaque versement d'intérêts, on multiplie le capital par le taux d'intérêt contractuel. Le prix de vente d'une obligation n'influe pas sur le versement périodique en espèces des intérêts. Par exemple, une obligation de 1 000 $ à 8 % rapportera toujours des intérêts en espèces 1) de 80 $ sur une base annuelle ou 2) de 40 $ sur une base semi-annuelle.

TABLEAU 9.4 — Caractéristiques des obligations et classement

Classement des obligations	Caractéristiques
1. Sur la base du recours (actifs en garanties)	
a) Obligations non garanties ou sans recours (appelées aussi débentures)	a) Obligations qui ne comportent pas d'hypothèque ou la mise en gage d'actifs en particulier comme garantie de remboursement à l'échéance
b) Obligations garanties (souvent désignées d'après le type d'actif mis en gage, par exemple des hypothèques sur des biens immobiliers)	b) Obligations qui comportent la mise en gage d'actifs particuliers comme garantie du remboursement à l'échéance
2. Sur la base du remboursement du capital	
a) Obligations à terme ou à échéance unique	a) Capital remboursable en entier à une seule date d'échéance précisée à l'avance
b) Obligations à échéances successives (ou échéant en série)	b) Capital remboursable par versements échelonnés sur une série de dates d'échéance précisées d'avance
3. Sur la base de conversion anticipée	
a) Obligations remboursables par anticipation	a) Obligations qui peuvent être remboursées par anticipation au gré de la société émettrice
b) Obligations remboursables à vue (encaissables)	b) Obligations qui peuvent être remboursées par anticipation au gré de l'obligataire (le détenteur de l'obligation)
c) Obligations convertibles	c) Obligations qui peuvent être converties en d'autres titres de la société émettrice (généralement des actions ordinaires) à la discrétion de l'obligataire

Lorsqu'une société décide d'émettre des obligations, elle dresse un contrat qui précise les clauses juridiques relatives aux obligations. Il s'agit d'un acte de fiducie. Les clauses comprennent la date d'échéance, le taux d'intérêt à verser, la date de chaque versement d'intérêts et tout privilège de conversion. On trouve également dans ce contrat des clauses qui protègent le créancier, par exemple la restriction sur l'émission de dettes obligataires supplémentaire dans le futur. D'autres clauses limitatives peuvent empêcher le paiement de dividende ou exiger un minimum relatif à certains ratios financiers tel le fonds de roulement. À cause des effets contraignants sur les activités d'une entreprise, la direction préfère des clauses moins restrictives. Par contre, les créanciers préfèrent des clauses plus restrictives qui réduisent leur risque. Comme toute opération d'affaires, les clauses se négocient. Les clauses restrictives relatives aux obligations sont normalement divulguées à l'intérieur d'une note aux états financiers. Dans une étude sur 200 entreprises canadiennes[7], la quasi-totalité des sociétés qui avaient des clauses de remboursement par anticipation sur les obligations divulguaient les détails. Quant aux clauses de convertibilité, 80 % des entreprises en divulguaient les détails.

---

7. Clarence Byrd, Ida Chen et Heather Chapman, *op. cit.*, p. 370.

Cascades présentait la note suivante relative aux billets à payer (échéance en 2007 et 2008).

> Ces billets non garantis sont remboursables par anticipation au gré de la filiale et de la coentreprise, en totalité ou en partie et sous certaines conditions, moyennant une prime.

Une société prépare normalement un *prospectus* d'émission, c'est-à-dire un document juridique qui est remis aux acheteurs d'obligations potentiels. Ce document décrit l'entreprise, les obligations et la façon dont l'argent que rapportera la vente de ces obligations sera utilisé. Par exemple, une entreprise pourrait utiliser les produits de la vente d'obligations pour réduire sa dette.

La plupart des entreprises travaillent avec un *preneur ferme* qui soit achète la totalité d'une émission d'obligations puis revend celles-ci à des créanciers individuels (il s'agit d'un *souscripteur à forfait*), soit vend simplement les obligations sans les acheter (il s'agit alors d'un *souscripteur à commission* ou *placeur pour compte*).

Un prospectus d'émission peut indiquer que l'entreprise a eu recours à plusieurs preneurs fermes, surtout lorsque l'émission est importante. Les maisons de courtage (par exemple Nesbitt Burns) reçoivent alors une commission de placement. Le coût de la prise ferme d'une nouvelle émission d'obligations n'est pas directement proportionnel à l'importance de cette émission; plusieurs facteurs doivent être considérés.

Lorsqu'un investisseur se porte acquéreur d'une obligation, on lui remet un **certificat d'obligation.** Tous les certificats d'une même émission d'obligations sont identiques. On trouve au recto de chacun d'eux la date d'échéance, les taux d'intérêt, les dates de versements des intérêts et les autres clauses qui sont les mêmes pour tous les certificats. Notons qu'avec les systèmes informatisés, les certificats papiers sont souvent omis.

Un **certificat d'obligation** est le document remis à chaque obligataire.

Une personne ou un organisme indépendant, appelé un **fiduciaire,** est généralement nommé pour représenter les obligataires. Sa tâche consiste à s'assurer que la société émettrice respecte toutes les clauses de l'acte de fiducie.

Un **fiduciaire** est une personne indépendante désignée pour représenter les obligataires.

Comme nous l'avons vu précédemment, les caractéristiques distinctives de chaque émission d'obligations sont précisées dans l'acte de fiducie. Souvent, la société émettrice ajoute aussi des caractéristiques particulières à une obligation pour attirer les investisseurs qui disposent normalement d'un vaste choix de placements.

Ainsi, les obligations présentent parfois des caractéristiques différentes en ce qui concerne le remboursement anticipé.

Les **obligations remboursables par anticipation** peuvent faire l'objet d'un remboursement anticipé au gré de la société émettrice.

Les **obligations remboursables à vue** (encaissables) peuvent faire l'objet d'un remboursement anticipé au gré de l'obligataire.

Enfin, les **obligations convertibles** peuvent être échangées contre d'autres titres (en général des actions ordinaires) de la société émettrice au gré de l'obligataire.

Bien que ces termes soient couramment employés, il n'existe pas de règles comptables précisant leur signification sans équivoque.

Les obligations diffèrent également d'après leur ordre de recouvrement par rapport à celui des autres dettes de l'entreprise.

Une *créance prioritaire* confère à son titulaire un droit prioritaire à celui des autres créanciers en cas de faillite ou de manquement à des engagements.

Une *créance subordonnée* est remboursée après celles de certains autres groupes de créanciers. De toute évidence, ce type de créances comporte plus de risques qu'une créance prioritaire.

Chaque année, des entreprises ajoutent de nouvelles caractéristiques à leurs obligations. Par exemple, la société Walt Disney a émis la première obligation qui arrive à échéance dans 100 ans. Malgré une multiplication des caractéristiques inhabituelles,

Une **obligation remboursable par anticipation** peut faire l'objet d'un remboursement anticipé au gré de l'émetteur.

Une **obligation remboursable à vue** (encaissable) peut faire l'objet d'un remboursement anticipé au gré de l'obligataire.

Une **obligation convertible** peut être échangée contre d'autres titres (généralement des actions ordinaires) de la société émettrice.

les notions de base présentées dans ce chapitre devraient vous permettre de bien connaître la plupart des types d'obligations.

En raison des problèmes complexes associés aux obligations, plusieurs agences ont été créées pour évaluer la probabilité qu'une société émettrice soit dans l'incapacité de satisfaire aux exigences stipulées dans l'acte de fiducie. Cette probabilité porte le nom de *risque de non-paiement*. Les sociétés Moody's, Standard & Poor's et Dun & Bradstreet se servent d'un classement par lettres dans leur évaluation de la qualité d'une obligation. Les cotes supérieures à Baa/BBB indiquent des valeurs de premier ordre en matière d'investissement. Tous les titres qui se voient attribuer des cotes inférieures à ce niveau sont considérés comme des valeurs de spéculation et on les appelle souvent des *obligations à haut risque* (*junk bonds*). Un grand nombre de banques, de fonds mutuels de placement et de sociétés de fiducie n'ont le droit d'investir que dans des obligations évaluées comme étant des valeurs de premier ordre.

La mesure de l'emprunt obligataire et des charges d'intérêts

OBJECTIF
D'APPRENTISSAGE **10**

Décrire les événements reliés aux emprunts obligataires et les caractéristiques des émissions à escompte et à prime.

Le **taux d'intérêt nominal** (ou le **coupon**) est le taux d'intérêt contractuel inscrit sur les obligations. Dans les journaux, on utilise le terme «coupon».

Le **taux effectif** est le taux d'intérêt actuel sur une dette au moment où elle est engagée; on parle aussi de taux de rendement, de taux d'intérêt réel et de taux du marché.

La **prime d'émission** est la différence entre le prix de vente et la valeur nominale lorsque l'obligation est vendue pour un montant supérieur à cette valeur.

L'**escompte d'émission** est la différence entre le prix de vente et la valeur nominale lorsque l'obligation est vendue pour un montant inférieur à cette valeur.

Lorsqu'une société émet des obligations, elle spécifie deux types de paiements en espèces dans son contrat d'émission (ou son acte de fiducie).
1. *Le remboursement du capital.* Il s'agit en général d'un seul paiement qui a lieu lorsque l'obligation arrive à échéance. On emploie aussi l'expression *valeur nominale*.
2. *Les paiements d'intérêts en espèces.* Ces paiements se font sous forme de versements périodiques, et on les calcule en multipliant le montant du capital par le taux d'intérêt, appelé le **taux d'intérêt nominal** ou le *taux d'intérêt contractuel* ou le *coupon*, qui figure dans le contrat. Le contrat d'émission (ou l'acte de fiducie) stipule à quels intervalles ces paiements seront effectués, soit par trimestre, par semestre ou par année.

Ni l'entreprise ni son preneur ferme ne fixent le prix de vente des obligations. C'est le marché qui détermine ce prix au moyen des concepts de valeur actualisée que nous avons abordés auparavant dans ce chapitre. Pour établir la valeur actualisée de l'obligation, on calcule la valeur actualisée du capital (un seul versement) et celle des paiements d'intérêts (des versements périodiques) et on additionne les deux montants.

Les créanciers réclament un certain taux d'intérêt pour compenser les risques inhérents aux obligations. Le taux d'intérêt qu'ils exigent porte le nom de **taux effectif** (ou taux de rendement ou taux du marché). Le taux effectif correspond au taux d'intérêt consenti sur une dette au moment où elle est contractée. On devrait s'en servir pour calculer la valeur actualisée de l'obligation.

La valeur actualisée d'une obligation peut être identique à sa valeur nominale, supérieure à cette valeur (les **obligations émises à prime**) ou inférieure (les **obligations émises à escompte**). Si les taux d'intérêt nominal et effectif sont identiques, l'obligation se vend à sa valeur nominale; lorsque le taux effectif est plus élevé que le taux nominal, l'obligation se vend avec un escompte à l'émission et lorsque le taux effectif est inférieur au taux nominal, elle est émise à prime. Ces rapports sont faciles à comprendre. Si une entreprise offre à ses créanciers une obligation dont le taux d'intérêt est inférieur à celui qu'ils exigent, ils refuseront de l'acheter à moins que son prix ne soit réduit (c'est-à-dire qu'un escompte ne leur soit consenti). Si, par contre, elle leur offre une obligation qui leur rapportera plus qu'ils ne l'espéraient, ils seront prêts à verser une prime pour s'en procurer.

Lors de l'émission d'une obligation à sa valeur nominale, la société émettrice reçoit un montant en espèces égal à cette valeur. Lorsqu'une obligation est émise à escompte, la société émettrice reçoit un montant d'argent moindre que la valeur nominale. Et, enfin, dans le cas d'une obligation émise à prime, la société émettrice reçoit plus que la valeur nominale.

Fondamentalement, les sociétés et les créanciers ne se préoccupent pas de savoir si une obligation a été émise à sa valeur nominale, à escompte ou à prime parce que le prix des obligations est toujours fixé de façon qu'elles rapportent le taux d'intérêt effectif. Pour illustrer cette affirmation, considérons une société qui émet trois séries d'obligations différentes le même jour. Les obligations sont identiques, sauf que l'une porte un taux d'intérêt nominal de 8%, la deuxième de 10% et la troisième de 11%. Si le taux effectif était de 10%, la première serait émise à escompte, la deuxième à sa valeur nominale et la troisième à prime. Toutefois, le créancier qui achèterait n'importe laquelle des trois obtiendrait le taux d'intérêt effectif de 10%.

ANALYSE FINANCIÈRE

Quelques renseignements tirés de la presse financière sur les obligations

Comme nous l'avons vu précédemment, les obligations sont largement utilisées parce qu'elles assurent une certaine liquidité aux créanciers. Un créancier qui a un besoin immédiat d'argent peut vendre une obligation à un autre créancier sans devoir attendre jusqu'à la date d'échéance. De telles opérations s'effectuent entre créanciers à titre individuel et n'influent pas sur les états financiers de la société qui a émis ces obligations.

Les prix des obligations sont présentés chaque jour dans la presse financière d'après les opérations qui ont lieu sur le marché obligataire. Voici le type d'information que vous y trouverez.

Obligation	Coupon	Échéancier	Prix (fermeture)	Rendement	Variation
Bombardier	7,35	22 déc. 26	99,67	7,65	+ 0,36
Sears Can.	6,55	5 nov. 07	100,17	6,51	+ 0,30
Molson Br	6,70	2 juin 28	93,57	7,25	+ 0,38

Ce tableau indique que l'obligation de Bombardier porte un taux d'intérêt nominal de 7,35% et arrivera à échéance en 2026. L'obligation a un taux de rendement actuel de 7,65%, et son prix de vente représente 99,67% de sa valeur nominale, soit 996,70 $ pour une tranche de 1 000 $. Ce jour-là, leur prix avait augmenté de 0,36 $ par rapport à la séance précédente.

Même si les analystes examinent les variations quotidiennes de prix des obligations, n'oubliez pas que ces variations ne modifient en rien les états financiers de la société émettrice. À des fins de communication de l'information financière, l'entreprise se sert des taux d'intérêt des obligations au moment où elle les a offertes pour la première fois au public. Les changements subséquents n'influent aucunement sur sa comptabilité.

L'analyse des opérations d'émission d'obligations

Les obligations émises à escomptes

Comme nous l'avons mentionné, les obligations se vendent à escompte lorsque le taux effectif du marché est plus élevé que le taux d'intérêt nominal. L'escompte est donc une compensation pour donner à l'acheteur un rendement égal au taux du marché. Supposons que Cascades émet des obligations échéant dans 10 ans avec une valeur nominale de 400 000 $, un taux d'intérêt nominal de 10 % payable semi-annuellement et que le taux du marché est de 12 %. Pour calculer le prix de vente des obligations, on doit utiliser la valeur actualisée des flux monétaires futurs au taux du marché. Il s'agit donc d'actualiser le capital ($n = 20$, $i = 6 \%$), et les versements semi-annuels des intérêts ($n = 20$, $i = 6 \%$). Le prix de vente des obligations est calculé comme suit.

	Valeur actualisée
Capital: 400 000 $ × $vf_{n = 20,\ i = 6\%}$ (0,3118)	124 720 $
Intérêts: 20 000 $ × $VF_{n = 20,\ i = 6\%}$ (11,4699)	229 398
	354 118 $*
* Escompte: 400 000 $ – 354 118 $ = 45 882 $	

Le prix de vente des obligations émises est de 354 118 $. On se réfère souvent à ce prix sous la forme 88,5, ce qui veut dire que les obligations ont été vendues à 88,5 % de leur valeur nominale (354 118 $/400 000 $).

Cascades devra alors amortir l'escompte sur la durée des obligations par une charge. Cette charge constitue l'ajustement de la charge d'intérêts annuelle. Ainsi, l'escompte de 45 882 $ serait amorti sur 10 ans, soit un montant de 4 588 $ annuellement ou de 2 294 $ semi-annuellement.

Lorsqu'une obligation est émise à escompte, la valeur nominale est portée au compte de passif Dette obligataire, et l'escompte est inscrit dans un autre compte, Escompte sur dette obligataire, compte qui est porté en déduction de la dette

---

*1. Le taux effectif est le taux d'intérêt exigé par les créanciers. On s'en sert dans les calculs visant à déterminer la valeur actualisée des flux de trésorerie à venir.
2. On dit aussi le «taux de rendement», le «taux d'intérêt réel» ou le «taux du marché».
3. Le taux d'intérêt nominal est le taux stipulé sur les certificats d'obligations.
4. On dit aussi le «taux stipulé», le «taux contractuel» ou le «coupon» (dans les journaux).
5. Une obligation vendue à un prix inférieur à sa valeur nominale est émise à escompte. C'est le cas lorsque le taux nominal est inférieur au taux effectif.
6. Une obligation vendue à un prix supérieur à sa valeur nominale est émise à prime. C'est le cas lorsque le taux nominal est supérieur au taux effectif.

obligataire. (Dans le cas d'une prime, le compte sera intitulé Prime sur dette obligataire, et il sera ajouté à la dette obligataire.)

Ainsi, Cascades présenterait l'émission d'obligation à escompte de la façon suivante au 31 décembre 2001.

ÉQUATION COMPTABLE

Actif		=	Passif		+	Capitaux propres
Encaisse	+354 118		Dette obligataire	+400 000		
			Escompte sur dette obligataire	−45 882		

ÉCRITURE DE JOURNAL

Encaisse (A) 354 118
Escompte sur dette obligataire (XPa) 45 882
    Dette obligataire (Pa) 400 000

Le bilan de Cascades présenterait la dette obligataire à sa valeur comptable, c'est-à-dire la valeur nominale moins l'escompte non amorti. Les deux montants ne sont généralement pas présentés séparément si le montant de l'escompte n'est pas important (selon l'importance relative des postes du bilan). Ainsi, à la date d'émission, la valeur comptable de la dette de Cascades est de 354 118 $ (400 000 $ − 45 882 $). Un an plus tard, la valeur comptable de la dette de Cascades serait de 358 706 $ (400 000 $ − 41 294 $). En conséquence, chaque année, l'escompte diminuerait de 4 588 $, ce qui augmenterait la valeur comptable du même montant. Au bout de 10 ans, à la date d'échéance, le montant à rembourser sera de 400 000 $, et le compte Escompte sur dette obligataire sera de 0. L'amortissement de l'escompte est porté en charge, car l'escompte représente un coût additionnel pour compenser les investisseurs et leur donner un rendement basé sur le taux du marché. C'est en quelque sorte un ajustement de la charge d'intérêts. Nous n'irons pas plus loin, car le concept de valeur actualisée sera abordé en profondeur dans des cours subséquents.

TEST D'AUTOÉVALUATION

Supposons que Cascades a émis des obligations pour un montant de 100 000 $ venant à échéance dans 10 ans. Les obligations donnent droit à des intérêts semi-annuels selon un taux annuel de 9 %. L'émission a été effectuée alors que le taux du marché était de 8 %. Déterminez le prix de vente des obligations.

Vérifiez vos réponses à l'aide des solutions présentées en bas de page*.

Les obligations émises à des taux d'intérêt variables

Après avoir discuté plusieurs risques associés aux obligations, nous abordons maintenant l'inflation. Vous avez sûrement observé les effets de l'inflation sur l'économie. Vous aviez peut-être épargné dans le but d'acheter un bien important pour constater que le prix avait changé au moment où vous étiez prêt à l'acheter. L'*inflation*, qu'on définit comme une augmentation générale dans les prix d'une économie, joue un rôle important dans les ententes de financement à long terme. Si vous prêtez de l'argent durant une période active d'inflation, on vous remboursera avec des dollars qui auront

---

*   4 500 $ × 13,5903 =   61 156 $
  100 000   ×   0,4564 =   45 640
                                     106 796 $

perdu un certain pouvoir d'achat. Lorsque des créanciers prêtent de l'argent, ils veulent recevoir une compensation pour vous céder le droit d'utiliser leur argent et pour toute perte de pouvoir d'achat du dollar due à l'inflation. Les taux d'intérêt offerts sur les titres d'emprunts doivent donc offrir une compensation au créancier pour les deux facteurs. Malheureusement, il est impossible de prévoir l'inflation future avec précision. Les obligations sont en général émises avec un taux fixe pour la durée de la dette. Il s'ensuit que les créanciers ne recevront pas une compensation adéquate pour la perte de pouvoir d'achat du dollar lorsqu'une inflation imprévue survient. Certaines créances sont donc émises avec un taux d'intérêt variable pour offrir une compensation aux créditeurs dans le cas d'une inflation inattendue. L'acte de fiducie pour une dette à un taux d'intérêt variable fait référence à un index, tel le taux préférentiel (le taux d'intérêt demandé par une banque à ses clients de premier ordre). Lorsque le taux préférentiel varie, le taux d'intérêt sur la dette change. Si le taux d'intérêt augmente, la charge d'intérêts de l'emprunteur augmentera et, par conséquent, lorsque le taux d'intérêt baisse, la charge d'intérêts de l'emprunteur diminuera.

ANALYSONS LES RATIOS

Le ratio de couverture des intérêts

1. Connaître la question

Les activités lucratives d'une entreprise produisent-elles suffisamment de ressources pour lui permettre de remplir ses obligations courantes en matière d'éléments de passif? Le *ratio de couverture des intérêts* est basé sur une comparaison entre le bénéfice réalisé et la charge d'intérêts. On le calcule comme suit.

$$\text{Ratio de couverture des intérêts} = \frac{\text{Bénéfice net} + \text{Charge d'intérêts} + \text{Charge fiscale}}{\text{Charge d'intérêts}}$$

En 2001, le ratio de Cascades était (en millions de dollars) le suivant:

$$\frac{120\$ + 89\$ + 49\$}{89\$} = 2,9$$

2. Utiliser les techniques appropriées

a) Analyser la tendance dans le temps			b) Comparer avec les compétiteurs	
CASCADES			DOMTAR	ABITIBI-CONSOLIDATED
1999	2000	2001	2001	2001
2,2	2,4	2,9	2,1	1,9

3. Interpréter prudemment les résultats

EN GÉNÉRAL ◊ Un coefficient élevé est considéré plus favorablement qu'un coefficient peu élevé. En principe, il indique la quantité de ressources produites pour chaque dollar de charge d'intérêts. Un ratio de couverture des intérêts élevé est l'indice d'une certaine marge de sécurité dans le cas où la rentabilité diminuerait. Les analystes s'intéressent tout particulièrement à la capacité des entreprises à effectuer les paiements d'intérêts auxquels elles se sont engagées, car le fait d'y manquer pourrait les acculer à la faillite.

CASCADES ◊ Les activités en 2001 ont engendré 2,90$ de profit pour chaque dollar d'intérêts. Il faudrait que les bénéfices de Cascades chutent de façon considérable avant qu'elle n'ait des problèmes à effectuer ses paiements d'intérêts à même les ressources produites par son exploitation. Bien que ses compétiteurs semblent également démontrer une facilité à faire face à leurs obligations d'intérêts, Cascades est nettement en avant, ce qui devrait la favoriser auprès des analystes financiers.

QUELQUES PRÉCAUTIONS ◊ Le ratio de couverture des intérêts peut souvent être trompeur dans le cas d'entreprises nouvelles ou en pleine croissance. La direction de ces entreprises investit souvent des ressources pour les activités futures. Le ratio de couverture des intérêts reflète alors des montants de charges d'intérêts importants reliés à la croissance acquise et les opérations en cours n'ont pas encore atteint les niveaux de rentabilité prévus. Les analystes devraient donc s'assurer de bien comprendre la stratégie de l'entreprise à long terme avant de se prononcer. Bien que ce coefficient soit fréquemment utilisé, certains analystes préfèrent comparer la charge d'intérêts au montant d'encaisse engendré par l'entreprise. Ils soulignent qu'on ne peut pas payer des créanciers avec les «bénéfices» produits; on doit les payer avec de l'argent comptant.

PERSPECTIVE INTERNATIONALE

Les marchés internationaux des capitaux

Nous avons vu que certaines entreprises empruntent de l'argent sur les marchés mondiaux, ce qui parfois les expose au risque de change. Étant donné l'importance des marchés internationaux, les institutions canadiennes ne jouent plus un rôle prédominant dans les accords d'emprunt. Voici une note tirée d'un rapport annuel de Bombardier.

> Des montants peuvent être empruntés sur la facilité canadienne en dollars canadiens ou américains, à des taux variables fondés sur le taux préférentiel canadien, le taux de base américain, le LIBOR ou le taux d'escompte des acceptations bancaires.

Coup d'œil sur
Bombardier

RAPPORT ANNUEL

Il faut noter qu'il s'agit d'une dette à taux variable. Même si l'accord d'emprunt concerne des organismes canadiens, il mentionne un indice international pour la détermination des variations des taux d'intérêt à venir. Le LIBOR (*London Interbank Offer Rate* – taux interbancaire offert à Londres) est le taux d'intérêt que les banques internationales exigent les unes des autres pour des prêts d'un jour. C'est devenu un point de référence largement reconnu dans la détermination des taux d'intérêt variables pour les emprunteurs corporatifs et gouvernementaux.

INCIDENCE SUR LES FLUX DE TRÉSORERIE

Les activités de financement

La structure financière d'une société a un effet considérable sur ses caractéristiques en matière de risque et de rendement. En raison de l'importance des décisions qui touchent la structure financière, une grande partie de l'état des flux de trésorerie (EFT) porte sur des opérations qui modifient les flux de trésorerie provenant des activités de financement. La section intitulée Flux de trésorerie liés aux activités de financement sert à enregistrer les rentrées et les sorties de fonds attribuables aux moyens par lesquels l'entreprise a obtenu de l'encaisse de sources extérieures (les propriétaires et les créanciers) pour financer son fonctionnement et ses activités. L'émission d'un emprunt obligataire constitue un exemple de rentrée de fonds provenant des activités de financement; le remboursement du capital est un exemple de sortie de fonds. Beaucoup d'étudiants sont surpris d'apprendre que le paiement des intérêts sur les obligations n'entre pas dans la section des Activités de financement de l'état des flux de trésorerie. En fait, ces paiements sont directement reliés à la réalisation des bénéfices et sont donc enregistrés dans la section Flux de trésorerie liés aux activités d'exploitation de l'EFT. En outre, les entreprises sont tenues de divulguer le montant d'encaisse qu'elles versent à titre de charges d'intérêts à chaque exercice.

OBJECTIF D'APPRENTISSAGE **12**

Présenter les activités de financement à l'état des flux de trésorerie.

EN GÉNÉRAL ◊ Comme nous l'avons vu au début du chapitre, les opérations pour lesquelles nous avons recours à des fournisseurs ont des répercussions sur le fonds de roulement. On enregistre les variations des comptes du fonds de roulement dans la section des activités d'exploitation de l'état des flux de trésorerie. L'encaisse reçue des autres créditeurs apparaît sous forme de rentrées de fonds dans la section des activités de financement. Les sommes remises en espèces aux créditeurs en guise de remboursement du capital sont inscrites comme des sorties de fonds dans la section des activités de financement. En voici quelques exemples.

	Effet sur les flux de trésorerie
Activités de financement (méthode indirecte)	
Émission d'obligations	+
Remboursement d'un emprunt	–
Remboursement du capital d'une obligation à l'échéance	–

CASCADES ◊ Vous trouverez ci-dessous une partie de l'état des flux de trésorerie de Cascades (en millions de dollars) établie à l'aide de la méthode indirecte.

Activités de financement	2001	1999
Emprunts et avances bancaires	(16) $	25 $
Augmentation de la dette à long terme	53	92
Versements sur la dette à long terme	(82)	(62)
Dividendes	(10)	(7)
Autres	(5)	(9)
	(60)	39

Il peut paraître surprenant qu'une entreprise rembourse 82 millions de dollars en dettes anciennes et contracte une nouvelle dette de 53 millions de dollars au cours du même exercice. Cette situation montre que même si les entreprises empruntent normalement pour financer l'acquisition d'actifs à long terme, elles empruntent aussi pour modifier leur structure financière. Cascades a remplacé une dette d'environ 20 millions de dollars portant intérêt à un taux de 4,57 % par une autre dette portant intérêt à un taux de 4,25 %, ce qui représente des économies annuelles de près de 64 000 $ en coûts d'intérêts.

Les analystes s'intéressent particulièrement à la section des activités de financement de l'état des flux de trésorerie, car cette section fournit des renseignements importants sur la structure financière à venir d'une entreprise. Les entreprises en plein essor enregistrent généralement de gros montants de fonds dans cette section.

TEST D'AUTOÉVALUATION

Supposons une société qui a un taux élevé d'endettement et un taux élevé de couverture des intérêts et une deuxième société qui a un taux faible d'endettement et un taux faible de couverture des intérêts. Laquelle des sociétés comporte un plus haut risque associé à la dette ?

Vérifiez vos réponses à l'aide des solutions présentées en bas de page*.

---

* Une société peut être amenée à la faillite si elle ne verse pas les intérêts aux créanciers. Plusieurs sociétés à succès empruntent de très grosses sommes d'argent sans créer de risque indu ou non fondé, puisqu'elles produisent suffisamment de fonds à partir de leurs opérations d'exploitation pour respecter leurs obligations. Même un très petit montant de dette peut susciter des problèmes si la société ne peut produire suffisamment de fonds pour payer les intérêts courants. Normalement, la situation est moins risquée lorsqu'une société a un ratio d'endettement élevé et un ratio de couverture des intérêts élevé.

La fiscalité

Une entreprise peut être constituée en entreprise individuelle, en société de personnes ou en société de capitaux (ou société par actions). Les deux premières formes d'entreprises ne sont pas tenues de payer des impôts sur le revenu, mais leurs propriétaires doivent produire un rapport et payer des impôts dans leurs déclarations personnelles de revenus. Les sociétés de capitaux, à titre de personnes morales distinctes, doivent payer des impôts sur leurs bénéfices.

Ces sociétés doivent établir une déclaration de revenus des corporations [T2 au fédéral et C17 au provincial (Québec)]. Le montant d'impôts exigible est basé sur le bénéfice comptable présenté aux états financiers et converti en bénéfice imposable dans la déclaration fiscale. Comme nous l'avons vu plus tôt, le bénéfice imposable diffère la plupart du temps du bénéfice net qui apparaît à l'état des résultats. En effet, ce dernier document est établi conformément aux principes comptables généralement reconnus, tandis que la déclaration de revenus est préparée suivant les directives de la Loi de l'impôt sur le revenu.

Le calcul des impôts exigibles

Dans la plupart des cas, on détermine le montant combiné des impôts fédéral et provincial qu'une grande société par actions devrait payer en multipliant son bénéfice imposable par un pourcentage global. Le montant combiné des impôts fédéral et provincial au Québec se situe aux environs d'un taux maximal de 45 %. Toutefois, les taux sont échelonnés de telle manière que les très petites sociétés à capitaux sont assujetties à des taux moins élevés que les grandes sociétés. Le taux minimal combiné pour les petites entreprises au Québec si situe aux environs de 21 %. Plusieurs facteurs viennent influer sur le taux tels que le secteur d'activité, la transformation des marchandises, le montant de capital de l'entreprise, etc.

La constatation des produits et des charges à des fins fiscales

Il existe de nombreuses différences entre les principes comptables généralement reconnus et les règles qui régissent la préparation des déclarations de revenus. En voici quelques exemples courants.

1. À des fins fiscales, la charge d'amortissement est généralement établie à l'aide de méthodes d'amortissement plus ou moins accélérées comparativement aux méthodes comptables qui sont établies en fonction de la vie utile d'un actif et du principe de rapprochement des produits et des charges. Mentionnons aussi que l'amortissement fiscal se fait par catégorie de biens, tandis que l'amortissement comptable se fait sur chaque bien considéré individuellement.
2. Les revenus de dividendes de sociétés canadiennes n'entrent pas dans le bénéfice imposable, mais ils sont inclus dans le résultat comptable dès qu'ils sont déclarés.
3. Du point de vue fiscal, les crédits d'impôts à l'investissement utilisé sont déduits des impôts à payer d'une année et portés en diminution de l'actif immobilisé l'année suivante. Du point de vue comptable, les crédits d'impôts sont portés en diminution de l'actif immobilisé immédiatement.
4. Les frais de recherche sont considérés comme des charges. Ils sont donc déductibles du point de vue fiscal. Du point de vue comptable, on les capitalise comme des éléments d'actif.
5. Du point de vue fiscal, 50 % des gains en capital sont imposables tandis que du point de vue comptable, la totalité des gains en capital est considérée à l'état des résultats.

La cotisation minimale ou l'évasion fiscale

La plupart des grandes sociétés par actions consacrent beaucoup de temps et d'argent à élaborer des stratégies pouvant leur permettre de minimiser le montant d'impôts qu'elles doivent payer aux gouvernements. Cette démarche n'est pas condamnable puisque les tribunaux ont statué qu'il n'y a aucune obligation légale à payer plus d'impôts que la loi ne l'exige. Même si vous ne souhaitez pas obtenir un diplôme en comptabilité, vous avez intérêt à suivre un cours de fiscalité parce qu'il est important, pour la plupart des gestionnaires, de connaître les lois fiscales. Ce type de connaissances permet d'économiser des montants d'argent substantiels.

Par contre, l'évasion (ou la fraude) fiscale consiste à recourir à des moyens illégaux pour éviter de payer des impôts exigibles. L'utilisation de la méthode de l'amortissement accéléré est un exemple de minimisation des impôts, tandis que le fait de ne pas enregistrer des ventes en espèces constitue un exemple d'évasion fiscale. Les efforts déployés pour minimiser les impôts à payer sont considérés comme essentiels à une bonne pratique des affaires, tandis que l'évasion fiscale est une faute morale et juridique. Les personnes qui cherchent à frauder le fisc risquent des sanctions financières graves et même des peines d'emprisonnement.

Points saillants du chapitre

1. **Définir, mesurer et présenter les éléments du passif (voir la page 560).**

   Les comptables définissent les éléments de passif comme des obligations qui incombent à l'entité par suite d'opérations ou de faits passés, et dont le règlement pourra nécessiter le transfert ou l'utilisation d'actifs, la prestation de services ou toute autre cession d'avantages économiques. Dans le bilan, ces éléments sont classés selon qu'il s'agit de passif à court terme ou de passif à long terme. Les éléments de passif à court terme sont des obligations à court terme qui doivent être payées à l'intérieur de la plus longue des deux périodes suivantes : durant le cycle d'exploitation actuel d'une entreprise ou à l'intérieur d'une année à partir de la date d'établissement du bilan. Les éléments de passif à long terme comprennent toutes les obligations qui n'entrent pas dans la catégorie des éléments de passif à court terme.

2. **Utiliser le ratio du fonds de roulement (voir la page 561).**

   Le ratio du fonds de roulement (ou le ratio de solvabilité à court terme) permet de comparer les éléments d'actif à court terme et les éléments de passif à court terme. Les analystes s'en servent pour évaluer le degré de liquidité d'une entreprise.

3. **Analyser le coefficient de rotation des fournisseurs (voir la page 563).**

   On calcule ce coefficient en divisant le coût des marchandises vendues par la moyenne des comptes fournisseurs. Il indique avec quelle rapidité les entreprises paient leurs créanciers, et on le considère comme une mesure de liquidité.

4. **Déterminer l'effet des variations du fonds de roulement net sur les flux de trésorerie (voir la page 572).**

   Les variations dans les comptes relatifs au fonds de roulement net ont des effets sur les flux de trésorerie provenant de l'exploitation. Ainsi, les flux de trésorerie augmentent lorsque les éléments d'actif à court terme (autres que l'encaisse) diminuent ou que les éléments de passif à court terme augmentent. Les flux de trésorerie diminuent lorsque les éléments d'actif à court terme (autres que l'encaisse) augmentent ou que les éléments de passif à court terme diminuent.

5. **Comprendre les éléments d'actif et de passif d'impôts futurs (voir la page 576).**

   Il existe des impôts futurs sur des éléments d'actif ou de passif à cause d'écarts temporaires dus aux différentes règles qui régissent l'établissement des états financiers et la préparation des déclarations de revenus. La charge fiscale reflète à la fois les impôts exigibles et les impôts futurs.

6. **Présenter les éléments de passif éventuels (voir la page 580).**

Un élément de passif éventuel est une dette potentielle qui a pris naissance à la suite d'un événement passé. L'entreprise présente les renseignements concernant ce type d'élément de passif dans une note lorsqu'il s'agit d'une obligation probable mais qu'on ne peut évaluer ou lorsqu'il s'agit d'une obligation indéterminable.

7. **Comprendre les concepts de valeur capitalisée et de valeur actualisée (voir la page 582).**

Ces concepts sont fondés sur la valeur temporelle de l'argent. Pour simplifier, on peut dire que 1 $ à recevoir dans l'avenir vaut moins que 1 $ disponible aujourd'hui (la valeur actualisée). De même, 1 $ investi aujourd'hui représente un montant plus élevé dans l'avenir (la valeur capitalisée ou la valeur future). Ces concepts s'appliquent soit à un paiement unique soit à des paiements multiples appelés des *versements périodiques* ou des *annuités*. On peut se servir de tables ou d'une calculatrice pour déterminer la valeur capitalisée et la valeur actualisée.

8. **Appliquer les concepts relatifs à la valeur actualisée aux éléments de passif (voir la page 589).**

Les comptables se servent des concepts de valeur actualisée pour déterminer les montants de passif à enregistrer. Un élément de passif suppose le paiement d'un montant quelconque à une date ultérieure. Toutefois, l'élément que l'on comptabilise n'est pas le montant du paiement à venir. On enregistre plutôt le montant de la valeur actualisée de ce paiement.

9. **Décrire les caractéristiques des obligations et utiliser le ratio d'endettement (voir la page 593).**

Les obligations présentent différentes caractéristiques conçues pour satisfaire aux besoins de la société émettrice et des créanciers. Le tableau 9.4 dresse une liste complète de ces caractéristiques.

Les sociétés se servent d'obligations pour mobiliser des capitaux à long terme. Les obligations offrent plusieurs avantages par rapport aux actions, entre autres un effet de levier financier, la déductibilité fiscale des intérêts et le fait que le contrôle de l'entreprise ne subit pas de dilution. Elles comportent néanmoins un risque qui s'ajoute à ceux des emprunts ordinaires, car le paiement des intérêts et du capital n'est pas laissé à la discrétion des dirigeants.

Le ratio d'endettement permet de comparer le montant de capital fourni par les créanciers avec le montant fourni par les propriétaires. Il s'agit d'une mesure de la capacité d'endettement (ou d'emprunt) de l'entreprise. C'est un coefficient important en raison du niveau élevé de risque associé au capital emprunté dont le remboursement se fait par des paiements obligatoires.

10. **Décrire les événements reliés aux emprunts obligataires et les caractéristiques des émissions à escompte et à prime (voir la page 598).**

On doit enregistrer trois types d'événements pendant la durée de vie d'une obligation : 1) la réception d'argent lorsque l'obligation est émise pour la première fois, 2) le versement périodique des intérêts en espèces et 3) le remboursement du capital lorsque l'obligation arrive à échéance.

Les obligations sont vendues à escompte lorsque leur taux d'intérêt nominal est inférieur au taux d'intérêt effectif. L'escompte correspond au montant (en dollars) de la différence entre la valeur nominale de l'obligation et son prix de vente.

Les obligations sont vendues à prime lorsque leur taux d'intérêt nominal est supérieur au taux d'intérêt effectif. Cette prime correspond au montant (en dollars) de la différence entre le prix de vente de l'obligation et sa valeur nominale.

11. **Analyser le ratio de couverture des intérêts (voir la page 602).**

Ce coefficient mesure la capacité d'une entreprise à s'acquitter de ses paiements d'intérêts avec des ressources provenant de ses activités d'exploitation. On le calcule en comparant la charge d'intérêts avec le bénéfice net auquel on ajoute la charge d'intérêts et la charge fiscale.

12. **Présenter les activités de financement à l'état des flux de trésorerie (voir la page 603).**

On enregistre les flux de trésorerie associés aux opérations qui impliquent des créditeurs à long terme dans la section des activités de financement de l'état des flux de trésorerie. La charge d'intérêts, par contre, entre dans la section des activités d'exploitation.

RATIOS CLÉS

Le **ratio du fonds de roulement** (ou le **ratio de solvabilité à court terme**) mesure la capacité d'une entreprise à remplir ses obligations à court terme. On le calcule comme suit (voir la page 561):

$$\text{Ratio du fonds de roulement} = \frac{\text{Actif à court terme}}{\text{Passif à court terme}}$$

Le **coefficient de rotation des fournisseurs** mesure la vitesse à laquelle une entreprise paie ses créanciers. On le calcule comme suit (voir la page 563):

$$\text{Coefficient de rotation des fournisseurs} = \frac{\text{Coût des marchandises vendues}}{\text{Comptes fournisseurs moyens}}$$

Le **ratio d'endettement** sert à mesurer l'équilibre entre la dette et les capitaux propres. On considère généralement que les capitaux d'emprunt représentent un niveau de risque plus élevé que les capitaux propres. Ce ratio se calcule comme suit (voir la page 593):

$$\text{Ratio d'endettement} = \frac{\text{Passif total}}{\text{Capitaux propres}}$$

Le **ratio de couverture des intérêts** permet de mesurer la capacité d'une entreprise à produire des ressources grâce à ses opérations courantes pour faire face à ses obligations en matière d'intérêts. On le calcule comme suit (voir la page 602):

$$\text{Ratio de couverture des intérêts} = \frac{\text{Bénéfice net} + \text{Charge d'intérêts} + \text{Charge fiscale}}{\text{Charge d'intérêts}}$$

BILAN

Sous la rubrique Éléments de passif à court terme

> Comptes fournisseurs
>
> Charges courues à payer
>
> Effets à payer
>
> Partie à court terme de la dette à long terme

Sous la rubrique Éléments de passif à long terme

> Dette à long terme
>
> Passif d'impôts futurs
>
> Obligations (convertibles, etc.)
>
> Débentures

ÉTAT DES RÉSULTATS

Les éléments de passif apparaissent seulement au bilan, jamais à l'état des résultats.

Les opérations qui modifient les éléments de passif ont souvent un effet sur un compte de l'état des résultats. Par exemple, le poste Salaires courus influe sur un compte de l'état des résultats (Charge de salaire) et sur un compte du bilan (Salaires à payer).

On y inscrit aussi la charge d'intérêts associée aux obligations. La plupart des entreprises enregistrent cette charge dans une catégorie à part de l'état des résultats.

ÉTAT DES FLUX DE TRÉSORERIE

Sous la rubrique Activités d'exploitation (méthode indirecte)

> Bénéfice net (comprend la charge d'intérêts sur les obligations à payer)
>
> + Augmentation de la plupart des éléments de passif à court terme
>
> – Diminution de la plupart des éléments de passif à court terme

Sous la rubrique Activités d'investissement

> + Augmentation des éléments de passif à long terme
>
> – Diminution des éléments de passif à long terme

Sous la rubrique Activités de financement

> + Rentrées de fonds provenant des créditeurs à long terme
>
> – Sorties de fonds affectés aux créditeurs à long terme

NOTES

Sous la rubrique Principales conventions comptables

> Description des renseignements pertinents concernant le traitement comptable des éléments de passif. Normalement, les renseignements sont limités au strict minimum.

Dans une note distincte

> La plupart des entreprises ajoutent une note distincte appelée «Dette à long terme», dans laquelle elles donnent des renseignements concernant chacune des émissions d'emprunts importantes, y compris les montants et les taux d'intérêt. Cette note fournit aussi de l'information sur toute clause restrictive de leurs contrats de prêt.
>
> Les renseignements concernant des éléments de passif éventuels se retrouvent dans les notes.

Mots clés

Questions

1. Définissez le *passif*. Expliquez la différence entre un passif à court terme et un passif à long terme.

2. Comment des personnes de l'extérieur peuvent-elles se renseigner sur les passifs d'une entreprise?

3. On mesure et on enregistre les éléments de passif à un montant égal à leur valeur actuelle, au comptant. Expliquez cet énoncé.

4. Un *passif* est une obligation constatée à un montant défini ou estimé. Expliquez cet énoncé.

5. Définissez l'expression *fonds de roulement net*. Comment pouvez-vous le calculer?

6. Qu'est-ce que le «ratio du fonds de roulement» ou le «ratio de solvabilité à court terme»? Quel est son lien avec le classement des éléments de passif?

7. Définissez l'expression *charge courue à payer*. Quel type d'écriture utilise-t-on générale-ment pour décrire une telle charge?

8. Définissez l'expression *produit perçu d'avance*. Pourquoi considère-t-on ce produit comme un passif?

9. Définissez l'expression *effet à payer*. Établissez la distinction entre un billet garanti et un autre qui ne l'est pas.

10. Les billets ne portant pas intérêt ne font pas mention explicitement de taux d'intérêt. Éta-blissez une distinction entre un billet portant intérêt et un billet ne portant pas intérêt.

11. Définissez l'expression *impôts futurs*. Expliquez pourquoi on dit que les impôts futurs «se résorbent ou disparaissent progressivement» dans des exercices ultérieurs.

12. Qu'est-ce qu'un passif éventuel? Comment enregistre-t-on ce type de passif?

13. Calculez la charge d'intérêts en 20A pour l'effet suivant: Valeur nominale de 4 000$; taux d'intérêt de 12%, date de l'effet le 1er avril 20A.

14. Expliquez la notion de valeur temporelle de l'argent.

15. Expliquez la différence fondamentale entre la valeur capitalisée (ou valeur future) et la valeur actualisée (ou valeur présente).

16. Si vous déposez 10 000$ dans un compte d'épargne qui rapporte 10% par an, combien aurez-vous d'argent au bout de 10 ans? Utilisez un mode de présentation pratique pour vos calculs.

17. Si vous détenez un contrat vous permettant de recevoir 8 000$ comptant dans 10 ans d'ici et que le taux d'intérêt en vigueur est de 10%, quelle est sa valeur actualisée? Utilisez un mode de présentation pratique pour vos calculs.

18. Qu'est-ce qu'un ensemble de versements périodiques?

19. Remplissez le tableau suivant.

Valeurs des tables				
Concept	Symbole	$n = 4$, $i = 5\%$	$n = 7$, $i = 10\%$	$n = 10$, $i = 14\%$
vf de 1 $				
va de 1 $				
VF de versements périodiques de 1 $				
VA de versements périodiques de 1 $				

20. Si vous déposiez 1 000$ rapportant des intérêts à un taux de 8% à chaque période d'inté-rêts pendant 10 périodes (versements périodiques ordinaires), quel montant auriez-vous accumulé à la fin de la dixième période? Présentez clairement vos calculs.

21. Vous avez acheté une voiture à 18 000$. Vous avez déboursé 3 000$ comptant et vous devez payer le reste en six versements semi-annuels à un taux d'intérêt de 12%. Présentez clairement les calculs du montant de chaque versement.

22. Quelles sont les principales caractéristiques d'une obligation ? Pour quelles raisons émet-on généralement des obligations ?

23. Quelle est la différence entre un acte de fiducie et un certificat d'obligation ?

24. Expliquez la distinction entre les obligations garanties et les obligations non garanties.

25. Faites la distinction entre les obligations remboursables par anticipation, les obligations remboursables à vue et les obligations convertibles.

26. Du point de vue de la société émettrice, quels avantages y a-t-il à émettre des obligations plutôt que des actions ?

27. À mesure que le taux d'imposition augmente, le coût net des emprunts diminue. Expliquez cette affirmation.

28. Expliquez ce qu'est un effet de levier financier. Peut-il être négatif ?

29. À la date de l'émission, on enregistre les obligations au montant équivalant à leur valeur courante en espèces. Expliquez cette affirmation.

30. Quelle est la nature de l'escompte et de la prime sur les emprunts obligataires ? Expliquez votre réponse.

31. Quelle est la différence entre le taux d'intérêt contractuel et le taux d'intérêt effectif d'une obligation ?

32. Établissez la distinction entre le taux d'intérêt contractuel et effectif d'une obligation a) vendue à sa valeur nominale, b) vendue à escompte et c) vendue à prime.

33. Quelle est la valeur comptable d'un emprunt obligataire ?

Mini-exercices

M9-1   Calculer la charge d'intérêts   □ OA1

L'entreprise Jacob a emprunté 500 000 $ en signant un billet de 90 jours à un taux d'intérêt de 9 %. L'argent a été emprunté pour 30 jours en 20A et pour 60 jours en 20B. Le montant du billet et les intérêts doivent être remboursés à l'échéance, en 20B. Quels montants de charge d'intérêts, s'il y en a, devraient être enregistrés en 20A et en 20B ?

M9-2   Enregistrer un effet à payer   □ OA1

La société Pharand a emprunté 100 000 $ le 1er novembre 20A. Le billet, qui porte un taux d'intérêt de 12 %, précise que le capital et les intérêts sont remboursables le 1er juin 20B. Comptabilisez l'enregistrement de ce billet le 1er novembre. Comptabilisez aussi les intérêts courus en date du 31 décembre.

M9-3   Pour trouver l'information financière   □ OA1 □ OA3 □ OA4

Pour chacun des cinq éléments ci-dessous, précisez si on trouve l'information pertinente dans le bilan, l'état des résultats, l'état des flux de trésorerie, les notes complémentaires aux états financiers ou nulle part.

1. Le montant du fonds de roulement (net).
2. Le montant total du passif à court terme.
3. Des renseignements concernant les régimes de retraite d'une entreprise.
4. Le coefficient de rotation des comptes fournisseurs.
5. Des renseignements concernant l'effet des variations du fonds de roulement sur les flux de trésorerie pour l'exercice considéré.

M9-4   Calculer des mesures de liquidité   □ OA2

Le bilan de la société Chabert contient les renseignements suivants : total de l'actif, 250 000 $; actif à long terme, 150 000 $; passif à court terme, 40 000 $; total de l'avoir des actionnaires, 90 000 $. Calculez le ratio du fonds de roulement et le fonds de roulement (net) de l'entreprise.

M9-5 **Analyser l'effet de certaines opérations sur la liquidité**

BSO inc. a un ratio du fonds de roulement de 2,0, et le montant de son fonds de roulement s'élève à 1 240 000 $. Pour chacune des opérations suivantes, déterminez si le ratio et le fonds de roulement net lui-même augmenteront, diminueront ou resteront inchangés.

a) Le paiement des comptes fournisseurs pour un montant total de 50 000 $.
b) L'enregistrement de salaires à payer pour un montant total de 100 000 $.
c) Un emprunt de 250 000 $ à une banque locale, remboursable dans 90 jours.
d) L'achat de stock pour un montant total de 20 000 $ à crédit.

M9-6 **Comptabiliser des éléments de passif éventuels**

Le café La Brûlerie 6 a la réputation de servir de généreuses tasses de café très chaud. Après un procès retentissant contre McDonald's, l'avocat de La Brûlerie 6 a prévenu la direction (en 20A) que l'entreprise risquait d'être poursuivie si un de ses clients se brûlait en renversant du café chaud sur lui. « Compte tenu de la température élevée de votre café, je peux vous assurer que, tôt ou tard, vous aurez une poursuite de 1 million de dollars à régler. » Malheureusement, en 20C, cette prédiction s'est réalisée. Un client a intenté une action en justice contre l'entreprise, et le procès a eu lieu en 20D. Le jury a accordé au plaignant 400 000 $ en dommages-intérêts. L'entreprise a immédiatement porté ce jugement en appel. Au cours de 20E, le client et l'entreprise ont réglé leur litige à l'amiable pour une somme de 150 000 $. Comment faut-il comptabiliser cet élément de passif pour chaque exercice ?

M9-7 **Calculer la valeur actualisée d'un versement unique**

Quelle est la valeur actualisée d'un montant de 500 000 $ qui doit être remboursé dans 10 ans à un taux d'intérêt de 8 % ?

M9-8 **Calculer la valeur actualisée d'un ensemble de versements périodiques (des annuités)**

Quelle est la valeur actualisée de 10 paiements égaux de 15 000 $ à un taux d'intérêt de 10 % ?

M9-9 **Calculer la valeur actualisée d'un contrat complexe**

Par suite d'un ralentissement de leurs opérations, les magasins Mercator offrent aux employés qui ont été mis à pied une indemnité de départ de 100 000 $ comptant. Ils recevront de nouveau 100 000 $ dans un an, puis des versements périodiques de 30 000 $ chaque année pendant 20 ans. Quelle est la valeur actualisée de cette indemnité en supposant que le taux d'intérêt est de 8 % ?

M9-10 **Calculer la valeur capitalisée d'un ensemble de versements périodiques**

Vous projetez de prendre votre retraite dans 20 ans. Vaut-il mieux épargner 25 000 $ par an pendant les 10 dernières années de votre carrière ou 15 000 $ par an pendant 20 ans ? Supposez que vous pouvez obtenir un taux d'intérêt de 10 % sur vos investissements.

M9-11 Effectuer un calcul complexe pour déterminer une valeur capitalisée

Vous voulez accumuler un fonds de pension de 500 000 $ pour votre retraite dans 20 ans. Si vos investissements peuvent vous rapporter un taux d'intérêt de 10 %, quel montant devriez-vous déposer chaque année pour constituer ce fonds ?

□OA7

M9-12 Pour trouver l'information comptable

Pour chacun des éléments suivants, spécifiez si l'information devrait se retrouver au bilan, à l'état des résultats, à l'état des flux de trésorerie, aux notes aux états financiers ou nulle part dans ces états.

1. Le montant des obligations à payer.
2. La charge d'intérêts pour la période.
3. Le décaissement relatif aux intérêts.
4. Le taux d'intérêt pour les dettes obligataires.
5. Le nom des principaux détenteurs des obligations.
6. La date d'échéance pour chacune des dettes obligataires.

□OA9
□OA10

M9-13 Calculer le prix d'émission des obligations

La société Bolduc désire émettre 500 000 $ en obligations le 1er janvier 20A pour une période de 10 ans à un taux d'intérêt de 10 %. Les intérêts doivent être versés semi-annuellement les 30 juin et 31 décembre de chaque année. Calculez le prix d'émission des obligations lorsque le taux du marché est de 8 %.

□OA10

M9-14 Calculer le prix d'émission des obligations

La société Riveraine planifie l'émission de 300 000 $ en obligations le 1er janvier 20A pour une période de 10 ans à un taux d'intérêt de 10 %. Les intérêts doivent être versés semi-annuellement les 30 juin et 31 décembre de chaque année. Calculez le prix d'émission des obligations lorsque le taux du marché est de 12 %.

□OA10

Exercices

E9-1 Calculer l'avoir des actionnaires et le fonds de roulement pour expliquer le ratio du fonds de roulement et le fonds de roulement net

La société Hilaire dresse son bilan de 20B. Ses registres renferment les montants suivants à la fin de l'exercice, le 31 décembre 20B.

□OA1
□OA2

Total des actifs à court terme	170 100 $
Total de tous les actifs restants	525 000
Passif :	
Effets à payer (8 %, échéance dans 5 ans)	18 000
Comptes fournisseurs	60 000
Impôts sur le bénéfice à payer	12 000
Déductions à la source à payer	3 000
Revenu de location perçu d'avance	4 000
Obligations à payer (échéance dans 15 ans)	100 000
Salaires à payer	7 800
Impôt foncier à payer	2 000
Effet à payer (10 %, échéance dans 6 mois)	10 000
Intérêts courus à payer	400

Travail à faire

1. Calculez le total de l'avoir des actionnaires.
2. Calculez a) le fonds de roulement et b) le ratio du fonds de roulement (présentez vos calculs). Pourquoi le fonds de roulement est-il important pour la direction ? Comment les analystes financiers se servent-ils du ratio du fonds de roulement ?
3. Calculez le montant de la charge d'intérêts pour 20B sur l'effet à payer à long terme. Supposez que cet effet date du 1er octobre 20B.

E9-2 Déterminer les répercussions d'opérations produisant des effets à payer sur les états financiers

Lorsque leurs activités commerciales augmentent, de nombreuses entreprises empruntent de l'argent pour financer leur stock et leurs comptes clients. Sears est un des plus importants magasins généraux de détail au Canada. Chaque année, avant

□OA1
□OA4

Sears Canada

Noël, l'entreprise augmente son stock pour répondre à la demande de ses clients. Une grande partie des ventes du temps des fêtes se fait à crédit. Il en résulte que l'entreprise recouvre souvent l'argent de ces opérations plusieurs mois après Noël. Supposez que le 1er novembre 20A, Sears a emprunté 4,5 millions de dollars à la Banque de Montréal pour son fonds de roulement et qu'elle a signé un effet à payer portant intérêt qui arrivera à échéance dans six mois. Le taux d'intérêt est de 10 % par an, payable à l'échéance et l'exercice se termine le 31 décembre.

Travail à faire

1. Déterminez les répercussions de chacun des éléments suivants sur les états financiers : a) l'émission d'un effet le 1er novembre, b) l'incidence de la régularisation à la fin de l'exercice et c) le remboursement de l'effet et des intérêts le 30 avril 20B. Indiquez ces répercussions (par exemple encaisse + ou –) en vous servant du modèle suivant.

Date	Actif	Passif	Capitaux propres

2. Si l'entreprise a besoin d'encaisse supplémentaire chaque année pour la période des fêtes, la direction devrait-elle emprunter de l'argent à long terme pour éviter d'avoir à négocier chaque fois un nouveau prêt à court terme ?

■OA1
■OA4 Sears Canada

E9-3 Enregistrer un effet à payer de la date d'emprunt jusqu'à son échéance

À l'aide des données fournies dans le problème précédent, résolvez les problèmes suivants.

Travail à faire

1. Passez l'écriture de journal qui enregistre l'effet à payer le 1er novembre.
2. Passez toutes les écritures de régularisation nécessaires à la fin de l'exercice annuel.
3. Passez l'écriture de journal qui comptabilise le paiement de l'effet et des intérêts à la date d'échéance, le 30 avril 20B.

■OA1

E9-4 Enregistrer et analyser les coûts de main-d'œuvre

L'entreprise Magloire a mis à jour son livre de paie pour le mois de mars 20A. Voici quelques-uns des renseignements qu'il contient.

Salaires bruts gagnés	230 000 $
Retenue d'impôts à la source	46 000
Cotisations syndicales prélevées	3 000
Retenue de prime d'assurance	1 200
Retenue pour régime des rentes*	8 900
Retenue pour l'assurance-emploi†	4 125
Cotisation de l'employeur à différents fonds (FSS, CNT, CSST)	1 610

* Exclut la part de l'employeur qui est égale à celle de l'employé.

† Exclut la part de l'employeur qui est 1,4 fois la contribution de l'employé.

Travail à faire

1. Comptabilisez les salaires pour le mois de mars, en incluant les déductions relatives aux employés. Présentez votre réponse à l'aide de l'équation comptable.
2. Comptabilisez les impôts payés par l'employeur sur les salaires à l'aide de l'équation comptable.
3. Comptabilisez les éléments combinés pour indiquer le paiement des montants dus aux organismes gouvernementaux et à d'autres organismes à l'aide de l'équation comptable.
4. Quel est le coût total de la main-d'œuvre pour l'entreprise ? Expliquez votre réponse. À quel pourcentage de la masse salariale correspond le salaire net ? Du point de vue de l'employeur, y a-t-il une différence économique entre le coût des salaires et celui des avantages sociaux (ou des charges sociales) ? Du point de vue des employés, existe-t-il une différence ?

E9-5 **Calculer les coûts de la masse salariale – une analyse des coûts de la main-d'œuvre**

■OA1

L'entreprise Clémenceau a mis à jour son livre de paie pour le mois de janvier 20B. Voici certaines données qu'on y trouve.

Salaires bruts gagnés	82 000 $
Retenues d'impôts à la source	15 500
Cotisations syndicales prélevées	1 200
Cotisations au régime de rentes*	3 013
Cotisations à l'assurance-emploi†	1 375
Cotisations de l'employeur à divers fonds (FSS, CNT, CSST)	589

* Part de l'employé seulement. L'employeur doit fournir le même montant.
† Part de l'employé seulement. L'employeur doit fournir 1,4 fois la contribution de l'employé.

Travail à faire

1. Quel montant de charge additionnelle relative à la main-d'œuvre l'entreprise doit-elle payer en vertu des exigences légales? Quel est le montant du salaire net des employés?

2. Dressez la liste des éléments de passif et des montants correspondants qui apparaissent dans le bilan de l'entreprise en date du 31 janvier 20B.

3. Les employeurs réagiraient-ils différemment aux propositions d'augmenter leur participation au Régime de rentes du Québec (RRQ) (ou au Régime de pension du Canada) de 10 % ou d'augmenter le salaire de base de leurs employés de 10 %? Les analystes financiers réagiraient-ils différemment?

E9-6 **Déterminer l'incidence d'une opération et analyser les flux de trésorerie**

■OA1
■OA2

La société Pontbriand vend un vaste éventail de marchandises par l'intermédiaire de deux magasins de détail établis dans deux villes voisines. La plupart des achats de marchandises pour revente lui sont facturés. Parfois, l'entreprise se procure de l'encaisse pour les dépenses courantes par la signature d'un effet de commerce à court terme. Voici deux des opérations effectuées au cours de l'exercice 20B.

a) Le 10 janvier 20B, achat de marchandises à crédit pour un total de 18 000 $; l'entreprise utilise la méthode de l'inventaire périodique.

b) Le 1er mars 20B, emprunt de 40 000 $ comptant de la Banque Nationale contre un effet à payer portant intérêt. La valeur nominale, 40 000 $, doit être remboursée au bout de six mois, et les intérêts au taux de 8 % sont payables à l'échéance.

Travail à faire

1. Décrivez l'incidence de chaque opération sur l'équation du bilan. Indiquez cette incidence (par exemple encaisse + ou –) en vous servant du modèle suivant.

Date	Actif	Passif	Capitaux propres

2. Quel sera le montant versé à la date d'échéance de l'effet à payer?
3. Analysez l'incidence de chaque opération sur les flux de trésorerie de l'entreprise.
4. Analysez l'incidence de chaque opération sur le ratio du fonds de roulement.

E9-7 **Enregistrer et analyser un élément de passif**

La société
Ford Motor
■OA1
■OA4
■OA5
■OA6

Il y a quelques années, le rapport annuel de la société Ford Motor renfermait les renseignements suivants.

> **Les avantages d'assurance-santé et d'assurance-vie postérieurs à la retraite**
>
> L'entreprise et certaines de ses filiales parrainent des régimes de retraite non capitalisés destinés à fournir des avantages spécifiques en matière de soins de santé et d'assurance-vie à leurs employés à la retraite. Les employés de l'entreprise pourraient avoir droit à de tels avantages s'ils prennent leur retraite alors qu'ils travaillent pour l'entreprise. Toutefois, il est possible que ces avantages et les règles d'admission soient modifiés en tout temps.

Travail à faire

L'entreprise devrait-elle comptabiliser ces avantages comme des éléments de passif dans son bilan ? Expliquez votre réponse.

E9-8 Pour trouver l'information financière

Référez-vous aux états financiers de la société Les Boutiques San Francisco et à ceux de la société Le Château qui se trouvent en annexe à la fin de ce volume pour répondre aux questions suivantes. Utilisez les données de l'exercice le plus récent sauf en cas d'instruction contraire.

Travail à faire

1. Quel est le montant du fonds de roulement de chaque entreprise ?
2. Pouvez-vous déterminer le montant des taxes de ventes courues à payer sur le chiffre d'affaires de l'une ou l'autre entreprise ?
3. Quel montant de passif d'impôts futurs chaque entreprise enregistre-t-elle ?
4. Quel montant de passif à long terme chaque entreprise enregistre-t-elle ?
5. Ces entreprises ont-elles des éléments de passif éventuels ?
6. La variation des comptes clients de chaque entreprise a-t-elle eu un effet sur les flux de trésorerie provenant de l'exploitation ? Si oui, lequel ?

E9-9 **Comprendre les impôts futurs : un écart temporaire – l'analyse**

L'état des résultats comparatif de la société Martin en date du 31 décembre 20B comporte, sous forme abrégée, les données avant impôts suivantes.

	Exercice 20A	Exercice 20B
Chiffre d'affaires	65 000 $	72 000 $
Charges d'exploitation (sauf les impôts sur les bénéfices)	50 000	54 000
Bénéfices avant impôts	15 000 $	18 000 $

On trouve aussi, dans les données de l'exercice 20B, une dépense de 2 800 $ déductible seulement dans la déclaration de revenus de 20A (et non dans celle de 20B). Le taux moyen d'imposition est de 30 %. Les bénéfices imposables, d'après les déclarations de revenus de 20A et de 20B, sont respectivement de 14 000 $ et de 17 400 $.

Travail à faire

1. Pour chaque exercice, indiquez si les impôts futurs constituent un élément de passif ou d'actif ? Expliquez votre réponse.
2. Expliquez pourquoi la charge fiscale ne correspond pas simplement au montant d'argent versé en impôts au cours d'un exercice.

E9-10 **Comprendre les impôts futurs : un écart temporaire – l'analyse de la stratégie de la direction**

Voici, sous forme abrégée, des données avant impôts fournies à l'état des résultats comparatif de la société Chung en date du 31 décembre 20B.

	Exercice 20A	Exercice 20B
Chiffre d'affaires	80 000 $	88 000 $
Charges (sauf les impôts sur les bénéfices)	65 000	69 000
Bénéfices avant impôts	15 000 $	19 000 $

On trouve également dans ces données un montant de 5 000 $ du chiffre d'affaires imposable uniquement dans la déclaration de revenus de 20A. Le taux moyen d'imposition des bénéfices est de 32 %. Les bénéfices imposables tels qu'ils sont indiqués dans les déclarations de 20A et de 20B s'élevaient respectivement à 13 000 $ et à 18 500 $.

Travail à faire

1. Pour chaque exercice, indiquez si les impôts futurs sont un élément de passif ou d'actif ? Expliquez votre réponse.

2. Pourquoi la direction choisirait-elle d'assumer le coût de la tenue de registres séparés pour les impôts et pour la comptabilité générale dans le but de différer le paiement de ses impôts ?

OA5

E9-11   Présenter les impôts futurs – l'amortissement

La société Lamballe a enregistré les données avant impôts suivantes à la fin de chaque exercice.

État des résultats au 31 décembre	20A	20B	20C
Chiffre d'affaires	170 000 $	182 000 $	195 000 $
Charges (incluant l'amortissement*)	122 000	126 000	130 000
Bénéfices avant impôts	48 000 $	56 000 $	65 000 $

* À l'état des résultats, la charge d'amortissement sur une machine, achetée le 1er janvier 20A au coût de 75 000 $, se calcule de façon linéaire. La machine a une durée de vie utile estimative de trois ans, et sa valeur résiduelle est nulle. L'entreprise a employé la méthode de l'amortissement accéléré dans ses déclarations de revenus et a obtenu les résultats suivants : 37 500 $ en 20A, 25 000 $ en 20B et 12 500 $ en 20C. Le taux moyen d'imposition est de 28 % pour les trois exercices.

Les bénéfices imposables tels qu'ils sont indiqués dans ces déclarations s'élèvent à 32 000 $ pour 20A, à 56 000 $ pour 20B et à 85 000 $ pour 20C.

Travail à faire

1. Pour chaque exercice, indiquez si les impôts futurs sont un élément de passif ou d'actif ? Expliquez votre réponse.
2. Quels comptes relatifs aux impôts devraient être présents à l'état des résultats et au bilan de chaque exercice ? (La présentation des calculs n'est pas nécessaire.)

OA5

E9-12   Présenter les impôts futurs

Les renseignements suivants (en millions de dollars) ont été tirés d'un rapport annuel de Colgate-Palmolive.

Colgate-Palmolive

Les impôts sur les bénéfices

Les écarts temporaires provenant des différences entre les méthodes comptables utilisées pour dresser les états financiers et celles qui servent à préparer les déclarations de revenus donnent lieu à des impôts de l'exercice (moins élevés) plus élevés que la charge fiscale totale comme suit.

	2001	2000	1999
Actifs immobilisés	(12,1) $	(3,2) $	(11,6) $
Régime de retraite et autres avantages sociaux futurs	(29,1)	(8,2)	(4,0)
Crédits d'impôts	—	(89,1)	(39,0)
Autres	(0,7)	44,1	5,9
Total	(41,8) $	(56,4) $	(48,7) $

Travail à faire

1. Déterminez si la charge fiscale des actifs immobilisés est plus élevée ou moins élevée que les impôts exigibles pour chaque exercice.
2. Donnez la raison la plus probable pour laquelle l'amortissement fiscal est plus élevé que l'amortissement comptable en ce qui concerne les actifs immobilisés.
3. La charge d'impôts futurs est-elle de 41,8 millions de dollars dans le bilan de 2001 ? Expliquez votre réponse.
4. Expliquez comment cette information sera présentée au bilan de 2001.

E9-13 Comptabiliser un élément de passif

Cascades, la société ciblée de ce chapitre, a inscrit la note suivante à son rapport annuel de 2001 (en millions de dollars).

> **Engagements**
> Les loyers minimaux futurs en vertu de contrats de location-exploitation s'établissent comme suit: 2002: 28; 2003: 25; 2004: 19; 2005: 15; 2006: 13; par la suite: 22 pour un total de 350.

Travail à faire

D'après les renseignements fournis ci-dessus, croyez-vous que Cascades devrait présenter cette obligation de 350 millions de dollars dans son bilan? Expliquez votre réponse. Si l'entreprise doit comptabiliser cette obligation à titre de passif, comment devrait-elle en évaluer le montant (supposez que les baux s'échelonnent sur 10 ans et que Cascades en est à sa deuxième année de contrats)?

E9-14 Calculer quatre types de valeurs actualisées et capitalisées

Le 1er janvier 20A, l'entreprise Levasseur a effectué les opérations suivantes. (Supposez que le taux d'intérêt annuel est de 11%.)

a) Dépôt de 12 000$ dans le fonds A.

b) Établissement du fonds B en vertu d'une entente qui prévoit six dépôts annuels de 2 000$ chacun. Les dépôts sont effectués le 31 décembre de chaque année.

c) Établissement du fonds C par le dépôt d'un montant unique qui aura atteint la somme de 40 000$ à la fin de la septième année.

d) Décision de déposer un montant unique dans le fonds D pour effectuer 10 versements annuels égaux de 15 000$ à un employé à la retraite. (Les versements débutent le 31 décembre 20A.)

Travail à faire (Présentez les calculs et arrondissez au dollar près.)

1. Quel sera le solde du fonds A à la fin de la neuvième année?
2. Quel sera le solde du fonds B à la fin de la sixième année?
3. Quel montant unique doit-on déposer dans le fonds C le 1er janvier 20A?
4. Quel montant unique doit-on déposer dans le fonds D le 1er janvier 20A?

E9-15 Calculer la croissance d'un compte d'épargne – un montant unique

Le 1er janvier 20A, vous déposez 6 000$ dans un compte d'épargne portant intérêt. Le taux d'intérêt composé annuellement est de 10%. Les intérêts seront additionnés au solde du fonds à la fin de chaque année.

Travail à faire (Arrondissez au dollar près.)

1. Quel sera le solde de votre compte d'épargne au bout de 10 ans?
2. Quel est le montant total des intérêts pour ces 10 ans?
3. Quel est le montant du revenu des intérêts que rapportera ce compte en 20A? en 20B?

E9-16 Calculer le dépôt requis et comptabiliser les opérations d'un compte d'épargne à montant unique

Le 1er janvier 20A, Alain Roy a décidé de déposer un montant dans un compte d'épargne où la somme devra atteindre 80 000$ dans quatre ans pour qu'il puisse envoyer ses filles à l'université. Le compte d'épargne lui rapportera des intérêts de 8% qui seront additionnés à son solde à la fin de chaque année.

Travail à faire (Présentez vos calculs et arrondissez au dollar près.)

1. Quel montant M. Roy doit-il déposer le 1er janvier 20A?
2. Comptabilisez la transaction que M. Roy devrait inscrire le 1er janvier 20A en vous servant de l'équation comptable.
3. Quels intérêts aura-t-il reçu pour ces quatre années?
4. Comptabilisez les éléments de la transaction que M. Roy devrait passer a) le 31 décembre 20A et b) le 31 décembre 20B. Servez-vous de l'équation comptable d'abord, ensuite passez les écritures de journal.

E9-17 **Enregistrer la croissance d'un compte d'épargne due au versement de dépôts périodiques égaux**

OA7

Vous prévoyez déposer un montant de 2 000 $ dans un compte d'épargne le 31 décembre de chaque année. Ce compte doit vous rapporter des intérêts, à un taux annuel de 9 %, qui s'ajouteront au solde du fonds à la fin de l'année. Vous effectuez le premier dépôt le 31 décembre 20A (la fin de l'exercice).

Travail à faire (Présentez vos calculs et arrondissez au dollar près.)

1. Comptabilisez la transaction en date du 31 décembre 20A en vous servant de l'équation comptable.
2. Quel sera le solde de votre compte d'épargne à la fin de la dixième année (c'est-à-dire après 10 dépôts)?
3. Quels intérêts les 10 dépôts rapporteront-ils?
4. Quel montant de revenu d'intérêts vos épargnes rapporteront-elles en 20B? en 20C?
5. Comptabilisez tous les éléments requis à la fin de 20B et de 20C, d'abord en vous servant de l'équation comptable et ensuite passez les écritures de journal.

E9-18 **Calculer la croissance d'un fonds d'épargne due au versement de dépôts périodiques**

OA7

Le 1er janvier 20A, vous planifiez un voyage autour du monde que vous entreprendrez à la fin de vos études, dans quatre ans. Votre grand-père veut déposer suffisamment d'argent dans un compte d'épargne pour vous payer ce voyage si vous terminez vos études. En établissant votre budget, vous estimez que ce voyage vous coûterait aujourd'hui 15 000 $. Dans sa générosité, votre grand-père décide de déposer 3 500 $ dans un compte en fiducie à la fin de chacune des quatre prochaines années, en commençant le 31 décembre 20A. Ce compte rapporte 6 % d'intérêts annuels qui seront ajoutés au solde à la fin de chaque année.

Travail à faire (Présentez vos calculs et arrondissez au dollar près.)

1. De combien d'argent disposerez-vous pour votre voyage à la fin de la quatrième année (c'est-à-dire après quatre dépôts)?
2. Quels intérêts ce fonds vous rapportera-t-il en quatre ans?
3. Quel montant de revenu d'intérêts ce fonds vous rapportera-t-il en 20A, en 20B, en 20C et en 20D?

E9-19 **Calculer la valeur d'un actif d'après sa valeur actualisée**

OA7

On vous offre l'occasion d'acheter une partie des redevances d'une concession pétrolière. Au mieux, vous estimez que le produit net de ces redevances se chiffrera en moyenne à 25 000 $ par an pendant cinq ans. La valeur résiduelle de votre part sera nulle à la fin de cette période. Supposez que la rentrée de fonds se fait à la fin de chaque année et que, compte tenu de l'incertitude de votre estimation, cet investissement devrait vous rapporter seulement 15 % par an. Quel montant accepteriez-vous de débourser pour cet investissement le 1er janvier 20A?

E9-20 **Expliquer pourquoi les obligations sont émises à escompte**

OA9

Le rapport annuel de la société Apple contenait la note suivante.

Apple

> **Dette à long terme**
> Le 10 février 1994, la société a émis 300 millions de dollars en billets non garantis portant intérêt à 6,4 %. Les billets ont été vendus à 99,925 % de leur valeur nominale au taux effectif de 6,5 %. Les billets offrent des intérêts semi-annuels et viennent à échéance le 15 février 2004.

Après lecture de cette note, une étudiante demande pourquoi Apple n'a pas vendu les billets au taux de 6,5 %. La société aurait ainsi évité d'avoir à comptabiliser un petit escompte sur les 10 prochains exercices. Rédigez une réponse à cette question.

E9-21 **Expliquer la terminologie relative aux obligations**

OA9

Le bilan de *Musique pour tous* présente la mention «note convertible subordonnée à coupon 0». Dans vos propres mots, expliquez les caractéristiques de cette dette. Le bilan ne rapporte aucun escompte (ou prime) associé à cette dette. Croyez-vous que cette dette est enregistrée à la valeur nominale ?

OA9

Bell Canada

E9-22   Interpréter l'information rapportée dans *La Presse*
Au moment où ce volume a été écrit, le journal *La Presse* rapportait l'information suivante relative aux obligations de Bell Canada.

Émetteur	Coupon	Échéance	Prix	Rendement
Bell Can	7,00	24 sept. 27	88,23	8,09

Expliquez la signification de l'information présentée. Si vous achetez des obligations de Bell Canada d'une valeur nominale de 10 000 $, combien cela vous coûterait-il (en fonction de l'information présentée) ? Supposez que les obligations ont été vendues à leur valeur nominale à la date de leur émission. Une diminution de la valeur des obligations de Bell Canada aurait-elle une incidence sur ses états financiers ?

OA9

PepsiCo, Inc.
The Walt Disney Company

E9-23   Évaluer les caractéristiques des obligations
Vous êtes conseiller en planification financière et vous avez devant vous un couple marié au début de la quarantaine qui veut investir 100 000 $ dans des obligations de sociétés. Vous avez trouvé deux titres qui pourraient intéresser vos clients. L'un est une obligation à coupon 0 émise par PepsiCo avec un taux effectif d'intérêt de 9 % venant à échéance en 2015. Cette obligation peut être remboursée par anticipation au gré de la société émettrice à la valeur nominale. L'autre titre est une obligation émise par la société Walt Disney qui vient à échéance en 2093. Le taux effectif d'intérêt est de 9,5 %, et les obligations peuvent être remboursées par anticipation au gré de la société à 105 % de la valeur nominale. Lequel des deux titres recommanderiez-vous et pourquoi ? Votre réponse serait-elle différente si vous vous attendiez à une chute dramatique des taux d'intérêt au cours des prochaines années ? Préféreriez-vous un autre titre si le couple était dans la soixantaine et à la retraite ?

OA9
OA10

The Walt Disney Company

E9-24   Expliquer une transaction internationale
La note suivante figurait à un rapport annuel de la société Walt Disney.

La société a émis une obligation de 100 milliards de yens japonais (environ 920 millions de dollars américains) à travers une offre publique au Japon. Les obligations sont prioritaires et sans recours et viennent à échéance en juin 1999. Les intérêts sont payables semi-annuellement au taux de 5 % par année. Le capital sera remboursé en dollars américains, et les intérêts seront payés en yens japonais.

Travail à faire
1. Décrivez comment la société a présenté ces obligations au bilan.
2. Expliquez pourquoi la direction de la société a emprunté de cette façon.

OA9
OA11

E9-25   Analyser les ratios financiers
Vous venez d'entreprendre un nouveau travail comme analyste financier pour une grande société de courtage. Votre patronne, une analyste principale, vient de terminer un rapport détaillé concernant l'émission d'obligations de deux sociétés. Elle s'arrête à votre bureau et vous demande de l'aide : « J'ai comparé des ratios pour deux sociétés et j'ai trouvé quelque chose d'intéressant. » Elle explique alors que le ratio d'endettement pour Agence de voyage Aller-Aller est beaucoup plus bas que celui de l'industrie et que celui de Voyage Sécur est beaucoup plus élevé. D'un autre côté, le ratio de couverture des intérêts de l'Agence de voyage Aller-Aller est beaucoup plus élevé que celui de l'industrie et celui de Voyage Sécur beaucoup plus bas. Votre patronne vous demande de réfléchir à la signification de ces ratios au sujet des deux sociétés pour qu'elle l'incorpore à son rapport. Quelle est votre réplique à sa demande ?

Problèmes

☐OA1
☐OA2
☐OA4

P9-1 **Déterminer les effets financiers des opérations relatives aux éléments de passif à court terme et analyser leur incidence sur les flux de trésorerie (PS9-1)**

La société Corbeau a effectué les opérations suivantes au cours de 20B. L'exercice se termine le 31 décembre 20B.

8 janv.   Achat de marchandises destinées à la revente à un coût facturé de 13 580$. (On suppose que l'entreprise emploie la méthode de l'inventaire périodique.)

17 janv. Paiement de la facture du 8 janvier.

1er avril Emprunt de 40 000$ à la Banque Nationale pour des dépenses générales; signature d'un effet à payer de 12 mois portant intérêt à 12%.

3 juin   Achat de marchandises pour la revente à un coût facturé de 17 820$.

5 juill.   Paiement de la facture du 3 juin.

1er août Location d'un petit bureau dans un immeuble appartenant à l'entreprise et recouvrement de six mois de loyer payé d'avance pour un total de 5 100$. (Enregistrez ce recouvrement de façon à ne pas devoir faire de régularisation à la fin de l'exercice.)

20 déc.   Dépôt de 100$ par un client en garantie d'une autocaravane empruntée pour 30 jours.

31 déc.   Calcul des salaires gagnés mais non payés en date du 31 décembre, au montant de 6 500$. (Ne tenez pas compte des charges sociales.)

Travail à faire

1. Indiquez les effets (par exemple encaisse + ou –) de chacune des opérations (y compris les éléments de régularisation) énumérées ci-dessus en vous servant du modèle qui suit.

Date	Actif	Passif	Capitaux propres

2. Pour chacune des opérations, indiquez si les flux de trésorerie provenant de l'exploitation augmentent, diminuent ou ne subissent aucun effet.

3. Pour chacune des opérations, indiquez si le ratio de solvabilité à court terme augmente, diminue ou demeure inchangé.

☐OA1
☐OA2
☐OA4

P9-2 **Comptabiliser et présenter des éléments de passif à court terme et analyser leurs répercussions sur les flux de trésorerie (PS9-2)**

Référez-vous aux données de l'exercice précédent pour résoudre les problèmes suivants.

Travail à faire

1. Passez les écritures de journal correspondant à chacune de ces opérations.

2. Passez toutes les écritures de régularisation requises en date du 31 décembre 20B.

3. Indiquez comment tous les éléments de passif qui résultent de ces opérations sont enregistrés dans le bilan en date du 31 décembre 20B.

4. Pour chaque opération, indiquez si le ratio de solvabilité à court terme augmente, diminue ou demeure inchangé.

5. Pour chacune des opérations, indiquez si les flux de trésorerie liés à l'exploitation augmentent, diminuent ou ne subissent aucun effet.

☐OA1

P9-3 **Déterminer les effets des opérations donnant lieu à des charges courues à payer et à des produits comptabilisés d'avance sur les états financiers**

Au cours de l'exercice 20B, l'entreprise Larrivée a effectué les deux opérations suivantes. L'exercice se termine le 31 décembre.

a) Payer et enregistrer un montant de 130 000$ en salaires au cours de 20B; toutefois, à la fin de décembre 20B, trois jours de salaires ne sont ni payés ni enregistrés parce que les salaires hebdomadaires ne seront pas versés avant le 6 janvier 20C. Le montant de ces trois jours de salaires s'élève à 3 600$.

b) Recouvrer un revenu locatif au montant de 2 400$ le 10 décembre 20B pour un local de bureau loué par l'entreprise à une autre entité. Ce loyer couvre 30 jours du 10 décembre 20 B au 10 janvier 20C et a été entièrement comptabilisé (crédité) au poste Revenu locatif.

Travail à faire

1. Déterminez les effets de chacun des éléments suivants sur les états financiers: a) concernant les salaires non payés en décembre 20 B, comptabilisez i) les éléments de régularisation requis le 31 décembre 20B et ii) le versement des salaires au 6 janvier 20C; b) concernant le loyer, comptabilisez i) le recouvrement du loyer le 10 décembre 20B et ii) les éléments de régularisation du 31 décembre 20B. Indiquez leurs effets (par exemple encaisse + ou −) à l'aide du modèle suivant.

Date	Actif	Passif	Capitaux propres

2. Expliquez pourquoi la méthode de la comptabilité de l'exercice fournit aux analystes financiers des renseignements plus pertinents que la méthode de la comptabilité de caisse.

P9-4 **Enregistrer et comptabiliser les charges courues à payer et le produit perçu d'avance**

Référez-vous aux données fournies dans l'exercice précédent pour résoudre les problèmes suivants.

Travail à faire

1. Passez a) l'écriture de régularisation requise au 31 décembre 20B et b) l'écriture de journal du 6 janvier 20C concernant le versement des salaires non payés en décembre 20B.
2. Passez a) l'écriture de journal concernant le recouvrement du loyer le 10 décembre 20B et b) l'écriture de régularisation du 31 décembre 20B.
3. Indiquez comment l'entreprise devrait enregistrer tout élément de passif relatif à ces opérations dans son bilan du 31 décembre 20B.

P9-5 **Déterminer les effets de différents éléments de passif sur les états financiers (PS9-3)**

Polaroïd conçoit, fabrique et met en marché des produits qui servent principalement dans le domaine de l'enregistrement instantané de l'image. Voici une note qu'on trouve dans le rapport annuel de l'entreprise.

> **La garantie sur les produits**
> Les coûts estimatifs des garanties sur les produits sont constatés par régularisation (ou inscrits comme charges) au moment où les produits sont vendus.

1. Supposez que les coûts estimatifs de garantie sont de 2 millions de dollars pour 20A et que le travail relatif à cette garantie est effectué au cours de 20B. Décrivez les effets de cette situation sur les états financiers de chaque exercice.

La société Reader's Digest est une maison d'édition de magazines, de livres et de collections de musique. La note suivante est tirée d'un de ses rapports annuels.

> **Les produits d'exploitation**
> Les ventes d'abonnement aux magazines sont enregistrées sous forme de produits d'exploitation non réalisés au moment de la réception de chaque commande. On constate des fractions proportionnelles du prix d'abonnement à titre de produits d'exploitation à mesure que la livraison est effectuée.

2. Supposez que Reader's Digest a recueilli 10 millions de dollars en 20A pour des magazines qui seront livrés dans les années à venir. Au cours de 20B, l'entreprise a livré des magazines sur abonnements pour un montant de 8 millions de dollars. Décrivez les effets de cette situation sur les états financiers de chaque exercice.

Brunswick Corporation est une société multinationale qui fabrique et vend des produits reliés à la navigation en mer et aux loisirs. Un de ses rapports annuels renferme les renseignements suivants.

Litige

Un jury a accordé 44,4 millions de dollars en dommages-intérêts dans une poursuite intentée par Independant Boat Builders, Inc., une centrale d'achat regroupant des fabricants de bateaux et ses 22 membres. En vertu des lois antitrust, le montant des dommages-intérêts accordés a été triplé, et les plaignants auront droit aux honoraires de leurs avocats avec les intérêts.

L'entreprise en a appelé de ce verdict en prétextant que, du point de vue légal, ce verdict était erroné, autant quant à la responsabilité que pour les dommages-intérêts.

3. Comment la société Brunswick devrait-elle comptabiliser les effets de ce litige ?

4. D'après un rapport annuel récent de la société Coca-Cola, ses actifs à court terme s'élèvent à 7 171 millions de dollars américains et ses éléments de passif à court terme à 8 429 millions de dollars américains. Compte tenu de son ratio du fonds de roulement, croyez-vous que l'entreprise éprouve des difficultés financières ?

Coca-Cola Company

La société Alcan est spécialisée dans l'extraction minière et la fabrication de l'aluminium. Sa gamme de produits s'étend de l'alliage à la fine pointe de la technologie qu'on trouve dans les ailes des gros avions jusqu'au matériau de fabrication de la canette de boissons non alcoolisées recyclable. Voici un extrait d'un rapport annuel récent de l'entreprise.

Alcan

Les charges relatives à l'environnement

Des charges à payer ont été inscrites pour des circonstances particulières où il est probable que des dettes ont été contractées et où ces dettes peuvent être estimées de façon raisonnable.

5. Expliquez dans vos propres mots la convention comptable de l'entreprise en matière de dépenses relatives à l'environnement. Comment peut-on justifier cette convention ?

P9-6 **Déterminer les effets des flux de trésorerie (PS9-4)** ■OA4

Pour chacune des opérations suivantes, déterminez si les flux de trésorerie provenant de l'exploitation augmenteront, diminueront ou demeureront inchangés.

a) L'achat de marchandises à crédit.

b) Le paiement d'un compte fournisseur en espèces.

c) L'inscription des salaires courus pour le mois ; aucun paiement n'a été effectué.

d) L'emprunt d'argent à la banque ; le billet vient à échéance dans 90 jours.

e) Le reclassement d'un effet à long terme parmi les éléments de passif à court terme.

f) Le paiement des charges d'intérêts courus.

g) L'enregistrement d'un élément de passif éventuel basé sur un procès en instance.

h) Le remboursement de l'argent emprunté à la banque en d).

i) L'encaissement d'un montant en espèces reçu d'un client pour des services dont la prestation aura lieu dans le prochain exercice (l'enregistrement de produits perçus d'avance).

P9-7 **Calculer la valeur actualisée et la valeur capitalisée (PS9-5)** ■OA7

Le 1er janvier 20A, l'entreprise Plumeau a effectué les opérations suivantes. (Considérez que le taux d'intérêt annuel est de 8 % pour toutes les opérations.)

a) Dépôt de 50 000 $ dans un fonds destiné au remboursement d'un emprunt. Les intérêts sont calculés à des intervalles de six mois et ajoutés au fonds deux fois par an (intérêts composés semi-annuellement). (*Conseil :* Réfléchissez attentivement à *n* et à *i*.)

b) Établissement d'un fonds de 400 000 $ pour la construction d'un ajout à l'usine. Ce fonds sera disponible à la fin de la cinquième année, alors que le montant unique déposé le 1er janvier 20A aura atteint cette somme.

c) Établissement d'une caisse de retraite de 500 000 $ qui sera disponible à la fin de la sixième année grâce à six montants égaux déposés respectivement à la fin de chaque exercice. Le premier dépôt se fait le 31 décembre 20A.

d) Achat d'une machine le 1er janvier 20A au coût de 180 000 $ dont 60 000 $ ont été versés comptant. Un effet à payer de quatre ans a été signé pour le reste de la somme. Cet effet sera remboursé en quatre versements égaux effectués respectivement à la fin de chaque exercice. Le premier versement se fait le 31 décembre 20A.

Travail à faire (Présentez vos calculs et arrondissez au dollar près.)

1. Dans l'opération a), quel sera le solde du fonds à la fin de la quatrième année ? Quel sera le montant total des produits d'intérêts (les intérêts créditeurs) ?

2. Dans l'opération b), quel montant unique l'entreprise doit-elle déposer le 1er janvier 20A ? Quel sera le montant total des produits d'intérêts ?

3. Dans l'opération c), quel doit être le montant de chacun des six versements annuels ? Quel sera le montant total des intérêts créditeurs ?

4. Dans l'opération d), quel est le montant de chacun des versements annuels destinés à rembourser l'effet à payer ? Quel sera le montant total des charges d'intérêts ?

OA7

P9-8 **Comparer des choix à l'aide des concepts relatifs à la valeur actualisée (PS9-6)**

On sonne à votre porte. Surprise ! C'est l'équipe des concours d'une grosse entreprise bien connue de vente de magazines par abonnements. Vous apprenez que vous avez gagné un grand prix de 20 millions de dollars. Plus tard, en consultant un avocat, vous découvrez que vous avez trois choix : 1) recevoir 1 million de dollars par an pendant les 20 prochaines années ; 2) encaisser 8 millions de dollars aujourd'hui même ou 3) recevoir 2 millions de dollars aujourd'hui même, puis 700 000 $ par an pendant les 20 prochaines années. Votre avocat vous assure qu'il est raisonnable de penser que vos investissements vous rapporteront 10 % par an. Quel choix ferez-vous ? Quels facteurs influeront sur votre décision ? Celle-ci serait-elle la même si le taux d'intérêt que rapporte votre investissement était de 8 % ? Ou de 12 % ?

OA8

P9-9 **Calculer des montants pour un fonds destiné au remboursement d'une dette (PS9-7)**

Le 31 décembre 20A, l'entreprise Pomainville a placé de l'argent pour constituer un fonds en vue de rembourser le capital d'une dette de 140 000 $ exigible le 31 décembre 20D. L'entreprise effectuera quatre dépôts annuels de montants égaux les 31 décembre 20A, 20B, 20C et 20D. Le fonds rapportera des intérêts annuels au taux de 7 % qui s'ajoutera au solde du compte à la fin de chaque exercice. Le gestionnaire du fonds paiera le capital du prêt (au créancier) lorsqu'il aura reçu le dernier dépôt. L'exercice de l'entreprise se termine le 31 décembre.

Travail à faire (Présentez vos calculs et arrondissez au dollar près.)

1. Quelle somme l'entreprise doit-elle déposer chaque 31 décembre ?

2. Quel montant d'intérêts le fonds rapportera-t-il ?

3. Quels seront les produits financiers (les revenus d'intérêts) du fonds en 20A, en 20B, en 20C et en 20D ?

4. Comptabilisez la transaction aux dates suivantes.
   a) Lors du premier dépôt, le 31 décembre 20A.
   b) Pour tous les montants à la fin des exercices 20B et 20C.
   c) Au moment du paiement de la dette, le 31 décembre 20D.

5. Montrez comment l'entreprise présentera l'effet du fonds au 31 décembre 20B à l'état des résultats et au bilan.

OA8

P9-10 **Calculer des versements périodiques égaux pour le remboursement d'une dette et établir un échéancier de paiement (PS9-8)**

Le 1er janvier 20A, vous avez acheté une nouvelle voiture sport pour 30 000 $. Vous avez versé un acompte de 5 000 $ en espèces, et vous avez signé un billet de 25 000 $ payable en quatre versements égaux, le 31 décembre de chaque année en commençant le 31 décembre 20A. Le taux d'intérêt est de 9 % par an sur le solde du compte. Chaque versement servira à rembourser une partie du capital avec les intérêts.

Travail à faire

1. Calculez le montant des versements égaux que vous devez effectuer.
2. Quel est le montant des intérêts sur cette dette remboursable par versements au cours des quatre années ?
3. Établissez un échéancier de paiement en utilisant le mode de présentation suivant.

Échéancier de paiement de dette				
Date	Paiement en espèces	Charge d'intérêts	Diminution du capital	Solde du capital
01-01-20A				
31-12-20A				
31-12-20B				
31-12-20C				
31-12-20D				
Total				

4. Expliquez pourquoi le montant de la charge d'intérêts diminue chaque année.

P9-11 **Comparer des obligations émises à la valeur nominale, à prime et à escompte**
La société Solaplus, dont la fin d'exercice est le 31 décembre, a émis les obligations suivantes.

> **Date d'émission : 1er janvier 20A**
> Valeur nominale et date d'échéance : 100 000 $ échéant dans 10 ans
> (31 décembre 20J)
> Intérêts : taux de 10 % par année, payables le 31 décembre de chaque année

□ OA9
□ OA10

Travail à faire

1. Déterminez les montants suivants.

	Émises à la valeur nominale Cas A	Émises à 96 Cas B	Émises à 102 Cas C
Recette de l'émission des obligations			
Coupon			
Paiement d'intérêts annuels			

2. Vous êtes conseiller financier, et une personne à la retraite vous dit : « Pourquoi acheter de obligations à prime quand je peux en trouver à escompte ? N'est-ce pas stupide ? C'est comme payer le prix de détail d'une voiture sans négocier pour obtenir un escompte. » Répondez brièvement à cette question.

P9-12 **Comparer la valeur comptable et la valeur marchande**
Le nom Hilton est bien connu dans l'industrie hôtelière. Le rapport annuel de la société Hilton rapportait l'information suivante dans une note concernant la dette à long terme.

□ OA9

Les hôtels Hilton

> La valeur marchande de la dette à long terme est estimée en fonction du taux du marché pour des émissions identiques ou semblables. La valeur comptable de la dette à long terme est de 1 132,5 millions de dollars, et sa valeur marchande est de 1 173,5 millions de dollars.

Expliquez pourquoi il y a une différence entre la valeur comptable et la valeur marchande de la dette à long terme de la société Hilton.

P9-13 Analyser et reclasser la dette (PS9-9)
La note suivante dans le rapport annuel de PepsiCo rapportait ce qui suit.

> À la fin de l'exercice, 3,5 milliards de dollars en prêts à court terme ont été reclassés dans les prêts à long terme, ce qui reflète l'intention et la possibilité actuelle de la société à refinancer ces emprunts sur une base à long terme par l'émission de dette à long terme ou par l'extension de ses facilités de crédit à court terme.

À la suite de ce nouveau classement, le ratio du fonds de roulement de PepsiCo est passé de 0,51 à 0,79. Croyez-vous que ce reclassement est correct? Pourquoi croyez-vous que la direction de PepsiCo a fait ce reclassement? À titre d'analyste financière, allez-vous vous servir du ratio du fonds de roulement avant ou après le reclassement pour évaluer la liquidité de PepsiCo?

P9-14 Expliquer une note aux états financiers
Vous reconnaissez le nom de Federal Express comme synonyme de livraison d'importants paquets en une journée. Le rapport annuel de FedEx comportait la note suivante.

> Une entente d'émission de 45 millions de dollars en obligations de la City of Indianapolis Airport Facility Refunding a été conclue en août 1998. L'émission, qui aura lieu en septembre 1998, servira à rembourser les obligations de série 1984 originalement émise en novembre 1984 pour financer l'acquisition, la construction et l'équipement d'une sortie expresse à l'aéroport international d'Indianapolis. Les obligations de refinancement ont une échéance en 2017 et porte intérêt à 6,85%.

Travail à faire
Dans vos propres mots, expliquez la signification de cette note. Pourquoi la direction de l'entreprise a-t-elle décidé de rembourser l'obligation originale avant l'échéance?

Problèmes supplémentaires

PS9-1 Déterminer les effets financiers des opérations relatives aux éléments de passif à court terme et analyser leur incidence sur les flux de trésorerie (P9-1)
La société Cromaire a effectué les opérations suivantes au cours de l'exercice 20B. Son exercice se termine le 31 décembre 20B.

15 janv. Enregistrement d'un montant de 125 000$ à titre de charge fiscale pour l'exercice en cours. Les impôts exigibles de l'exercice s'élevaient à 93 000$.

31 janv. Paiement des intérêts courus au montant de 52 000$.

30 avril Emprunt de 550 000$ à la Banque Toronto Dominion; signature d'un effet à payer portant intérêt au taux de 12% et exigible dans 12 mois.

3 juin Achat de marchandises pour la revente; le coût de la facture est de 75 820$.

5 juill. Paiement de la facture du 3 juin.

31 août Signature d'un contrat relatif à un service de sécurité dans un petit immeuble d'appartements et encaissement à l'avance des frais des six premiers mois pour un total de 12 000$. (Enregistrez cet encaissement de manière à éviter toute inscription de régularisation à la fin de l'exercice.)

31 déc. Reclassement d'un élément de passif à long terme au montant de 100 000$ pour l'inclure dans les éléments de passif à court terme.

31 déc. Détermination d'un montant de 85 000$ en salaires et rémunérations gagnés mais non payés au 31 décembre (ne tenez pas compte des charges sociales).

Travail à faire

1. Indiquez les effets (par exemple encaisse + ou −) de chacune des opérations (y compris les régularisations) décrites ci-dessus en vous servant du modèle ci-dessous.

Date	Actif	Passif	Capitaux propres

2. Pour chacune des opérations, indiquez si les flux de trésorerie provenant de l'exploitation augmentent, diminuent ou demeurent inchangés.

PS9-2 **Comptabiliser et présenter les éléments de passif à court terme et analyser les effets sur les flux de trésorerie (P9-2)**

En vous référant aux données de l'exercice précédent, résolvez les problèmes suivants.

Travail à faire

1. Passez l'écriture de journal correspondant à chacune de ces opérations.
2. Passez toutes les écritures de régularisation requises en date du 31 décembre 20B.
3. Indiquez comment on doit présenter tous les éléments de passif relatifs à ces opérations dans le bilan du 31 décembre 20B.
4. Pour chacune de ces opérations, indiquez si les flux de trésorerie provenant de l'exploitation augmentent, diminuent ou demeurent inchangés.

PS9-3 **Déterminer les effets de différents éléments de passif sur les états financiers (P9-5)**

Au Canada, Future Shop est le plus important détaillant de matériel informatique, et son chiffre d'affaires atteint près de 2 milliards de dollars. Plusieurs produits en vente comportent des plans de garanties supplémentaires. Un de ses rapports annuels contient la note suivante.

> **Provisions pour garanties supplémentaires**
> Les coûts estimés relatifs aux garanties sur les produits sont inscrits au moment de la vente des contrats de garanties supplémentaires. La direction révise ces coûts anticipés annuellement pour déterminer les ajustements nécessaires, s'il y a lieu.

1. Supposez que les coûts de garanties estimés pour l'exercice 20D s'élèvent à 8,5 millions de dollars et que les services rendus en vertu de ces garanties ont lieu en 20E. Décrivez les effets de ces hypothèses sur les états financiers de chaque exercice.

Carnival Cruise Lines exploite des bateaux de croisière en Alaska, dans les Caraïbes, dans le sud de l'océan Pacifique et dans la Méditerranée. Certaines croisières sont courtes ; d'autres peuvent durer des semaines. L'entreprise a un chiffre d'affaires de plus de 1 milliard de dollars par an. La note suivante provient d'un de ses rapports annuels.

> **Produits d'exploitation**
> Les acomptes versés par les clients, qui constituent un produit comptabilisé d'avance, sont incorporés au bilan au moment de leur réception et sont constatés comme des produits d'exploitation lorsque les croisières sont terminées, dans le cas des voyages qui durent 10 jours ou moins, et proportionnellement au nombre de jours de croisière écoulés, dans le cas de voyages de plus de 10 jours.

2. Expliquez dans vos propres mots comment Carnival présente un produit perçu d'avance à son bilan. Supposez que l'entreprise a recueilli 19 millions de dollars en 20A pour des croisières qui seront effectuées dans l'exercice suivant. De ce montant, 4 millions de dollars ont servi à payer des croisières de 10 jours ou moins qui ne sont pas terminées ; 8 millions de dollars proviennent de croisières de plus de 10 jours dont la durée est écoulée en moyenne à 60 % et 7 millions de dollars correspondent à des croisières qui n'ont pas encore commencé. Quel

OA1
OA4

OA1
OA6

Future Shop

Carnival Cruise
Lines

montant de produit comptabilisé d'avance l'entreprise devrait-elle enregistrer dans son bilan de l'exercice 20A ?

Sunbeam

Sunbeam est une société spécialisée dans les produits de grande consommation qui fabrique et met sur le marché différents produits ménagers tels que des fers à repasser, des grille-pain, des malaxeurs et des marques de commerce connues dont Coleman et Osterizer. Son chiffre d'affaires annuel dépasse les 2 milliards de dollars. L'information suivante est tirée d'un des rapports annuels de l'entreprise.

Litiges

De temps à autres, Sunbeam et ses filiales sont impliquées dans divers procès que l'entreprise considère comme des litiges prévisibles découlant de ses activités normales. D'après l'entreprise, le règlement de ces affaires de routine n'aura pas d'effets négatifs importants sur sa situation financière, les résultats de ses activités ou de ses flux de trésorerie. À la fin de 1999, elle a établi des provisions destinées à régler des litiges qui se chiffrent à 24,3 millions de dollars.

Durant un exercice antérieur, l'entreprise a enregistré une charge de 12,0 millions de dollars relativement à une poursuite dont les résultats semblaient peu encourageants. Toutefois, dans le quatrième trimestre de l'exercice en question, l'affaire s'est réglée de façon avantageuse et, par conséquent, une charge de 8,1 millions de dollars a été annulée et transformée en bénéfice.

---

3. Expliquez la signification de ces notes dans vos propres mots. Décrivez comment le litige en question a modifié les états financiers de l'entreprise.

La compagnie pétrolière Impériale (l'Impérial)

4. Dans un rapport annuel récent de l'Impérial, société qui arbore la bannière Esso, on constate que le ratio de solvabilité à court terme de l'entreprise est de 0,88. Pour l'exercice précédent, ce ratio était de 1,02. À partir de cette information, croyez-vous que l'Impérial éprouve des difficultés financières ? Quels autres renseignements devriez-vous analyser pour pouvoir effectuer une telle évaluation ?

Brunswick Corporation

Brunswick est une société multinationale qui fabrique et vend des produits reliés à la navigation en mer et aux loisirs. Un de ses rapports annuels renferme les renseignements suivants.

Législation et environnement

L'entreprise est mise en cause dans de nombreux projets de mesures correctives et de nettoyage en matière d'environnement, lesquels représentent au total un risque estimé d'environ 21 à 42 millions de dollars. Elle constate d'avance les activités reliées à des mesures correctives de l'environnement pour lesquelles des engagements ou des plans de nettoyage ont été élaborés et dont il est possible d'estimer les coûts de façon raisonnable.

---

5. Dans vos propres mots, expliquez la convention comptable de l'entreprise en matière de dépenses relatives à l'environnement. Comment peut-on justifier cette convention ?

■OA4

PS9-4   Déterminer les effets des flux de trésorerie (P9-6)

Pour chacune des opérations suivantes, déterminez si les flux de trésorerie provenant de l'exploitation vont augmenter, diminuer ou demeurer inchangés.

a) L'achat de marchandises au comptant.

b) Le paiement des salaires et des rémunérations du dernier mois de l'exercice précédent.

c) Le paiement des impôts au gouvernement fédéral.

d) Un emprunt bancaire ; le billet arrive à échéance dans deux ans.

e) La retenue des sommes destinées au RRQ (Régime de rentes du Québec) sur les salaires des employés et versement immédiat de ces montants au gouvernement.

f) L'enregistrement de la charge d'intérêts courus.

g) Le paiement comptant à la suite de la perte d'un procès ; l'enregistrement d'un élément de passif éventuel en matière de responsabilité civile.

h) Le paiement des salaires et les rémunérations du mois en cours en espèces.

i) La prestation de services déjà payés par un client au cours de l'exercice précédent (le produit perçu d'avance est maintenant réalisé).

PS9-5 **Calculer la valeur actualisée et la valeur capitalisée (P9-7)** ☐ OA7

Le 1er janvier 20A, la société de Montbrun a effectué les opérations suivantes. (Supposez que le taux d'intérêt annuel est de 10 % pour toutes les opérations.)

a) Dépôt de 200 000 $ dans un fonds destiné au remboursement d'un emprunt. Les intérêts sont calculés tous les six mois et sont ajoutés au fonds deux fois par an (les intérêts sont composés semi-annuellement). (*Conseil :* Réfléchissez attentivement à n et à i.)

b) Établissement d'un fonds de 1 million de dollars pour la construction d'ajouts à l'usine. Ce fonds sera disponible à la fin de la dixième année lorsque le montant unique déposé le 1er janvier 20A atteindra cette somme.

c) Établissement d'un fonds de pension de 800 000 $ qui sera disponible à la fin de la dixième année grâce au dépôt annuel de 10 montants égaux. Les dépôts sont effectués respectivement à la fin de chaque exercice et débutent le 31 décembre 20A.

d) Achat d'une machine au coût de 750 000 $ le 1er janvier 20A dont 400 000 $ ont été versés comptant. Un effet à payer exigible dans quatre ans a été signé pour le reste de la somme. Cet effet sera remboursé en quatre paiements égaux effectués respectivement à la fin de chaque exercice. Le premier paiement se fait le 31 décembre 20A.

Travail à faire (Présentez vos calculs et arrondissez au dollar près.)

1. Dans l'opération a), quel sera le solde du fonds à la fin de la cinquième année ? Quel sera le montant total des produits financiers (les revenus d'intérêts ou intérêts créditeurs) ?

2. Dans l'opération b), quel montant unique l'entreprise doit-elle déposer le 1er janvier 20A ? Quel sera le montant total des intérêts créditeurs ?

3. Dans l'opération c), quel doit être le montant de chacun des 10 versements annuels égaux ? Quel sera le montant total des intérêts créditeurs ?

4. Dans l'opération d), quel est le montant de chacun des versements annuels égaux destinés à rembourser l'effet à payer ? Quel sera le montant total de la charge d'intérêts (les intérêts débiteurs) ?

PS9-6 **Comparer des choix à l'aide des concepts relatifs à la valeur actualisée (P9-8)** ☐ OA7

Après une longue et fructueuse carrière comme vice-président directeur d'une grande banque, vous songez à la retraite. En consultant le service des ressources humaines, vous apprenez que différents choix s'offrent à vous. Vous pourriez recevoir 1) 1 million de dollars en argent comptant immédiatement, 2) 60 000 $ par an pour le reste de votre vie (votre espérance de vie est de 20 ans) ou 3) 50 000 $ par an pendant 10 ans puis 70 000 $ par an pour le reste de votre vie (ce choix a pour but de vous assurer une certaine protection contre l'inflation). D'après vos calculs, vous pouvez obtenir un taux d'intérêt de 8 % sur vos investissements. Quel choix préférez-vous ? Expliquez votre réponse.

PS9-7 **Calculer des montants pour un fonds à l'aide d'écritures de journal (P9-9)** ☐ OA7

Le 1er janvier 20A, la société Strapontin inc. a décidé de constituer un fonds qui servira à payer la construction d'une nouvelle aile à son usine. L'entreprise déposera donc 320 000 $ dans le fonds à la fin de chaque exercice, en commençant le 31 décembre 20A. Ce fonds rapportera des intérêts au taux de 9 % qui seront ajoutés au solde à la fin de chaque exercice, c'est-à-dire le 31 décembre.

Travail à faire

1. Quel sera le solde de ce fonds immédiatement après le dépôt du 31 décembre 20C ?

2. Remplissez le calendrier d'accroissement du fonds suivant.

Date	Paiement en argent	Intérêts créditeurs	Augmentation du fonds	Solde du fonds
31-12-20A				
31-12-20B				
31-12-20C				
Total				

3. Passez les écritures de journal des 31 décembre 20A, 20B et 20C.
4. La construction de la nouvelle aile de l'usine était terminée le 1er janvier 20D et a coûté au total 1 060 000 $. Passez l'écriture requise en supposant que ce montant a été entièrement versé à l'entrepreneur.

OA8

PS9-8   Calculer les versements périodiques égaux pour le remboursement d'une dette, remplir un échéancier et comptabiliser la transaction (P9-10)

Le 1er janvier 20A, l'entreprise Icare a vendu une machine neuve pour 80 000 $ à l'entreprise Phoebus qui a versé un acompte en espèces de 30 000 $ et a signé un billet de 50 000 $ à 8 % pour le solde. Ce billet doit être remboursé en trois versements égaux effectués respectivement les 31 décembre 20A, 20 B et 20C.

Chaque paiement doit inclure le paiement d'une partie du capital et les intérêts courus sur le solde non payé. L'entreprise Phoebus comptabilise son achat comme suit, le 1er janvier 20A.

ÉQUATION COMPTABLE

Actif		=	Passif		+	Capitaux propres
Encaisse	−30 000		Effet à payer	+50 000		
Machine	+80 000					

ÉCRITURE DE JOURNAL

Machine..	80 000	
Encaisse...		30 000
Effet à payer..		50 000

Travail à faire (Présentez vos calculs et arrondissez au dollar près.)

1. Quel est le montant des versements annuels égaux que l'entreprise Phoebus doit effectuer ?
2. Quels sont les intérêts à payer sur ce billet ?
3. Remplissez l'échéancier de paiement de la dette ci-dessous.

Date	Versement comptant	Intérêts créditeurs	Diminution du capital	Solde du capital
01-01-20A				
31-12-20A				
31-12-20B				
31-12-20C				
Total				

4. Passez les écritures de journal correspondant à chacun des trois versements.
5. Expliquez pourquoi le montant de la charge d'intérêts diminue chaque année.

OA9

General Mills

PS9-9   Analyser et reclasser la dette (P9-13)

Le rapport annuel de General Mills, une société milliardaire qui fabrique et vend des produits utilisés dans les cuisines de plusieurs d'entre nous, mentionne la note suivante dans l'un de ses rapports annuels.

Nous avons des ententes de crédits renouvelables qui expirent dans deux ans et qui nous fournissent une marge de crédit nous permettant d'emprunter au besoin. Cette entente nous permet de refinancer les dettes à court terme sur une base à long terme.

General Mills devrait-elle classer ses emprunts à court terme dans le court terme ou le long terme si vous considérez sa capacité d'emprunter au besoin pour refinancer la dette? Si vous étiez membre de la direction, expliquez ce que vous voudriez faire et pourquoi. Votre réponse serait-elle différente si vous étiez analyste financier?

Cas et projets

Cas – Information financière

CP9-1 **Pour trouver l'information financière**
Référez-vous aux états financiers de la société Les Boutiques San Francisco qui sont présentés en annexe à la fin de ce volume.

Les Boutiques
San Francisco

■OA1
■OA4
■OA5

Travail à faire
1. Dans l'exercice en cours, quel est le montant des rémunérations et des charges sociales courues à payer?
2. Comment des variations dans les comptes fournisseurs ont-elles modifié les flux de trésorerie provenant de l'exploitation dans l'exercice en cours?
3. Quel est le montant des éléments de passif à long terme pour l'exercice en cours?
4. Quel est le montant de la charge relative aux impôts futurs pour l'exercice en cours?
5. L'entreprise a-t-elle un régime de retraite pour ses employés? De quel genre de programme s'agit-il, s'il y a lieu?
6. Décrivez les facilités de crédit de l'entreprise, s'il y a lieu.
7. Quel est le montant de la charge d'intérêts pour l'exercice le plus récent?

CP9-2 **Pour trouver l'information financière**
Référez-vous aux états financiers de la société Le Château présentés en annexe à la fin de ce volume.

Le Château

■OA1
■OA6

Travail à faire
1. Quel est le montant des rémunérations ou des salaires courus à payer pour l'exercice en cours?
2. Comment des variations dans les comptes fournisseurs, les charges courues à payer et d'autres éléments de passif ont-elles modifié les flux de trésorerie provenant de l'exploitation dans l'exercice considéré?
3. Quel est le montant du passif à long terme pour l'exercice considéré?
4. Pouvez-vous déterminer les composants spécifiques des charges courues pour l'exercice considéré? Si oui, énumérez-les.
5. L'entreprise constate-t-elle des éléments de passif éventuels?
6. Décrivez les facilités de crédit de l'entreprise, s'il y a lieu.
7. Quel est le montant de la charge d'intérêts pour l'exercice le plus récent?

■ OA2
■ OA3   Les Boutiques
        San Francisco et
        Le Château
        Dun & Bradstreet
        Standard & Poors

CP9-3   Comparer des entreprises d'un même secteur d'activité

Référez-vous aux états financiers de la société Les Boutiques San Francisco, à ceux de la société Le Château ainsi qu'aux rapports de Dun & Bradstreet et Standard & Poor's sur les coefficients de ce secteur d'activité qui sont présentés en annexe à la fin du volume.

Travail à faire

1. Calculez le ratio du fonds de roulement (le ratio de solvabilité à court terme) de chacune des entreprises pour chaque exercice fourni.

2. Comparez le ratio de solvabilité à court terme de l'exercice le plus récent de chaque entreprise à la moyenne du secteur d'activité que vous trouverez dans le rapport sur les coefficients de Standard & Poor's ou de Dun & Bradstreet. En vous basant uniquement sur leur ratio de solvabilité à court terme, diriez-vous que le niveau de liquidité des deux entreprises est plus ou moins élevé que celui de la moyenne des entreprises de ce secteur ?

3. Calculez le coefficient de rotation des fournisseurs de chacune des entreprises pour chaque exercice fourni. Quel est le montant total du passif à long terme pour l'exercice en cours ?

4. Comparez le coefficient de rotation des fournisseurs de l'exercice le plus récent de chaque entreprise à la moyenne du secteur indiquée dans le rapport sur les coefficients de Standard & Poor's ou de Dun & Bradstreet. La situation de ces deux entreprises est-elle meilleure ou pire que celle de la moyenne de leurs concurrentes en matière de paiement des comptes fournisseurs ?

5. À l'aide de ces renseignements et d'autres données contenues dans les rapports annuels, rédigez une brève évaluation du niveau de liquidité des deux entreprises.

6. Est-il surprenant d'observer que ni l'une ni l'autre des entreprises ne possèdent des dettes obligataires ?

7. En fonction de vos connaissances sur cette industrie et de votre analyse des rapports annuels, expliquez pourquoi les sociétés ont choisi la structure de capital actuelle.

8. Au sujet des obligations, deux ratios financiers sont étudiés dans le chapitre. Sont-ils pertinents pour ces sociétés ? Expliquez votre réponse.

■ OA1

Southwest Airlines

CP9-4   Expliquer une note – les charges courues à payer pour un programme de fidélisation des passagers

La plupart des grandes compagnies aériennes offrent des programmes de fidélisation qui permettent à leurs passagers d'obtenir des billets gratuits d'après le nombre de kilomètres qu'ils ont parcourus en avion. Un rapport annuel récent de la Southwest Airlines renfermait la note suivante.

> **Récompenses relatives à la fidélisation des passagers**
> L'entreprise constate, par régularisation, le coût marginal estimatif du transport des gagnants de voyages gratuits qui serait réalisé dans le cadre de son programme de fidélisation des passagers.

L'expression « coût marginal » fait référence aux charges additionnelles associées à la présence d'un passager supplémentaire sur un vol (par exemple le coût d'une boisson gazeuse et d'un goûter).

Travail à faire

1. Quelles mesures de coûts autres que le coût marginal la compagnie aérienne pourrait-elle utiliser ?

2. Quel autre compte la Southwest devrait-elle affecter (débiter) lorsqu'elle constate par régularisation cet élément de passif ?

■ OA1

PepsiCo

CP9-5   Enregistrer des emprunts à court terme

Un certain nombre de produits de PepsiCo font partie de la vie courante de nombreux Canadiens, entre autres Pepsi-Cola, Mountain Dew, les chips Lay's et Ruffle, Galorade, Tropicana, etc. Le chiffre d'affaires de cette entreprise dépasse 27 milliards de dollars américains par an. Un rapport annuel récent contenait les renseignements suivants.

> **Facilité de crédit renouvelable**
> À la fin de l'exercice en cours, la société avait des marges de crédit renouvelable de l'ordre de 750 millions de dollars. Environ 375 millions de dollars faisant partie de cette somme vient à échéance au mois de juin de l'année en cours, et le solde de 375 millions de dollars vient à échéance dans quatre ans. Ces marges de crédit, qui existent pour soutenir l'émission de dettes à court terme, étaient inutilisées à la fin de l'exercice en cours. Ces marges de crédit sont renouvelables chaque année pour une année additionnelle sur consentement mutuel entre PersiCo et les établissements financiers concernés. Ces marges sont sujettes aux termes et aux conditions bancaires normaux. Le reclassement des emprunts à court terme comme des éléments de passif à long terme reflète notre intention et notre capacité, à travers l'existence de ces marges de crédit non utilisées, à refinancer les emprunts sur une période à long terme.

Travail à faire

À titre d'analyste, commentez le classement d'emprunts à court terme de l'entreprise dans la catégorie des éléments de passif à long terme. Quelles sont les conditions qui pourraient permettre à une entreprise d'effectuer ce type de classement ?

CP9-6 Interpréter la presse financière

■OA6

Les entreprises prennent de plus en plus conscience des questions environnementales rattachées à leurs activités. Elles commencent à reconnaître que certaines de leurs opérations peuvent avoir des effets nuisibles sur l'environnement dont personne ne sera à même de mesurer l'ampleur avant des années, sinon des décennies. Elles découvrent aussi les problèmes complexes reliés à l'enregistrement de tels éléments de passif éventuels. Vous trouverez un article de Paule des Rivières à ce sujet intitulé « Pollution extrême » dans le numéro du 23 janvier 2001 du journal *Le Devoir*. L'article est également disponible sur le site Web de Chenelière/McGraw-Hill à l'adresse www.dlcmcgrawhill.ca.

Lisez cet article et rédigez un bref rapport sur la façon dont les entreprises devraient rendre compte des questions environnementales dans leurs états financiers. Comment Bombardier est-elle touchée ?

CP9-7 Analyser des intérêts cachés dans une vente de biens immobiliers – la valeur actualisée

■OA7

Bon nombre de publicités renferment des offres trop alléchantes pour être vraies. Il y a quelques années, on pouvait lire l'annonce suivante dans un journal : « Maison à vendre pour 150 000 $ avec prêt hypothécaire financé à 0 % d'intérêts ». Si l'acheteur acceptait d'effectuer des versements mensuels de 3 125 $ pendant quatre ans (150 000 $ ÷ 48 mois), il n'aurait aucun intérêt à payer. À l'époque où l'offre a été faite, les taux d'intérêt hypothécaires étaient de 12 %. La valeur actualisée lorsque $n = 48$ et $i = 1 \%$ est de 37,9740.

Travail à faire

1. L'entreprise de construction accordait-elle vraiment un prêt hypothécaire à 0 % d'intérêts ?
2. Estimez le prix véritable de la maison offerte dans l'annonce. Supposez que le paiement mensuel a été calculé d'après un taux d'intérêt implicite de 12 %.

CP9-8 **Calculer la valeur actualisée d'obligations locatives**

Voici une note qu'on trouve dans un rapport annuel récent de Quebecor.

> Au 31 décembre 2001, la compagnie loue des locaux et du matériel en vertu de contrats de location-exploitation qui expirent à diverses dates jusqu'en 2016 et dont le total des paiements minimums exigibles s'élève à 883,6 millions de dollars. Les paiements minimums exigibles relatifs à ces contrats au cours des prochains exercices sont les suivants.
>
> | Année | Engagement minimal (en millions de dollars) |
> |---|---|
> | 2002 | 169,9 $ |
> | 2003 | 151,4 |
> | 2004 | 122,3 |
> | 2005 | 122,6 |
> | 2006 | 90,1 |
> | 2007 à 2016 | 227,3 |

Vous travaillez au service du prêt d'une grande banque commerciale et, à des fins de comparaison, vous voulez calculer les valeurs actualisées de ces contrats de location.

Travail à faire

Déterminez la valeur actualisée des paiements minimaux exigibles en vertu des contrats de location en date du 31 décembre 2001. Supposez que le taux d'intérêt est de 10 %. Indiquez toutes les autres hypothèses sur lesquelles vous vous basez.

CP9-9 **Analyser l'effet de levier financier**

Voici ce que démontraient les états financiers de la société Enzyme pour 20A.

État des résultats	
Produits	300 000 $
Charges	(198 000)
Charge d'intérêts	(2 000)
Bénéfice avant impôts	100 000
Charge d'impôts (30 %)	(30 000)
Bénéfice net	70 000 $

Bilan	
Actifs	300 000 $
Passifs (taux d'intérêt moyen de 10 %)	20 000 $
Actions ordinaires	200 000
(20 000 actions en circulation)	
Bénéfices non répartis	80 000
	300 000 $

Il faut noter que la société a des passifs de 20 000 $ seulement, comparativement aux actions ordinaires en circulation de 200 000 $. Une conseillère a recommandé ce qui suit: un passif de 100 000 $ (à 10 %) au lieu de 20 000 $ et des actions ordinaires en circulation à 120 000 $ (12 000 actions) au lieu de 200 000 $. En somme, elle recommande que l'entreprise soit financée avec plus de passif et moins de contributions des propriétaires.

Travail à faire (Arrondissez au pourcentage le plus près.)

On vous a demandé de comparer a) les résultats actuels et b) les résultats selon les recommandations de la conseillère. Le tableau suivant doit être utilisé pour formuler votre réponse.

Élément	Résultats actuels pour 20A	Résultats avec une augmentation de 80 000 $ de passif
a) Dette totale		
b) Actif total		
c) Capitaux propres		
d) Charge d'intérêts (totale à 10 %)		
e) Bénéfice net		
f) Rendement sur l'actif total		
g) Bénéfices disponibles pour les actionnaires		
1. Montant		
2. Par action		
3. Rendement sur les capitaux propres		
h) Levier financier		

En fonction des données obtenues ci-dessus, faites une analyse comparative entre les résultats actuels et ceux qui sont recommandés.

Cas – Analyse critique

CP9-10 Prendre une décision à titre de gestionnaire – le niveau de liquidité

■OA1
■OA2

Dans certains cas, un gestionnaire peut effectuer des opérations qui vont améliorer l'apparence des rapports financiers de son entreprise sans en modifier la réalité économique sous-jacente. Dans ce chapitre, nous avons vu l'importance de la liquidité dont le niveau est mesuré avec le ratio du fonds de roulement (le ratio de solvabilité à court terme) et le fonds de roulement (net). Pour chacune des opérations ci-dessous, a) déterminez s'il y a augmentation des liquidités enregistrées et b) indiquez si, à votre avis, le niveau de liquidité véritable de l'entreprise est amélioré. Supposez que l'entreprise a un fonds de roulement positif et un ratio de solvabilité à court terme de 2.

a) Emprunt bancaire de 1 million de dollars, remboursable dans 90 jours.

b) Emprunt de 10 millions de dollars au moyen d'un effet à payer à long terme, remboursable dans cinq ans.

c) Reclassement de la partie à court terme de la dette à long terme dans les éléments de passif à long terme à la suite d'une nouvelle entente avec la banque qui garantit la capacité de l'entreprise à refinancer sa dette lorsqu'elle viendra à échéance.

d) Paiement de 100 000 $ sur les comptes fournisseurs de l'entreprise.

e) Enregistrement d'un contrat d'emprunt qui garantit la capacité de l'entreprise d'emprunter jusqu'à 10 millions de dollars lorsqu'elle en aura besoin.

f) Obligation pour tous les employés de prendre les jours de congé annuels accumulés pour permettre une diminution du passif de l'entreprise en matière d'indemnités de congés payés.

CP9-11 Évaluer une question d'éthique – la gestion des résultats enregistrés

■OA2

La présidente d'une entreprise régionale de commerce de gros prévoit emprunter une forte somme d'argent à une banque locale au début du prochain exercice fiscal. Elle sait que cette banque accorde beaucoup d'importance au niveau des liquidités de ses emprunteurs potentiels. Pour améliorer le ratio du fonds de roulement de son entreprise, elle demande à ses employés d'interrompre l'expédition de nouvelles marchandises aux clients et de cesser d'accepter de la marchandise des fournisseurs pendant les trois dernières semaines de l'exercice. S'agit-il d'un comportement conforme à l'éthique ? Votre réponse changerait-elle si la présidente s'était préoccupée des profits enregistrés et avait demandé à tous ses employés de faire du travail supplémentaire pour expédier les marchandises qui avaient été commandées à la fin de l'exercice ?

CP9-12 Prendre une décision à titre d'analyste financier – les flux de trésorerie

À titre de nouvel analyste d'un important fonds mutuel, vous avez trouvé deux entreprises qui satisfont aux critères de base de votre organisme en matière d'investissement. L'une d'elles a un ratio de fonds de roulement très élevé, mais le montant de son flux de trésorerie provenant de l'exploitation, tel qu'il est enregistré dans son état des flux de trésorerie, est relativement faible. L'autre a un ratio de fonds de roulement très bas, mais de très importants flux de trésorerie provenant de l'exploitation. À quelle entreprise donneriez-vous la préférence ?

CP9-13 Prendre une décision à titre de vérificateur – des éléments de passif éventuels

Pour chacune des situations suivantes, déterminez si l'entreprise devrait a) enregistrer un élément de passif dans le bilan, b) mentionner par voie de note un élément de passif éventuel ou c) ne pas faire état de la situation. Expliquez vos conclusions.

1. Un fabricant d'automobiles met un nouveau modèle sur le marché. À la lumière d'expériences passées, il sait qu'aussitôt qu'une voiture de ce modèle sera impliquée dans un accident, des poursuites seront engagées contre lui. L'entreprise peut avoir la certitude qu'au moins un jury accordera des dommages-intérêts à des personnes blessées au cours d'un accident.

2. Une recherche scientifique démontre que le produit de l'entreprise A qui se vend le mieux constitue peut-être le résultat d'une contrefaçon d'un brevet de l'entreprise B. Si l'entreprise B découvre la contrefaçon et intente un procès à l'entreprise A, celle-ci pourrait perdre des millions de dollars.

3. Au cours de l'aménagement d'un terrain en vue de réaliser un nouveau projet domiciliaire, une entreprise a pollué un lac naturel. Selon la législation en cours, elle devra nettoyer le lac lorsque ses travaux seront terminés. Le projet de développement s'échelonne sur cinq à huit ans. D'après les estimations actuelles, il faudra débourser de 2 à 3 millions de dollars pour nettoyer le lac.

4. Une entreprise vient d'être avisée qu'elle a perdu un procès relatif à la responsabilité sur ses produits, qui lui coûtera 1 million de dollars. Elle prévoit en appeler de ce jugement. La direction est convaincue que l'entreprise gagnera en appel, mais les avocats croient plutôt qu'elle perdra.

5. Une cliente importante n'est pas satisfaite de la qualité d'un important projet de construction. L'entreprise croit que cette cliente a des exigences déraisonnables mais, pour conserver son fonds commercial, elle décide de procéder à des réparations au coût de 250 000 $ l'année suivante.

CP9-14 Évaluer des éléments de passif éventuels

Lorsqu'un élément de passif est à la fois probable et propre à une estimation, on doit l'enregistrer comme élément de passif dans le bilan. D'après les normes comptables du *Manuel de l'ICCA*, on se sert du terme «probable» pour qualifier «un événement ou des événements futurs qui ont de fortes chances de se produire». En équipe, déterminez un seuil de probabilité qui correspond à ces normes. (Par exemple, un événement est-il probable s'il y a 80 % de chances qu'il se produise ?) Préparez-vous à justifier votre choix.

CP9-15 Évaluer une question d'éthique – la publicité véridique

La New York State Lottery Commission a fait paraître la publicité suivante dans un certain nombre de journaux new-yorkais.

> Le gros lot de la loterie du mercredi 25 août 1999 sera de 3 millions de dollars incluant des intérêts courus sur une période de paiement de 20 ans. Des versements de montants égaux seront effectués chaque année.

Expliquez dans vos propres mots le sens de cette publicité. Évaluez sa véracité. Pourrait-elle tromper certaines personnes ? Êtes-vous d'accord sur le fait que la personne gagnante recevra 3 millions de dollars ? Sinon, quel montant serait plus exact ? Indiquez les hypothèses sur lesquelles vous vous basez.

CP9-16 Prendre une décision en tant qu'analyste financier

Vous travaillez comme analyste financier d'une grande société de fonds mutuels. On vous a demandé d'analyser deux entreprises compétitives dans le même secteur industriel. Les deux entreprises présentent des liquidités et un bénéfice net semblables ; par contre, l'une n'a pas de dette et l'autre a un taux d'endettement de 3,2. En fonction de cette information seulement, laquelle préférez-vous ? Expliquez votre réponse. Votre préférence subirait-elle l'influence du secteur industriel auquel appartiennent les sociétés ?

CP9-17 Évaluer une question d'éthique

Vous travaillez pour une petite entreprise qui prévoit actuellement investir dans une nouvelle société pointcom. Les prévisions financières suggèrent que la société pourrait gagner au-delà de 40 millions de dollars par année sur un investissement initial de 100 millions de dollars. La présidente de la société suggère que l'entreprise emprunte la somme nécessaire par l'émission d'obligations portant un taux d'intérêt de 7 %. Elle vous dit ceci : « C'est mieux que d'imprimer des billets ! Nous ne sommes pas obligés d'investir un cent de notre argent, et nous gardons 33 millions de dollars par année après le paiement des intérêts aux détenteurs d'obligations. » À bien y penser, vous vous sentez mal à l'aise de prendre avantage des créanciers de cette façon. Vous avez l'impression qu'il serait malhonnête d'obtenir un si haut rendement en utilisant l'argent des autres. S'agit-il d'une question d'éthique des affaires ?

CP9-18 Évaluer une question d'éthique

Plusieurs personnes à la retraite investissent une grande partie de leurs économies dans les obligations des sociétés à cause de leur risque relativement peu élevé. Au cours des années 80, l'inflation a provoqué la croissance des taux d'intérêt jusqu'à 15 %. Les retraités qui avaient des obligations à 6 % ont toujours reçu leurs intérêts en fonction de ce taux. Au cours des années 90, l'inflation s'est calmée et les taux ont diminué. Plusieurs sociétés ont alors pris avantage des clauses de remboursement anticipé et ont refinancé des dettes à taux d'intérêt élevé par des dettes à plus faible taux d'intérêt. Selon vous, est-ce une question d'éthique pour une entreprise de continuer à payer des intérêts faibles lorsque les taux augmentent et de rembourser les obligations lorsque les taux diminuent ?

Projets – Information financière

CP9-19 Projet en équipe – examiner des rapports annuels

En équipe, choisissez un secteur d'activité à analyser. Chaque membre de l'équipe doit se procurer le rapport annuel d'une société ouverte de ce secteur, différente de celles qui sont choisies par les autres membres. (Consultez, par exemple, le site Web de la société ou le service SEDAR à www.sedar.com). Individuellement, chacun doit ensuite rédiger un bref rapport répondant aux questions suivantes concernant l'entreprise choisie.

1. Passez en revue les éléments de passif de l'entreprise choisie. Quelle stratégie cette entreprise a-t-elle adoptée concernant les fonds empruntés ?
2. Comparez les différents comptes de passif sur plusieurs années. Quelles variations observez-vous ?
3. L'entreprise a-t-elle des éléments de passif éventuels ? Si oui, évaluez le risque associé à chacune des éventualités.
4. Comparez les éléments de passif de l'entreprise à ses actifs, à ses bénéfices et à ses flux de trésorerie. Y a-t-il matière à préoccupation ?
5. Passez en revue les différentes sortes d'obligations émises par les sociétés. Y a-t-il des éléments hors de l'ordinaire ?
6. Calculez le ratio d'endettement et le ratio de couverture des intérêts pour chaque société.
7. La société a-t-elle émis des obligations en devises étrangères ? Si oui, pouvez-vous expliquer pourquoi ?

Analysez toute répétition des mêmes caractéristiques que vous observez de l'une à l'autre des entreprises choisies par les membres de l'équipe. Rédigez ensuite ensemble un bref rapport dans lequel vous soulignerez les ressemblances et les différences entre les entreprises à l'étude d'après ces caractéristiques. Donnez des explications possibles à toutes les différences que vous relevez.

OA2
OA3 Cascades

CP9-20 Comparer des entreprises dans le temps

À l'aide de votre navigateur Web, visitez le site de Cascades. Examinez le rapport annuel le plus récent qui est disponible. Calculez le ratio du fonds de roulement de l'entreprise et son coefficient de rotation des fournisseurs. Comparez ces ratios à ceux qui ont été calculés d'après l'information financière fournie dans ce chapitre. Quelles conclusions pouvez-vous tirer concernant le niveau de liquidité de Cascades ? La comparaison sur plusieurs exercices renseigne-t-elle mieux qu'une analyse à un moment précis ?

OA2
OA3 Cascades et Domtar

CP9-21 Comparer des entreprises du même secteur d'activité

À l'aide de votre navigateur Web, visitez le site de Cascades et celui de Domtar. Examinez le rapport annuel le plus récent de chacune de ces entreprises. Calculez leurs ratios du fonds de roulement et leurs coefficients de rotation des fournisseurs et comparez-les. Quelles conclusions pouvez-vous en tirer ? En apprenez-vous davantage sur une entreprise en comparant ses coefficients à ceux d'une des entreprises concurrentes ?

OA7

CP9-22 Utiliser les concepts relatifs à la valeur actualisée

Même s'il peut vous paraître un peu tôt pour planifier votre retraite, servez-vous du moteur de recherche de votre navigateur Web pour trouver un site qui offre un logiciel de planification de retraite. Répondez aux questions qu'on vous pose et élaborez un plan de retraite. Lorsque vous aurez terminé, expliquez comment le planificateur de retraite utilise les concepts relatifs à la valeur actualisée dont il a été question dans ce chapitre.

OA9
OA11

CP9-23 Analyser une société dans le temps

L'information financière suivante a été rapportée par Platon inc.

	2001	2000	1999
Ratio de recouvrement des intérêts	3,32	3,46	3,05
Ratio d'endettement	1,26	1,24	1,29
Passif à long terme (en millions de dollars)	924 $	889 $	753 $

À titre d'analyste financier, quelles conclusions pouvez-vous tirer de cette information ?

CHAPITRE 10

La comptabilisation et l'interprétation des capitaux propres

Objectifs d'apprentissage

Au terme de ce chapitre, l'étudiant sera en mesure :

1. d'expliquer le rôle des actions dans la structure du capital d'une société de capitaux (voir la page 645);

2. de décrire divers types d'actions, d'analyser des opérations touchant le capital-actions et de montrer la façon de présenter les opérations portant sur le capital-actions à l'état des flux de trésorerie (voir la page 649);

3. de comprendre le but du rachat des actions et leur présentation aux états financiers (voir la page 660);

4. de discuter les dividendes et d'analyser les opérations comportant des actions ordinaires et privilégiées (voir la page 661);

5. d'analyser le taux de rendement des actions (voir la page 664);

6. de discuter le but du versement des dividendes en actions, du fractionnement d'actions et de la présentation de ces opérations (voir la page 668);

7. de mesurer et de présenter les surplus d'apport et les bénéfices non répartis (voir la page 673);

8. d'analyser le ratio dividendes-bénéfice (voir la page 675).

RONA INC.

RONA inc.

Le financement par la croissance de ses propriétaires actionnaires

Un véritable succès québécois et canadien dans l'industrie de la quincaillerie, rénovation et horticulture, c'est RONA ! Aujourd'hui, avec une part du marché canadien de 13 %, RONA exploite un réseau de 540 magasins de dimensions variées qui emploient plus de 16 000 personnes dans 8 provinces. RONA représente aussi plus de 10 millions de pieds carrés de magasins. La société réalise des ventes annuelles au détail de près de 3 milliards de dollars. La grande majorité (plus de 90 %) des produits vendus est achetée ou fabriquée au Canada. Avec 34 % des parts du marché au Québec, elle se classe au premier rang dans son secteur d'activité.

Sa mission de détaillants intégrés a fait de RONA un réseau important de marchands actionnaires. En effet, son succès et son dynamisme reposent sur la formule de propriété de l'entreprise. La majorité des marchands qui affichent différentes bannières (RONA, Revy, Lansing, Revelstoke, Cashway, Botanix) sont à la fois actionnaires de RONA et propriétaires de leur propre établissement. Le succès de leur administration se reflète sur RONA, qui leur permet de prospérer au sein d'une entreprise de calibre international et de jouir d'un pouvoir d'achat avantageux.

La société RONA a été fondée en 1939 par deux Québécois et a grandi grâce à la fusion et à l'acquisition de nombreuses entreprises. En 1984, elle est devenue une société ouverte avec une première émission publique à l'épargne (d'actions privilégiées) dans le cadre du Régime d'épargne-actions du Québec (REAQ), plan incitatif fiscal provincial pour l'investissement dans des petites sociétés québécoises. Les fusions (avec Dismat), les acquisitions (de Cashway Building Centres et de Revy Home Centers) et les associations (avec Home Hardware Stores Ltd. et Hardware Wholesalers Inc.) lui ont permis d'ajouter à sa croissance et à son succès. La valeur comptable de l'action de RONA est passée à 21,08 $ au 30 septembre 2001, soit 28,1 % de plus qu'un an auparavant. Il faut noter que les actions ne sont pas cotées en Bourse, car elles sont détenues par les propriétaires de magasins.

Dans le chapitre précédent, nous avons discuté le rôle des obligations dans la structure du capital d'une entreprise. Dans ce chapitre, nous nous attarderons sur les actions. Tout comme les obligations, les actions ont plusieurs caractéristiques différentes. Les gestionnaires des entreprises doivent déterminer la meilleure combinaison possible de caractéristiques pour attirer les investisseurs.

Parlons affaires

Pour certaines personnes, les expressions *société de capitaux* et *compagnies* sont presque synonymes. Il est normal qu'on établisse un lien entre les sociétés de capitaux et les compagnies, car cette forme d'entreprise commerciale est prédominante en ce qui concerne le volume d'affaires. Si vous deviez jeter sur papier le nom de 50 entreprises qui vous sont familières, il s'agirait sans doute de sociétés de capitaux.

La popularité de la société de capitaux comme forme d'entreprise est attribuable au net avantage qu'elle possède par rapport à l'entreprise individuelle ou à la société de personnes. En effet, les gens peuvent facilement investir dans les sociétés de capitaux et devenir ainsi propriétaires. Cette facilité provient de trois facteurs importants. D'abord, on peut aisément devenir partiellement propriétaire d'une société en achetant une petite quantité de ses actions. Normalement, on peut acquérir une ou plusieurs actions de toute société cotée à la Bourse de Toronto (TSE – Toronto Stock Exchange). Les journaux quotidiens et certains journaux hebdomadaires tel le journal *Les Affaires* présentent les cotes des actions transigées à la Bourse de Toronto (de loin la plus importante au Canada), à la Bourse de New York et à la NASDAQ (où les titres sont plus risqués et où on trouve plusieurs sociétés évoluant sur le Web). En ligne, plusieurs sites Internet donnent les cotes des actions transigées à différentes Bourses. Citons www.telenium.ca pour des cotes de sociétés à la Bourse de Toronto et finance.yahoo.com pour les actions de sociétés américaines. Une société ayant fait un appel public à l'épargne par l'émission de capital-actions est aussi désignée sous le nom de « société ouverte ». Dans le cas de RONA, les actions ne sont plus cotées depuis 1991. Les actions privilégiées détenues par le public ont été rachetées par la société. Nous reviendrons sur le sujet un peu plus loin. Les actions ordinaires catégorie A ne sont pas transigées sur le marché boursier. Les porteurs de ces actions qui désirent céder leurs titres doivent trouver eux-mêmes des acquéreurs, sous réserve de l'assistance occasionnelle de la société dans la recherche d'acquéreurs. Par contre, vous pourriez acquérir une seule action de l'un de ses compétiteurs, par exemple Home Depot pour environ 49 $ US (en mars 2002) et devenir l'un des propriétaires de cette société. Ensuite, la forme de la société de capitaux facilite le transfert des participations, car on peut vendre facilement ses actions à d'autres sur des marchés établis comme la Bourse de Toronto. Enfin, les sociétés de capitaux offrent aux actionnaires une responsabilité limitée[1].

La société de capitaux est la seule forme d'entreprise que la loi reconnaît comme entité distincte. Au sens de la loi, la société est désignée comme étant une « personne morale ». En tant qu'entité, la société de capitaux jouit d'une existence continue séparée et distincte de ses propriétaires. Elle peut être propriétaire des actifs, contracter des dettes, augmenter ou diminuer sa taille, entamer des procédures judiciaires contre d'autres entreprises, être poursuivie en justice et conclure des contrats indépendamment des actionnaires.

Bon nombre d'individus sont propriétaires d'actions, soit directement ou indirectement sous forme de participation à des fonds mutuels ou à un régime de retraite. D'après le Toronto Stock Exchange[2], le pourcentage des adultes canadiens qui détiennent des actions et des placements est passé de 37 % en 1996 à 49 % en 1999. La détention d'actions offre l'occasion d'obtenir des rendements plus élevés que ceux qui sont offerts sur les dépôts bancaires ou par les entreprises sur leurs obligations. Malheureusement, la détention d'actions comporte, la plupart du temps, des risques plus élevés. La recherche d'un équilibre entre les risques et les rendements attendus est fonction des préférences de chacun face au risque.

Le tableau 10.1 présente le bilan, l'état des bénéfices non répartis, l'état des résultats ainsi que la note afférente au capital-actions de RONA.

---

1. Dans le cas d'insolvabilité d'une société de capitaux, les créanciers n'ont de recours que par rapport aux actifs de la société. Ainsi, les actionnaires ne peuvent perdre, au maximum, que le capital investi dans la société. Dans le cas d'une société de personnes ou d'une entreprise individuelle, les créanciers peuvent accéder aux actifs personnels des propriétaires si les actifs de l'entreprise sont insuffisants pour rembourser les dettes impayées.
2. *The Globe and mail,* 27 mai 2000.

Bilan consolidé
au 31 décembre (en milliers de dollars)

	2001	2000
Actif		
Actif à court terme		
Débiteurs (note 7)	118 786 $	88 928 $
Impôts sur les bénéfices à recevoir	9 096	
Stock	328 315	174 972
Frais payés d'avance	8 763	3 662
Impôts futurs (note 4)	9 058	1 665
	474 018	269 227
Placements (note 8)	34 876	38 660
Immobilisations (note 10)	193 643	124 076
Autres éléments d'actif (note 11)	34 857	13 937
Impôts futurs (note 4)	6 682	5 073
	744 076 $	450 973 $
Passif		
Passif à court terme		
Chèques en circulation	1 102 $	1 894 $
Emprunts bancaires (note 12)	16 745	64 129
Comptes fournisseurs et frais courus	196 024	129 343
Impôts sur les bénéfices à payer		4 609
Impôts futurs (note 4)	861	
Versements sur la dette à long terme (note 13)	22 080	11 773
	236 812	211 748
Dette à long terme (note 13)	283 788	104 514
Impôts futurs (note 4)	11 656	2 053
	532 256	318 315
Avoir des actionnaires		
Capital-actions (note 14)	111 998	51 324
Bénéfices non répartis	99 822	81 334
	211 820	132 658
	744 076 $	450 973 $

Résultats consolidés
des exercices terminés le 31 décembre
(en milliers de dollars, sauf le bénéfice net par action et le bénéfice net
dilué par action)

	2001	2000
Ventes nettes	1 834 544 $	1 317 505 $
Bénéfice d'exploitation avant les postes suivants	90 528	60 088
Intérêts sur la dette à long terme	20 123	8 099
Intérêts sur les emprunts bancaires	4 326	8 653
Amortissements (notes 10 et 11)	25 585	14 991
	50 034	31 743
Bénéfice avant impôts sur les bénéfices	40 494	28 345
Impôts sur les bénéfices (note 4)	15 861	10 332
Bénéfice net	24 633 $	18 013 $
Bénéfice net par action (note 20)	2,94 $	2,35 $
Bénéfice net dilué par action (note 20)	2,84 $	2,26 $

**Bénéfices non répartis consolidés
des exercices terminés le 31 décembre
(en milliers de dollars)**

	2001	2000
Solde au début	81 334 $	68 837 $
Bénéfice net	24 633	18 013
	105 967	86 850
Frais relatifs à l'émission d'actions ordinaires catégories D et E, déduction faite des recouvrements d'impôts sur les bénéfices exigibles de 1 454 $	3 027	
Prime à l'achat d'actions ordinaires catégorie A	2 718	5 116
Dividendes sur les actions privilégiées catégorie D	400	400
	6 145	5 516
Solde à la fin	99 822 $	81 334 $

Note 14 - Capital-actions (en milliers de dollars)

Au cours de l'exercice, la société a modifié son capital-actions autorisé comme suit:
Les actions ordinaires catégorie D et E en nombre illimité ont été créées;
Les actions privilégiées catégorie C, série 1, en nombre illimité ont été créées.

Autorisé

Nombre illimité d'actions

Ordinaires catégorie A, avec droit de vote et participantes. La société peut acheter aux fins d'annulation, en tout temps ou à l'occasion, la totalité ou une partie des actions ordinaires catégorie A à un prix égal à leur valeur comptable.

Ordinaires catégorie C, avec droit de vote et participantes.

Ordinaires catégorie D, avec droit de vote et participantes.

Ordinaires catégorie E, avec droit de vote et participantes.

Privilégiées catégorie A, pouvant être émises en séries.

Série 5, dividende non cumulatif égal à 70 % du taux préférentiel, rachetables au gré de la société au prix de leur émission (note 13).

Privilégiées catégorie B, dividende non cumulatif de 6 %, rachetables à leur valeur nominale de 1 $ chacune (note 13).

Privilégiées catégorie C, pouvant être émises en séries.

Série 1, dividende non cumulatif égal à 70 % du taux préférentiel, rachetables au gré de la société à leur valeur nominale de 1 000 $ chacune (note 13).

Privilégiées catégorie D, dividende cumulatif de 4 %, rachetables au gré de la société à leur prix d'émission. À compter de 2003, elles seront rachetables sur une période maximale de 10 ans à raison de 10 % par année, à leur prix d'émission, à moins que la société ou le détenteur ne choisisse de les échanger contre des actions ordinaires catégorie C.

Privilégiées catégorie E, dividende cumulatif de 5 %, rachetables sur une période de 10 ans débutant à la date du premier anniversaire de leur émission, à raison de 10 % par année, à leur prix d'émission.

	2001	2000
Émis et payé		
5 709 177 actions ordinaires catégorie A (5 864 149 en 2000)	20 945 $	20 642 $
1 346 296 actions ordinaires catégorie C	20 000	20 000
1 802 450 actions ordinaires catégorie D	50 000	
360 490 actions ordinaires catégorie E	10 000	
10 000 000 actions privilégiées catégorie D	10 000	10 000
Dépôts reçus sur souscription d'actions ordinaires catégorie A	1 319	1 054
	112 264	51 696
Quote-part détenue par des coentreprises		
9 216 actions ordinaires catégorie A (31 045 en 2000)	(146)	(295)
Dépôts sur souscription d'actions	(120)	(77)
	111 998 $	51 324 $

Note 14 (suite)

Au cours de l'exercice, le capital-actions ordinaire catégorie A émis et payé a été modifié comme suit :

	Nombre	Montant
Solde au début	5 864 149	20 642 $
Émission en contrepartie de dépôts de souscription	62 043	1 050
Émission au comptant	3 130	60
Achat au comptant	(90 854)	(333)
Achat en contrepartie de l'émission d'actions privilégiées catégorie A, série 5	(32 490)	(119)
Achat en contrepartie de l'émission d'actions privilégiées catégorie C, série 1	(96 801)	(355)
Solde à la fin	5 709 177	20 945 $

Lors de l'achat des actions ordinaires catégorie A, une prime de 2 718 000 $ a été payée et présentée en diminution des bénéfices non répartis.

Le 13 juillet 2001, la société a procédé à l'émission de 1 802 450 actions ordinaires catégorie D pour une contrepartie de 50 000 000 $ en espèces et à l'émission de 360 490 actions ordinaires catégorie E pour une contrepartie de 10 000 000 $ en espèces.

Structure du chapitre

La propriété d'une société de capitaux

Le capital-actions autorisé, émis et en circulation

Les types d'actions

Les actions ordinaires

Les actions privilégiées

La comptabilisation du capital-actions

La vente et l'émission d'actions

Les marchés secondaires

Le capital-actions vendu et émis en contrepartie de services et/ou d'actifs autres que des espèces

Les options d'achat d'actions

Les bons de souscription

Le rachat d'actions et les actions autodétenues

La comptabilisation des dividendes en espèces

La définition des dividendes

Les dates relatives aux dividendes

Le rendement des dividendes

Les dividendes sur les actions privilégiées

La comptabilisation du dividende en actions et du fractionnement d'actions

Le dividende en actions

Le fractionnement d'actions

Le surplus d'apport

La définition et les opérations de surplus d'apport

Les restrictions sur le surplus d'apport

Les bénéfices non répartis

Les restrictions sur les bénéfices non répartis

Le ratio dividendes-bénéfice

La comptabilisation des capitaux propres pour les entreprises non constituées en personne morale

L'avoir du propriétaire pour une entreprise individuelle

L'avoir des associés pour une société de personnes

La propriété d'une société de capitaux

Lorsque vous investissez dans une société de capitaux, vous devenez un *actionnaire*. À ce titre, vous recevez des actions du capital-actions (un certificat d'action) que vous pouvez par la suite vendre sur une Bourse établie sans nuire à la société de capitaux. Le certificat d'action contient le nom de l'actionnaire, la date d'achat, le type d'action, le nombre d'actions représentées ainsi que les caractéristiques de l'action. L'endos du certificat comporte des instructions et un formulaire à remplir au moment où les actions sont vendues ou cédées à une autre partie. Souvent, on ne voit pas les certificats d'actions. Ils peuvent être détenus par les courtiers en valeurs mobilières qui facilitent l'échange des actions ou encore par les entreprises qui ne les impriment plus, compte tenu des systèmes informatisés.

À titre de propriétaire d'actions ordinaires, vous jouissez des droits suivants:

1. Vous pouvez voter au cours des assemblées des actionnaires (ou par procuration[3]) sur les principaux enjeux concernant la direction de la société. Vous participez donc à l'élection des membres du conseil d'administration qui dirige la société.

2. Vous pouvez partager proportionnellement avec les autres actionnaires la distribution des bénéfices de la société.

3. Vous pouvez partager proportionnellement avec les autres actionnaires la distribution des actifs de la société au moment de sa liquidation.

Les propriétaires, contrairement aux créanciers, peuvent voter au cours de l'assemblée annuelle des actionnaires. L'avis d'assemblée annuelle des actionnaires suivant a récemment été envoyé à tous les détenteurs d'actions de RONA:

> PRENEZ AVIS QU'une assemblée annuelle et extraordinaire des détenteurs d'actions ordinaires catégorie A, des détenteurs d'actions ordinaires catégorie C, des détenteurs d'actions ordinaires catégorie D et des détenteurs d'actions ordinaires catégorie E de RONA inc. (la «Compagnie») est convoquée le mercredi, 1er mai 2002 à 14 h 00 à l'Hôtel OMNI Mont-Royal, Salon des Saisons A et B, 1030 rue Sherbrooke, Montréal, Québec, H3A 3R6 dans le but:
>
> 1) de recevoir les états financiers de la Compagnie pour l'exercice financier terminé le 31 décembre 2001 et le rapport des vérificateurs sur ces états;
> 2) d'élire sept personnes au poste d'administrateur de la Compagnie;
> 3) dans le cas des détenteurs d'actions ordinaires catégorie D seulement, d'élire une personne au poste d'administrateur de la Compagnie;
> 4) de nommer les vérificateurs de la Compagnie pour l'exercice se terminant le 29 décembre 2002 et d'autoriser les administrateurs à fixer leur rémunération;
> 5) d'examiner et, si jugé opportun, d'adopter une résolution [...] pour approuver le régime d'options d'achat d'actions pour les cadres supérieurs désignés de la Compagnie;
> 6) de proposer pour fins d'examen et de ratification le Règlement N° 100 [...] visant à effectuer une modification aux dispositions des statuts de la Compagnie relativement à son capital-actions; et
> 7) d'examiner toute autre question dont l'assemblée pourrait être régulièrement saisie.

L'avis d'assemblée annuelle est normalement accompagné d'informations financières sur la société ainsi que sur les personnes qui ont été nommées membres du conseil d'administration. Pour les grandes sociétés, les détenteurs d'actions sont très nombreux et dispersés; la plupart d'entre eux ne se présentent pas aux assemblées annuelles. Pour permettre à ces personnes de voter, l'avis inclut une carte de procuration, laquelle est similaire à un vote par correspondance. Chaque actionnaire peut

---

3. La procuration de vote est une entente écrite en vertu de laquelle un actionnaire donne à une autre partie le pouvoir d'exercer le droit de vote afférant aux actions qu'il détient dans une société au cours de l'assemblée annuelle des actionnaires. Généralement, le président de la société sollicite et obtient les procurations.

remplir la carte de procuration et la poster à la société. Elle sera alors incluse dans les votes lors de l'assemblée annuelle.

Pour protéger les droits de tous, la formation et l'administration des sociétés de capitaux sont étroitement réglementées par la loi. On constitue une société de capitaux en soumettant une demande à une province précise ou au gouvernement fédéral. Ces gouvernements établissent leurs propres règles régissant les sociétés de capitaux. En principe, le gouvernement fédéral constitue les sociétés qui évoluent dans les secteurs de juridiction fédérale tels que le transport interprovincial ainsi que les corporations qui exercent des activités à l'échelle interprovinciale ou internationale. Les gouvernements provinciaux régissent normalement les sociétés dont les activités se limitent aux champs de juridiction provinciale et à leur territoire.

Pour créer une société de capitaux, il faut soumettre une demande de charte auprès d'un agent officiel de l'État. En ce qui concerne le gouvernement fédéral, on peut obtenir les statuts constitutifs de la Loi canadienne sur les sociétés par action (LCSA) en s'adressant à Industrie Canada, Direction générale des corporations. Cette loi a subi une révision importante diffusée le 24 novembre 2001. Il faut noter que les lois subissent continuellement des modifications pour tenir compte de nouveaux contextes. Si on veut obtenir des statuts constitutifs québécois, on s'adresse à l'Inspecteur général des Institutions financières. La demande doit préciser la dénomination sociale de la société, le lieu de son siège social, les catégories et les montants du capital-actions autorisé, les restrictions sur les transferts d'actions, le cas échéant, et les noms des fondateurs. Le nombre d'actionnaires n'est pas restreint, mais la loi exige un minimum de trois personnes au conseil d'administration.

Au moment de l'approbation de la demande, l'État émet une *charte*, parfois appelée les *statuts constitutifs*. L'organisme directeur de la société par actions est le conseil d'administration élu par les actionnaires. La plupart des sociétés adoptent une structure organisationnelle semblable à celle qui est présentée au tableau 10.2. La structure particulière que choisit une entreprise dépend de la nature de ses opérations. Sous la présidence de RONA, on compte huit vice-présidents dans les domaines suivants : 1) le marketing national, 2) la stratégie et le développement, 3) l'achat et la mise en marché, 4) les ressources humaines et les affaires publiques, 5) les finances et l'administration, 6) les systèmes informatiques, 7) les opérations physiques et 8) les grandes surfaces. Cette structure répond aux besoins particuliers de RONA. Il peut sembler inusité d'avoir un vice-président pour les grandes surfaces, mais RONA exploite plusieurs magasins de style « entrepôt » d'où proviennent 15 % de son chiffre d'affaires. Ce style de magasin fait l'objet d'une compétition féroce au Canada comme ailleurs. Il est donc important pour RONA que sa structure organisationnelle en tienne compte.

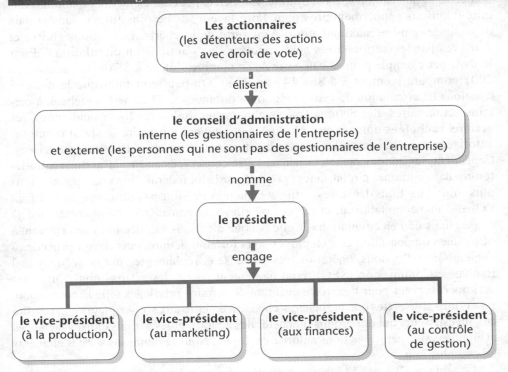

Le capital-actions autorisé, émis et en circulation

Au moment où une société par actions est constituée, la charte doit préciser le nombre maximal d'actions qu'elle peut vendre au grand public. Ce maximum s'appelle le **nombre d'actions autorisées**. Dans le cas de RONA, le nombre d'actions ordinaires autorisées de toutes les catégories est illimité (voir le tableau 10.1). En général, la charte de la société autorise un nombre d'actions plus grand que ce que la société prévoit émettre au départ. Plusieurs sociétés choisissent donc d'autoriser un nombre illimité d'actions. C'est le cas de sociétés nouvellement constituées et de sociétés qui ont demandé des modifications de leurs statuts pour accroître le nombre d'actions autorisées. Cette stratégie offre une souplesse future à la société dans le cas où elle voudrait émettre des actions supplémentaires sans qu'elle doive modifier sa charte.

Il y a quelques années, la société Greyhound Lines Inc. était aux prises avec une éventuelle faillite. Elle a négocié une entente avec ses créanciers selon laquelle elle échangerait ses dettes contre des actions, mais elle ne disposait pas d'un nombre suffisant d'actions non émises pour conclure l'entente. La direction a dû demander aux actionnaires d'approuver un accroissement du nombre d'actions autorisées. Comme le signalait *Bloomberg Business News*, le vote a été exécuté.

Le nombre d'actions autorisées est le nombre maximal d'actions qu'une société peut émettre en vertu de sa charte pour chacune des catégories décrites.

Dans l'actualité

Bloomberg Business News

Les actions émises comprennent les actions en circulation, émises à une date donnée, et les actions autodétenues.

Le nombre d'**actions émises** ainsi que le nombre d'**actions en circulation** sont déterminés par les transactions de capital d'une société. Les actions autorisées qui n'ont jamais été vendues au public s'appellent des **actions non émises**. Pour RONA,

Les **actions en circulation** désignent le nombre total d'actions que possèdent les actionnaires à une date particulière.

Les **actions non émises** sont les actions autorisées qui n'ont jamais été émises ou qui ont été émises, rachetées et annulées.

Les **actions rachetées** sont les actions émises qui ont été rachetées par la société. Normalement, elles sont annulées.

Les **actions autodétenues** sont les actions émises qui ont été rachetées par la société avant une période de deux ans et qui n'ont pas encore été annulées.

Les **actions réservées** sont les actions que l'on réserve pour l'exercice éventuel de certains privilèges comme la conversion.

Les **actions souscrites** sont les actions que la société s'est engagée à émettre à des souscripteurs.

le nombre d'actions non émises de chaque catégorie d'actions est illimité puisque le nombre d'actions autorisées est illimité. La société peut donc émettre un nombre illimité d'actions supplémentaires pour faire face à ses besoins futurs, sans jamais dépasser le nombre maximal autorisé en vertu de sa charte. Les actions émises et détenues par les actionnaires sont appelées des «actions en circulation». Pour RONA, par exemple pour la catégorie A, ce nombre s'élève à 5 709 177 actions en 2001 comparativement à 5 864 149 en 2000. On peut constater que le nombre d'actions en circulation de cette catégorie a diminué car la société a racheté, à certains actionnaires, des actions émises auparavant. Selon les lois canadiennes, les **actions rachetées** doivent être éliminées et peuvent reprendre le statut d'actions autorisées dans le cas où les statuts limiteraient le nombre d'actions autorisées. Cependant, les actions rachetées peuvent être conservées au titre d'**actions autodétenues** dans certaines circonstances prévues par la loi fédérale que nous examinerons plus loin. Aux États-Unis, les actions rachetées ne sont pas éliminées; elles font l'objet d'une comptabilisation séparée où elles sont considérées comme étant «déjà émises mais non en circulation». Cette banque d'actions autodétenues sert souvent à offrir une compensation aux employés sous forme d'actions sans devoir procéder à une émission d'actions, opération très coûteuse et réglementée par la Security and Exchange Commission (SEC). Font également partie des actions non émises les **actions réservées** pour l'exercice éventuel de certains privilèges telle la conversion, les **actions souscrites** que la société s'engage à émettre aux souscripteurs c'est-à-dire aux investisseurs qui ont promis d'acheter des actions, et les actions émises rachetées et annulées si le capital-actions autorisé est limité. Nous reviendrons sur ces éléments un peu plus loin.

Le tableau 10.3 définit les expressions utilisées habituellement en ce qui a trait aux actions d'une société, et donne un exemple.

TABLEAU 10.3 — Actions autorisées, émises et en circulation

Définition	Exemple
Nombre d'actions autorisées: Nombre maximal d'actions qui peuvent être émises en vertu de la charte de la société.	La charte précise s'il s'agit d'un «capital-actions autorisé, illimité et sans valeur nominale».
Nombre d'actions émises: Nombre cumulatif total d'actions que la société a émises à ce jour. Comprend les actions en circulation et les actions autodétenues.	Jusqu'à ce jour, la société XYZ a vendu et émis 30 000 actions de son capital-actions.
Nombre d'actions non émises: Nombre d'actions autorisées qui n'ont jamais été émises jusqu'à ce jour et les actions émises, rachetées et annulées; comprend le capital réservé et le capital souscrit.	Actions autorisées: Nombre illimité Actions émises: 30 000 Actions non émises: Nombre illimité
Actions rachetées*: Actions qui ont été émises aux investisseurs et ensuite rachetées par la société émettrice; elles peuvent être autodétenues pour une période maximale de deux ans.	La société XYZ vient de racheter 1 000 actions faisant partie des actions précédemment émises; ces actions n'ont pas encore été annulées.
Nombre d'actions en circulation: Nombre d'actions qui appartiennent actuellement aux actionnaires.	Actions autorisées: Nombre illimité Actions émises: 30 000 Actions autodétenues: 1 000 Actions en circulation: 29 000

* Nous discuterons le rachat d'actions plus loin dans ce chapitre. Lorsqu'une société détient des actions qu'elle a rachetées sans les annuler, le nombre d'actions émises et le nombre d'actions en circulation diffère par le nombre d'actions autodétenues (les actions autodétenues sont incluses dans les actions «émises», mais elles sont exclues des actions en «circulation»).

Le tableau 10.4 présente un résumé des situations d'actions autorisées illimitées et limitées.

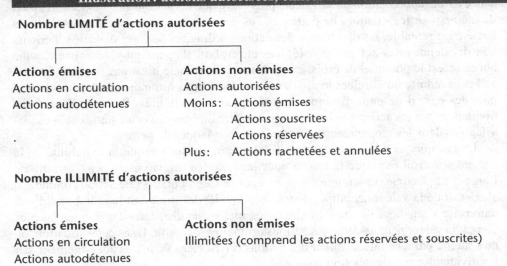

Nombre LIMITÉ d'actions autorisées

Actions émises
Actions en circulation
Actions autodétenues

Actions non émises
Actions autorisées
Moins :   Actions émises
          Actions souscrites
          Actions réservées
Plus :   Actions rachetées et annulées

Nombre ILLIMITÉ d'actions autorisées

Actions émises
Actions en circulation
Actions autodétenues

Actions non émises
Illimitées (comprend les actions réservées et souscrites)

Les types d'actions

En général, quand les gens parlent d'*actions d'une société,* ils pensent aux actions ordinaires que toutes les sociétés de capitaux doivent émettre. Certaines sociétés émettent également des actions privilégiées, lesquelles accordent à leur porteur des droits particuliers que les actions ordinaires ne leur confèrent pas. Si on consulte le tableau 10.1, on s'aperçoit que RONA prévoit cinq types d'actions privilégiées (autorisées), alors qu'une seule catégorie est émise et en circulation (10 millions d'actions de catégorie D).

Dans le chapitre 9, nous avons mentionné que les sociétés de capitaux émettaient plusieurs types d'obligations afin de satisfaire aux préférences des divers créanciers sur le plan du risque et du rendement. La même chose s'applique aux actions. En effet, les lois permettent l'émission de plusieurs catégories d'actions pour répondre aux besoins des investisseurs. Les caractéristiques propres à chacune de ces catégories d'actions sont stipulées dans les statuts corporatifs et sur le certificat d'actions émis. Les investisseurs trouvent cette information dans une note explicative aux états financiers, comme c'est le cas pour RONA. Dans ce chapitre, nous décrirons différentes catégories d'actions que les sociétés utilisent pour encourager les investisseurs à acheter leurs actions. Les différentes catégories d'actions émises par les entreprises sont souvent identifiées par une lettre : A, B, C, D, etc. Ceci vient du fait que les lois canadiennes n'utilisent plus les expressions « ordinaire » et « privilégiée » pour désigner chaque catégorie d'action. Par contre, on retrouve toujours ces expressions en comptabilité et dans les états financiers de plusieurs entreprises.

Les actions ordinaires

Les **actions ordinaires** constituent les actions de base avec droit de vote qu'émettent les sociétés de capitaux. On les appelle souvent les *intérêts résiduels* ou la « participation résiduelle ». En effet, les actions ordinaires se classent après les actions privilégiées pour le versement des dividendes et la distribution des actifs au moment de la liquidation d'une société. Ainsi, le partage des bénéfices, le droit de vote et le partage des actifs en cas de liquidation constituent les droit fondamentaux rattachés aux actions ordinaires. Si un privilège ou une restriction s'applique à ces droits fondamentaux, il s'agit d'actions privilégiées.

OBJECTIF D'APPRENTISSAGE **2**

Décrire divers types d'actions, analyser des opérations touchant le capital-actions et montrer la façon de présenter les opérations portant sur le capital-actions à l'état des flux de trésorerie.

Les actions ordinaires sont les actions de base avec droit de vote émises par les sociétés de capitaux. On les appelle également les « intérêts résiduels » puisqu'elles se classent après les actions privilégiées pour le versement des dividendes et la distribution des actifs au moment de la liquidation d'une société.

Le conseil d'administration détermine le taux de dividende pour les actions ordinaires en fonction de la rentabilité de la société, contrairement au taux de dividende des actions privilégiées, qui est déterminé par contrat (les statuts constitutifs en font état). Dans le jargon des financiers, les actions ordinaires ont un «potentiel de croissance» (une appréciation de sa valeur) plus élevé que les actions privilégiées. Il en est de même pour les «risques de perte» en cas de baisse de valeur. Autrement dit, si la société est rentable, les dividendes des actions ordinaires peuvent devenir supérieurs aux dividendes des actions privilégiées et, en fait, ils peuvent s'accroître chaque année (c'est le potentiel de croissance). Lorsque la société n'est pas rentable, le conseil peut réduire ou éliminer le dividende sur les actions ordinaires mais, dans la plupart des cas, il ne peut diminuer les dividendes privilégiés. Par conséquent, les dividendes sur les actions ordinaires peuvent être inférieurs à ceux sur les actions privilégiées dans les moments difficiles (ce sont les risques de perte).

Le fait que les actions ordinaires puissent augmenter lorsque la rentabilité de la société s'accroît explique la raison pour laquelle les investisseurs peuvent faire de l'argent à la Bourse. Essentiellement, on peut penser au prix d'une action comme s'il s'agissait de la valeur actualisée de tous ses dividendes futurs. Si la rentabilité d'une entreprise s'améliore de sorte qu'elle est en mesure de distribuer des dividendes plus élevés, la valeur actualisée de ses actions ordinaires s'accroît. Dans cette situation, on ne s'attend pas à ce que la valeur des actions privilégiées varie considérablement, car les dividendes privilégiés sont fixes.

Les actions avec valeur nominale et sans valeur nominale   La **valeur nominale** ou valeur au pair est la valeur d'une action établie dans la charte d'une société de capitaux. Elle est arbitraire et n'a aucun lien avec la valeur marchande des actions qui, dans la plupart des cas, est beaucoup plus élevée que la valeur nominale. Par exemple, une société peut émettre 10 000 actions de catégorie A valant 10 $ chacune, cette valeur étant préalablement établie dans la charte (la valeur nominale), et la valeur marchande des actions peut se situer autour de 75 $. On dit que les actions vendues par une société aux investisseurs à un prix supérieur à leur valeur nominale sont vendues avec prime d'émission; on dit aussi que les actions vendues à un prix inférieur à leur valeur nominale sont vendues avec escompte d'émission (ce qui est plus rare). Une société ne peut vendre initialement ses actions aux investisseurs à un prix inférieur à leur valeur nominale[4]. Ce montant permanent du capital que comprend la valeur nominale des actions s'appelle le **capital légal**, et il est présenté à titre de «capital-actions» aux états financiers. Le prix d'émission en sus de la valeur nominale (la prime à l'émission) est présenté à titre de «surplus d'apport».

La valeur nominale fournit une protection au créancier en précisant un montant permanent du capital que les propriétaires ne peuvent retirer tant et aussi longtemps que la société existe. Par conséquent, les propriétaires ne peuvent retirer tout leur capital s'ils anticipent une faillite, ce qui laisserait les créanciers sans fonds. Cet argument est moins valable quand on pense aux restrictions légales pouvant exister au sujet de la distribution des dividendes et de la possibilité qui revient aux créanciers d'imposer des restrictions sur la distribution des dividendes.

Ce n'est que dans certaines provinces canadiennes dont le Québec qu'on permet l'émission d'actions avec valeur nominale (l'émission d'actions sans valeur nominale est aussi permise). La majorité des sociétés par actions optent pour des **actions sans valeur nominale**. D'après les états financiers de 200 sociétés analysées par Byrd, Chen et Chapman[5] en 2000, on rapportait qu'une seule entreprise au Canada faisait

La **valeur nominale** est la valeur par action du capital-actions précisée dans la charte; elle sert de base au capital légal.

Le **capital légal** est le montant permanent de capital qui doit demeurer investi dans la société et qui sert de protection pour les créanciers.

Les **actions sans valeur nominale** sont des actions dont la valeur nominale n'est pas précisée dans la charte de la société.

---

4. Nos discussions concernant la vente du capital-actions font référence à la vente initiale des actions par la société de capitaux plutôt qu'aux ventes ultérieures entre les investisseurs. Puisque la vente des actions avec escompte par une société de capitaux n'est pas légale, nous ne discuterons pas davantage ce sujet. La vente d'actions entre individus n'est pas comptabilisée dans les livres d'une société de capitaux.
5. Clarence Byrd, Ida Chen et Heather Chapman, *Financial Reporting in Canada*, Institut canadien des comptables agréés, 2001, p. 338.

référence à des valeurs nominales pour ses actions ordinaires. Aux États-Unis, l'émission d'actions avec valeur nominale est permise par plusieurs États. On les trouve aux états financiers de grandes sociétés américaines telles que Wal-Mart et Home Depot. Avec la mondialisation des marchés et l'effort d'uniformisation des normes comptables, on peut espérer que les lois seront uniformisées. En attendant, on doit connaître et comprendre tous les types d'actions permis légalement, du moins dans un contexte nord-américain.

Au Canada, la LCSA et certaines lois provinciales n'autorisent que des actions sans valeur nominale. Les actions sans valeur nominale ne comportent pas de montant par action précisé dans la charte. On peut les émettre à n'importe quel prix sans prime ou sans escompte. Il appartient au conseil d'administration de fixer la valeur des actions lors de leur première émission (la **valeur attribuée**). Cette pratique laisse aussi une marge de manœuvre aux administrateurs, car le prix d'émission des actions peut être fixé en fonction des besoins de financement de l'entreprise et de la conjoncture économique. Les émissions subséquentes seront évaluées à la **valeur boursière** ou valeur du marché. Dans le tableau 10.1, il faut noter que RONA possède quatre types d'actions ordinaires sans valeur nominale. Quand une société émet des actions sans valeur nominale, le capital légal ou déclaré est défini par la loi.

Il semble plus avantageux de ne prévoir que des actions sans valeur nominale, car les actions émises démontrent alors une valeur plus juste et rendent le financement de l'entreprise plus flexible.

La terminologie permettant de désigner le capital peut varier selon la loi sous laquelle une société s'est constituée ou selon la pratique (voir le tableau 10.5).

La **valeur attribuée** est la valeur par action fixée par le conseil d'administration lors de la première émission publique. Pour les émissions subséquentes, la valeur marchande des actions est utilisée.

La **valeur boursière** est la valeur du marché d'une action établie par les Bourses. Cette valeur fluctue en fonction des transactions journalières du titre.

Résumé des expressions utilisées pour désigner le capital-actions   TABLEAU 10.5

LCSA (sans valeur nominale)	Capital déclaré	=	Capital-actions	=	Capital d'apport	= Capital légal
LCQ* (avec valeur nominale)	Capital émis et payé	=	Capital-actions	=		Capital légal

* Capital d'apport = Capital-actions + Surplus d'apport

Voici deux exemples qui illustrent ces notions.

Exemple 1 : En conformité avec la LCSA, émission de 100 actions sans valeur nominale à 10 $ l'action (valeur attribuée).

LCSA (sans valeur nominale)	Capital déclaré 1 000 $	=	Capital-actions 1 000 $	=	Capital d'apport 1 000 $	= Capital légal 1 000 $

Exemple 2 : En conformité avec la LCQ, émission de 100 actions d'une valeur nominale de 6 $ l'action (valeur attribuée).

LCQ* (avec valeur nominale)	Capital émis et payé 600 $	=	Capital-actions 600 $	=		Capital légal 600 $

* Capital d'apport = Capital-actions + Surplus d'apport
        1 000 $ =   600 $ +   400 $

La valeur nominale et le capital légal

Le capital légal, qu'on ne peut habituellement pas utiliser pour distribuer des dividendes, représente le montant du capital qui doit demeurer investi dans la société jusqu'à sa liquidation.

Dans la plupart des situations, les analystes financiers ne tiennent pas compte de la valeur nominale et du capital légal dans leur analyse d'une société. Bien que ces concepts aient des conséquences légales considérables, ils n'ont habituellement aucune signification sur le plan analytique.

> **Le droit de préemption** est le droit préférentiel rattaché aux actions permettant à l'actionnaire de souscrire à toute nouvelle émission d'actions.

Les actions souscrites et le droit de préemption   Les actions souscrites font partie du capital autorisé pour lequel la société a accepté des offres d'achat. Par exemple, une société décide d'émettre 100 000 actions à 5 $ l'action. Si elle reçoit une offre d'achat d'un particulier ou d'une autre société de 5 000 actions et qu'elle accepte cette offre, un montant de 25 000 $ sera affecté au capital souscrit. Ce capital n'est pas émis ni en circulation. Parfois, surtout dans les petites entreprises, un **droit de préemption** (ou droit préférentiel) permettant de souscrire à toute nouvelle émission d'actions d'une société est rattaché aux actions. Cela permet aux investisseurs de conserver leur pouvoir de contrôle s'ils le désirent, lors d'une nouvelle émission d'actions.

Lorsque les actions sont émises, les sommes sont affectées au capital-actions émis et en circulation. Dans la plupart des cas, l'émission des actions se fait sur réception du paiement. Dans de rares cas, il arrive que certains souscripteurs bénéficient de délais pour effectuer le paiement des actions souscrites. Ainsi, le plus souvent, le capital émis équivaut au capital payé.

> **Les actions subalternes** désignent le rang des actions par rapport aux autres actions.

La désignation **actions subalternes** permet de préciser le rang des actions lorsqu'il y a plusieurs catégories d'actions afin de donner l'ordre de priorité notamment par rapport aux dividendes. La société Quebecor inc., présentée ci-dessous, émet deux catégories d'actions ordinaires. Les actions B (qui donnent droit à 1 vote par action) sont subalternes aux actions A (qui donnent droit à 10 votes par action). On spécifie que les détenteurs d'actions B ne peuvent élire que 25 % des membres du conseil d'administration.

Coup d'œil sur

Quebecor

RAPPORT ANNUEL

Capital-actions autorisé

Actions catégorie A (droits de vote multiples), chaque action donnant droit à 10 voix, autorisées en nombre illimité, convertibles en tout temps en actions subalternes catégorie B à raison d'une action contre une action.

Actions subalternes catégories B (comportant droit de vote), autorisées en nombre illimité, convertibles en actions A à raison d'une action contre une action uniquement si une offre publique d'achat visant les actions A est faite aux porteurs d'actions A sans être faite en même temps et aux mêmes conditions aux porteurs d'actions B.

Les porteurs d'actions B ont le droit d'élire au Conseil d'administration de Québecor, un nombre de membres représentant 25 % de la totalité du Conseil. Les porteurs d'actions A ont le droit d'élire les autres membres du Conseil d'administration.

Les actions privilégiées

> **Les actions privilégiées** sont les actions qui confèrent des droits précis par rapport aux actions ordinaires.

En plus des actions ordinaires, certaines sociétés de capitaux émettent des **actions privilégiées,** soit des actions conférant des droits particuliers. Les investisseurs ont des préférences sur le plan du risque et du rendement que les sociétés parviennent à satisfaire par une combinaison de caractéristiques des obligations et des actions ordinaires. Les actions privilégiées peuvent constituer le bon choix pour ces investisseurs.

Elles n'attirent pas les investisseurs qui souhaitent exercer un certain contrôle sur les activités d'exploitation de la société, car les actions privilégiées n'accordent habituellement pas de droit de vote. En effet, une des principales raisons pour lesquelles certaines entreprises émettent des actions privilégiées est qu'elles cherchent à accroître les capitaux propres. Les actions privilégiées leur permettent d'amasser des fonds sans diluer le contrôle des détenteurs d'actions ordinaires de la société. La charte, présentée en marge, montre le pourcentage des sociétés, sondées par Financial Reporting in Canada[6] en 2000, qui utilisent des actions privilégiées dans leur structure du capital.

Les actions privilégiées peuvent avoir ou ne pas avoir de valeur nominale. La plupart des actions privilégiées offrent un taux de dividende fixe. Par exemple, des «actions privilégiées à 6 %, avec valeur nominale de 10 $ l'action» offrent un dividende annuel de 6 % de la valeur nominale ou de 0,60 $ l'action. Si les actions privilégiées n'ont pas de valeur nominale, le dividende privilégié est précisé à 0,60 $ l'action.

Généralement, les actions privilégiées sont moins risquées que les actions ordinaires en raison de la priorité qu'elles confèrent sur le versement des dividendes et la distribution des actifs lors de la liquidation. Nous comparerons les dividendes ordinaires aux dividendes privilégiés plus loin dans ce chapitre.

Il y a priorité sur la distribution des actifs pour les actions privilégiées si la société est liquidée. Les actions privilégiées comportent habituellement un montant précis par action qui doit être versé aux porteurs d'actions privilégiées au moment de la dissolution, et ce avant que les actifs ne soient distribués aux porteurs d'actions ordinaires.

Les caractéristiques particulières des actions privilégiées Certaines sociétés de capitaux émettent des **actions privilégiées convertibles** que le porteur peut, à sa discrétion, échanger contre des actions ordinaires de la société. Les conditions stipulées dans le contrat d'émission mentionnent les dates ainsi qu'un taux de conversion. Les actions de Chrysler en sont un exemple.

> Le dividende annuel sur les actions privilégiées convertibles est de 46,25 $ par action. Les actions privilégiées convertibles sont convertibles au taux de 27,78 actions ordinaires pour chaque action privilégiée convertible, ce qui équivaut à un prix de conversion de 18 $ par action ordinaire.

Certaines actions privilégiées sont dites *rachetables*. La plupart du temps, elles sont rachetables au gré de la société. À sa convenance, la société émettrice peut racheter les actions privilégiées aux porteurs à un prix déterminé d'avance, précisé dans le contrat. Ce prix de rachat est égal ou supérieur au prix d'émission. Il arrive aussi que la date de rachat soit précisée. Mentionnons que parfois elles sont rachetables au gré du porteur.

Les actions privilégiées de catégorie D de RONA en sont un exemple. Au tableau 10.1, on remarque que ces actions portent un dividende cumulatif de 4 % et sont rachetables au gré de la société à leur prix d'émission. On précise «qu'à compter de 2003, elles seront rachetables sur une période maximale de 10 ans, à raison de 10 % par année, à leur prix d'émission, à moins que la société ou le détenteur ne choisisse de les échanger contre des actions ordinaires de catégorie C.»

Recours aux actions privilégiées (échantillon de 200 sociétés de capitaux)

■ Action privilégiée
■ Aucune action privilégiée

Les actions privilégiées convertibles sont des actions privilégiées que le porteur peut convertir en actions ordinaires à son gré.

Coup d'œil sur

Chrysler

RAPPORT ANNUEL

---

6. *Ibid.*

Les activités de financement

Les opérations portant sur le capital-actions ont des conséquences directes sur la structure du capital d'une entreprise. En raison de l'importance de ces opérations, une section cruciale de l'état des flux de trésorerie présente les encaissements ainsi que les décaissements obtenus à partir de sources externes (les propriétaires et les créanciers) pour financer l'entreprise et ses activités.

Ces opérations sont inscrites dans la section de l'état appelée «flux de trésorerie liés aux activités de financement». Le tableau 10.6 présente des exemples de flux de trésorerie liés au capital-actions inclus dans l'état des flux de trésorerie de la société RONA. Il faut noter que la société a émis et racheté des actions privilégiées et versé des dividendes en espèces. Nous discuterons ces opérations plus en détail dans ce chapitre.

TABLEAU 10.6 — État des flux de trésorerie consolidés

Coup d'œil sur

RONA

RAPPORT ANNUEL

Flux de trésorerie consolidés des exercices terminés le 31 décembre (en milliers de dollars)

	2001	2000
Activités d'exploitation		
Bénéfice net	24 633 $	18 013 $
Éléments hors caisse		
Intérêts sur débentures capitalisés	3 205	
Amortissements	25 585	14 991
Perte (gain) sur cession d'éléments d'actif	352	(25)
Impôts futurs	1 718	(7 296)
Participation aux résultats des sociétés satellites	(169)	(1 028)
	55 324	24 655
Variations d'éléments du fonds de roulement (note 5)	12 714	8 396
Flux de trésorerie liés aux activités d'exploitation	68 038	33 051
Activités d'investissement		
Avances temporaires		19 157
Acquisition d'entreprise (note 6)	(228 368)	(17 121)
Autres placements	(1 617)	(11 281)
Immobilisations	(29 892)	(38 989)
Autres éléments d'actif	(14 511)	(6 297)
Cession d'éléments d'actif	8 764	8 421
Flux de trésorerie liés aux activités d'investissement	(265 624)	(46 110)
Activités de financement		
Emprunts bancaires	(43 374)	(1 062)
Emprunts à long terme	204 097	38 845
Remboursements d'emprunts à long terme et rachat d'actions privilégiées	(17 470)	(18 340)
Émission d'actions ordinaires	61 375	942
Achats d'actions ordinaires	(1 369)	(2 362)
Frais à l'émission d'actions ordinaires catégories D et E	(4 481)	
Dividendes sur les actions privilégiées catégorie D	(400)	(400)
Flux de trésorerie liés aux activités de financement	198 378	17 623
Augmentation nette des espèces et quasi-espèces	792	4 564
Espèces et quasi-espèces au début	(1 894)	(6 458)
Espèces et quasi-espèces à la fin	(1 102) $	(1 894) $

Incidences sur l'état des flux de trésorerie

EN GÉNÉRAL ◊ L'argent reçu des propriétaires est comptabilisé à titre d'encaissement. Les versements en espèces effectués aux propriétaires sont inscrits à titre de décaissements. Le tableau suivant présente des exemples.

	Effet sur les flux de trésorerie
Activités de financement (méthode indirecte)	
Émission du capital-actions	+
Rachat de capital-actions	−
Versement de dividendes en espèces	−

RONA ◊ Il faut noter qu'au cours du dernier exercice, la société RONA a racheté de nombreuses actions ordinaires de catégories A et C. Certaines ont été rachetées au comptant et d'autres en contrepartie d'actions privilégiées de catégories A et C. Une société peut avoir de multiples raisons pour racheter des actions en circulation. La société peut disposer d'excès de liquidités ou les cotes boursières des actions peuvent être à la baisse. La diminution des actions ordinaires en circulation réduit aussi le nombre d'actionnaires résiduels, ce qui donne le contrôle de l'entreprise à un plus petit groupe d'actionnaires. Pour RONA, il peut s'agir de marchands qui se retirent; comme les actions ne sont pas cotées en Bourse, RONA rachète ces actions sans doute pour faciliter le retrait et l'ajout de nouveaux propriétaires.

Par ailleurs, l'achat important d'immobilisations (30 millions de dollars) et l'acquisition d'une entreprise (228 millions de dollars) ont été financés par l'exploitation (68 millions de dollars) qui a doublé en 2001 comparativement à l'année précédente (33 millions de dollars), par les emprunts à long terme et par l'émission de capital-actions ordinaire.

Le succès de son exploitation en 2001 explique l'augmentation de la valeur comptable des actions. Le test ultime est celui de la cote boursière, mais RONA n'en a pas, comme on l'a déjà mentionné, puisque ses actions sont détenues par les propriétaires des magasins.

Comparons
Flux de trésorerie
liés aux activités
de financement
(en millions de dollars)

RONA	198 $
Home Depot	737
Sears	61
La Baie	(152)

La comptabilisation du capital-actions

L'avoir des actionnaires (AA) (l'expression « capitaux propres » (CP) est équivalente) qu'on trouve au bilan d'une société présente deux ou trois comptes qui constituent les principales sources de financement par les propriétaires :

1. Le *capital-actions* provenant de la vente d'actions, soit le montant investi par les actionnaires par l'entremise de l'achat d'actions de la société. Pour des sociétés dont les actions portent une valeur nominale, le capital-actions comporte la valeur nominale dérivée de la vente des actions.

2. Le *surplus d'apport* provient de plusieurs sources de transaction de capital dont la prime à l'émission d'actions avec valeur nominale (excès du prix d'émission sur la valeur nominale). Chaque source de surplus d'apport doit être précisée. Cette source de capitaux propres est inexistante pour plusieurs sociétés. Nous reviendrons sur le sujet un peu plus loin.

3. Les *bénéfices non répartis* produits par les activités génératrices de profit de la société. Il s'agit du montant cumulatif du bénéfice net gagné depuis la formation de la société de capitaux déduit du montant cumulatif des dividendes versés par la société depuis sa constitution. Lorsque le montant est négatif, on parle de *déficit accumulé*. La société est alors vraisemblablement en difficulté financière.

Au tableau 10.1, le bilan de RONA ne présente pas toutes les catégories d'actions. Ce détail figure à la note 14 accompagnant les états financiers. RONA n'a pas de compte de surplus d'apport (les actions émises n'ont pas de valeur nominale).

La plupart des entreprises produisent une portion significative de leurs capitaux propres à partir des bénéfices non répartis plutôt qu'à partir du capital amassé par suite de la vente d'actions. Dans le cas de RONA, les bénéfices non répartis ont généré plus de 47 % du total des capitaux propres. Cette proportion a diminué en 2001 (61 % en 2000) par suite de l'émission d'actions durant l'exercice.

La vente et l'émission d'actions

Les opérations comportant la vente initiale des actions d'une société au grand public peuvent être divisées en deux catégories. Le premier appel public à l'épargne constitue la toute première vente des actions d'une société au grand public (c'est-à-dire lorsque la société s'inscrit en Bourse). On se souvient d'événements concernant des actions de sociétés, dans le domaine des nouvelles technologies de l'information, dont la valeur s'est considérablement accrue la journée même du premier appel public à l'épargne. Bien qu'on puisse parfois réaliser des rendements considérables par suite du premier appel, ce dernier comporte souvent des risques importants. Lorsque les actions d'une société se négocient sur des marchés établis, l'expression qui décrit les ventes supplémentaires de nouvelles actions au public est l'«émission de titres acclimatés» (*seasonal issue*).

La plupart des entreprises font appel à un placeur ou à un preneur ferme pour les aider à vendre leurs actions. Le placeur est habituellement un syndicat financier qui sert d'intermédiaire entre la société et les investisseurs. Le placeur conseille la société sur les éléments relatifs à la vente et participe directement à la vente des actions au grand public. Par exemple, il aidera l'entreprise à fixer le prix par action d'une première émission.

La plupart des ventes d'actions au public sont des opérations au comptant. Pour illustrer la comptabilisation d'une vente initiale d'actions, on suppose qu'une société vend 100 000 actions ordinaires avec une valeur nominale de 0,10 $ pour 22 $ l'action. L'incidence de cette transaction sur les postes du bilan de la société ainsi que l'écriture de journal s'inscrivent ainsi :

ÉQUATION COMPTABLE

Actif	=	Passif	+	Capitaux propres	
Encaisse + 2 200 000				Capital-actions ordinaire	+ 10 000
				Surplus d'apport	+ 2 190 000

ÉCRITURE DE JOURNAL

Encaisse (A) (100 000 × 22 $)	2 200 000	
Capital-actions ordinaires (CP) (100 000 × 0,10 $)		10 000
Surplus d'apport – Prime à l'émission		
d'actions ordinaires (CP)		2 190 000

On inscrit la vente d'actions ordinaires au bilan sous la forme suivante :

Capitaux propres :	
Capital-actions (note X[7])	10 000 $
Surplus d'apport[8]	2 190 000
Bénéfices non répartis	
	2 200 000 $

---

7. On peut décrire les catégories d'actions au bilan mais, la plupart du temps, c'est dans les notes aux états financiers qu'on trouve cette information.
8. Les livres de la société tiennent compte de chaque source de surplus d'apport. Il est rare qu'on trouve l'information détaillée sur ce poste, à moins que le montant soit important et que plusieurs transactions aient eu lieu à ce compte durant l'exercice.

La majorité des sociétés de capitaux au Canada ne donnent pas de valeur nominale pour leurs actions. Dans ces cas, selon la loi, les actions ordinaires sont inscrites conformément aux deux approches suivantes :

1. La société de capitaux doit préciser dans ses règlements administratifs une valeur déclarée par action à titre de capital légal. Cette valeur déclarée sert de substitut à la valeur nominale. La vente d'actions ordinaires est inscrite de manière similaire à l'écriture de journal précédente.

2. La société doit comptabiliser le total des recettes tirées de chacune des ventes des actions sans valeur nominale à titre de capital légal. Dans ce cas, le total des recettes est inscrit dans le compte capital-actions ordinaires. Aucun compte ne s'appelle « surplus d'apport ». C'est le cas pour RONA (voir le tableau 10.1). Il faut noter que la section « capitaux propres » (CP) est intitulée « avoir des actionnaires » (AA), terminologie souvent employée par les entreprises.

Si on reprend l'exemple précédent, l'émission de 100 000 actions sans valeur nominale à 22 $ l'action (valeur boursière) aurait produit les effets et l'écriture qui suivent (sans compte Surplus d'apport) :

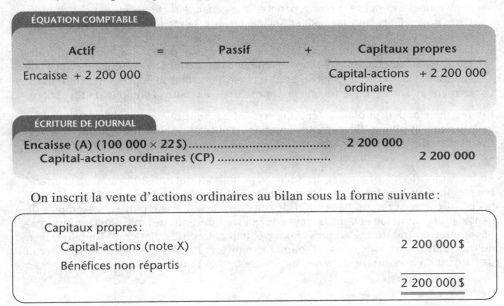

ÉQUATION COMPTABLE

Actif	=	Passif	+	Capitaux propres
Encaisse + 2 200 000				Capital-actions + 2 200 000 ordinaire

ÉCRITURE DE JOURNAL

Encaisse (A) (100 000 × 22 $)	2 200 000	
Capital-actions ordinaires (CP)		2 200 000

On inscrit la vente d'actions ordinaires au bilan sous la forme suivante :

Capitaux propres :	
Capital-actions (note X)	2 200 000 $
Bénéfices non répartis	
	2 200 000 $

Les marchés secondaires

Lorsqu'une société vend des actions au public, l'opération est conclue entre la société émettrice et l'acheteur. Par conséquent, la société inscrit la vente dans ses livres de la manière décrite précédemment.

Les opérations influant sur les actions qui se produisent entre deux investisseurs n'ont aucune conséquence directe sur les livres comptables de la société. Par exemple, si l'investisseur Jean Dragon vend 1 000 actions de la société Bombardier à Johanne Lyon, Bombardier ne passe pas d'écriture de journal dans ses livres. Jean Dragon a reçu de l'argent pour les actions qu'il a vendues, et Johanne Lyon a obtenu des actions en contrepartie de l'argent qu'elle a versé. La société elle-même n'a pas reçu ou versé d'argent par suite de cette opération.

Chaque jour de la semaine, *La Presse, The Globe and Mail, The Financial Post,* en somme tous les journaux importants, font état des résultats de milliers d'opérations conclues entre des investisseurs sur les marchés secondaires. Ces marchés englobent notamment la Bourse de Toronto, la Bourse de New York, l'American Stock Exchange (AMEX), la NASDAQ ainsi que le marché hors cote.

Les gestionnaires des sociétés de capitaux suivent de très près le mouvement du cours des actions de leur société. Les actionnaires s'attendent à faire de l'argent sur leurs placements grâce aux dividendes et à l'augmentation du cours des actions. Il s'avère souvent que des membres de la haute direction d'une entreprise soient remplacés à cause du faible rendement des actions de celle-ci sur les marchés secondaires. Bien que les gestionnaires surveillent le cours des actions quotidiennement, il ne faut pas oublier que les opérations conclues entre les investisseurs n'influent pas directement sur les livres des sociétés (autrement dit, on ne passe pas d'écritures de journal pour comptabiliser ces opérations).

ANALYSE FINANCIÈRE

L'inscription en Bourse

Comme nous l'avons mentionné précédemment, le premier appel public à l'épargne est la première vente des actions au grand public. Avant cette vente, la société était une société fermée. Une société s'introduit généralement en Bourse pour deux raisons.

1. Une société cherche à prendre de l'expansion afin de répondre aux demandes des consommateurs. Elle doit donc accroître sa capacité de production. Les besoins en capital nouveau peuvent être supérieurs à la capacité de financement des propriétaires privés. En se transformant en société ouverte, la société peut amasser les fonds nécessaires pour se développer.
2. Dans certains cas, la société n'a pas besoin de beaucoup de fonds, mais les propriétaires actuels souhaitent créer un marché pour ses actions. Il est souvent difficile de vendre des actions si la société n'est pas cotée à une Bourse importante. En se transformant en société ouverte, une entreprise peut accroître la liquidité de ses actions.

Les premiers appels publics à l'épargne créent souvent beaucoup d'intérêt chez les investisseurs. Ils offrent d'excellentes occasions d'obtenir de bons rendements en investissant dans des sociétés en pleine croissance. Des risques considérables sont également associés avec bon nombre de premiers appels publics à l'épargne.

Au cours des dernières années, les sociétés point-com ont suscité beaucoup d'intérêt chez les investisseurs lorsqu'elles se sont introduites en Bourse. Presque toutes les sociétés point-com ont retenu l'attention des investisseurs. Il existe plusieurs exemples de gens dans la vingtaine et dans la trentaine qui sont devenus des millionnaires instantanés après avoir transformé en société ouverte leur entreprise point-com. Toutefois, bien qu'on en ait moins parlé dans les journaux, plusieurs personnes ont également perdu de l'argent en investissant dans des sociétés nouvelles et non éprouvées.

Le capital-actions vendu et émis en contrepartie de services et/ou d'actifs autres que des espèces

Les petites entreprises jouent un rôle de plus en plus important dans l'économie canadienne. Elles ont créé un important pourcentage des nouveaux emplois au cours de la dernière décennie. Bon nombre des géants corporatifs d'aujourd'hui étaient de petites entreprises en démarrage il y a quelques années seulement.

Des sociétés comme Dell Computers, Microsoft et Apple Computer ont littéralement pris naissance dans le sous-sol des fondateurs.

L'une des caractéristiques communes aux sociétés en démarrage est le manque de fonds. Puisque ces sociétés ne peuvent débourser d'argent pour les actifs et les services dont elles ont besoin, elles émettent parfois des actions à des gens qui peuvent fournir ces actifs et ces services. En effet, bon nombre de directeurs se joignent à des entreprises qui viennent de se lancer en affaires pour des salaires très bas, car ils peuvent également gagner des actions de la société. Un directeur à qui on a donné des actions de Microsoft ou de Bombardier au cours des premières années devrait être très riche à l'heure actuelle.

Quand une société émet des actions pour acquérir des actifs ou des services, les éléments ainsi acquis sont comptabilisés à la *valeur marchande* (la cote boursière) des actions émises à la date de l'opération, conformément au principe du coût. S'il n'est pas possible de déterminer la valeur marchande des actions émises, il faut utiliser la valeur marchande de la contrepartie reçue.

Pour illustrer ce cas, supposez qu'au cours des premières années d'exploitation, Québecor ait été incapable de verser de l'argent pour les services juridiques dont elle avait besoin. La société aurait donc émis 40 000 actions, sans valeur nominale, au cabinet d'avocats pour services rendus alors qu'elles se vendaient, par exemple, 4$ l'action. À cette époque, la société aurait affecté les comptes de bilan et passé l'écriture de journal suivante :

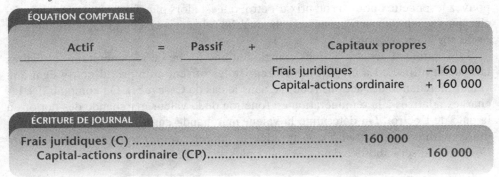

ÉQUATION COMPTABLE

Actif	=	Passif	+	Capitaux propres	
				Frais juridiques	− 160 000
				Capital-actions ordinaire	+ 160 000

ÉCRITURE DE JOURNAL

Frais juridiques (C)	160 000	
Capital-actions ordinaire (CP).....................		160 000

Il faut noter que la valeur des services juridiques obtenus est supposée être la même que la valeur des actions qui ont été émises. Cette hypothèse est raisonnable puisque deux parties indépendants continuent normalement de négocier un contrat jusqu'à ce que la valeur de la chose à laquelle elles renoncent soit égale à la valeur de la chose qu'elles obtiennent. Les actions de Québecor valant près de 23 $ (en mars 2002), la vente des titres aurait rapporté près de 920 000 $ au cabinet d'avocats si les titres avaient toujours été conservés.

Les options d'achat d'actions

La société par actions a pour avantage la séparation entre la fonction gestionnaire et la fonction propriétaire ou actionnaire. Cette séparation peut aussi constituer un désavantage, car certains directeurs peuvent ne pas agir dans le meilleur intérêt de l'entreprise. On peut surmonter ce problème de différentes manières. On peut élaborer des régimes de rémunération pour récompenser les directeurs qui atteignent les objectifs considérés comme importants par les actionnaires. Une autre stratégie consiste à offrir aux directeurs des *options d'achat d'actions,* qui leur permettent d'acheter des actions à un prix prédéterminé. Le porteur d'une option d'achat d'actions a un intérêt dans le rendement de l'entreprise au même titre que le propriétaire. Les régimes d'option d'achat d'actions sont devenus une forme de plus en plus courante de rémunération au cours de la dernière décennie. En effet, 99 % des sociétés de capitaux sondées en 2000 par *Financial Reporting in Canada* offrent maintenant des régimes d'option d'achat d'actions à leurs employés.

Le rapport annuel de Cascades contient la note complémentaire suivante :

Note 8 c Options d'achat d'actions
En vertu d'un régime d'options d'achat d'actions établi le 15 décembre 1998 à l'intention des membres de la direction et des employés cadres de la compagnie, 7 365 021 actions ordinaires sont réservées pour émission. Chaque option expirera à une date qui se situera au plus tard dix années suivant la date de l'octroi de l'option […] Au cours de l'exercice 2000, […] la compagnie a octroyé […] 713 298 options d'achat d'actions ordinaires.

Les options émises par Cascades précisent qu'il est possible d'acheter les actions au prix actuel sur le marché boursier, calculé sur la valeur moyenne du cours de fermeture à la Bourse de Toronto durant les cinq jours de transaction précédant la date d'octroi. Le fait d'octroyer une option d'achat d'actions constitue une forme de rémunération, même si le prix d'octroi et le cours actuel des actions sont les mêmes. Si une personne vous accorde une option d'achat d'actions, vous pouvez la considérer comme un investissement sans risque. Si vous détenez une option d'achat d'actions lorsque le prix des actions chute, vous ne perdez rien car vous gardez tout simplement les options en attendant des jours meilleurs. Si le cours des actions augmente, vous pouvez lever cette option à son prix d'octroi qui est alors plus faible que celui du marché, puis vendre les actions au prix du marché (plus élevé), ce qui rapporte alors un profit sur la transaction.

Les options d'achat d'actions constituent une forme de rémunération des cadres largement utilisée. La plupart des entreprise les offrent à un prix d'octroi égal à la valeur marchande des actions (comme dans le cas de Cascades). On comptabilise les charges relatives à la rémunération en fonction de la valeur marchande des options à la date de l'octroi. On détermine la valeur marchande en utilisant souvent une formule mathématique complexe appelée le *modèle de détermination du prix de l'option*, qui sera abordée dans des cours plus avancés.

Les bons de souscription

Un investisseur peut souscrire à des actions ordinaires lui permettant d'acheter les actions à un prix stipulé d'avance. Ces bons sont souvent émis à un ou à plusieurs investisseurs importants en attendant l'approbation du prospectus (le rapport que les entreprises doivent soumettre à la Commission des valeurs mobilières pour approbation de l'émission d'actions au public). Les normes canadiennes précisent que les dépôts reçus de ces bons de souscription doivent faire l'objet d'un poste distinct aux capitaux propres et faire l'objet d'une note aux états financiers. Si on examine la note 14 aux états financiers de RONA au tableau 10.1, on peut constater un montant de plus de 1 million de dollars à titre de «dépôts reçus sur souscription d'actions ordinaires catégorie A».

Le rachat d'actions et les actions autodétenues

OBJECTIF D'APPRENTISSAGE 3

Comprendre le but du rachat des actions et leur présentation aux états financiers.

Une société pourrait vouloir racheter les actions ordinaires détenues par ses actionnaires. Le rachat peut se faire au gré de la société ou au gré du porteur, selon le cas. Les conditions de rachat sont stipulées dans les statuts de la société ou son acte de constitution. Les raisons qui peuvent amener une société à racheter ses actions sont multiples. En voici quelques exemples :
- diminuer l'emprise d'un actionnaire ou d'un groupe d'actionnaires ;
- augmenter le bénéfice par action en réduisant le nombre d'actions en circulation ;
- détenir suffisamment d'actions afin de respecter les engagements du plan d'options d'achat d'actions ;
- acquérir les actions d'un actionnaire qui veut se retirer, surtout dans les cas de petites entreprises ;
- augmenter le cours des actions : s'il y a moins d'actions en circulation, le dividende par action peut augmenter.

Il faut cependant ajouter que le rachat des actions doit respecter les règles de maintien du capital, c'est-à-dire que la société doit posséder les liquidités nécessaires au rachat. De plus, la transaction ne doit pas mettre en péril la viabilité financière de l'entreprise.

Souvent, les conditions de rachat sont rattachées à des actions privilégiées qui sont normalement détenues par des investissements à court ou à moyen terme. Les entreprises utilisent ces catégories d'actions comme source de financement à moyen terme qui présente moins de risque que les titres d'obligations.

Au Canada, la loi exige généralement que ces actions soient annulées sauf dans certaines conditions. Les actions annulées sont réintégrées au nombre d'actions du capital-actions autorisé de la société lorsque celui-ci est limité. Les actions rachetées qui ne sont pas annulées porte le nom d'actions autodétenues. Les circonstances permises par la loi menant à la détention de ces actions sont les suivantes :

1. Les actions peuvent être conservées à titre de garantie découlant des opérations dans le cours normal des affaires, par exemple pour garantir un prêt. Elles sont considérées comme des actions autodétenues jusqu'à l'expiration de la période de garantie, après quoi elles devront être annulées.

2. Les actions peuvent être conservées si les objectifs poursuivis sont de mieux remplir les conditions de participation ou pour maintenir le contrôle canadien qui permet à la société de recevoir certains avantages tels que des licences, des permis, des subventions, etc. Les actions devront être annulées après deux ans si elles sont toujours autodétenues. Durant ces deux années, les actions peuvent être revendues.

Aux États-Unis, on rachète des actions pour les offrir aux employés dans le cadre de programmes de primes de rémunération. En effet, en raison des règlements de la Security and Exchange Commission (SEC) concernant les actions nouvellement émises, la plupart des entreprises estiment qu'il est moins coûteux de donner des actions rachetées auprès des actionnaires à leurs employés que d'émettre de nouvelles actions.

On peut remarquer au tableau 10.1 que RONA possède cinq catégories d'actions privilégiées rachetables et une catégorie d'actions ordinaires rachetables. Les différentes catégories d'actions privilégiées permettent une flexibilité de financement à l'entreprise.

Pour chaque catégorie d'actions, on réduit le compte de capital-actions pour tenir compte des actions rachetées et annulées. Elles n'apparaissent pas aux états financiers. Par contre, les actions rachetées et autodétenues apparaissent à la section de l'avoir des actionnaires. On les présente en déduction du compte de capital-actions auquel elles sont rattachées. On doit également présenter les comptes de surplus d'apport qui les concernent.

Lorsqu'une société rachète ses actions, le coût de rachat peut être inférieur (ce qui signifie un gain) ou supérieur (une perte) à leur valeur nominale ou à leur valeur attribuée. La comptabilisation des transactions de rachat d'actions est complexe et sera abordée dans des cours de comptabilité plus avancés.

Les sociétés qui ont effectué un rachat d'actions au Canada en 2000 (échantillon de 200 sociétés)

■ Actions rachetées
□ Aucune action rachetée

La comptabilisation des dividendes en espèces

La définition des dividendes

Les investisseurs achètent des actions ordinaires, car ils s'attendent à obtenir un rendement sur leur placement. Ce rendement peut revêtir deux formes : l'appréciation du cours des actions et les dividendes versés aux actionnaires. Certains investisseurs préfèrent acheter des actions pour lesquelles on verse peu de dividendes, voire aucun. Les sociétés qui ne déclarent pas de dividende réinvestissent alors leur bénéfice et tendent à accroître leur potentiel de bénéfice futur. En accroissant leur potentiel de bénéfice futur, ces sociétés connaissent souvent une augmentation du prix de leurs actions en Bourse. Les riches investisseurs qui doivent payer des impôts élevés préfèrent recevoir leur rendement sous forme d'actions à prix plus élevé parce que les gains en capital générés par la vente des actions sont habituellement imposés à un taux plus faible que les revenus de dividendes.

OBJECTIF D'APPRENTISSAGE **4**

Discuter les dividendes et analyser les opérations comportant des actions ordinaires et privilégiées.

D'autres investisseurs, comme les retraités, préfèrent recevoir leur rendement sous forme de dividendes, car ils ont besoin de revenus stables. Ces personnes recherchent souvent des actions pour lesquelles on versera des dividendes très élevés. Bon nombre de retraités détiennent des actions dans les entreprises de services publics, car il s'agit souvent de placements prudents qui offrent de gros dividendes.

Le conseil d'administration doit approuver (c'est-à-dire déclarer) les dividendes avant qu'ils ne soient versés. Une société de capitaux n'est pas légalement obligée de verser des dividendes. Les créanciers peuvent forcer une société à déclarer faillite si elle ne rembourse pas les intérêts sur la dette, mais les actionnaires ne possèdent pas ce droit si la société est incapable de distribuer les dividendes.

Sans qualificatif, le mot *dividende* signifie «dividende en espèces». Il est également possible de verser des dividendes sous forme d'actifs autres que des espèces. Certaines sociétés de capitaux émettent des dividendes en actions, celles-ci étant leurs propres actions. Le type le plus courant de dividende est le dividende en espèces.

Bien qu'une société ne soit pas légalement obligée de verser des dividendes, elle crée un passif une fois que le conseil d'administration en fait la déclaration. Les sociétés annoncent la déclaration d'un dividende par un communiqué de presse. Les journaux financiers publient sur une base journalière ou hebdomadaire les déclarations de dividendes des sociétés. Par exemple, dans le journal *Les Affaires,* un tableau intitulé «Déclarations de dividendes» présente le symbole de la société, son nom, la fréquence du dividende, le montant (par action), la date d'inscription et la date de versement. Ces informations sont aussi accessibles sur le Système électronique de données, d'analyse et de recherche (SEDAR), qui contient les communiqués de presse des entreprises ouvertes. Le site www.telenium.ca donne aussi les informations sur les dividendes. La société RONA, société étudiée dans le présent chapitre, n'a pas déclaré de dividendes à ses actionnaires ordinaires. Pour donner un exemple de déclaration de dividendes, penchons-nous sur la société Saputo inc. Le communiqué de presse de la société Saputo contenait les informations suivantes:

Le Conseil d'administration de la Société a déclaré un dividende de 0,055 $ par action ordinaire, somme qui sera payable le 22 mars 2002 aux porteurs inscrits le 8 mars 2002. Ce dividende est lié au troisième trimestre qui a pris fin le 31 décembre 2001.

Communiqué du 21 février 2002, SEDAR, www.sedar.com, consulté le 22 mars 2002.

Cette déclaration crée un passif. Immédiatement le 21 février, les livres de Saputo ont été touchés. L'écriture de journal suivante reflète la déclaration des dividendes en espèces en fonction des 102 848 831 (nombre au 31 décembre 2001[9]) actions en circulation (0,055 $ × 102 848 831 = 5 656 685 $).

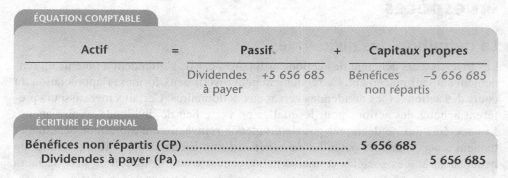

ÉQUATION COMPTABLE				
Actif	=	**Passif**	+	**Capitaux propres**
		Dividendes +5 656 685		Bénéfices −5 656 685
		à payer		non répartis

ÉCRITURE DE JOURNAL		
Bénéfices non répartis (CP)	5 656 685	
Dividendes à payer (Pa)		5 656 685

Le 22 mars, on comptabilise le paiement subséquent de la dette comme suit:

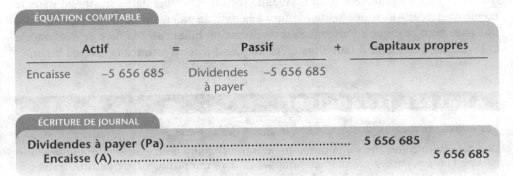

ÉQUATION COMPTABLE

Actif		=	Passif		+	Capitaux propres
Encaisse	–5 656 685		Dividendes à payer	–5 656 685		

ÉCRITURE DE JOURNAL

Dividendes à payer (Pa)	5 656 685	
Encaisse (A)		5 656 685

Il convient de noter que la déclaration et le versement d'un dividende en espèces ont deux conséquences: ils réduisent l'actif (l'encaisse) ainsi que les capitaux propres (les bénéfices non répartis) du même montant. Cette observation permet de comprendre les deux exigences fondamentales pour le versement de dividendes en espèces:

1. *Un solde suffisant de bénéfices non répartis.* La société doit présenter un solde suffisant de bénéfices non répartis pour couvrir le montant du dividende.
2. *Un montant suffisant de liquidités.* La société doit avoir accès à une quantité suffisante de liquidités pour verser le dividende et répondre aux besoins continus de l'entreprise. Le simple fait que le compte des bénéfices non répartis comporte un important solde créditeur ne signifie pas que le conseil d'administration puisse déclarer et verser un dividende en espèces. L'argent généré dans le passé par les revenus présentés dans le compte des bénéfices non répartis peut avoir été consacré à l'achat de stocks, à l'acquisition d'actifs d'exploitation et au remboursement du passif. Conséquemment, il n'existe pas de relations nécessaires entre le solde des bénéfices non répartis et le solde de l'encaisse à une date particulière (tout simplement, les bénéfices non répartis ne sont pas des liquidités).

Les lois sur les sociétés de capitaux imposent habituellement des restrictions sur les dividendes en espèces. Par exemple, selon la LCSA, une société ne peut verser un dividende en espèces lorsque, par la suite, elle ne pourrait «acquitter son passif à échéance ou bien la valeur de réalisation de son actif serait, de ce fait, inférieur au total de son passif et de son capital déclaré» (LCSA, article 42, novembre 2001).

Les dates relatives aux dividendes

En se référant à l'exemple précédent de déclaration de dividende par Saputo, on note trois dates importantes:

1. La **date de déclaration** – le 21 février 2002. La date de déclaration est la date à laquelle le conseil d'administration a officiellement approuvé la distribution d'un dividende. Aussitôt qu'il fait la déclaration, un dividende à payer est créé (un passif).
2. La **date d'inscription** – le 8 mars 2002. La date d'inscription représente la date de clôture du registre des actionnaires et elle suit la déclaration. Il s'agit de la date à laquelle la société dresse la liste des actionnaires actuels en fonction du registre des actionnaires. Le dividende ne peut être distribué qu'aux personnes figurant sur le registre à la date d'inscription. Aucune écriture de journal n'est passée à cette date.
3. La **date de paiement** – le 22 mars 2002. La date de paiement est la date à laquelle une société verse un dividende à ses actionnaires. Elle suit la date d'inscription aux registres des actionnaires précisée dans la déclaration du dividende.

La **date de déclaration** est la date à laquelle le conseil d'administration approuve la distribution d'un dividende.

La **date d'inscription** est la date à laquelle la société dresse la liste des actionnaires actuels en fonction du registre des actionnaires. Le dividende sera distribué aux personnes qui possèdent des actions à cette date.

La **date de paiement** est la date à laquelle une société verse un dividende aux actionnaires inscrits.

9. Il aurait fallu connaître le nombre d'actions en circulation moyen durant le trimestre pour effectuer le calcul exact. Ce montant n'était pas publié. Nous avons utilisé le nombre d'actions en circulation au 31 décembre, ce qui donne un montant approximatif. Il faut remarquer qu'il s'agit d'un dividende trimestriel, le dividende annuel étant de 0,21 $ l'action (4 × 0,055 $).

À des fins d'information, on peut ignorer le temps écoulé entre la date de déclaration et la date de paiement d'un dividende lorsque les trois dates se situent dans le même exercice. Alors, une seule écriture à la date de paiement peut être passée à des fins purement pratiques. Par contre, si on dresse un bilan entre la date de déclaration et la date de paiement, il faut alors créer un passif à court terme à la date de bilan.

ANALYSE FINANCIÈRE

Les conséquences du dividende sur le cours des actions

Une date supplémentaire est importante pour comprendre les dividendes, mais elle n'a aucune conséquence sur le plan comptable. La date qui se situe deux jours ouvrables avant la date d'inscription s'appelle la «date de l'ex-dividende ou du dividende détaché». Cette date est établie par les Bourses pour s'assurer que les chèques des dividendes sont envoyés aux bonnes personnes. Si vous achetez des actions avant la date d'ex-dividende, vous recevrez le dividende. Si vous acquérez des actions à la date de l'ex-dividende ou plus tard, le propriétaire précédent recevra le dividende.

En suivant le mouvement du cours de certaines actions, on remarque que le prix des actions chute souvent à la date de l'ex-dividende. La raison en est simple. À cette date, les actions valent moins, car l'actionnaire qui en fait l'acquisition à ce moment n'aura pas le droit de recevoir le prochain dividende qui sera versé à la date de paiement prévue.

ANALYSONS LES RATIOS

Le rendement des dividendes

1. Connaître la question
Les détenteurs d'actions ordinaires s'attendent à obtenir un rendement sur leur placement. Une portion de ce rendement est versée sous forme de dividendes. Le taux de rendement des actions est le rendement, mesuré en pourcentage, que les détenteurs des actions obtiennent à partir des dividendes qu'on leur verse. Les investisseurs potentiels utilisent souvent ce taux pour évaluer les occasions d'investissement de rechange. On le calcule ainsi:

OBJECTIF D'APPRENTISSAGE 5

Analyser le taux de rendement des actions.

$$\text{Taux de rendement des actions} = \frac{\textbf{Dividendes par action}}{\textbf{Cours des actions}}$$

Comme la société RONA n'a pas versé de dividendes à ses actionnaires ordinaires, poursuivons l'analyse de la société Saputo. Le taux de rendement de Saputo (en fin d'exercice, le 31 mars 2002) est:

$$\frac{0,21\,\$}{30,80\,\$^{*}} = 0,68\,\%$$

* Il s'agit du prix de clôture du 31 mars 2002, tel qu'il est précisé sur le site www.telenium.ca. Il aurait cependant été plus approprié de prendre un prix moyen pour l'exercice. Tous les calculs présentés utilisent le taux de clôture en fin d'exercice.

2. Utiliser les techniques appropriées

a) Analyser la tendance dans le temps		
SAPUTO (31 MARS)		
2000	2001	2002
0,80 %	0,95 %	0,68 %

b) Comparer avec les compétiteurs (fin d'exercice au 31 décembre 2001)		
KRAFT FOODS	LES ALIMENTS MAPLE LEAF	VAN HOUTTE
0,78 %	1,50 %	0,81 %

3. Interpréter prudemment les résultats

EN GÉNÉRAL ◊ Ceux qui investissent dans les actions ordinaires obtiennent un rendement à partir des dividendes et de l'appréciation du capital (les augmentations de la valeur marchande des actions qu'ils possèdent). Les entreprises en quête de croissance versent souvent de très faibles dividendes et se fient à l'accroissement de leur valeur marchande pour offrir un rendement à leurs investisseurs. D'autres distribuent de gros dividendes, mais la valeur marchande est plus stable. Chaque type d'action plaît à différents types d'investisseurs ayant des préférences de risque et de rendement diverses.

SAPUTO ◊ Le taux de rendement des actions de Saputo n'est pas très important et c'est le cas depuis les trois dernières années. Cela permet de conclure que les investisseurs de Saputo ne recherchent pas un revenu de dividende stable. C'est plutôt l'accroissement de la valeur du titre qui les intéresse. Au cours des trois derniers exercices, le cours des actions de Saputo a augmenté considérablement. De mars 1999 à novembre 2001, il a augmenté de plus de 60 %. En novembre, les actions ont été fractionnées à raison de deux pour un. Depuis cette date, le titre a continué de grimper d'environ 35 % pour atteindre presque 31 $ en mars 2002, ce que l'augmentation des ventes et des profits permet d'expliquer. Avec cette appréciation importante de la valeur du titre, la plupart des investisseurs ne se préoccupent guère du montant de dividende payé par Saputo.

QUELQUES PRÉCAUTIONS ◊ Il ne faut pas oublier que le taux de rendement des actions n'indique qu'une partie du rendement de l'investissement. Généralement, l'appréciation potentielle du capital est une considération beaucoup plus importante. En analysant les changements survenant dans le taux, il est important d'en comprendre la cause. Par exemple, une société peut distribuer 2 $ l'action en dividendes chaque année. Si la valeur marchande de ses actions est de 100 $ l'action, le taux est de 2 %. Si la valeur marchande par action chute à 25 $ l'année suivante et que la société continue de verser un dividende de 2 $ l'action, le taux de rendement des actions s'améliorera en atteignant 8 %. La plupart des analystes ne considéreraient pas ces changements comme favorables.

Les dividendes sur les actions privilégiées

Les investisseurs qui achètent des actions privilégiées renoncent à certains avantages offerts aux porteurs d'actions ordinaires. En général, les porteurs d'actions privilégiées n'ont pas le droit de voter à l'assemblée annuelle des actionnaires et ne partagent pas les revenus supplémentaires que génère une société qui devient plus rentable. Pour compenser le manque subi par ces investisseurs, les actions privilégiées offrent certains avantages dont ne jouissent pas les détenteurs d'actions ordinaires. L'avantage le plus important est sans doute celui du droit prioritaire sur les dividendes. Il existe souvent des droits prioritaires sur 1) les dividendes courants et 2) les dividendes cumulatifs.

Les droits prioritaires sur les dividendes courants des actions privilégiées Les actions privilégiées offrent toujours des **droits prioritaires sur les dividendes courants**. Les dividendes privilégiés courants doivent être versés avant que des dividendes ne soient distribués aux porteurs d'actions ordinaires. Lorsque les droits prioritaires

Les droits prioritaires sur les dividendes courants sont une caractéristique des actions privilégiées qui accordent la priorité au versement des dividendes privilégiés sur les dividendes ordinaires.

sur les dividendes courants sont satisfaits et qu'aucun autre droit n'est en suspens, il est possible de verser des dividendes aux porteurs d'actions ordinaires.

Les dividendes déclarés doivent être répartis entre les actions privilégiées et les actions ordinaires. Premièrement, il faut satisfaire aux droits prioritaires sur les actions privilégiées et, ensuite, distribuer le reste des dividendes sur les actions ordinaires. Le tableau 10.7, exemple A, illustre la répartition des droits prioritaires sur le dividende courant en fonction de trois hypothèses différentes concernant le montant total des dividendes à verser.

Les dividendes cumulatifs des actions privilégiées Les actions privilégiées cumulatives comportent des droits prioritaires sur les **dividendes cumulatifs** qui énoncent que si une partie ou la totalité du dividende courant n'est pas entièrement versée, le montant impayé s'appelle un **arriéré de dividende**. Le montant d'un arriéré de dividendes cumulatifs doit être versé prioritairement aux porteurs d'actions à dividendes cumulatifs. Bien entendu, si les actions privilégiées ne sont pas cumulatives, les dividendes ne peuvent jamais être arriérés. Par conséquent, les dividendes passés (autrement dit les dividendes non déclarés) sont irrévocablement perdus par les porteurs d'actions privilégiées. Puisque les détenteurs d'actions privilégiées n'acceptent pas cette caractéristique désavantageuse, les actions privilégiées sont habituellement cumulatives. Au tableau 10.1, on peut remarquer que RONA possède des actions de catégorie D qui sont des actions privilégiées à dividende cumulatif de 4 %. Le nombre d'actions en circulation se situant à 10 000 000, le dividende annuel sur ces actions est de 400 000 $, montant qui a été payé chaque année. Il n'y a donc pas d'arriéré de dividende pour RONA sur cette catégorie d'actions.

Les dividendes ne constituent jamais un passif à moins que le conseil d'administration ne l'ait déclaré. L'arriéré de dividende, s'il y a lieu, n'est pas inscrit au bilan, mais il est divulgué dans les notes afférentes aux états financiers.

Le tableau 10.7, exemple B, présente la répartition des dividendes entre les porteurs d'actions privilégiées cumulatives et les détenteurs d'actions ordinaires, en fonction de quatre hypothèses différentes concernant le montant total des dividendes à verser. Il faut noter que l'arriéré de dividende est versé en premier, suivi des droits prioritaires sur les dividendes courants et finalement du dividende sur les actions ordinaires.

Les dividendes cumulatifs sur les actions privilégiées ont priorité sur les dividendes ordinaires. Leur présence exige qu'on accumule durant l'année concernée les dividendes courants qui ne sont pas versés en entier.

Un **arriéré de dividende** est un dividende sur les actions privilégiées cumulatives qui n'a pas été versé au cours des exercices précédents.

TABLEAU 10.7 — Dividendes sur les actions privilégiées

Exemple A – Les droits prioritaires sur les dividendes courants seulement
Actions privilégiées en circulation, à 6 %, valeur nominale de 20 $ l'action;
  2 000 actions = 40 000 $ de valeur nominale.
Actions ordinaires en circulation, sans valeur nominale;
  5 000 actions = 50 000 $ de capital-actions.
Répartition des dividendes entre les actions privilégiées et les actions ordinaires si on
  suppose des droits prioritaires sur les dividendes courants seulement :

Hypothèses	Total des dividendes versés	Actions privilégiées à 6 % (2 000 actions à 20 $ l'action = 40 000 $)*	Actions ordinaires (5 000 actions = 50 000 $)
N° 1	2 000 $	2 000 $	0 $
N° 2	3 000	2 400	600
N° 3	18 000	2 400	15 600

* Droits prioritaires sur les dividendes privilégiés, 40 000 $ × 6 % = 2 400 $ ou 2 000 actions × 1,20 $

Exemple B – Les droits prioritaires sur les dividendes cumulatifs

Actions privilégiées et actions ordinaires en circulation – même situation que dans l'exemple A. Arriéré de dividende pour les deux exercices précédents.

Répartition des dividendes entre les actions privilégiées et les actions ordinaires si on suppose des droits prioritaires sur les dividendes cumulatifs :

Hypothèses (arriéré de dividende, 2 ans)	Total des dividendes versés	Actions privilégiées à 6% (2 000 à 20 $ l'action = 40 000 $)*	Actions ordinaires (5 000 actions = 50 000 $)
N° 1	2 400 $	2 400 $	0 $
N° 2	7 200	7 200	0
N° 3	8 000	7 200	800
N° 4	30 000	7 200	22 800

* Droits prioritaires sur les dividendes courants, 40 000 $ × 6 % = 2 400 $; droits prioritaires sur l'arriéré de dividende, 2 400 $ × 2 ans = 4 800 $ et droits prioritaires sur les dividendes courants ajoutés à l'arriéré de dividende = 7 200 $.

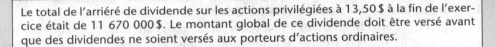

ANALYSE FINANCIÈRE

L'effet de l'arriéré de dividende

L'arriéré de dividende constitue une information importante pour les analystes. Cette situation limite la capacité d'une société de verser des dividendes à ses porteurs d'actions ordinaires, et elle a des conséquences sur les flux de trésorerie futurs de l'entreprise. La note suivante tirée de Lone Star Industries est typique pour une société qui a un arriéré de dividende :

> Le total de l'arriéré de dividende sur les actions privilégiées à 13,50 $ à la fin de l'exercice était de 11 670 000 $. Le montant global de ce dividende doit être versé avant que des dividendes ne soient versés aux porteurs d'actions ordinaires.

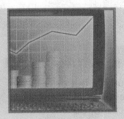

Coup d'œil sur

Lone Star Industries

RAPPORT ANNUEL

Il ne faut pas oublier que différentes émissions d'actions privilégiées peuvent offrir diverses caractéristiques. La plupart des actions privilégiées accordent des droits prioritaires sur les dividendes cumulatifs pour offrir aux actionnaires une sécurité supplémentaire. Les sociétés peuvent ajouter des caractéristiques additionnelles pour offrir encore plus de sécurité. Bon nombre de sociétés ajoutent la caractéristique décrite dans la note suivante tirée de Bally Manufacturing :

> Les porteurs d'actions privilégiées n'ont pas de droit de vote, mais ils auraient le droit d'élire deux directeurs supplémentaires chez Bally Manufacturing si l'arriéré de dividende sur les actions privilégiées est égal à non moins de six dividendes trimestriels.

Coup d'œil sur

Bally Manufacturing

RAPPORT ANNUEL

En élisant deux membres du conseil d'administration, deux personnes représentent les intérêts des détenteurs d'actions privilégiées. La société Bally Manufacturing a ajouté cette caractéristique à ses actions privilégiées afin de les rendre plus attirantes pour les investisseurs potentiels.

La comptabilisation du dividende en actions et du fractionnement d'actions

Le dividende en actions

OBJECTIF
D'APPRENTISSAGE **6**

Discuter le but du versement des dividendes en actions, du fractionnement d'actions et de la présentation de ces opérations.

Un **dividende en actions** consiste en une distribution d'actions supplémentaires à partir du propre capital-actions d'une société.

Chaque année, plusieurs entreprises émettent un **dividende en actions**. Le dividende en actions consiste en une distribution d'actions supplémentaires, sans frais, par une société, de son propre capital-actions à ses actionnaires au prorata de leur participation. Le dividende en actions est normalement constitué de l'émission d'actions ordinaires aux porteurs d'actions ordinaires. *Au prorata* signifie que chaque actionnaire reçoit une quantité d'actions supplémentaires égale au pourcentage d'actions qu'il détient déjà. Un actionnaire possédant 10 % des actions en circulation recevra 10 % des actions supplémentaires émises à titre de dividende en actions.

On doit être attentif en lisant les rapports annuels des entreprises ainsi que les articles dans les journaux d'affaires. L'expression *dividende en actions* est parfois ambiguë. Un article tiré du *Wall Street Journal* annonçait qu'une société venait de déclarer un «dividende en actions». Toutefois, une lecture attentive de l'article révélait que la société avait déclaré un dividende en espèces sur les actions. Il ne faut pas oublier qu'un dividende versé en actions est un dividende en actions et qu'un dividende distribué en espèces est un dividende en espèces.

La valeur d'une action fait l'objet de nombreux débats. En réalité, un dividende en actions n'a aucune valeur économique en soi. Tous les actionnaires ont droit à une distribution au prorata des actions, ce qui signifie que chacun d'eux possède exactement la même portion de l'entreprise qu'avant et qu'après le versement du dividende en actions. On détermine la valeur d'un investissement par le pourcentage de la société qui est détenu et non par le nombre d'actions possédées. Si vous demandez de la monnaie pour 1 $, vous n'êtes pas plus riche parce que vous possédez quatre 25 ¢ plutôt qu'un seul dollar. De même, si vous possédez une participation de 10 % dans une entreprise, vous n'êtes pas plus riche simplement parce que la société déclare un dividende en actions et qu'elle vous émet (ainsi qu'à tous les autres actionnaires) un plus grand nombre d'actions. À ce point, vous vous demandez sans doute pourquoi le fait de posséder des actions supplémentaires ne rend pas les investisseurs plus riches. La raison en est simple: les marchés boursiers réagissent immédiatement à l'émission d'un dividende en actions, et le cours des actions chute proportionnellement. Si le prix des actions est de 60 $ avant la distribution d'un dividende en actions (en l'absence d'événements influant sur la société), le prix chute normalement à 30 $ si

---

le nombre d'actions a doublé. Par conséquent, un investisseur pourrait posséder 100 actions valant 6 000 $ avant le dividende en actions (100 × 60 $) et 200 actions valant 6 000 $ après le dividende en actions (200 × 30 $).

En réalité, le cours d'une action ne baisse pas tout à fait proportionnellement au nombre des nouvelles actions émises. Dans certains cas, le dividende en actions rend les actions plus attrayantes pour les nouveaux investisseurs.

Plusieurs investisseurs préfèrent acheter des actions par lot de taille normale, ou *lot régulier,* c'est-à-dire par multiples de 100 actions. Un investisseur possédant 10 000 $ n'achèterait peut-être pas une action se vendant 150 $ parce qu'il ne peut se permettre d'acheter 100 actions. Cependant, il pourrait acquérir les actions si le prix était inférieur à 100 $ l'action par suite de la distribution d'un dividende en actions. Dans d'autres cas, les dividendes en actions sont associés à une augmentation des dividendes en espèces, ce qui attire certains investisseurs non avertis. Un communiqué de presse concernant un dividende en actions pour Wal-Mart illustre la déclaration simultanée d'un dividende en actions et d'une augmentation du dividende en espèces annuel.

> Le conseil d'administration de Wal-Mart déclarait un fractionnement d'actions de deux pour un sous forme de dividende en actions devant être émis le 18 août 1999 aux actionnaires inscrits au 19 mars 1999. Il s'agit du onzième fractionnement d'actions de la société.
>
> Le dividende en actions sera accompagné d'une augmentation de 29 % du dividende.

Dans cette déclaration, Wal-Mart utilise les termes *fractionnement d'actions de deux pour un.* La Securities and Exchange Commission (SEC), organisme de surveillance des marchés américains, exige l'emploi du mot *fractionnement* plutôt que « dividende » quand une opération comporte 25 % ou plus des actions en circulation. Au Canada, les commissions de valeurs mobilières du Québec et de l'Ontario, ainsi que les lois sur les sociétés par actions, n'ont pas une telle exigence. Si on examine le communiqué de presse de Saputo qui suit, les entreprises canadiennes divulguent quand même cette information.

> Le Conseil d'administration de la Société a déclaré aujourd'hui un dividende en actions de 100 % sur les actions ordinaires qui sera payable le 30 novembre 2001 aux porteurs d'actions ordinaires inscrits le 23 novembre 2001. Ce dividende, qui est sujet à l'obtention des approbations réglementaires nécessaires, aura le même effet qu'un fractionnement des actions à raison de deux pour une, de sorte que le nombre d'actions en circulation doublera.
>
> Communiqué de presse de Saputo inc. présenté dans le site www.sedar.com, 6 novembre 2001. Site consulté le 22 mars 2002.

Le dividende en actions entraîne une diminution des bénéfices non répartis et une augmentation du capital-actions du même montant. Le dividende en actions est évalué en fonction du nombre d'actions émises et de la valeur des actions. Selon les lois canadiennes, les actions doivent être émises à un montant équivalent au montant qu'on aurait obtenu pour l'action si elle avait été émise au comptant. Autrement dit, on doit évaluer les actions émises en dividendes à leur prix du marché (ou cote boursière) à la date de la déclaration du dividende.

Il est évident qu'un dividende en actions qui n'est *pas très important* aura vraisemblablement peu d'effet sur la valeur boursière des actions. Par contre, une émission d'actions *importante* dans le cadre d'un dividende en actions pourrait entraîner des effets sur la valeur boursière des actions. C'est ainsi que les normes américaines ont retenu deux modes d'évaluation du dividende en actions.

Les normes américaines recommandent d'évaluer à la juste valeur marchande les actions émises lorsque le dividende en actions n'excède pas 25 % du nombre d'actions déjà en circulation. Pour ce qui est du dividende en actions qui excède 25 % du nombre d'actions en circulation, la valeur nominale ou la valeur attribuée doit être utilisée pour évaluer le montant du dividende en actions. Les lois sur les valeurs mobilières au Canada obligent les sociétés à suivre les recommandations du *Manuel de l'ICCA* en matière de comptabilisation et de présentation de l'information financière. Or, le Comité des normes comptables (CNC) de l'ICCA est silencieux sur le sujet.

Puisque le dividende en actions de Wal-Mart est important (il équivaut à 100 % des actions en circulation), les actions émises sont évaluées à la valeur nominale du capital-actions ordinaires. La société a comptabilisé la transaction de la façon suivante :

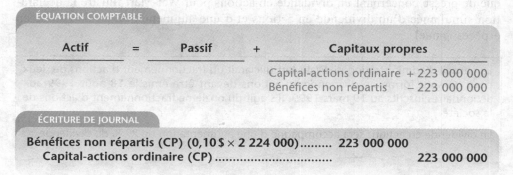

ÉQUATION COMPTABLE

Actif	=	Passif	+	Capitaux propres
				Capital-actions ordinaire + 223 000 000
				Bénéfices non répartis − 223 000 000

ÉCRITURE DE JOURNAL

Bénéfices non répartis (CP) (0,10 $ × 2 224 000)........ 223 000 000
    Capital-actions ordinaire (CP) 223 000 000

Cette opération déplace le montant des bénéfices non répartis dans le compte capital-actions ordinaires de la société. Le dividende en actions n'a *pas* fait changer le total des capitaux propres, uniquement les soldes de certains comptes qui le constituent.

Le montant transféré dans le compte capital-actions ordinaires est basé sur la valeur nominale des actions émises à titre de dividende en actions. Selon les normes américaines, on utilise la valeur nominale lorsque le dividende en actions est considéré comme important. Lorsque le dividende en actions est faible (autrement dit qu'il est inférieur à 25 %), le montant transféré doit être établi en fonction de la valeur marchande des actions émises.

Pour la société Saputo, la déclaration du dividende en actions est importante. Selon les lois canadiennes, elle doit utiliser la valeur marchande des actions au moment de la déclaration du dividende en actions (au 6 novembre 2001) ou la valeur de son capital déclaré. À la fin de septembre 2001, on rapporte 51 361 946 actions en circulation. La valeur boursière des actions avant l'émission vacillait autour de 45 $ l'action. En réponse au dividende en actions (deux pour un), la valeur de l'action est tombée à 22,50 $. Depuis cette date, les actions ont grimpé jusqu'à 30,80 $ (au 31 mars 2002). Le graphique de la page suivante illustre très bien le comportement de la valeur boursière à la suite de l'annonce du dividende en actions (tiré du site www.telenium.ca, consulté le 31 mars 2002, concernant Saputo).

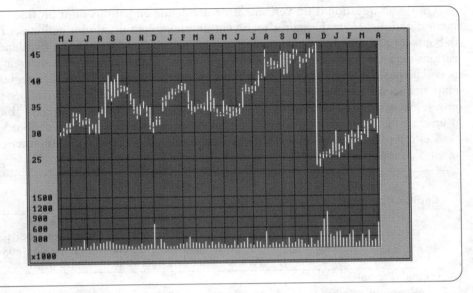

Si on évalue le dividende en actions en fonction de la valeur boursière au moment de la déclaration, le dividende en actions vaut 51 361 946 actions × 45 $ = 2,3 milliards de dollars, ce qui est énorme. Une émission aussi importante fait baisser la valeur des actions. Si le prix de 22,50 $ l'action est utilisé, la valeur des actions émises en dividende se chiffre à 1,15 milliard de dollars. Encore une fois, le montant est très élevé. Selon les états financiers non vérifiés de la société au 30 septembre 2001, les bénéfices non répartis étaient évalués à environ 340 millions de dollars et le capital-actions à 454,5 millions de dollars. Les états financiers non vérifiés au 31 décembre rapportent des bénéfices non répartis de 372 millions de dollars et un capital-actions d'environ 456 millions de dollars. Il est alors évident que la société n'a pas comptabilisé la transaction comme un dividende en actions mais bien comme un fractionnement d'actions, que nous examinons ci-dessous.

L'illustration en marge démontre la répartition des pourcentages de dividendes en actions déclarés par 600 entreprises américaines, comme le rapporte l'*Accounting Trends and Techniques*. Nous n'avons pas trouvé de données similaires au Canada.

Taille des dividendes en actions
(échantillon de 600 sociétés)

- ■ **Moins de 50 %**
- ■ **50 %**
- ■ **100 %**
- ■ **Plus de 100 %**

Le fractionnement d'actions

Le **fractionnement d'actions** ne correspond *pas* à un versement de dividendes. Bien que ces deux opérations semblent similaires, leur effet est très différent sur les comptes des capitaux propres. Dans un fractionnement d'actions, le nombre *total* d'actions autorisées augmente d'un montant précis, comme dans le cas d'un fractionnement d'actions de deux pour un. Dans ce cas, chacune des actions détenues est rachetée, et deux nouvelles actions sont émises pour la remplacer. Une entreprise utilise le fractionnement d'actions pour réduire la valeur marchande de ses actions, ce qui les rend plus attrayantes pour les investisseurs. Il est aussi plus facile pour la société d'émettre de nouvelles actions à un prix plus abordable. Comme on l'a vu dans le cas de Saputo, la réduction de la valeur boursière de l'action est inversement proportionnelle à l'ordre de grandeur du fractionnement. En effet, par suite d'un fractionnement de deux pour un, la valeur des actions a diminué de moitié.

Un fractionnement d'actions de deux pour un réduit la valeur nominale de l'action de moitié et double le nombre d'actions en circulation. Contrairement à un dividende en actions, le fractionnement d'actions n'entraîne pas le transfert d'un montant en dollars dans le compte de capital-actions ordinaires. Aucun transfert n'est nécessaire, car la réduction de la valeur nominale par action compense l'augmentation du nombre d'actions. Pour ce qui est de Saputo, les actions sont sans valeur nominale. Ainsi, seul le nombre d'actions en circulation sera modifié. Aucune écriture comptable n'est requise.

Un **fractionnement d'actions** est une augmentation du nombre total d'actions autorisées selon un ratio prédéterminé; il ne fait pas diminuer le montant des bénéfices non répartis.

Qu'il soit question d'un versement de dividende en actions ou d'un fractionnement d'actions, les actionnaires reçoivent un plus grand nombre d'actions et ils ne déboursent pas d'actifs supplémentaires pour acquérir les actions. Le dividende en actions exige la passation d'une écriture de journal, alors que le fractionnement n'en nécessite pas. Le fractionnement d'actions est divulgué dans les notes afférentes aux états financiers. Dans le cas de Saputo, les soldes de capital-actions et des bénéfices non répartis n'ont pas été modifiés, ce qui laisse croire qu'effectivement, il s'agit d'un fractionnement d'actions plutôt qu'un versement de dividende en actions.

Les effets comparatifs du versement d'un dividende en actions et d'un fractionnement d'actions peuvent se résumer comme suit :

Capitaux propres	Avant	Après un versement de dividende en actions de 100%	Après un fractionnement d'actions de deux pour un
Capital d'apport			
Nombre d'actions en circulation	30 000	60 000	60 000
Valeur nominale par action	10 $	10 $	5 $
Valeur nominale totale des actions en circulation	300 000	600 000	300 000
Bénéfices non répartis	650 000	350 000	650 000
Total des capitaux propres	950 000	950 000	950 000

TEST D'AUTOÉVALUATION

La société Bélanger a émis 100 000 nouvelles actions ordinaires (valeur nominale de 10 $) dans le cadre de la distribution d'un dividende en actions, alors que la valeur marchande était de 30 $ l'action.

1. Comptabilisez cette opération en supposant que le dividende en actions était faible.

2. Inscrivez cette opération en supposant que le dividende en actions était important.

3. Décrivez les incidences sur les comptes de bilan et l'écriture de journal que vous devez passer si l'opération est un fractionnement d'actions.

Vérifiez vos réponses à l'aide des solutions présentées en bas de page*.

*	Actif	=	Passif	+	Capitaux propres	
1.					Capital-actions ordinaire	+ 1 000 000
					Surplus d'apport	+ 2 000 000
					Bénéfices non répartis	− 3 000 000
2.					Capital-actions ordinaire	+ 1 000 000
					Bénéfices non répartis	− 1 000 000

3. Aucune écriture de journal n'est requise et il n'y a aucune incidence sur les postes du bilan, car il s'agit d'un cas de fractionnement d'actions.

Le surplus d'apport

La définition et les opérations de surplus d'apport

Le **surplus d'apport** est un compte de capitaux propres provenant d'opérations relatives en capital. Chaque source de surplus d'apport doit faire l'objet d'un compte distinct dans les livres de la société. Voici quelques exemples d'opérations qui sont inscrites dans un compte de surplus d'apport:

- une prime à l'émission d'actions avec valeur nominale (les frais d'émission d'actions le diminuent);
- un gain sur actions rachetées ou revendues (les pertes le diminuent jusqu'à concurrence des gains);
- les biens reçus gratuitement des propriétaires ou d'autre provenance;
- les gains sur actions confisquées (provenant de dépôts des souscripteurs qui ne respectent pas les promesses d'achat).

Les frais d'émission d'actions comprennent les frais d'administration pour produire le prospectus, les frais juridiques, les frais de vérification externe, les frais de publicité, les commissions payées au preneur ferme (le courtier), les frais d'impression et d'expédition de certificats d'actions, etc. Si les actions portent une valeur nominale et qu'il n'y a pas de compte de surplus d'apport ou si celui-ci est insuffisant, les frais ou le solde des frais seront affectés au compte des bénéfices non répartis.

La comptabilisation des actions confisquées provenant de souscripteurs qui ne respectent pas leur promesse d'achat dépend des conditions prévues dans les statuts constitutifs. Seule une clause de non-remboursement du dépôt amène un gain sur actions confisquées que l'on comptabilise au surplus d'apport. Les conditions qui impliquent un remboursement du dépôt ou d'autres formes de compensation n'affectent pas le surplus d'apport.

Chaque type de surplus d'apport doit être comptabilisé de manière séparée afin de pouvoir facilement retracer l'origine de chaque opération et de divulguer les variations survenues durant l'exercice (dans une note aux états financiers). Souvent, il y a peu d'opérations qui affectent les comptes de surplus. Ainsi, la plupart des sociétés regroupent toutes les sources de surplus en un seul poste aux états financiers.

Les restrictions sur le surplus d'apport

Les normes comptables permettent de réduire des comptes de surplus d'apport lorsque les circonstances l'exigent clairement. C'est le cas lorsqu'on annule un élément déjà porté au compte. Nous avons déjà traité de cette situation lors du rachat d'actions. La société pourrait aussi décider d'éliminer un déficit en réduisant le capital-actions et le surplus d'apport, décision qui nécessite l'approbation des actionnaires. Cette opération doit faire l'objet d'une divulgation aux états financiers sur une période de trois ans.

Rappelons qu'il n'est pas permis de porter au surplus d'apport les gains et les pertes provenant de l'exploitation et les gains ou les pertes extraordinaires. Ces éléments d'exploitation doivent être portés à l'état des résultats et le solde du bénéfice net est porté aux bénéfices non répartis. Cela permet de distinguer une opération d'exploitation (aux bénéfices non répartis) d'une opération relative au capital (au capital-actions et au surplus d'apport).

Les bénéfices non répartis

Les bénéfices non répartis représentent les revenus gagnés déduits des dividendes versés depuis la première journée d'exploitation de l'entreprise. Dans le tableau 10.1, on constate les changements survenus dans les bénéfices non répartis de RONA au cours de chacun des deux exercices couverts par les états financiers.

Mesurer et présenter les surplus d'apport et les bénéfices non répartis.

Le **surplus d'apport** est un compte de capitaux propres provenant d'opérations relatives au capital. Chaque source de surplus d'apport doit faire l'objet d'un compte distinct.

Dans de rares cas, on trouvera un état qui inclut un ajustement apporté au solde d'ouverture des bénéfices non répartis. Ce redressement s'appelle un **ajustement sur exercices antérieurs** (ou un redressement sur exercices antérieurs), lequel peut provenir d'une correction d'erreur comptable produite dans les états financiers au cours d'un exercice précédent. Ces redressements peuvent également résulter d'une modification de convention comptable. Ces sujets seront traités en profondeur dans des cours de comptabilité avancés.

Si on corrige une erreur comptable survenue dans un exercice précédent en apportant un ajustement à l'état des résultats actuel, le bénéfice net pour l'exercice en cours ne sera pas correctement mesuré.

Pour éviter ce problème, les ajustements sur exercices antérieurs sont inscrits à titre d'ajustements au solde d'ouverture des bénéfices non répartis, puisque le montant erroné du bénéfice net de l'exercice précédent a été porté aux bénéfices non répartis au cours de l'exercice durant lequel l'erreur a été commise. Ainsi, les ajustements sur exercices antérieurs ne sont pas comptabilisés dans l'état des résultats en cours.

Nous avons présenté un exemple d'erreur comptable qui pourrait entraîner un ajustement sur exercices antérieurs dans le chapitre 7. Il y a plusieurs années, les états financiers de Lafayette Radio Electronics Corporation contenaient les notes complémentaires suivantes :

À la suite de la publication de ses états financiers, la société a découvert une erreur de calcul de l'ordre de 1 046 000 $ dans ses stocks de clôture qui a entraîné une surévaluation des stocks de clôture.

La surévaluation des stocks par Lafayette Radio Electronics Corporation a entraîné une surévaluation du bénéfice avant impôts de 1 046 000 $. Si la société avait corrigé l'erreur durant l'exercice au cours duquel elle l'avait découverte, le bénéfice avant impôts aurait été sous-évalué d'un montant de 1 046 000 $. Le mesure inexacte du bénéfice pour chaque exercice pourrait tromper certains utilisateurs de ces états financiers.

Les restrictions sur les bénéfices non répartis

Par suite de plusieurs types d'opérations commerciales, on peut imposer des restrictions sur les bénéfices non répartis afin de limiter la capacité d'une entreprise de distribuer des dividendes à ses propriétaires. L'exemple le plus typique se produit quand une entreprise emprunte de l'argent auprès d'une banque. À des fins de sécurité supplémentaire, certaines banques incluent une clause restrictive qui limite le montant des dividendes qu'une société pourra déclarer en imposant une restriction sur ses bénéfices non répartis.

Le principe de bonne information exige que les restrictions sur les bénéfices non répartis soient inscrites dans les états financiers ou une note afférente aux états financiers. Les analystes s'intéressent tout particulièrement à l'information concernant ces restrictions en raison des conséquences qu'elles ont sur la politique en matière de dividendes d'une entreprise.

Normalement, les restrictions sur les bénéfices non répartis sont inscrites dans les notes afférentes aux états financiers. Voici un exemple d'une note complémentaire de la société May Department Store :

En vertu des clauses les plus restrictives stipulées dans les contrats de prêt à long terme, 1,2 milliard de dollars de bénéfices non répartis étaient restreints relativement au paiement des dividendes ou des rachats d'actions ordinaires, ou les deux.

Ce type de note décrit toutes les restrictions qui ont été imposées par les clauses restrictives incluses dans les contrats de prêts. Ces restrictions limitent souvent les emprunts qu'une société pourra contracter et exigent des soldes minimaux d'argent ou d'actif net à court terme. Si les clauses restrictives sont violées, le créancier peut exiger le remboursement immédiat de la dette. C'est pour cette raison que les analystes souhaitent examiner ces instructions pour s'assurer que les entreprises ne sont pas sur le point de violer des contrats de prêts.

ANALYSONS LES RATIOS

Le ratio dividendes-bénéfice

1. **Connaître la question**

Une entreprise peut avoir recours à son bénéfice pour financer sa croissance future ou encore pour offrir un rendement à ses actionnaires. Le ratio dividendes-bénéfice est la portion de bénéfice actuel qu'une société verse à ses actionnaires sous forme de dividendes. On le calcule comme suit:

$$\text{Ratio dividendes-bénéfice} = \frac{\text{Dividendes}}{\text{Bénéfice net}}$$

OBJECTIF D'APPRENTISSAGE 8

Analyser le ratio dividendes-bénéfice.

Le ratio de 2001-2002 pour Saputo est:

16,9 millions de dollars ÷ 110,241 millions de dollars = 15,3%

2. **Utiliser les techniques appropriées**

a) Analyser la tendance dans le temps			b) Comparer avec les compétiteurs (31 décembre 2001)		
SAPUTO (31 MARS)			**KRAFT FOODS**	**LES ALIMENTS MAPLE LEAF**	**VAN HOUTTE**
2000	2001	2002	25,6%	27,7%	17,9%
14,7%	12%	15,3%			

3. **Interpréter prudemment les résultats**

EN GÉNÉRAL ◊ Le niveau du ratio dividendes-bénéfice (élevé ou faible) n'est pas mauvais ou bon en soi. Il donne simplement un aperçu de la stratégie d'une société. Les ratios dividendes-bénéfice faibles sont habituellement rattachés aux sociétés à croissance rapide qui financent une bonne partie de leur croissance à l'aide des flux de trésorerie provenant de l'exploitation. Les sociétés ayant des ratios dividendes-bénéfice élevés évoluent souvent dans des secteurs qui n'offrent généralement pas d'occasions de croissance importante. Plutôt que d'investir dans ces occasions, de telles entreprises distribuent leur bénéfice aux propriétaires qui peuvent ou non l'investir dans d'autres occasions plus rentables.

SAPUTO ◊ Le ratio de dividende de Saputo présente un pourcentage relativement faible de son bénéfice net. Ce faible ratio a été maintenu par la société pendant plusieurs années. Comme on l'a déjà mentionné, le prix des actions de Saputo a grimpé rapidement au cours des derniers exercices, comme c'est le cas de ses produits. Au cours des cinq derniers exercices, le chiffre d'affaires de la société a augmenté de 4 798% (de 450 512$ en 1997 à 2 161 671 000$ en 2001). Il est tout à fait compréhensible que la direction ait choisi de réinvestir les bénéfices dans l'entreprise. Le ratio de dividende de Van Houtte est semblable à celui de Saputo. Les ventes de Van Houtte ont augmenté de 63% au cours des cinq dernières années; la société tente actuellement de percer le marché américain par des acquisitions nécessitant des investissements importants. Kraft Food a connu une croissance plus modérée de 22% au cours de ces mêmes années, et son cours s'est maintenu aux environs de 30$. La société est une importante multinationale avec ses 33,9 milliards de dollars de revenus annuels.

QUELQUES PRÉCAUTIONS ◊ La plupart des entreprises tentent de conserver un montant stable ou croissant de dividendes par action plutôt que de conserver un ratio dividendes-bénéfice fixe. Autrement dit, au cours d'un exercice très profitable, le ratio dividendes-bénéfice sera faible. Lorsque les profits sont peu élevés, le ratio pourrait être très élevé, pouvant même excéder 100 % des bénéfices de l'exercice en cours. Le maintien d'un certain niveau de dividendes permet aux actionnaires de planifier et d'établir un budget annuel en fonction d'un revenu de dividendes attendu, ce qui peut être important pour certains investisseurs. Par conséquent, les analystes doivent analyser ce ratio sur plusieurs années pour comprendre la stratégie de la direction.

La comptabilisation des capitaux propres pour les entreprises non constituées en personne morale

Dans ce volume, nous mettons l'accent sur les sociétés de capitaux comme forme d'entreprise, car elles jouent un rôle important dans notre économie. En fait, il existe plusieurs formes d'entreprises commerciales : les sociétés de capitaux (ou sociétés par actions), les entreprises individuelles, les sociétés en nom collectif, les sociétés en commandite, les sociétés de participation et les coopératives. Comme on l'a vu dans ce chapitre, une société de capitaux est une entité légale indépendante et distincte de ses propriétaires. Elle peut conclure des contrats en son propre nom, être poursuivie en justice et être imposée à titre d'entité distincte.

Une *entreprise individuelle* est une société non constituée en personne morale qui appartient à une seule personne. Si, durant l'été, vous démarrez seul une entreprise d'entretien, il s'agira d'une entreprise individuelle. Il n'est pas nécessaire de présenter des documents juridiques pour créer une entreprise individuelle. Vous avez aussi l'avantage de gérer seul votre entreprise, mais le fait d'être seul responsable des dettes peut constituer un désavantage, car vos biens personnels peuvent servir à rembourser les dettes de l'entreprise en cas de difficulté.

La *société en nom collectif* (ou société de personnes) est une entreprise qui appartient à deux personnes ou à plusieurs. De nouveau, il n'est pas nécessaire de présenter des documents juridiques pour créer une société de personnes, mais il est important de demander à un avocat de rédiger le contrat entre les associés, car il s'agit presque d'un mariage ! Dans cette forme d'entreprise, vous partagez les décisions et vous êtes solidairement responsable avec vos partenaires des dettes de l'entreprise. On peut solliciter les biens personnels des associés pour garantir les prêts. Si les associés sont poursuivis et que certains d'entre eux n'ont pas les moyens de payer, la part de ces associés devra être assumée par les associés qui sont mieux nantis. Par la suite, ces derniers ont toujours la possibilité de poursuivre les autres associés pour récupérer le montant payé.

La *société en commandite* comprend deux catégories d'associés : 1) les commanditaires, qui sont responsables jusqu'au montant de leur mise de fonds, fournissent les fonds ; 2) les commandités, qui fournissent surtout leur travail et leur esprit d'entreprise, sont responsables solidairement des dettes.

La *société de participation* ou *coentreprise* est formée par la mise en commun des ressources de divers coparticipants pour réaliser un projet spécifique. Il existe différentes formes d'exploitation qui seront étudiées dans des cours avancés en comptabilité.

La *coopérative* regroupe des personnes qui ont des besoins économiques et sociaux communs et qui s'associent pour exploiter une entreprise. Des règles bien précises existent pour la constitution d'une telle forme d'entreprise. Celle-ci sera étudiée dans d'autres cours.

En somme, ni la société en nom collectif ou en commandite ni l'entreprise individuelle ne sont des entités juridiques distinctes. Par conséquent, les propriétaires sont personnellement imposés sur les bénéfices de l'entreprise, et les propriétaires peuvent directement être poursuivis en justice.

Les fondements de la comptabilisation et de la présentation de l'information financière pour les entreprises non constituées en personne morale sont les mêmes que pour les sociétés de capitaux, sauf pour les capitaux propres. Le tableau 10.8 présente les structures comptables typiques de trois formes d'entreprises commerciales : la société de personnes, l'entreprise individuelle et la société de capitaux.

TABLEAU 10.8

Structure comptable comparative entre différents types d'entités commerciales

Structure comptable typique		
Société de capitaux **(Avoir des actionnaires)**	**Entreprise individuelle** **(Avoir des propriétaires)**	**Société de personnes** **(Avoir des associés)**
Capital-actions Surplus d'apport	Denis, capital	Allaire, capital Bélanger, capital
Bénéfices non répartis	Non utilisé	Non utilisé
Dividendes versés	Denis, prélèvements	Allaire, prélèvements Bélanger, prélèvements
Produits, charges, gains et pertes	Identique	Identique
Actif et passif	Identique	Identique

Nous discuterons la comptabilisation des capitaux propres des entreprises individuelles et des sociétés de personnes à l'annexe 10-A.

ANALYSONS UN CAS

Ce cas met l'accent sur la formation et les activités d'exploitation pour le premier exercice de la société Sylvie, laquelle a été constituée le 1er janvier 20A. La loi fédérale canadienne stipule que le capital légal pour les actions sans valeur nominale constitue le montant total de la vente. La société a été formée par 10 entrepreneurs de la région afin de vendre différentes fournitures aux hôtels. La charte autorise le capital-actions suivant :

Actions ordinaires, sans valeur nominale, 20 000 actions.

Actions privilégiées, 5 %, v.n. de 100 $, 5 000 actions (cumulatives, non convertibles et sans droit de vote ; rachetables au gré de la société à la valeur du marché).

Voici un résumé des opérations choisies en 20A et terminées aux mois ou aux dates indiquées :

a) janvier   Vente totale au comptant de 7 500 actions ordinaires sans v.n. aux 10 entrepreneurs pour 52 $ l'action. Affectez le compte Capital-actions ordinaire sans v.n. pour le montant complet de l'émission.

b) février   Vente de 1 890 actions privilégiées (AP) à 102 $ l'action ; montant encaissé en totalité.

c) mars   Achat d'un terrain pour la construction d'un magasin. Paiement effectué en totalité par l'émission de 100 actions privilégiées. La construction rapide du magasin est déjà prévue. Affectez le compte Terrain (emplacement du magasin). Les actions privilégiées se vendent 102 $ l'action.

d) avril   Versement de 1 980 $ au comptant pour les frais de constitution. Affectez le compte Actifs incorporels-frais de constitution.

e) mai   Émission de 10 actions privilégiées à M. Châtelain pour le paiement complet des services juridiques rendus relativement à la constitution de la société. Supposez que les actions privilégiées se vendent régulièrement 102 $ l'action. Affectez le compte Frais de constitution.

f) juin   Vente de 500 actions ordinaires sans v.n. au comptant à M. Allaire pour 54 $ l'action.

g) 31 déc.   Achat de 600 000 $ au comptant d'équipement. Aucun amortissement pour l'exercice ne doit être comptabilisé en 20A.

h) 31 déc.   Emprunt de 20 000 $ en espèces de la Banque Royale pour un effet à payer échéant dans un an et portant intérêts. Les intérêts sont payables à un taux de 12 % à la date d'échéance.

i) 31 déc.   Inscription des montants suivants pour l'exercice: ventes brutes, 129 300 $; charges, comprenant les impôts sur les bénéfices, mais excluant l'amortissement des frais de constitution, 98 000 $. Supposez que ces opérations récapitulatives portant sur les produits et les charges ont été réglées au comptant. Puisque l'achat de l'équipement et l'emprunt bancaire ont eu lieu le 31 décembre, aucune affectation connexe n'est nécessaire à la fin de 20A.

j) 31 déc.   On a décidé que la période d'amortissement raisonnable pour les frais de constitution, à partir du 1er janvier 20A, serait de 10 ans. Présentez les effets de cette opération pour 20A.

Travail à faire

1. Décrivez les incidences sur l'actif, le passif et l'avoir des actionnaires de chacune de ces opérations.
2. Passez les écritures de journal appropriées avec une brève explication.
3. Passez les écritures de clôture appropriées au 31 décembre 20A.
4. Dressez un bilan pour la société Sylvie au 31 décembre 20A. Faites la présentation complète des capitaux propres.

Solution suggérée

1. Incidences des transactions:

ÉQUATION COMPTABLE:

ACTIF		=	PASSIF	+	AVOIR DES ACTIONNAIRES	
a) Encaisse	+390 000				Capital-actions ordinaire	+390 000
b) Encaisse	+192 780				Capital-actions privilégié	+189 000
					Surplus d'apport – prime AP	+3 780
c) Terrain	+10 200				Capital-actions privilégié	+10 000
					Surplus d'apport – prime AP	+200
d) Encaisse	−1 980					
Frais de const.	+1 980					
e) Frais de const.	+1 020				Capital-actions privilégié	+1 000
					Surplus d'apport – prime AP	+20
f) Encaisse	+27 000				Capital-actions ordinaire	+27 000
g) Équipement	+600 000					
Encaisse	−600 000					
h) Encaisse	+20 000		Effets à payer +20 000			
i) Encaisse	+129 300				Produits	+129 300
Encaisse	−98 000				Charges	−98 000
j) Frais de const.	−300				Charges	−300

2. Écritures de journal en 20A:

a) janvier   Encaisse (A) 390 000

            Capital-actions ordinaire (CP) 390 000

            Vente d'actions ordinaires sans valeur nominale (v.n.)

            (52 $ × 7 500 actions = 390 000 $)

b) février   Encaisse (A) 192 780

            Capital-actions privilégié (CP)

            (v.n. de 100 $ × 1 890 actions) 189 000

            Surplus d'apport – Prime sur émission

            d'actions privilégiées (2 $ l'action) (CP) 3 780

            Vente d'actions privilégiées

            (102 $ × 1 890 actions = 192 780 $)

c) mars   Terrain (A) 10 200

            Capital-actions privilégié (CP)

            (v.n. de 100 $ × 100 actions) 10 000

            Surplus d'apport – Prime sur émission

            d'actions privilégiées (CP) 200

            Achat d'un terrain pour la construction d'un futur magasin;

            payé en totalité par l'émission de 100 actions privilégiées

            (102 $ × 100 actions = 10 200 $)

d) avril   Frais de constitution (A) 1 980

            Encaisse (A) 1 980

            Paiement des frais de constitution

e) mai   Frais de constitution (A) 1 020

            Capital-actions privilégié (CP)

            (v.n. de 100 $ × 10 actions) 1 000

            Surplus d'apport – Prime sur émission

            d'actions privilégiées (CP) 20

            Frais de constitution (services juridiques) payés

            par l'émission de 10 actions privilégiées. La valeur

            marchande sous-entendue est 102 $ × 10 actions = 1 020 $

f) juin   Encaisse (A) 27 000

            Capital-actions ordinaire (CP) 27 000

            Vente de 500 actions ordinaires sans v.n.

            (54 $ × 500 actions = 27 000 $)

g) 31 déc.   Équipement (A) 600 000

            Encaisse (A) 600 000

            Achat d'équipement au comptant

h) 31 déc.   Encaisse (A) 20 000

            Effets à payer (Pa) 20 000

            Emprunt sur un effet à payer sur un an à un taux

            d'intérêt de 12 %

3. Écritures de clôture au 31 décembre 20A

i) Encaisse (A) 129 300

    Produit (Pr) 129 300

   Charges (C) 98 000

    Encaisse (A) 98 000

   Pour comptabiliser les produits et les charges

j) Charges (C) 300

    Frais de constitution (A) 300

   Écriture de régularisation pour amortir les frais

   de constitution pour un an (1 980 $ + 1 020 $ ÷ 10 ans = 300 $)

k) Produits (Pr) 129 300

    Bénéfices non répartis (CP) 129 300

   Bénéfices non répartis (CP) 98 300

    Charges (98 000 $ + 300 $) (C) 98 300

4. Bilan

Société Sylvie
Bilan au 31 décembre 20A

Actif

Actif à court terme

Encaisse		59 100 $
Terrain	10 200	
Équipement (aucun amortissement dans ce cas)	600 000	610 200
Frais de constitution (3 000 $ moins amortissement de 300 $)		2 700
		672 000 $

Passif

Passif à court terme

Effet à payer, 12%	20 000 $

Avoir des actionnaires

Capital-actions:

Capital-actions privilégiées, 5% (v.n. de 100 $; 5 000 actions autorisées, 2 000 actions émises)	200 000
Capital-actions ordinaires (sans v.n., 20 000 actions autorisées, 8 000 actions émises)	417 000
Surplus d'apport	
Prime à l'émission d'actions privilégiées	4 000
Total du capital d'apport	621 000
Bénéfices non répartis	31 000
Total de l'avoir des actionnaires	652 000
	672 000 $

Annexe 10-A   La comptabilisation des capitaux propres pour les entreprises non constituées en personne morale

L'avoir du propriétaire (AP) pour une entreprise individuelle

Une entreprise individuelle est une société non constituée en personne morale qui appartient à une seule personne. Les seuls comptes de l'avoir du propriétaire nécessaires sont 1) le compte du capital pour le propriétaire (J. Denis, capital) et 2) le compte des prélèvements du propriétaire (J. Denis, prélèvements). On utilise le compte de capital du propriétaire pour deux raisons: afin de comptabiliser les investissements effectués par ce dernier et pour accumuler les bénéfices ou les pertes périodiques (le compte du sommaire des résultats est fermé au compte du capital à la fin de chaque exercice). Le compte des prélèvements sert à comptabiliser les retraits d'argent ou d'autres actifs du propriétaire dans l'entreprise. Le compte des prélèvements est fermé au compte du capital à la fin de chaque exercice. L'avoir du propriétaire reflète donc le total cumulatif de tous les investissements effectués par le propriétaire, additionné du bénéfice de l'entreprise et déduit de tous les prélèvements de ressources par le propriétaire. À tout autre égard, la comptabilisation d'une entreprise individuelle est la même que celle d'une société de capitaux.

Le tableau 10.9 illustre la comptabilisation de l'avoir du propriétaire (ou des capitaux propres) pour l'entreprise individuelle. On y présente la comptabilisation de différentes opérations ainsi que la section de l'avoir du propriétaire au bilan du magasin de vente au détail Denis.

TABLEAU **10.9**

Comptabilisation de l'avoir du propriétaire pour une entreprise individuelle

**Incidences sur les comptes de bilan et écritures
pour les opérations sélectionnées en 20A**

01-01-20A

J. Denis a ouvert un magasin en investissant 150 000 $ à partir de ses épargnes personnelles. L'incidence sur les comptes de bilan et l'écriture de journal pour l'entreprise sont décrites comme suit :

ÉQUATION COMPTABLE

Actif	=	Passif	+	Avoir du propriétaire
Encaisse +150 000				J. Denis, capital +150 000

ÉCRITURE DE JOURNAL

Encaisse (A)	150 000	
J. Denis, capital (AP)		150 000

Durant l'exercice 20A

Chaque mois au cours de l'exercice, J. Denis a retiré 1 000 $ en espèces du compte bancaire de l'entreprise pour ses dépenses personnelles. Par conséquent, chaque mois, on comptabilise cette opération de la façon suivante :

ÉQUATION COMPTABLE

Actif	=	Passif	+	Avoir du propriétaire
Encaisse −1 000				J. Denis, prélèvements −1 000

ÉCRITURE DE JOURNAL

J. Denis, prélèvements (AP)	1 000	
Encaisse (A)...		1 000

Remarque : Au 31 décembre 20A, après les derniers prélèvements, le compte des prélèvements reflétera un solde débiteur de 12 000 $.

31-12-20A

Les écritures de journal habituelles pour l'exercice, y compris les écritures de régularisation et de clôture pour les comptes des produits et des charges, ont produit un bénéfice net de 18 000 $, qui est fermé au compte du capital. Les effets sur les comptes de bilan et l'écriture de clôture se présentent comme suit :

ÉQUATION COMPTABLE

Actif	=	Passif	+	Avoir du propriétaire
Produits et charges −18 000				J. Denis, capital +18 000

ÉCRITURE DE JOURNAL

Comptes des produits et des charges individuels (Pr et C)......	18 000	
J. Denis, capital (AP)		18 000

31-12-20A

La comptabilisation à cette date pour fermer le compte des prélèvements est présentée comme suit:

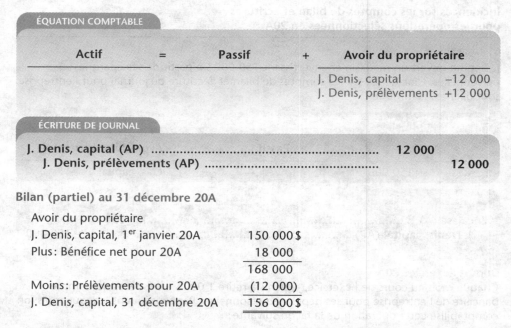

ÉQUATION COMPTABLE

Actif	=	Passif	+	Avoir du propriétaire	
				J. Denis, capital	−12 000
				J. Denis, prélèvements	+12 000

ÉCRITURE DE JOURNAL

J. Denis, capital (AP)	**12 000**	
J. Denis, prélèvements (AP)		**12 000**

Bilan (partiel) au 31 décembre 20A

Avoir du propriétaire	
J. Denis, capital, 1er janvier 20A	150 000 $
Plus: Bénéfice net pour 20A	18 000
	168 000
Moins: Prélèvements pour 20A	(12 000)
J. Denis, capital, 31 décembre 20A	156 000 $

Une entreprise individuelle ne paie pas d'impôts, car ce n'est pas une personne morale au sens de la loi. Par conséquent, ses états financiers ne reflètent pas la charge d'impôts ou les impôts à payer. Le bénéfice net d'une entreprise individuelle est imposé lorsqu'il est inclus dans la déclaration de revenus personnelle du propriétaire. Puisqu'il ne peut exister de relation contractuelle entre l'employeur et l'employé lorsqu'il n'y a qu'une partie, le «salaire» du propriétaire n'est pas constaté à titre de charge pour une entreprise individuelle. Le salaire du propriétaire est inscrit à titre de distribution des profits (c'est-à-dire de prélèvement).

L'avoir des associés pour une société de personnes

Les lois provinciales peuvent différer sur la législation concernant les sociétés de personnes. Au Québec, l'Inspecteur général des Institutions financières stipule que le but d'une société de personnes est «d'exploiter une entreprise afin de réaliser des bénéfices et de les répartir entre les associés[10]». Les petites entreprises et les spécialistes tels que les comptables, les médecins et les avocats utilisent la société en nom collectif comme forme d'entreprise. Celle-ci est constituée de deux personnes ou de plusieurs concluant une entente mutuelle au sujet des modalités de l'entreprise. La loi n'exige pas une demande de charte comme dans le cas d'une société de capitaux. Sa constitution relève du *Code civil* du Québec. Aussi, la Loi sur la publicité légale des entreprises individuelles, des sociétés et des personnes morales exige que le nom soit «descriptif et distinctif pour permettre d'identifier le genre d'entreprise exploitée par la société et aussi pour la différencier des autres[11]». Ainsi, la forme juridique d'une société en nom collectif est indiquée dans son nom par l'ajout de «SENC». Si la société ne se conforme pas à la loi concernant son nom, elle est réputée être une société en participation. Au Québec, la société doit aussi se conformer à la Charte de la langue française, comme c'est le cas de toute société.

Le contrat conclu entre les associés permet de créer la société et lui donne son existence juridique; il doit être fait par écrit. Le contrat de société doit préciser des

---

10. Inspecteur général des Institutions financières, *Les principales formes juridiques de l'entreprise au Québec*, Publications du Québec, Gouvernement du Québec, 2000, p. 9.

11. *Ibid*.

questions comme la mise en commun d'apport (les biens, les connaissances, les activités), la division du bénéfice, les responsabilités de la direction, le transfert ou la vente des participations, la disposition des actifs en cas de liquidation ainsi que les procédures à respecter en cas de décès d'un associé. Il doit spécifiquement indiquer l'intention des associés de former une société. La société de personnes a pour principaux avantages 1) sa facilité de constitution, 2) le partage des responsabilités et des apports avec les associés et 3) la non-imposition de l'entreprise elle-même. Elle a pour principal désavantage la responsabilité illimitée de chacun des associés par rapport au passif. À cause de la responsabilité illimitée, les créanciers d'une société de personnes peuvent saisir les biens personnels des associés si l'entreprise ne dispose pas de suffisamment d'actifs pour rembourser les dettes non réglées.

Comme pour l'entreprise individuelle, la comptabilisation d'une société de personnes respecte les mêmes fondements comptables que toutes les autres formes d'entreprises commerciales, sauf pour les éléments qui influent directement sur l'avoir des associés. La comptabilisation de l'avoir des associés (AAs) respecte les mêmes principes qui ont déjà été décrits pour l'entreprise individuelle ; l'AAs est composé de l'ensemble des comptes distincts de capital de chaque associé. Les investissements effectués par un associé sont affectés à son compte de capital. Il en est de même de ses prélèvements dans la société. Le bénéfice net (ou la perte nette) pour une société de personnes est divisé entre les associés selon le ratio stipulé dans le contrat de société. Le compte du sommaire des résultats est arrêté et porté aux comptes respectifs de capital des associés selon le mode de répartition prévu. Par conséquent, après le processus de clôture, le compte de capital de chaque associé reflète le total cumulatif de tous ses investissements ainsi que sa part de tous les bénéfices de l'entreprise, déduits de ses prélèvements et de sa quote-part des pertes.

Le tableau 10.10 présente les incidences sur les comptes de bilan, les écritures de journal ainsi que les états financiers partiels de la société de personnes AB en vue d'illustrer la comptabilisation de la distribution du bénéfice et de l'avoir des associés.

Comptabilisation de l'avoir des associés	TABLEAU **10.10**

Incidences sur les comptes de bilan et écritures pour les opérations sélectionnées en 20A

01-01-20A
A. Allaire et B. Bélanger ont formé la société en nom collectif AB à cette date. A. Allaire a apporté une contribution de 60 000 $ et B. Bélanger de 40 000 $ en espèces dans la société de personnes. Ils ont convenu de diviser le bénéfice net (et la perte nette) selon un ratio des contributions, c'est-à-dire respectivement de 60 % et de 40 %. Les incidences et les écritures de journal pour l'entreprise en vue de comptabiliser l'investissement sont les suivantes :

ÉQUATION COMPTABLE

Actif	=	Passif	+	Avoir des associés
Encaisse + 100 000				A. Allaire, capital +60 000
				B. Bélanger, capital +40 000

ÉCRITURE DE JOURNAL

Encaisse (A)	100 000	
A. Allaire, capital (AAs)		60 000
B. Bélanger, capital (AAs)		40 000

Durant l'exercice 20A

Les associés ont convenu que A. Allaire retirerait 1 000 $ et B. Bélanger 650 $ par mois en espèces. Donc, chaque mois, les comptes de bilan affectés pour les prélèvements se présentent ainsi (l'écriture de journal suivante est passée) :

ÉQUATION COMPTABLE

Actif	=	Passif	+	Avoir des associés	
Encaisse −1 650				A. Allaire, prélèvements	−1 000
				B. Bélanger, prélèvements	−650

ÉCRITURE DE JOURNAL

A. Allaire, prélèvements (AAs)	1 000	
B. Bélanger, prélèvements (AAs)	650	
Encaisse (A)		1 650

31-12-20A

Supposez que les produits et les charges comptabilisés ont entraîné un bénéfice net de 30 000 $. La comptabilisation se présente comme suit :

ÉQUATION COMPTABLE

Actif	=	Passif	+	Avoir des associés	
				Produits et charges	−30 000
				A. Allaire, capital	+18 000
				B. Bélanger, capital	+12 000

ÉCRITURE DE JOURNAL

Comptes des produits et des charges individuels (Pr et C)	30 000	
A. Allaire, capital (AAs)		18 000
B. Bélanger, capital (AAs)		12 000

On divise le bénéfice net ainsi :

A. Allaire, 30 000 $ × 60 %	=	18 000 $
B. Bélanger, 30 000 × 40 %	=	12 000
Total		30 000 $

31-12-20A

Fermeture des comptes des prélèvements :

ÉQUATION COMPTABLE

Actif	=	Passif	+	Avoir des associés	
				A. Allaire, capital	−12 000
				B. Bélanger, capital	−7 800
				A. Allaire, prélèvements	+12 000
				B. Bélanger, prélèvements	+7 800

ÉCRITURE DE JOURNAL

A. Allaire, capital (AAs)	12 000	
B. Bélanger, capital (AAs)	7 800	
A. Allaire, prélèvements (AAs)		12 000
B. Bélanger, prélèvements (AAs)		7 800

La comptabilisation et l'interprétation des capitaux propres

Pour compléter le bilan, on dresse habituellement un état distinct du capital des associés similaire au suivant :

Société en nom collectif AB
État du capital des associés
pour l'exercice terminé le 31 décembre 20A

	A. Allaire	B. Bélanger	Total
Investissement, 1er janvier 20A	60 000 $	40 000 $	100 000 $
Plus : Investissements supplémentaires durant l'exercice	0	0	0
Bénéfice net pour l'exercice	18 000	12 000	30 000
	78 000	52 000	130 000
Moins : Prélèvements durant l'exercice	(12 000)	(7 800)	(19 800)
Avoir des associés, 31 décembre 20A	66 000 $	44 200 $	110 200 $

Les états financiers d'une société de personnes respectent le même format que celui pour les sociétés de capitaux sauf que 1) l'état des capitaux présente la « distribution du bénéfice net entre les associés », 2) la section de l'avoir des associés du bilan est détaillée pour chaque associé, conformément aux principes de bonne information, 3) la société de personnes n'a aucune charge d'impôts, car elle ne paie pas d'impôts (chaque associé doit présenter sa part des profits de la société dans sa déclaration de revenus individuelle) et 4) les salaires versés aux associés ne sont pas comptabilisés à titre de charges, mais ils sont traités comme des distributions des bénéfices (ou prélèvements).

Points saillants du chapitre

1. **Expliquer le rôle des actions dans la structure du capital d'une société de capitaux (voir la page 645).**

   La loi considère que les sociétés de capitaux sont des entités juridiques distinctes. Les propriétaires investissent dans une société et reçoivent des actions qu'ils peuvent négocier sur les Bourses établies. Les actions accordent plusieurs droits, y compris le droit de recevoir des dividendes.

2. **Décrire divers types d'actions, analyser des opérations touchant le capital-actions et montrer la façon de présenter les opérations portant sur le capital-actions à l'état des flux de trésorerie (voir la page 649).**

   Les actions ordinaires sont les actions de base avec droit de vote émises par une société de capitaux. En général, elles n'ont pas de valeur nominale, mais certaines juridictions provinciales permettent l'émission d'actions avec une valeur nominale. Les actions privilégiées sont émises par certaines sociétés de capitaux. Ces actions confèrent des droits particuliers et peuvent attirer certains investisseurs. Normalement, elles ne comportent pas de droit de vote.

   Plusieurs opérations portent sur le capital-actions : 1) la vente initiale d'actions, 2) les opérations relatives aux actions rachetées, 3) les souscriptions et les options d'actions, 4) les dividendes en espèces et 5) le dividende en actions et le fractionnement d'actions. Chacune de ces opérations est illustrée dans le présent chapitre.

   Les encaissements (par exemple l'émission de capital-actions) et les décaissements (comme le rachat d'actions) sont inscrits dans la section Activités de financement à l'état des flux de trésorerie. Le versement des dividendes est comptabilisé à titre de décaissement dans cette section.

3. **Comprendre le but du rachat des actions et leur présentation aux états financiers (voir la page 660).**

Les actions émises et par la suite réacquises s'appellent les «actions rachetées». On les annule ou on les comptabilise temporairement dans un compte d'actions autodétenues en contrepartie du capital-actions jusqu'à ce qu'elles soient vendues ou annulées. Les gains et les pertes qui proviennent de ces opérations sont des éléments de capitaux comptabilisés au surplus d'apport en premier lieu; si le surplus d'apport est insuffisant, les bénéfices non répartis sont affectés.

4. **Discuter les dividendes et analyser les opérations comportant des actions ordinaires et privilégiées (voir la page 661).**

Le rendement associé à un investissement dans le capital-actions provient de deux sources: l'accroissement du titre et les dividendes. Les dividendes à verser sont inscrits à titre de passif à court terme au moment où le conseil d'administration les déclare (c'est-à-dire à la date de déclaration). Le passif est éliminé quand les dividendes sont versés (autrement dit à la date du paiement des dividendes).

5. **Analyser le taux de rendement des actions (voir la page 664).**

Le taux de rendement des actions permet de mesurer le pourcentage du rendement sur le capital investi provenant des dividendes. Pour la plupart des entreprises, surtout celles en pleine croissance, le rendement associé aux dividendes est très faible.

6. **Discuter le but du versement des dividendes en actions, du fractionnement d'actions et de la présentation de ces opérations (voir la page 668).**

Le dividende en actions est une distribution au prorata des actions d'une entreprise aux propriétaires actuels. L'opération comporte le transfert d'un montant additionnel dans le compte du capital-actions ordinaire à partir des bénéfices non répartis. Un fractionnement d'actions fait également intervenir la distribution d'actions supplémentaires aux propriétaires, mais aucun montant supplémentaire n'est transféré dans le compte du capital-actions ordinaire. Au contraire, la valeur nominale ou la valeur attribuée des actions est réduite.

7. **Mesurer et présenter les surplus d'apport et les bénéfices non répartis (voir la page 673).**

Le compte des bénéfices non répartis englobe les bénéfices qui ont été gagnés depuis la formation de la société, déduits de tous les dividendes versés. Le montant des bénéfices non répartis est important, car les dividendes ne sont normalement versés que s'il y a un solde suffisant dans ce compte (et dans le compte de l'encaisse).

Les comptes de surplus d'apport proviennent d'opérations relatives au capital telles que la prime à l'émission de capital-actions avec valeur nominale, les gains et les pertes au rachat et à la revente d'actions, les biens donnés à l'entreprise, etc. Chaque source de surplus d'apport doit être précisée pour faciliter le traitement comptable. Les comptes de surplus d'apport ne font pas partie du capital légal et peuvent donc faire l'objet de distribution de dividendes.

8. **Analyser le ratio dividendes-bénéfice (voir la page 675).**

Les dividendes représentent une distribution des bénéfices gagnés par une société. Le ratio dividendes-bénéfice mesure le pourcentage du bénéfice qui a été versé chaque année. Ce pourcentage diffère nettement d'une entreprise à l'autre. La plupart des sociétés qui connaissent une croissance rapide versent un faible pourcentage de leurs résultats.

Ce chapitre conclut une importante section de ce volume. Dans les chapitres précédents, nous avons abordé différentes sections du bilan. Nous nous concentrerons maintenant sur une opération commune qui influe sur bon nombre de comptes figurant dans chacun des états financiers. Pour plusieurs raisons stratégiques, les entreprises investissent souvent dans d'autres entreprises. Au prochain chapitre, vous apprendrez pourquoi ces entreprises investissent dans d'autres entreprises et comment ces investissements influent sur les états financiers.

RATIOS CLÉS

Le taux de rendement des actions mesure le taux de rendement du dividende sur le prix actuel de l'action. Le taux se calcule comme suit (voir la page 664):

$$\text{Taux de rendement des actions} = \frac{\text{Dividendes par action}}{\text{Cours des actions}}$$

Le ratio dividendes-bénéfice mesure la portion du bénéfice net qui est distribuée aux actionnaires ordinaires sous forme de dividendes. On calcule le ratio ainsi (voir la page 675):

$$\text{Ratio dividendes-bénéfice} = \frac{\text{Dividendes}}{\text{Bénéfice net}}$$

BILAN

Sous le passif à court terme

Les dividendes, une fois déclarés par le conseil d'administration, sont inscrits à titre de passif (habituellement à court terme).

Sous le passif à long terme

Les opérations portant sur le capital-actions ne génèrent pas de passif à long terme.

Sous les capitaux propres

Les comptes typiques sont les suivants :

    Actions privilégiées

    Actions ordinaires

    Surplus d'apport

    Bénéfices non répartis

    Actions autodétenues

    Dépôts sur souscriptions d'actions

ÉTAT DES RÉSULTATS

Le capital-actions n'est jamais présenté à l'état des résultats. Il en de même pour les dividendes versés, qui ne constituent pas une charge. Il s'agit plutôt d'une distribution du bénéfice et on ne les inscrit donc pas à l'état des résultats.

Pour trouver
L'INFORMATION FINANCIÈRE

ÉTAT DES FLUX DE TRÉSORERIE

Dans la catégorie des activités de financement :

+ Encaissement provenant
  de l'émission d'actions

+ Encaissement provenant
  de la vente d'actions rachetées

− Décaissement pour les dividendes

− Décaissement pour le rachat d'actions

ÉTAT DES BÉNÉFICES NON RÉPARTIS

Cet état présente de l'information détaillée concernant l'accumulation et la distribution des résultats. On y trouve les éléments suivants : 1) le solde du compte au début de l'exercice, 2) les redressements provenant de la correction d'erreurs ou de la modification de conventions comptables, 3) les résultats de l'année courante, 4) le dividende et 5) le solde du compte en fin d'exercice.

NOTES COMPLÉMENTAIRES

Dans le résumé des principales conventions comptables

Ce résumé contient habituellement très peu d'informations concernant le capital-actions. On peut y trouver de l'information sur les pratiques comptables relatives aux régimes d'intéressement aux employés sous forme d'actions.

Dans une note distincte

En général, on trouve les informations suivantes, notamment :

1. les montants décrivant chacun des comptes de capital-actions ;

2. le nombre d'actions autorisé et en circulation de chaque catégorie d'actions ;

3. les éléments de variation des comptes de capital durant l'exercice en cours ;

4. l'incidence des opérations comme l'acquisition d'actions rachetées et la présence d'actions autodétenues ;

5. l'existence de dividende arriéré ;

6. les restrictions sur la distribution des bénéfices non répartis, s'il y a lieu ;

7. les dépôts de souscription d'actions ;

8. les variations dans les programmes d'options d'achat d'actions des employés (le nombre d'options données, utilisées, annulées), le prix du marché et le prix moyen pondéré du marché des actions.

Mots clés

Actions autodétenues, **p. 648**

Actions autorisées (nombre), **p. 647**

Actions émises, **p. 647**

Actions en circulation, **p. 647**

Actions non émises, **p. 647**

Actions ordinaires, **p. 649**

Actions privilégiées, **p. 652**

Actions privilégiées convertibles, **p. 653**

Actions rachetées, **p. 648**

Actions réservées, **p. 648**

Actions sans valeur nominale, **p. 650**

Actions souscrites, **p. 648**

Actions subalternes, **p. 652**

Ajustement sur exercices antérieurs, **p. 674**

Arriéré de dividende, **p. 666**

Capital légal, **p. 650**

Date de déclaration, **p. 663**

Date de paiement, **p. 663**

Date d'inscription, **p. 663**

Dividende en actions, **p. 668**

Dividendes cumulatifs, **p. 666**

Droit de préemption, **p. 652**

Droits prioritaires sur les dividendes courants, **p. 665**

Fractionnement d'actions, **p. 671**

Surplus d'apport, **p. 673**

Valeur attribuée, **p. 651**

Valeur boursière, **p. 651**

Valeur nominale, **p. 650**

Questions

1. Définissez la société de capitaux et précisez ses principaux avantages.

2. Qu'est-ce que la charte d'une société de capitaux ?

3. Expliquez chacune des expressions suivantes : a) un capital-actions autorisé ; b) un capital-actions émis ; c) un capital-actions non émis ; d) un capital-actions en circulation.

4. Expliquez la distinction entre les actions ordinaires et les actions privilégiées.

5. Expliquez la distinction entre les actions avec valeur nominale et les actions sans valeur nominale.

6. Quelles sont les caractéristiques habituelles des actions privilégiées ?

7. Quelles sont les principales sources des capitaux propres ? Expliquez chacune d'elles.

8. On comptabilise les capitaux propres selon la source. Que signifie le mot « source » ?

9. Définissez l'expression «actions autodétenues». Pourquoi les sociétés rachètent-elles des actions déjà émises?

10. Quels sont les deux exigences principales pour soutenir un dividende en espèces? Quels sont les effets des dividendes en espèces sur l'actif et les capitaux propres?

11. Faites la distinction entre les actions privilégiées cumulatives et les actions privilégiées non cumulatives.

12. Définissez l'expression «surplus d'apport». Expliquez la comptabilisation de ces comptes.

13. Définissez l'expression «dividende en actions». En quoi ce dividende est-il différent du dividende en espèces?

14. Quels sont les principaux objectifs de l'émission d'un dividende en actions?

15. Déterminez et expliquez les trois principales dates relatives aux dividendes.

16. Définissez l'expression «bénéfices non répartis». Quelles sont les principales composantes des bénéfices non répartis à la fin de chaque exercice?

17. Définissez l'expression «ajustements sur exercices antérieurs». Comment ces ajustements sont-ils comptabilisés?

18. Que signifie l'expression «restrictions sur bénéfices non répartis»?

Mini-exercices

M10-1 L'évaluation des droits des actionnaires   ■OA1
Nommez trois droits des actionnaires. Selon vous, quel est le plus important? Expliquez votre réponse.

M10-2 Le calcul du nombre d'actions non émises   ■OA1
Les états financiers de la société Camille présentaient 147 000 actions ordinaires détenues par les actionnaires, 200 000 actions ordinaires autorisées et 10 000 actions autodétenues. Calculez le nombre d'actions non émises. Votre réponse serait-elle différente si les actions rachetées avaient été annulées?

M10-3 La comptabilisation de la vente d'actions ordinaires   ■OA2
Pour prendre de l'expansion, la société Services de consultation Aragon a émis 100 000 actions ordinaires d'une valeur nominale de 1$. Le prix de vente des actions était de 75$ l'action. Comptabilisez la vente de ces actions. Votre réponse serait-elle différente si la valeur nominale était de 2$ l'action? Le cas échéant, comptabilisez la vente des actions ayant une valeur nominale de 2$. Quelle serait votre réponse si les actions étaient sans valeur nominale?

M10-4 La comparaison des actions ordinaires et des actions privilégiées   ■OA2
Vos parents viennent de prendre leur retraite et vous ont demandé des conseils financiers. Ils ont décidé d'investir 100 000$ dans une entreprise très similaire à RONA, mais dont les actions sont cotées en Bourse. La société a émis des actions privilégiées et des actions ordinaires. Quels facteurs analyseriez-vous pour leur donner des conseils? Quel type d'actions leur recommanderiez-vous?

M10-5 La détermination du montant d'un dividende   ■OA4
La société Jacob possède 300 000 actions ordinaires autorisées, 270 000 actions émises dont 50 000 actions sont autodétenues. Le conseil d'administration de la société déclare un dividende de 0,50$ l'action. Quel est le montant total du dividende qui sera versé?

M10-6 La comptabilisation des dividendes   ■OA4
Le 15 avril 20A, le conseil d'administration de la société Action.com a déclaré un dividende en espèces de 0,20$ l'action payable aux actionnaires inscrits le 20 mai. Les dividendes seront distribués le 14 juin. La société possède 500 000 actions ordinaires en circulation. Indiquez les incidences sur les postes de bilan et passez toutes les écritures de journal nécessaires à chaque date.

M10-7 La détermination du montant des dividendes privilégiés   ■OA4
Colliers inc. possède 200 000 actions privilégiées cumulatives en circulation. Les actions privilégiées donnent droit à un dividende de 2$ l'action mais, en raison de

problèmes de liquidités, la société n'a pas versé le dividende l'an dernier. Le conseil d'administration prévoit distribuer des dividendes de 1 million de dollars cette année. Quel montant sera distribué aux actionnaires privilégiés ?

OA6

M10-8 **La détermination de l'incidence des dividendes en actions et du fractionnement d'actions**

La société Outils Durand prévoit annoncer soit un dividende en actions de 100 %, soit un fractionnement des actions de deux pour un. Pour chacune de ces options, déterminez l'incidence (l'augmentation, la diminution ou aucune variation) de ce dividende sur les éléments suivants :

1. le total de l'actif ;
2. le total du passif ;
3. le capital-actions ordinaire ;
4. le total des capitaux propres ;
5. la valeur marchande par action des actions ordinaires.

OA6

M10-9 **La comptabilisation d'un dividende en actions**

La société Systèmes alimentaires Desroches prévoit verser un dividende en actions de 50 %. La société possède un nombre illimité d'actions ordinaires autorisées et 200 000 actions ordinaires en circulation. La valeur nominale des actions est de 5 $ l'action et leur valeur marchande de 20 $ l'action. Inscrivez le paiement du dividende en actions. Quelle serait votre réponse si les actions ordinaires étaient sans valeur nominale ?

Exercices

OA1
OA2

E10-1 **L'inscription des capitaux propres et la détermination de la politique de la société en matière de dividendes**

La société Samson a été constituée en 20A à titre de société de consultation financière. La charte autorise le capital-actions suivant : 12 000 actions ordinaires, sans valeur nominale. Au cours de la première année, les opérations suivantes ont été effectuées.

a) Vente et émission de 6 000 actions ordinaires au comptant pour 20 $ l'action.
b) Émission de 600 actions ordinaires en contrepartie d'un terrain qui servira à la construction d'installations ; la construction a été entreprise immédiatement. Supposez que les actions se vendaient 22 $ l'action à la date d'émission. Affectez le compte terrain.
c) Vente et émission de 2 000 actions ordinaires au comptant pour 23 $ l'action.
d) À la fin de l'exercice, la société affichait une perte d'exploitation de 7 000 $. Puisqu'une perte a été subie, aucune charge d'impôts n'a été inscrite.

Travail à faire :

1. Décrivez les incidences sur les postes du bilan et passez l'écriture de journal requise pour chacune de ces opérations.
2. Établissez la section des capitaux propres telle qu'elle devrait être inscrite au bilan de fin d'exercice.
3. La société Samson peut-elle verser des dividendes à cette date ? Expliquez votre réponse.

OA4
OA6

E10-2 **L'analyse de l'incidence de la politique en matière de dividendes**

Malraux et associés est une société de capitaux. C'est un petit fabricant de connexions électroniques pour les réseaux locaux. Considérez les situations indépendantes suivantes.

Cas 1 : Malraux et associés augmente son dividende en espèces de 50 %, mais aucun autre changement ne se produit dans les activités de l'entreprise.
Cas 2 : Le bénéfice et les flux de trésorerie de la société ont augmenté de 50 %, mais cette augmentation ne modifie pas son dividende.
Cas 3 : La société émet un dividende en actions de 50 %, mais aucun autre changement ne se produit.

Travail à faire :

1. Comment croyez-vous que chacune de ces situations influera sur le cours des actions de la société ?
2. Si la société modifiait ses conventions comptables et inscrivait un bénéfice net plus élevé, le changement aurait-il des conséquences sur le cours des actions ?

E10-3 **La détermination des effets des opérations portant sur les capitaux propres** ☐OA1
☐OA2

La société Julie a été constituée en janvier 20A par 10 actionnaires à titre d'entreprise de vente de climatiseurs et de service de réparation. La charte autorise le capital-actions suivant :

> Actions ordinaires, valeur nominale de 1$, 200 000 actions ;
>
> Actions privilégiées, 10$ de valeur nominale, 6%, 50 000 actions.

En janvier et en février 20A, les opérations suivantes portant sur les actions ont été effectuées.

a) Recouvrement de 40 000$ en espèces auprès de chacun des 10 fondateurs et émission de 2 000 actions ordinaires à chacun d'eux.
b) Vente de 15 000 actions privilégiées à 25$ l'action ; recouvrement de l'argent et émission immédiate des actions.

Travail à faire :

Le bénéfice net pour 20A s'élevait à 40 000$; les dividendes en espèces déclarés et versés à la fin de l'exercice étaient de 10 000$. Établissez la section des capitaux propres du bilan au 31 décembre 20A.

E10-4 **La détermination des effets de l'émission d'actions ordinaires et privilégiées** ☐OA1
☐OA2

La société Louise a obtenu une charte le 15 janvier 20A, qui lui autorisait le capital-actions suivant :

> Actions ordinaires sans valeur nominale, nombre illimité ;
>
> Actions privilégiées, 7%, valeur nominale de 10$ l'action, nombre illimité d'actions.

En 20A, les opérations suivantes ont été effectuées dans l'ordre donné.

a) Vente au comptant et émission de 20 000 actions ordinaires à 18$ l'action.
b) Vente au comptant et émission de 3 000 actions privilégiées à 22$ l'action.
c) À la fin de 20A, l'état des résultats présentait un bénéfice net de 38 000$.

Travail à faire :

1. Établissez la section des capitaux propres figurant au bilan au 31 décembre 20A.
2. Supposez que vous êtes un détenteur d'actions ordinaires. Si la société Louise avait besoin de capital supplémentaire, préféreriez-vous qu'elle vous émette des actions ordinaires supplémentaires ou des actions privilégiées supplémentaires ? Expliquez votre réponse.

E10-5 **La comptabilisation des opérations portant sur les capitaux propres, y compris les contreparties autres qu'en espèces : rédiger une note brève** ☐OA1
☐OA2

La société Professeur a obtenu une charte au début de 20A qui lui autorisait 50 000 actions ordinaires sans valeur nominale et 20 000 actions privilégiées avec valeur nominale de 10$. La société a été constituée par quatre personnes qui ont «réservé» 51% des actions ordinaires pour eux-mêmes. Le reste des actions doit être vendu à d'autres personnes pour 40$ l'action au comptant. Durant l'exercice 20A, les opérations suivantes ont eu lieu.

a) Collecte de 15$ l'action en espèces auprès de trois des fondateurs et réception de deux terrains connexes du quatrième fondateur. Émission de 4 000 actions ordinaires à chacun des quatre fondateurs et réception du titre pour le terrain.
b) Vente et émission de 600 000 actions ordinaire à une personne de l'extérieur pour 40$ l'action au comptant.
c) Vente et émission de 8 000 actions privilégiées pour 20$ l'action au comptant.
d) À la fin de 20A, les comptes reflétaient un bénéfice après impôts de 36 000$.

Travail à faire

1. Décrivez les incidences sur les postes du bilan pour chacune de ces opérations et passez les écritures de journal requises.
2. Rédigez une brève note pour expliquer le raisonnement qui vous a servi à déterminer le coût du terrain.

□ OA2
□ OA3

E10-6 La recherche des montants absents dans la section des capitaux propres

La section de l'avoir des actionnaires (les capitaux propres) au 31 décembre 20D du bilan de la société Chimie rapide est la suivante.

Avoir des actionnaires
Capital-actions
    Actions privilégiées (valeur nominale de 20 $, 10 000 actions   104 000 $
        autorisées, ? émises)
    Actions ordinaires (sans valeur nominale; 100 000 actions   600 000
        autorisées, 20 000 actions émises desquelles 500 actions sont
        autodétenues par suite d'un rachat)
    Surplus d'apport – prime sur l'émission d'actions privilégiées   14 300
    Surplus d'apport – gain sur rachat d'actions ordinaires   1 500
Bénéfices non répartis   30 000
Actions ordinaires autodétenues   15 000

Travail à faire

Remplissez les espaces dans les énoncés suivants et présentez vos calculs.

1. Le nombre d'actions privilégiées émises est de _____. Le prix d'émission est de _____ $.
2. Le nombre d'actions ordinaires en circulation est de _____.
3. Le prix de vente d'une action ordinaire à la suite de sa première émission était de _____ $ l'action.
4. Les opérations portant sur les actions rachetées ont-elles fait augmenter ou diminuer les actifs de l'entreprise ? _____ De quel montant ? _____ $
5. À quel prix par action a-t-on racheté les actions ordinaires ? _____ $
6. Les opérations portant sur les actions rachetées ont fait augmenter (ou diminuer) l'avoir des actionnaires de _____ $.
7. Le total de l'avoir des actionnaires est de _____ $.

□ OA2
□ OA3

E10-7 La recherche des informations manquantes dans un rapport annuel

La société Gigantesque est une société qui vaut 38 milliards de dollars. Elle vend des produits qui font partie de la vie quotidienne, notamment des nettoyants, des dentifrices, des croustilles, des shampoings, du rince-bouche et du café. Le rapport annuel de Gigantesque contenait les informations suivantes.

a) Les bénéfices non répartis à la fin de 20A totalisaient 11,144 millions de dollars.
b) Le bénéfice net pour 20B s'élevait à 3 763 millions de dollars.
c) La valeur nominale des actions ordinaires est de 1 $ l'action.
d) Les dividendes en espèces déclarés en 20B étaient de 1,14 $ l'action.
e) Le compte du capital-actions ordinaire avec valeur nominale totalisait 1 320 millions de dollars à la fin de 20A et de 20B.

Travail à faire (Supposez qu'aucune autre information concernant les capitaux propres n'est pertinente.)

1. Estimez le nombre d'actions en circulation durant 20B.
2. Estimez le montant des bénéfices non répartis à la fin de 20B.
3. Le nombre d'actions en circulation a-t-il varié durant 20B ?

□ OA2

Philip Morris
Companies, Inc.

E10-8 Le calcul des actions en circulation

Le rapport annuel de la société Philip Morris Companies, Inc. de 2001 déclarait que 12 milliards d'actions ordinaires avaient été autorisées. À la fin de 2000, 2 805 961 317 actions avaient été émises, et le nombre d'actions autodétenues était de 597 064 937. Durant 2001, aucune action supplémentaire n'a été émise, mais des actions supplémentaires ont été rachetées et des actions ont été vendues à partir des actions autodétenues. La variation nette des actions autodétenues a été une augmentation de 56 393 163 actions.

Travail à faire

Déterminez le nombre d'actions en circulation à la fin de 2001.

E10-9 Le calcul des dividendes sur les actions privilégiées et l'analyse des différences

Les livres de la société Hoffman inc. reflétaient les soldes suivants dans les comptes des capitaux propres au 31 décembre 20H:

Actions ordinaires, valeur nominale de 12$ l'action, 40 000 actions en circulation;

Actions privilégiées, 8%, valeur nominale de 10$ l'action, 6 000 actions en circulation;

Bénéfices non répartis, 220 000$.

Le 1er septembre 30H, le conseil d'administration envisageait de distribuer un dividende en espèces de 62 000$. Aucun dividende n'avait été payé en 20F et en 20G. On vous demande de déterminer les montants des dividendes à partir de deux hypothèses distinctes (présentez vos calculs).

a) Les actions privilégiées sont non cumulatives.

b) Les actions privilégiées sont cumulatives.

Travail à faire:

1. Déterminez le total et les montants par action qui seraient versés aux porteurs d'actions ordinaires et aux porteurs d'actions privilégiées à partir des deux hypothèses distinctes.

2. Rédigez une note brève afin d'expliquer la raison pour laquelle les dividendes par action ordinaire étaient inférieurs selon la deuxième hypothèse.

3. Quels facteurs ont causé un résultat par action plus favorable pour les porteurs d'actions ordinaires?

E10-10 L'analyse de l'arriéré de dividende

La société Mission Critical Software, Inc. (acquise par NetIQ Corporation en 2000 – NASDAQ), était et continue d'être le chef de file dans la fabrication de logiciels de gestion de système pour Windows NT et les infrastructures Internet. Au cours de ses premières années d'exploitation, comme bon nombre d'entreprises à leurs débuts, Mission Critical Software a fait face à des problèmes de liquidités en tentant de tirer profit des nouvelles occasions d'affaires. Un état financier pour la société incluait ce qui suit:

> L'augmentation de 1998 de l'arriéré de dividende sur les actions privilégiées convertibles rachetables était de 264 000$.

Un étudiant qui a lu la note aux états financiers a pensé que les actions privilégiées de Mission Critical Software constituaient un bon placement en raison de l'important montant de produits tirés des dividendes qui seraient gagnés lorsque la société commencerait à verser des dividendes de nouveau: «À titre de porteur d'actions, je recevrai des dividendes pour l'exercice au cours duquel je détiens des actions en plus des exercices précédents pendant lesquels je ne possédais même pas d'actions.» Êtes-vous d'accord avec ce point de vue? Expliquez votre réponse.

E10-11 L'incidence des dividendes

La société Moyenne possède le capital-actions suivant en circulation à la fin de 20B:

Actions privilégiées, 6%, valeur nominale de 15$, 8 000 actions en circulation;

Actions ordinaires, sans valeur nominale, 30 000 actions en circulation.

Le 1er octobre 20B, le conseil d'administration a déclaré les dividendes suivants:

Actions privilégiées: montant complet des droits prioritaires, payable le 20 décembre 20B;

Actions ordinaires: dividende en actions ordinaires de 10% (autrement dit, une action supplémentaire pour chaque 10 actions détenues) à émettre le 20 décembre 20B.

Le 20 décembre 20B, les valeurs marchandes étaient: actions privilégiées, 40$; actions ordinaires, 32$.

Travail à faire:

Expliquez l'effet global de chacun des dividendes sur l'actif, le passif et les capitaux propres de la société.

E10-12 La comptabilisation du versement des dividendes

Un ancien rapport annuel de Sears, Roebuck and Company expliquait que la société avait versé des dividendes privilégiés de l'ordre de 119,9 millions de dollars. Elle a aussi déclaré et versé des dividendes de 2$ l'action sur les actions ordinaires. Durant l'exercice courant de ce rapport, la société possédait 1 000 000 000 d'actions ordinaires autorisées, 387 514 300 actions avaient été émises et 41 670 000 actions étaient des actions rachetées et autodétenues. Supposez que l'opération s'est déroulée le 15 juillet.

Travail à faire :

Décrivez les incidences de la déclaration et du versement des dividendes sur les postes du bilan de la société.

E10-13 L'analyse des dividendes en actions

Le 31 décembre 20E, la section des capitaux propres du bilan de la société ABC reflétait ce qui suit.

Actions ordinaires (sans valeur nominale ; 60 000 actions autorisées, 25 000 actions en circulation)	262 000 $
Bénéfices non répartis	75 000

Le 1er février 20F, le conseil d'administration a déclaré des dividendes en actions de 12 % à émettre le 30 avril 20F. La valeur marchande des actions le 1er février 20F était de 18 $ l'action.

Travail à faire :

1. À des fins comparatives, établissez la section des capitaux propres du bilan : a) immédiatement avant le versement du dividende en actions ; b) immédiatement après le versement du dividende en actions. (*Conseil :* Utilisez deux colonnes pour inscrire les montants.)
2. Expliquez les effets de ce dividende en actions sur l'actif, le passif et les capitaux propres.

E10-14 L'analyse du rachat d'actions

Winnebago est un nom familier de véhicules voyageant sur les autoroutes canadiennes et américaines. La société fabrique et vend de grandes maisons motorisées pour les voyages. Ces maisons motorisées sont facilement reconnaissables par la marque de commerce «W». Un article de journal contenait les données suivantes.

> Les profits de la société ont doublé cette année, les bénéfices augmentant de 27 % au cours du trimestre de mai et les commandes en attente s'élevant à 2 229 unités. Ce genre de statistiques de croissance donne confiance aux membres du conseil d'administration. La société a annoncé qu'elle prévoyait consacrer 3,6 millions de dollars à l'agrandissement de ses installations de fabrication et a récemment autorisé le rachat de 15 millions de dollars de ses propres actions, soit le troisième rachat en deux ans. Les actions de la société se vendent maintenant 25 $ l'action.

Travail à faire :

1. Déterminez les conséquences de cette opération sur le capital-actions.
2. Pourquoi croyez-vous que le conseil a décidé de racheter les actions ?
3. Quelles sont les conséquences de ce rachat sur les montants futurs de dividendes de Winnebago ?

E10-15 L'établissement de l'état des bénéfices non répartis et l'évaluation de la politique en matière de dividendes

Les soldes des comptes suivants ont été sélectionnés dans les livres de la société Caire le 31 décembre 20E, après avoir passé toutes les écritures d'ajustement nécessaires.

Actions ordinaires (sans v.n.; 100 000 actions autorisées, 35 000 actions émises, dont 1 000 actions sont autodétenues par suite d'un rachat)	700 000 $
Fonds d'amortissement des obligations	90 000
Surplus d'apport – gain sur rachat et revente d'actions autodétenues	5 000
Dividendes déclarés et versés en 20E	18 000
Bénéfices non répartis, 1er janvier 20E	76 000
Correction d'une erreur comptable commise au cours d'un exercice précédent (réduction du bénéfice net des impôts)	8 000
Actions autodétenues (1 000 actions)	20 000
Sommaire des résultats pour 20E (bénéfice net)	28 000

La restriction sur les bénéfices non répartis est reliée à des emprunts bancaires. Le prix des actions est actuellement de 22,43 $ l'action.

Travail à faire :

1. Établissez l'état des bénéfices non répartis pour 20E.
2. Établissez la section des capitaux propres du bilan au 31 décembre 20E.
3. Calculez et évaluez le taux de rendement des actions. Déterminez le nombre d'actions pour lesquelles un dividende a été versé.

E10-16 La comptabilisation des dividendes

La société Black & Decker est l'un des principaux fabricants internationaux et distributeurs d'outils motorisés, de quincaillerie et de produits d'amélioration de la maison. Un communiqué de presse contenait la déclaration suivante.

> La société Black & Decker a annoncé aujourd'hui que son conseil d'administration avait déclaré un dividende en espèces trimestriel de 12 ¢ l'action sur les actions ordinaires en circulation de la société payable le 28 mars 2002 aux actionnaires inscrits à la fermeture des affaires le 14 mars 2002.

Au moment de cette déclaration, la société Black & Decker possédait 150 000 000 d'actions autorisées et 80 100 000 actions émises et en circulation. La valeur nominale des actions de la société est de 0,01 $ l'action.

Travail à faire :

Décrivez les incidences sur l'actif, le passif et l'avoir des actionnaires pour chacune des dates mentionnées plus haut et passez les écritures de journal appropriées.

E10-17 La comparaison du dividende en actions et du fractionnement d'actions

Le 1er juillet 20B, la société Joachim disposait de la structure de capital suivante.

Actions ordinaires (sans v.n., actions autorisées illimitées, 200 000 actions émises)	288 000 $
Dépôt reçu sur souscription de 50 000 actions ordinaires	50 000
Bénéfices non répartis	92 000
Actions autodétenues, aucune	

1. Le nombre d'actions non émises est de _____.
2. Le nombre d'actions en circulation est de _____.
3. Le total des capitaux propres est de _____ $.
4. Supposez que le conseil d'administration a déclaré et émis un dividende en actions de 10 % lorsque les actions se vendaient 4 $ l'action. Décrivez les incidences sur les comptes du bilan et passez les écritures de journal appropriées. Si aucune n'est requise, expliquez pourquoi.
5. Ne tenez pas compte du dividende en actions décrit en 4. Supposez que le conseil d'administration a voté un fractionnement d'actions de six pour cinq (autrement dit une augmentation de 20 % du nombre d'actions). La valeur marchande avant le fractionnement était de 4 $ l'action. Décrivez les incidences sur les comptes du bilan et passez les écritures de journal appropriées. Si aucune n'est requise, expliquez pourquoi.
6. Remplissez le tableau comparatif suivant en inscrivant vos commentaires sur les effets comparatifs.

Poste	Avant le dividende et le fractionnement	Après le dividende en actions	Après le fractionnement d'actions
Compte de capital-actions ordinaire	$	$	$
Valeur nominale par action	1 $	$	$
Actions en circulation	#	#	#
Dépôts sur actions souscrites	88 000 $	$	$
Bénéfices non répartis	72 000 $	$	$
Total de l'avoir des actionnaires	$	$	$

OA4

H&R Block

E10-18 L'évaluation de la politique en matière de dividendes

La société H&R Block est un nom très familier, surtout durant la période de déclaration des revenus. La société sert plus de 18 millions de contribuables dans plus de 100 000 bureaux aux États-Unis, au Canada, en Australie et en Angleterre. Un communiqué de presse contenait les informations suivantes.

La société H&R Block déclarait aujourd'hui que les produits au troisième trimestre terminé le 31 janvier 2002 avaient grimpé de 11 % pour s'établir à 728 millions de dollars. La société déclarait une perte nette au cours des 9 premiers mois de 29,2 millions de dollars. Le conseil d'administration a déclaré un dividende trimestriel de 16 ¢ l'action payable le 1er avril 2002 aux actionnaires inscrits le 11 mars 2002.

Travail à faire :

1. Expliquez la raison pour laquelle la société H&R Block peut tout de même verser des dividendes en dépit de sa perte.
2. Quels facteurs le conseil d'administration a-t-il considéré lorsqu'il a déclaré les dividendes ?

OA5

Cinergy et Starbucks

E10-19 L'évaluation du taux de rendement des actions

Cynergy est une entreprise de services publics qui fournit du gaz et de l'électricité en Ohio, au Kentucky et en Indiana. Le taux de rendement des actions de l'entreprise est de 6,6 %. La société Starbucks, un détaillant bien connu de produits du café, ne verse pas de dividende, ce qui donne un taux de rendement des actions de 0,0 %. Les deux sociétés sont semblables sur le plan de la taille, et elles ont une valeur marchande de 5 milliards de dollars chacune.

Travail à faire :

1. En fonction de cette information limitée, pourquoi croyez-vous que la politique en matière de dividendes des deux sociétés est aussi différente ?
2. Les deux sociétés attireront-elles différents types d'investisseurs. Expliquez votre réponse.

E10-20 L'explication des flux de trésorerie et du ratio dividendes-bénéfice

Vous êtes courtier en valeurs d'une importante entreprise et venez de recevoir un coup de fil d'une cliente, Manon Leblanc. Vous lui avez fait parvenir un rapport concernant les actions que vous lui recommandiez. Manon Leblanc se préoccupe d'une chose : « Je ne comprends pas ce ratio dividendes-bénéfice. Vous me présentez le pourcentage du bénéfice net qui est versé, mais puisque les dividendes sont distribués en espèces, ne devriez-vous pas calculer le pourcentage des flux de trésorerie provenant de l'exploitation qui sont distribués ? » Comment répondriez-vous à la question de Manon Leblanc ?

Problèmes

P10-1   La recherche des montants manquants (PS10-1)

Au 31 décembre 20F, les livres de la société Nortech contenaient les données suivantes, qui sont incomplètes.

> Actions ordinaires (sans valeur nominale ; aucune modification en 20E)
>   Actions autorisées illimitées
>   Actions émises : _____ ; prix d'émission de 17 $ l'action ; argent recouvré
>   en totalité, 2 125 000 $;
>   Actions autodétenues, 3 000 actions ; montant : _____ ;
> Bénéfice net pour 20E, 118 000 $;
> Dividendes déclarés et versés durant 20E, 73 200 $;
> Ajustements sur exercices antérieurs, correction d'une erreur comptable de 20B, 9 000 $ (un crédit ou une augmentation des bénéfices non répartis, net d'impôts) ;
> Solde des bénéfices non répartis, 1er janvier 20E, 155 000 $;
> Une restriction existait sur la distribution des bénéfices non répartis liée à un prêt bancaire pour un montant de 60 000 $;
> Les actions autodétenues ont été acquises après le fractionnement d'actions et, de cette transaction, un gain extraordinaire de 12 000 $ a été enregistré durant l'exercice.

Travail à faire :

1. Calculez :
   le nombre d'actions autorisées _____ ;
   le nombre d'actions émises _____ ;
   le nombre d'actions en circulation _____ .
2. Le BPA (bénéfice par action) est de _____ $.
3. Le dividende versé par action ordinaire est de _____ $.
4. Le bénéfice net avant les éléments extraordinaires était de _____ $.
5. Les ajustements sur exercices antérieurs doivent être inscrits aux _____ à titre d'ajout ou de déduction _____ au montant de _____ $.
6. Les actions autodétenues doivent être inscrites au bilan sous l'intitulé principal _____ à titre d'ajout ou de déduction _____ au montant de _____ $.
7. Le montant des bénéfices non répartis disponibles pour les dividendes le 1er janvier 20E était de _____ $.
8. Supposez que le conseil d'administration a voté un fractionnement d'actions de 100 % (le nombre d'actions doublera). Après le fractionnement d'actions, le nombre d'actions en circulation sera de _____ et les bénéfices non répartis seront de _____ $.
9. En supposant le fractionnement d'actions donné en 8, décrivez l'incidence de cette opération sur les postes du bilan et passez l'écriture de journal requise. S'il n'y en a pas, expliquez pourquoi.
10. Ne tenez pas compte du fractionnement d'actions (supposé en 8 et en 9). Supposez plutôt qu'un dividende en actions de 10 % a été déclaré et émis quand la valeur marchande des actions ordinaires était de 21 $. Décrivez les incidences sur les postes du bilan de la société. Passez l'écriture de journal requise. Cette transaction est-elle légale ?

P10-2 **L'établissement de la section des capitaux propres du bilan**

La société Leblanc a reçu une charte durant 20A. La charte autorise le capital-actions suivant :

Actions privilégiées : 8 %, valeur nominale de 10 $, 20 000 actions autorisées ;
Actions ordinaires : sans valeur nominale, 50 000 actions autorisées.

Durant 20A, les opérations suivantes se sont déroulées dans l'ordre donné :

a) Émission d'un total de 40 000 actions ordinaires à quatre fondateurs à 11 $ l'action. La société a recouvré l'argent en totalité de trois fondateurs, et elle a obtenu des services juridiques de l'autre fondateur pour le paiement total des actions. Les actions ont été émises immédiatement.

b) Vente de 5 000 actions privilégiées à 18 $ l'action. Recouvrement de l'argent et émission immédiate des actions.

c) Vente de 3 000 actions ordinaires à 14 $ l'action et de 1 000 actions privilégiées à 28 $. Recouvrement de l'argent et émission immédiate des actions.

d) Le total des produits pour 20A s'élevait à 310 000 $ et le total des charges (incluant les impôts) à 262 000 $.

Travail à faire :

1. Établissez la section des capitaux propres du bilan au 31 décembre 20A.
2. Quel était le prix d'émission moyen (la valeur attribuée) des actions ordinaires ?
3. Rédigez une note brève expliquant votre raisonnement afin d'évaluer les services juridiques pour la première transaction.

P10-3 **La comptabilisation des opérations influant sur les capitaux propres (PS10-2)**

La société Kerr a ouvert son entreprise en janvier 20A. La charte a autorisé le capital-actions suivant :

Actions privilégiées : 9 %, sans valeur nominale, 40 000 actions autorisées ;
Actions ordinaires : 80 000 actions autorisées sans valeur nominale.

Durant l'exercice 20A, les opérations suivantes se sont déroulées dans l'ordre donné :

a) Émission de 20 000 actions ordinaires sans valeur nominale à chacun des trois fondateurs. Recouvrement de 9 $ en espèces par action auprès de deux des fondateurs et réception d'un terrain pourvu d'un petit bâtiment pour la contrepartie complète des actions du troisième fondateur et émission immédiate des actions. Supposez que 30 % du paiement autre qu'en espèces obtenu s'applique au bâtiment.

b) Vente de 6 000 actions privilégiées à 18 $ l'action. Recouvrement de l'argent et émission immédiate des actions.

c) Vente de 500 actions privilégiées à 20 $ et de 1 000 actions ordinaires à 12 $ l'action. Recouvrement de l'argent et émission immédiate des actions.

Les résultats d'exploitation à la fin de 20A étaient les suivants.

Comptes des produits	220 000 $
Comptes des charges, incluant les impôts	160 000

Travail à faire :

1. Décrivez les incidences sur les postes du bilan et passez les écritures de journal requises pour chacune de ces opérations.
2. Rédigez une note brève expliquant ce qui vous a permis de déterminer le coût du terrain et du bâtiment dans la première transaction.

P10-4 **La comptabilisation des opérations et la comparaison des actions sans valeur nominale et des actions avec valeur nominale**

La société Magenta a obtenu une charte en janvier 20A, qui autorisait l'émission de 100 000 actions ordinaires. Durant l'exercice 20A, les opérations suivantes se sont déroulées dans l'ordre donné.

a) Vente de 9 000 actions au comptant à 60 $ l'action. Recouvrement de l'argent et émission immédiate des actions.

b) Acquisition d'un terrain à utiliser pour la construction d'une future usine. Paiement effectué en totalité par l'émission de 600 actions. Supposez une valeur marchande de 66 $ l'action.

À la fin de 20A, le compte du sommaire des résultats reflétait un solde créditeur (un bénéfice net) de 48 000 $.

Deux cas indépendants sont présentés à des fins comparatives.

Cas A : Supposez que les actions ordinaires ont une valeur nominale de 25 $ l'action.

Cas B : Supposez que les actions ordinaires n'ont aucune valeur nominale et que le prix de vente total est crédité au compte de capital-actions ordinaire.

Travail à faire :

1. Décrivez les incidences sur les postes du bilan et passez les écritures de journal pour chacun des deux cas.
2. Le total des capitaux propres doit-il être le même dans les deux cas ? Expliquez votre réponse.
3. Faut-il comptabiliser les actifs autres que des espèces (le terrain) au même prix ? Expliquez votre réponse.
4. Un actionnaire doit-il se soucier du fait qu'une société émet des actions avec valeur nominale ou sans valeur nominale ? Expliquez votre réponse.

P10-5 La comptabilisation des opérations portant sur les capitaux propres (PS10-4)

La société Halliburton est une importante multinationale évoluant dans des secteurs liés à l'énergie. Le rapport annuel de Halliburton déclarait les opérations suivantes influant sur les capitaux propres.

a) Déclaration et distribution d'un dividende en espèces de 254,2 millions de dollars.

b) Émission d'un dividende en actions ordinaires de deux pour un. Émission de 222,5 millions d'actions supplémentaires avec une valeur totale de 556,3 millions de dollars.

Halliburton ☐OA2 ☐OA4 ☐OA7

Travail à faire :

1. Décrivez les incidences sur les postes du bilan pour chacune des opérations et passez les écritures de journal pour comptabiliser chacune de ces opérations.

P10-6 La comparaison des dividendes en actions et des dividendes en espèces (PS10-5)

Au 31 décembre 20E, la société Aquatic ltée présente des actions en circulation et des bénéfices non répartis comme suit.

☐OA4 ☐OA7

Actions ordinaires (sans valeur nominale, 30 000 actions en circulation)	240 000 $
Actions privilégiées, 7 % (sans valeur nominale ; 6 000 actions en circulation)	60 000
Bénéfices non répartis	280 000

Le conseil d'administration prévoit distribuer un dividende en espèces aux deux groupes d'actionnaires. Aucun dividende n'a été déclaré durant l'exercice 20C ou l'exercice 20D. On suppose trois cas distincts.

Cas A : Les actions privilégiées sont non cumulatives ; le montant total des dividendes est de 30 000 $.

Cas B : Les actions privilégiées sont cumulatives ; le montant total des dividendes est de 12 600 $.

Cas C : Même que le cas B, sauf que le montant est de 66 000 $.

Travail à faire :

1. Calculez le montant des dividendes, au total et par action, qui serait payable à chacune des classes d'actionnaires dans chaque cas. Présentez vos calculs.
2. Supposez que la société a émis un dividende en actions ordinaires de 10 % sur les actions en circulation lorsque leur valeur marchande par action était de 24 $. Remplissez le tableau comparatif suivant en expliquant les différences que vous aurez soulevées.

Poste	Montant de l'augmentation (ou de la diminution) en dollars	
	Dividende en espèces – Cas C	Dividende en actions
Actif	$	$
Passif	$	$
Capitaux propres	$	$

OA4

P10-7   L'analyse de la politique en matière de dividendes

Anna et David, deux jeunes analystes financiers, ont examiné les états financiers de Compaq, un des plus grands fabricants d'ordinateurs personnels au monde. Anna a remarqué que la société n'avait pas comptabilisé de dividendes dans la section des activités financières de l'état des flux de trésorerie et a déclaré : «Le magazine Forbes avait nommé Compaq comme une des entreprises les plus performantes. Si cette entreprise est si performante, je me demande pourquoi elle ne verse pas de dividendes.» David n'était pas convaincu qu'Anna examinait la bonne source d'information pour les dividendes mais n'a rien répondu.

Anna a poursuivi : «Quand Forbes l'a sélectionnée comme société la plus performante, les ventes de Compaq ont doublé par rapport aux deux exercices précédents, tout comme elles avaient doublé au cours des deux exercices précédant ces deux années. Son bénéfice ne s'élevait qu'à 789 millions de dollars cette année comparativement à 867 millions de dollars l'année précédente, mais le flux de trésorerie provenant de l'exploitation s'élevait à 43 millions de dollars comparativement à un décaissement de 101 millions de dollars pour l'exercice précédent.»

À ce moment-là, David a remarqué que l'état des flux de trésorerie mentionnait que Compaq avait investi 703 millions de dollars dans une nouvelle propriété cette année comparativement à 408 millions de dollars pour l'exercice précédent. Il a également été étonné de constater que les stocks et les débiteurs avaient augmenté respectivement de 1 milliard de dollars et de près de 2 milliards de dollars l'année précédente. David a donc répliqué : «C'est pour cela qu'elle n'est pas en mesure de verser des dividendes ; elle génère moins de 1 milliard de dollars à partir de ses activités d'exploitation et a dû les réinvestir dans les débiteurs et dans les stocks.»

Travail à faire :

1. Corrigez les erreurs commises par Anna ou David. Expliquez vos réponses.
2. Lequel des facteurs présentés dans ce cas vous aide à comprendre la politique en matière de dividendes de Compaq ?

OA4

P10-8   Les effets des dividendes sur les états financiers

La société Lyne compte 60 000 actions en circulation sans valeur nominale et 25 000 actions privilégiées sans valeur nominale, 8 %. Le 1er décembre 20B, le conseil d'administration a voté un dividende en espèces de 8 % sur les actions privilégiées et un dividende en actions ordinaires de 10 % sur les actions ordinaires. À la date de déclaration, les actions ordinaires se vendaient 35 $ et les actions privilégiées 20 $ l'action. Les dividendes doivent être versés ou émis le 15 février 20C. L'exercice annuel se termine le 31 décembre.

Travail à faire :

Comparez et expliquez les effets des deux dividendes sur l'actif, le passif et les capitaux propres a) jusqu'au 31 décembre 20B, b) le 15 février 20C et c) les effets globaux du 1er décembre 20B au 15 février 20C. Un tableau similaire au suivant pourrait être utile.

Poste	Comparaison et explication des effets des dividendes	
	Dividende en espèces sur les actions privilégiées	Dividende en actions sur les actions ordinaires
a) Jusqu'au 1er décembre 20B : Actif, etc.		

P10-9 **La comptabilisation des dividendes en actions et en espèces**
Adobe Systems met au point et commercialise des logiciels, notamment Adobe Acrobat, qui permet aux utilisateurs d'accéder à des données dans les publications imprimées et électroniques. Un article de journal contenait les données suivantes.

> Le 16 septembre 1999
> Adobe Systems déclare des produits et des profits d'exploitation jamais atteints pour le troisième trimestre de 1999. Le conseil d'administration annonçait un dividende en actions de 100 % qui serait versé le 26 octobre 1999 aux actionnaires inscrits le 4 octobre 1999. Le conseil déclarait aussi un dividende en espèces pour le trimestre de 0,05 $ l'action, payable le 12 octobre 1999 aux actionnaires inscrits depuis le 28 septembre 1999.

Travail à faire :
1. Décrivez les incidences sur les postes du bilan et passez les écritures de journal requises par suite des données présentées dans le rapport précédent. Supposez que la société a 1 million d'actions en circulation avec une valeur nominale de 0,50 $ l'action et que la valeur marchande est de 40 $ l'action.
2. Selon vous, qu'est-il advenu du cours des actions de la société après la déclaration du 16 septembre ?
3. Quels facteurs le conseil d'administration a-t-il considérés en prenant cette décision ?

P10-10 **Annexe A – La comparaison des sections des capitaux propres pour diverses formes d'entreprises**
Supposez, pour chacun des cas suivants, que l'exercice annuel se termine le 31 décembre 20W et que le compte sommaire des résultats à cette date reflète un solde débiteur (une perte) de 20 000 $.

Cas A : Supposez que la société est une entreprise individuelle qui appartient au propriétaire A. Avant que les écritures de clôture ne soient passées, le compte Capital reflétait un solde (créditeur) de 50 000 $ et le compte Prélèvements un solde (débiteur) de 8 000 $.

Cas B : Supposez que l'entreprise est une société de personnes qui appartient aux associés A et B. Avant que les écritures de clôture ne soient passées, les comptes Avoir des associés présentaient les soldes suivants : A, capital, 40 000 $, prélèvements, 5 000 $; B, capital, 38 000 $, prélèvements, 9 000 $. Les profits et les pertes sont divisés également.

Cas C : Supposez que l'entreprise est une société de capitaux. Avant que les écritures de clôture ne soient passées, les comptes Capitaux propres se lisaient comme suit : capital-actions, sans valeur nominale, 30 000 actions autorisées, 15 000 actions en circulation pour une valeur totale de 155 000 $; bénéfices non répartis, 65 000 $.

Travail à faire :
1. Décrivez les incidences sur les postes du bilan et passez toutes les écritures de clôture nécessaires au 31 décembre 20W dans chacun de ces cas.
2. Montrez comment la section des capitaux propres du bilan devrait apparaître au 31 décembre 20W dans chacun des cas.

PS10-1 La recherche des montants manquants (P10-1)

Au 31 décembre 20C, les livres de la société Bruno contenaient les données partielles suivantes.

Actions ordinaires (sans valeur nominale ; aucun changement en 20C)

Actions autorisées, illimitées

Actions émises, 300 000 ; prix d'émission de 50 $ l'action

Actions autodétenues, 5 000 actions

Bénéfice net pour 20C, 800 000 $

Dividendes déclarés et versés durant 20C, 2 $ l'action

Solde des bénéfices non répartis, 1er janvier 20C, 2 900 000 $

Les actions autodétenues ont été rachetées après l'émission du fractionnement.

Travail à faire :

1. Le nombre d'actions en circulation est de _____.
   Le BPA est de _____ $.

2. Le dividende versé en 20C est de _____ $.

3. Les actions autodétenues doivent être inscrites au bilan sous l'intitulé principal _____ au montant de _____ $.

4. Supposez que le conseil d'administration a voté, en plus du dividende versé en espèces, un fractionnement d'actions de 100 % (le nombre d'actions doublera). Après le fractionnement d'actions, la valeur attribuée par action sera de _____ $, et le nombre d'actions en circulation sera de _____. Les bénéfices non répartis seront de _____ $.

5. Ne tenez pas compte du fractionnement d'actions (supposé en 4). Considérez plutôt qu'un dividende en actions de 10 % est déclaré et émis, en plus du dividende versé en espèces, quand la valeur marchande des actions ordinaires était de 21 $. Expliquez comment chacun des comptes des capitaux propres changera. Après cette transaction, les bénéfices non répartis seront de _____ $.

PS10-2 La comptabilisation des opérations influant sur les capitaux propres (P10-3)

La société Arnold a obtenu une charte lui autorisant le capital-actions suivant :

Actions ordinaires : 100 000 actions sans valeur nominale ;

Actions privilégiées : 8 %, sans valeur nominale, 20 000 actions.

Durant la première année, 20A, les opérations suivantes se sont déroulées dans l'ordre donné.

a) Vente de 30 000 actions ordinaires à 40 $ l'action au comptant et de 5 000 actions privilégiées à 26 $ l'action au comptant. Recouvrement de l'argent. Émission immédiate des actions.

b) Émission de 2 000 actions privilégiées en contrepartie complète d'un terrain qui servira à la construction de la future usine. Supposez que les actions se vendent 26 $.

Travail à faire :

1. Décrivez les incidences de chacune de ces opérations sur les postes du bilan.

2. Expliquez la différence économique qui existe entre l'acquisition d'un actif au comptant et l'acquisition d'un actif par l'émission d'actions. Est-il préférable d'acquérir un nouvel actif sans devoir renoncer à un autre actif ?

PS10-3 L'établissement de la section des capitaux propres

La société Marine mondiale a obtenu une charte provinciale québécoise en janvier 20A, qui autorise 1 000 000 d'actions ordinaires, à une valeur nominale de 5 $. Durant le premier exercice, les opérations suivantes se sont produites dans l'ordre donné.

a) Vente de 700 000 actions ordinaires à 54 $ l'action. Recouvrement de l'argent et émission des actions.

b) Déclaration et émission d'un dividende en actions de 5 % le 1er décembre 20A, alors que la valeur boursière était de 40 $ l'action.

c) Le 31 décembre 20A, soit à la fin de la première année d'exploitation, on a déterminé que les comptes affichaient un bénéfice de 2 429 000 $.

Travail à faire :

1. Établissez la section de l'avoir des actionnaires du bilan au 31 décembre 20A.

PS10-4 La comptabilisation des opérations portant sur les capitaux propres (P10-5)

☐OA2
☐OA4
☐OA7

Le rapport annuel de Marchand décrivait les opérations suivantes influant sur les capitaux propres.

a) Déclaration d'un dividende en espèces de 0,92 $ l'action ; le total du dividende s'élève à 374 millions de dollars.

b) Vente des actions privilégiées converties de série B (sans valeur nominale) pour 157 millions de dollars.

c) Vente d'actions ordinaires sans valeur nominale pour 10 millions de dollars.

d) Émission d'un dividende en actions ordinaires de 100 % ; la valeur attribuée était de 206 millions de dollars et la valeur marchande de 784 millions de dollars.

Travail à faire :

1. Décrivez les incidences de chacune de ces opérations sur les postes du bilan.
2. Passez les écritures de journal pour comptabiliser chacune de ces opérations.

PS10-5 La comparaison des dividendes en actions et des dividendes en espèces (P10-6)

☐OA4
☐OA7

La société Ritz dispose des actions en circulation et des bénéfices non répartis suivants au 31 décembre 20D.

Actions ordinaires (sans valeur nominale, 500 000 actions)	500 000 $
Actions privilégiées, 8 % (valeur nominale de 10 $; 21 000 actions en circulation)	210 000
Bénéfices non répartis	900 000

Le conseil d'administration prévoit distribuer un dividende en espèces aux deux groupes d'actionnaires. Aucun dividende n'a été déclaré durant 20B ou 20C. On suppose trois cas distincts.

Cas A : Les actions privilégiées sont non cumulatives ; le montant total des dividendes est de 25 000 $.

Cas B : Les actions privilégiées sont cumulatives ; le montant total des dividendes est de 25 000 $.

Cas C : Même situation qu'en B, sauf que le montant est de 75 000 $.

Travail à faire :

1. Calculez le montant des dividendes, au total et par action, qui serait payable à chacune des classes d'actionnaires dans chaque cas. Présentez vos calculs.
2. Supposez que la société a émis un dividende en actions ordinaires de 15 % sur les actions en circulation lorsque leur valeur marchande par action était de 50 $. Remplissez le tableau comparatif suivant en expliquant les différences.

	Montant de l'augmentation (ou de la diminution) en dollars	
Poste	**Dividende en espèces – Cas C**	**Dividende en actions**
Actif	$	$
Passif	$	$
Capitaux propres	$	$

Cas et projets

Cas — Information financière

CP10-1 **La recherche d'informations financières**

Reportez-vous aux états financiers de la société Les Boutiques San Francisco présentés en annexe à la fin de ce volume.

Travail à faire :

1. Quel est le nombre d'actions en circulation de chaque catégorie à la fin de l'exercice courant ?
2. La société a-t-elle versé des dividendes durant l'exercice courant ? Si oui, combien en a-t-elle versé par action ?
3. La société a-t-elle racheté des actions ? Si oui, combien et à quelle valeur ?
4. La société a-t-elle émis un dividende par actions ou un fractionnement d'actions ? Si oui, décrivez-le.
5. Quelle est la valeur nominale des actions ordinaires ?
6. Combien d'actions ordinaires sont autorisées ?
7. La société a-t-elle des actions souscrites ? Si oui, combien en a-t-elle ?
8. La société a-t-elle des options d'achat d'actions en circulation ? Si oui, combien en a-t-elle et à quel prix ?
9. La société a-t-elle émis des actions au cours des deux exercices présentés ?
10. En vous référant aux données publiées sur le site www.telenium.ca, déterminez le cours des actions aujourd'hui.

CP10-2 **La recherche d'informations financières**

Reportez-vous aux états financiers de la société Le Château en annexe à la fin de ce volume.

Travail à faire :

1. La société possède-t-elle des actions autodétenues ? Si oui, combien en possède-t-elle ?
2. Quel est le prix du marché le plus élevé payé pour les actions de l'entreprise durant le trimestre le plus récent ?
3. La société a-t-elle émis des actions au cours des exercices couverts par les états financiers ?
4. Décrivez la politique en matière de dividendes de l'entreprise.
5. Durant la période couverte par les états financiers, la société a-t-elle émis un dividende en actions ou effectué un fractionnement d'actions ? Si oui, décrivez-le.
6. Décrivez chaque catégorie autorisée d'actions ordinaires et d'actions privilégiées ?
7. La société possède-t-elle un régime d'options d'achat d'actions ? Si oui, combien d'options pouvaient être exercées à la fin de l'exercice courant ? À quel prix pour l'exercice ?

CP10-3 **La comparaison de sociétés évoluant dans le même secteur d'activité**

Reportez-vous aux états financiers de la société Les Boutiques San Francisco, aux états financiers de la société Le Château ainsi qu'aux ratios industriels présentés en annexe à la fin de ce volume.

Travail à faire :

1. Il faut noter que la société Les Boutiques San Francisco n'a pas versé de dividendes en espèces au cours des années présentées. Par contre, Le Château a versé un dividende au cours de chacun des exercices spécifiés malgré certains résultats débiteurs. Pourquoi croyez-vous que ces deux entreprises ont établi des politiques différentes en matière de dividendes ?
2. Pour l'année courante, calculez les ratios étudiés dans le chapitre pour la société Le Château en émettant l'hypothèse que le cours des actions est de 4 $.
3. Examinez le rapport des ratios industriels dans le secteur de la vente de vêtements pour la famille présenté en annexe. Quel semble être la norme en matière de politique de dividende dans ce secteur d'activité ? Puisque Dun & Bradstreet ne fournit pas ces ratios de rentabilité, examinez les états financiers de Sears, La

Baie, Magasins Hart. À la suite de ces comparaisons, que pouvez-vous conclure au sujet de la norme en matière de politique de dividendes dans ce secteur d'activité au Canada ?

4. À titre d'investisseurs, achèteriez-vous les actions d'entreprises qui n'ont pas l'intention de verser de dividendes dans un avenir rapproché ?

5. En utilisant les informations figurant dans le tableau ci-dessous, comparez les ratios industriels moyens relatifs aux dividendes dans le secteur de la vente de vêtements pour la famille à ceux du secteur des magasins de variété et de la distribution du gaz naturel. Pourquoi, dans le secteur des services publics, distribue-t-on davantage les profits sous forme de dividendes que dans les deux autres secteurs ? Quel type d'investisseur serait intéressé à acheter des actions dans une entreprise de services publics plutôt que dans un magasin de vente au détail ? Expliquez votre réponse.

Les ratios en matière de dividendes dans divers secteurs

	5651 – Magasins de vêtements pour la famille	5331 – Magasins de variété	4924 – Distribution du gaz naturel
Dividendes-bénéfice	2,49 %	7,48 %	83,73 %
Taux de rendement des actions	0,99 %	0,38 %	4,59 %

CP10-4 Le calcul des dividendes pour une société réelle   ■ OA4

Le rapport annuel récent de la société Halliburton contenait les informations suivantes (en millions de dollars).

Halliburton

Avoir des actionnaires	Exercice actuel	Exercice précédent
Actions ordinaires, valeur nominale de 2,50 $, 2 000 actions autorisées	298,3 $	298,4 $
Surplus d'apport – prime à l'émission d'actions ordinaires	130,5	129,9
Bénéfices non répartis	2 080,8	2 052,3
Moins 12,8 et 13,0 actions autodétenues	382,2	384,7

Au cours de l'exercice, Halliburton a déclaré et versé des dividendes en espèces de 1 $ l'action. Quel serait le montant total des dividendes déclarés et versés si ceux-ci avaient été basés sur le montant des actions en circulation à la fin de l'exercice ?

CP10-5 L'analyse de la politique en matière de dividendes   ■ OA4
                                                                                             ■ OA5
General Mills est une entreprise prospère qui a enregistré une croissance importante   ■ OA6
de ses produits et de ses recettes au cours des 11 dernières années. Les données suivantes figuraient dans un rapport annuel récent.

General Mills

	1999	1998	1997	1996	1995	1994	1993	1992	1991
Ratio dividendes / bénéfices	62 %	80 %	72 %	63 %	81 %	64 %	51 %	49 %	44 %
Taux de rendement des actions	2,7 %	3,1 %	3,2 %	3,3 %	3,1 %	3,5 %	2,5 %	2,3 %	2,2 %
Dividende par action (en dollars)	2,16	2,12	2,03	1,91	1,88	1,88	1,68	1,48	1,28

En fonction de ces données, décrivez la politique en matière de dividendes de la société. Supposez que vous êtes un analyste financier. Vous devez faire une prévision pour les résultats d'exploitation du prochain exercice de General Mills. Le bénéfice net pour 1999 s'élevait à 535 millions de dollars, et la société a versé 331 millions de dollars en dividendes. À cause de plusieurs facteurs, vous croyez que le bénéfice net pour l'exercice suivant augmentera considérablement et qu'il se chiffrera entre 900 et 950 millions de dollars. Pour terminer votre prévision financière, vous devez maintenant estimer le montant total des dividendes que la société versera. Quelle est votre estimation?

■ OA4
■ OA5   Dollar General
■ OA6
■ OA7

CP10-6 Le calcul des montants figurant aux états financiers

Dollar General est un détaillant international. Un rapport annuel de la société contenait les données suivantes.

Capitaux propres (en milliers de dollars, sauf pour les actions)

	Actions privilégiées	Actions ordinaires	Surplus d'apport	Bénéfices non répartis
Solde au début (167 052 000 actions ordinaires)	858 $	83 526 $	379 954 $	320 085 $
Bénéfice net				182 033
Fractionnement d'action de cinq pour quatre		21 090		(21 090)
Émission d'actions ordinaires		1 488	27 523	

La société a distribué un dividende de l'ordre de 3 497 000 $ à ses actionnaires privilégiés. Elle a également versé un dividende de 0,14 $ l'action à ses actionnaires ordinaires. Supposez que les dividendes ordinaires ont été versés après le fractionnement d'actions de cinq pour quatre. Déterminez le montant total des dividendes distribués aux actionnaires ordinaires. Lorsque le rapport annuel a été publié, le cours des actions ordinaires était de 25 $. Calculez le taux de rendement des actions et le ratio dividendes-bénéfice.

■ OA2
■ OA3

CP10-7 L'interprétation de la presse financière

Comme nous l'avons vu dans ce chapitre, les sociétés rachètent leurs propres actions pour plusieurs raisons. Un article à ce sujet est accessible sur le site Web suivant: www.dlcmcgrawhill.ca. Vous devriez lire l'article, «Stock Market Time Bomb», en date du 15 novembre 1999, et ensuite rédiger un résumé de cet article. En général, croyez-vous qu'un important rachat d'actions soit intéressant pour les investisseurs?

Cas — Analyse critique

■ OA4
■ OA5

CP10-8 La prise de décision à titre d'analyste financier

Supposez que vous êtes conseiller en placement et que vous avez deux clients. Le premier est un récent diplômé universitaire et le second un couple de retraités. Vous avez récemment examiné le rapport annuel de la société Philip Morris, qui vend des produits populaires, du tabac et de la bière ainsi que les marques d'aliments Kraft. Vous avez été impressionné par l'augmentation de 22 % du bénéfice net pour la société Philip Morris. Vous avez aussi remarqué que la société générait plus de 8 milliards de dollars en flux de trésorerie provenant de l'exploitation et qu'elle versait 1,68 $ l'action en dividende. Le taux de rendement des actions était de 6,7 %, un des plus élevés que vous avez été en mesure de trouver parmi les grandes sociétés bien connues. En fonction de cette information et de vos connaissances actuelles sur la société Philip Morris, recommanderiez-vous ces actions à l'un de vos clients?

CP10-9 La prise de décision à titre d'investisseur

■ OA4
■ OA5
■ OA6

Vous venez de prendre votre retraite après avoir connu une carrière longue et prospère comme directeur d'entreprise. Vous passez maintenant une bonne partie de votre temps à gérer votre portefeuille de retraite. Vous considérez trois possibilités d'investissement. Vous pouvez investir 1) dans des obligations versant actuellement 7 % d'intérêts, 2) dans des actions prudentes ayant un taux de rendement des actions moyen de 5 % et un ratio dividendes-bénéfice de plus de 80 % et 3) dans les actions d'entreprises de haute technologie axées sur la croissance et ne versant aucun dividende. Analysez chacune de ces possibilités et choisissez-en une. Expliquez votre choix.

CP10-10 L'évaluation d'un problème d'éthique

■ OA4
■ OA7

Vous êtes membre du conseil d'administration d'une importante entreprise en affaires depuis plus de 100 ans. La société est fière parce qu'elle verse des dividendes chaque année, et ce, depuis sa constitution. En raison de sa stabilité, bon nombre de retraités ont investi de fortes sommes de leurs épargnes dans les actions ordinaires de cette entreprise. Malheureusement, la société est aux prises avec des difficultés financières depuis quelques années, car elle a tenté d'introduire de nouveaux produits et prévoit maintenant ne pas verser de dividendes cette année. Le président souhaite ne pas distribuer le dividende afin de disposer de plus de liquidités pour investir dans le développement des produits : « Si nous n'investissons pas ces sommes maintenant, ces produits ne seront pas introduits sur le marché et nous ne pourrons sauver l'entreprise. Je ne veux pas que des milliers de salariés perdent leur emploi. » Un des plus anciens membres du conseil d'administration s'est ensuite exprimé : « Si nous ne versons pas le dividende, des millions de retraités seront aux prises avec des difficultés financières. Même si vous ne vous en faites pas pour eux, vous devez être conscient du fait que le cours de nos actions chutera quand ils vendront leurs actions. » Le trésorier de l'entreprise propose une solution de rechange : « Ne distribuons pas le dividende en espèces et versons un dividende en actions. Nous pourrons alors toujours affirmer que nous avons versé un dividende chaque année. » Tout le conseil se tourne maintenant vers vous pour connaître votre opinion. Que devrait faire l'entreprise ?

CP10-11 L'évaluation d'un problème d'éthique

■ OA4

Vous êtes le président d'une entreprise très prospère qui a connu une année remarquablement fructueuse. Vous avez déterminé que la société possédait plus de 10 millions de dollars en flux de trésorerie provenant de l'exploitation qui n'étaient pas nécessaires pour l'entreprise. Vous pensez les verser aux actionnaires à titre de dividendes particuliers. Vous avez discuté cette idée avec votre vice-président qui réagit négativement à votre suggestion : « Le cours de nos actions a augmenté de 200 % au cours de la dernière année. Que devons-nous faire de plus pour les actionnaires ? Les gens qui méritent réellement cet argent sont nos employés qui travaillent 12 heures par jour, de 6 à 7 jours par semaine pour rendre cette entreprise prospère. La plupart d'entre eux n'ont même pas pris de vacances l'an dernier. J'estime que nous devons leur verser des primes et ne rien distribuer aux actionnaires. » À titre de président, vous savez que vous êtes engagé par le conseil d'administration, qui est élu par les actionnaires. Quelles sont vos responsabilités à l'égard des deux groupes d'intérêt ? À quel groupe verseriez-vous les 10 millions de dollars ?

Projets — Information financière

CP10-12 La comparaison d'entreprises dans le secteur de la vente au détail

■ OA1
■ OA4
■ OA5
■ OA6
■ OA7

Choisissez deux entreprises bien connues dans le même secteur (une source d'information est le site www.sedar.com). Consultez le site Web des entreprises choisies. Examinez les rapports annuels des deux entreprises ainsi qu'un article récent qui a été publié au sujet de celles-ci.

Travail à faire :

1. Comparez la section des capitaux propres de chacune des entreprises. Quelles différences importantes remarquez-vous ?

2. Calculez le ratio dividendes-bénéfice ainsi que le taux de rendement des actions des deux entreprises. Quelles conclusions tirez-vous à partir de cette comparaison ?
3. Déterminez si une des entreprises a effectué un fractionnement d'actions ou a versé un dividende en actions au cours des deux dernières années.
4. Examinez la stratégie d'entreprise ainsi que les résultats d'exploitation pour chacune des entreprises. Cet examen vous permet-il de comprendre les différences que vous avez notées dans les tâches précédentes ?

OA1

CP10-13 Un projet d'équipe – l'évaluation des rémunérations en actions

Formez deux équipes. La première doit jouer le rôle des représentants du syndicat et la seconde le rôle des cadres. Le syndicat souhaite que tous les employés reçoivent une prime équivalant à 10 % de leur salaire sous forme d'actions. Le président du syndicat soutient que les actionnaires profiteront de cette proposition, car les employés travailleront plus fort pour l'entreprise s'ils en sont également les propriétaires. La direction croit que cette proposition est trop coûteuse et que le conseil d'administration risque de congédier l'équipe de la direction s'il approuve la proposition. Mentionnez les points permettant de soutenir votre position et entreprenez des négociations pour résoudre le conflit. En équipe, rédigez une recommandation finale que vous présenterez au conseil.

OA1

CP10-14 L'évaluation d'un problème d'éthique – la rémunération en fonction du rendement

Michael Eisner, directeur en chef de Disney, a fait la une des journaux il y a quelques années, lorsqu'il a déclaré que son régime de rémunération incluait des options d'achat d'actions valant 750 millions de dollars. Son contrat de rémunération englobait une prime (versée sous forme d'options d'achat d'actions). Michael Eisner gagnait un pourcentage des bénéfices de Disney lorsque la société enregistrait un taux de rendement fixé d'avance. Rédigez une note brève définissant les enjeux, sur le plan de l'éthique, soulevés par ce type de contrat.

OA3

CP10-15 L'évaluation d'un problème d'éthique – les opérations portant sur les actions rachetées

Vous êtes membre du conseil d'administration d'une entreprise de fabrication de taille moyenne cotée à la Bourse de Toronto. Le président de l'entreprise a recommandé que l'entreprise rachète 5 % des actions en circulation au cours des 10 prochains jours. Le rachat est recommandé, car la société dispose de beaucoup de liquidités dont elle n'a pas besoin. Plus tôt dans la journée, vous avez appris que la société annoncera l'amélioration d'un produit au cours du mois. Cette amélioration aura des conséquences très importantes sur la rentabilité de l'entreprise et le cours de ses actions. Vous vous inquiétez du fait que la société souhaite racheter une grande quantité de ses actions avant de faire la déclaration concernant le produit amélioré. Le président a assuré le conseil qu'il n'y avait pas de problème, car la société ne pouvait déclarer de profits sur les opérations portant sur les actions rachetées et que s'il a un gain économique, tous les actionnaires en profiteront. Rédigez une note brève pour le conseil d'administration dans laquelle vous recommandez l'action que vous considérez comme appropriée.

OA4

CP10-16 Un projet d'équipe – l'étude de l'incidence d'une déclaration de dividendes

Chaque membre de l'équipe doit trouver des déclarations de dividendes pour différentes entreprises. En vous référant à une source telle que *La Presse*, *Le Devoir*, *The Globe and Mail* ou *The Financial Post*, déterminez le cours des actions de l'entreprise chaque jour, une semaine avant et une semaine après la déclaration. À l'aide d'un tableur, construisez un tableau du mouvement du cours des actions. Comparez les tableaux portant sur chacune des entreprises.

Travail à faire :

L'équipe doit résumer ce que révèle la comparaison des tableaux. Examinez les déclarations de profits. Vous aident-elles à expliquer les écarts observés ? Rédigez une note brève expliquant votre perception de la réaction du marché boursier face aux déclarations de profits.

CP10-17 Un projet d'équipe – une étude de fractionnement d'actions et de déclaration de dividende en actions

Chaque membre de l'équipe doit trouver une entreprise qui a effectué un fractionnement d'actions ou déclaré un dividende en actions et une entreprise du même secteur qui ne l'a pas fait. En vous référant à des sources telles que *La Presse*, *Le Devoir*, *Les Affaires*, *The Globe and Mail* ou *The Financial Post*, déterminez le prix des actions pour chacune des entreprises à la fin de chaque mois pour les deux exercices précédents. À l'aide d'un tableur, construisez un tableau dans lequel vous comparerez le mouvement du cours des actions de chacune des entreprises. Comparez les tableaux de chaque membre de l'équipe. Quelles conclusions tirez-vous à partir de cette comparaison ?

CP10-18 La comparaison d'entreprises dans le temps

Trouvez trois états financiers (les plus récents) de Domtar (communiquez avec le directeur des relations avec les investisseurs de la société à partir du site Web de la société ou du service SEDAR sur le site www.sedar.com). Rédigez une note brève comparant le taux de rendement des actions ainsi que le ratio dividendes-bénéfice de l'entreprise au cours des trois dernières années. Le cours des actions peut être obtenu à partir des journaux ou sur le site www.telenium.ca.

CP10-19 La comparaison d'entreprises dans le temps

Trouvez trois états financiers (les plus récents) de Domtar (communiquez avec le directeur des relations avec les investisseurs à partir du site Web de la société ou du service SEDAR sur le site www.sedar.ca). Rédigez une note brève comparant les opérations qui portent sur les capitaux propres (par exemple le fractionnement d'actions, le rachat d'actions, les souscriptions d'actions, etc.). Expliquez la raison pour laquelle vous croyez que la direction a effectué ces opérations.

ROGERS COMMUNICATIONS INC.

Rogers Communications Inc.

De père en fils – Stratégie d'investissements
dans l'industrie de la communication

Edward S. (Ted) Rogers, père, rêvait de voir la radio dans chaque foyer pour divertir, informer et éduquer. Il inventa la première lampe de radio à courant alternatif en 1925. Depuis, son fils Edward S. (Ted) Rogers, a poursuivi son œuvre et réussi à créer un empire dans le domaine des télécommunications.

Aujourd'hui, le nom Rogers Communications est bien connu dans le domaine de la câblodistribution et de la téléphonie cellulaire. Avec près de 4 milliards de dollars de chiffre d'affaires, la société Rogers (dont le siège social se situe à Toronto) est devenue un conglomérat canadien de la communication. Elle exploite diverses activités connexes par l'entremise de ses trois filiales : Rogers Sans-fil Inc, Rogers Cable Inc. et Rogers Media Inc. La vente de vidéos, l'exploitation de stations de radio et de télévision et la production de nombreuses revues comptent aussi parmi les activités de l'entreprise.

Plus précisément, Rogers Media exploite plus de 30 stations de radio AM et FM réparties à travers le Canada et des stations de télévision telles que *CFMT* (une station multiculturelle), *CTV Sportsnet* (une station consacrée aux sports) et *The Shopping Channel* (une station de télévente). Elle publie aussi les revues *Maclean's, Châtelaine, Flare, L'Actualité* et *Canadian Business*. Les sites Internet *Quicken.ca, ElectricLibraryCanada* et *Excite.ca* lui appartiennent également.

Quant à Rogers Sans-fil, il est le plus important fournisseur de services de communication sans fil au Canada et compte plus de 2,7 millions d'abonnés. Le réseau cellulaire continue de Rogers AT&T Communications Sans-fil couvre un territoire qui rejoint plus de 81 % de la population sur le plan numérique et 93 % de la population canadienne sur le plan analogique. Cette couverture s'étend aussi aux États-Unis et rejoint plus de 90 % de la population américaine grâce à son alliance stratégique avec AT&T et ses autres partenaires d'ententes d'itinérance.

De son côté, Rogers Cable domine le marché de la câblodiffusion en Ontario et en Colombie-Britannique en offrant l'accès à haute vitesse. La société exploite plus de 200 magasins de vidéos (*Rogers Video*).

Rogers est également propriétaire de l'équipe de football les *Phatoms* de Toronto et de l'équipe de base-ball les *Blue Jays* de Toronto.

Lors de la vente de Vidéotron inc. en 2000, Rogers avait conclu une offre d'achat avec les propriétaires de Vidéotron qui lui donnait le monopole du marché québécois de la câblodiffusion. Cependant, Quebecor inc. s'en est portée acquéreur en faisant une offre substantiellement supérieure à celle de Rogers, prix que plusieurs ont qualifié d'exorbitant. La résiliation du contrat d'achat a rapporté à Rogers un gain net de plus de 222 millions de dollars, petit prix de consolation !

Le domaine de la technologie progresse à un rythme fulgurant. Pour tenir le coup, les entreprises de ce domaine ont grandi grâce à l'acquisition d'autres entreprises dont la technologie était à la fine pointe. Ces entreprises offraient également l'opportunité, surtout dans le secteur de la câblodiffusion, d'augmenter la clientèle, ce qui permettait une meilleure absorption des coûts importants de recherche et développement. Pour réduire la compétition et augmenter leur rentabilité, les entreprises continueront probablement à se regrouper. Ainsi, elles bénéficient des économies d'échelle. Verra-t-on un jour la fusion de Rogers avec Quebecor ou Bell Canada ou un autre géant de la communication ?

Parlons affaires

OBJECTIF
D'APPRENTISSAGE   **1**

Comprendre les trois principales catégories de placements intersociétés.

Bon nombre de facteurs stratégiques incitent les gestionnaires à faire des investissements. Ces placements seront de nature transitoire ou à long terme en fonction des besoins et des objectifs de l'entreprise. Les *placements temporaires* ou à court terme sont effectués en vue d'obtenir un rendement sur une base temporaire. Il peut s'agir de placements dans des actions (ordinaires ou privilégiées) d'autres sociétés, des obligations, des bons du Trésor, etc. Ces fonds rapporteront des produits financiers durant l'intervalle où ils sont placés, et ils répondront aux besoins de liquidités de l'entreprise dans un avenir rapproché.

Par ailleurs, la société peut également décider d'investir ses surplus de liquidités dans des obligations, des actions ou des hypothèques sur une base à long terme. Vous aurez plus de facilité à comprendre l'objectif commercial de ces *placements à long terme* si vous les classez d'abord dans l'une des trois catégories suivantes :

- *Le placement de portefeuille*. Ce genre de placements est considéré comme *passif*, c'est-à-dire que les placements sont effectués dans le but d'obtenir un rendement à long terme sous forme d'intérêts, de dividendes ou de gain lors de leur disposition et non pour participer activement à la gestion de l'entreprise[1] ! Ce type de placements englobe diverses catégories : les obligations, les prêts hypothécaires et les actions privilégiées ou ordinaires d'autres entreprises. Pour les placements dans les actions ordinaires, on suppose que l'investissement est passif si l'entité participante détient moins de 20 % des actions avec droit de vote en circulation de l'entité émettrice. Un placement de portefeuille ne confère à son détenteur *ni contrôle ni influence* sur la société émettrice. Dans ce chapitre, il sera essentiellement question de placements à long terme dans les actions ordinaires d'autres sociétés. Nous n'aborderons que brièvement les autres catégories de placements de portefeuille.

- *Le placement dans une société satellite*. Ce placement est le résultat d'un achat important d'actions avec droit de vote d'une société émettrice qu'on désigne sous le nom de «société satellite» (ou société affiliée ou associée). Le pourcentage d'actions détenu confère à la société participante une *influence notable* sur les activités d'exploitation, de financement et d'investissement de la société satellite. Cette influence peut se traduire par 1) la représentation au conseil d'administration de l'entité émettrice, 2) la participation au processus de prise de décision, 3) des opérations intersociétés importantes, 4) l'échange de personnel de direction ou 5) la dépendance technologique. Par ailleurs, la répartition des titres entre les actionnaires peut également servir d'indice. En l'absence d'une distinction clairement établie en fonction de ces facteurs, on suppose qu'il y a une influence notable si la *société participante* possède plus de 20 %, mais moins de 50 % des actions avec droit de vote en circulation de l'autre entité (la *société émettrice*). L'objectif de ce genre de placements va au-delà de la recherche de revenu en dividendes. Une incidence favorable sur les activités d'exploitation de la société émettrice est recherchée.

- *Le placement dans des filiales*. Ce genre de placements est effectué dans l'intention d'exercer un *contrôle* sur une autre entité qu'on nomme alors une «filiale». Une entité exerce un contrôle sur une autre quand l'entité participante a le pouvoir

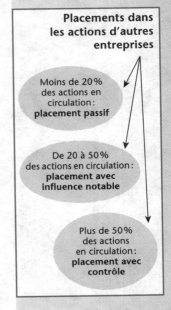

Placements dans les actions d'autres entreprises

Moins de 20 % des actions en circulation : **placement passif**

De 20 à 50 % des actions en circulation : **placement avec influence notable**

Plus de 50 % des actions en circulation : **placement avec contrôle**

---

1. Le terme «passif» ici ne fait pas référence à une dette. Le placement est passif lorsqu'il ne confère à son détenteur ni contrôle, ni influence sur les activités de l'émetteur.

de déterminer les politiques relatives aux activités d'exploitation, de financement et d'investissement d'une autre entité dans laquelle elle possède des actions avec droit de vote. À toutes fins utiles, une société exerce un contrôle sur une autre quand l'entité participante détient plus de 50 % des actions avec droit de vote en circulation de l'entité émettrice. Les objectifs visés par cette opération sont 1) d'obtenir une synergie entre deux entreprises ou plusieurs lorsque l'efficacité combinée de leurs activités d'exploitation est supérieure à la somme de leurs activités individuelles et 2) d'obtenir une diversification de sorte que la société ne dépend pas de la bonne fortune d'un seul secteur de l'activité.

Dans le tableau 11.1, on trouve la note 6 des états financiers de Rogers Communications (Rogers) qui décrit les placements. La société présente des placements temporaires et des placements à long terme de portefeuille ; ces placements sont comptabilisés au prix coûtant (la valeur d'acquisition). Elle présente aussi des placements dans des sociétés satellites (souvent désignées « sociétés associées ou affiliées » dans les états financiers) ; ces placements sont comptabilisés à la valeur de consolidation. De plus, l'intitulé des notes afférentes aux états financiers précise que les états financiers sont consolidés, ce qui indique que la société exerce un contrôle sur d'autres entités (les filiales), sociétés que nous avons décrites au début de ce chapitre.

TABLEAU 11.1 — Note afférente aux investissements

Notes afférentes aux états financiers consolidés pour l'exercice terminé le 31 décembre 2001

6. Investissements (en milliers de dollars)

Société	Nombre	Description	2001 Valeur marchande	2001 Valeur comptable	2000 Valeur marchande	2000 Valeur comptable
Investissements comptabilisés à la valeur de consolidation						
Blue Jays				183 986 $		– $
Sportsnet				–		37 781
Autres				16 872		12 337
				200 858		50 118
Investissements comptabilisés au prix coûtant, déduction faite des dévaluations						
SOCIÉTÉS OUVERTES						
Investissements à long terme						
AT&T Canada	25 002 100	Dépôt de catégorie B 1 204 351 $	450 104	1 087 591 $	450 104	
Cogeco Câble	4 253 800	Actions ordinaires à droit de vote subalterne	91 840	187 167	145 480	187 167
Cogeco inc.	2 724 800	Actions ordinaires à droit de vote subalterne	56 076	120 818	80 654	120 818
				758 089		758 089
Investissements temporaires						
Liberate Technologies Inc.	886 888 (2000 – 1 536 888)	Actions ordinaires	16 251	16 343	31 414	20 938
	200 000	Bons de souscription	1 462	–	2 018	–
Terayon Communications Systems Inc.	2 267 618 (2000 – 3 237 618)	Actions ordinaires	29 818	1	19 733	1
Autres			16 362	15 681	22 048	34 489
				32 025		55 428
SOCIÉTÉS FERMÉES				56 916		109 013
Montant présenté au bilan				1 047 888 $		972 648 $

Les méthodes comptables employées pour comptabiliser les *placements à long terme* sont directement reliées à l'objectif du placement. Un facteur essentiel à la détermination de la méthode comptable appropriée est la nature de la relation qui existe entre l'entité participante et l'entité émettrice. Une fois l'objectif du placement établi (un placement passif [portefeuille], en vue d'exercer une influence notable [satellite] ou pour contrôler l'autre entité [filiale]), il est facile de déterminer la méthode comptable appropriée pour comptabiliser le placement.

Les placements à long terme en obligations ou en actions privilégiées et même les placements dans des hypothèques ou d'autres titres semblables sont effectués en vue d'obtenir un rendement soit sous forme d'intérêts ou de dividendes, soit par les gains découlant de la croissance de la valeur des titres. Ces **placements passifs** ne donnent à son détenteur ni contrôle ni influence notable sur la société émettrice. Ils seront donc comptabilisés à la valeur d'acquisition. La **société émettrice** est la société qui a émis les titres détenus par une autre société. La **société participante** est la société qui détient les titres de participation dans une autre société. Quant aux placements dans les actions ordinaires d'une autre société, on peut les classer selon les catégories suivantes.

Catégorie	Niveau de participation (pourcentage des actions avec droit de vote en circulation)	Méthode de comptabilisation
1. Placement passif	Moins de 20%	Valeur d'acquisition
2. Placement avec influence notable	De 20 à 50%	Valeur de consolidation
3. Placement avec contrôle	Plus de 50%	Consolidation des états financiers

Nous analyserons chacun de ces types de placements à long terme dans les actions ordinaires d'une société dans les sections qui suivent. Nous discuterons d'abord la méthode de comptabilisation à la valeur d'acquisition pour mesurer et présenter les placements passifs ou de portefeuille dans les titres d'actions. Ensuite, nous présenterons la méthode de comptabilisation à la valeur de consolidation et les exigences de présentation de l'information financière connexe. Le tout sera suivi d'une discussion sur la consolidation des entités.

Les **placements passifs** sont les placements dans des titres qui ne confèrent à leur détenteur ni contrôle ni influence notable sur la société émettrice. Ils peuvent être détenus à court terme (placements temporaires) ou à long terme (placements de portefeuille).

La **société émettrice** est la société qui a émis les titres détenus par une autre société.

La **société participante** est la société qui détient les titres de participation dans une autre société.

Structure du chapitre

Les placements passifs

Le classement des placements et les méthodes d'évaluation

La comptabilisation des placements à la valeur d'acquisition

Les questions relatives à l'évaluation des placements de portefeuille

Les placements à long terme dans des sociétés satellites

La comptabilisation des placements à la valeur de consolidation

Les placements à long terme dans des filiales

Les états financiers consolidés

Les modalités d'acquisition d'une participation majoritaire

Le bilan consolidé

L'état des résultats consolidé

La participation sans contrôle

Le taux de rendement de l'actif

Les placements passifs

OBJECTIF
D'APPRENTISSAGE **2**

Analyser et présenter
les placements de
portefeuille et les autres
placements passifs à l'aide
de la méthode de
comptabilisation à la valeur
d'acquisition.

Les **placements
temporaires** sont les fonds
investis à court terme en
vue d'obtenir un rendement
sur une base temporaire.

Les **titres négociables** sont
tous les placements dans les
actions ou les obligations
principalement détenus aux
fins de négociation (la vente
et l'achat) dans un avenir
rapproché.

La méthode de
comptabilisation à la **valeur
d'acquisition** est le coût (ou
la valeur d'origine) payé
pour acquérir les titres ou
les biens.

La **valeur marchande** est la
valeur courante du marché.
Pour les actions de sociétés
ouvertes, il s'agit de la
valeur boursière.

Les **pertes sur dévaluation
de titres temporaires** sont
les montants associés aux
variations à la baisse du
cours des titres de
placements temporaires
actuellement détenus.

Comme nous l'avons déjà mentionné, les placements passifs à long terme sont des placements dans des titres qui ne confèrent à leur détenteur ni influence notable ni contrôle. Leur classement dépend des objectifs poursuivis.

Le classement des placements et les méthodes d'évaluation

Selon l'intention de la direction, une entité peut détenir des placements passifs à titre de placements à court ou à long terme.

Les placements temporaires (à court terme) Plutôt que de laisser de l'argent dans un compte chèque qui ne lui permet pas de gagner des revenus, une entreprise achète des titres qui lui procurent un rendement plus élevé. Ces fonds serviront les activités d'exploitation future. Les **placements temporaires** sont donc des fonds investis à court terme en vue d'obtenir un rendement sur une base temporaire. Certaines entreprises peuvent être très agressives avec les titres et les négocier activement à la Bourse afin d'accroître au maximum leurs revenus. Dans ce cas, les **titres négociables** sont gérés afin de réaliser des gains sur les différences à court terme dans le cours des titres. La philosophie de la direction pour ce genre de placements est similaire à l'approche adoptée par plusieurs sociétés de fonds mutuels où le gestionnaire cherche activement des occasions de vendre et d'acheter des titres.

Toutefois, la plupart des entreprises qui n'évoluent pas dans le domaine de la finance investissent dans des titres à très faible risque. Ces placements incluent généralement les actions, les obligations, les certificats de dépôts, les bons du Trésor (un titre d'emprunt à court terme émis par l'État) et les billets de trésorerie (un titre d'emprunt à court terme émis par une entreprise). L'objectif est d'obtenir un rendement sur les excédents de liquidité jusqu'à ce que ces fonds servent aux besoins d'exploitation de l'entreprise.

On classe les placements temporaires dans la section des actifs à court terme du bilan et il convient de les comptabiliser, comme tout autre actif, selon la méthode de comptabilisation à la **valeur d'acquisition,** c'est-à-dire au coût payé ou à la valeur d'origine payée pour les titres. Cependant, puisque ces fonds seront liquidés à l'intérieur du cycle comptable, il faut les comptabiliser au *moindre* du coût ou de la valeur marchande, ce qui nécessite, en fin d'exercice, de réduire le placement à sa valeur marchande si celle-ci est inférieure à la valeur comptable. La **valeur marchande** est la valeur courante du marché. Pour les actions, il s'agit de la valeur boursière. En effet, le principe de prudence oblige à constater toute perte prévisible sur la vente subséquente de ces placements.

Par exemple, supposons que Rogers dispose de 100 000 $ qu'elle désire investir pour trois mois dans des actions de Bombardier. Que se passe-t-il si les actions de Bombardier perdent 20 % de leur valeur après un mois ? On doit dévaluer le placement à la valeur marchande et comptabiliser une perte sur réduction de titres temporaires de 20 000 $ à l'état des résultats, même si cette perte n'est pas réalisée. Les **pertes sur dévaluation de titres temporaires** sont les montants associés aux variations à la baisse du cours des titres actuellement détenus.

Actif	=	Passif	+	Capitaux propres
Placement –20 000				Perte sur dévaluation de titres temporaires –20 000

ÉCRITURE DE JOURNAL

Perte sur dévaluation de titres temporaires (C)	20 000	
Placement (A)		20 000

Que se passe-t-il si le mois suivant, la valeur marchande augmente de 10 % ? Bien que le placement ait repris de la valeur, on n'augmente pas la valeur du placement au bilan car il faudrait reconnaître un gain de placement avant sa matérialisation, ce qui va à l'encontre du principe de réalisation ou de constatation. Cependant, les entreprises présenteront l'information relative à la valeur marchande dans les notes complémentaires aux états financiers pour informer le lecteur.

Les placements de portefeuille (à long terme) L'objectif de ces placements est similaire à celui des placements à court terme. Dans ce cas, la direction investit les fonds dont elle n'a pas besoin pour ses activités d'exploitation immédiates, mais dont elle pourrait avoir besoin à long terme. Les **placements de portefeuille** sont donc des titres de participation ou autres détenus à long terme, qui ne confèrent à leur détenteur ni influence notable ni contrôle sur l'entité émettrice. Comme tout autre actif figurant au bilan, les placements de portefeuille sont inscrits à la *valeur d'acquisition*.

La comptabilisation des placements à la valeur d'acquisition

À la date du bilan, en conformité avec le principe du coût historique, les placements de portefeuille sont comptabilisés à la valeur d'acquisition, c'est-à-dire au prix payé pour les titres en question. Cette valeur ne peut être augmentée par suite d'une augmentation de la valeur marchande selon le principe de réalisation ou de constatation. Cependant, les baisses de valeur seront reconnues en diminution du compte de placement par la reconnaissance d'une perte à l'état des résultats seulement lorsqu'il s'agit d'une baisse de valeur durable ou permanente, et ce, même si la perte est non matérialisée. Il s'agit de la notion de prudence qui oblige à reconnaître les pertes anticipées.

Une **baisse de valeur durable** (ou **permanente**) indique que la valeur comptable du placement de portefeuille pourrait ne pas être réalisable, par exemple en cas de faillite. Les facteurs ci-dessous peuvent être indicatifs d'une baisse de valeur durable, surtout si l'un d'eux se maintient pendant trois ou quatre années :

a) la valeur boursière du titre est inférieure à sa valeur comptable depuis longtemps ;

b) la société émettrice accumule des déficits (bénéfices non répartis débiteurs) depuis plusieurs années ;

c) la société émettrice a subi des pertes importantes au cours du dernier exercice ou au cours de plusieurs années ;

d) la société émettrice éprouve des difficultés de trésorerie, et on doute qu'elle puisse respecter le postulat de la continuité de l'entreprise ;

e) le titre de la société a été suspendu à la Bourse ;

f) la valeur d'expertise du placement est inférieure à sa valeur comptable.

Si on comptabilise une moins-value du placement par suite d'une baisse de valeur durable, la nouvelle valeur devient le coût d'origine. Une augmentation subséquente de la valeur ne pourra être comptabilisée.

Bien que les pertes de valeur des placements de portefeuille soient comptabilisées de la même manière que les baisses de valeur des placements temporaires, il faut noter que les placements de portefeuille ne seront dévalués que dans le cas de baisse

Les placements de portefeuille sont des titres de participation ou d'autres titres détenus à long terme et qui ne confèrent à leur détenteur ni influence notable ni contrôle sur l'entité émettrice. Ce sont des placements passifs.

La baisse de valeur durable (ou **permanente**) indique que la valeur comptable du placement de portefeuille pourrait ne pas être réalisable, par exemple en cas de faillite.

de valeur durable, tandis que les placements temporaires sont dévalués pour les baisses de valeur temporaire.

La vente des placements «Pour calculer le gain réalisé ou la perte subie sur la vente de titres de placement de portefeuille, le coût de ces titres doit être établi à partir de la valeur comptable moyenne du placement. En appliquant cette méthode, on traite, à raison, le gain réalisé ou la perte subie sur la vente d'un lot de titres comme une portion du gain ou de la perte qui résulterait de la vente de l'ensemble du bloc de titres, ce qui augmente la probabilité que le montant comptabilisé soit représentatif du résultat ultime de la vente de l'ensemble du placement[2].»

Si on utilise une méthode comme PEPS pour déterminer le profit ou la perte sur la vente de placement, il faut remonter à la date d'acquisition des titres pour obtenir l'information. La méthode du coût moyen simplifie donc le processus. Selon la **méthode du coût moyen** (des placements), les titres sont groupés par catégorie, et un coût moyen est calculé à chaque acquisition. Le gain ou la perte sur la vente subséquente d'une partie de la catégorie se calcule en fonction de ce coût moyen.

Avant d'examiner l'application de ces notions, nous présentons l'information relative aux placements passifs de Rogers.

> Selon la **méthode du coût moyen** (des placements), les titres sont groupés par catégorie, et un coût moyen est calculé à chaque acquisition. Le gain ou la perte sur la vente subséquente d'une partie de la catégorie se calcule en fonction de ce coût moyen.

TABLEAU 11.2   Notes afférentes aux états financiers consolidés

Coup d'œil sur

Rogers Communications Inc.

RAPPORT ANNUEL

Note 1 : Résumé des principales conventions comptables
Les autres investissements [qui ne sont pas des filiales ou des sociétés satellites] sont inscrits au coût d'acquisition et ils sont dévalués seulement lorsque des éléments probants indiquent que la baisse de valeur survenue n'est pas temporaire. Les investissements temporaires sont évalués au coût moyen ou à la valeur marchande, selon le moins élevé des deux, du portefeuille de titres pris dans son ensemble.

Note 6 : Investissements

B. Informations sur les investissements à long terme
i) Les actionnaires d'AT&T Canada, y compris la Société, bénéficient d'un droit contractuel qui leur garantit un prix minimal de 37,50 $ l'action, qui augmente de 16% par année. [...] En 2000 et en 2001, la Société a conclu certaines opérations, [...] qui ont entraîné la monétisation d'une tranche considérable de son investissement dans AT&T Canada. La Société a touché une somme au comptant de 1 186 380 000 $ à la suite de ces opérations. [...] Même si aucun gain comptable n'a été constaté relativement à ces opérations, ces dernières ont permis à la Société de réaliser une proportion élevée de la valeur économique de son investissement dans AT&T Canada. Un gain comptable sera comptabilisé lorsque la Société cédera son investissement dans AT&T Canada.

ii) En 2000, la Société a acquis 4 253 800 actions ordinaires à droit de vote subalterne de Cogeco Câble pour 187 167 000 $, et 2 724 800 actions ordinaires à droit de vote subalterne de Cogeco, pour 120 818 000 $.
Au 31 décembre 2001, ces investissements avaient une valeur marchande globale de 147 916 000 $, soit une baisse de 160 069 000 $ par rapport au prix coûtant. À la même date, la Société a établi que cette baisse n'était pas encore qualifiée de permanente.

---

2. Institut Canadien des Comptables Agréés, *Manuel de l'ICCA*, chap. 3050.27-3050.28.

C. Gains sur les investissements

En 2001 et en 2000, la Société a vendu certains investissements, ce qui lui a permis de comptabiliser les gains suivants (en milliers de dollars):

	2001	2000
Liberate	7 058 $	8 753 $
Terayon	16 195	30 891
Les Communications par satellite canadien, inc.	–	74 508
	23 253 $	114 152 $

D. Dévaluation d'investissements

En 2001 et en 2000, la Société a constaté les dévaluations suivantes (en milliers de dollars):

	2001	2000
Investissements temporaires	35 200 $	1 680 $
Sociétés fermées	26 000	–
	61 200 $	1 680 $

On peut constater que le *placement à long terme* dans Cogeco Câble n'a pas été dévalué malgré une baisse de valeur marchande du titre. Rogers considère que cette baisse est temporaire pour le moment et, par conséquent, la société n'a pas comptabilisé de perte sur la valeur du placement de portefeuille.

Par ailleurs, on peut remarquer que certains *placements à long terme* ont été *vendus* et que des gains ont été comptabilisés. Comme ces placements et les gains qui en découlent sont importants, les gains sont présentés pour chacun des titres vendus.

Finalement, on peut constater que les *placements temporaires* ont été dévalués de plus de 35 millions de dollars en 2001 par suite des pertes de valeurs de ces placements.

Pour illustrer les éléments de la comptabilisation des placements, on suppose que Rogers a effectué les opérations suivantes durant l'exercice. Il s'agit bien sûr de placements dans des sociétés fictives.

1. En juin 20A, achat de 10 000 actions ordinaires de la société Beaudet (avec 100 000 actions en circulation) à 60 $ l'action. Il s'agit d'un niveau de participation de 10 % (10 000 ÷ 100 000), et on suppose donc qu'il s'agit d'un placement passif.
2. En août 20A, un dividende de 10 000 $ a été reçu de Beaudet.
3. La valeur des actions de Beaudet, au 31 décembre 20A, date de fin d'exercice, était de 58 $ l'action.
4. La moitié du placement est vendue en janvier 20B à 325 000 $.
5. La valeur des actions au 31 décembre 20B est de 65 $ l'action.

L'achat de titres Le placement est d'abord inscrit au coût en juin 20A:

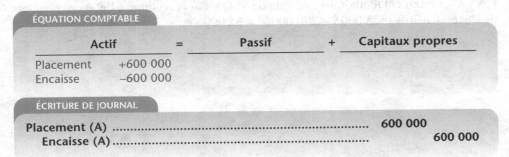

ÉQUATION COMPTABLE				
Actif		=	**Passif**	+ **Capitaux propres**
Placement	+600 000			
Encaisse	–600 000			

ÉCRITURE DE JOURNAL		
Placement (A)	600 000	
Encaisse (A)		600 000

La réception des dividendes Un produit financier est inscrit en août 20A. Les placements produisent un rendement à partir de deux sources: 1) l'appréciation de la valeur au marché (le cours) du titre et 2) les produits provenant des dividendes.

L'appréciation du cours du titre est analysée à la fin de l'exercice et au moment où les titres sont vendus. Les dividendes sont inscrits comme des produits tirés des placements à l'état des résultats, et ils sont inclus dans le calcul du bénéfice net pour l'exercice. Rogers a reçu un dividende en espèces de 1$ par action de Beaudet ou 10 000$ (1$ × 10 000 actions).

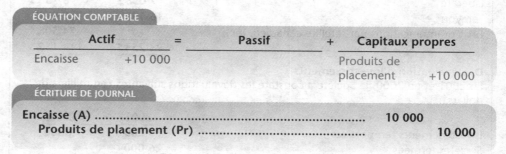

ÉQUATION COMPTABLE				
Actif		= **Passif**	+	**Capitaux propres**
Encaisse	+10 000			Produits de placement +10 000

ÉCRITURE DE JOURNAL		
Encaisse (A)	10 000	
Produits de placement (Pr)		10 000

L'évaluation du placement à la fin de l'exercice Au 31 décembre 20A, les actions ont perdu une valeur de 2$ chacune pour une perte totale de 20 000$. Faut-il comptabiliser cette dévaluation des titres?

Nous posons les deux hypothèses suivantes:
CAS A: Le placement dans Beaudet est un placement temporaire.
CAS B: Le placement dans Beaudet est un placement de portefeuille à long terme.

CAS A – Placement temporaire au 31 décembre: le placement sera dévalué de 20 000$ aux états financiers présentés aux actionnaires afin de refléter le moindre du coût et la valeur marchande, et une perte sera constatée à l'état des résultats, même si cette perte n'est pas réalisée.

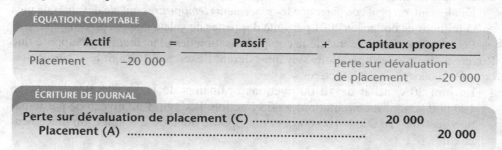

ÉQUATION COMPTABLE				
Actif		= **Passif**	+	**Capitaux propres**
Placement	−20 000			Perte sur dévaluation de placement −20 000

ÉCRITURE DE JOURNAL		
Perte sur dévaluation de placement (C)	20 000	
Placement (A)		20 000

CAS B – Placement de portefeuille (à long terme): le placement ne sera pas dévalué, si la perte n'est pas considérée comme durable ou permanente, ce que nous assumons dans ce cas. La société sera cependant tenue de divulguer la valeur marchande du placement aux états financiers de 20A.

La vente subséquente d'une partie (la moitié dans ce cas) du placement Janvier 20B
CAS A – Placement temporaire: un gain de 35 000$ sera reconnu à l'état des résultats de l'exercice 20B (325 000$ − 290 000$[3] = 35 000$).

---

3. Coût d'achat de 300 000$ moins dévaluation de 10 000$.

ÉQUATION COMPTABLE					
Actif		**=**	**Passif**	**+**	**Capitaux propres**
Encaisse	+325 000				Gain sur vente
Placement	−290 000				de placement +35 000

ÉCRITURE DE JOURNAL
Encaisse (A) 325 000
Gain sur vente de placement (Pr)......................... 35 000
Placement (A) 290 000

CAS B – Placement de portefeuille : un gain de 25 000 $ sera reconnu à l'état des résultats de l'exercice 20B (325 000 $ – 300 000 $ = 25 000 $).

ÉQUATION COMPTABLE					
Actif		**=**	**Passif**	**+**	**Capitaux propres**
Encaisse	+325 000				Gain sur vente de
Placement	−300 000				placement +25 000

ÉCRITURE DE JOURNAL
Encaisse (A) 325 000
Gain sur vente de placement (Pr)......................... 25 000
Placement (A) 300 000

L'évaluation à la fin du deuxième exercice Au 31 décembre 20B, la valeur marchande du titre est maintenant supérieure à la valeur comptable (le coût d'acquisition). Selon le principe de la réalisation, aucun gain dû à l'appréciation du titre n'est comptabilisé, qu'il s'agisse d'un placement temporaire ou à long terme. La valeur marchande sera cependant divulguée aux états financiers à la fin de l'exercice.

Comparaison du traitement comptable pour un placement temporaire et un placement de portefeuille à long terme				TABLEAU **11.3**
	À court terme **Placement temporaire**		**À long terme** **Placement de portefeuille**	
Bilan				
Placement :				
Achat	Juin 20A	600 000 $	Juin 20A	600 000 $
Perte de valeur	31 décembre 20A	− 20 000	31 décembre 20A	s. o.
Solde	31 décembre 20A	580 000	31 décembre 20A	600 000
Vente	Janvier 20B	−290 000	Janvier 20B	−300 000
Solde	31 décembre 20B	290 000 $	31 décembre 20B	300 000 $
Notes aux états financiers	20A		20A	580 000 $
(valeur marchande)	20B	325 000 $	20B	325 000
État des résultats				
Produits financiers :				
Dividendes	Août 20A	10 000 $	Août 20A	10 000 $
Perte sur dévaluation du placement	31 décembre 20A	(20 000)		
Gain sur vente de placement	Janvier 20B	35 000	Janvier 20B	25 000

La vente de placement et le coût moyen Pour illustrer le concept du coût moyen lors de la vente d'une partie d'un portefeuille de placement, on pose l'hypothèse que Rogers détient le portefeuille de placements suivant.

Date de l'achat	Titre	Nombre d'actions	Pourcentage détenu	Montant total
1er janvier 20A	Alamar inc.	10 000	5%	23 000 $
15 février 20A	Parsec inc.	32 000	2%	16 000
30 novembre 20A	Popular inc.	60 000	10%	500 000
17 février 20B	Alamar inc.	2 000	1%	5 000
27 juin 20B	Brumatex inc.	15 000	3%	27 000
31 décembre 20C	Parsec inc.	16 000	1%	11 000
30 juin 20D	Dalasol inc.	5 000	4%	30 000
		140 000		612 000 $

Au 31 décembre 20E, 3 000 actions d'Alamar sont vendues à 7 $ l'action.

Au 31 décembre 20E, le coût moyen des actions est de 4,37 $ (612 000 $/ 140 000 actions). La vente de 3 000 actions d'Alamar présentera un gain de 2,63 $ l'action (7 $ − 4,37 $), donc un gain total de 7 890 $ (3 000 actions × 2,63 $).

ÉQUATION COMPTABLE

Actif		=	**Passif**	+	**Capitaux propres**	
Encaisse	+21 000				Gain sur vente	
Placement	−13 110				de placement	+7 890

ÉCRITURE DE JOURNAL

Encaisse (A)	**21 000**	
Gain sur vente de placement (Pr)......................................		**7 890**
Placement (A)		**13 110**

Les questions relatives à l'évaluation des placements de portefeuille

Aux États-Unis, les placements de portefeuille (à long terme) sont comptabilisés à la valeur marchande, et non selon le principe de la valeur d'acquisition alors qu'au Canada, on les comptabilise selon ce principe. Examinons chacune des positions.

Au Canada, on considère que les placements de portefeuille ne devraient pas être évalués en fonction de leur liquidité, car ils sont détenus à long terme. La valeur marchande fluctue constamment, et les fluctuations temporaires à court terme ne sauraient refléter la valeur du bien. Par contre, toute baisse de valeur durable des placements est immédiatement comptabilisée. Dans ce cas, le placement est réduit, et une perte est reconnue à l'état des résultats.

Aux États-Unis, on invoque les principes de la pertinence et de la mesure pour justifier l'évaluation des placements à long terme à leur valeur marchande. On affirme que la vente des actions de placements de portefeuille constitue une source de liquidités et que, par conséquent, la juste valeur marchande des titres représente la meilleure estimation de ces liquidités. Les placements ne servent pas le même objectif que la plupart des actifs que détient une entité. Dans le cours normal des affaires, une entité utilise (mais ne vend pas) ses actifs productifs comme le matériel de fabrication ou les édifices à bureaux. L'unique intérêt des placements de portefeuille vient du fait qu'on peut les convertir en espèces. Bien qu'il soit très difficile de déterminer la juste valeur marchande de la plupart des actifs puisqu'ils ne sont pas négociés activement, il est assez facile d'utiliser un journal financier et de déterminer le prix actuel des actions. En effet, elles se négocient tous les jours à la Bourse, et la valeur marchande est donc fiable et la mesure facile.

Ainsi, selon les normes américaines, les placements de portefeuille peuvent subir des augmentations ou des diminutions en fonction de la valeur du marché. Par conséquent, un compte de provision est créé pour tenir compte des variations de la valeur marchande (le compte est porté en déduction ou en augmentation du compte Placements). On doit également créer un compte de profits ou de pertes sur détention de titres non réalisés dans ces circonstances. Ils sont considérés comme *non réalisés,* car aucune vente ne s'est réellement déroulée. Si la valeur des placements augmente de 100 000 $ durant l'exercice, le compte de l'actif est augmenté, et un gain sur détention de titre non réalisé de 100 000 $ est créé. Si la valeur des placements diminue de 75 000 $ durant l'exercice, l'actif est diminué et une perte sur détention du titre non réalisée de 75 000 $ en découle. Le fait de comptabiliser un profit sur détention de titre non réalisé constitue une dérogation au principe de constatation. Celui-ci consiste à constater un produit ou un profit seulement lorsque l'entité a achevé l'opération (la vente de titres ou l'exécution du travail) nécessaire pour le gagner.

Nous venons d'étudier les placements de portefeuille. Dans les sections qui suivent, nous analyserons les deux autres types de placements à long terme : les placements dans les sociétés satellites et les filiales.

TEST D'AUTOÉVALUATION

1. Supposez les opérations de Rogers qui suivent. Déduisez les montants manquants.

Comptes du bilan

Placements temporaires					
01/01/20A	81 890	?			Vente
Achat	118 000	?			Dévaluation
31/12/20A	188 000				

Placements de portefeuille					
01/01/20A	85 000	?			Vente
Achat	12 000	?			Dévaluation
31-12-20A	87 000				

Comptes de l'état des résultats

Produits de placements		
	10 000	30-06-20A

Perte sur dévaluation de placements	
31-12-20A (placements temporaires)	10 000
31-12-20A (durables, portefeuille)	8 000

Gain ou perte sur vente de placements			
20A Placements temporaires	500	1 000	Placements de portefeuille 20A

2. Montrez l'effet des opérations a) à d) sur l'équation comptable. Les montants sont exprimés en milliers de dollars.
   a) Achat de titres de placements temporaires et de portefeuille.
   b) Réception de dividendes en espèces sur les placements.
   c) Vente de placements.
   d) Dévaluation des placements pour l'exercice 20A.
3. Que doit-on inscrire au bilan relativement aux placements à la fin de l'exercice 20A ? À l'état des résultats pour l'exercice 20A ?
4. Durant l'exercice 20B, aucune transaction n'a été faite dans les comptes Placement. Au 31 décembre 20B, la valeur marchande des placements était la suivante :
   Temporaires : 195 000 $
   De portefeuille : 80 000 $ (considérée comme une baisse temporaire)
   Que doit-on inscrire au 31 décembre 20B ?

Vérifiez vos réponses à l'aide des solutions présentées au bas de la page suivante*.

Les placements à long terme dans des sociétés satellites

Analyser et présenter les placements dans des sociétés satellites à l'aide de la méthode de comptabilisation à la valeur de consolidation.

Lorsqu'une société participante détient un nombre suffisant d'actions avec droit de vote d'une société émettrice lui permettant d'exercer une influence notable à long terme sur celle-ci, la société émettrice porte le nom de société satellite (ou société affiliée ou associée).

Une influence notable (ou sensible) existe lorsqu'il est possible d'influer sur les décisions stratégiques d'une entreprise. La détention d'une participation entre 20 et 50% des actions avec droit de vote et l'analyse des facteurs déterminants entourant la transaction permettent de conclure à l'influence notable.

Selon la méthode de comptabilisation à la valeur de consolidation (aussi appelée la méthode de la mise en équivalence), on ajoute au coût d'acquisition la quote-part de la société participante dans le bénéfice net redressé de la société émettrice, et on déduit la quote-part dans les pertes redressées et dans les dividendes déclarés par la société émettrice.

Lorsqu'une société participante détient un nombre suffisant d'actions avec droit de vote d'une société émettrice lui permettant d'exercer une influence notable à long terme sur celle-ci, la société émettrice porte le nom de société satellite (ou société affiliée ou associée). L'influence notable (ou sensible) est présente lorsque la société participante peut influencer les décisions stratégiques de la société émettrice en matière d'exploitation, d'investissement et de financement. Une participation entre 20 et 50% des actions avec droit de vote et l'analyse des facteurs déterminants entourant la transaction permettent de conclure à l'influence notable. Il convient de comptabiliser les placements dans les sociétés satellites selon la méthode de comptabilisation à la valeur de consolidation (aussi appelée la méthode de la mise en équivalence). Cette méthode consiste à ajouter au coût d'achat la quote-part de la société participante dans le bénéfice net redressé de la société émettrice et à déduire sa quote-part dans les pertes redressées et dans les dividendes déclarés par la société émettrice.

La comptabilisation des placements à la valeur de consolidation

Les titres détenus en vue d'exercer une influence notable Quand Rogers investit des fonds dans des titres qu'elle inscrit à son bilan à titre d'Autres placements ou de Placements de portefeuille, elle est un investisseur passif. La société cherche à obtenir un taux de rendement élevé sur ces placements, mais elle ne tente pas d'exercer une influence sur les activités de financement et d'exploitation des entités dans lesquelles elle investit. Les comptables supposent que les investisseurs sont passifs quand ils achètent moins de 20% des actions en circulation d'une autre entreprise, autrement dit quand ils utilisent la méthode de comptabilisation à la valeur d'acquisition.

Dans plusieurs autres situations, une entité participante peut souhaiter exercer une influence sans devenir un propriétaire majoritaire (autrement dit la société fait un

*1. Montants manquants :
Placements temporaires : Dévaluation 10 000 $; Vente 1 890 $.
Placements de portefeuille : Dévaluation 8 000 $; Vente 2 000 $.

2. Équation comptable

a)	Actif		=	Passif	+	Capitaux propres	
	Placements temporaires	+118 000					
	Encaisse	−118 000					
	Placements de portefeuille	+12 000					
	Encaisse	−12 000					
b)	Encaisse	+10 000				Produits de placements	+10 000
c)	Encaisse	+1 390					
	Placements	−1 890				Perte sur vente de placements	−500
	Encaisse	+3 000					
	Placements	−2 000				Gain sur vente de placements	+1 000
d)	Placements temporaires	−10 000				Perte sur dévaluation	−10 000
	Placements de portefeuille	−8 000				Perte sur dévaluation	−8 000

3. Au bilan, section des actifs à court terme :   Placements temporaires   188 000 $
    section des actifs à long terme :   Placements de portefeuille   87 000
À l'état des résultats :   Produits de placement   10 000 $
                          Perte sur dévaluation de placements   18 000
                          Gain sur vente de placements   500
Note aux états financiers : valeur marchande des placements.

4. Aucune entrée, car la valeur marchande des placements temporaires (195 000 $) est plus élevée que la valeur d'acquisition (188 000 $). La valeur marchande des placements de portefeuille (80 000 $) est moins élevée que la valeur d'acquisition (87 000 $), mais il s'agit d'une baisse de valeur temporaire qu'on ne comptabilise pas lorsqu'il s'agit de placements à long terme. Les valeurs marchandes devront être divulguées au bilan du 31 décembre 20B ou dans des notes aux états financiers.

placement qui lui permet d'acquérir entre 20 et 50 % des actions en circulation) pour une variété de raisons stratégiques à long terme. En voici quelques exemples.

- Une société peut souhaiter influer sur un fabricant pour s'assurer d'obtenir certains produits conçus selon son cahier des charges.
- Un fabricant peut souhaiter influer sur un fabricant de puces d'ordinateur pour pouvoir intégrer cette technologie de pointe dans ses procédés de fabrication.
- Un fabricant de meubles peut constater qu'une entreprise de service manque de gestionnaires expérimentés et qu'elle pourrait prendre de l'expansion grâce au soutien de gestionnaires supplémentaires.

Plutôt que d'appliquer la méthode de comptabilisation à la valeur d'acquisition (qu'on utilise pour présenter les placements de portefeuille), on utilise la *méthode de comptabilisation à la valeur de consolidation* quand une entité participante peut exercer une *influence notable* sur une entité émettrice. Cela signifie que l'entité participante possède de 20 à 50 % des actions en circulation avec droit de vote de l'entité émettrice. Le pourcentage de participation sert de présomption pour déterminer le type de placements. Cependant, il faut aussi étudier les circonstances entourant la transaction d'achat pour conclure à l'existence d'une influence notable. Cette influence peut se traduire par plusieurs facteurs dont la représentation au conseil d'administration de l'autre entité, la participation au processus de prise de décision, la présence d'opérations intersociétés importantes, l'échange de personnel de direction, la dépendance technologique et la répartition des titres entre les actionnaires. Ainsi, dans certaines circonstances, il serait possible de conclure à l'existence d'une influence notable même avec 18 % de participation. Il en serait ainsi si, par exemple, avec 18 % des actions, on pouvait élire deux des cinq membres du conseil d'administration.

Si la direction peut exercer une influence notable sur une autre entité, le placement sera classé comme étant à long terme. On classe donc ce placement ainsi : *placement à long terme dans des sociétés satellites* (ou *sociétés affiliées* ou *associées*) au bilan (pour abréger, on écrit Placements dans des sociétés satellites). En participant activement à la gestion d'une autre entité, une entité participante peut obtenir un rendement plus élevé sur son placement, ce qui peut influer sur ses propres opérations.

Puisque l'entité participante peut exercer une influence sur les décisions en matière d'exploitation, d'investissement et de financement de l'entité émettrice, les effets financiers inscrits par l'entité émettrice influent sur l'entité participante de manière similaire :

1. Si l'entité émettrice (la société satellite) inscrit un bénéfice net positif pour l'exercice, alors son actif net (Actif – Passif) augmente également. L'entité participante accroît alors son compte d'actif (Placements dans des sociétés satellites) et inscrit un produit tiré des placements égal à son pourcentage de participation du bénéfice net de l'entité émettrice. Si l'entité émettrice comptabilise une perte nette, la société participante inscrit l'effet opposé.
2. Si l'entité émettrice déclare et verse des dividendes durant l'exercice (une décision financière), son actif net diminue. L'entité participante réduit alors son compte de placement et augmente son encaisse quand elle reçoit sa part des dividendes.
3. D'autres redressements sont nécessaires. À cause de leur complexité, ils seront abordés dans des cours de comptabilité spécialisés.

Le compte en T suivant présente ces effets :

Placements dans des sociétés satellites

Solde d'ouverture	
Achat	
1) Quote-part du bénéfice net de la société émettrice*	Vente
	2) Quote-part du dividende déclaré par la société émettrice
Solde de clôture	

* Ou une diminution (un crédit) si la société émettrice déclare une perte nette pour l'exercice.

À la fin de 2001, Rogers inscrivait une participation dans les sociétés satellites suivantes :

TABLEAU **11.4**

TABLEAU 11.4 — Notes afférentes aux états financiers consolidés

Coup d'œil sur

Rogers Communications Inc.

RAPPORT ANNUEL

Note 1 : Résumé des principales conventions comptables
Les investissements dans les entreprises sur lesquelles la Société peut exercer une influence marquée sont comptabilisés à la valeur de consolidation.

Note 6 : Investissements (en milliers de dollars)

Investissements comptabilisés à la valeur de consolidation	2001	2000
Blue Jays	183 986 $	– $
Sportsnet	–	37 781
Autres	16 872	12 337
	200 858 $	50 118 $

A. Investissements comptabilisés à la valeur de consolidation

i) Club de baseball des Blue Jays de Toronto

En date du 31 décembre 2000, la Société a acquis une participation de 80 % dans le club de baseball des Blue Jays de Toronto (Blue Jays) en contrepartie de 163 898 000 $ au comptant, déduction faite de l'encaisse acquise.

En date du 1er avril 2001, Rogers Telecommunications Ltd. (RTL), société contrôlée par l'actionnaire dominant de la Société, a acquis les actions privilégiées de catégorie A de la filiale de RCI possédant les Blue Jays (Blue Jays Holdco) pour 30 000 000 $. Ces actions privilégiées de catégorie A, comportant droit de vote, sont remboursables au comptant pour 30 000 000 $ plus les dividendes accumulés et impayés, au gré de Blue Jays Holdco, en tout temps à compter du 14 septembre 2004. [...] La société a l'option d'acquérir ces actions privilégiées de catégorie A en tout temps, mais elle ne prévoit pas lever celle-ci dans un avenir prévisible. Les actions privilégiées de catégorie A donnent droit à un dividende cumulatif de 9,167 % par année. [...]

En raison de l'émission des actions privilégiées de catégorie A de Blue Jays Holdco à RTL, la Société ne contrôle plus les Blue Jays. Par conséquent, depuis le 1er avril 2001, la Société comptabilise son investissement dans les Blue Jays à la valeur de consolidation, et ne consolide plus les comptes de Blue Jays. [...]

Durant la période allant du 1er avril au 31 décembre 2001, la Société a constaté des pertes de 82 600 000 $.

ii) Sportsnet

Le 1er novembre 2001, la Société a acquis une participation supplémentaire de 50,1 % dans Sportsnet dans le cadre de deux opérations et, par conséquent, elle consolide son investissement dans Sportsnet depuis cette date.

Comme nous pouvons le remarquer, même avec 80 % des actions ordinaires en circulation des Blue Jays, Rogers ne contrôle pas les décisions en matière d'exploitation, d'investissement et de financement des Blue Jays à cause de la présence d'actions privilégiées avec droit de vote. On ne divulgue pas la proportion de contrôle que Rogers exerce sur les Blue Jays par suite de la présence d'actions privilégiées avec droit de vote. Toutefois, nous pouvons conclure que cette proportion se situe entre 20 et 50 %, car le placement est comptabilisé à la valeur de consolidation. Comme nous le verrons plus loin, une situation de contrôle (avec plus de 50 % des actions avec droit de vote) nécessite la consolidation des états financiers de la société émettrice et de la société participante. L'exemple illustre bien le fait que le pourcentage de participation ne sert que de présomption pour déterminer le type de placement. Les circonstances entourant la présente transaction décrivent une situation d'influence notable, même avec un pourcentage de contrôle sur les actions ordinaires.

Rogers ne donne pas de détails concernant les 16 362 000 $ inscrits sous la rubrique « Autres » de son rapport annuel. Les administrateurs de la société nous ont cependant dévoilé que Rogers détenait un tiers des actions avec droit de vote de chacune des sociétés suivantes : *Outdoor Life Network, Biography Canada, Tech TV Canada* et *MSNBC*. Avec 33 % de participation, nous pouvons comprendre que Rogers exerce une influence notable sur ces sociétés.

Pour illustrer la méthode de comptabilisation des placements à la valeur de consolidation et pour simplifier, supposons que Rogers n'a aucun placement dans des entreprises sur lesquelles elle exerce une influence notable et supposons aussi qu'elle achète les titres fictifs présentés ci-dessous.

L'achat de titres participatifs En 20A, Rogers a acquis 40 000 actions ordinaires avec droit de vote dans Nouvelles financières Internet (NFI) au coût de 400 000 $ au comptant. Avec un niveau de participation de 40 %, on suppose que Rogers exerce une influence notable sur NFI et qu'elle doit utiliser la méthode de la valeur de consolidation pour comptabiliser ce placement. L'achat de l'actif est inscrit au coût d'acquisition.

ÉQUATION COMPTABLE

Actif	=	Passif	+	Capitaux propres
Placements dans des sociétés satellites +400 000				
Encaisse −400 000				

ÉCRITURE DE JOURNAL

Placements dans des sociétés satellites (A)	400 000	
Encaisse (A)		400 000

Placements dans les sociétés satellites				Quote-part des résultats des sociétés satellites	
01/01/20A	0				200 000 Quote-part des résultats des sociétés satellites
Achats	400 000		Quote-part des dividendes des sociétés satellites		
Quote-part des résultats des sociétés satellites	200 000	800 000			
31/12/20A	520 000			200 000	31/01/20A

La réception de dividendes de sociétés satellites Puisque Rogers peut exercer une influence sur la politique relative aux dividendes sur ses titres de sociétés satellites, les dividendes qu'elle reçoit ne doivent pas être inscrits comme des produits financiers. Si les produits tirés des placements dans des sociétés satellites étaient basés sur le montant des dividendes versés, il serait possible pour la société participante de manipuler ses propres résultats quand il y a influence notable, car elle participe à la décision de déclaration de dividendes de la société émettrice. C'est ainsi que les dividendes reçus viennent réduire le compte de placement (ses actifs) afin de refléter l'effet de diminution de la déclaration des dividendes sur l'actif net de l'entité émettrice. À cet effet, supposons que durant l'exercice 20A, NFI a déclaré et versé un dividende en espèces de 2 $ l'action aux actionnaires. Rogers a reçu 80 000 $ en espèces (2 $ × 40 000 actions) de NFI.

Actif		=	Passif	+	Capitaux propres
Encaisse	+80 000				
Placements dans des sociétés satellites	−80 000				

Encaisse (A)	80 000	
Placements dans des sociétés satellites (A)		80 000

Les produits de fin d'exercice Avec les titres participatifs, l'entité participante prend souvent part aux décisions d'exploitation, d'investissement et de financement importantes influant sur l'entité émettrice. Puisque l'entité participante prend part au processus de génération des revenus de l'entité émettrice, il est approprié de baser les produits tirés des placements sur les résultats de l'entité émettrice plutôt que sur les dividendes qu'elle verse. Supposons qu'à la fin de l'exercice 20A, NFI inscrit un bénéfice net de 500 000 $ pour l'exercice. La quote-part de Rogers dans le bénéfice net (autrement dit son pourcentage de participation au bénéfice de l'entité émettrice) est de 200 000 $ (40 % × 500 000 $). On inscrit cette quote-part en augmentant le compte de placement et en comptabilisant un produit à l'état des résultats (classé comme élément d'exploitation[4]). Si NFI inscrivait une perte nette pour l'exercice, Rogers inscrirait son pourcentage de participation dans la perte en diminuant le compte Placements et en inscrivant une perte dans les sociétés satellites (comptabilisée comme un élément d'exploitation[5]) à l'état des résultats.

Actif		=	Passif	+	Capitaux propres	
Placements dans des sociétés satellites	+200 000				Quote-part des résultats des sociétés satellites	+200 000

Placements dans des sociétés satellites (A)	200 000	
Quote-part des résultats des sociétés satellites (Pr)		200 000

Par suite de l'analyse de ces transactions, nous pouvons constater que le compte Placements à long terme dans les sociétés satellites inscrit au bilan ne reflète pas le coût d'acquisition ou la valeur marchande. Le compte de placements dans des sociétés satellites augmente du montant du coût des actions achetées et de la quote-part des bénéfices nets de l'entité émettrice. Le compte est réduit du montant des dividendes reçus et de la quote-part des pertes nettes de l'entité émettrice. Il existe également d'autres types de redressements assez complexes qui seront étudiés dans des cours de comptabilité plus avancés. À la fin de l'exercice, les comptables n'ajustent pas le compte de placements dans les sociétés satellites pour refléter les changements survenus dans la juste valeur marchande des titres détenus. Seules les pertes de valeur durable des placements seraient reconnues. Par contre, si les titres étaient vendus, la différence entre l'argent reçu et la valeur comptable du placement (comptabilisé à la valeur de consolidation) serait inscrite à titre de profit ou de perte sur la vente.

---

4. Institut Canadien des Comptables Agréés, *Manuel de l'ICCA*, paragr. 3050.11. Ce traitement diffère des normes américaines qui le classent comme un élément hors exploitation.
5. *Ibid.*

Examinons les activités entreprises par Rogers pour ses placements dans les sociétés satellites, en supposant quelques opérations. Répondez aux questions suivantes en utilisant les comptes en T pour vous aider à déduire le montant manquant. Les montants sont exprimés en milliers de dollars.

Compte du bilan

Placements dans des sociétés satellites

01-01-20A	46 064	13 178	Quote-part du dividende des sociétés satellites
Achat	29 240		
		?	Quote-part des pertes nettes des sociétés satellites
31-12-20A	40 479		

Compte de l'état des résultats

Quot-part des résultats des sociétés satellites

01-01-20A	0		
Quote-part des pertes nettes des sociétés satellites	21 647		
31-12-20A	21 647		

Pour les questions a) à c), présentez les effets sur l'équation comptable et les écritures de journal.

a) Achat de placements supplémentaires dans des sociétés satellites au comptant.

b) Réception de dividendes en espèces sur les placements.

c) À la fin de l'exercice, les placements dans les sociétés satellites avaient une valeur marchande de 45 000 $. Ces sociétés ont également inscrit 50 000 $ de pertes nettes pour l'exercice.

d) Que doit-on inscrire au bilan relativement aux placements dans les sociétés satellites le 31 décembre 20A et à l'état des résultats pour l'exercice 20A?

Vérifiez vos réponses à l'aide des solutions présentées en bas de page*.

---

* Équation comptable

Actif		= Passif +	Capitaux propres	
a) Placements satellites	+29 240			
Encaisse	−29 240			
b) Encaisse	+13 178			
Placements satellites	−13 178			
c) Placements satellites	−21 647		Quote-part des pertes nettes des sociétés satellites	−21 647

* Écriture de journal

a) Placements dans des sociétés satellites (A)	29 240	
Encaisse (A)		29 240
b) Encaisse (A)	13 178	
Placements dans des sociétés satellites (A)		13 178
c) Quote-part des pertes nettes des sociétés satellites (Pr) . .	21 647	
Placements dans des sociétés satellites (A)		21 647

d) Bilan

Actif		**État des résultats**	
Placements dans des sociétés satellites	40 479 $	Quote-part des pertes nettes des sociétés satellites	21 647 $

Le choix de la méthode de comptabilisation

La méthode de comptabilisation à la valeur d'acquisition et à la valeur de consolidation sont deux méthodes utilisées pour comptabiliser les placements à long terme. Le choix d'une méthode précise est fonction des faits qui entourent le placement et non pas des choix de la direction. Pour les stocks ou les actifs immobilisés, les gestionnaires peuvent librement choisir entre les méthodes PEPS, DEPS et du coût moyen ou entre l'amortissement accéléré et l'amortissement linéaire. Dans le cas des placements, les gestionnaires ne peuvent pas choisir la méthode de comptabilisation qui leur convient. Les placements de portefeuille (moins de 20% dans les actions ordinaires d'une société) sont comptabilisés à la valeur d'acquisition, et les placements dans des sociétés satellites (de 20 à 50%) le sont selon la valeur de consolidation.

Lorsqu'il est question de placements à long terme, les gestionnaires peuvent, dans certains cas, structurer l'acquisition des actions de manière à pouvoir recourir à la méthode de comptabilisation de leur choix. Par exemple, une entreprise qui souhaite utiliser la méthode de comptabilisation à la valeur d'acquisition pourrait acheter uniquement 19% des actions en circulation d'une autre entreprise et avancer qu'elle n'a pas d'influence notable, dans les faits. Pourquoi les gestionnaires voudraient-ils éviter d'utiliser la méthode de comptabilisation à la valeur de consolidation? Une explication typique concerne la volatilité des bénéfices. La plupart des gestionnaires préfèrent réduire au minimum les variations dans les bénéfices inscrits. Si une entité achetait des actions dans une entreprise qui comptabilise d'importants bénéfices au cours de certains exercices et d'importantes pertes au cours d'un autre, elle préférerait utiliser la méthode de comptabilisation à la valeur d'acquisition. En effet, elle n'aurait pas besoin de comptabiliser sa quote-part des bénéfices et des pertes de l'entité émettrice, comme c'est le cas avec la méthode à la valeur de consolidation. De même, une entité participante pourrait préférer la méthode de comptabilisation à la valeur de consolidation si l'entité émettrice enregistrait des revenus relativement stables. Rappelons cependant que les seuls pourcentages de participation ne sont pas suffisants pour conclure à la présence ou à l'absence d'une influence notable. Il faut toujours examiner les circonstances entourant la transaction.

Les analystes qui comparent plusieurs sociétés doivent comprendre comment les différences entre les méthodes de comptabilisation à la valeur d'acquisition et à la valeur de consolidation influent sur les bénéfices rattachés à des placements similaires. Les analystes doivent examiner la manière dont la direction peut influer sur les bénéfices inscrits en se basant sur le niveau de participation acquis.

Une influence inappropriée

Une des principales hypothèses à la base de la comptabilité est que toutes les opérations sont conclues sans lien de dépendance. Autrement dit, chaque partie prenant part à l'opération agit dans son propre intérêt. Quand une entité est en mesure d'exercer une influence notable sur une autre (autrement dit quand elle possède de 20 à 50% de ses actions ordinaires), il n'est pas raisonnable de supposer que les opérations conclues entre les entités se font sans lien de dépendance. On utilise la méthode de comptabilisation à la valeur de consolidation pour résoudre ce problème.

Considérez ce qui risquerait de se produire si une entité participante pouvait influer sur la politique de dividende d'une entité émettrice. Si l'entité participante pouvait inscrire les dividendes versés par l'entité émettrice à titre de produits de placement, l'entité participante pourrait manipuler ses bénéfices en influant sur la politique de dividende de l'autre entité. Au cours d'un exercice déficitaire, l'entité participante pourrait exiger d'importants versements de dividendes pour accroître ses bénéfices. Dans une bonne année, elle pourrait tenter de réduire les versements de dividendes pour accroître les bénéfices non répartis de l'entité émettrice, et ce, pour soutenir la déclaration de dividendes plus importants dans l'avenir au besoin.

La méthode de comptabilisation à la valeur de consolidation empêche ce type de manipulation, car elle ne permet pas de constater les dividendes comme des produits financiers. Au contraire, les produits tirés du placement sont fonction d'un pourcentage des résultats (le bénéfice ou la perte) réalisés par la société satellite.

La méthode de comptabilisation à la valeur de consolidation constitue un bon exemple de la manière dont les méthodes comptables peuvent influer sur l'intégrité apparente et réelle de la présentation de l'information financière.

INCIDENCE SUR LES FLUX DE TRÉSORERIE

Les placements

L'application des méthodes de comptabilisation des placements (valeur d'acquisition pour les placements de portefeuille et valeur de consolidation pour les placements dans les sociétés satellites) peut produire des effets différents sur le bénéfice net de la société participante et sur les flux de trésorerie. Comme on peut s'y attendre, ces postes entraînent des ajustements au bénéfice net à l'état des flux de trésorerie.

Effet sur l'état des flux de trésorerie

EN GÉNÉRAL ◊	Effet sur les flux de trésorerie
Activités d'exploitation	
Bénéfice net	xxx $
Ajustement :	
Profits ou pertes sur la vente de placements	–/+
Quote-part des bénéfices ou des pertes des sociétés satellites	–/+
Dividendes reçus des sociétés satellites	+
Pertes sur dévaluation de placements	+
Activités d'investissement	
Achat de placements	–
Vente de placements	+

ROGERS COMMUNICATIONS ◊ Un état des flux de trésorerie partiel de Rogers pour l'exercice 2001 est présenté. Nous pouvons constater que, durant l'exercice, Rogers a dévalué certains investissements pour 61 200 000 $. La note 6 D présentée au tableau 11.2 révèle qu'il s'agit d'investissements temporaires (35 200 000 $) et d'investissements dans des sociétés fermées (26 000 000 $). Les pertes relatives à ces placements ont réduit le bénéfice net consolidé à l'état des résultats et, par conséquent, elles doivent être ajoutées au bénéfice net dans la section des activités d'exploitation, car elles n'influent pas sur les flux monétaires. Rogers a vendu et acquis des titres durant l'exercice. Dans la section des activités d'exploitation, le profit sur la vente est déduit du bénéfice net, tandis que la perte est ajoutée. L'encaisse provenant de la vente ou de l'achat est reflété dans la section des activités d'investissement.

L'effet le plus intéressant se produit lors de la comptabilisation des placements dans les sociétés satellites, comptabilisés selon la méthode de comptabilisation à la valeur de consolidation. Il ne faut pas oublier que les dividendes en espèces obtenus des entités émettrices ne sont pas comptabilisés à titre de produit. Rogers a ajouté ce montant au bénéfice net dans la section des activités d'exploitation. De plus, les entités participantes comptabilisent à titre de produit (ou perte) leur part des résultats de l'entité émettrice, même si aucune somme d'argent n'entre en jeu. Il faut aussi ajuster ce montant. Toute participation aux bénéfices d'une entité émettrice doit être déduite, et toute participation aux pertes nettes d'une entité émettrice doit être ajoutée. Rogers a correctement ajusté le bénéfice net pour cet élément. Dans les sections des activités d'exploitation et d'investissement, les effets reliés à la comptabilisation des placements ont une influence considérable sur les flux de trésorerie de Rogers.

TABLEAU **11.5**   État des flux de trésorerie consolidé

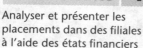

Coup d'œil sur

Rogers Communications Inc.

RAPPORT ANNUEL

État des flux de trésorerie consolidé (partiel) pour l'exercice terminé le 31 décembre 2001 (en milliers de dollars)	
Activités d'exploitation	
Perte nette consolidée	(434 291) $
Rajustements pour rapprocher la perte nette et les rentrées nettes de fonds liées à l'exploitation :	
Part des actionnaires sans contrôle	(89 852)
Gain sur la vente de filiales et d'autres investissements	(109 451)
Dévaluation d'investissements	61 200
Pertes sur des investissements comptabilisés à la valeur de consolidation	81 630
Dividendes de sociétés affiliées	2 305
Autres ajustements (non détaillés ici)	958 930
Flux de trésorerie liés à l'exploitation	470 471 $
Activités d'investissement	
Produit de la vente de filiales	69 691
Produit de la vente d'investissements	27 848
Acquisition de filiales, déduction faite de l'encaisse acquise	(221 398)
Autres investissements	(69 915)
Autres activités d'investissement (non détaillées ici)	(1 817 571)
Flux de trésorerie liés à l'investissement	(2 011 345) $

Les placements à long terme dans des filiales

OBJECTIF D'APPRENTISSAGE **4**

Analyser et présenter les placements dans des filiales à l'aide des états financiers consolidés.

Dans ce chapitre, nous avons déjà discuté plusieurs raisons stratégiques pour lesquelles les sociétés investissent dans d'autres entreprises à un niveau qui ne leur permet pas d'exercer un contrôle sur ces dernières (autrement dit une participation de 50 % ou moins dans les actions avec droit de vote en circulation). Avant d'étudier les questions relatives à la présentation de l'information financière pour les situations dans lesquelles une entreprise possède plus de 50 % des actions ordinaires en circulation d'une autre entité, il faut examiner les raisons qui incitent la direction à acquérir ce type de participation.

Voici certaines raisons pour lesquelles une entité acquiert le contrôle d'autres entreprises.

1. *L'intégration verticale* Dans ce type d'acquisition, une société en acquiert une autre, qui se situe à un niveau différent dans les réseaux de distribution. Par exemple, Rogers possède des stations de télévision lui permettant de diffuser sur son réseau de câblodistribution. Elle peut ainsi offrir à ses membres des émissions nouvelles et exclusives pour les fidéliser et aussi pour attirer de nouveaux clients.

2. *L'intégration horizontale* Ces acquisitions comportent des entreprises qui se situent au même niveau dans les réseaux de distribution. Par exemple, Rogers a pris de l'expansion en créant ou en acquérant des entreprises de câblodistribution dans plusieurs provinces canadiennes et aux États-Unis.

3. *La diversification et la synergie* L'exploitation dans des secteurs connexes peut entraîner une meilleure rentabilité combinée que celle de chacun des secteurs distincts. En plus de la câblodistribution, Rogers exploite le secteur du téléphone sans fil et publie des revues. La diversification des activités permet également de répartir le risque et de se faire connaître dans un domaine d'activité. Le regroupement et le partage des coûts peuvent aussi permettre des économies d'échelle.

4. *La visibilité* L'exploitation de certaines entreprises peut amener une meilleure visibilité et ainsi avoir un effet favorable sur les opérations d'une entreprise. Rogers a acheté les Blue Jays de Toronto, société non rentable, probablement dans le but de s'attirer la faveur des partisans pour accroître ses ventes dans les divers domaines qu'elle exploite.

Il est essentiel de savoir pourquoi une entreprise a investi dans d'autres entreprises pour comprendre sa stratégie d'affaires globale. Les analystes étudient souvent les acquisitions récentes afin de prédire les acquisitions futures. Par exemple, si une entreprise de vente au détail acquiert des détaillants régionaux dans chaque région du pays sauf en Alberta, il est raisonnable de supposer qu'elle cherchera à acquérir une société dont le siège social se situe en Alberta. De même, si une entreprise pointcom comme AOL (America On Line) achète une entreprise médiatique traditionnelle comme Time Warner, les analystes s'attendent à ce que des acquisitions similaires se produisent entre d'autres entreprises pointcom et des entreprises médiatiques traditionnelles.

Lors de l'offre d'achat de Vidéotron inc., Rogers a clairement démontré qu'elle est en quête d'expansion géographique. La société devra se trouver d'autres opportunités de marché pour absorber le coût de ses investissements et ainsi augmenter sa rentabilité.

Les états financiers consolidés

Toute acquisition comporte deux entreprises. La **société mère** (la société participante) est celle qui acquiert le contrôle d'une autre société. La **filiale** (la société émettrice) est la société dont la majorité des titres comportant des droits de vote appartient à la société mère.

Quand une entreprise acquiert une participation majoritaire (plus de 50 % des actions avec droit de vote) d'une autre entreprise, il faut dresser des **états financiers consolidés.** Ces états combinent les activités de deux ou de plusieurs entreprises en un seul ensemble d'états financiers. Essentiellement, on peut considérer les états financiers consolidés comme la combinaison des états financiers distincts de deux ou de plusieurs entreprises pour faire comme si une seule entité économique existait. Ainsi, les comptes de l'encaisse pour chacune des entreprises sont combinés, tout comme le sont les comptes des stocks, des terrains et autres.

Les notes afférentes au rapport annuel de Rogers fournissent les données suivantes.

> **La société mère** (la société participante) est celle qui détient le contrôle d'une autre société : la filiale.
>
> **La filiale** (la société émettrice) est la société dont la majorité des titres comportant des droits de vote est détenue par la société mère.
>
> **Les états financiers consolidés** sont les états combinés de deux ou de plusieurs entreprises en un seul ensemble d'états financiers, comme si les sociétés en constituaient une seule.

Notes afférentes aux états financiers consolidés

Note 1. Résumé des principales conventions comptables
Les états financiers consolidés sont dressés conformément aux principes comptables généralement reconnus (PCGR) du Canada et ils comprennent les comptes de Rogers Communications Inc. (RCI) et ceux de ses filiales (collectivement, la Société). Les opérations et les soldes intersociétés ont été annulés lors de la consolidation. Lorsqu'une filiale de RCI émet des actions ordinaires supplémentaires à des parties non apparentées, RCI comptabilise une telle émission comme si la Société avait cédé une partie de sa participation dans cette filiale, de sorte qu'elle comptabilise un gain ou une perte résultant de la dilution de la participation de la Société.

Coup d'œil sur

Rogers Communications Inc.

RAPPORT ANNUEL

Comme l'indique la note de Rogers, l'élimination des soldes intersociétés est nécessaire au moment où on dresse des états financiers consolidés. Les **soldes intersociétés** sont des montants réciproques découlant d'opérations transigées entre la société mère et la filiale, qui figurent aux états financiers distincts des deux sociétés. Ces soldes sont éliminés au cours du processus de consolidation. Il ne faut pas oublier que les états financiers consolidés sont dressés comme s'il n'existait qu'une seule entreprise (une entité économique) alors qu'en fait, il existe deux entités juridiques distinctes ou plusieurs. Les postes intersociétés existent aux états financiers individuels de chaque société. Par exemple, si aux états financiers non consolidés de la société mère, on constate une dette envers la filiale, on trouvera aux états financiers de la filiale un montant à recevoir de la société mère du même montant. Par contre, aux états financiers consolidés, cette dette intersociétés est éliminée. Ainsi, la dette que doit Rogers (la société mère) à sa filiale Sportsnet n'est pas inscrite au bilan consolidé, puisque la société ne peut se devoir de l'argent à elle-même, car les deux sociétés ne forment qu'une seule entité économique du point de vue de la consolidation.

Les modalités d'acquisition d'une participation majoritaire

Du point de vue comptable, il existe deux façons d'acquérir une participation dans une filiale. Les deux façons ont trait à la nature de la contrepartie cédée. On peut faire l'acquisition par l'échange d'actions d'une entreprise, le paiement comptant ou la cession d'autres biens. Prenons l'exemple fictif de Nouvelles financières Internet (NFI). Rogers peut acquérir une participation majoritaire des actions de cette entreprise par l'émission de son propre capital-actions. Il s'agit alors d'un échange d'actions (celles de Rogers) contre les actions d'une autre entreprise (NFI). Avant le regroupement, les propriétaires de NFI détenaient les actions dans cette entreprise. Après la fusion, ils détiennent des actions dans Rogers.

Par ailleurs, Rogers pourrait offrir de l'argent ou d'autres biens aux propriétaires de NFI. Dans ce cas, après le regroupement, les anciens propriétaires de NFI détiennent des liquidités ou d'autres biens, mais aucune action dans l'une ou l'autre des entreprises. Pour les besoins de la comptabilisation, les deux types d'acquisition sont considérés comme des **acquisitions** ou des **prises de contrôle,** car il s'agit d'une opération *d'achat* et *de vente.* Comme vous l'avez appris dans les chapitres précédents, il faut comptabiliser les actifs achetés à leur coût d'acquisition. Ainsi, il n'existe pas de différence conceptuelle entre l'achat direct d'un bâtiment valant 500 000 $ et l'acquisition d'une entreprise qui ne possède qu'un seul actif, un bâtiment valant 500 000 $. À la date d'acquisition, le compte de placement reflète le montant versé ou la *valeur marchande* des actions acquises. La comptabilisation du placement, à une valeur souvent plus élevée que la valeur comptable initiale, fait diminuer le bénéfice net consolidé futur car les actifs, comptabilisés à une valeur plus élevée (la valeur marchande), présenteront des charges d'amortissement futures plus élevées.

Le bilan consolidé

Un **regroupement d'entreprises** est l'opération par laquelle une entité acquiert le contrôle d'une autre entreprise. La prise de contrôle d'une entité par l'acquisition d'une participation majoritaire dans les actions avec droit de vote en circulation est donc à la fois un placement dans une filiale et un regroupement d'entreprises. Puisque les entités qui prennent part à l'opération n'ont aucun lien entre elles, il s'agit d'un regroupement d'entreprises entre des parties indépendantes et, par conséquent, il n'existe qu'une seule méthode pour comptabiliser ces regroupements : la *méthode de l'acquisition* (anciennement l'*achat pur et simple*). Pour faciliter la discussion, nous utiliserons les données fictives et simplifiées de Rogers (la société mère) et de NFI (la filiale hypothétique acquise), comme le montre le tableau 11.6.

Les **soldes intersociétés** sont des montants réciproques figurant aux états financiers distincts de la société mère et de la filiale découlant d'opérations transigées entre elles. Ces soldes sont éliminés au cours du processus de consolidation.

Une **acquisition** (ou **prise de contrôle**) est une acquisition qui est conclue par l'achat des actions ordinaires avec droit de vote de la filiale. La contrepartie versée peut se faire sous forme d'actions, d'espèces ou de tout autre bien.

Un **regroupement d'entreprises** est l'opération par laquelle une entité acquiert le contrôle d'une autre entreprise.

Bilans fictifs et simplifiés de la société mère et d'une filiale au 1er janvier 20A, immédiatement après l'acquisition (en millions de dollars)

	Rogers	NFI
Actif		
Espèces et autres actifs à court terme	342 $	15 $
Placement dans NFI	100	
Immobilisations corporelles (nettes)	602	30
Autres actifs	447	45
Total de l'actif	1 491 $	90 $
Passif et capitaux propres		
Passif à court terme	600 $	10 $
Passif à long terme	382	
Capitaux propres	509	80
Total du passif et des capitaux propres	1 491 $	90 $

États des résultats fictifs et simplifiés de la société mère et d'une filiale pour l'exercice terminé le 31 décembre 20A, une année après l'acquisition (en millions de dollars)

	Rogers	NFI
Produits	2 158 $	120 $
Moins : Charges	2 150	106
Plus : Produit financier tiré d'une filiale	14	
Bénéfice net	22 $	14 $

Supposons que Rogers verse 100 $ (tous les montants sont exprimés en millions) en espèces pour acheter toutes les actions de NFI, bien que la *valeur comptable* totale des capitaux propres de NFI n'était que de 80 $[6]. Ainsi, Rogers verse 20 $ de plus que la valeur comptable. Pourquoi Rogers a-t-elle payé davantage que la valeur comptable pour acquérir le placement ? En fait, la réponse est simple : n'oubliez pas que la valeur comptable d'un actif est différente de sa *juste valeur marchande*. Rogers a dû payer la valeur marchande pour acquérir NFI. Les anciens propriétaires n'auraient pas voulu vendre leurs actions à la valeur comptable seulement.

Dans une consolidation, les états financiers distincts sont combinés en un seul état consolidé. Il faut éliminer le compte Placement dans une filiale pour éviter une double comptabilisation des actifs et des passifs de la filiale et du placement de la société mère dans ces actifs. Le solde du compte de placement de 100 $ dans les livres de Rogers représente la *valeur marchande* de l'actif net (Actif – Passif) à la date d'acquisition. Il faut l'éliminer par rapport aux capitaux propres de 80 $ de NFI, lequel représente la *valeur comptable,* puisque les actions ne sont dorénavant plus en circulation du point de vue de la consolidation. On suppose qu'une analyse des actifs de NFI révèle les faits suivants.

- Les valeurs comptables de tous les actifs et passifs figurant au bilan de NFI étaient égales aux valeurs marchandes.
- NFI s'est taillé une bonne réputation auprès d'un important groupe d'investisseurs en ligne, ce qui a fait augmenter sa valeur globale. Pour cette raison, Rogers est prête à payer 20 $ de plus que la valeur comptable pour acquérir les actions de

---

6. L'achat de 100 % de toutes les actions en circulation permet d'acquérir une filiale en propriété exclusive. L'achat de moins de 100 % et de plus de 50 % des actions dénote la présence d'*actionnaires sans contrôle* dans la filiale. Nous reviendrons sur ce sujet un peu plus loin.

NFI. La différence de 20 $ entre le prix d'achat de la société et la juste valeur marchande de son actif net (l'actif déduit du passif) acquis s'appelle l'**écart d'acquisition** (l'**achalandage**, la **survaleur** ou le **fonds commercial**). On peut l'analyser ainsi :

Prix d'achat pour une participation de 100 % dans NFI	100 $
Moins : Actif net acheté à la valeur marchande	80
Écart d'acquisition payé	20 $

L'écart d'acquisition ou la survaleur tire souvent sa source de la réputation et des bonnes relations de l'entreprise avec ses clients. Une entreprise prospère dispose d'un certain fonds commercial, mais on ne peut l'inscrire au bilan *que si* elle est acquise dans le cadre d'une opération d'acquisition. De plus, si la valeur marchande des actifs et des passifs de NFI (comme les immobilisations corporelles) avait été différente de leur valeur comptable, chacun de ces postes aurait été ajusté à la valeur marchande.

Pour achever le processus de consolidation de Rogers et de NFI, il faut éliminer le compte de placement et ajouter à sa place les actifs et les passifs de NFI avec l'écart d'acquisition payé. Pour ce faire, il faut suivre les quatre étapes suivantes :

1. la soustraction du solde du compte de placement de 100 $;
2. l'addition de l'écart d'acquisition payé de 20 $ à titre d'actif ;
3. la soustraction des capitaux propres de NFI ;
4. la combinaison du reste des bilans de Rogers et de NFI.

En raison de la simplicité de cet exemple, vous pouvez effectuer les calculs mentalement pour apporter ces ajustements aux soldes des comptes individuels présentés au tableau 11.6 et ensuite additionner les montants pour chacune des entreprises. Vous pouvez aussi entrer ces ajustements et ces éliminations dans un tableur comme Microsoft Excel. Le tableau 11.7 présente un exemple de feuille de calcul électronique de consolidation.

TABLEAU 11.7 — Feuille de calcul électronique de consolidation pour le bilan consolidé à la date d'acquisition

	A	B	C	D	E
1		Rogers	NFI	Éliminations	Consolidations
2	**Actif**				
3	Encaisse et autres actifs à court terme	342 $	15 $		357 $
4	Placement dans NFI	100		(100) $	
5	Immobilisations corporelles (nettes)	602	30		632
6	Autres actifs	447	45		492
7	Écart d'acquisition			20	20
8	Total de l'actif	1 491 $	90 $	(80) $	1 501 $
9					
10	**Passif et capitaux propres**				
11	Passif à court terme	600 $	10 $		610 $
12	Passif à long terme	382			382
13	Capitaux propres	509	80	(80) $	509
14	Total du passif et des capitaux propres	1 491 $	90 $	(80) $	1 501 $
15					

Une fois ces opérations accomplies, on obtient l'état financier présenté au tableau 11.8.

TABLEAU 11.8

Bilan consolidé à la date d'acquisition

Rogers (et filiales)
Bilan consolidé fictif au 1er janvier 20A
(en millions de dollars)

Actif	
Encaisse et autres actifs à court terme	357$
Immobilisations corporelles (nettes)	632
Autres actifs	492
Écart d'acquisition	20
Total de l'actif	1 501$
Passif et capitaux propres	
Passif à court terme	610$
Passif à long terme	382
Capitaux propres	509
Total du passif et des capitaux propres	1 501$

L'état des résultats consolidé

Lorsqu'on dresse le bilan consolidé, on combine les bilans séparés comme s'il n'existait qu'une seule entreprise. Quand on consolide les états financiers distincts des entreprises en un seul état, les produits et les charges engendrés par les propres activités de la société mère (excluant les produits tirés des placements de la filiale) sont combinés avec les produits et les charges de la filiale. La création d'un écart d'acquisition et la réévaluation des actifs, le cas échéant, entraînent également des conséquences pour l'état des résultats consolidé.

Dans l'exemple fictif de Rogers et NFI, l'établissement de l'état des résultats consolidé exige alors trois étapes (compte non tenu des impôts):
1. la combinaison des produits de Rogers de 2 158$ et des produits de NFI de 120$;
2. la combinaison des charges de Rogers de 2 150$ et des charges de NFI de 106$;
3. la comptabilisation d'une charge pour reconnaître une moins-value de l'écart d'acquisition à la suite du test de dépréciation, le cas échéant.

En raison de la simplicité de cet exemple, vous pouvez directement dresser l'état des résultats consolidé simplifié du tableau 11.9. Des ajustements complexes et des éliminations feraient normalement partie du processus de consolidation et, par conséquent, seraient présentés dans la feuille de calcul électronique.

TABLEAU 11.9

État des résultats consolidé

Rogers (et filiales)
État des résultats consolidé fictif
pour l'exercice terminé le 31 décembre 20A
(en millions de dollars)

Produits (2158$ + 120$)	2 278$
Charges (2150$ + 106$ + 2$)	2 258
Bénéfice net	20$

Comme on peut le constater, un écart d'acquisition se crée durant la consolidation qui n'est pas inscrit dans les livres de Rogers ou de NFI. Cet écart n'apparaît qu'aux

Coup d'œil sur

Rogers Communications Inc.

RAPPORT ANNUEL

états financiers consolidés. Le traitement comptable subséquent de l'écart d'acquisition vient d'être révisé et fait l'objet de nouvelles normes comptables en date du 1er juillet 2001. L'amortissement en ligne droite sur une période maximale de 40 ans n'est plus requis puisqu'il est difficile d'estimer la durée de vie d'un fonds commercial. À la place, un **test de dépréciation,** effectué à la fin de chaque exercice, permet à la direction de l'entreprise de vérifier s'il y a eu perte de valeur[7]. Par conséquent, l'inscription de la perte de valeur de l'écart d'acquisition est nécessaire, le cas échéant, dans le cadre de la consolidation. Les règles d'application de ce test de dépréciation étant fort complexes, ce sujet sera abordé dans des cours de comptabilité avancée. Jetons un regard sur la divulgation aux états financiers de Rogers concernant la convention sur l'écart d'acquisition.

Notes afférentes aux états financiers

Note 1 : Résumé des principales conventions comptables

D. Écart d'acquisition et autres éléments d'actifs incorporels
[...] conformément aux nouvelles normes comptables qui sont entrées en vigueur en 2001, l'écart d'acquisition constaté après le 1er juillet 2001 n'est pas amorti, mais il doit plutôt être soumis à un test de dépréciation au moins annuellement.
La société revoit annuellement la valeur comptable de l'écart d'acquisition et des autres éléments d'actifs incorporels afin d'établir s'il y a eu baisse de valeur. Elle évalue la baisse de valeur éventuelle de l'écart d'acquisition et des autres éléments d'actifs incorporels en comparant la valeur comptable aux flux de trésorerie futurs prévus non actualisés. En se fondant sur sa revue de 2001, la Société est d'avis qu'il n'y a pas eu de baisse de la valeur comptable de l'écart d'acquisition et des autres éléments d'actifs incorporels.

On présente normalement l'écart d'acquisition à la valeur dépréciée au bilan consolidé et la dépréciation, le cas échéant, doit faire l'objet d'un poste distinct à l'état consolidé des résultats. Il faut noter que Rogers n'a pas déprécié son écart d'acquisition car, à son avis, l'écart n'a pas subi de baisse de valeur comptable à la suite de l'application du test de dépréciation.

La participation sans contrôle

L'acquisition d'une participation de moins de 100 % et de plus de 50 % des actions avec droit de vote d'une autre société amènera la comptabilisation d'une **participation sans contrôle.** En effet, les règles en matière de consolidation exigent l'addition de tous les actifs et passifs de la filiale à 100 %, même si une participation inférieure à 100 % est acquise. Cette logique vient du fait qu'une fois le contrôle acquis (ce qui requiert plus de 50 % des droits de vote), la société mère peut gérer entièrement les actifs de la filiale, c'est-à-dire qu'elle peut les exploiter ou les vendre même si elle acquiert par exemple 80 % des actions avec droit de vote. La présence d'actionnaires sans contrôle (20 %) dans la filiale n'influe nullement sur le contrôle qu'exerce la société mère sur cette filiale, et c'est pour cette raison qu'on additionne 100 % des valeurs comptables des actifs et des passifs de la filiale au cours du processus de consolidation. Par conséquent, la quote-part des actifs et des passifs de la filiale revenant aux actionnaires sans contrôle (20 %) doit être comptabilisée pour indiquer au lecteur des états financiers consolidés que la société mère n'est pas propriétaire à 100 % des

---

7. Au moment où ce chapitre était écrit, nous constatons les premiers états financiers faisant état des nouvelles normes en matière de comptabilisation de l'écart d'acquisition, normes qui entraient en vigueur pour tous les regroupements d'entreprises effectués après le 1er juillet 2001. Les anciennes normes exigeaient l'amortissement de l'écart d'acquisition sur une période maximale de 40 ans. Cette nouvelle norme est harmonisée dans cinq grands pays, dont les États-Unis et le Canada.

ressources de la filiale. Au *bilan consolidé*, ce poste, qui représente une réduction de l'actif net consolidé, est présenté *entre le passif et l'avoir des actionnaires*. Puisque l'*état des résultats consolidés* invoque la même logique, on trouvera aussi un poste de participation sans contrôle représentant leur quote-part des résultats de la filiale en *déduction du bénéfice net consolidé* (lorsque la filiale a produit des bénéfices bien sûr ; une perte nette chez la filiale amènerait une opération en sens inverse). Ce poste est présenté après les impôts et avant les éléments extraordinaires. Voyons l'exemple de Rogers au tableau 11.10 ci-dessous.

TABLEAU 11.10

Présentation de la part des actionnaires sans contrôle

Coup d'œil sur

Rogers Communications Inc.

RAPPORT ANNUEL

Bilan consolidé (partiel) au 31 décembre (en milliers de dollars)

Passif et capitaux propres	2001	2000
Passif		
Dette à long terme	4 990 357 $	3 957 662 $
Comptes fournisseurs et charges à payer	1 098 717	1 127 996
Produits comptabilisés d'avance	93 448	104 467
Impôts futurs	137 189	145 560
	6 319 711	5 335 685
Part des actionnaires sans contrôle	224 823	114 432
Capitaux propres	2 416 174	2 416 178
	8 960 708 $	7 866 295 $

État des résultats consolidés (partiel) pour l'exercice terminé

	2001	2000
Bénéfice (perte) avant les impôts sur les bénéfices et la part des actionnaires sans contrôle	(481 093) $	154 058 $
Impôts sur les bénéfices	43 050	47 462
Bénéfice (perte) avant la part des actionnaires sans contrôle	(524 143)	106 596
Part des actionnaires sans contrôle	89 852	34 846
Bénéfice net (perte)	(434 291) $	141 442 $

Si nous examinons les états financiers consolidés de Rogers, la participation sans contrôle (la part des actionnaires minoritaires) au bilan était de plus de 224 millions de dollars au 31 décembre 2001. À l'état des résultats, la part des actionnaires sans contrôle comprend leur quote-part des pertes des filiales et vient redresser le bénéfice net (perte) consolidé. Ces notions seront de nouveau abordées dans des cours de comptabilité avancée.

ANALYSE FINANCIÈRE

Le traitement comptable de l'écart d'acquisition

Le traitement comptable de l'écart d'acquisition est important pour les analystes financiers, car il peut représenter plusieurs milliers de dollars. La liberté de jugement laissée à la direction des entreprises quant à la décision de déprécier sa valeur est considérable, et elle influe sur les résultats de l'entreprise. Les états financiers de Rogers de 2000 présentaient une charge d'amortissement de l'écart d'acquisition de 2 491 000 $ alors qu'en 2001, année de la mise en vigueur des nouvelles recommandations, elle était nulle car le test de dépréciation n'a révélé aucune baisse de sa valeur comptable. Les analystes devront être vigilants lors de la comparaison des entreprises. Dans les situations où une baisse de valeur sera constatée, le fait que la charge relative à la dépréciation soit montrée séparément à l'état des résultats attirera l'attention des lecteurs. Puisque la dépréciation de l'écart d'acquisition n'est pas une charge impliquant un décaissement, la décision de déprécier ou non n'influe d'aucune façon sur les flux monétaires liés aux opérations.

ANALYSONS LES RATIOS

Le taux de rendement de l'actif

1. Connaître la question

Avec quelle efficacité la direction a-t-elle utilisé les ressources ou le capital investi (fourni par les créanciers et les actionnaires) de l'entreprise durant l'exercice? On calcule* cette efficacité comme suit:

$$\text{Taux de rendement de l'actif} = \frac{\text{Bénéfice net}}{\text{Actif total moyen**}}$$

Le taux de 2001 pour Rogers est le suivant:

$$\frac{(434\ 291)\ \$}{(8\ 960\ 708\ \$ + 7\ 866\ 295\ \$)\ /\ 2} = -5,2\%$$

OBJECTIF D'APPRENTISSAGE 5

Analyser et interpréter le taux de rendement de l'actif.

2. Utiliser les techniques appropriées

a) Analyser la tendance dans le temps			b) Comparer avec les compétiteurs	
ROGERS			QUEBECOR	THOMSON CORPORATION
1999	2000	2001	2001	2001
13,7%	2,0%	−5,2%	−1,3%	4,4%

3. Interpréter prudemment les résultats

Comparons

Le taux de rendement de l'actif

Unibroue	1,9 %
Cascades	4,5 %
Metro	10,9 %

EN GÉNÉRAL ◊ Le taux de rendement de l'actif mesure la quantité de bénéfices gagnés d'une entreprise pour chaque dollar investi. Il s'agit de la mesure la plus vaste de la rentabilité et de l'efficacité de la direction, indépendamment des stratégies de financement. Ce taux permet aux investisseurs de comparer la performance de la direction sur le plan des placements par rapport à des opérations de placements de rechange avec différents niveaux de risque (par exemple les bons du Trésor à risque nul). Les sociétés ayant un taux de rendement de l'actif plus élevé choisissent mieux leurs nouveaux placements, toutes choses étant égales par ailleurs. Les

---

* Dans les analyses du taux de rendement de l'actif plus complexes, les intérêts débiteurs (nets d'impôts) et les participations sans contrôle sont ajoutés au bénéfice net dans le numérateur du taux, puisque la mesure évalue le rendement du capital indépendamment de ses sources.

** Actif total moyen = (Total de l'actif au début de l'exercice + Total de l'actif à la fin de l'exercice) ÷ 2

gestionnaires calculent souvent la mesure en fonction des divisions de l'entreprise et l'utilisent pour évaluer le rendement relatif de ses cadres.

ROGERS ◊ Le taux de rendement de l'actif s'est détérioré au cours des trois derniers exercices et, en 2001, on note que Rogers présente la pire performance comparativement à ses compétiteurs. Cela s'explique par la dévaluation des investissements de plus de 140 millions de dollars et par des charges d'intégration des réseaux, de réduction de l'effectif et de résiliation d'entente qui sont toutes des charges non récurrentes (73 millions de dollars). Puisque ces charges n'auront pas de conséquences sur les rendements des exercices futurs, lorsque les analystes utilisent le taux pour prédire l'avenir, ils éliminent souvent ces postes non récurrents. Sans ces pertes, le taux de rendement de l'actif de Rogers est toujours négatif (–2,6%), mais il se rapproche de celui de Quebecor (–1,3%). D'autres éléments ont contribué à la baisse du taux de rendement: la charge d'amortissement a grimpé de 200 millions de dollars à la suite d'investissements importants au cours des dernières années ainsi que les intérêts sur la dette à long terme. Rogers devra engendrer davantage de produits pour couvrir ces charges additionnelles au cours des exercices subséquents. Mais comme elle a renouvelé sa technologie pour faire face au marché futur, elle semble prête pour relever ce défi.

QUELQUES PRÉCAUTIONS ◊ Comme le taux de rendement des capitaux propres, une analyse efficace du taux de rendement de l'actif exige aussi une compréhension de la raison pour laquelle le taux de rendement de l'actif diffère des niveaux précédents et de celui de la concurrence. Des analyses plus détaillées des composantes de la marge bénéficiaire nette (Bénéfice net / Ventes) peuvent contribuer à améliorer cette compréhension. Il faut décortiquer l'information, isoler les éléments non récurrents et analyser les opportunités futures. Rogers est prête pour le virement technologique, car elle a investi dans des installations de fibres optiques et de matériel électronique, l'élaboration de services Internet haute vitesse, la câblodistribution numérique et la technologie sans fil de la troisième génération. Certes, les changements dans les conditions de compétition influent également. L'analyse nécessite, encore une fois, une bonne connaissance du secteur d'activité.

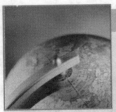

PERSPECTIVE INTERNATIONALE

L'harmonisation des normes comptables

Au cours des dernières années, cinq grands pays ont participé à l'élaboration de normes harmonisées en matière de comptabilisation des regroupements d'entreprises et du traitement comptable de l'écart d'acquisition. Ce sont le Canada, les États-Unis, l'Australie, la Nouvelle-Zélande et le Royaume-Uni. La mondialisation des marchés et l'ouverture des frontières ont multiplié les regroupements d'entreprises. La présence de normes comptables différentes dans chaque pays rendait difficile la comparaison et l'interprétation de l'information financière. Depuis juillet 2001, une seule méthode est reconnue pour la comptabilisation des regroupements: la méthode à la valeur d'acquisition. Aussi, l'écart d'acquisition ne sera plus amorti sur une période arbitraire, mais il sera déprécié lorsque sa valeur baissera par suite d'un test de dépréciation. L'harmonisation des normes comptables entre différents pays se poursuivra en ce qui concerne plusieurs autres sujets dans les années à venir.

La société Lexis a acheté 100 % des actions ordinaires de l'entreprise Nexis pour 10 millions de dollars, et elle comptabilise cette acquisition sur une base consolidée. À la date d'acquisition, la valeur comptable de tous les actifs de Nexis était égale à leur valeur marchande, et la valeur comptable nette de Nexis s'élevait à 6 millions de dollars. Les bilans récapitulatifs pour les deux entreprises à la date d'acquisition immédiatement après l'acquisition étaient les suivants.

	Lexis (société mère)	Nexis (filiale)
Placement dans Nexis	10 $	
Autres actifs	90	10 $
Passif	30	4
Capitaux propres	70	6

Au bilan consolidé, quels seraient les soldes suivants ?
1. L'écart d'acquisition.
2. Les capitaux propres.
3. Les autres actifs.

Vérifiez vos réponses à l'aide des solutions présentées en bas de page*.

ANALYSONS UN CAS | *Exemple 11-A*

La société de matériel Milard vend une importante ligne de matériel agricole, et elle offre des services de réparation. Les activités de vente et de service ont été profitables. Les opérations suivantes ont eu lieu au cours de l'exercice 20B.

a) 15 juillet   Achat de 2 000 actions ordinaires de la société Marchand à 40 $ l'action. Il s'agit de 1 % des actions en circulation. Ces actions seront vendues en juin 20C, et les fonds serviront à financer un projet d'expansion.

b) 28 juillet   Réception d'un dividende en espèces de 4 000 $ sur les actions de la société Marchand.

c) 31 décembre   Évaluation de la valeur marchande des actions de la société Marchand à 39 $.

Travail à faire

1. Présentez les effets de chacune de ces opérations sur les postes du bilan à l'aide de l'équation comptable.
2. Passez l'écriture de journal pour chacune de ces opérations.
3. Quels comptes et quels montants seront inscrits au bilan à la fin de l'exercice 20B ? À l'état des résultats pour l'exercice 20B ?

Solution suggérée

1. Équation comptable

	Actif	=	Passif	+	Capitaux propres	
a) Placements temporaires	+80 000					
Encaisse	−80 000					
b) Encaisse	+4 000				Produits de placement	+4 000
c) Placements temporaires	−2 000				Perte sur dévaluation de placements	−2 000

---

*1. Prix d'achat − Valeur marchande de l'actif net = Écart d'acquisition
    10 $ − 6 $ = 4 $
 2. Les capitaux propres de la filiale sont éliminés, ce qui laisse 70 $.
 3. 90 $ + 10 $ = 100 $

2. Écritures de journal

a) 15 juillet   Placements temporaires (A) 80 000

            Encaisse (A) 80 000

            2 000 actions × 40 $ l'action

b) 28 juillet   Encaisse (A) 4 000

            Produits de placement (Pr) 4 000

c) 31 décembre   Perte sur dévaluation de placements (C) 2 000

            Placements temporaires (A) 2 000

3. Au bilan

Au bilan		À l'état des résultats	
Actif à court terme		Autres postes	
Placements temporaires	78 000 $	Produits de placement	4 000 $
		Perte sur dévaluation	
		de placements	(2 000)

Le 1er janvier 20A, la société Buron a acheté 40 % des actions avec droit de vote en circulation de la société Londres sur le marché libre au prix de 85 000 $, et elle a exercé une influence notable sur cette société durant l'année. La société Londres a déclaré un dividende en espèces de 10 000 $ et un bénéfice net de 60 000 $ durant l'exercice.

Travail à faire

1. Déterminez les incidences de ces opérations sur les postes du bilan pour l'exercice 20A à l'aide de l'équation comptable.
2. Passez les écritures de journal pour l'exercice 20A.
3. Quels comptes ont été présentés au bilan de la société Buron à la fin de l'exercice 20A et à quels montants ? À l'état des résultats pour l'exercice 20A ?

Solution suggérée

1. Équation comptable

Actif	=	Passif	+	Capitaux propres
a) Placements dans				
des sociétés satellites + 85 000				
Encaisse – 85 000				
b) Encaisse + 4 000				
Placements dans				
des sociétés satellites – 4 000				
c) Placements dans				Quote-part des résultats
des sociétés satellites + 24 000				des sociétés satellites + 24 000

2. Écritures de journal

a) 1er janvier   Placements dans des sociétés satellites (A) 85 000

            Encaisse (A) 85 000

b) Dividendes   Encaisse (A) (40 % × 10 000 $) 4 000

            Placements dans des sociétés satellites (A) 4 000

c) 31 décembre   Placements dans des sociétés satellites (A)

            (40 % × 60 000 $) 24 000

            Quote-part des résultats

            des sociétés satellites (Pr) 24 000

3. Au bilan

Au bilan		À l'état des résultats	
Actif à long terme		Autres postes	
Placements dans des		Quote-part des résultats	
sociétés satellites	105 000 $	des sociétés satellites	24 000 $

Exemple 11-C

Le 1er janvier 20A, la société Buron a acheté 100% des actions avec droit de vote en circulation de la société Londres sur le marché libre au prix de 85 000$. À la date d'acquisition, la valeur marchande des actifs s'élevait à 79 000$.

Travail à faire

1. Déterminez les incidences de ces opérations sur les postes du bilan pour l'exercice 20A à l'aide de l'équation comptable.
2. Passez l'écriture de journal que la société Buron devrait inscrire à la date d'acquisition. Si aucune écriture n'est requise, expliquez pourquoi.
3. Passez l'écriture de journal que la société Londres devrait inscrire à la date d'acquisition. Si aucune écriture n'est requise, expliquez pourquoi.
4. Analysez l'acquisition pour déterminer le montant de l'écart d'acquisition issu du regroupement.
5. Les actifs de la société Londres devraient-ils être inclus au bilan consolidé à la valeur comptable ou à la valeur marchande? Expliquez votre réponse.

Solution suggérée

1. Équation comptable

	Actif	=	Passif	+	Capitaux propres
Placement dans la filiale	+85 000				
Encaisse	−85 000				

2. Écriture de journal : 01/01/20A

Placement dans la filiale (A)	85 000	
Encaisse (A)		85 000

3. La société Londres ne passe pas d'écriture de journal pour l'achat de leurs actions par la société Buron. L'opération a été conclue entre la société Buron et les actionnaires de la société Londres. L'opération ne faisait pas directement intervenir la société Londres.

4.
Prix d'achat pour la société Londres	85 000$
Valeur marchande de l'actif net acheté	79 000
Écart d'acquisition	6 000$

5. En vertu de la méthode de l'acquisition, l'actif de la société Londres doit être inclus au bilan consolidé à sa valeur marchande à la date d'acquisition. Le principe de la valeur d'acquisition s'applique puisqu'une opération d'achat et de vente a eu lieu entre des parties indépendantes.

Points saillants du chapitre

1. **Comprendre les trois principales catégories de placements intersociétés (voir la page 713).**

   Les sociétés acquièrent des actions dans d'autres entreprises :

   • À titre de placements de portefeuille en vue de réaliser un taux de rendement plus élevé sur les fonds dont une entité pourrait avoir besoin à long terme. On suppose que l'investissement est passif si l'entité détient moins de 20% des actions avec droit de vote en circulation de l'entité émettrice.

   • Dans l'intention d'exercer une influence notable sur les activités d'exploitation et de financement de l'entité émettrice. On suppose qu'il y a influence notable si l'entité possède de 20 à 50% des actions avec droit de vote en circulation de l'entité émettrice.

   • Dans l'intention d'exercer un contrôle sur les politiques en matière d'exploitation, d'investissement et de financement d'une autre entité. On suppose qu'une société exerce un contrôle sur une autre quand elle détient plus de 50% des actions avec droit de vote en circulation de l'entité émettrice.

2. **Analyser et présenter les placements de portefeuille et les autres placements passifs à l'aide de la méthode de comptabilisation à la valeur d'acquisition (voir la page 716).**

On peut classer les placements passifs comme des placements temporaires (dont l'échéance est à court terme) ou comme des placements de portefeuille (dont l'échéance est à long terme) selon les intentions de la direction. On comptabilise les placements passifs à la *valeur d'acquisition* (leur coût). Dans le cas de placements temporaires, on les ajuste à la *valeur marchande* à la fin de l'exercice si cette dernière est inférieure au coût pour évaluer les placements au moindre du coût et de la valeur marchande. Une hausse subséquente de la valeur marchande n'entraîne pas une augmentation du placement. Pour réduire un placement à sa valeur marchande au bilan, une perte est reconnue à l'état des résultats. Pour les placements de portefeuille, seules les baisses de valeurs durables seront comptabilisées. Pour tous les placements passifs, on inscrit les dividendes déclarés à titre de produits de placements et tous les profits ou toutes les pertes sur les ventes de placements, calculés en fonction du coût moyen des placements de même catégorie, à l'état des résultats.

3. **Analyser et présenter les placements dans des sociétés satellites à l'aide de la méthode de comptabilisation à la valeur de consolidation (voir la page 724).**

Selon la méthode de comptabilisation à la *valeur de consolidation,* l'entité participante comptabilise le placement au coût à la date d'acquisition. Pour tous les exercices suivants, la valeur du placement augmente (ou diminue) du montant de la quote-part de la société participante dans les bénéfices (les pertes) de l'entité émettrice et diminue du montant de la quote-part de la société participante dans les dividendes déclarés par l'entité émettrice. À chaque exercice, l'entité participante constate à titre de produits sa quote-part des résultats de la société émettrice.

La section des activités d'investissement de l'état des flux de trésorerie présente les achats et les ventes de placements. Dans la section des activités d'exploitation, on ajuste le bénéfice net en fonction des gains ou des pertes sur les ventes de placements, de la quote-part dans les résultats des sociétés satellites (nette des dividendes reçus) et des pertes découlant de la baisse de valeur durable des placements.

4. **Analyser et présenter les placements dans des filiales à l'aide des états financiers consolidés (voir la page 732).**

Le concept de consolidation est basé sur le point de vue qu'une société mère et ses filiales constituent une seule entité économique. Par conséquent, il faut combiner les états des résultats, les bilans et les états des flux de trésorerie distincts de la société mère et de ses filiales à chaque exercice. On le fait en additionnant, un poste à la fois, les éléments des états financiers pour ne former qu'un seul ensemble d'*états financiers consolidés.* On doit comptabiliser le regroupement d'entreprises découlant de l'acquisition d'une participation majoritaire dans une autre société au moyen de la méthode de l'acquisition

En vertu de la *méthode de l'acquisition,* une opération d'achat a été conclue et l'acquisition est comptabilisée conformément au principe de la valeur d'acquisition, avec les actifs et les passifs de la filiale mesurés à leur valeur marchande à la date de l'opération. Toute somme versée qui est supérieure à la valeur marchande de l'actif net est inscrite à titre d'écart d'acquisition aux états financiers consolidés.

Lorsqu'un pourcentage de moins de 100 % est acquis, on intègre quand même les comptes de la filiale à 100 % et une partici*pation sans contrôle* est reconnue au bilan et à l'état des résultats.

5. **Analyser et interpréter le taux de rendement de l'actif (voir la page 740).**

Le taux de rendement de l'actif mesure le bénéfice gagné par l'entreprise pour chaque dollar d'actif investi. Il procure des informations sur la rentabilité et l'efficacité de la direction. Si le taux augmente dans le temps, c'est que l'efficacité de la direction s'améliore également. On le calcule en divisant le bénéfice net par l'actif total moyen.

Chaque année, bon nombre d'entreprises déclarent des bénéfices importants mais déclarent aussi faillite. Certains investisseurs considèrent que cette situation est paradoxale. Cependant, les analystes comprennent pourquoi cela se produit. Ils savent qu'on dresse l'état des résultats en vertu du principe de constatation (on inscrit les produits quand ils sont réalisés ou gagnés, et on rapproche les charges connexes avec les produits). L'état des résultats ne présente pas les recouvrements en espèces et les paiements au comptant. Les sociétés en proie à des difficultés financières déclarent faillite, car elles ne sont pas en mesure de satisfaire à leurs obligations en matière de liquidités (par exemple, elles ne peuvent payer leurs fournisseurs ou verser les intérêts exigibles). L'état des résultats n'aide pas les analystes à évaluer les flux de trésorerie d'une entreprise. L'état des flux de trésorerie, que nous aborderons dans le chapitre 12, est conçu pour aider les utilisateurs des états financiers à évaluer les encaissements et les décaissements d'une entreprise.

RATIOS CLÉS

Le taux de rendement de l'actif mesure le bénéfice gagné par l'entreprise pour chaque dollar d'actif investi au cours de l'exercice. Un taux qui augmente ou qui est élevé laisse entendre que la direction gère ses actifs avec efficacité. On le calcule comme suit (voir la page 740) :

$$\text{Taux de rendement de l'actif} = \frac{\text{Bénéfice net}}{\text{Actif total moyen*}}$$

*(Actif total au début de l'exercice + Actif total à la fin de l'exercice) ÷ 2

Pour trouver
L'INFORMATION FINANCIÈRE

BILAN

Actif à court terme
   Placements temporaires (au moindre du coût et de la valeur marchande)

Actif à long terme
   Placements de portefeuille (à la valeur d'acquisition)
   Placements dans les sociétés satellites (à la valeur de consolidation)

ÉTAT DES RÉSULTATS

Autres postes
   Produits de placement
   Gain ou perte sur vente de placements
   Perte sur dévaluation de placements
   Quote-part des résultats de sociétés satellites

ÉTAT DES FLUX DE TRÉSORERIE

Activités d'exploitation
   Bénéfice net ajusté pour :
   Gains ou pertes sur la vente de placements
   Quote-part des résultats de sociétés satellites
   Dividendes reçus de sociétés satellites
   Pertes sur dévaluation de placements

NOTES COMPLÉMENTAIRES

Dans plusieurs notes
   Conventions comptables sur les méthodes de comptabilisation des placements et de l'écart d'acquisition ainsi que des principes de consolidation
   Détails sur les acquisitions de sociétés
   Détails sur les placements par catégorie et la valeur boursière lorsqu'il s'agit de titres négociables

Mots clés

Questions

1. Expliquez la différence qui existe entre un placement à court terme et un placement à long terme.

2. Expliquez l'application du principe de la valeur d'acquisition à l'achat d'actions dans une autre entreprise.

3. Expliquez l'application de la règle du moindre du coût ou de la valeur marchande pour évaluer les placements temporaires en fin d'exercice.

4. Selon la méthode de la comptabilisation à la valeur de consolidation, pourquoi l'entité participante mesure-t-elle les produits sur la base de sa quote-part des résultats de l'entité émettrice plutôt que sur la base de sa quote-part des dividendes déclarés ?

5. Selon la méthode de la comptabilisation à la valeur de consolidation, les dividendes reçus de l'entité émettrice ne sont pas comptabilisés comme produits, car l'inscription des dividendes comme produits entraîne une double comptabilisation des produits. Expliquez pourquoi.

6. Quelle est la relation entre une société mère et sa filiale ?

7. Pourquoi consolide-t-on les états financiers de la société mère et de ses filiales ?

8. Quel élément de base doit exister avant que des états ne soient consolidés ?

9. Quand reconnaît-on une participation sans contrôle et où trouve-t-on ce poste ?

10. Que veut dire un regroupement d'entreprises comptabilisé selon la méthode de l'acquisition ?

11. En quoi consistent les éliminations intersociétés ?

12. Qu'est-ce qu'un écart d'acquisition ?

M11-1 **La correspondance des niveaux de participation et des méthodes de mesure et de présentation de l'information financière**
Reliez les éléments suivants.

Méthode de mesure	*Niveau de participation dans le capital-actions ordinaire*
____ Méthode de comptabilisation à la valeur d'acquisition	a) Plus de 50 %
____ Méthode de comptabilisation à la valeur de consolidation	b) Moins de 20 %
____ Consolidation	c) Entre 20 % et 50 %

M11-2 **La correspondance des méthodes de mesure et des soldes du compte de placement**
Reliez les éléments suivants relatifs aux montants des placements à long terme apparaissant dans le bilan de l'entité participante.

Méthode de mesure

____ Méthode de comptabilisation à la valeur d'acquisition

____ Méthode de comptabilisation à la valeur de consolidation

Explication du solde dans le compte de placement

a) Prix d'achat

b) Prix d'achat initial ajouté à la quote-part des résultats redressés de l'entité émettrice, déduit de la quote-part des dividendes déclarés par l'entité émettrice

M11-3 **La détermination des effets sur les états financiers des opérations portant sur les placements temporaires**
Au cours de 20B, la société Princeton a acquis quelque 50 000 actions ordinaires en circulation de la société Cox ayant une valeur nominale de 10 $ comme titres négociables à court terme. L'exercice des deux sociétés se termine le 31 décembre.

2 juillet Achat de 8 000 actions ordinaires de la société Cox au prix de 28 $ l'action.

31 décembre Déclaration et versement de dividendes en espèces de 2 $ l'action par la société Cox.

31 décembre Prix courant des actions de Cox évalué à 25 $ l'action.

À l'aide des catégories suivantes, indiquez les effets des opérations. (Inscrivez un « + » pour une augmentation, un « – » pour une diminution et indiquez les montants.)

Bilan				État des résultats		
Opération	Actif	Passif	Capitaux propres	Produits	Charges	Bénéfice net

M11-4 **La détermination des effets sur les états financiers des opérations portant sur les placements de portefeuille**
Utilisez les données de l'exercice M11-3 et supposez que la direction de la société Princeton a acheté les actions de Cox pour son portefeuille de placement à long terme plutôt qu'à court terme. À l'aide des catégories suivantes, indiquez les effets des opérations. (Inscrivez un « + » pour une augmentation, un « – » pour une diminution et indiquez les montants.)

Bilan				État des résultats		
Opération	Actif	Passif	Capitaux propres	Produits	Charges	Bénéfice net

M11-5 **La comptabilisation des opérations portant sur les placements temporaires**
Pour chacune des opérations de l'exercice M11-3 conclues au cours de l'exercice 20B, passez l'écriture de journal correspondante.

M11-6 **La comptabilisation des opérations portant sur les placements de portefeuille**
Utilisez les données de l'exercice M11-4. Passez l'écriture de journal pour chaque opération.

M11-7 **La détermination des effets sur les états financiers des titres dans des sociétés satellites**
Le 1er janvier 20B, Achète.com a acquis 25 % (10 000 actions) des actions ordinaires de la société E-Net. L'exercice pour les deux sociétés se termine le 31 décembre.

2 juillet   E-Net a déclaré et versé un dividende en espèces de 3 $ l'action.

31 décembre E-Net a inscrit un bénéfice net de 200 000 $.

À l'aide des catégories suivantes, indiquez les effets des opérations. (Inscrivez un « + » pour une augmentation, un « – » pour une diminution et indiquez les comptes qui subiront une influence ainsi que les montants.)

Bilan				État des résultats		
Opération	Actif	Passif	Capitaux propres	Produits	Charges	Bénéfice net

M11-8 **La comptabilisation des opérations portant sur les titres dans des sociétés satellites**
Passez les écritures de journal pour chacune des opérations données à l'exercice M11-7 qui a été effectuée en 20B.

Exercices

E11-1 **La comparaison des principales caractéristiques des méthodes de comptabilisation à la valeur d'acquisition et à la valeur de consolidation**
La société A a acheté une certaine quantité des actions avec droit de vote en circulation de la société B à 18 $ l'action comme placement à long terme. La société B avait 20 000 actions en circulation sans valeur nominale. Sur une feuille distincte, remplissez la matrice suivante concernant la mesure et la présentation de l'information financière pour la société A après l'acquisition des actions de la société B.

Question	Méthode à la valeur d'acquisition	Méthode à la valeur de consolidation
a) Quel niveau de participation dans la société B doit détenir la société A pour appliquer cette méthode ?	Pourcentage	Pourcentage
Pour b), e), f) et g), supposez ce qui suit :		
Nombre d'actions acquises de la société B	1 500	5 000
Bénéfice net inscrit par la société B au cours du premier exercice	60 000 $	60 000 $
Dividendes déclarés par la société B au cours du premier exercice	15 000 $	15 000 $
Valeur boursière des actions de la société B à la fin de l'exercice, 15 $		
b) Déterminez le montant du compte de placement qui figure dans les livres de la société A à la date d'acquisition.	$	$
c) À quel moment et sur quelle base la société A doit-elle constater les produits relatifs aux actions qu'elle détient de la société B ? Expliquez votre réponse.		
d) Après la date d'acquisition, quelles raisons amèneraient la société A à modifier le solde de son compte de placement dans les actions de la société B (autre que pour la vente) ? Expliquez votre réponse.		
e) Quel est le solde du compte de placement dans les livres de la société A à la fin du premier exercice ?	$	$

f) Quel est le montant des produits du placement dans la société B à la fin du premier exercice ? $ $

g) La société A doit-elle inscrire un perte à la fin du premier exercice ? Expliquez votre réponse. $ $

OA2

E11-2 **Les effets sur les états financiers et la comptabilisation des opérations portant sur les placements temporaires**

Le 30 juin 20A, MétroMédia inc. a acquis 10 000 actions de Mitek au prix de 20 $ l'action. La direction a acheté les actions dans le but de spéculer, et elle a inscrit les actions à titre de placement temporaire. Les données suivantes concernent le prix par action de Mitek.

	Prix
31-12-20A	16 $
31-12-20B	31
31-12-20C	25

Le 14 février 20D, MétroMédia a vendu toutes ses actions dans Mitek au prix de 23 $ l'action.

Travail à faire

1. Déterminez les incidences de cette opération à la date d'acquisition et à chaque fin d'exercice sur les postes du bilan.
2. Passez les écritures de journal requises par les opérations présentées dans ce cas.

OA2

E11-3 **Les effets sur les états financiers et la comptabilisation des opérations portant sur un placement de portefeuille**

À l'aide des données de l'exercice E11-2, supposez que la direction de MétroMédia achète les actions de Mitek pour son portefeuille de placement à long terme plutôt que pour des placements temporaires.

Travail à faire

1. Déterminez les incidences de cette opération à la date d'acquisition et à chaque fin d'exercice sur les postes du bilan.
2. Passez les écritures de journal requises par les opérations présentées dans ce cas.

OA2

E11-4 **L'inscription des profits et des pertes sur la vente de placements temporaires**

Le 10 mars 20B, Solutions générales inc. a acheté 5 000 actions de MicroTech au prix de 50 $ l'action. La direction a acheté les actions dans l'intention de les revendre dès qu'elles atteindront 60 $. Les données suivantes concernent le prix par action de MicroTech.

	Prix
31-12-20B	55 $
31-12-20C	40
31-12-20D	42

Le 12 septembre 20E, Solutions générales a vendu toutes ses actions dans MicroTech au prix de 60 $ l'action.

Travail à faire

1. Déterminez les incidences de cette opération à la date d'acquisition et à chaque fin d'exercice sur les postes du bilan.
2. Passez les écritures de journal requises par les opérations présentées dans cet exemple.

E11-5 **L'inscription des gains et des pertes sur le portefeuille des titres offerts en vente**
À l'aide des données de l'exercice E11-4, supposez que la direction de Solutions générales achète les actions de Mitek dans l'intention de les garder durant cinq ans.

Travail à faire

1. Déterminez les incidences de cette opération à la date d'acquisition et à chaque fin d'exercice sur les postes du bilan.
2. Passez les écritures de journal requises par les opérations présentées dans cet exemple.

E11-6 **L'inscription d'un titre comptabilisé à la valeur de consolidation**
La société Félicia a acquis quelques-unes des 60 000 actions ordinaires en circulation (sans valeur nominale) de la société Nueces durant l'exercice 20E à titre de placement à long terme. L'exercice annuel des deux sociétés se termine le 31 décembre. Les opérations suivantes ont été conclues durant l'exercice 20E.

10 janvier   Achat de 21 000 actions ordinaires de Nueces au prix de 12 $ l'action.

31 décembre Réception des états financiers de Nueces pour l'exercice 20E, qui présentaient un bénéfice net de 90 000 $.

31 décembre Nueces a déclaré et versé des dividendes en espèces de 0,60 $ l'action.

31 décembre La valeur boursière actuelle des actions de Nueces est de 11 $ l'action.

Travail à faire

1. Quelle méthode comptable la société Félicia doit-elle utiliser pour comptabiliser son placement dans Nueces ? Expliquez votre réponse.
2. Déterminez les incidences sur les postes du bilan pour chacune de ces opérations. Si aucun effet ne s'applique, expliquez pourquoi.
3. Passez les écritures de journal pour chacune de ces opérations. Si aucune écriture n'est requise, expliquez pourquoi.
4. Montrez la manière dont les placements à long terme et les produits connexes doivent être présentés aux états financiers de Félicia pour l'exercice 20E.

E11-7 **L'interprétation des effets des placements comptabilisés à la valeur de consolidation à l'état des flux de trésorerie**
À l'aide des données de l'exercice E11-6, répondez aux questions suivantes.

Travail à faire

1. À l'état des flux de trésorerie de l'exercice en cours, comment ces opérations influeront-elles sur la section des activités d'investissement ?
2. À l'état des flux de trésorerie de l'exercice en cours (avec la méthode indirecte), comment la quote-part des résultats et des dividendes des sociétés satellites influera-t-elle sur la section des activités d'exploitation ? Expliquez les raisons de ces effets.

E11-8 **L'interprétation de la convention en matière de consolidation**
Le rapport annuel de la corporation La Senza, entreprise de vente au détail de vêtements féminins, comprend la déclaration suivante : « Toutes les opérations et tous les soldes intersociétés d'importance ont été exclus lors de la consolidation. » Expliquez, dans vos propres mots, ce que cela signifie. Pourquoi doit-on éliminer tous les comptes et toutes les opérations intersociétés lors de la consolidation ?

E11-9 **La détermination du traitement comptable approprié pour une acquisition**
L'entreprise George Weston est une société canadienne dans le domaine de la transformation et de la distribution d'aliments. Elle atteint plus de 24 milliards de dollars de chiffre d'affaires annuel. Les notes qui accompagnaient ses états financiers contenaient les informations suivantes.

---

4. Acquisitions d'entreprises
Le 30 juillet 2001, la société a acheté toutes les actions ordinaires émises et en circulation de Best Foods Baking [...] pour la somme de 2,78 milliards de dollars en espèces.

Comment George Weston devrait-elle comptabiliser cette opération à la date d'acquisition et à la fin de l'exercice ? Expliquez votre réponse.

E11-10 L'analyse de l'écart d'acquisition et l'établissement du bilan consolidé

Le 1er janvier 20A, la société P a acheté, sur le marché libre, 100 % des actions avec droit de vote de la société S au prix de 80 000 $ payés en espèces. Voici les bilans (simplifiés) des deux entreprises tels qu'ils ont été dressés ce même jour.

	Immédiatement après l'acquisition au 1er janvier 20A	
	Société P	Société S
Encaisse	12 000 $	18 000 $
Placements dans la société S (au coût)	80 000	
Immobilisations corporelles (nettes)	48 000	42 000
Total de l'actif	140 000 $	60 000 $
Passif	40 000 $	9 000 $
Actions ordinaires :		
Société P (sans valeur nominale)	90 000	
Société S (valeur nominale de 10 $)		40 000
Bénéfices non répartis	10 000	11 000
Total du passif et des capitaux propres	140 000 $	60 000 $

À la date d'acquisition, on a été déterminé que la valeur marchande des éléments de l'actif et du passif de la société S était égale aux valeurs comptables.

Travail à faire

1. Analysez l'acquisition afin de déterminer le montant de l'écart d'acquisition.
2. Déterminez les incidences de ces opérations sur les postes du bilan à l'aide de l'équation comptable.
3. Dressez un bilan consolidé immédiatement après l'acquisition.

E11-11 La détermination du bénéfice net consolidé

Supposez que la société P a acquis la société S le 1er janvier 20A pour 100 000 $ au comptant. À cette date, la valeur comptable nette de la société S était de 90 000 $, et la valeur marchande de tous les actifs et passifs de la société S était égale à leur valeur comptable. Durant l'exercice 20A, les entreprises ont déclaré les résultats suivants.

	Société P	Société S
Produits rattachés à leurs propres activités	500 000 $	75 000 $
Charges se rapportant à leurs propres activités	350 000	50 000

Calculez le bénéfice net consolidé pour l'exercice se terminant le 31 décembre 20A.

E11-12 La convention sur l'écart d'acquisition

Quebecor exerce ses activités dans huit secteurs d'activité dont l'imprimerie, la câblodistribution et les journaux. Ses revenus annuels consolidés atteignent les 12 milliards de dollars. Le rapport annuel de la société présente ce qui suit.

> L'écart d'acquisition représente l'excédent du prix payé sur la juste valeur de l'actif net des entreprises acquises. [...] L'écart d'acquisition [...] n'est pas amorti. La direction revoit de façon périodique la valeur de l'écart d'acquisition. Lorsque des circonstances ou événements indiquent une possibilité de baisse de la valeur recouvrable nette de l'écart d'acquisition, un évaluation des flux monétaires futurs non actualisés que devrait générer l'entreprise pour laquelle cet écart d'acquisition a été comptabilisé est effectuée. Le cas échéant, la valeur comptable de l'écart d'acquisition est alors réduite.

En fonction des notions abordées dans ce chapitre, expliquez cette convention dans vos propres mots.

E11-13   L'interprétation des informations fournies sur l'écart d'acquisition

■OA4

Disney

La société Disney possède des parcs à thème, des studios de cinéma, des stations de radio et de télévision, des journaux et des réseaux de télévision comme ABC et ESPN. Dernièrement, son bilan présentait un écart d'acquisition de 14 milliards de dollars. Cela représente plus de 30 % de l'actif total de l'entreprise, ce qui est un pourcentage très important si on le compare à celui de nombreuses sociétés. À votre avis, pourquoi Disney inscrit-elle un écart d'acquisition aussi important à son bilan ? Expliquez votre réponse.

E11-14   L'analyse et l'interprétation du taux de rendement de l'actif

■OA5

Bombardier

La société Bombardier est un important fabricant de produits de transport aéronautique et terrestre reconnue mondialement. Au cours d'un exercice récent, elle présentait les chiffres consolidés qui suivent (en millions de dollars).

	Exercice en cours	Exercice précédent
Produits	21 634 $	15 944 $
Bénéfice net	391	975
Total de l'actif	27 753	20 404
Total des capitaux propres	4 090	3 812

Travail à faire

1. Déterminez le taux de rendement de l'actif pour l'exercice en cours.
2. Expliquez la signification de ce taux de rendement.

Problèmes

P11-1   La comptabilisation des placements passifs (PS11-1)

■OA2

Le 1er mars 20A, la société HiTech Industries a acheté 10 000 actions de la Société de services intégrés qu'elle a payées 20 $ l'action. Les renseignements suivants concernent le prix des actions de la Société de services intégrés.

	Prix
31-12-20A	18 $
31-12-20B	24
31-12-20C	30

Travail à faire

1. Déterminez les incidences sur les postes du bilan à l'aide de l'équation comptable et passez des écritures de journal pour la société. Supposez que Hitech a acheté les actions comme placement temporaire.
2. Déterminez les incidences sur les postes du bilan à l'aide de l'équation comptable et passez des écritures de journal pour la société. Supposez que Hitech a acheté les actions comme placement de portefeuille à long terme.

P11-2   La présentation des placements passifs (PS11-2)

■OA2

Au cours du mois de janvier 20A, la société Crystal a acheté les actions suivantes comme placement à long terme.

Actions	Nombre d'actions en circulation	Achat	Prix par action
Actions ordinaires de la société Q (sans valeur nominale)	90 000	12 600	5 $
Actions privilégiées de la société R sans droit de vote (valeur nominale de 10 $)	20 000	12 000	30

Après l'acquisition, les données suivantes étaient disponibles.

	20A	20B
Bénéfice net inscrit au 31 décembre :		
Société Q	30 000 $	36 000 $
Société R	40 000	48 000
Dividendes déclarés et versés par action au cours de l'exercice :		
Actions ordinaires de la société Q	0,80 $	0,85 $
Actions privilégiées de la société R	0,90	0,90
Valeur boursière par action au 31 décembre :		
Actions ordinaires de la société Q	4,00 $	4,00 $
Actions privilégiées de la société R	29,00	30,00

Travail à faire

1. Quelle méthode comptable devrait-on utiliser pour comptabiliser les placements dans les actions ordinaires de la société Q et dans les actions privilégiées de la société R ? Expliquez votre réponse.
2. Pour chaque exercice, indiquez comment les montants suivants devraient être inscrits aux états financiers.
   a) Les placements à long terme.
   b) Les produits de placement.

OA2
OA3

P11-3 La comparaison des méthodes de comptabilisation à la valeur d'acquisition et à la valeur de consolidation

Le 4 août 20A, la société Collin a acheté 1 000 actions de la société Isabelle au prix de 45 000 $. Les renseignements suivants concernant la société Isabelle ont été recueillis.

	Prix
31-12-20A	52 $
31-12-20B	47
31-12-20C	38

Le 1er juin de chaque année, Isabelle verse un dividende en espèces de 2 $ l'action.

Travail à faire

1. En supposant qu'il s'agit d'un placement de portefeuille à long terme, déterminez les incidences sur les postes du bilan à l'aide de l'équation comptable à la date d'acquisition et à chaque fin d'exercice. Si aucun effet ne s'applique, expliquez pourquoi. Présentez le solde du poste Placement de portefeuille à chaque fin d'exercice et indiquez toute autre divulgation nécessaire aux états financiers.
2. Effectuez le même travail qu'à l'exercice précédent, mais supposez que l'acquisition des actions d'Isabelle confère une participation de 30 % à Collin et que le bénéfice net d'Isabelle a été de 50 000 $ à chacun des exercices présentés.

OA2
OA3

P11-4 La comparaison des méthodes de comptabilisation des placements pour divers niveaux de participation

La société Rochon a 30 000 actions ordinaires en circulation, sans valeur nominale. Le 1er janvier 20B, la société Georges acquiert une partie de ces actions au prix de 25 $ l'action. À la fin de l'exercice 20B, Rochon a présenté un bénéfice net de 50 000 $ et, durant l'exercice 20B, elle a déclaré et payé des dividendes pour un montant de 25 500 $. La valeur boursière des actions de Rochon à la fin de 20B se situait à 22 $ l'action.

Travail à faire

1. Pour chacun des cas présentés ci-après, déterminez la méthode comptable que devrait utiliser Georges pour comptabiliser son placement dans Rochon. Présentez les explications à l'appui.

2. Pour chacun des cas présentés, déterminez les incidences sur les postes du bilan de Georges à l'aide de l'équation comptable en supposant que le placement au cas A est à long terme. Si aucun effet ne s'applique, expliquez pourquoi.

    Cas A   3 600 actions achetées

    Cas B   10 500 actions achetées

3. Remplissez le tableau suivant qui montre le solde de certains postes aux états financiers de Georges pour l'exercice 20B.

	Montant	
	Cas A	Cas B
Bilan		
Placements		
État des résultats		
Produits de placement		

4. Expliquez pourquoi l'actif et les produits de placement sont différents dans les deux cas.

P11-5   La présentation de la participation sans contrôle et de l'écart d'acquisition

Pour permettre l'expansion de ses opérations, la société Nadine a acquis 80 % des actions en circulation de la société Giguère pour une somme de 120 000 $ en espèces, le 1er janvier 20B. À la date d'acquisition, la juste valeur marchande des actifs de Giguère était égale à leur valeur comptable. La valeur comptable de l'actif net de Giguère s'élevait à 90 000 $. Durant l'exercice 20B, Giguère a produit un bénéfice net de 40 000 $ et n'a pas déclaré de dividendes.

Travail à faire

1. Déterminez le montant de l'écart d'acquisition et de la participation sans contrôle à la date d'acquisition.

2. Déterminez le solde de la participation sans contrôle au bilan consolidé et à l'état consolidé des résultats de Nadine au 31 décembre 20B.

3. Déterminez le solde de l'écart d'acquisition aux états financiers consolidés de Nadine à la fin de 20B.

P11-6   La détermination des effets sur l'état des flux de trésorerie des placements passifs et des placements en vue d'exercer une influence notable

OA2
OA3

Durant l'exercice 20H, la société Rousseau a acheté, à titre de placements à long terme, une partie des 90 000 actions ordinaires de Thon de mer inc. L'exercice des deux sociétés se termine le 31 décembre. Les opérations suivantes ont été effectuées au cours de l'exercice 20H.

7 janvier   Achat de 40 500 actions de Thon de mer au prix de 32 $ l'action.

31 décembre   Réception des états financiers de Thon de mer pour l'exercice 20H, qui comptabilisait un bénéfice net de 200 000 $.

31 décembre   Déclaration et versement par Thon de mer de dividendes en espèces de 3 $ l'action.

31 décembre   La valeur marchande actuelle des actions de Thon de mer est de 40 $ l'action.

Selon vous, quelle sera l'influence de chacune des opérations sur la section des activités d'exploitation et d'investissement de l'état des flux de trésorerie ?

P11-7 **L'analyse de l'écart d'acquisition et l'établissement du bilan consolidé**

Le 4 janvier 20A, la société P a acquis la totalité des 8 000 actions en circulation de la société S qu'elle a payées 12 $ l'action. Immédiatement après l'acquisition, on pouvait lire ce qui suit dans les bilans des deux sociétés.

	Solde au 4 janvier 20A immédiatement après l'acquisition	
	Société P	Société S
Encaisse	22 000 $	23 000 $
Placements dans la société S (100 %), au coût	96 000	
Immobilisations corporelles (nettes)	132 000	65 000*
Total de l'actif	250 000 $	88 000 $
Passif	27 000 $	12 000 $
Actions ordinaires	120 000	40 000
Bénéfices non répartis	103 000	36 000
Total du passif et des capitaux propres	250 000 $	88 000 $

* Selon la société P, la juste valeur marchande à la date d'acquisition est de 72 000 $.

Travail à faire

1. Déterminez les incidences sur les postes du bilan découlant de l'acquisition.
2. Analysez l'acquisition afin de déterminer le montant de l'écart d'acquisition.
3. Au bilan consolidé, l'actif immobilisé de la société S doit-il être inscrit à la valeur comptable ou à la valeur marchande ? Expliquez votre réponse.
4. Dressez un bilan consolidé immédiatement après l'acquisition. (*Conseil :* Tenez compte de la réponse donnée en 4.)

Problèmes supplémentaires

PS11-1 **La comptabilisation des placements passifs (P11-1)**

Le 15 septembre 20A, la société James Média inc. a acquis 5 000 actions de la société Diffusar inc. au prix de 30 $ l'action. Les renseignements suivants présentent la valeur boursière des actions de Diffusar.

	Prix
31-12-20A	32 $
31-12-20B	24
31-12-20C	20

Travail à faire

1. À l'aide de l'équation comptable, déterminez les incidences sur les postes du bilan relatifs aux opérations présentées dans ce cas. Supposez que les actions ont été achetées pour un placement temporaire.
2. Effectuez le même travail qu'en 1., en supposant que les actions seront détenues à long terme.

PS11-2 La présentation des placements passifs (P11-2)

OA2

Durant l'exercice 20B, la société Hexagone a acquis 12 000 actions des 200 000 actions ordinaires en circulation de la société Sept inc. au prix de 30 $ l'action comme placement de portefeuille à long terme. Supposez que la fin de l'exercice est le 31 décembre. Voici les renseignements disponibles après la date d'acquisition.

	20A	20B
Bénéfice net de Sept au 31 décembre	40 000 $	60 000 $
Dividendes payés par Sept au cours de l'exercice	60 000	80 000
Valeur boursière d'une action ordinaire de Sept au 31 décembre	28	29

Travail à faire

1. Quelle méthode comptable doit être utilisée pour comptabiliser le placement dans Sept inc. ? Expliquez votre réponse.
2. Pour chacun des exercices, déterminez les incidences sur les postes des états financiers de Hexagone des éléments qui suivent (s'il n'y a aucune incidence, expliquez pourquoi).
   a) L'acquisition des actions de Sept.
   b) Le bénéfice net présenté par Sept.
   c) Les dividendes payés par Sept.
   d) L'effet de la valeur boursière à la fin de l'exercice.
3. Présentez le solde des postes suivants aux états financiers de Hexagone de chaque exercice.
   a) Placements.
   b) Produits de placement.

Cas et projets

Cas – Information financière

CP11-1 La recherche d'informations financières

OA2
OA3
OA4

Les Boutiques
San Francisco
Incorporées

Reportez-vous aux états financiers de la société Les Boutiques San Francisco présentés en annexe à la fin de ce manuel.

1. Quel type de placements la société Les Boutiques San Francisco inscrit-elle ? Quelles méthodes de mesure et de présentation de l'information financière sont utilisées pour ces placements ? Où avez-vous trouvé cette information ?
2. La société Les Boutiques San Francisco comptabilise-t-elle le coût et la valeur marchande de ces titres ? Le cas échéant, quelle relation existe-t-il entre le coût et la valeur marchande ? Quels sont les attributs des titres qui peuvent justifier un coût équivalent à la valeur marchande ?
3. Pouvez-vous nommer les filiales de la société ? S'agit-il de filiales en propriété exclusive ou à contrôle majoritaire ? Comment pouvez-vous le déterminer ? Les notes complémentaires indiquent-elles que la société élimine toutes les opérations intersociétés durant la consolidation ? Expliquez votre réponse.
4. Les placements temporaires de l'exercice en cours sont inférieurs à ceux de l'année précédente de 747 000 $. Quel effet cette différence a-t-elle eu sur les flux de trésorerie provenant des activités d'exploitation ?

Les Boutiques
San Francisco
Incorporées et
Le Château Inc.

Standard & Poor's et
Dun & Bradstreet

CP11-2 La comparaison de sociétés évoluant dans le même secteur d'activité

Reportez-vous aux états financiers des sociétés Les Boutiques San Francisco et Le Château ainsi qu'aux ratios industriels de Standard & Poor's et de Dun & Bradstreet présentés en annexe à la fin de ce manuel.

Travail à faire

1. Calculez le taux de rendement de l'actif des deux sociétés pour l'exercice en cours. Qu'est-ce que vous pouvez déduire de la différence entre ces taux ? Quelle société a offert le rendement le plus élevé sur le total de ses investissements au cours de cet exercice ?
2. La différence entre le taux de rendement de l'actif des deux sociétés provient-elle essentiellement des distinctions sur le plan de la rentabilité ou de l'efficacité ? Comment le savez-vous ?
3. Le rendement de l'actif de la société Les Boutiques San Francisco est-il plus ou moins élevé que la moyenne pour ce secteur d'activité ? Et celui de la société Le Château ?

CP11-3 L'utilisation des rapports financiers : l'analyse des effets financiers des méthodes de comptabilisation à la valeur d'acquisition et à la valeur de consolidation

Le 1er janvier 20B, la société Tremblay a acheté 30 % des actions ordinaires en circulation de la société Marilou pour un coût total de 560 000 $. La direction a l'intention de conserver ces actions à long terme. Dans le bilan du 31 décembre 20B, le placement dans la société Marilou s'élevait à 720 000 $, et aucune autre action de la société Marilou n'a été achetée. La société a reçu de la société Marilou des dividendes de 80 000 $ en espèces. Les dividendes ont été déclarés et versés durant l'exercice 20B. La société a utilisé la méthode de comptabilisation à la valeur de consolidation pour inscrire son placement dans la société Marilou. La valeur boursière des actions de Marilou a augmenté durant l'exercice 20B pour atteindre une valeur totale de 600 000 $.

Travail à faire

1. Expliquez pourquoi le solde du compte de placement est passé de 560 000 $ à 720 000 $ au cours de l'exercice 20B.
2. Quels produits de placement ont été comptabilisés durant l'exercice 20B ?
3. Si la société Tremblay avait utilisé la méthode de comptabilisation à la valeur d'acquisition, quel montant aurait été comptabilisé à titre de produits de placement durant l'exercice 20B ?
4. Si la méthode de comptabilisation à la valeur d'acquisition avait été utilisée et que le placement dans Marilou était considéré comme temporaire, quel montant aurait été inscrit à titre de placement au bilan de la société Tremblay au 31 décembre 20B ?

La Presse

CP11-4 L'interprétation de la presse financière

Cinq grands pays dont le Canada et les États-Unis ont adopté de nouvelles normes relativement au traitement comptable de l'écart d'acquisition (« achalandage » est le terme utilisé dans la presse). Les incidences de ce changement sont le propos d'un article écrit par Réjean Bourdeau paru dans *La Presse* du 21 janvier 2002 : « Des dizaines de milliards d'actifs radiés de firmes canadiennes. » Vous pouvez trouver cet article sur le site Web de Chenelière/McGraw Hill à l'adresse www.dlcmcgrawhill.ca. Lisez l'article et résumez-le en mettant en évidence les points suivants.

1. Quelle est la modification comptable dont cet article fait état ?
2. Quels sont les principaux effets d'une telle modification ?
3. Les effets sont-ils favorables ou défavorables pour les sociétés ? Pour les investisseurs ?
4. Quelles seront les conséquences de cette nouvelle norme à long terme ?

Interbrew

CP11-5 L'utilisation de rapports financiers : l'interprétation des informations relatives aux déclarations des fonds commerciaux internationaux

La société Interbrew est une entreprise belge qui s'est portée acquéreur de John Labatt en 1995. Elle est le deuxième brasseur au monde au chapitre du volume, et elle exerce ses activités en Europe, en Amérique du Nord et dans la région Asie-Pacifique. Un rapport annuel récent contenait les informations suivantes sur ses conventions comptables.

Principe de consolidation:

La méthode de consolidation par intégration globale est retenue pour les filiales dans lesquelles le Groupe détient, directement ou indirectement, plus de la moitié des droits de vote.

[...] Les entreprises mises en équivalence sont celles dans lesquelles le Groupe détient une influence significative sur les décisions financières et opérationnelles, sans les contrôler. Ceci est prouvé, en général, si le groupe détient entre 20 % et 50 % des droits de vote. La méthode de la mise en équivalence est utilisée depuis la date où l'influence significative commence jusqu'à la date où elle s'achève.

[...] Toutes les transactions, les soldes et les pertes et profits non réalisés entre entreprises du groupe ont été éliminés.

Goodwill:

Le goodwill est amorti linéairement sur une période correspondant à sa durée de vie économique utile. Le goodwill généré par l'acquisition de brasseries est généralement amorti sur une durée de 20 ans. Le goodwill généré par l'acquisition d'entreprises de distribution est généralement amorti sur une période de 5 ans. Le goodwill provenant des acquisitions de Labatt Brewing Company Ltd., Interbrew UK Ltd. [...] est amorti sur une période de 40 ans. Ceci est dû à l'importance stratégique de ces acquisitions pour le développement à long terme du groupe, pour la nature et la stabilité des marchés dans lesquels ces entreprises opèrent et pour leurs positions sur ces marchés.

Le goodwill est repris au bilan à la valeur d'acquisition diminuée des amortissements cumulés et des dépréciations.

Interbrew a utilisé l'expression *mise en équivalence* pour *valeur de consolidation* et le terme *goodwill* pour *écart d'acquisition*. Comparez cette pratique comptable avec les méthodes utilisées dans notre pays.

Cas – Analyse critique

CP11-6 L'évaluation d'une question d'éthique: l'utilisation d'informations internes

Vous êtes membre du conseil d'administration d'une entreprise qui a décidé d'acheter dans les trois ou quatre prochains mois 80 % des actions en circulation d'une autre société. Les nombreuses discussions sur le sujet vous ont convaincu qu'il s'agit d'une excellente occasion d'investissement. Par conséquent, vous décidez d'acheter pour 10 000 $ d'actions de la société en question. Voyez-vous un problème d'éthique dans cette décision? Réagiriez-vous différemment s'il s'agissait d'un investissement de 500 000 $?

Les considérations d'ordre éthique sont-elles différentes si vous n'achetez pas vous-même les actions, mais que vous conseillez à votre frère ou à votre sœur de le faire?

CP11-7 L'évaluation d'une acquisition à titre d'analyste financier

☐OA4
☐OA5

Supposez que vous êtes l'analyste financier d'une importante entreprise d'investissement. Votre tâche consiste à analyser des entreprises du secteur de la vente au détail. Vous venez d'apprendre qu'un important détaillant de l'Ouest du pays a acheté une chaîne de magasins de vente au détail de l'Est du pays pour un prix supérieur à la valeur comptable nette de la société acquise. Vous avez analysé les états financiers de chaque entreprise avant l'annonce de l'acquisition. Écrivez un bref rapport expliquant ce qui se produira lorsque les résultats financiers des entreprises seront consolidés, y compris les conséquences sur le taux de rendement de l'actif.

Projets – Information financière

OA5

Rogers
Communications
Inc.

CP11-8 **La comparaison d'entreprises dans le temps**

À l'aide de votre fureteur, rendez-vous sur le site www.rogers.com. Trouvez le dernier rapport annuel de la société. (*Remarque :* Vous pouvez également réunir toutes les informations nécessaires à partir du site de SEDAR.)

Travail à faire

1. Cherchez à combien se chiffrait le taux de rendement de l'actif de Rogers au dernier exercice et comparez-le aux chiffres les plus récents mentionnés dans ce chapitre. Le cas échéant, quelles explications fournissait la direction au sujet de ces changements ?

2. Analysez les éléments de la marge bénéficiaire nette afin de déterminer ce qui a provoqué ce changement.

OA4

CP11-9 **Projet : l'analyse d'une stratégie d'acquisition**

À l'aide de votre fureteur, rendez-vous sur le site de SEDAR. Repérez le rapport annuel d'une société qui a acquis une autre société durant les années présentées. Écrivez un bref rapport mentionnant le nom des sociétés acquises au cours de l'exercice, le prix d'acquisition de chacune de ces sociétés ainsi que son objet et la méthode comptable utilisée.

OA2
OA3
OA4

CP11-10 **Projet d'équipe : l'examen d'un rapport annuel**

Formez une équipe et choisissez un secteur d'activité à analyser. Chaque membre de l'équipe doit se procurer le rapport annuel d'une société ouverte dans ce secteur. Chaque membre doit choisir une société différente. (Vos sources de recherche peuvent être le site SEDAR ou le site des entreprises elles-mêmes.) Ensuite, chaque membre de l'équipe doit écrire individuellement un bref rapport répondant aux questions suivantes au sujet de la société choisie.

1. Cette société a-t-elle dressé des états financiers consolidés ? Si oui, énumère-t-elle les filiales qu'elle possède et le degré de contrôle qu'elle exerce sur elles ? Y a-t-il un poste Participation minoritaire au bilan ? À l'état des résultats ?

2. Cette société utilise-t-elle la méthode de comptabilisation à la valeur de consolidation pour un de ses placements ?

3. La société a-t-elle effectué des placements temporaires dans des titres négociables ? Le cas échéant, quelle est leur valeur marchande ? Cette société a-t-elle inscrit des pertes sur la dévaluation de ses placements ?

4. Déterminez les produits ou services exploités de cette entreprise. Pourquoi la direction souhaite-t-elle s'engager dans ces activités ?

5. Discutez ensemble les similarités ou différences que vous observez dans les sociétés analysées. Ensuite, l'équipe doit rédiger un court rapport faisant ressortir les similarités et différences que vous avez observées. Donnez des explications possibles pour les différences que vous avez relevées.

L'état des flux de trésorerie

Objectifs d'apprentissage

Au terme de ce chapitre, l'étudiant sera en mesure:

1. de classer les éléments de l'état des flux de trésorerie selon qu'il s'agit de flux de trésorerie liés aux activités d'exploitation, d'investissement ou de financement (voir la page 764);

2. d'analyser et de comprendre les différences entre le bénéfice net et les flux de trésorerie liés aux activités d'exploitation (voir la page 769);

3. d'analyser et d'interpréter le coefficient de la qualité du bénéfice (voir la page 781);

4. d'analyser et d'interpréter les flux de trésorerie liés aux activités d'investissement (voir la page 786);

5. d'analyser et d'interpréter le coefficient d'acquisition de capitaux (voir la page 788);

6. d'analyser et d'interpréter les flux de trésorerie liés aux activités de financement (voir la page 790);

7. d'expliquer l'incidence des activités d'investissement et de financement hors trésorerie (voir la page 793).

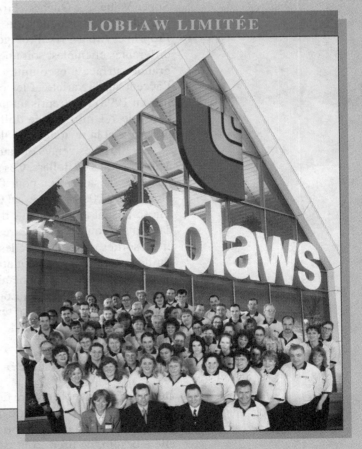

Les Compagnies Loblaw limitée

L'excellente gestion des flux monétaires !

« Au menu, saveurs et services pour toutes les fourchettes ! » Que vous recherchiez les produits biologiques du Choix du Président parmi les produits alimentaires ou des produits connexes tels que des batteries de cuisine et des ustensiles, vous trouverez tout sous un même toit chez Les Compagnies Loblaw limitée.

Loblaw est la plus grande entreprise de distribution alimentaire au Canada avec un chiffre d'affaires annuel de plus de 21 milliards de dollars, et elle est présente à travers le pays tout entier. Ses activités sont axées sur la vente au détail de produits alimentaires et d'autres produits répondant aux besoins de sa clientèle. Filiale à 61 % de George Weston limitée, Loblaw exploite son entreprise sous différentes bannières de l'est à l'ouest du pays, notamment Dominion, Loblaws, Provigo, Valu-Mart et Super Value. Au Québec, Provigo inc. regroupe au-delà de 250 magasins et dessert plus de 550 marchands qui leur sont associés, notamment l'Intermarché, Axep, Proprio et Atout-Prix. Provigo privilégie trois concepts de magasins pour répondre à différentes clientèles, soit un supermarché de proximité (Supermarché Provigo), une grande surface à escompte (Maxi et Maxi & Cie) et une grande surface qui met l'accent sur la variété et les produits frais (Loblaws). Loblaw (qui a acquis Provigo inc. en 1998) a entrepris un programme de dépenses en immobilisations, à travers le pays, de 1,1 milliard de dollars par an afin d'assurer la croissance des nouveaux magasins et la revitalisation de magasins existants.

En 2001, ses ventes ont augmenté de 7 % et son bénéfice net de 19 %, qui se situe à 583 millions de dollars. Ces succès proviennent de sa capacité à s'adapter aux changements, de sa passion pour l'innovation et de la force de son personnel qui compte plus de 119 000 employés au Canada. La majorité des ventes au détail de cette industrie se faisant au comptant, il n'est pas surprenant que Loblaw soit devenue maître dans la gestion des flux de trésorerie. On ne saurait cependant confondre les rentrées et les sorties de fonds avec les produits et les charges qui composent le bénéfice net, car des opérations d'exploitation produisant des millions de profits peuvent créer en même temps des flux monétaires négatifs. La gestion des profits et des flux monétaires étant très différente, Loblaw doit se soucier des deux. Pour les mêmes raisons, les analystes financiers sont tenus aussi bien de considérer l'information de l'état des flux de trésorerie que celle de l'état des résultats ou du bilan.

Parlons affaires

De toute évidence, le chiffre du bénéfice net est très important, mais il ne faudrait pas négliger les flux de trésorerie qui sont tout aussi essentiels. En effet, les flux de trésorerie permettent à une entreprise d'accroître ses activités, de remplacer les actifs dont elle a besoin, de tirer profit des possibilités que lui offre le marché et de verser des dividendes à ses actionnaires. Certains analystes financiers n'hésitent pas à affirmer que le flux de trésorerie est « roi et maître » ! Les gestionnaires et les analystes doivent donc bien comprendre les diverses provenances et les différents usages des flux monétaires qui sont associés aux activités des entreprises.

L'état des flux de trésorerie met en lumière la capacité d'une entreprise à produire des liquidités et l'efficacité de sa gestion des actifs et passifs à court terme. Il donne également le détail de ses investissements (les immobilisations, les placements, etc.) et de son financement (les dettes, les émissions d'actions, etc.). Il est conçu pour aider les gestionnaires et les analystes à répondre à des questions fondamentales relatives aux flux monétaires telles que :

- L'entreprise aura-t-elle suffisamment de liquidités à court terme pour rembourser les montants dus à ses fournisseurs et à d'autres créanciers sans devoir emprunter davantage ?
- L'entreprise gère-t-elle de façon appropriée ses comptes clients, ses stocks, etc. ?
- L'entreprise a-t-elle fait les investissements nécessaires pour accroître ou maintenir sa capacité de production ?
- L'entreprise a-t-elle produit suffisamment de flux de trésorerie par elle-même pour financer les investissements nécessaires ou a-t-elle eu recours à un financement externe ?
- L'entreprise a-t-elle modifié la composition de son financement externe ?

Trois grandes catégories d'activités produisent et utilisent l'encaisse. Il s'agit des opérations découlant des activités d'exploitation de l'entreprise, des activités d'investissement dans des actifs et des activités de financement externe. L'état des flux de trésorerie est conçu pour fournir aux gestionnaires et aux analystes des renseignements concernant ces activités essentielles. L'exemple de Loblaw illustre bien l'importance de cet état pour deux raisons. Premièrement, comme c'est le cas de toutes les entreprises de ce secteur d'activité, une grande partie des ventes au détail se fait au comptant et il existe des événements qui produisent des flux de trésorerie plus importants, par exemple Noël et d'autres fêtes. Ces événements ont des répercussions importantes sur la gestion des flux monétaires et le bénéfice net. Deuxièmement, la stratégie d'affaires de Loblaw comprend l'amélioration de ses magasins par l'établissement de rayons et de services non traditionnels, le réinvestissement de ses flux de trésorerie dans l'entreprise et la détention du titre de propriété de ses biens immobiliers. En 2001, Loblaw a réinvesti plus de 1,1 milliard de dollars pour agrandir et rénover des magasins existants et pour en construire d'autres, soit de nouveaux magasins, soit le remplacement d'anciens magasins. Elle a également investi dans des systèmes informatiques et son réseau de distribution. Elle a pu le faire grâce aux flux monétaires qu'elle a produits à partir de ses activités d'exploitation (825 millions de dollars) et en recourant à du financement externe. Le tableau 12.1 présente l'état des flux de trésorerie tiré d'un rapport *trimestriel* récent de Loblaw. Nous allons analyser les renseignements contenus dans ce document.

Le classement des éléments de l'état des flux de trésorerie	L'analyse et l'interprétation des flux de trésorerie liés aux activités d'exploitation	L'analyse et l'interprétation des flux de trésorerie liés aux activités d'investissement	L'analyse et l'interprétation des flux de trésorerie liés aux activités de financement	La présentation de l'état des flux de trésorerie
Les flux de trésorerie liés aux activités d'exploitation	Les éléments à long terme constatés par régularisation	Le coefficient d'acquisition de capitaux		Les activités d'investissement et de financement hors trésorerie
Les flux de trésorerie liés aux activités d'investissement	Les variations dans les actifs et les passifs à court terme			Les renseignements supplémentaires sur les flux de trésorerie
Les flux de trésorerie liés aux activités de financement	Le coefficient de la qualité du bénéfice			
Les relations de l'état des flux de trésorerie avec le bilan et l'état des résultats	La comparaison entre la méthode directe et la méthode indirecte			

Le classement des éléments de l'état des flux de trésorerie

OBJECTIF D'APPRENTISSAGE 1

Classer les éléments de l'état des flux de trésorerie selon qu'il s'agit de flux de trésorerie liés aux activités d'exploitation, d'investissement ou de financement.

Les **espèces** comprennent les fonds en caisse et les dépôts à vue[1].

Les **quasi-espèces** sont des titres de placement à court terme, très liquides, facilement convertibles en un montant connu d'espèces et dont la valeur ne risque pas de changer de façon significative[2].

Fondamentalement, l'état des flux de trésorerie sert à expliquer comment le solde de l'encaisse du début de l'exercice devient le solde de l'encaisse à la fin de l'exercice. Aux fins de ce chapitre, le terme «encaisse» englobe les espèces et les quasi-espèces.

Les **espèces** comprennent les fonds en caisse et les dépôts à vue. Les **quasi-espèces** sont des titres de placement à court terme, très liquides, qui sont à la fois :
1. facilement convertibles en un montant d'argent connu d'espèces ;
2. si près de leur échéance que la valeur ne risque pas de changer de façon significative.

Par conséquent, seuls les placements dont l'échéance est proche au moment de leur acquisition, par exemple une échéance inférieure ou égale à trois mois, sont considérés comme des quasi-espèces d'après cette définition[3]. Parmi les exemples de quasi-espèces, on peut mentionner les bons du Trésor (une forme d'emprunt gouvernemental à court terme), les titres de créance du marché monétaire et les effets commerciaux (des effets à payer à court terme émis par de grandes sociétés). Les découverts bancaires et parfois les prêts bancaires (à demande ou avec marge bancaire) viennent réduire le solde des espèces et des quasi-espèces, comme c'est le cas pour Loblaw.

---

1. *Manuel de l'ICCA*, chap. 1540, paragr. 6.
2. *Ibid.*
3. Par exemple, un bon du Trésor de trois mois et une obligation du Trésor de trois ans achetés trois mois avant qu'ils échoient constituent des quasi-espèces. Par contre, une obligation *achetée il y a trois ans* n'entre *pas* dans la catégorie des quasi-espèces même s'il ne reste que trois mois avant son échéance.

Comme on peut le voir au tableau 12.1, l'état des flux de trésorerie enregistre des rentrées et des sorties de fonds liées à trois grandes catégories d'activités : 1) les activités d'exploitation, 2) les activités d'investissement et 3) les activités de financement. Pour faciliter la comparabilité, le *Manuel de l'ICCA* (chapitre 1540) définit chacune de ces catégories. Vous trouverez les définitions dont vous avez besoin, avec des explications, dans les sections suivantes.

TABLEAU **12.1**

État consolidé des flux de trésorerie

Coup d'œil sur

Les Compagnies Loblaw limitée

RAPPORT TRIMESTRIEL

Les Compagnies Loblaw limitée
État consolidé des flux de trésorerie
pour les 12 semaines terminées le 23 mars 2002
(non vérifié) (en millions de dollars)

	23 mars 2002
EXPLOITATION	
Bénéfice net	126 $
Éléments ne nécessitant pas de mouvements de fonds :	
Amortissement	79
Impôts sur les bénéfices futurs	4
Autre	10
	219
Variation du fonds de roulement hors caisse	(470)
Flux de trésorerie liés aux activités d'exploitation avant ce qui suit :	(251)
Restructuration des acquisitions et des autres charges, y compris les récupérations d'impôts sur les bénéfices	(15)
Flux de trésorerie liés aux activités d'exploitation	(266)
INVESTISSEMENT	
Acquisitions d'immobilisations	(175)
Placements à court terme	(94)
Produits tirés de la vente d'immobilisations	7
Variation des placements dans des franchises, d'autres sommes à recevoir et des sommes à recevoir sur cartes de crédit	15
Variation nette d'autres éléments	14
Flux de trésorerie liés aux activités d'investissement	(233)
FINANCEMENT	
Effets commerciaux	487
Dette à long terme – émise	200
– remboursée	(4)
Dividendes	(28)
Autre	11
Flux de trésorerie liés aux activités de financement	666
Variation de l'encaisse	167
Encaisse au début de la période	480
Encaisse à la fin de la période	647 $
LIQUIDITÉS	
Encaisse	647 $
Placements à court terme	520
Effets commerciaux	(678)
Liquidités	489 $
Autres données sur les flux de trésorerie	
Intérêts payés, montant net	19 $
Impôts sur les bénéfices payés, montant net	129

Les flux de trésorerie liés aux activités d'exploitation

Les flux de trésorerie liés aux activités d'exploitation (ou flux de trésorerie liés à l'exploitation) sont des rentrées et des sorties de fonds directement reliées aux principales activités de l'entreprise qui engendrent des produits.

La méthode directe de présentation de la section des activités d'exploitation de l'état des flux de trésorerie consiste à présenter les montants bruts des principales catégories de rentrées et de sorties de fonds[4].

Les **flux de trésorerie liés aux activités d'exploitation** (ou **flux de trésorerie liés à l'exploitation**) sont des rentrées et des sorties de fonds directement reliées aux principales activités de l'entreprise engendrant des produits ; ces activités sont présentées à l'état des résultats. Comme nous l'avons vu aux chapitres 3 et 5, il est possible de choisir deux méthodes différentes pour présenter les données de la section des activités d'exploitation.

1. La **méthode directe** consiste à présenter les composants des flux de trésorerie provenant des activités d'exploitation sous forme de montants bruts des principales catégories de rentrées et de sorties de fonds.

Rentrées de fonds	Sorties de fonds
Encaisse provenant des	Encaisse affectée aux
Clients	Achats de marchandises pour revente et
Dividendes et intérêts sur	aux services (électricité, etc.)
les investissements	Salaires et rémunérations
	Impôts
	Intérêts sur les dettes

À partir des sommes reçues et des sommes versées, cette méthode permet de calculer les rentrées (ou les sorties) nettes de fonds reliées aux activités d'exploitation. La différence entre les rentrées et les sorties de fonds se nomme *encaissement* (ou *décaissement*) *net lié à l'exploitation* ou *marge brute d'autofinancement* ou *capacité d'autofinancement*. Dans le cas de décaissement, on emploie parfois l'expression *flux de trésorerie négatifs* ou *flux monétaires négatifs*. Le comité des normes comptables (CNC) de l'ICCA ainsi que les normes comptables du FASB américain recommandent l'emploi de la méthode directe mais, en pratique, peu d'entreprises suivent cette recommandation. Nombre de directeurs de services financiers expliquent qu'ils ne s'en servent pas parce qu'elle coûte plus cher à mettre en application que la méthode indirecte. Nous reparlerons brièvement de cette méthode un peu plus loin dans le chapitre.

La méthode indirecte de présentation de la section des activités d'exploitation de l'état des flux de trésorerie consiste à effectuer, sur le résultat net, les ajustements nécessaires au calcul des flux de trésorerie provenant de l'exploitation.

2. La **méthode indirecte** consiste à ajuster le résultat net en éliminant les éléments sans effet sur la trésorerie dans le calcul des rentrées (ou des sorties) de fonds nettes découlant de l'exploitation. Loblaw (voir le tableau 12.1) et la plupart des autres entreprises utilisent cette méthode. Il faut noter, dans le tableau 12.1, que pour le premier trimestre de 2002, l'épicier canadien a enregistré un bénéfice net positif de 126 millions de dollars, mais que les flux de trésorerie liés à l'exploitation étaient négatifs et se chiffraient à 266 millions de dollars. Pourquoi le bénéfice net d'une entreprise et ses flux de trésorerie provenant de l'exploitation sont-ils si différents ? Rappelez-vous qu'on dresse l'état des résultats suivant la méthode de la comptabilité d'exercice. Autrement dit, on enregistre les produits d'exploitation lorsqu'ils sont gagnés, sans considération du moment où les rentrées de fonds relatives à ces produits auront lieu. On rapproche les charges des produits et on les enregistre dans la même période que les produits d'exploitation, sans tenir compte du moment où les sorties de fonds correspondantes ont lieu.

L'état des flux de trésorerie, établi suivant la méthode indirecte, utilise le montant du bénéfice net calculé d'après les principes de la comptabilité d'exercice et l'ajuste selon les principes de la comptabilité de caisse. Nous étudierons ces ajustements en détail plus loin dans le chapitre. Si on passe en revue la section Activités d'exploitation de l'état des flux de trésorerie de Loblaw élaboré suivant la méthode indirecte, on peut déterminer les raisons précises pour lesquelles les flux de trésorerie provenant de l'exploitation sont inférieurs au bénéfice net au premier trimestre de 2002.

---

4. *Manuel de l'ICCA*, chap. 1540, paragr. 21.

D'après le *Financial Reporting in Canada*, 99,5 % des entreprises étudiées utilisent la méthode indirecte[5]. En raison de l'emploi extrêmement fréquent de cette méthode pour présenter l'information financière, nous traiterons ce sujet plus en détail. Toutefois, la chose la plus importante à retenir pour le moment concernant ces deux méthodes, c'est qu'il s'agit simplement de deux façons différentes de calculer le même nombre. Le montant total des flux de trésorerie liés à l'exploitation est *toujours identique* (dans le cas de Loblaw, un décaissement net de 266 millions de dollars), qu'on utilise la méthode directe ou la méthode indirecte pour le calculer.

Les flux de trésorerie liés aux activités d'investissement

Les **flux de trésorerie liés aux activités d'investissement** sont des rentrées et des sorties de fonds reliées à l'acquisition et à la cession d'actifs à long terme utilisés par l'entreprise et d'investissements qui ne sont pas inclus dans les quasi-espèces, tels que les placements à court terme et les autres placements à long terme. Dans ce classement, les sorties de fonds représentent les investissements d'argent par l'entité pour l'acquisition de ces actifs.

Il y a des rentrées de fonds uniquement lorsque l'entreprise reçoit de l'argent par cession d'investissements antérieurs. Voici des exemples typiques de flux de trésorerie liés aux activités d'investissement.

Rentrées de fonds	Sorties de fonds
Encaisse provenant des	*Encaisse affectée aux*
Cessions d'immobilisations	Achats d'immobilisations
Ventes ou échéances de placements dans des titres	Achats de placements dans des titres

> Les flux de trésorerie liés aux activités d'investissement sont des rentrées et des sorties de fonds reliées à l'acquisition ou à la cession d'actifs à long terme et des placements qui ne sont pas inclus dans les quasi-espèces[6].

La différence entre ces rentrées et ces sorties de fonds constitue l'*encaissement* (ou le *décaissement*) *net des fonds liés aux activités d'investissement* ou les *flux de trésorerie nets liés aux activités d'investissement*.

Dans le cas de Loblaw, il s'agit d'une sortie de fonds nette se chiffrant à 233 millions de dollars pour le premier trimestre de 2002. La section des activités d'investissement de l'état des flux de trésorerie présente la stratégie d'investissement à long terme de l'entreprise. Dans son rapport annuel de l'exercice terminé le 29 décembre 2001, la direction de l'entreprise a précisé que Loblaw continuerait à investir dans les immobilisations, car elle « se propose d'ouvrir, d'agrandir ou de rénover plus de 130 magasins [...] pour une augmentation nette de la superficie d'environ 3 millions de pieds carrés[7] ». Elle a aussi investi un surplus d'encaisse dans des placements.

Les flux de trésorerie liés aux activités de financement

Les **flux de trésorerie liés aux activités de financement** comprennent à la fois les rentrées et les sorties de fonds reliées aux activités qui entraînent des changements au niveau de la dette et des capitaux propres de l'entreprise pour financer son fonctionnement et ses activités. Dans cette catégorie, les rentrées de fonds résultent d'activités de financement qui visent à mobiliser de l'argent venant des propriétaires et des créanciers. Il y a sorties de fonds uniquement lorsque l'entreprise rembourse aux propriétaires et aux créanciers l'argent qu'elle a reçu d'eux dans le cadre d'activités de financement antérieures. Voici des exemples typiques de flux de trésorerie liés à des activités de financement.

> Les flux de trésorerie liés aux activités de financement sont des rentrées et des sorties de fonds reliées aux activités qui entraînent des changements sur le plan de la dette et des capitaux propres de l'entreprise.

---

5. Clarence Byrd, Ida Chen et Heather Chapman, *Financial Reporting in Canada*, Institut Canadien des Comptables Agréés, 2001, p. 121.
6. *Manuel de l'ICCA*, chap. 1540, paragr. 6.
7. Les Compagnies Loblaw limitée, *Rapport annuel 2001*, p. 29.

Rentrées de fonds	Sorties de fonds
Encaisse provenant des	*Encaisse affectée aux*
Emprunts sur des effets à payer, des hypothèques, des obligations, etc., à des créanciers	Remboursements du capital aux créanciers (excluant les intérêts dont le remboursement est une activité d'exploitation)
Émissions de capital-actions aux actionnaires	Rachats d'actions auprès des actionnaires
	Versements de dividendes aux actionnaires

La différence entre ces rentrées et ces sorties constitue l'*encaissement* (ou le *décaissement*) *net des fonds liés aux activités de financement* ou les *flux de trésorerie nets liés aux activités de financement*. Dans le cas de Loblaw, ce montant est une rentrée de fonds de 666 millions de dollars pour le premier trimestre de 2002. La section Activités de financement à l'état des flux de trésorerie indique que durant cet exercice, une grande partie des liquidités de l'entreprise provenait de ses créanciers (687 millions de dollars) et aucune de ses actionnaires.

Pour vous aider à mieux comprendre ce qu'est un état des flux de trésorerie, nous allons maintenant étudier plus en détail celui de Loblaw ainsi que la nature de ses liens avec le bilan et l'état des résultats. À mesure que nous progresserons dans l'analyse de ce document, nous ferons ressortir la manière dont chaque section décrit un ensemble de décisions importantes prises par la direction de l'entreprise. Nous décrirons ensuite la façon dont les analystes financiers se servent de chaque section pour évaluer l'entreprise. À des fins d'analyse, nous formulerons certaines hypothèses, car les détails relatifs à certaines opérations de Loblaw ne sont pas dévoilés.

Metro inc.

TEST D'AUTOÉVALUATION

Metro inc., qui exerce ses activités sous plusieurs noms, par exemple Super C, Loeb (Ontario), Marché Richelieu, Dépanneur GEM et Marché Ami, est un important épicier canadien. Vous trouverez ci-dessous des éléments inclus dans son état des flux de trésorerie pour l'exercice le plus récent. Dans chaque cas, indiquez si on doit présenter l'élément en question dans la section des activités d'exploitation (E), des activités d'investissement (I) ou des activités de financement (F) du document. (Consultez le tableau 12.1, s'il y a lieu.)

a) _____ La variation nette des placements

b) _____ Le bénéfice net

c) _____ La variation du fonds de roulement hors caisse

d) _____ L'acquisition nette d'immobilisations

e) _____ La charge d'impôts futurs sur les bénéfices

f) _____ Les dividendes versés

g) _____ L'acquisition d'entreprises

h) _____ L'amortissement

i) _____ L'émission de capital-actions

j) _____ La diminution de la dette à long terme

Vérifiez vos réponses à l'aide des solutions présentées en bas de page*.

Les relations de l'état des flux de trésorerie avec le bilan et l'état des résultats

L'établissement et l'interprétation de l'état des flux de trésorerie requièrent l'analyse des comptes du bilan et de l'état des résultats. Comme nous l'avons vu dans les chapitres précédents, les entreprises enregistrent leurs opérations sous forme d'écritures

*a) I, b) E, c) E, d) I, e) E, f) F, g) I, h) E, i) F, j) F.

de journal qui sont reportées dans des comptes en T. Elles se servent de ces comptes en T pour dresser l'état des résultats et le bilan. Toutefois, elles ne peuvent pas utiliser les montants enregistrés dans les comptes en T pour dresser l'état des flux de trésorerie parce que ces montants sont déterminés d'après les principes de la comptabilité d'exercice. Ces entreprises doivent plutôt analyser les montants enregistrés selon la comptabilité d'exercice et les ajuster en fonction de la méthode de la comptabilité de caisse. Par conséquent, pour établir l'état des flux de trésorerie, les entreprises ont besoin des données suivantes.

1. Les bilans comparatifs qui servent à établir les flux de trésorerie liés à tous les types d'activités (l'exploitation, l'investissement et le financement). Pour faciliter le processus de préparation, on calcule la variation entre le début et la fin de l'exercice pour chaque élément du bilan.

2. Un état des résultats complet qui sert principalement à établir les flux de trésorerie liés à l'exploitation.

3. Des renseignements supplémentaires concernant certains comptes pour reconnaître les différents types d'opérations et d'événements qui ont eu lieu durant l'exercice. Une analyse des comptes individuels s'impose parce qu'il arrive souvent que le montant total de variation du solde d'un compte au cours d'un exercice ne révèle pas la nature sous-jacente des flux de trésorerie. C'est le cas de Loblaw.

La démarche utilisée dans l'élaboration et la compréhension de l'état des flux de trésorerie porte principalement sur les variations des comptes du bilan. En fait, elle s'appuie sur une manipulation algébrique simple de l'équation du bilan.

$$\text{Actifs} = \text{Passifs} + \text{Capitaux propres}$$

On peut d'abord distinguer les actifs *liquides* (les espèces et les quasi-espèces ou les liquidités) et ceux qui sont *non liquides* (ou hors liquidités).

$$\text{Actifs liquides} + \text{Actifs non liquides} = \text{Passifs} + \text{Capitaux propres}$$

Si on déplace les actifs non liquides à la droite de l'équation, on obtient le résultat suivant :

$$\text{Actifs liquides} = \text{Passifs} + \text{Capitaux propres} - \text{Actifs non liquides}$$

Étant donné cette relation, les variations (Δ) des liquidités entre le début et la fin de l'exercice doivent être égales aux variations (Δ) des montants du côté droit de l'équation entre le début et la fin de l'exercice.

$$\Delta \text{ Actifs liquides} = \Delta \text{ Passifs} + \Delta \text{ Capitaux propres} - \Delta \text{ Actifs non liquides}$$

Par conséquent, on peut expliquer la variation totale des liquidités par les variations des autres éléments du bilan.

Dans les prochaines sections de ce chapitre, nous allons classer chacune des variations de ces autres éléments du bilan selon sa relation avec les activités d'exploitation (E), les activités d'investissement (I) ou les activités de financement (F). Chaque section de l'état des flux de trésorerie met en lumière les variations dans les liquidités à partir des variations correspondantes dans les comptes du bilan.

L'analyse et l'interprétation des flux de trésorerie liés aux activités d'exploitation

La section Activités d'exploitation de l'état des flux de trésorerie démontre la capacité de l'entreprise à produire par elle-même de l'encaisse au moyen de ses opérations[8] et de la gestion de ses actifs et de ses passifs à court terme (appelés aussi *fonds de roulement net*). La plupart des analystes croient qu'il s'agit de la section la plus

OBJECTIF D'APPRENTISSAGE **2**

Analyser et comprendre les différences entre le bénéfice net et les flux de trésorerie liés aux activités d'exploitation.

---

8. Cela explique l'utilisation du terme *marge brute d'autofinancement* pour désigner le solde de la section Activités d'exploitation.

importante de cet état financier car, à la longue, les opérations sont les seules sources d'encaisse. Autrement dit, les investisseurs ne s'intéresseront pas à une entreprise s'ils ne la croient pas en mesure de leur verser des dividendes ou de réinvestir l'argent provenant de ses opérations. De même, les créanciers ne prêteront pas d'argent à une entreprise s'ils craignent que l'encaisse produite par ses opérations ne suffira pas à les rembourser.

Dans un numéro du magazine *Worth*[9], on remarque qu'en règle générale, les analystes financiers et les évaluateurs de crédit ont pour consigne de se méfier des entreprises dont le bénéfice net augmente, mais dont les flux de trésorerie liés à l'exploitation sont en baisse. Une telle situation, lorsqu'elle est causée par des augmentations rapides de stocks ou de comptes clients, laisse souvent présager un effondrement des profits et la nécessité d'un financement externe. On pouvait observer chez Loblaw, au cours du premier trimestre de 2002, une augmentation des comptes clients et de la dette à long terme et des flux monétaires négatifs liés aux activités d'exploitation. Faut-il en conclure que des problèmes financiers s'annonçaient pour l'épicier canadien ? Pourquoi, comme le montre le tableau ci-dessous, le bénéfice net a-t-il diminué au cours du premier trimestre 2002, mais de façon moins dramatique que les flux de trésorerie liés à l'exploitation ?

(en millions de dollars)	Bénéfice net		Flux de trésorerie liés à l'exploitation
Quatrième trimestre 2001	217 $	Inférieur à	564 $
Premier trimestre 2002	126	Supérieur à	(266)

Pour répondre à ces questions, il faut analyser minutieusement la façon dont les activités d'exploitation sont enregistrées à l'état des flux de trésorerie. Il convient, par la même occasion, d'en apprendre davantage sur le secteur des supermarchés de l'alimentation si on veut interpréter correctement ces renseignements.

Le bilan et l'état des résultats comparatifs de Loblaw sont présentés au tableau 12.2[10]. L'élaboration de la section des activités d'exploitation requiert une analyse des variations des comptes du bilan (ces comptes sont désignés par la lettre E). Normalement, les comptes du bilan qui répondent à cette description comprennent tous les *actifs à court terme (autres que les espèces et les quasi-espèces) ainsi que tous les passifs à court terme (autres que la dette à court terme due aux institutions financières) et la tranche de la dette à long terme échéant dans moins d'un an*[11]. La variation des bénéfices non répartis est aussi reliée à deux sections, soit celle des activités d'exploitation et celle des activités de financement. Les bénéfices non répartis augmentent du montant du bénéfice net, qui est le point de départ des rentrées de fonds de la section des activités d'exploitation (E) et diminuent du montant des dividendes déclarés et versés, qui constitue une sortie de fonds dans la section des activités de financement (F). De plus, le compte de l'amortissement cumulé (qui fait partie des *immobilisations corporelles et incorporelles*) a un rapport avec les activités d'exploitation puisqu'il est relié à la charge d'amortissement. Comme nous le verrons plus loin dans ce chapitre, les actifs ou les passifs associés au paiement anticipé ou au report d'impôts ont aussi un rapport avec le calcul des flux de trésorerie provenant de l'exploitation.

9. C. Willis, «How to Stay Cool in a Hot Market: Studying the Financials Can Reveal a Stock About to Stumble», *Worth*, juin 1996, p. 122-124.
10. Il faut noter que les chiffres de l'état financier de Loblaw sont exprimés en millions de dollars. Nous maintiendrons cette pratique tout au long du chapitre.
11. La tranche de la dette à long terme échéant dans moins d'un an correspond à des emprunts dont l'échéance initiale était de plus d'un an, mais qui sont exigibles à l'intérieur d'un an par rapport à la date de l'état financier.

TABLEAU 12.2

Section des flux de trésorerie	Les Compagnies Loblaw limitée Bilans consolidés	au 23 mars 2002 (non vérifié)	au 29 décembre 2001 (à la fin de l'exercice)	Variation
	ACTIF			
	Actif à court terme			
Δ Encaisse	Espèces et quasi-espèces	647 $	575 $	+72
I	Placements à court terme	520	426	+94
E	Débiteurs	526	472	+54
E	Stocks	1 504	1 512	–8
E (I, F)	Impôts sur les bénéfices futurs	71	73	–2
E	Frais payés d'avance et autres actifs	21	28	–7
		3 289	3 086	
I	Immobilisations	5 021	4 931	+90
I	Écarts d'acquisition	1 599	1 599	0
I et E	Placements dans des franchises et autres sommes à recevoir	257	285	–28
E (I, F)	Impôts sur les bénéfices futurs	31	26	+5
I	Autres actifs	77	81	–4
		10 274 $	10 008 $	
	PASSIF			
	Passif à court terme			
Δ Encaisse	Dette bancaire	–	95 $	–95
F	Effets commerciaux	678 $	191	+487
E	Créditeurs et charges à payer	1 867	2 291	–424
E (I, F)	Impôts sur les bénéfices exigibles	72	138	–66
F	Tranche de la dette à long terme échéant dans moins d'un an	78	81	–3
		2 695	2 796	
F	Dette à long terme	3 530	3 333	+197
E (I, F)	Impôts sur les bénéfices futurs	42	49	–7
F et E	Autres passifs	370	261	+109
		6 637	6 439	
	CAPITAUX PROPRES			
F	Capital-actions ordinaires	1 194	1 194	0
E et F	Bénéfices non répartis	2 443	2 375	+68
		3 637	3 569	
		10 274 $	10 008 $	

On commence par la section des activités d'exploitation avec un bénéfice net de 126 $ enregistré à l'état des résultats de l'entreprise (voir le tableau 12.2). On doit convertir ce bénéfice net en flux de trésorerie liés aux activités d'exploitation. Ce procédé comporte des ajustements pour les *éléments n'influant pas sur les flux de trésorerie* comme suit :

1. Les **éléments à long terme constatés par régularisation** sont des charges ou des produits d'exploitation hors trésorerie qui ne modifient pas les actifs ou les passifs à court terme. On y trouve, entre autres, la charge d'amortissement, les provisions pour perte sur les placements à long terme, les impôts futurs sur les éléments à long terme et les produits perçus d'avance, et les charges courues reliés à des postes à long terme du bilan.

2. Les **variations des éléments du fonds de roulement** comprennent les variations dans les éléments d'actifs et de passifs à court terme reliés aux activités d'exploitation. On y trouve la variation dans chacun des éléments d'actif à court terme (autres que l'encaisse, les investissements à court terme et parfois les actifs d'impôts futurs) et des éléments de passif à court terme (autres que les emprunts à court terme aux établissements financiers et la tranche de la dette à long terme échéant dans moins d'un an qui sont reliés au financement, et parfois les passifs d'impôts futurs) qui reflètent des écarts temporaires entre les flux de trésorerie et le bénéfice net obtenu avec la méthode de la comptabilité d'exercice.

3. Les gains et les pertes qui, par définition, ne sont pas reliés aux activités d'exploitation courantes (voir le chapitre 3) ainsi que les produits et les charges associés aux flux de trésorerie liés à l'investissement ou au financement. Nous traiterons plus en détail des gains et des pertes à l'annexe 12-A de ce chapitre.

Il faut noter que les *éléments extraordinaires* avant impôts dont les flux de trésorerie se rapportent à des activités d'exploitation doivent être présentés distinctement. Si ces éléments se rapportent à des activités d'investissement ou de financement, ils doivent faire partie de ces sections. Parfois, les sociétés présentent de façon distincte les éléments d'ajustement découlant d'opérations qui ne sont pas susceptibles de se répéter, bien qu'il ne s'agisse pas d'éléments extraordinaires. Le fait de les mettre en évidence attire l'attention du lecteur pour que ce dernier puisse les considérer dans ses comparaisons et ses projections futures des flux de trésorerie liés à l'exploitation de l'entreprise. C'est le cas de Loblaw qui présente une soustraction de 15 millions de dollars pour la restructuration des acquisitions et des autres charges (voir les tableaux 12.1 et 12.3). La soustraction laisse sous-entendre qu'il pourrait s'agir de gains déjà comptabilisés à l'état des résultats ou de produits gagnés mais non encore reçus relatifs à ces opérations.

On remarque que les paiements ou les remboursements d'*impôts sur les bénéfices* sont normalement classés comme des activités d'exploitation à moins qu'ils puissent être reliés à des activités de financement ou d'investissement où ils seront alors classés dans ces sections. La répartition de cet élément est fort complexe et dépasse largement le cadre de ce volume qui se veut une introduction à la comptabilité.

Les **éléments à long terme constatés par régularisation** sont des charges ou des produits d'exploitation hors trésorerie qui ne modifient pas les actifs ou les passifs à court terme.

Les **variations des éléments du fonds de roulement** comprennent les variations dans les éléments d'actifs et de passifs à court terme reliés aux activités d'exploitation, à l'exception des espèces et quasi-espèces et de la marge bancaire.

Les Compagnies Loblaw limitée
État consolidé des résultats
(non vérifié)

(en millions de dollars)	12 semaines terminées le 23 mars 2002
Chiffre d'affaires	4 951 $
Charges d'exploitation	
Coût des marchandises vendues, frais de vente et d'administration	4 638
Amortissement corporel	79
	4 717
Bénéfice d'exploitation	234
Intérêts débiteurs (créditeurs)	
Dette à court terme	(14)
Dette à long terme	48
	34
Bénéfice avant impôts	200
Impôts sur les bénéfices	74
Bénéfice net de la période	126 $

Les ajustements suivants sont les plus fréquemment observés.

Montants de l'état des résultats ou variations dans le bilan	Effet sur l'état des flux de trésorerie
Bénéfice net	Point de départ des calculs
Charge d'amortissement, charges courues et pertes	Addition
Produits courus et gains	Soustraction
Diminution des actifs à court terme	Addition
Augmentation des passifs à court terme	Addition
Augmentation des actifs à court terme	Soustraction
Diminution des passifs à court terme	Soustraction

Pour tenir compte de toutes les additions et soustractions effectuées en vue de convertir le bénéfice net en flux de trésorerie liés à l'exploitation, il est pratique de dresser un tableau explicatif dans lequel sont présentés ces calculs. C'est ce que nous ferons dans le cas de Loblaw (voir le tableau 12.3). Il faut noter que la section des activités d'exploitation de Loblaw au tableau 12.1 est présentée en trois parties : a) le bénéfice redressé des éléments n'influant pas sur les liquidités, b) la variation des éléments du fonds de roulement et c) le poste inhabituel.

Les éléments à long terme constatés par régularisation

Les *éléments à long terme* constatés par régularisation sont des éléments qui ont été présentés à l'état des résultats pour obtenir le calcul du bénéfice net selon la comptabilité d'exercice (par une écriture de régularisation à la fin d'exercice), mais qui n'impliquent pas des mouvements dans les fonds et qui n'influent pas sur les actifs et les passifs à court terme de l'entreprise. L'enregistrement de ces comptes n'entraîne ni crédit ni débit pour l'encaisse ou pour tout autre actif ou passif à court terme. L'amortissement est un exemple d'une charge reliée à un actif à long terme. Comme on a *soustrait* la charge d'amortissement des produits d'exploitation pour déterminer le bénéfice net, on la réintègre (on l'*additionne*) toujours au bénéfice dans le processus de conversion du bénéfice net en flux de trésorerie liés à l'exploitation. Il faut aussi noter que l'amortissement est relié à un actif à long terme. Certaines entreprises enregistrent des *produits* perçus d'avance à long terme. Selon la même logique, on les *soustrait*. Dans le cas de Loblaw, les ajustements au bénéfice net comprennent la charge d'amortissement relative aux immobilisations de 79 $, la charge relative aux impôts sur les bénéfices futurs de 4 $ et d'autres éléments pour un montant de 10 $. Ces ajustements transforment le bénéfice net en flux de trésorerie liés à l'exploitation (voir le tableau 12.3). Tout au long du chapitre, nous utilisons des données présentées aux états financiers de Loblaw pour illustrer nos propos. Les sociétés peuvent parfois combiner certaines opérations et, faute d'en connaître le détail, il est impossible de reconstituer les chiffres avec exactitude. Même après des discussions avec les comptables de Loblaw, certaines données restent confidentielles et n'ont pas été divulguées. D'ailleurs, certaines opérations sont fort complexes et dépassent largement le cadre de ce volume. Nous allons donc simplifier les données lorsque c'est nécessaire ou formuler certaines hypothèses pour clarifier nos explications.

TABLEAU 12.3 — Tableau explicatif des flux de trésorerie liés à l'exploitation, méthode indirecte

Coup d'œil sur

Les Compagnies Loblaw limitée

Les Compagnies Loblaw limitée
Conversion du bénéfice net en flux de trésorerie liés à l'exploitation
(en millions de dollars)

Éléments	Montant	Explication
Bénéfice net, selon la comptabilité d'exercice	126 $	Provenant de l'état des résultats.
Éléments n'influant pas sur les liquidités		
Amortissement	79	Réintégré (additionné) parce que la charge d'amortissement n'implique pas une sortie de fonds de l'année courante.
Impôts sur les bénéfices futurs	4	Additionné car une partie de la charge annuelle représente des impôts futurs et n'implique pas une sortie de fonds de l'année courante.
Autre	10	Divers 11 $ Gain sur vente d'immobilisations : (1) $ Total 10 $ Le montant du gain doit être soustrait puisqu'il est inclus dans le bénéfice net. Les autres éléments pour un total de 11 $ ont été rajoutés à l'état ; il pourrait s'agir de charges courues qui ont réduit le bénéfice net et qui n'impliquent pas de sortie de fonds.
Sous-total	219	
Variation du fonds de roulement*	(470)	Il s'agit ici de la variation des comptes de l'actif et du passif à court terme excluant l'encaisse, les placements et les dettes dues à des établissements financiers ; le détail n'est pas donné, mais nous avons tenté de le reconstituer ci-après.
Sous-total	(251)	
Restructuration des acquisitions	(15)	Il s'agit d'opérations de restructuration par suite des acquisitions et des éléments courus ; le détail n'est pas divulgué. Puisque le montant net est soustrait, il pourrait s'agir de gains ou de produits courus à long terme découlant de ces opérations.
Flux de trésorerie liés à l'exploitation	(266) $	Tel qu'il apparaît à l'état des flux de trésorerie.

*Variation du fonds de roulement

Élément du fonds de roulement	Montant	Explication
Augmentation des débiteurs	−54 $†	Soustrait car le montant recouvré auprès des clients est inférieur aux produits obtenus selon la comptabilité d'exercice.
Diminution des stocks	+8	Additionné car le coût des ventes est supérieur aux achats.
Diminution des frais payés d'avance et autres actifs à court terme	+7	Additionné car les charges selon la comptabilité d'exercice excèdent le montant payé d'avance pour les charges.
Diminution des créditeurs et des charges à payer	−424†	Soustrait car les achats à crédit sont inférieurs aux montants versés aux créanciers.
Autre	−7	Provient de la variation des actifs et des passifs à court terme dont le détail ne nous a pas été donné.
Variation nette du fonds de roulement	−470 $	

† Ces montants ne reflètent pas la réalité. Pour les comptes clients, la société a inclus la variation des montants à recevoir sur les cartes de crédit présentés à l'actif à long terme et, pour les comptes fournisseurs, des éléments courus de la restructuration des acquisitions et d'autres charges ont été considérés. Comme le détail n'a pas été dévoilé et qu'il se révèle fort complexe, les montants ci-dessus constituent simplement la variation des postes du fonds de roulement les plus importants, tels qu'ils sont présentés au bilan.

Les variations dans les actifs et les passifs à court terme

La *variation des éléments du fonds de roulement* est souvent présentée comme un seul poste à l'état des flux de trésorerie. Dans ce cas, la plupart du temps, les entreprises font référence à une note complémentaire où le détail est donné. Malheureusement, ce n'est pas le cas pour Loblaw. Nous avons donc dû (voir le tableau 12.3) poser certaines hypothèses pour en présenter le détail. Ce redressement du bénéfice net à l'état des flux de trésorerie comprend chaque variation des actifs à court terme (autres que l'encaisse, les investissements à court terme et les éléments d'actifs d'impôts futurs rattachés expressément aux activités de financement et d'investissement) et des passifs à court terme (autres que les emprunts à court terme à des établissements financiers et la tranche de la dette à long terme échéant dans moins d'un an, qui sont reliés aux activités de financement ainsi que les passifs d'impôts futurs rattachés expressément aux activités de financement ou d'investissement). Ainsi, ce redressement entraîne une différence entre le bénéfice net et les flux de trésorerie provenant de l'exploitation. Dans le tableau 12.2, ces éléments du bilan sont indiqués par la lettre E. Le fait de savoir quelles opérations produisent une variation dans chacun de ces comptes aide à comprendre pourquoi il faut additionner ou soustraire l'écart quand il s'agit de convertir le bénéfice net en flux de trésorerie liés à l'exploitation.

Voici deux exemples simples qui permettront de mieux comprendre la logique de ces opérations mathématiques : les effets des variations dans les comptes clients et les comptes fournisseurs. Examinez le compte en T suivant qui illustre ceci : lorsqu'on enregistre des ventes à crédit, les comptes clients augmentent et lorsqu'on recouvre l'argent dû, ces mêmes comptes diminuent.

Comptes clients (A)			
Solde initial du bilan	16 000		
Chiffre d'affaires (à crédit)	45 000	Recouvrement auprès des clients	42 000
Solde final	19 000		

Dans cet exemple, le chiffre d'affaires, enregistré à l'état des résultats et provenant des ventes à crédit, est supérieur au recouvrement des sommes dues auprès des clients de 45 000 $ – 42 000 $ = 3 000 $. On doit donc soustraire ce manque à gagner du bénéfice net pour le convertir en flux de trésorerie provenant de l'exploitation. Il faut noter que ce montant est lui aussi identique à la variation dans les comptes clients (solde final 19 000 $ – solde initial 16 000 $ = 3 000 $), ce qui permet d'énoncer la règle générale suivante.

Lorsqu'un actif à court terme augmente, on soustrait la variation.
Lorsqu'un actif à court terme diminue, on additionne la variation.

Considérons maintenant l'exemple simplifié d'un compte en T des comptes fournisseurs. Lorsqu'on enregistre des achats à crédit, les comptes fournisseurs augmentent et lorsque les fournisseurs sont payés en espèces, ces comptes diminuent.

Comptes fournisseurs (Pa)

		Solde initial	17 000
Paiements à crédit	36 000	Achats à crédit	34 000
		Solde final	15 000

Dans cet exemple, les paiements aux fournisseurs sont plus élevés que les achats à crédit de 36 000 $ – 34 000 $ = 2 000 $. On doit donc soustraire ce montant de paiement supplémentaire du bénéfice net lors de la conversion en flux de trésorerie liés à l'exploitation. Il faut remarquer que ce montant est lui aussi identique à la variation dans les comptes fournisseurs (solde final 15 000 $ – solde initial 17 000 $ = –2 000 $), ce qui permet d'énoncer la règle générale suivante.

Lorsqu'un élément de passif à court terme augmente, on additionne la variation.
Lorsqu'un élément de passif à court terme diminue, on soustrait le montant de la variation.

Nous verrons ci-dessous comment appliquer ces raisonnements aux différents éléments des états financiers de Loblaw.

Une variation dans les comptes clients Les débiteurs constituent l'un des éléments des activités d'exploitation (E) énumérées dans le bilan de Loblaw (voir le tableau 12.2). Comme on l'a vu dans l'exemple simplifié précédent, l'état des résultats reflète les ventes à crédit et l'état des flux de trésorerie doit refléter les recouvrements des comptes. Les ventes à crédit augmentent le solde des comptes clients, tandis que leur recouvrement le diminue. Ainsi, la variation dans les comptes clients du début à la fin de l'exercice correspond à la différence entre les ventes et les sommes recouvrées. Il est possible d'en tirer les conclusions suivantes.

Lorsqu'il y a une *diminution nette des comptes clients* au cours d'un exercice, le montant recouvré auprès des clients est toujours supérieur aux produits d'exploitation calculés d'après la comptabilité d'exercice ; par conséquent, on doit *ajouter* le montant de la diminution (le recouvrement d'argent supplémentaire) dans le calcul des flux de trésorerie liés à l'exploitation.

Lorsqu'il y a une *augmentation nette des comptes clients*, le montant recouvré auprès des clients est toujours inférieur au chiffre d'affaires calculé d'après la comptabilité d'exercice ; par conséquent, on doit *soustraire* le montant de l'augmentation (les produits d'exploitation supplémentaires comptabilisés selon la méthode de comptabilité d'exercice) dans le calcul des flux de trésorerie liés à l'exploitation.

Comme le bilan de Loblaw indique (voir le tableau 12.2) une augmentation des débiteurs (les comptes clients) de 54 $ pour l'exercice, la somme recouvrée est inférieure au chiffre d'affaires enregistré.

Section	Compte du bilan	23 mars 2002	29 décembre 2001	Variation	Effet sur les flux de trésorerie
E	Débiteurs, nets	526	472	+54	–54

Par conséquent, pour refléter la rentrée de fonds moins importante, on doit *soustraire* le montant de l'augmentation du bénéfice net pour convertir celui-ci en flux de trésorerie liés à l'exploitation dans le tableau 12.3 – élément de la variation du fonds de roulement. (Dans le cas d'une diminution, on l'additionnerait.)

ANALYSE FINANCIÈRE

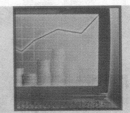

La croissance du bénéfice et la baisse des flux de trésorerie : un avertissement ?

Les dirigeants d'entreprises tentent parfois de relancer leurs ventes décroissantes en prolongeant les délais de paiement (par exemple de 30 à 60 jours) ou en assouplissant leurs critères d'accessibilité au crédit (par exemple en prêtant à des clients plus à risque). L'augmentation des comptes clients qui en résulte peut avoir pour effet d'accroître le bénéfice net par rapport aux flux de trésorerie liés à l'exploitation. En conséquence, un grand nombre d'analystes interprètent ce résultat comme un avertissement. Si on compare le premier trimestre de 2002 avec le dernier trimestre de 2001 pour Loblaw, le bénéfice net est en décroissance et ses flux de trésorerie le sont aussi. Doit-on conclure que Loblaw est en difficulté financière ? Le premier trimestre de l'année de Loblaw est toujours celui qui génère le moins de ventes à la suite de la période du temps de fêtes au dernier trimestre. Par conséquent, Loblaw tente peut-être de stimuler ses ventes au premier trimestre en prolongeant ses délais de paiement. Selon un dirigeant de la société, il s'agit d'un phénomène cyclique car les ventes accrues de *décembre* ont augmenté les comptes clients qui n'ont pas été suivis de façon très serrée par le personnel de la perception au premier trimestre de 2002. La situation devrait se résorber au deuxième trimestre. En conséquence, ses comptes clients ont augmenté de 54 millions de dollars, et cette augmentation n'est *pas* considérée comme un problème pour Loblaw. La diminution des ventes et des profits du premier trimestre dans le secteur de l'alimentation sont des fluctuations saisonnières. C'est un phénomène bien connu des analystes financiers.

Une variation dans les stocks Le coût des marchandises vendues peut être supérieur ou inférieur au montant en espèces versé aux fournisseurs pendant cette période. Les variations dans les stocks et les comptes fournisseurs (les emprunts aux fournisseurs) sont deux facteurs qui déterminent l'ampleur de cette différence. Il est très facile d'imaginer la variation des stocks dans le cas simple où l'entreprise paie comptant les fournisseurs qui lui procurent ces stocks. La situation se complique lorsque les achats se font à crédit : nous traiterons cet aspect du problème dans notre analyse de l'ajustement relatif aux variations dans les comptes fournisseurs.

L'état des résultats reflète le coût des marchandises vendues au cours de l'exercice, tandis que les flux de trésorerie liés à l'exploitation doivent refléter les paiements en espèces pour des achats au cours de la même période. Comme les achats de marchandises augmentent le solde du compte de stocks et que les ventes le diminuent (par une charge au coût des marchandises vendues), la variation des stocks entre le début et la fin de l'exercice correspond à la différence entre les achats et les charges. À partir de ce constat, on peut énoncer une autre règle générale.

Lorsqu'il y a une *diminution nette des stocks* au cours d'un exercice, la charge relative au coût des marchandises vendues est toujours supérieure aux achats de stocks ; par conséquent, on doit *additionner* le montant de cette diminution (le coût en excès des marchandises vendues) dans le calcul des flux de trésorerie liés aux activités d'exploitation.

Lorsqu'il y a une *augmentation nette des stocks* au cours d'un exercice, la charge relative au coût des marchandises vendues est toujours inférieure aux achats de stocks ; par conséquent, on doit *soustraire* le montant de cette augmentation (les achats en excès) dans le calcul des flux de trésorerie liés aux activités d'exploitation.

Le bilan de Loblaw indique une légère diminution des stocks de 8 millions de dollars.

Section	Compte du bilan	23 mars 2002	29 décembre 2001	Variation	Effet sur les flux de trésorerie
E	Stocks	1 504	1 512	–8	+8

Par conséquent, pour refléter la sortie de fonds moins importante (indépendante de la variation dans les comptes fournisseurs, dont nous traiterons plus loin), il faut *additionner* le montant de la variation au bénéfice net pour le convertir en flux de trésorerie liés aux activités d'exploitation (dans le tableau 12.3 – élément de la variation du fonds de roulement).

ANALYSE FINANCIÈRE

L'analyse des variations dans les stocks et des flux de trésorerie liés à l'exploitation

Un accroissement inattendu des stocks peut également avoir pour effet d'augmenter l'écart entre le bénéfice net et les flux de trésorerie provenant de l'exploitation (une augmentation du stock à la fin diminue le coût des marchandises vendues et augmente donc le bénéfice net). Un tel accroissement peut indiquer que la croissance prévue dans les ventes ne s'est pas concrétisée. Une diminution des stocks peut signifier que l'entreprise s'attend à des ventes moins importantes pour le trimestre suivant, ce qui n'est pas le cas pour Loblaw.

Les stocks ont peu varié d'un trimestre à un autre. En effet, à la fin du dernier trimestre de 2001, les stocks sont à 1 512 millions de dollars à la suite des activités du temps des fêtes. Les stocks sont restés à ce même niveau (1 504 millions de dollars) à cause des activités ralenties du premier trimestre de 2002. L'un des dirigeants de la société affirme qu'il s'agit également de stockage d'articles non alimentaires en prévision des activités futures, sinon les stocks à la fin du premier trimestre seraient plus bas. L'importance évidente de connaître en détail un secteur pour pouvoir interpréter correctement les états financiers des entreprises qui en font partie explique le fait que la plupart des analystes se spécialisent dans un nombre restreint de secteurs.

Une variation dans les charges payées d'avance Certaines charges sont payées avant d'être constatées à titre de charges (par exemple les loyers payés d'avance). L'état des résultats reflète les charges (l'échéance des charges anticipées) de l'exercice, tandis que les flux de trésorerie liés aux activités d'exploitation doivent refléter les paiements anticipés en espèces pendant la même période. Comme les paiements anticipés en espèces augmentent le solde des charges payées d'avance et que les échéances (les charges) le diminuent, la variation dans les charges payées d'avance entre le début et la fin de l'exercice correspond à la différence entre les paiements anticipés et les sommes dues à échéance. À partir de cette constatation, on peut énoncer la règle suivante.

Lorsqu'il y a une *diminution nette dans les charges payées d'avance* au cours de l'exercice, les charges calculées selon la comptabilité d'exercice (les échéances des paiements anticipés) sont toujours supérieures aux paiements anticipés en espèces pour ces charges ; par conséquent, on *additionne* le montant de cette diminution (la dépense supplémentaire) dans le calcul des flux de trésorerie liés aux activités d'exploitation.

Lorsqu'il y a une *augmentation nette dans les charges payées d'avance,* les charges calculées d'après la comptabilité d'exercice (les échéances des paiements anticipés) sont toujours inférieures aux paiements anticipés en espèces pour ces charges ; par conséquent, on doit *soustraire* le montant de l'augmentation (les paiements anticipés supplémentaires).

Comme le bilan de Loblaw (voir le tableau 12.2) indique une diminution de 7 millions de dollars en frais payés d'avance, les charges enregistrées sont supérieures aux paiements en espèces.

Section	Compte du bilan	23 mars 2002	29 décembre 2001	Variation	Effet sur les flux de trésorerie
E	Frais payés d'avance et autres actifs	21	28	−7	+7

Par conséquent, pour refléter la sortie de fonds moins importante, ce montant doit être réintégré (*additionné*) au bénéfice net lors de sa conversion en flux de trésorerie liés à l'exploitation dans le tableau 12.3 (un élément de la variation du fonds de roulement).

Les variations d'autres actifs à court terme et d'autres actifs Parmi les autres actifs à court terme, il y a généralement des éléments associés à l'exploitation tels les intérêts courus à recevoir. D'autres actifs (à long terme) peuvent ou non inclure des éléments associés à l'exploitation, par exemple des comptes clients à long terme.

Lorsque les actifs renferment ce type d'éléments, on doit aussi les considérer dans le calcul des flux de trésorerie liés aux activités d'exploitation. De même que dans l'exemple des comptes clients, lorsque ces comptes présentent une *augmentation nette* au cours d'un exercice, les sommes recouvrées sont toujours inférieures aux produits calculés d'après la comptabilité d'exercice. Par conséquent, on doit *soustraire* le montant de cette augmentation dans le calcul des flux de trésorerie liés aux activités d'exploitation. Lorsqu'il y a une *diminution*, les sommes recouvrées sont toujours supérieures aux produits calculés d'après la comptabilité d'exercice et, par conséquent, on doit l'*additionner*. Dans le bilan de Loblaw, les autres actifs à court terme sont combinés aux frais payés d'avance.

Si la catégorie des autres actifs avait compris des éléments d'actif hors exploitation, comme du matériel sujet à une aliénation, on ne traiterait pas leur variation dans la section Exploitation, mais plutôt dans la section Activités d'investissement. *La plupart des autres actifs à long terme ont une incidence sur la section Investissement.* C'est le cas de Loblaw qui présente un compte Autres actifs que nous analyserons dans la section sur les activités d'investissement.

Une variation dans les comptes fournisseurs Comme on l'a vu précédemment, la différence entre la charge du coût des marchandises vendues et le montant versé aux fournisseurs est exprimée par la variation dans les stocks et les comptes fournisseurs. Étant donné que les achats à crédit font augmenter les comptes fournisseurs et que les montants versés aux fournisseurs les font diminuer, la variation dans ces comptes du début à la fin d'un exercice correspond à la différence entre les achats à crédit et les paiements aux fournisseurs. À partir de cette constatation, on peut énoncer la règle générale suivante.

Lorsqu'il y a une *augmentation nette des comptes fournisseurs* au cours de l'exercice, les achats à crédit sont toujours supérieurs au montant payé en espèces aux fournisseurs ; par conséquent, on doit *additionner* le montant de cette augmentation (les achats supplémentaires) dans le calcul des flux de trésorerie liés à l'exploitation.

Lorsqu'il y a une *diminution nette dans les comptes fournisseurs* au cours de l'exercice, les achats à crédit sont toujours inférieurs aux montants payés en espèces aux fournisseurs ; par conséquent, on doit *soustraire* le montant de cette diminution (les montants supplémentaires payés en espèces) dans le calcul des flux de trésorerie liés à l'exploitation.

Le compte Créditeurs et charges à payer de Loblaw a diminué de 424 millions de dollars au premier trimestre de 2002, c'est-à-dire que les achats sont inférieurs aux montants en espèces payés aux fournisseurs et aux autres créditeurs.

Section	Compte du bilan	23 mars 2002	29 décembre 2001	Variation	Effet sur les flux de trésorerie
E	Créditeurs et charges à payer	1 867	2 291	–424	–424

Pour refléter le fait que la sortie de fonds est plus importante que la rentrée, ce montant supplémentaire de paiement doit être *soustrait* du bénéfice net dans le tableau 12.3 (un élément de variation du fonds de roulement).

Une variation dans les charges courues à payer Certaines charges sont payées après avoir été constatées (par exemple les charges sur les salaires courus). Le cas échéant, au moment de l'enregistrement de ces charges, le solde des éléments de passif relatifs aux charges courues à payer augmente. Lorsque les paiements sont effectués, les charges à payer diminuent. Par conséquent, la variation du solde des charges à payer du début à la fin d'un exercice correspond à la différence entre les charges inscrites à l'état des résultats et les paiements en espèces. À partir de cette définition, on peut énoncer une autre règle générale.

Lorsqu'il y a une *augmentation nette d'une charge à payer* au cours de l'exercice, la charge enregistrée selon la comptabilité d'exercice est toujours supérieure au montant en espèces payé pour cette charge ; par conséquent, on doit *additionner* le montant de cette augmentation (la dépense supplémentaire) dans le calcul des flux de trésorerie liés aux activités d'exploitation.

Lorsqu'il y a une *diminution nette d'une charge courue à payer*, la charge enregistrée selon la comptabilité d'exercice est toujours inférieure au paiement en espèces sur cette charge ; par conséquent, on doit *soustraire* le montant de cette diminution (le montant supplémentaire du paiement) dans le calcul des flux de trésorerie liés aux activités d'exploitation. Les charges courues à payer de Loblaw ont été intégrées aux comptes fournisseurs qui ont été analysés ci-dessus.

ANALYSE FINANCIÈRE

La diminution des comptes fournisseurs et la diminution des flux de trésorerie

Les sociétés tentent parfois d'augmenter leur fonds de roulement à la fin de l'exercice en diminuant les comptes fournisseurs. Cette opération a pour conséquence de diminuer les flux de trésorerie. Au cours du premier trimestre de 2002, Loblaw enregistrait un bénéfice net de 126 millions de dollars, alors que ses flux de trésorerie liés aux activités d'exploitation se chiffraient à –266 millions de dollars, partiellement en raison d'une diminution importante des comptes fournisseurs de 424 millions de dollars. Faut-il croire que l'entreprise aurait tenté d'augmenter son fonds de roulement ?

Les analystes qui s'intéressent au secteur de l'alimentation sont conscients qu'il s'agit du résultat de fluctuations saisonnières normales qu'on remarque au premier trimestre de l'année. Premièrement, ils savent que presque tous les achats aux fournisseurs se font à crédit et que l'entreprise est en mesure de payer ses comptes du dernier trimestre de l'année, ces comptes étant plus importants à cause des activités accrues de la période des fêtes. En effet, les fortes ventes de *décembre* et les achats qui en découlent font augmenter les comptes fournisseurs, mais le paiement en espèces ne se fait pas avant le mois de *janvier*. Il en résulte que le total des montants payés aux fournisseurs en *janvier* est *supérieur* au chiffre d'affaires et que les comptes fournisseurs diminuent entre la fin du quatrième trimestre (le 29 décembre) et la fin du premier trimestre (le 23 mars). Deuxièmement, ils ont observé que les ventes sont plus faibles au premier trimestre de l'année à la suite de la période des fêtes. À l'état des flux de trésorerie, ces résultats ont un effet négatif sur les flux de trésorerie provenant de l'exploitation au cours du premier trimestre. Troisièmement, ils ont déjà constaté que les ventes remontent progressivement d'un trimestre à l'autre pour atteindre leur plus haut niveau au troisième trimestre. Les fluctuations saisonnières normales des ventes *ne sont pas*, de toute évidence, un signe de problèmes financiers chez Loblaw.

Résumé On peut résumer l'emploi des additions et des soustractions généralement requises pour rapprocher le bénéfice net et les flux de trésorerie liés à l'exploitation comme suit.

Élément	Additions et soustractions permettant de rapprocher le bénéfice net des flux de trésorerie liés à l'exploitation	
	En cas d'augmentation	En cas de diminution
Amortissement, désuétude et dépréciation	+	
Comptes clients	−	+
Charges payées d'avance (actifs)	−	+
Stocks	−	+
Autres actifs à court terme	−	+
Comptes fournisseurs	+	−
Charges courues à payer (passifs)	+	−

Dans ce tableau, il faut noter qu'on *soustrait* toujours une *augmentation d'un actif* ou une *diminution d'un passif* pour rapprocher le bénéfice net des flux de trésorerie liés à l'exploitation. De même, on *additionne* toujours une *diminution dans un actif* ou une *augmentation dans un passif* pour effectuer ce rapprochement. L'état des flux de trésorerie de Loblaw (voir le tableau 12.1) présente les mêmes additions et soustractions visant à rapprocher le bénéfice net des flux de trésorerie liés aux activités d'exploitation que celles qui ont été décrites dans le tableau 12.3.

ANALYSONS LES RATIOS

Le coefficient de la qualité du bénéfice

1. **Connaître la question**

   Existe-t-il des différences significatives entre le bénéfice net et les flux de trésorerie liés aux activités d'exploitation? On peut calculer le coefficient de la qualité du bénéfice comme suit.

   $$\text{Coefficient de la qualité du bénéfice} = \frac{\text{Flux de trésorerie liés à l'exploitation}}{\text{Bénéfice net}}$$

   Pour le premier trimestre de 2002, le coefficient de Loblaw était le suivant:

   $$\frac{(266)\,\$}{126\,\$} = -2{,}11\ (-211\%)$$

OBJECTIF D'APPRENTISSAGE 3

Analyser et interpréter le coefficient de la qualité du bénéfice.

2. **Utiliser les techniques appropriées**

a) Analyser la tendance dans le temps		
LOBLAW (ANNUELLEMENT)		
1999	2000	2001
1,75	1,66	1,47

b) Comparer avec les compétiteurs	
METRO	SOBEYS
2001	2001
1,19	1,96

3. Interpréter prudemment les résultats

EN GÉNÉRAL ◊ Le coefficient de la qualité du bénéfice sert à mesurer la partie du bénéfice net généré sous forme de liquidités. Toutes choses étant égales par ailleurs, un coefficient de la qualité du bénéfice plus élevé que la moyenne indique une plus grande capacité à financer les activités d'exploitation et les autres besoins en liquidités à même les rentrées de fonds découlant de l'exploitation*. Il indique également une probabilité moindre que l'entreprise utilise des méthodes de constatation des produits agressives pour augmenter son bénéfice net. Lorsque ce coefficient est différent de 1,0, les analystes doivent établir la source de l'écart pour déterminer l'importance de leurs résultats. Il y a quatre manières possibles d'expliquer un tel écart.

1. *Le cycle d'exploitation de l'entreprise (l'augmentation ou la diminution du chiffre d'affaires).* Lorsque les ventes augmentent, les comptes clients et les stocks s'accroissent normalement plus vite que les comptes fournisseurs. Il en résulte souvent une diminution des flux de trésorerie liés à l'exploitation sous le niveau du bénéfice, ce qui abaisse le coefficient. Lorsque les ventes diminuent, le contraire se produit et le coefficient augmente.

2. *Le caractère saisonnier des activités.* Les variations saisonnières dans les ventes et les achats de stocks peuvent entraîner un écart du coefficient par rapport à 1,0. C'est le cas de Loblaw à la fin du premier trimestre de 2002.

3. *Des variations dans la constatation des produits et des charges.* Une constatation agressive des produits ou le fait d'omettre des charges courues à payer peuvent gonfler le bénéfice net et diminuer le coefficient. Le cas de Xerox cité au chapitre 4 en est un exemple.

4. *Des variations dans la gestion des actifs et des passifs reliés à l'exploitation.* Une gestion inefficace peut entraîner une augmentation des actifs et une diminution des passifs reliés à l'exploitation, ce qui contribue à réduire les flux de trésorerie liés à l'exploitation et, par conséquent, le coefficient. Une gestion efficace aura l'effet contraire.

LOBLAW ◊ Le coefficient annuel de la qualité du bénéfice de Loblaw accuse une légère diminution progressive, passant de 1,75 en 1999 à 1,47 en 2001. Cette diminution est due à l'accroissement des ventes au cours des trois derniers exercices (+14,4 %). Il en résulte que les comptes clients (+45,2 %) et les stocks (+23,7 %) ont augmenté plus rapidement que les comptes fournisseurs (+10,9 %), ce qui réduit le ratio. Le ratio de Loblaw est supérieur à celui de Metro qui offre une variété de produits moindre, mais il est inférieur à Sobeys dont le bénéfice net a diminué de moitié à cause des charges de réorganisation non récurrentes. Sans ces charges non récurrentes, le taux de Sobeys serait de 1,07. La diminution progressive du taux de Loblaw n'est donc pas alarmant pour les analystes financiers.

QUELQUES PRÉCAUTIONS ◊ On ne peut interpréter le coefficient de la qualité du bénéfice qu'à la condition de bien comprendre les activités d'une entreprise et sa stratégie. Par exemple, un faible coefficient est parfois simplement attribuable à des variations saisonnières normales, comme c'est le cas de Loblaw au premier trimestre de 2002. Toutefois, il peut aussi indiquer un vieillissement du stock, un ralentissement des ventes ou l'échec de plans de croissance. Les analystes considèrent souvent ce coefficient en relation avec le coefficient de rotation des comptes clients et le coefficient de rotation des stocks pour tenir compte de ces possibilités**.

---

* Lorsque le bénéfice net est négatif, un coefficient moins élevé indique que l'entreprise a une meilleure capacité de se financer à même les revenus de ses activités d'exploitation.

** K.G. Palepu, P. M. Healy et V. L. Bernard, *Business Analysis and Valuation Using Financial Statements*, 2ᵉ édition, Cincinnati, Ohio, South-Western, 2000.

Comparons (taux annuels)	
Cascades	2,62
Rona	2,76
Unibroue	5,29

D'autres éléments d'interprétation des flux de trésorerie liés à l'exploitation Le rapprochement du bénéfice net et des flux de trésorerie liés à l'exploitation peut contenir d'autres éléments d'ajustement. La plupart de ces éléments se rapportent à des sujets traités dans les cours de comptabilité intermédiaires. Nous les décrirons donc brièvement.

1. *Les gains ou les pertes sur les immobilisations corporelles.* Comme nous le verrons dans la prochaine section, le total des produits en espèces de la vente d'immobilisations corporelles devrait être intégré dans la section Investissement de l'état des flux de trésorerie. Comme le gain ou la perte est déjà inclus dans le bénéfice net, on doit l'éliminer de la section Exploitation en *soustrayant le gain* ou *en additionnant la perte* pour éviter de compter l'effet du montant deux fois. Il en sera question plus en détail à l'annexe 12-A à la fin de ce chapitre.

2. *Les impôts futurs.* Les impôts futurs sont le résultat d'écarts temporaires entre les principes comptables généralement reconnus utilisés pour communiquer l'information financière et les lois fiscales qui régissent la préparation des déclarations de revenus. Une augmentation dans la charge d'impôts futurs de l'exercice est associée à une dépense durant l'exercice en cours, même si elle n'entraîne pas de sortie de fonds avant un exercice ultérieur. Comme une *augmentation* de cette charge fiscale n'a pas pour résultat une sortie de fonds dans la période en cours, on l'*additionne* au bénéfice net à l'état des flux de trésorerie. Les passifs d'impôts futurs finissent toujours par être payés à un moment donné, et ils entraînent alors une sortie de fonds. Le cas échéant, le montant de la *diminution des passifs d'impôts futurs* doit être *soustrait* du bénéfice net à l'état des flux de trésorerie. L'inverse est vrai pour les actifs d'impôts futurs; le montant de la *diminution des actifs d'impôts futurs* doit être *ajouté* au bénéfice net à l'état des flux de trésorerie. Les flux de trésorerie reliés aux impôts futurs peuvent être classés dans les activités de financement ou d'investissement s'ils y sont expressément rattachés.

3. *La quote-part des résultats des sociétés affiliées.* Lorsqu'on utilise la méthode de la comptabilisation à la valeur de consolidation pour comptabiliser les placements dans des sociétés satellites, l'investisseur doit enregistrer à titre de produits financiers sa quote-part des résultats de la société satellite. Cette part des résultats (bénéfice ou perte) n'a aucune incidence sur les flux de trésorerie. Par conséquent, on doit *soustraire* la quote-part des *bénéfices* de la société satellite, car il n'y a pas de rentrée de fonds. Si le résultat de la société satellite est négatif (une perte nette), on doit y *ajouter* la quote-part de la *perte* nette, car il n'y a pas de sortie de fonds. Seul le montant reçu sous forme de dividende, le cas échéant, représente une rentrée de fonds. Le montant du *dividende encaissé* n'a pas été comptabilisé comme produit financier selon la méthode de la valeur de consolidation. Par conséquent, on l'*ajoute* au solde du bénéfice net pour déterminer les flux monétaires liés aux activités d'exploitation.

Mentionnons deux facteurs supplémentaires qui compliquent encore les choses. Les états financiers consolidés peuvent faire état d'une ou de plusieurs filiales dont les états financiers sont enregistrés dans une monnaie autre que le dollar (par exemple l'euro). À cause du processus de conversion de ces états en dollars, il arrive que les variations dans les actifs et les passifs à court terme du bilan ne correspondent pas aux variations enregistrées à l'état des flux de trésorerie[12]. L'acquisition de nouvelles filiales au cours d'un exercice peut avoir un effet similaire. Aussi, la présence d'une participation sans contrôle en déduction du bénéfice consolidé ne représente pas une sortie de fonds. Par conséquent, on doit *ajouter ce montant* au bénéfice net à l'état des flux de trésorerie. La participation sans contrôle qui est ajoutée au bénéfice net consolidé à l'état consolidé des résultats doit être *soustrait*.

---

12. P. R. Bahnson, P. B. W. Miller et B. P. Budge, «Nonarticulation in Cash Flow Statements and Implications for Education, Research and Practice», *Accounting Horizons*, déc. 1996, p. 1-15.

Sobeys Inc.

TEST D'AUTOÉVALUATION

Parmi les éléments suivants (tirés de l'état des flux de trésorerie de Sobeys Inc.), indiquez lesquels devraient être additionnés (+), soustraits (−) ou laissés de côté (0) dans le rapprochement entre le bénéfice net et les flux de trésorerie liés à l'exploitation.

a) _____ L'augmentation des stocks

b) _____ La diminution des acceptations bancaires à court terme

c) _____ L'amortissement

d) _____ La diminution des débiteurs

e) _____ La diminution des créditeurs et des charges à payer

f) _____ L'augmentation des charges payées d'avance

Vérifiez vos réponses à l'aide des solutions présentées en bas de page*.

La comparaison entre la méthode directe et la méthode indirecte

Selon la méthode indirecte de présentation des flux de trésorerie liés à l'exploitation, on part du bénéfice net et on effectue ensuite des ajustements pour les éléments qui n'impliquent pas de rentrées ou de sorties de fonds afin de calculer les flux monétaires nets liés à l'exploitation. Par contre, selon la méthode directe, on présente dans des catégories distinctes toutes les opérations d'exploitation qui entraînent soit une augmentation, soit une diminution de l'encaisse. Il est important de remarquer, encore une fois, que les flux monétaires nets liés à l'exploitation sont *identiques*,

*a) −, b) 0, c) +, d) +, e) −, f) −.

qu'on se serve de la méthode directe ou de la méthode indirecte de présentation. Ces deux méthodes ne diffèrent que par les renseignements qui sont présentés à l'état financier.

Vous trouverez une comparaison de ces deux méthodes d'enregistrement des données dans le tableau 12.4. Comme la plupart des entreprises qui utilisent la méthode indirecte de présentation de l'information, Loblaw ne donne pas suffisamment de renseignements pour pouvoir dresser un état financier en appliquant la méthode directe. Nous avons donc dû poser un certain nombre d'hypothèses simplificatrices dans nos calculs, de sorte que ces chiffres ne reflètent pas les flux de trésorerie réels de l'entreprise selon la méthode directe.

Comparaison entre la méthode directe et la méthode indirecte			TABLEAU 12.4

Les Compagnies Loblaw limitée
État partiel des flux de trésorerie
pour le premier trimestre terminé le 23 mars 2002
(en millions de dollars)

Section des activités d'exploitation selon la méthode directe et la méthode indirecte

Méthode indirecte		Méthode directe (estimation)	
Bénéfice net	126 $	Montant perçu des clients	4 397 $
Amortissement	79	Montant reçu en intérêts	14
Impôts sur les bénéfices futurs	4	Paiements aux fournisseurs	(3 200)
Autre	10	Paiements de charges diverses	(1 300)
	219	Paiements d'intérêts	(48)
Variation du fonds de roulement	(470)	Paiements des impôts	(129)
Flux de trésorerie liés à l'exploitation avant ce qui suit :	(251)	Flux de trésorerie liés aux activités d'exploitation	(266) $
Restructuration des acquisitions et des autres charges, y compris la récupération d'impôts sur les bénéfices	(15)		
Flux de trésorerie liés aux activités d'exploitation	(266) $		

Au tableau 12.4, il est extrêmement important de remarquer que le *montant enregistré à titre de sortie nette de fonds liés à l'exploitation reste le même, qu'on le détermine avec la méthode directe ou la méthode indirecte* (−266 millions de dollars). La seule différence réside dans la façon d'effectuer les calculs. L'ICCA, même s'il ne l'exige pas, encourage les entreprises à employer la méthode directe, car elle fournit aux utilisateurs des renseignements supplémentaires qu'il leur serait impossible de déduire de l'utilisation de la méthode indirecte ou des autres états financiers. Toutefois, comme nous l'avons mentionné précédemment, peu d'entreprises se servent de la méthode directe en raison des coûts supplémentaires qu'elle paraît entraîner.

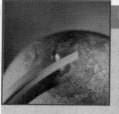

PERSPECTIVE INTERNATIONALE

Les méthodes australiennes

Coles Myer Ltd est une multinationale australienne qui exploite des supermarchés, des magasins à escompte et des magasins à rayons. Les aliments et les boissons ont produit 61 % de ses revenus en 2001. Conformément aux principes comptables généralement reconnus en Australie, qui requièrent l'utilisation de la méthode directe de présentation, elle a classé les renseignements sur ses flux de trésorerie liés à l'exploitation comme suit:

État partiel des flux de trésorerie pour l'exercice terminé le 29 juillet 2001 (en millions de dollars)	
Flux monétaires des activités d'exploitation	
Sommes reçues des clients (incluant les taxes sur les biens et services)	26 945 $
Sommes payées aux fournisseurs et aux employés (incluant les taxes sur les biens et services)	(26 003)
Sommes reçues des sociétés affiliées	6
Intérêts reçus	9
Sommes versées pour le coût des emprunts	(126)
Sommes versées pour les impôts	(159)
Flux de trésorerie nets liés aux activités d'exploitation	672 $

Remarquez que Coles Myer regroupe les paiements à ses fournisseurs et à ses employés, alors que d'autres entreprises enregistrent ces montants séparément. Comme les entreprises américaines qui choisissent la méthode directe, l'entreprise australienne présente ses résultats d'après la méthode indirecte dans une note au bas de l'état des flux de trésorerie. Cette exigence n'est pas requise au Canada.

L'analyse et l'interprétation des flux de trésorerie liés aux activités d'investissement

OBJECTIF D'APPRENTISSAGE **4**

Analyser et interpréter les flux de trésorerie liés aux activités d'investissement.

Dans cette section, il convient d'analyser les comptes relatifs à l'achat et à la vente d'immobilisations utilisées par les entreprises et ceux reliés aux investissements dans des titres d'autres entreprises ainsi qu'aux prêts à d'autres entités que des clients. Normalement, les comptes du bilan qui correspondent à cette description comprennent les comptes de placements à court terme et les comptes d'actifs à long terme tels que les placements à long terme et les immobilisations corporelles. Voici les relations qu'on observe le plus couramment.

Compte correspondant du bilan	Activité d'investissement	Effet sur les flux de trésorerie
Immobilisations	Achat d'immobilisations au comptant	Sortie de fonds
	Vente d'immobilisations au comptant	Rentrée de fonds
Placements à court ou à long terme	Achat de titres de placement au comptant	Sortie de fonds
	Vente au comptant ou arrivée à échéance des titres de placement	Rentrée de fonds

Voici quelques-unes des activités d'investissement typiques.

1. Les sommes déboursées pour l'acquisition de biens corporels productifs, tels que des immeubles et du matériel, ou de biens incorporels, tels que des marques de commerce et des brevets. Cette catégorie inclut uniquement les achats payés en espèces ou en quasi-espèces. Les achats effectués par l'émission d'une reconnaissance de dette envers le vendeur, par exemple, n'en font pas partie.

2. Les produits en espèces de la vente d'actifs productifs, tels que des immeubles ou du matériel, ou de biens incorporels, tels que des marques de commerce et des brevets. Il s'agit de montants d'argent reçus à la suite de la vente d'actifs, peu importe que ceux-ci soient cédés à perte ou à profit.

3. L'achat de placements à court ou à long terme payé comptant. Ces investissements peuvent comprendre des actions ou des obligations émises par d'autres entreprises, des certificats de dépôt émis par des banques ou des titres de placement d'un gouvernement qui arrivent à échéance plus de trois mois après la date d'achat. (N'oubliez pas que les titres qui s'échelonnent sur une période de trois mois ou moins à la suite de la date d'acquisition sont normalement considérés comme des quasi-espèces et font donc partie de l'encaisse.)

4. Les produits de la vente ou de l'arrivée à échéance de placements à court ou à long terme. Encore une fois, il s'agit de montants en espèces reçus à la suite de la vente d'actifs, peu importe que ceux-ci aient été cédés à profit ou à perte.

Dans le cas de Loblaw, l'analyse des variations des comptes du bilan (voir le tableau 12.2) montre que trois des quatre actifs à long terme (indiqués par la lettre I) ont varié au cours du trimestre. Il y a donc eu des activités d'investissement relatives à ces trois comptes d'actifs à long terme : Immobilisations, Placements dans des franchises et autres sommes à recevoir et Autres actifs. Le compte Placements à court terme présente également une variation dont il faut tenir compte à ce moment-là. On doit examiner les livres de l'entreprise pour déterminer les causes de ces variations. Le détail de la variation dans les comptes Immobilisations et Placements à court terme est présenté ci-après.

L'entreprise a acheté de nouvelles immobilisations, qu'elle a payées comptant, au montant de 175 millions de dollars, ce qui constitue une sortie de fonds. Elle a vendu des immobilisations au comptant pour une somme de 7 millions de dollars, ce qui représente une rentrée de fonds. Selon le comptable de la société, cette vente a donné lieu à un gain de 1 million de dollars (voir le tableau 12.3). Le montant de 79 millions de dollars de charge d'amortissement, réintégrée à la section Exploitation, est également un élément qui explique la variation nette dans le compte Immobilisations au premier trimestre de 2002. La variation s'explique donc ainsi :

Variation de l'actif net au bilan		
Achat	+175 $	Présenté dans la section Investissement
Cession	–6	Valeur comptable des actifs cédés :
	7	Produit : inscrit dans la section Investissement
	–1	Gain : inscrit dans la section Exploitation
	6	Valeur comptable des actifs cédés
Amortissement	–79	Présenté dans la section Exploitation
Variation nette	+90 $	

Cette variation nette de l'actif au bilan se détaille comme suit :

Section	Compte du bilan	23 mars 2002	29 décembre 2001	Variation
I	Immobilisations	5 021	4 931	+90

Il faut noter que les achats et les ventes au comptant d'immobilisations apparaissent séparément à l'état des flux de trésorerie. Il convient également de remarquer que le produit de la vente de 7 $ comprend la valeur comptable de l'actif de 6 $ et un gain sur la vente de 1 $.

D'après ses livres, Loblaw a aussi acheté des placements à court terme pour une somme de 94 millions de dollars au cours du trimestre considéré. C'est ce qui explique l'augmentation relative aux investissements à court terme inscrite dans le bilan.

Section	Compte du bilan	23 mars 2002	29 décembre 2001	Variation
I	Placements à court terme	520	426	+94

Ces deux éléments d'investissement (ainsi que les deux autres pour lesquels le détail n'est pas présenté) apparaissent dans le chiffrier des activités d'investissement du tableau 12.5. Les flux de trésorerie nets découlant des activités d'investissement correspondent à une sortie de fonds de 233 millions de dollars.

TABLEAU 12.5 — Tableau explicatif des flux de trésorerie liés aux activités d'investissement

Coup d'œil sur

Les Compagnies Loblaw limitée

Les Compagnies Loblaw limitée
Activités d'investissement
(en millions de dollars)

Éléments tirés du bilan et de l'analyse des comptes	Rentrée (sortie) de fonds	Explication
Achat d'immobilisations	(175) $	Paiement en espèces pour l'achat d'immobilisations
Vente d'immobilisations	7	Somme reçue de la vente en espèces des immobilisations
Achat de placements à court terme	(94)	Paiement en espèces pour l'achat de placements à court terme
Variation des placements dans des franchises, d'autres sommes à recevoir et des sommes à recevoir sur cartes de crédit	15	Variation nette des sommes reçues et versées relatives aux franchises et aux comptes à recevoir à long terme. Il s'agit d'une rentrée nette.
Variation nette d'autres éléments	14	Somme nette reçue sur la variation d'autres actifs
Flux de trésorerie liés aux activités d'investissement	(233) $	Présenté à l'état des flux de trésorerie

ANALYSONS LES RATIOS

Le coefficient d'acquisition de capitaux

1. Connaître la question

Jusqu'à quel point l'entreprise est-elle capable de financer l'achat d'immobilisations corporelles avec l'encaisse provenant de ses activités d'exploitation? Comme les dépenses en capital pour des immobilisations corporelles varient souvent d'une année à l'autre, on calcule généralement ce coefficient sur des périodes de temps plus longues qu'une année, par exemple trois ans dans le cas présent. Voici comment on procède.

OBJECTIF D'APPRENTISSAGE 5

Analyser et interpréter le coefficient d'acquisition de capitaux.

$$\text{Coefficient d'acquisition de capitaux} = \frac{\text{Flux de trésorerie liés à l'exploitation}}{\text{Acquisition en espèces d'immobilisations corporelles}}$$

Pour la période 1999 à 2001, le coefficient de Loblaw était le suivant:

$$\frac{2\ 266\$}{2\ 853\$} = 0,79$$

2. **Utiliser les techniques appropriées**

a) Analyser la tendance dans le temps	
LOBLAW	
1996-1998	1999-2001
0,81	0,79

b) Comparer avec les compétiteurs	
METRO	**SOBEYS**
1999-2001	1999-2001
1,97	0,95

3. **Interpréter prudemment les résultats**

EN GÉNÉRAL ◊ Le coefficient d'acquisition de capitaux reflète la partie des achats d'immobilisations corporelles qui est financée par les activités d'exploitation sans recours à une dette externe, à un financement par l'émission d'actions ou à la vente d'autres placements ou d'actifs immobilisés. Un coefficient élevé indique que l'entreprise a moins besoin que d'autres de financement pour sa croissance présente et à venir. Cette situation est avantageuse, car elle permet aux entreprises d'effectuer des acquisitions importantes au moment opportun, d'éviter le coût d'une dette supplémentaire ou d'une émission d'actions et de réduire les risques de faillite qui accompagnent l'accroissement du levier financier (voir le chapitre 10).

LOBLAW ◊ Le coefficient d'acquisition de capitaux de Loblaw est resté relativement stable au cours des six dernières années. Un taux inférieur à 1 indique qu'elle n'a pas réussi à autofinancer, à même ses opérations, les investissements importants qu'elle a faits au cours des derniers exercices, investissements qu'elle projette de poursuivre dans le futur. L'objectif d'être propriétaire des bâtiments nécessite des fonds importants pour leur acquisition. Par ailleurs, pour faire face à la compétition (Wal-Mart, Sobeys, etc.) et répondre aux besoins de sa clientèle, elle a exploité une gamme de produits non alimentaires, ce qui nécessite des investissements importants dans les stocks et leur entreposage. Ce n'est pas le cas de Metro qui a peu développé la vente d'articles non alimentaires et, par conséquent, son ratio est plus élevé. Sobeys exploite davantage la vente d'articles non alimentaires; ainsi, son taux est inférieur à 1. Il faut noter que le chiffre d'affaires de Loblaw est le double de celui de Sobeys, et ses investissements ont été plus importants. Loblaw a dû recourir à des fonds extérieurs pour financer ses activités d'expansion et s'avère donc, à court terme, plus à risque que Metro. Toutefois, Loblaw est prête à affronter les compétiteurs américains et détient ainsi un avantage économique futur sur ses compétiteurs locaux.

QUELQUES PRÉCAUTIONS ◊ Comme les besoins d'investissement en matière d'immobilisations corporelles varient considérablement d'un secteur d'activité à l'autre (on ne peut comparer, par exemple, les entreprises de papiers et cartons comme Cascades aux entreprises de communication comme Rogers), le coefficient d'une entreprise devrait être comparé uniquement avec ceux de ses exercices antérieurs ou avec les coefficients d'autres entreprises du même secteur. En outre, un coefficient élevé indique parfois qu'une entreprise néglige de moderniser ses immobilisations corporelles, ce qui peut restreindre sa capacité à rester compétitive dans l'avenir.

Comparons 1999-2001	
Cascades	1,59
Rogers Communications	0,44
Unibroue	0,98

L'analyse et l'interprétation des flux de trésorerie liés aux activités de financement

OBJECTIF D'APPRENTISSAGE 6

Analyser et interpréter les flux de trésorerie liés aux activités de financement.

Cette section porte sur les variations des éléments de passif à court terme, les effets à payer aux établissements financiers (souvent appelés des «dettes à court terme»), la tranche de la dette à long terme échéant dans moins d'un an ainsi que sur les variations dans les comptes des éléments de passif à long terme et des capitaux propres. Ces comptes du bilan se rapportent à l'émission et au remboursement (ou au rachat) de la dette et des actions, ainsi qu'au paiement des dividendes. Voici les relations qu'on observe le plus couramment.

Compte du bilan	Activité de financement	Effet sur les flux de trésorerie
Dette à court terme (effets à payer) – banque	Émission d'un effet bancaire en échange de liquidités	Rentrée de fonds
	Remboursement du capital sur l'effet à payer	Sortie de fonds
Dette à long terme	Émission d'obligations en échange de liquidités	Rentrée de fonds
	Remboursement du capital des obligations	Sortie de fonds
Actions ordinaires et surplus d'apport	Émission d'actions en échange de liquidités	Rentrée de fonds
	Paiement en espèces pour le rachat (l'annulation) des actions	Sortie de fonds
Bénéfices non répartis	Versement des dividendes en espèces	Sortie de fonds

Les activités de financement sont associées à l'obtention de capital auprès des créanciers et des propriétaires, et à son remboursement. Voici quelques-unes des activités de financement.

1. *Les produits obtenus par l'émission de dettes à court et à long terme.* Il s'agit des liquidités provenant d'emprunts à des banques et à d'autres établissements financiers

ou de l'émission d'obligations vendues au public. Une dette contractée sans l'obtention de liquidités (par exemple le financement de l'achat de matériel par le fournisseur) n'entre pas dans cette catégorie.

2. *Le remboursement du capital sur des dettes à court et à long terme.* Les sorties de fonds associées à la dette comprennent le remboursement périodique du capital ainsi que le remboursement anticipé des sommes dues. Comme nous l'avons vu dans des chapitres précédents, le paiement de la plupart des dettes requiert des versements périodiques composés à la fois d'une partie du capital et des intérêts. La partie du versement en espèces relative au capital est enregistrée à titre de flux de trésorerie liés aux activités de financement. La partie relative aux intérêts constitue des flux de trésorerie liés à l'exploitation.

3. *Les produits de l'émission d'actions.* Il s'agit de montants en espèces reçus lors de la vente d'actions à des investisseurs. Les actions émises sans l'obtention de liquidités (par exemple des actions destinées à payer directement une partie du salaire d'un employé) n'entrent pas dans cette catégorie.

4. *Le rachat d'actions.* Cette sortie de fonds comprend les paiements en espèces pour le rachat par l'entreprise de ses propres actions détenues par des actionnaires.

5. *Les dividendes.* Il s'agit du montant des dividendes versés en espèces aux actionnaires au cours de l'exercice. Certains étudiants se demandent pourquoi les versements en espèces faits aux créanciers (les intérêts) sont enregistrés à titre d'activité d'exploitation, alors qu'on classe les versements en espèces aux actionnaires (les dividendes) parmi les activités de financement. Rappelez-vous que les intérêts sont comptabilisés à l'état des résultats et que, par conséquent, ils sont directement liés au processus de réalisation des bénéfices (c'est-à-dire aux activités d'exploitation). Par contre, les versements de dividendes n'apparaissent pas à l'état des résultats parce qu'ils constituent une répartition du bénéfice. Il est donc plus approprié de les inscrire dans la catégorie des activités de financement.

Pour calculer les flux de trésorerie liés aux activités de financement, il faudrait examiner les variations dans les comptes de passif et des capitaux propres. Dans le cas de Loblaw, une analyse des variations observables dans le bilan (voir le tableau 12.2) indique que les comptes Effets commerciaux, Dette à long terme et Autres passifs ont varié au cours du premier trimestre de 2002. D'après les livres de l'entreprise, la variation du compte Effets commerciaux résulte d'un emprunt de 487 millions de dollars en espèces. Cet élément apparaît dans le tableau 12.6.

Section	Compte du bilan	23 mars 2002	29 décembre 2001	Variation
F	Effets commerciaux	678	191	+487

La variation dans la dette à long terme s'explique par une nouvelle émission de dette engendrant des rentrées de fonds de 200 millions de dollars et par le remboursement d'une partie de la dette représentant une sortie de fonds de 4 millions de dollars. D'autres éléments pour une sortie nette de 2 millions de dollars font partie de la variation (nous n'avons pas le détail de ce montant). Ces éléments expliquent l'augmentation nette de 194 millions de dollars en dette à long terme qu'on trouve dans le tableau explicatif des activités de financement (voir le tableau 12.6).

Section	Compte du bilan	23 mars 2002	29 décembre 2001	Variation
F	Tranche de la dette à long terme échéant dans moins d'un an	78	81	−3
F	Dette à long terme	3 530	3 333	+197
				+194

Les Compagnies Loblaw limitée
Activités de financement
(en millions de dollars)

Éléments tirés du bilan et de l'analyse des comptes	Rentrée (sortie) de fonds	Explication
Effets commerciaux	487 $	Somme reçue de l'émission d'effets commerciaux
Émission de dette à long terme	200	Somme reçue de l'émission d'une nouvelle dette à long terme
Remboursement de dette à long terme	(4)	Paiement en espèces pour le remboursement d'une partie de la dette à long terme
Dividendes	(28)	Paiement en espèces aux actionnaires
Autre	11	Somme nette reçue de la variation des autres passifs
Flux de trésorerie liés aux activités de financement	666 $	Présenté à l'état des flux de trésorerie

Lorsque l'entreprise rembourse sa dette au prêteur (le capital seulement) ou qu'elle rachète une partie de ses propres actions, elle enregistre ces opérations sous forme de sorties de fonds dans la section Financement de la période en cours. Lorsqu'elle décide de verser des dividendes, elle les inscrit à titre de sorties de fonds dans cette section. Loblaw a versé 28 millions de dollars en dividendes et n'a pas racheté d'actions au cours du premier trimestre de 2002.

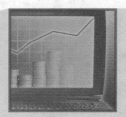

ANALYSE FINANCIÈRE

Le financement de la croissance

Le financement de la croissance à long terme d'une entreprise provient généralement de trois sources: les fonds générés de l'intérieur (les flux de trésorerie provenant de l'exploitation), l'émission d'actions et l'emprunt d'argent à long terme (ces deux derniers éléments constituent des fonds obtenus de l'extérieur). Comme nous l'avons vu au chapitre 10, les entreprises ont le choix entre différentes structures financières (l'équilibre entre la dette et les capitaux propres). Les sources utilisées pour financer leur croissance auront des répercussions importantes en matière de risque et de rendement. L'état des flux de trésorerie permet de voir de quelles manières chaque direction d'entreprise choisit de financer cette croissance. Les analystes se servent des renseignements que ce document contient pour évaluer la structure financière et la capacité de croissance d'une entreprise.

La présentation de l'état des flux de trésorerie

L'état des flux de trésorerie de Loblaw apparaît en bonne et due forme au tableau 12.1. Comme vous avez pu le constater, l'état s'établit à partir d'une analyse détaillée des comptes et des opérations de l'entité (voir les tableaux 12.3, 12.5 et 12.6). Il était impossible de reconstituer entièrement les chiffres de l'état des flux de trésorerie avec l'information publiée au premier trimestre de 2002. De plus, les dirigeants de l'entreprise ne nous ont pas fourni toutes les informations demandées à cause du caractère confidentiel des données. La compétition étant très forte dans ce domaine, nous ne pouvons critiquer ces dirigeants de vouloir protéger leur société. Par ailleurs, le détail de plusieurs de ces informations concernait des opérations complexes qui dépassaient les objectifs de cet ouvrage. Ces sujets seront abordés dans des cours de comptabilité avancés. Pour une entreprise aussi vaste et complexe que Loblaw, l'établissement de l'état des flux de trésorerie pose évidemment plus de difficultés. Pour une entreprise moins complexe, cette tâche est relativement plus simple. Malgré tout, l'établissement de l'état pour toutes les entreprises se fonde sur la même démarche analytique qui vient d'être présentée. Les entreprises doivent aussi fournir deux autres informations afférentes à ce document.

Les activités d'investissement et de financement hors trésorerie

Certaines opérations sont des activités d'investissement et de financement importantes, mais elles n'ont aucune incidence sur les flux de trésorerie. On les appelle des **activités d'investissement et de financement hors trésorerie.** Par exemple, l'achat d'un immeuble valant 100 000 $ grâce à une hypothèque de 100 000 $ accordée par le propriétaire précédent ne produit ni rentrée ni sortie de fonds. Il en résulte que les activités hors trésorerie de ce type n'entrent pas dans les trois principales sections de l'état des flux de trésorerie. D'après les normes comptables de l'ICCA (chapitre 1540.46), ces transactions doivent être mentionnées ailleurs dans les états financiers, d'une manière qui permette de fournir toutes les informations pertinentes sur les activités d'investissement et de financement en cause. L'état des flux de trésorerie du premier trimestre de 2002 de Loblaw ainsi que 172 sociétés sur 200 sondées au Canada[13], ne mentionnent aucune activité d'investissement ni de financement hors

OBJECTIF D'APPRENTISSAGE 7

Expliquer l'incidence des activités d'investissement et de financement hors trésorerie.

On appelle les **activités d'investissement et de financement hors trésorerie** les opérations qui n'ont aucun effet direct sur les flux de trésorerie. On les présente comme un supplément d'information à l'état des flux de trésorerie sous forme de texte ou de tableau complémentaire.

13. Clarence Byrd, Ida Chen et Heather Chapman, *Financial Reporting in Canada*, Institut Canadien des Comptables Agréés, 2001, p. 127.

trésorerie. Le tableau suivant, tiré du rapport annuel de Rogers Communications, montre la signification et la diversité de ce type d'opérations.

Rogers Communications Inc. (en milliers de dollars)		
	2001	2000
Opérations hors caisse		
Actions de catégorie B sans droit de vote émises lors de l'acquisition de Cable Atlantic Inc.	162 643 $	–
Dividendes accrus sur les titres privilégiés	57 058	26 882 $
Actions de catégorie B sans droit de vote émises lors de la conversion des actions privilégiées convertibles de série B et de série E	635	529
Débentures convertibles échéant en 2005 converties en actions de catégorie B sans droit de vote	–	90

Les renseignements supplémentaires sur les flux de trésorerie

Les entreprises telle Loblaw qui utilisent la méthode indirecte de présentation des flux de trésorerie liés à l'exploitation doivent également fournir deux autres chiffres : le montant en espèces versé en intérêts et le montant en espèces payé en impôts. Ces montants apparaissent généralement au bas de l'état financier ou dans les notes complémentaires.

Conclusion

Notre analyse détaillée des flux monétaires du premier trimestre de Loblaw indique que la diminution du bénéfice net et des flux de trésorerie n'était pas alarmante. En somme, il s'agissait d'une conséquence normale des fluctuations saisonnières dans les ventes, les achats et les frais d'exploitation. À l'état des résultats, la diminution des ventes est compensée par une diminution des dépenses. Si on compare le premier trimestre de 2002 avec celui de 2001, les ventes ont augmenté de 8,9 %, le bénéfice d'exploitation de 14,7 % et le bénéfice net avant la charge de l'écart d'acquisition de 22 % ! Les achats élevés du dernier trimestre de 2001 ont été payés au premier trimestre de 2002, ce qui explique la diminution des comptes fournisseurs et démontre la capacité de l'entreprise à payer ses fournisseurs. Ses opérations sur une base annuelle suffisent à engendrer des flux monétaires pour continuer son plan d'investissement.

En somme, durant l'année 2001, Loblaw a produit le montant le plus élevé de flux monétaires liés aux activités d'exploitation de son histoire. La direction de Loblaw affirme qu'en « 2002, on s'attend à ce que les flux de trésorerie liés aux activités d'exploitation augmentent à un taux conforme à la croissance du bénéfice d'exploitation et financent la plupart des dépenses en immobilisations prévues de la société. La société entend poursuivre son programme de dépenses en immobilisations tout en maintenant sa réputation de société innovatrice et d'exploitant à faibles coûts[14] ».

---

14. Les Compagnies Loblaw limitée, *Rapport annuel 2001*, p. 27, 32.

Au cours de l'exercice se terminant le 31 décembre 20A, la société Alimentation Harvey a enregistré un bénéfice net de 3 182 $ (tous les montants sont exprimés en milliers de dollars). Ses espèces et quasi-espèces se chiffraient à 472 $ au début de cet exercice. L'entreprise a également effectué les opérations suivantes.

a) Paiement de 18 752 $ sur le capital de sa dette.
b) Obtention de 46 202 $ en espèces pour l'émission d'actions ordinaires (premier appel public à l'épargne).
c) Comptabilisation par régularisation d'une charge à payer à long terme de 857 $.
d) Paiement en espèces de 18 193 $ pour l'achat d'actifs immobilisés.
e) Augmentation des comptes clients de 881 $.
f) Emprunt de 16 789 $ à différents prêteurs.
g) Augmentation des dépôts perçus d'avance de 457 $.
h) Augmentation des stocks de 574 $.
i) Acomptes versés en espèces de 5 830 $ sur du matériel.
j) Diminution des impôts à recouvrer de 326 $.
k) Émission d'actions ordinaires aux employés dans le cadre d'un régime d'options d'achat d'actions pour un montant de 13 $ en espèces.
l) Diminution des comptes fournisseurs de 391 $.
m) Produit de 4 $ provenant d'autres activités d'investissement.
n) Augmentation des charges courues à payer de 241 $.
o) Augmentation des frais payés d'avance de 565 $.
p) Enregistrement d'un amortissement de 1 781 $.
q) Paiement de 5 $ en espèces dans le cadre d'autres activités de financement.

Travail à faire

Servez-vous de ces renseignements pour dresser l'état des flux de trésorerie à l'aide de la méthode indirecte.

Alimentation Harvey
État des flux de trésorerie
pour l'exercice terminé le 31 décembre 20A
(en milliers de dollars)

Activités d'exploitation	
Bénéfice net	3 182$
Éléments n'influant pas sur les liquidités	
Amortissement	1 324
Charges à payer à long terme	857
Variation dans les comptes clients	(881)
Variation dans les stocks	(574)
Variation dans les impôts à recouvrer	326
Variation dans les frais payés d'avance	(565)
Variation dans les comptes fournisseurs	(391)
Variation dans les charges courues à payer	241
Variation des dépôts perçus d'avance	457
Flux de trésorerie nets liés aux activités d'exploitation	3 976
Activités d'investissement	
Achats d'actifs immobilisés	(18 193)
Acomptes sur le matériel	(5 830)
Autres	4
Flux de trésorerie nets liés aux activités d'investissement	(24 019)
Activités de financement	
Produits de la dette	16 789
Remboursement de la dette	(18 752)
Produits de l'émission d'actions ordinaires	46 202
Produits de l'émission d'actions ordinaires (régime d'options)	13
Autres	(5)
Flux de trésorerie nets liés aux activités de financement	44 247
Augmentation des espèces et des quasi-espèces	24 204
Espèces et quasi-espèces	
Début de l'exercice	472
Fin de l'exercice	24 676$

Annexe 12-A L'ajustement pour les gains et les pertes

Comme on l'a vu précédemment, la section des activités d'exploitation de l'état des flux de trésorerie peut comprendre un ajustement pour les gains et les pertes enregistrés à l'état des résultats. On devrait classer les opérations qui entraînent des gains et des pertes à titre d'activités d'exploitation, d'investissement ou de financement dans l'état des flux de trésorerie en fonction de leurs principales caractéristiques. Par exemple, lorsque la vente d'un actif immobilisé (comme un camion de livraison) produit un gain, il faut le classer dans la catégorie des activités d'investissement.

On doit alors procéder à un ajustement dans la section des activités d'exploitation pour éviter de compter deux fois le montant de la perte ou du gain. On considère, par exemple, l'écriture suivante passée pour enregistrer la cession d'un camion de livraison de Loblaw.

Actif		=	Passif	+	Capitaux propres	
Encaisse	+8 000				Gain sur la cession	+2 000
Amortissement cumulé	+4 000					
Immobilisations	–10 000					

ÉCRITURE DE JOURNAL

Encaisse (A)	8 000	
Amortissement cumulé (XA)	4 000	
Immobilisations (A)		10 000
Gain réalisé sur la cession (G).....................................		2 000

La rentrée de fonds se chiffrait à 8 000 $, mais seul le gain enregistré de 2 000 $ apparaît à l'état des résultats. Il faudrait inscrire cette transaction à l'état des flux de trésorerie à titre d'activité d'investissement avec une rentrée de fonds de 8 000 $. Comme le gain est déjà inclus dans le calcul du bénéfice, on doit le retrancher (soustraire 2 000 $) de la section des activités d'exploitation à l'état des flux de trésorerie pour éviter de le compter deux fois. Si, pour éviter ce double compte, on enregistrait seulement une rentrée de fonds de 6 000 $ provenant des activités d'investissement, on présenterait les effets réels de l'opération de façon inexacte.

Lorsqu'une perte est enregistrée à l'état des résultats, on doit également éliminer le montant lors de l'établissement de l'état des flux de trésorerie. Examinez l'écriture suivante destinée à enregistrer la vente d'actifs.

ÉQUATION COMPTABLE

Actif		=	Passif	+	Capitaux propres	
Encaisse	+41 000				Perte sur cession	–12 000
Amortissement cumulé	+15 000					
Immobilisation corporelle	–68 000					

ÉCRITURE DE JOURNAL

Encaisse (A)	41 000	
Amortissement cumulé (XA)	15 000	
Perte sur cession (Pe)	12 000	
Immobilisation corporelle (A)		68 000

À l'état des flux de trésorerie, la perte de 12 000 $ doit être enlevée (réintégrée) dans le calcul des flux de trésorerie liés à l'exploitation et le montant total encaissé, soit 41 000 $, doit apparaître dans la section des activités d'investissement de ce document.

1. **Classer les éléments de l'état des flux de trésorerie selon qu'il s'agit de flux de trésorerie liés aux activités d'exploitation, d'investissement ou de financement (voir la page 764).**

   L'état des flux de trésorerie comporte trois grandes sections : 1) les flux de trésorerie liés aux activités d'exploitation, qui sont reliés à la réalisation du bénéfice grâce aux activités courantes d'une entreprise, 2) les flux de trésorerie liés aux activités d'investissement, qui sont reliés à l'acquisition et à la vente d'actifs productifs et de placements et 3) les flux de trésorerie liés aux activités de financement, qui sont reliés au financement externe de l'entreprise. Les rentrées ou les sorties nettes de fonds de l'exercice correspondent aux montants de l'augmentation ou de la diminution des espèces et des quasi-espèces au bilan de l'exercice. Les quasi-espèces sont des investissements très liquides dont l'échéance initiale est généralement inférieure à trois mois.

2. **Analyser et comprendre les différences entre le bénéfice net et les flux de trésorerie liés aux activités d'exploitation (voir la page 769).**

   La méthode indirecte de présentation des flux de trésorerie liés à l'exploitation consiste à convertir le bénéfice net en flux de trésorerie nets liés à l'exploitation. Une telle conversion comporte des additions et des soustractions requises 1) par les comptes de régularisation incluant les charges (telle la charge d'amortissement) et les produits d'exploitation qui n'ont aucune incidence sur les actifs à court terme ni sur les passifs à court terme et 2) par les variations dans chacun des éléments d'actif à court terme distincts (autres que l'encaisse et les investissements à court terme) et dans les éléments de passif à court terme (autres que les dettes à court terme auprès d'établissements financiers et la tranche de la dette à long terme échéant dans moins d'un an, qui sont reliées au financement). Ces variations reflètent les écarts temporaires dans le calcul du bénéfice net et des flux de trésorerie suivant la méthode de la comptabilité d'exercice.

3. **Analyser et interpréter le coefficient de la qualité du bénéfice (voir la page 781).**

   Le coefficient de la qualité du bénéfice (Flux de trésorerie liés à l'exploitation ÷ Bénéfice net) sert à mesurer la partie du bénéfice généré sous forme d'espèces. Plus ce coefficient est élevé, plus grande est la capacité de l'entreprise à financer ses activités et ses autres besoins en espèces à partir des rentrées de fonds provenant de l'exploitation. Un coefficient élevé indique aussi une moindre probabilité que l'entreprise se serve de méthodes de constatation des produits agressives pour augmenter son bénéfice net.

4. **Analyser et interpréter les flux de trésorerie liés aux activités d'investissement (voir la page 786).**

   Les activités d'investissement enregistrées à l'état des flux de trésorerie comprennent les paiements en espèces pour l'acquisition d'actifs immobilisés et de placements à court et à long terme ainsi que les produits en espèces de la vente d'actifs immobilisés et de placements à court et à long terme.

5. **Analyser et interpréter le coefficient d'acquisition de capitaux (voir la page 788).**

   Le coefficient d'acquisition de capitaux (Flux de trésorerie liés à l'exploitation ÷ Acquisition en espèces d'immobilisations corporelles) indique la proportion des achats d'immobilisations corporelles que l'entreprise finance par ses activités d'exploitation sans recourir à une dette contractée à l'extérieur, à un financement par actions ou à la vente d'autres placements ou d'actifs immobilisés. Un coefficient élevé constitue un avantage pour une entreprise parce qu'il indique qu'elle a la possibilité d'effectuer des acquisitions stratégiques. Un taux calculé sur une période de trois ans est normalement plus informatif.

6. **Analyser et interpréter les flux de trésorerie liés aux activités de financement (voir la page 790).**

   Les rentrées de fonds provenant des activités de financement comprennent les produits en espèces de l'émission de dettes à court et à long terme et d'actions ordinaires, tandis que les sorties de fonds incluent les remboursements en espèces de la dette à court et à long terme, les paiements en espèces pour le rachat d'actions de l'entreprise et les versements de dividendes en espèces. Les paiements en espèces relatifs aux intérêts constituent des flux de trésorerie liés à l'exploitation.

7. **Expliquer l'incidence des activités d'investissement et de financement hors trésorerie (voir la page 793).**

   Les activités d'investissement et de financement hors trésorerie sont des activités qui ne nécessitent pas d'encaisse. Il s'agit, entre autres, d'achats d'actifs immobilisés à l'aide de l'émission de dettes à long terme ou d'actions, d'échanges d'actifs immobilisés et de conversions de dettes en actions. Ces opérations sont mentionnées uniquement sous forme de supplément d'information à l'état des flux de trésorerie ou en complément d'information dans les notes afférentes aux états financiers.

   Tout au long des chapitres précédents, nous avons insisté sur les bases théoriques de la comptabilité. Il est important de comprendre la logique inhérente aux sciences comptables pour dresser des états financiers et s'en servir. Au chapitre 13, nous rassemblerons tous les éléments de notre étude concernant les principaux utilisateurs des états financiers et leur façon d'analyser et d'utiliser ces documents. Nous examinerons, à l'aide d'exemples, un grand nombre de techniques d'analyse couramment employées que nous avons décrites dans des chapitres précédents ainsi que d'autres techniques également utiles. À mesure que vous progresserez dans le chapitre 13, vous découvrirez que la compréhension des règles et des concepts de la comptabilité est indispensable pour analyser efficacement des états financiers.

RATIOS CLÉS

Le **coefficient de la qualité du bénéfice** sert à déterminer la proportion du bénéfice généré sous forme d'espèces. On le calcule comme suit (voir la page 781):

$$\text{Coefficient de la qualité du bénéfice} = \frac{\text{Flux de trésorerie liés à l'exploitation}}{\text{Bénéfice net}}$$

Le **coefficient d'acquisition de capitaux** sert à mesurer la capacité d'une entreprise à financer ses achats d'immobilisations corporelles à partir de ses activités d'exploitation. On le calcule comme suit (voir la page 788):

$$\text{Coefficient d'acquisition de capitaux} = \frac{\text{Flux de trésorerie liés à l'exploitation}}{\substack{\text{Acquisition en espèces} \\ \text{d'immobilisations corporelles}}}$$

BILAN

Variations dans les actifs, les passifs et les capitaux propres

ÉTAT DES RÉSULTATS

Bénéfice net et comptes de régularisation à long terme

ÉTAT DES FLUX DE TRÉSORERIE

Flux de trésorerie liés à l'exploitation
Flux de trésorerie liés aux activités d'investissement
Flux de trésorerie liés aux activités de financement
  Activités d'investissement ou de financement hors trésorerie
  Paiement des intérêts et des impôts

NOTES

Sous la rubrique Résumé des principales conventions comptables
  Définition des quasi-espèces
Dans une note à part
  S'ils n'apparaissent pas dans l'état des flux de trésorerie
  Activités d'investissement et de financement hors trésorerie
  Paiements des intérêts et des impôts

Mots clés

Activités d'investissement et de financement hors trésorerie, **p. 793**

Éléments à long terme constatés par régularisation, **p. 772**

Espèces, **p. 764**

Flux de trésorerie disponibles, **p. 790**

Flux de trésorerie liés aux activités de financement, **p. 767**

Flux de trésorerie liés aux activités d'exploitation (flux de trésorerie liés à l'exploitation), **p. 766**

Flux de trésorerie liés aux activités d'investissement, **p. 767**

Méthode directe, **p. 766**

Méthode indirecte, **p. 766**

Quasi-espèces, **p. 764**

Variations des éléments du fonds de roulement, **p. 772**

Questions

1. Comparez les objectifs de l'état des résultats, du bilan et de l'état des flux de trésorerie.

2. Parmi les renseignements fournis à l'état des flux de trésorerie, quels sont ceux qu'on ne retrouve dans aucun des autres états financiers ? Comment les investisseurs et les créanciers se servent-ils de ces renseignements ?

3. Définissez les quasi-espèces. Comment enregistre-t-on les achats et les ventes de quasi-espèces à l'état des flux de trésorerie ?

4. Quelles sont les principales catégories d'activités des entreprises enregistrées à l'état des flux de trésorerie ? Définissez chacune de ces activités.

5. Quelles sont les rentrées de fonds typiques des activités d'exploitation ? Quelles sont les sorties de fonds typiques de l'exploitation ?

6. Suivant la méthode indirecte, la charge d'amortissement est additionnée au bénéfice net dans l'enregistrement des flux de trésorerie liés à l'exploitation. L'amortissement entraîne-t-il une rentrée de fonds ?

7. Expliquez pourquoi les décaissements effectués au cours de l'exercice pour payer les achats et les salaires ne sont pas enregistrés de façon distincte, à titre de sorties de fonds, à l'état des flux de trésorerie établi selon la méthode indirecte.

8. Expliquez pourquoi on doit inclure une augmentation de 50 000 $ en stocks survenue au cours de l'exercice dans le calcul des flux de trésorerie liés à l'exploitation selon la méthode directe et la méthode indirecte.

9. Comparez les deux méthodes d'enregistrement des flux de trésorerie liés à l'exploitation à l'état des flux de trésorerie.

10. Quelles sont les rentrées de fonds caractéristiques des activités d'investissement ? Quelles sont les sorties de fonds typiques de ces activités ?

11. Quelles sont les rentrées de fonds caractéristiques des activités de financement ? Quelles sont les sorties de fonds typiques de ces activités ?

12. Définissez les activités d'investissement et de financement hors trésorerie. Donnez deux exemples. Comment les enregistre-t-on à l'état des flux de trésorerie ?

13. Comment enregistre-t-on la vente de matériel à l'état des flux de trésorerie lorsqu'on utilise la méthode indirecte de présentation ?

Mini-exercices

M12-1 Le lien entre les éléments présentés dans les catégories de l'état des flux de trésorerie (selon la méthode indirecte)

La société Alimentation Couche-Tard inc. est le chef de file de l'industrie canadienne de l'accommodation avec 1 901 magasins dont 1 676 au Canada. Elle se classe au neuvième rang en Amérique du Nord. Elle a commencé ses opérations en 1980 avec un seul magasin, puis elle a connu une croissance spectaculaire en 1998-1999 avec l'acquisition de Mac's et par son association avec Pétrole Irving. Voici quelques éléments contenus dans un récent état des flux de trésorerie consolidé dressé à l'aide de la méthode indirecte, accompagné de la note 7 aux états financiers. Indiquez dans quelle section de l'état – activités d'exploitation (E), activités d'investissement (I) ou activités de financement (F) – chacun de ces éléments apparaît ou inscrivez les lettres s. o. (pour « sans objet ») lorsque les éléments ne s'y trouvent pas. (*Note :* La formulation est la même que dans l'état actuel.)

_____ 1. Cession d'immobilisation et autres actifs
_____ 2. Émission d'actions
_____ 3. Amortissement
_____ 4. Comptes fournisseurs et frais courus (augmentation)
_____ 5. Stocks (augmentation)
_____ 6. Remboursement d'emprunts

☐ OA1

Alimentation Couche-Tard inc.

M12-2 La détermination des effets de variation dans les comptes sur les flux de trésorerie liés à l'exploitation (selon la méthode indirecte)

Indiquez si chacun des éléments suivants serait additionné (+) ou soustrait (–) dans le calcul des flux de trésorerie liés à l'exploitation suivant la méthode indirecte.

_____ 1. L'amortissement
_____ 2. Les stocks (augmentation)
_____ 3. Les comptes fournisseurs (diminution)
_____ 4. Les comptes clients (diminution)
_____ 5. Les charges à payer (augmentation)

☐ OA2

M12-3 L'analyse du coefficient de la qualité du bénéfice

La société Larose-Després a enregistré un bénéfice net de 80 000 $, une charge d'amortissement de 3 000 $ et des flux de trésorerie liés à l'exploitation de 60 000 $. Calculez le coefficient de la qualité de son bénéfice. Qu'est-ce que ce coefficient vous apprend concernant la capacité de l'entreprise à financer ses activités d'exploitation et ses autres besoins en espèces à partir de ses rentrées de fonds liées à l'exploitation ?

☐ OA3

M12-4 Le calcul des flux de trésorerie liés aux activités d'investissement

En vous servant des renseignements ci-dessous, calculez les flux de trésorerie liés aux activités d'investissement.

Recouvrement de sommes dues par les clients	800 $
Vente de matériel d'occasion	250
Charge d'amortissement	100
Acquisition de placements à court terme	300

M12-5 Le calcul des flux de trésorerie liés aux activités de financement

En vous servant des renseignements ci-dessous, calculez les flux de trésorerie liés aux activités de financement.

Acquisition de placements à court terme	250 $
Paiement de dividendes	800
Paiement d'intérêts	400
Emprunt supplémentaire à court terme à la banque	1 000

M12-6 La présentation des activités d'investissement et de financement hors trésorerie

Parmi les opérations suivantes, laquelle ou lesquelles se classent dans les activités d'investissement et de financement hors trésorerie ?

_____ Achat de matériel à l'aide de placements à court terme

_____ Paiement de dividendes en espèces

_____ Achat d'un immeuble à l'aide d'un emprunt hypothécaire

_____ Emprunt bancaire supplémentaire à court terme

Exercices

Nike Inc.

E12-1 Le lien entre les éléments enregistrés aux catégories de l'état des flux de trésorerie (méthode indirecte)

Nike Inc. est le fabricant de chaussures, de vêtements et de matériel de sport le plus connu au monde grâce à l'association de son nom avec celui d'athlètes célèbres tels que Michael Jordan et Lauren Jackson et des événements comme les Jeux olympiques. Voici quelques-uns des éléments contenus dans un récent état des flux de trésorerie consolidé annuel, établi à l'aide de la méthode indirecte.

Indiquez dans quelle section – activités d'exploitation (E), activités d'investissement (I) ou activités de financement (F) – chacun de ces éléments est présenté. Inscrivez les lettres s. o. (pour «sans objet») lorsqu'il n'apparaît nulle part dans le document. (*Note :* La formulation est la traduction des termes utilisés dans l'état.)

_____ 1. Amortissement

_____ 2. Ajout aux immobilisations corporelles

_____ 3. Diminution (augmentation) des effets à payer (montant dû à des établissements financiers)

_____ 4. (Augmentation) diminution d'autres actifs à court terme et impôts à recevoir

_____ 5. Cession d'immobilisations corporelles

_____ 6. Réduction des dettes à long terme, y compris de la tranche échéant dans moins d'un an

_____ 7. Rachat d'actions

_____ 8. (Augmentation) diminution des stocks

_____ 9. Bénéfice net

_____ 10. Produits de l'exercice des options d'achat d'actions

Danier Leather Inc.

E12-2 La détermination des répercussions de certaines opérations sur l'état des flux de trésorerie

La société Danier Leather Inc. est un concepteur, manufacturier et détaillant de vêtements-mode en cuir et en suède de haute qualité. Établie à Toronto, elle compte plus de 70 magasins à travers le Canada et à New York. Indiquez si chacune des opérations suivantes du premier trimestre modifie les rentrées (ou les sorties) nettes de fonds reliées aux activités d'exploitation (RSNE), aux activités d'investissement (RSNI) ou aux activités de financement (RSNF) et s'il s'agit d'une rentrée (+) ou d'une sortie (−). Inscrivez les lettres s. o. (pour « sans objet ») s'il n'y a aucun effet sur la trésorerie. (*Conseil*: Déterminez l'effet sur l'équation comptable ou l'écriture de journal qui a été passée pour chaque opération. Une opération influe sur les flux de trésorerie nets si et seulement si le compte Encaisse est affecté.)

_____ 1. Paiement en espèces pour l'achat d'immobilisations

_____ 2. Achat d'un stock de matières premières à crédit

_____ 3. Encaissement d'acomptes versés par des clients

_____ 4. Passation d'une écriture de régularisation pour constater une charge relative aux salaires courus

_____ 5. Enregistrement et paiement des intérêts sur la dette aux créanciers

_____ 6. Remboursement du capital sur une dette bancaire à court terme

_____ 7. Paiement anticipé du loyer pour l'exercice suivant

_____ 8. Cession d'immobilisation déjà utilisée contre sa valeur comptable en espèces

_____ 9. Paiements aux fournisseurs

_____ 10. Émission d'actions contre paiement en espèces aux actionnaires

E12-3 **La détermination de l'incidence de certaines opérations sur l'état des flux de trésorerie**

■ OA1

Compaq Computer Corporation est un chef de file dans le domaine de la fabrication d'ordinateurs personnels et de serveurs destinés aux entreprises et aux consommateurs. Indiquez si chacune des opérations récentes ci-dessous modifie les rentrées (ou les sorties) nettes de fonds reliées aux activités d'exploitation (RSNE), aux activités d'investissement (RSNI) ou aux activités de financement (RSNF) et s'il s'agit d'une rentrée (+) ou d'une sortie (−). Inscrivez les lettres s. o. (pour « sans objet ») s'il n'y a aucun effet sur l'encaisse. (*Conseil*: Déterminez l'incidence sur l'équation comptable ou l'écriture de journal qui a été passée pour chaque opération. Une opération a une incidence sur les flux de trésorerie nets si et seulement si le compte Encaisse est modifié.)

Compaq Computer Corporation

_____ 1. Enregistrement et paiement des impôts au gouvernement fédéral

_____ 2. Émission d'actions ordinaires pour obtenir de l'argent

_____ 3. Paiement anticipé du loyer pour l'exercice suivant

_____ 4. Passation d'une écriture de régularisation concernant l'expiration d'une charge payée d'avance

_____ 5. Paiement en espèces pour l'achat de nouveau matériel

_____ 6. Émission d'une dette à long terme en échange d'argent

_____ 7. Encaissement de montants dus par des clients

_____ 8. Achat de stock de matières premières à crédit

_____ 9. Enregistrement et paiement des salaires des employés

_____ 10. Achat de nouveau matériel contre la signature d'un billet de trois ans

E12-4 **L'interprétation des comptes de régularisation à long terme du point de vue de la gestion**

■ OA2

En raison de sa croissance rapide, la chaîne de dépanneurs Vendôme a connu de graves difficultés sur le plan des flux de trésorerie. L'encaisse engendrée par ses activités d'exploitation ne suffisait pas à financer les nouveaux magasins de l'entreprise, et les créanciers ne voulaient plus lui prêter d'argent parce qu'elle n'avait réalisé aucun bénéfice au cours des trois années précédentes. Le nouveau contrôleur de la chaîne a proposé de réduire la durée de vie estimative du matériel des magasins pour augmenter la charge d'amortissement. Selon lui, « il serait ainsi possible d'améliorer les flux de trésorerie provenant de l'exploitation parce que la charge d'amortissement est réintégrée (additionnée) à l'état des flux de trésorerie ». Certains autres directeurs, qui n'étaient pas convaincus de la pertinence de cette idée, ont allégué que l'augmentation de l'amortissement rendrait la réalisation de bénéfices positifs plus difficile. « Sans bénéfice, la banque refusera de nous prêter de l'argent. »

Travail à faire

Quel plan d'action recommanderiez-vous à Vendôme ? Expliquez votre réponse.

E12-5   La comparaison entre la méthode directe et la méthode indirecte

Pour comparer la méthode directe avec la méthode indirecte de présentation des activités d'exploitation de l'état des flux de trésorerie, indiquez à l'aide de marques de pointage les éléments auxquels chaque méthode s'applique.

Flux de trésorerie (et variations afférentes)	État des flux de trésorerie	
	Méthode directe	Méthode indirecte
1. Sommes reçues des clients		
2. Augmentation ou diminution des comptes clients		
3. Paiements à des fournisseurs		
4. Augmentation ou diminution des stocks		
5. Augmentation ou diminution des comptes fournisseurs		
6. Paiements aux employés		
7. Augmentation ou diminution des salaires à payer		
8. Charge d'amortissement		
9. Bénéfice net		
10. Flux de trésorerie liés à l'exploitation		
11. Flux de trésorerie liés aux activités d'investissement		
12. Flux de trésorerie liés aux activités de financement		
13. Augmentation ou diminution nette de l'encaisse au cours de l'exercice		

E12-6   L'enregistrement des flux de trésorerie liés à l'exploitation (avec la méthode indirecte)

Les renseignements suivants concernent la société Dahlia.

Chiffre d'affaires		80 000 $
Charges		
Coût des marchandises vendues	50 000 $	
Amortissement	6 000	
Salaires	12 000	68 000
Bénéfice net		12 000 $
Augmentation des comptes clients	5 000 $	
Diminution du stock de marchandises	8 000	
Augmentation des salaires à payer	500	

Travail à faire

Établissez la section des activités d'exploitation à l'état des flux de trésorerie de la société Dahlia suivant la méthode de présentation indirecte.

E12-7 **La présentation et l'interprétation des flux de trésorerie liés à l'exploitation du point de vue des analystes (avec la méthode indirecte)**

En établissant son état des résultats et son bilan pour l'exercice 20D, la société Coquelicot a fourni les renseignements suivants.

Produits des activités de service		50 000 $
Charges		
Salaires	42 000 $	
Amortissement des immobilisations	7 000	
Amortissement des droits d'auteur	300	
Services d'utilité publique	7 000	
Autres charges	1 700	58 000
Perte nette		(8 000)$
Diminution des comptes clients	12 000 $	
Achat d'une petite machine distributrice	5 000	
Augmentation des salaires à payer	9 000	
Diminution des produits perçus d'avance pour les services	4 000	

Travail à faire

1. Présentez la section des activités d'exploitation de l'état des flux de trésorerie de la société Coquelicot en appliquant la méthode indirecte.
2. Quelles sont les principales raisons pour lesquelles l'entreprise a pu enregistrer une perte nette, mais des flux de trésorerie liés à l'exploitation positifs ? Pourquoi les raisons d'une telle différence entre les flux de trésorerie liés à l'exploitation et le bénéfice net sont-elles importantes pour les analystes financiers ?

E12-8 **La présentation et l'interprétation des flux de trésorerie liés à l'exploitation du point de vue des analystes (avec la méthode indirecte)**

Rogers Communications Inc. exploite, entre autres, un important réseau de câble et de téléphone sans fil en Amérique du Nord, et la société est propriétaire des Blue Jays de Toronto. Un rapport annuel récent de l'entreprise renferme les renseignements suivants (en milliers de dollars).

Rogers
Communications
Inc.

	20C
Perte nette	(434 291) $
Amortissement	920 917
Charge d'impôts futurs	27 988
Diminution des comptes clients	21 211
Part des actionnaires minoritaires des pertes provenant de filiales	(89 852)
Augmentation des charges payées d'avance	21 763
Diminution des fournisseurs et charges à payer	15 075
Gain sur vente d'une filiale et d'autres investissements	109 451
Perte sur dévaluation des investissements	(61 200)
Diminution de la dette à long terme	1 248 367
Acquisition d'immobilisation	1 420 747
Perte sur des investissements comptabilisés à la valeur de consolidation	(81 630)
Intérêts courus à payer	10 025
Dividendes reçus de sociétés satellites	2 305
Variation des autres actifs à court terme (augmentation)	35 895

Travail à faire

1. D'après ces renseignements, calculez les flux de trésorerie liés à l'exploitation à l'aide de la méthode indirecte.

2. Quelles sont les principales raisons pour lesquelles l'entreprise a pu enregistrer une perte nette, mais des flux de trésorerie liés à l'exploitation positifs ? Pourquoi les raisons d'une telle différence entre les flux de trésorerie liés à l'exploitation et le bénéfice net sont-elles importantes pour les analystes financiers ?

■OA2

Colgate-Palmolive

E12-9 **La détermination des variations des postes d'un bilan d'après l'état des flux de trésorerie**

Les renseignements suivants (en millions de dollars) sont tirés d'un état des flux de trésorerie de Colgate-Palmolive.

Activités d'exploitation	20B
Bénéfice net	477,0 $
Amortissement	192,5
Effet sur l'encaisse de variations dans	
les débiteurs	(38,0)
les stocks	28,4
les autres actifs à court terme	10,6
les créditeurs	(10,0)
autres	(117,8)
Encaisse nette provenant de l'exploitation	542,7 $

Travail à faire

À l'aide des renseignements fournis à l'état des flux de trésorerie de l'entreprise, déterminez si le solde des comptes suivants a augmenté ou diminué au cours de l'exercice 20B : les comptes clients, les stocks, les autres actifs à court terme et les créditeurs.

■OA2

Apple
Computer, Inc.

E12-10 **La détermination des variations des postes d'un bilan d'après des renseignements contenus à l'état des flux de trésorerie**

Un état des flux de trésorerie de la société Apple Computer, Inc. renferme les renseignements suivants (en milliers de dollars).

Opérations	20D
Bénéfice net	310 178 $
Amortissement	167 958
Variations des actifs et des passifs	
Comptes clients	(199 401)
Stocks	418 204
Autres actifs à court terme	33 616
Comptes fournisseurs	139 095
Impôts sur les bénéfices à payer	50 045
Autres passifs à court terme	39 991
Autres ajustements	(222 691)
Encaisse provenant de l'exploitation	736 995 $

Travail à faire

Pour chacun des comptes d'actifs et de passifs apparaissant à l'état des flux de trésorerie, indiquez si le solde a augmenté ou diminué au cours de l'exercice 20D.

E12-11 L'analyse des flux de trésorerie liés à l'exploitation et l'interprétation du coefficient de la qualité du bénéfice

Voici des renseignements contenus dans un rapport annuel de PepsiCo pour l'exercice 20C (en millions de dollars).

Bénéfice net	1 587,9 $
Amortissement des immobilisations corporelles et incorporelles	1 444,2
Augmentation des comptes clients	161,0
Augmentation des stocks	89,5
Diminution des charges payées d'avance	3,3
Augmentation des comptes fournisseurs	143,2
Diminution des impôts exigibles	125,1
Diminution des autres passifs à court terme	96,7
Paiement de dividendes en espèces	461,6
Achat d'actions autodétenues	463,5

Travail à faire

1. Calculez les flux de trésorerie liés à l'exploitation de PepsiCo à l'aide de la méthode indirecte.
2. Calculez le coefficient de la qualité du bénéfice.
3. Quelles sont les principales raisons pour lesquelles le coefficient de la qualité du bénéfice de l'entreprise n'est pas égal à 1,0?

E12-12 L'enregistrement des flux de trésorerie liés aux activités d'investissement et de financement

Sears Canada inc. est un important détaillant de marchandises et de services au Canada. Au cours d'un exercice récent, cette entreprise a enregistré les opérations suivantes (en millions de dollars).

Bénéfice net	94,1 $
Acquisition d'immobilisations	143,4
Produit net tiré de l'émission de capital-actions	2,1
Sommes en espèces reçues des clients	6 796,5
Remboursement d'obligations à long terme	110,6
Acquisition d'Eatons	23,5
Produit tiré de la vente d'immobilisations	17,7
Dividendes versés	25,6
Acquisition de placements à long terme et autres	7,3
Paiement d'intérêts	56,6
Émission d'obligations à long terme	200,0
Encaissement net des autres actifs à long terme	42,7

Travail à faire

D'après ces renseignements, établissez les flux de trésorerie des sections des activités d'investissement et des activités de financement de l'état des flux de trésorerie de l'entreprise.

E12-13 La présentation et l'interprétation des flux de trésorerie liés aux activités d'investissement et aux activités de financement et l'analyse de la stratégie de la direction

La société Normiska Corporation est un fournisseur canadien d'articles d'horticulture spécialisé dans la fabrication de sphaigne (mousse des tourbières), ainsi que dans la récolte et la transformation d'écorces. Elle exerce ses activités en Ontario, au Québec et au Wisconsin. Au cours d'un exercice récent, cette entreprise a enregistré les opérations suivantes (en milliers de dollars).

Paiements reçus de clients	8 932,2$
Achat d'immobilisations corporelles	411,9
Augmentation de la dette bancaire	812,9
Achat de droits miniers	25,0
Émission d'actions ordinaires	1 938,0
Intérêts versés	445,2
Remboursement de la dette à long terme	716,2
Produits d'un billet à payer	50,0
Remboursement d'un billet à payer	75,0
Paiement anticipé de frais reportés à long terme	177,9
Remboursement d'obligations convertibles sans garantie	190,8
Paiements aux fournisseurs	9 964,9
Produit de l'émission de dette à long terme	273,8

Travail à faire

1. En vous servant de ces renseignements, établissez les flux de trésorerie des sections des activités d'investissement et des activités de financement de l'état des flux de trésorerie.

2. À votre avis, quel était le plan de la direction de Normiska relativement à l'utilisation de l'encaisse engendrée par l'émission d'actions ordinaires?

■OA5

Alcan inc.

E12-14 L'analyse et l'interprétation du coefficient d'acquisition de capitaux

Un rapport annuel récent de l'entreprise Alcan inc., société canadienne dans l'industrie de l'acier, renferme les données suivantes relatives aux trois dernières années (en millions de dollars).

	20C	20B	20A
Flux de trésorerie liés à l'exploitation	1 387$	1 066$	1 182$
Flux de trésorerie liés aux activités d'investissement	(1 275)	(2 083)	(838)
Flux de trésorerie liés aux activités de financement	(247)	781	(629)
Acquisition de nouvelles immobilisations corporelles au comptant	1 110	1 491	1 169

Travail à faire

1. Calculez le ratio d'acquisition de capitaux pour cette période de trois ans.

2. Quelle proportion des activités d'investissement de l'entreprise a été financée par des sources extérieures ou des soldes de trésorerie déjà existants au cours de cette période de trois ans?

3. Quelle est, à votre avis, l'explication plausible de la croissance des flux de trésorerie liés aux activités de financement en 20B?

■OA7

E12-15 La présentation des opérations hors trésorerie à l'état des flux de trésorerie et l'interprétation de leurs répercussions sur le coefficient d'acquisition de capitaux

Une analyse des comptes d'actifs immobilisés de la société Laviolette fournit les renseignements suivants.

a) Acquisition d'une grosse machine au coût de 26 000$ payée au moyen d'un billet de 15 000$ portant intérêt au taux de 12% et venant à échéance dans deux ans ainsi que de 500 actions ordinaires de l'entreprise ayant une valeur nominale de 10$ et une valeur marchande de 22$ chacune.

b) Acquisition d'une petite machine au coût de 8 700$ payée intégralement grâce au transfert d'un terrain ayant une valeur comptable de 8 700$.

Travail à faire

1. Montrez comment il faudrait présenter ces renseignements à l'état des flux de trésorerie.

2. Quel serait l'effet de ces opérations sur le coefficient d'acquisition de capitaux? Comment pourraient-elles fausser l'interprétation de ce coefficient?

E12-16 La détermination des flux de trésorerie provenant de la vente d'immobilisations corporelles (voir l'annexe 12-A)

Quebecor inc. est l'une des plus importantes sociétés de communication en Amérique du Nord. Voici quelques renseignements tirés de l'état des flux de trésorerie de cette société (en millions de dollars).

Quebecor inc.

	2000	1999	1998
Flux de trésorerie liés à l'exploitation			
Gain sur vente d'éléments d'actifs	(29,5)	(11,5)	–
Flux de trésorerie liés aux activités d'investissement			
Produits de l'aliénation d'éléments d'actifs	61,6	39,0	3

Travail à faire

Déterminez les flux de trésorerie provenant de la vente de propriétés pour chaque exercice.

E12-17 La détermination des flux de trésorerie provenant de la vente de matériel (voir l'annexe 12-A)

Au cours de l'exercice 20F, la société Primevère a vendu à perte du matériel superflu. Voici quelques renseignements tirés des livres comptables de l'entreprise.

Extrait de l'état des résultats	
Charge d'amortissement	700 $
Perte sur la vente de matériel	3 000
Extrait du bilan	
Solde du compte Matériel au début de l'exercice	12 500
Solde du compte Matériel à la fin de l'exercice	8 000
Solde du compte Amortissement cumulé au début de l'exercice	2 000
Solde du compte Amortissement cumulé à la fin de l'exercice	2 400

Aucun nouveau matériel n'a été acheté au cours de l'exercice 20F.

Travail à faire

En considérant uniquement le matériel vendu, déterminez son coût initial, son amortissement cumulé et le montant reçu en contrepartie de la vente.

Problèmes

P12-1 L'établissement de l'état des flux de trésorerie (avec la méthode indirecte) (PS12-1)

L'état des résultats de la société Fromentin apparaît ci-après.

Voici l'analyse de quelques soldes de comptes et d'opérations de l'exercice 20B.

a) Achat de titres de placement pour 5 000 $ en espèces.

b) Emprunt de 15 000 $ pour deux ans contre un billet portant intérêt au taux de 8 %.

c) Au cours de l'exercice 20B, vente de matériel à sa valeur comptable nette – encaissement de 11 000 $ en espèces.

d) Achat de matériel pour un montant de 50 000 $; paiement de 9 000 $ en espèces et signature d'un billet de 41 000 $ exigible dans quatre ans.

e) Au 31 décembre 20B, déclaration et versement d'un dividende en espèces de 10 000 $.

f) Au 31 décembre 20A, le solde de l'encaisse était de 21 000 $.

□ OA1
□ OA2
□ OA4
□ OA6
□ OA7

Chiffre d'affaires (un quart à crédit; comptes clients à la fin de l'exercice 20A, 12 000 $ et à la fin de l'exercice 20B, 17 000 $)		400 000 $
Coût des marchandises vendues (un tiers à crédit; comptes fournisseurs à la fin de l'exercice 20A, 10 000 $ et à la fin de l'exercice 20B, 7 000 $; stocks à la fin de l'exercice 20A, 60 000 $ et à la fin de l'exercice 20B, 52 000 $)		268 000
Charges		
Salaires et rémunérations (y compris les salaires courus à payer à la fin de l'exercice 20A, 1 000 $ et à la fin de l'exercice 20B, 800 $)	51 000 $	
Amortissement	9 200	
Loyer (aucune régularisation)	5 800	
Intérêts débiteurs (aucune régularisation)	12 200	
Charge fiscale (impôts à payer à la fin de l'exercice 20A, 3 000 $ et à la fin de l'exercice 20B, 5 000 $)	11 800	
Total des charges		90 000
Bénéfice net		42 000 $

Travail à faire

Dressez l'état des flux de trésorerie en appliquant la méthode indirecte. Incluez toute information supplémentaire requise par voie de notes.

■ OA2

P12-2 **La comparaison des flux monétaires liés aux activités d'exploitation (avec les méthodes directe et indirecte)**

La société Beta présente l'information suivante pour l'exercice 20B.

État des résultats		
Chiffre d'affaires		20 600 $
Charges		
Coût des marchandises vendues	9 000 $	
Amortissement	2 000	
Salaires	5 000	
Loyer	2 500	
Assurances	800	
Électricité et téléphone	700	
Intérêts sur obligations	600	
Perte sur vente d'équipement	400	21 000
Perte nette		(400) $

Éléments choisis du bilan		
	20A	20B
Stock	60 $	82 $
Comptes clients	450	380
Comptes fournisseurs	210	240
Salaires à payer	20	29
Loyer à payer	6	2
Loyer payé d'avance	7	2
Assurances payées d'avance	5	14

Autre renseignement: La société a émis une obligation de 20 000 $ portant intérêt au taux de 8 % au cours de l'exercice.

Travail à faire

1. Préparez la section Activités d'exploitation à l'état des flux de trésorerie selon la méthode directe.
2. Préparez cette même section à l'aide de la méthode indirecte.

P12-3 L'établissement de l'état des flux de trésorerie selon la méthode indirecte

☐ OA1
☐ OA2
☐ OA4
☐ OA6

La société Lafond dresse ses états financiers pour l'exercice 20B. Il lui reste l'état des flux de trésorerie à établir. Voici les bilans comparatifs et l'état des résultats sommaire.

	20A	20B
Bilan au 31 décembre		
Encaisse	18 000 $	44 000 $
Comptes clients	29 000	27 000
Stocks	36 000	30 000
Actif immobilisé (net)	72 000	75 000
	155 000 $	176 000 $
Comptes fournisseurs	22 000 $	25 000 $
Salaires à payer	1 000	800
Effet à payer à long terme	48 000	38 000
Actions ordinaires	60 000	80 000
Bénéfices non répartis	24 000	32 200
	155 000 $	176 000 $
État des résultats pour l'exercice terminé le 31 décembre 20B		
Ventes		100 000 $
Coût des marchandises vendues		(61 000)
Charges		(27 000)
Bénéfice net		12 000 $

Renseignements supplémentaires:

a) Achat d'actif immobilisé au comptant pour 9 000 $.
b) Remboursement de 10 000 $ sur l'effet à payer à long terme.
c) Émission d'actions ordinaires pour 20 000 $ au comptant.
d) Déclaration et versement de 3 800 $ en dividendes.
e) Les charges comprennent l'amortissement, 6 000 $; les salaires, 10 000 $; les impôts, 3 000 $; les autres charges, 8 000 $.

Travail à faire

Dressez l'état des flux de trésorerie selon la méthode indirecte.

Problème supplémentaire

PS12-1 L'établissement de l'état des flux de trésorerie (avec la méthode indirecte) (P12-1)

La société Bancalou a été établie le 1er janvier 20A. Au cours de l'exercice se terminant le 31 décembre 20A, l'entreprise a enregistré les données suivantes.

État des résultats	
Chiffre d'affaires	80 000 $
Coût des marchandises vendues	(35 000)
Amortissement	(4 000)
Autres charges	(32 000)
Bénéfice net	**9 000 $**
Bilan	
Encaisse	48 000 $
Comptes clients	18 000
Stocks	15 000
Matériel (net)	25 000
Total des actifs	**106 000 $**
Comptes fournisseurs	10 000 $
Charges courues à payer	21 000
Dividendes à payer	2 000
Effet à payer à court terme	15 000
Actions ordinaires	54 000
Bénéfices non répartis	4 000
Total des passifs et des capitaux propres	**106 000 $**

Analyse de certains comptes et de certaines opérations :
a) Vente de 3 000 actions ordinaires à 18 $ l'action ; encaissement de l'argent.
b) Emprunt de 15 000 $ contre un billet exigible dans un an et portant intérêt au taux de 8 % ; le billet est daté du 1er juin 20A.
c) Au cours de 20A, achat de matériel au coût de 29 000 $.
d) Achat de marchandises pour revente au coût de 50 000 $ (affecté au compte Stocks à cause de l'utilisation du système d'inventaire permanent) ; un montant de 40 000 $ a été versé en espèces, et le solde a été porté aux comptes fournisseurs.
e) Échange de matériel d'usine d'une valeur comptable de 2 000 $ contre du matériel de bureau d'une valeur marchande de 2 000 $.
f) Au 31 décembre 20A, déclaration d'un dividende en espèces de 5 000 $; versement de 3 000 $ en décembre 20A ; le solde sera payé le 1er mars 20B.
g) Comme il s'agit de la première année d'exploitation de l'entreprise, les soldes de tous les comptes sont à zéro au début de l'exercice ; par conséquent, les variations des soldes de ces comptes sont équivalents aux soldes de fin d'exercice.

Travail à faire
Dressez un état des flux de trésorerie selon la méthode indirecte.

812   L'état des flux de trésorerie

Cas et projets

Cas – Information financière

CP12-1 La recherche de l'information financière

Référez-vous aux états financiers de la société Les Boutiques San Francisco Incorporées qui sont présentés en annexe à la fin de ce volume ou consultez ou le service SEDAR.

Travail à faire

1. Laquelle des deux principales méthodes de communication de l'information financière relatives aux flux de trésorerie liés à l'exploitation l'entreprise a-t-elle adoptée ?
2. Quel montant l'entreprise a-t-elle versé en impôts au cours de l'exercice considéré ?
3. Expliquez pourquoi on a réintégré les postes Part des actionnaires sans contrôle et Amortissement dans le rapprochement entre le bénéfice net et les flux de trésorerie liés à l'exploitation.
4. À combien s'élevaient les flux de trésorerie disponibles pour l'exercice le plus récent ?
5. L'entreprise a-t-elle versé des dividendes en espèces au cours des deux derniers exercices considérés ? Comment le savez-vous ?

Les Boutiques San Francisco Incorporées

☐ OA2
☐ OA4
☐ OA6

CP12-2 La recherche de l'information financière

Référez-vous aux états financiers de la société Le Château Inc. présentés en annexe à la fin de ce volume ou consultez le service SEDAR.

Travail à faire

1. Quels ont été les redressements effectués pour rapprocher le bénéfice net des flux de trésorerie liés à l'exploitation ? Expliquez l'effet (+ ou –) de chacun d'eux dans le rapprochement.
2. À quels principaux usages l'encaisse a-t-elle servi au cours des deux derniers exercices considérés ? Quelles ont été les plus importantes sources d'encaisse pour ces activités ? Quels sont les plans de l'entreprise en matière de financement des dépenses à venir ? Comment le savez-vous ?
3. À combien se chiffraient les flux de trésorerie disponibles pour l'exercice le plus récent ? Qu'est-ce que ce montant indique concernant la flexibilité financière de l'entreprise ?

Le Château Inc.

☐ OA2
☐ OA4
☐ OA6

CP12-3 La comparaison d'entreprises dans un même secteur d'activité

Référez-vous aux états financiers de la société Les Boutiques San Francisco et à ceux de la société Le Château ainsi qu'au rapport de Standard & Poor's et Dun & Bradstreet sur les coefficients de ce secteur d'activité présentés en annexe à la fin du volume.

Travail à faire

1. Calculez le coefficient de la qualité du bénéfice de chacune des deux entreprises pour l'exercice le plus récent. Comment la différence entre le taux de croissance du chiffre d'affaires peut-elle expliquer l'écart entre ces coefficients ? Taux de croissance du chiffre d'affaires = (Chiffre d'affaires de l'exercice en cours – Chiffre d'affaires de l'exercice précédent) ÷ Chiffre d'affaires de l'exercice précédent.
2. Comparez le coefficient de la qualité du bénéfice de chacune des deux entreprises à la moyenne de ce secteur d'activité. Ces entreprises produisent-elles plus ou moins de flux de trésorerie liés à l'exploitation par rapport à leur bénéfice net que la moyenne des entreprises de ce secteur ? La comparaison entre le taux de croissance du chiffre d'affaires de chacune de ces deux entreprises et la moyenne du secteur permet-elle de comprendre pourquoi leur coefficient de la qualité du bénéfice est supérieur ou inférieur au taux moyen du secteur ? Expliquez votre réponse.

Les Boutiques San Francisco et Le Château Standard & Poor's Dun & Bradstreet

☐ OA3
☐ OA5

3. Calculez le coefficient d'acquisition de capitaux de chacune des deux entreprises pour les deux derniers exercices. Comparez les capacités de l'une et de l'autre à financer des achats d'immobilisations corporelles avec l'encaisse provenant de l'exploitation.

4. Comparez le coefficient d'acquisition de capitaux des deux entreprises au coefficient moyen de ce secteur d'activité. Comment la capacité de chacune d'elles à financer des achats d'immobilisations corporelles à l'aide d'encaisse provenant de l'exploitation se compare-t-elle à celle du reste de ce secteur?

■ OA1
■ OA2

Scottish & Newcastle

CP12-4 L'utilisation des rapports financiers: l'analyse d'un état des flux de trésorerie au Royaume-Uni

La société Scottish & Newcastle vend du «Courage» au demi-litre. Le plus important brasseur de Grande-Bretagne fabrique un certain nombre de bières populaires, entre autres Courage, John Smith's, Newcastle et McEwan's. Elle possède aussi des permis de fabrication de marques telles que Foster's, Kronenbourg et Miller. Comme toutes les entreprises britanniques, cette maison d'Édimbourg applique les principes comptables généralement reconnus au Royaume-Uni. Vous trouverez ci-après son état des flux de trésorerie établi suivant ces principes ainsi qu'une des notes afférentes à ce document.

Travail à faire

1. Laquelle des deux méthodes de communication de l'information financière de base l'entreprise a-t-elle adoptée pour dresser son état des flux de trésorerie?

2. Comparez cet état financier de la Scottish & Newcastle à celui de Loblaw (voir le tableau 12.1). Quelles différences observez-vous entre la version canadienne et la version britannique de ce document?

Scottish & Newcastle PLC
État des flux de trésorerie collectif
pour l'exercice se terminant le 2 mai 20B

	Notes	20B (52 semaines) £m	£m	20A (53 semaines) £m	£m
Rentrée nette de fonds provenant de l'exploitation	32		542,7		565,0
Dividendes de coentreprises			7,7		2,5
Rendements des investissements et service de la dette					
Intérêts reçus		3,0		3,1	
Intérêts versés		(71,0)		(59,0)	
Dividendes privilégiés versés		(0,7)		(1,1)	
Sortie nette de fonds pour les rendements sur les investissements et le service de la dette			(68,7)		(57,0)
Imposition			(88,2)		(82,5)
Dépense en capital et investissement financier					
Achat d'actifs corporels immobilisés		(374,0)		(314,2)	
Achat de placements		(45,0)		(67,0)	
Vente d'actifs corporels immobilisés		108,5		43,0	
Réalisation de placements		55,4		67,4	
Sortie nette de fonds pour la dépense en capital et l'investissement financier			(255,1)		(270,8)
Acquisitions et ventes					
Achat d'entreprises		–		(225,0)	
Nouveau découvert bancaire acquis avec les entreprises		–		(1,0)	
Vente de placement dans une coentreprise		–		(2,2)	
Sortie nette de fonds pour acquisitions et ventes			–		(223,8)
Dividendes versés sur les capitaux propres			(148,8)		(135,8)
Sortie nette de fonds avant l'utilisation des liquidités et du financement			(10,4)		(202,4)
Gestion des liquidités					
Variation des dépôts bancaires à court terme			14,4		(2,9)
Financement					
Émission de capital-actions ordinaires		7,2		8,0	
Produits des capitaux d'emprunt		314,2		388,5	
Remboursement sur les capitaux empruntés		(284,7)		(123,0)	
Rentrée nette de fonds provenant des activités de financement			36,7		273,5
Augmentation de l'encaisse au cours de l'exercice	33		40,7		68,2

Les liquidités comprennent les dépôts à terme de moins d'un an.

Scottish & Newcastle PLC État des flux de trésorerie collectif pour l'exercice se terminant le 2 mai 20B (suite)		
Note 32 : Rentrée nette de fonds provenant de l'exploitation	20B	20A
	£m	£m
Bénéfice d'exploitation du groupe	399,4	470,5
Charges exceptionnelles en contrepartie du bénéfice d'exploitation	63,5	–
Amortissement normal	133,0	123,8
Provisions contre des investissements	3,1	2,3
Diminution des stocks	14,0	4,6
Diminution des comptes clients	7,9	2,6
Diminution des comptes fournisseurs	(23,6)	(10,5)
Rentrée nette de fonds provenant des activités d'exploitation courantes	597,3	593,3
Coûts de restructuration	(15,7)	(14,3)
Utilisation des provisions pour acquisitions et pensions	(38,9)	(14,0)
Rentrée nette de fonds provenant de l'exploitation	542,7	565,0

Cas – Analyse critique

■OA2

CP12-5 La prise de décision à titre d'analyste financier : l'analyse des flux de trésorerie d'une nouvelle entreprise

Fondée en septembre 20A, la société Golf Suprême conçoit une gamme de vêtements de golf pour hommes. Elle s'engage par contrat à les fabriquer et à les mettre sur le marché. Voici un extrait de l'état des flux de trésorerie de cette entreprise.

	20B
Flux de trésorerie liés à l'exploitation	
Bénéfice net	(460 089) $
Amortissement	3 554
Compensation autre qu'en espèces (sous forme d'actions)	254 464
Acomptes aux fournisseurs	(404 934)
Augmentation des actifs payés d'avance	(42 260)
Augmentation des comptes fournisseurs	81 765
Augmentation des charges courues à payer	24 495
Flux de trésorerie nets	(543 005) $

La direction s'attend à une importante augmentation du chiffre d'affaires dans un avenir rapproché. Pour soutenir l'augmentation des ventes, elle projette d'accroître son stock d'une quantité équivalant à 2,2 millions de dollars. Toutefois, elle n'a pas divulgué ses prévisions de vente. À la fin de 20B, l'entreprise disposait de moins de 1 000 $ d'encaisse. Il n'est pas rare de voir une nouvelle entreprise enregistrer une perte et des flux de trésorerie négatifs durant sa période de démarrage.

Travail à faire

Vous travaillez à titre d'analyste financier pour une importante banque d'affaires. Votre patron vous demande de rédiger un bref rapport dans lequel vous évaluerez les problèmes qui se posent chez Golf Suprême. Insistez sur les sources de financement typiques dont l'entreprise pourrait (ou non) tirer parti afin de soutenir sa croissance.

Projets – Information financière

CP12-6 **La comparaison des flux de trésorerie liés aux activités d'investissement et de financement à l'intérieur d'un même secteur d'activité**

OA4
OA6

Procurez-vous les états des flux de trésorerie contenus dans les rapports annuels de deux entreprises appartenant au même secteur d'activité. Consultez, par exemple, les documents en bibliothèque, le service SEDAR (www.sedar.com) ou le site Web des entreprises choisies. Rédigez un bref rapport signalant toute différence entre les activités d'investissement et de financement des deux entreprises au cours des trois derniers exercices. Indiquez les différences dans les stratégies des entreprises que vous révèlent ces documents.

CP12-7 **L'analyse des différences relatives aux coefficients de la qualité du bénéfice d'entreprises concurrentes**

OA2
OA3

Parmi les concurrents de Loblaw dans le domaine de l'alimentation et d'autres articles non alimentaires, on trouve notamment Metro, Sobeys, Alimentation Couche-Tard et Wal-Mart. Procurez-vous les états des flux de trésorerie dressés par Loblaw et deux de ses concurrents. Consultez, par exemple, les documents en bibliothèque, le service SEDAR (www.sedar.com) ou le site Web des entreprises concernées. Rédigez un bref rapport dans lequel vous comparerez les coefficients de la qualité du bénéfice de ces entreprises. En vous basant sur le rapprochement entre le bénéfice net et les flux de trésorerie liés à l'exploitation, indiquez les causes des différences entre ces coefficients.

CP12-8 **La mise à jour de l'analyse financière**

OA3

Procurez-vous le rapport du premier trimestre de l'exercice le plus récent de Loblaw. Consultez, par exemple, les documents en bibliothèque, le service SEDAR (www.sedar.com) ou le site Web de Loblaw. Rédigez un bref rapport dans lequel vous comparerez le coefficient de la qualité du bénéfice avec celui qui a été calculé d'après les chiffres du premier trimestre de 2002 présentés dans ce chapitre. Indiquez les différences dans les activités de l'entreprise qui peuvent expliquer tout écart entre les coefficients de ces deux périodes.

CP12-9 **Un projet déontologique : l'analyse des irrégularités dans la constatation des produits**

OA1
OA2

Procurez-vous un article récent décrivant une irrégularité comptable relative à des comptes clients, à des stocks ou autre. Consultez, par exemple, les périodiques, les sites Web de la presse canadienne (*La Presse, Le Devoir*, le *Journal les Affaires*, le *Globe and Mail* ou le *Financial Post*) ou encore de la presse américaine (le *Wall Street Journal*, le *Dow Jones Interactive* ou le *Bloomberg Business News*). Recherchez la rubrique «Irrégularités comptables». Examinez les états des flux de trésorerie de l'entreprise pour les trois exercices précédant la divulgation de cette irrégularité. Rédigez un bref rapport exposant la nature de l'irrégularité et les indications que vous avez observées dans ces documents relativement au problème à venir, s'il y a lieu.

CP12-10 **L'accroissement des habiletés en matière de recherche financière : les conférences téléphoniques traitant des rapports sur le Web**

OA1

Canada NewWire est la principale source d'information multimédia sur les entreprises canadiennes. Consultez ce site et recherchez la rubrique «Calendrier diffusion sur Web». Vous y trouverez une liste des plus récentes conférences téléphoniques sur les entreprises avec les investisseurs et analystes financiers. Choisissez une entreprise dans cette liste et écoutez la conférence sur archive. Préparez un aperçu des principaux sujets traités dans la présentation de l'entreprise. Écoutez ensuite les questions provenant des investisseurs et analystes et notez toutes celles qui se rapportent à l'état des flux de trésorerie.

■ OA1
■ OA2
■ OA3
■ OA4
■ OA5
■ OA6

CP12-11 Un projet en équipe : l'analyse des flux de trésorerie

En équipe, choisissez un secteur d'activité à analyser. Vous en trouverez une liste sur le site de SEDAR. Cliquez sur « Sociétés ouvertes », puis choisissez un secteur. Chaque membre de l'équipe doit se procurer le rapport annuel d'une société ouverte de ce secteur, différente de celles qui ont été choisies par les autres membres. Consultez par exemple le service SEDAR (www.sedar.com) ou le site Web des entreprises choisies. Individuellement, chacun doit rédiger un bref rapport répondant aux questions suivantes au sujet de l'entreprise choisie.

1. Laquelle des deux méthodes de base de présentation de l'information concernant les flux de trésorerie liés à l'exploitation l'entreprise a-t-elle adoptée ?

2. Quel est le coefficient de la qualité du bénéfice de l'exercice le plus récent ? Quelles sont les principales raisons des différences entre le bénéfice net et les flux de trésorerie liés à l'exploitation ?

3. Quel est le coefficient d'acquisition de capitaux pour la période des trois dernières années ? Comment l'entreprise finance-t-elle ses acquisitions de capitaux ?

4. Pour l'exercice en cours, quelle proportion des flux de trésorerie liés à l'exploitation est versée aux actionnaires sous forme de dividendes ?

Analysez toute répétition des mêmes caractéristiques que vous observez de l'une à l'autre des entreprises choisies par les membres de l'équipe. Rédigez ensuite ensemble un bref rapport dans lequel vous soulignerez les ressemblances et les différences entre ces entreprises d'après ces caractéristiques. Fournissez des explications possibles aux différences relevées.

CHAPITRE 13

L'analyse des états financiers

Objectifs d'apprentissage

Au terme de ce chapitre, l'étudiant sera en mesure :

1. de comprendre l'utilité des états financiers et la façon dont les analystes financiers s'en servent (voir la page 823) ;

2. de dresser la liste des cinq principales catégories de ratios financiers (voir la page 831) ;

3. de déterminer et de calculer les ratios financiers les plus couramment utilisés (voir la page 831) ;

4. d'interpréter les ratios financiers (voir la page 852).

ZENON ENVIRONMENTAL INC.

ZENON

ZENON Environmental Inc.

Analyse financière

Rassemblons toutes les données

*E*n mai 2000, sept citoyens de Walkerton, en Ontario, sont morts après avoir bu de l'eau contaminée par la bacille Escherichia coli (ou E. coli). Cet événement a suscité l'intérêt des consommateurs pour la qualité de leur eau. C'est précisément le domaine d'expertise de la société Zenon Environmental Inc., société fondée en 1980 et dont le siège social est à Oakville en Ontario. En effet, ZENON a mis au point un procédé unique de filtration d'eau par membrane. Dans un marché fort compétitif, cette technologie a gagné en popularité auprès des industries et des municipalités. En effet, elle permet de purifier l'eau sans devoir hausser la pression ou utiliser des produits chimiques. La volonté actuelle étant de protéger l'environnement, ZENON est bien placée pour s'approprier un marché international grâce à la fabrication et à la vente de systèmes de filtration efficaces et écologiques. Les analystes financiers s'attendent à ce que les revenus de ZENON augmentent de 30 % par année pour atteindre 215 millions de dollars en 2003, produisant ainsi une marge bénéficiaire nette de 6,3 %. On ne s'étonne donc pas que les analystes financiers recommandent l'achat du titre (par exemple Ron Schwarz, analyste chez Marchés Mondiaux CIBC [avril 2002][1] et le service d'information électronique *Globe & Mail Investor* [août 2002]. Cela en fait-il un placement « sûr et sans risque » ? Pour prendre une décision rationnelle à ce sujet, il faut considérer d'autres facteurs que la croissance prévue à court terme et les recommandations des experts. Les informations aux états financiers de ZENON et les outils analytiques étudiés dans ce chapitre vous donneront une bonne base pour poursuivre votre analyse de la société et prendre une décision éclairée d'investir ou non dans ses actions.

---

1. François Riverin, « Bennett et ZENON profitent de la vague environnementale », *Les Affaires*, 27 avril 2002, p. 79.

ZENON Environmental Inc.
Bilans consolidés au 31 décembre
(en milliers de dollars)

	2001	2000
ACTIF (note 6)		
Actif à court terme		
Espèces et quasi-espèces	5 517 $	4 203 $
Encaisse affectée	233	240
Débiteurs (notes 3 et 16 iv)	40 702	38 033
Débiteurs – financement public (note 14)	2 786	2 916
Produits non facturés	20 678	28 050
Stocks (note 2)	8 788	7 067
Charges payées d'avance et dépôts	1 137	834
Impôts sur les bénéfices futurs (note 12)	1 168	524
Total de l'actif à court terme	81 009	81 867
Immobilisations, montant net (note 4)	52 087	43 265
Brevets, écart d'acquisition et autres actifs (note 5)	14 943	11 276
Impôts sur les bénéfices futurs (note 12)	746	3 243
	148 785 $	139 651 $
PASSIF ET CAPITAUX PROPRES		
Passif à court terme		
Dette bancaire (note 6)	529 $	25 020 $
Créditeurs et charges à payer	34 880	22 836
Dépôts des clients	14 597	5 283
Tranche à court terme de la dette à long terme (note 7)	171	169
Total du passif à court terme	50 177	53 308
Dette à long terme (note 7)	10 270	10 282
Crédit technologique reporté (notes 14 et 16 ii)	5 000	–
Total du passif	65 447	63 590
Engagements et éventualités (notes 9 et 14)		
Capitaux propres		
Capital-actions (note 8)	72 049	69 733
Bénéfices non répartis	13 795	9 254
Rajustement de conversion cumulatif	(2 506)	(2 926)
Total des capitaux propres	83 338	76 061
	148 785 $	139 651 $

Voir les notes afférentes aux états financiers consolidés.

TABLEAU 13.1   Ètats financiers consolidés (suite)

ZENON Environmental Inc.
États consolidés des résultats
pour les exercices terminés les 31 décembre
(en milliers de dollars, sauf le résultat par action)

	2001	2000
Produits (note 11)	124 711$	84 476$
Coût des produits et des services vendus	76 787	56 376
Bénéfice brut	47 924	28 100
Charges		
Charges de vente et charges générales administratives	30 803	26 344
Amortissement	8 172	7 241
Intérêts, montant net (note 7)	2 038	1 847
	41 013	35 432
Bénéfice (perte) d'exploitation avant le poste suivant	6 911	(7 332)
Gain découlant d'une entente à l'amiable (note 10)	–	10 730
Bénéfice d'exploitation avant impôts sur les bénéfices	6 911	3 398
Provision pour impôts sur les bénéfices (note 12)	2 290	503
Bénéfice net de l'exercice	4 621$	2 895$
Résultat par action (note 13)		
De base	0,19$	0,12$
Dilué	0,19$	0,12$

Voir les notes afférentes aux états financiers consolidés.

États consolidés des flux de trésorerie
pour les exercices terminés les 31 décembre
(en milliers de dollars)

	2001	2000
FLUX DE TRÉSORERIE LIÉS AUX ACTIVITÉS D'EXPLOITATION		
Bénéfice net de l'exercice	4 621$	2 895$
Éléments sans incidence sur les liquidités		
Amortissement	8 172	7 241
Gain sur la vente d'immobilisations	(620)	–
Provision pour impôts futurs	1 853	(1 038)
Réduction de valeur d'emprunts visant l'achat d'actions	–	269
Provision sur placement	–	180
	14 026	9 547
Variation nette des soldes hors caisse du fonds de roulement liés à l'exploitation	24 625	(13 870)
Flux de trésorerie liés aux activités d'exploitation	38 651	(4 323)

États consolidés des flux de trésorerie (suite)

	2001	2000
FLUX DE TRÉSORERIE LIÉS AUX ACTIVITÉS D'INVESTISSEMENT		
Achat d'immobilisations	(16 824) $	(21 549) $
Produit tiré de la vente d'immobilisations	3 000	170
Augmentation des brevets, écart d'acquisition et autres actifs	(6 127)	(681)
Diminution de l'encaisse affectée	24	866
Augmentation de l'encaisse affectée	–	(1 106)
Acquisition (note 18)	–	(485)
Flux de trésorerie liés aux activités d'investissement	(19 927)	(22 785)
FLUX DE TRÉSORERIE LIÉS AUX ACTIVITÉS DE FINANCEMENT		
Augmentation (diminution) de la dette bancaire	(24 491)	19 347
Produit tiré du crédit technologique différé	5 000	–
Produit tiré de la dette à long terme	90	2 723
Remboursement de la dette à long terme	(25)	–
Remboursement des contrats de location-acquisition	(75)	(102)
Options d'achat d'actions exercées	2 316	653
Flux de trésorerie liés aux activités de financement	(17 185)	22 621
Incidence des fluctuations du taux de change sur les liquidités	(225)	14
Augmentation (diminution) nette des liquidités au cours de l'exercice	1 314	(4 473)
Espèces et quasi-espèces au début de l'exercice	4 203	8 676
Espèces et quasi-espèces à la fin de l'exercice	5 517 $	4 203 $
Information supplémentaire sur les flux de trésorerie		
Impôts et taxes payés au comptant	433 $	1 096 $
Intérêts payés au comptant	2 393 $	2 119 $

Parlons affaires

OBJECTIF
D'APPRENTISSAGE **1**

Au Canada, les entreprises consacrent des millions de dollars chaque année pour dresser, vérifier et publier leurs états financiers. Ces états sont postés aux investisseurs actuels et potentiels. Chaque année, ZENON envoie des milliers d'exemplaires de ses états financiers à ses actionnaires. La plupart des entreprises diffusent également leurs informations financières dans Internet. ZENON possède un site Web particulièrement intéressant, qui contient des états financiers récents, des communiqués de presse ainsi qu'une grande variété d'informations pertinentes sur la société.

Comprendre l'utilité des états financiers et la façon dont les analystes s'en servent.

La raison pour laquelle la société consacre tant d'argent pour fournir des informations aux investisseurs est simple : les états financiers aident les gens à prendre de meilleures décisions économiques. Il existe deux vastes groupes d'utilisateurs des états financiers. Le premier groupe est la direction de l'entreprise. Celle-ci se fie sur les données comptables pour prendre d'importantes décisions en matière d'exploitation, comme l'établissement des prix de ses produits ou l'expansion de sa capacité de production. Le second groupe est constitué des décideurs externes. Ce groupe comprend surtout les investisseurs (actuels et potentiels), les analystes financiers, les créanciers, les agences gouvernementales, les syndicats, les chercheurs et le grand public.

Les utilisateurs des états financiers s'intéressent à trois types d'informations :

1. *Les informations concernant la performance passée de l'entreprise.* Les données concernant des postes tels que le bénéfice, le volume des ventes, les flux de trésorerie et le rendement du capital investi aident les utilisateurs à évaluer le succès de l'entreprise ainsi que l'efficacité de la direction. Ces données permettent aussi aux décideurs de comparer une entreprise à une autre.

2. *Les informations concernant la situation actuelle de l'entreprise.* Ce type de données permet de répondre à des questions comme celles-ci : Quels types d'actifs possède l'entreprise ? À combien s'élèvent les dettes de l'entreprise et quelles en sont les échéances ? L'entreprise génère-t-elle des liquidités suffisantes ? Quel est le résultat par action réalisé au cours des dernières années ? Le rendement du capital investi est-il satisfaisant ? Quel est le niveau de son ratio d'endettement ? Quelle est la situation de ses stocks ? Les réponses à ces questions permettent d'évaluer les succès et les échecs passés de l'entreprise et, mieux encore, elles fournissent des informations utiles pour évaluer les flux de trésorerie futurs et les profits potentiels de l'entreprise.

3. *Les informations concernant la performance future de l'entreprise.* Les décideurs choisissent parmi plusieurs plans d'action. Toutes les décisions sont axées sur l'avenir. Comme vous le savez, les états financiers présentent des données sur le passé et ne permettent pas de prédire l'avenir. Néanmoins, des mesures fiables sur les événements passés constituent une partie importante du processus de prédiction des événements futurs. Par exemple, les tendances récentes sur le plan des ventes et des produits d'une entreprise sont de bons indicateurs des attentes futures. En d'autres mots, vous devez savoir où vous en êtes pour mieux planifier où vous voulez aller.

Structure du chapitre

La compréhension de la stratégie d'une entreprise

L'analyse des états financiers

L'analyse au moyen de ratios financiers

Les états dressés en pourcentages

Les ratios financiers couramment utilisés

Les ratios de rentabilité

1. Le rendement des capitaux propres
2. Le rendement de l'actif
3. Le pourcentage du levier financier
4. Le résultat par action (ou le bénéfice par action)
5. La qualité du bénéfice
6. La marge bénéficiaire nette
7. Le ratio de rotation de l'actif immobilisé

Les ratios de trésorerie (ou de liquidité)

8. Le ratio de liquidité immédiate
9. Le ratio du fonds de roulement
10. Le ratio de liquidité relative
11. Le ratio de rotation des comptes clients
12. Le ratio de rotation des stocks

Les ratios de solvabilité et de structure financière	Les ratios reliés au marché	Les ratios financiers divers
13. Le ratio de couverture des intérêts 14. Le ratio de couverture des liquidités 15. Le ratio d'endettement	16. Le ratio cours-bénéfice 17. Le taux de rendement des actions	18. La valeur comptable par action

D'autres considérations analytiques	L'interprétation des ratios financiers	L'incidence du choix des méthodes comptables sur l'analyse des ratios financiers
		L'information sur l'efficience des marchés

Les décisions en matière d'investissement

Le groupe le plus important d'utilisateurs d'états financiers est sans doute constitué par les investisseurs actuels et potentiels, et les analystes financiers (puisqu'ils conseillent les investisseurs). Les investisseurs achètent des actions et s'attendent à gagner un rendement sur leurs placements. Il faut se rappeler que le rendement d'un investissement dans des actions comporte deux composantes : 1) les produits tirés des dividendes durant la période d'investissement et 2) l'augmentation de la valeur marchande des actions détenues.

Lorsque l'investisseur veut acheter des actions d'une entreprise, il doit évaluer son bénéfice futur et le potentiel de croissance en fonction de trois facteurs :

1. *Les facteurs économiques*. En général, la santé globale de l'économie a des conséquences directes sur le rendement d'une entreprise. Les investisseurs doivent considérer des données comme le produit national brut, la productivité, le taux de chômage, le taux d'inflation général et les variations du taux d'intérêt. Par exemple, les augmentations du taux d'intérêt font souvent ralentir la croissance économique puisque les consommateurs sont moins portés à acheter des biens à crédit quand les taux d'intérêt sont élevés.

2. *Les facteurs relatifs aux secteurs d'activité*. Certains événements ont une incidence importante sur les entreprises au sein d'un secteur d'activité particulier, mais ils influent peu sur d'autres entreprises. Par exemple, une importante sécheresse peut être dommageable pour le secteur de l'alimentation, mais elle peut n'avoir aucun effet sur le secteur de l'électronique.

3. *Les facteurs liés à l'entreprise visée*. Pour bien analyser une entreprise, il nous faut obtenir le plus de renseignements possible sur celle-ci. Les analystes chevronnés ne se fient pas uniquement aux informations contenues dans les états financiers. Ils visitent l'entreprise, s'informent sur ses produits et lisent tout ce qui la concerne dans la presse d'affaires écrite ou électronique. Si vous évaluez McDonald's, vous devez estimer la qualité de son bilan ainsi que celle de son Big Mac. Les sociétés de courtage bien connues (par exemple Nesbitt Burns, la Financière Banque Nationale, Merrill Lynch et de nombreuses autres) s'intéressent à

des informations non quantitatives sur les entreprises et les publient dans des rapports expédiés à leurs clients. La popularité grandissante des courtiers à escompte a incité la création de sites Internet fournissant plusieurs informations sur les sociétés. Par exemple, en consultant le site www.globeinvestor.com et en recherchant le symbole ZEN (pour ZENON), on accède à plusieurs informations. On peut obtenir des nouvelles récentes sur la société. On obtient notamment des renseignements concernant les derniers contrats de vente négociés, l'embauche de cadres, etc. Plusieurs informations proviennent du *Canada NewsWire* (en ligne). En voici un extrait :

Dans l'actualité

Canada NewsWire

ZENON obtient un contrat pour la construction de la plus grande usine de filtration à membrane en Europe

Oakville, Ont. 24 juillet CNW- ZENON Environmental (TSE : ZEN) est prête à créer ce qui deviendra la plus grande usine en Europe pour traiter l'eau à l'aide de membranes, et ce, avec un contrat d'une valeur de près de 8 millions de dollars.

Source : *Canada NewsWire*, www.canadanewswire.com. Traduction libre. Site consulté le 12 août 2002.

L'information sur le carnet de commandes permet de prévoir le potentiel de croissance future d'une entreprise.

Beaucoup d'information disponible pour les investisseurs dans Internet est en langue anglaise. Pour vous faciliter la tâche, tout le long de ce chapitre, nous présenterons entre parenthèses les termes anglais décrivant les ratios financiers.

La compréhension de la stratégie d'une entreprise

L'analyse des états financiers ne se limite pas aux calculs mathématiques. Avant d'examiner les chiffres, il faut savoir ce qu'on recherche.

Nous pouvons calculer plusieurs ratios financiers à l'aide de l'information fournie dans les états financiers. Un point de départ utile a été présenté au chapitre 5. Le modèle d'analyse du taux de rendement des capitaux propres établit une relation logique entre plusieurs ratios et démontre que l'utilisation des ratios peut fournir des informations utiles sur la stratégie d'une entreprise. Le modèle d'analyse du taux de rendement des capitaux propres est le suivant.

$$\frac{\text{Taux de rendement des capitaux propres}}{} = \frac{\text{Marge bénéficiaire nette}}{} \times \frac{\text{Rotation de l'actif}}{} \times \frac{\text{Coefficient de suffisance du capital}}{}$$

$$\frac{\text{Bénéfice net}}{\text{Capitaux propres moyens}} = \frac{\text{Bénéfice net}}{\text{Chiffre d'affaires net}} \times \frac{\text{Chiffre d'affaires net}}{\text{Actif total moyen}} \times \frac{\text{Actif total moyen}}{\text{Capitaux propres moyens}}$$

Toute entreprise a pour objectif d'obtenir un rendement élevé pour ses propriétaires (un taux de rendement des capitaux propres élevé). En examinant le modèle, on réalise que plusieurs stratégies potentielles entraînent un taux de rendement des capitaux propres élevé. Voici deux stratégies fondamentales :

1. *La différenciation des produits.* Selon cette stratégie, les entreprises mettent sur le marché des produits qui sont en quelque sorte uniques, offrant notamment une qualité élevée, des fonctions ou des styles inhabituels. Cela permet aux entreprises d'exiger des prix plus élevés. En général, l'augmentation des prix entraîne une marge bénéficiaire plus élevée, ce qui, selon le modèle du taux de rendement des capitaux propres, produit un taux de rendement des capitaux propres plus élevé.

2. *L'avantage concurrentiel par les coûts.* Selon cette stratégie, les entreprises tentent de gérer leurs activités plus efficacement que leurs compétiteurs. Cette capacité de rendement permet à ces entreprises d'offrir des prix plus bas pour attirer les clients. L'usage efficace des ressources se traduit dans le ratio de rotation de l'actif. Le modèle du taux de rendement des capitaux propres indique qu'une plus grande efficience (c'est-à-dire un ratio de rotation de l'actif plus élevé) produit un taux de rendement des capitaux propres supérieur.

On sait que plusieurs entreprises ont adopté une de ces deux stratégies de base. Dans le secteur de l'automobile, la Cadillac et la Mercedes sont des exemples de produits différenciés sur le plan de la qualité. La Focus de Ford et la Neon de Dodge sont des produits qui attirent les consommateurs, car ces voitures offrent un avantage sur le plan du coût. De même, dans le secteur de la vente au détail, Holt Renfrew et les magasins de souliers Brown se sont différenciés en offrant des marchandises de qualité élevée. Les magasins Wal-Mart et Zellers offrent une expérience d'achat différente ainsi que des marchandises de qualité inférieure à des prix beaucoup plus bas.

Le meilleur point de départ d'une analyse consiste à acquérir une compréhension solide de la stratégie d'affaires d'une entreprise. Pour évaluer la santé d'une entreprise, vous devez connaître ses objectifs. La lecture complète du rapport annuel, tout particulièrement le message adressée aux actionnaires par le président, vous permettra d'obtenir de nombreuses informations concernant la stratégie d'une entreprise. Il est aussi utile de lire des articles sur l'entreprise publiés dans la presse d'affaires.

La stratégie d'affaires de ZENON est décrite par un journaliste du journal *Les Affaires* comme suit:

ZENON tente d'imposer sa membrane à titre de technologie commune pour l'industrie de filtration de l'eau potable et des eaux usées, notamment en investissant 8% de ses revenus annuels en recherche et développement. La société vise également à pénétrer le marché des systèmes de purification pour les résidences.

Source: François Riverin, *Les Affaires*, 27 avril 2002, p. 79.

Cette stratégie a plusieurs conséquences sur l'analyse de ZENON:
1. L'importance de la recherche et développement. ZENON doit garder un avantage compétitif en restant à la fine pointe de la technologie et en trouvant des procédés de purification de l'eau moins coûteux pour pénétrer le marché des résidences.
2. La société doit pouvoir produire un volume élevé de ventes pour couvrir les frais liés à l'exploitation.
3. Le contrôle des coûts est un point critique. ZENON doit pouvoir réduire le coût de fabrication pour garder son avantage compétitif et offrir les meilleurs prix. Ainsi, la société pourra accroître son marché industriel et municipal, et pénétrer le marché résidentiel.

En comprenant la stratégie de l'entreprise, les analystes peuvent attacher plus d'importance à certaines informations contenues dans les états financiers.

L'analyse des états financiers

Les états financiers incluent un important volume de données quantitatives, expliquées à l'aide des notes complémentaires. Il est impossible d'analyser les données financières sans posséder une base de comparaison. Par exemple, seriez-vous impressionné si une entreprise avait gagné 1 million de dollars l'an passé? Sans doute auriez-vous pensé que la réponse à cette question dépendait de certains facteurs. Des profits de 1 million de dollars pourraient être excellents pour une entreprise qui a perdu de l'argent l'année précédente, mais ils pourraient ne pas l'être pour une entreprise qui a enregistré 500 millions de dollars de profits au cours de l'exercice précédent. Ce montant pourrait être intéressant pour une petite entreprise, mais moins pour une très grande. De même, il pourrait être favorable si toutes les autres entreprises d'un même secteur avaient perdu de l'argent, mais ne pas l'être si elles avaient toutes rapporté des profits beaucoup plus élevés. Comme vous pouvez le constater à partir de cet exemple simple, il n'est pas possible d'évaluer les états financiers sans tenir compte d'autres facteurs. Il convient de procéder aux comparaisons appropriées pour correctement analyser les données présentées dans les états financiers. La recherche d'une base de comparaison adéquate exige du jugement, et cette tâche n'est pas toujours facile. C'est pour cette raison que l'analyse des états financiers est un travail complexe plutôt qu'un processus mécanique.

On utilise principalement deux techniques de comparaison :

1. *Les analyses chronologiques.* Dans le cadre de ce type d'analyse, les données portant sur une seule entreprise sont comparées dans le temps. Par exemple, une entreprise peut avoir un ratio du fonds de roulement (actif à court terme/passif à court terme) de 1,2. Si des données supplémentaires ne sont pas disponibles, ce ratio n'est pas très révélateur. L'analyse chronologique peut indiquer que le ratio a décliné chaque année au cours des cinq dernières années, par rapport à un maximum de 2. Ces données chronologiques nous incite à étudier les facteurs qui ont causé ce déclin régulier du ratio au cours des dernières années.

ZENON est considérée comme une société à fort potentiel de croissance. L'analyse chronologique trace un portrait positif de cette croissance lorsque les données sur les ventes sont présentées sous forme graphique. Le graphique en marge compare la croissance des ventes pour ZENON à celle de Bennett Environmental Inc., l'un de ses principaux concurrents.

2. *La comparaison d'entreprises similaires.* Les résultats financiers subissent souvent l'influence des facteurs économiques en général et ceux reliés aux secteurs particuliers. En comparant une entreprise à une autre qui évolue dans le même secteur d'activité, les analystes peuvent obtenir un meilleur aperçu du rendement de l'entreprise. Un analyste s'inquiéterait si les produits tirés des ventes de General Motors avaient chuté de 2 % au cours d'un exercice donné. L'analyste serait sans doute moins préoccupé si, pour le même exercice, Ford avait connu un déclin de 10 % et Chrysler de 16 %. Cette comparaison révélerait que tout le secteur de l'automobile a connu une mauvaise année, mais que General Motors a été relativement prospère par rapport à ses principaux concurrents.

Il est souvent difficile de trouver des entreprises comparables. Bombardier est une société bien connue qui exploite plusieurs domaines d'activité dont l'aéronautique, le matériel de transport sur rail, les produits récréatifs, les services financiers et les services liés à ses produits et à son expertise. Aucune autre entreprise ne vend ce même ensemble de produits. Il faut être prudent lorsqu'on compare des entreprises, même si elles font partie du même secteur d'activité. Best Western, Sheraton, Hilton, Hôtel des Gouverneurs et Motel La Siesta évoluent tous dans le secteur de l'hôtellerie, mais ces sociétés ne sont pas toutes considérées comme des entreprises comparables aux fins de l'analyse financière.

En 1980, le gouvernement fédéral canadien a établi un code de classification des activités économiques par type d'industrie (appelé en anglais SIC pour *Standard Industrial Classification*), qui diffère de celui des États-Unis Ce code était utilisé pour présenter les données économiques. Depuis 1997, le Canada et les États-Unis ont remplacé cette classification par le Système de classification des industries de l'Amérique du Nord (SCIAN) ou, en anglais, le North American Industry Classification System (NAICS). Les analystes utilisent souvent ces codes à six chiffres (anciennement quatre) pour effectuer des comparaisons industrielles entre diverses entreprises. Les services d'informations financières, tels que Dun & Bradstreet, Standard & Poor's ou le Financial Post, fournissent des moyennes concernant bon nombre de ratios financiers courants pour différents secteurs d'activité, comme le définissent les codes de classement industriel normalisés. En raison de la diversité des entreprises incluses dans chaque classement industriel, il faut utiliser ces données avec grande prudence. Certains analystes préfèrent comparer deux entreprises très similaires plutôt que de faire des comparaisons à l'échelle de l'industrie.

L'analyse au moyen de ratios financiers

Tous les analystes financiers utilisent l'analyse au moyen de **ratios financiers** pour évaluer les entreprises. Les ratios financiers expriment la relation proportionnelle qui existe entre différents montants. On calcule un ratio en divisant une quantité par une autre. Le résultat peut être un pourcentage ou une autre relation numérique. Par exemple, le fait qu'une entreprise ait gagné un bénéfice net de 500 000 $ revêt plus d'importance lorsque l'on compare le bénéfice net à l'investissement de l'actionnaire dans l'entreprise. Si on suppose que les capitaux propres s'élèvent à 5 millions de dollars, la relation entre les bénéfices nets et l'investissement de l'actionnaire est de 500 000 $ ÷ 5 000 000 $ = 0,10 ou 10 %. Cette mesure indique un rendement qui serait différent si les capitaux propres s'étaient élevés à 50 millions de dollars. L'analyse au moyen de ratios aide les décideurs à déterminer les relations importantes et à comparer les entreprises de manière plus réaliste que s'ils analysaient de simples montants.

Nous pouvons calculer les ratios en utilisant les montants qui figurent à un seul état financier (comme l'état des résultats) ou à différents états (comme l'état des résultats et le bilan). Le ratio du fonds de roulement (Actif à court terme / Passif à court terme) est basé sur les données provenant d'un seul état financier alors que le taux de rendement de l'actif (Bénéfice net / Actif total moyen) se calcule à partir des données tirées de l'état des résultats et du bilan.

L'analyse des états financiers est un processus basé sur le jugement. Il n'est pas possible de déterminer un seul ratio qui serait approprié dans toutes les situations. Chacune des situations analysées peut exiger le calcul de plusieurs ratios. Nous étudierons un bon nombre de ratios qui conviennent à plusieurs situations.

Les ratios financiers sont obtenus à l'aide de calculs et permettent de mesurer les relations proportionnelles qui existent entre divers montants figurant aux états financiers pour évaluer la situation financière globale de l'entreprise.

Les états dressés en pourcentages

Les **états dressés en pourcentages** (ou **analyse procentuelle**) expriment chacun des postes qui figurent à un état particulier sous forme de pourcentage d'un des éléments qui en fait partie. Cet élément sert d'indice de référence, c'est-à-dire de dénominateur du ratio. Par exemple, l'analyse procentuelle de l'état des résultats pourrait utiliser le chiffre d'affaires net comme indice de référence. Ainsi, chaque charge serait exprimée sous forme de pourcentage du chiffre d'affaires net. Au bilan, l'indice de référence est normalement le total de l'actif; on trouve les pourcentages en divisant chacun des comptes du bilan par le total de l'actif.

Il est difficile de déterminer les relations importantes ainsi que les tendances de l'état des résultats de ZENON (voir le tableau 13.1) si on ne dresse pas des états financiers en pourcentages. Le bénéfice net s'est accru de plus de 84 % entre 1999 et 2001, ce qui est excellent, mais un analyste peut difficilement évaluer l'efficacité d'exploitation de ZENON en fonction des chiffres présentés à l'état des résultats.

Le tableau 13.2 présente l'état des résultats de ZENON dressé en pourcentages du chiffre d'affaires (à partir du tableau 13.1). Si on analyse simplement les montants en dollars figurant à l'état des résultats, on constate plusieurs différences importantes. Par exemple, le coût des marchandises vendues a augmenté de plus de 20 millions de dollars de 2000 à 2001. Cette augmentation est-elle raisonnable? Seriez-vous inquiet à titre d'analyste ou d'investisseur? En effectuant l'analyse procentuelle, on détermine rapidement que le coût des marchandises vendues est passé de 66,7 % du chiffre d'affaires en 2000 à 61,5 % en 2001. Autrement dit, le coût des marchandises vendues a augmenté principalement à cause de la hausse des produits tirés des ventes et, de

Les états dressés en pourcentages (ou analyse procentuelle) expriment chacun des postes figurant à un état financier particulier sous forme de pourcentage.

Données en pourcentage pour Zenon

- Charges d'exploitation
- Impôts et autres
- Bénéfice net

Données en pourcentage pour Bennett

- Charges d'exploitation
- Impôts et autres
- Bénéfice net

plus, la diminution du pourcentage démontre une amélioration de l'efficacité de contrôle des coûts.

Plusieurs analystes utilisent des logiciels graphiques lorsqu'ils étudient les résultats financiers. La représentation graphique est très utile pour communiquer les résultats au cours de réunions ou pour les publications. Un résumé graphique des principales données de 2001 de ZENON, tirées du tableau 13.2, établit la comparaison avec les données de Bennett, un de ses principaux concurrents.

L'analyse procentuelle de l'état des résultats de ZENON (voir le tableau 13.2) souligne plusieurs questions supplémentaires importantes :

1. Le bénéfice de ZENON s'est accru de 2 millions de dollars de 2000 à 2001. Une portion de cette augmentation peut être attribuée à l'accroissement du chiffre d'affaires, mais une autre portion importante provient de l'efficacité des activités d'exploitation. Les frais d'exploitation et le coût des marchandises vendues (présentés sous forme de pourcentages des ventes) ont diminué durant l'exercice.

2. Certaines variations en pourcentages peuvent sembler insignifiantes, mais elles représentent des sommes d'argent importantes. L'amélioration du ratio de la charge d'intérêts sous forme de pourcentage des ventes a ajouté plus de 748 000 $ au bénéfice avant impôts en 2001 (0,006 × 124 711 milliers de dollars).

3. Le coût des marchandises vendues sous forme de pourcentage des ventes a décliné de 2000 à 2001. Comme on l'a déjà mentionné, un élément clé de la stratégie de ZENON consiste à contrôler les coûts pour rester compétitive et augmenter son marché. L'amélioration du pourcentage du coût des marchandises vendues par rapport au chiffre d'affaires constitue une indication très positive de la mise en œuvre réussie de la stratégie de l'entreprise.

4. Une importante stabilité dans toutes les relations de l'état des résultats indique que l'entreprise est bien gérée. Il peut en être ainsi pour une entreprise bien établie. En ce qui concerne ZENON, les produits fabriqués sont relativement nouveaux et le marché n'est pas encore stable. Le secteur subit aussi grandement l'influence de l'économie en général, des incitatifs gouvernementaux ainsi que du développement de nouvelles technologies. Il n'est donc pas surprenant d'observer des variations dans les relations de l'état des résultats.

TABLEAU 13.2   États des résultats dressés en pourcentage

Zenon États des résultats	Pourcentages	
	2001	**2000**
Produit	100,0%	100,0%
Coût des produits et des services vendus	61,6	66,7
Marge bénéficiaire brute	38,4	33,3
Charges		
Charges de vente et charges générales administratives	24,7	31,2
Amortissement	6,6	8,6
Intérêts, montant net	1,6	2,2
Charges totales	32,9	42,0
Bénéfice (perte) d'exploitation avant le poste suivant	5,5	−8,7
Gain découlant d'une entente à l'amiable	–	12,7
Bénéfice d'exploitation avant impôts sur les bénéfices	5,5	4,0
Provision pour impôts sur les bénéfices	1,8	0,6
Bénéfice net de l'exercice (marge bénéficiaire nette)	3,7	3,4

5. Les analystes s'intéressent tout particulièrement aux activités normales poursuivies par l'entreprise, puisqu'ils souhaitent prendre des décisions concernant les événements futurs. Il faut noter que l'état des résultats de 2000 inclut un poste appelé Gain découlant d'une entente à l'amiable. Ce gain concerne le règlement à l'amiable d'un conflit judiciaire, lequel n'est pas susceptible de se répéter. Il explique la raison pour laquelle la perte d'exploitation s'est transformée en bénéfice net en 2000. C'est un élément qu'il ne faut pas considérer pour prédire l'efficacité d'exploitation future de l'entreprise.

Les ratios financiers couramment utilisés

En plus de l'analyse procentuelle des états financiers, les analystes utilisent une grande quantité de ratios pour comparer les postes connexes des états financiers. Plusieurs de ces ratios ont été présentés tout au long de ce volume. Par exemple, le ratio du fonds de roulement (ou le ratio de liquidité générale) compare l'actif à court terme au passif à court terme. Cette comparaison est largement utilisée pour mesurer la liquidité, c'est-à-dire la capacité de l'entreprise de régler ses dettes à court terme. Cette comparaison est logique, car les éléments du passif à court terme peuvent être réglés à partir des éléments de l'actif à court terme.

OBJECTIF D'APPRENTISSAGE **2**

Dresser la liste des cinq principales catégories de ratios financiers.

On peut calculer bon nombre de ratios à partir d'un seul ensemble d'états financiers, mais seulement quelques-uns d'entre eux peuvent être utiles dans une situation donnée. Il n'est jamais pertinent de comparer le coût des marchandises vendues aux immobilisations corporelles, puisque ces postes n'ont aucune relation naturelle entre eux. Une approche courante consiste à calculer certains ratios largement utilisés et ensuite à déterminer quels ratios supplémentaires permettraient de faciliter la prise de décision. Par exemple, les frais de recherche et développement sous forme de pourcentage des ventes ne constitue pas un ratio courant, mais il est utile dans certaines situations. On peut souhaiter examiner ce ratio si on doit évaluer une entreprise qui dépend de produits nouveaux, par exemple les fabricants de produits pharmaceutiques et d'ordinateurs. ZENON dépend aussi de produits nouveaux et exclusifs. Donc, elle peut perdre son avantage compétitif si elle ne reste pas à la fine pointe de la technologie. La recherche et développement est un secteur très important pour la viabilité à long terme de la société.

Dans le calcul des ratios, il ne faut pas oublier un fait de base concernant les états financiers. Les montants figurant au bilan concernent un moment précis dans le temps, et les montants à l'état des résultats sont plutôt reliés à une période. Par conséquent, si on compare un compte de l'état des résultats à un montant figurant au bilan, on devrait utiliser un montant moyen du bilan pour refléter les changements survenus durant l'exercice. Les montants présentés dans les bilans d'ouverture et de clôture sont utilisés pour obtenir la moyenne du chiffre sélectionné. Souvent, les analystes utilisent simplement les données du bilan de clôture. Cette approche est appropriée seulement lorsque le montant est relativement stable d'une année à l'autre. Par souci de cohérence, nous utilisons toujours des montants moyens.

On peut regrouper les ratios financiers couramment utilisés en cinq catégories (voir le tableau 13.3).

Les ratios de rentabilité

La rentabilité est l'une des principales mesures permettant d'évaluer le succès global d'une entreprise. En effet, cette condition est essentielle à la survie de l'entreprise. Les investisseurs et les créanciers préfèrent une seule mesure de la rentabilité qui revêt une signification dans toutes les situations. Malheureusement, aucune mesure unique ne peut répondre à ce besoin. Les ratios de rentabilité s'adressent surtout à la mesure de la suffisance du bénéfice. Ils permettent d'apprécier la mesure du bénéfice

OBJECTIF D'APPRENTISSAGE **3**

Déterminer et calculer les ratios financiers les plus couramment utilisés.

sous différents aspects reliés aux activités de l'entreprise. Il existe plusieurs ratios de rentabilité largement utilisés.

TABLEAU 13.3 **Ratios financiers largement utilisés**

Ratios de rentabilité

1. Rendement des capitaux propres

$$\frac{\text{Bénéfice net}}{\text{Capitaux propres moyens}}$$

2. Rendement de l'actif

$$\frac{\text{Bénéfice net} + \text{Charge d'intérêts (nette d'impôts)}}{\text{Actif total moyen}}$$

3. Pourcentage de levier financier — Rendement des capitaux propres – Rendement de l'actif

4. Résultat par action (ou bénéfice par action)

$$\frac{\text{Bénéfice net}}{\text{Nombre moyen d'actions ordinaires en circulation}}$$

5. Qualité du bénéfice

$$\frac{\text{Flux de trésorerie liés à l'exploitation}}{\text{Bénéfice net}}$$

6. Marge bénéficiaire nette

$$\frac{\text{Bénéfice net}}{\text{Chiffre d'affaires net}}$$

7. Ratio de rotation de l'actif immobilisé

$$\frac{\text{Chiffre d'affaires net}}{\text{Actif immobilisé moyen}}$$

Ratios de trésorerie

8. Ratio de liquidité immédiate

$$\frac{\text{Espèces et quasi-espèces}}{\text{Passif à court terme}}$$

9. Ratio du fonds de roulement (ou de liquidité générale)

$$\frac{\text{Actif à court terme}}{\text{Passif à court terme}}$$

10. Ratio de liquidité relative

$$\frac{\text{Actifs disponibles et réalisables*}}{\text{Passif à court terme}}$$

11. Ratio de rotation des comptes clients

$$\frac{\text{Chiffre d'affaires net}}{\text{Comptes clients nets moyens}}$$

12. Ratio de rotation des stocks

$$\frac{\text{Coût des marchandises vendues}}{\text{Stocks moyens}}$$

Ratios de solvabilité et de structure financière

13. Ratio de couverture des intérêts

$$\frac{\text{Bénéfice net} + \text{Charge d'intérêts} + \text{Charge d'impôts}}{\text{Charge d'intérêts}}$$

14. Ratio de couverture des liquidités

$$\frac{\text{Flux de trésorerie liés à l'exploitation (avant intérêts et impôts)}}{\text{Intérêts payés}}$$

15. Ratio d'endettement

$$\frac{\text{Passif total}}{\text{Capitaux propres}}$$

Ratios reliés au marché

16. Ratio cours-bénéfice

$$\frac{\text{Cours moyen d'une action}}{\text{Résultat par action}}$$

17. Taux de rendement des actions

$$\frac{\text{Dividendes par action}}{\text{Cours d'une action}}$$

Ratios divers

18. Valeur comptable par action

$$\frac{\text{Capitaux propres des actions ordinaires}}{\text{Nombre d'actions ordinaires en circulation}}$$

* Comprend normalement les espèces et les quasi-espèces, les placements à court terme et les comptes clients (nets).

1. Le rendement des capitaux propres

Le taux de rendement des capitaux propres (*return on equity – ROE*) est un ratio de rentabilité fondamental. Il relie le bénéfice à l'investissement effectué par les propriétaires pour gagner des revenus. Il reflète le simple fait que les investisseurs s'attendent à gagner plus d'argent s'ils en investissent davantage. Deux placements qui offrent un rendement de 10 000 $ ne sont pas comparables si l'un exige un investissement de 100 000 $ et l'autre de 250 000 $. Le taux de rendement des capitaux propres se calcule ainsi[2].

$$\textbf{Taux de rendement des capitaux propres} = \frac{\textbf{Bénéfice net*}}{\textbf{Capitaux propres moyens}}$$

$$\textbf{ZENON 2001} = \frac{\textbf{4 621 \$}}{\textbf{79 700 \$†}} = \textbf{5,8 \%}$$

* Toutes les fois qu'on fait mention du bénéfice net, on doit normalement utiliser le bénéfice après impôts et avant éléments extraordinaires. Au Canada, les éléments extraordinaires sont assez rares, car les critères d'application sont très restrictifs. Les chiffres sont présentés en milliers de dollars.

† Il est préférable d'employer la moyenne des capitaux propres lorsqu'elle est disponible. Pour ZENON, on la calcule ainsi : (83 338 $ + 76 061 $) ÷ 2 = 79 700 $.

ZENON a réalisé un taux de rendement de 5,8 % sur l'investissement fourni par les propriétaires. Ce rendement est-il élevé ou faible ? On peut répondre à cette question seulement en comparant son rendement sur les capitaux propres à celui d'entreprises similaires. Le rendement sur les capitaux propres pour trois des compétiteurs de ZENON est le suivant :

Bennett Environmental Inc.	26,8 %
Seprotech Systems Incorporated	–104,1 %
Newalta Corporation	9,8 %
ZENON Environmental Inc.	5,8 %

Lorsque l'on compare des entreprises entre elles, il faut être très vigilant. Même si Bennett exploite le secteur de l'environnement, son activité principale consiste à traiter les sols contaminés. De son côté, Newalta recycle des déchets industriels. Les produits exploités par ces deux entreprises sont donc très différents. En conséquence, la comparaison avec ZENON devient assez difficile. En somme, ce sont des compétiteurs indirects. Par contre, Seprotech invente, fabrique et vend des systèmes pour la purification de l'eau dans le secteur industriel. C'est un compétiteur direct. Son existence à long terme est actuellement remise en question, ce qui fait ressortir les difficultés du marché dans le domaine de la purification de l'eau. Bien que le rendement de ZENON soit positif et supérieur aux taux d'intérêt actuels sur les dépôts à terme, l'analyse révèle qu'il existe certains risques reliés au secteur qui doivent être pris en considération pour prendre une décision d'investissement éclairée.

2. Le rendement de l'actif

Le concept du rendement du capital investi peut être examiné d'un autre œil en établissant la relation entre le bénéfice net et l'actif total (c'est-à-dire le total des investissements ou des ressources) utilisé pour produire des revenus. Plusieurs analystes considèrent le taux de rendement de l'actif (également appelé le «taux de rendement du capital investi» – RCI (*return on investment – ROI*) comme une meilleure mesure de la capacité de la direction d'utiliser ses actifs indépendamment de la manière dont

---

2. Les montants utilisés dans les exemples suivants de ratios sont tirés des états financiers de la société ZENON (voir le tableau 13.1), présentés en milliers de dollars.

ils ont été financés. Le taux de rendement des capitaux propres pourrait être élevé pour une entreprise à fort levier financier (par exemple qui est lourdement endettée), même si la direction a produit un faible taux de rendement de l'actif. Le taux de rendement de l'actif se calcule ainsi.

$$\text{Taux de rendement de l'actif} = \frac{\text{Bénéfice net + Charge d'intérêts (nette d'impôts*)}}{\text{Actif total moyen}}$$

$$\text{ZENON 2001} = \frac{4\ 621\$ + (2\ 038\$ \times 67\%)}{144\ 218\$\dagger} = 4,2\%$$

* Dans cet exemple, on emploie un taux d'imposition de 33 %.
† On doit utiliser la moyenne du total de l'actif. Pour ZENON, il s'agit de (148 785 $ + 139 651 $) ÷ 2 = 144 218 $.

ZENON a réalisé un taux de rendement de 4,2 % sur le total des ressources utilisées au cours de l'exercice. Selon la notion du rendement de l'actif, l'investissement total provient des ressources fournies par les propriétaires et les créanciers. Par conséquent, la mesure du rendement inclut à la fois le rendement des propriétaires et celui des créanciers. Pour calculer le rendement de l'actif, il faut ajouter la charge d'intérêts (déduction faite des impôts) au bénéfice, puisque les intérêts représentent le rendement des sommes investies par les créanciers. Il faut les ajouter, car ils avaient été précédemment déduits pour calculer le bénéfice net. Après cette opération, le numérateur représente le rendement total disponible pour tous les fournisseurs de fonds, c'est-à-dire les propriétaires et les créanciers. On mesure la charge d'intérêts nette d'impôts, car elle représente les frais nets que la société doit engager pour obtenir les fonds des créanciers. Le dénominateur représente le total des ressources fournies par les deux parties (créanciers et actionnaires).

Comme on peut s'y attendre, le rendement de l'actif est habituellement plus faible que le rendement des capitaux propres. Le rendement de l'actif pour les compétiteurs de ZENON est présenté plus bas. Nous avons utilisé un taux d'impôts de 33 % pour effectuer les calculs. On observe les mêmes relations entre les taux que celles qui ont été constatées lors du calcul du rendement des capitaux propres, quoique celui de Seprotech se soit amélioré par rapport à sa situation déficitaire.

Bennett Environmental Inc.	19, 9 %
Seprotech Systems Incorporated	−26,9 %
Newalta Corporation	6,1 %
ZENON Environmental Inc.	4,2 %

3. Le pourcentage du levier financier

Le pourcentage du levier financier (*percentage financial leverage*) est l'avantage ou le désavantage découlant d'un rendement des capitaux propres différent du rendement de l'actif (c'est-à-dire le rendement des capitaux propres moins le rendement de l'actif). La plupart des entreprises ont des leviers positifs. Une entreprise a aussi un levier positif lorsque son taux de rendement de l'actif est plus élevé que son taux d'intérêt moyen après impôts sur les fonds empruntés. Essentiellement, la société emprunte à un taux, et elle investit à un autre taux plus élevé.

Dans le modèle du taux de rendement des capitaux propres abordé précédemment dans ce chapitre, on a vu que le levier financier représente la proportion de l'actif acquis au moyen des fonds fournis par les propriétaires. Certains analystes utilisent le terme «pourcentage de levier financier» ou «effet de levier financier» pour décrire la relation qui existe entre le rendement sur les capitaux propres et le rendement de l'actif. Selon ce concept, le pourcentage du levier financier peut être mesuré en comparant les deux rendements du capital investi comme suit.

$$\text{Levier financier} = \begin{array}{c}\textbf{Rendement}\\\textbf{des capitaux propres}\end{array} - \begin{array}{c}\textbf{Rendement}\\\textbf{de l'actif}\end{array} = \textbf{(levier positif)}$$

$$\text{ZENON 2001} = \qquad 5,8\,\% \qquad - \qquad 4,2\,\% \qquad = \qquad 1,6\,\%$$

Lorsqu'une société est en mesure d'emprunter des fonds à un taux d'intérêt après impôts et de les investir pour gagner un taux de rendement après impôts plus élevé, la différence est inscrite au profit des propriétaires. La différence entre le taux de rendement de ZENON (5,8 %) et le taux de ses emprunts (4,2 %) est disponible pour ses propriétaires. Le levier financier constitue la principale raison pour laquelle la plupart des entreprises obtiennent une importante quantité de ressources de leurs créanciers plutôt qu'à partir de la vente de leur capital-actions. Il faut noter qu'on peut améliorer les leviers financiers soit en investissant de façon efficace (c'est-à-dire en obtenant un taux de rendement élevé sur les sommes investies), soit en empruntant de façon efficace (autrement dit en payant un faible taux d'intérêt).

4. Le résultat par action (ou le bénéfice par action)

Certains analystes critiquent les ratios du taux de rendement des investissements parce que ces ratios sont basés sur les données comptables mesurées à la valeur d'acquisition (au coût historique). Le montant de l'investissement des propriétaires représente leur placement initial en plus des bénéfices non répartis, et non pas la valeur marchande actuelle de leurs placements. Cette même préoccupation s'applique au rendement de l'actif.

Le résultat par action (*earnings per share*) est basé sur le nombre d'actions en circulation plutôt que sur les montants en dollars inscrits au bilan. Les investisseurs peuvent facilement interpréter le résultat par action en fonction de leur situation personnelle. Un investisseur qui possède 1 000 actions peut rapidement calculer le rendement de ses placements en utilisant ce ratio. Les investisseurs ne pourraient pas calculer leur propre rendement en sachant uniquement que la société a gagné 20,4 % sur ses capitaux propres. On calcule le résultat par action ainsi.

$$\text{Résultat par action} = \frac{\textbf{Bénéfice net}}{\textbf{Nombre moyen d'actions ordinaires en circulation}}$$

$$\text{ZENON 2001} = \frac{4\,621\,\$}{20\,743^*} = 0,22\,\$ \text{ l'action}$$

* Selon la note 8 aux états financiers, le nombre moyen d'actions ordinaires en circulation est (21 901 + 19 585) ÷ 2 = 20 743.

Ce calcul simplifié du bénéfice par action peut produire un résultat différent des montants effectivement inscrits à l'état des résultats. Dans une note aux états financiers, la société rapporte que le nombre moyen *pondéré* d'actions ordinaires en circulation durant l'exercice s'élevait à 23 883 (en milliers – comme le sont tous les chiffres de la société ZENON dans ce chapitre), ce qui donne un résultat par action de 0,19 $, tel qu'on le précise à l'état des résultats. La différence s'explique par des éléments complexes dans le calcul du résultat par action. Ce sujet sera abordé dans des cours de comptabilité plus avancés.

Le résultat par action est sans doute le ratio le plus surveillé en autant que la mesure du bénéfice net est fiable, ce qui semble être remis en question actuellement à cause des fraudes récentes de grandes sociétés (Enron, Worldcom, etc.) et leurs pratiques comptables pour mesurer le bénéfice net. La déclaration par les sociétés de leur résultat par action à chaque trimestre au cours de l'exercice est en général publiée dans la presse d'affaires.

Le chiffre d'affaires et les bénéfices du premier trimestre de 2002 de ZENON Environmental Inc. ont augmenté de façon impressionnante comparativement à la même période l'an passé. Le chiffre d'affaires a augmenté de 27 %, et le bénéfice net est passé à 428 000 $ comparativement à une perte de 238 000 $ pour la même période l'an passé. Le résultat par action se chiffre à 0,02 $ l'action comparativement à (0,01 $) l'action au premier trimestre de 2001.

Source : *Canada NewsWire,* www.canadanewswire.com. Traduction libre. Site consulté le 14 août 2002.

5. La qualité du bénéfice

Comme nous l'avons vu dans les chapitres précédents, certaines méthodes comptables (par exemple l'amortissement accéléré et la méthode DEPS) sont considérées comme prudentes, car elles tendent à produire des bénéfices plus bas comparativement à d'autres méthodes. Les analystes financiers considèrent souvent la qualité du bénéfice de l'entreprise. Ces analyses cherchent à savoir si les bénéfices de l'entreprise proviennent de ses activités d'exploitation ou du recours à des conventions comptables agressives. Une mesure de la qualité du bénéfice (*quality of income*) se calcule de la manière suivante.

$$\text{Qualité du bénéfice} = \frac{\text{Flux de trésorerie liés à l'exploitation}}{\text{Bénéfice net}}$$

$$\text{ZENON 2001} = \frac{38\ 651\ \$}{4\ 621\ \$} = 8,36$$

On considère qu'un ratio supérieur à 1 indique des bénéfices de qualité plus élevée puisque chaque dollar de bénéfice est pris en charge par au moins un dollar des flux de trésorerie. Un ratio inférieur à 1 représente des bénéfices de qualité inférieure.

6. La marge bénéficiaire nette

Le pourcentage de la marge bénéficiaire nette (*profit margin*) est basé sur deux montants figurant à l'état des résultats. On le calcule de la manière suivante.

$$\text{Marge bénéficiaire nette} = \frac{\text{Bénéfice net}}{\text{Chiffre d'affaires net}}$$

$$\text{ZENON 2001} = \frac{4\ 621\ \$}{124\ 711\ \$} = 3,7\ \%$$

Cette mesure de la rentabilité représente le bénéfice moyen (en pourcentage) réalisé pour chaque dollar de vente. Pour ZENON, chaque dollar de ventes a produit 3,7 cents de profit. On emploie souvent le terme « marge bénéficiaire ». Ce terme laisse sous-entendre qu'on parle de la marge bénéficiaire nette et non de la marge bénéficiaire brute. Il faut être prudent lorsqu'on analyse la marge bénéficiaire nette puisqu'elle ne tient pas compte du montant des ressources employées (par exemple le total des investissements ou l'actif total) afin de gagner des revenus. Pour illustrer notre propos, examinons les états des résultats hypothétiques de A ltée et de B ltée présentés ci-après.

	A ltée	B ltée
a) Chiffre d'affaires	100 000 $	150 000 $
b) Bénéfice net	5 000 $	7 500 $
c) Marge bénéficiaire nette [b) ÷ a)]	5 %	5 %
d) Actif total	50 000 $	125 000 $
e) Rendement du capital investi* [b) ÷ d)] (ou rendement de l'actif)	10 %	6 %

* On suppose qu'il n'y a aucune charge d'intérêts.

Dans cet exemple, les deux entreprises ont réalisé la même marge bénéficiaire nette (5 %). Cependant, A ltée semble avoir un avantage parce qu'elle gagne un rendement de 10 % sur le total de ses investissements comparativement à 6 % pour B ltée. Les pourcentages des marges bénéficiaires ne reflètent donc pas l'incidence de l'investissement total de 50 000 $ dans A ltée comparativement à l'investissement total de 125 000 $ dans B ltée. L'effet des différents montants investis dans chacune des entreprises est reflété par les taux de rendement du capital investi (RCI) ou le rendement de l'actif. Ainsi, la marge bénéficiaire nette omet un des deux facteurs importants qu'il faut utiliser pour évaluer le rendement du capital investi.

La comparaison des marges bénéficiaires pour des entreprises exploitant des secteurs différents est difficile. Par exemple, les marges bénéficiaires dans le secteur de l'alimentation sont faibles, tandis qu'elles sont élevées dans le secteur de la bijouterie. Ces deux types d'entreprises peuvent être très rentables, bien qu'elles diffèrent sur le plan du volume des ventes pouvant être obtenu à partir d'un niveau donné d'investissement. Les épiceries ont des marges faibles, mais elles produisent un volume de ventes élevé à partir de magasins sobres et de stocks relativement bon marché. Les bijouteries peuvent gagner des profits plus élevés pour chaque dollar de vente, mais elles doivent effectuer d'importants placements dans des boutiques luxueuses et des stocks très coûteux. On peut donc énoncer cette relation entre la marge bénéficiaire nette et le volume des ventes en termes très simples : préféreriez-vous gagner 5 % sur 1 000 000 $ ou 10 % sur 100 000 $? Comme vous pouvez le constater, un pourcentage élevé n'est pas toujours le meilleur choix.

Le plan d'exploitation de ZENON peut être amélioré lorsque l'on compare sa marge bénéficiaire nette avec celle de quelques entreprises du même secteur (compétiteurs indirects) ; par contre, son compétiteur direct (Seprotech) est dans une situation nettement moins favorable.

Bennett Environmental Inc.	20,2 %
Seprotech Systems Incorporated	–17,5 %
Newalta Corporation	11,0 %
ZENON Environmental Inc.	3,7 %

7. Le ratio de rotation de l'actif immobilisé

Un indicateur clé de l'efficacité de la direction est sa capacité d'utiliser efficacement les ressources dont elle dispose. Le ratio de rotation de l'actif immobilisé ou le coefficient de rotation des actifs immobilisés (*fixed asset turnover ratio*) mesure la capacité de la direction de réaliser des ventes à partir d'un niveau donné d'investissement dans les actifs immobilisés. Le terme « actif immobilisé » est synonyme d'« immobilisation corporelle ». On calcule le ratio de la manière suivante.

$$\text{Ratio de rotation de l'actif immobilisé} = \frac{\text{Chiffre d'affaires}}{\text{Actifs immobilisés moyens}}$$

$$\text{ZENON 2001} = \frac{124\,711\,\$}{47\,676\,\$^*} = 2,62$$

* La moyenne des actifs immobilisés nets est (52 087 $ + 43 265 $) ÷ 2 = 47 676 $.

Le ratio de rotation de l'actif immobilisé pour ZENON est supérieur à celui de Newalta (0,55) et de Bennett (2,02). En termes simples, ZENON a un avantage concurrentiel sur ces deux entreprises à cause de sa capacité d'utiliser efficacement ses actifs immobilisés pour produire des revenus. Pour chaque dollar que ZENON a investi dans ses immobilisations corporelles, elle est en mesure de gagner 2,62 $ de chiffre d'affaires. Newalta ne peut gagner que 0,55 $ et Bennett 2,02 $. Cette comparaison est extrêmement importante, car elle révèle que la direction de ZENON est capable de gérer les activités de la société plus efficacement que ses concurrents. Par ailleurs, Seprotech présente un taux de rotation de l'actif immobilisé nettement supérieur (8,45). Cela signifie-t-il que Seprotech utilise de manière plus efficace ses actifs immobilisés ? Sans doute, mais on constate que Seprotech est en difficulté financière et qu'elle a vendu une bonne partie de ses actifs immobilisés consacrés aux activités de laboratoire environnemental, car celles-ci n'étaient pas rentables. Par conséquent, elle est beaucoup moins capitalisée que ZENON et les autres entreprises.

Le ratio de rotation de l'actif immobilisé est largement utilisé pour analyser les sociétés très capitalisées comme les compagnies aériennes et les services d'électricité. Les analystes calculent souvent un ratio de rotation différent pour les sociétés qui ont de plus grandes quantités de stocks et de comptes clients. Le ratio de rotation est basé sur le total de l'actif.

$$\text{Rotation de l'actif} = \frac{\text{Chiffre d'affaires net}}{\text{Actif total moyen}}$$

$$\text{ZENON 2001} = \frac{124\,711\,\$}{144\,218\,\$^*} = 0,87$$

* La moyenne de l'actif total est (148 785 $ + 139 651 $) ÷ 2 = 144 218 $.

Ce ratio révèle aux analystes que ZENON a été capable de produire 0,87 $ de revenus pour chaque dollar investi dans l'actif de l'entreprise. Ce ratio se compare à celui de Bennett (0,91 $) et de Newalta (0,45 $). Il ne faut pas oublier que le ratio de rotation de l'actif immobilisé pour ZENON était supérieur à celui de Bennett et à celui de Newalta. Ces comparaisons montrent que ZENON est capable de produire plus de dollars de ventes que Newalta à partir des investissements dans les stocks, les comptes clients et les actifs immobilisés et un peu moins que Bennett. À la suite d'un désinvestissement important, Seprotech présente un ratio de 1,82 $.

Comme nous l'avons montré avec le modèle du rendement des capitaux propres plus haut dans ce chapitre, une stratégie qu'il est possible d'adopter pour améliorer le rendement des capitaux propres consiste à produire plus de dollars de ventes à partir des actifs de l'entreprise. ZENON a enregistré une amélioration du ratio de rotation de l'actif comparativement à l'an dernier. Certains analystes considèrent cette amélioration comme une indication de la qualité de la direction.

Les ratios de trésorerie (ou de liquidité)

La trésorerie ou la liquidité désigne la capacité d'une entreprise de rembourser ses dettes arrivées à échéance. Les **ratios de trésorerie** (ou **de liquidité**) se concentrent sur la relation qui existe entre l'actif à court terme et le passif à court terme. La capacité d'une entreprise de régler ses dettes à court terme constitue un important facteur pour évaluer ses forces financières à court terme. Par exemple, une société ne disposant pas de liquidités pour payer ses achats au moment convenu perdra ses escomptes de caisse. De plus, ses fournisseurs risquent de lui retirer son crédit. On utilise trois ratios pour mesurer la liquidité : le ratio de liquidité immédiate, le ratio du fonds de roulement (ou le ratio de liquidité générale) et le ratio de liquidité relative. Il ne faut pas oublier que le fonds de roulement net (*working capital*) représente la différence en dollars entre le total de l'actif à court terme et le total du passif à court terme. Le fonds de roulement net est différent du ratio du fonds de roulement (*current ratio*) que nous examinons ci-dessous.

Les ratios de trésorerie (ou de liquidité) sont les ratios qui mesurent la capacité d'une entreprise à respecter ses obligations lorsque celles-ci arrivent à échéance.

8. Le ratio de liquidité immédiate

Les liquidités sont essentielles à la survie d'une entreprise. Sans liquidités, une entreprise est incapable de payer ses employés ou de satisfaire ses obligations envers les créanciers. Autrement dit, une entreprise fera faillite si elle ne dispose pas de suffisamment de liquidités. Une des mesures des liquidités disponibles s'appelle le ratio de liquidité immédiate (*cash ratio*). On le calcule de la manière suivante.

$$\text{Ratio de liquidité immédiate} = \frac{\text{Espèces et quasi-espèces}}{\text{Passif à court terme}}$$

$$\text{ZENON 2001} = \frac{5\ 517\$}{50\ 177\$} = 0,11$$

Les analystes utilisent souvent ce ratio pour étudier des entreprises comparables. En ce qui concerne la société Bennett, le ratio de liquidité immédiate est de 0,55, ce qui indique qu'elle possède une importante réserve de liquidités par rapport à son passif à court terme. Les analystes se préoccuperaient-ils du ratio plus faible de ZENON? La réponse doit être nuancée. L'état des flux de trésorerie de ZENON montre que la société a produit une très grande quantité de liquidités à partir de ses activités d'exploitation durant l'exercice, ce qui est une nette amélioration comparativement aux deux exercices précédents où les activités d'exploitation avaient utilisé les espèces. Si ZENON peut continuer à produire des liquidités provenant de ses activités d'exploitation, elle ne sera pas obligée de conserver de grandes quantités d'espèces en réserve pour

*1. Bénéfice net/Capitaux propres moyens
2. Bénéfice net + Charge d'intérêts (nette d'impôts)/Actif total moyen
3. Bénéfice net/Chiffre d'affaires net

répondre à des besoins imprévus. Par ailleurs, la plupart des analystes croient que les entreprises doivent être prudentes pour ne pas avoir un ratio de liquidité immédiate trop élevé, car le fait de détenir des liquidités excédentaires est en général peu économique. Il est de loin préférable d'investir les liquidités dans les actifs productifs ou de réduire les dettes de l'entreprise.

On peut aussi recourir à ce ratio pour comparer dans le temps une seule entreprise. Le ratio de liquidité immédiate pour ZENON était de 0,08 en 2000 et de 0,32 en 1999. Avec ces données, il est difficile d'établir une tendance. Il faut noter qu'une diminution constante, dans la plupart des cas, peut être inquiétante car il peut s'agir d'un signe précurseur de difficultés financières. Étant donné son rendement en 2001 et les liquidités produites par son exploitation, la baisse du ratio de liquidité immédiate de ZENON provient sans doute de l'adoption par la direction d'une stratégie agressive visant à réduire le montant des liquidités qu'elle utilise pour ses activités.

Certains analystes n'utilisent pas ce ratio, car celui-ci est trop sensible à certains événements. Le recouvrement d'un important compte client, par exemple, peut avoir une incidence considérable sur le ratio de liquidité immédiate. Le ratio du fonds de roulement ainsi que le ratio de liquidité relative sont beaucoup moins sensibles au moment de la conclusion de certaines opérations.

9. Le ratio du fonds de roulement

Le ratio du fonds de roulement ou le ratio de liquidité générale (*current ratio*) mesure la relation qui existe entre le total de l'actif à court terme et le total du passif à court terme à une date précise. On le calcule de la manière suivante.

$$\text{Ratio du fonds de roulement} = \frac{\text{Actif à court terme}}{\text{Passif à court terme}}$$

$$\text{ZENON 2001} = \frac{81\,009\,\$}{50\,177\,\$} = 1,62$$

À la fin de l'exercice, l'actif à court terme de ZENON représentait 1,62 fois le passif à court terme ou, pour 1 $ de passif à court terme, il y avait 1,62 $ d'actif à court terme. Le ratio de liquidité générale mesure les fonds préservés pour tenir compte de l'inégalité inévitable des flux monétaires nécessaires au roulement des postes de l'actif et du passif à court terme. Puisque le ratio de liquidité générale mesure le caractère approprié des fonds de «roulement», on l'appelle plus souvent qu'autrement le «ratio du fonds de roulement».

Pour utiliser judicieusement le ratio du fonds de roulement, les analystes doivent comprendre la nature des affaires d'une entreprise. La plupart des entreprises ont élaboré un système complexe pour réduire la quantité de stocks qu'elles doivent détenir. Ce système s'appelle la «méthode juste-à-temps». Cette dernière est conçue pour qu'un article arrive au moment où il est nécessaire. Ce système fonctionne bien dans les processus de fabrication, mais il n'est pas aussi approprié dans le secteur de la vente au détail. Les clients s'attendent à trouver immédiatement les biens qu'ils souhaitent acheter, et le comportement des consommateurs est difficile à prévoir avec précision. En conséquence, la plupart des détaillants ont d'importantes quantités de stocks, et leur ratio du fonds de roulement est donc élevé. Pour illustrer cette situation, Home Depot conserve plus de 45 000 différents produits en stock dans chaque magasin. Ses stocks représentent plus de 30 % de son actif. Les stocks de ZENON ne représentent que 5 % de son actif. Par contre, ses comptes clients sont très élevés. Ils représentent près de 30 % de son actif total, ce qui n'est pas le cas de Home Depot. Ainsi, le ratio acceptable est différent d'un secteur à l'autre.

En général, les analystes considèrent un ratio du fonds de roulement de 2 comme prudent. En fait, la plupart des entreprises ont des ratios du fonds de roulement inférieurs à 2. Le niveau optimal pour le ratio du fonds de roulement est fonction du milieu d'affaires dans lequel la société est exploitée. Si les flux de trésorerie sont prévisibles et stables (par exemple pour une entreprise de services publics), le ratio du fonds de roulement gravite autour de 1. Pour une entreprise qui a des flux de trésorerie très variables, comme les compagnies aériennes, un ratio de liquidité générale plus près de 2 peut être souhaitable.

La plupart des analystes estiment que le ratio de liquidité générale pour ZENON est approprié, compte tenu de ses flux de trésorerie variables et de la nécessité d'accorder du crédit à ses clients pour produire des ventes.

Dans le cas d'une entreprise comme Home Depot, un ratio de 1,62 serait très élevé compte tenu de la capacité de l'entreprise à produire des liquidités. En effet, il est possible que le ratio de liquidité générale soit trop élevé. On considère généralement qu'il est inefficace d'immobiliser trop d'argent dans les stocks ou les comptes clients. Si un magasin de Home Depot vend 100 marteaux durant le mois, aucune raison ne justifie qu'il en conserve 1 000 en stock. Un ratio du fonds de roulement très élevé peut également indiquer des problèmes d'exploitation importants.

10. Le ratio de liquidité relative

Le ratio de liquidité relative (*quick ratio*) est similaire au ratio du fonds de roulement, sauf qu'il constitue un ratio plus rigoureux des liquidités à court terme. On le calcule de la manière suivante.

$$\text{Ratio de liquidité relative} = \frac{\text{Actifs disponibles et réalisables}}{\text{Passif à court terme}}$$

$$\text{ZENON 2001} = \frac{5\ 517\$ + 40\ 702\$}{50\ 177\$} = 0,92$$

Les espèces et les quasi-espèces, les placements à court terme ainsi que les comptes clients sont des actifs disponibles et réalisables, car ils sont facilement convertibles en espèces à leur valeur comptable. Les stocks sont habituellement omis parce que le moment de leur réalisation en espèces est incertain. Il n'est pas possible de savoir précisément quand les stocks seront vendus dans l'avenir. Les charges payées d'avance sont aussi exclues des actifs disponibles et réalisables. Ainsi, le ratio de liquidité relative représente un ratio plus strict des liquidités que le ratio du fonds de roulement.

Le ratio de liquidité relative indique que ZENON dispose de 0,92 $ en espèces, en quasi-espèces et en comptes clients pour chaque 1 $ de passif à court terme. Il s'agit d'une marge de sécurité adéquate et ne constitue pas une source de préoccupation pour les analystes, d'autant plus que la société a produit des liquidités importantes à partir de ses activités d'exploitation. En comparaison, le ratio de liquidité relative de Seprotech est de 0,51, celui de Newalta est de 0,53 et celui de Bennett est de 2,32.

11. Le ratio de rotation des comptes clients

Les liquidités à court terme ainsi que l'efficacité de la direction en matière d'exploitation peuvent se mesurer en fonction du ratio de rotation de certains actifs à court terme. Deux ratios supplémentaires permettent de mesurer la rapidité de transformation des actifs en espèces. Il s'agit du ratio de rotation des comptes clients et du ratio de rotation des stocks.

Le ratio de rotation des comptes clients (*receivable turnover*) se calcule de la manière suivante.

$$\text{Ratio de rotation des comptes clients} = \frac{\text{Chiffre d'affaires net*}}{\text{Comptes clients nets moyens}}$$

$$\text{ZENON 2001} = \frac{124\,711\,\$}{39\,368\,\$\dagger} = 3,2 \text{ fois}$$

* Il serait plus approprié d'utiliser le montant du chiffre d'affaires à crédit lorsque ce chiffre est disponible. Sinon, le total du chiffre d'affaires est utilisé comme approximation.

† (40 702 $ + 38 033 $)/2 = 39 368 $

Ce ratio s'appelle une « rotation » puisqu'il reflète le nombre de fois que les comptes clients ont été comptabilisés et recouvrés durant l'exercice (c'est-à-dire que les comptes clients ont effectué la rotation complète). Le taux de rotation des comptes clients est la relation qui existe entre le solde moyen des comptes clients et les opérations (autrement dit les ventes à crédit) qui ont créé ces comptes clients. Ce ratio mesure l'efficacité des activités d'octroi de crédit et de recouvrement d'une société. Un taux de rotation des comptes clients élevé laisse entendre que la société gère ses activités de recouvrement avec efficacité. Lorsqu'une entreprise accorde du crédit à des clients dont le risque de crédit est élevé et qu'elle déploie des efforts de recouvrement inefficaces, ce ratio diminue. Un très faible ratio révèle de toute évidence des problèmes, mais un ratio très élevé peut aussi dévoiler des difficultés. En effet, lorsque le ratio est très élevé, cela signifie peut-être que l'entreprise respecte une ligne de conduite en matière de crédit trop sévère qui pourrait provoquer des pertes de ventes et de profits.

Le ratio de rotation des comptes clients est souvent converti en une base temporelle appelée le délai moyen de recouvrement des comptes clients (*average age of receivables*). On le calcule de la manière suivante.

$$\text{Délai moyen de recouvrement des comptes clients} = \frac{365}{\text{Rotation des comptes clients}}$$

$$\text{ZENON 2001} = \frac{365}{3,2} = 114 \text{ jours de crédit aux clients}$$

L'efficacité des activités de crédit et de recouvrement est parfois jugée à l'aide d'une règle générale selon laquelle le délai moyen de recouvrement ne doit pas excéder une fois et demie les modalités de crédit. Par exemple, si les modalités de crédit exigent un paiement dans 30 jours, le délai de recouvrement des comptes clients ne doit pas dépasser 45 jours (autrement dit pas plus de 15 jours après la date d'exigibilité). Cette règle, comme toutes les règles générales, comporte de nombreuses exceptions.

Lorsque vous évaluez des états financiers, vous devez toujours réfléchir à l'aspect raisonnable des montants calculés. On a évalué que le délai moyen de recouvrement des comptes clients pour ZENON s'élevait à 114 jours. Ce montant est-il raisonnable ? Il semble un peu élevé, mais il est probable que ZENON recouvre des espèces de la part de ses clients en moyenne en 114 jours. Le fait d'avoir utilisé le chiffre d'affaires total au lieu du chiffre d'affaires à crédit n'influe d'aucune façon sur le ratio pour ZENON, car celle-ci effectue peu de ventes contre espèces. La situation est différente pour les magasins de vente au détail, où la majorité des ventes se fait contre espèces ou par carte de crédit qu'on traite comme des espèces (il ne faut pas oublier qu'une vente faite par carte de crédit ne crée pas de comptes clients dans les livres du vendeur, mais plutôt dans les livres de la société émettrice de cartes de crédit). Ainsi, pour une entreprise comme Home Depot, le ratio de rotation des comptes clients n'est pas significatif, car il comprend peu de comptes clients, ce qui n'est pas le cas pour

ZENON. Cette dernière vend des systèmes coûteux et il est normal que les termes de crédit accordés à ses clients soient plus incitatifs à l'achat et comprennent des délais de recouvrement importants. Il faut aussi noter que plusieurs clients de ZENON sont des gouvernements (des municipalités et autres) et que le temps de recouvrement de ces comptes est en général plus long à cause de la procédure administrative. En revanche, ces comptes sont habituellement moins risqués. Il y a cependant place à l'amélioration, car les délais de recouvrement des comptes clients de ses compétiteurs se situent entre 40 et 90 jours. Par contre, le taux de recouvrement des comptes clients de ZENON s'est amélioré par rapport à l'exercice 2000 où il s'élevait à 127 jours.

12. Le ratio de rotation des stocks

Le ratio de rotation des stocks (*inventory turnover*) permet de mesurer la liquidité des stocks. Il reflète la relation qui existe entre les stocks et le volume de marchandises vendues durant l'exercice. On le calcule de la manière suivante.

$$\text{Ratio de rotation des stocks} = \frac{\text{Coût des marchandises vendues}}{\text{Stocks moyens}}$$

$$\text{ZENON 2001} = \frac{76\ 787\ \$}{32\ 292\ \$^*} = 2,4 \text{ fois}$$

* (29 466 \$ + 35 117 \$) ÷ 2 = 32 292 \$. Les montants comprennent les stocks et les contrats en cours.

On remarque que pour ZENON, le coût des marchandises vendues inclut la vente de marchandises et de services. On n'a pas le détail de ces deux éléments et, par conséquent, le taux de rotation des stocks ne peut être calculé avec précision. Notons aussi que l'entreprise a comptabilisé des produits non facturés de ses contrats en cours à l'actif à court terme. Pour établir une relation entre le numérateur et le dénominateur, il faut en tenir compte. Cela étant dit, les stocks de produits et les revenus non facturés des contrats en cours de ZENON ont connu une rotation de 2,4 fois au cours de l'exercice. Puisque des profits sont normalement enregistrés chaque fois que les stocks sont vendus ou les services rendus (ils ont alors effectué une rotation), une augmentation du ratio est en général favorable. Cependant, si ce ratio est trop élevé, il est possible que la société perde des ventes, car les articles ne sont plus en stock. Parfois, on utilise le chiffre d'affaires comme numérateur au lieu du coût des marchandises vendues. Cela donne une approximation du taux de rotation des stocks. Cette mesure est moins fiable pour comparer des entreprises d'un secteur à l'autre à cause des marges bénéficiaires qui sont incluses dans le chiffre d'affaires. Or, nous savons que les marges bénéficiaires peuvent varier énormément d'un secteur à l'autre.

Le ratio de rotation des stocks n'est pas important pour une entreprise comme ZENON, car elle produit généralement sur commande. Par contre, le ratio de rotation des stocks est essentiel pour les entreprises de vente au détail lorsqu'elles veulent améliorer leur service, ce qui signifie répondre promptement à la demande des clients et offrir des prix inférieurs à ceux des compétiteurs. Si elles ne gèrent pas de manière efficace leur niveau de stocks, elles devront engager des frais supplémentaires que les clients devront assumer. Wal-Mart affiche un taux de rotation des stocks de 7,8. Il est donc important pour cette entreprise de disposer de systèmes informatiques performants pour le transfert rapide des données, car cela peut maintenir ou accroître le ratio de rotation des stocks.

Il faut noter qu'au Canada, il est souvent impossible de calculer de façon précise le taux de rotation des stocks parce que plusieurs entreprises ne dévoilent pas le coût des marchandises vendues. Ce coût est souvent groupé avec les charges d'exploitation. La divulgation du coût des marchandises vendues est obligatoire aux États-Unis mais non au Canada.

Le ratio de rotation des stocks est souvent converti sous une forme temporelle appelée le délai moyen de rotation des stocks (*average days supply in inventory*). Ce délai se calcule de la manière suivante.

$$\text{Délai moyen de rotation des stocks} = \frac{365}{\text{Rotation des stocks}}$$

$$\text{ZENON 2001} = \frac{365}{2,4} = 152 \text{ jours}$$

Les ratios de rotation des stocks varient considérablement selon le classement industriel. Les sociétés évoluant dans le secteur de l'alimentation (les épiceries et les restaurants) ont des ratios de rotation des stocks élevés puisque leurs stocks subissent une détérioration rapide de la qualité. Les sociétés qui vendent des marchandises coûteuses (les concessionnaires et les designers de vêtements de haute couture) ont des ratios beaucoup plus faibles, car les ventes de ces articles sont rares et les clients souhaitent pouvoir choisir parmi une gamme de produits lorsqu'ils font leurs achats.

TEST D'AUTOÉVALUATION

Montrez comment calculer les ratios suivants:
1. Qualité du bénéfice
2. Ratio de liquidité relative
3. Ratio de liquidité immédiate

Vérifiez vos réponses à l'aide des solutions présentées en bas de page*.

Les ratios de solvabilité et de structure financière

Les ratios de solvabilité permettent de mesurer la capacité d'une société de satisfaire à ses obligations à long terme.

La solvabilité désigne la capacité d'une entreprise de satisfaire à ses obligations à long terme sur une base continue. Les **ratios de solvabilité** permettent de mesurer la capacité d'une entreprise à respecter ses obligations. On peut déterminer certaines relations critiques en examinant la manière dont une société a financé ses actifs et ses activités.

13. Le ratio de couverture des intérêts

Les paiements d'intérêts sont des obligations fixes pour l'entreprise. À la suite d'un manquement aux paiements des intérêts requis, les créanciers peuvent acculer une entreprise à la faillite. En raison de l'importance des paiements d'intérêts, les analystes calculent souvent un ratio appelé le ratio de couverture des intérêts (*times interest earned*).

$$\text{Ratio de couverture des intérêts} = \frac{\text{Bénéfice net} + \text{Charge d'intérêts} + \text{Charge d'impôts}}{\text{Charge d'intérêts}}$$

$$\text{ZENON 2001} = \frac{4\,621\,\$ + 2\,038\,\$ + 2\,290\,\$}{2\,038\,\$} = 4,4 \text{ fois}$$

Ce ratio permet de comparer le montant des produits réalisés au cours de l'exercice aux intérêts engagés durant le même exercice. Il représente la marge de protection pour les créanciers. ZENON a engendré 4,40 $ de produits pour chaque dollar de charge d'intérêts en 2001 comparativement à 2,84 $ en 2000. Ce ratio est inférieur à celui de Bennett (32,5) et à celui de Newalta (5,27). Néanmoins, l'amélioration du

---

*1. Flux de trésorerie liés à l'exploitation/Bénéfice net
 2. Actifs disponibles et réalisables/Passif à court terme
 3. Espèces et quasi-espèces/Passif à court terme

ratio présente une position plus rassurante pour les créanciers. Certains analystes préfèrent calculer ce ratio en incluant tous les paiements requis en vertu des contrats. Ils englobent les paiements de capital sur les dettes ainsi que les obligations locatives en vertu des contrats de location. D'autres analystes estiment que ce ratio est sans fondement parce que les frais d'intérêts de même que les autres obligations sont payés en espèces et non à partir du bénéfice net. Ils préfèrent calculer le ratio de couverture des liquidités.

14. Le ratio de couverture des liquidités

Étant donné l'importance des flux de trésorerie et des paiements d'intérêts requis, il est facile de comprendre la raison pour laquelle le ratio de couverture des liquidités (*cash coverage ratio*) est utile. On le calcule de la manière suivante.

$$\text{Ratio de couverture des liquidités} = \frac{\text{Flux de trésorerie liés à l'exploitation avant charge d'intérêts et d'impôts}}{\text{Intérêts payés}}$$

$$\text{ZENON 2001} = \frac{38\,651\,\$ + 2\,038\,\$ + 2\,290\,\$}{2\,393\,\$} = 17,96$$

Le ratio de couverture des liquidités pour ZENON montre que la société a produit presque 18 $ en espèces pour chaque dollar d'intérêts versés. Il s'agit d'une bonne couverture. Il faut noter que le dénominateur du ratio représente les paiements d'intérêts divulgués à l'état des flux de trésorerie plutôt que la charge d'intérêts. Le ratio de couverture des liquidités permet de comparer les liquidités produites au cours de l'exercice aux liquidités nécessaires pour respecter les obligations. Il ne faut pas oublier que les analystes se soucient de la capacité de l'entreprise d'effectuer les paiements d'intérêts requis. Les montants des intérêts cumulés et des intérêts à payer sont souvent similaires pour chaque exercice, mais ce n'est pas toujours le cas. Par exemple, on considère une société qui a une dette dont le capital et les intérêts ne sont payables qu'à maturité, dans 20 ans. La société inscrit des intérêts courus à payer à chaque exercice, même si elle n'a pas besoin d'effectuer de paiement d'intérêts avant que l'obligation n'arrive à échéance lors de la vingtième année. Dans ce cas, les paiements d'intérêts constituent une mesure plus appropriée des obligations à court terme de la société que les intérêts courus à payer.

15. Le ratio d'endettement

Le ratio d'endettement (*debt-to-equity ratio*) exprime la proportion entre les dettes et les capitaux propres[3]. On le calcule de la manière suivante.

$$\text{Ratio d'endettement} = \frac{\text{Passif total (autrement dit les capitaux des créanciers)}}{\text{Capitaux propres}}$$

$$\text{ZENON 2001} = \frac{65\,447\,\$}{83\,338\,\$} = 0,79 \text{ (ou 79 \%)}$$

---

3. On peut aussi calculer la relation qui existe entre les capitaux empruntés et les capitaux propres à l'aide des deux ratios suivants.

$$\text{Apport des propriétaires par rapport au total des apports} = \frac{\text{Capitaux propres}}{\text{Passif total + Capitaux propres}}$$

$$\text{ZENON 2001} = \frac{83\,338\,\$}{148\,785\,\$} = 56\,\%$$

$$\text{Apport des créanciers par rapport au total des apports} = \frac{\text{Passif total}}{\text{Passif total + Capitaux propres}}$$

$$\text{ZENON 2001} = \frac{65\,447\,\$}{148\,785\,\$} = 44\,\%$$

Ce ratio signifie que, pour chaque dollar de capitaux propres, il y a 0,79 $ de passif. Les dettes sont risquées pour une société, car elles imposent des obligations contractuelles importantes : 1) des dates d'échéance précises pour le remboursement du capital et 2) des paiements d'intérêts fixes qui doivent être effectués. Les obligations découlant de la dette sont recouvrables ou exécutoires en vertu de la loi et ne sont pas fonction des bénéfices de l'entreprise. Par ailleurs, le versement des dividendes aux actionnaires est toujours laissé à la discrétion de l'entreprise, et il n'est pas légalement exigible avant d'être déclaré par le conseil d'administration. Les capitaux propres constituent le capital « permanent ». Il n'a pas de date d'échéance. Ainsi, les capitaux propres sont en général considérés comme beaucoup moins risqués que la dette pour une entreprise.

En dépit des risques liés à la dette, la plupart des entreprises obtiennent des quantités importantes de ressources de leurs créanciers en raison des avantages tirés du levier financier. Ce sujet a déjà été abordé dans ce chapitre et le chapitre 9. De plus, les intérêts représentent une charge déductible dans la déclaration de revenus. En choisissant une structure financière, une société doit tenter de trouver un équilibre entre les rendements plus élevés que lui offre le levier et les risques plus élevés rattachés à la dette. En raison de l'importance de la relation entre le risque et le rendement, la plupart des analystes estiment que le ratio d'endettement constitue une composante clé de l'évaluation d'une entreprise.

Les ratios reliés au marché

Les ratios reliés au marché établissent un lien entre le cours actuel d'une action et un indicateur du rendement qui pourrait revenir à l'investisseur.

Plusieurs ratios permettent de mesurer la « valeur marchande » des actions. Ces **ratios reliés au marché** établissent un lien entre le cours actuel d'une action et un indicateur du rendement qui pourrait revenir à l'investisseur. Ces ratios se concentrent sur la valeur marchande des actions, car il s'agit du montant que les acheteurs investissent. Les analystes et les investisseurs utilisent deux ratios de la valeur marchande. Il s'agit du ratio cours-bénéfice et du taux de rendement des actions.

16. Le ratio cours-bénéfice

Le ratio cours-bénéfice (*price/earnings ratio*) permet de mesurer la relation qui existe entre la valeur marchande des actions (la valeur à la Bourse) et le résultat par action. Le prix des actions de ZENON était de 16,15 $ l'action au 16 août 2002. On a déjà calculé le résultat par action pour ZENON. Le résultat par action s'élevait à 0,22 $. Le ratio cours-bénéfice pour ZENON se calcule de la manière suivante.

$$\text{Ratio cours-bénéfice} = \frac{\text{Cours moyen* d'une action}}{\text{Résultats par action}}$$

$$\text{ZENON 2002} = \frac{16,15\,\$}{0,22\,\$} = 73,4$$

ZENON ENVIRONMENTAL INC.												
TELENIUM Canada's Financial Host		**Time CT**	**Last Trade**	**Change**	**Trend**	**Bid/ Size**	**Ask/ Size**	**Open**	**High**	**Low**	**Volume**	**Trades**
ZEN,T		08/16/02 13:20	16.15	-0.45	+ + = = = + - =	16	16.19	17.1	17.1	16	10325	37
		Previous Day	16.6	0.4	-	2	2	16.3	17	16.06	17900	43
52-High	**52-Low**	**E/S**	**P/E**	**Annual Div**	**Yield**	**Div Amt**	**Payable Date**		**Record Date**		**Ex Date**	
21.25	10.31	0.22	73.4091	0	0	0	-		-		-	
-					-			-				
				All quotes delayed by a minimum of 15 minutes.								

Source: Telenium, www.telenium.ca, ZEN, consulté le 16 août 2002.

Les actions de ZENON se vendaient 73,4 fois le résultat par action au 16 août 2002 (selon le tableau ci-dessus). Le ratio cours-bénéfice est souvent appelé le coefficient de capitalisation des bénéfices. On utilise le ratio cours-bénéfice comme un indicateur du rendement futur des actions. Un ratio cours-bénéfice élevé indique que le marché s'attend à ce que les bénéfices croissent rapidement.

Bennett	18,5
Newalta	10,0
Seprotech	−2,6
ZENON	73,4

Le ratio cours-bénéfice pour ZENON est élevé par rapport à celui de ses compétiteurs et de la plupart des autres entreprises. De plus, ce même ratio a nettement augmenté au cours de la dernière année comme en fait foi le graphique ci-dessous montrant la variation du cours boursier des actions. Les analystes financiers visent un prix de 19$ l'action au cours de la prochaine année[4] et recommandent son achat. Le cours au moment de la recommandation en avril 2002 s'élevait à 15,35 $. Un an auparavant, le titre se vendait moins de 10 $.

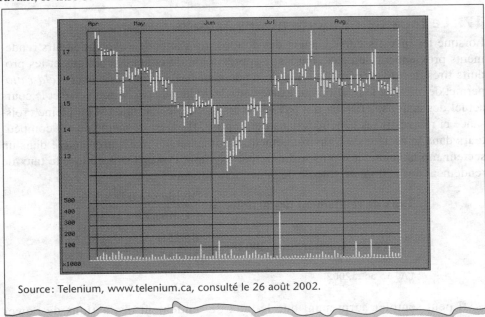

Source: Telenium, www.telenium.ca, consulté le 26 août 2002.

---

4. François Riverin, «Bennett et ZENON profitent de la vague environnementale», *Les Affaires,* 27 avril 2002, p. 79.

Le ratio cours-bénéfice, quoique bien utilisé, n'est pas une panacée. Quelques précautions s'imposent, comme le rapporte un article de journal récent présenté dans la presse d'affaires.

Dans l'actualité

La Presse

Le ratio cours/bénéfice est-il dépassé?
Par Daniel Altman, *New York Times*

S'il y a un ratio financier très utilisé par les investisseurs, c'est bien celui du cours/bénéfice. Mais dernièrement, une avalanche de réévaluations des déclarations de bénéfices a transformé le dénominateur du ratio, soit les bénéfices, en un indicateur peu fiable de la rentabilité réelle d'un nombre croissant des plus grandes entreprises américaines. Cela a passablement terni le célèbre ratio.

Pas étonnant dans ces conditions que certains gestionnaires de fonds communs de placement y pensent à deux fois avant d'utiliser le ratio cours/bénéfice, même à titre de première étape de choix d'actions.

Source: *La Presse,* lundi le 5 août 2002, p. D4.

Parfois, les composantes du ratio cours-bénéfice sont inversées, ce qui donne le taux de capitalisation (*capitalisation rate*). Il s'agit du taux auquel le marché boursier capitalise les bénéfices courants. Le calcul du taux de capitalisation du bénéfice par action actuel pour ZENON est 0,22 $ ÷ 16,15 $ = 0,1 %.

Un ratio cours-bénéfice élevé est en général associé aux sociétés qui affichent un important potentiel de croissance. La valeur des actions est reliée à la valeur actualisée de ses bénéfices futurs. Une société qui s'attend à accroître ses bénéfices dans l'avenir vaut davantage qu'une société qui ne peut les faire croître (tous les autres facteurs étant les mêmes). En 2001, le cours des actions de bon nombre de nouvelles entreprises dans Internet était élevé en dépit du fait qu'elles n'avaient jamais gagné d'argent. De toute évidence, le marché évalue les actions en fonction d'une estimation de croissance future des produits.

17. Le taux de rendement des actions

Lorsque les investisseurs achètent des actions, ils s'attendent à ce que leurs rendements proviennent de deux sources: l'appréciation du cours des actions et les produits tirés des dividendes. Le taux de rendement des actions (*dividend yield ratio*) permet de mesurer la relation qui existe entre le dividende par action versé et le cours actuel des actions. ZENON n'a pas versé de dividende, car elle est en pleine croissance et réinvestit ses bénéfices dans l'entreprise. Il en est de même de ses compétiteurs dans le secteur de l'environnement. Si on examine une autre société dans un secteur moins jeune et moins instable, par exemple Power Corporation, le taux de rendement des actions se calcule de la manière suivante.

$$\text{Taux de rendement des actions} = \frac{\text{Dividende par action}}{\text{Cours de l'action}}$$

$$\text{Power Corporation 2002*} = \frac{0,825\,\$}{39,11\,\$} = 2,1\,\%$$

* Au 15 août 2002.

Il peut sembler surprenant que le taux de rendement des actions de Power Corporation soit si bas, étant donné qu'un investisseur pourrait gagner un pourcentage plus élevé en investissant dans des obligations peu risquées. Pour la plupart des actions, le taux de rendement n'est pas très élevé par rapport à d'autres possibilités d'investissement. Les investisseurs sont prêts à accepter des taux de rendement faibles lorsqu'ils s'attendent à ce que le cours des actions augmente pendant qu'ils détiennent les actions de l'entreprise. De toute évidence, les investisseurs qui achètent les actions de Power Corporation le font en prévoyant une hausse du cours des actions, ce qui a été le cas au cours de la dernière année avec une hausse de 50 % du cours du titre. Les dividendes courants représentent sans doute un faible facteur dans leur décision. Les actions présentent un faible potentiel de croissance offrent en général des taux de rendement beaucoup plus élevés que les actions affichant des taux de croissance élevés. Ces actions attirent les investisseurs qui sont à la retraite et qui ont besoin d'un revenu immédiat plutôt que d'un potentiel de croissance futur. Le tableau en marge présente certains exemples des taux de rendement des actions.

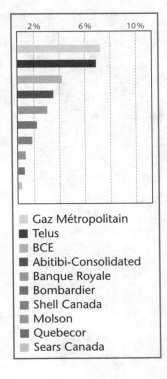

Gaz Métropolitain
Telus
BCE
Abitibi-Consolidated
Banque Royale
Bombardier
Shell Canada
Molson
Quebecor
Sears Canada

Les ratios financiers divers

18. La valeur comptable par action

La valeur comptable par action (*book value per share*) permet de mesurer les capitaux propres en fonction de chacune des actions ordinaires en circulation. Dans le cas d'une structure financière simple, comportant uniquement des actions ordinaires en circulation, le calcul de la valeur comptable par action n'est pas compliqué.

$$\text{Valeur comptable par action} = \frac{\text{Total des capitaux propres (attribuables aux actions ordinaires)}}{\text{Nombre d'actions ordinaires en circulation}}$$

$$\text{ZENON 2001} = \frac{83\,338\,\$}{24\,613^*\ \text{actions}} = 3,39\,\$$$

* ZENON possède trois classes d'actions. Il faudrait attribuer la valeur des capitaux propres à chacune des classes en fonction de ses caractéristiques particulières. Cette démarche dépasse largement les objectifs de ce cours. On suppose alors qu'il n'y a qu'une seule catégorie d'actions en circulation, soit 24 613 milliers d'actions ordinaires (le nombre d'actions en circulation de toutes les catégories d'actions).

Il faut noter que la valeur comptable par action n'a aucune relation avec la valeur marchande. La valeur comptable d'une action de ZENON est de 3,39 $, alors que la valeur marchande est de 16,15 $. Pour la plupart des entreprises, la valeur comptable par action est inférieure à la valeur marchande. Certains analystes calculent un ratio cours-valeur comptable qui permet de comparer le cours des actions à la valeur comptable. Les ratios plus élevés sont généralement associés à des entreprises qui affichent un bon potentiel de croissance. Le ratio cours-valeur comptable pour ZENON est 16,15 $ ÷ 3,39 $ = 4,8, tandis que celui de Bennett se situe à 5,38 et celui de Newalta à 11,25, chacune des sociétés offrant un bon potentiel de croissance.

TEST D'AUTOÉVALUATION

Montrez comment calculer les ratios suivants :
1. Ratio du fonds de roulement
2. Ratio de rotation des stocks
3. Ratio cours-bénéfice

Vérifiez vos réponses à l'aide des solutions présentées en bas de page*.

---

*1. Actif à court terme/Passif à court terme
2. Coût des marchandises vendues/Stocks moyens
3. Cours d'une action/Bénéfice net par action

D'autres considérations analytiques

Les ratios abordés jusqu'à maintenant sont des ratios d'usage général. Ils ont leur utilité dans la plupart des analyses financières. Toutefois, chaque entreprise étant différente, votre évaluation de celle-ci doit également être différente de celle des autres entreprises.

Pour illustrer cette situation, examinons certains facteurs particuliers qui pourraient influer sur notre analyse de ZENON.

1. *La croissance future.* La croissance à court et à long terme de l'entreprise dépend de plusieurs facteurs dont l'investissement dans la recherche et développement. L'entreprise doit maintenir son avantage compétitif en améliorant son produit et en étant la première à découvrir une nouvelle technologie qui pourrait s'avérer moins coûteuse et plus simple. La réduction des coûts permet aussi de rendre sa technologie plus accessible et ainsi de capter de nouveaux marchés tel celui des résidences. Ainsi, le pourcentage de recherche et développement en relation avec le chiffre d'affaires constitue un bon indicateur.

$$\frac{\textbf{Recherche et développement}}{\textbf{Chiffre d'affaires net}}$$

$$\textbf{ZENON 2001} \quad = \quad \frac{\textbf{6 920\$}}{\textbf{124 711\$}} = \textbf{5,6 \%}$$

Les ratios en 2000 et en 1999 étaient respectivement de 8,2 % et de 5,8 %. ZENON divulgue les montants engagés pour la recherche et développement (R et D) dans une note aux états financiers. On peut remarquer qu'elle investit une bonne partie de son chiffre d'affaires dans l'activité de recherche et développement. Le montant est plus élevé que le bénéfice net. Plus de 8,5 % de son personnel est affecté à cette activité. Les compétiteurs tels que Bennett, Seprotech et Newalta ne divulguent pas les montants engagés dans la recherche et développement. Ce type d'investissement est très important pour les entreprises dans le domaine des technologies. Par exemple, Microsoft a investi près de 3 milliards de dollars en R et D en 2001, ce qui représente 15 % de son chiffre d'affaires ou 38 % de son bénéfice net.

ZENON affirme l'importance de la recherche et développement :

> Le développement de nouvelles membranes est en constante évolution et nécessite une longue période d'implantation. Ainsi, la recherche est vitale.

2. *Une expansion coûteuse.* Pour faire face à la demande grandissante de ses produits à travers le globe, ZENON doit implanter des usines dans d'autres pays comme elle l'a déjà fait en Italie, en Allemagne, en Pologne et actuellement en Hongrie. Elle doit aussi pouvoir augmenter la capacité productive de ses usines actuelles comme elle l'a fait en Ontario. Cette expansion est coûteuse et nécessite du financement. Ainsi, la structure financière de l'entreprise se transforme. Bien que le ratio d'endettement donne une bonne indication de la structure financière de l'entreprise, on peut analyser d'autres données financières qui permettraient de mieux évaluer le risque.

a) Le premier ratio se calcule de la manière suivante.

$$\frac{\textbf{Dettes à long terme}}{\textbf{Capitaux propres}}$$

$$\textbf{ZENON 2001} \quad = \quad \frac{\textbf{15 270\$}}{\textbf{83 338\$}} = \textbf{18,3 \%}$$

En 2000, ce ratio était de 13,5 % et en 1999 il était de 10,5 %. Chaque année, l'entreprise semble donc se financer davantage avec la dette à long terme de façon assez progressive. L'augmentation de la dette à long terme augmente la charge d'intérêts et donc le risque. Le ratio de ses compétiteurs en 2001 est présenté ci-dessous.

Bennett	9,5 %
Newalta	42,3 %
ZENON	18,3 %

b) Le deuxième ratio se calcule de la manière suivante.

$$\frac{\text{Actif immobilisé}}{\text{Capitaux propres}}$$

$$\text{ZENON 2001} \quad = \quad \frac{52\,087\,\$}{83\,338\,\$} \quad = \quad 62,5\,\%$$

En 2000 et en 2001, ce taux se situait respectivement à 56,9 % et à 38,9 %. On peut remarquer que les capitaux propres ou la croissance interne financent une plus grande partie des actifs immobilisés au fil des années. L'augmentation de ce ratio est plus importante que la croissance de la dette à long terme, ce qui démontre que ZENON finance son expansion en plus grande partie à travers son exploitation. Le ratio de ses compétiteurs en 2001 est présenté ci-dessous.

Bennett	58,1 %
Newalta	81,6 %
ZENON	62,5 %

Dans l'extrait qui suit, la direction de ZENON fait état de l'importance des dépenses de nature capitale pour rencontrer ses besoins futurs.

> La majorité des charges engagées est reliée à l'expansion de la capacité de production des membranes et le développement d'usines-pilotes pour promouvoir la technologie sur le marché. [...] Avec ces initiatives d'expansion, la société s'est positionnée de façon à pouvoir rencontrer la croissance future projetée du marché. [...] La société a investi 19,9 millions de dollars pour obtenir les actifs nécessaires à sa croissance future.

Coup d'œil sur

ZENON Environmental Inc.

RAPPORT ANNUEL

3. *Les facteurs subjectifs.* Il est important de ne pas oublier que certaines données essentielles sur une entreprise ne sont pas contenues dans le rapport annuel. L'un des objectifs de ZENON consiste à être « le producteur de membranes pour l'eau et le traitement des eaux usées le plus efficient en ce qui concerne le coût[5] ». Elle prévoit atteindre cet objectif par l'emploi et la formation des personnes les plus compétentes dans l'industrie et par l'amélioration constante de chaque aspect de ses opérations, notamment le service à la clientèle et les profits. À défaut de devenir nous-mêmes des clients (puisqu'il s'agit de systèmes industriels et non de Big Mac), il est possible de vérifier cette stratégie en s'adressant à quelques-uns de ses clients. On pourrait ainsi déterminer leur niveau de satisfaction. La visite d'une usine pourrait aussi s'avérer très informative. Les données sur son personnel ont également avantage à être vérifiées. Dans le rapport annuel, on constate que le personnel augmente et que la société attribue son succès au dévouement de celui-ci. Par ailleurs, les droits exercés sur les options d'achat d'actions indiquent

---

5. ZENON Environmental Inc., Rapport annuel 2001, p. 7. Traduction libre.

certains avantages qui sont donnés aux employés. L'information additionnelle sur le personnel pourrait être obtenue au cours d'une visite ou dans la presse d'affaires. L'annonce récente de l'engagement d'un ancien vice-président de Toyota pour s'occuper de la production chez ZENON est un exemple des mesures prises pour exécuter le plan stratégique de la société. D'autres articles servent aussi d'information sur l'entreprise comme en fait foi l'extrait de la presse d'affaires qui suit.

Dans l'actualité

Canada NewsWire

ZENON Environmental a été choisie comme la meilleure société-citoyenne au Canada (Corporate Citizen), par la revue Corporate Knights, une publication d'affaires qui s'intéresse à la responsabilité sociale des entreprises. La firme Michael Jantzi Research Associates Inc. a été engagée par Corporate Knights pour évaluer les 300 plus grandes entreprises ouvertes. L'évaluation comprenait six rubriques, soit la communauté, la diversité et les relations avec les employés, l'environnement, la sécurité du produit et les pratiques d'affaires, l'international et la rentabilité.

Source : *Canada NewsWire,* www.canadanewswire.com, Traduction libre. Site consulté le 22 août 2002.

Comme l'illustrent ces exemples, aucune approche unique ne peut être employée pour analyser toutes les entreprises. De plus, une analyse efficace ne peut couvrir uniquement les données contenues dans un rapport annuel.

L'interprétation des ratios financiers

OBJECTIF D'APPRENTISSAGE 4

Interpréter les ratios financiers.

Le calcul d'un ratio en particulier n'est pas normalisé. Ni la profession comptable ni les analystes financiers n'ont prescrit la façon de calculer un ratio (sauf pour le résultat par action). Par conséquent, les utilisateurs des états financiers peuvent calculer divers ratios selon leurs objectifs décisionnels. Avant d'utiliser les ratios publiés par certains organismes, les analystes examinent l'approche utilisée pour effectuer le calcul.

Pour interpréter un ratio, il faut le comparer avec une norme qui représente une valeur optimale ou souhaitable. Par exemple, on peut comparer le taux de rendement du capital investi à des occasions de placement de rechange. Certains ratios, à cause de leurs caractéristiques, sont défavorables s'ils sont trop élevés ou trop faibles. Par exemple, l'analyse peut révéler qu'un ratio de liquidité générale (le ratio du fonds de roulement) de 2:1 est considéré comme optimal pour une entreprise. Dans ce cas, un ratio de 1:1 peut indiquer un risque d'incapacité de régler les dettes arrivant à échéance. Un ratio de 3:1 peut révéler que des fonds excédentaires demeurent dans l'encaisse plutôt que d'être utilisés de façon profitable. De plus, un ratio optimal pour une entreprise n'est souvent pas optimal pour une autre. Les comparaisons des ratios pour plusieurs entreprises ne sont appropriées que si les entreprises sont effectivement comparables. Les différences valables dans le secteur d'activité, la nature des activités, la taille et les conventions comptables peuvent rendre la valeur de bon nombre de comparaisons douteuses.

La plupart des ratios représentent des moyennes. Par conséquent, ils peuvent obscurcir les facteurs sous-jacents qui pourraient intéresser les analystes. Pour illustrer ce cas, on peut considérer un ratio de liquidité générale de 2:1 comme optimal dans un secteur donné. Toutefois, même un ratio de liquidité générale optimal peut camoufler un problème de liquidité à court terme. C'est le cas lorsque la société dispose d'une très grande quantité de stocks et d'une somme minimale de liquidités pour régler les dettes quand elles arrivent à échéance. Une analyse prudente peut permettre de découvrir des problèmes de liquidité. Dans d'autres cas, une analyse prudente ne peut pas parvenir à déceler des problèmes camouflés. Par exemple, les états financiers consolidés incluent des informations financières sur la société mère et ses filiales. La société mère peut avoir un ratio de liquidité générale élevé et une filiale un ratio faible. Lorsque les états sont consolidés, le ratio de liquidité générale (en fait, la moyenne des ratios de la société mère et de la filiale) peut être acceptable. Cependant, le fait que la filiale est peut-être aux prises avec de sérieux problèmes de liquidités demeure caché.

En dépit de ces limites, l'analyse au moyen de ratios constitue un outil efficace. Les ratios financiers peuvent permettre de prédire les faillites. Le tableau 13.4 présente le ratio de liquidité générale ainsi que le ratio d'endettement pour Braniff International Corporation (une société aérienne américaine) pour chaque année avant qu'elle ne déclare faillite. Il faut noter le déclin de ces ratios d'année en année. Les analystes qui ont étudié les ratios financiers n'ont sans doute pas été surpris par la faillite de Braniff. Après avoir vendu bon nombre de ses actifs et après avoir subi une restructuration financière complète, Braniff a été en mesure de poursuivre des activités de vol réduites, mais la société a dû déclarer faillite une deuxième fois après avoir de nouveau fait face à des difficultés financières.

Ratios financiers sélectionnés pour Braniff International					TABLEAU 13.4

	Années avant la faillite				
	5	4	3	2	1
Ratio de liquidité générale	1,20	0,91	0,74	0,60	0,49
Ratio d'endettement	2,03	2,45	4,88	15,67	s. o.*

* Au cours de l'exercice précédant la faillite, Braniff a déclaré des capitaux propres négatifs par suite d'une importante perte nette qui a produit un solde négatif dans les bénéfices non répartis (déficit). Les dettes aux créanciers excédaient le total des capitaux propres.

L'incidence du choix des méthodes comptables sur l'analyse des ratios financiers

Les états financiers représentent une source d'information pour l'investisseur moyen. Les utilisateurs possédant des notions de base en comptabilité peuvent analyser plus efficacement l'information contenue dans les états financiers. L'étude de ce manuel vous aura permis d'acquérir une meilleure connaissance du vocabulaire de la comptabilité. Cette connaissance est essentielle à la compréhension des états financiers.

La connaissance parfaite des concepts sous-jacents de la comptabilité est aussi primordiale pour l'analyse appropriée des états financiers. Certains utilisateurs peu renseignés ne comprennent pas le principe de la valeur d'acquisition et croient que les actifs au bilan sont comptabilisés à leur juste valeur marchande. Nous avons mis l'accent sur les principes comptables tout au long de ce manuel, parce qu'il est impossible d'interpréter les chiffres comptables sans maîtriser les concepts ayant été utilisés pour les calculer.

Lors de la comparaison de sociétés, vous découvrirez que celles-ci observent rarement exactement les mêmes conventions comptables. Pour rendre les comparaisons valables, l'analyste doit comprendre l'incidence du choix des méthodes comptables fait par les entreprises. Une société peut avoir recours à des méthodes prudentes, telles que l'amortissement accéléré et la méthode du coût moyen, alors qu'une autre peut utiliser des méthodes lui permettant d'accroître au maximum ses produits, telles que la méthode de l'amortissement linéaire et la méthode PEPS. Les utilisateurs qui ne saisissent pas les conséquences de l'utilisation des différentes méthodes comptables sont susceptibles d'interpréter les résultats financiers de façon erronée. La tâche la plus importante au début de l'analyse des états financiers consiste sans doute à examiner les conventions comptables adoptées par la société. Cette information doit être divulguée dans une note afférente aux états financiers.

Les informations privilégiées

Les états financiers constituent une importante source d'information pour les investisseurs. La déclaration d'une augmentation ou d'une diminution imprévue des bénéfices peut provoquer un important mouvement dans le cours des actions d'une entreprise.

Les comptables d'une entreprise peuvent être au courant d'informations financières importantes avant qu'elles ne soient communiquées au grand public. Ce type de données s'appellent des informations privilégiées. Il peut être tentant pour certaines personnes d'acheter ou de vendre des actions en fonction des informations privilégiées, mais cela constitue un grave délit. La Commission des valeurs mobilières a intenté plusieurs poursuites contre des personnes qui effectuaient des opérations d'initiés, ce qui a mené à d'importantes amendes et à des peines d'emprisonnement. Le film «Wall Street» de Twentieth Century Fox mettant en vedette Michael Doublas et Charlie Sheen illustre très bien ce genre de situation.

Dans certains cas, il peut être difficile de déterminer si certaines données constituent ou non des informations privilégiées. Une personne pourrait simplement entendre un commentaire émis dans l'ascenseur de l'entreprise entre deux cadres. Un placeur très respecté de Wall Street a donné un bon conseil: «Si vous n'êtes pas certain de la moralité d'un acte, appliquez le test de la une des journaux. Demandez-vous quelle serait votre réaction si votre famille et vos amis apprenaient ce que vous avez fait par les journaux.» Chose intéressante, bon nombre des personnes emprisonnées et ayant perdu beaucoup d'argent parce qu'elles ont été reconnues coupables de délit d'initié estiment que la partie la plus difficile a été de l'annoncer à leur famille.

Pour respecter des normes d'éthique professionnelle très élevées, de nombreux cabinets d'experts-comptables imposent des règles aux membres de leur équipe professionnelle qui les empêchent d'investir dans des entreprises vérifiées par ces cabinets. Ces règles sont conçues pour s'assurer que les vérificateurs ne sont pas tentés d'effectuer des opérations d'initiés.

L'information sur l'efficience des marchés

On a mené plusieurs recherches sur la façon dont les marchés boursiers réagissent face aux nouvelles informations. Elles ont démontré que, en grande partie, les marchés réagissent très rapidement aux nouvelles informations (le marché ne réagit pas systématiquement de façon extrême aux nouvelles informations). Un marché qui réagit ainsi à l'information est appelé un **marché efficient.** Dans un tel marché, le cours d'un titre reflète de manière complète toutes les informations disponibles.

Les **marchés efficients** sont les marchés des valeurs mobilières dans lesquels les prix reflètent entièrement les informations disponibles.

Il n'est pas surprenant que les marchés boursiers réagissent rapidement aux nouvelles informations. De nombreux investisseurs professionnels gèrent les portefeuilles d'actions évalués à des centaines de millions de dollars. Ces investisseurs sont très motivés financièrement à trouver de nouvelles informations pertinentes sur une entreprise et à négocier rapidement les actions en se basant sur ces informations.

Les recherches effectuées sur les marchés efficients ont des conséquences importantes sur l'analyse financière. Il n'est sans doute pas avantageux d'étudier d'anciennes informations (par exemple un rapport annuel qui a été publié six mois plus tôt) pour déterminer une action qui a été sous-évaluée par le marché. Dans un marché efficient, le prix de l'action reflète toutes les informations contenues dans le rapport peu de temps après sa diffusion.

Dans un marché efficient, on s'attend à ce qu'une entreprise soit dans l'impossibilité de manipuler le prix de ses actions en modifiant ses conventions comptables. Le marché doit être en mesure de faire la distinction entre une entreprise dont les revenus augmentent à cause d'une productivité accrue et une entreprise qui augmente ses revenus en passant des conventions comptables prudentes à des conventions plus agressives.

L'efficience des marchés boursiers repose sur la confiance des investisseurs. Lorsque cette confiance est ébranlée, comme on le constate actuellement avec les nombreuses fraudes et les pratiques comptables douteuses de certaines entreprises, les investisseurs se retirent en masse du marché boursier. Il en résulte des comportements irrationnels qui perturbent l'efficience des marchés.

Points saillants du chapitre

1. **Comprendre l'utilité des états financiers et la façon dont les analystes financiers s'en servent (voir la page 823).**

   Les analystes utilisent les états financiers pour comprendre les conditions actuelles et le rendement passé de l'entreprise et pour prédire son rendement futur. Les états financiers procurent d'importantes informations qui aident les utilisateurs à saisir et à évaluer la stratégie d'une entreprise. On peut utiliser les données publiées dans les états financiers pour effectuer des analyses chronologiques (l'évaluation d'une entreprise au fil du temps) ou pour faire des comparaisons avec des entreprises similaires à un moment précis dans le temps. La plupart des analystes calculent des pourcentages et des ratios lorsqu'ils utilisent des états financiers.

2. **Dresser la liste des cinq principales catégories de ratios financiers (voir la page 831).**

   Voici les cinq catégories :

   a) les ratios de rentabilité,
   b) les ratios de trésorerie ou de liquidité,
   c) les ratios de solvabilité et de structure financière,
   d) les ratios reliés au marché,
   e) les ratios divers.

3. **Déterminer et calculer les ratios financiers les plus couramment utilisés (voir la page 831).**

   On peut calculer un grand nombre de ratios à partir d'un état financier. L'ensemble approprié de ratios dépend de l'entreprise analysée et de la décision qui doit être prise. Le tableau 13.3 présente les ratios couramment utilisés et précise comment les calculer.

4. **Interpréter les ratios financiers (voir la page 852).**

   Pour interpréter un ratio, on doit le comparer en fonction d'une norme qui est considérée comme optimale ou souhaitable. La plupart des analystes comparent les ratios au fil du temps pour mesurer l'amélioration ou la détérioration d'une entreprise. Les analystes comparent également les ratios d'une entreprise aux moyennes d'un secteur d'activité ou à ceux d'autres entreprises semblables. Il est souvent difficile de déterminer les entreprises qui sont suffisamment semblables pour obtenir des comparaisons pertinentes. Les analystes doivent comprendre les différences comptables existant entre les entreprises quand ils tentent de les comparer.

BILAN

Les ratios ne sont pas présentés au bilan, mais les analystes utilisent l'information de cet état financier pour calculer de nombreux ratios. La plupart des analystes font une moyenne des montants d'ouverture et de clôture des comptes du bilan quand ils comparent ces comptes à ceux de l'état des résultats.

ÉTAT DES RÉSULTATS

Le résultat par action est le seul ratio qui doit être présenté aux états financiers. Il est généralement inscrit au bas de l'état des résultats. Plusieurs montants de cet état servent à calculer d'autres ratios.

ÉTAT DES FLUX DE TRÉSORERIE

Les ratios ne sont pas présentés dans cet état, mais il faut utiliser certains montants de cet état pour calculer des ratios.

ÉTAT DES BÉNÉFICES NON RÉPARTIS

Les ratios ne sont pas présentés dans cet état, mais il faut utiliser certains montants de cet état pour calculer des ratios.

NOTES COMPLÉMENTAIRES

Note sur les principales conventions comptables
Cette note ne contient pas d'informations portant directement sur les ratios, mais il est important de comprendre les différences comptables au moment de comparer deux entreprises.
Dans une note distincte
Plusieurs entreprises incluent un résumé financier sur 10 ans dans une note distincte. Ces résumés englobent des données sur les principaux comptes, quelques ratios financiers et des données non comptables. Certains montants dans les notes complémentaires sont utilisés pour calculer des ratios.

Mots clés

États dressés en pourcentages (analyse procentuelle), **p. 829**

Marchés efficients, **p. 854**

Ratios de solvabilité, **p. 844**

Ratios de trésorerie (de liquidité), **p. 839**

Ratios financiers, **p. 829**

Ratios reliés au marché, **p. 846**

Questions

1. Les preneurs de décisions utilisent les états financiers externes. Nommez les trois principales utilisations qu'ils en font.

2. Quelles sont les principaux éléments des états financiers qui intéressent particulièrement les créanciers ?

3. Expliquez la raison pour laquelle les notes afférentes aux états financiers sont importantes pour les preneurs de décisions.

4. Quel est le but premier des états financiers comparatifs ?

5. Pourquoi les utilisateurs des états financiers s'intéressent-ils aux résumés financiers portant sur plusieurs années ? Quelle est la principale limite des résumés à long terme ?

6. Qu'est que l'analyse au moyen de ratios ? Pourquoi est-elle utile ?

7. Que sont les analyses en pourcentages des composantes ? Pourquoi sont-elles utiles ?

8. Expliquez les deux concepts faisant partie du taux de rendement du capital investi.

9. Qu'est-ce qu'un levier financier ? Comment le mesure-t-on en pourcentage ?

10. La marge bénéficiaire nette est-elle une mesure de rentabilité utile ? Expliquez votre réponse.

11. Comparez le ratio de liquidité générale (le ratio du fonds de roulement) au ratio de liquidité relative.

M13-1 **La recherche d'informations financières au moyen du calcul des pourcentages**
Un important détaillant a déclaré des produits de 1 680 145 000 $. Le pourcentage de la marge bénéficiaire brute de l'entreprise était de 55,9 %. Quel montant l'entreprise a-t-elle comptabilisé au coût des marchandises vendues ?

□ OA3

M13-2 **La recherche d'informations financières au moyen du calcul des pourcentages**
Une entreprise de biens de consommation a déclaré une augmentation de 6,8 % de son chiffre d'affaires de 20A à 20B. Les ventes en 20A se sont élevées à 20 917 $. En 20B, l'entreprise a inscrit un coût des marchandises vendues de 9 330 $. Quel était le pourcentage de la marge bénéficiaire brute en 20B ?

□ OA3

M13-3 **Le calcul du taux de rendement des capitaux propres**
À partir des données suivantes, calculez le taux de rendement des capitaux propres pour 20B.

□ OA3

	20B	20A
Bénéfice net	185 000 $	160 000 $
Capitaux propres	1 000 000	1 200 000
Total de l'actif	2 400 000	2 600 000
Charge d'intérêts	40 000	30 000

M13-4 **La recherche d'informations financières au moyen du calcul des pourcentages**
À partir des données suivantes, calculez le pourcentage du levier financier pour 20B.

□ OA3

	20B	20A
Rendement des capitaux propres	22 %	24 %
Rendement de l'actif	8	6
Marge bénéficiaire nette	12	10

M13-5 **L'analyse du ratio de rotation des stocks**
Un fabricant a déclaré un ratio de rotation des stocks de 8,6 en 20A. En 20B, la direction a introduit un nouveau système de contrôle des stocks qui était supposé réduire le niveau moyen des stocks de 25 % sans influer sur le volume des ventes. En tenant compte de ces circonstances, le ratio de rotation des stocks devrait-il augmenter ou diminuer en 20B ? Expliquez votre réponse.

□ OA3
□ OA4

M13-6 **La recherche d'informations financières au moyen d'un ratio**
La société Leblanc a déclaré un total de l'actif de 1 200 000 $ et de l'actif à long terme de 480 000 $. L'entreprise a aussi inscrit un ratio de liquidité générale (le ratio du fonds de roulement) de 1,5. Quel montant de passif à court terme l'entreprise a-t-elle présenté ?

□ OA3

M13-7 **L'analyse de relations financières**
La société Doritos a préparé un projet de résultats financiers que les comptables examinent actuellement. Vous avez remarqué que le pourcentage du levier financier est négatif. Vous avez également constaté que le ratio de liquidité générale est de 2,4 et que le ratio de liquidité relative est de 3,7. Or, vous savez que ce genre de rapport est inhabituel. Une erreur a-t-elle nécessairement été commise ? Expliquez votre réponse.

□ OA4

M13-8 **La recherche d'informations financières au moyen d'un ratio**
En 20A, la société Drago a déclaré un résultat par action de 8,50 $ alors que son action se vendait 212,50 $. En 20B, son bénéfice net a augmenté de 20 %. Si toutes les autres relations demeurent constantes, quel est le prix des actions ? Expliquez votre réponse.

□ OA3

M13-9 **La recherche d'informations financières au moyen d'un ratio**
Une société Internet a gagné 5 $ l'action et a versé des dividendes de 2 $ l'action. L'entreprise a annoncé un taux de rendement des actions de 5 %. Quel était le prix des actions ?

□ OA3

M13-10 L'analyse de l'incidence des méthodes comptables

La société Lexis envisage de passer de la méthode de comptabilisation des stocks PEPS à la méthode du coût moyen. Elle voudrait évaluer l'incidence de ce changement sur certains ratios. D'une façon générale, quelle serait l'incidence sur les éléments suivants : la marge bénéficiaire nette, le ratio de rotation de l'actif immobilisé, le ratio de liquidité générale et le ratio de liquidité relative ?

Exercices

E13-1 L'association de chaque ratio à une formule permettant de le calculer

Associez chaque ratio ou pourcentage à une formule en inscrivant la bonne lettre dans l'espace réservé à cet effet.

Ratio ou pourcentage	Définition
_____ 1. Marge bénéficiaire nette	A. Bénéfice net ÷ Chiffre d'affaires net
_____ 2. Ratio de rotation des stocks	B. 365 ÷ Rotation des comptes clients
_____ 3. Délai moyen de règlement des comptes clients	C. Bénéfice net ÷ Capitaux propres moyens
_____ 4. Passif total par rapport aux capitaux propres	D. Bénéfice net ÷ Nombre moyen d'actions ordinaires en circulation
_____ 5. Taux de rendement des actions	E. Rendement des capitaux propres – Rendement de l'actif
_____ 6. Rendement des capitaux propres	F. Actifs disponibles et réalisables ÷ Passif à court terme
_____ 7. Ratio de liquidité générale ou ratio du fonds de roulement	G. Actif à court terme ÷ Passif à court terme
_____ 8. Ratio d'endettement	H. Coût des marchandises vendues ÷ Stocks moyens
_____ 9. Ratio cours-bénéfice	I. Chiffre d'affaires à crédit ÷ Comptes clients moyens nets
_____ 10. Pourcentage du levier financier	J. Passif total ÷ (Passif total + Capitaux propres)
_____ 11. Rotation des comptes clients	K. 365 ÷ Rotation des stocks
_____ 12. Délai moyen de rotation des stocks	L. Passif total ÷ Capitaux propres
_____ 13. Capitaux propres par rapport au passif total et aux capitaux propres	M. Dividendes par action ÷ Cours de l'action
	N. Capitaux propres ÷ (Passif total + Capitaux propres)
_____ 14. Résultat par action	O. Cours d'une action ÷ Résultat par action
_____ 15. Taux de rendement de l'actif	P. Capitaux propres ÷ Actions en circulation
_____ 16. Ratio de liquidité relative	Q. (Bénéfice net + Charge d'intérêts [nette d'impôts]) ÷ Actif total moyen
_____ 17. Valeur comptable par action	R. Flux de trésorerie liés à l'exploitation (avant intérêts et impôts) ÷ Intérêts payés
_____ 18. Ratio de couverture des intérêts	S. Chiffre d'affaires net ÷ Actifs immobilisés nets moyens
_____ 19. Ratio de couverture des liquidités	T. (Bénéfice net + Charge d'intérêts + Charge d'impôts) ÷ Charge d'intérêts
_____ 20. Ratio de rotation de l'actif immobilisé	

E13-2 L'utilisation des pourcentages des composantes dans la construction d'un tableau

Jean Coutu est un détaillant qui connaît l'une des croissances les plus rapides au Canada. L'entreprise s'affiche comme étant le huitième plus grand réseau de pharmacies en Amérique du Nord avec plus de 3,3 milliards de dollars de chiffre d'affaires en 2002. Analysez les pourcentages des composantes suivantes portant sur l'état des résultats de l'entreprise. Ensuite, discutez les résultats de cette analyse.

Le Groupe Jean Coutu inc.	2002	2001
État des résultats (en milliers de dollars, excepté les données par action)		
Exercices terminés le 31 mai		
Chiffre d'affaires	3 372 205 $	2 726 692 $
Autres produits* (note 16)	213 981	198 152
	3 586 186	2 924 844
Coût des marchandises vendues et frais généraux et d'exploitation	3 316 910	2 700 869
Amortissement (note 17)	43 541	47 348
Intérêts sur la dette à long terme	12 613	10 265
Autres intérêts	3 530	3 192
	3 376 594	2 761 674 $
Bénéfice avant impôts sur le bénéfice	209 592	163 170
Impôts sur le bénéfice	69 713	57 229
Bénéfice net	139 879 $	105 941 $
Résultat par action		
De base	1,24 $	0,98 $
Dilué	1,23 $	0,97 $
Moyenne pondérée des actions en circulation (en tenant compte du fractionnement survenu le 29 septembre 2000)	112 587 937	108 256 814

* Comprennent les redevances, les loyers, la publicité et autres. Ces revenus sont récurrents.

E13-3 L'analyse de l'incidence des opérations sélectionnées sur le ratio de liquidité générale

L'actif à court terme se chiffrait à 54 000 $ et le ratio de liquidité générale (le ratio du fonds de roulement) à 1,8. Supposez que les opérations suivantes ont été effectuées : 1) l'achat de marchandises pour 6 000 $ à crédit à court terme et 2) l'achat d'un camion de livraison de 10 000 $ avec un versement de 1 000 $ au comptant et la signature d'un billet portant intérêt sur deux ans pour le solde.

Travail à faire

Calculez le ratio de liquidité générale cumulatif après chaque opération.

E13-4 L'analyse de l'incidence des opérations sélectionnées sur le ratio de liquidité générale

La société Sunbeam est un concepteur, un fabricant et un marchand de pointe de produits de consommation de marque, incluant Mr. Coffee, Osterizer, First Alert et le matériel de camping Coleman. Il y a quelques années, la société a connu des difficultés financières importantes et a été nommée dans quelques poursuites judiciaires mettant en cause des rapports inexacts dans ses états financiers. Les états financiers de la société indiquaient que les poursuites en instance contre l'entreprise pouvaient «avoir des répercussions défavorables importantes sur la situation financière de la société». Par conséquent, la direction devait porter une attention particulière sur l'effet de chaque décision en matière d'exploitation sur la liquidité de la société. Au bilan, Sunbeam avait comptabilisé un actif à court terme de 1 090 068 000 $ et un passif à court terme de 602 246 000 $. Déterminez l'incidence des opérations suivantes sur le ratio de liquidité générale de la société Sunbeam : 1) la vente d'actifs à long terme qui représentaient une capacité excédentaire, 2) une indemnité de cessation d'emploi et des avantages sociaux à payer aux employés qui seront licenciés, 3) la réduction de la valeur comptable de certains articles en stock qui ont été déclarés désuets et 4) l'acquisition de nouveaux stocks ; le fournisseur n'a pas voulu accorder les modalités de crédit normales, donc un billet portant intérêt sur 18 mois a été signé.

☐ OA3
☐ OA4

George Weston
limitée

E13-5 **L'analyse de l'incidence des opérations sélectionnées sur les comptes clients et la rotation des stocks**

La société George Weston est une grande entreprise canadienne qui produit et vend de nombreux produits alimentaires de consommation courante. L'an dernier, le chiffre d'affaires de la société s'est élevé à 24 661 $ (tous les montants sont présentés en millions de dollars). Le rapport annuel ne dévoilant pas le montant des ventes à crédit, on suppose que 30 % des ventes étaient à crédit. Il en est de même pour le ratio de la marge bénéficiaire brute qu'on suppose être de 20 % sur le chiffre d'affaires. Les soldes des comptes sont les suivants :

	Ouverture	Clôture
Comptes clients (nets)	863 $	597 $
Stocks	1 780	1 594

Travail à faire

Calculez la rotation des comptes clients et des stocks ainsi que le délai moyen de rotation des stocks.

☐ OA3

Corporation
Intrawest

E13-6 **Le calcul du levier financier**

Intrawest est un chef de file de l'aménagement et de l'exploitation de centres de destination centrés sur des villages en Amérique du Nord, dont Mont-Tremblant au Québec. Ses états financiers inscrivaient ce qui suit en fin d'exercice (en milliers de dollars) :

Total de l'actif	1 956 312 $
Total du passif (moyenne de 8 % d'intérêts)	1 387 950
Bénéfice net (taux d'imposition moyen de 12 %)	60 587

Travail à faire

Calculez le pourcentage du levier financier. Est-il positif ou négatif ?

☐ OA3
☐ OA4

E13-7 **L'analyse de l'incidence des opérations sélectionnées sur le ratio de liquidité générale**

L'actif à court terme se chiffrait à 100 000 $ et le ratio de liquidité générale (ratio du fonds de roulement) à 1,5. Supposez que les opérations suivantes ont été effectuées : 1) le paiement de 6 000 $ pour des marchandises achetées à crédit à court terme, 2) l'achat d'un camion de livraison pour 10 000 $ au comptant, 3) l'élimination d'un compte client irrécouvrable de 2 000 $ et 4) le paiement de dividendes précédemment déclarés pour 25 000 $.

Travail à faire

Calculez le ratio de liquidité générale cumulatif après chaque opération.

E13-8 La déduction des informations financières

La société Danier Leather est une entreprise canadienne qui fabrique et vend des vêtements mode en cuir et en suède. Elle se dit la deuxième plus grande entreprise au monde à se spécialiser dans les vêtements et les accessoires en cuir. Au cours d'un exercice récent, la société a présenté des stocks moyens de 39 227 000 $ et une rotation des stocks de 2,11. Les actifs immobilisés moyens étaient de 22 891 000 $, et le ratio de rotation de l'actif immobilisé s'élevait à 7,23. Déterminez le profit brut et la marge bénéficiaire brute de la société Danier Leather.

Danier Leather Inc.

OA3

E13-9 Le calcul de ratios

Le chiffre d'affaires net pour l'exercice s'est élevé à 600 000 $, duquel la moitié était à crédit. La marge bénéficiaire brute moyenne était de 40 % du chiffre d'affaires net. Les soldes des comptes sont les suivants :

OA3

	Ouverture	Clôture
Comptes clients (nets)	40 000 $	60 000 $
Stocks	70 000	30 000

Travail à faire

Calculez la rotation des comptes clients et des stocks, le délai moyen de recouvrement des comptes clients ainsi que le délai moyen de rotation des stocks.

E13-10 L'analyse de l'incidence des opérations sélectionnées sur le ratio de liquidité générale

OA3
OA4

L'actif à court terme se chiffrait à 500 000 $ et le ratio de liquidité générale (le ratio du fonds de roulement) à 2,0. De plus, la société utilise la méthode de l'inventaire périodique. Supposez que les opérations suivantes ont été effectuées : 1) la vente de 12 000 $ de marchandises à crédit à court terme, 2) la déclaration de dividendes de 50 000 $, encore impayés, 3) le paiement anticipé du loyer de 12 000 $ (le loyer payé d'avance), 4) le paiement des dividendes précédemment déclarés de 50 000 $, 5) le recouvrement d'un compte client de 12 000 $ et 6) le reclassement de 40 000 $ de dettes à long terme à titre de passif à court terme.

Travail à faire

Calculez le ratio de liquidité générale cumulatif après chaque opération.

E13-11 Le calcul des ratios de liquidité

OA3

Cintas

Cintas conçoit, fabrique, vend et loue des uniformes corporatifs partout aux États-Unis et au Canada. Les actions de la société sont négociées à la NASDAQ et ont offert aux investisseurs des rendements importants au cours des dernières années. Quelques données du bilan de la société sont présentées ci-dessous. La société a inscrit des produits tirés de ventes de 2 160 700 000 $ et un coût des marchandises vendues de 1 264 433 000 $.

Cintas	2001	2000
Bilan partiel (en milliers de dollars)		
Espèces	73 724 $	52 182 $
Titres négociables	36 505	57 640
Clients, déduction faite de la provision de 8 765 $ (7 364 $ en 2000)	244 450	225 735
Stocks	214 349	164 906
Charges payées d'avance	8 470	7 237
Fournisseurs	42 495	50 976
Rémunérations à payer	35 140	28 140
Passif d'impôts futurs à court terme	57 703	49 614
Dette à long terme échéant dans un an	20 605	16 604

Travail à faire

Calculez le ratio de liquidité générale, le ratio de liquidité relative, le ratio de rotation des stocks et le ratio de rotation des comptes clients (en supposant que 60 % des ventes sont faites à crédit).

E13-12 L'utilisation des informations financières pour trouver des entreprises mystères

Les données financières suivantes concernent quatre sociétés inconnues.

	Sociétés			
	1	**2**	**3**	**4**
Données du bilan (en pourcentages)				
Encaisse	3,5	4,7	8,2	11,7
Clients	16,9	28,9	16,8	51,9
Stocks	46,8	35,6	57,3	4,8
Immobilisations corporelles	18,3	21,7	7,6	18,7
Données de l'état des résultats (en pourcentages)				
Marge bénéficiaire brute	22,0	22,5	44,8	s.o.*
Bénéfice avant impôts	2,1	0,7	1,2	3,2
Ratios sélectionnés				
Ratio du fonds de roulement	1,3	1,5	1,6	1,2
Rotation des stocks	3,6	9,8	1,5	s.o.
Ratio d'endettement	2,6	2,6	3,2	3,2
* s. o. : sans objet.				

Ces informations concernent les entreprises suivantes :

a) un magasin de vente de fourrures au détail,

b) une agence de publicité,

c) un fabricant de confiseries en gros,

d) un fabricant d'automobiles.

Travail à faire

Établissez la concordance entre l'entreprise et les informations financières.

E13-13 L'utilisation des informations financières pour trouver des entreprises mystères

Les données financières suivantes concernent quatre sociétés inconnues.

	Sociétés			
	1	**2**	**3**	**4**
Données du bilan (en pourcentages)				
Encaisse	7,3	21,6	6,1	11,3
Clients	28,2	39,7	3,2	22,9
Stocks	21,6	0,6	1,8	27,5
Immobilisations corporelles	32,1	18,0	74,6	25,1
Données de l'état des résultats (en pourcentages)				
Marge bénéficiaire brute	15,3	s. o.*	s. o.	43,4
Bénéfice avant impôts	1,7	3,2	2,4	6,9
Ratios sélectionnés				
Liquidité générale	1,5	1,2	0,6	1,9
Rotation des stocks	27,4	s. o.	s. o.	3,3
Endettement	1,7	2,2	5,7	1,3
* s. o. : sans objet.				

Ces informations concernent les entreprises suivantes :

a) une agence de voyage,

b) un hôtel,

c) une société d'emballage de viandes,

d) une société pharmaceutique.

Travail à faire

Établissez la concordance entre l'entreprise et les informations financières.

□ OA3
□ OA4

E13-14 L'utilisation des informations financières pour trouver des entreprises mystères

Les données financières suivantes concernent quatre sociétés inconnues.

	Sociétés			
	1	2	3	4
Données du bilan (en pourcentages)				
Encaisse	5,1	8,8	6,3	10,4
Clients	13,1	41,5	13,8	4,9
Stocks	4,6	3,6	65,1	35,8
Immobilisations corporelles	53,1	23,0	8,8	35,7
Données de l'état des résultats (en pourcentages)				
Marge bénéficiaire brute	s. o.*	s. o.	45,2	22,5
Bénéfice avant impôts	0,3	16,0	3,9	1,5
Ratios sélectionnés				
Liquidité générale	0,7	2,2	1,9	1,4
Rotation des stocks	s. o.	s. o.	1,4	15,5
Endettement	2,5	0,9	1,7	2,3

* s. o.: sans objet.

Ces informations concernent les entreprises suivantes:

a) un câblodistributeur,

b) une épicerie,

c) un cabinet d'experts-comptables,

d) une bijouterie.

Travail à faire

Établissez la concordance entre l'entreprise et les informations financières.

□ OA3
□ OA4

E13-15 L'utilisation des informations financières pour trouver des entreprises mystères

Les données financières suivantes concernent quatre sociétés inconnues.

	Sociétés			
	1	2	3	4
Données du bilan (en pourcentages)				
Encaisse	11,6	6,6	5,4	7,1
Clients	4,6	18,9	8,8	35,6
Stocks	7,0	45,8	65,7	26,0
Immobilisations corporelles	56,0	20,3	10,1	21,9
Données de l'état des résultats (en pourcentages)				
Marge bénéficiaire brute	56,7	36,4	14,1	15,8
Bénéfice avant impôts	2,7	1,4	1,1	0,9
Ratios sélectionnés				
Liquidité générale	0,7	2,1	1,2	1,3
Rotation des stocks	30,0	3,5	5,6	16,7
Endettement	3,3	1,8	3,8	3,1

Ces informations concernent les entreprises suivantes:

a) un magasin à rayons,

b) un grossiste en poissons,

c) un concessionnaire d'automobiles (voitures usagées et neuves),

d) un restaurant.

Travail à faire

Établissez la concordance entre l'entreprise et les informations financières.

Problèmes

P13-1 **L'analyse des états financiers comparatifs au moyen de pourcentages (PS13-1)**
Les états financiers comparatifs dressés au 31 décembre 20B pour la société Poisson rouge présentent les données récapitulatives suivantes.

	20B	20A
État des résultats		
Chiffre d'affaires	180 000 $*	165 000 $
Coût des marchandises vendues	110 000	100 000
Marge bénéficiaire brute	70 000	65 000
Frais d'exploitation et charge d'intérêts	56 000	53 000
Bénéfice avant impôts	14 000	12 000
Impôts	4 000	3 000
Bénéfice net	10 000 $	9 000 $
Bilan		
Encaisse	4 000 $	8 000 $
Clients (montant net)	14 000	18 000
Stocks	40 000	35 000
Actif d'exploitation (montant net)	45 000	38 000
	103 000 $	99 000 $
Passif à court terme (sans intérêts)	16 000 $	19 000 $
Passif à long terme (10 % d'intérêts)	45 000	45 000
Actions ordinaires	30 000	30 000
Bénéfices non répartis†	12 000	5 000
	103 000 $	99 000 $

* Le tiers des opérations concernaient des ventes à crédit.
† Durant 20B, des dividendes en espèces totalisant 9 000 $ ont été déclarés et versés.

Travail à faire
1. Remplissez les colonnes suivantes pour chaque poste des états financiers comparatifs présentés.

Augmentation (diminution) 20B par rapport à 20A	
Montant	Pourcentage

2. Répondez aux questions suivantes.
   a) Calculez l'augmentation (en pourcentage) du chiffre d'affaires, du bénéfice net, de l'encaisse, des stocks, du passif et des capitaux propres.
   b) De quel montant le fonds de roulement net a-t-il changé?
   c) Quelle est la variation (en pourcentage) de la moyenne du taux d'imposition?
   d) Quel est le montant des encaissements tirés des produits pour 20B?
   e) Quelle est la variation (en pourcentage) de la majoration moyenne réalisée sur les marchandises vendues?
   f) De combien la valeur comptable par action a-t-elle changé?

P13-2 **L'utilisation de ratios dans l'analyse de données financières réparties sur plusieurs années (PS13-2)**

Utilisez les données du problème P13-1 concernant la société Poisson rouge.

Travail à faire

1. Présentez les pourcentages des composantes pour 20B seulement.
2. Répondez aux questions suivantes pour 20B.
   a) Quelle est la majoration moyenne sur les ventes?
   b) Quel est le taux d'imposition moyen?
   c) Calculez la marge bénéficiaire brute. Constitue-t-elle un bon ou un mauvais indicateur du rendement? Expliquez votre réponse.
   d) Quel pourcentage du total des ressources a été investi dans les actifs d'exploitation?
   e) Calculez le ratio d'endettement. Est-il favorable ou non? Expliquez votre réponse.
   f) Quel est le taux de rendement des capitaux propres?
   g) Quel est le taux de rendement de l'actif?
   h) Calculez le pourcentage du levier financier. Est-il positif ou négatif? Expliquez votre réponse.
   i) Quelle est la valeur comptable par action ordinaire?

P13-3 **L'analyse des états financiers au moyen de ratios**

Utilisez les données du problème P13-1 concernant la société Poisson rouge. Supposez que le prix des actions est de 28 $ l'action. Calculez les ratios appropriés et expliquez la signification de chacun.

P13-4 **L'analyse des ratios (PS13-3)**

Sears et La Baie sont deux géants du secteur de la vente au détail. Les deux sociétés offrent des lignes complètes de marchandises à prix modérés. Les ventes annuelles pour Sears ont totalisé 6,7 milliards de dollars. La Baie est en quelque sorte plus petite, enregistrant 2,7 milliards de dollars de ventes. En vous basant sur les ratios ci-dessous, comparez les deux sociétés à titre de placement potentiel.

Sears Canada Inc. et Compagnie de la Baie d'Hudson

Ratios	Sears	La Baie
Cours-bénéfice	21,1	9,6
Marge bénéficiaire brute	s. o.	s. o.
Marge bénéficiaire nette	1,4	2,7
Ratio de liquidité relative	0,9	0,8
Ratio de liquidité générale (ratio du fonds de roulement)	1,7	2,4
Ratio d'endettement	1,4	0,8
Rendement des capitaux propres	5,8	2,9
Rendement de l'actif	3,3	2,3
Taux de rendement des actions	1,3%	4,4%
Ratio dividendes-bénéfice net (ratio de distribution)	27,2%	34,8%

P13-5 **L'analyse des états financiers au moyen de ratios**

La société Tremblay vient de terminer ses états financiers comparatifs pour l'exercice terminé le 31 décembre 20B. À cette date, certains processus analytiques et interprétatifs doivent être entrepris. Les états achevés (récapitulatifs) sont les suivants.

	20B	20A
État des résultats		
Chiffre d'affaires	450 000 $*	420 000 $
Coût des marchandises vendues	250 000	230 000
Marge bénéficiaire brute	200 000	190 000
Frais d'exploitation (incluant les intérêts sur les obligations)	167 000	168 000
Bénéfice avant impôts	33 000	22 000
Impôts	10 000	6 000
Bénéfice net	23 000 $	16 000 $
Bilan		
Encaisse	6 800 $	3 900 $
Clients (montant net)	42 000	28 000
Stocks	25 000	20 000
Charges payées d'avance	200	100
Actif d'exploitation (montant net)	130 000	120 000
	204 000 $	172 000 $
Fournisseurs	17 000 $	18 000 $
Impôts à payer	1 000	2 000
Emprunts obligataires (10 % d'intérêts)	70 000	50 000
Capital-actions ordinaire	100 000†	100 000
Bénéfices non répartis	16 000‡	2 000
	204 000 $	172 000 $

* Les ventes à crédit totalisaient 40 %.
† Le cours d'une action à la fin de l'exercice 20B s'élevait à 18 $ l'action.
‡ Durant l'exercice 20B, des dividendes en espèces totalisant 40 000 $ ont été déclarés et versés.

Travail à faire

1. Calculez les ratios appropriés et expliquez la signification de chacun.
2. Répondez aux questions suivantes pour l'exercice 20B.
   a) Évaluez le levier financier. Expliquez sa signification en utilisant les montants calculés.
   b) Évaluez la marge bénéficiaire nette et expliquez comment un actionnaire pourrait l'utiliser.
   c) Expliquez à un actionnaire la raison pour laquelle le ratio de liquidité générale et le ratio de liquidité relative sont différents. Observez-vous des problèmes de liquidité ? Expliquez votre réponse.
   d) Supposez que les modalités de crédit sont de 1/10, n/30. Croyez-vous que la situation est défavorable pour la société en ce qui concerne les ventes à crédit ? Expliquez votre réponse.

P13-6 **La détermination d'entreprises en fonction du ratio cours-bénéfice**

Le ratio cours-bénéfice fournit des informations importantes concernant l'évaluation du marché boursier pour ce qui est du potentiel de croissance d'une entreprise. Voici les ratios cours-bénéfice pour certaines entreprises au moment où ce manuel était rédigé. Faites correspondre l'entreprise avec son ratio, puis expliquez comment vous avez fait vos choix. Si vous ne connaissez pas l'entreprise, visitez son site Web.

Entreprise	Ratio cours-bénéfice
1. Banque de Montréal	A. 96
2. Al Van Houtte	B. 17

Entreprise		Ratio cours-bénéfice
3. Quebecor	C.	9
4. ZENON	D.	38
5. Bombardier	E.	−0,5
6. Canadian Pacific Rail	F.	71
7. Microsoft	G.	28
8. Air Canada	H.	24
9. Axcan Pharma	I.	−7

OA3
OA4

P13-7 La comparaison d'occasions d'investissement (Ps13-4)

Voici un résumé des états des résultats des sociétés Armand et Bélanger en 20B.

	Armand	Bélanger
Bilan		
Encaisse	35 000 $	22 000 $
Clients (montant net)	40 000	30 000
Stocks	100 000	40 000
Actifs d'exploitation (montant net)	140 000	400 000
Autres actifs	85 000	308 000
Total de l'actif	400 000 $	800 000 $
Passif à court terme	100 000 $	50 000 $
Dette à long terme (10 %)	60 000	70 000
Capital-actions (valeur nominale de 10 $)	150 000	500 000
Surplus d'apport	30 000	110 000
Bénéfices non répartis	60 000	70 000
Total du passif et des capitaux propres	400 000 $	800 000 $
État des résultats		
Chiffre d'affaires net (un tiers à crédit)	450 000 $	810 000 $
Coût des marchandises vendues	(245 000)	(405 000)
Charges (y compris les intérêts et les impôts)	(160 000)	(315 000)
Bénéfice net	45 000 $	90 000 $
Données tirées des états de 20A		
Clients (montant net)	20 000 $	38 000 $
Stocks	92 000	45 000
Dette à long terme	60 000	70 000
Autres données		
Cours d'une action à la fin de 20B (prix d'offre)	18 $	15 $
Taux d'imposition moyen	30 %	30 %
Dividendes déclarés et payés en 20B	36 000 $	150 000 $

Les sociétés exploitent le même secteur d'activité, et elles sont en compétition directe dans une grande région métropolitaine. Toutes deux sont en affaires depuis environ 10 ans et ont affiché un taux de croissance régulier. La direction de chacune d'elles prône un mode de gestion différent de l'autre à certains égards. La société Bélanger est beaucoup plus prudente et, comme le dit son président: «Nous évitons de prendre des risques injustifiés.» Aucune des deux sociétés ne fait publiquement appel à l'épargne. La société Armand procède annuellement à une vérification effectuée par un comptable agréé, mais ce n'est pas le cas de la société Bélanger.

Travail à faire

1. Construisez un tableau comparatif montrant une analyse au moyen de ratios de chaque société. Calculez les ratios dont il a été question dans ce chapitre.
2. Un de vos clients a l'occasion d'acquérir 10 % des actions de l'une ou l'autre des sociétés au prix par action donné ci-dessus. Il a décidé d'investir dans l'une des deux sociétés. En vous basant sur les données disponibles, préparez une évaluation

comparative écrite de votre analyse financière effectuée au moyen de ratios (et de toute autre information dont vous disposez). Ensuite, proposez des recommandations avec des explications à l'appui.

■ OA3
■ OA4

P13-8 **L'analyse de l'incidence de méthodes d'évaluation des stocks sur des ratios**

La société A utilise la méthode PEPS et la société B la méthode DEPS. Les deux sociétés sont semblables, sauf en ce qui a trait à leur méthode d'évaluation des stocks. Le coût des articles en stock a augmenté progressivement au cours des dernières années, et les deux sociétés ont vu leurs stocks s'accroître tous les ans. Chaque société a payé ses impôts sur le bénéfice pour l'année en cours (et pour toutes les années précédentes). De plus, elles utilisent les mêmes méthodes comptables pour présenter leurs rapports et leurs déclarations d'impôts sur les revenus.

Travail à faire

Déterminez quelle société inscrira le montant le plus élevé pour chacun des ratios suivants. Si c'est impossible, expliquez votre réponse.
1. Le ratio de liquidité générale.
2. Le ratio de liquidité relative.
3. Le ratio d'endettement.
4. Le rendement des capitaux propres.
5. Le résultat par action.

■ OA3

Land's End

P13-9 **L'analyse des états financiers au moyen des ratios appropriés (PS13-5)**

Land's End est une société de vente directe qui offre à ses clients une ligne de vêtements et des accessoires de style décontracté par catalogue et Internet. L'information suivante a été inscrite dans un rapport annuel. Pour l'exercice le plus récent, calculez les ratios étudiés dans ce chapitre. Si vous croyez que cette information est insuffisante, écrivez ce qui manque et expliquez comment vous procéderiez.

Land's End Inc. et ses filiales État des résultats consolidé (en milliers de dollars, sauf pour les données par action)			
Pour l'exercice terminé le	29 janvier 20C	30 janvier 20B	31 janvier 20A
Ventes nettes	1 371 375 $	1 263 629 $	1 118 743 $
Coût des marchandises vendues	754 661	675 138	609 168
Marge bénéficiaire brute	616 714	588 491	509 575
Frais de vente, généraux et d'administration	544 446	489 923	424 390
Charges non récurrentes	12 600	–	–
Charges découlant de la vente d'une filiale	–	–	1 400
Bénéfice d'exploitation	59 668	98 568	83 785
Autres produits (charges):			
Charge d'intérêts	(7 734)	(1 995)	(510)
Produit d'intérêts	16	1 725	1 148
Gain sur la vente d'une filiale	–	7 805	–
Autres	(2 450)	(4 278)	496
Sous-total	(10 168)	3 257	1 134
Bénéfice avant impôts	49 500	101 825	84 919
Charge d'impôts	18 315	37 675	33 967
Bénéfice net	31 185 $	64 150 $	50 952 $

Land's End et ses filiales
Bilan consolidé
(en milliers de dollars)

	29 janvier 20C	30 janvier 20B
Actif		
Actif à court terme :		
Espèces et quasi-espèces	6 641 $	6 338 $
Clients, montant net	21 083	15 443
Stocks	219 686	241 154
Publicité payée d'avance	21 357	18 513
Autres charges payées d'avance	7 589	5 085
Impôts futurs	17 947	12 613
Total de l'actif à court terme	294 303	299 146
Immobilisations corporelles, au coût :		
Terrains et bâtiments	102 018	81 781
Agencements et matériel	154 663	118 190
Améliorations locatives	5 475	5 443
Constructions en cours	–	12 222
Total des immobilisations corporelles	262 156	217 636
Moins : Amortissement cumulé	101 570	84 227
Immobilisations corporelles, montant net	160 586	133 409
Actifs incorporels	1 030	917
Total de l'actif	455 919 $	433 472 $
Passif et avoir des actionnaires		
Passif à court terme :		
Marges de crédit	38 942 $	32 437 $
Fournisseurs	87 922	83 743
Réserve pour retours	7 193	6 128
Charges courues à payer	54 392	34 942
Participation aux bénéfices courue	2 256	4 286
Impôts exigibles à payer	14 578	20 477
Total du passif à court terme	205 283	182 013
Impôts futurs	8 133	8 747
Avoir des actionnaires		
Actions ordinaires : 40 221 actions émises	402	402
Surplus d'apport (dons)	8 400	8 400
Surplus d'apport supplémentaire	26 994	26 457
Rémunération reportée	(394)	(1 047)
Autres résultats globaux cumulés	2 003	875
Bénéfices non répartis	406 396	375 211
Actions autodétenues : respectivement 10 317 et 9 281 actions	(201 298)	(167 586)
Total de l'avoir des actionnaires	242 503	242 712
Total du passif et de l'avoir des actionnaires	455 919 $	433 472 $

P13-10 L'analyse d'un investissement par la comparaison de certains ratios (PS13-6)

Vous avez l'occasion d'investir 10 000 $ dans l'une ou l'autre de deux sociétés faisant partie du même secteur d'activité. L'information présentée ici est la seule dont vous disposez. Le terme «élevé» fait référence aux sociétés classées au premier tiers du secteur, le terme «moyen» à celles du deuxième tiers et «bas» à celles du dernier tiers. Quelle société choisiriez-vous? Rédigez un court exposé appuyant vos recommandations.

Ratios	Société A	Société B
Liquidité générale	Élevé	Moyen
Liquidité relative	Bas	Moyen
Endettement	Élevé	Moyen
Rotation des stocks	Bas	Moyen
Cours-bénéfice	Bas	Moyen
Rendement des actions	Élevé	Moyen

P13-11 L'analyse d'un investissement par la comparaison de certains ratios (PS13-7)

Vous avez l'occasion d'investir 10 000 $ dans l'une ou l'autre de deux sociétés du même secteur d'activité. L'information présentée ici est la seule dont vous disposez. Le terme «élevé» fait référence aux entreprises du premier tiers du secteur, le terme «moyen» à celles du deuxième tiers et «bas» à celles du dernier tiers. Quelle société choisiriez-vous? Rédigez un court exposé appuyant vos recommandations.

Ratios	Société A	Société B
Liquidité générale	Bas	Moyen
Liquidité relative	Moyen	Moyen
Endettement	Bas	Moyen
Rotation des stocks	Élevé	Moyen
Cours-bénéfice	Élevé	Moyen
Rendement des actions	Bas	Moyen

Problèmes supplémentaires

PS13-1 L'analyse d'un état financier au moyen de ratios et de variations en pourcentages (P13-1)

La société Taber vient tout juste de dresser les états financiers annuels comparatifs qui suivent pour 20B.

Société Taber États des résultats comparatifs pour les exercices terminés les 31 décembre 20B et 20A			
		20B	**20A**
Chiffre d'affaires (la moitié à crédit)		110 000 $	99 000 $
Coût des marchandises vendues		52 000	48 000
Marge bénéficiaire brute		58 000	51 000
Charges (incluant 4 000 $ d'intérêts par année)		40 000	37 000
Produits avant impôts		18 000	14 000
Impôts sur l'exploitation (30 %)		5 400	4 200
Bénéfice avant éléments extraordinaires		12 600	9 800
Perte extraordinaire	2 000 $		
Moins: impôts économisés	600	1 400	
Gain extraordinaire		3 000 $	
Impôts applicables		900	2 100
Bénéfice net		11 200 $	11 900 $

		Société Taber		
	Bilans comparatifs			
	aux 31 décembre 20B et 20A			
		20B		**20A**
Actif				
Encaisse		49 500 $		18 000 $
Clients (montant net, modalités 1/10, n/30)		37 000		32 000
Stock		25 000		38 000
Actif immobilisé		95 000		105 000
Total de l'actif		206 500 $		193 000 $
Passif				
Fournisseurs		42 000 $		35 000 $
Impôts à payer		1 000		500
Effets à payer, à long terme		40 000		40 000
Capitaux propres				
Capital-actions (valeur nominale de 10 $)		90 000		90 000
Bénéfices non répartis		33 500		27 500
Total du passif et des capitaux propres		206 500 $		193 000 $

Travail à faire *(arrondissez les pourcentages et les ratios à deux décimales près)*

1. Pour 20B, calculez les ratios a) de rentabilité, b) de trésorerie, c) de solvabilité et d) du marché. Supposez que la cote boursière moyenne de l'action était de 23 $ en 20B. Les dividendes déclarés et payés en 20B étaient de 6 750 $.
2. a) Pour 20B, calculez les variations (en pourcentage) du chiffre d'affaires, du bénéfice avant éléments extraordinaires, du bénéfice net, de l'encaisse, des stocks et de la dette.
   b) Quel semble être le taux d'intérêt avant impôts sur les effets à payer ?
3. Nommez au moins deux problèmes auxquels la société doit faire face et que vous avez découverts dans vos réponses aux questions 1 et 2.

PS13-2 L'utilisation de ratios dans l'analyse de données financières réparties sur plusieurs exercices (P13-2)

☐ OA3
☐ OA4

Supposez que l'information qui suit se retrouve dans les états financiers annuels de la société Des Pins. Celle-ci a débuté son exploitation le 1er janvier 20A. Supposez aussi qu'à cette date, il n'y avait que des soldes pour les comptes Encaisse et Capital-actions. Tous les montants sont présentés en milliers de dollars.

	20A	**20B**	**20C**	**20D**
Clients (montant net ; modalités n/30)	11 $	12 $	18 $	24 $
Stock de marchandises	12	14	20	30
Chiffre d'affaires net (trois quarts à crédit)	44	66	80	100
Coût des marchandises vendues	28	40	55	62
Bénéfice net (perte nette)	(8)	5	12	11

Travail à faire (présentez vos calculs et arrondissez à deux décimales près)
1. Remplissez le tableau suivant.

Éléments	20A	20B	20C	20D
a) Marge bénéficiaire nette – pourcentage				
b) Marge bénéficiaire brute – ratio				
c) Charges, excluant le coût des marchandises vendues) sous forme de pourcentage des ventes				
d) Rotation des stocks				
e) Délai moyen de rotation des stocks				
f) Rotation des comptes clients				
g) Délai moyen de recouvrement des comptes clients				

2. Évaluez les résultats des ratios reliés en a), en b) et en c), puis déterminez les facteurs favorables ou défavorables. Formulez vos recommandations pour améliorer l'exploitation de l'entreprise.
3. Évaluez les résultats des quatre derniers ratios d), e), f) et g), puis déterminez les facteurs favorables ou défavorables. Formulez vos recommandations pour améliorer l'exploitation de l'entreprise.

■OA3
■OA4 Coca-Cola et PepsiCo

PS13-3 L'analyse de ratios (P13-4)

Coke et Pepsi sont des marques reconnues mondialement. Coca-Cola vend pour plus de 20 milliards de dollars de boissons gazeuses chaque année, alors que les ventes annuelles de Pepsi atteignent presque les 27 milliards de dollars. En vous basant sur les ratios ci-dessous, comparez les deux sociétés à titre d'investissement potentiel.

Ratios	Coca-Cola	PepsiCo
Cours-bénéfice	28,1	31,1
Marge bénéficiaire brute	69,9	60,0
Marge bénéficiaire nette	19,8	9,9
Ratio de liquidité relative	0,5	0,8
Ratio de liquidité générale	0,9	1,2
Ratio d'endettement	1,0	1,5
Rotation des stocks	5,7	8,6
Rendement des capitaux propres	34,9	30,8
Rendement de l'actif	19,3	13,2
Rendement des actions	1,8 %	1,3 %
Ratio dividendes-bénéfice	45,1 %	37,8 %

PS13-4 La comparaison des demandes de prêts de deux sociétés au moyen de plusieurs ratios (P13-7)

Voici le résumé des états financiers de 20B des sociétés Renard et Tania.

	Société Renard	Société Tania
Bilans		
Encaisse	25 000 $	45 000 $
Clients (montant net)	55 000	5 000
Stock	110 000	25 000
Actif immobilisé (montant net)	550 000	160 000
Autres actifs	140 000	57 000
Total de l'actif	880 000 $	292 000 $
Passif à court terme	120 000 $	15 000 $
Dette à long terme (12 %)	190 000	55 000
Capital-actions (valeur nominale de 20 $)	480 000	210 000
Surplus d'apport	50 000	4 000
Bénéfices non répartis	40 000	8 000
Total du passif et des capitaux propres	880 000 $	292 000 $
États des résultats		
Chiffre d'affaires (à crédit)	($^1/_2$) 800 000 $	($^1/_4$) 280 000 $
Coût des marchandises vendues	(480 000)	(150 000)
Charges (y compris les intérêts et les impôts)	(240 000)	(95 000)
Bénéfice net	80 000 $	35 000 $
Données provenant des états de 20A		
Clients (montant net)	47 000 $	11 000 $
Dette à long terme (12 %)	190 000	55 000
Stock	95 000	38 000
Autres données		
Cours d'une action à la fin de 20B	14,00 $	11,00 $
Taux moyen d'imposition	30 %	30 %
Dividendes déclarés et payés en 20B	20 000 $	9 000 $

Ces deux sociétés exploitent le même secteur d'activité, mais elles sont situées dans deux villes différentes. Chaque société est en affaires depuis environ 10 ans. Un cabinet d'experts-comptables national effectue la vérification de la société Renard, et un cabinet de la région s'occupe de la vérification de la société Tania. Les deux sociétés ont reçu une opinion sans réserve (les vérificateurs externes n'ont rien trouvé d'anormal) concernant leurs états financiers. La société Renard veut emprunter 75 000 $ en espèces et la société Tania a besoin de 30 000 $. Les prêts s'échelonneront sur une période de deux ans, et les montants seront utilisés comme fonds de roulement.

Travail à faire

1. Construisez un tableau montrant votre analyse des sociétés à l'aide des ratios financiers. Calculez les ratios étudiés dans ce chapitre.
2. Supposez que vous travaillez au service de prêts d'une banque de la région. On vous a demandé d'analyser la situation et de suggérer quel prêt vous recommanderiez. En vous basant sur les données précédentes, l'analyse établie en 1. et toute autre information, précisez et expliquez votre choix.

PS13-5 L'analyse des états financiers à l'aide des ratios appropriés (P13-9)

Future Shop est un détaillant bien connu qui vend des produits électroniques de l'ère digitale avec 88 super magasins au Canada et un site électronique commercial. Les produits annuels atteignent presque 2 milliards de dollars. L'information qui suit faisait partie des états financiers récents de la société. Calculez les ratios étudiés dans ce chapitre. S'il n'y a pas suffisamment d'information, décrivez ce qui manque et expliquez ce que vous feriez.

États des résultats consolidés
(en millions de dollars, sauf pour les données par action)

	2001	2000
Chiffre d'affaires net	1 985,2 $	1 683,1 $
Coût des ventes	1 534,3	1 298,6
Frais de vente, d'administration et généraux	396,6	342,1
Charge d'intérêts	1,8	1,6
Éléments inhabituels (charge nette)	0,7	–
Total du coût des ventes et des charges	1 933,4	1 642,3
Bénéfice avant impôts	51,8	40,8
Charge d'impôts	19,4	17,1
Bénéfice net	32,4 $	23,7 $

Bilans consolidés
(en millions de dollars, sauf pour les données par action)

	7 avril 2001	1er avril 2000
Actif		
Actif à court terme :		
Espèces et quasi-espèces	–	9,7 $
Comptes clients (montant net)	14,4 $	12,7
Stock de marchandises	220,7	193,8
Dépenses payées d'avance	1,8	1,3
Impôts futurs	4,8	8,7
Total de l'actif à court terme	241,7	226,2
Immobilisations corporelles (montants nets) :		
Terrain	4,8	–
Équipement informatique et logiciels	80,2	24,0
Mobilier, agencements et matériel	47,9	38,9
Améliorations locatives	20,9	21,4
Logiciels internes en développement	10,7	58,6
Total des immobilisations corporelles	164,5	142,9
Autres actifs	35,4	0,2
Total de l'actif	441,6 $	369,3 $

	7 avril 2001	1er avril 2000
Passif et capitaux propres		
Passif à court terme:		
Dette bancaire garantie par les actifs	25,2 $	–
Fournisseurs et charges courues à payer	238,9	249,3 $
Portion à court terme des plans de garantie prolongée	11,1	10,9
Total du passif à court terme	275,2	260,2
Plans de garantie prolongée	21,7	20,6
Montants dus à des sociétés affiliées (sans intérêts)	1,4	1,4
Impôts futurs	28,4	6,9
Total du passif	326,7	289,1
Capital-actions	81,1	78,8
Bénéfices non répartis	33,8	1,4
Total des capitaux propres	114,9	80,2
Total du passif et des capitaux propres	441,6 $	369,3 $

OA3
OA4

PS13-6 L'analyse d'un investissement par la comparaison de ratios (P13-10)

Vous avez l'occasion d'investir 10 000 $ dans l'une ou l'autre de deux sociétés exploitant le même secteur d'activité. L'information présentée ici est la seule dont vous disposez. Le terme « élevé » fait référence aux sociétés du premier tiers du secteur, le terme « moyen » à celles du deuxième tiers et « bas » à celles du dernier tiers. Quelle société choisiriez-vous ? Rédigez un court exposé appuyant vos recommandations.

Ratios	Société A	Société B
Résultat par action	Élevé	Bas
Rendement de l'actif	Bas	Élevé
Endettement	Élevé	Moyen
Liquidité générale	Bas	Moyen
Cours-bénéfice	Bas	Élevé
Rendement des actions	Élevé	Moyen

OA3
OA4

PS13-7 L'analyse d'un investissement par la comparaison de certains ratios (P13-11)

Vous avez l'occasion d'investir 10 000 $ dans l'une ou l'autre de deux sociétés exploitant le même secteur d'activité. L'information présentée ici est la seule dont vous disposez. Le terme « élevé » fait référence aux entreprises du premier tiers du secteur, le terme « moyen » à celles du deuxième tiers et « bas » à celles du dernier tiers. Quelle société choisiriez-vous ? Rédigez un court exposé appuyant vos recommandations.

Ratios	Société A	Société B
Rendement de l'actif	Élevé	Moyen
Marge bénéficiaire	Élevé	Bas
Levier financier	Élevé	Bas
Liquidité générale	Bas	Élevé
Cours-bénéfice	Élevé	Moyen
Endettement	Élevé	Bas

Cas et projets

Cas – Information financière

OA3

Les Boutiques
San Francisco

CP13-1 L'analyse d'états financiers

Reportez-vous aux états financiers de la société Les Boutiques San Francisco présentés en annexe à la fin du présent manuel. À partir de la liste de ratios étudiés dans ce chapitre, choisissez et calculez les ratios qui vous permettront d'évaluer l'exploitation de la société.

OA3

Le Château

CP13-2 L'analyse d'états financiers

Reportez-vous aux états financiers de la société Le Château présentés en annexe à la fin de ce manuel. À partir de la liste de ratios étudiés dans ce chapitre, choisissez et calculez les ratios qui vous permettront d'évaluer l'exploitation de la société.

OA4

CP13-3 La recherche d'informations à partir du modèle du taux de rendement des capitaux propres

Dans ce chapitre, nous avons abordé le modèle du rendement des capitaux propres. À l'aide de ce modèle, trouvez le montant manquant dans chacun des cas ci-dessous.

Cas 1 : Le taux de rendement des capitaux propres est de 10 % et le bénéfice net de 200 000 $. Le ratio de rotation de l'actif est de 5 et le chiffre d'affaires net de 1 000 000 $. Quels sont les capitaux propres moyens ?

Cas 2 : Le bénéfice net est de 1 500 000 $, le chiffre d'affaires net, de 8 000 000 $ et les capitaux propres moyens, de 12 000 000 $. Le taux de rendement des capitaux propres s'élève à 12 %, et le ratio de rotation de l'actif est de 5. Quel est l'actif total moyen ?

Cas 3 : Le taux de rendement des capitaux propres est de 15 %, la marge bénéficiaire nette de 10 %, le ratio de rotation de l'actif, de 5 et l'actif total moyen, de 1 000 000 $. Quels sont les capitaux propres moyens ?

Cas 4 : Le bénéfice net se chiffre à 500 000 $, le taux de rendement des capitaux propres, à 15 %, le ratio de rotation de l'actif, à 5, le chiffre d'affaires net, à 1 000 000 $ et le levier financier, à 2. Quel est l'actif total moyen ?

OA3
OA4

CP13-4 L'interprétation de résultats financiers en fonction de la stratégie d'entreprise

Dans ce chapitre, nous avons souligné l'importance de comprendre la stratégie d'affaires d'une société afin d'analyser ses résultats financiers. En utilisant le modèle du rendement des capitaux propres, nous avons illustré de quelle façon diverses stratégies peuvent produire des rendements élevés pour les investisseurs. Supposez que deux sociétés exploitent le même secteur d'activité, et qu'elles optent pour des stratégies d'entreprise fondamentalement différentes. L'une produit des appareils électroniques de grande qualité, destinés aux consommateurs. Ses produits sont fabriqués grâce à une technologie de pointe, et l'entreprise offre un service en magasin et après vente hors pair. La seconde entreprise mise sur un produit de coût moindre et de bonne qualité. Ses produits sont fabriqués au moyen d'une technologie ayant fait ses preuves, mais ils ne sont jamais novateurs. Ils sont vendus dans des entrepôts à grande surface en libre-service, et les clients doivent faire eux-mêmes l'installation en se fiant aux instructions. Quels ratios pourraient ne pas être les mêmes entre les deux entreprises compte tenu du fait qu'elles prônent des stratégies d'affaires différentes ?

OA3
OA4

Nordstrom et
JCPenney

CP13-5 L'interprétation de résultats financiers en fonction de la stratégie d'entreprise

Dans ce chapitre, nous avons souligné l'importance de comprendre la stratégie d'affaires d'une société afin d'analyser ses résultats financiers. En utilisant le modèle du rendement des capitaux propres, nous avons illustré de quelle façon diverses stratégies peuvent produire des rendements élevés pour les investisseurs. Les deux sociétés, Nordstrom et JCPenney, exploitent le secteur de la vente au détail aux États-Unis. Nordstrom est un détaillant de vêtements spécialisés qui exploite plus de 156 magasins dans plusieurs États du pays. Ses produits annuels dépassent les 5 milliards de dollars. Ce magasin a la réputation d'offrir des vêtements de grande qualité et un excellent service à la clientèle. JCPenney est un détaillant de gamme étendue qui attire les consommateurs à revenu moyen. La société offre de la marchandise à prix modéré, mais son service à la clientèle n'est pas aussi avantageux. Vous trouverez ci-dessous divers ratios pour chaque entreprise. Déterminez quels sont les ratios de Nordstrom et ceux de JCPenney. Selon vous, quels ratios subiront l'influence de la différence entre les deux stratégies?

Ratios	Société A	Société B
Marge bénéficiaire brute	34,4	23,1
Marge bénéficiaire nette	4,0	1,7
Ratio de liquidité générale	1,8	1,6
Ratio d'endettement	0,8	1,4
Taux de rendement des capitaux propres	15,9	7,5
Taux de rendement de l'actif	6,5	2,3
Dividendes/bénéfice	22,1	117,0
Cours/bénéfice	15,3	9,3

CP13-6 L'interprétation de publications financières

☐ OA3
☐ OA4
Home Depot

Les rapports des analystes publiés par la plupart des plus importantes sociétés de son domaine constituent une source d'information précieuse pour les investisseurs. Vous pouvez consulter un rapport d'analyste professionnel* rédigé pour la société Home Depot sur le site Web www.dlcmcgrawhill.ca. Après avoir consulté ce document, faites un résumé traitant de l'utilisation d'informations financières présentées dans ce rapport.

*Reuters Limited 1998.

Cas – Analyse critique

CP13-7 L'analyse de l'incidence de méthodes d'amortissement sur l'analyse au moyen de ratios

☐ OA3
☐ OA4

La société Vitesse utilise la méthode de l'amortissement proportionnel à l'ordre numérique inversé des années afin d'amortir ses immobilisations corporelles, alors que la société Tortue utilise la méthode de l'amortissement linéaire. Les deux sociétés ont recours à un amortissement dégressif à taux constant de 30% pour déclaration fiscale. Les deux sociétés sont parfaitement identiques, sauf pour ce qui est du choix des méthodes d'amortissement.

Travail à faire

1. Déterminez les ratios financiers étudiés dans ce chapitre qui seraient les plus susceptibles de subir l'influence de la différence entre les méthodes d'amortissement.

2. Pour chaque ratio, déterminez quelle société déclarera le montant le plus élevé. Si vous n'êtes pas certain, expliquez pourquoi.

CP13-8 La détermination de l'incidence des opérations sélectionnées sur l'évaluation de la trésorerie

☐ OA3
☐ OA4

Trois des mesures les plus courantes d'évaluation des liquidités sont le ratio de liquidité générale (le ratio du fonds de roulement), le ratio de liquidité relative et le montant du fonds de roulement net. Pour chacune des opérations suivantes, déterminez si la mesure augmentera, diminuera ou demeurera la même. Vous devez supposer que les deux ratios sont supérieurs à 1 et que le montant du fonds de roulement net est positif.

a) L'entreprise a fait l'acquisition à crédit de 100 000$ de stocks.

b) Des marchandises, qui ont coûté 35 000$, ont été vendues à crédit pour 50 000$. L'entreprise utilise la méthode de l'inventaire périodique.

c) Les dividendes déclarés sont payés en espèces.

d) La charge d'amortissement est comptabilisée.

e) Un client verse de l'argent sur son compte client.

CP13-9 **L'évaluation d'un problème d'éthique**

La société Quasi Faillie a demandé un prêt assez considérable à la Banque Nationale dans le but d'acquérir une vaste zone de terrain pour une expansion future. La société a déclaré un actif à court terme de 1 900 000 $ (dont 430 000 $ sont des espèces) et un passif à court terme de 1 075 000 $. La Banque Nationale a refusé d'accorder le prêt pour plusieurs raisons, l'une d'elles étant que le ratio de liquidité générale était inférieur à 2:1. Lorsque Quasi Faillie a appris que le prêt était refusé, le contrôleur de la société a immédiatement versé un montant de 420 000 $ que la société devait à plusieurs fournisseurs. Le contrôleur a ensuite demandé à la Banque Nationale d'étudier la demande une seconde fois. En vous basant sur ce résumé des faits, seriez-vous d'accord pour que la Banque Nationale approuve la demande ? Expliquez votre réponse. Le contrôleur a-t-il respecté l'éthique ?

OA3
OA4

CP13-10 **La prise de décision à titre de conseiller en valeurs mobilières**

Vous avez récemment été engagé comme conseiller en valeurs mobilières pour une importante entreprise nationale. Votre premier client est une enseignante à la retraite âgée de 72 ans. Celle-ci vit grâce à une maigre pension et possède moins de 100 000 $ à investir. Elle veut investir 25 000 $ de ce montant dans un seul titre boursier (des actions). À l'aide des ressources disponibles dans Internet, trouvez une société qui, selon vous, pourrait lui convenir. Rédigez un bref rapport justifiant vos recommandations.

OA3
OA4

CP13-11 **La prise de décision à titre de conseillère en valeurs mobilières**

Vous avez récemment été engagée comme conseillère en valeurs mobilières par une importante entreprise nationale. Vos premiers clients sont un jeune couple qui économise dans le but d'acheter leur première maison. Ils espèrent acquérir leur maison d'ici cinq ans. Ils travaillent tous les deux et leurs revenus annuels totalisent 55 000 $. Ils ont reçu près de 15 000 $ en cadeaux de mariage, et ils désirent investir cet argent dans un seul titre boursier (des actions). En utilisant les ressources disponibles dans Internet, trouvez une société qui, selon vous, pourrait convenir à vos clients. Rédigez un bref rapport justifiant vos recommandations.

OA3
OA4

CP13-12 **La prise de décision à titre de conseiller en valeurs mobilières**

Vous avez récemment été engagé comme conseiller en valeurs mobilières par une importante entreprise nationale. Votre premier client est une femme âgée de 37 ans. Elle économise actuellement en utilisant une large part de son revenu dans le but de prendre sa retraite le plus tôt possible. Elle vous a fait part du fait qu'elle prendrait sa retraite dès qu'elle posséderait un portefeuille d'investissement valant un minimum de 1 000 000 $. Votre cliente vous confie 50 000 $ de ce montant pour investir dans un seul titre boursier (des actions), et elle a précisé que si vous gérez bien cette partie de son portefeuille, elle vous le confiera en entier. En utilisant les ressources disponibles dans Internet, trouvez une société qui, selon vous, pourrait lui convenir. Rédigez un bref rapport justifiant vos recommandations.

Projets – Information financière

OA3
OA4 Les Boutiques
San Francisco

CP13-13 **La comparaison de sociétés dans le secteur de la vente au détail**

Choisissez n'importe quel détaillant bien connu dans le secteur d'activité de la vente au détail (une bonne source d'information est le site de SEDAR. Examinez le rapport annuel de cette société et celui de la société Les Boutiques San Francisco de même que toute nouvelle financière récente. Calculez les ratios financiers appropriés pour chaque détaillant et comparez les deux sociétés.

OA3
OA4 ZENON
Environmental Inc.

CP13-14 **Analyse de résultats financiers**

Rendez-vous sur le site Web de ZENON ou sur le site de SEDAR. Étudiez les états financiers actuels ainsi que d'autres informations financières sur la société. Rédigez un bref rapport comparant le rendement actuel de la société aux résultats décrits dans ce chapitre. Votre rapport doit indiquer de façon précise si, en ce moment, vous recommanderiez ou non l'achat de ces actions.

CP13-15 L'évaluation de la qualité du bénéfice

À l'aide de publications en bibliothèque ou dans Internet, trouvez une société ayant un bénéfice de faible qualité et une société ayant un bénéfice de qualité élevée. Examinez les états financiers des deux sociétés afin de déterminer les raisons pouvant expliquer la différence sur le plan de la qualité du bénéfice (par exemple les différentes méthodes comptables). Rédigez un bref rapport expliquant pourquoi la qualité du bénéfice est différente pour les deux sociétés.

■OA3
■OA4

CP13-16 La prédiction d'une faillite grâce à l'analyse des résultats financiers

À l'aide de publications en bibliothèque ou dans Internet, trouvez une société ayant déclaré faillite. Recherchez des informations financières sur la société remontant jusqu'à quatre ans avant la date où la faillite a été déclarée. Calculez les ratios étudiés dans ce chapitre afin de déterminer si l'un d'entre eux aurait pu indiquer des signes avant-coureurs de faillite. Rédigez un bref rapport afin de déterminer les ratios qui, selon vous, peuvent servir à prédire une faillite. Expliquez vos conclusions.

■OA3
■OA4

CP13-17 Un travail en équipe : l'étude d'un rapport annuel

Choisissez en équipe le secteur d'activité que vous voulez analyser. Chaque membre de l'équipe doit se procurer le rapport annuel d'une société ouverte de ce secteur, et chacun devrait choisir une société différente (la bibliothèque, le service SEDAR ou la société elle-même sont de bonnes sources de référence). Chaque membre doit rédiger individuellement un bref rapport où il analyse la société choisie à l'aide des techniques abordées dans ce chapitre.

En équipe, discutez certains aspects communs de ces sociétés que vous aurez relevés. Ensuite rédigez, toujours en équipe, un bref énoncé comparant et différenciant les sociétés choisies. Donnez des explications possibles justifiant les différences observées, s'il y a lieu.

■OA3
■OA4

CP13-18 La recherche de sociétés comparables

Afin de bien évaluer les ratios, la plupart des analystes comparent les ratios d'une société avec ceux de la moyenne industrielle ou encore avec une autre société similaire. Si on considère la nature diversifiée des activités d'entreprise, il est souvent difficile de trouver deux sociétés comparables. À l'aide des ressources disponibles dans Internet (par exemple SEDAR pour les sociétés canadiennes ou MarketGuide pour les sociétés américaines), choisissez une société pouvant être comparée à IBM. Justifiez votre sélection.

■OA3
■OA4

CP13-19 L'utilisation de sources de données électroniques

Rendez vous sur le site Web de Canada NewsWire. Ce site offre toute une gamme d'informations financières. À l'aide de cette source, examinez l'information concernant ZENON. Rédigez un bref rapport évaluant la pertinence de l'information fournie par Canada NewsWire. Vous devez tenir compte de certains faits, notamment si le site offre suffisamment d'informations ou encore s'il est plus efficace d'utiliser des sources d'information secondaires comme le site de Canada NewsWire plutôt que les états financiers de la société.

■OA4

Canada NewsWire
et ZENON

Annexe A

14Table A.1 – Valeur capitalisée de 1$, $f = (1 + i)^n$

Périodes	2 %	3 %	3,75 %	4 %	4,25 %	5 %	6 %	7 %	8 %
0	1	1	1	1	1	1	1	1	1
1	1,02	1,03	1,0375	1,04	1,0425	1,05	1,06	1,07	1,08
2	1,0404	1,0609	1,0764	1,0816	1,0868	1,1025	1,1236	1,1449	1,1664
3	1,0612	1,0927	1,1168	1,1249	1,1330	1,1576	1,1910	1,2250	1,2597
4	1,0824	1,1255	1,1587	1,1699	1,1811	1,2155	1,2625	1,3108	1,3605
5	1,1041	1,1593	1,2021	1,2167	1,2313	1,2763	1,3382	1,4026	1,4693
6	1,1262	1,1941	1,2472	1,2653	1,2837	1,3401	1,4185	1,5007	1,5869
7	1,1487	1,2299	1,2939	1,3159	1,3382	1,4071	1,5036	1,6058	1,7138
8	1,1717	1,2668	1,3425	1,3686	1,3951	1,4775	1,5938	1,7182	1,8509
9	1,1951	1,3048	1,3928	1,4233	1,4544	1,5513	1,6895	1,8385	1,9990
10	1,2190	1,3439	1,4450	1,4802	1,5162	1,6289	1,7908	1,9672	2,1589
20	1,4859	1,8061	2,0882	2,1911	2,2989	2,6533	3,2071	3,8697	4,6610

Périodes	9 %	10 %	11 %	12 %	13 %	14 %	15 %	20 %	25 %
0	1	1	1	1	1	1	1	1	1
1	1,09	1,10	1,11	1,12	1,13	1,14	1,15	1,20	1,25
2	1,1881	1,2100	1,2321	1,2544	1,2769	1,2996	1,3225	1,4400	1,5625
3	1,2950	1,3310	1,3676	1,4049	1,4429	1,4815	1,5209	1,7280	1,9531
4	1,4116	1,4641	1,5181	1,5735	1,6305	1,6890	1,7490	2,0736	2,4414
5	1,5386	1,6105	1,6851	1,7623	1,8424	1,9254	2,0114	2,4883	3,0518
6	1,6771	1,7716	1,8704	1,9738	2,0820	2,1950	2,3131	2,9860	3,8147
7	1,8280	1,9487	2,0762	2,2107	2,3526	2,5023	2,6600	3,5832	4,7684
8	1,9926	2,1436	2,3045	2,4760	2,6584	2,8526	3,0590	4,2998	5,9605
9	2,1719	2,3579	2,5580	2,7731	3,0040	3,2519	3,5179	5,1598	7,4506
10	2,3674	2,5937	2,8394	3,1058	3,3946	3,7072	4,0456	6,1917	9,3132
20	5,6044	6,7275	8,0623	9,6463	11,5231	13,7435	16,3665	38,3376	86,7362

Table A.2 – Valeur actualisée de 1$, $a = 1/(1 + i)^n$

Périodes	2 %	3 %	3,75 %	4 %	4,25 %	5 %	6 %	7 %	8 %
1	0,9804	0,9703	0,9639	0,9615	0,9592	0,9524	0,9434	0,9346	0,9259
2	0,9612	0,9426	0,9290	0,9246	0,9201	0,9070	0,8900	0,8734	0,8573
3	0,9423	0,9151	0,8954	0,8890	0,8826	0,8638	0,8396	0,8163	0,7938
4	0,9238	0,8885	0,8631	0,8548	0,8466	0,8227	0,7921	0,7629	0,7350
5	0,9057	0,8626	0,8319	0,8219	0,8121	0,7835	0,7473	0,7130	0,6806
6	0,8880	0,8375	0,8018	0,7903	0,7790	0,7462	0,7050	0,6663	0,6302
7	0,8706	0,8131	0,7728	0,7599	0,7473	0,7107	0,6651	0,6227	0,5835
8	0,8535	0,7894	0,7449	0,7307	0,7168	0,6768	0,6274	0,5820	0,5403
9	0,8368	0,7664	0,7180	0,7026	0,6876	0,6446	0,5919	0,5439	0,5002
10	0,8203	0,7441	0,6920	0,6756	0,6595	0,6139	0,5584	0,5083	0,4632
20	0,6730	0,5534	0,4789	0,4564	0,4350	0,3769	0,3118	0,2584	0,2145

Périodes	9 %	10 %	11 %	12 %	13 %	14 %	15 %	20 %	25 %
1	0,9174	0,9091	0,9009	0,8929	0,8850	0,8772	0,8696	0,8333	0,8000
2	0,8417	0,8264	0,8116	0,7972	0,7831	0,7695	0,7561	0,6944	0,6400
3	0,7722	0,7513	0,7312	0,7118	0,6931	0,6750	0,6575	0,5787	0,5120
4	0,7084	0,6830	0,6587	0,6355	0,6133	0,5921	0,5718	0,4823	0,4096
5	0,6499	0,6209	0,5935	0,5674	0,5428	0,5194	0,4972	0,4019	0,3277
6	0,5963	0,5645	0,5346	0,5066	0,4803	0,4556	0,4323	0,3349	0,2621
7	0,5470	0,5132	0,4817	0,4523	0,4251	0,3996	0,3759	0,2791	0,2097
8	0,5019	0,4665	0,4339	0,4039	0,3762	0,3506	0,3269	0,2326	0,1678
9	0,4604	0,4241	0,3909	0,3606	0,3329	0,3075	0,2843	0,1938	0,1342
10	0,4224	0,3855	0,3522	0,3220	0,2946	0,2697	0,2472	0,1615	0,1074
20	0,1784	0,1486	0,1240	0,1037	0,0868	0,0728	0,0611	0,0261	0,0115

Table A.3 – Valeur capitalisée de versements périodiques égaux de 1 $, $F = \dfrac{(1 + i)^n - 1}{i}$

Périodes*	2 %	3 %	3,75 %	4 %	4,25 %	5 %	6 %	7 %	8 %
1	1	1	1	1	1	1	1	1	1
2	2,02	2,03	2,0375	2,04	2,0425	2,05	2,06	2,07	2,08
3	3,0604	3,0909	3,1139	3,1216	3,1293	3,1525	3,1836	3,2149	3,2464
4	4,1216	4,1836	4,2307	4,2465	4,2623	4,3101	4,3746	4,4399	4,5061
5	5,2040	5,3091	5,3893	5,4163	5,4434	5,5256	5,6371	5,7507	5,8666
6	6,3081	6,4684	6,5914	6,6330	6,6748	6,8019	6,9753	7,1533	7,3359
7	7,4343	7,6625	7,8386	7,8983	7,9585	8,1420	8,3938	8,6540	8,9228
8	8,5830	8,8923	9,1326	9,2142	9,2967	9,5491	9,8975	10,2598	10,6366
9	9,7546	10,1591	10,4750	10,5828	10,6918	11,0266	11,4913	11,9780	12,4876
10	10,9497	11,4639	11,8678	12,0061	12,1462	12,5779	13,1808	13,8164	14,4866
20	24,2974	26,8704	29,0174	29,7781	30,5625	33,0660	36,7856	40,9955	45,7620

Périodes*	9 %	10 %	11 %	12 %	13 %	14 %	15 %	20 %	25 %
1	1	1	1	1	1	1	1	1	1
2	2,09	2,10	2,11	2,12	2,13	2,14	2,15	2,20	2,25
3	3,2781	3,3100	3,3421	3,3744	3,4069	3,4396	3,4725	3,6400	3,8125
4	4,5731	4,6410	4,7097	4,7793	4,8498	4,9211	4,9934	5,3680	5,7656
5	5,9847	6,1051	6,2278	6,3528	6,4803	6,6101	6,7424	7,4416	8,2070
6	7,5233	7,7156	7,9129	8,1152	8,3227	8,5355	8,7537	9,9299	11,2588
7	9,2004	9,4872	9,7833	10,0890	10,4047	10,7305	11,0668	12,9159	15,0735
8	11,0285	11,4359	11,8594	12,2997	12,7573	13,2328	13,7268	16,4991	19,8419
9	13,0210	13,5975	14,1640	14,7757	15,4157	16,0853	16,7858	20,7989	25,8023
10	15,1929	15,9374	16,7220	17,5487	18,4197	19,3373	20,3037	25,9587	33,2529
20	51,1601	57,2750	64,2028	72,0524	80,9468	91,0249	102,4436	186,6880	342,9447

*Un seul paiement par période.

Table A.4 – Valeur actualisée de versements périodiques égaux de 1 $, $A = \dfrac{1 - 1/(1 + i)^n}{i}$

Périodes*	2 %	3 %	3,75 %	4 %	4,25 %	5 %	6 %	7 %	8 %
1	0,9804	0,9709	0,9639	0,9615	0,9592	0,9524	0,9434	0,9346	0,9259
2	1,9416	1,9135	1,8929	1,8861	1,8794	1,8594	1,8334	1,8080	1,7833
3	2,8839	2,8286	2,7883	2,7751	2,7620	2,7232	2,6730	2,6243	2,5771
4	3,8077	3,7171	3,6514	3,6299	3,6086	3,5460	3,4651	3,3872	3,3121
5	4,7135	4,5797	4,4833	4,4518	4,4207	4,3295	4,2124	4,1002	3,9927
6	5,6014	5,4172	5,2851	5,2421	5,1997	5,0757	4,9173	4,7665	4,6229
7	6,4720	6,2303	6,0579	6,0021	5,9470	5,7864	5,5824	5,3893	5,2064
8	7,3255	7,0197	6,8028	6,7327	6,6638	6,4632	6,2098	5,9713	5,7466
9	8,1622	7,7861	7,5208	7,4353	7,3513	7,1078	6,8017	6,5152	6,2469
10	8,9826	8,5302	8,2128	8,1109	8,0109	7,7217	7,3601	7,0236	6,7101
20	16,3514	14,8775	13,8962	13,5903	13,2944	12,4622	11,4699	10,5940	9,8181

Périodes*	9 %	10 %	11 %	12 %	13 %	14 %	15 %	20 %	25 %
1	0,9174	0,9091	0,9009	0,8929	0,8550	0,8772	0,8696	0,8333	0,8000
2	1,7591	1,7355	1,7125	1,6901	1,6681	1,6467	1,6257	1,5278	1,4400
3	2,5313	2,4869	2,4437	2,4018	2,3612	2,3216	2,2832	2,1065	1,9520
4	3,2397	3,1699	3,1024	3,0373	2,9745	2,9137	2,8550	2,5887	2,3616
5	3,8897	3,7908	3,6959	3,6048	3,5172	3,4331	3,3522	2,9906	2,6893
6	4,4859	4,3553	4,2305	4,1114	3,9975	3,8887	3,7845	3,3255	2,9514
7	5,0330	4,8684	4,7122	4,5638	4,4226	4,2883	4,1604	3,6046	3,1611
8	5,5348	5,3349	5,1461	4,9676	4,7988	4,6389	4,4873	3,8372	3,3289
9	5,9952	5,7590	5,5370	5,3282	4,1317	4,9464	4,7716	4,0310	3,4631
10	6,4177	6,1446	5,8892	5,6502	5,4262	5,2161	5,0188	4,1925	3,5705
20	9,1285	8,5136	7,9633	7,4694	7,0248	6,6231	6,2593	4,8696	3,9539

*Un seul paiement par période.

Annexe B
Rapport annuel – Le Château 2001

le château

rapport annuel
2 0 0 1

PROFIL

Chef de file au Canada, Le Château est un détaillant spécialisé offrant, à prix abordable, des vêtements, des chaussures et des accessoires avant-gardistes aux femmes et aux hommes de 15 à 35 ans soucieux de la mode. De plus, notre division *JUNIOR GIRL* s'adresse au créneau sans cesse croissant des préadolescentes de 8 à 14 ans. Le succès de notre marque repose sur notre capacité d'identifier rapidement les tendances de la mode et d'y réagir immédiatement grâce à nos forces en conception et en développement de produits, ainsi qu'à notre approche verticale.

Les vêtements de marque Le Château sont vendus exclusivement par l'entremise des 160 magasins de détail de la Société, lesquels ont une superficie moyenne de 3 500 pieds carrés. Tous ses magasins sont situés au Canada, à l'exception de quatre dans la région de New York.

Le Château, qui accorde une grande importance à la recherche, à la conception et au développement de produits, fabrique environ 50 % de ses produits dans ses installations de production au Canada.

MAGASINS LE CHÂTEAU ET SUPERFICIE EN PIEDS CARRÉS
(EXCLUANT LES MAGASINS-ENTREPÔTS FRANCHISÉS)

	26 JANVIER 2002		27 JANVIER 2001	
	MAGASINS	PIEDS CARRÉS	MAGASINS	PIEDS CARRÉS
Ontario	54	204 283	52	196 858
Québec	43	169 699	43	173 112
Colombie-Britannique	20	62 230	22	66 600
Alberta	18	65 297	18	64 730
Manitoba	6	27 951	6	27 951
Nouvelle-Écosse	6	12 669	6	12 669
Nouveau-Brunswick	4	12 454	4	12 454
Saskatchewan	4	13 209	4	13 209
Terre-Neuve	1	2 500	1	2 500
Total Canada	156	570 292	156	570 083
Total États-Unis	4	22 606	5	28 900
Total magasins Le Château	160	592 898	161	598 983

FAITS SAILLANTS
[EN MILLIERS DE DOLLARS SAUF LES DONNÉES PAR ACTION]

EXERCICES TERMINÉS LES	26 JANV. 2002	27 JANV. 2001	29 JANV. 2000	30 JANV. 1999	31 JANV. 1998 (53 semaines)
RÉSULTATS					
Ventes	187 540	161 120	168 666	160 921	150 241
Bénéfice (perte) avant impôts sur les bénéfices	4 010	(4 346)	9 019	10 035	9 206
Bénéfice net (perte nette)	1 852	(2 607)	5 269	5 870	5 368
• Par action	0,38	(0,53)	1,07	1,20	1,15
Dividendes par action	0,40	0,40	0,40	0,40	0,30
Nombre moyen d'actions en circulation (en milliers)	4 936	4 935	4 925	4 871	4 669
SITUATION FINANCIÈRE					
Fonds de roulement	14 621	13 804	19 585	21 780	22 451
Capitaux propres	45 694	45 800	50 380	46 827	42 542
Total de l'actif	69 915	68 189	68 624	66 872	65 007
RATIOS FINANCIERS					
Ratio du fonds de roulement	1,80:1	1,89:1	2,41:1	2,55:1	2,51:1
Ratio de liquidités immédiates	0,63:1	0,46:1	0,94:1	1,34:1	1,57:1
Ratio d'endettement [1]	0,10:1	0,13:1	0,08:1	0,13:1	0,17:1
AUTRES STATISTIQUES (unités comme précisé)					
Marge brute d'autofinancement	8 544	4 394	12 048	11 059	10 106
Dépenses en immobilisations	5 025	10 379	10 628	8 822	9 622
Nombre de magasins en fin d'exercice [2]	160	161	159	146	143
Superficie en pi² [2,3]	592 898	598 983	585 860	542 642	523 750
Ventes au pi² [3]	338	292	322	323	310

RENSEIGNEMENTS SUR LE TITRE

Symbole : CTU.A
Inscription boursière : TSE
Nombre d'actions participantes en circulation (au 24 mai 2002) :
1 961 091 actions subalternes de catégorie A avec droit de vote
3 020 000 actions de catégorie B
Nombre d'actions en circulation dans le public :
1 663 161 actions de catégorie A

Au 24 mai 2002
Haut/bas du cours de l'action de catégorie A
(12 mois terminés le 24 mai 2002) : 7,50 $ / 3,80 $
Cours récent : 7,00 $
Rendement des actions : 5,7 %
Ratio cours/bénéfice : 18,42 X
Ratio cours/valeur comptable : 0,76 X
Bénéfice par action : [4] 0,38 $
Valeur comptable de l'action : [5] 9,25 $

[1] Indique les taux de location-acquisition et la tranche à court terme de la dette, excluant les montages incitatifs reportés.
[2] Excluant les magasins-entrepôts franchisés.
[3] Excluant les magasins-entrepôts Le Château et les magasins-entrepôts franchisés.
[4] Exercice terminé le 26 janvier 2002.
[5] Au 26 janvier 2002.

MESSAGE
AUX ACTIONNAIRES

Nous sommes heureux d'annoncer qu'en 2001, non seulement sommes-nous retournés à la rentabilité, mais, ce faisant, nous avons consolidé notre entreprise. Les ventes ont augmenté de 16 %, pour atteindre 188 millions de dollars, alors que les ventes des magasins comparables enregistraient une hausse de 14 %. De plus, cette tendance à la hausse s'est poursuivie au cours des 4 premiers mois de l'année en cours, avec une hausse globale de plus de 17 % des ventes des magasins comparables.

Le bénéfice net après impôts totalisait 1,9 million de dollars ou 0,38 $ par action, comparativement à une perte nette de 2,6 millions de dollars ou (0,53) $ par action l'année dernière. La productivité des ventes au pied carré dans l'espace existant a connu une croissance significative. En effet, les ventes au pied carré de nos magasins ont grimpé à 338 $ en 2001, par rapport à 292 $ l'année précédente, soit une augmentation de 16 %. Cette croissance de la productivité se poursuit d'ailleurs en 2002 et nous croyons que cette tendance se maintiendra.

Les dividendes versés en 2001 s'élevaient à 0,40 $ par action. Le Château a versé des dividendes pendant 34 trimestres consécutifs et compte maintenir cette politique pour les trimestres à venir.

En 2001, nous avons poursuivi le renforcement des bases de l'entreprise. Nous avons concentré nos efforts à la consolidation de l'image de notre marque et nous poursuivrons nos efforts en ce sens. Nous nous consacrons à soutenir notre équipe dans l'atteinte de nouveaux sommets d'excellence, tout en construisant une infrastructure plus solide, qui soit à la fois simple, flexible et conçue pour la vitesse, l'innovation et le changement.

En 2002, nos efforts tendront à faire en sorte que nos magasins atteignent les normes de design, d'aménagement et de mise en marche de calibre international, ainsi qu'à tirer profit des emplacements de premier ordre de nos magasins. En offrant à nos clients les tendances les plus innovatrices à prix abordable, nous sommes prêts à poursuivre la croissance de notre rentabilité de manière constante et stratégique.

Enfin, nous aimerions remercier nos actionnaires pour leur soutien et leur répéter notre engagement à faire fructifier leur investissement. Nous souhaitons aussi exprimer toute notre gratitude envers notre équipe d'employés loyaux et des plus talentueux. Leur dévouement et leur passion contribuent à faire en sorte qu'une visite dans un magasin Le Château soit une expérience intense et unique.

Herschel H. Segal
Président du Conseil et
chef de la direction

Jane Silverstone, B.A.Ш
Vice-présidente du Conseil

ANALYSE
PAR LA DIRECTION DE LA SITUATION FINANCIÈRE ET DES RÉSULTATS D'EXPLOITATION

RÉSULTATS D'EXPLOITATION [EN MILLIERS DE DOLLARS, SAUF LES MONTANTS PAR ACTION]

	2001 $	2000 $	1999 $
Ventes	187 540	161 120	168 666
Bénéfice (perte) avant impôts	4 010	(4 346)	9 019
Provision pour (recouvrement d') impôts	2 158	(1 739)	3 750
Bénéfice net (perte nette)	1 852	(2 607)	5 269
Bénéfice net (perte nette) par action			
De base	0,38	(0,53)	1,07
Dilué	0,37	(0,53)	1,02
Marge brute d'autofinancement	8 544	4 394	12 048
Augmentation (diminution) des ventes des magasins comparables %	14,2 %	(9,2) %	1,0 %
Superficie totale en pieds carrés à la fin de l'exercice	592 898	598 983	585 860
Ventes au pied carré, excluant les magasins entrepôts (en dollars)	338	292	322

VENTES

Durant l'exercice 2001, les ventes ont connu une hausse de 16,4 %, pour atteindre 187,5 millions de dollars, comparativement à 161,1 millions de dollars pour l'exercice précédent. Cette augmentation est attribuable en grande partie à une hausse de 14,2 % des ventes des magasins comparables. En excluant les magasins entrepôts, les ventes au pied carré ont grimpé à 338 $, par rapport à 292 $ en 2000, soit une augmentation de 15,8 %.

VENTES TOTALES PAR DIVISION [EN MILLIERS DE DOLLARS]

	2001 $	2000 $	1999 $	VARIATION EN % 2001-2000	VARIATION EN % 2000-1999
Vêtements pour femmes	121 149	101 522	106 708	19,3 %	(4,9)%
Vêtements pour hommes	18 033	17 958	19 071	0,4 %	(5,8)%
Vêtements JUNIOR GIRL	18 303	14 598	11 824	25,4 %	23,5 %
Chaussures	14 078	13 489	14 638	4,4 %	(7,8)%
Accessoires	15 222	12 962	15 269	17,4 %	(15,1)%
Grossistes franchisés	755	591	156	27,7 %	(48,9)%
	187 540	161 120	168 666	16,4 %	(4,5)%

La division de la Société qui génère le plus de ventes, celle des vêtements pour femmes, a enregistré une hausse de 19,3 % de ses ventes, après avoir connu un déclin de 4,9 % de ses ventes en 2000. La division de vêtements JUNIOR GIRL, ayant enregistré la plus importante augmentation des ventes en 2001, soit une hausse de 25,4 %, représentait 9,8 % des ventes totales par rapport à 9,1 % l'exercice précédent. Les divisions des accessoires, des chaussures et des vêtements pour hommes se sont également améliorées en 2001, avec des augmentations de ventes respectives de 17,4 %, de 4,4 % et de 0,4 %.

VENTES TOTALES PAR RÉGION [EN MILLIERS DE DOLLARS]

	2001 $	2000 $	1999 $	VARIATION EN % 2001-2000	2000-1999
Ontario	64 793	56 787	61 490	14,1 %	(7,6)%
Québec	46 939	39 762	43 495	18,0 %	(8,6)%
Prairies	31 598	25 360	24 795	24,6 %	2,3 %
Colombie-Britannique	23 869	21 526	22 479	10,9 %	(4,2)%
Maritimes	8 350	6 792	6 956	22,9 %	(2,4)%
États-Unis	11 236	10 302	8 295	9,1 %	24,2 %
Grossistes franchisés	755	591	156	27,7 %	(48,9)%
	187 540	161 120	168 666	16,4 %	(4,5)%

Au Canada, toutes les régions ont connu une amélioration de leurs résultats de ventes. Les régions des Prairies et des Maritimes ont enregistré la croissance la plus forte au chapitre des ventes, avec des augmentations respectives de 24,6 % et de 22,9 %. Dans ces régions, les ventes des magasins comparables ont connu quant à elles des augmentations respectives de 16,9 % et de 17,4 %.

Le Québec a connu la croissance la plus forte des ventes des magasins comparables, avec 19,2 %. Cette augmentation a été enregistrée après plusieurs années de ventes stables ou à la baisse. La Colombie-Britannique et l'Ontario ont aussi connu un excellent rendement des ventes des magasins comparables, avec des augmentations respectives de 14,1 % et de 13,5 %.

Les magasins de la Société situés aux États-Unis, tous dans la région de New York, ont subi les contrecoups des événements du 11 septembre. Alors que les ventes des magasins comparables au Canada ont augmenté de 15,6 %, les ventes des magasins comparables aux États-Unis ont subi une baisse de 6,9 % pour l'exercice (une baisse de 15,7 % a été enregistrée au cours de la deuxième moitié de l'exercice aux États-Unis).

Durant l'année, Le Château a ouvert 2 nouveaux magasins au Canada et a rénové 11 magasins. De plus, la Société a fermé 3 magasins, dont 1 aux États-Unis. Au 26 janvier 2002, la Société exploitait 160 magasins (dont 7 magasins-entrepôts) comparativement à 161 à la fin de l'exercice précédent. La superficie totale des magasins à la fin de l'exercice s'élevait à 593 000 pieds carrés, en regard de 599 000 pieds carrés à la fin de l'exercice précédent.

CHARGES D'EXPLOITATION

Exprimés en pourcentage du chiffre d'affaires, le coût des marchandises vendues et les frais d'achat et d'occupation ont diminué à 66,9 % par rapport à 69,5 % en 2000. Cette baisse est attribuable aux améliorations constamment apportées à la gestion des stocks, qui ont entraîné une diminution des démarques et une augmentation de la marge bénéficiaire brute.

Pour l'exercice 2001, les charges générales et les charges de ventes et d'administration se chiffraient à 50,5 millions de dollars, comparativement à 46,0 millions de dollars en 2000. Exprimées en pourcentage du chiffre d'affaires, les charges générales et les charges de vente et d'administration ont diminué à 26,9 % en 2001, comparativement à 28,5 % en 2000.

Les intérêts débiteurs sont passés de 787 000 $ en 2000 à 700 000 $ en 2001, en raison d'un remboursement de 3,2 millions de dollars de la dette à long terme au cours de l'exercice et de la baisse des taux d'intérêts en 2001.

Les frais d'amortissement sont demeurés stables à 6,5 millions de dollars, comparativement à 6,4 millions de dollars en 2000.

La provision pour impôts de 2,2 millions de dollars en 2001 représente un taux d'imposition effectif de 53,8 %, attribuable à la perte nette non déductible de 1,8 million de dollars subie aux États-Unis.

BÉNÉFICE

Le bénéfice avant intérêts, impôts et amortissement (BAIIA) a augmenté à 11,2 millions de dollars ou 2,27 $ par action en 2001, par rapport à 2,9 millions de dollars ou 0,58 $ par action en 2000. Le bénéfice net totalisait 1,9 million de dollars ou (0,53) $ par action en 2000, comparativement à une perte nette de 2,6 millions de dollars ou (0,53) $ par action en 2000.

Le bénéfice net de la Société attribuable à ses opérations au Canada totalisait 3 647 000 $ ou 0,74 $ par action, alors qu'elle a enregistré une perte nette aux États-Unis de 1 795 000 $ ou (0,36) $ par action, comparativement à une perte nette de 502 000 $ ou (0,10) $ par action, l'année précédente.

DIVIDENDES

En 2001, Le Château a maintenu, pour la huitième année consécutive, sa politique de versement de dividendes trimestriels sur les actions à droit de vote subalterne de catégorie A et les actions à droit de vote de catégorie B. Le total des dividendes par action de catégories A et B versés en 2001 s'élevait à 0,10 $ par trimestre ou 0,40 $. Le rendement des actions – basé sur le cours de clôture de 7,00 $ par action enregistré le 24 mai 2002 – était de 5,7 %.

LIQUIDITÉS ET RESSOURCES EN CAPITAL

La Société possède des liquidités importantes, largement suffisantes pour soutenir ses activités d'exploitation, ainsi qu'une situation financière solide. La marge brute d'autofinancement a augmenté à 8,5 millions de dollars ou 1,73 $ par action en 2001, en regard de 4,4 millions de dollars ou 0,89 $ par action l'année précédente, cette augmentation étant attribuable principalement à un bénéfice net plus élevé.

Les rentrées nettes liées aux activités d'exploitation (incluant la variation nette des soldes hors caisse du fonds de roulement) ont augmenté à 15,1 millions de dollars, comparativement à 2,8 millions de dollars en 2000. Les rentrées nettes liées aux activités d'exploitation et de financement ont servi aux activités de financement et d'investissement suivantes :

• Des dépenses en immobilisations de 5,0 millions de dollars, réparties ainsi :

DÉPENSES EN IMMOBILISATIONS [EN MILLIERS DE DOLLARS]

	2001 $	2000 $	1999 $
Ouverture de magasins (2 magasins ; 2000 - 8 magasins ; 1999 - 13 magasins)	341	4 526	2 653
Rénovation de magasins (11 magasins ; 2000 - 13 magasins ; 1999 - 14 magasins)	3 341	3 948	5 644
Systèmes informatiques	721	1 025	2 144
Autres	622	880	187
	5 025	10 379	10 628

De ces 5,0 millions de dollars de dépenses en immobilisations, une tranche de 4,9 millions de dollars est liée aux activités canadiennes et de 0,1 million de dollars aux activités américaines.

8

9

• le versement de dividendes totalisant 2,0 millions de dollars.
• le remboursement des obligations découlant des contrats de location-acquisition et de la dette à long terme totalisant 3,2 millions de dollars.

La situation de trésorerie de la Société s'établissait à 9,8 millions de dollars ou 1,99 $ par action en 2001, en hausse par rapport à 3,1 millions de dollars ou 0,62 $ par action en 2000.

SITUATION FINANCIÈRE

Le fonds de roulement se chiffrait à 14,6 millions de dollars à la fin de l'exercice, comparativement à 13,8 millions de dollars à la fin de 2000.

Les stocks ont diminué à 21,4 millions de dollars par rapport à 22,1 millions de dollars un an auparavant, cette baisse étant attribuable surtout à des stocks moins élevés de matières premières à la fin de l'exercice.

L'avoir des actionnaires a subi une légère baisse, pour se chiffrer à 45,7 millions de dollars à la fin de l'exercice, déduction faite des 2,0 millions de dollars versés en dividendes. La valeur comptable par action se chiffrait à 9,25 $ à la fin de l'exercice, en regard de 9,28 $ au 27 janvier 2001, et comprenait 1,99 $ d'espèces et de quasi-espèces.

Le total de la dette à long terme et des obligations en vertu des contrats de location-acquisition, y compris les tranches à court terme, a diminué à 4,5 millions de dollars par rapport à 6,0 millions de dollars en 2000. Le ratio d'endettement à long terme est demeuré sain, à 0,10 :1, comparativement à 0,13 :1 l'année précédente.

Pour l'exercice 2002, les dépenses en immobilisations prévues se chiffrent à environ 6,5 millions de dollars, dont 5,5 millions de dollars seront consacrés à la rénovation de 12 à 16 magasins existants et 1 million sera investi dans la technologie informatique et les équipements manufacturiers. De plus, afin d'offrir notre marque dans toutes les régions du Canada, nous sommes continuellement à la recherche de nouvelles occasions dans des marchés clés.

La direction prévoit être en mesure de continuer à financer l'exploitation de la Société et la majorité des dépenses en immobilisations à même la marge brute d'autofinancement. Au besoin, elle pourrait également puiser dans ses ressources financières qui, à la fin de l'exercice, consistaient en des espèces et des quasi-espèces de 9,8 millions de dollars et une marge de crédit rotative de 11,0 millions de dollars qu'elle détient auprès de son institution bancaire. Une partie des dépenses en immobilisations prévues pourrait également être financée au moyen d'un emprunt à long terme.

RISQUES ET INCERTITUDES

Concurrence et conjoncture économique

La mode est une industrie hautement concurrentielle et d'envergure internationale qui se doit de suivre l'évolution rapide de la demande des consommateurs. De plus, plusieurs facteurs extérieurs, indépendants de notre volonté, influencent le climat économique et la confiance des consommateurs.

Cet environnement accentue l'importance d'une différenciation en magasin, d'un service à la clientèle de qualité et du dépassement continuel des attentes des clients, afin de leur offrir une expérience globale en magasin.

Dans cette optique, Le Château croit que son caractère distinctif, la mise en marché et le design novateurs de ses magasins, sa situation financière solide, ainsi que son équipe gagnante d'employés dynamiques se consacrant à offrir la meilleure expérience en magasin qui soit, contribueront au succès continu de son entreprise.

10

Baux

Tous les magasins de la Société sont assujettis à des contrats de location à long terme, dont la majorité sont assortis de conditions de location favorables. Toute augmentation des taux de location aurait des conséquences négatives pour la Société.

Risque de change

Le risque de change auquel la Société est exposée se limite aux fluctuations des cours entre le dollar canadien et le dollar américain. Quand les circonstances l'exigent, la Société a recours à des contrats à terme pour fixer le taux de change sur une portion de ses besoins prévus en dollars américains.

PERSPECTIVES

Le Château prévoit que la tendance positive enregistrée au cours de l'exercice 2001 se poursuivra en 2002 et entraînera une augmentation des ventes et du bénéfice. Les quatre premiers mois de l'exercice 2002 indiquent une hausse de plus de 17 % des ventes des magasins comparables. La satisfaction de notre clientèle demeurera une priorité et nous continuerons à améliorer tous les aspects de notre entreprise par une consolidation constante de notre marque, une meilleure gestion des stocks, ainsi qu'un contrôle plus sévère des coûts et des investissements dans la recherche, la conception et le développement, les rénovations et les nouvelles technologies.

RÉSULTATS TRIMESTRIELS [EN MILLIERS DE DOLLARS, SAUF LES MONTANTS PAR ACTION]

	Premier trimestre		Deuxième trimestre		Troisième trimestre		Quatrième trimestre		Total	
	2001 $	2000 $	**2001** $	2000 $	**2001** $	2000 $	**2001** $	2000 $	**2001** $	2000 $
Ventes	38 441	33 669	42 675	36 356	51 360	44 086	55 064	47 009	187 540	161 120
Bénéfice (perte) avant impôts	(940)	(2 476)	178	(2 281)	2 833	71	1 939	340	4 010	(4 346)
Bénéfice net (perte nette)	(555)	(1 449)	105	(1 333)	1 371	41	931	134	1 852	(2 607)
Bénéfice net (perte nette) par action	(0,11)	(0,29)	0,02	(0,27)	0,28	0,01	0,19	0,02	0,38	(0,53)

ÉNONCÉS PROSPECTIFS

Un certain nombre de points dont il est question dans cette « Analyse par la direction de la situation financière et des résultats d'exploitation » et ailleurs dans le Rapport annuel et qui ne sont pas des faits historiques ou actuels, concernent des circonstances et des développements éventuels. L'analyse de ces points est sous réserve des risques inhérents et des incertitudes entourant les prévisions en général et peut différer de façon considérable de l'expérience future réelle de la Société relativement à un ou plusieurs de ces points.

11

13

ÉTATS FINANCIERS CONSOLIDÉS

RESPONSABILITÉ DE LA DIRECTION À L'ÉGARD DE L'INFORMATION FINANCIÈRE

Les états financiers consolidés ci-joints de Le Château Inc. et toute l'information contenue dans le présent rapport annuel sont la responsabilité de la direction.

Les états financiers ont été dressés par la direction conformément aux principes comptables généralement reconnus au Canada. Lorsqu'il était possible d'appliquer d'autres méthodes comptables, la direction a choisi celles qu'elle a jugées les plus appropriées dans les circonstances. Les états financiers ne sont pas précis, puisqu'ils renferment certains montants fondés sur l'utilisation d'estimations et de jugement. La direction a établi ces montants de manière raisonnable afin d'assurer que les états financiers soient présentés fidèlement à tous égards importants. La direction a également préparé l'information financière présentée ailleurs dans le rapport annuel et s'est assurée de sa concordance avec les états financiers.

La Société maintient des systèmes de contrôles internes comptables et administratifs de qualité supérieure, moyennant un coût raisonnable. Ces systèmes ont pour objet de fournir un degré raisonnable de certitude que l'information financière est pertinente, fiable et exacte et que l'actif de la Société est correctement comptabilisé et bien protégé.

Le conseil d'administration est chargé d'assurer que la direction assume ses responsabilités à l'égard de la présentation de l'information financière et il est l'ultime responsable de l'examen et de l'approbation des états financiers. Le conseil s'acquitte de cette responsabilité principalement par l'entremise de son comité de vérification, qui se compose de trois administrateurs externes nommés par le conseil d'administration. Le comité rencontre annuellement la direction ainsi que les vérificateurs externes indépendants, afin de discuter des contrôles internes exercés sur le processus de présentation de l'information financière, ainsi que des questions de vérification et de présentation de l'information financière. Le comité examine également les états financiers consolidés et le rapport des vérificateurs externes, et fait part de ses constatations au conseil d'administration lorsque ce dernier approuve la publication des états financiers à l'intention des actionnaires. De plus, le comité étudie, dans le but de soumettre à l'examen du conseil d'administration et à l'approbation des actionnaires, la nomination des vérificateurs externes ou le renouvellement de leur mandat. Les vérificateurs externes ont librement et pleinement accès au comité de vérification.

Les états financiers ont été vérifiés, au nom des actionnaires, par les vérificateurs externes Ernst & Young s.r.l., conformément aux normes de vérification généralement reconnues au Canada.

Herschel H. Segal
Président du Conseil et
chef de la direction

Emilia Di Raddo, CA
Présidente et
secrétaire générale

RAPPORT DES VÉRIFICATEURS AUX ACTIONNAIRES DE LE CHÂTEAU INC.

Nous avons vérifié les bilans consolidés de Le Château Inc. aux 26 janvier 2002 et 27 janvier 2001 et les états consolidés des résultats, des bénéfices non répartis et des flux de trésorerie des exercices terminés à ces dates. La responsabilité de ces états financiers incombe à la direction de la Société. Notre responsabilité consiste à exprimer une opinion sur ces états financiers en nous fondant sur nos vérifications.

Nos vérifications ont été effectuées conformément aux normes de vérification généralement reconnues au Canada. Ces normes exigent que la vérification soit planifiée et exécutée de manière à fournir l'assurance raisonnable que les états financiers sont exempts d'inexactitudes importantes. La vérification comprend le contrôle par sondages des éléments probants à l'appui des montants et des autres éléments d'information fournis dans les états financiers. Elle comprend également l'évaluation des principes comptables suivis et des estimations importantes faites par la direction, ainsi qu'une appréciation de la présentation d'ensemble des états financiers.

À notre avis, ces états financiers consolidés donnent, à tous les égards importants, une image fidèle de la situation financière de la Société aux 26 janvier 2002 et 27 janvier 2001 ainsi que des résultats de son exploitation et de ses flux de trésorerie pour les exercices terminés à ces dates selon les principes comptables généralement reconnus au Canada.

Ernst & Young s.r.l.
Comptables agréés

Montréal, Canada
Le 20 mars 2002

LE CHÂTEAU INC. [CONSTITUÉE EN VERTU DE LA LOI CANADIENNE SUR LES SOCIÉTÉS PAR ACTIONS]

BILANS CONSOLIDÉS
AU 26 JANVIER 2002 [CHIFFRES CORRESPONDANT AU 27 JANVIER 2001]
[EN MILLIERS DE DOLLARS]

	2002 $	2001 $
ACTIF		
Actif à court terme		
Espèces et quasi-espèces	9 830	3 072
Débiteurs et charges payées d'avance	1 585	1 679
Impôts sur les bénéfices remboursables	–	2 427
Stocks (note 3)	21 353	22 123
Prêts à un administrateur (note 4)	120	–
Total de l'actif à court terme	32 888	29 301
Prêts à un administrateur (note 4)	566	686
Immobilisations (note 5)	36 461	38 202
	69 915	68 189
PASSIF ET CAPITAUX PROPRES		
Passif à court terme		
Créditeurs et charges à payer (note 11)	13 322	12 027
Dividendes à payer	494	494
Impôts sur les bénéfices à payer	1 925	–
Tranche échéant à moins d'un an des obligations découlant de contrats de location-acquisition (note 6)	1 537	1 976
Tranche échéant à moins d'un an de la dette à long terme (note 7)	989	1 000
Total du passif à court terme	18 267	15 497
Obligations découlant de contrats de location-acquisition (note 6)	988	1 914
Dette à long terme (note 7)	970	1 112
Impôts futurs (note 9)	1 772	1 469
Avantages incitatifs reportés	2 224	2 397
Total du passif	24 221	22 389
Capitaux propres		
Capital social (note 8)	13 445	13 428
Bénéfices non répartis	32 249	32 372
Total des capitaux propres	45 694	45 800
	69 915	68 189

Voir les notes afférentes aux états financiers consolidés.
Au nom du conseil,

Herschel H. Segal
Administrateur

Jane Silverstone, B.A.LL.L
Administratrice

LE CHÂTEAU INC.

ÉTATS CONSOLIDÉS DES BÉNÉFICES NON RÉPARTIS

EXERCICE TERMINÉ LE 26 JANVIER 2002 [CHIFFRES CORRESPONDANTS POUR L'EXERCICE TERMINÉ LE 27 JANVIER 2001]
[EN MILLIERS DE DOLLARS]

	2002 $	2001 $
Solde au début de l'exercice	32 372	36 953
Bénéfice net (perte nette)	1 852	(2 607)
	34 224	34 346
Dividendes	1 975	1 974
Solde à la fin de l'exercice	32 249	32 372

Voir les notes afférentes aux états financiers consolidés

ÉTATS CONSOLIDÉS DES RÉSULTATS

EXERCICE TERMINÉ LE 26 JANVIER 2002 [CHIFFRES CORRESPONDANTS POUR L'EXERCICE TERMINÉ LE 27 JANVIER 2001]
[EN MILLIERS DE DOLLARS]

	2002 $	2001 $
Ventes	187 540	161 120
Coût des marchandises vendues et charges		
Coût des marchandises vendues, frais d'achat et d'occupation	125 526	112 035
Charges générales et charges de vente et d'administration	50 538	45 957
Intérêts	700	787
Amortissement	6 515	6 426
Radiation d'immobilisations	251	261
	183 530	165 466
Bénéfice (perte) avant impôts sur les bénéfices	4 010	(4 346)
Provision pour (recouvrement d') impôts sur les bénéfices [note 9]	2 158	(1 739)
Bénéfice net (perte nette)	1 852	(2 607)
Bénéfice net (perte nette) par action [note 10]		
De base	0,38	(0,53)
Dilué	0,37	(0,53)
Nombre moyen pondéré d'actions en circulation	4 936 065	4 935 248

Voir les notes afférentes aux états financiers consolidés.

LE CHÂTEAU INC.

ÉTATS CONSOLIDÉS DES FLUX DE TRÉSORERIE

EXERCICE TERMINÉ LE 26 JANVIER 2002 [CHIFFRES CORRESPONDANTS POUR L'EXERCICE TERMINÉ LE 27 JANVIER 2001]
[EN MILLIERS DE DOLLARS]

	2002 $	2001 $
ACTIVITÉS D'EXPLOITATION		
Bénéfice net (perte nette)	1 852	(2 607)
Redressements pour déterminer les flux de trésorerie liés aux activités d'exploitation		
Amortissement	6 515	6 426
Radiation d'immobilisations	251	261
Amortissement des avantages incitatifs reportés	(377)	(355)
Impôts futurs	303	669
	8 544	4 394
Variation nette des soldes hors caisse du fonds de roulement liés à l'exploitation [note 13]	6 511	(1 583)
Flux de trésorerie liés aux activités d'exploitation	15 055	2 811
ACTIVITÉS DE FINANCEMENT		
Produits des contrats de location-acquisition	646	3 778
Remboursement des obligations découlant de contrats de location-acquisition	(2 011)	(2 622)
Produit de la dette à long terme	1 000	2 248
Remboursement de la dette à long terme	(1 153)	(1 254)
Avantages incitatifs reportés	204	373
Émission de capital social	17	1
Dividendes versés	(1 975)	(1 974)
Flux de trésorerie liés aux activités de financement	(3 272)	550
ACTIVITÉS D'INVESTISSEMENT		
Acquisitions d'immobilisations	(5 025)	(10 379)
Flux de trésorerie liés aux activités d'investissement	(5 025)	(10 379)
Augmentation (diminution) des espèces et quasi-espèces	6 758	(7 018)
Espèces et quasi-espèces au début de l'exercice	3 072	10 090
Espèces et quasi-espèces à la fin de l'exercice	9 830	3 072
Information supplémentaire :		
Intérêts payés pendant l'exercice	700	787
Impôts sur les bénéfices reçus pendant l'exercice, montant net	(2 347)	(606)

Voir les notes afférentes aux états financiers consolidés.

14

15

NOTES AFFÉRENTES AUX ÉTATS FINANCIERS CONSOLIDÉS

26 JANVIER 2002
[LES MONTANTS DES TABLEAUX SONT EN MILLIERS DE DOLLARS, SAUF LES MONTANTS PAR ACTION ET SAUF INDICATION CONTRAIRE.]

1. CONVENTIONS COMPTABLES

Utilisation d'estimations

Les états financiers consolidés de la Société ont été dressés par la direction conformément aux principes comptables généralement reconnus du Canada. La préparation des états financiers conformément aux principes comptables généralement reconnus nécessite l'utilisation par la direction d'estimations et d'hypothèses qui ont une incidence sur les montants constatés dans les états financiers et les notes y afférentes. Les résultats réels pourraient être différents de ces montants estimés. De l'avis de la direction, les états financiers ont été dressés de façon appropriée selon les limites raisonnables de l'importance relative et dans le cadre des conventions comptables résumées ci-après.

Périmètre de consolidation

Les états financiers consolidés comprennent les comptes de Le Château Inc. et de sa filiale en propriété exclusive.

Conversion des comptes exprimés en monnaie étrangère

Opérations conclues en monnaie étrangère et établissements étrangers intégrés :

Les actifs et passifs monétaires sont convertis en dollars canadiens aux taux en vigueur à la date du bilan. Les autres actifs et passifs sont convertis aux taux en vigueur aux dates des opérations. Les produits et les charges sont convertis aux taux de change moyens en vigueur au cours de l'exercice, à l'exception du coût des stocks utilisés et de l'amortissement, lesquels sont convertis aux taux de change en vigueur au moment de l'acquisition des actifs connexes. Les résultats font état des gains et pertes de change.

Stocks

Les matières premières et les produits en cours sont évalués au moindre du coût et de la valeur de réalisation nette. Les produits finis sont évalués, selon la méthode de l'inventaire au prix de détail, au moindre du coût et de la valeur de réalisation nette moins la marge bénéficiaire normale.

Immobilisations et amortissement

Toutes les immobilisations sont comptabilisées au coût. L'amortissement est imputé aux résultats comme suit :

Bâtiment	10 %, amortissement dégressif
Mobilier et matériel	5 à 10 ans, amortissement linéaire
Automobiles	30 %, amortissement dégressif

Les droits de location et les améliorations locatives sont amortis selon la méthode de l'amortissement linéaire sur la durée initiale des baux, plus une période de renouvellement.

Avantages incitatifs reportés

Les avantages incitatifs reportés sont amortis selon la méthode de l'amortissement linéaire sur la durée initiale des baux, plus une période de renouvellement.

Régime de rémunération à base d'actions

La Société offre un régime de rémunération à base d'actions qui est décrit à la note 8. Aucune charge de rémunération n'est constatée pour ce régime à l'octroi d'options d'achat d'actions ou à l'émission d'actions à des employés. Toute contrepartie versée par des employés à l'exercice d'options d'achat d'actions ou à l'achat d'actions est portée au crédit du capital social.

Frais d'ouverture de magasins

Les frais d'ouverture de magasins sont radiés dès qu'ils sont engagés.

---

26 JANVIER 2002 [LES MONTANTS DES TABLEAUX SONT EN MILLIERS DE DOLLARS, SAUF LES MONTANTS PAR ACTION ET SAUF INDICATION CONTRAIRE.]

1. CONVENTIONS COMPTABLES [SUITE]

Impôts sur les bénéfices

La Société utilise la méthode du passif fiscal pour la comptabilisation des impôts sur les bénéfices, laquelle exige que ce soient les nouvelles recommandations de l'ICCA à l'égard du calcul et de la présentation des passifs d'impôts futurs soit fait selon les taux d'imposition en vigueur ou pratiquement en vigueur, dans l'éventualité d'écarts temporaires causés par la différence entre la valeur fiscale des actifs et des passifs et leur valeur comptable.

Résultat par action

En date du 28 janvier 2001, la Société a adopté rétroactivement les nouvelles recommandations de l'ICCA à l'égard du calcul et de la présentation du résultat par action. Les principes du calcul du résultat de base par action sont les mêmes que ceux des recommandations antérieures ; toutefois, le résultat dilué par action est dorénavant calculé au moyen de la méthode du rachat d'actions. Selon cette méthode, le nombre moyen pondéré d'actions en circulation après dilution est calculé comme si la totalité des options ayant un effet dilutif avaient été exercées au début de la période considérée ou à la date d'émission, si elle est postérieure, et le produit de l'exercice de ces options est utilisé pour racheter des actions ordinaires pour leur cours moyen pendant la période. Les nouvelles recommandations n'exigent plus un ajustement du résultat net ou titre des intérêts théoriques dans le calcul du résultat dilué par action. L'adoption de ces recommandations n'a pas eu d'effet sur le résultat dilué par action de la Société ni pour l'exercice terminé le 26 janvier 2002 ni pour celui terminé le 27 janvier 2001.

2. FACILITÉ DE CRÉDIT

La Société dispose de facilités de crédit d'exploitation qui s'élèvent à 11 millions de dollars, garanties par les débiteurs et les stocks de la Société. Ces facilités de crédit sont garanties par les débiteurs et les actions émises d'une filiale en une hypothèque mobile qui prévoit une charge sur les actifs de la Société. Cette convention de crédit est renouvelable annuellement. Les montants prélevés sur ces facilités de crédit sont remboursables à vue et portent intérêt aux taux établis d'après le taux bancaire préférentiel pour les emprunts libellés en dollars canadiens, d'après le taux de base aux États-Unis pour les emprunts libellés en dollars américains et au taux des acceptations bancaires majoré de 1,25 % pour les acceptations bancaires, en dollars canadiens. En outre, les modalités de la convention bancaire exigent que la Société respecte certains ratios financiers.

3. STOCKS

	26 JANV. 2002	27 JANV. 2001
	$	$
Matières premières	3 263	4 188
Produits en cours	1 451	1 310
Produits finis	16 639	16 625
	21 353	22 123

4. PRÊTS À UN ADMINISTRATEUR

Les prêts ne portent pas intérêt et ont été accordés en vertu du régime d'achat d'actions.

Au 26 janvier 2002, les actions que détient la Société à titre de sûreté pour les prêts ont une valeur marchande de 461 000 $ [232 000 $ en 2001]. Ces prêts doivent être remboursés de 2003 à 2005, sous réserve d'un remboursement anticipé advenant la cessation de l'emploi ou la cession des actions de l'administrateur. La juste valeur des prêts ne peut être déterminée.

26 JANVIER 2002 (LES MONTANTS DES TABLEAUX SONT EN MILLIERS DE DOLLARS, SAUF LES MONTANTS PAR ACTION ET SAUF INDICATION CONTRAIRE.)

5. IMMOBILISATIONS

	COÛT $	AMORTISSEMENT CUMULÉ $	VALEUR COMPTABLE NETTE $
26 janvier 2002			
Terrain et bâtiment	989	424	565
Droits de location et améliorations locatives	22 944	9 315	13 629
Caisses enregistreuses aux points de vente et matériel informatique	8 123	3 085	5 038
Autres mobilier et agencements	27 918	10 718	17 200
Automobiles	178	149	29
	60 152	23 691	36 461
27 janvier 2001			
Terrain et bâtiment	972	368	604
Droits de location et améliorations locatives	22 489	7 813	14 676
Caisses enregistreuses aux points de vente et matériel informatique	8 133	2 556	5 577
Autres mobilier et agencements	26 609	9 306	17 303
Automobiles	179	137	42
	58 382	20 180	38 202

Des immobilisations de 4 950 000 $ (7 543 000 $ en 2001) sont détenues en vertu des contrats de location-acquisition; l'amortissement cumulé à l'égard de ces immobilisations totalise 3 836 000 $ (2 028 000 $ en 2001).

6. OBLIGATIONS DÉCOULANT DE CONTRATS DE LOCATION-ACQUISITION

Les loyers minimums à payer en vertu des contrats de location-acquisition sont comme suit:

	$
2003	1 666
2004	805
2005	218
Total des loyers minimums à payer	2 689
Montant représentant l'intérêt (à des taux se situant entre 5 % et 8 %)	164
	2 525
Moins la tranche à court terme	1 537
	988

La juste valeur des contrats de location-acquisition à taux fixe est fondée sur les flux de trésorerie futurs estimatifs actualisés au taux courant du marché pour les dettes ayant la même durée jusqu'à l'échéance, comme conseillé par les banquiers de la Société. La juste valeur de ces contrats de location-acquisition se rapproche de leur valeur comptable.

7. DETTE À LONG TERME

	26 JANV. 2002 $	27 JANV. 2001 $
Contrat de garantie spécifique, 6,97 %, échéant le 15 juillet 2004	847	–
Contrat de garantie spécifique, 8,77 %, échéant le 20 novembre 2003	1 112	1 886
Divers	–	226
	1 959	2 112
Moins la tranche à court terme	989	1 000
	970	1 112

La dette à long terme est garantie par la totalité des immobilisations acquises avec le produit de la dette, comme précisé dans les contrats d'emprunt.

Les remboursements du capital sont payables au cours des exercices suivants :

	$
2003	989
2004	792
2005	178
	1 959

La juste valeur des emprunts décrits ci-dessus se rapproche de leur valeur comptable.

8. CAPITAL SOCIAL

Autorisé

Un nombre illimité d'actions privilégiées de première, deuxième et troisième rangs, sans droit de vote et pouvant être émises en série.
Un nombre illimité d'actions de catégorie A avec droit de vote subalterne.
Un nombre illimité d'actions de catégorie B avec droit de vote.

Émis

	26 JANV. 2002 $	27 JANV. 2001 $
1 922 541 actions de catégorie A (1 915 291 en 2001)	12 381	12 364
3 020 000 actions de catégorie B	1 064	1 064
	13 445	13 428

Au cours de l'exercice terminé le 26 janvier 2002, la Société a émis 7 250 actions de catégorie A (200 en 2001) en vertu du régime d'options d'achat d'actions pour 17 000 $ (1 000 $ en 2001).

Caractéristiques principales
a) En ce qui a trait au versement de dividendes et ou rendement du capital, les actions prennent rang comme suit :
Privilégiées de premier rang
Privilégiées de deuxième rang
Privilégiées de troisième rang
Catégorie A et catégorie B

26 JANVIER 2002 [LES MONTANTS DES TABLEAUX SONT EN MILLIERS DE DOLLARS, SAUF LES MONTANTS PAR ACTION ET SAUF INDICATION CONTRAIRE]

8. CAPITAL SOCIAL [SUITE]

Régime d'achat d'actions

En vertu des dispositions du régime d'achat d'actions, la Société peut accorder à ses employés clés des droits de souscription visant des actions de catégorie A. Le régime, qui a été modifié le 28 mai 1997, prévoit qu'un maximum de 10 000 actions de catégorie A pourra être émis à compter du 28 mai 1997 et que le prix de souscription ne peut être inférieur au cours de clôture des actions de catégorie A à la Bourse de Toronto le dernier jour ouvrable avant la date à laquelle le droit de souscription a été accordé. Depuis le 28 mai 1997, aucune action n'a été émise en vertu du régime d'achat d'actions.

9. IMPÔTS FUTURS

Au 26 janvier 2002, une filiale américaine avait des pertes accumulées de 12,5 millions de dollars CA (8,0 millions de dollars US) venant à échéance entre 2003 et 2017. Une provision pour moins-value a été inscrite à l'égard des actifs d'impôts futurs correspondants et, par conséquent, les avantages fiscaux relatifs au report prospectif de ces pertes n'ont pas été comptabilisés dans les états financiers.

Les principaux écarts temporaires donnant lieu à des passifs d'impôts futurs nets pour la Société découlent d'immobilisations amortissables.

Voici un rapprochement du taux d'imposition moyen prévu par la loi et du taux d'imposition réel :

	2002 %	2001 %
Taux d'imposition moyen prévu par la loi	40,2	42,1
Augmentation (diminution) du taux d'imposition découlant de ce qui suit :		
Pertes fiscales américaines non déductibles	18,0	(4,9)
Changement du taux d'imposition en vigueur	–	5,5
Éléments non déductibles et impôt des grandes sociétés	(4,4)	(2,7)
Taux d'imposition réel	53,8	40,0

10. RÉSULTAT PAR ACTION

Le bénéfice de base par action est calculé selon le nombre moyen pondéré d'actions en circulation durant l'exercice.

Le bénéfice dilué par action fait état de l'effet de dilution découlant de l'exercice des options d'achat d'actions en circulation à la fin de l'exercice ou après le début des exercices au cours de l'exercice, comme si elles avaient été exercées au début de l'exercice ou à la date de leur octroi si l'octroi suivent des options exercées au cours de l'exercice. Le tableau qui suit présente un rapprochement des numérateurs et des dénominateurs utilisés dans le calcul du résultat de base par action et du résultat dilué par action.

	2002 $	2001 $
Bénéfice net (perte nette) (numérateur)	1 852	(2 607)
Nombre moyen pondéré d'actions en circulation (dénominateur)		
Nombre moyen pondéré d'actions en circulation – de base	4 936	4 935
Effet dilutif des options d'achat d'actions	102	354
Nombre moyen pondéré d'actions en circulation – dilué	5 038	5 289

Pour l'exercice 2001, il n'y avait pas de différence entre le résultat de base par action et le résultat dilué par action, car la Société était déficitaire.

---

26 JANVIER 2002 [LES MONTANTS DES TABLEAUX SONT EN MILLIERS DE DOLLARS, SAUF LES MONTANTS PAR ACTION ET SAUF INDICATION CONTRAIRE]

8. CAPITAL SOCIAL [SUITE]

b] Sous réserve des droits des actionnaires privilégiés, les porteurs d'actions de catégorie A ont droit à un dividende privilégié non cumulatif de 0,05 $ par action, après quoi les porteurs d'actions de catégorie B ont droit à un dividende non cumulatif de 0,05 $ par action. Tout autre dividende déclaré au cours d'un exercice doit être déclaré et versé en montants égaux par action pour toutes les actions de catégorie A et de catégorie B.

c] Sous réserve de ce qui précède, les actions de catégorie A et les actions de catégorie B ont également de rang, action pour action, quant aux bénéfices.

d] Les actions de catégorie A confèrent un vote par action et les actions de catégorie B, 10 votes par action.

e] Les actions de catégorie A sont convertibles en actions de catégorie B à raison d'une action pour une action si la société mère cesse de contrôler la Société ou si une offre est acceptée quant à la vente de plus de 20 % des actions de catégorie B alors en circulation à un prix supérieur à 115 % de leur cours à la cote. Les actions de catégorie B sont convertibles en actions de catégorie A en tout temps, à raison d'une action pour une action.

Régime d'options d'achat d'actions

En vertu des dispositions du régime d'options d'achat d'actions, la Société peut accorder des options à des employés clés et des administrateurs pour acheter des actions de catégorie A. Le régime, qui a été modifié le 28 mai 1997, puis le 7 avril 2000 et le 20 avril 2001, prévoit qu'un maximum de 1 250 000 actions de catégorie A peut être émis à compter du 28 mai 1997 et que le prix de l'option ne peut être inférieur au cours de clôture des actions de catégorie A à la Bourse de Toronto le dernier jour où il y a eu des opérations avant la date à laquelle l'option est accordée. Les options d'achat d'actions peuvent être exercées progressivement par le porteur sur une période de deux à cinq ans débutant à la date d'octroi. Depuis le 28 mai 1997, 346 250 options ont été exercées.

Le tableau ci-dessous présente un sommaire de la situation du régime d'options d'achat d'actions de la Société aux 26 janvier 2002 et 27 janvier 2001 et des variations pendant les exercices terminés à ces dates.

	26 JANV. 2002		27 JANV. 2001	
	ACTIONS	PRIX D'EXERCICE MOYEN PONDÉRÉ $	ACTIONS	PRIX D'EXERCICE MOYEN PONDÉRÉ $
En circulation au début de l'exercice	540 800	5,44	346 700	7,35
Octroyées	168 000	3,77	214 000	2,41
Exercées	7 250	2,33	200	5,00
Annulées/échues	80 600	5,27	19 700	6,05
En circulation à la fin de l'exercice	620 950	5,05	540 800	5,44
Options pouvant être exercées à la fin de l'exercice	263 080	5,77	158 864	6,93

Le tableau suivant résume l'information relative aux options d'achat d'actions en circulation au 26 janvier 2002 :

FOURCHETTE DE PRIX D'EXERCICE $	NOMBRE EN CIRCULATION AU 26 JANV. 2002 #	DURÉE DE VIE RESTANTE MOYENNE PONDÉRÉE #	PRIX D'EXERCICE MOYEN PONDÉRÉ $	NOMBRE D'OPTIONS POUVANT ÊTRE EXERCÉES AU 26 JANV. 2002 #	PRIX D'EXERCICE MOYEN PONDÉRÉ $
2,25 à 6,49	465 010	3 ans	3,66	178 760	4,09
6,50 à 7,99	2 240	0,5 an	7,60	2 240	7,60
8,00 à 8,99	70 700	2 ans	8,26	28 280	8,26
9,00 à 10,17	83 000	1 an	10,03	53 800	9,95
2,25 à 10,17	620 950	3 ans	5,05	263 080	5,77

26 JANVIER 2002 [LES MONTANTS DES TABLEAUX SONT EN MILLIERS DE DOLLARS, SAUF LES MONTANTS PAR ACTION ET SAUF INDICATION CONTRAIRE.]

11. ENGAGEMENTS

La Société dispose de lettres de crédit d'un montant de 3 179 000 $ dont 1 400 000 $ ont été utilisés à la fin de l'exercice. Les lettres de crédit représentent des garanties de paiement d'achats auprès des fournisseurs étrangers et leur juste valeur se rapproche de leur valeur comptable.

Les loyers minimums à verser en vertu de contrats de location-exploitation à long terme se présentent comme suit :

	$
2003	19 900
2004	19 073
2005	15 548
2006	13 439
2007	10 890
Par la suite	24 494
	103 344

Certains contrats de location-exploitation prévoient des loyers annuels supplémentaires fondés sur les ventes en magasin ainsi que des augmentations annuelles des charges d'exploitation du propriétaire.

12. INFORMATION SECTORIELLE

Le seul secteur d'exploitation de la Société est la vente au détail de vêtements, d'accessoires et de chaussures pour hommes, femmes et préadolescents dynamiques et soucieux de la mode. Voici un résumé des résultats et des actifs de la Société, par région géographique.

L'information sectorielle est attribuée aux secteurs géographiques selon l'emplacement des magasins de la Société.

	26 JANV. 2002 $	27 JANV. 2001 $
Ventes aux clients :		
Canada	176 186	150 636
États-Unis	11 354	10 484
	187 540	161 120
Amortissement :		
Canada	5 930	5 977
États-Unis	585	449
	6 515	6 426
Bénéfice net (perte nette) :		
Canada	3 647	(2 105)
États-Unis	(1 795)	(502)
	1 852	(2 607)

26 JANVIER 2002 [LES MONTANTS DES TABLEAUX SONT EN MILLIERS DE DOLLARS, SAUF LES MONTANTS PAR ACTION ET SAUF INDICATION CONTRAIRE.]

12. INFORMATION SECTORIELLE [SUITE]

	26 JANV. 2002 $	27 JANV. 2001 $
Bénéfice net (perte nette) de base par action :		
Canada	0,74	(0,43)
États-Unis	(0,36)	(0,10)
	0,38	(0,53)
Actifs sectoriels :		
Canada	65 118	62 194
États-Unis	4 797	5 995
	69 915	68 189
Dépenses en immobilisations :		
Canada	4 915	7 443
États-Unis	110	2 936
	5 025	10 379
Immobilisations :		
Canada	32 725	33 853
États-Unis	3 736	4 349
	36 461	38 202

13. VARIATIONS DU FONDS DE ROULEMENT HORS CAISSE

Les rentrées (sorties) liées au fonds de roulement hors caisse sont comptabilisées des variations liées à l'exploitation des comptes suivants :

	2002 $	2001 $
Débiteurs et charges payées d'avance	94	536
Impôts sur les bénéfices remboursables	2 427	(1 666)
Stocks	770	(1 761)
Créditeurs et charges à payer	1 295	1 308
Impôts sur les bénéfices à payer	1 925	–
Flux de trésorerie liés au fonds de roulement	6 511	(1 583)

RENSEIGNEMENTS
SUR LA SOCIÉTÉ

CONSEIL D'ADMINISTRATION

Herschel H. Segal
Président du Conseil
et chef de la direction de la Société

Jane Silverstone, B.A.LLL
Vice-présidente du Conseil

Emilia Di Raddo, CA
Présidente et
secrétaire générale

Sidney Horn
Associé
Stikeman Elliott

Victor Koloshuk *
Président et chef de la direction
Integrated Asset Management Corp.

A.H.A. Osborn *
Chef de la direction
Alexon Group plc

Herbert E. Siblin, FCA *
Président
Siblin & Associés Ltée

*Membre du Comité de vérification

DIRIGEANTS

Herschel H. Segal
Président du Conseil
et chef de la direction

Jane Silverstone, B.A.LLL
Vice-présidente du Conseil

Emilia Di Raddo, CA
Présidente et
secrétaire générale

Betty Berliner
Vice-présidente principale,
achats et mise en marché

Franco Rocchi
Vice-président,
ventes et opérations

SIÈGE SOCIAL

5695, rue Ferrier
Ville Mont-Royal (Québec)
H4P 1N1
Tél. : (514) 738-7000

Internet :
http://www.le-chateau.com

Vérificateurs
Ernst & Young s.r.l.
Comptables agréés

Régistraire et agents
de transferts
Société de fiducie Computershare
du Canada

Conseillers juridiques
Stikeman Elliott

Banquiers
Banque Royale du Canada

Assemblée annuelle
des actionnaires
Le mercredi 10 juillet 2002
à 15 h au Siège social de la Société

Réalisation :
Maison Brison Inc.

To obtain an English version of this report, please contact our head office.

24

ANNEXE B RAPPORT ANNUEL – LE CHÂTEAU 2001

Annexe C
Rapport annuel – Les Boutiques San Francisco Incorporées

On s'ouvre à vous

San Francisco
Les Boutiques San Francisco Incorporées

Rapport annuel **2001**
Exercice terminé le 2 février 2002

AILES

AILES

Les Ailes de la Mode
Centre ville de Montréal
Ouverture : août 2002

Profil

Les Boutiques San Francisco Incorporées,
une ouverture face à l'avenir.

Les Boutiques San Francisco Incorporées (Le Groupe San Francisco)
œuvre principalement dans la vente au détail de vêtements et d'accessoires
mode pour femmes, hommes et enfants, par l'intermédiaire d'un réseau de
boutiques et de grands magasins spécialisés.

Depuis sa création, en août 1978, la Société s'est bâtie sur des assises solides qui ont fait sa réputation et qui lui permettent aujourd'hui d'occuper une place enviable dans le commerce de détail dans les marchés qu'elle exploite. En outre, la Société mise sur des traits de gestion qui caractérisent bien son exploitation :

• des valeurs organisationnelles fortes,
  partagées par tous ses employés ;

• un sens aigu de l'innovation ;

• une stratégie de créneaux bien ciblés ;

• une ouverture d'esprit face au changement ;

• une saine gestion du risque.

Notre mission d'entreprise consiste à créer cet univers de passion où chaque unité d'affaires, chaque partenaire, chaque fournisseur et chaque employé contribue, à sa façon, à revoir et à repousser les normes du commerce de détail, afin de mieux respecter l'individualité de chacun de nos clients. C'est ainsi que nous établissons avec eux une relation de confiance et de complicité.

Pour réaliser cette mission, la Société mise sur deux pôles d'activité : son réseau de boutiques et ses grands magasins spécialisés.

1

AILES
LES AILES DE LA MODE

4 magasins • 289 000 pi²

Les Ailes de la Mode est une chaîne de
grands magasins spécialisés dans la
vente de produits mode-beauté-déco,
où tout est mis en œuvre pour person-
naliser l'expérience de magasinage.

L'OFFICIEL

12 boutiques • 37 000 pi²

L'Officiel propose à la femme active
et soucieuse de son apparence
des vêtements et des accessoires
soigneusement choisis et qui combinent
le style des grandes marques internationales et la qualité d'une marque privée,
fabriquée sans compromis.

frisco

19 boutiques • 54 000 pi²

Frisco relève le double défi de satisfaire
les parents et d'attirer les enfants, de
la naissance à 12 ans, en leur offrant
des produits pratiques, originaux et
bien différenciés de la concurrence.

VICTOIRE DELAGE
LINGERIE

16 boutiques • 26 000 pi²

La femme bien dans sa peau, qui
cherche le confort, mais avec une
touche très féminine, trouvera de la
lingerie fine et des tenues d'intérieur
à sa convenance chez Victoire Delage.

San Francisco maillots

21 boutiques • 39 000 pi²

Chez San Francisco Maillots, le maillot
de bain devient un véritable accessoire
mode qui trouvera sa place dans la
garde-robe de la cliente jeune, active
et qui veut avant tout un produit qui
révèle une attitude.

Bikini VILLAGE

46 boutiques • 63 000 pi²

La cliente de Bikini Village est
soucieuse de mode et de tendances,
et recherche avant tout un maillot bien
conçu et qui la mettra en valeur.

MOMENTS INTIMES

3 boutiques • 5 000 pi²

Sensualité, séduction et raffinement
définissent bien la lingerie fine et les
tenues de nuit de Moments Intimes.
Pour la femme de tout âge qui veut
faire et se faire plaisir.

WEST COAST

26 boutiques • 69 000 pi²

Seule bannière exclusivement masculine, elle s'adresse à l'homme jeune et
dynamique qui vit au rythme des tendances actuelles. Une collection à
deux volets : l'une urbaine et branchée,
l'autre décontractée et confortable.

San Francisco

40 boutiques • 125 000 pi²

La jeune femme moderne, branchée,
sûre d'elle-même et qui débute sur le
marché du travail trouvera chez
San Francisco une collection complète
et accessible de prêt-à-porter.

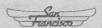

Message aux actionnaires

Ouvrir la Société à son avenir

Au cours de 2001, plusieurs éléments de notre stratégie sont tombés en place. Les Boutiques San Francisco Incorporées a poursuivi son plan d'expansion et a aussi installé la structure nécessaire pour lui assurer une croissance durable. Nous avons atteint une vitesse de croisière qui nous amène aujourd'hui à mettre l'accent sur l'efficience de tous nos processus d'affaires au sein de notre organisation. L'avenir s'ouvre à la Société.

Et nous sommes prêts.

Il y a près de deux ans, nous annoncions avoir trouvé l'emplacement pour notre grand magasin Les Ailes de la Mode, au cœur de Montréal. Aujourd'hui, nous nous faisons les porte-parole de notre organisation pour vous traduire tout l'enthousiasme qui nous anime à l'égard de ce formidable projet, qui deviendra une réalité en août prochain. Ce cinquième établissement de Les Ailes de la Mode sera grandiose et deviendra une nouvelle référence en matière de grand magasin en Amérique du Nord. Il repoussera les frontières de nos innovations en matière d'expérience de magasinage. Au plan stratégique, le magasin de Montréal sera le porte-étendard de notre concept.

En cours d'année, notre croissance s'est aussi traduite par l'ouverture de notre magasin Les Ailes de la Mode à Ottawa, le 8 août dernier, au Centre commercial Bayshore.

Au plan financier, la Société a consenti d'importants investissements en 2001 et continuera de le faire en 2002 pour soutenir son plan de croissance. Les retombées de ces actions se feront sentir dès les prochains exercices.

En fait, chaque geste posé en cours d'année s'est appuyé sur une vision stratégique dans les marchés que nous exploitons. À l'heure où certains de nos concurrents ralentissent leur développement ou optent pour une stratégie plus attentiste, nous croyons que des occasions d'affaires existent et recèlent un potentiel porteur pour notre avenir.

Si bien qu'aujourd'hui, tous les leviers stratégiques dont nous avions besoin tant au plan des infrastructures que de la gestion ont été mis en place afin de faire face aux besoins de notre magasin du centre-ville de Montréal et d'assurer la santé financière de la Société.

En rétrospective, 2001 marque aussi d'un trait un moment important dans l'évolution de la Société, un peu comme pour signaler le passage à une autre étape de notre développement. Depuis cinq ans, nous avons misé sur une croissance par des acquisitions ainsi que sur une implantation accélérée de nos concepts à l'extérieur du Québec. Nous avons également mis en place une infrastructure pour soutenir les pôles de développement que sont notre réseau de boutiques et nos grands magasins spécialisés.

Mais le temps est venu pour notre organisation de grandir de l'intérieur, d'exploiter le plein potentiel de son réseau. La Société possède en son sein les ressources et les instruments nécessaires pour qu'elle devienne plus efficiente, plus performante que jamais. Nous voilà donc rendus à l'étape de la consolidation de nos acquis. À pareille enseigne, nous estimons que notre croissance passera désormais et principalement par une plus grande profitabilité.

Au cours de la prochaine année et en toute logique, nous entendons suivre un plan de gestion rigoureux afin d'amener la Société à un niveau de rentabilité à la hauteur des attentes de tous nos partenaires. Ce plan se compose de trois volets :

• Contribution accrue de notre chaîne d'approvisionnement;
• Plus grande efficacité opérationnelle autant dans les unités d'affaires respectives que dans les services partagés;
• Enfin, gestion par anticipation de notre équipe de direction.

L'exécution réussie de ce plan renforcera la Société et pavera le chemin de son développement futur.

Paul Delage Roberge,
*Président du conseil
et chef de la direction*

4

Une année de contrastes

2001 aura été une année de contrastes. Tantôt, les revenus de la Société ont été au rendez-vous, tantôt, ils nous ont fait défaut, avant de terminer l'exercice en remontée.

Il reste que pour l'ensemble de l'année, les revenus de la Société se sont élevés à 245,5 millions de dollars, représentant une hausse de 1,5 % comparativement au dernier exercice, qui portait sur une période de 53 semaines.

Le bénéfice d'exploitation a diminué cette année, passant de 20,3 millions de dollars l'an dernier, à 10,8 millions de dollars.

Il s'agit d'une année décevante où nos objectifs n'ont pas tous été atteints. Certes, et comme l'ensemble du commerce de détail, nous avons été affectés par des agents extérieurs, économiques et climatiques, typiques de cette industrie.

Mais soyons clairs. Cette année, nous avons manqué notre cible avec certaines bannières. D'abord, au plan du choix de marchandises, mais aussi au plan de la synchronisation de notre offre et des besoins de nos clients. Par conséquent, les attentes placées en nous n'ont pas été remplies à leur juste mesure. Toutefois, nous avons appris de nos erreurs. Le dernier exercice a été riche en enseignements, fertile au plan stratégique. Et nous avons corrigé le tir. Comme notre culture s'abreuve à la source de l'innovation et du changement, nous avons su intégrer la nouvelle donne du marché. Notre organisation sort aujourd'hui plus grande de cet exercice et encore plus forte.

Notre équipe de gestion ne s'est donc pas contentée d'accepter des raisons conjoncturelles pour expliquer les résultats obtenus. Elle est allée au-delà de ces lieux communs, habituellement reçus, afin d'analyser avec rigueur et sans complaisance, l'ensemble des facteurs en cause. La Société a examiné à fond l'ensemble de ses décisions.

Guy Charron, C.A.,
*Président
et chef de l'exploitation*

Les Ailes de la Mode se déploie

Porte-étendard de notre concept, le magasin du centre-ville de Montréal constitue le projet le plus audacieux et le plus prometteur que nous ayons jamais conçu.

Le nouveau magasin occupera un édifice historique convoité, situé au cœur même du centre-ville de Montréal, sur sa principale artère commerciale, la rue Ste-Catherine. De l'avis de plusieurs observateurs, il s'agissait du meilleur emplacement commercial à Montréal.

Ce magasin est la concrétisation d'une nouvelle plateforme commerciale pour Les Ailes de la Mode.

Il représente la somme de tout ce que nous avons appris et de tout ce que nous sommes. Il repousse les frontières de notre concept, qui initie nos clients, que l'on désigne comme « nos invités », au passage d'une consommation standardisée – ce qu'offrent nos concurrents – à une expérience de magasinage personnalisée.

D'une surface de 223 000 pieds carrés, répartis sur quatre étages, notre magasin du centre-ville séduira autant par ses atours que par son contenu.

- Nous offrirons un *mix-produit* repensé où les grandes marques, dont plusieurs en exclusivité au Canada, cohabiteront harmonieusement avec nos marques maison, afin de proposer une offre sans pareil.

- Cet établissement vivra au rythme de la communauté montréalaise, ouverte sur le monde et aux grandes tendances; il sera de tous les lancements culturels et de tous les événements sportifs.

- De nouvelles lignes de vêtements et d'accessoires-mode contribueront à rehausser le prestige de notre enseigne, tout en courtisant une clientèle plus vaste encore.

- Destination mode et touristique incontournable, il misera sur un service attentionné offert en six langues. Des salons privés seront mis à la disposition des clients.

- Notre emplacement, au cœur de Montréal, sera accessible directement par la station de métro McGill, la plus achalandée du réseau avec 11,2 millions de passagers par an.

Nous avons tous rendez-vous le 7 août 2002.

5

> « En 2002, le repositionnement stratégique de
> la bannière Frisco et la création de créneaux
> dans son marché devraient permettre de soutenir la
> croissance attendue dans notre secteur.
> En outre, de nouveaux outils marketing (logo, mascotte
> et applications dérivées) contribueront à façonner le
> caractère distinctif de notre offre. Nous créerons une
> nouvelle synergie entre notre marque maison
> et les autres marques dont nous serons
> toujours dépositaires. »
>
> Cathy Cockerton
> *Frisco*

En revue

Au cours du dernier exercice, la Société a ouvert six boutiques dont trois de la bannière West Coast dans la région de Toronto. Nous avons également rénové six boutiques. En parallèle, nous avons fermé six établissements jugés non performants. Ce geste s'inscrit dans nos recherches et sélections continuelles d'emplacements à fort potentiel de croissance. Une certaine stabilité se dégage donc du portrait de notre parc immobilier par rapport à l'an dernier. Avec notre portefeuille de bannières, nous sommes en tous points conformes à notre objectif de devenir une organisation bien implantée dans tout le Canada.

Du côté de Les Ailes de la Mode, nous avons ouvert notre premier magasin en Ontario, le 8 août 2001, au Centre commercial Bayshore d'Ottawa. Ce quatrième établissement, de 104 000 pieds carrés, est le plus grand jamais construit et est aussi le plus avant-gardiste. Sur deux étages, il propose tout ce que notre concept a de plus innovateur et de plus distinctif.

Ce projet de troisième génération de Les Ailes de la Mode aura devancé d'un an celui de notre grand magasin porte-étendard, qui ouvrira le 7 août 2002.

Enfin, un sixième projet de grand magasin est en gestation et sera implanté dans l'ouest de l'île de Montréal. Son ouverture est planifiée pour 2003.

En somme, notre progression avec Les Ailes de la Mode et les résultats obtenus dans tous nos marchés ne démentent pas le goût des consommateurs pour notre concept.

Une utilisation des nouvelles technologies

Avec l'avènement du magasin du centre-ville, notre croissance commande indéniablement de meilleurs outils taillés à la mesure du défi qui nous attend.

Au plan de l'exploitation, nous avons poursuivi l'intégration de nouvelles technologies dans des secteurs névralgiques de notre organisation. En ressources humaines notamment, nous disposons maintenant de systèmes intégrés performants qui nous permettront de gérer plus efficacement nos besoins actuels et futurs.

Des applications similaires ont aussi été implantées dans les secteurs de l'approvisionnement et de la gestion des stocks. Ces outils faciliteront une lecture périodique et rapide de nos marchandises, en même temps qu'ils guideront plus efficacement les décisions de nos de gestionnaires.

Nous avons également automatisé certains processus de distribution, notamment de mise en boîte et de manipulation des marchandises. Ces pratiques, réalisées grâce à un recours judicieux aux nouvelles technologies, généreront des économies de temps et une plus grande efficacité dans toutes nos méthodes de distribution.

Du côté d'Internet, nous avons maintenu notre site Web d'entreprise (http://www.bsf.ca) et celui de Les Ailes de la Mode (http://www.lesailes.com). Ces deux plateformes répondent bien à notre désir de transparence et d'une meilleure présence auprès du public. Par contre, en matière de commerce électronique, nous estimons que cette voie ne comporte pas une valeur ajoutée immédiate à nos activités traditionnelles dans le commerce de détail. Notre concept mise sur les sens et l'appropriation par le client de l'univers que nous lui proposons. L'approche virtuelle ne paraît donc pas, pour l'instant, bien servir notre engagement à lui faire vivre une expérience de magasinage différente.

Nous demeurons cependant à l'affût de toute initiative dans le champ des affaires électroniques qui pourrait s'avérer un levier de croissance.

Campagne publicitaire 2002 :
Victoire Delage

Campagne publicitaire 2002 :
Les Ailes de la Mode

6

Campagne publicitaire 2002 :
Frisco

Campagne publicitaire 2002 :
Bikini Village

« Si l'on ne peut se soustraire aux grandes variations cycliques liées à notre créneau étroit des
maillots et vêtements saisonniers, l'année écoulée
nous aura permis de mettre en place des outils et
modèles de gestion qui en atténueront les effets
négatifs. Notre nouvelle approche nous permettra,
avec un maximum de prévisibilité, de capturer le plein
potentiel des ventes tout en minimisant le risque
financier inhérent. L'ensemble de ces mesures devrait
se traduire par une stabilité accrue dans nos activités
et une meilleure continuité, eu égard à nos
objectifs de croissance et de profitabilité. »

Daniel Desgagné
San Francisco Maillots et Bikini Village

Nos vecteurs de marque

En cette année particulièrement importante, une attention
spéciale sera apportée à nos vecteurs de la marque
Les Ailes de la Mode. Déjà, nous avons lancé et développé
avec succès une série d'outils qui permettent d'augmenter
notre notoriété mais aussi d'associer notre marque avec des produits et services courants. Qu'on pense simplement à la Puce-
à-porter, notre carte-cadeau électronique ; la carte de crédit
Les Ailes MasterCard, une carte de marque partagée ou
encore le magazine *les Ailes*, expression naturelle des grandes
tendances mode offertes en magasin et dont la version anglaise
a été lancée, en août dernier, à la faveur de l'ouverture de notre
magasin du Centre commercial Bayshore, à Ottawa, en Ontario.

Ces véhicules comportent un dénominateur commun : ils pro-
longent notre signature d'entreprise dans les marchés où nous
évoluons – et bien au-delà – en même temps qu'ils renforcent
notre image de marque. Si bien qu'aujourd'hui, ils sont
devenus indissociables de notre stratégie marketing.

Avec l'ouverture prochaine du magasin du centre-ville de
Montréal, de nouveaux vecteurs de marque, porteurs de l'expérience Les Ailes de la Mode, seront intégrés à notre éventail
de moyens visant à accroître notre notoriété.

Une révision des processus d'affaires

Au plan des activités d'exploitation, l'ensemble de nos équipes
a appliqué en cours d'année un programme ordonné de gestion,
autant pour l'ensemble de nos huit bannières que pour nos
magasins Les Ailes de la Mode.

Pour une entreprise comme la nôtre, le choix des collections et
des marques en fonction des besoins de nos clients s'avère crucial
à chaque moment de l'année. Certes, l'adéquation entre ces
deux aspects constitue un facteur de succès. Or, cette année,
les ventes n'ont pas été régulièrement au rendez-vous.

Bien sûr, l'ensemble du commerce de détail a été affecté par
des facteurs extérieurs sur lesquels nous n'avions que peu de
contrôle. L'été tardif, d'une part, et l'hiver plutôt doux, d'autre
part, ont en effet repoussé notre calendrier saisonnier de ventes.

Puis, au cours du troisième trimestre, les attentats du 11 septembre ont aussi eu un impact général sur l'ensemble de nos
activités. Ces événements sociopolitiques – que personne ne
pouvait prévoir – ont aussi contribué à freiner les élans des
consommateurs.

Ces impondérables ont donc amené notre industrie à appliquer
plus tôt que prévu et dans des périodes plus longues que
d'habitude des mesures vigoureuses d'escompte et de
démarques, ce qui n'a pas été sans augmenter la pression sur
nos marges. Mais il nous fallait tout de même commettre des
gestes pour stimuler la demande. Par contre, une nuance
s'impose dans notre lecture de ce repli.

En fin de deuxième semestre, certaines de nos bannières et
quelques secteurs de Les Ailes de la Mode ont enregistré des
hausses sensibles de leurs ventes. Selon toute vraisemblance,
cette remontée serait attribuable à l'effet de *cocooning*, une des
résultantes découlant directement de l'incertitude socio-
politique planétaire.

À la mi-temps de l'exercice, notre équipe de gestion a cherché
au-delà de la conjoncture générale des solutions pour mieux faire
face à ces contrecoups, notamment en intégrant de nouvelles
pratiques d'affaires.

Entre autres pistes et pour rectifier notre tir, nous avons mis en
œuvre un plan de gestion en trois étapes.

Campagne publicitaire 2002 :
L'Officiel

Campagne publicitaire 2002 :
San Francisco Maillots

« Dans la mode masculine, une marque ne
peut pas vivre bien longtemps si elle n'est
pas alignée avec les besoins des clients.
Chaque jour, nous tissons avec eux une relation
de confiance dont l'impact se mesure par
nos ventes. À cet égard, West Coast a effectué
un recentrage stratégique très important en
cours d'année. »

Dennis Lazanis
West Coast

7

Dorénavant, les bannières miseront davantage sur certains achats de produits en plus grande quantité et bénéficieront d'une meilleure flexibilité au chapitre du réapprovisionnement. Cela nous procurera une meilleure synchronisation entre la disponibilité des stocks et les occasions de ventes.

Incidemment, tous nos partenaires et fournisseurs ont été approchés en vue de redéfinir nos relations d'affaires et d'établir avec eux des meilleures synergies là où c'était possible. Afin de tirer un plus grand potentiel de nos ventes, nous avons négocié de meilleurs termes pour le volume général de nos achats; nos marges bénéficiaires ont donc été revues à la hausse.

À l'interne, nous avons aussi effectué une décentralisation bénéfique des groupes d'achats, qui a fait apparaître des équipes spécialisées et autonomes. Ces équipes, entièrement dédiées à leur secteur respectif, Hommes et Femmes, pour Les Ailes de la Mode autant que pour nos bannières, permettront d'introduire des pratiques conformes aux besoins spécifiques des bannières ainsi que pour Les Ailes de la Mode.

Enfin, en cours d'année, nous avons aussi appliqué un programme de réduction des coûts afin d'optimiser les ressources de soutien en place pour l'ensemble des bannières et des grands magasins Les Ailes de la Mode. Ce programme, réalisé grâce à une standardisation de nos procédés et méthodes, sera reconduit pour la prochaine année. Il nous permettra de dégager une plus grande marge de manœuvre.

Campagne publicitaire 2002 :
West Coast

Campagne publicitaire 2002 :
San Francisco

Réorganisation complétée

Au cours du dernier exercice, nous avons complété la réorganisation de notre équipe de gestion. Amorcée il y a près de 24 mois, cette stratégie vise à mettre à la tête de nos bannières des gestionnaires entièrement consacrés à la croissance de leur secteur respectif. Chaque président et vice-président a la responsabilité du positionnement, de la commercialisation et du service à la clientèle de son unité.

Pour augmenter les synergies au sein de notre organisation, nous avons aussi mis sur pied un comité de réflexion stratégique. Formé à l'automne 2001, il est composé de présidents et de vice-présidents de notre organisation. Il a pour objectif premier d'élaborer des orientations qui amélioreront significativement la rentabilité de la Société. En parallèle, ce forum d'échanges s'attardera aussi à trouver des pratiques et stratégies aptes à réduire les facteurs de risque liés à notre secteur d'activité. L'ensemble de ces éléments nous permet d'actualiser la vision de croissance de notre Société.

Au plan de l'exploitation, nous avons développé d'autres synergies notamment par un recours plus affirmé aux promotions croisées entre nos bannières. Ainsi, différentes pièces promotionnelles inviteront nos clients à profiter d'offres avantageuses chez l'une ou l'autre enseigne de la Société. Cette mesure renforcera l'achalandage et nous permettra de maintenir un potentiel de ventes plus grand. La valeur ajoutée de cette mesure est indéniable et s'est déjà reflétée dans le volume d'activités de nos unités d'affaires.

Perspectives : Le défi d'une plus grande ouverture

La prochaine année comporte plusieurs enjeux. La Société poursuivra les efforts entrepris en vue d'améliorer sa rentabilité. Cet enjeu passe invariablement par la croissance des ventes et une gestion serrée qui nous permettra de réaliser la vision de notre organisation.

En raison du travail accompli au cours de la dernière année et de tous les instruments mis en place, nous croyons fermement avoir réuni l'ensemble des conditions qui nous permettront de profiter pleinement d'une vitesse de croisière. En outre, nous comptons sur l'apport de nouveaux instruments de gestion pour nous permettre d'être moins sensibles aux variations cycliques de l'industrie du commerce de détail.

8

La Maison de Rêve 2002

Dans cette optique de continuité, nous devrons aussi demeurer fidèles à notre mission. La Société fonde son action sur une dynamique de croissance entre ses bannières et ses grands magasins.

Au plan concurrentiel, une organisation comme la nôtre doit constamment innover pour se démarquer. À cet égard, nous possédons un actif dont la valeur est non négligeable : nos 3 500 employés. Chaque jour, ceux-ci commettent des gestes qui impriment notre signature et concrétisent notre concept aux yeux de nos clients. Communication sur les lieux de vente, service à la clientèle et sélection judicieuse de produits s'inscrivent dans une perspective visant à créer et à recréer sans cesse un contexte d'achat unique.

C'est dans la valeur immatérielle des produits et du service-client que réside la principale valeur ajoutée de nos enseignes. C'est précisément ce qui fait notre force.

Tout cela est rendu possible parce que notre organisation mise sur des valeurs organisationnelles fortes, auxquelles adhèrent tous nos employés. Nous les remercions d'ailleurs pour leur engagement indéfectible et leur dévouement.

Nous tenons aussi à remercier tous nos clients au Canada et nos fournisseurs de par le monde pour leur fidélité et leur complicité de tous les instants.

Comme citoyen corporatif, il est de notre devoir de contribuer au mieux-être de la société dans laquelle nous évoluons. Ainsi, notre Société poursuivra ses activités de collecte de fonds avec la Fondation Les Ailes de la Mode. La Fondation a pour mission de redistribuer dans la même année toutes les sommes amassées à des organismes œuvrant dans les secteurs touchants les enfants malades et défavorisés.

Nous tenons enfin à souligner la contribution remarquable de notre conseil d'administration, tout particulièrement celle de M. Gérald Tremblay qui a quitté notre Société pour assumer pleinement ses fonctions de premier magistrat de la grande ville de Montréal. Au cours de son mandat, M. Tremblay s'est révélé être un guide de tous les instants en raison de sa grande connaissance du commerce de détail et de sa vision avant-gardiste de l'économie. Des traces indélébiles de sa collaboration demeureront bien tangibles au cours des prochaines années.

Nous remercions tous les membres du conseil, qui ont su identifier des points de repères nouveaux, générateurs de croissance pour la Société. Nous construisons avec eux une entreprise capable de tracer le chemin de son développement dans un environnement hautement concurrentiel qui ne permettra aucun relâchement.

Notre organisation est prête pour l'avenir.

Paul Delage Roberge
Président du conseil et chef de la direction

Guy Charron, C.A.
Président et chef de l'exploitation

9

Rétrospective

Exercices terminés les	2 février 2002 (52 semaines)	3 février 2001 (53 semaines)	29 janvier 2000 (52 semaines)
Exploitation			
Ventes nettes	245 532 $	241 860 $	226 258 $
Coût des ventes, frais d'exploitation et d'administration	234 691	221 595	205 714
Bénéfice d'exploitation (BAAII)	10 841	20 265	20 544
Marge d'exploitation	4,42 %	8,38 %	9,08 %
Intérêts	978	643	1 074
Amortissement	11 427	10 301	10 085
Impôts sur les bénéfices	-405	2 522	3 592
Part des actionnaires sans contrôle	-874	349	238
Bénéfice net	-285	6 450	5 555
Bénéfice net / ventes nettes	-0,12 %	2,67 %	2,46 %
Par action			
Bénéfice net	-0,03 $	0,53 $	0,46 $
Bénéfice net dilué	-0,03	0,50	0,43
Fonds autogénérés	0,85	1,38	1,30
Avoir des actionnaires	4,92	5,76	5,24
Nombre d'actions en circulation en fin d'exercice	12 224 100	12 337 500	12 165 800
Situation financière			
Fonds de roulement	16 545 $	13 018 $	12 663 $
Coefficient du fonds de roulement	1,35:1	1,32:1	1,31:1
Immobilisations	68 583	59 166	53 470
Actif total	146 625	125 294	118 868
Dette à long terme	12 097	5 635	7 143
Avoir des actionnaires	79 576	71 067	63 690
Dette à long terme / avoir des actionnaires	0,15:1	0,08:1	0,11:1
Rendement de l'avoir moyen des actionnaires	-0,38 %	9,57 %	9,10 %
Autres statistiques			
Dépenses en immobilisations	19 419 $	14 900 $	8 311 $
Nombre de boutiques ouvertes, rénovées ou agrandies au cours de l'exercice	12	24	15
Nombre de boutiques et de grands magasins spécialisés en fin d'exercice	188	187	178
Superficie de vente (en pieds carrés)	707 000	606 000	583 000
Nombre d'employés	3 500	3 400	3 200

10

des cinq derniers exercices financiers

(en milliers de dollars, sauf les données par action et statistiques)

	30 janvier 1999 (52 semaines)	31 janvier 1998 (52 semaines)
	202 742 $	183 517 $
	181 611	162 745
	21 131	20 772
	10,42 %	11,32 %
	604	514
	8 851	7 554
	4 467	5 023
	699	619
	6 510	7 062
	3,21 %	3,85 %
	0,54 $	0,59 $
	0,51	0,57
	1,34	1,33
	4,78	4,25
	12 141 800	12 060 000
	17 898 $	14 788 $
	1,50:1	1,38:1
	52 011	48 469
	109 470	105 696
	8 796	10 304
	58 057	51 310
	0,15:1	0,20:1
	11,90 %	14,80 %
	11 180 $	14 998 $
	24	11
	133	133
	503 000	468 000
	2 800	2 700

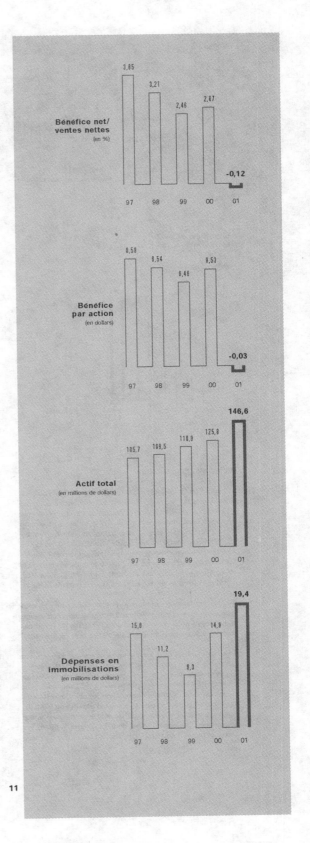

11

Analyse par la

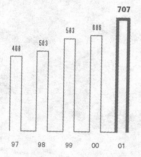

Superficie de vente
(en milliers de pieds carrés)

97 468
98 503
99 583
00 606
01 707

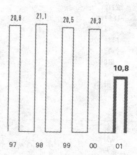

Bénéfice d'exploitation (BAAII)
(en millions de dollars)

97 20,8
98 21,1
99 20,5
00 20,3
01 10,8

Résultats d'exploitation

Au cours du dernier exercice, Les Boutiques San Francisco Incorporées, à l'instar de plusieurs grands détaillants de son industrie, a été affectée par un ensemble de facteurs économiques, climatiques et sociopolitiques dont les répercussions ont été irrégulières et qui ont entraîné, au cours de l'année, une alternance entre les niveaux de résultats. Ainsi, les ventes sont demeurées stationnaires au premier trimestre pour diminuer au second trimestre et connaître une remontée au cours de la deuxième moitié de l'exercice. Cela est principalement attribuable à l'ouverture du magasin Les Ailes de la Mode à Ottawa.

Il reste que dans l'ensemble, ces résultats ont été bien en deçà de nos attentes. S'ils témoignent des risques inhérents à notre industrie, ils nous ont surtout donné l'occasion de revoir nos processus de gestion afin de réduire l'effet de ces contrecoups.

Les ventes nettes de la Société ont ainsi atteint 245,5 millions de dollars pour l'exercice terminé le 2 février 2002, soit une légère hausse de 1,5 % sur l'exercice précédent, ce dernier comptant 53 semaines comparativement à 52 semaines pour l'exercice 2001. Cette croissance est principalement attribuable aux grands magasins spécialisés Les Ailes de la Mode, notamment celui d'Ottawa, où les ventes se sont davantage maintenues, compensant ainsi pour les baisses accusées par certaines bannières. Les résultats reflètent aussi le fait qu'aucun

nouveau point de vente n'a été ajouté, puisque six boutiques ont été ouvertes alors que six autres étaient fermées. Les ventes de l'exercice terminé le 2 février 2002, pour les mêmes magasins, sont en baisse 3,5 % sur celles réalisées au cours du précédent exercice financier.

Avec l'ouverture d'un magasin Les Ailes de la Mode, celui d'Ottawa, nous comptions donc, au 2 février 2002, un seul point de vente de plus que l'an dernier, soit 188. Par ailleurs, six projets de rénovation-agrandissement ont été menés. L'ensemble de ces activités porte la superficie totale de nos boutiques et de nos grands magasins spécialisés à 707 000 pieds carrés.

Le bénéfice d'exploitation (avant amortissement, intérêts, impôts et part des actionnaires sans contrôle) a diminué, passant de 20,3 millions de dollars au cours de l'exercice précédent, à 10,8 millions de dollars. La marge sur les produits vendus, pour l'ensemble des activités de détail, a baissé de 2 %. Les frais de vente en dollars absolus ont augmenté de 5,9 % par rapport au dernier exercice. Cette hausse reflète l'augmentation des frais d'occupation, notamment au plan des loyers, à la suite des rénovations et agrandissements réalisés au cours des dernières années, de même qu'à l'ouverture d'un grand magasin spécialisé. Quant aux frais administratifs, ils ont augmenté de 7,5 %, par rapport à ceux de 2000. Cette hausse

12

direction des résultats d'exploitation et de la situation financière

Rendement de l'avoir moyen des actionnaires
(en %)

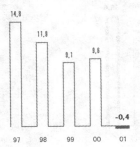

14,8
11,9
9,1
9,6
-0,4

97   98   99   00   01

est notamment attribuable au parachèvement de notre nouvelle structure organisationnelle et à l'ouverture du grand magasin spécialisé Les Ailes de la Mode d'Ottawa. Les frais d'amortissement ont connu pour leur part une augmentation de 10,9 %.

Nous avons réussi à contenir l'augmentation de ces frais en instaurant de mesures visant à réduire les dépenses et en retardant ou en annulant certains projets d'investissement. Les frais d'intérêt ont augmenté de 52,1 % sur ceux de l'an dernier, principalement à cause de l'augmentation de l'endettement total causé par les investissements.

La Société a enregistré une perte avant impôts et part des actionnaires sans contrôle de 1,6 million de dollars comparativement à un bénéfice de 9,3 millions de dollars en 2000. Cette perte est à la fois attribuable à des conditions de marché difficiles et à un certain manque de souplesse sur le plan de nos processus d'affaires, notamment en ce qui a trait aux achats et au réapprovisionnement.

Le taux effectif d'imposition de la Société est de 25,9 % pour le présent exercice (27 % en 2000).

En conséquence, la Société a enregistré une perte nette de 285 000 dollars, ou 0,03 $ par action, comparativement à un bénéfice net de 6,5 millions, ou 0,53 $ par action, au cours du précédent exercice.

Les Boutiques San Francisco Incorporées a ainsi réalisé un rendement nul sur ses ventes au cours de l'exercice, par rapport un rendement de 2,7 % pour le précédent. La Société affiche également pour l'exercice un rendement quasi nul de l'avoir moyen des actionnaires (moyenne de 9 % pour les cinq derniers exercices).

Principaux mouvements de trésorerie

Les fonds autogénérés de la Société ont atteint 10,4 millions de dollars (0,85 $ par action), par rapport à 17 millions de dollars (1,38 $ par action) lors de l'exercice précédent. Les flux de trésorerie liés aux activités d'exploitation, après variation nette des soldes hors caisse liés à l'exploitation, se sont établis à 8 millions de dollars, une baisse de 19 % sur l'exercice précédent.

Au chapitre des activités de financement, la dette à long terme s'est accrue de 8,3 millions de dollars, en cours d'exercice. La Société a par ailleurs remboursé 1,4 million de dollars de cette dette à long terme. Un total de 303 000 dollars a été versé en dividendes aux actionnaires minoritaires. La Société a également offert en cours d'exercice des débentures subordonnées non garanties convertibles à 8 %, venant à échéance le 21 décembre 2008, pour un montant total de 15 millions de dollars. Le produit net de l'émission en débentures a été de 14,4 millions de dollars. Enfin, la Société a racheté 485 000 dollars en actions subalternes de catégorie B, sans droit de vote.

En matière d'investissements, la Société a consacré 19,4 millions de dollars à l'acquisition d'immobilisations, principalement liées aux projets de nouveaux grands magasins spécialisés, notamment celui d'Ottawa et celui du centre-ville de Montréal, au programme de rénovation et d'agrandissement de ses boutiques existantes et à l'intégration de nouvelles technologies.

Ces différentes activités ont résulté en une augmentation de l'encaisse et des placements temporaires de 2 millions de dollars par rapport à l'an dernier. Les espèces et quasi-espèces s'élevaient à 6,4 millions de dollars à la fin de l'exercice.

Les Boutiques San Francisco Incorporées n'utilise pas d'instruments financiers dérivés. De plus, la Société ne contracte, et n'a pas l'intention de contracter, des ententes de financement hors bilan.

13

Analyse par la

Fonds autogénérés par action
(en dollars)

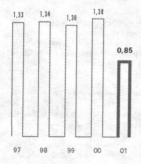

97	98	99	00	01
1,33	1,34	1,30	1,38	0,85

Immobilisations
(en millions de dollars)

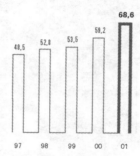

97	98	99	00	01
48,5	52,0	53,5	59,2	68,6

Situation financière

La situation financière de Les Boutiques San Francisco Incorporées demeure excellente, aussi bien à court qu'à long termes. Au cours de l'exercice terminé le 2 février 2002, l'actif total s'est accru de 17 %, passant de 125,3 millions de dollars à 146,6 millions de dollars. Le fonds de roulement a augmenté de 31,6 %, passant de 13 millions de dollars à 16,5 millions de dollars, pour un coefficient de 1,35:1 au 2 février 2002, par rapport à 1,32:1 au 3 février 2001.

L'avoir des actionnaires a atteint 79,6 millions de dollars, ou 4,92 $ par action, à la fin de l'exercice, comparativement à 71,1 millions de dollars ou 5,76 $ par action à la fin de l'exercice précédent. La dette à long terme se situait à 12,1 millions de dollars en fin d'exercice (soit un ratio de 0,15:1 sur l'avoir des actionnaires), par rapport à 5,6 millions de dollars (soit un ratio de 0,08:1) un an plus tôt.

Risques et incertitudes

La Société évolue dans un domaine hautement concurrentiel, qui peut donner lieu à des pratiques commerciales compétitives, notamment au chapitre des prix de vente. En outre, les changements dans les goûts des consommateurs peuvent avoir une incidence importante sur les ventes et l'état des stocks. Il est donc essentiel de les connaître, de les prévoir et d'établir des stratégies commerciales appropriées.

La Société est également exposée, comme tous les détaillants, aux cycles économiques, aux taux d'intérêt et aux autres facteurs susceptibles d'influencer le pouvoir et les intentions d'achat des consommateurs. Par ailleurs, les ventes peuvent varier avec les conditions climatiques et la saison, surtout pour certaines de ses bannières. Enfin, la forte concurrence exige de la Société qu'elle réalise, de façon ponctuelle, d'importants investissements qui ont un impact à court terme sur sa situation financière et dont les bénéfices à moyen terme peuvent être influencés à la baisse par des facteurs externes imprévisibles.

Face aux principales causes de risque et d'incertitude qui précèdent, Les Boutiques San Francisco Incorporées estime que la variété et la complémentarité de ses bannières, son expérience, sa situation financière, sa taille, la localisation stratégique de ses points de vente, ses processus d'affaires constamment raffinés et ses stratégies de commercialisation innovatrices sont les principaux avantages qui lui permettent de maintenir ses bons résultats.

14

direction des résultats d'exploitation
et de la situation financière

**Dette à long terme/
avoir des actionnaires**
(xx: 1)

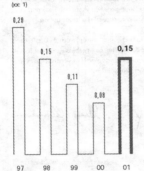

0,20 0,15 0,11 0,08 **0,15**

97   98   99   00   01

Perspectives

La situation économique demeure incertaine et bien que les perspectives soient encourageantes pour l'ensemble du domaine du commerce de détail, certains secteurs de l'industrie du vêtement, notamment ceux liés au voyage, pourraient être sensibles à ce climat d'incertitude. D'autre part, plusieurs observateurs prévoient une amélioration des conditions pour le deuxième semestre de 2002. Enfin, l'effet *cocooning* relevé par de nombreux observateurs du comportement des consommateurs pourrait être bénéfique sur la consommation locale et régionale.

Dans ce contexte, Les Boutiques San Francisco Incorporées prévoit un accroissement raisonnable de ses ventes, en visant à tirer le meilleur parti possible de cette probable remontée. Cet accroissement, qui exigera cependant des efforts soutenus, sera alimenté par l'adoption de meilleures pratiques de vente et de marketing, et un alignement encore plus étroit de l'offre avec la demande. En ce sens, la nouvelle structure complétée au cours de l'exercice, qui a donné à chaque bannière, et aux grands magasins spécialisés un gestionnaire dédié au renforcement de sa marque, sera porteuse de changement.

Par ailleurs, le retour à la rentabilité passera par un resserrement accru des dépenses d'exploitation—frais de vente et frais administratifs—et par l'adoption de processus de gestion plus rigoureux notamment en ce qui a trait à l'approvisionnement et aux stocks.

Les Boutiques San Francisco Incorporées poursuit sa lancée avec l'ouverture, en août 2002, d'un grand magasin spécialisé dans le centre-ville de Montréal, encore plus novateur que les précédentes versions, et qui servira de porte-étendard du concept. Les retombées de ce nouveau point de vente ne se manifesteront cependant qu'à partir du deuxième semestre de l'année.

Pour l'exercice 2002, qui se terminera le 1er février 2003, Les Boutiques San Francisco Incorporées a donc planifié des investissements nets en immobilisations de 33 millions de dollars, principalement voués aux coûts de construction et d'aménagement relatifs à l'ouverture de Les Ailes de la Mode au centre-ville de Montréal en août 2002; des montants seront aussi consacrés au programme de rénovation des boutiques, aux systèmes de gestion de l'information et à des aménagements au siège social et au centre de distribution.

La Société a signé, le 14 décembre 2001, des ententes de financement bancaire totalisant 52 millions de dollars, répartis en financement d'exploitation, en financement à terme rotatif et en financement à terme. Ces fonds, ajoutés à ceux générés par l'exploitation de la Société, lui permettront de subvenir adéquatement à ses besoins pour les prochaines années.

 15

ANNEXE C RAPPORT ANNUEL – LES BOUTIQUES SAN FRANCISCO INCORPORÉES

909

Rapports de la direction et des vérificateurs

Les états financiers consolidés de Les Boutiques San Francisco Incorporées ainsi que les renseignements financiers contenus dans ce rapport annuel sont la responsabilité de la direction. Cette responsabilité repose sur un choix judicieux de méthodes et de principes comptables dont l'application nécessite le jugement éclairé de la direction. Ces états financiers consolidés ont été préparés conformément aux principes comptables généralement reconnus du Canada et ont été approuvés par le conseil d'administration. De plus, l'information financière incluse dans le rapport annuel concorde avec celle des états financiers consolidés.

Les Boutiques San Francisco Incorporées maintiennent des systèmes de comptabilité et de contrôles administratifs qui, de l'avis de la direction, assurent raisonnablement l'exactitude de l'information financière et la conduite ordonnée et efficace des affaires de la Société.

Le conseil d'administration s'acquitte de sa responsabilité relative aux états financiers consolidés compris dans ce rapport annuel, principalement par l'intermédiaire de son comité de vérification. Ce comité, qui tient périodiquement des réunions avec les membres de la direction et les vérificateurs externes, a révisé les états financiers consolidés de Les Boutiques San Francisco Incorporées et a recommandé leur approbation au conseil d'administration.

Les états financiers consolidés ci-joints ont été vérifiés par le cabinet Samson Bélair/Deloitte & Touche, comptables agréés, et le rapport qu'ils ont préparé indique l'étendue de leur vérification et leur opinion sur les états financiers consolidés.

Paul Delage Roberge

Paul Delage Roberge

*Président du conseil
et chef de la direction*

Guy Charron

Guy Charron, C.A.

*Président
et chef de l'exploitation*

Boucherville, le 13 mars 2002

**Aux actionnaires de
Les Boutiques San Francisco Incorporées**

Nous avons vérifié les bilans consolidés de Les Boutiques San Francisco Incorporées aux 2 février 2002 et 3 février 2001, et les états consolidés des résultats, des bénéfices non répartis et des flux de trésorerie des exercices terminés à ces dates. La responsabilité de ces états financiers incombe à la direction de la Société. Notre responsabilité consiste à exprimer une opinion sur ces états financiers en nous fondant sur nos vérifications.

Nos vérifications ont été effectuées conformément aux normes de vérification généralement reconnues du Canada. Ces normes exigent que la vérification soit planifiée et exécutée de manière à fournir l'assurance raisonnable que les états financiers sont exempts d'inexactitudes importantes. La vérification comprend le contrôle par sondages des éléments probants à l'appui des montants et des autres éléments d'information fournis dans les états financiers. Elle comprend également l'évaluation des principes comptables suivis et des estimations importantes faites par la direction, ainsi qu'une appréciation de la présentation d'ensemble des états financiers.

À notre avis, ces états financiers consolidés donnent, à tous les égards importants, une image fidèle de la situation financière de la Société aux 2 février 2002 et 3 février 2001 ainsi que des résultats de son exploitation et de ses flux de trésorerie pour les exercices terminés à ces dates selon les principes comptables généralement reconnus du Canada.

Samson Bélair
Deloitte & Touche

Comptables agréés

Montréal, le 1er mars 2002

16

Bilans consolidés

États consolidés des résultats

(en milliers de dollars sauf les montants relatifs aux actions)

Exercices terminés les	2 février 2002 (52 semaines)	3 février 2001 (53 semaines)
Ventes nettes	245 532 $	241 000 $
Coût des ventes, frais d'exploitation et d'administration	234 691	771 585
Intérêts (note 2)	978	843
Amortissement (note 3)	11 427	10 301
	247 096	242 520
Bénéfice (perte) avant impôts sur le revenu et part des actionnaires sans contrôle	(1 564)	9 321
Impôts sur les bénéfices (note 4)	(405)	2 522
Bénéfice (perte) avant part des actionnaires sans contrôle	(1 159)	6 799
Part des actionnaires sans contrôle	874	349
Bénéfice net (perte nette)	(285) $	6 450 $
Bénéfice (perte) par action non dilué(e)	(0,03) $	0,53 $
Bénéfice (perte) par action dilué(e)	(0,03) $	0,50 $
Moyenne pondérée d'actions en circulation	12 294 899	12 256 503

Voir les notes afférentes aux états financiers consolidés

États consolidés des bénéfices non répartis

(en milliers de dollars)

Exercices terminés les	2 février 2002 (52 semaines)	3 février 2001 (53 semaines)
Solde au début	46 324 $	39 883 $
Bénéfice net (perte nette)	(285)	6 450
Frais d'émission d'actions, après impôts		(10)
Frais d'émission des débentures (composante capitaux propres), après impôts	(441)	
Augmentation de la composante capitaux-propres des débentures convertibles, après impôts	(79)	
Prime au rachat d'actions	(42)	
Solde à la fin	45 477 $	46 324 $

Voir les notes afférentes aux états financiers consolidés

Bilans consolidés

(en milliers de dollars)

Aux	2 février 2002	3 février 2001
Actif à court terme		
Encaisse et placements temporaires	10 050 $	8 021 $
Débiteurs	2 127	1 482
Impôts sur les bénéfices	3 329	783
Stocks	42 475	37 454
Frais payés d'avance	5 658	4 704
	63 639	52 444
Autres éléments d'actif		
Immobilisations (note 5)	68 583	50 160
Autres actifs (note 6)	14 403	17 890
	82 986	71 050
	146 625 $	125 794 $
Passif à court terme		
Créditeurs et charges à payer	45 168 $	28 801 $
Dette à long terme échéant à court terme (note 7)	1 926	1 425
	47 094	40 420
Autres éléments de passif		
Dette à long terme (note 7)	12 097	6 605
Impôts futurs (note 4)	7 269	6 490
	19 366	12 655
Part des actionnaires sans contrôle	589	1 760
Avoir des actionnaires		
Capital-actions (note 9)	24 300	24 743
Composante capitaux-propres des débentures convertibles (note 8)	9 799	
Bénéfices non répartis	45 477	46 324
	79 576	71 067
	146 625 $	125 794 $

Voir les notes afférentes aux états financiers consolidés.

Au nom du conseil d'administration,

Paul Delage Roberge
Administrateur

Robert Chevrier, F.C.A.
Administrateur

17

18

flux de trésorerie

(en milliers de dollars)

Exercices terminés les	2 février 2002 (52 semaines)	3 février 2001 (53 semaines)
Activités d'exploitation		
Bénéfice net (perte nette)	(285) $	6 450 $
Ajustements (note 10)	10 703	10 544
	10 418	16 994
Variations nettes des soldes hors caisse liés à l'exploitation (note 10)	(2 377)	(7 038)
Flux de trésorerie liés à des activités d'exploitation	8 041	9 956
Activités de financement		
Augmentation de la dette à long terme	8 300	-
Remboursement de la dette à long terme	(1 425)	(1 736)
Émission de capital-actions	-	1 048
Émission de débentures, déduction faite des frais d'émission	9 021	-
Rachat de capital-actions	(443)	(38)
Prime au rachat d'actions	(42)	
Frais d'émission d'actions	-	(34)
Part des actionnaires sans contrôle	(303)	(270)
Flux de trésorerie liés à des activités de financement	15 108	(1 030)
Activités d'investissement		
Diminution des placements temporaires avec une échéance de plus de trois mois	747	6 983
Acquisition d'immobilisations	(19 419)	(14 900)
Rachat d'un actionnaire sans contrôle	(173)	(500)
Acquisition d'autres actifs	(2 338)	(735)
Flux de trésorerie liés à des activités d'investissement	(21 183)	(8 652)
Augmentation nette des espèces et quasi-espèces	1 966	266
Espèces et quasi-espèces au début	4 483	4 217
Espèces et quasi-espèces à la fin	6 449 $	4 483 $

Voir les notes afférentes aux états financiers consolidés

19

Notes complémentaires

(tous les chiffres dans les tableaux sont exprimés en milliers de dollars, à l'exception des montants relatifs aux actions)

1. Résumé des principales conventions comptables

Les états financiers consolidés de la Société ont été dressés par la direction conformément aux principes comptables généralement reconnus du Canada, ce qui nécessite que la direction fasse des estimations et formule des hypothèses qui ont une incidence sur les montants présentés dans les états financiers et les notes afférentes. Les résultats réels peuvent différer de ces estimations. De l'avis de la direction, les états financiers ont été préparés adéquatement dans les limites raisonnables de l'importance relative et dans le cadre des conventions comptables résumées ci-après :

Consolidation
Les états financiers consolidés comprennent les comptes de la Société et de ses filiales.

Placements temporaires
Les placements temporaires sont évalués au moindre du coût et de la valeur au marché. Au 2 février 2002, la valeur au marché est équivalente au coût.

Stocks
Les stocks sont évalués au moindre du coût et de la valeur de réalisation nette réduite de la marge de profit normal. Le coût est essentiellement déterminé selon la méthode de l'épuisement successif.

Frais reportés
Les frais liés à l'ouverture de nouvelles boutiques sont comptabilisés aux dépenses dès qu'ils sont engagés, tandis que ceux liés à l'ouverture de magasins à grande surface sont capitalisés jusqu'à ce que l'exploitation ait commencé et sont amortis selon la méthode de l'amortissement linéaire sur une période de trois ans.
Les frais relatifs à l'obtention de nouvelles facilités de crédit sont capitalisés et amortis sur la durée des dettes correspondantes.

Immobilisations
Les immobilisations sont comptabilisées au coût d'acquisition, déduction faite de l'avantage incitatif relatif aux baux.
Les constructions en cours incluent des intérêts capitalisés.
L'amortissement est calculé selon les méthodes et taux annuels suivants :

	Méthode	Taux
Bâtiments	dégressif	5 %
Équipement	linéaire	20 %
Améliorations locatives	linéaire	5 % à 10 %
Avantages incitatifs relatifs aux baux	linéaire	5 % à 10 %

Achalandage
L'achalandage, inclus dans les autres actifs au bilan, est inscrit au coût d'acquisition moins l'amortissement cumulé déterminé selon la méthode de l'amortissement linéaire sur des périodes n'excédant pas 40 ans. La Société revoit périodiquement le montant non amorti de l'achalandage pour déterminer si elle sera en mesure de le recouvrer à long terme, en se fondant sur la méthode des flux monétaires non actualisés.

Baisse de valeur des actifs à long terme
La Société évalue la valeur comptable de ses actifs à long terme de façon continue. Afin de déterminer s'il y a baisse de valeur, la direction évalue annuellement les flux de trésorerie estimatifs non actualisés qui seront générés par ces actifs et prend également en considération d'autres facteurs pertinents. Toute baisse permanente de la valeur comptable des actifs est imputée aux résultats dans la période au cours de laquelle la baisse de valeur est constatée.

Impôts sur les bénéfices
Les impôts sur les bénéfices sont calculés selon la méthode du passif fiscal. Selon cette méthode, des actifs et des passifs d'impôts futurs sont constatés au titre des impôts estimatifs à recouvrer ou à payer auxquels donnerait lieu le recouvrement ou le règlement des actifs et des passifs à la valeur comptable portée dans les états financiers. L'actif et le passif d'impôts futurs sont mesurés d'après les taux d'imposition qui devraient être en vigueur pour les exercices au cours desquels les écarts temporaires sont censés se résorber. Les modifications apportées à ces soldes sont constatées dans les résultats de la période au cours de laquelle elles se produisent.

Bénéfice par action
Le bénéfice par action est calculé d'après le nombre moyen quotidien pondéré des actions en circulation, le bénéfice net étant redressé de la somme imputée aux bénéfices non répartis pour tenir compte de l'augmentation de la valeur actuelle de la composante capitaux propres des débentures convertibles.
La Société a appliqué la nouvelle norme de l'Institut Canadien des Comptables Agréés concernant le résultat par action. Les principes régissant le calcul du résultat de base par action sont conformes à la pratique antérieure. Cependant, le résultat dilué par action est maintenant calculé selon la méthode du rachat d'actions, laquelle diffère de la méthode des profits théoriques utilisée antérieurement. L'application de cette nouvelle norme n'a pas de répercussions importantes sur le résultat dilué par action présenté au cours de l'exercice précédent.

Espèces et quasi-espèces
Les espèces et quasi-espèces comprennent l'encaisse et les soldes bancaires, sauf les avances bancaires, ainsi que tous les placements à court terme hautement liquides dont l'échéance est d'au plus trois mois.

Exercice financier
L'exercice de la Société se termine le samedi le plus près du 31 janvier. L'exercice terminé le 2 février 2002 comprend 52 semaines d'exploitation et l'exercice terminé le 3 février 2001 comprend 53 semaines d'exploitation.

20

2. Intérêts

	2002 (52 semaines)	2001 (53 semaines)
Dette à long terme	622 $	637 $
Autres—nets	522	360
	1 144	997
Intérêts créditeurs	166	354
	978 $	643 $

3. Amortissement

	2002 (52 semaines)	2001 (53 semaines)
Immobilisations	10 810 $	9 785 $
Frais reportés	245	175
Achalandage	372	341
	11 427 $	10 301 $

4. Impôts sur les bénéfices

	2002	2001
Le taux d'imposition effectif de la Société se compose comme suit :		
Taux de base combiné	43,3 %	27,1 %
Amortissements non déductibles	(4,6)	0,6
Autres	(12,8)	(0,7)
	25,9 %	27,0 %
La charge d'impôts sur les bénéfices se répartit comme suit :		
Impôts exigibles (recouvrés)	(1 461) $	1 995 $
Impôts futurs relatifs aux écarts temporaires (incluant l'effet de la variation du taux d'imposition sur les impôts futurs de 26 000 $ (1 030 000 $ en 2001))	1 056	577
	(405) $	2 572 $
À la fin de l'exercice, les impôts futurs se détaillent comme suit :		
Actif d'impôts futurs		
Provisions et autres déductibles aux fins fiscales à leur décaissement seulement	333 $	197 $
Pertes fiscales reportées	940	376
	1 273	573
Passif d'impôts futurs		
Excédent de la valeur comptable nette des immobilisations et autres éléments d'actif sur leur valeur fiscale	(8 542)	(6 973)
Impôts futurs, montant net	(7 269) $	(6 400) $

5. Immobilisations

	2002 Coût	2002 Amortissement cumulé	2002 Valeur comptable nette	2001 Coût	2001 Amortissement cumulé	2001 Valeur comptable nette
Terrains	580 $	- $	580 $	580 $	- $	580 $
Bâtiments	5 320	2 411	2 909	5 161	2 301	2 860
Équipements	25 564	15 326	10 238	22 428	13 698	9 730
Améliorations locatives	78 899	29 928	48 971	70 620	25 765	44 855
Construction en cours	5 885	-	5 885	2 141	-	2 141
	116 248 $	47 665 $	68 583 $	100 931 $	41 765 $	59 166 $

6. Autres actifs

	2002	2001
Frais reportés	2 326 $	235 $
Achalandage	11 669	12 041
Autres	408	408
	14 403 $	12 684 $

21

Notes complémentaires

7. Dette à long terme

	2002	2001
Composante passif des débentures convertibles (note 8)	5 388 $	- $
Billet, portant intérêt au taux préférentiel, majoré de 1%, garanti par une hypothèque mobilière, remboursable à partir de décembre 2004, par tranche mensuelle de 50 000 $ plus intérêts, échéant en novembre 2009	3 000	-
Emprunt bancaire, portant intérêt au taux préférentiel, majoré de 1%, remboursable mensuellement à raison de 83 333 $, plus intérêts, échéant en août 2004	2 500	3 500
Emprunt hypothécaire portant intérêt au taux moyen assumé par le prêteur, majoré de 1,50 %, garanti par une hypothèque sur les bâtiments de la Société, remboursable semestriellement à raison de 87 500 $, échéant en février 2003	2 450	2 625
Billet, portant intérêt au taux de 8 %, garanti par une hypothèque mobilière, remboursable annuellement par versements déterminés, plus intérêts, échéant en août 2004	685	835
	14 023	7 069
Tranche échéant à moins d'un an	1 926	1 425
	12 097 $	5 635 $

Les versements de capital requis au cours des prochains exercices sont les suivants :

2003	2004	2005	2006	2007
1 926 $	4 097 $	1 437 $	1 344 $	1 446 $

Au 2 février 2002, la Société dispose de facilités de crédit à demande totalisant 11,5 millions de dollars et d'une facilité de crédit à terme totalisant 14 millions de dollars, dont 2,5 millions de dollars étaient utilisés au 2 février 2002. Ces facilités sont garanties par une hypothèque universelle grevant les stocks, les créances ainsi que les immobilisations corporelles et incorporelles de la Société, et portent intérêt au taux préférentiel majoré de 0 % à 1 % selon l'atteinte de certains ratios financiers.

La Société a signé le 14 décembre 2001 des nouvelles facilités de crédit remplaçant les anciennes facilités, totalisant 52 millions de dollars. La mise en place de ces facilités a eu lieu le 22 février 2002 et est assortie de nouvelles conditions.

8. Débentures convertibles

Le 21 décembre 2001, la Société a émis des débentures convertibles subordonnées et non garanties totalisant 15 millions de dollars , portant intérêt au taux annuel de 8 % et échéant le 21 décembre 2008.

La Société ne pourra racheter les débentures avant le 22 décembre 2004. À partir du 22 décembre 2004 et jusqu'au 21 décembre 2006, la Société pourra racheter les débentures au prix de rachat égal à la valeur nominale plus l'intérêt couru et impayé, le cas échéant, pourvu que le cours de clôture moyen pondéré des actions subalternes catégorie B comportant droit de vote de la Société inscrites à la cote d'une bourse reconnue pour une période donnée soit supérieur au 125 % du prix de conversion. Après le 21 décembre 2006, la Société pourra racheter les débentures au prix de rachat égal à la valeur nominale plus l'intérêt couru et impayé, pourvu que le cours de clôture moyen pondéré des actions subalternes à une bourse reconnue pour une période donnée soit égal ou supérieur au prix de conversion établi, soit 3,80 $ l'action. À partir du 22 décembre 2004 et jusqu'au 21 décembre 2006, la Société doit, et à partir du 22 décembre 2006 jusqu'à l'échéance, la Société peut, à son gré, rembourser le montant en capital des débentures,

par l'émission d'actions subalternes ainsi qu'un chèque qui représente l'intérêt couru et impayé. Après le 21 décembre 2006, la Société peut offrir aux porteurs de débentures un montant en espèces, pour chaque tranche de 1 000 $ de capital de débentures, égal au cours de clôture moyen pondéré des actions subalternes pour une période donnée, multiplié par un facteur de 276,32.

La Société a comptabilisé séparément la composante passif et la composante capitaux propres des débentures subordonnées convertibles, selon les principes comptables généralement reconnus du Canada en vigueur à la date de l'émission des débentures. La composante passif représente la valeur actuelle des futurs versements d'intérêts requis à l'égard des débentures, calculés au moyen des taux d'intérêt qui prévalaient pour les instruments financiers non convertibles à la date de l'émission. La composante capitaux propres (inscrite comme élément distinct de l'avoir propre des actionnaires) représente la valeur actuelle de la future distribution d'actions subalternes catégorie B comportant droit de vote que la Société peut, à son gré, émettre pour rembourser ou racheter les débentures.

22

9. Capital-actions

Autorisé

Actions catégorie A, à droit de vote multiple, en nombre illimité, participantes, comportant dix droits de vote par action.

Actions subalternes catégorie B, à droit de vote, en nombre illimité, participantes, comportant un droit de vote par action.

Actions privilégiées catégorie B, sans droit de vote, en nombre illimité, dividende privilégié, cumulatif ou non, au taux ou au montant qui sera déterminé par les administrateurs relativement à chaque série avant l'émission de toute action privilégiée catégorie B de telle série.

Émis	2002	2001
9 110 966 actions catégorie A à droit de vote multiple	11 766 $	11 766 $
3 113 134 actions subalternes catégorie B comportant droit de vote (3 226 534 en 2001)	12 534	12 977
	24 300 $	24 743 $

Au cours de l'exercice se terminant le 2 février 2002, la Société n'a émis aucune action subalterne catégorie B comportant droit de vote (8 000 actions en 2001) aux termes de la levée d'option d'achat d'actions. Au cours de l'exercice, aucune action catégorie A (25 000 en 2001) n'a été convertie en actions subalternes catégorie B (25 000 en 2001). De plus, en 2002, la Société n'a émis aucune action subalterne catégorie B (170 000 en 2001). Enfin, en vertu du programme de rachat d'actions, la Société rachète 113 400 actions subalternes catégorie B pour une contrepartie de 485 000 $ ou 4,27 $ l'action (rachat de 6 300 actions pour 38 000 $ ou 6,02 $ l'action en 2001), dont la valeur comptable représente 443 000 $ (38 000 $ en 2001). L'excédent du prix payé sur la valeur comptable des actions rachetées a diminué les bénéfices non répartis pour un montant de 42 000 $ (néant en 2001).

Régime d'options d'achat d'actions

La Société a un régime d'options d'achat d'actions à l'intention de certains de ses employés qui prévoit l'octroi d'options visant l'achat d'un nombre maximum de 1 214 180 actions subalternes catégorie B. Le prix de souscription de chaque action subalterne catégorie B visée par une option octroyée en vertu du régime correspond au cours du marché des actions le jour précédant la date de l'octroi et doit être payé intégralement au moment de la levée de l'option. Le conseil d'administration détermine les autres modalités de levée des options octroyées et la durée totale ne doit en aucun cas excéder dix ans à partir de la date à laquelle l'option a été octroyée. Les options peuvent être levées après leur octroi à raison de 20 % par année.

Un sommaire de la situation aux 2 février 2002 et 3 février 2001, des régimes d'options d'achat d'actions de la Société et des changements survenus dans les exercices terminés à ces dates, est présenté ci-après.

	2002		2001	
	Nombre d'options	Prix d'exercice moyen pondéré	Nombre d'options	Prix d'exercice moyen pondéré
Solde au début de l'exercice	1 049 600	4,35 $	1 046 600	4,34 $
Octroyées	-	-	18 000	5,38
Levées d'options	-	-	(8 000)	3,50
Annulées			(7 000)	5,95
Solde à la fin de l'exercice	1 049 600	4,35	1 049 600	4,35 $
Options pouvant être exercées à la fin de l'exercice	957 000	4,11 $	879 440	3,86 $

Le tableau ci-après résume l'information relative aux options d'achat d'actions exerçables.

	Options en cours			Options pouvant être exercées	
Fourchettes des prix d'exercice	Nombre d'options en cours au 2 février 2002	Durée de vie contractuelle moyenne pondérée à parcourir	Prix d'exercice moyen pondéré	Nombre d'options pouvant être exercées au 2 février 2002	Prix d'exercice moyen pondéré
2 $ à 3,20 $	541 600	4,1	2,99 $	541 600	2,99 $
4,39 $ à 5,20 $	229 000	4,8	4,44	223 400	4,42
6 $ à 6,88 $	131 000	7,4	6,85	103 200	6,86
7 $	148 000	7,3	7,00	88 800	7,00
	1 049 600	5,6	4,35 $	957 000	4,11 $

23

Notes complémentaires

10. Information supplémentaire sur les flux de trésorerie

(tous les chiffres dans les tableaux sont exprimés en milliers de dollars)

	2 février 2002 (52 semaines)	3 février 2001 (53 semaines)
i) Ajustements		
Amortissement	11 427 $	10 361 $
Amortissement - avantages incitatifs relatifs aux baux	(810)	(633)
Amortissement des frais d'émission des débentures	4	-
Intérêts sur composante passif des débentures (note 8)	87	-
Part des actionnaires sans contrôle	(874)	349
Impôts futurs	869	527
	10 703 $	10 544 $
ii) Variation nette des soldes hors caisse liés à l'exploitation		
Débiteurs	(635) $	543 $
Stocks	(4 841)	(3 953)
Frais payés d'avance	(954)	(2 815)
Créditeurs et charges à payer	6 340	(164)
Impôts sur les bénéfices	(2 287)	(649)
	(2 377) $	(7 038) $
iii) Information supplémentaire		
Intérêts versés	667 $	637 $
Impôts sur les bénéfices payés	1 720 $	3 737 $

11. Risques financiers et instruments financiers

Risques d'intérêt et de change

La Société est exposée à des risques financiers qui découlent des fluctuations des taux d'intérêt et des taux de change ainsi que de la volatilité de ces taux. Les facilités de crédit décrites à la note 7 portent intérêt à des taux variables. En plus, dans le cadre de ses activités, la Société effectue certaines transactions d'achat de marchandise en devises étrangères.

Risque de crédit

L'encaisse et les placements temporaires de la Société sont assujettis à un risque de crédit éventuel. Les lignes directrices de la Société en matière de gestion de l'encaisse et de placements temporaires consistent à restreindre les placements aux titres liquides et à faible risque. La Société effectue des évaluations périodiques de la cote de crédit relative des établissements financiers avec lesquels elle fait affaire.

Juste valeur

L'encaisse, les placements temporaires, les débiteurs ainsi que les créditeurs et les charges à payer sont tous des instruments financiers à court terme et, par conséquent, leur valeur comptable se rapproche de leur juste valeur. La juste valeur estimative des placements temporaires est calculée selon la valeur cotée et celle de dette à long terme est calculée selon les flux de trésorerie futurs actualisés au taux courant du marché pour une dette à long terme semblable. Leur valeur comptable se rapproche de leur juste valeur.

12. Engagements

a) La Société est liée par des contrats de location de locaux commerciaux à long terme. La plupart de ces baux ont un loyer minimal annuel et un loyer additionnel calculé sur un pourcentage des ventes brutes avec plusieurs options de renouvellement pouvant être exercées au gré de la Société ou du locateur. Les loyers minimaux annuels requis au cours des prochains exercices s'établissent comme suit :

2003	2004	2005	2006	2007	Subséquemment
21 479 $	21 527 $	16 146 $	12 919 $	8 876 $	89 267 $

b) Au 2 février 2002, une lettre de garantie bancaire en circulation d'un million de dollars a été émise relativement aux activités de la Fondation Les Ailes de la Mode.

c) La Société prévoit des investissements en immobilisations nets de 33 millions de dollars pour l'exercice se terminant le 1er février 2003.

24

Faits saillants
financiers

(en milliers de dollars sauf les données par action et statistiques)

Exercices terminés les	3 février 2002 (52 semaines)	3 février 2001 (52 semaines)	29 janvier 2000 (52 semaines)
Résultats d'exploitation			
Ventes nettes	245 532 $	241 803 $	226 250 $
• Marge d'exploitation	4,42%	5,39 %	9,88 %
Bénéfice net	–285	5 846	5 555
Rendement de l'avoir moyen des actionnaires	–0,38%	9,57 %	9,10 %
Bénéfice net/revpus nettes	–0,12%	2,87 %	2,46 %
Fonds autogénérés	10 418	18 984	15 669
Par action			
Bénéfice net	–0,03 $	0,59 $	0,46 $
Fonds autogénérés	0,85	1,39	1,30
Avoir des actionnaires	4,92	5,74	5,24
Situation financière			
Fonds de roulement	16 545 $	13 013 $	12 663 $
• Coefficient du fonds de roulement	1,35:1	1,23:1	1,23:1
Actif total	146 625	125 917	119 000
Avoir des actionnaires	79 576	71 607	63 680
Dette à long terme	12 097	5 015	7 142
• Coefficient de l'avoir des actionnaires	0,15:1	0,08:1	0,11:1
Autres statistiques			
Dépenses en immobilisations	19 419 $	14 903 $	4 911 $
Nombre de boutiques et de grands magasins spécialisés à la fin de l'exercice	188	181	176
Nombre d'employés	3 500	3 400	3 200

Table
des matières

Renseignements
corporatifs

Conseil d'administration

Paul Delage Roberge ▲
Président du conseil
et chef de la direction
Les Boutiques
San Francisco Incorporées

Guy Charron, C.A. ■
Président et chef de l'exploitation
Les Boutiques
San Francisco Incorporées

Camille Roberge
Vice-présidente, administration
Les Boutiques
San Francisco Incorporées

Robert Chevrier, F.C.A. ■●
Président
Société de gestion Roche Inc.

Paul-André Guillotte ■●
Président et chef de la direction
Van Houtte Inc.

Pierre Hébert ■▲
Conseiller et maître relais

J. Lucien Perron ■▲●
Avocat, associé
Lavery, Casgrain, Vézik, Hutton

Gérald Tremblay ■
Maire de la ville de Montréal

■ Membre du comité de vérification
▲ Membre du comité des ressources humaines
● Membre du comité de régie d'entreprise

Siège social
50 rue de Lauzon
Boucherville (Québec)
Canada
J4B 1E6
www.bsf.ca

Haute direction
Services corporatifs

Paul Delage Roberge
Président et chef de la direction

Guy Charron, C.A.
Président et chef de l'exploitation

Camille Roberge
Vice-présidente, administration

Jean Roisvent
Vice-président,
systèmes et information de gestion

Claude Fortin
Vice-président,
marketing et communications

Jacques Fournier, C.A., M.B.A.
Vice-président, finances

Julien Houde, C.G.A.
Vice-président, distribution

Luc Lavigne, LL.L.
Vice-président,
développement corporatif

Banquiers
Banque Nationale du Canada
Banque Royale du Canada
Banque Impériale de Commerce
Banque Laurentienne du Canada

Registraire et agent de transferts
Fiducie Desjardins Inc.

Vérificateurs
Samson Bélair
Deloitte & Touche

Inscription boursière
Bourse de Toronto
Symboles SFA et SFB

Conseillers juridiques
Fasken Martineau, DuMoulin; Can
Lavery, Casgrain, Vézik, Hutton

Filiales et bannières

Yvan Lamarre
Président et chef de la direction
Filiale Taboo Design (1999) Inc.

Dennis Lazanis
Président et chef de la direction
Filiale Les Boutiques West Coast
Innovation

Lise Chatelain
Présidente,
Victoire Delage et Moments Intimes

Cathy Cockerton
Présidente, Frisco

Daniel Desgagné
Président,
San Francisco Maillots et Bikini Village

Venu Dilala
Vice-président, achats,
Les Ailes de la Mode,
cosmétiques et accessoires

Dina Mancogliese
Vice-présidente, Les Ailes de la Mode

Charlotte Trotter
Présidente,
San Francisco et L'Officiel

Production
Les Boutiques San Francisco Incorporées
L'assemblée annuelle et extraordinaire
des actionnaires de la Société
se tiendra le 6 juin 2002 à 9 h 30
au Centre Mont-Royal
2200 rue Mansfield
Montréal (Québec) Canada
H3A 3R8

La version annuelle est également
disponible en anglais.

An english version is also available.

Ventes nettes
(en millions de dollars)

BAIIA
(en millions de dollars)

Bénéfice net
(en millions de dollars)

Annexe D

Ratios financiers de Standard & Poor's (États-Unis)
Vente de vêtements au détail pour la famille : code 5651
Ratios moyens pour le secteur industriel

Termes anglais	Termes français	Équations	Ratios
Liquidity	**Liquidité**		
Current ratio	Ratio du fonds de roulement	Actif à court terme/Passif à court terme	2,26
Quick ratio ou Acid ratio	Ratio de liquidité ou Coefficient de liquidité relative	(Espèces et quasi-espèces + Comptes clients*)/Passif à court terme	0,74
Activity	**Coefficients de rotation**		
Inventory turnover	Rotation des stocks	Coût des ventes/Stocks moyens	4,67
Receivable turnover	Rotation des comptes clients	Ventes** à crédit/Comptes clients moyens	72,51
Average collection period (days)	Délai moyen de recouvrement (jours)	(Comptes clients moyens × 365)/Ventes	5,00
Accounts payable turnover	Rotation des comptes fournisseurs	Achats à crédit/Comptes fournisseurs moyens	8,20
Fixed asset turnover	Rotation de l'actif immobilisé	Ventes/Actif immobilisé au net	12,79
Total asset turnover	Rotation de l'actif total	Ventes/Actif total	2,55
Days to sell inventory (days)	Durée moyenne de stockage (jours)	(Stocks moyens × 365)/Coût des ventes	92,00
Profitability	**Rentabilité**		
Gross profit margin (%)	Marge bénéficiaire brute	Bénéfice brut/Ventes	36,48
Operating profit margin (%)	Marge bénéficiaire d'exploitation	Bénéfice d'exploitation/Ventes	7,73
Net profit margin (%)	Marge bénéficiaire nette	Bénéfice net/Ventes	4,15
Return on equity (%)	Rendement sur les capitaux propres	Bénéfice net/Capitaux propres	27,39
Return on assets (%)	Rendement sur l'actif	(Bénéfice net + Intérêts [net des impôts])/Actif total	10,58
Quality of income	Qualité des bénéfices	Flux monétaire de l'exploitation/Bénéfice net	2,19
Leverage	**Levier financier**		
Times interest earned or Interest coverage ratio	Couverture des intérêts	(Bénéfice net + Intérêts + Impôts)/Intérêts	62,28
Debt to equity ratio or Total debt/Total equity	Ratio d'endettement ou Ratio emprunts/capitaux propres	Passif total/Capitaux propres	1,59
Asset to capital ratio or Total assets/Total equity	Coefficient de suffisance du capital ou ratio actif/capital	Actif total/Capitaux propres	2,59
Dividends	**Dividendes**		
Dividend payout (%)	Ratio de distribution ou Ratio dividendes/bénéfice	Dividendes/Bénéfice	2,49
Dividend yield (%)	Taux de rendement des actions	Dividende par action/Cours d'une action	0,09
Other	**Autres**		
Advertising-to-sales	Ratio publicité/ventes	Charge de publicité/Ventes	2,26
Sales growth (%)	Croissance des ventes	(Ventes X2 – Ventes X1)/Ventes X1	16,15
Capital acquisitions ratio	Ratio de financement des actifs immobilisés	Capitaux propres/Actif immobilisé	1,79
Price/earnings ratio	Ratio cours/bénéfice	Cours d'une action/Bénéfice par action	26,13

* Il s'agit des comptes clients déduction faite de la provision pour créances douteuses.

** Il s'agit des ventes nettes (des rabais, des escomptes, etc.). L'expression « chiffre d'affaires » est également utilisée.

Ratios financiers de Dun & Bradstreet (Canada)
Vente de vêtements au détail pour la famille: code 5651
Ratios moyens pour le secteur industriel

Ratios financiers	Équations	Ratios
Solvabilité		
Coefficient de liquidité (X)	(Liquidités et quasi-liquidités* + Comptes clients)/Passif à court terme	0,2
Ratio du fonds de roulement	Actif à court terme/Passif à court terme	1,6
Ratio d'endettement à court terme (%)	Passif à court terme/Capitaux propres	98,7
Ratio du passif à court terme sur les stocks	Passif à court terme/Stocks	81,0
Ratio d'endettement	Passif total/Capitaux propres	121,8
Ratio des immobilisations sur les capitaux propres	Immobilisations/Capitaux propres	56,0
Efficacité		
Délai moyen de recouvrement (jours)	(Comptes clients/Ventes) × 365	3,5
Ventes sur les stocks (rotation) (X)	Ventes/Stocks	5,4
Actif sur les ventes (%)	Actif total/Ventes	37,3
Ventes sur le fonds de roulement net (X)	Ventes/Fonds de roulement net	8,4
Comptes fournisseurs sur les ventes (%)	Comptes fournisseurs/Ventes	9,6
Rentabilité		
Rendement sur les ventes (%)	Bénéfice après impôts/Ventes	2,1
Rendement sur l'actif (%)	Bénéfice après impôts/Actif total	4,9
Rendement sur les capitaux propres	Bénéfice après impôts/Capitaux propres	11,5

X = en chiffres
Les chiffres des comptes clients, des ventes et des immobilisations sont au net.
*L'expression «Espèces et quasi-espèces» est également utilisée.

GLOSSAIRE

Plusieurs définitions du glossaire sont tirées du *Manuel de l'ICCA* et de Louis Ménard, *Dictionnaire de la comptabilité et de la gestion financière*, ICCA, 1994.

Achat à un prix global (achat en bloc) Acquisition de façon simultanée de deux ou plusieurs immobilisations à un prix forfaitaire.

Acquisition (d'une filiale) ou prise de contrôle Acquisition conclue par l'achat des actions ordinaires avec droit de vote de la filiale. La contrepartie versée peut prendre la forme d'actions, d'espèces ou de tout autre bien.

Actif à court terme Ensemble des éléments normalement réalisables dans l'année qui suit la date du bilan ou au cours du cycle normal d'exploitation s'il excède un an.

Actifs Ressources économiques sur lesquelles l'entité exerce un contrôle par suite d'opérations ou de faits passés et susceptibles de lui procurer des avantages économiques futurs.

Actions autodétenues Actions émises qui ont été rachetées par la société et qui n'ont pas encore été annulées. Après une période maximale de deux ans, elles doivent être annulées.

Actions autorisées Nombre maximal d'actions qu'une société peut émettre en vertu de sa charte pour chacune des catégories décrites.

Actions émises Actions d'une société qui ont été émises à une date donnée. Elles comprennent les actions en circulation et les actions autodétenues.

Actions en circulation Nombre total d'actions que possèdent les actionnaires à une date particulière.

Actions non émises Actions autorisées du capital-actions d'une société qui n'ont jamais été émises ou qui ont été émises, rachetées et annulées.

Actions ordinaires Actions de base avec droit de vote émises par les sociétés de capitaux. On les appelle également les « intérêts résiduels », puisqu'elles se classent après les actions privilégiées pour le versement des dividendes et la distribution des actifs au moment de la liquidation d'une société.

Actions privilégiées Actions qui confèrent des droits précis par rapport aux actions ordinaires.

Actions privilégiées convertibles Actions privilégiées que le porteur peut convertir en actions ordinaires à son gré.

Actions rachetées Actions émises qui ont été rachetées par la société. Elles doivent être annulées et, dans certaines circonstances, elle peuvent être autodétenues pour une période maximale de deux ans.

Actions réservées Actions qu'une société réserve pour l'exercice de certains privilèges telle la conversion. On trouve ce genre de situation lorsque le capital autorisé est limité.

Actions sans valeur nominale Actions dont la valeur nominale n'est pas précisée dans la charte de la société.

Actions souscrites Actions que la société s'est engagée à émettre à des souscripteurs, c'est-à-dire aux investisseurs qui ont promis d'acheter des actions.

Actions subalternes Actions de rang inférieur par rapport aux autres actions.

Activités abandonnées Abandon ou cession d'une partie des activités de l'entreprise. Ces activités sont présentées à l'état des résultats déduction faite des impôts s'y rapportant.

Activités d'investissement et de financement hors trésorerie Opérations qui n'ont aucun effet direct sur les flux de trésorerie. On les présente comme un supplément d'information à l'état des flux de trésorerie sous forme de texte ou de tableau complémentaire.

Ajouts et agrandissements Coûts engagés pour apporter des éléments supplémentaires à l'actif existant, augmentant ainsi sa valeur.

Ajustement sur exercices antérieurs Montant qu'on affecte directement aux bénéfices non répartis pour corriger une erreur comptable commise dans un exercice précédent ou pour illustrer l'effet d'une modification de convention comptable sur les exercices antérieurs.

Améliorations Coûts engagés pour accroître l'utilité économique des immobilisations.

Amortissement accéléré Méthodes d'amortissement qui ont pour effet de produire des charges d'amortissement plus élevées au cours des premiers exercices d'utilisation.

Amortissement fonctionnel Méthode d'amortissement qui consite à répartir le coût d'acquisition d'une immobilisation pendant sa durée de vie utile en fonction de son utilisation.

Amortissement linéaire Méthode d'amortissement qui consiste à répartir le coût d'acquisition d'une immobilisation en des montants périodiques égaux tout au long de sa durée de vie utile.

Amortissement Répartition logique et systématique du coût des immobilisations (à l'exception des terrains) sur leur durée d'utilisation.

Analyse des opérations Étude d'une opération en vue de déterminer son effet économique sur l'entreprise et sur l'équation comptable.

Arriéré de dividende Dividende sur les actions privilégiées cumulatives qui n'a pas été versé au cours des exercices précédents.

Baisse de valeur durable (permanente) Diminution de la valeur comptable d'un placement de portefeuille car il n'est pas réalisable, par exemple en cas de faillite.

Balance de vérification après clôture Liste des comptes du grand livre établie après avoir procédé à la clôture des comptes afin de vérifier que les crédits sont égaux aux débits et que tous les comptes temporaires ont un solde à zéro.

Balance de vérification Liste de tous les comptes du grand livre avec leur solde débiteur ou créditeur. Elle permet de vérifier l'égalité des débits et des crédits.

Bénéfice avant impôts Produits d'exploitation dont on soustrait toutes les charges à l'exception des impôts sur les bénéfices.

Bénéfice brut (**marge bénéficiaire brute**) Chiffre d'affaires net dont on soustrait le coût des marchandises vendues.

Bénéfice d'exploitation (**résultat d'exploitation**) Chiffre d'affaires net dont on soustrait le coût des marchandises vendues et les autres charges d'exploitation.

Bénéfices non répartis Bénéfices cumulatifs qui ne sont pas distribués aux actionnaires et qui sont réinvestis dans l'entreprise.

Bilan Document de synthèse exposant à une date donnée la situation financière et le patrimoine d'une entité, et dans lequel figurent la liste des éléments de l'actif et du passif ainsi que la différence, qui correspond aux capitaux propres.

Brevet Titre accordé par le gouvernement pour une invention ; il s'agit d'un droit exclusif qui permet à son détenteur d'utiliser, de fabriquer ou de vendre l'objet de ce brevet.

Capital d'une obligation Montant remboursable à l'échéance de l'obligation et sur lequel on calcule les paiements d'intérêts périodiques en espèces.

Capital légal Montant permanent de capital qui doit demeurer investi dans la société et qui sert de protection pour les créanciers.

Capital-actions Capital investi (argent ou autres actifs) par les actionnaires dans l'entreprise.

Capitalisation des intérêts Inclusion des intérêts débiteurs engagés au cours de la période de construction dans le coût des immobilisations, lorsque l'entreprise construit pour son propre compte.

Capitaux propres (**avoir des actionnaires** ou **avoir des associés** ou **avoir du propriétaire**) Fonds provenant des propriétaires et des activités de l'entreprise.

Certificat d'obligation Document remis à chaque obligataire.

Charges courues à payer Dépenses qui ont été engagées, mais qui n'ont pas encore été payées à la fin de l'exercice.

Charges Diminutions des ressources économiques (diminution de l'actif ou augmentation du passif) qui résultent des activités courantes de l'entreprise.

Communiqué Annonce publique écrite, émise par l'entreprise et généralement distribuée aux principaux services de nouvelles.

Comptabilité Système d'information permettant de rassembler et de communiquer des informations à caractère essentiellement financier, le plus souvent chiffrées en unités monétaires, concernant l'activité économique des entreprises et des organismes. Ces informations sont destinées à aider les personnes intéressées à prendre des décisions économiques, notamment en matière de répartition des ressources.

Compte de contrepartie Compte qui vient compenser ou réduire le compte correspondant.

Compte en T Mode simplifié de présentation d'un compte prenant la forme de la lettre T et comportant l'intitulé du compte au-dessus de la ligne horizontale. On inscrit les débits du côté gauche de la ligne verticale et les crédits, du côté droit.

Compte Tableau normalisé que les entreprises utilisent pour accumuler les effets monétaires des opérations sur chacun des éléments des états financiers.

Comptes clients (**débiteurs**) Comptes de bilan où figurent les sommes à recouvrer des clients à la suite d'une vente de produits ou de marchandises, ou d'une prestation de services.

Comptes permanents (**comptes de bilan**) Comptes ayant pour objet de constater les divers éléments du patrimoine de l'entreprise. Leur solde est reporté d'un exercice à l'autre.

Comptes temporaires (**comptes de résultats**) Comptes où figurent respectivement les produits, les charges, les pertes et les profits d'un exercice. Ces comptes sont soldés à la fin de chaque exercice.

Contrôle (**contrôle interne**) Ensemble de mesures grâce auxquelles le conseil d'administration d'une entreprise, sa direction et les membres du personnel peuvent offrir une assurance raisonnable concernant la fiabilité de l'information financière produite, l'efficacité et l'efficience de ses opérations et le respect des lois et des règlements auxquels la société est tenue de se conformer.

Coût d'acquisition Montant de la contrepartie donnée pour acquérir une immobilisation ou tout autre actif.

Coût de la main-d'œuvre directe Salaire des employés qui travaillent directement au processus de transformation des produits.

Coût de remplacement Prix d'achat qu'il faudrait payer aujourd'hui afin de se procurer des articles identiques à ceux en stock.

Coût des marchandises destinées à la vente Coût du stock au début de la période plus les achats (ou les éléments transférés aux produits finis).

Coût net des intérêts Coût des intérêts dont on soustrait toute économie d'impôts associée à la charge d'intérêts.

Créances irrécouvrables (créances douteuses) Charges associées aux comptes clients estimés irrécouvrables.

Crédit Côté droit d'un compte.

Cycle comptable Processus de comptabilisation des opérations et des faits économiques qu'on applique durant et à la fin de l'exercice et qui permet de dresser les états financiers

Cycle d'exploitation (cycle commercial) Période qui s'écoule entre l'achat de biens et de services auprès des fournisseurs, la vente de ces biens ou de ces services aux clients et le recouvrement des sommes dues auprès des clients.

Date d'inscription (du dividende) Date à laquelle la société dresse la liste des actionnaires actuels en fonction du registre des actionnaires. Le dividende sera distribué aux personnes qui possèdent des actions à cette date.

Date de déclaration (du dividende) Date à laquelle le conseil d'administration approuve officiellement la distribution d'un dividende.

Date de paiement (du dividende) Date à laquelle une société verse un dividende aux actionnaires inscrits.

Débenture ou **obligation non garantie** Titre de créance pour lequel aucun actif n'est spécifiquement donné en gage en vue d'en garantir le remboursement.

Débit Côté gauche d'un compte.

Dépense d'exploitation Dépense permettant de réaliser des profits pendant l'exercice en cours seulement, de sorte qu'on l'enregistre comme une charge.

Dépense en capital (dépense en immobilisations) Dépense effectuée en vue d'accroître le potentiel de service d'une immobilisation. Elle est capitalisée à l'actif.

Dividende en actions Distribution d'actions supplémentaires à partir du propre capital-actions d'une société.

Dividendes cumulatifs Dividendes portant sur les actions privilégiées qui ont priorité sur les actions ordinaires. Leur présence exige qu'on accumule durant l'année concernée les dividendes courants sur les actions privilégiées qui ne sont pas versés en entier.

Droit d'auteur Droit exclusif de publier, d'utiliser et de vendre une œuvre littéraire, musicale ou artistique.

Droit de préemption Droit préférentiel rattaché aux actions permettant à l'actionnaire de souscrire à toute nouvelle émission d'actions.

Droits prioritaires sur les dividendes courants Caractéristique des actions privilégiées qui accordent la priorité au versement des dividendes privilégiés sur les dividendes ordinaires.

Durée de vie utile Période de temps pendant laquelle on prévoit qu'un actif contribuera aux flux de trésorerie futurs de l'entreprise.

Écart d'acquisition (achalandage, survaleur, fonds commercial) Excédent du prix d'achat sur la valeur marchande de l'actif net d'une entreprise.

Écarts temporaires Différences de temps (ou décalages dans le temps) entraînant un passif (ou un actif) d'impôts qui vont se résorber ou disparaître progressivement dans l'avenir.

Écriture de journal Enregistrement d'une opération dans le journal général et, par extension, dans tout autre compte.

Écritures de clôture Écritures passées à la fin de l'exercice afin de virer les soldes des comptes de produits et de charges au compte Sommaire des résultats et, de là, au compte Bénéfices non répartis.

Écritures de régularisation Écritures qu'il faut passer à la fin de l'exercice pour bien mesurer le bénéfice selon les PCGR, corriger les erreurs et assurer l'évaluation appropriée des comptes figurant au bilan.

Effet de levier ou **levier financier** Utilisation de capitaux empruntés pour accroître le taux de rendement des actionnaires; il survient lorsque le taux d'intérêt d'une dette est inférieur au taux de rendement de l'actif total (bénéfices/actif total).

Effets à recevoir Promesses écrites dans lesquelles une partie s'engage à payer ce qu'elle doit à une entreprise en respectant des conditions précises (le montant, l'échéance et les intérêts).

Éléments à long terme constatés par régularisation Charges et produits d'exploitation constatés par régularisation et qui ne modifient pas les actifs ou les passifs à court terme.

Éléments d'impôts futurs Sommes dues (passif) ou à recevoir (actif) attribuables en grande partie aux écarts temporaires qui découlent des différentes normes de mesure des produits et des charges mises de l'avant par les PCGR servant à dresser l'état des résultats et la Loi de l'impôt sur le revenu servant à rédiger les déclarations fiscales.

Éléments de passif à long terme (dette à long terme ou **obligation à long terme)** Ensemble des obligations d'une entité qui ne sont pas classées dans la catégorie des éléments de passif à court terme.

Éléments extraordinaires Gains ou pertes caractérisés à la fois par leur nature inhabituelle, leur non-fréquence et l'absence de contrôle par la direction ou les actionnaires.

Éléments inhabituels Gains ou pertes découlant d'opérations qui ne sont pas susceptibles de se répéter fréquemment et qui ne sont pas typiques des activités normales de l'entreprise.

Encaisse Argent ou tout effet de commerce qu'une banque accepte en dépôt et crédite immédiatement au compte de l'entreprise, par exemple un chèque, un mandat ou une traite bancaire.

Entité comptable Unité comptable ou ensemble d'unités comptables formant un tout aux fins de la publication des états financiers.

Épuisement Répartition logique et systématique du coût d'une ressource naturelle sur sa période d'exploitation.

Équation comptable Équation s'énonçant ainsi : Actif = Passif + Capitaux propres.

Équation du coût des marchandises vendues Équation s'énonçant ainsi : Stocks au début (SD) + Achats (A) – Stocks à la fin (SF) = Coût des marchandises vendues (CMV).

Équilibre avantages-coûts Concept selon lequel on doit rechercher un équilibre entre les coûts de l'information et les avantages qu'elle est censée procurer.

Escompte d'émission (d'obligation) Différence entre le prix de vente et la valeur nominale lorsque l'obligation est vendue pour un montant inférieur à cette valeur.

Escompte sur achats Réduction du montant à payer obtenu grâce au paiement rapide d'un compte.

Escompte sur cartes de crédit Frais réclamés par la société émettrice de la carte pour ses services.

Escompte sur ventes (escompte de caisse) Escompte en argent offert aux acheteurs pour encourager un paiement rapide des comptes clients.

Espèces Sommes très liquides comprenant les fonds de caisse et les dépôts à vue.

État des bénéfices non répartis État financier exposant comment le bénéfice net et la distribution des dividendes ont influé sur la situation financière de la société durant l'exercice.

État des flux de trésorerie État financier présentant les encaissements et les décaissements survenus au cours de l'exercice et attribuables aux activités d'exploitation, d'investissement et de financement.

État des résultats (état des résultats d'exploitation) État financier où figurent les produits et les profits, ainsi que les charges et les pertes d'un exercice. Il fait apparaître, par différence, le bénéfice net ou la perte nette de l'exercice.

États dressés en pourcentages (analyse procentuelle) État financier où chacun des postes qui y figure est exprimé sous forme de pourcentage.

États financiers consolidés États combinés de deux ou de plusieurs entreprises en un seul ensemble d'états financiers, comme si les sociétés en constituaient une seule.

Évaluation au moindre du coût et de la juste valeur Méthode d'évaluation qui diffère du principe du coût historique et qui sert à constater une perte lorsque le coût de remplacement (ou la valeur de réalisation nette) devient inférieur au coût d'origine.

Exercice financier Période couverte par les états financiers.

Fiduciaire Personne indépendante désignée pour représenter les obligataires.

Filiale (société émettrice) Société dont la majorité des titres comportant des droits de vote est détenue par la société mère.

Flux de trésorerie disponibles Flux de trésorerie liés à l'exploitation auxquels on soustrait les dividendes et les dépenses de nature capitale.

Flux de trésorerie liés aux activités d'exploitation Rentrées et sorties de fonds directement reliées aux principales activités de l'entreprise qui engendrent des profits.

Flux de trésorerie liés aux activités d'investissement Rentrées et sorties de fonds reliées à l'acquisition ou à la cession d'actifs à long terme et des placements qui ne sont pas inclus dans les quasi-espèces.

Flux de trésorerie liés aux activités de financement Rentrées et sorties de fonds reliées aux activités qui entraînent des changements au niveau de la dette et des capitaux propres de l'entreprise.

Fonds de roulement net (et non le ratio) Différence en *dollars* entre le total des éléments d'actif à court terme et le total des éléments de passif à court terme.

Fractionnement d'actions Augmentation du nombre total d'actions autorisées selon un ratio prédéterminé ; il ne fait pas diminuer le montant des bénéfices non répartis.

Frais généraux de fabrication Coûts de fabrication qui ne sont pas des matières premières ou des coûts de main-d'œuvre directe.

Franchise Droit contractuel de vendre certains produits ou services, d'utiliser certaines marques de commerce ou d'effectuer certaines activités dans une région géographique donnée.

Gains Augmentations des ressources économiques qui résultent des activités périphériques de l'entité.

Immobilisations (actifs immobilisés) Éléments d'actifs corporels et incorporels qui appartiennent à l'entreprise. Ils ne sont pas destinés à être vendus, puisque l'entreprise les utilise de façon durable dans le cadre de ses activités.

Immobilisations corporelles Biens qui ont une existence tangible et physique.

Immobilisations incorporelles Biens qui n'ont pas d'existence physique, mais qui confèrent des droits particuliers.

Importance relative Concept selon lequel on doit évaluer si les éléments ou les montants sont assez importants pour influer sur la prise de décision des utilisateurs.

Influence notable (influence sensible) Pouvoir d'influence sur les décisions stratégiques d'une entreprise. La détention d'une participation entre 20 et 50 % des actions avec droit de vote et l'analyse des facteurs déterminants entourant la transaction permettent de conclure à l'influence notable.

Information comparable Information permettant d'établir un parallèle entre les états financiers de deux entités distinctes ou entre les états financiers d'une même entité ayant trait à des exercices différents.

Information compréhensible Information utile aux utilisateurs.

Information fiable Information exacte (fidèle à la réalité), neutre, vérifiable, et basée sur des estimations prudentes.

Information pertinente Information pouvant influer sur les décisions économiques que les utilisateurs sont appelés à prendre ; ce type d'information est communiqué en temps opportun et a une valeur prédictive et/ou rétrospective.

Institut canadien des comptables agréés Organisme privé chargé de définir les normes comptables canadiennes.

Investisseurs institutionnels Gestionnaires de caisses de retraite, de fonds communs de placements, de fondations privées ou publiques et d'autres sociétés de gestion de portefeuille qui investissent pour le compte d'autres personnes.

Investisseurs privés Personnes qui achètent et vendent des actions de sociétés.

Main-d'œuvre directe Salaire des employés qui travaillent directement au processus de transformation des produits.

Marchés efficients Marchés des valeurs mobilières dans lesquels les prix reflètent entièrement les informations disponibles.

Marque de commerce Droit juridique exclusif d'utiliser un nom, une image ou un slogan en particulier.

Méthode d'estimation fondée sur le chiffre des ventes à crédit Évaluation des créances irrécouvrables d'après l'analyse des ventes à crédit réalisées au cours des exercices antérieurs et qui se sont ultérieurement révélées comme étant des créances irrécouvrables.

Méthode d'estimation fondée sur le classement chronologique des comptes clients Estimation des comptes non recouvrables d'après l'âge chronologique de chacun des comptes clients.

Méthode d'imputation fondée sur la création d'une provision Méthode établissant le montant des créances irrécouvrables à l'aide d'une estimation de celles-ci.

Méthode de constatation des produits à l'achèvement des travaux Comptabilisation des produits lorsque le client a reçu la marchandise ou obtenu le service qui fait l'objet du contrat.

Méthode de constatation des produits en fonction des encaissements Constatation des produits en se basant sur le recouvrement des montants à la suite de la livraison des marchandises.

Méthode de constatation des produits selon l'avancement des travaux Comptabilisation des produits selon le pourcentage de travail effectué au cours de la période (ou au prorata du degré de réalisation atteint).

Méthode de l'épuisement à rebours (méthode du dernier entré, premier sorti – DEPS) Attribution des coûts les plus anciens aux articles en stock.

Méthode de l'épuisement successif (méthode du premier entré, premier sorti – PEPS) Attribution des coûts les plus récents aux articles en stock.

Méthode de la comptabilité d'exercice Comptabilisation des produits au moment où ils sont gagnés et des charges au moment où elles sont engagées, sans considération du moment où les opérations sont réglées par un encaissement ou un décaissement.

Méthode de la comptabilité de caisse Comptabilisation des produits au moment où ces derniers sont encaissés et des charges au moment où celles-ci sont payées.

Méthode directe Méthode de présentation de la section des activités d'exploitation de l'état des flux de trésorerie qui consiste à présenter les montants bruts des principales catégories de rentrées et de sorties de fonds.

Méthode du coût distinct Méthode permettant d'évaluer le coût spécifique de chacun des articles qui ont été vendus.

Méthode du coût moyen (des placements) Méthode par laquelle les titres sont groupés par catégorie et où un coût moyen est calculé à chaque acquisition. Le gain ou la perte sur la vente subséquente d'une partie de la catégorie se calcule en fonction de ce coût moyen.

Méthode du coût moyen Utilisation du coût unitaire moyen pondéré des marchandises destinées à la vente afin de déterminer le coût des marchandises vendues et le stock à la fin.

Méthode indirecte Méthode de présentation de la section des activités d'exploitation de l'état des flux de trésorerie qui consite à effectuer, sur le résultat net, les ajustements nécessaires au calcul des flux de trésorerie provenant de l'exploitation.

Notes afférentes aux états financiers ou **notes complémentaires** Notes contenant des informations supplémentaires sur la situation financière d'une société. Sans ces notes, il ne serait pas possible de comprendre entièrement les états financiers.

Objectif des états financiers Les états financiers visent à communiquer des informations économiques utiles sur l'entreprise pour aider les utilisateurs externes à prendre des décisions financières éclairées.

Obligation convertible Obligation pouvant être échangée contre d'autres titres (généralement des actions ordinaires) de la société émettrice.

Obligation remboursable à vue (encaissable) Obligation pouvant faire l'objet d'un remboursement anticipé au gré de l'obligataire.

Obligation remboursable par anticipation Obligation pouvant faire l'objet d'un remboursement anticipé au gré de l'émetteur.

Opération 1) Échange entre une entreprise et une ou plusieurs tierces parties ou 2) événement interne mesurable, comme l'utilisation des actifs dans les activités d'exploitation.

Opinion (certification ou attestation) sans réserve Déclaration des vérificateurs énonçant, sans aucune restriction, que les états financiers donnent une image fidèle de la situation financière de l'entreprise conformément aux principes comptables généralement reconnus.

Participation sans contrôle (part des actionnaires minoritaires) Quote-part des actionnaires minoritaires de la valeur comptable de la filiale. Ce poste apparaît au bilan consolidé entre le passif et l'avoir des actionnaires et à l'état des résultats consolidé après le solde du bénéfice net après impôts.

Passif à court terme Ensemble des sommes à payer au cours de l'année qui suit la date du bilan ou au cours du cycle normal d'exploitation s'il excède un an ; ce cycle doit être celui qui sert à déterminer l'actif à court terme.

Passif éventuel Élément de passif potentiel (une éventualité) qui résulte d'un événement passé ; le passif réel ne surviendra qu'au moment où un événement futur le confirmera.

Passifs Obligations qui incombent à l'entité par suite d'opérations ou de faits passés, et dont le règlement pourra nécessiter le transfert ou l'utilisation d'actifs, la prestation de services ou toute autre cession d'avantages économiques.

Pertes Diminution de l'actif ou augmentation du passif découlant des opérations périphériques de l'entité.

Pertes sur dévaluation de titres temporaires Montants associés aux variations à la baisse du cours des titres de placements temporaires actuellement détenus.

Placements de portefeuille Titres de participation ou autres titres détenus à long terme et qui ne confèrent à leur détenteur ni influence notable ni contrôle sur l'entité émettrice. Ce sont des placements passifs.

Placements passifs Placements dans des titres qui ne confèrent à leur détenteur ni contrôle ni influence notable sur la société émettrice. Ils peuvent être détenus à court terme (placements temporaires) ou à long terme (placement de portefeuille).

Placements temporaires Fonds investis à court terme en vue d'obtenir un rendement sur une base temporaire.

Postulat de l'indépendance des exercices Concept supposant que l'activité économique d'une entité peut être découpée en périodes égales et arbitraires qu'on appelle les exercices.

Postulat de l'unité monétaire stable Concept selon lequel il faut mesurer et présenter les informations comptables dans l'unité monétaire nationale.

Postulat de la continuité de l'exploitation Concept présumant que l'entité poursuivra ses activités dans un avenir prévisible.

Postulat de la personnalité de l'entité Concept stipulant que les activités de l'entreprise sont séparées et distinctes de celles de ses propriétaires.

Présentation en compte ou en tableau ou horizontale Forme de présentation du bilan selon laquelle on présente les actifs du côté gauche, et les passifs et les capitaux propres du côté droit.

Présentation en liste ou verticale Forme de présentation du bilan selon laquelle on énumère dans l'ordre les actifs, les passifs et les capitaux propres.

Prêteurs (créanciers) Individus ou institutions, tels des fournisseurs et des établissements financiers, qui prêtent de l'argent aux entreprises.

Prime d'émission (d'obligation) Différence entre le prix de vente et la valeur nominale lorsque l'obligation est vendue pour un montant supérieur à cette valeur.

Principe de bonne information Principe voulant que les entreprises fournissent dans leurs états financiers toutes les informations financières susceptibles d'influer sur les décisions économiques d'un utilisateur.

Principe de la valeur d'acquisition Principe exigeant que la comptabilité soit tenue sur la base du coût historique, qui représente les liquidités versées ou reçues à la date de l'opération d'échange additionnées de la juste valeur de toute autre contrepartie également comprise dans l'échange.

Principe de réalisation (principe de constatation des produits) Principe selon lequel on doit constater les produits quand le processus de génération des produits est achevé ou presque, qu'une opération d'échange a eu lieu et que le recouvrement est raisonnablement sûr.

Principe du rapprochement des produits et des charges Principe qui nous aide à déterminer le moment où les coûts doivent être passés en charges, dans la mesure où les coûts peuvent être liés à des produits par un rapport de cause à effet.

Principes comptables généralement reconnus (PCGR) Règles de mesure qu'on utilise pour élaborer les informations qui figurent aux états financiers.

Produits (chiffre d'affaires ou revenus) Augmentations des ressources économiques qui résultent des activités courantes de l'entité.

Produits et charges constatées par régularisation Produits gagnés et charges engagées à la fin de l'exercice en cours, mais recouvrés ou payées dans un exercice futur.

Produits perçus d'avance (revenus différés ou **reportés)** Produits qui ont été encaissés mais non réalisés. Ils constituent des éléments de passif jusqu'à ce que les marchandises ou les services soient fournis.

Produits reportés et **charges reportées** Passifs et actifs, produits ou charges qui doivent être régularisés à la fin de l'exercice pour refléter les produits gagnés ou les charges engagées.

Provision pour créances irrécouvrables (provision pour créances douteuses ou **provision pour dépréciation des créances)** Compte de contrepartie aux comptes clients dans lequel on classe les comptes clients que la société estime ne pas pouvoir recouvrer.

Prudence Règle selon laquelle il faut choisir les méthodes comptables qui risquent le moins de surévaluer l'actif et les produits d'exploitation ou de sous-évaluer le passif et les charges.

Quasi-espèces Instruments financiers qu'on peut facilement convertir en espèces et dont la valeur est peu sujette à des variations.

Rapport de la direction Rapport faisant état de la responsabilité première de la direction à l'égard des déclarations contenues dans les états financiers ainsi que des étapes entreprises pour assurer l'exactitude des livres de la société.

Rapport de vérificateurs Rapport contenant essentiellement l'opinion du vérificateur quant à la fidélité des déclarations figurant aux états financiers et une description sommaire du travail effectué pour soutenir cette opinion.

Rapprochement bancaire Processus consistant à vérifier l'exactitude du relevé bancaire et des comptes d'encaisse d'une entreprise.

Ratios de liquidité (ou de trésorerie) Ratios mesurant la capacité d'une entreprise à respecter ses obligations lorsque celles-ci arrivent à échéance.

Ratios de rentabilité Ratios permettant d'évaluer le succès global d'une entreprise.

Ratios de solvabilité Ratios permettant de mesurer la capacité d'une société de satisfaire à ses obligations à long terme.

Ratios financiers Ensemble de mesures obtenues par un calcul qui démontrent les relations proportionnelles qui existent entre divers montants figurant aux états financiers et qui permettent d'évaluer la situation financière globale de l'entreprise.

Ratios reliés au marché Ratios établissant un lien entre le cours actuel d'une action et un indicateur du rendement qui pourrait revenir à l'investisseur.

Regroupement d'entreprises Opération par laquelle une entité acquiert le contrôle d'une autre entreprise.

Relevé bancaire Rapport mensuel émis par les banques indiquant les dépôts enregistrés, les chèques compensés ainsi que d'autres débits et crédits, et le solde en banque à la fin de la période couverte par le relevé.

Rendus et rabais sur ventes Réduction du chiffre d'affaires due aux retours ou aux rabais consentis sur des marchandises pour diverses raisons.

Réparations et **entretien** Coûts engagés pour l'entretien normal des immobilisations.

Ressources naturelles Actifs tirés de la nature, par exemple des biens miniers, pétroliers et gaziers.

Résultats prévisionnels Prévisions de bénéfices nets pour des exercices futurs.

Retours et les rabais sur achats Réduction du coût d'achat due à des marchandises non acceptables.

Société émettrice Société qui a émis les titres détenus par une autre société.

Société mère (société participante) Société qui détient le contrôle d'une autre société, appelée la *filiale*.

Société participante Société qui détient des titres de participation dans une autre société.

Société satellite (société affiliée ou **associée)** Lorsqu'une société participante détient un nombre suffisant d'actions avec droit de vote d'une société émettrice lui permettant d'exercer une influence notable à long terme sur celle-ci, la société émettrice porte le nom de *société satellite* (ou *société affiliée* ou *associée*).

Soldes intersociétés Montants réciproques figurant aux états financiers distincts de la société mère et de la filiale découlant d'opérations transigées entre elles. Ces soldes sont éliminés au cours du processus de consolidation.

Sommaire des résultats Compte du grand livre où sont virés les soldes des comptes de produits, de gains, de charges et de pertes à la fin d'un exercice en vue de déterminer le bénéfice net ou la perte nette de l'exercice.

Stock de matières premières Ensemble des éléments achetés à des fins de transformation en produits finis.

Stocks Biens corporels qu'une entreprise détient en vue de les vendre dans le cours normal des affaires ou qu'elle utilise pour produire des biens ou des services destinés à la vente.

Stocks de produits en cours (les travaux en cours pour les entreprises de services) Ensemble des produits en cours de transformation dans le processus de fabrication. Lorsque leur transformation sera terminée, ils seront alors transférés au stock de produits finis.

Stocks de produits finis Ensemble des produits fabriqués dont la transformation est terminée et qui sont prêts à être vendus.

Surplus d'apport Compte de capitaux propres provenant d'opérations relatives au capital. Chaque source de surplus d'apport doit faire l'objet d'un compte distinct.

Système d'inventaire périodique Méthode par laquelle on détermine le stock de clôture et le coût des marchandises vendues seulement à la fin de l'exercice financier à la suite du dénombrement des stocks.

Système d'inventaire permanent Un système où l'on tient un registre d'inventaire détaillé dans lequel sont inscrits, au cours de l'exercice financier, chacun des achats et chacune des ventes.

Taux contractuel (coupon) Taux d'intérêt périodique en espèces inscrit dans le contrat d'emprunt ou dans l'acte de fiducie.

Taux d'intérêt nominal (coupon) Taux d'intérêt contractuel inscrit sur les obligations. Dans les journaux, on utilise le terme « coupon ».

Taux effectif Taux d'intérêt actuel sur une dette au moment où elle est engagée ; on parle aussi de *taux de rendement*, de *taux d'intérêt réel* et de *taux du marché*.

Test de dépréciation Test effectué à la fin de chaque exercice pour permettre à la direction de l'entreprise de vérifier si l'écart d'acquisition a perdu de la valeur. Si c'est le cas, l'actif sera réduit de cette perte de valeur, et une charge distincte sera portée à l'état des résultats.

Titres négociables Tous les placements dans les actions ou les obligations principalement détenus aux fins de négociation (la vente et l'achat) dans un avenir rapproché.

Valeur actualisée Valeur présente ou actuelle d'un montant qu'on recevra dans le futur ; ce montant futur est actualisé en tenant compte des intérêts composés.

Valeur attribuée (aux actions) Valeur par action fixée par le conseil d'administration lors de la première émission publique lorsque les actions n'ont pas de valeur nominale. Pour les émissions subséquentes, la valeur marchande des actions est utilisée.

Valeur boursière Valeur du marché d'une action établie par les Bourses. Cette valeur fluctue en fonction des transactions journalières du titre.

Valeur capitalisée (valeur future) Somme que représente un montant investi lorsqu'on y additionne les intérêts composés qu'il rapportera.

Valeur comptable (valeur comptable nette) Valeur d'un actif représentant la partie du coût d'acquisition non encore passée en charges à titre d'amortissement ou de perte.

Valeur d'acquisition Méthode d'évaluation des placements basée sur le montant payé (le coût ou la valeur d'origine) pour acquérir les titres ou les biens.

Valeur de consolidation (méthode de la mise en équivalence) Méthode de comptabilisation des placements dans les sociétés satellites par laquelle on ajoute au coût d'acquisition la quote-part de la société participante dans le bénéfice net redressé de la société satellite, et on déduit la quote-part dans les pertes redressées et dans les dividendes déclarés par la société satellite.

Valeur de réalisation nette Prix de vente prévu dont on soustrait les frais de vente (par exemple, les frais de réparation et de mise au rebut).

Valeur de récupération Valeur de réalisation nette estimative d'une immobilisation corporelle à la fin de sa durée de vie. La valeur de récupération est normalement négligeable.

Valeur marchande Valeur courante du marché. Pour les actions de sociétés ouvertes, il s'agit de la valeur boursière.

Valeur nominale (d'une action) Valeur par action du capital-actions précisée dans la charte ; elle sert de base au capital légal.

Valeur nominale (d'une obligation) Autre façon de désigner le capital d'une obligation ou le montant que représente cette obligation à sa date d'échéance.

Valeur résiduelle Valeur de réalisation nette estimative d'une immobilisation corporelle, à la fin de sa durée de vie utile pour l'entreprise.

Valeur temporelle de l'argent Notion exprimant la relation économique entre le temps et l'argent. L'argent que l'on possède acquiert de la valeur en raison du passage du temps et par suite de la possibilité d'en tirer un rendement sous forme d'intérêts ou autre.

Variations des éléments du fonds de roulement Ensemble des variations dans les éléments d'actifs et de passifs à court terme reliés aux activités d'exploitation, à l'exception des espèces et quasi-espèces et de la marge bancaire.

Vérification Examen des rapports financiers visant à s'assurer qu'ils reflètent fidèlement la situation financière de l'entreprise et ses résultats et qu'ils sont conformes aux principes comptables généralement reconnus.

Versements périodiques (annuité) Série d'encaissements ou de paiements périodiques de montants égaux à chaque période d'intérêt.

INDEX

Les caractères **gras** indiquent les pages où les termes sont définis.